Günter Spur

Industrielle Psychotechnik – Walther Moede

Günter Spur

Industrielle Psychotechnik – Walther Moede

Eine biographische Dokumentation

HANSER

Der Autor:
Prof. Dr.-Ing. E.h. mult. Dr. h.c.mult. Dr.-Ing. Günter Spur
Technische Universität Berlin,
Institut für Werkzeugmaschinen und Fabrikbetrieb, Berlin

Bibliografische Information Der Deutschen Bibliothek:
Die Deutsche Bibliothek verzeichnet diese Publikation in der Deutschen Nationalbibliografie; detaillierte bibliografische Daten sind im Internet über <http://dnb.d-nb.de> abrufbar.

ISBN: 978-3-446-41808-0

Herstellung: Steffen Jörg
Satz: Yetvart Ficiciyan
Coverconcept: Marc Müller-Bremer, www.rebranding.de, München
Coverrealisierung: Stephan Rönigk
Druck und Bindung: Druckhaus »Thomas Müntzer« GmbH, Bad Langensalza
Printed in Germany

Geleitwort

Im Jahr 1992 nahm Professor Günter Spur Kontakt mit mir auf, um im Rahmen eines Forschungsprojekts über die Gründung und Entwicklung des Instituts für Psychotechnik und Arbeitstechnik an der Technischen Hochschule Berlin auch Teile aus dem Nachlass von Walther Moede zu verarbeiten. Im Wintersemester 1994/95 wurden die Ergebnisse des Projekts auf einer Ausstellung im Institut für Werkzeugmaschinen und Fabrikbetrieb der TU Berlin der Fachwelt vorgestellt. Günter Spur kannte Moedes Verdienste um die Psychotechnik von seiner Studienzeit bei Professor Herwig in Braunschweig.

Ich war sehr froh und dankbar für das große Interesse an der historischen Aufarbeitung des Lebenswerks von Walther Moede. Diese sich in der Folgezeit weiter entwickelnde Zusammenarbeit veranlasste mich zu der vertrauensvollen Anfrage an Günter Spur, ob nicht der gesamte Nachlass Moedes zusammen mit den Archiv-Unterlagen von Schlesinger mit dem Ziel ausgewertet werden könnte, ein Buch über das Leben und Wirken meines Adoptivvaters Walther Moede zu erarbeiten. Dabei sollte auch die Entwicklung der Industriellen Psychotechnik für die Nachwelt dokumentiert werden. Er sagte zu!

Ich bin Professor Spur zu außerordentlich großem Dank verpflichtet, dass er sich dieser Aufgabe mit hoher Intensität, mühsamer Recherchenarbeit und besonderer Sorgfalt, verbunden mit seinem umfangreichen Erfahrungswissen als Nachfolger des Schlesinger Lehrstuhls, angenommen hat. Gleichzeitig danke ich allen Mitarbeitern sehr herzlich, die an diesem Projekt mitgewirkt haben.

Walther Moede hat nicht nur sein Leben der Psychotechnik mit viel Mut, Elan, Fleiß, wissenschaftlicher Gründlichkeit und mitreißender Überzeugungskraft gewidmet, sondern sie auch national und international zum anerkannten Erfolg geführt. Er hat seine Ziele unermüdlich verfolgt und diese trotz vieler Widerstände erreicht, ohne dabei Rücksicht auf seine Gesundheit zu nehmen.

Als praktischer Psychologe hat Walther Moede innerhalb der Ingenieurwissenschaften ein Arbeitsgebiet aufgebaut, das sowohl auf den Menschen in der Arbeitswelt als auch auf die Organisation der industriellen Produktion gerichtet war. Dabei blieben wissenschaftliche Spannungsfelder unvermeidlich. Vom weitsichtigen Betriebswissenschaftler Georg Schlesinger gefördert, hat Moede sein Fachgebiet selbständig gestalten und ausbauen können. In seiner letzten Lebensphase musste er erhebliche persönliche Belastungen erleben und durchstehen, die letztlich seine Lebenskraft verbraucht haben. Seine aufgeschlossene Persönlichkeit, seine Hilfsbereitschaft und Genügsamkeit in schweren Lebenssituationen, sein steter Arbeitseinsatz und sein kämpferischer Geist haben ihn bis zum Schluss begleitet.

Zu wünschen ist, dass diese zeitgeschichtliche Dokumentation in der Fachwelt die verdiente Aufmerksamkeit erfährt und zu weiteren wissenschaftlichen Arbeiten anregt. Für die Zukunft erhoffe ich mir, dass dieses Buch Ingenieure, Psychologen, Betriebswissenschaftler und Forscher anderer Fachrichtungen motiviert, ihr Erfahrungswissen mit neuen Erkenntnissen zu verbinden und in die Lehre einzubringen. Ich wünsche mir eine erfolgreiche innovative Zusammenarbeit von Psychologen und Ingenieuren, um den hohen wissenschaftlichen Herausforderungen unserer Industriegesellschaft zum Wohle der Menschen gerecht zu werden.

Aachen, im September 2008 *Vera Moede*

Vorwort

Die Arbeit des Menschen verändert unsere Gesellschaft. Der technische Fortschritt bestimmt nicht nur die Wirtschaftswelt, er durchdringt auch unsere Lebenskultur. Mit zunehmender Industrialisierung der Produktionswirtschaft ist ein Wandel gesellschaftlicher Vorstellungen eingetreten, der auch mit einer Veränderung der Arbeitskultur verbunden ist.

Mit Taylor begann der Wandel zur organisierten Arbeitsteilung. Aus der Handwerkstechnik entstand die Fabriktechnik. Die Bedienung der Maschinen wandelte sich zu einer Arbeitstechnik der vielen und schnellen Hände. Die Arbeit wurde nach wissenschaftlichen Erkenntnissen organisiert.

Im Jahre 1904 wurde an der Königlichen Technischen Hochschule zu Berlin ein Lehrstuhl für Werkzeugmaschinen, Fabrikanlagen und Fabrikbetriebe eingerichtet. Damit öffnete sich ein neues Gebiet technisch-wissenschaftlicher Fragestellungen: Die industrielle Produktionswirtschaft wurde Objekt wissenschaftlicher Forschung. Berufen wurde der erst 30-jährige Dr.-Ing. Georg Schlesinger, zuvor Konstruktionsleiter in der Werkzeugmaschinenfabrik Ludwig Loewe, Berlin. Die von Münsterberg eingebrachte Anreicherung des Taylor-Systems durch die Psychotechnik war für Schlesinger ein Anlass, die noch junge Wissenschaft vom Fabrikbetrieb mit einer Arbeitsgruppe für Psychotechnik in seinem Institut zu erweitern, auch durch die Probleme der Kriegswirtschaft begründet. Schlesinger sah in der praktischen Anwendung der Psychotechnik eine Schlüsselrolle für das Überleben der industrialisierten Wirtschaft.

Mit dieser Gründung begann 1918 die Phase der Institutionalisierung der Psychotechnik als Wissenschaftsdisziplin. Das Institut für industrielle Psychotechnik, dessen Leitung der junge, habilitierte Fachpsychologe Dr. Walther Moede übernahm, war das erste seiner Art in Deutschland und bekam damit eine Vorreiterrolle. Mit seinen wegweisenden Forschungen legte es den Grundstein für die Entwicklung der Arbeitswissenschaft an der TH Berlin. Das Institut für industrielle Psychotechnik blieb bis zum Jahre 1924 eine Abteilung des Schlesinger Lehrstuhls und erhielt danach einen selbständigen Status. Walther Moede, der dieses Institut bis 1946 leitete, hat die Berliner Schule der Psychotechnik in Lehre und Forschung bis zum Ende des zweiten Weltkriegs entscheidend geprägt.

Dieses Buch ist Walther Moede gewidmet. Es beschreibt das Leben und Wirken eines Wissenschaftlers, der unermüdlich – seiner Zeit vorauseilend – für den engen Zusammenhalt der praktischen und theoretischen Psychologie gekämpft hat. Walther Moede hat von Anfang an in Lehre und Forschung sowie als Gutachter den Menschen mit seinem Schaffen und Verhalten sowie mit seinen Kulturbedürfnissen in den Mittelpunkt gestellt. Durch geniales Einfallsreichtum und unbändige Energie hat er der Psychologie immer wieder neue Anwendungsbereiche erschlossen und ihre Anerkennung in Wirtschaft und Verwaltung erwirkt.

In der vorliegenden Arbeit wurden auch Ergebnisse des von der Berliner Senatsverwaltung für Wissenschaft und Forschung geförderten Projekts „Von der Psychotechnik zur Arbeitswissenschaft" sowie des von der Deutschen Forschungsgemeinschaft in den Jahren 1997 bis 1999 geförderten Projekts „Leben und Wirken jüdischer Betriebswissenschaftler" verarbeitet. Diese Studien waren interdisziplinär angesetzt und hatten auch die Entwicklung der Psychotechnik am Schlesinger Lehrstuhl einbezogen. Hieraus wurden Teilergebnisse zwischenzeitlich veröffentlicht und auch in eine Arbeitsgruppe der Berlin-Brandenburgischen Akademie unter Leitung von Mitchell Ash eingebracht, die sich mit der geschichtlichen Entwicklung der Psychotechnik befasste. Hierbei wurde deutlich, dass die Schnittstellen von Betriebstechnik und Betriebspsychologie in ihren Wechselwirkungen noch wenig aufgearbeitet sind und hinsichtlich ihrer nachhaltigen Bedeutung einer Aufklärung bedürfen.

Mein erster Dank gilt Frau Vera Moede, die in großzügiger Weise und mit regem Interesse die vorliegende Arbeit durch Ihr persönliches Engagement ermöglicht und gefördert hat. Sie verfolgte das Projekt mit großer Aufmerksamkeit und gab wichtige inhaltliche Hinweise.

Gedankt sei allen Assistenten für ihre Mitwirkung in den arbeitswissenschaftlichen Projekten des Instituts für Werkzeugmaschinen und Fabrikbetrieb der TU Berlin sowie des Fraunhofer-Instituts für Produktionsanlagen und Konstruktionstechnik, die durch ihre Forschungstätigkeit die wissenschaftlichen Grundlagen für die vorliegende Arbeit geschaffen haben.

Mein besonderer Dank gilt Joachim Ebert (†), Sigrid Abenhausen, Ruth Federspiel, René Haak, Christopher Hayes, Stefan Kleinschmidt, Thorsten Klooster, Rita Pokorny und Sabine Voglrieder. Ergänzend gilt mein weiterer Dank für die engagierte Mitwirkung und Hilfestellung bei der Erstellung der vorliegenden Arbeit Claudia und Hans Bartels, Reiner Eisenberg, Angela Salvo, Jan Spur und insbesondere Yetvart Ficiciyan für die redaktionelle Aufbereitung des Manuskripts zur Drucklegung. Danken möchte ich darüber hinaus der Leiterin des Universitätsarchivs der TU Berlin, Frau Dr. Irina Schwab, und ihrem Mitarbeiter, Herrn Sven Olaf Oehlsen, für die tatkräftige Unterstützung bei meinen Recherchen.

Ich danke Wolfgang Herwig für die Überlassung von Teilen des Nachlasses seines Vaters sowie ihm und Gerhard Dressel für wertvolle Hinweise während der Erarbeitung dieses Buches. Schließlich bedanke ich mich bei Arnold Upmeyer und Ruth Federspiel für die kritische Durchsicht des Manuskripts und ergänzende Anmerkungen.

Dem Hanser Verlag, insbesondere Herrn Wolfgang Beisler, Herrn Dr. Hermann Riedel und Herrn Volker Herzberg, gilt mein besonderer Dank für die sorgfältige Drucklegung sowie für die langjährige gute und vertrauensvolle Zusammenarbeit.

Berlin, im September 2008 *Günter Spur*

Inhaltsverzeichnis

1 Herkunft

Pommern, das Land am Meer

Walther Hans Wilhelm Moede wurde am 3. September 1888 in Sorau, Niederlausitz, geboren. Er war der Sohn des späteren Schulrektors Karl Moede und dessen Frau Ida, geb. Manthey. Beide Familien stammen aus Pommern. Sie lassen sich jeweils über fünf Generationen bis Mitte des 18. Jahrhunderts durch Familiendokumente zurückverfolgen.

Pommern erstreckt sich von der Halbinsel Darß im Westen bis zum Zarnowitzer See im Osten als ein etwa 50 bis 60 Kilometer breiter Saum entlang der Ostsee. Im 19. Jahrhundert war die preußische Provinz Pommern eine im Wesentlichen von Landwirtschaft geprägte Gegend. Industrie war nur in den Hafenstädten entwickelt. Pommern besaß um 1910 etwa 1,7 Mio. Einwohner. Die Bevölkerungsdichte war mit durchschnittlich 57 Einwohnern pro Quadratkilometer sehr klein. Ein Grund dafür lag in der anhaltenden Aus- und Abwanderung seit 1880 wegen der schlechten Lebensbedingungen.[1]

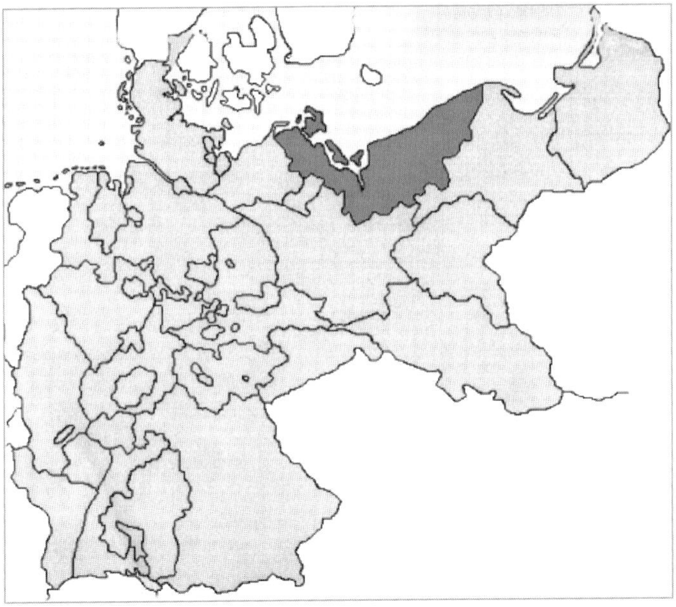

Bild 1.01: Lage der Provinz Pommern im Deutschen Kaiserreich

Die Landwirtschaft war vom Großgrundbesitz bestimmt. Um 1907 gab es 178.000 landwirtschaftliche Unternehmungen in Pommern. Nur 2.200 davon waren größer als 200 ha, aber diese bewirtschafteten etwa 60 Prozent der Gesamtfläche. Diesem Großgrundbesitz gegenüber standen die restlichen 175.800 Bauern mit durchschnittlich nur sechs ha bewirtschafteter Fläche.[2]

1 Buchholz, Werner; Mangelsdorf, Günter (Hrsg.): Land am Meer – Pommern im Spiegel seiner Geschichte. Böhlau Verlag, Köln 1995.

2 Ebd.

Familie väterlicherseits

Die väterliche Familie von Walther Moede lebte im Landkreis Regenwalde. Sie war über mehrere Generationen in dem kleinen Dorf Lowin südlich der Stadt Regenwalde angesiedelt. Karl Moede, Vater von Walther Moede, wurde 1860 in Lowin bei Regenwalde geboren.

Durch Neuorganisation der Kreisgliederung im preußischen Staat entstand 1818 der Kreis Regenwalde im Regierungsbezirk Stettin in der preußischen Provinz Pommern. Dieser umfasste meist ländliche Gebiete, die Städte Labes, Plathe, Regenwalde und Wangerin, sowie selbstständige Gutsbezirke. Der Kreis Regenwalde bestand als preußisch-deutscher Landkreis in der Zeit zwischen 1818 und 1945.

Seit 1867 gehörte der Kreis Regenwalde zum Norddeutschen Bund und ab 1871 zum Deutschen Reich. Im Jahre 1890 betrug die Zahl der Einwohner 45.272, davon 350 Katholiken und 392 Juden. Zum 30. September 1929 fand im Kreis Regenwalde entsprechend der Entwicklung im übrigen Preußen eine Gebietsreform statt, bei der alle selbstständigen Gutsbezirke aufgelöst und benachbarten Landgemeinden zugeteilt wurden. Im Jahre 1938 wurde der Kreis Regenwalde vom Regierungsbezirk Stettin zum Regierungsbezirk Köslin zugeordnet. Ab 1939 führte der Kreis Regenwalde die Bezeichnung Landkreis. Im Frühjahr 1945 wurde das Kreisgebiet durch die Rote Armee besetzt und fiel danach unter polnische Verwaltung.

Diese Region gehörte im 19. Jahrhundert zu den weniger bäuerlichen und mehr junkerlichen Distrikten Preußens. In der Nähe lagen auch die bekannten Bismarckschen Güter Kniephof, Külz und Jarchelin.[3]

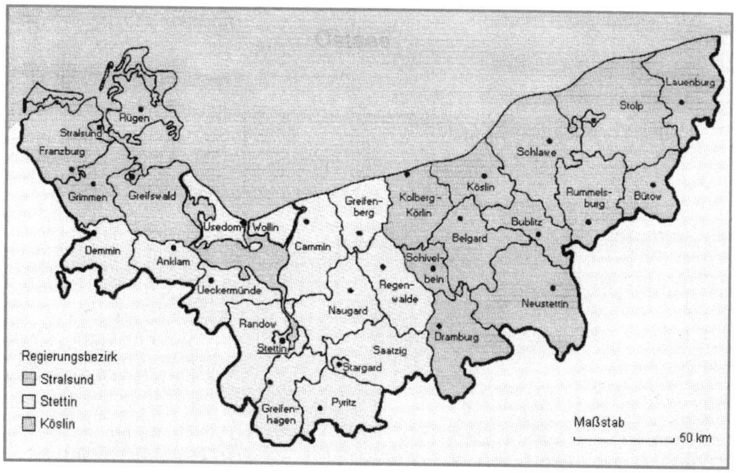

Bild 1.02: Landkreise in Pommern

Erstmalig dokumentiert wird die Familie Moede väterlicherseits mit dem aus dem Kreis Regenwalde/Pommern stammenden Christian Friedrich Moede (1751-1832). Aus der Heiratsurkunde[4] der Eheschließung mit Anna Sophia Umnuß aus Maldewin folgt, dass er als

3 Engelberg, Ernst: Bismarck, Urpreuße und Reichsgründer. A. Siedler-Verlag, Berlin, 1998, S. 156.

4 Dokument 01-47: Als „Heiratsurkunde" Christian Friedrich Moedes und Anna Sophia, geb. Umnuß, betitelte, offiziell gestempelte, handschriftliche Abschrift des Eintrags im Kirchenregister des Evangelischen Pfarramtes von Maldewin, Kr. Regenwalde, Maldewin, 1.3.1939.

Sohn des Bauern Michael Moede aus der Ortschaft Lowin bei Regenwalde geboren war. Wie sein Vater war Christian Friedrich Bauer oder Freimann, wie in Altdeutsch ein Bauer genannt wurde, der mit einzelnen Freiheitsrechten, zum Beispiel des freien Abzugs versehen war.[5] Auch die Familie der Ur-Ur-Großmutter stammte aus bäuerlichen Verhältnissen.

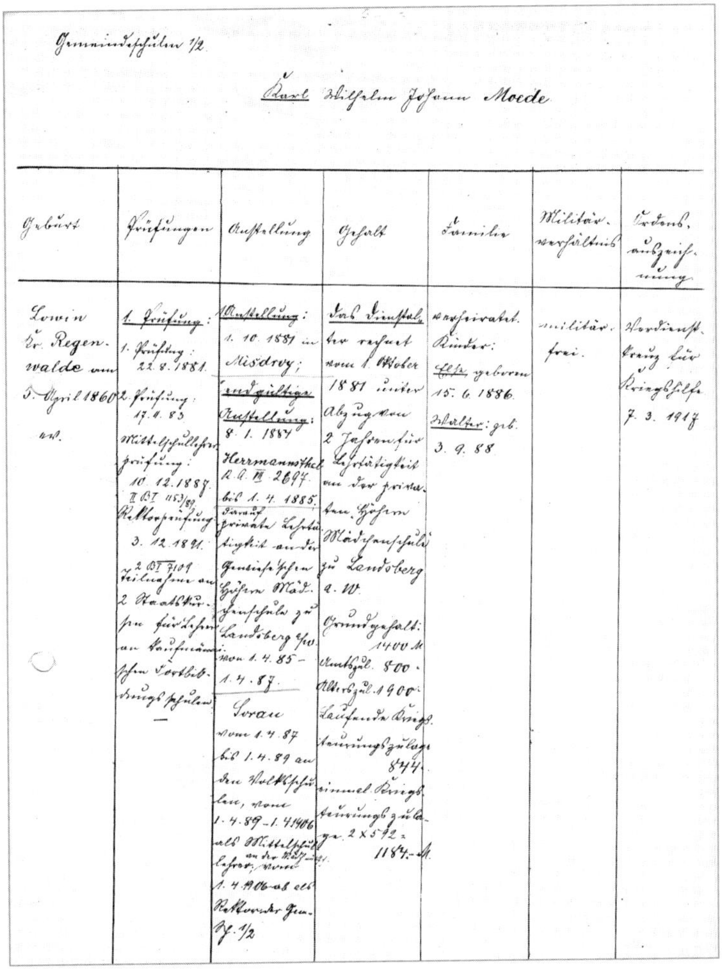

Gemeindeschulen 1/2.

Karl Wilhelm Johann Moede

Geburt	Prüfungen	Anstellung	Gehalt	Familie	Militärverhältnis	Ordensauszeichnung
Lowin Kr. Regenwalde am 5. April 1860 [illegible]	1. Prüfung: 1. Prüfung: 22.8.1881. 2. Prüfung: 17.1.83 Mittelschullehrerprüfung: 10.12.1887. [illegible] Rektorprüfung 3.12.1891. [illegible]	Anstellung: 1.10.1881 in Misdroy; endgültige Anstellung: 8.1.1884 [illegible] bis 1.4.1885. [illegible] Landsberg [illegible] vom 1.4.85 – 1.4.87. Sorau vom 1.4.87 bis 1.4.89 an der Volksschule, vom 1.4.89 – 1.4.1906 als Mittelschullehrer [illegible] vom 1.4.1906 ab als Rektor der Gem. S. 1/2	[illegible] vom 1. Oktober 1881 [illegible] 2 Jahre für [illegible] an der privaten Höheren Mädchenschule zu Landsberg a. W. Grundgehalt: 1400 M Amtszul. 800. Alterszul. 1900. [illegible] 844. [illegible] 2 x 592 = 1184.- M	verheiratet. Kinder: Else, geboren 15.6.1886. Walter: geb. 3.9.88	militärfrei.	Verdienstkreuz für Kriegshilfe 7.3.1917

Bild 1.03: Personalstammblatt erstellt von Karl Wilhelm Johann Moede (1860-1943)

Im Jahre 1784 wurde der Urgroßvater Walther Moedes, Johann David Moede in Maldewin, Kreis Regenwalde geboren und wie seine Eltern evangelisch getauft.[6] Er heiratete 1810 in Lowin die 25-jährige Dorothea Friederike Plautz aus Storgordt. Aus der Ehe ging der im

Dokument 01-23: Ahnenpass Walther Moede, S. 16.

Dokument 01-43: Brief Walther Moedes an das Evangelische Pfarramt in Lowin, Kr. Regenwalde, Berlin-Charlottenburg, 18.1.1939.

5 Brockhaus Enzyklopädie, 17. Aufl., Bd. 6, S. 572.

6 Dokument 01-45: Als „Geburtsurkunde" des Johann David Moede betitelte, offiziell gestempelte, handschriftliche Abschrift des Eintrags im Kirchenregister des Evangelischen Pfarramtes von Maldewin, Kr. Regenwalde, Maldewin, 1.3.1939.

Jahre 1820 zur Welt gekommene Sohn Michael Johann August Moede hervor.[7] Bereits mit 21 Jahren verlor dieser seinen Vater und heiratete 1846 Johanna Friederike Ernestine Marquardt (1822-1909).[8] Weiterhin lebte die Familie in Lowin, wo 1860 ihr Sohn Karl Wilhelm Johann, der Vater Walther Moedes, das Licht der Welt erblickte. Soweit bekannt, war dieser der erste Spross der Familie, der nicht die elterliche landwirtschaftliche Tätigkeit fortführte, sondern stattdessen Lehrer wurde.

Aus seinem Personalstammblatt ist der genaue berufliche Werdegang Karl Moedes zu entnehmen.[9] 1881 legte er die erste und 1884 die zweite Lehramtsprüfung ab. Einige Wochen nach der ersten Lehramtsprüfung trat Karl Moede in Misdroy seine erste Amtsstellung als „Junglehrer" auf Probe an. Dort blieb er zwei Jahre und wurde dann 1884 in das nahe Hermannsthal als Lehrer der Gemeindeschule versetzt.[10] Während seiner Tätigkeit in Misdroy lernte Karl Moede seine zukünftige Frau Ida Friederike Ottilie Manthey kennen.

Bild 1.04: Ida Manthey (1864-1919)

Familie mütterlicherseits

Die Familie der Ida Manthey lässt sich ebenfalls wie die Linie Moede bis ins 18. Jahrhundert verfolgen. Sie stammt von der Insel Wollin, an der Ostsee vor dem Stettiner Haff gelegen. Westlich wird sie von der Swine, östlich von der Dievenow umgeben. Sie hat eine Fläche von 265 km^2 und ist bis zu 115 m hoch.

Zum Badeort wurde Misdroy zwischen 1830 und 1835. Es entwickelte sich ein regelrechter Badebetrieb. Wohlhabende Berliner und Stettiner bauten sich hier Villen. Als besondere Attraktion entstand 1855 der erste Seesteg, der 1906 auf 360 m verlängert wurde. 1913 zerstörte ihn eine Sturmflut. Er wurde erst 1921 wieder erneuert. 1850 hatte Misdroy bereits 317 Einwohner und 500 Badegäste aufzuweisen. Nach 1860 setzte ein rasches Wachstum des Ortes ein. Die Errichtung einer Kirche auf der Königshöhe im Jahre 1862 ist dafür ein beredtes

7 Dokument 01-11: Ahnenpass Walther Moede, S. 4.

8 Dokument 01-12: Ahnenpass Walther Moede, S. 5.

9 Dokument 01-42: Kopie eines handschriftlichen Personalstammblatts „Karl Wilhelm Johann Moede", ohne Quellenangabe.

10 Dokument 01-42: Personalstammblatt.
„Junglehrer", vgl. dazu auch Meyers Konversationslexikon, Bd. 10, Leipzig 1888, S. 635.

Zeugnis. Ab 1870 wurde auch das Dünengelände im Westen des Ortes nach und nach bebaut. 1869 verbesserte der Bau einer Schiffsanlegestelle für den direkten Verkehr von und nach Stettin an der „Laatziger Ablage“, am großen Vietziger See, die Erreichbarkeit des Ortes. Von 1872 an ist Misdroy eines der führenden deutschen Seebäder. Nachdem 1899 eine Eisenbahnstrecke vom Ort Wollin nach Misdroy gebaut wurde, stieg die Attraktivität des Seebades weiter. Nun konnte auch die Eisenbahnverbindung Berlin – Ducherow – Swinemünde – Misdroy für die An- und Abreise der Gäste genutzt werden.[11]

Bild 1.05: Seebad Misdroy als Postkartenmotiv

Heute ist es schwer vorstellbar, dass die Insel Wollin einstmals in der „Bibel der Wikinger“ als die sagenumwobene Jomsborg beschrieben wurde. Hier hielten sich sowohl Seeräuber als auch spätere Könige der Wikinger auf. Im 10. und 11. Jh. war Wollin einer der größten Handelsplätze des Ostseeraums, was der geografischen Lage an der Kreuzung wichtiger Handelswege – aus Skandinavien nach Polen, aus Russland und dem Baltikum – zu verdanken war. Anfang des 12. Jahrhunderts wurde Wollin durch Otto von Bamberg christianisiert. Später kamen die Brandenburger, die großen politischen und auch kulturellen Einfluss erlangten. Das Ende des slawischen Einflusses begann im Jahre 1534 mit der Einführung der Reformation. Siedler, die nicht nur aus dem heutigen Deutschland, sondern auch aus Skandinavien und den Niederlanden kamen, dominierten mehr und mehr in der Politik und der Wirtschaft. Seit dem Jahre 1627 tobte hier der Dreißigjährige Krieg. Für die folgenden einhundertdreißig Jahre stand die Insel unter der Herrschaft der Schweden. Nach Unterzeichnung des Stockholmer Friedens 1720 wurde die Insel Wollin ein Teil Preußens.

Ältester nachweisbarer Vorfahre der Mutter Ida Moede, geborene Manthey, war Hans Manthey (1726-1776). Er und seine Ehefrau Engel Manthey, geborene Rugen, stammten aus Dargebanz.[12] Aus der Ehe ging der 1760 in Dargebanz-Lebbin geborene Michael (1760-1824) hervor, der dort auch verstarb. Dieser hatte 1781 in Lebbin Maria Katharina Scharko aus

[11] Recherche im Internet: http://de.wikipedia.org/wiki (Stand: 3.09.2008).

[12] Dokumente 01-68 und 01-69: Handschriftliche Auszüge aus dem Sterberegister des Ev.-Luth. Pfarramtes der Gemeinde Lebbin auf Wollin, ohne Datum und Ort der Ausstellung.

Vietzig-Lebbin geheiratet. 1791 wurde deren Sohn Michael Friedrich Manthey (1791-1876) geboren. Auch er verstarb in Dargebanz. Seine Ehefrau war die Maria Benigna Schultz (1796-1883) aus Kalkofen. Deren Sohn Michael Friedrich Hermann Manthey, der Großvater Walther Moedes, lebte in Misdroy und heiratete dort Maria Friederike Fromholz. Deren Familie stammte mütterlicherseits aus Darßwitz und väterlicherseits aus Codram.[13]

Ida Manthey wird als Tochter dieser Ehe 1864 in Rehberg (Wollin) geboren und in dem Glauben ihrer Familie evangelisch getauft. Noch sehr jung lernte sie dann den Lehrer Karl Moede kennen. Dieser geht 1885 als Privatlehrer an die Gewiese'sche Höhere Mädchenschule in Landsberg an der Warthe. Unmittelbar vor dem Umzug heiratete er 1885 im Alter von 25 Jahren die damals 21-jährige Ida Manthey.[14] In Landsberg kam 1886 als erstes Kind Else Moede zur Welt. Die Gemeinde Landsberg an der Warthe zählte bis Ende des 19. Jahrhunderts zu den prosperierenden Gemeinden der preußischen Provinz Brandenburg. Im Jahre 1887 wurde Karl Moede an die Gemeindeschule in Sorau versetzt. Dort kam dann 1888 Walther Hans Wilhelm zur Welt.

Bild 1.06: Karl Moede und seine Frau Ida, geb. Manthey

Über weitere Beziehungen zu väterlichen Verwandten ist nichts Näheres bekannt. Es ist jedoch davon auszugehen, dass Walther Moede seine Großeltern väterlicherseits noch selbst erlebt hat. Andererseits waren die Bindungen an die mütterliche Familie durch viele Besuche und briefliche Verbundenheit gekennzeichnet.

---

13 Dokumente 01-21 und 01-22: Ahnenpass Walther Moede, S. 14 und S. 15.
Dokument 01-35: Ahnenpass Walther Moede, S. 28.
Dokumente 01-37 und 01-38: Ahnenpass Walther Moede, S. 30 und S. 31.
Dokument 01-36: Ahnenpass Walther Moede, S. 29.
Dokument 01-77: Kopie des Taufregisters der evangelischen Pfarrkirche St. Johannis Tonnin, Jahrg. 1770, Tonnin, 3. Januar 1939.
Dokument 01-79: Kopie der Sterbeurkunde der evangelischen Pfarrkirche St. Johannis Tonnin, Jahrg. 1840, Tonnin vom 17. Februar 1939 und Dokument 01-78: Auszug aus dem Taufregister der evangelischen Pfarrkirche St. Johannis in Tonnin, Jahrg. 1772.
Dokument 01-63: Kopie des Taufregisters der evangelischen Pfarrkirche St. Johannis Tonnin, Jahrg. 1864, S. 185/6, Nr. 24. Tonnin, 1. Februar 1939.

14 Dokument 01-09: Ahnenpass Walther Moede, S. 2.

Exkurs: Lehramt in Pommern

In der zweiten Hälfte des 19. Jahrhunderts gab es in der preußischen Provinz Pommern acht Lehrerseminare. Neben Stettin (gegr. 1732, seit 1862 in Pölitz) gab es weitere Seminare in Greifswald (gegr. 1791, seit 1853 in Franzburg), Köslin (gegr. 1816), Pyritz (gegr. 1827), Cammin (gegr. 1838), Bütow (gegr. 1859), Dramburg (gegr. 1867) und Anklam (gegr. 1902).[15]

Bis in die Mitte des 19. Jahrhunderts arbeiteten die Seminare ohne einheitlichen Lehrplan. Eine erste Vereinheitlichung des preußischen Seminarwesens brachte das von Ferdinand Stiehl, dem zuständigen Referenten im preußischen Kultusministerium, verfasste Regulativ vom Jahre 1854.[16] Das Stiehlsche Regulativ war in den folgenden zwei Jahrzehnten wegen seiner restaurativen Tendenzen heftigen Angriffen ausgesetzt. Abgelöst wurde es von den „Allgemeinen Bestimmungen über Einrichtung, Aufgabe und Ziel der preußischen Volksschulen vom 15. Oktober 1872“. Gefordert war nun wissenschaftliche Systematik auch und gerade in der Pädagogik. Erheblich höhere Anforderungen stellten die Allgemeinen Bestimmungen an den Unterricht im Rechnen und in der Raumlehre. Der freie Geist, der diese Richtlinien auszeichnete, wird in der Zulassung von Französisch-Unterricht deutlich.[17] Der Lehrplan des Jahres 1872 galt fast drei Jahrzehnte, also definitiv während der Ausbildung von Karl Moede. Erst 1901 wurden neue Richtlinien herausgegeben.

Ein wesentliches Kennzeichen der Lehrerseminare war der Religionsunterricht. Das spiegelte sich beispielsweise in der Zahl der Unterrichtsstunden wider, die bisweilen höher war als diejenige für Rechnen und Raumlehre. Eine dominierende Rolle im Seminarunterricht nahm die Musik ein. Diese Dominanz resultierte aus der Aufgabe der Lehrerseminare, die angehenden Lehrer auch zu Organisten auszubilden. Im 19. Jahrhundert bekleidete ein Großteil der pommerschen Lehrer zusätzlich dieses kirchliche Amt. Schon wegen der Aufbesserung der dürftigen Bezüge war das Kirchenamt begehrt.[18] Der Musikunterricht umfasste außer Orgel- und Klavierspiel Harmonielehre, Gesang und Violinspiel.

Die Volksschullehrerschaft rekrutierte sich vorrangig aus der (unteren) Mittelschicht der Gesellschaft und davon wiederum besonders aus den Berufskategorien Handwerker, Kaufleute, Gastwirte, Landwirte und Lehrer, wie sozialstatistische Daten aus kleinstädtischen preußischen Lehrerseminaren zeigen.[19] Nach dem Besuch der Volksschule ging der junge Mann, der sich den Berufsweg des Lehrers erkoren hatte, entweder bei einem amtierenden Volksschullehrer „in die Lehre“ oder er besuchte die unteren Klassen einer höheren Schule. Darüber hinaus gab es die Möglichkeit, eine staatliche oder – häufiger – private Präparandenanstalt zu besuchen. Über die Zulassung zum Lehrerseminar als der eigentlichen, wenn auch durchaus nicht obligatorischen Berufsbildungsstätte entschied eine Aufnahmeprüfung. Der dreijährige Seminarkursus schloss mit der ersten Lehramtsprüfung ab; frühestens zwei, spätestens fünf Jahre danach hatte sich der junge Lehrer der zweiten Lehramtsprüfung zu unterziehen.[20]

---

15 Lucht, D.: Die pommerschen Lehrerseminare, ein Überblick. In: Buchholz, Werner; Mangelsdorf, Günter (Hrsg.): Land am Meer – Pommern im Spiegel seiner Geschichte. Böhlau Verlag, Köln 1995, S. 561-579.

16 Ebd., S. 563.

17 Ebd., S. 563.

18 Ebd., S. 565.

19 Dillmann, Erwin: Schule und Volkskultur im 18. und 19. Jahrhundert. Böhlau Verlag, Köln 1995, S. 274 und S. 240.

20 Ebd., S. 275.

Die äußere Stellung der Lehrer war durch einen prekären Status zwischen Gemeinde- und Staatsbeamten gekennzeichnet. „Nach seiner Ausbildung, Anstellung, nach seiner Unterordnung unter verschiedenartige Vorgesetzte, nach seinem ganzen Sein, Sollen, Wissen und Können ist der Lehrer Staatsbeamter. Aber nach seiner Besoldung, nach seiner Pensionierung, kurz nach seiner ganzen materiellen Seite hin ist er Gemeindediener“, heißt es im Trierischen Schulblatt von 1873.[21] Die Kopplung von Lehramt und Küster- bzw. Organistenstelle blieb charakteristisch. Der Staat verlangte treue, aufopferungsvolle Multiplikatoren von Grundqualifikationen und Loyalität, die Kirche „Mitarbeiter im Weinberg des Herrn“ mit konfessionell geprägtem Gesamtlebensstil.

Die Anforderungen an das Persönlichkeitsprofil eines Lehrers waren enorm hoch, sollte er doch – neben dem Pfarrer – das entscheidende Vorbild sein, über welches man sich auf längere Sicht eine Transformation der Volkskultur gemäß den modernen bürgerlichen Standards versprach.[22] Religiös-sittliche Tadellosigkeit, Selbstbeherrschung, unbedingte politische Loyalität, peinliche Pflichterfüllung und stete Fortbildungsbereitschaft, ein ordentlicher Haushalt, der durch Schlichtheit und Genügsamkeit, zugleich aber auch durch ein gefälliges Wesen charakterisiert sein sollte – dies waren die Maßstäbe, die an die Persönlichkeit des preußischen Lehrers angelegt wurden. Von ihm sollte eine veredelnde, zivilisierende, vergeistigende Wirkung auf das soziale Umfeld ausgehen.

Ihr Ende erlebten die Lehrerseminare in den zwanziger Jahren des 20. Jahrhunderts. Die Weimarer Reichsverfassung bestimmte in Art. 143: „Die Lehrerbildung ist nach Grundsätzen, die für die höhere Bildung allgemein gelten, für das Reich einheitlich zu regeln“. Die pommerschen Lehrerseminare wurden 1925 und 1926 geschlossen. Seit 1926 erfolgte die Lehrerausbildung auf neu geschaffenen Pädagogischen Akademien, deren viersemestriges Studium das Abitur voraussetzte.[23]

---

21 Ebd., S. 276.

22 Ebd., S. 277.

23 Lucht, D.: Die pommerschen Lehrerseminare, ein Überblick. In: Buchholz, Werner; Mangelsdorf, Günter (Hrsg.): Land am Meer – Pommern im Spiegel seiner Geschichte. Böhlau Verlag, Köln 1995, S. 566.

2 Kindheit und Schulzeit (1888-1907)

Familie Karl Moede in Sorau

Karl Moede wurde zum 1. April 1887 nach Sorau versetzt. Zwei Jahre lang, vom 1. April 1887 bis 31. März 1889 arbeitet Karl Moede hier als Volksschullehrer, dann insgesamt sieben Jahre, vom 1. April 1889 bis 31. März 1906 als Lehrer an einer Mittelschule für Mädchen. Die dazu notwendige Prüfung legt er am 10. Dezember 1887, also ein halbes Jahr nach seiner Ankunft in Sorau ab. Am 3. Dezember 1891 besteht er die Rektorsprüfung. Darüber hinaus nimmt er an zwei Staatskursen für Lehrer an kaufmännischen Fortbildungsschulen teil. Ab dem 1. April 1906 ist er dann Rektor der Gemeindeschule 1/2 in Sorau.[1]

Karl Moede und seine Frau Ida waren zur Zeit der Versetzung nach Sorau im Jahre 1887 gerade zwei Jahre verheiratet. Die Tochter Else war noch kein Jahr alt. Karl Moede stand im 28. Lebensjahr, seine Frau war fast 23 Jahre alt. Schon bald erweiterte sich die Familie, am 3. September 1888 wurde Walther Moede in Sorau geboren.

Das Jahr 1888 ist im Deutschen Reich als „Dreikaiserjahr" in die Geschichte eingegangen. Nach dem Tode des alten Kaisers Wilhelm I. am 9. März 1888 wurde nach kurzer Regierungszeit des schwerkranken Kaisers Friedrich III. am 15. Juni 1888 dessen Sohn, der 29 Jahre alte Wilhelm II. Nachfolger auf dem deutschen Kaiserthron.

Bild 2.01: Drei Kaiser – Wilhelm I., Friedrich III., Wilhelm II.

Die traditionell preußische Familie Moede entwickelte sich in den folgenden Jahrzehnten ganz im Geiste der wilhelminischen Zeit. Nach der 1890 erfolgten Entlassung Bismarcks prägte das Bild vom Kaiser Wilhelm II. das Denken und Handeln der preußischen Beamten, so auch des Schulrektors Karl Moede: pflichtbewusst, fleißig und fromm, dem Kaiser und König dienend.

Sorau, eine bürgerliche Kleinstadt in der Niederlausitz, wurde Lebensmittelpunkt der Familie Karl und Ida Moede mit ihren Kindern Else und Walther. Die Wohnung der Moedes lag in der Bahnhofstraße 17, verkehrsgünstig nahe dem Zentrum der kleinen Provinzstadt mit damals knapp 15.000 Einwohnern, überwiegend evangelisch. Nähere Verwandtschaft hatte

[1] Dokument 01-42: Personalstammblatt Karl Moede, siehe auch Bild 1.03, S. 3.

die Familie in Sorau nicht. Diese war weiterhin in Pommern verblieben, väterlicherseits im Landkreis Regenwalde und mütterlicherseits in Misdroy auf der Insel Wollin.

Bild 2.02: Else und Walther Moede

Als Kreisstadt im preußischen Regierungsbezirk Frankfurt/O., verkehrsgünstig rund 180 km südöstlich von Berlin und etwa 140 km nordwestlich von Breslau gelegen, hatten sich in Sorau zahlreiche Handwerksbetriebe und mittelständige Wirtschaftsunternehmen der Baustoffindustrie und der aufkommenden Verarbeitungswirtschaft entwickelt. Der Handelsverkehr und auch der Tourismus zeigten eine aufsteigende Tendenz, begünstigt durch den zunehmenden Eisenbahnverkehr. Insbesondere war Sorau ein bedeutender Standort der Textilindustrie. Fast die Hälfte aller Industriearbeiter war in diesem Gewerbe beschäftigt. In Sorau wurde 1886 eine Textilfachschule gegründet. Eine große wirtschaftliche Bedeutung hatten auch die Braunkohlegruben in der Umgebung. Die Region war in den kommenden Jahrzehnten durch wirtschaftliches Wachstum mit zunehmender Bevölkerungszahl geprägt.

Das Stadtbild von Sorau ist durch geschichtsträchtige Bauwerke bestimmt. Zu nennen sind der Schlossbereich mit dem alten Schloss (1207) und dem daneben erbauten neuen Schloss (1716), die Peterskirche (um 1200), die Hauptkirche (14. Jahrhundert), die Schloss- und Klosterkirche und die Gräbigerkirche, das Rathaus sowie das Waldschloss von 1557. Als öffentliche Plätze bestimmten der Kaiserplatz mit dem Kriegerdenkmal und der Bismarckplatz das Stadtbild.

Als Kreisstadt besaß Sorau ein Amtsgericht, eine Oberförsterei und eine Handelskammer. Hervorzuheben ist das Schulwesen mit dem Königlichen Gymnasium, den Mittel- und Gemeindeschulen sowie den Berufsfachschulen.

Bild 2.03: Hauptkirche in Sorau

Bild 2.04: Königliches Schloss in Sorau

Der Name Sorau leitet sich wahrscheinlich von einem kleinen, slawisch-sorbischen Stamm her, der die Gegend von Sorau im frühen Mittelalter bewohnte. Zum ersten Mal wird der Gau Zara 1007 in der Chronik Thietmars von Merseburg genannt. Zu jener Zeit wurde die Niederlausitz vom polnischen Herzog Bolesław Chobry beherrscht. Die Stadt Sorau wurde um 1260 gegründet, als die Niederlausitz zum Machtbereich der Wettiner gehörte. Sie erhielt Magdeburger Stadtrecht. Als Landesherren folgten die schlesischen Piasten (bis 1364) und die böhmischen Könige (bis 1635). Sorau war aber nie eine landesunmittelbare Stadt, sondern befand sich immer im Besitz mächtiger Adelsgeschlechter, zuerst derer von Dewin, dann derer von Bieberstein. Seit 1559 waren die Herren bzw. Grafen von Promnitz die Besitzer. Die Stadt war wirtschaftlicher und administrativer Mittelpunkt einer ausgedehnten Herrschaft. Zwischen 1525 und 1540 wurde in Sorau schrittweise die Reformation eingeführt. Stadt und Herrschaft erhielten Ende des 16. Jahrhunderts ein eigenes evangelisches Konsistorium. Im Dreißigjährigen Krieg hatte Sorau unter den „Durchzügen“ der Truppen Wallensteins und der Schweden zu leiden. Mit der Niederlausitz gelangte Sorau 1635 unter sächsische Herrschaft, unter der die Stadt bis 1815 verblieb. Der Komponist Georg Philipp Telemann war in den Jahren von 1704 bis 1709 Kapellmeister am Hof des Grafen Erdmann II. von Promnitz. Von 1815 bis 1945 gehörte die Stadt zur preußischen Provinz Brandenburg.

Schulzeit und Abitur (1894-1907)

Für Walther Moede begann 1894 die Schulpflicht. Zu jener Zeit war der Vater als Lehrer an der Mittelschule für Mädchen tätig. Es könnte sein, dass Walther Moede in einer Mittelschule eingeschult war, denn in seinem Lebenslauf zur Dissertation wird von ihm die Mittelschule als Grundausbildung von 1894 bis 1898 genannt.

Ostern 1898 erfolgte seine Umschulung auf das Königliche Gymnasium zu Sorau. Das am Kaiserplatz gelegene neue Gebäude war erst zehn Jahre vorher eingeweiht worden. Vorzüglich ausgerüstet und mit einem engagierten Lehrerkollegium besetzt, war eine hervorragende Bildungsstätte gegeben, in der Walther Moede nunmehr seine schulische Heimat fand, um sich ganz seinem Bildungsstreben zu widmen.

Bild 2.05: Königliches Gymnasium in Sorau

Mit 14 Jahren am 3. April 1903 wurde Walther Moede konfirmiert. Das evangelische Gesangbuch[2], das er von seinen Eltern zu diesem Anlass als Geschenk bekommen hat, trägt folgende Widmung:

> „Sorau, d. 9. April 1903
> Mit Gott fang an, mit Gott hör auf, das ist der beste Lebenslauf.
> Der Segen des dreieinigen Gottes, des Vaters, des Sohnes und
> des heiligen Geistes begleite dich auf deinem Lebenswege.
> Das ist der Wunsch deiner Eltern zu deiner Konfirmation.“

[2] Königliches Konsistorium (Hrsg.): Evangelisches Gesangbuch. Nach Zustimmung der Provinzialsynode vom Jahre 1884 zur Einführung in der Provinz Brandenburg mit Genehmigung des Evangelischen Oberkirchenrats. Verlag von Trowitzsch und Sohn, Berlin 1902.

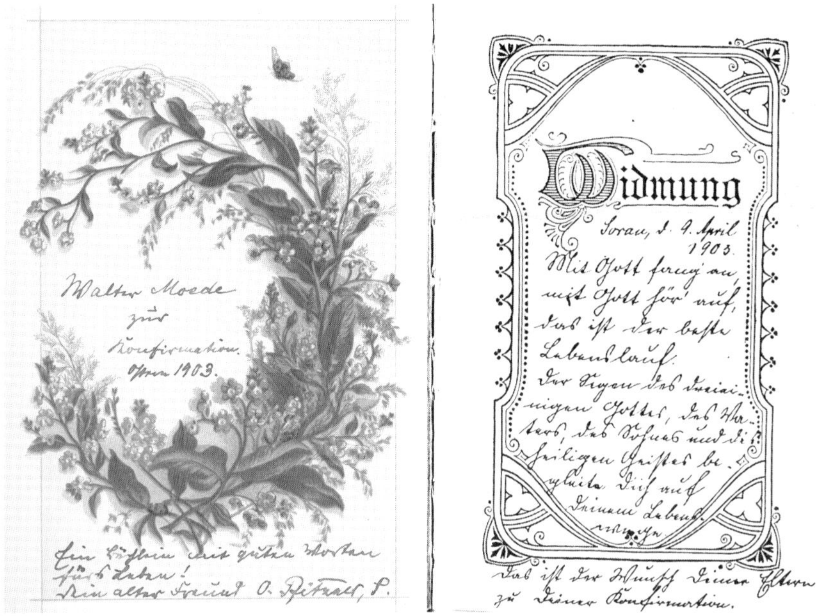

Bild 2.06: Tagebuch und evangelisches Gesangbuch von Walther Moede mit Widmungen (1903)

Aus dem Tagebuch von Walther Moede

Überliefert ist aus dieser Zeit ein Tagebuch[3], das Walter Moede von seinem Freund O. Pfitzner Ostern 1903 zu seiner Konfirmation bekommen hatte. Hier hat Moede vom 24. Dezember 1903 bis April 1904 im Alter von 15 Jahren unregelmäßig über die alltäglichen Erlebnisse und Ereignisse Eintragungen gemacht.

Die stichwortartigen, eng geschriebenen Anmerkungen geben einen Einblick in das tägliche Geschehen jener Wochen: Zum Heiligen Abend wird der Christbaum geschmückt. Er kostete 80 Pfennig. Der Schmuck war recht bäuerisch gehalten, auf besonderem Wunsch von Mutter und Schwester Else. Im vorigen Jahr waren es nur Lichter und Watte. Als Geschenk bekam der Vater eine Flasche Stonsdorfer. Walter Moede erhielt neue Handschuhe sowie Äpfel, Schlipse und Bücher. Mutter erhielt eine Ofenbank und Gläser mit Untersätzen, Else Wandteller und Regenschirm. Zum Abendessen gab es Bratwurst mit Kraut. Anschließend wurde aus Reuters Werken vorgelesen. Die Christnachtpredigt des Pfarrers wird kritisiert, sie sei einschläfernd gewesen. Mit den Predigten am Weihnachtstage setzt er sich inhaltlich auseinander.

Im Hause der Moedes gab es öfter Besuch. So zum ersten Weihnachtstag von den Löchners. Zum Mittagessen Hasenbraten mit Rotkohl. Besuch kam auch von den Kühns. Im Übrigen wurde vorgelesen. Aktuell war Reuter: „Ut mine Stromtid". Weitere Literatur wird genannt: Türmer „Der Zustand der Seele im Traum" sowie Kunstwart „Goethes Lyrik".

Die Witterung der letzten Dezembertage war durch Kälte gekennzeichnet. Die Teiche waren gefroren. Schlittschuhlaufen stand an. Neue Schlittschuhe wurden gekauft.

Bemerkenswert ist der Hinweis auf das Studium der Darwinschen Schriften, mit denen sich Walter weiter intensiv befasste: Kampf ums Dasein. Von seiner Militärzeit wünschte er

[3] Bemerkenswert ist, dass im Tagebuch stets Walter ohne „h" geschrieben wird, deshalb auch hier so zitiert. Tagebuch für die Reise durchs Jahr von Heinrich Steinvorth. 2. Aufl., Verlag Carl Meyer, Hannover 1887.

sich, dass sie eine Zeit der Ausbildung des bis dahin vernachlässigten Körpers und keine Drillanstalt sein möge. Den Konfirmandenunterricht findet er abstoßend. Er fühlt sich als entschiedener Gegner des Dogmatismus.

Selten wird über die Schwester Else berichtet. Jedoch wohl über ein „Kränzel mit ihren Freundinnen Hedwig Goetze und Hanne Brünner." Abends wird bis tief in die Nacht gelesen: „Du mein Jena". Weihnachts- und Neujahrkarten werden geschrieben, darunter auch an Grete Moede.

Am Silvesterabend findet sich bei Moedes eine illustre Gesellschaft ein, die Walter charakterisiert. Sie dauerte bis halb zwei Uhr. Den Tag beendet er mit den Worten: „Im Traum treten alle geheimen Gefühle und Regungen des Herzens offen zu Tage, also der wahre Charakter des Menschen, dem eingeleimt ist der Wille, der zugleich mit dem Verstande bei Tage das Fleisch beherrscht, wenigstens beherrschen sollte." Das Neue Jahr 1904 beginnt Walter Moede mit einem Bekenntnis:

> „Nach der Wahrheit will ich streben,
> diesem Streben will ich leben,
> auch in diesem neuen Jahr".
> Walter Moede

Zum Mittagessen des Neujahrestages gab es Gänsebraten und Bier. Nachmittags wurde Schlittschuh gelaufen. Vierzig Neujahrskarten waren eingegangen. Als Abendgast war Fräulein Goetze gekommen, die Walter Moede eindrucksvoll beschrieb: „ein ganz nettes kokettes Frauenzimmerchen, das sich nicht scheut, ihre Meinung frei auszusprechen". Walter Moede durfte sie nach Hause begleiten.

Nach langen Abenden pflegte man am nächsten Tag spät aufzustehen mit dem Vorsatz, nunmehr arbeiten zu wollen. In einem Rückblick fasst Walter seine Lernerfolge des vergangenen Jahres zusammen: Radfahren, Tanzen, Kneipen, Stenographieren und Schlittschuhlaufen. Seine Freundschaften wurden stets kritisch gesehen.

Walter gab wie seine Schulkameraden Nachhilfestunden. Der Stundenlohn lag bei 50 Pfg., angespart waren 18 Mark. Im Übrigen wurde während der Ferien jeden Tag gearbeitet, danach Schlittschuh gelaufen. Sein Schulfreund Kaulfuß will zu Ostern abgehen und verewigt ihm sein griechisches Lexikon.

Bemerkenswert ist der Hinweis vom 4. Januar 1904 auf den Gesundheitszustand des Vaters: „Papa sehr melancholisch, jetzt etwas gelegt, Neujahr weinte er, dachte an seinen Tod, rechnete am 1. schon die Pension aus, die wir bei seinem Ableben bekämen. Ich glaube, es ist Nervosität, die ihn auf solche Gedanken bringt."

Mit dem 5. Januar beginnt der Schulunterricht wieder, mit einer Rede von Dr. Schlee feierlich eröffnet. In der Klasse waren 18 Schüler. Latein wurde gepaukt. Es finden sich auch politische Anmerkungen über „die Sozibewegung, die nicht mit den Plebejern in Rom verglichen werden könne". Der Schulbetrieb hat das Leben des Schülers Walter Moede täglich bestimmt. Allerdings gab es auch die Tanzstunde, die sich aber nach seinem Empfinden zu lang hinzog. Zwischendurch wurden Spaziergänge mit seinen Schulfreunden Wollert, Kaulfuß, Böhme und Graeber unternommen, immer zweckbestimmt. Weitere Eintragungen wurden in Stenografie geschrieben.

Die letzten Eintragungen betreffen Schulfreunde und ihr Verhältnis zu den Lehrern. Auch das Ringen mit sich selbst, Fragen zur Organisation seiner Tagesabläufe, auch Selbstkritiken finden sich in seinen Aufzeichnungen immer wieder.

Von besonderem Reiz ist ein Gedankenaustausch mit seinem Vater am 31. Januar 1904: „Gespräch mit Papa über den christlichen Glauben. Er ist aber orthodox. Ich sagte, ich wage bestimmt noch keine Meinung auszusprechen. Erst wenn ich werde Doktor der Philosophie sein, werde ich ihm Aufklärung geben. Ja dann bin ich auch so einer wie jeder, war seine Entgegnung."

Abiturprüfung 1907

Walther Moede war neun Jahre lang auf dem Gymnasium. Dass er während der Schulzeit gute Leistungen erbracht hat, belegen auch die Schul-Prämien in Form von Buch-Prämien, die er 1904 und 1906 erhielt. 1904 bekam Walther Moede von der „Senator Just'schen Stiftung" durch Direktor Schlee das Buch „Geschichte der Griechen"[4] ausgehändigt und 1906 vom Direktor Dr. Engelmann das Werk „Das Neunzehnte Jahrhundert in Deutschlands Entwicklung – Die geistigen und sozialen Strömungen des Neunzehnten Jahrhunderts".[5]

Bild 2.07: Walther Moede (2. v. l.) in der Oberprima

Auch die Bücher[6], die er während seiner Schulzeit gelesen hat, sind ein Beweis dafür, dass er sich sehr früh mit der Philosophie im Allgemeinen und mit der menschlichen Natur überhaupt beschäftigt hat. Die Lehren des Konfuzius und das Land China haben ihn zu dieser Zeit stark interessiert.[7] Überliefert sind aus seiner Schulzeit auch Bücher mit Themen der Entstehung, dem Wesen, der gegenwärtigen Krisis und der Zukunft der Religion.[8]

Nach erfolgreich bestandener Abiturprüfung bekam Walther Moede am 14. März 1907 das von der Königlichen Prüfungskommission ihm zuerkannte Reifezeugnis.[9] Von der münd-

4 Jäger, Oskar: Geschichte der Griechen. 7. Auflage, Druck und Verlag C. Bertelsmann, Gütersloh 1895.

5 Ziegler, Theobald: Die geistigen und sozialen Strömungen des 19. Jahrhunderts. In: Schlenther, Paul (Hrsg.): Das Neunzehnte Jahrhundert in Deutschlands Entwicklung. Band I, Georg Bondi, Berlin 1901.

6 v. Kirchmann, J. H.: René Descartes' philosophische Werke. Vierte Abtheilung: Über die Leidenschaften der Seele. Philosophische Bibliothek, Band 29. Verlag der Dürr'schen Buchhandlung, Leipzig 1891.

7 Hattori, U.: Konfucius. Neuer Frankfurter Verlag, Frankfurt a.M. 1902.

8 Bonus, Arthur: Religion als Schöpfung. Eugen Diederichs Verlag, Leipzig 1902.

9 Dokument 02-16: Zeugnis der Reife vom 19. März 1907.

lichen Prüfung wurde er befreit. Die Prüfungskommission bescheinigt Walther Moede in diesem Zeugnis, dass er sich in allen Hauptfächern mit strengem Pflichtgefühl und Eifer sowie regem wissenschaftlichem Interesse gute Kenntnisse erworben hat. Aus dem Reifezeugnis geht außerdem hervor, dass Walther Moede beabsichtigt, Philosophie zu studieren.

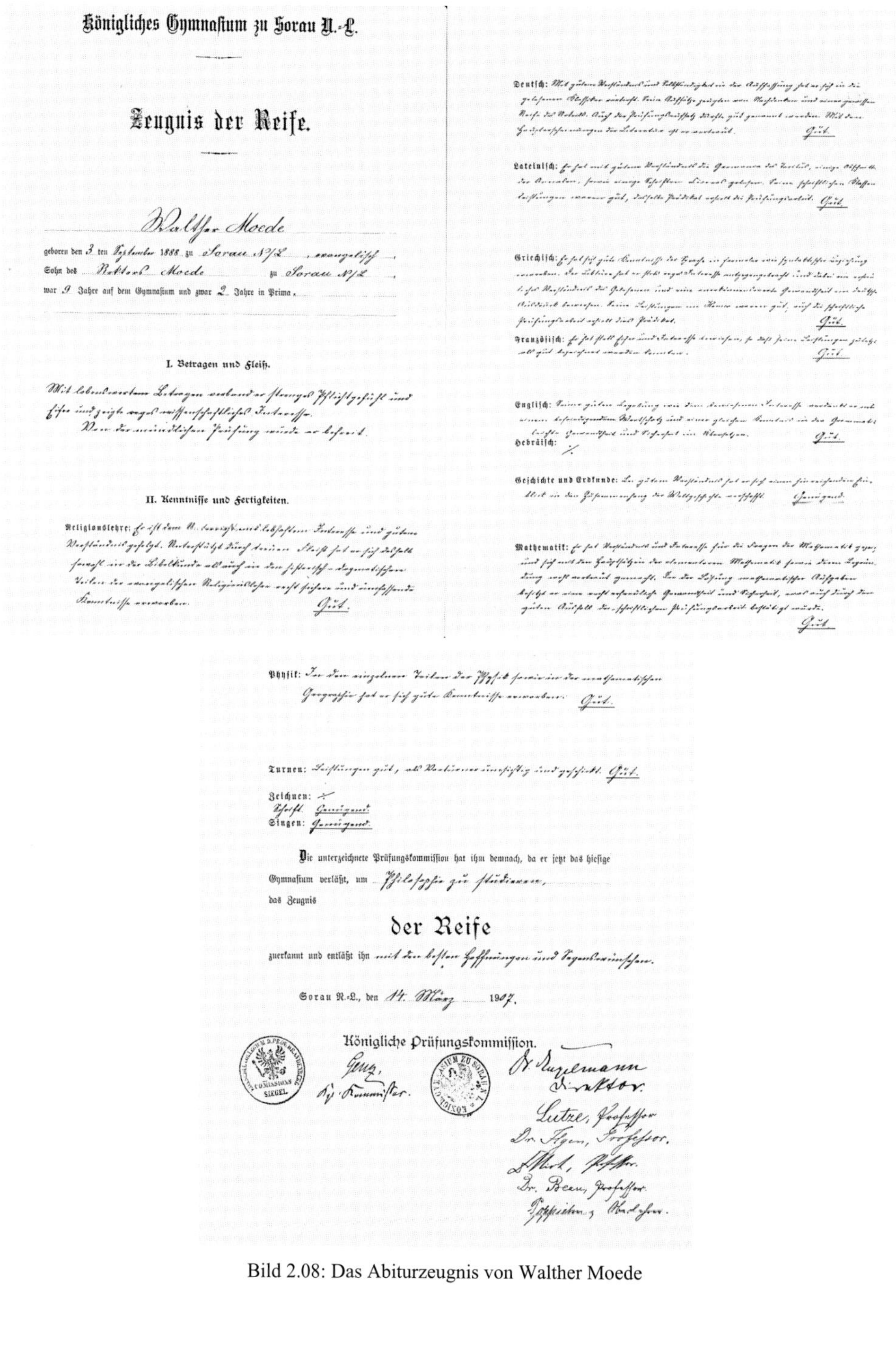

Königliches Gymnasium zu Sorau N.-L.

Zeugnis der Reife.

Walther Moede

geboren den 3 ten September 1888 zu Sorau N/L, evangelisch,

Sohn des Rektor Moede zu Sorau N/L

war 9 Jahre auf dem Gymnasium und zwar 2 Jahre in Prima.

I. Betragen und Fleiß.

II. Kenntnisse und Fertigkeiten.

Religionslehre: Gut.

Deutsch: Gut.

Lateinisch: Gut.

Griechisch: Gut.

Französisch: Gut.

Englisch: Gut.

Hebräisch: –

Geschichte und Erdkunde: Genügend.

Mathematik: Gut.

Physik: Gut.

Turnen: Gut.

Zeichnen: –

Schrift: Genügend.

Singen: Genügend.

Die unterzeichnete Prüfungskommission hat ihm demnach, da er jetzt das hiesige Gymnasium verläßt, um Philosophie zu studieren, das Zeugnis

der Reife

zuerkannt und entläßt ihn mit den besten Hoffnungen und Segenswünschen.

Sorau N.-L., den 14. März 1907.

Königliche Prüfungskommission.

Bild 2.08: Das Abiturzeugnis von Walther Moede

Walther Moede beendete die Schulausbildung mit 18 ½ Jahren. Das Studium sollte er zum SS 1907 beginnen. Die Zeit drängte, die Frage nach dem Studienort stand an. Die Wahl fiel auf Straßburg. Für den „mulus“ Walther Moede ein erster großer Schritt in eine neue Welt, angetreten zum Studium der Philosophie.[10]

Exkurs: Das Sorauer Gymnasium[11]

Das Sorauer Gymnasium verdankt seinen Ursprung einer Stiftung. Um 1503 vermachte ein Kaplan der Stadt eine kleine Summe, von deren Zinsen ein Magister bezahlt werden sollte. So entstand die so genannte Bürgerschule, die bald zu großer Berühmtheit gelangte. 1528 wurde die Schule protestantisch, und nun nahm sich Melanchthon ihrer an, indem er vor allem einen tüchtigen Rektor herschickte. 1538 besaß die Anstalt bereits fünf Lehrer und fünf Klassen und hatte die Berechtigung, zur Universität zu entlassen. Sie erhielt daher als Lateinschule den Namen Lyzeum.

Das Schulgebäude hatte Hieronymus von Biberstein errichten lassen. Es lag, wie das alte Gymnasium, am Kirchplatz. Lange Zeit stand die Sorauer Schule in hohem Ansehen. Auch die beiden berühmten Sorauer Neander und Faber erhielten auf ihr die Ausbildung. 1551 übernahm dann die Stadt das Patronat, außerdem wurde sie unterstützt durch die Kirche und Landesherren. Ein Biberstein stiftete nämlich das erste Stipendium und ein von Promnitz schenkte eine Bibliothek. Die Kirche gab Geld für die Besoldung des Rektors. Ursprünglich waren es 61 Scheffel Getreide. Dafür mussten die Schüler bei Gottesdiensten und Beerdigungen singen. Im 17. Jahrhundert verblasste jedoch der Ruhm des Lyzeums. Schuld daran waren die vielen Kriege und großen Brände, die Sorau heimsuchten.

1619 blieb das Gebäude ebenso wie die Kirche von dem damaligen Feuer noch verschont, aber 1684 brannte es vollkommen nieder. Infolge dieses Brandunglücks zerstreuten sich die meisten Schüler. „Die wenigen, die noch da waren, wurden in dem Niederhospital mit vieler Ungemächlichkeit unterrichtet. Noch nie war weder zuvor, und nie ist auch nachher die Schule so außerordentlich unglücklich gewesen als eben jetzt“ nach einem Bericht des Rektors Kühn vom Jahre 1771.

Damals wäre es um das Schicksal der Sorauer Schule sicher schlecht bestellt gewesen, wenn die Bürgerschützengilde nicht einen Teil ihrer Kleinodien in hochherziger Weise geopfert hätte. Sie verkaufte nämlich die Königsketten, es waren fast 500 goldene Glieder, und so konnte bald ein neues Schulgebäude errichtet werden. 1686 wurde es eingeweiht. Der damalige Rektor Rösner verfasste dazu folgendes Gedicht:

> „Der Schützen-Brüderschaft bleibt allezeit ein Segen.
> Der an der Schulen Bau am meisten war gelegen,
> Die ihren Kettenschmuck durch freye milde Hand
> Der Musen Volck zu Trost an dieses Haus gewandt!“

Leider bestand das neue Haus nicht allzu lange. Bei dem Brand im Jahre 1700 wurde es vernichtet. Das Lyzeum, das in der kurzen Zeit rasch wieder aufgeblüht war, führte nun über

---

10 „mulus“ wird scherzhafterweise ein angehender Student zwischen Abitur und Studienbeginn genannt.

11 Nachdruck, nähere Informationen über die Geschichte des Sorauer Gymnasiums, das nach der Zerstörung am 11. April 1944 in den 50er Jahren wiederaufgebaut wurde, finden sich in einem 1927 im „Sorauer Tageblatt“ erschienenen Aufsatz, der von dem damaligen Oberprimaner Kind verfasst worden war. Eine Kopie wurde dem Verfasser beim Besuch des heutigen Gymnasiums in Sorau freundlicherweise ausgehändigt.

ein Jahrhundert ein außerordentlich kümmerliches Dasein. Die Bürgerschaft war verarmt und konnte der Schule nur wenig helfen, und so hauste sie bis 1834 in einem unzulänglichen Gebäude, das Balthasar von Promnitz errichtet hatte. Einzelheiten aus all der Zeit sind jedoch nicht überliefert. Genaues wissen wir erst von der Zeit an, als Adler Rektor in Sorau wurde. Das geschah im Jahre 1815, als Sorau an Preußen kam, wenn auch die Schule vorläufig unter städtischem Patronat blieb.

Zu jener Zeit hatte die Schule immer noch, wie schon im 16. Jahrhundert, fünf Lehrer und fünf Klassen in vier Zimmern. Dabei rechtfertigten nur die beiden obersten Klassen den Namen einer gelehrten Schule, die anderen drei bildeten eine schlechte Volksschule. Die Gruppe der Schüler bestand aus „schlimmen Subjekten, die alltäglich mit dem Stock geprügelt werden mussten", berichtet Adler. Viele Kurrendesänger waren dabei, rohe Barfüßler, „die für Brot und Pfennige vor den Türen gar jämmerliche Lieder schrieen." Zur Zeit des „Aehren- und Holzlesens, des Bleichens und Erdbirnenrausmachens" musste die Schule geschlossen werden. Auch mit den Hilfsmitteln war es höchst übel bestellt. Die Bücherei musste in der Kirche stehen, und die Physikapparate hatten ihren Platz in einem kleinen feuchten Kabinett, sodass sie schnell unbrauchbar wurden. Versuche konnten überhaupt nicht gemacht werden.

„Die Kenntnisse waren dementsprechend", so schreibt Adler voller Wehmut: „Von Geschichte, Naturwissenschaft, Mathematik und deutscher Sprachwissenschaft hatte kein Scholar einen Begriff. Das lag vielleicht auch mit an den Lehrmitteln; Geschichte beispielsweise wurde nach einem 24bändigen Werk über Weltgeschichte gegeben, so daß, da man sich genau an die Reihenfolge hielt, die Behandlung der chinesischen Geschichte allein mehrere Jahre dauerte. Andererseits ersieht man aus den Einladungsprogrammen zu den alljährlichen Schulfeiern, die in einer öffentlichen Prüfung des Schülers bestanden, daß die Scholaren über die schwierigsten philosophischen Probleme einen lateinischen Vortrag halten mussten."

Daher erscheint es nicht verwunderlich, dass das Konsistorium in Berlin 1810 fragte, ob es das Lyzeum nicht wegen seiner „Geringfügigkeit und Mangelhaftigkeit" aufheben solle. Es bleibt das Verdienst von Rektor Adler, dass die Schule damals nicht das Schicksal des Lübbener Gymnasiums teilte. Er bewirkte nämlich, hauptsächlich durch persönliche Beziehungen, dass die Anstalt bestehen blieb und sogar Zuwendung vom Staat erhielt, sowie Lehrmittel aus dem aufgehobenen Kloster Neuzelle.

Damit begann ein königliches Konpatronat. Jetzt erhielt die Anstalt den Namen Gymnasium und im selben Jahr 1818 wurde die Abiturientenprüfung eingeführt. Durch strenge Zucht suchte Adler auch das Ansehen der Anstalt zu heben. Es liegt beispielsweise eine Verordnung aus jener Zeit vor, nach der es jedem Schankwirt in und auf eine halbe Stunde vor der Stadt bei 5 Thaler Strafe verboten war, den Schülern Speisen oder Getränke zu verabreichen.

Es bestanden aber noch manche Mängel, die erst im Laufe der Zeit beseitigt wurden. Die Verpflichtungen der Kirche gegenüber waren recht lästig, denn an den Tagen, an denen die Schüler bei Begräbnissen oder Gottesdiensten singen mussten, konnte kein Unterricht gegeben werden. Die Stunden selbst lagen auch recht ungünstig. Es war nämlich von 7 bzw. 8 bis 10 Uhr Unterricht und dann wieder von 1 bis 3 Uhr nachmittags. Ferner war das Schulgebäude höchst unzureichend. Schließlich musste es sogar von innen und außen mit Balken gestützt werden. Zerbrochene Fensterscheiben wurden durch Holzverschlag ersetzt. Endlich wurde das Haus für baufällig erklärt und musste geräumt werden.

Der Antrag des Staates, die Schule ins Schloss zu verlegen, wurde abgelehnt. Die Stadt baute vielmehr 1834 an der Stelle des alten ein neues Schulgebäude am Kirchplatz. Dort befand sich dann das Gymnasium bis zum Jahre 1888. Die neu eingerichtete Sexta kam allerdings in das Physikatsgebäude, die spätere Jugendherberge.

Dank der Mühe Adlers stieg die Zahl der Schüler unter seinem Rektorat in den Jahren 1815 bis 1853 von 75 auf 150. Unter seinen Nachfolgern schritt die Entwicklung fort, und als der preußische Fiskus nach Fertigstellung des neuen Gymnasialgebäudes 1888 am Kaiserplatz die alleinige Verwaltung übernahm, gab es bereits 180 Gymnasiasten. Nun hörte auch das städtische Patronat auf.

Bild 2.09: Lehrerkollegium am Königl. Gymnasium Sorau (1890/92)

Denn ein Neubau von Seiten der Stadt allein konnte bei ihrer finanziellen Bedrängnis kaum verlangt werden. Schon die inzwischen eingetretene Erhöhung der Lehrergehälter und die Einführung des Wohnungsgeldzuschusses überstiegen das Maß ihrer eigenen Leistungsfähigkeit. Aber auch die Ritterschaft sollte ein Ende haben. Da der Staat ohnehin einen Anteil am Patronat hatte und schon seit längerer Zeit einen Zuschuss zur Unterhaltung des Gymnasiums gewährte, wurde im Jahre 1885 ein Vertrag zwischen dem Staate und der Stadt Sorau geschlossen, durch den der Bau gesichert wurde.

So konnte denn im Spätherbst 1885 der Grundstein gelegt und das Richtfest begangen werden. Anfang August 1888 war die Einweihung des neuen Gymnasialgebäudes vollzogen worden. Es stand auf der alten Tuchrahmwiese, die nun Kaiserplatz hieß, und war im Stil der profanen Gotik in Ziegelsteinen ausgeführt. Die Ausstattung war durchaus würdig, insbesondere sind die Laboreinrichtungen für den physikalischen Unterricht und die Sammlungen für die Naturgeschichte reichlich bedacht worden. Was der Staat nicht selbst geben konnte, das war durch die dankbare Liebe alter Schüler geschenkt worden. Dadurch haben sich die Aula und der Zeichensaal zu Prachträumen erhoben. Ein Tag festlicher Freude konnte der Eintritt in das neue Heim für das Gymnasium allerdings nicht sein, da er nicht nur in das Trauerjahr 1888 sondern auch in die eigentliche Trauerzeit um Kaiser Friedrich III. fiel. So musste die Feier auf das Notwendigste beschränkt werden, und auch der Festzug geschah mit umflorten Fahnen und Schärpen.[12]

[12] Anmerkung: Am 3. September 1888 wurde Walther Moede in Sorau geboren.

Aber der Neubau hatte noch eine weitere nachhaltige und segensreiche Folge: die Übernahme des Gymnasiums von Seiten des Staates. Sie war eine Wohltat für die Kommune wie für die Lehrer. In absehbarer Zeit wäre die Stadt unfähig gewesen, neben der Verzinsung ihres Anteils am Baukapital auch noch die Kosten für die Unterhaltung der Schule, die ihr doch zum größten Teil oblagen, aufzubringen.

Die Lehrer aber wurden von den städtischen Behörden ganz unabhängig. Das war in den kleinen Kommunen wichtiger als der ferner Stehende denkt. Bei jeder Aufstiegs- und Pensionsfrage sowie bei jeder größeren Beurlaubung wurde der Grad der Abhängigkeit mehr oder weniger deutlich. Ebenso aber wuchs auch die Selbständigkeit gegenüber dem jeweiligen Direktor. Er allein hatte, sobald es sich um das Aufrücken in eine besser dotierte Stelle oder um die Anstellung eines neuen Lehrers handelte, das entscheidende technische Referat, obwohl er an der Abstimmung selbst nicht teilnahm.

3 Studium der Philosophie (1907-1911)

Kaiser-Wilhelms-Universität Straßburg (1907)

Walther Moede tendierte schon in den letzten Schuljahren zum Studium der Philosophie, sicherlich durch den Vater beeinflusst. Er entscheidet sich zunächst für Straßburg und wird schon am 24. April 1907 in der Philosophischen Fakultät der Kaiser-Wilhelms-Universität zu Straßburg im 19. Lebensjahr immatrikuliert.

Straßburg war im deutschen Kaiserreich die Hauptstadt des deutschen Reichslandes Elsaß-Lothringen. Zu jener Zeit betrug die Einwohnerzahl rund 100 000 Seelen, etwa zur Hälfte katholisch und evangelisch. Hinzu kam noch eine Garnison von etwa 10 000 Soldaten. In landschaftlicher Schönheit eingebettet, war Straßburg durch seine geschichtliche Bedeutung ein herausragendes Kulturzentrum, das sich in dem jungen Deutschen Kaiserreich einer gezielten Förderung erfreuen konnte. Die mittelalterlich geprägte Innenstadt mit zahlreichen Baudenkmalen wurde vom herrlichen Münster überstrahlt, Anziehungspunkt für den mehr und mehr aufkommenden Tourismus, durch günstige Verkehrsverbindung gefördert. Aber auch Industrie und Handel hatten eine fortdauernde Steigerung erfahren, was ebenfalls für das gesamte Bildungswesen gilt.

An die universitäre Tradition anknüpfend wurde 1872 in Straßburg die Reichsuniversität wieder gegründet. Sie erhielt den Namen Kaiser-Wilhelms-Universität und nahm in dieser unmittelbaren Reichszuordnung gegenüber den bestehenden Landesuniversitäten eine gewisse Sonderstellung ein.

Die poetisch oft gepriesene, altehrwürdige Stadt Straßburg erfreute sich in der wilhelminischen Zeit einer ansteigenden Studentenzahl. Hervorragende Gelehrte und gute Ausstattung der Institute gaben ihr den Ruf einer Arbeitsuniversität. Um 1900 waren bereits über eintausend Studenten eingeschrieben. Die Lebenskosten waren relativ niedrig und die Aufnahme der Studenten durch die offene, freundliche und gesellige Art der Straßburger Bürger einladend.[1]

Welche Motive Walther Moede letztlich am stärksten bewegt haben, sein Studium der Philosophie in Straßburg zu beginnen, kann nur vermutet werden. War es ein Ausdruck patriotisch-konservativer Gesinnung, war es der hohe wissenschaftliche Rang oder einfach nur die Herausforderung, möglichst weit vom Elternhaus den Weg ins Leben zu beginnen. Vielleicht hat auch das Leitbild Goethe eine gewisse Rolle gespielt, der das geistige Leben des damaligen Straßburg so meisterhaft vermittelt hat.

Der stud. phil. Walther Moede belegt im Sommersemester 1907 an der Straßburger Universität elf Lehrveranstaltungen, etwa gleichmäßig verteilt auf geisteswissenschaftliche und naturwissenschaftliche Fächer.[2]

Die Einführung in die Philosophie vermittelte ihm Professor Baeumker mit seiner Vorlesung Logik und Erkenntnislehre, vertieft durch ein entsprechendes Übungsseminar. Der damals 54jährige katholische Philosoph Clemens Baeumker, geb. am 16.9.1853 in Paderborn, gest. am 7.10.1924 in München, war ein bedeutender Philosophiehistoriker, der sich besonders mit der Erfassung der mittelalterlichen Philosophie befasste. Er hatte in Paderborn und

1 Fick, R.: Auf Deutschlands hohen Schulen. Berlin, Leipzig 1899, S. 447.

2 Dokumente 03-08 bis 03-10: Urkunde der Universität Straßburg über die Studienbelege Walther Moedes.

Münster Philosophie, Theologie und Philologie studiert. Nach Lehrtätigkeiten in Breslau und Bonn war er nach Straßburg als Nachfolger von Windelband berufen und ab 1912 in München tätig. Philosophisch-theologisch bekannte er sich zu einem auf Gott gegründeten „metaphysisch-ethischen Idealismus, welcher durch die theistisch-teleologischen Grundlagen seine besondere Färbung erhält". Die sittlichen Werte müssten nach seiner Ansicht „hervorquellen aus dem wirklichen Leben eines höchsten Ideals, und zwar, da es sich ja zu höchst um geistige Personenwerte handelt, aus einer unendlichen geistigen Persönlichkeit, mit einem Worte: aus Gott".[3]

Bild 3.01: Clemens Baeumker (1853-1924)

In die Geschichte der antiken und mittelalterlichen Philosophie hat die Vorlesung von Professor Ziegler eingeführt. Mit damals 61 Jahren konnte der 1846 in Göppingen geborene Philosoph und Pädagoge Theobald Ziegler, der in Straßburg von 1886 bis 1911 lehrte, bereits auf sein Lebenswerk zurückblicken. All seine bedeutenden Werke waren erschienen.[4] Im Studienjahr 1899/1900 war er Rektor der Universität Straßburg. Auch Albert Schweitzer gehörte zu seinen Schülern. Sein politisches Interesse kommt auch dadurch zum Ausdruck, dass er von 1906 bis 1908 Mitglied des Gemeinderates der Stadt Straßburg war, also in der Zeit als Walther Moede bei ihm hörte. Mit seiner philosophisch-historischen Orientierung verbanden sich ein gemäßigter Positivismus und ein sozialer Eudämonismus. Er starb 1918 im Alter von 72 Jahren im Feldlazarett Sierenz (Oberelsaß) während einer Vortragsreise für Soldaten.

Nicht zu übersehen ist schließlich eine Vorlesung des bekannten Germanisten Ernst Martin über Geschichte der deutschen Literatur im Mittelalter.

---

3 Aus: Philosophie der Gegenwart in Selbstdarstellungen. Herausgegeben von Dr. Raymund Schmidt. Zweiter Band: Adickes, Erich; Baeumker, Clemens; Cohn, Jonas; Cornelius, Hans; Groos, Karl; Höfler, Alois; Troeltsch, Ernst; Vaihinger, Hans. Verlag von Felix Meiner, Leipzig 1921, S. 26-28.

4 Schmidt, Heinrich; Schischkoff, Georgi: Philosophisches Wörterbuch. Kröner Verlag, Stuttgart 1965. Zieglers Hauptwerke:

- Die geistigen und sozialen Strömungen des 19. Jahrhunderts, 1899, 1921,
- Geschichte der Ethik, 2 Bände (1881-1886),
- Geschichte der Pädagogik, 1895, 1909,
- Die soziale Frage, eine sittliche Frage, 1891,
- Allgemeine Pädagogik, 1901, 1909,
- Davis Friedrich Strauß, 1908,
- Menschen und Probleme, 1914.

Den zweiten Schwerpunkt seines Studiums in Straßburg suchte Walther Moede in den Naturwissenschaften, und zwar insbesondere in der Botanik. Die Grundzüge vermittelte ihm der im Jahre 1888 nach Straßburg berufene Professor Hermann Graf zu Solms-Laubach (1842-1915). Die Physiologie der Pflanzen hörte er bei Professor Jost, umrahmt von Übungen und Exkursionen sowie ergänzt durch Lehrveranstaltungen des Privatdozenten Dr. Krause über die Entstehung der Arten und Gattungen im Pflanzenreich sowie des Privatdozenten Dr. Freiherr von der Pfordten über die Grundlagen der Naturphilosophie. Abgerundet wurde dieser Komplex der Lehrveranstaltungen mit einer erdgeschichtlichen Vorlesung über die Eiszeit bei Professor Gerland.

Walther Moede hatte sich vier Monate in Straßburg seinem Studium gewidmet. Nach Abschluss des Semesters konnte er am 3. September 1907 seinen 19. Geburtstag in Sorau feiern. Die Pläne für das weitere Studium waren vorbereitet: es sollte nach Leipzig gehen. Doch der Sommer war noch nicht vorüber: Vielleicht eine Reise nach Pommern, wo Großeltern und Verwandte lebten. Ein wenig Sorau genießen, Freunde besuchen oder auch zu den Büchern greifen, sich um die Philosophie bemühen.

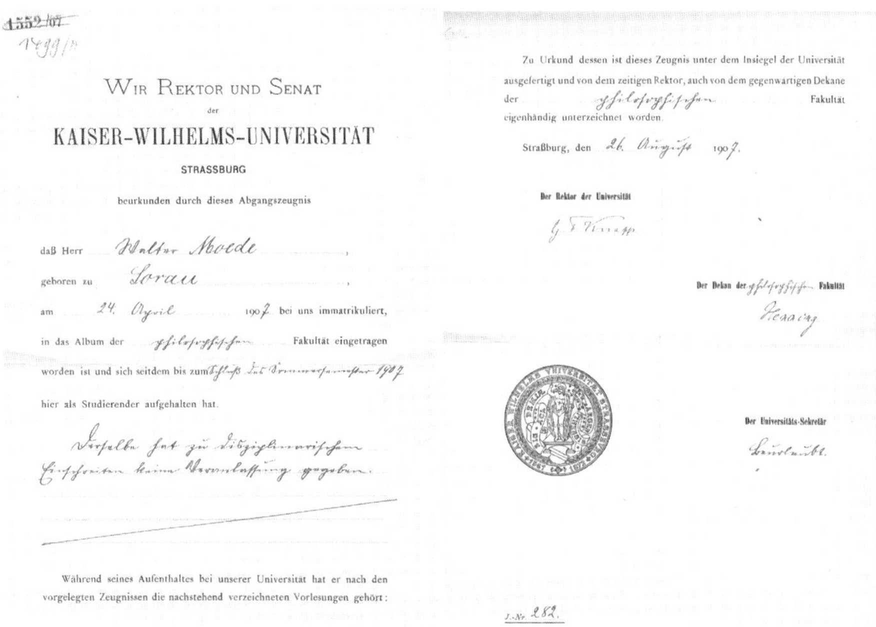

~~1552/07~~ 1499/07

WIR REKTOR UND SENAT

der

KAISER-WILHELMS-UNIVERSITÄT

STRASSBURG

beurkunden durch dieses Abgangszeugnis

daß Herr Walther Moede,

geboren zu Sorau,

am 24. April 1907 bei uns immatrikuliert,

in das Album der philosophischen Fakultät eingetragen

worden ist und sich seitdem bis zum Schluß des Sommersemester 1907

hier als Studierender aufgehalten hat.

Derselbe hat zu disziplinarischen Einschreiten keine Veranlassung gegeben.

Während seines Aufenthaltes bei unserer Universität hat er nach den vorgelegten Zeugnissen die nachstehend verzeichneten Vorlesungen gehört:

Zu Urkund dessen ist dieses Zeugnis unter dem Insiegel der Universität ausgefertigt und von dem zeitigen Rektor, auch von dem gegenwärtigen Dekane der philosophischen Fakultät eigenhändig unterzeichnet worden.

Straßburg, den 26. August 1907.

Der Rektor der Universität

Der Dekan der philosophischen Fakultät

Der Universitäts-Sekretär

J.-Nr. 282.

Bild 3.02: Abgangszeugnis Kaiser-Wilhelms-Universität Straßburg, 26. August 1907

Das Jahr 1907 war ein Krisenjahr der deutschen Wirtschaft, ähnlich in den USA und Japan. Soziale Unruhen gab es in Russland und auch in Frankreich. Andererseits waren die Wissenschaften äußerst produktiv. Im Bereich der Geisteswissenschaften erschienen die Arbeiten von Alfred Adler über Individualpsychologie, von Karl Bühler über die Psychologie der Denkvorgänge, von Willi Hellpach über Sozialpsychologie, von William James über den Pragmatismus und von Ernst Meumann über experimentelle Pädagogik. Den allgemeinen Leistungsstand der Naturwissenschaften unterstrichen diverse Nobelpreise. In der Industrie reformierten die Arbeiten Taylors die Produktionstechnik in den Fabrikbetrieben. Große Fortschritte gab es im Maschinenbau, im Schiffbau und in der Bauwirtschaft. Der Wettbewerb in der technologisch bestimmten Weltwirtschaft nahm seinen Fortgang.

Nicht unbewegt von all dem, was in der Welt und in Deutschland geschah, ging Walther Moede weiter seinen Weg, sicherlich nicht ohne Orientierung auf eine zukünftige Berufswahl. Naheliegend war die Vorstellung, Gymnasiallehrer zu werden.

Universität Leipzig (1907-1909)

Zum Wintersemester 1907/08 wechselt Walther Moede seinen Studienort und studiert bis zum SS 1909 in Leipzig. Es war ein Schritt in eine neue akademische Welt, in die einer großen traditionsreichen Universität. Gegründet 1409 hatte die Leipziger Universität eine bewegte Entwicklung durchgestanden. In ihrer Geschichte spiegelt sich nicht nur der akademische Wandel, sondern auch die kulturelle Entwicklung Deutschlands wider.

Leipzig war als Handels- und Messestadt stark durch das Wirtschaftsleben geprägt. Ende des 19. Jahrhunderts hatte Groß-Leipzig eine Einwohnerzahl von etwa 300 000 erreicht. Die Universität war neben strukturellen Reformen auch durch Neubauten mit modernsten akademischen Instituten ausgestattet. Im Jahre 1908 erzielte sie mit 11 800 Studenten einen eindrucksvollen Höchststand. Leipzig hatte im Jahre 1909 Weltgeltung erlangt, als die Universität ihr 500jähriges Jubiläum feierte. Sie hatte sich zeitweise zur größten deutschen Universität entwickelt und galt als typische Arbeitsuniversität mit herausragenden Gelehrten.[5]

Walther Moede studierte in der Philosophischen Fakultät und belegte Vorlesungen in den Fachdisziplinen Philosophie, Psychologie, Zoologie, Physik, Chemie, Mikroskopie, Naturwissenschaftliche Mathematik, Biologie, Kulturgeschichte und Geologie, wie detailliert aus seinem Abgangszeugnis ersichtlich wird. Die Fächer verteilten sich wie folgt auf die einzelnen Professoren:[6]

WS 1907/08	SS 1908	WS 1908/09	SS 1909
Wundt	Wundt	Wundt	Wundt
Brahn	O. Fischer	Volkelt	Lamprecht
zur Strasser	zur Strasser	Kaestner	Klemm
Wiener	Wiener	Seiffert	Wiener
Wagner	Hantzsch	Hantzsch	Sieglbauer
Pfeffer	Chun	Chun	Chun
	Barth	Barth	Barth
	Krueger	Krueger	von Brücke
			Zirkel
			Wirth

Im Wintersemester 1907/08 konzentriert sich Walther Moede zunächst auf die Geschichte der neueren Philosophie und hört Wilhelm Wundt, der auch eine einleitende Übersicht über die Geschichte der älteren Psychologie vermittelt. Der überwiegende Teil der Lehrveranstaltungen ist den Naturwissenschaften gewidmet: Sinnespsychologie bei Brahn und spezielle Zoologie – Wirbeltiere – bei zur Strasser ergänzen seine Studien in der Biologie, die er schon in Straßburg mit Botanik begonnen hatte. Hierzu gehören auch die mikroskopischen Übungen für Anfänger bei Pfeffer. Ein weiterer Schwerpunkt seines naturwissenschaftlichen Studiums öffnet sich mit der Experimentalphysik einschließlich der physikalischen Chemie, die er bei Wiener bzw. Wagner belegte.

5 Fick, R.: Auf Deutschlands hohen Schulen. Berlin, Leipzig 1899, S. 262.

6 Dokumente 03-14 bis 03-16: Urkunde der Universität Leipzig.

Die Aufteilung seines Studiums in geisteswissenschaftliche und naturwissenschaftliche Fächer setzte sich auch im SS 1908 fort. Die Vertiefung in der Experimentellen Psychologie suchte Walther Moede im berühmten Leipziger Laboratorium von Wilhelm Wundt, die er als Übung auch in den folgenden Semestern belegte. Damit erhielt er eine gründliche Ausbildung in der Experimentellen Psychologie, die von Wilhelm Wundt über Jahrzehnte entwickelt worden war. Wilhelm Wundt war weltberühmt. Nachdem er 1875 nach Leipzig berufen worden war, begann er in engem Kontakt zu Fechner mit dem Aufbau eines Instituts für experimentelle Psychologie, das 1879 zunächst als Privatinstitut und 1883 offiziell als Universitätsinstitut gegründet wurde. Wundts Vorlesungen und Seminare sowie die Arbeiten im Laboratorium zogen Teilnehmer aus aller Welt an. Leipzig wurde zum Zentrum der experimentellen Psychologie.

Für Walther Moede wurde der mit über siebzig Jahren noch so eindrucksvoll lehrende Wilhelm Wundt mehr und mehr ein prägendes Leitbild. Neben der Teilnahme am Philosophischen Seminar bei Barth und an den Völkerpsychologischen Übungen bei Krueger waren weiterhin die Naturwissenschaften ein zweiter Schwerpunkt seiner Belege: Die Einführung in die Mathematische Behandlung der Naturwissenschaften bei O. Fischer, die Fortsetzung der Experimentalphysik bei Wiener, die Anorganische Chemie bei Hantzsch und schließlich die Allgemeine Zoologie nebst Demonstrationen bei Chun sowie die Entwicklungsmechanik in der Zoologie bei zur Strasser.

Bild 3.03: Wilhelm Wundt (1832-1920)

Auch im WS 1908/09 blieb es bei der gleichen zeitlichen Verteilung der Belege auf Geisteswissenschaften und Naturwissenschaften. Wundt dominierte mit Geschichte der neuesten Philosophie von Kant bis zur Gegenwart, dazu Übungen im Psychologischen Laboratorium. Krueger lehrte Vergleichende Psychologie der Naturvölker, bei Volkelt hörte Moede die Grundlagen der Ästhetik und bei Barth besuchte er weiterhin das Philosophische Seminar. Neben der Organischen Chemie und einem Analytischen Praktikum unter Hantzsch waren biowissenschaftliche Fächer, wie die Lehre vom Leben im Überblick bei Seiffert sowie Zeugungstheorien bei Kaestner und die Vergleichende Anatomie bei Chun, belegt worden.

Philosophie und Psychologie wurden im SS 1909 weiter bei Wundt bzw. bei Wirth mit der Psychologischen Methodenlehre sowie bei Barth im Philosophischen Seminar und Erkenntnistheoretische Fragen bei Klemm vertieft.

Die Experimentelle Physik wird mit einem Physikalischen Praktikum bei Wiener abgeschlossen. Die Praktischen Übungen im Zoologischen Laboratorium bei Chun werden mit Vorlesungen über Grundzüge der Physiologie des Menschen (von Brücke) und Embryologisches Praktikum (Sieglbauer) ergänzt. Hinzu kommt noch ein Beleg in der Experimentellen Geologie bei Zirkel.

Besonderes Interesse galt der Vorlesung Deutsche Kulturgeschichte der jüngsten Vergangenheit und Gegenwart bei Lamprecht. Dieser war 1891 auf den Lehrstuhl für mittelalterliche und neuere Geschichte nach Leipzig berufen worden, wo er bis zu seinem Tode 1915 das Historische Seminar leitete. Im Jahre 1856 geboren, studierte er Geschichte in Göttingen, Leipzig und München, spezialisierte sich auf Wirtschaftsgeschichte, worin er auch bei dem bekannten Nationalökonom Wilhelm Roscher und dem Historiker Carl von Noorden in Leipzig 1878 promovierte. Nach seinem Staatsexamen war Lamprecht als Hauslehrer des Bankiers Deichmann in Köln tätig. Zusammen mit dem Unternehmer v. Mevissen hatte er 1881 die „Gesellschaft für Rheinische Geschichtskunde“ begründet. Nach seiner Habilitation in Bonn war er von 1880 bis 1888 dort als Privatdozent, seit 1888 als ao. Professor tätig, um 1890 einen Ruf nach Marburg anzunehmen, dem dann im Jahr 1891 ein Ruf nach Leipzig folgte. Dort entfaltete er eine große wissenschaftliche Aktivität, förderte historische Seminare und gründete schließlich das Königlich-sächsische Institut für Kultur- und Universalgeschichte, das direkt der königlichen Regierung Sachsens unterstand. 1910/11 war er Rektor der Universität Leipzig.

In seinen wissenschaftlichen Werken strebte Lamprecht eine Neufassung des Begriffs der Kulturgeschichte an. Unter dem Einfluss Wilhelm Wundts sah er in der Geschichtswissenschaft auch eine gesetzmäßige Entwicklung sozialpsychischer Kräfte. Durch integrative Verarbeitung verschiedener Kulturgebiete einer Epoche versuchte er unter Einschluss der Wirtschaftsgeschichte den „Geist eines Zeitalters“ zu beschreiben. Seine Geschichtsdarstellungen blieben nicht ohne Widerspruch und entfachten einen scharfen Methodenstreit unter den Historikern.[7]

Bild 3.04: Karl Lamprecht (1856-1915) Felix Krueger (1874-1948) Otto Klemm (1884-1939)

[7] Philosophisches Wörterbuch. Kroener Verlag, Stuttgart 1965, S. 340.

Der hier ausführlicher dargestellte Wirkungskreis Lamprechts in Leipzig ist auch als vorweggenommener Hinweis auf die spätere Tätigkeit Moedes als Assistent gemeinsam mit Piorkowski gemeint. Letzterer hatte eine große wissenschaftliche Nähe zu Lamprecht gefunden, die dann allerdings durch Lamprechts frühen Tod 1915 unvollendet blieb.

Dominierend war in den Leipziger Studienjahren weiterhin Wilhelm Wundt. Im Institut für experimentelle Psychologie fand der junge Student Walther Moede seine wissenschaftliche Orientierung.

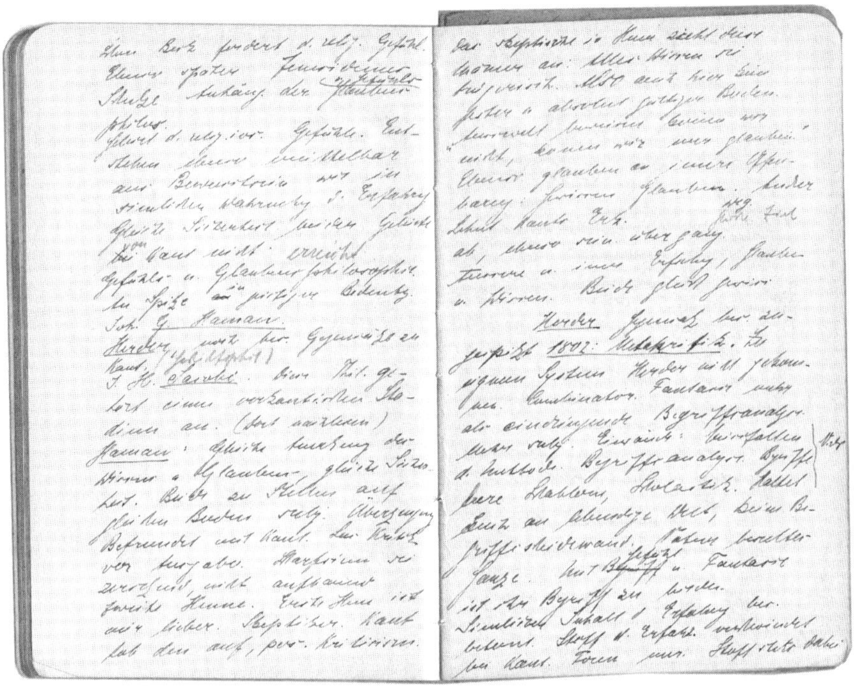

Bild 3.05: Walther Moedes Mitschrift der Vorlesung von Prof. Wundt

Walther Moede erlebte Wilhelm Wundt, der erst 1917 im Alter von 85 Jahren von seinem Lehramt zurücktrat, in seiner letzten Arbeitsphase. Die großen Werke[8] waren geschrieben, sein einflussreiches wissenschaftliches Wirken blieb ungebrochen. In jenen Jahren erschien das zehnbändige Werk „Völkerpsychologie", eine Ergänzung zu seinen früheren Arbeiten zur individuellen, experimentellen Psychologie. Diese von Wundt beförderte Strömung hatte zum Ziel,

---

8 Lexikon der Psychologie. Band 4, Heidelberg, Berlin 2001, S. 427:

- Vorlesungen über die Menschen- und Tierseele, 1863, 1922,
- Grundzüge der physiologischen Psychologie, 1873-1874, 1908-1911,
- Logik, 3 Bde., 1880-1883, 5. Aufl. in 4 Bden., 1923-1924,
- Ethik, 1886, 1923-1924,
- System der Philosophie, 1889, 1919,
- Grundriß der Psychologie, 1896, 1922,
- Völkerpsychologie, 10 Bde., 1900-1920,
- Sinnliche und übersinnliche Welt, 1914,
- Erlebtes und Erkanntes, 1920, 1921.

die soziale und historische Dimension menschlichen Erlebens und Verhaltens in die psychologische Analyse einzubeziehen. Unter dem Aspekt einer „Gemeinschaftspsychologie" untersuchte er die geistigen Objektivationen psychischer Tätigkeit, wie Sprache, Mythus und Sitte.

Mit dem Abschluss des Sommersemesters 1909 hatte Walther Moede insgesamt fünf Semester studiert. Nach dem Grundlagenstudium philosophischer und naturwissenschaftlicher Fachgebiete ist eine erste Profilierung auf Psychologie erkennbar: Die Wundt'schen Lehrveranstaltungen wurden ergänzt durch Brahn (Sinnespsychologie), Krueger (Völkerpsychologie) und Wirth (Psychologische Methodenlehre).

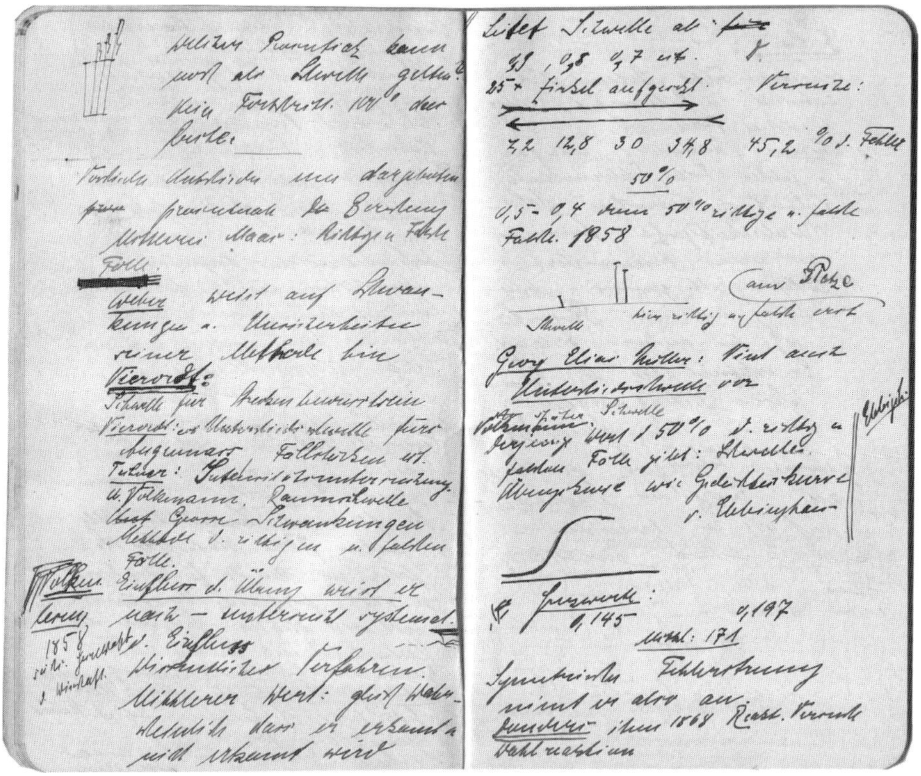

Bild 3.06: Walther Moedes Mitschrift der Vorlesung von Prof. Wirth

Felix Krueger (1874-1948) arbeitete von 1902 bis 1906 als Assistent am Wundtschen Institut, wo er sich 1903 habilitierte. Von 1908 bis 1910 war er als ao. Professor in der Philosophischen Fakultät der Universität Leipzig tätig. Krueger wurde dann als Professor nach Halle berufen, um schließlich 1917 die Nachfolge Wundts anzutreten. Mit der von ihm später begründeten Leipziger Schule der Strukturpsychologie hatte er einen großen Einfluss auf die Entwicklung der Gestaltpsychologie.

Wilhelm Wirth (1876-1952) hatte sich nach Studium und Promotion in München im Jahre 1900 mit Arbeiten am Psychologischen Institut Wundts habilitiert und dort weiter als Assistent gearbeitet, wurde 1906 zum ao. Professor ernannt und avancierte 1917 zum Direktor des psychologischen Seminars.[9]

9 Lexikon der Psychologie. Band 5, Heidelberg, Berlin 2001, S. 6.

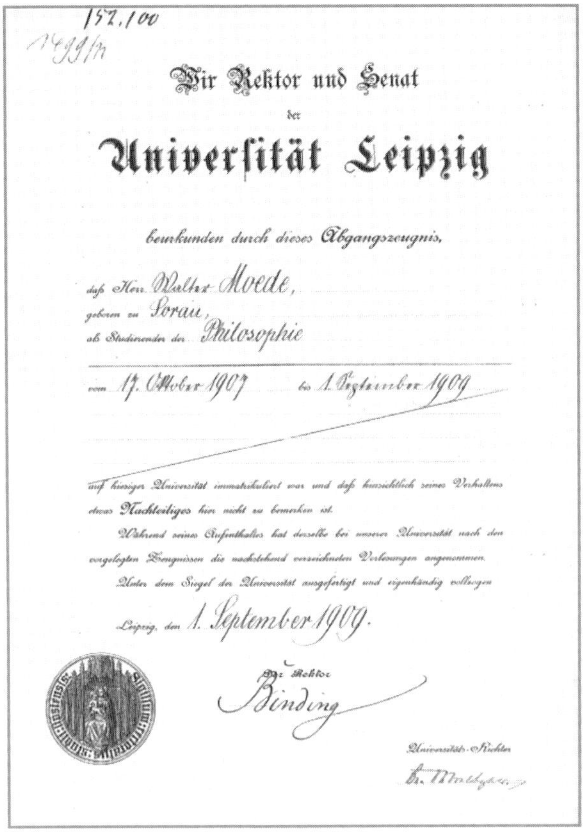

Wir Rektor und Senat
der
Universität Leipzig

beurkunden durch dieses Abgangszeugnis,
daß Herr Walther Moede,
geboren zu Sorau,
als Studierender der Philosophie
vom 17. Oktober 1907 bis 1. September 1909
auf hiesiger Universität immatrikuliert war und daß hinsichtlich seines Verhaltens etwas Nachteiliges hier nicht zu bemerken ist.
Während seines Aufenthaltes hat derselbe bei unserer Universität nach den vorgelegten Zeugnissen die nachstehend verzeichneten Vorlesungen angenommen.
Unter dem Siegel der Universität ausgefertigt und eigenhändig vollzogen
Leipzig, den 1. September 1909.
Der Rektor
Binding
Universitäts-Richter

Bild 3.07: Abgangszeugnis Universität Leipzig, 1. September 1909

Mit dem Ziel Berlin konnte Walther Moede am 3. September seinen 21. Geburtstag feiern. Er hatte zwei Jahre in Leipzig, Körnerstr. 35 I, gelebt und studiert, um sich nunmehr auf das WS 1909/10 an der Berliner Universität einzustellen. Zu seiner Heimatstadt Sorau und damit zu seinem Elternhaus war der Weg nicht allzu weit. Es bestanden weiterhin enge Beziehungen zu seinen Verwandten auf Wollin. Ein beliebtes Besuchsziel war Misdroy, wo seine Großeltern mütterlicherseits lebten. Auf einer überlieferten Postkarte seines Vaters vom 10.7.1909 aus Misdroy heißt es:[10]

„Lieber Walter!

Wir senden Dir viele Grüße von hier, uns geht es allen gut, auch Großvater und Großmutter geht es so ziemlich gut. Es ist alles vermietet. Leider ist das Wetter nicht schön. Wir denken der Herr Freitag wird Anfang August kommen, Else ist ja sehr glücklich. Fährst Du nach Berlin? Schreibe doch bald wie viel Geld Du brauchst. Vater"

Auf der Vorderseite der Ansichtskarte (schwer lesbar): „[...] verreist bald zu Großmutter. Hast Du Deinen Anzug schon an und wie passt er? Willst Du nach Misdroy kommen?"

Offensichtlich verdichtet sich die Beziehung seiner Schwester Else Moede zu Herrn Freitag, ihrem späteren Ehemann. Im Übrigen ist erkennbar, wie besorgt die Eltern um das Wohlergehen ihres Sohnes sind. Gut vorbereitet geht es nach Berlin zum WS 1909/10.

---

[10] Dokumente 03-19 bis 03-20: Postkarte Karl Moede an Walther Moede vom 10.7.1909.

Friedrich-Wilhelms-Universität Berlin (1909-1911)

Mit Wilhelm von Humboldt war in Berlin eine Reformuniversität begründet worden. Große deutsche Philosophen haben dabei mitgewirkt: Johann Gottlieb Fichte, Friedrich Schleiermacher und Georg Friedrich Wilhelm Hegel. Bedeutende Naturwissenschaftler haben die Berliner Universität zu hohem Ruhm geführt, zahlreiche Nobelpreisträger zeugen davon.

Walther Moede hatte nach seinem Erstsemester 1907 in Straßburg nunmehr vier Semester in Leipzig erfolgreich Philosophie, Psychologie und Naturwissenschaften studiert. Dem Geist der Zeit folgend war es nahe liegend, sein Studium an der Berliner Friedrich-Wilhelms-Universität fortzusetzen. Zum WS 1909/10 immatrikuliert, war er über das SS 1910 bis zum WS 1910/11 Student in der Hauptstadt des deutschen Kaiserreiches.

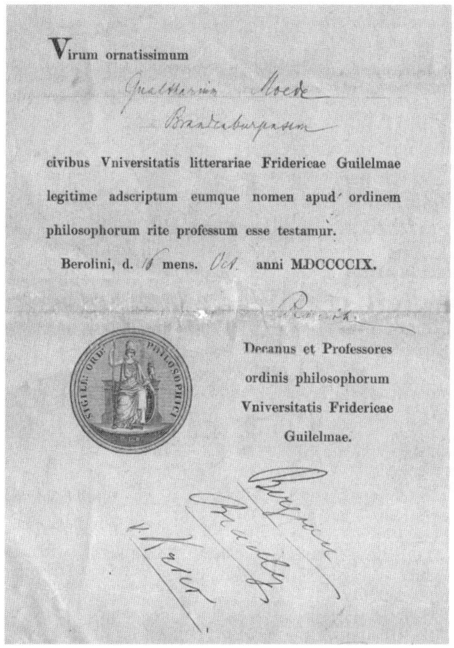

Virum ornatissimum

Gualtherum Moede

Brandenburgensem

civibus Vniversitatis litterariae Fridericae Guilelmae legitime adscriptum eumque nomen apud ordinem philosophorum rite professum esse testamur.

Berolini, d. 16 mens. Oct. anni MDCCCCIX.

Decanus et Professores ordinis philosophorum Vniversitatis Fridericae Guilelmae.

Bild 3.08: Einschreibung Friedrich-Wilhelms-Universität Berlin, 16. Oktober 1909

Walther Moede wohnte in Berlin-Moabit, Bandelstraße 21, nicht weit vom Tiergarten und auch nicht allzu weit von der Universität entfernt. Inzwischen hatte er das Alter von 21 Jahren erreicht, ein zwar noch junger, aber doch schon erfahrener Student. Seine Studienzeit hatte Walther Moede durchweg bescheiden eingerichtet. Das Geld war immer knapp, aber ausreichend, um standesgemäß mitzuhalten. Dem Korporationswesen ist er vermutlich ferngeblieben. Wohl wurden Freundschaften geknüpft.

Die Berliner Schule der Philosophie wurde in jenen Jahren vertreten durch die Professoren Erdmann, Riehl und Lasson. Das Schwergewicht der von Walther Moede belegten Vorlesungen lag jedoch in der Psychologie und Physiologie. Deutlich ist damit eine Verschiebung seiner Interessen hin zu den Naturwissenschaften erkennbar. Bemerkenswert ist die Aufnahme jüngerer Wissenschaftszweige wie der Soziologie und vor allem der experimentellen Psychologie in ihrer Anwendungsorientierung. Ein besonderes Ereignis verdient hervorgehoben zu werden: Die Gastvorlesung von Professor Münsterberg im Wintersemester 1910/11 zum Thema „Idealistische Weltanschauung".[11]

Die von Walther Moede belegten Lehrveranstaltungen verteilten sich nach Semestern geordnet wie folgt auf die einzelnen Professoren:[12]

WS 1909/10		SS 1910	WS 1910/11
Erdmann	Marckwald	v. Schmoller	Münsterberg
Riehl	Magnus	Riehl	Foerster
Simmel	Reinhardt	Lasson	Vierkandt
Ziehen	Nicolai	Ziehen	Oppenheimer
Rupp	Rothmann	Hertwig	Nernst
Jacobsohn			Haberlandt

Bild 3.09: Alois Riehl (1844-1924) Theodor Ziehen (1862-1950) Hugo Münsterberg (1863-1916)

Das WS 1909/10 bringt mit elf Belegen eine hohe Dichte von Vorlesungen, Seminaren und Übungen. Die philosophische Vertiefung findet Walther Moede bei Alois Riehl. Nach dem Philosophischen Seminar im WS 1909/10 hört er bei ihm im SS 1910 Vorlesungen über Kants Prolegomena sowie über Erkenntnistheorie und Probleme der Metaphysik. Der österreichische Philosoph Alois Riehl (1844-1924) lehrte in Berlin von 1905 bis 1917. Als Neukantianer steht er zwischen Kritizismus und Positivismus. Ihm geht es um die Bewahrung der Einheit von Natur- und Geisteswissenschaften. In seinen ethischen Schriften formuliert er den Anspruch der Philosophie auf gültige Vermittlung moralischer Grundsätze.[13] Er vertritt einen „philosophischen Monismus", der sich an den objektiv-empirischen Erkenntnissen der Naturwissenschaft orientiert. „Zwischen Psychischem und Physischem besteht ein Parallelismus." Seine Weltanschauung fasst Riehl wie folgt zusammen:

11 Offen bleibt die Frage, ob Walther Moede näheren Kontakt zu Münsterberg bekommen hat. Auch ist der Besuch der Vorlesung Münsterbergs über Wirtschaftspsychologie nicht erwiesen. Sicher ist jedoch, dass Walther Moede als Student im letzten Semester den herausragenden Gastprofessor Münsterberg persönlich als Hörer erlebt hat.

12 Dokumente 03-21 bis 03-25: Urkunde der Königl. Friedrich-Wilhelms-Universität zu Berlin; Benennung der Vorlesungen zum Wintersemester 1910/11.

13 UAH PA 13088 Riehl, NDB, Band 21, S. 586 f.
Ziegenfuss, W.; Jung, G.: Philosophen-Lexikon. Band 2, Berlin 1950, S. 351-354.

„Es ist dieselbe Wirklichkeit, aus der unsere Sinne stammen und die Dinge, die auf unsere Sinne wirken. Die nämliche schaffende Macht, die schon in den einfachsten Dingen am Werke ist, setzt ihr Werk in uns, durch uns fort. Sie ist die gemeinsame Quelle von Natur und Verstand. Sie hat den Dingen ihre begriffliche Form gegeben und uns das Vermögen, zu begreifen. So stiftete sie zwischen der Natur und Denkgesetzen jene Harmonie, welche im Einzelnen zu vernehmen, Ziel und Lohn aller Forschung ist. Aber nur bis zur Voraussetzung dieser Einheit dringt unser Denken. Sie selbst in ihrem Wesen bleibt transzendent. Das Geheimnis des Daseins ist durch das Denken nicht zu ergründen; das Prinzip des Daseins geht dem Denken voran: erst Sein, dann Denken."

Es sei hier angemerkt, dass Walther Moede im Vorspann der Druckschrift seiner 1911 in Leipzig eingereichten Dissertation die folgende Würdigung einbringt:

„Herrn Geheimrat Prof. Dr.
ALOIS RIEHL
in Verehrung gewidmet."

Daraus könnte man schließen, dass Walther Moede durch Alois Riehl möglicherweise zum Thema der Dissertation angeregt und auch während der Berliner Studienzeit betreut wurde.

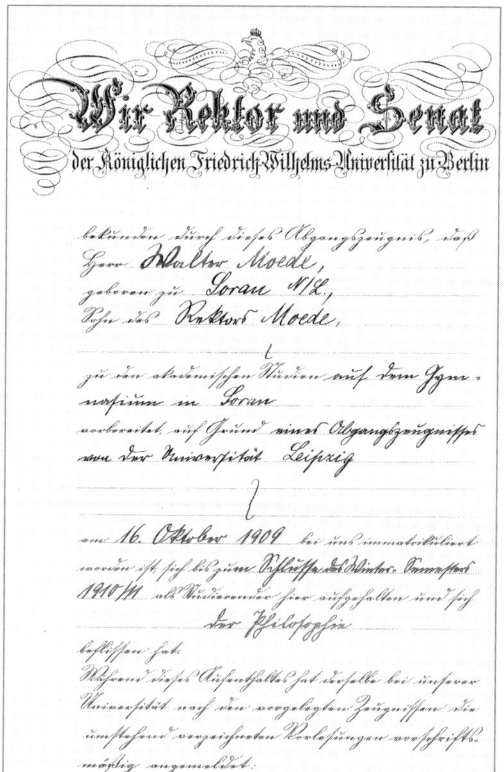

Wir Rektor und Senat
der Königlichen Friedrich-Wilhelms-Universität zu Berlin

beurkunden durch dieses Abgangszeugnis, daß
Herr Walther Moede,
geboren zu Sorau N/L.,
Sohn des Rektors Moede,
zu den akademischen Studien auf dem Gymnasium in Sorau
vorbereitet, auf Grund eines Abgangszeugnisses
von der Universität Leipzig
am 16. Oktober 1909 bei uns immatrikuliert
worden ist, sich bis zum Schlusse des Winter-Semesters
1910/11 als Studierender hier aufgehalten und sich
der Philosophie
beflissen hat.
Während dieses Aufenthaltes hat derselbe bei unserer
Universität nach den vorgelegten Zeugnissen die
umstehend verzeichneten Vorlesungen vorschrifts-
mäßig angemeldet.

Bild 3.10: Abgangszeugnis Friedrich-Wilhelms-Universität Berlin, 28. April 1911

Bei dem bekannten deutsch-jüdischen Philosophen und Soziologen Georg Simmel (1858-1918) hörte er Soziologie. Dieser vertrat eine pragmatische Wahrheitstheorie schon vor James. Dem Neukantianismus nahe entwarf er eine dialektische Lebensmetaphysik und pluralistische Ethik. Er gilt als einer der Begründer der formalen Soziologie.[14]

[14] Philosophisches Wörterbuch. Kroener Verlag, Stuttgart 1965, S. 549.

Durch Adolf Lasson (1832-1917) wurde Walther Moede die Lehre Hegels vermittelt. Dieser hatte sich um eine Vereinigung der Philosophie Hegels mit den Ergebnissen der neueren Naturwissenschaften bemüht.[15]

Psychologische Studien waren neben den Experimentellen Übungen im psychologischen Institut unter Hans Rupp, Assistent des Ordinarius Carl Stumpf, auch auf die Experimentelle Psychologie bei Theodor Ziehen (1862-1950) gerichtet, ergänzt durch dessen Vorlesung über Klinik der Nerven- und Geisteskrankheiten.[16]

Die Psychologie der Naturvölker hörte Moede bei Alfred Vierkandt (1867-1953), dem im Jahre 1921 berufenen, damaligen Privatdozenten, der mit seinen Werken über Gesellschaftslehre und dem 1931 herausgegebenen „Handwörterbuch der Soziologie“ bekannt wurde. Seine Spezialgebiete waren Sozialpsychologie, Gemeinschaftswesen und Gesellschaftsforschung der Naturvölker.

Auffallend ist die Vorlesung bei Gustav v. Schmoller (1838-1917) über „Die Lage der arbeitenden Klassen“, die Walther Moede im SS 1910 hört. Schmoller wird als Kathedersozialist bezeichnet.[17] Er arbeitete als Historiograph für brandenburgische Geschichte und als Herausgeber einschlägiger Schriften und Jahrbücher. Schmoller vertrat einen liberalen Sozialismus. Er starb 1943 in Los Angeles.

Diese Vorlesung findet im WS 1910/11 eine Ergänzung bei Franz Oppenheimer (1864-1943) über Hauptprobleme der Soziologie. Er lehrte damals noch an der Universität Berlin als Privatdozent, wurde später nach Frankfurt berufen und lehrte dann auch an verschiedenen Universitäten in den USA.[18]

Retrospektiv gesehen war die Vorlesung bei Hugo Münsterberg (1863-1916) im WS 1910/11 für Walther Moede von nachhaltiger Bedeutung. Der Beleg ist als Vorlesung über Idealistische Weltanschauung ausgewiesen. Diesem Thema lagen Münsterbergs Arbeiten zugrunde, die er unter dem Titel „Philosophie der Werte“ auch als Lehrbuch veröffentlichte.

Der naturwissenschaftliche Teil seiner Berliner Studienzeit lag schwerpunktmäßig in der Physiologie. Hierzu gehörten die Anatomie des Gehirns (Jacobsohn), Entwicklung von Gehirn und Intelligenz im Tierreich (Nicolai), Physiologie des Zentralnervensystems und Gehirnlokalisationen (Rothmann), die Physiologie der Fortpflanzung und Vererbung bei Pflanzen (Magnus), die Morphologie und Physiologie der Pilze (Reinholdt), die Anatomie und Physiologie der Pflanzen (Haberlandt) sowie Biologie (Hertwig). Vorlesungen über Analytische Chemie bei Marckwald und bei Nernst über Neuere Atomistik ergänzten die naturwissenschaftlichen Fächer, die schließlich in der Vorlesung bei Foerster über Naturwissenschaftliche Erkenntnistheorie ihre Krönung fanden.

Während seiner Berliner Studienzeit erlebte Walther Moede die Metropole in ihrer vollen Blüte. Hauptstadt des Deutschen Reiches, Residenz von Preußen mit nunmehr über 2 Mill. Einwohnern. 1911 wurde der Zweckverband Groß-Berlin gegründet und verkehrsmäßig erschlossen. Mit den Anhalter, Potsdamer, Stettiner, Görlitzer und Lehrter Endbahnhöfen verbunden waren die innerstädtischen Straßenbahnen, die S- und U-Bahnen sowie der aufkommende Autobus-Verkehr. Auch das Flugwesen nahm in Berlin seinen Anfang. Hans Grade gelang der erste deutsche Motorflug, in Berlin-Johannisthal findet 1909 die erste Flugwoche

---

15 Ebd., S. 343.

16 Nach einem Medizinstudium in Würzburg und Berlin und der Habilitation in Jena wurde Theodor Ziehen nach Utrecht berufen und dort zum Direktor der Nervenklinik ernannt. 1917 ging Ziehen als Ordinarius nach Halle und baute dort das Psychologische Institut auf.

17 Kürschner, J.: Universal-Konversations-Lexikon. 9. Aufl., Hermann Hillger Verlag, Berlin u.a. 1890.

18 Philosophisches Wörterbuch. Kroener Verlag, Stuttgart 1965, S. 435.

statt. Berlin wuchs zur größten Industriestadt Deutschlands heran. Die Brücken zwischen Wirtschaft und Wissenschaft wurden mit der Zeit immer wichtiger. Der Fabrikbetrieb wurde Gegenstand wissenschaftlicher Forschung an der Technischen Hochschule Charlottenburg.

Die Friedrich-Wilhelms-Universität feierte 1910 ihr hundertjähriges Bestehen. Aus diesem Anlass wurde die Kaiser-Wilhelm-Gesellschaft in Berlin gegründet, Harnack (1851-1930) wurde ihr erster Präsident. Berlin war eine blühende Stadt der Wissenschaft, begründet auch durch fördernde Zusammenarbeit mit Staat und Wirtschaft.

Promotion an der Universität Leipzig 1911

Noch während seiner Berliner Studienzeit arbeitet Walther Moede an seiner Dissertation. Mit der Jahreswende 1910/11 ist das Manuskript abgeschlossen. Zur Erstellung der Dissertationsschrift leiht er sich von Mitte Januar bis Mitte Februar eine Schreibmaschine. Durch konzentrierte Arbeitsweise gelingt es ihm, am 8. Februar 1911 seine Dissertationsschrift der Philosophischen Fakultät der Universität Leipzig einzureichen und sich gleichzeitig zur Abschlussprüfung anzumelden.

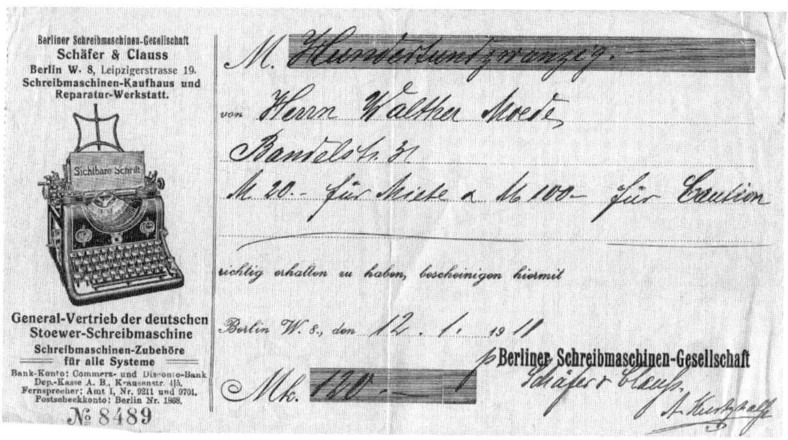
Berliner Schreibmaschinen-Gesellschaft
Schäfer & Clauss
Berlin W. 8, Leipzigerstrasse 19.
Schreibmaschinen-Kaufhaus und Reparatur-Werkstatt.

General-Vertrieb der deutschen Stoewer-Schreibmaschine
Schreibmaschinen-Zubehöre für alle Systeme

№ 8489

M. [redacted]

von Herrn Walther Moede

Bandelstr. 31

M. 20.- für Miete u. M. 100.- für Caution

richtig erhalten zu haben, bescheinigen hiermit

Berlin W. 8, den 12. 1. 1911

p. Berliner Schreibmaschinen-Gesellschaft
Schäfer & Clauss

Mk. [redacted]

Bild 3.11: Quittung über Leihgebühren einer Schreibmaschine zur Anfertigung der Dissertationsschrift

Damit verbunden war ein Umzug von Berlin-Moabit, Bandelstraße 31 nach Leipzig, wo er nun in der Oststraße 16 wohnte. Walther Moede wurde am 3. Mai 1911 wieder in der Philosophischen Fakultät der Universität Leipzig immatrikuliert. Von zu Hause gut versorgt, bereitete er sich nunmehr auf sein Examen vor. Es war in jeder Beziehung ein heißer Sommer. Noch im Mai 1911 fanden die Prüfungen statt mit dem Gesamturteil „summa cum laude"! Die Glückwünsche kamen von allen Seiten. Die Familie war stolz auf ihren jungen, so erfolgreichen Magister der Philosophie.

Seine Dissertation wurde von den Professoren Meumann und Wirth begutachtet und mit Datum vom 6. Juli 1911 von der Fakultät angenommen. Die Abgabe des Pflichtexemplars ist auf den 22. Juli 1911 datiert[19] und am 22. Dezember 1911 erhielt Moede die Promotionsurkunde.[20]

---

19 Dissertationsdruck durch Wilhelm Engelmann Verlag, Leipzig 1911.

20 Dokument 04-42: Promotionsurkunde der Philosophischen Fakultät der Universität Leipzig vom 22. Dezember 1911.

Die von Walther Moede „zur Erlangung der Doktorwürde der hohen Philosophischen Fakultät der Universität Leipzig" vorgelegte Inaugural-Dissertation hatte folgenden Inhalt:

„Gedächtnis in Psychologie, Physiologie und Biologie – Kritische Beiträge zum Gedächtnisproblem"

Einleitung
- I Das Prinzip der Ökonomie in der Wissenschaft der Gegenwart
- II Die Fragestellung der Arbeit

Abhandlung
- I Wahrnehmung und Erinnerung
  - Deskription
  - Theorien der Wahrnehmung und Vorstellung
  - Lokalisation
- II Assoziation
  - Begriffsdefinition
    - Assoziation statisch
    - Assoziation dynamisch
  - Redintegration im Organischen
  - Redintegration im Psychischen
  - Materie, Formen, Gesetze der Assoziation
  - Theorien der Simultan- und Sukzessivassoziation
    - „Berührungs-„ und „Ähnlichkeitsassoziation"
    - Das Wiedererkennen
    - Die Redintegration
    - Wundts atomistische Theorie
  - Die Lokalisation der Assoziation
    - Allgemeine Prinzipien
    - Die Assoziationszentren
    - Der Standpunkt der Aktualitätstheorie
  - Das freie Steigen
- III Das Gedächtnis
  - Definition und Deskription
  - Gedächtnis und Kontinuität des Bewußtseins
  - Anhang: Assoziation und Apperzeption
  - Die Phasen des Gedächtnisprozesses
  - Dispositionen
  - Theorien des Gedächtnisses
    - Kausale Theorien
    - Theologische Theorien
- IV Das Nachwirken
- V Das Gedächtnis in der Biologie
- VI Gedächtnis und Vererbung
- VII Die Kausalität in der Biologie

Schluß: Das mnemische Weltbild

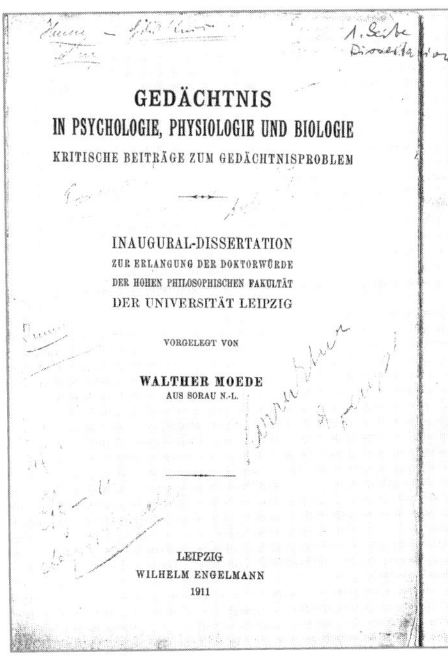
GEDÄCHTNIS
IN PSYCHOLOGIE, PHYSIOLOGIE UND BIOLOGIE
KRITISCHE BEITRÄGE ZUM GEDÄCHTNISPROBLEM

INAUGURAL-DISSERTATION
ZUR ERLANGUNG DER DOKTORWÜRDE
DER HOHEN PHILOSOPHISCHEN FAKULTÄT
DER UNIVERSITÄT LEIPZIG

VORGELEGT VON

WALTHER MOEDE
AUS SORAU N.-L.

LEIPZIG
WILHELM ENGELMANN
1911

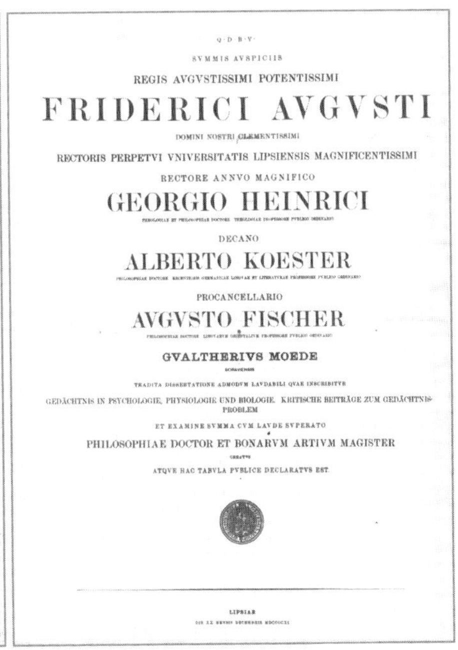
Q·D·B·V·
SVMMIS AVSPICIIS
REGIS AVGVSTISSIMI POTENTISSIMI
FRIDERICI AVGVSTI
DOMINI NOSTRI CLEMENTISSIMI
RECTORIS PERPETVI VNIVERSITATIS LIPSIENSIS MAGNIFICENTISSIMI
RECTORE ANNVO MAGNIFICO
GEORGIO HEINRICI
DECANO
ALBERTO KOESTER
PROCANCELLARIO
AVGVSTO FISCHER
GVALTHERIVS MOEDE
SORAVIENSIS
TRADITA DISSERTATIONE ADMODVM LAVDABILI QVAE INSCRIBITVR
GEDÄCHTNIS IN PSYCHOLOGIE, PHYSIOLOGIE UND BIOLOGIE. KRITISCHE BEITRÄGE ZUM GEDÄCHTNISPROBLEM
ET EXAMINE SVMMA CVM LAVDE SVPERATO
PHILOSOPHIAE DOCTOR ET BONARVM ARTIVM MAGISTER
CREATVS
ATQVE HAC TABVLA PVBLICE DECLARATVS EST.

LIPSIAE

Bild 3.12: Titelseite der Dissertation und Promotionsurkunde vom 22.12.1911

Die Veröffentlichung der Dissertation erfolgte im Archiv für die gesamte Psychologie, Bd. XXII, Heft 2/3. Als Sonderdruck erschien sie 1911 im Verlag Wilhelm Engelmann.

Walther Moede greift als Thema seiner Dissertation das Gedächtnisproblem als wissenschaftliche Fragestellung auf, wie es sich in der Psychologie, Physiologie und Biologie darstellt. Er untersucht zunächst in einer kritischen Analyse die Merkmale des Gedächtnisbegriffs der einzelnen Fachdisziplinen und systematisiert sie in ihrer psychologischen, physiologischen und biologischen Ausprägung. Zur wissenschaftlichen Vertiefung erschien es dem Verfasser zweckmäßig, einen Exkurs in das Gebiet der biologischen Kausalität zu unternehmen. Zum Abschluss der Arbeit werden die Konsequenzen des biologischen und physiologischen Gedächtnisbegriffs gezogen, wie sie sich aus der kritischen Analyse des Verfassers ergeben.

Bild 3.13: Ernst Meumann (1862-1915) und Wilhelm Wirth (1876-1952)
Gutachter im Promotionsverfahren von Walther Moede

Walther Mode hatte sein Studium der Philosophie im SS 1907 in Straßburg begonnen, in Leipzig und Berlin fortgesetzt und schließlich im SS 1911 nach acht Semestern in Leipzig mit der Promotion zum Dr. phil. im Alter von knapp 23 Jahren abgeschlossen. Es war ein zielorientiertes, erfolgreiches Studium, das sowohl die Laufbahn zum Gymnasiallehrer ermöglichte als auch den Weg zur Habilitation offen hielt. Walther Moede betonte immer wieder in der Schilderung seines Lebenslaufs, dass er noch bei Wundt studiert und auch später dort am Institut für experimentelle Psychologie als Assistent gearbeitet hatte, um sich zu habilitieren. Vom Vater beeinflusst, war als Forschungsgebiet die Pädagogische Psychologie nahe liegend. So blieben Ernst Meumann und Wilhelm Wirth weiterhin prägende Leitpersönlichkeiten seines frühen wissenschaftlichen Wirkens. Das Studium in Berlin diente der Horizonterweiterung, aber verbunden war Moede mit Leipzig.

4 Assistent an der Universität Leipzig (1911-1915)

Experimentelle Psychologie und Pädagogik

Vom WS 1911/12 bis zum SS 1915 war Walther Moede als Assistent am Psychologischen Institut der Universität Leipzig tätig, und zwar in der Abteilung Experimentelle Pädagogik. Die jährliche Vergütung betrug 775 Mark.[1]

Leiter des psychologischen Instituts war zu jener Zeit immer noch der damals schon 80jährige Wilhelm Wundt (1832-1920), der seit 1875 in Leipzig lebte und 1879 dort das weltweit erste Institut für experimentelle Psychologie eingerichtet hatte. Im Laufe der Jahre wurden verschiedene Arbeitsrichtungen entwickelt, so auch die Experimentelle Pädagogik.

Ernst Meumann (1862-1915), der sich bei Wundt 1894 habilitiert hatte, wurde 1910 nach Leipzig berufen, wo er ein Institut für experimentelle Pädagogik und pädagogische Psychologie gründete. Bei ihm suchte Moede seine weitere wissenschaftliche Qualifizierung. Obwohl Meumann 1911 nach Hamburg berufen wurde, blieb die Zusammenarbeit mit Moede erhalten, so auch als Referent für die von Meumann herausgegebenen Zeitschriften.

Walther Moede war in seinem Promotionssemester SS 1911 und auch noch im WS 1911/12 in der philosophischen Fakultät immatrikuliert. Im Abgangszeugnis der Universität Leipzig wird der Zeitraum vom 3. Mai 1911 bis 1. Juni 1912 angegeben.[2]

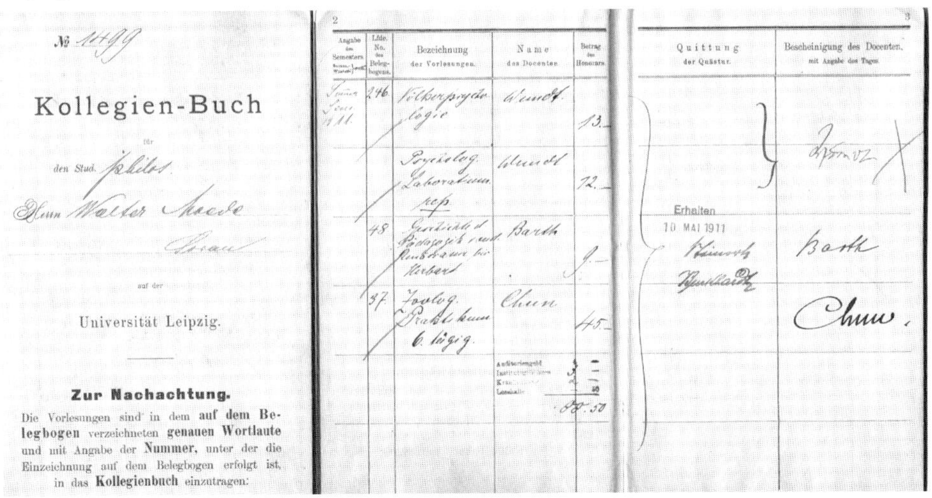

Bild 4.01: Kollegien-Buch SS 1911

Moede hörte im Sommersemester 1911[3] bei Wundt die Vorlesung Völkerpsychologie und belegte die Übungen am Psychologischen Laboratorium, die er auch im WS 1911/12 fortsetzte. Weitere Belege waren ein sechsteiliges Zoologisches Praktikum im SS 1911 bei Chun so-

1 Dokument 04-01: Mitteilung der Universität Leipzig vom 1. August 1922 sowie Dokumente 04-02/03: Bescheinigung der Philosophischen Fakultät vom 6. August 1951.

2 Dokumente 04-04/05: Abgangszeugnis Universität Leipzig vom 1. Juni 1912.

3 Dokument 04-82: Kollegien-Buch Universität Leipzig Nr. 1499, S. 2.

wie ein halbtägliches Chemisches Praktikum für Lehrer bei Wagner, dem sich Didaktische Besprechungen zum Chemischen Praktikum für Lehrer anschlossen, ergänzt durch eine Vorlesung Physikalische Chemie bei Le Blanc. Nach der Vorlesung Geschichte der Pädagogik von der Renaissance bis Herbart im SS 1911 bei Barth hörte Moede bei ihm im WS 1911/12 gewissermaßen zum Abschluss des Studiums die Vorlesung Elemente der Erziehungs- und Unterrichtslehre. Für seine Belege entrichtete er Studiengebühren in Höhe von 88,50 Mark im SS 1911 und von 150,00 Mark im WS 1911/12.[4]

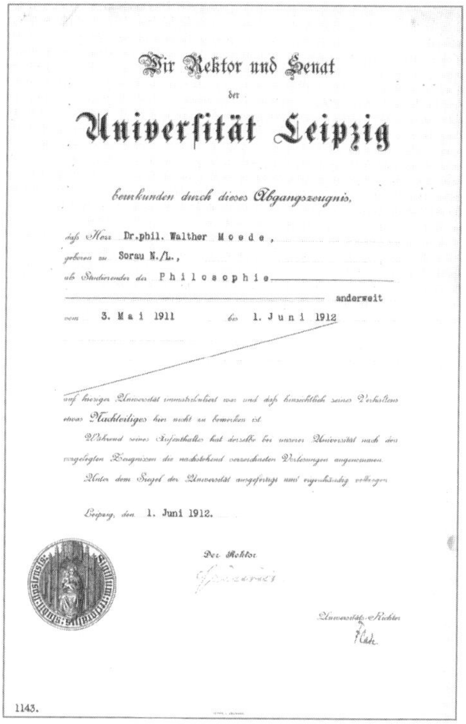

Wir Rektor und Senat

der

Universität Leipzig

beurkunden durch dieses Abgangszeugnis,

daß Herr Dr.phil. Walther Moede,

geboren zu Sorau N./L.,

als Studierender der Philosophie

anderweit

vom 3. Mai 1911 bis 1. Juni 1912

auf hiesiger Universität immatrikuliert war und daß hinsichtlich seines Verhaltens etwas Nachteiliges hier nicht zu bemerken ist.

Während seines Aufenthaltes hat derselbe bei unserer Universität nach den vorgelegten Zeugnissen die nachstehend verzeichneten Vorlesungen angenommen.

Unter dem Siegel der Universität ausgefertigt und eigenhändig vollzogen.

Leipzig, den 1. Juni 1912.

Der Rektor

Universitäts-Richter

1143.

Bild 4.02: Abgangszeugnis Universität Leipzig SS 1912

Die Auswahl der Fachgebiete in den acht Semestern seines Studiums ließ zunächst eine Tendenz zum Gymnasiallehrer vermuten. Nach dem erfolgreichen Abschluss der Promotion und der Anstellung als Assistent am Wundt'schen Institut eröffnete sich die Möglichkeit zur Habilitation und damit zur Universitätslaufbahn. Dabei zeichnete sich zunehmend die Experimentelle Psychologie mit Anwendung im Bereich der Pädagogik als Schwerpunkt seiner wissenschaftlichen Orientierung ab. Im Rahmen seiner Assistententätigkeit führte der junge Dr. phil. Walther Moede als Dozent[5] folgende Lehrveranstaltungen durch:

- Einführungskurs zur experimentellen Pädagogik und angewandten Psychologie,
- Einrichtung und Überwachung selbständiger wissenschaftlicher Arbeiten.

Walther Moede ist nach seiner Promotion mit seinen wissenschaftlichen Arbeiten auf die Habilitation im Rahmen seiner Assistententätigkeit ausgerichtet. Er wohnt in Leipzig, Oststraße 16. Vor seiner Einberufung zum Militärdienst wird im Führerschein mit dem Datum

4 Ebd., S. 2/3 und S. 4/5.

5 Dokument 05-01:Angabe im Kriegsranglistenauszug: Dr. phil. Dozent an der Universität Leipzig, 1915.

vom 10. Juli 1915 als Wohnort die Brockhausstraße 26 angegeben. Zu seiner Familie unterhält er weiterhin engen Kontakt. Die Verbindungen gehen nach Sorau zu seinem Elternhaus und seinen Freunden aus der Schulzeit, insbesondere zu seinem Gymnasium. Aber auch nach Misdroy entwickelten sich zu den Verwandten mütterlicherseits gute Beziehungen.

Im Dezember 1911 wird Walther Moede zum Festessen der Stadtverordneten nach Sorau eingeladen. Im August 1911 findet ein Ehemaligen-Treffen statt, und zwar anlässlich des sogenannten „Bergfestes". Zu seiner Promotion sind die Kartengrüße aus Misdroy von der Familie Manthey noch erhalten.[6]

Mit dem Vater bestand eine enge Verbindung.[7] Aus den überlieferten Briefen ist eine gewisse fürsorgliche väterliche Strenge zu erkennen. Immer wieder geht es um Finanzierungshilfen, aber auch um leibliche Unterstützung durch Paketsendungen. Der Stolz der Eltern auf ihren Walther ist nachvollziehbar: nach der Promotion nun die Habilitation. Krankheiten der Eltern, insbesondere der Mutter deuten sich an.

Über Freundschaften Walther Moedes ist wenig bekannt. Zu nennen ist allerdings Curt Piorkowski, zu dem sich über gemeinsame wissenschaftliche Arbeiten am Institut auch eine persönliche Freundschaft entwickelte.

Am 2. August 1914 beginnt der Erste Weltkrieg. Es wird über Kriegsbegeisterung berichtet. Viele melden sich als Kriegsfreiwillige. Auch Walther Moede. Jedoch erfolgt noch keine sofortige Einberufung. Er arbeitet weiter als Assistent und Privatdozent am Institut für experimentelle Psychologie der Universität Leipzig.

Die äußeren Veränderungen der Lebensbedingungen sind im folgenden WS 1914/15 und im SS 1915 schon deutlich spürbar. Nachhaltige militärische Ereignisse prägen das erste Kriegsjahr: Schlacht bei Tannenberg, Marneschlacht in Frankreich, Unterseebooterfolge, Seeschlacht bei den Falklandinseln, Japan erobert Tsingtau, Kolonialbesitz bedroht. Es geht 1915 weiter: Winterschlacht in den Masuren, Dardanellenkrise, verschärfter U-Bootkrieg, Luftkrieg, verbissener Stellungskrieg mit Gasangriffen an der Westfront. Schon bald zeigte es sich, dass dieser Krieg ein langer bitterer Krieg werden würde, mit hohen Verlusten an Menschen und Material. Es wurde mehr und mehr auch ein technologischer Krieg. Die Zahl der Opfer war hoch. Die Reserven wurden mobilisiert. Hart traf es auch die Gruppe der Wissenschaftler an den Universitäten. Walther Moede wurde am 1.10.1915 zum militärischen Dienst eingezogen.

Wissenschaftliche Arbeiten

Referate in Fachzeitschriften

Walther Moede betätigte sich während seiner Assistentenzeit als Referent in der Zeitschrift „Archiv für die gesamte Psychologie".[8] Im Jahr 1915 bezieht sich diese Tätigkeit auf die „Zeitschrift für pädagogische Psychologie und experimentelle Pädagogik".[9] Er berichtete über neu erschienene Bücher und Abhandlungen auf verschiedenen Gebieten der Psychologie.

---

6 Dokumente 04-21/22: Postkarte vom 31.5.1911 (Hans Kühn und Frau, Sorau); Dokumente 04-19/20 Postkarte vom 1.6.1911 (Misdroy); Dokumente 04-17/18: Postkarte vom 6.6.1911 (Fam. Manthey, Misdroy, Schwedenstraße).

7 Dokumente 04-13/14: Brief des Vaters vom 13.5.1911.

8 „Archiv für die gesamte Psychologie", Verlag von Wilhelm Engelmann in Leipzig, Herausgeber: Prof. Dr. E. Meumann in Hamburg, Prof. Dr. W. Wirth in Leipzig, zuständig für die Referate Dr. R. H. Goldschmidt.

9 „Zeitschrift für pädagogische Psychologie und experimentelle Pädagogik", Herausgeber: E. Meumann und O. Scheibner, Verlag von Quelle und Meyer, Leipzig.

Dabei fällt seine zumeist sachgerechte und prägnante Ausdrucksweise auf. Er scheut sich allerdings mitunter auch nicht, seine Ansicht über wissenschaftlich fragwürdige oder unbrauchbare Werke als solche zu beschreiben und einen gegensätzlichen Standpunkt einzunehmen. In der Referententätigkeit wird auch eine Verknüpfung zu seinen eigenen Arbeiten auf dem Gebiet der experimentellen Pädagogik mit Blick auf seine Habilitation sichtbar. Die wichtigsten Referate sind nachstehend aufgelistet:[10]

- Szymanski, J. S.: Versuche, das Verhältnis zwischen modal verschiedenen Reizen in Zahlen auszudrücken. Pflügers Archiv, Bd. 138 und 143, Archiv für die gesamte Psychologie, Bd. 23, 1912, S. 76 ff.
- Brönner, W.: Zur Theorie der kollektiv-psychischen Erscheinungen. Zeitschrift für Philosophie und philosophische Kritik, 1911, Archiv für die gesamte Psychologie, Bd. 23, 1911, S. 111 ff.
- Bluwstein, J.: Die Weltanschauung Roberto Ardigos. Leipzig 1911, Archiv für die gesamte Psychologie, Bd. 23, 1912, S. 115 ff.
- Uhlenbluth, E.: Zur Untersuchung des Farbensinnes. Biologisches Zentralblatt, 1911, Archiv für die gesamte Psychologie, Bd. 23, 1912, S. 119 f.
- Basler, A.: Über die Verschmelzung zweier nacheinander erfolgender Testreize. Über die Verschmelzung zweier nacheinander erfolgender Lichtreize. Pflügers Archiv, Bd. 143, Archiv für die gesamte Psychologie, Bd. 23, 1912, S. 120.
- Woltereck, R.: Über Veränderung der Sexualität bei Daphniden. Biologisches Zentralblatt, 1911, Archiv für die gesamte Psychologie, Bd. 24, 1912, S. 121 ff.
- Ravault d'Allones: Recherches sur l'attention. Revue philosophique, 1911, Archiv für die gesamte Psychologie, Bd. 28, 1913, S. 130 ff.
- v. Buddenbrock, W.: Über die Funktion der Statozysten im Sande grabender Meerestiere. Biologisches Zentralblatt, 1912, Archiv für die gesamte Psychologie, Bd. 28, 1913, S. 183 f.
- Ach, Narziss: Eine Serienmethode für Reaktionsversuche. Bemerkungen zur Untersuchung des Willens. In: Untersuchungen zur Psychologie und Philosophie, hrsg. von Narziss Ach, Prof. in Königsberg, Bd. I, Heft 5, Verlag Quelle und Meyer, Leipzig. In: Untersuchungen zur Psychologie und Philosophie, Bd. I, Heft 6.
- Bergmann, E.: Die Satiren des Herrn Maschine, ein Beitrag zur Philosophie und Kulturgeschichte des 18. Jahrhunderts. Verlag Wiegnat, Leipzig 1913. In: Die Philosophie. Verlag Dr. Klinkhardt, Leipzig 1912.
- Kleinpeter, H.: Vorträge zur Einführung in die Psychologie. Zeitschrift für pädagogische Psychologie und experimentelle Pädagogik, Bd. 16, 1915, S. 155.
- Vaerting, W.: Die Verrichtung der Intelligenz durch Gedächtnisarbeit. Zeitschrift für pädagogische Psychologie und experimentelle Pädagogik, Bd. 16, 1915, S. 155 ff.
- Lobsien, M.: Intelligenzprüfungen auf Grund von Gruppenbeobachtungen. Zeitschrift für pädagogische Psychologie und experimentelle Pädagogik, Bd. 17, 1916, S. 123 ff.
- Piorkowski, C.: Beiträge zur psychologischen Methodologie der wirtschaftlichen Berufseignung. Zeitschrift für pädagogische Psychologie und experimentelle Pädagogik, Bd. 17, 1916, S. 270 f.
- Damm, H.: Korrelative Beziehungen zwischen elementaren Vergleichsleistungen – ein Beitrag zur psychologischen Korrelationsforschung. Zeitschrift für pädagogische Psychologie und experimentelle Pädagogik, Bd. 17, 1916, S. 350 ff.
- Gutberlet, C.: Experimentelle Psychologie mit besonderer Berücksichtigung der Pädagogik. Zeitschrift für pädagogische Psychologie und experimentelle Pädagogik, Bd. 17, 1916, S. 398 f.
- Sommer, R.: Krieg und Seelenleben. Leipzig 1916. Zeitschrift für pädagogische Psychologie und experimentelle Pädagogik, Bd. 18, 1917, S. 505 ff.
- Poppelreuter, W.: Aufgaben und Organisationen der Hirnverletztenfürsorge. Heft 2 der deutschen Krüppelhilfe, 1916. Zeitschrift für pädagogische Psychologie und experimentelle Pädagogik, Bd. 18, 1917, S. 62 ff.

Als Referent im „Archiv für die gesamte Psychologie" hatte Moede engen Kontakt mit den beiden Herausgebern Meumann und Wirth, die auch als Berichter seine Dissertation begutachtet hatten. Wie aus einem Schriftwechsel[11] mit dem Redakteur der Zeitschrift „Archiv

[10] Liste der Veröffentlichungen von Walther Moede, 1943 aufgestellt von Dr. Maria Schorn, Nachlass Walther Moede (Sammlung Spur).

[11] Dokumente 04-45/46: Schreiben Dr. R. H. Goldschmidt vom 7. Januar 1912.

für die gesamte Psychologie“ Dr. R. H. Goldschmidt vom 7. Januar 1912 hervorgeht, gab es zwischen Walther Moede und dem Redakteur Meinungsverschiedenheiten über Korrekturen und inhaltliche Fragen.

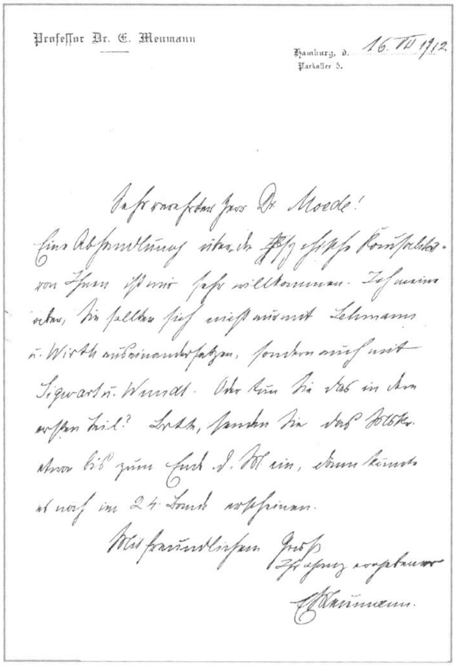
Professor Dr. E. Meumann

Hamburg, d. 16. III 1912
Parkallee 5.

Sehr verehrter Herr Dr. Moede!

Bild 4.03: Schreiben Professor Meumanns vom 16.3.1912

Meumann[12] hatte aus der Sicht eines experimentellen Psychologen das Gebiet der experimentellen Pädagogik maßgebend beeinflusst. Er wirkte als Professor der Philosophie und Pädagogik an den Universitäten Zürich, Königsberg, Münster, Halle, Leipzig und ab 1911 in Hamburg am damaligen Kolonial-Institut, der späteren Universität. Seine bekannten Werke „Vorlesungen zur Einführung in die experimentelle Pädagogik“ (1907/1908) und „Intelligenz und Wille“ (1908) waren grundlegend bei der Erarbeitung der Dissertation Moedes. Meumann war in Leipzig von 1910 bis1911 Leiter des von ihm eingerichteten Instituts für experimentelle Pädagogik und pädagogische Psychologie. Sein Werk blieb unvollendet, als er 1915 starb.

Wissenschaftliche Abhandlungen (1911-1915)

Nach Veröffentlichung seiner Dissertation im Archiv für die gesamte Psychologie[13] erarbeitete Walther Moede in den Jahren seiner Assistententätigkeit eine Reihe wissenschaftlicher Abhandlungen, die in ihrer Gesamtheit auf seine Habilitation gerichtet waren. Die Themen lagen überwiegend im Bereich der pädagogischen Psychologie unter Einschluss experimenteller Untersuchungen, wie die folgende Zusammenstellung zeigt:

- Gedächtnis in Psychologie, Physiologie und Biologie – Kritische Beiträge zum Gedächtnisproblem. Archiv für die gesamte Psychologie, Bd. 22, 1911, S. 312 ff. (Dissertation)

12 Meumann, Ernst (1861-1915), siehe Bd. 3, Lexikon der Psychologie, Heidelberg, Berlin, 2001.

13 Moede, W.: Gedächtnis in Psychologie, Physiologie und Biologie. Archiv für die gesamte Psychologie, Bd. XXII, 1911, Heft 2/3, S. 312 ff.

- Die psychische Kausalität und ihre Gegner. Archiv für die gesamte Psychologie, Bd. 26, 1913, S. 15 ff.
- Zeitverschiebungen bei kontinuierlichen Reizen. Psychologische Studien, Bd. 8, 1913, S. 327 ff.
- Psychophysik der Arbeit. Archiv für Pädagogik. Zweiter Teil: Die pädagogische Forschung, Bd. II, 1914, S. 66 ff. und S. 189.
- Chorlernen und Einzellernen. Archiv für Pädagogik. Zweiter Teil: Die pädagogische Forschung, Bd. II. 1914. S. 388 ff.
- Der Wetteifer, seine Struktur und sein Ausmaß. Ein Beitrag zur experimentellen Gruppenpsychologie. Zeitschrift für pädagogische Psychologie und experimentelle Pädagogik, Bd. 15, 1914, S. 385 ff.
- Ernst Meumann. Deutsche Schule, 19. Jg., 1915, S. 417 ff.
- Die Massen- und Sozialpsychologie im kritischen Überblick. Zeitschrift für pädagogische Psychologie und experimentelle Pädagogik, Bd. 16, 1915, S. 385 ff.
- Richtigkeit der Aufmerksamkeit. Neue Bahnen 2 (1914) H. 4/5, S. 176-186.
- Entfernungsschätzen. Neue Bahnen 3 (1915) H. 1.
- Die Methoden der Begriffsuntersuchung. Zeitschrift für pädagogische Psychologie und experimentelle Pädagogik, Bd. 17, 1916, S. 149 ff.

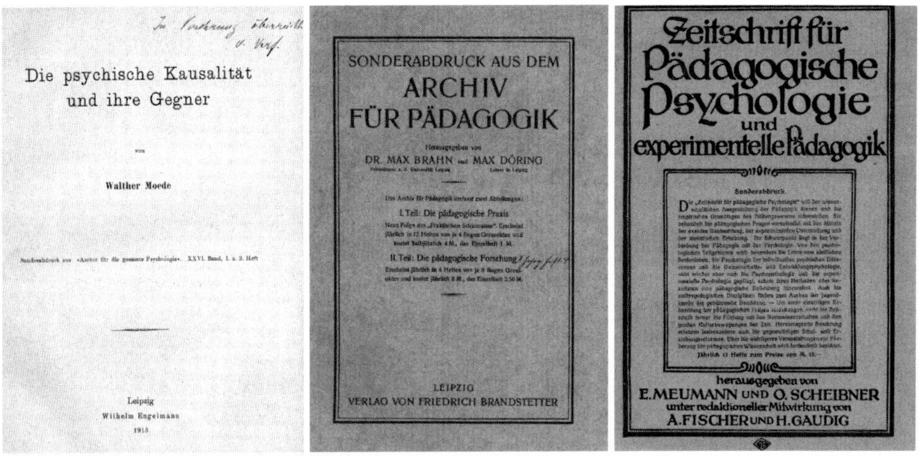

Bild 4.04: Wissenschaftliche Abhandlungen im Archiv für die gesamte Psychologie, im Archiv für Pädagogik und in der Zeitschrift für Pädagogische Psychologie und experimentelle Pädagogik von 1911 bis 1915

Seine erste eigene schriftliche Ausarbeitung hat Moede mit der bereits im Jahr 1912 vorgetragenen Abhandlung „Die psychische Kausalität und ihre Gegner" gefertigt.[14] Darin geht er auf die Gegensätze des Empirismus und des Nativismus ein. Er stellt die Grundüberzeugungen der deskriptiven (beschreibenden) und der konstruktiven (erklärenden) Psychologie gegenüber. Moede meint aber letztendlich, dass die Methode der Deskription einwandfreier sei und die besseren Ergebnisse biete, zumindest solange die physikochemische Analyse des Nervensystems nur im Minimum erreicht sei.

Im Jahr 1913 erschien dann die Abhandlung Moedes über „Zeitverschiebungen bei kontinuierlichen Reizen". Hierin beschreibt er die wissenschaftliche Untersuchung von Dauerreizen wie Licht, Ton und Druck auf das menschliche Empfinden in zeitlicher Hinsicht. Er hat dazu eine Versuchsanordnung entwickelt und mit vier Versuchspersonen eine Vielzahl von Tests unternommen. Moede stellt die Ergebnisse dieser Tests und Versuchsreihen ausführlich dar und bewertet diese jeweils in einer qualitativen Analyse. Er kommt zu dem Ergebnis, dass sich letztlich die Erfahrung des täglichen Lebens bestätige, dass allgemein eine Übereinstimmung zwi-

14 Moede, W.: Die psychische Kausalität und ihre Gegner – Sonderabdruck aus dem Archiv für die gesamte Psychologie, Band XXVI, 1913, Heft 1/2, Verlag von Wilhelm Engelmann, Leipzig.

schen einer Serie von objektiven Reizen und der Rangordnung der Empfindungen in der subjektiven Zeitreihe bestehe. Allerdings zeigten die vier Versuchspersonen unterschiedliche Ergebnisse und stimmten nur begrenzt überein. Teilweise wurden die Reize länger, teilweise kürzer als tatsächlich empfunden. Offenbar, vermutet Moede, sei die zeitliche Auffassung sehr stark von der psychologischen Verfassung des Einzelnen abhängig. Insofern könnten nur Häufigkeitskurven erstellt und mittlere Bereiche durch große Massen von Untersuchungen berechnet werden. Ein Ergebnis in Form einer Gesetzmäßigkeit war nicht festzustellen.

Mit der Abhandlung „Chorlernen oder Einzellernen" erschien 1914 eine weitere schriftliche Ausarbeitung Moedes.[15] Er hatte 1913 mit experimentellen Methoden die zwischen Pädagogen streitige Frage untersucht, ob das Lernen in einem Klassenverband oder das Einzellernen zu besseren Ergebnissen, also zu einem höheren Lernerfolg führt. Versuchspersonen waren 12 bis 14jährige Knaben der I. Klasse der Gemeindeschule zu Sorau. Übungsstoff war so genanntes sinnloses und sinnvolles Lernmaterial. Moede entwarf dazu einen „Gedächtnisapparat", anhand dessen die Schüler ausgedachte und wirkliche Worte lesen und behalten sollten.

Die Auswertung der Untersuchungsergebnisse ergab, dass das Chorlernen, also das Lernen in Gemeinschaft, gegenüber dem Einzellernen insgesamt zu wesentlich besseren Gedächtnisleistungen der Schüler führt und insbesondere die schlechteren Schüler davon erheblich profitieren, während die Unterschiede bei den guten Schülern wesentlich geringer ausfielen.

Weiterhin untersuchte Moede an der Sorauer Gemeindeschule den Wetteifer der Schüler untereinander.[16] Ausgangsfrage war, ob der einzelne Mensch – ein Gruppenwesen – seine Willenstätigkeit bei Zusammenarbeit in der Gruppe ändert oder nicht.

Die erste Erkenntnis Moedes war, dass die Leistungen der Einzelnen in der Gruppe wesentlich näher beieinander lagen als bei der Einzelarbeit, wo die Unterschiede der Leistungen der Schüler wesentlich größer waren. Auch unter den künstlichen Bedingungen des Experiments waren die Schüler durch den starken Wetteifer angetrieben worden und hatten dadurch Höchstleistungen vollführt. Es war festzustellen, dass schlechte Schüler von dem Wetteifer in der

---

15 Sonderabdruck aus dem Archiv für Pädagogik, hrsg. von Max Brahn und Max Döring, Verlag Friedrich Brandstetter, Leipzig 1914.

16 Moede, W.: Der Wetteifer, seine Strukturen und sein Ausmaß – Ein Beitrag zur experimentellen Gruppenpsychologie. Zeitschrift für pädagogische Psychologie und experimentelle Pädagogik, Bd. 15, 1914, S. 355 ff.

Anmerkung von Professor Arnold Upmeyer: Moedes Experiment im Jahre 1914 stellt aus heutiger Sicht der experimentellen Sozialpsychologie eine bahnbrechende Erstleistung dar. Er untersuchte den Einfluß der Gruppengröße auf die Hebeleistung von Individuen und wies nach, dass individuelle Leistungen unter Gruppeneinfluss leicht abfallen und in der Gruppe insgesamt homogener werden. Für die wissenschaftliche Nachwelt sind die Details dieses Experiments unerheblich. Es ist vielmehr die exemplarische, ihm innewohnende Logik, die das wissenschaftliche Arbeiten bis heute bestimmt.

Nach dieser Logik wird die abhängige Variable „individuelle Hebeleistung" von der unabhängigen Variablen „Gruppengröße" sauber getrennt. Moede machte es möglich, Individuen unter dem Einfluss verschiedener Gruppensituationen und unter Einschluss der Einzelsituation in eine einzige unabhängige Variable einzugliedern, um deren kausale Wirkung auf die abhängige Variable empirisch zu prüfen. Darüber hinaus machte er davon Gebrauch, unter Ausschluss der Einzelsituation innerhalb der Gruppen Mittelwerte zu bilden, um Gruppenleistungen als Ganzes zu kennzeichnen – so wie es bis dato in der Soziologie üblich war und auch heute noch ist.

Aus erkenntnistheoretischer Sicht handelt es sich um einen methodischen Reduktionismus: so wie man Eigenschaften von Molekülen aus Verhalten von Atomen erklären kann, kann man Gruppenaggregate aus individuellen Messwerten erschließen. Die Strategie, komplexe Kontextmerkmale als unabhängige Variable zu definieren und ihre Wirkung auf individuelles Handeln und Denken zu untersuchen, wurde typisch für die moderne experimentelle Sozialpsychologie (vgl. auch Lewin, Sherif, Asch).

Gruppe wesentlich stärker profitierten als die guten Schüler dadurch Nachteile hätten, denn gute Schüler würden in der Gruppe grundsätzlich weniger gefördert als schlechte Schüler.

Moede kam zu dem Ergebnis, dass für eine Aufbesserung der Leistungen der Schüler deren Gleichwertigkeit entscheidend ist. Denn nur bei einer echten Konkurrenz wird die Leistung durch den Wetteifer gesteigert werden. Sind die Schüler zu ungleichwertig, so wird sich der gute Schüler nicht anstrengen und der schlechte resignieren. Schon bei einem Wetteifer zweier gleichwertiger Schüler war eine Leistungssteigerung von 10 % festzustellen. In einem Wettkampf zweier Gruppen tritt zudem noch das Solidaritätsgefühl hinzu, sodass sich die Schüler anstrengen würden, eventuelle Schlechtleistungen eines anderen Gruppenmitgliedes durch besonders gute Leistungen auszugleichen.

Bild 4.05: Walther Moede um 1915

Sodann folgt im Jahr 1915 eine Abhandlung über „Die Massen- und Sozialpsychologie im kritischen Überblick“[17]. Moede setzt sich darin mit den bisherigen wissenschaftlichen Untersuchungen zu den beiden Bereichen der Psychologie kritisch auseinander. Zunächst stellt er fest, dass seit der Erhebung der Psychologie zur „positiven“ Wissenschaft diese eine Individualpsychologie geblieben sei und die Psychologie der Mehrzahl keine experimentellen Bearbeiter gefunden habe. Moede nennt diese Psychologie die Kollektiv- oder Gruppenpsychologie, andere wie Wundt bezeichnen sie als Völkerpsychologie. Moede untersucht kritisch die Erkenntnisse und Thesen anderer Wissenschaftler und deren Versuche zur Kollektivpsychologie. Hervorzuheben ist dabei die von mehreren namhaften Wissenschaftlern vertretene These, dass eine erhebliche Niveausenkung stattfinde, je mehr Menschen beisammen kämen, im Gegenzug dann aber eine stärkere Gemütsbewegung erfolge.

Moede bezweifelt diese Grundsätze und führt dagegen seine Untersuchungen mit Schülern an, wonach die Gruppe den Einzelnen anrege und fördere. Letztlich meint er, nur Experimente können die Richtigkeit der Thesen bestätigen oder widerlegen, was, da in der Masse nicht möglich, lediglich in einer Einzelanalyse erfolgen kann. Sodann würdigt Moede die Erkenntnisse der Sozialpsychologie und deren Vertreter.

[17] Moede. W.: Die Massen- und Sozialpsychologie im kritischen Überblick. Zeitschrift für pädagogische Psychologie und experimentelle Pädagogik, Bd. 16, 1915, S. 385 ff.

Moede hat im Jahr 1915 ferner die „Methoden der Begriffsuntersuchung“[18] in einem Aufsatz abgehandelt. Er stellt darin die Methodik der Begriffsbestimmung und -erfassung dar und unternimmt eine versuchsbezogene Untersuchung des Begriffs an sich. Zunächst unterscheidet er die Begriffe der Abstraktion und der Generalisation und definiert die Abstraktion als Zergliederung oder Analyse und die Generalisation als Zusammenfassung oder Synthese. Er beschreibt diese Begriffe dann unter Angabe von Mustern näher. Die Abstraktion führt zum Merkmal, die Generalisation zum Begriff. Die Abstraktion und die Generalisation gehen jedoch stets Hand in Hand, denn ohne Abstraktion gibt es keine Generalisation. Der Begriff soll das Substantielle, das Wesenhafte eines Dings oder Vorgangs angeben. Der Begriff weist auf eine Sinnesfunktion hin, eben das Begreifen.

Moede führt die Untersuchung fort und beschreibt zwei Methoden der Begriffsbestimmung. Dies ist zum einen die indirekte Methode, die durch die Definition des Begriffes, also durch die Abgrenzung zu anderen, diesen erklärt. Die Vorstufe der Definition ist die Beschreibung, also die Aufgliederung in Merkmale. Die Aufzählung aller Merkmale ergibt die Definition. Aber auch vom Ausgangspunkt des Überbegriffs ausgehend und dann die Unterscheidungsmerkmale nennend kann ein Begriff definiert werden. Dazu stellte Moede Versuche an, die dieses Ergebnis bestätigten.

Zum anderen gibt es die direkte Methode der Begriffsuntersuchung. Bei dieser wird die assoziative Synthese von der willensmäßigen Begriffsbildung, die die höhere Stufe darstellt, unterschieden. Auch dazu führte Moede Versuche durch, die er sodann näher beschreibt. Er stellte dabei fest, dass das Gemeinsame von dem Veränderlichen und das Wesentliche von dem Unwesentlichen unterschieden werden und daher zunächst eine Wertung der Merkmale eines Dings oder Vorgangs vorgenommen werden müsse.

Schließlich geht er noch auf den Meinungsstreit zur Begriffsuntersuchung ein und kommt zu dem Ergebnis, dass Begriffe im Lernprozess des Menschen eine große Bedeutung haben. Begriffe sind Schnittpunkte zwischen der Vergangenheit und der Zukunft. Sie speichern Erfahrungen und enthalten zudem Orientierungspunkte für zukünftige Erfahrungen. Ohne Begriffe ist keine intellektuelle Individualität denkbar.

Im Jahr 1915 veröffentlichte Moede eine weitere Abhandlung über die „Richtkraft der Aufmerksamkeit“[19]. Darin stellt er Betrachtungen über den Begriff der Aufmerksamkeit aus psychologischer Sicht an. Er unterscheidet zunächst die generelle Psychologie, die die Aufmerksamkeit im Hinblick auf Gesetzmäßigkeiten aller Menschen untersucht, von der differentiellen Psychologie, die eine Typisierung der Menschen in Bezug auf die Aufmerksamkeit versucht und insbesondere die Unterschiede der Einzelnen zueinander ermittelt.

Moede legt unter pädagogischen Gesichtspunkten sein Augenmerk auf die Richtkraft der Aufmerksamkeit. Unter wissenschaftlichen Ansätzen sei der Begriff der Richtkraft nur ein Überbegriff für eine Fülle von Aufmerksamkeitsprozessen. Es müssen insbesondere die Grenzfälle der Aufmerksamkeit untersucht werden, nämlich zum einen, wenn die aufmerkende Haltung eines Menschen nach allen Richtungen hin gespannt ist, und zum anderen, wenn die Aufmerksamkeit auf einen einzigen Punkt konzentriert wird. Letztere ist als eindimensionale Aufmerksamkeitsleistung zu bezeichnen, die sich zu zwei-, drei- oder n-dimensionalen Aufmerksamkeitsleistungen steigern kann. Moede beschreibt dazu verschiedene Versuche,

---

18 Moede, W.: Die Methoden der Begriffsuntersuchung. Zeitschrift für pädagogische Psychologie und experimentelle Pädagogik, Bd. 17, 1916, S. 149 ff.

19 Moede, W.: Richtkraft der Aufmerksamkeit. Neue Bahnen, Bd. XXVI, 1915, H. 4/5.

die von anderen Psychologen vorgenommen worden sind. Er kommt zu dem Ergebnis, dass durch die Richtung der Aufmerksamkeit eine Wertung im Bestand der Reize der Wahrnehmungen eintritt. Bestimmte beachtete Zeichen werden einen höheren Bewusstseinsgrad erreichen und sich klar und deutlich von der übrigen Masse der Reize abheben. Diese Beachtung und Aufhellung eines Reizes kann auf zwei Weisen erfolgen, einmal durch äußere Einwirkungen wie ein plötzlicher Knall oder aber durch die Willensbildung. Ferner wird festgestellt, dass sich die eindimensionale Dauerspannung der Aufmerksamkeit auch auf die Vergangenheit beziehen kann. Sodann beschreibt Moede Untersuchungen und Versuche zur zwei- und dreidimensionalen Aufmerksamkeitsleistung. Er leitet abschließend zur differentiellen Psychologie über und führt anhand von Versuchsbeschreibungen aus, dass jedes Individuum eine eigene Richtung der Aufmerksamkeit hat. Stellt man verschiedene Personen vor das gleiche Objekt, so wird jeder dieses unter seinen eigenen persönlichen Einflüssen, wie z. B. Beruf, betrachten und sein Augenmerk auf jeweils darauf bezogene Aspekte des Objekts legen.

Zudem fertigt Moede 1915 eine Abhandlung über „Die Entfernungsschätzung“[20]. Er untersucht darin die verschiedenen Komponenten, die es einem geübten Menschen erlauben, verhältnismäßig genaue Entfernungsschätzungen vorzunehmen. Er schickt seinen Überlegungen voraus, dass für eine verlässliche Entfernungsschätzung das Doppelauge notwendig ist, denn nur mit einem Auge sei der Mensch kaum in der Lage, die Tiefe des Raums oder den Abstand eines Dings vom Auge einzuschätzen. Die wesentlichen Faktoren für eine Entfernungsschätzung sind nach Moede die Sehgröße eines Dings und der Gesichtswinkel. Je kleiner ein Gegenstand erscheint, desto weiter weg ist er. Allerdings unterliege der Mensch dabei der Täuschung, dass alle bekannten Dinge größer erscheinen als sie tatsächlich sind. Ein weiterer Faktor ist die Sehschärfe des Bildes. Mit wachsender Entfernung wird das Bild unschärfer, da lichtschwächer. Der Grad der Veränderung der Sehschärfe gibt einen Anhaltspunkt für die Entfernung. Auch unterliegt das Auge einer Täuschung, wenn die Witterung trüb ist oder Nebel herrscht. Alles, was hell und deutlich ist, bewirkt, dass die Dinge näher erscheinen. Auch die Blickbewegung ist bei der Entfernungsschätzung zu berücksichtigen. Wandert der Blick über eine Strecke, so erscheint diese größer als sie tatsächlich ist. Findet das Auge Ruhepunkte, so überschätzt es die Entfernung. Weitere Momente sind die Licht- und Schattenwirkung, welche aber auch eine Täuschung bewirken, denn morgens und abends erscheinen die Dinge weiter entfernt als mittags. Schließlich hat auch die Bewegung des Körpers durch die Raumänderung einen Einfluss auf die Entfernungsschätzung.

Nachruf auf Ernst Meumann

Die tiefe Verehrung, die Walther Moede für seinen Lehrer empfand, kommt in seinem Nachruf zum Ausdruck, der am 8. Mai 1915 im Leipziger Tageblatt[21] erschienen ist:

> „Dem Andenken Ernst Meumanns.
> Jenes tragische Pathos das von dem Tode des einzelnen ausstrahlt ist um ein gut Teil gemildert zu einer Zeit, wo Tausende der Nation ins Grab sinken. Dennoch traf weite Kreise die Kunde vom plötzlichen Hinscheiden Meumanns schmerzlich, zumal ein jäher Tod ihn in der Vollkraft des Schaffens dahinriß. Er gehörte als Mensch und als Forscher zu den Besten unseres Volkes. Mit goldenen Lettern ist sein Name eingegraben ins Buch der Wissenschaft und im dauernden, dankbaren Gedenken seiner Hörer und Mitarbeiter lebt seine Persönlichkeit weiter. Mit Leipzig ist sein Lebensgang eng verknüpft. Hier begann er seine wissenschaftliche Laufbahn als Universitätsdozent und hierher kehrte er nach wechselvoller Wanderzeit, wenn

20 Moede, W.: Entfernungsschätzen. Neue Bahnen, Bd. XXVII, 1915, H. 1.

21 Leipziger Tageblatt, Sonnabend, 8. Mai 1915, Nr. 231, Morgen-Ausgabe, S. 7.

auch nur auf einige Semester, zurück. Nicht umsonst umgrenzten Leipziger Studenten sein Katheder, als er Abschied nahm um seinem Rufe nach Hamburg an das dortige Vorlesungswesen zu folgen.

Die Wissenschaft von der Seele und ihre Anwendung auf die Fragen des Lebens – dies stellt den Mittelpunkt der Arbeiten und Interessen Meumanns dar. Er ging aus von Studien zur allgemeinen Psychologie, die besonders dem Zeitsinn und einer Gesetzmäßigkeit gewidmet sind. Als Assistent im Wundt'schen Institut stand er zunächst ganz im Bannkreise seines Lehrmeisters, aber er fand sich erst recht, indem er seine Wege einschlug und die Grenzen der Schule weit hinter sich ließ. Er stellte der Psychologie bald immer größere Aufgaben, die weit über die Zergliederung einfachster Erlebnisse des Empfindungs-, Gefühls- und Willenslebens hinausgingen, da das Leben und seine Ansprüche auf begründete psychologische Einsicht ihn zur Erweiterung der Probleme und Arbeitsmethoden gebieterisch aufforderte. Als methodische Hauptforderung übernahm er lediglich die Grundüberzeugung, dass alle Psychologie nur mit exakten möglichst Maß und Zahl verwendenden Methoden erfolgreich betrieben werden könne. In dem von ihm gegründeten „Archiv für die gesamte Psychologie" gewährte er denn auch allen Forschungsrichtungen gastfreie Aufnahme und gab den Psychologen des In- und Auslandes reiche Gelegenheit zu fördernder Aussprache. Seine theoretischen Arbeiten zur allgemeinen Psychologie fanden ihren Abschluss in der Schrift: „Intelligenz und Wille", in der er diesen beiden Grundsätzen des handelnden Lebens, ihren Bedingungen und Verflechtungen eine eingehende Darstellung widmet, gleichzeitig mit diesem Stück synthetischer Psychologie einen Beitrag lieferند zu einer wissenschaftlichen Lehre vom persönlichen Leben.

Schon als Leipziger Dozent beschäftigte er sich mit Fragen der Entwicklungspsychologie, die er ebenfalls auf breitester Grundlage bearbeitet wissen will. Der Erziehungsprozess des Menschen stellte sich ihm bald als ein ganz bestimmter Entwicklungsgang des seelisch-körperlichen Organismus des Jugendlichen dar, dessen systematischer Erkenntnis und zweckvoller Gestaltung von nun an seine gesamte Arbeitskraft galt. Er schuf als neues Wissenschaftsgebiet die experimentelle Pädagogik als deren Führer er in allen Kulturländern Hochachtung und Verehrung, Anerkennung und Unterstützung fand. Rastlos war er tätig im Dienste der neuen Richtung, deren Grundbuch er in seinen „Vorlesungen zur Einführung in die experimentelle Pädagogik" schrieb. Unermüdlich sorgte er durch Wort, Schrift und organisierende Arbeit für Ausbreitung und Vertiefung dieser neuen Wissenschaft. Als Hauptorgan redigierte er im Verein mit Theoretikern und Praktikern die „Zeitschrift für pädagogische Psychologie und experimentelle Pädagogik". Unter anderem gründete er auch in Leipzig ein Institut für experimentelle Pädagogik und hatte eine reiche Fortentwicklung und Ausgestaltung dieser Arbeitstätte im Auge.

Wir können die experimentelle auch die exakte oder positive Pädagogik nennen. Denn ihr Grundprinzip ist es, mit exakten Methoden den gesamten Erziehungsprozess zu durchleuchten. Das Objekt der Erziehung, der Jugendliche, der der pädagogischen Einwirkung untersteht, wie die Mittel und Wege der Erziehung, sollen auf rationale Weise durchforscht werden. Aber auch die Ziele der Erziehung sind nach Meumann ohne positive empirische Jugendkunde nicht aufstellbar. Gewiss können wir aus irgendeinem Wolkenkuckucksheim ein Bildungsideal herunterlangen, dessen Verwirklichung unüberwindlichen Schwierigkeiten begegnet, aber mit besserem Rechte werden wir in tiefer Erkenntnis der Psychologie des Jugendlichen und seines seelisch-körperlichen Entwicklungsganges allgemeine und besondere Ziele der Erziehung formulieren.

Die Mittel und Wege der Erziehung haben nach Meumann ihre Legitimität erst durch empirische Durchprüfung mit Hilfe exakter Wissenschaftsmethoden zu erweisen. Alle Fragen der äußeren und inneren Schulorganisation können durch positive Forschungsarbeit reiche Aufhellung erlangen.

Meumann selbst lieferte zum methodischen Grundprinzip des heutigen gesamten Schulwesens, der formalen Bildung, experimentelle Beiträge. Seit Pestalozzi und Humboldt stellt die formale Bildung eine Hauptforderung im deutschen Erziehungswesen dar. Zahlreich sind die Abhandlungen über die Bedeutung und den Charme der formalen Bildung. Nicht der Kenntnisse halber sollen wir Griechisch und Lateinisch lernen, sondern um eine allgemeine geistige Durchbildung zu erhalten, so dass die gestärkten Geisteskräfte jedweder Aufgabe gewachsen sind und jeden Stoff erfolgreich bearbeiten können. Meumann erkennt, das es sich hier zunächst um eine Frage der Mitübung handelt, deren exakte Aufklärung mit Hilfe des Experiments geschehen kann, ohne das gleich unbedingt nötig ist, den Weltgeist zu zitieren, wie schon früher positive Geisteshaltung betont hatte, es liege zunächst doch eine Frage des Vokabellernens vor. Meumann regt in den Versuchspersonen bestimmte einfache seelische Prozesse an, sorgt für ihre Einübung und sucht an der Hand von Kontrollen festzustellen, ob tatsächlich auch andere verwandte seelische Vorgänge und Tätigkeiten durch diese ganz bestimmte Übung Mitübung erhalten, wie evtl. auch der Turner, der seine Arme systematisch übt, und auch allgemein andere Muskelarbeit leichter und besser vollführen kann. Die Möglichkeit und das Gesetz der Mitübung sind nur so gesichert zu erforschen, so daß man nun erst auf

Grund positiver Einsicht die Behauptung wagen kann, Übung und Arbeit an bestimmten Stoffen und in bestimmten Fächern führt allgemeine geistige Disziplinierung herbei.

Bis tief hinein in die spezielle Didaktik kann sich mit Aussicht auf Erfolg die experimentelle Methode erstrecken. Die beste Weise der Erlernung der Rechtschreibung wie auch fremder Sprachen kann ebenso gut erarbeitet werden wie wichtige Fragen der äußeren Organisation. Die Länge der Stunden und Pausen sowie die Verteilung des Unterrichts auf Vor- und Nachmittag z.B. werden durch Ermüdungsmessungen wertvolle Aufschlüsse erhalten.

Durch Auslese des vorhandenen und rationellen Aufbaus neuer Methoden kann erst eine Anpassung des Bildungswesens an die Natur und Entwicklung des Jugendlichen sowie eine wahre Ökonomie der Erziehungsarbeit erreicht werden. Nicht darum handelt es sich etwa, diejenigen Methoden aufzusuchen, die in möglichst kurzer Zeit dem Schüler möglichst viel Stoff leicht und dauernd zuführen, was vielmehr eine Erniedrigung der Erziehung zu einer rationellen Dressur bedeutete, die dem Objekte und der Würde des Jugendlichen nicht angemessen wären, sondern die Ökonomie der Persönlichkeitsentwicklung ist das Ziel, dem alle Bildungsarbeit zuzustreben hat. Nur diejenigen Methoden sind pädagogisch wertvoll, die eine möglichst günstige Persönlichkeitsentwicklung des Jugendlichen gestatten und garantieren. Nicht Zeitersparnis sondern größtmögliche Zweckmäßigkeit der Individualitätsentfaltung, das lag auf der Linie der Meumann'schen Forderungen.

Leider war es Meumann nicht vergönnt, seine experimentelle durch eine systematische Pädagogik zu krönen, wie er die Einführung in die Ästhetik durch einen systematischen Abschluss ergänzte. Aber die geleistete Arbeit und die Fruchtbarkeit der Grundprinzipien fand in den Kreisen der Praktiker solchen Beifall, dass man ihn den Pestalozzi unserer Tage nannte. Riss auch jener Tod den Forscher dahin, so schied er in dem Bewusstsein, dass die ausgestreute Saat reiche Ernte bringen wird, zumal die exakte oder positive Pädagogik einen Zweig jener großen Grundströmung unserer Tage darstellt, die das gesamte Leben und seine Gebiete, die Rechtsprechung so gut wie das Wirtschaftsleben oder die Pädagogik, mit rationellen Arbeitsmethoden durchtränkten und sie mit den gesicherten Ergebnissen der Wissenschaft von der Seele des Menschen befruchten will, damit das Aperçu und die reine Spekulation durch das Resultat positiver Forschungsarbeit ersetzt wird und an die Stelle billigen Geredes begründetes Wissen und Gesetzeserkenntnis tritt. Dr. Walter Moede“

In einem weiteren Nachruf auf Ernst Meumann[22] schilderte Moede die Persönlichkeit Meumanns als untadelig und offen sowie umsichtig gegenüber seinen Studenten. Er habe Distanzen zu diesen vermieden und sei zum akademischen Lehrer wie geschaffen gewesen. Er habe sich den Wissenschaften voll hingegeben und diese in den Mittelpunkt seines Lebens gestellt.

Intensiv würdigt Moede das Werk Meumanns „Intelligenz und Wille“, in welchem dieser auch wesentliche Ansichten zur Bedeutung von Fundamentalversuchen und Analysen mit dem Forschungsmittel des Experiments als notwendigen Ausgangspunkt äußert. Er unterstreicht die Ansicht Meumanns, dass daneben aber auch der einfache Test oder die gute Einzelbeobachtung als Instrument der wissenschaftlichen Untersuchung in Betracht kommen, das verlässlichste Arbeitsmittel jedoch das Experiment sei.

Meumann habe schließlich die Pädagogik zu einer selbständigen Wissenschaft erhoben, deren Aufgabe es sei, das Ziel der Erziehung abzuleiten sowie die Mittel und Wege anzugeben und zu begründen, die zu diesem Ziel führen. Sache der experimentellen Pädagogik sei es demnach, allen diesen Bestrebungen exakte Arbeitsmittel dienstbar zu machen.

Moede führt diese Überlegungen weiter aus und geht unter Bezugnahme auf weitere schriftliche Arbeiten Meumanns auf den Zweck der Pädagogik ein, nämlich eine möglichst günstige allseitige Entwicklung der Persönlichkeit des Kindes zu erreichen.

Experimentelle Eignungsuntersuchungen

Während seiner Tätigkeit als Assistent am Wundtschen Institut verfolgte Walther Moede neben seiner Habilitation mit großem Interesse die weitere Entwicklung der Angewandten Psy-

22 Moede, W.: Ernst Meumann. Deutsche Schule, 19. Jg., 1915, S. 417 ff.

chologie. Aus seiner Berliner Studienzeit kannte er Hugo Münsterberg, der mit seinem 1912 veröffentlichten Beitrag „Psychologie und Wirtschaftsleben“ neue Anwendungsfelder für die experimentelle Psychologie aufzeigte. Damit war zugleich die in jenen Jahren mit Leidenschaft geführte Diskussion um Eignungs- und Gestaltungsfragen der Fabrikarbeit angesprochen. Diese von Taylor und seinen Mitstreitern eingeleitete Bewegung der wissenschaftlichen Betriebsführung gab begründeten Anlass zur kritischen Bewertung. Eine Welle von Vortragsreihen und Diskussionen durchzog die verschiedensten Wissenschaftsbereiche, so auch das Leipziger Institut für experimentelle Psychologie und Pädagogik. Die methodologischen Fragestellungen konzentrierten sich sehr bald auf die Prüfung der Berufseignung.

Den Schwerpunkt seiner Habilitationsarbeit legte Walther Moede auf gruppenpsychologische Untersuchungen zur Erkennung von Begabungen bei Schülern. Diese wurden als Beitrag experimenteller Art zum psychologischen Problem der Gruppe im Laboratorium oder in Schulen angesetzt.[23] Aufgabe war es, „die Veränderungen wesentlicher seelischer Funktionen unter kollektiven Faktoren abzuleiten“. Die Untersuchungen wurden im Jahre 1913 durchgeführt und ausgewertet.

Die Danksagung Moedes für die Unterstützung der Arbeit gilt neben Studenten der Universität Leipzig vor allem den Schülern der Gemeindeschulen in Sorau/Niederlausitz, aber besonders auch den Schulbehörden, Rektoren und Lehrern. Walther Moede betont, dass es „1913 noch ein großes Entgegenkommen [war], wenn Lehrer, Rektor und Schulaufsicht die Vornahme von praktisch/psychologischen Untersuchungen in ihren Schulen überhaupt zuließen“.[24]

Insbesondere dankte er den Sorauer Rektoren Karl Moede, seinem Vater, und E. Hühn sowie dem kgl. Kreisschulinspektor Tischer „für ihre liebenswürdige Erlaubnis, in ihren Schulen zu arbeiten, und für ihre freundliche Mitarbeit“. Bemerkenswert ist der Schlusssatz: „Dank verdienen auch die Schüler und volle Anerkennung für ihre Pünktlichkeit und Intensität, mit der sie sich stets an den Arbeiten beteiligten“.

Curt Piorkowski

Walther Moede hatte vermutlich schon 1913 Curt Piorkowski gekannt. Sie arbeiteten gemeinsam im Umfeld des Instituts für experimentelle Pädagogik der Universität Leipzig. Ihre Interessen waren ähnlich ausgerichtet.

Curt Piorkowski wurde am 11. September 1888 in Leipzig geboren, war also gleichaltrig mit Walther Moede. So lief auch die Schulbildung ähnlich: von 1894 bis 1898 die höhere Bürgerschule, von 1898 bis 1907 das als Thomasschule bekannte humanistische Gymnasium in Leipzig mit abschließendem Abitur. Es folgte dann ein Studium der Philosophie in München und Leipzig mit den Schwerpunkten: Psychologie, Philosophie, Pädagogik, Nationalökonomie und Kulturgeschichte. Noch vor seiner Promotion sollte er an der Leipziger Universität im Institut von Geheimrat Lamprecht für das Fachgebiet „Universal- und Kulturgeschichte“ wirtschaftspsychologische Kurse übernehmen.[25] Durch seine militärische Einberufung und durch den plötzlichen Tod Lamprechts kam es nicht dazu.

Curt Piorkowski war mit den Schriften Münsterbergs vertraut, auch mit Neuerungen der Betriebsführung im Sinne des Taylor-Systems. Nach Ausbruch des Kriegs im August 1914 konzentrierte er sich auf die Bearbeitung seiner Dissertation „Beiträge zur psychologischen

23 Moede, W.: Experimentelle Massenpsychologie. Verlag. S. Hirzel, Leipzig 1920, S. V.

24 Ebd., Vorwort, S. VI.

25 Dokument 06-12: Lebenslauf Curt Piorkowski 1918, siehe auch Kap. 6.

Methodologie der wirtschaftlichen Berufseignung“[26]. Im März 1915 wurde das Promotionsverfahren an der Philosophischen Fakultät der Universität Leipzig „summa cum laude“ abgeschlossen. Schon im April 1915 erfolgte seine Einberufung zum Militärdienst.

Curt Piorkowskis Dissertation wurde in der Zeitschrift für angewandte Psychologie und psychologische Sammelforschung im Jahr 1915 veröffentlicht und von Walther Moede referiert.[27] Beide waren an experimentellen Methoden für die Untersuchung von Berufseignung interessiert. Sie hatten gemeinsam auf der Leipziger Messe 1914 erfolgreich eine Demonstration von Eignungsprüfungen für Maschinensetzer eingebracht und damit für die experimentelle berufliche Eignungsprüfung geworben.

BEIHEFTE

zur

Zeitschrift für angewandte Psychologie und psychologische Sammelforschung.

Herausgegeben von

WILLIAM STERN und OTTO LIPMANN.

II.

Beiträge zur psychologischen Methodologie der wirtschaftlichen Berufseignung

von

Dr. Curt Piorkowski.

Leipzig, 1915.

Verlag von Johann Ambrosius Barth.

Dörrienstr. 16.

Bild 4.06: Dissertation Curt Piorkowski, Leipzig 1915

In seinem Vorwort zur Dissertationsschrift verweist Piorkowski auf die Betriebswissenschaft als neues Anwendungsfeld der experimentellen Psychologie wie folgt:

> „Die Erörterungen, die wir im folgenden über die methodologischen Probleme der Berufseignung anstellen, bedürfen, um einem naheliegenden Missverständnis von vornherein vorzubeugen, einer kurzen prinzipiellen Vorbemerkung.
>
> Die Frage der Berufseignung hat nämlich außer der methodischen noch eine andere Seite, die ihr an Wichtigkeit mindestens ebenbürtig ist: die kulturpolitische. Diese Seite ist aber in dem bis vor kurzem einzigen System, das auf die psycho-physischen Bedingungen der Berufseignung näher einging, dem „Taylorsystem“ und der amerikanischen „scientific management-Bewegung“ so gut wie gar nicht berücksichtigt worden, da hier nur eine Parole galt: Erzielung der Höchstleistung!
>
> Nun sind aber Menschen keine Maschinen, bei denen es nur darauf ankommt, Höchstleistungen herauszuholen, ohne Rücksicht darauf, ob dadurch kulturelle oder persönliche Werte gefördert oder geschädigt wer-

---

26 Piorkowski, C.: Beiträge zur psychologischen Methodologie der wirtschaftlichen Berufseignung. Barth Verlag, Leipzig 1915. Beihefte zur Zeitschrift für angewandte Psychologie und psychologische Sammelforschung, herausgegeben von William Stern und Otto Lipmann.

27 Moede, W.: Referat in: Zeitschrift für pädagogische Psychologie und experimentelle Pädagogik, Bd. 17, 1916, S. 270 f.

den und wie diese höchste Rationalisierung des Arbeitsprozesses auf die eudämonistische Bilanz der Betroffenen einwirkt.

Diesen Gesichtspunkt vermisst man aber, wie gesagt, bei den beiden oben erwähnten Bewegungen leider noch ziemlich. Ja, man kann sogar noch weiter gehen: Während nämlich bei Maschinen ein Arbeitstempo und eine Leistung, die zu überschneller Abnutzung führen würde, von dem Unternehmer wohlweislich vermieden wird, tritt diese Überlegung bei dem lediglich nach Taylorprinzipien orientierten Unternehmer fast gänzlich in den Hintergrund: Sind die Arbeiter abgenutzt und nicht mehr brauchbar, so werden sie eben durch neue ersetzt! Diese ebenso brutale wie naive Ansicht, der der Staat ja in klarer Erkenntnis seiner eigenen Interessen in den letzten Jahrzehnten in immer steigendem Maße entgegengetreten ist, hat in ihren letzten Konsequenzen, vor allem in volkswirtschaftlicher Beziehung, am feinsinnigsten der Wiener Soziologe R. Goldscheid aufgedeckt, indem er zum erstenmal die „menschliche Abnutzung" in jeder ihrer verschiedenartigen und oft verdeckten Formen und Folgeerscheinungen aufzeigte und damit die Forderung begründete, diese sinngemäß als Produktionskostenfaktor zu Lasten des Unternehmers zu buchen, statt sie wie bisher als „soziale Lasten" dem Staat aufzubürden. Auf Goldscheids Untersuchungen, sowie auf die ganze reiche, größtenteils aus sozialistischer Feder stammende Literatur, sowie auch auf die angelsächsische „Eugenik-Bewegung" sei darum an dieser Stelle mit allem Nachdruck hingewiesen: denn unsere psychotechnischen Untersuchungen dürfen nur die Mittel bieten, haben sich aber in jeder Beziehung einer gesunden Kulturpolitik und den von ihr für gut und erstrebenswert gehaltenen Zielen, für deren wichtigstes wir speziell das eudämonistische Optimum halten, unterzuordnen. Das Taylorsystem muß uns aber erst den Nachweis erbringen, dass seine einseitige Forderung von Höchstleistungen mit den Grundsätzen einer solchen Kulturpolitik übereinstimmt und nicht die Gefahr einer überschnellen Abnutzung der Individuen oder einer übergroßen Verminderung der Arbeitsfreude in sich birgt. Ist es nicht in der Lage, diesen Nachweis zu führen, so ist es vom kulturpolitischen Standpunkt aus abzulehnen. Bisher ist es uns diesen Nachweis aber schuldig geblieben!

Möchten wir an dieser Stelle uns somit von vornherein aufs schärfste gegen den Vorwurf verwahren, dass wir die hohe Bedeutung der Kulturpolitik, sowie des eudämonistischen Optimums (soweit es nicht mit dem Leistungsoptimum zusammenfällt, worauf wir später noch zu sprechen kommen werden), da wir diese beiden Faktoren in dieser Schrift nicht ausdrücklich behandeln, unterschätzten, so möchten wir auch noch einen zweiten Einwurf, den man uns machen könnte und der auf gleichem Gebiete liegt, vorwegnehmen und entkräften:

Selbstverständlich folgt daraus, daß wir auch auf die Charaktereigenschaften, wie Fleiß, Ordnungsliebe, Sparsamkeit, friedliches Benehmen im Betriebe usw. nicht näher eingehen, keineswegs, daß wir die hohe Bedeutung dieser Faktoren übersähen. Im Gegenteil! Nur glauben wir, dass hierüber methodische, wissenschaftliche Erörterungen weniger notwendig sind, da die berufliche Praxis in dieser Beziehung genügend Aufschluß gibt. Außerdem soll in unseren Beiträgen ja kein lückenloses System gegeben werden, sondern es sollen nur gewisse, bisher noch unklare oder zu wenig berücksichtigte Seiten der Frage der Berufseignung beleuchtet und wenn möglich klargestellt werden, um so die noch recht schwachen Säulen, die das System einer rationellen Betriebsgliederung tragen, zu stützen und zu festigen. Daß aber durch Verbesserungen am Bau nicht der ganze Bau, wie er bisher bestand, überflüssig und sinnlos wird, ist ja wohl klar. Verbesserungen kann man nur am Bestehenden vornehmen, wie andererseits auch das Bestehende einen Zug zur Umformung bzw., wie schließlich jeder systematische Kopf im Gegensatz zum rein einfühlenden Historiker glauben muß, zum Fortschritte in sich trägt."

Exkurs: Experimentelle Psychologie

Wissenschaftliche Kontroversen über den Gegenstand und die wissenschaftstheoretischen Voraussetzungen der Psychologie wurden bereits in den 1890er Jahren ausgetragen. So stand in Berlin bis 1894 Hermann Ebbinghaus (1850-1909) für das ehrgeizige Vorhaben, alle psychischen Vorgänge der experimentellen Forschung zu unterwerfen. Dies forderte den Philosophen Wilhelm Dilthey (1833-1911), der streng zwischen Natur- und Geisteswissenschaften unterschied, zu Kritik heraus. Der Gegenstand der Psychologie, der in der Erfahrung gegebene Zusammenhang des Seelischen, lasse sich nicht mit einer „zergliedernden" und messenden (also naturwissenschaftlichen), sondern nur mit einer „beschreibenden“ und verstehenden (also geisteswissenschaftlichen) Psychologie erfassen.[28]

Von der beginnenden Institutionalisierung und Differenzierung der experimentellen Psychologie in Deutschland zeugen auch die zahlreichen Zeitschriften, die um die Jahrhundertwende gegründet wurden. Den Anfang machten Hermann Ebbinghaus und Edmund König mit der Gründung der „Zeitschrift für Psychologie und Physiologie der Sinnesorgane“ im Jahre 1890, die schon im Titel bewusst eine Verbindung zur in Deutschland bereits etablierten Physiologie herstellte. Ash weist darauf hin, dass sich die Herausgeber von Wundt distanzierten, „indem sie erklärten, ein Forum für den wissenschaftlichen Austausch auf dem neuen Gebiet schaffen zu wollen, das nicht nur die Arbeit eines einzigen Instituts repräsentierte“.[29] 1903 folgte die Gründung des „Archiv für die gesamte Psychologie“ durch den Wundt-Schüler Ernst Meumann, der über die auf die Sinnesphysiologie bezogenen Forschungsgebiete hinausgehen wollte. Als weitere Gründungen dieser Zeit sind die „Zeitschrift für pädagogische Psychologie“ (1900) durch Ferdinand Kemsies sowie die „Zeitschrift für angewandte Psychologie“ (1908) zu nennen, die bis 1933 von William Stern und Otto Lipmann herausgegeben wurde.[30]

Im Jahr 1904 formierte sich die neue „Scientific Community“ in der unter Vorsitz von Georg Elias Müller gegründeten „Gesellschaft für experimentelle Psychologie“. Auch die Entwicklung dieser Arbeitsgemeinschaft führte jedoch weder zur Institutionalisierung der experimentellen Psychologie als Fachgebiet, noch zu einer Vereinheitlichung des Verständnisses von Gegenstand oder Methoden. Unterschiedliche Vorstellungen von der Stellung der angewandten Psychologie im Wissenschaftsbetrieb bestimmten weiterhin die intradisziplinäre Debatte und führten schließlich zu einer öffentlich ausgetragenen Kontroverse zwischen Philosophen und experimentierenden Psychologen.[31]

So erkannte Wundt zwar das wachsende Interesse an angewandter Psychologie, stand aber der vor allem in den USA zu beobachtenden Tendenz zur Unterordnung der theoretischen unter die praktische Psychologie skeptisch gegenüber, da er die Psychologie als wesentlich theoretisches Forschungs- und Lehrgebiet verstand. Entsprechend sei es im Interesse von Psychologen und Philosophen, keine bloßen Experimentatoren heranzubilden. Diese Grundsätze Wundts entsprachen auch der gängigen Berufungspolitik. Carl Stumpf und Georg Elias Müller schrieben dagegen in Abgrenzung zu Wundt dem Experimentellen eine größere Reichweite zu. Auch sie sprachen sich jedoch wegen „sachlicher Schwierigkeiten“ gegen groß angelegte Forschung in der Experimentalpsychologie aus. Trotz der Auffassung, dass nur der Arbeitsstil der neueren Naturwissenschaften zum Fortschritt in der Philosophie führen könne, sah Stumpf die empirische Forschung selbst, „durchaus im Sinne des Humboldtschen Bildungsbegriffs, lediglich als Propädeutik zur 'eigentlichen' philosophischen Wissenschaft“.[32]

---

28 Vgl. Geuter, Ulfried: Psychologie, a.a.O., S. 144.

29 Ash, Mitchell G.: Die experimentelle Psychologie an den deutschsprachigen Universitäten von der Wilhelminischen Zeit bis zum Nationalsozialismus. In: Ash, Mitchell G.; Geuter, Ulfried (Hrsg.): Geschichte der deutschen Psychologie im 20. Jahrhundert: Ein Überblick. Westdeutscher Verlag, Opladen 1985, S. 46.

30 Vgl. ebd., S. 47 sowie Schmidt, Wilfred; William Stern. In: Illustrierte Geschichte der Psychologie, a.a.O., S. 124-126, hier S. 124.

31 Vgl. hier und im folgenden Ash, Mitchell G.: Die experimentelle Psychologie an den deutschsprachigen Universitäten von der Wilhelminischen Zeit bis zum Nationalsozialismus. In: Ash, Mitchell G.; Geuter, Ulfried (Hrsg.): Geschichte der deutschen Psychologie im 20. Jahrhundert: Ein Überblick. Westdeutscher Verlag, Opladen 1985, S. 47-58.

32 Ebd., S. 49.

Vom wissenschaftlichen Selbstverständnis her bestimmten somit weiterhin philosophische Überlegungen die Arbeit der führenden Mitglieder der neuen Scientific Community. Die Experimentalpsychologie wurde dadurch zur Hilfswissenschaft einer viel weiter konzipierten allgemeinen Psychologie, die Wundt als Grundwissenschaft der Geisteswissenschaften deklarierte.

Der Nachweis der philosophischen Relevanz experimentalpsychologischer Forschung schien jedoch auch bis 1910 noch nicht erbracht. So vertraten die Philosophen weiterhin die Auffassung, dass sich die Ziele der Philosophie nicht mit naturwissenschaftlichen Mitteln erreichen ließen. Neben der Auseinandersetzung über den Status der Psychologie als Geistes- oder Naturwissenschaft offenbarte die wissenschaftliche Kontroverse, die 1912 durch eine von Philosophen initiierte Erklärung gegen die Besetzung philosophischer Lehrstühle mit Vertretern der experimentellen Psychologie ausgelöst wurde, auch unverhohlene Standesinteressen. So war die Philosophie von der enormen Expansion der Wissenschaftsförderung im wilhelminischen Deutschland nicht in demselben Maße erfasst worden wie andere Disziplinen, und die Zahl experimentierender Psychologen auf philosophischen Lehrstühlen hatte sich in der Zeit von 1892 bis 1914 von drei auf zehn verdreifacht. In einem polemischen Essay unter dem Titel „Die Psychologie im Kampf ums Dasein" (1913) ging Wundt auf die Standesinteressen und Vorurteile ein, die in der Erklärung der Philosophen zum Ausdruck kamen, und verwies gleichzeitig auf die Tatsache, dass etwa die Hälfte der psychologischen Arbeiten in die Bereiche der Erkenntnistheorie und sogar bis in die Metaphysik hineinreiche.

Infolge des Streits um die Stellung der Psychologie erschienen groß angelegte Monographien, in denen die Psychologen versuchten, die Bedeutung ihres Fachs für die Praxis und insbesondere für andere Wissensgebiete, wie Geschichte, Jurisprudenz und Nationalökonomie zu verdeutlichen.

Das Ergebnis der Auseinandersetzung war ein akademisch-politischer Konsensus der Beteiligten zur Errichtung unabhängiger Lehrstühle für Psychologie innerhalb der Philosophischen Fakultät. Institutionell gesehen bildete die Experimentelle Psychologie somit weiterhin keine eigenständige Disziplin, sondern wurde an Lehr- und Forschungsinstituten betrieben, die Lehrstühlen der Philosophie angegliedert waren. Darüber hinaus fehlte die großzügige Unterstützung der Experimentalpsychologie, die den Instituten in Berlin und Leipzig zuteil wurde, an anderen Universitäten. Im Jahr 1914 hatten nur die Institute in Göttingen, Würzburg, München und Frankfurt vergleichbare Etats. Für ausgebildete Psychologen boten sich zudem nur sehr begrenzte Berufsmöglichkeiten. Nicht nur die wissenschaftliche Legitimation der experimentellen Psychologie war somit unzureichend, sondern auch ein klar definierter Platz im Ausbildungssystem musste erst noch erlangt werden. Von Bedeutung war hierfür insbesondere der Nachweis der praktischen Relevanz und Verwertbarkeit experimentalpsychologischer Forschungsergebnisse. Mit Ash lässt sich feststellen, dass der Diskussionsrahmen auf der Ebene des gesellschaftlichen Nutzens der Psychologie bereits 1912 deutlich umrissen war: „Wollte die Experimentelle Psychologie eine größere Unterstützung, so mußten ihre Vertreter den von Wundt bevorzugten Boden der 'reinen' Wissenschaft verlassen, und die über die Universität hinausgehende Verwendbarkeit ihrer Arbeit unzweideutig nachweisen".[33]

An der allgemeinen Expansion der Wissenschaftsförderung in Deutschland, die begünstigt durch das starke Wirtschaftswachstum ab 1890 einsetzte, hatte auch die experimentelle

[33] Ebd., S. 56.

Psychologie Anteil. So wurden bis 1914 an deutschsprachigen Universitäten insgesamt 13 psychologische Institute und Seminare gegründet.[34]

Hervorzuheben ist hier die Einrichtung einer dritten ordentlichen Professur für Philosophie an der Berliner Friedrich-Wilhelms-Universität im Jahre 1894, deren Inhaber vor allem für eine auf die Naturwissenschaften gegründete Philosophie und für experimentelle Psychologie zuständig sein sollte. Damit gab es in Berlin erstmals eine etatisierte, ordentliche Professur für Psychologie. Der Ruf erging an den Münchener Professor Carl Stumpf (1848-1936). Mit seinem Wechsel nach Berlin wurde 1894 das Psychologische Seminar an der Universität gegründet, das 1900 zu einem Psychologischen Institut aufgewertet wurde. In der Zeit, als Stumpf das Berliner Institut leitete, etablierte sich die Psychologie in Deutschland, wobei das Institut an der Friedrich-Wilhelms-Universität finanziell am besten ausgestattet wurde.[35]

Weder die Gründung des psychologischen Laboratoriums in Leipzig noch die nachfolgende institutionelle Expansion haben automatisch zur Institutionalisierung der experimentellen Psychologie als eigenständige Wissenschaft geführt. So war sie zu Beginn des 20. Jahrhunderts weder an allen Universitäten vertreten, noch war ihr der Status einer unabhängigen Disziplin eingeräumt worden. Vielmehr standen die Experimentalpsychologen bis über die Weimarer Zeit hinaus vor der doppelten Herausforderung, sich gegenüber Naturwissenschaftlern und Philosophen wissenschaftlich zu legitimieren und dabei gleichzeitig gegenüber den Staatsbehörden einen zumindest potenziellen Praxisbezug nachzuweisen, um ihre Berechtigung auf einen Platz im Ausbildungswesen deutlich zu machen.

Nachfolgend werden drei sehr prominente Psychologen, die durch Moedes methodischen Ansatz paradigmatisch beeinflusst wurden, kurz vorgestellt.[36] In den Darstellungen der Geschichte der Psychologie ist die hier aufgezeigte Linie schwer zu erkennen, was wohl daran liegt, dass die Bedeutung der deutschen experimentellen Sozialforschung durch die nationalsozialistischen Berufsverbote dramatisch abnahm und akademische Immigranten ihr Forschungspotenzial den Vereinigten Staaten zur Verfügung stellten. Es kommt hinzu, dass Walther Moede selbst zwar bei dem ersten, experimentell arbeitenden Sozialpsychologen Wilhelm Wundt ausgebildet wurde, aber durch die Notwendigkeit interdisziplinärer Zusammenarbeit in der Praxis das Zentrum der experimentellen Psychologie nicht mehr so stark beeinflussen konnte. Umso erstaunlicher ist seine weitsichtige anwendungsbezogene Leistung.

Kurt Lewin (1890-1947), Schüler und Nachfolger von Carl Stumpf, 1933 als beamteter Hochschullehrer am Psychologischen Institut der Friedrich-Wilhelms-Universität entlassen und in die USA emigriert, wird heute weltweit als „Vater der experimentellen Sozialpsychologie und Gruppendynamik“ angesehen und von Moede in seinem „Lehrbuch der Psychotechnik“ 1930 zitiert. Er war zwar nur zwei Jahre jünger als Moede; sein Einstieg in eine Universitätskarriere verzögerte sich jedoch durch seine Teilnahme am ersten Weltkrieg als Leutnant an der Front. Man kann davon ausgehen, dass er nicht nur Moedes Arbeiten, sondern ihn auch persönlich gut kannte, denn er verfasste 1920 eine Monographie mit dem Titel „Die Sozialisierung des Taylorsystems“ und 1928 mit H. Rupp (1880-1954) „Mensch-Maschine-Interaktion als dynamische Einheit – Vorschlag für die Entwicklung eines Anlernverfahrens“. Lewin und Moede vertraten zeitgleich bereits seit 1921 das Fachgebiet Psychotechnik.

---

34 Ebd., S. 46.

35 Vgl. Geuter, Ulfried: Psychologie, a.a.O., S. 144.

36 Anmerkungen von Prof. Arnold Upmeyer über Kurt Lewin, Mustafa Sherif und Solomon Asch.

Lewins spätere, berühmt gewordene Arbeiten zu autoritären und demokratischen Führungsstilen folgten der Strategie, komplexe sozialpsychologische Kontextvariablen in ihren Auswirkungen auf das Individuum experimentell zu untersuchen; historisch kann man diese Arbeiten in der Tradition der „Experimentellen Pädagogik“ sehen.

Der türkisch-amerikanische Sozialpsychologe *Mustafa Sherif* (1906-1988) legte 1938 eine sehr beachtete Dissertation über den Einfluss von Gruppen auf die Urteilsbildung von Individuen vor. Dabei benutzte er eine ähnliche Anordnung wie die oben geschilderte, indem er die Einzelsituation als Kontrollgruppe für den Vergleich mit Gruppen verschiedener Größe einsetzte. Er fand homogenere Urteile von Individuen unter Gruppeneinfluss, im Vergleich zu Einzelsituationen, was er als Normenbildung interpretierte. Des Deutschen mächtig, bezog er sich explizit auf Moede, ohne jedoch die Gruppengrößen so sauber zu trennen, wie es sein Vorbild tat.

Der polnisch-amerikanische Sozialpsychologe *Solomon E. Asch* (1907-1996), der Begründer der Konformitätsforschung, führte 1946 ein sehr einflussreiches Experiment zum Gruppendruck auf Schätzungen physikalischer Objekte durch, in dem er analog zu Moedes Anordnung systematisch die Gruppengröße variierte. Er fand systematische Verzerrungen in der Gruppe, aber nicht in der Einzelsituation.

Exkurs: Ansätze zur Psychotechnik

Für den Wandel der Arbeitswirtschaft durch die Industrialisierung hatten die Erkenntnisse der Experimentalpsychologie eine große Bedeutung. Als Teilbereich der Angewandten Psychologie entwickelte sich mit dem Schwerpunkt der Bestgestaltung von Arbeitsbedingungen für den Menschen innerhalb einer betriebswirtschaftlichen Optimierung die Psychotechnik.[37]

Gustav Theodor Fechner

Vorausgegangen war die Begründung der „Psychophysik“ als konstituierendes Element der Experimentalpsychologie durch Gustav Theodor Fechner (1801-1887). Ausgestattet mit einer Professur für Physik entwickelte er als Naturforscher und Psychologe eine mathematisch-physikalisch ausgerichtete Methodik zur experimentellen Erforschung psychischer Phänomene.[38] Sein Werk „Elemente der Psychophysik“ von 1860 definierte die Psychophysik als „eine exakte Lehre von den funktionellen oder Abhängigkeitsbeziehungen zwischen Körper und Seele, allgemeiner, zwischen körperlicher und geistiger, physischer und psychischer Welt“.[39] Er postulierte eine allgemeine logarithmische Transformationsfunktion zwischen Reizintensität und subjektivem Empfinden, die bis heute gültig ist.

Wilhelm Wundt

Ausgehend von Fechners Methoden führte der Psychologe und Philosoph Wilhelm Wundt (1832-1920) die experimentelle Psychologie zu einem ersten Höhepunkt (s. auch Kapitel 3). Seine Leistungen liegen besonders in der inhaltlichen und methodischen Autonomisierung der

---

[37] Münsterberg, H.: Grundzüge der Psychotechnik, Leipzig 1914.

[38] Meischner-Metge, A.: Gustav Theodor Fechner. In: Illustrierte Geschichte der Psychologie, hrsg. von Helmut E. Lück und Rudolf Miller, München 1993, S. 32-34. Vgl. auch Gundlach, H.: Entstehung und Gegenstand der Psychophysik. In: Albert, D.; Pawlik, K.; Stapf & Stroebe, K.-H. (Hrsg.): Lehr- und Forschungstexte Psychologie 45. Springer-Verlag, Berlin, Heidelberg 1993.

[39] Fechner, G. T.: Elemente der Psychophysik, Leipzig 1889.

Psychologie und damit in ihrem Ausbau zu einem geschlossenen wissenschaftlichen System. Mit der Gründung des ersten Instituts für experimentelle Psychologie 1879 in Leipzig institutionalisierte Wundt die allgemeine Experimentalpsychologie, deren Konzept die Ergebnisse von experimenteller Forschung mit der Umsetzung ihrer neurobiologischen Grundlagen und ihrer ideen- und begriffsgeschichtlichen Voraussetzungen verbindet.[40] Wundt lehnte indes die Anwendung der Forschungsergebnisse durch die praktische Psychologie als methodisch und theoretisch zu ungenügend untermauert ab.[41]

Emil Kraepelin

Der Psychiater Emil Kraepelin (1856-1926), ein Schüler Wundts, erweiterte dessen Grundlagenforschung um einen ökonomisch-leistungsorientierten Aspekt, der die gesellschaftliche Relevanz der Angewandten Psychologie erhöhte. Er untersuchte psychische und physische Faktoren, die ihm bestimmend für die Arbeitsleistung erschienen. Kraepelin ermittelte als solche Übung und Gewöhnung, Willensspannung, Ermüdung und Anreiz der Arbeit sowie auch Hygiene, wie es sich in einer seiner frühesten Studien „Zur Hygiene der Arbeit“ von 1896 darstellt.[42]

Kraepelin vertrat die Ansicht, dass geistige Leistungsfähigkeit eher ein psychologisches als ein physiologisches Phänomen sei. In seinen Testverfahren und Methoden zum Studium der Ermüdung unterstrich er die Verbindung zwischen Arbeitsstudien und Prozessen in der industriellen Fertigung. In den 1902 publizierten „Arbeitscurven“ stellte er den Energieaufwand von körperlicher und geistiger Arbeit dar und belegte sowohl, dass Arbeitstakt und -tempo stets individuell ausfielen, als auch, dass Leistung durch Schulung und Übung gesteigert werden könne. Kraepelin weist durch seine Untersuchungen der Arbeitsleistung auf eine Entwicklung hin, die schließlich zur Psychotechnik führte. Kraepelin wurde durch seine grundlegenden Untersuchungen in der Arbeitsforschung auch ein Aufbereiter der Taylor'schen Betriebswissenschaft.

Max Weber

In der soziologisch erweiterten Perspektive der Arbeitswissenschaft wandte sich Max Weber (1864-1920) der Frage zu, welche Wirkung die moderne Industriegesellschaft auf die Arbeiterschaft in Bezug auf Berufsschicksal und -wahl, auf berufliche Qualifikationen und Lebensstil habe. Die ersten soziologischen Erhebungen dazu entstanden um 1908 im Verein für Sozialpolitik unter der Leitung von Heinrich Herkner.

Weber entwickelte ein sich an Kraepelin orientierendes methodologisches Exposé zu den Erhebungen über „Auslese und Anpassung der Arbeiterschaft“. Die Messung der Arbeitsleistung gliederte sich darin in die Faktoren Übung (Übungsfähigkeit, -festigkeit, Gedächtnis), Ermüdung und Erholung. Gleichwohl erkannte er die Grenzen der Messbarkeit von psychischen Bedingungen und Folgen der modernen Industriearbeit. Er warnte, dass es „jedenfalls zur Zeit [...] keinerlei Meßmethode gibt, welche zugleich exakt und dabei doch zu Massenuntersuchungen derart geeignet wäre, um einwandfreie Resultate über den Verlauf der Ermü-

---

[40] Vgl. Wundt, W.: Grundzüge der physiologischen Psychologie, Leipzig, 1875. Vgl. a. Meischner, a.a.O., S. 40.

[41] Meischner, W.: Wilhelm Wundt. In: Illustrierte Geschichte der Psychologie, hrsg. von Helmut E. Lück und Rudolf Miller, München, Quintessenz, 1993, S. 39.

[42] Frey, D.; Hoyos, C. Graf; Stahlberg, D. (Hrsg.): Angewandte Psychologie – Ein Lehrbuch. Psychologie Verlags-Union, München 1988, S. 2.

dungs- und Übungskurven, der individuellen Differenzen in dieser Hinsicht und deren Bedingtheit durch Temperaments- und Charakterqualitäten zu bieten."[43]

Im Hinblick auf physiologische Prinzipien wie Muskelkraft, Rhythmisierung und Mechanisierung der Arbeit zur „Auslese und Anpassung der Arbeiterschaft" erinnerte Weber an die gesellschaftspolitischen Prämissen, in denen der industrielle Produktionsprozess untersucht wurde: „Stets müßte [...] daran festgehalten werden, daß die Industrie als solche nicht „Kraftersparnis", sondern „Kostenersparnis" erstrebt, und daß die Wege, auf denen sie diese erreichen kann, keineswegs immer mit der Entwicklung zum physiologisch Rationalen zusammenfallen, daß vielmehr aus den allerverschiedensten Gründen die Entwicklung zum ökonomischen Optimum der Kapitalverwertung von der Entwicklung zum physiologischen Optimum der Kraftverwertung divergieren kann."[44]

Weber gab dem Entwicklungsprozess, der durch Industrialisierung und Technisierung die moderne Industriegesellschaft geschaffen habe, eine immense kulturelle Bedeutung. Ein vollständiges Bild dieser modernen Industriegesellschaft zeichne sich allerdings erst am Ende der Untersuchungen zur industriellen Arbeit ab. Weber schrieb der Struktur industrieller Produktionsweise Macht zu, die unabhängig von Formen kapitalistischer oder sozialistischer Organisationsweise seien, weil das „Bestehen dieses 'Apparates' als solche(m) von dieser Alternative (von Kapitalismus oder Sozialismus) unabhängig sei. In der Tat: die moderne Werkstatt mit ihrer amtlichen Hierarchie, ihrer Disziplin, ihrer Kettung der Arbeiter an die Maschinen, ihrer Zusammenhäufung und doch zugleich [...] Isolierung der Arbeiter [...] ist – begrifflich – davon unabhängig. Sie übt auf die Menschen und ihren 'Lebensstil' weitgehende, durchaus ihr eigentümliche spezifische Wirkungen aus. Aber [...] ein Ersatz der heutigen 'Auslese' nach dem Prinzip der privatwirtschaftlichen Rentabilität, mit ihrer Kettung der ganzen Existenz aller an den Betrieb, leitend oder gehorchend, Gebannten, an den Ausschlag des privaten Kosten- und Gewinnkalküls des Unternehmers, durch irgendeine Form von gemeinwirtschaftlicher 'Solidarität' würde den Geist, der in diesem ungeheuren Gehäuse heute lebt, grundstürzend ändern, und niemand kann auch nur ahnen, mit welchen Konsequenzen."[45]

Während Weber noch die sozialen Phänomene der Industriegesellschaft methodisch und theoretisch kritisch zu erfassen suchte, wurden Fragen der eignungsbedingten Selektion der Industriearbeiter im Zuge der Rationalisierungsbewegung und unter dem Primat der entstehenden Psychotechnik bereits praktisch gelöst.[46]

William Stern

William Stern (1871-1938) war ein bedeutender deutscher Psychologe und Begründer der Differentiellen Psychologie. 1897 erhielt Stern den Lehrstuhl für Pädagogik an der Universität Breslau. Er prägte 1903 bereits den Begriff Psychotechnik, um innerhalb der Angewand-

---

43 Weber, M.: Methodologische Einleitung für die Erhebungen des Vereins für Sozialpolitik über Auslese und Anpassung (Berufswahl und Berufsschicksal) der Arbeiterschaft der geschlossenen Großindustrie (1908). In: ders: Gesammelte Aufsätze zur Soziologie und Sozialpolitik, Tübingen 1924, S. 18.

44 Weber, a.a.O., S. 17.

45 Weber, M.: Auslese und Anpassung, a.a.O., S. 60.

46 Hanf, G.: Berufsausbildung unter dem Einfluß der Rationalität. Industrielle Psychotechnik und die Konstruktion des Facharbeiters. In: Buddensieg, T.; Düwell, Kurt; Sembach, Klaus-Jürgen (Hrsg.): Wissenschaften in Berlin. Bd. 3 „Gedanken", Berlin 1987, S. 159.

ten Psychologie eine Abgrenzung zur Psychognostik zu finden.[47] Als Philosoph vertrat William Stern den Personalismus. Er war 1904 Gründungsmitglied der „Deutschen Gesellschaft für Psychologie“. Gemeinsam mit Otto Lipmann gründete Stern 1906 das „Institut für angewandte Psychologie und psychologische Sammelforschung“.

Bild 4.07: William Stern (1871-1938)

Ein Jahr später erschien die erste Ausgabe der Zeitschrift für angewandte Psychologie, die Stern ebenfalls zusammen mit Lipmann veröffentlichte. Zusammen mit Freud und Jung erhielt Stern 1909 die Ehrendoktorwürde der Clark University in New York. Nach 19 Jahren auf dem Lehrstuhl für Pädagogik in Breslau übernahm Stern 1916 nach dem Tod Meumanns dessen Lehrstuhl in Hamburg. Er gilt als einer der Gründer der Universität Hamburg.

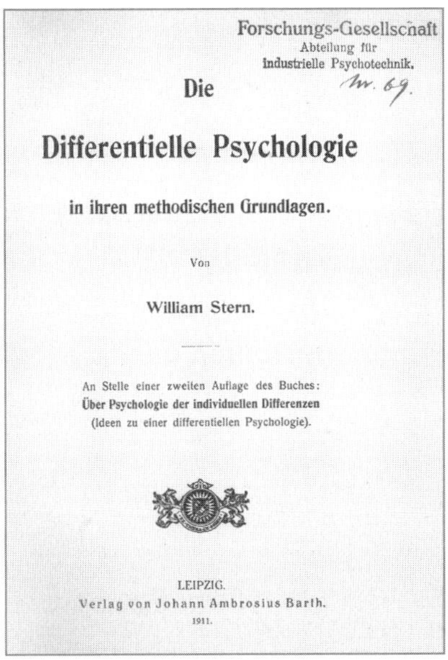

Forschungs-Gesellschaft
Abteilung für
industrielle Psychotechnik.
Nr. 69.

Die

Differentielle Psychologie

in ihren methodischen Grundlagen.

Von

William Stern.

An Stelle einer zweiten Auflage des Buches:
Über Psychologie der individuellen Differenzen
(Ideen zu einer differentiellen Psychologie).

LEIPZIG.
Verlag von Johann Ambrosius Barth.
1911.

Bild 4.08: William Stern „Die Differentielle Psychologie“ 1911

47 Jaeger, Siegfried: Zur Herausbildung von Praxisfeldern der Psychologie bis 1933. In: Ash, Mitchell G.; Geuter, Ulfried (Hrsg.): Geschichte der deutschen Psychologie im 20. Jahrhundert: Ein Überblick. Westdeutscher Verlag, Opladen 1985, S. 83-122.

In der Folgezeit beschäftigte sich Stern zunehmend mit Fragen der Intelligenzforschung, wobei er insbesondere auf die hauptsächlich von Binet entwickelten Testverfahren zurückgriff. 1912 schlug Stern eine von Binet abweichende neue Art der Berechnung des Intelligenzgrades eines Kindes vor und prägte dabei den Begriff des Intelligenzquotienten. Dieser Begriff setzte sich in den folgenden Jahren durch und wurde als „IQ" einer der bekanntesten psychologischen Begriffe überhaupt.

Im Jahr 1933 musste Stern nach der nationalsozialistischen Machtübernahme auf Grund seiner jüdischen Herkunft seinen Lehrstuhl in Hamburg über Nacht räumen und die Institutsleitung sowie alle seine Ämter aufgeben. Die mit Lipmann gegründete Zeitschrift wurde eingestellt. Stern emigrierte 1933 zunächst in die Niederlande und dann in die USA an die Duke University in Durham, wo er am 27. März 1938 starb.

Hugo Münsterberg

Der Psychologe Hugo Münsterberg (1863-1916), ein Schüler Wundts, lehrte seit 1892 in Harvard und wurde Leiter des dortigen psychologischen Laboratoriums nach dem Vorbild des Leipziger Wundt-Instituts. Allerdings ging Münsterberg weit über die Methoden der experimentellen Psychologie hinaus. Er wandte sich der Nutzbarmachung der Psychologie durch ihre Anwendung zu; vor allem in der Untersuchung der Natur und Bedeutung der psychologischen Leistungsbedingungen des Menschen. Münsterberg, der in den USA direkter Zeuge der Taylorismus-Bewegung wurde, war im Herbst 1910 von der Harvard-Universität als Austauschprofessor für ein Jahr an die Berliner Universität entsandt. Er hielt dort neben verschiedenen philosophischen Vorlesungen auch ein vierstündiges Kolleg über Angewandte Psychologie. Aus diesem erstmals so zusammenhängend dargestellten Wissenschaftsgebiet hat er im Jahre 1912 die bis dahin noch wenig beachtete Einzelfrage nach der Anwendung der Psychologie auf Wirtschaftsfragen herausgegriffen und als Buch unter dem Titel „Psychologie und Wirtschaftsleben – ein Beitrag zur angewandten Experimental-Psychologie"[48] veröffentlicht.

Im Vorwort bemerkt er, dass der Anlass zu diesem Buch eine Erfahrung auf dem deutschen Psychologenkongress in Berlin 1912 war. Er war nämlich darüber verwundert, dass in den Berichten über Fortschritte der Angewandten Psychologie „die wirtschaftspsychologischen Fragen dabei ganz unberührt geblieben wären".

Er betont weiter, dass er sich mit dieser Schrift nicht nur an die berufsmäßigen Fachpsychologen, sondern auch gleichzeitig an die Nationalökonomen und an die Wirtschaftskreise selbst wendet. Er berichtet in seinem Buch über wirtschaftspsychologische Experimentaluntersuchungen, die er in der Abteilung für angewandte Psychologie in seinem Harvard-Laboratorium angestellt hatte.

Münsterberg wollte mit dieser Schrift versuchen, ein Bild der Wirtschaftspsychologie zu skizzieren. Es war ihm ein besonderes Anliegen, „daß Deutschland die Mitführerschaft auf diesem neuen Arbeitsgebiet übernimmt, im Interesse der Wissenschaft und zum Besten der nationalen wirtschaftlichen Kraft". Sein Beitrag gliedert sich in vier Abschnitte:

I. Vorfragen,
II. Die Auslese der geeigneten Persönlichkeiten,
III. Die Gewinnung der bestmöglichen Leistungen,
IV. Die Erziehung der erstrebten psychischen Wirkungen.

[48] Münsterberg, Hugo: Psychologie und Wirtschaftsleben – ein Beitrag zur angewandten Experimental-Psychologie. Verlag von Johann Ambrosius Barth, Leipzig 1912.

Im Folgenden soll aufgezeigt werden, wie Hugo Münsterberg mit seinen Vorstellungen über eine neue Anwendung experimenteller Methoden die Grundlage für die Psychotechnik in Deutschland aufbereitete und dabei nicht nur ökonomische, sondern auch technologische Fragestellungen einschloss.

Hugo Münsterberg sieht die neue Orientierung der Angewandten Psychologie auf Probleme der Industrieentwicklung insbesondere aus dem Blickwinkel der experimentellen Psychologie, die mit ihren Methoden und Erkenntnissen „in den Dienst des Wirtschaftslebens gestellt werden soll". Als Fernziel sieht er eine „exakte Wirtschaftspsychologie, die sich als geschlossenes System darstellen lässt".[49]

Pſychologie und Wirtſchaftsleben

Ein Beitrag zur angewandten Experimental-Pſychologie

von

Hugo Münſterberg

Leipzig / Verlag von Johann Ambroſius Barth / 1912

Bild 4.09: Münsterbergs „Psychologie und Wirtschaftsleben" –
Gedruckt als Nachschrift der Gastvorlesungen an der Berliner Universität 1910/11

Die wissenschaftliche Psychologie hat sich über Jahrzehnte mit der Aufgabe schwer getan, „dem praktischen Leben ernsthafte Dienste zu leisten".[50] Dies steht im Gegensatz zu dem „Siegeszug der erklärenden Naturwissenschaften, der jederzeit auch zum Triumphzug der Technik wurde".[51]

Gründe für die Scheu, auch die Untersuchungen der Psychologie praktisch mehr zu nutzen, sieht Münsterberg in der noch nicht ausgereiften Grundlagenforschung, die zu großen Teilen von Prinzipienfragen und Gelehrtenstreit bestimmt war. Sie war mehr auf Allgemeingültigkeit im Sinne naturwissenschaftlicher Forschung gerichtet und verfolgte weniger die Untersuchung der individuellen Verschiedenheit der Menschen.

Die Anfang des 20. Jahrhunderts aufkommende neue Richtung verbindet Münsterberg mit den Namen Galton in England, Binet in Frankreich, Cattell und Stanley Hall in den USA, Kraepelin in Deutschland sowie Stern in Deutschland, Heymans in Holland und Whipple in

[49] Ebd., S. 1.

[50] Ebd., S. 2.

[51] Ebd., S. 2.

Amerika, die planmäßig eine Psychologie der individuellen Verschiedenheiten unter dem Gesichtspunkt der Experimentalpsychologie aufbauten.[52]

Während die Hinwendung der Angewandten Psychologie zur Pädagogik und Medizin relativ früh einsetzte, war das Feld der Nationalökonomie noch wenig erschlossen. Hugo Münsterberg sieht das Bemühen der „erklärenden psychologischen Wissenschaft", dem gewaltigen Getriebe des wissenschaftlichen Lebens dienstbar zu sein, als eine nützliche Ergänzung.[53]

Er sieht Analogien zwischen dem Naturwissenschaftler und der Arbeit des Ingenieurs und deutet die Angewandte Psychologie als diejenige Wissenschaft, welche die Psychologie verwertet, um menschliche Aufgaben zu erfüllen: „sie soll also gewissermaßen eine psychologische Technik sein". Er deutet die pädagogische oder die klinische Psychologie in der Tat als Psychotechnik.[54]

Münsterberg vertieft den Begriff der Psychotechnik in seiner Anwendung auf das Wirtschaftsleben als Hilfsmittel zur Verbesserung der angestrebten Ziele, insbesondere unter dem Gesichtspunkt der Bestgestaltung von Arbeitsabläufen. Hierzu gehört die Prüfung der Eignung von Arbeitspersonen für bestimmte Arbeitsaufgaben, die Verbesserung der psychisch relevanten Leistungsfähigkeit und die Untersuchung von Wirtschaftsprozessen, „bei denen eine gewisse seelische Wirkung auf die Persönlichkeit das Wesentliche ist".[55] Unter diesen drei Gesichtspunkten entwickelt Münsterberg seine Vorstellungen von einer Wirtschaftspsychologie als zukunftsreiches Erweiterungsfeld der Angewandten Psychologie. Bemerkenswert sind diesbezüglich seine Ausführungen über die von Frederick W. Taylor entwickelte „wissenschaftliche Arbeitsleitung".[56]

Im Jahre 1913 schrieb Münsterberg eine zusammenfassende Arbeit über die „Grundzüge der Psychotechnik", die 1914 bei Johann Ambrosius Barth, Leipzig, erschienen ist. Das Buch behandelt die „Verwertung der Psychologie im Dienste der praktischen Kulturaufgaben". Dabei geht es ihm um die Verankerung der Psychotechnik als junge Wissenschaftsdisziplin sowie um ihre innere Strukturierung und Organisation der Forschungsarbeit. Es ist ein Versuch, das Gesamtgebiet der Psychotechnik in seiner Entstehungsphase einheitlich zu erfassen und zur weiteren Entwicklung aufzubereiten.

Münsterberg schrieb dieses Buch im Wesentlichen als nachträgliche Niederschrift seiner 1910/11 an der Berliner Universität als Gastprofessor gehaltenen Vorlesungsreihe. Dieses fast 800 Seiten umfassende Werk ist nicht nur für die Fachwelt der Angewandten Psychologie geschrieben, sondern auch und vor allem für die Nutzer in allen Bereichen der sich fortschrittlich entwickelnden Gesellschaft. So zielt seine Arbeit auf die Bereiche Gesundheit, Wirtschaft, Recht, Erziehung und Kunst. Wichtig sind ihm auch Abgrenzungen und Verbindungen zu anderen Wissenschaftsdisziplinen der Natur- und Geisteswissenschaften. Besonders verweist Münsterberg auf das „ungewöhnliche Interesse, mit dem neuerdings gerade der jüngste Zweig der Psychotechnik, die industrielle Psychologie, in vielen Wirtschaftskreisen begrüßt worden ist". Es geht ihm um die Erforschung der „Wechselwirkung zwischen psychotechnischer Theorie und dem Wirken in Fabrik und Hospital, in Schule und Gericht". Wenn Münsterberg die Psychotechnik als Wissenschaft von der praktischen Anwendung der Psychologie

---

[52] Ebd., S. 6.

[53] Ebd., S. 14.

[54] Ebd., S. 19.

[55] Ebd., S. 22.

[56] Ebd., S. 38 ff.

im Dienste der Kulturaufgaben deutet, dann findet er das besondere Interesse der sich zur Massenherstellung von Gütern entwickelnden Produktionswirtschaft, die in den USA begann und sich dann aber auch in Deutschland nachhaltig ausprägte. Die auf wissenschaftliche Betriebsorganisation gestützte Leistungswirtschaft des Taylorismus war entstanden.[57]

Grundzüge
der Psychotechnik
von
Hugo Münsterberg
Leipzig 1914
Verlag von Johann Ambrosius Barth

Bild 4.10: Hugo Münsterberg „Grundzüge der Psychotechnik", Leipzig 1914

Im Hinblick auf die individuellen und gesellschaftlichen Gefahren des Leistungsprinzips durch die Psychotechnik versicherte Münsterberg:[58]

> „Wir dürfen nicht vergessen, daß die Leistungssteigerung der Industrie durch psychologische Anpassung und durch Verbesserung der psycho-physischen Bedingungen nicht nur im Interesse der Arbeitgeber geschieht, sondern noch mehr in dem der Arbeitnehmer; ihre Arbeitszeit kann herabgesetzt, ihr Lohn vermehrt und ihr Lebensstandard gehoben werden. Aber wichtiger noch als der materielle Vorteil der beiden Parteien ist der kulturelle Gewinn, der von dem Augenblick an im ganzen Wirtschaftsleben der Nation auftritt, in dem jeder Mensch den Platz einnehmen kann, an dem sich seine besten Kräfte entfalten und der ihm die meiste persönliche Befriedigung gibt."

Die Wirtschaftspsychologie entwickelte somit einen umfassenden Glauben an leistungsorientierte Methoden und Zielsetzungen: Die Position der Wirtschaftspsychologie ist deutlich zu erkennen: Die Problemstellung entstammt der Praxis, die Theorien sind der Allgemeinen Psychologie entnommen oder selbstgeschneidert, die Methodologie ist den klassischen Naturwissenschaften entlehnt. „(Wir) zerlegen und messen [...] die seelischen Vorgänge [...] und verfahren [...] genau so, wie der Physiker [...] und der Chemiker [...]", schreibt Edmund Lysinski 1923.[59]

Disziplingeschichtlich bedeutet die Arbeit Münsterbergs eine weitere Loslösung der Psychologie von der Philosophie und Hinwendung zu einer naturwissenschaftlich ausgerichteten

---

57 Münsterberg, H.: Grundzüge der Psychotechnik. Verlag von Johann Ambrosius Barth, Leipzig 1914, S. 1.

58 Münsterberg, H.: Psychology and Industrial Efficiency, Cambridge 1913, S. 308. Nach: Georges Friedmann: Der Mensch in der mechanisierten Produktion, Köln 1952, S. 45 f.

59 Lysinski, E.: Psychologie des Betriebes. Beiträge zur Betriebsorganisation, Berlin 1923, S. 6.

Wissenschaft. Die Psychotechnik erfuhr durch Münsterbergs Propagierung einen Entwicklungsschub als eigenständige Wissenschaftsdisziplin. Die Beziehung zwischen Psychologie und Psychotechnik sah er analog zum Verhältnis von Naturwissenschaften und Technik. Münsterberg lehnte es daher ab, im Unterschied zur Wirtschaftspsychologie gesellschaftspolitische Ziele und Grenzen der scheinbar „objektiven" Psychotechnik zu definieren:[60]

> „Die angewandte Wirtschaftspsychologie ist [...] vollkommen von der Vorstellung der wirtschaftlichen Ziele beherrscht. Solche Feststellung aber verlangt nun zur Ergänzung sofort ein weiteres; wir müssen nämlich betonen, daß die wirtschaftliche Psychotechnik selbst es nicht mit der Untersuchung der Ziele, denen sie dient, zu tun hat. Die angewandte Psychologie stellt, wie jede technische Wissenschaft, fest, was geschehen soll, aber doch nur in der Art, daß sie sagt: du mußt diese Wege beschreiten und diese Hilfsmittel benutzen, falls du dieses oder jenes bestimmte Ziel erreichen willst. Ob dieses Ziel das richtige ist, das geht die technische Wissenschaft selbst nichts an."

Obwohl Münsterberg die Psychotechnik auf eine rein vermittelnde Funktion reduzierte zwischen einerseits den Erkenntnissen der Psychologie und andererseits den „Kulturaufgaben", die sich tatsächlich als Wirtschaftsinteressen konkretisierten, lieferte er doch mögliche Alternativen sozialpolitischer Zielsetzungen:[61]

> „Welches Ziel das bessere ist, ob beispielsweise die Heranziehung tüchtiger und arbeitsfreudiger Arbeitskräfte oder die Gewinnung billiger Arbeiter, geht den wirtschaftstechnischen Psychologen nichts an. Mit vollkommener objektiver Unparteilichkeit beschreibt er lediglich einen bestimmten Kausalzusammenhang, nämlich den zwischen bestimmten zur Verfügung stehenden psychologischen Mitteln und gewissen möglichen Zielen."

Institutionalisierung der Arbeitsphysiologie

Die Physiologie erforscht die Bahn äußerer Reize vom Sinnesorgan bis zum Hirn und von dort zurück zu einer motorischen Reaktion, wobei die Arbeitsphysiologie speziell die Untersuchung der Beziehung zwischen Körper und Arbeit zum Inhalt hat.[62]

Die Arbeitsphysiologie als eine der wissenschaftlichen Grundlegungen der Psychotechnik ist von ihrem Beginn an eng verknüpft mit der Geschichte des „Kaiser-Wilhelm-Instituts für Arbeitsphysiologie" in Berlin, das 1928 nach Dortmund verlegt wurde, sowie mit dessen Nachfolger, dem „Max-Planck-Institut für Arbeitsphysiologie".[63] Das bereits 1913 in Berlin-Dahlem gegründete Institut stellt für den Gesamtprozess der Institutionalisierung der Arbeitsforschung in Deutschland eine der ersten Gründungen dar.[64]

Eine Denkschrift Max Rubners vom 16.5.1912, in der das künftige Aufgabenprofil des von ihm geforderten Instituts vorgestellt wird, markiert den Beginn der Arbeitsphysiologie in Deutschland. Es heißt dort:

> „Aufgabe des Instituts für Arbeitsphysiologie soll es sein, in großen Zügen die menschlichen Leistungen körperlicher und geistiger Natur unter den verschiedenen Lebensaufgaben, aber auch hinsichtlich der Ei-

---

60 Münsterberg, H.: Psychologie und Wirtschaftsleben. Ein Beitrag zur angewandten Experimental-Psychologie. Barth Verlag, Leipzig 1912, S. 18.

61 Ebd., S. 19.

62 Vgl. Geuter, Ulfried: Psychologie. In: Wissenschaften in Berlin, Bd. 2: Disziplinen, Berlin 1987. S. 143-147, hier S. 143 sowie Pechhold, Engelbert: 50 Jahre REFA. Berlin, Köln, 1974. S. 34.

63 Vgl. Rohmert, Walter; Luczak, Holger: Entwicklung und Dokumentation der Arbeitswissenschaft in Deutschland (BRD), a.a.O., S. 77 f.

64 Vgl. ebd. Zur Gründung des Instituts siehe auch Forschung im Spannungsfeld von Politik und Gesellschaft: Geschichte und Struktur der Kaiser-Wilhelm-/Max-Planck-Gesellschaft. Hrsg. von Rudolf Vierhaus und Bernhard von Brocke. Deutsche Verlags-Anstalt, Stuttgart 1990, S. 143 ff.

genart der Kinderzeit, des jugendlichen Alters, des Greisenalters bei Mann und Frau, bei verschiedenen Konstitutionen und Rassen, nach Maß und Zahl zu erforschen. Ein weiteres Ziel ist die Untersuchung des Einflusses der äußeren Lebensbedingungen, unter denen die Arbeit geschieht, des natürlichen, des künstlichen Klimas, der Wohnräume, Fabriken, Bergwerke usw., der Beschaffenheit der Luft und dergleichen. Ferner sollen die Ernährung überhaupt wie auch die Ernährungsverhältnisse der verschiedenen Berufsklassen studiert werden. Die Ergebnisse sollen praktischen wie wissenschaftlichen Zwecken dienen."[65]

Anschaulicher fasst Rubners Nachfolger Atzler das Ziel der Arbeitsphysiologie zusammen: „Nicht auf dem kürzesten Weg, sondern auf dem bequemsten Weg Maximalleistungen erreichen."[66]

Am 1. April 1913 nahm das Kaiser-Wilhelm-Institut für Arbeitsphysiologie unter der Leitung Rubners in den Kellerräumen des Physiologischen Instituts der Universität Berlin mit bescheidenen, finanziellen und personellen Aufwendungen seine Arbeit auf. Arbeitsgebiete waren Kreislaufregulation und Energetik unter Schwerarbeit, insbesondere bei militärischen Aktivitäten. Bedingt durch die Ernährungslage des deutschen Volkes wurde später mit Untersuchungen über Eiweißminima begonnen.[67]

Obwohl das Institut erst mit seinem Umzug nach Dortmund im Jahre 1928 einen nachhaltigen Ausbau erfuhr[68], die Bedeutung der Arbeitsphysiologie insgesamt für die Wirtschaft bis zum Ersten Weltkrieg gering blieb und ihre Ergebnisse im Produktionsprozess nur partiell umgesetzt wurden, zählt die 1911 gegründete Kaiser-Wilhelm-Gesellschaft mit ihren hochschulunabhängigen Forschungseinrichtungen zu den wichtigsten institutionellen Neuerungen des 20. Jahrhunderts.[69]

Mit der Gründung der Kaiser-Wilhelm-Gesellschaft im Jahre 1911 findet zuerst im Bereich der Grundlagenforschung in größerem Rahmen eine Verbindung von Wissenschaft und Industrie statt. Dem lag die Auffassung zugrunde, dass die Aufwendungen für die Grundlagenforschung als „Versicherungsbeiträge für die Existenz unserer Wirtschaft in der Zukunft"[70] zu werten seien.

Das Institut für Arbeitsphysiologie, das zu den ersten Instituten der Kaiser-Wilhelm-Gesellschaft zählte, zeugte vom frühen Engagement der Gesellschaft in der Arbeitsforschung und spielte darüber hinaus eine maßgebliche Rolle für die Ausbreitung dieses Institutionalisierungsmusters, das in der Rationalisierungsbewegung der zwanziger Jahre noch an Bedeutung gewann.[71]

---

65 Rubner, Max zit. nach Rohmert, Walter; Luczak, Holger: Entwicklung und Dokumentation der Arbeitswissenschaft in Deutschland (BRD), a.a.O., S. 77.

66 Zit. nach ebd., S. 77.

67 Vgl. ebd. sowie Luczak, Holger; Rohmert, Walter: Arbeitswissenschaft. Stand und Bedeutung für die Betriebswirtschaftslehre. Einführung. ZfB Ergänzungsheft 1/84, S. 8-14, hier S. 12 sowie Forschung im Spannungsfeld von Politik und Gesellschaft: Geschichte und Struktur der Kaiser-Wilhelm-/Max-Planck-Gesellschaft. Hrsg. von Rudolf Vierhaus und Bernhard von Brocke. Deutsche Verlagsanstalt, Stuttgart 1990, S. 153 f.

68 Vgl. Hoffmann, Rainer-W.: Wissenschaft und Arbeitskraft, a.a.O., S. 175 sowie Handbuch der Ergonomie 1989, A–1.1.2, S. 6.

69 Vgl. Trieba, Volker: Entwicklung der Arbeitswissenschaft in Deutschland: Rationalisierungspolitik der Deutschen Wirtschaft bis zum Faschismus. Minerva-Publikation, München 1983. S. 98 f.

70 Haber, F.: Über Wissenschaft und Wirtschaft. In: Festschrift der Kaiser-Wilhelm-Gesellschaft zur Förderung der Wissenschaften zu ihrem zehnjährigen Jubiläum. Berlin 1921, S. 101; zit. nach ebd., S. 208.

71 Vgl. Trieba, Volker: Entwicklung der Arbeitswissenschaft in Deutschland, a.a.O., S. 98; sowie Hoffmann, Rainer-W.: Wissenschaft und Arbeitskraft, a.a.O., S. 212.

5 Psychologe im Militärdienst (1915-1918)

Militärische Zuordnung und Verwendung

Die Entwicklung des Krieges führte auch zu Einberufungen von Wissenschaftlern. So wurde Curt Piorkowski kurz nach seiner Promotion am 1. April 1915 zum Militärdienst eingezogen. Seine Grundausbildung erhielt er bei einem Infanterie-Regiment in Leipzig. Somit blieb die Verbindung zu Walther Moede erhalten. Nach dem gemeinsamen Erfolg der Vorstellung einer Untersuchungsanordnung für Maschinensetzer auf der internationalen Ausstellung für Buchgewerbe und Grafik in Leipzig 1914 wuchsen neue Pläne zur methodologischen Weiterentwicklung der Berufseignung im Rahmen der durch Münsterberg angestoßenen Wirtschaftspsychologie. Die Dissertationsschrift Piorkowskis erregte Aufsehen in der Wirtschaft. Das besondere Interesse galt seinem Berufsschema, das unqualifizierte, spezialisierte, industrielle, mittlere und höhere Berufe nach psychophysischen Funktionen und nach der Selbständigkeit ihrer Tätigkeiten einteilte.

Walther Moede wurde am 1. August 1915 zum Militärdienst eingezogen.[1] Zuvor hatte er noch am 10. Juli 1915 seinen Führerschein beim Polizeiamt Leipzig erworben.[2] Als „ungedienter Landsturm" musste er zunächst eine zweimonatige militärische Grundausbildung erfahren. Diese erfolgte beim sächsischen Infanterie-Regiment 107 in Leipzig.[3]

Bild 5.01: Führerschein vom 10. Juli 1915

[1] Im Kriegsranglisten-Auszug wird als Datum des Dienstantritts der 26. August 1915 genannt.
Dokument 05-01: Kriegsranglisten-Auszug des oberen Beamten Walther Moede, Kommando der Kraftfahr-Ersatz-Abteilungen.
Dokument 05-02: Lebenslauf Walther Moede 1918.

[2] Dokument 05-03: Führerschein Polizeiamt Leipzig, 10. Juli 1915.

[3] Genaue Zuordnung: 8. Infanterie-Regiment Prinz Johann Georg Nr. 107. Es gehörte zur 4. Infanterie-Brigade 48/Leipzig in der 2. Division Nr. 24 beim XIX. (2. Kgl. Sächs.) Armeekorps/Leipzig. Quelle: Preußische Armee-Korps 1914.

Der Standort der Kaserne war in Gohlis. Die Leipziger Regimenter waren gleich zu Beginn des Kriegs im August 1914 ausgerückt. Sie lagen nach Anfangserfolgen vor Verdun in einem blutigen Stellungskrieg. In Leipzig wurden sehr bald die Reserven aufgestellt und gleichzeitig viele Gebäude als Lazarette eingerichtet. Die anfängliche Kriegsbegeisterung war schnell verflogen, im Herbst 1915 bereits ein Stimmungsumschwung eingetreten.

Mit besonderer Aufmerksamkeit wurde auch in Militärkreisen die Frage nach Eignungsprüfungen zur Auswahl von Kraftfahrern für das Militärwesen verfolgt. Moede und Piorkowski hatten offensichtlich detaillierte Vorstellungen über die Gestaltung von psychologischen Prüfungslaboratorien entwickelt. Piorkowski wurde zum 1. Juli 1915 nach Berlin-Schöneberg zum dortigen Kraftfahrbatallion versetzt, wo er auf Grund seiner Erfahrungen bei der dortigen Fahrschule die Anregung zur Errichtung eines psychologischen Prüfungslaboratoriums zur Feststellung der Eignung von Kraftfahrern gab. Die Militärverwaltung nahm die Anregung auf. In seinem Lebenslauf bemerkt Piorkowski, dass „das Laboratorium dann von ihm im Benehmen mit Dr. phil. Walther Moede“ errichtet wurde.[4]

Die militärische Verwendung Moedes entwickelte sich am Kriegsranglisten-Auszug gespiegelt wie folgt:

1.08.1915 – 30.09.1915:	Grundausbildung in Leipzig.
26.08.1915:	Res. Inf.-Reg. 107, II Rekr.-Dep.
1.10.1915 – 29.02.1916:	Reservelazarett Connewitz/Leipzig.
14.10.1915:	Res. Inf.-Reg. 107, 3. Komp.
11.11.1915:	Landsturm-Batl. III Leipzig.
1.03.1916 – 31.08.1916:	Laboratorium für Kraftfahrereignungsprüfung Berlin-Schöneberg.
21.06.1916:	Kraftfahr-Ersatz-Abt. 1, 3. Komp.
1.09.1916 – 28.02.1917:	Laboratorium für Kraftfahrereignungsprüfung Mannheim, Leitung.
1.09.1916:	Kraftfahr-Ersatz-Abt. 3, 1. Komp.
1.03.1917 – 30.11.1918:	Gesamtleitung aller psychotechnischen Laboratorien der Kraftfahr-Ersatzabteilungen beim Kommando der Kraftfahrtruppe.
21.10.1917:	Kommando versetzt.
26.10.1917:	Beamtenstellvertreter ohne Feldwebelrang.
26.04.1918:	Auf Widerruf mit der Stelle eines Oberen Beamten betraut. Zum Beirat für psychologische Untersuchungen beliehen. Kraft.-Stab. 12635/18.
21.04.1919:	Ausscheiden aus dem Militärdienst.

Lazarettlaboratorium Connewitz

Das grausame Gesicht des Kriegs erlebte Walther Moede, als er vom Oktober 1915 bis Februar 1916 zum Reservelazarett Connewitz bei Leipzig abkommandiert wurde, um dort als Psychologe ein Lazarettlaboratorium für Gehirngeschädigte aufzubauen. Diese Aufgabe er-

[4] Dokument 06-14: Schreiben des Rektors der TH Berlin vom 14. September 1918, Bewerbungsverfahren um Dozentur für Psychotechnik, hier Lebenslauf Curt Piorkowski, vgl. auch Kapitel 6.

forderte neben der praktischen Hilfeleistung im alltäglichen Dienst dringend die Erarbeitung von geeigneten psychologischen Methoden zur gezielten Behandlung von Hirnverletzten.

Friedrich Dorsch[5] verweist in diesem Zusammenhang auf die Pionierarbeiten von Walther Poppelreuter[6], der 1914 als Gründer und Leiter einer Hirnverletztenstation in Köln und Bonn wirkte. Walther Moede referiert Poppelreuter in der Zeitschrift für pädagogische Psychologie und experimentelle Pädagogik im Jahr 1916. Es ist davon auszugehen, dass auch zu den anderen Instituten dieser Art Kontakt bestand, so zu K. Goldstein in Frankfurt/M. und zu M. Isserlin in München. Moede selbst hat über seine Arbeiten im psychologischen Lazarettlaboratorium Connewitz im Jahre 1917 berichtet.[7]

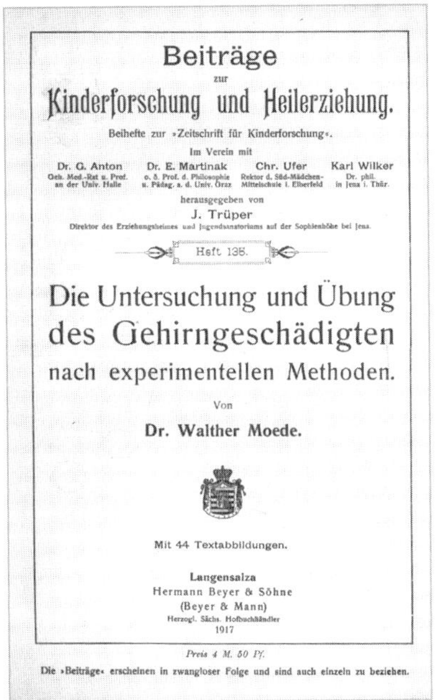
Beiträge
zur
Kinderforschung und Heilerziehung.
Beihefte zur »Zeitschrift für Kinderforschung«.
Im Verein mit
Dr. G. Anton, Geh. Med.-Rat u. Prof. an der Univ. Halle — Dr. E. Martinak, o. ö. Prof. d. Philosophie u. Pädag. a. d. Univ. Graz — Chr. Ufer, Rektor d. Süd-Mädchen-Mittelschule i. Elberfeld — Karl Wilker, Dr. phil. in Jena i. Thür.
herausgegeben von
J. Trüper
Direktor des Erziehungsheimes und Jugendsanatoriums auf der Sophienhöhe bei Jena.
Heft 135.
Die Untersuchung und Übung des Gehirngeschädigten nach experimentellen Methoden.
Von
Dr. Walther Moede.
Mit 44 Textabbildungen.
Langensalza
Hermann Beyer & Söhne
(Beyer & Mann)
Herzogl. Sächs. Hofbuchhändler
1917
Preis 4 M. 50 Pf.
Die »Beiträge« erscheinen in zwangloser Folge und sind auch einzeln zu beziehen.

Bild 5.02: Bericht aus dem psychologischen Laboratorium im Lazarett Connewitz

Friedrich Dorsch[8] sieht die Anwendung der Psychologie bei den Hirnverletzten in ihrer ganzen Breite „angefangen mit dem generell-psychologischen Forschungsexperiment durch pädagogisch-psychologische Methoden hindurch bis zum praktisch-psychologischen Test, zur Psychotechnik“. In der Übungsschule und Übungswerkstatt war die Therapie vorrangig. Die Störungen des Sprechens, Schreibens und Lesens versuchte man durch Unterricht zu verbessern. Die Lähmungen, Gefühlsstörungen, Apraxien und körperlichen Leistungseinbußen sollten vor allem durch praktische Werkstattarbeiten gebessert werden. Dass Schule und Werk-

---

5 Dorsch, Friedrich: Geschichte und Probleme der angewandten Psychologie. Verlag Hans Huber, Bern, Stuttgart 1963, S. 153-155.

6 Poppelreuter, Walther: Aufgabe und Organisation der Hirnverletztenfürsorge. Deutsche Krüppelhilfe, H. 2. Ergänzungshefte der Zeitschrift für Krüppelfürsorge. Verlag Leopold Voß, Leipzig 1916.

7 Moede, Walther: Die Übungstherapie der Gehirngeschädigten im psychologischen Lazarettlaboratorium. Zeitschrift für pädagogische Psychologie und experimentelle Pädagogik, Bd. XVIII, 1917, S. 159 ff. und S. 226 ff.

8 Dorsch, Friedrich: Geschichte und Probleme der angewandten Psychologie. Verlag Hans Huber, Bern, Stuttgart 1963, S. 370.

statt auch zum wesentlichen Begutachtungsinstrument wurden, war eine selbstverständliche Entwicklung. Besonders führte die Werkstatt zur Ausbildung von Arbeitsproben.

Aus solcher Hirnverletztenarbeit erhielt die angewandte Psychologie verständlicherweise neuen Zuwachs: zahlreiche, noch heute verwendete Tests und Arbeitsproben stammen aus jener Zeit. Zu dem wurde die psychologisch-medizinische Zusammenarbeit zu einer klinischen Psychologie im besten Sinne verdichtet. Leider scheiterte nach Kriegsende die Zusammenarbeit der Psychologen und Ärzte sehr rasch wieder an Zuständigkeitsproblemen.

Walther Moede schrieb auch während des Krieges weiter Referate in der Zeitschrift für pädagogische Psychologie und experimentelle Pädagogik. Der Bericht Poppelreuters[9] über seine Untersuchung mit speziellen Methoden, Behandlung in Übungsschulen und Werkstätten sowie soziale Versorgung enthielt die Grundgedanken, denen die Hirngeschädigtenfürsorge nachzugehen hatte. Poppelreuter hatte das große Glück, für seine Ideen die Unterstützung maßgebender Zivil- und Militärbehörden zu erlangen. Er wurde durch das Wohlwollen seiner Vorgesetzten zum Leiter einer militärischen Nervenstation für Kopfschüsse im Festungslazarett Köln berufen, wo er reiche Erfahrung auf dem Gebiet erwerben und segensreiche Tätigkeiten entfalten konnte. Moede berichtet hierüber wie folgt:

> „Der Unterricht wird teils in Gruppen oder Klassen erteilt, in schweren Fällen aber auch als Einzelunterweisung gepflogen. An Lehrkräften sind Gymnasial- und Volksschullehrer vorhanden, sowie auch einige Laien. Lesen, Schreiben, Rechnen, Sprechen, Aufsatzschreiben nach dem Film sind die Hauptgebiete der Übungen, die durchgeführt werden.
>
> Die körperliche Übung kommt gegenüber der Übung der psychischen Funktionen keineswegs zu kurz weg. Hier sind mittelschwere Fälle das eigentliche Feld der Übungsbehandlung, während bei schweren Defekten vor Optimismus gewarnt wird. An Stelle der Übung mit orthopädischen Apparaten wird Werkstattbetätigung vorgezogen, wo komplexere Ziel- und Gebrauchshandlungen zugrunde gelegt werden. P. hält eine Hand für berufsbrauchbar, wenn der dynamometrische Druck 8-10 Kilogramm beträgt.
>
> Als bewährte Untersuchungsmethoden werden bekannte Verfahren der experimentellen Psychologie und Psychiatrie angeführt: Fortlaufendes Addieren nach Kraepelin, Kombinationstexte nach Ebbinghaus, Merkfähigkeitsprüfungen, tachistoskopische Aufmerksamkeitsuntersuchungen. Besonders empfiehlt P. als neue Proben das Eimerheben nach vorgeschriebenen Zeiten bei bestimmter Schwere des Eimers, Stanzen nach aufgegebenem Programm und Knöpfesortieren.
>
> Die Feststellung der körperlichen Arbeitsfähigkeit ist wichtig, da Bücken und schwere körperliche Arbeit usw. meistens vom Hirnverletzten gar nicht oder nur schlecht vertragen werden können. Die Webersche plethysmographische Abnahme wird in Köln leider nicht angewandt, trotzdem sie große Aufhellung bringt über die körperliche Arbeitsfähigkeit eines Patienten.
>
> Sonderbarerweise werden hysterische Pfropferscheinungen nur nebensächlich von P. berührt. Die Ärmlichkeit dieser angewandten Untersuchungsmethodik dürfte sehr bald beseitigt werden, falls es P. gelingt, einen erfahrenen Experimental-Psychologen für seine Kopfschußstation zu gewinnen, der Arbeitsfähigkeits- und Eignungsprüfungen neben eingehenden speziellen Untersuchungen ausführt.
>
> Die Leistungen der Kopfschüßler sind im Gebiete des früheren Wissens und der gelernten Fähigkeiten immer noch am besten, die Übungserfolge sind aber auch beträchtlich, zumal vernünftige Grundsätze die Übungstherapie beherrschen, so daß die soziale Prognose nach P. nicht ungünstig ist. Die Frage der allmählichen intellektuellen Verkümmerung durch die Verletzung kann bei der Kürze der Zeit noch nicht erörtert werden, wohl aber die Bedeutung der Rindenepilepsie für die Berufstüchtigkeit. P. rät auf Grund seiner Erfahrung von einer Überweisung in Epileptikeranstalten ab; er spricht sich für eine besonders sorgfältige Berufsberatung und pflegliche Unterbringung in geeigneten Betrieben aus, zumal die Anfälle selten sind und die Epilepsie der Hirnverletzten nicht erblich ist.

---

9 Poppelreuter, W.: Aufgaben und Organisationen der Hirnverletztenfürsorge. Heft 2 der deutschen Krüppelhilfe, 1916. Zeitschrift für pädagogische Psychologie und experimentelle Pädagogik, Bd. 18, 1917, S. 62 ff.

In einem Nachwort ruft Dr. Preysing zur Gründung neuer Zentralinstitute auf, wo Chirurg und Nervenarzt, Psychologe und Lehrer einträchtig zusammenarbeiten zum Wohle der Hirnverletzten. Möge seine Mahnung nicht ungehört verklingen, sondern von reichen Erfolgen gekrönt sein, da hier doch unsäglich viel nützliche und wertvolle Arbeit zu leisten ist, wie das treffliche Beispiel der Kölner Station beweist."

Aufbau von Prüfstellen für Kraftfahr-Ersatzabteilungen

Eignungsprüfstelle Berlin

Die erste militärische Eignungsprüfstelle für Kraftwagenführer wurde im deutschen Reichsheer ab August 1915 bei der Kraftfahr-Ersatzabteilung 1 der Garde in Berlin-Schöneberg unter der Leitung des Hauptmanns Heynig in Zusammenarbeit mit den Psychologen Dr. Moede und Dr. Piorkowski sowie dem Ingenieur Faust eingerichtet.

Bild 5.03: Eignungsprüfstand für Kraftwagenführer

Walther Moede hat über Gründung, Auftrag und Organisation dieser Eignungsprüfstelle zurückblickend wie folgt berichtet:[10, 11]

„Der raschen und guten Ersatzgestellung mit zu dienen, war die Aufgabe dieser ersten Militärprüfstelle, deren äußere und innere Organisation natürlich den mannigfachsten Änderungen und Verbesserungen unterlag.

Eine Kraftfahrersatzabteilung verfügt über Personal für theoretische und praktisch-technische Ausbildung, über Schüler, die ausgebildet werden, hat einen umfassenden Werkstättendienst für Instandhaltung und Reparatur der Wagen, sowie einen Sonderdienst für Bewirtschaftung der Hilfsmaterialien, insbesondere des Gummis.

Der Fahrschüler soll in kurzer Zeit zu einem brauchbaren Kraftwagenführer ausgebildet werden. Anstelligkeit und Lernfähigkeit ist daher ebenso wichtig wie die eigentliche Fahrdienstbefähigung, in deren Rahmen wir besonders auch die Sinnes-, Aufmerksamkeits-, Reaktions-, Willens- und Charakter-

10 Moede, Walther: Lehrbuch der Psychotechnik. Springer-Verlag, Berlin 1930, S. 429, insbes. S. 431-432.

11 Moede, Walther: Die Bedeutung des Weltkrieges für die praktische Psychologie. Sonderdruck „Arbeitseinsatz und Arbeitslosenhilfe", H. 19/20. Otto Elsner Verlagsgesellschaft Berlin, 10./25. Oktober 1940.

leistungen zu berücksichtigen haben. Da den technischen Truppen in der Regel Beschädigte überwiesen wurden, darf neben der allgemeinen Eignungs- auch die allgemeine Arbeitsfähigkeit nicht vergessen werden, die als Ermüdbarkeit, Ausdauer, Erregbarkeit bereits im ersten Prüfprogramm enthalten sind.

A. Sinnestüchtigkeit:
   1. Auge: Sehschärfe – Farbensehen – Dunkelsehen – Gesichtsfeld.
   2. Ohr: absolute und Unterschiedsempfindlichkeit.
   3. Gelenkempfindung.

B. Aufmerksamkeit:
   1. Momentanakt.
   2. Dauerleistung.
      a) Vigilität.
      b) Komplikative Leistung.
      c) Konzentration und Ablenkbarkeit, optisch-akustisch.

C. Wille:
   1. Reaktionshauptversuch unter verschiedenen Bedingungen.
   2. Gleichförmigkeit der Reaktion.
   3. Fehlerhaftigkeit.
   4. Wahl- und Entschlußfähigkeit bei einfachen und komplizierten Situationen (Mehrfachhandlung).

D. Arbeitsfähigkeit:
   1. Erregbarkeit und Schreckhaftigkeit bei Ruhe und Bewegung der Glieder.
   2. Übungsfähigkeit quantitativ und qualitativ (Anpassung und Auffassung, Merkfähigkeit und Geschicklichkeit).
   3. Ermüdbarkeit bei:
      a) körperlicher Leistung,
      b) geistiger Aufmerksamkeits-Leistung.

E. Gesamtverhalten: Tatbereitschaft.

Nach Maßgabe der Eignung wurde die Ausbildungszeit angesetzt und auch kontrolliert. Um möglichst viele Bewerber zur Ausbildung zu bringen, wurde vor die Klasse der Ungeeigneten die der Versuchsweisgeeigneten geschaltet, die einer besonderen pfleglichen Ausbildung empfohlen wurden."

Bild 5.04: Walther Moede in der Prüfstelle der Kraftfahr-Ersatzabteilung, Berlin-Schöneberg

Walther Moede hatte den Aufbau der Berliner Prüfstelle zunächst extern begleitet. Die Grundausbildung von August bis September 1915 sowie sein Einsatz im Lazarettlaboratorium Connewitz von Oktober 1915 bis Februar 1916 ließen ihm genügend Zeit, um sich der Weiterentwicklung von Prüfstellen für Kraftfahr-Ersatzabteilungen im deutschen Reichsheer zu widmen. Er war nach kurzer Zeit als Fachpsychologe für Eignungsprüfungen so hervorragend ausgewiesen, dass ihm zentrale Aufgaben für die Kraftfahrer-Eigungsprüfung übertragen wurden. Moedes besonderes Verdienst lag darin, dass er die „Aufmerksamkeits-Reaktionsprobe" entwickelt hatte, die aus der Simulation der Situation des Kraftfahrers bestand, in der von den Kandidaten möglichst realistische Aufgaben erledigt werden mussten. Untersucht wurden die Sinnestüchtigkeit der Augen und der Ohren, Gelenkempfindungen, Aufmerksamkeit im Hinblick auf Erregbarkeit, Übungsfähigkeit und Ermüdbarkeit sowie das Gesamtverhalten in Form der Tatbereitschaft.

Bild 5.05: Aufmerksamkeits- und Reaktionsprobe sowie Simulation der Situation des Kraftfahrers

Walther Moede wurde im März 1916 zur Kraftfahr-Ersatzabteilung 1 nach Berlin-Schöneberg versetzt. Er gehörte der 3. Kompanie an. Sein Auftrag war die Auswertung der Erfahrungen mit der Berliner Prüfstelle und der Aufbau eines Netzwerks von Prüfstellen für Kraftfahrer in allen Kraftfahr-Ersatzabteilungen des deutschen Heeres. Hierüber berichtet Walther Moede zurückschauend wie folgt:[12]

> „Nach Bewährung der ersten Prüfstelle wurden Laboratorien in weiteren drei Ersatzabteilungen gebaut, bis schließlich jede Ersatzabteilung eine Prüfstelle erhielt. Die Belastung der einzelnen Prüfstellen war naturgemäß verschiedenen. Der Anfall an Bewerbern konnte im Allgemeinen nicht vorausgesehen werden.
>
> Die Prüfstellen befanden sich in Berlin, Stettin, Posen, Breslau, Düsseldorf, Köln, Hannover, Apolda, Mannheim, Danzig, Frankfurt, Hamburg, Dresden, Saarbrücken, Guben, München, Zwickau.
>
> Das Personal einer Prüfstelle bestand aus:
> 1. einem Leiter, der ein Psychologe oder ein angelernter Mann mit geeigneter Vorbildung und Veranlagung war,
> 2. einem Gehilfen mit technischen Kenntnissen, der für die technische Einrichtung der Prüfstelle verantwortlich war,
> 3. einer Ordonnanz."

[12] Moede, Walther: Lehrbuch der Psychotechnik. Springer-Verlag, Berlin 1930, S. 432.

Bild 5.06: Walther Moede (2. v. l.) und Mitarbeiter der Prüfstelle für Kraftfahrer

Eignungsprüfstelle Mannheim

Im Sinne der weiteren Ausplanung war es folgerichtig, dem Gestalter des Netzwerks von Prüfstellen die Chance der praktischen Erfahrung zu geben. So ist es zu erklären, dass Walther Moede schon zum 1. September 1916 mit der Aufgabe betraut wurde, in Mannheim eine neue Prüfstelle bei der dortigen Kraftfahr-Ersatzabteilung 3 zu errichten. Hierzu waren folgende Voraussetzungen zu erfüllen:[13]

> „Die Ernennung zum Leiter einer Prüfstelle ging vom Kommando der Kraftfahr-Ersatzabteilung aus und war von folgenden Bedingungen abhängig:
> 1. Nachweis guter theoretischer und praktischer Berufskenntnisse.
> 2. Nachweis guter Fahrfertigkeit durch Erlangung eines Militär-Führerscheines für Personen- und Lastkraftwagen.
> 3. Nachweis theoretischer und praktischer Ausbildung im Lehrlaboratorium des Kommandos während dreier Monate.
> 4. Bestehen einer theoretischen und praktischen psychologischen Prüfung vor dem Leiter aller Prüflaboratorien.
>
> Die Prüfung bestand aus einer schriftlichen Arbeit, einer mündlichen Prüfung sowie der Ausführung von drei praktischen Eignungsprüfungen."

Moede wirkte in Mannheim sechs Monate bis Ende Februar 1917 als Leiter des psychologischen Laboratoriums des dortigen Kraftfahr-Batallions der Kraftfahr-Ersatzabteilung.[14]

Während seiner Tätigkeit als Leiter der Prüfstelle für Kraftwagenführer in Mannheim hielt Walther Moede im Wintersemester 1916/17 an der Handelshochschule Mannheim[15] Vorlesungen über Wirtschaftspsychologie und führte dazu ergänzende praktisch-psychologische Untersuchungen durch.

---

[13] Ebd., S. 432.

[14] Dokument 05-01: Kriegsrangliste. Ab 1.9.1916 zur Kraftfahr-Ersatzabteilung 3 versetzt.

[15] Die Bezeichnung „Handelshochschulen" impliziert, dass es sich um Hochschulinstitutionen handelt, die gleiche oder sehr ähnliche Lehr- und Forschungsziele auf einem speziellen Gebiet der Wirtschaftswissenschaft verfolgten, die bis zum Zeitpunkt ihrer Gründung akademisch nicht verfolgt wurden. Darin bestand ihre relative Einheitlichkeit. Die staatliche Unterstellung, ihr rechtlicher Status und der Grad der Selbständigkeit waren hingegen außerordentlich vielfältig.

Die erste Gründung einer Handelshochschule erfolgte am 25.4.1898 in Leipzig. Es folgten entsprechende Gründungen am 1.10.1898 in Aachen, 1898 in Wien, 1899 in St. Gallen, am 1.5.1901 in Köln, am 21.10.1901 in Frankfurt/Main, am 27.10.1906 in Berlin, 1907 in Mannheim, am 4.10.1910 in München, 1915 in Königsberg und 1919 in Nürnberg.

Gesamtleitung der Eignungsprüfungen für Kraftfahrtruppen

Auf Grund seiner hervorragenden Qualifikation wurde Walther Moede vom März 1917 bis zum November 1918 die Leitung aller psychotechnischen Laboratorien der Kraftfahr-Ersatzabteilungen beim Kommando der Kraftfahrtruppen des deutschen Heeres übertragen.[16] Er wurde bereits am 26. Oktober 1917 zum Beamtenstellvertreter und im April 1918 zum Militär-Oberbeamten ernannt.[17] Mit dieser zentralen Aufgabe war eine Versetzung nach Berlin verbunden. Zusammenfassend berichtet Walther Moede über die Arbeitsweise der eingerichteten psychologischen Prüfstellen wie folgt:[18]

> „Die Leitung aller Prüfstellen lag beim Oberkommando der Kraftfahrtruppen in den Händen eines praktischen Psychologen, dem ein Sanitätsoffizier beigegeben war. Die Erfolgskontrollen waren entweder Personalkontrollen in den einzelnen Prüfstellen selbst oder von der Oberleitung angeordnete Gruppen- und Gesamtkontrollen. Die Personalkontrolle der Prüfstelle wurde von den Prüfstellen selbst durchgeführt. Die Prüfstelle liegt in der Regel auf dem Gelände der Fahrschule. Der Laboratoriumsleiter und sein Gehilfe werden zum Fahrlehrbetrieb mit herangezogen, sobald ihr Dienst es gestattet. Unter den Augen der Prüfstelle geht die Ausbildung des Bewerbers vor sich. Eine Rücksprache mit den technischen und praktischen Lehrern ist die Regel. Über die persönliche Fühlungsnahme und Beobachtung hinaus mußte ein Laufzettel für jeden Bewerber ausgefüllt werden.
>
> Die Kommandostelle legte naturgemäß besonderen Wert auf Gesamtkontrollen sowie die Bestausbringung von fahrdienstfähigem Personal entsprechend der Anzahl der überwiesenen Bewerber und dem Befunde der Eignungsfeststellung."

Die Ergebnisse der Prüfung sind in der folgenden Tafel zusammengefasst:[19]

Kraftfahrereignungsprüfung beim deutschen Heere 1915-1918

Teilkontrolle

Ort	Summe der Untersuchten	Gut geeignet in %	Durchschnittlich geeignet in %	Knapp und versuchsweise Geeignete in %	Summe aller Geeigneten in %	Ungeeignete in %	Ausfallende Führerscheine in %
Berlin	1650	8	76	10	94	6	5
Stettin	983	10	62	25	97	3	9
Posen	134	10	43	29	82	18	35
Breslau	1657	4	66	20	90	10	6
Düsseldorf	2063	13	65	15	93	7	10
Köln	1194	6	56	25	87	13	12
Hannover	350	22	56	12	90	10	11
Apolda	248	3	59	27	89	11	27
Mannheim	998	20	54	15	89	11	8
Danzig	158	7	52	29	88	12	14
Frankfurt/M.	816	29	53	10	92	8	8
	10251	11,7	62,7	17	91	8,6	11,4

> „Wir erkennen aus ihr, dass neben der Anzahl des Angebotes auch die Herkunft des Bewerbers für die Eignungsgüte wichtig ist.18 % Ungeeignete meldet die Prüfstelle Posen, 3 % die Prüfstelle Stettin. Mit den Eignungsmeldungen der Prüfstellen werden die Meldungen über erteilte und ausfallende Führerstellen der Fahrschule verglichen. Meldet beispielsweise eine Prüfstelle 6 % Ungeeignete, so kann man gegebenenfalls sechs ausfallende Führerscheine erwarten. Gesellen sich zu den 6 % Ungeeigneten 10 % Versuchsweise-Geeignete, so kann bei individueller und intensiver Arbeit des Lehrpersonals ge-

---

16 Dokument 05-02: Lebenslauf Walther Moede, 1918.

17 Dokument 05-01: Kriegsranglisten-Auszug.

18 Moede, W.: Lehrbuch der Psychotechnik, 1930, a.a.O., S. 429-435.

19 Ebd., Kapitel C. Wehrmacht, S. 433.

gebenenfalls ein erheblicher Teil von den bedingt Tauglichen noch zu einer erfolgreichen Abschlussprüfung gebracht werden. Schätzt man etwa 50 % der versuchsweise Geeigneten für noch tauglich und noch ausbildungsfähig, so würde man in unserem Beispiel neben den 6 % ausfallenden Führerscheinen insgesamt 11 % erwarten. Meldet die Fahrschule dagegen 20 % Ausfälle, so kann sicherlich auch auf einen Mangel der Eignungsfeststellung geschlossen werden, neben einem Mangel des Lehrbetriebes. Die Tabelle zeigt, daß im Allgemeinen und durchschnittlich 9 % Ungeeignete angegeben werden, zu denen etwa 17 % versuchsweise Geeignete hinzukommen. Insgesamt kann man Ausfallsmeldungen in Höhe von 8,5 % bei Nichteinstellung der Ungeeigneten erwarten. Wir erhalten etwa 11,4 % Ausfall. Es fallen also mehr Führerscheine aus als die Hälfte der Versuchsweise-Geeigneten und weniger als ihre Gesamtzahl beträgt. Unsere Vorschätzung ist richtig gewesen, und wir haben es mit einem befriedigenden Erfolge der Eignungsfeststellung im Rahmen des Lehrbetriebes und der Ersatzgestellung der Fahrschule zu tun.

Da die Bewerber zu verschiedensten Berufsgruppen zugehörten, konnte man an der Hand umfassender Erfahrungen aus einer Berufszugehörigkeit auf eine gewisse Eignungsklasse schließen:

- Schlosser, Mechaniker usw. 95 %,
- Schmiede 86 %,
- Bäcker 73 %,
- Schneider, Maler, Schuhmacher, Tischler 73 %,
- Landwirtschaftliche Arbeiter und Landwirte 48 %.

Es ist zu erwarten, daß Bewerber, die im Beruf Aufmerksamkeits-, Reaktions- und Geschicklichkeitsleistungen auszuführen haben, eine höhere Fahrereignung haben als solche, bei denen berufsmäßig etwa Körperkraft bei Schwerarbeit entwickelt wurde. Die Schlosser und Mechaniker zeigten eine hohe Eignungsziffer, während sie bei den landwirtschaftlichen Arbeitern nur etwa halb so groß ist. Die handwerklichen Berufe, soweit sie technischer Natur sind, also Schlosser, Mechaniker, sind besser befähigt. Bereits die Schmiede zeigen ein Absinken der Eignungsziffer. Die Bäcker, Schneider, Maler, Schuhmacher, Tischler stehen in der Mitte zwischen den landwirtschaftlichen Arbeitern und den Schlossern, Mechanikern und Schmieden. Eine Vorauslese ist daher auch ohne Eignungsprüfung möglich, um die Anzahl der zur endgültigen Prüfung Überwiesenen möglichst gering zu halten.

Die statistischen Erhebungen der Zentrale, die den Zwecken der Vorauslese dienten, ergaben sehr bald, daß die Eignung und Ausbildungsfähigkeit des alten Personals geringer als die des jungen ist. Die Eignungsziffern sanken besonders um das 40. Jahr herum erheblich ab.

Die Begutachtung des Offiziersersatzes wird den Schwerpunkt in den Charakteranalysen und Bewertungen zu sehen haben. Die Landespolizei wird sowohl bei der Eignungsfeststellung der Mannschaften und der Offiziere für den allgemeinen und Sonderdienst die Erfahrungen des Militärs wie auch von der Industrie und Handel nutzbringend mit verwenden können“.

Projekt Berliner Begabtenschulen

Zusammen mit seinem Kollegen Piorkowski wurde Walther Moede vom Berliner Stadtschulamt beauftragt, im Rahmen des Projektes „Berliner Begabtenschulen“ an Hand von wissenschaftlichen Prüfungsmethoden eine Auslese unter den von den einzelnen Schulen Berlins gemeldeten Zöglingen durchzuführen. Walther Moede bearbeitete dieses Projekt neben seiner Haupttätigkeit im Militärdienst als Leiter aller psychologischen Laboratorien der Kraftfahr-Ersatzabteilung beim Kommando der Kraftfahrtruppen. Er wird am 26. Oktober 1917 zum „Beamtenstellvertreter ohne Feldwebelrang ernannt und am 26. April 1918 auf Widerruf mit der Stabsstelle eines oberen Beamten, Beirat für psychologische Untersuchungen beliehen“[20].

[20] Dokument 05-01: Kriegsranglisten-Auszug.

Zustand vor Einführung der Begabtenschulen

Vor Einführung der Begabtenschulen hatten die Berliner Gemeindeschüler grundsätzlich eine sechsjährige Schulausbildung zu durchlaufen. Den höheren Schulbesuch ihrer Kinder konnten sich zumeist nur begüterte Familien leisten. Insbesondere in den unteren Volksschichten bestand das Bedürfnis, die Kinder möglichst frühzeitig in „Lohn und Brot" zu bringen, damit diese zu dem Familienhaushalt beitragen konnten. Daher war für viele Kinder nach der Gemeindeschule die schulische Ausbildung beendet.

Falls sie dennoch weiter eine Schule besuchen sollten, kam zumeist für die Kinder der Arbeiter und Handwerker die 1884 in Berlin eingeführte Realschule als Bildungsstätte für zukünftige Gewerbetreibende in Betracht. Auf diese konnten sie nach dem fünften Schuljahr mit 11 Jahren oder nach dem sechsten Schuljahr mit 12 Jahren wechseln. Nach drei bzw. vier Jahren wurde die Realschule beendet. Sodann konnten diese Schüler grundsätzlich weitere drei Jahre die Oberrealschule besuchen, um diese mit dem Abitur und der Möglichkeit zum Studium abzuschließen.

Die Schüler, die das Gymnasium besuchen sollten, verließen die Gemeindeschule bereits nach dem vierten Schuljahr und schlossen das Gymnasium nach acht Jahren mit dem Abitur und der Hochschulreife ab.

Für Mädchen gab es vor der Einführung der Begabtenschulen in Berlin nur wenige Realgymnasien und nur ein Gymnasium, obwohl auf Grund der philosophischen und humanistischen Ausrichtung der weiblichen Studenten das Gymnasium eine bessere Grundlage als die technisch ausgerichteten Realanstalten bot.[21] Mittelschulen, die den Realschulen der Jungen vergleichbar wären, gab es zunächst nicht. Erst 1910 wurden Mädchenmittelschulen eingerichtet, die sich zwischen Lyzeum und Gemeindeschule schoben.

Sinn und Zweck der Einführung der Begabtenschulen

Die Berliner Begabtenschulen sind 1917 auf Initiative des damaligen Schulrats Dr. Reimann gegründet worden. Der Einrichtung der Begabtenschule lagen zwei wesentliche Gedanken zugrunde. Der Erste Weltkrieg hatte große Opfer unter der Jugend gefordert und es war abzusehen, dass zukünftig viele talentierte und begabte Arbeitskräfte fehlen würden. Daher erschien es notwendig, unter den heranwachsenden Kindern die talentiertesten und begabtesten herauszufiltern und besonders zu fördern.[22] „Es müssen die nationalen Energien durch Schulung und Bildung zu ihrem höchsten Güteverhältnis gesteigert werden".[23]

Darüber hinaus bestand ein Bedarf, gerade die Bildung und Ausbildung der Kinder der unteren Schichten zu fördern und deren Aufstiegschancen wesentlich zu verbessern[24], denn der Schulbesuch der Kinder der unteren Volksschichten bis zum Abitur war die Ausnahme. Es sollten die begabten Kinder ohne Unterschied des Einkommens der Eltern gefördert werden. Deshalb wurde für Bedürftige eine Unterhaltsbeihilfe von 300 Mark gewährt. Die finanzielle Unterstützung der Familien und Schüler reichte bis zum Abschluss des Studiums, war aber dann von den Absolventen zurückzuzahlen.[25]

---

21 Wolff, G., in: Moede, W.; Piorkowski, C.; Wolff, G.: Die Berliner Begabtenschulen. Verlag Hermann Beyer & Söhne, Langensalza 1918, S. 76.

22 Prof. Dr. Gilow, in: Zwei Jahre Berliner Begabtenschulen. Hirzelverlag, Leipzig 1920, S. 1.

23 Wolff, G., in: Moede, W.; Piorkowski, C.; Wolff, G.: Die Berliner Begabtenschulen, a.a.O., S. 4.

24 a.a.O., S. 3.

25 a.a.O., S. 18.

Aufbau und Organisation

Mit der Einführung der Begabtenschulen im Jahr 1917 wurde eine neue Aufstiegsmöglichkeit erreicht. Die Kinder wurden nunmehr nach dem 7. Schuljahr mit 13 Jahren direkt innerhalb von sechs Jahren auf gymnasialem oder realgymnasialem Weg zur Hochschulreife geführt. Dabei wurde die Trennung zwischen Gymnasium und Realgymnasium erst nach zwei Jahren in der Untersekunda vorgenommen. Die Jungen konnten nunmehr bereits nach dem fünften Schuljahr mit 11 Jahren in die Quinta oder nach dem sechsten Schuljahr in die Quarta der Realschulen überwechseln. Mit 15 oder 16 Jahren wechselten die Schüler dann in die Obersekunda der Oberrealschulen und erlangten dort nach drei Jahren das Abitur.

Um diese Ausbildung zu ermöglichen, mussten entsprechende Schulen eingerichtet werden. Diese waren in Berlin für Jungen zunächst das Köllnische Gymnasium und das Friedrichsgymnasium, in welchem eine dreijährige Realschule mit aufgenommen wurde.

Außerdem eröffnete Berlin noch eine verkürzte Realschule, die Kaempff-Realschule. Auch in diese wurden hochbefähigte und besonders zum Studium der technischen Fächer geeignete Gemeindeschulknaben nach der erledigten ersten Klasse aufgenommen. Sie wurden in drei Jahren an das Ziel der Realschule gebracht und gewannen dadurch einen Anschluss an die Oberrealschule. Sie konnten nach abermals drei Jahren die Reifeprüfung ablegen. Gleichzeitig wurden dem Handel, der Industrie und dem Handwerk hervorragende Begabungen zugeführt. Die Schule diente also neben dem allgemeinen Bildungsziel auch der Vorbereitung auf kaufmännische, gewerbliche oder technische Berufe.

Für Mädchen wurden auf der I., II. und III. Mädchen-Mittelschule entsprechende Klassen eingeführt.[26] Nunmehr bestand für die Mädchen, die über hinreichend gute Noten verfügten, die Möglichkeit, entweder nach der fünften Klasse der Gemeindeschule direkt in die sechste Klasse der Mittelschule zugelassen zu werden. Alternativ war bereits nach der erledigten dritten Klasse der Gemeindeschule ein Wechsel in die vierte Klasse der Mittelschule möglich. Ein dritter Übergang erfolgte nach der erledigten zweiten Klasse in die dritte Klasse der Mittelschule.

Sodann wurden Wechselmöglichkeiten an das Lyzeum geschaffen. Die Mädchen konnten nach der beendeten vierten Klasse der Mittelschule in die vierte Klasse des Lyzeums übergehen, von wo aus nach der beendeten vierten Klasse der Übergang in eine Studienanstalt möglich war. Später sollte noch ein Übergang an das Lyzeum nach der zweiten Klasse in dafür eingerichtete Förderklassen erfolgen. Noch weitere Wechselmöglichkeiten waren gegeben.

Zulassungsvoraussetzungen

Wie sich aus dem Sinn und Zweck der Begabtenschulen ergibt, konnte nicht jeder Schüler diese Schulen besuchen, sondern auf Grund des Förderungsgedankens sollten nur und gerade die Schüler ausgewählt werden, die sich in der Gemeindeschule als besonders lernbefähigt, intelligent und fleißig, aber auch in sittlicher Hinsicht geeignet erwiesen haben und deren weitere Ausbildung und deren weiterer Aufstieg als wünschenswert erschien. Auch aus Kapazitätsgründen konnte diese Förderung nur einem Teil der Gemeindeschüler zuteil werden, sodass ein Auswahlverfahren entwickelt werden musste, um die am besten geeigneten Schüler herauszufiltern. Dieses Auswahlverfahren war auch aus finanziellen Gründen notwendig, denn die Kosten für die Begabtenschulen waren höher als die an den freien Schulen. Der Staat

26 Prof. Dr. Gilow, in: Zwei Jahre Berliner Begabtenschulen. Hirzel Verlag, Leipzig 1920, S. 1.

sah es daher als sein Recht und seine Pflicht an, wenn er für die erhöhten Kosten aufkäme, die Schüler darauf zu prüfen, ob sie auch hinreichend tüchtig und geeignet für den Schulbesuch wären.

Die Vorauswahl trafen die Lehrer und Rektoren der Gemeindeschule, die nur die ihnen am geeignetsten erscheinenden Schüler für die Aufnahmeprüfungen anmeldeten. Sodann erfolgte nach einer schulärztlichen Untersuchung eine Prüfung durch eine eigens dafür gebildete Kommission. Wurde diese Prüfung bestanden, so wurden die Schüler aufgenommen. Zeigte sich allerdings im Laufe der folgenden Jahre, dass ein Schüler den Anforderungen nicht gewachsen war und den gewünschten Lernerfolg nicht erbringen konnte, musste dieser die Schule wieder verlassen.

Auswahlverfahren durch Eignungsprüfungen

Mit der Beendigung der Vorauswahl von besonders befähigten Schülern und Schülerinnen durch die jeweiligen Anstalten sollten die Knaben in das verkürzte Gymnasium, Realgymnasium oder die Handelsschule mit angeschlossener Oberrealschule und die Mädchen in die Förderklassen der Mittelschule wechseln, an die sich über die Förderklassen des Lyzeums hinweg die Seminarklassen oder gymnasiale oder realgymnasiale Kurse anschlossen, die auch bis zum Abitur führten.

Auf Grund der viel zu großen Anzahl an Meldungen musste eine Auswahl getroffen werfen, da nur begrenzte Ausbildungskapazitäten zur Verfügung standen; angesetzt war lediglich eine Schülerzahl von ca. 90 pro Jahr. Nur die Bestbegabtesten sollten an die Begabtenschulen übergehen, um den dortigen starken Anforderungen gerecht werden zu können, denn neben dem verdichteten Lernstoff (6 Schuljahre statt 9 Jahre) wurde besonders Wert auf die Erziehung zu selbständigem Beobachten und Denken, zu abstrakter Betrachtung und wissenschaftlicher Analyse gelegt.[27] Dazu musste eine gerechte, einwandfreie und endgültige Auslese getroffen werden, deren Ergebnis nun über das weitere Lebensschicksal der Kinder zu entscheiden hatte.

Die Prüfung der in Betracht kommenden Schüler sollte in einem einheitlichen Verfahren erfolgen, um möglichst zuverlässige und verwertbare Ergebnisse zu bekommen. Dazu erging im Jahr 1917 von dem Berliner Stadtschulrat Dr. Reimann eine Anfrage an die damaligen Heerespsychologen Dr. Moede und Dr. Piorkowski, ob sie denn in der Lage wären, auf Grund wissenschaftlicher Prüfungsmethoden eine Auslese unter den von den einzelnen Schulen Berlins gemeldeten Zöglingen durchzuführen, damit für deren endgültige Überweisung an eine höhere Schule eine exakte Grundlage vorhanden wäre.[28] Dr. Reimann hatte sich an die beiden gewandt, da ihm die guten Erfahrungen mit den Prüfungsmethoden des Militärs bei den Kraftfahrern in den Kraftfahr-Ersatzabteilungen des Militärs bekannt waren. Moede und Piorkowski erklärten sich dazu bereit.

Die wissenschaftliche Begutachtung der Kinder gliederte sich in zwei wesentliche Teile: die Untersuchung und die Bewertung. Es waren eingehende analytische, systematische und exakte Untersuchungen anzustellen, die die geistigen Fähigkeiten der Kinder nach einheitlichen Gesichtspunkten beurteilen ließen und das Bewusstsein und seine Funktion gründlich prüften, sodass es möglich war, die systematisch und einheitlich abgeleiteten Befunde zu ei-

---

27 Wolff, G., in: Moede, W.; Piorkowski, C.; Wolff, G.: Die Berliner Begabtenschulen, ihre Organisation und die experimentellen Methoden der Schülerauswahl, Langensalza 1918, S. 23.

28 Moede, W.; Piorkowski, C.: Die psychologischen Schüleruntersuchungen zur Aufnahme in den Berliner Begabtenschulen. Zeitschrift für pädagogische Psychologie und experimentelle Pädagogik, Bd. 19, 1918, S. 127ff.

ner Rangordnung zu verarbeiten. Es musste eine exakte Untersuchung analytischer und synthetischer, einfacher und zusammengesetzter Funktionen, der Anschauung und Beobachtungsfähigkeit, der Aufmerksamkeit und Konzentrationsfähigkeit, des Gedächtnisses und der Kombination sowie der Begriffs- und Urteilsfähigkeit nach systematischen und nach experimentellen Methoden untersucht und auf der Grundlage der sich ergebenden Leistungsmaßzahlen eine mittlere Rangordnung berechnet werden.[29] „Dabei waren jedoch die einzelnen Bewusstseinsfunktionen reinlich und gesondert zu untersuchen und zu bewerten und die wesentlichen von den unwesentlichen Merkmalen zu scheiden".[30] Ergänzend waren auch die moralischen Fähigkeiten der Kinder zu beurteilen.

Dazu entwickelten Moede und Piorkowski ein Untersuchungsschema mit einem konkreten Prüfungs- und Auswahlverfahren. Mit Hilfe dieses Schemas wurden Prüfungsfragen entworfen. Aus den Antworten der Prüflinge konnte eine zuverlässige Beurteilung mit rangmäßiger Einordnung erfolgen. Die Prüfungen wurden in Gruppen durchgeführt, da nach Abwägung des Für und Wider gegenüber von Einzelprüfungen die Gruppenprüfungen als die bessere Untersuchungsmethode angesehen wurden. In der Gruppe sahen die Schüler die Prüfung als Wettkampf mit dem damit verbundenen Ansporn an. Ferner war damit die höchste Aufmerksamkeit zu erreichen.

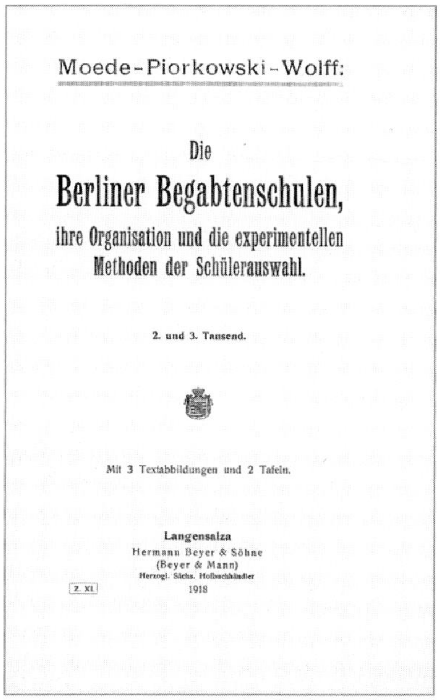
Moede-Piorkowski-Wolff:

Die

Berliner Begabtenschulen,

ihre Organisation und die experimentellen Methoden der Schülerauswahl.

2. und 3. Tausend.

Mit 3 Textabbildungen und 2 Tafeln.

Langensalza
Hermann Beyer & Söhne
(Beyer & Mann)
Herzogl. Sächs. Hofbuchhändler
1918

Z. XI

Bild 5.07: Projekt Berliner Begabtenschulen 1917/18

Zur Vorbereitung der Prüfungen war bei den Kindern das nötige Verständnis hervorzurufen. Es bedurfte daher vorbereitender Erklärungen durch Beispiele, um sicherzustellen, dass die Kinder die Instruktionen verstanden hatten und wussten, worauf es bei der Prüfung ankam.

Moede und Piorkowski waren sich bewusst, dass sie unter Berücksichtigung der Prinzipien der Bewertung der Untersuchungsergebnisse Aufgaben stellen mussten, die eine große

29 Ebd., S. 110 f und S. 128.

30 Ebd., S. 108 f.

Streubreite der Bewertung erlaubten, um zu einer klaren Trennung der besten und der schlechtesten Befunde zu kommen. Die Grundgedanken waren die Berücksichtigung der quantitativen und qualitativen Seite der Leistungen hinsichtlich der Ergebnisse der generellen und differentiellen, systematischen und entwickelnden Psychologie und experimentellen Pädagogik.[31]

Es musste eine Zuordnung in allen geprüften Funktionsgebieten der Schüler in einzelne Rangreihen erfolgen, denn nur die Berücksichtigung eines Rangplatzes der einzelnen Schüler konnte Ausgang der endgültigen Gesamtbewertung sein. „Nur wenn bekannt ist, in welcher Weise die Urteils- und Kombinationsleistungen abgestuft sind, kennt man damit auch, welche Leistungen die einzelnen Schüler im Hinblick auf alle erhaltenen Lösungen erbracht haben. Der Rangplatz ist zwar nur ein relatives, dafür aber pädagogisch wertvolles Maß".[32]

Schließlich wurde für jeden Schüler sein durchschnittlicher Rangplatz in allen Leistungen berechnet. Dieser empirische Mittelwert wurde der endgültigen Auswertung zugrunde gelegt. So konnte eine Gesamtrangordnung der Prüflinge gebildet werden, die ein durchschnittliches Bild der allgemeinen Leistungen des einzelnen Schülers im Hinblick auf alle überhaupt zur Abnahme gelangten Leistungen und in Beziehung auf alle untersuchten Prüflinge zahlenmäßig wiedergibt.[33]

Die Kommission, die die Gruppenprüfungen durchführte, bestand neben den Psychologen Dr. Walther Moede und Dr. Curt Piorkowski aus dem Vorsitzenden, dem Stadtschulrat Dr. Reimann, dem Gymnasialdirektor Dr. Gilow sowie gegebenenfalls weiteren Pädagogen. Die Prüfungen fanden an drei Nachmittagen mit je dreieinhalbstunden Länge und nur kurzen Pausen statt.

Rückschau nach zwei Jahren Begabtenschulen

Nach den ersten beiden Jahren seit Einführung der Begabtenschulen erfolgten die ersten Würdigungen durch die Direktoren der Schulen und auch durch Moede und Piorkowski selbst.

Die Schulleiter waren im Wesentlichen von der Einrichtung der Begabtenschulen überzeugt und berichteten weitgehend über positive Erfahrungen. Die Prüfungsmethoden selbst wurden von ihnen nicht in Frage gestellt oder kritisiert. Die Schulleiter stellten überwiegend fest, dass die Prüfungsmethoden tatsächlich zu einer Auswahl der begabten, fleißigen und talentierten Schüler geführt haben. Dies konnte besonders deshalb gut beurteilt werden, da auf Grund der politischen und wirtschaftlichen Verhältnisse in Deutschland und speziell in Berlin im Jahr 1918/1919 die zweite aufgenommene Schülergruppe nicht nach dem Verfahren Moede-Piorkowski untersucht worden war, sondern die Kinder waren lediglich auf Grund der Empfehlung der Gemeindeschulleiter aufgenommen worden. Teilweise waren, um die Klassen wegen der geringen Anzahl gemeldeter Schüler aufzufüllen, sogar Schüler aufgenommen worden, die nicht zu den besten der Gemeindeschulen zählten. Diese Klassen erwiesen sich als durchweg schlechter und die Zahl der Abgänge lag höher als in den Klassen, die abschließend untersucht worden waren.[34]

Weiterhin berichteten die Schulleiter der Begabtenschulen übereinstimmend, dass die Leistungen der begabten Schüler den Erwartungen entsprochen hatten und sie mit den Ergeb-

[31] Moede, W. in: Moede, W.; Piorkowski, C.; Wolff: Die Berliner Begabtenschulen, ihre Organisation und die experimentellen Methoden der Schülerauswahl, Langensalza 1918, S. 122.

[32] a.a.O. S. 125.

[33] a.a.O. S. 12.

[34] Prof. Dr. Gilow, in: Zwei Jahre Berliner Begabtenschulen. Hirzel Verlag, Leipzig 1920.

nissen zufrieden seien. Bereits nach ca. sechs Wochen hatten Moede und Piorkowski festgestellt, dass die von ihnen erstellte Rangordnung sich auch in der Realität im Unterricht bestätigt hatte.[35] Die nach ihrer Rangordnung besten Schüler erwiesen sich auch im Schulalltag als die Besten.

Hervorgehoben wurde von den Schulleitern ferner mehrfach, dass die Schüler im Vergleich zu den gleichstufigen Klassen der Gymnasien disziplinierter, fleißiger und wissbegieriger gewesen waren, wenn auch – wohl wegen der häuslich bedingten geringeren Vorbildung – die Leistungen nicht wesentlich höher oder besser ausfielen. Die Herkunft der Schüler zeigte sich jedoch uneingeschränkt dadurch, dass diese den Berliner Dialekt pflegten und ein grammatikalisches Hochdeutsch insbesondere außerhalb des Unterrichts nicht erreicht werden konnte. Bedauert wurde von den Schulleitern durchgehend, dass viele der begabtesten Kinder aus persönlichen Gründen die Schule vorzeitig verlassen mussten, beispielsweise weil diese mit ihren Eltern wieder in die angestammten Gebiete wie Ostpreußen zurückkehrten, aus denen sie wegen des Kriegs geflohen waren oder weil die Eltern einen längeren Schulbesuch der Kinder wirtschaftlich nicht länger tragen konnten.

Einwände gegen die Prüfungsmethoden und die Begabtenschulen an sich

Kritik an den Prüfungsmethoden

Nach eigener Einschätzung von Moede und Piorkowski hatten sich die gegen die Prüfungsmethoden vorgebrachten Einwände nach den ersten eineinhalb Jahren als unbegründet erwiesen. Bemängelt wurden vornehmlich die Gruppenprüfung anstatt der Einzelprüfung sowie die Fremdheit der Prüfungsleiter. Die Gruppenprüfung als Kompromiss gegenüber der Einzelprüfung hatte sich jedoch als die bessere Methode gezeigt, insbesondere war dadurch eine Befangenheit der Prüflinge, wie in der Einzelprüfung häufig, vermieden worden.[36]

Hinsichtlich des Einwandes der Fremdheit der Prüfungsleiter stellten die Prüfer fest, dass dies kein Hindernis gewesen sei und durch eine intensive Vorbereitung eine Vertrautheit der Kinder zu den Prüfungsleitern hergestellt werden konnte. Auch war keine Examensangst aufgefallen.

Ferner wurde eingewandt, dass keine analytische Fähigkeitsprüfung, sondern vornehmlich nur die Schnelligkeit und Möglichkeit der Auffassung der Instruktionen geprüft worden seien. Dem entgegneten Moede und Piorkowski, dass hinreichend Zeit auch für die langsamen und gründlichen Schüler bestand und dadurch die schnelleren Kinder keine Vorteile hätten.

Dem Einwand der Ungleichwertigkeit der Prüfungsergebnisse in den Fällen, dass eine schnelle Adaption nicht durch Anlage, sondern Bekanntheit mit dem Prüfungsverfahren oder gar Einübung gegeben sei, entgegneten Moede und Piorkowksi damit, dass immer neuer Prüfstoff ausgewählt wurde und immer neue Leistungen abgefordert worden waren. Ihrer Erfahrung nach waren die Ergebnisse auch bei Kenntnis nicht besser. Der Abstand zwischen den guten und den schlechten Schülern blieb bestehen.

Auch wurde nicht die sprachliche und rein intellektuelle Seite der Jugendlichen zu sehr in den Vordergrund gerückt, wie einige Kritiker meinten, sondern es waren auch ausgesuchte gefühlsmäßige Vorgänge Gegenstand der Prüfung. Der sprachliche Ausdruck wurde zudem nicht bewertet.

---

35 Piorkowski, C.: in: Die Berliner Begabtenschulen, S. 219.

36 Moede, W.; Piorkowski, C.: Die Einwände gegen die Berliner Begabtenprüfung. Hermann Beyer & Söhne Verlag, Langensalza 1919, S. 5.

Den Kritiken an den Konzentrationsprüfungen und an einer angeblichen Nichtbeachtung von Wille und Energie hielten Moede und Piorkowski entgegen, dass bei einer vierstündigen Prüfung in erheblichem Maße Wille und Konzentration verlangt werden, um die eintretende Müdigkeit zu überwinden.

Dem Wunsch, die experimentellen Prüfungsverfahren durch systematische Schulbeobachtung zu ersetzen, widersprachen sie. Dies hätte von den Lehrern nicht gefordert werden können. Zudem würde dieses Verfahren zu einer „charakterologischen Persönlichkeitsschilderung" führen.

Moede und Piorkowski beabsichtigten nicht, die absolute Intelligenz der Kinder nachzuweisen, sondern nur die relative Beschaffenheit der Rangreihe darzustellen, sodass das Versagen einiger Kinder, die als begabt eingestuft waren, nicht zu der Wertlosigkeit der Untersuchungsmethoden führte. Es war nur möglich, die relativ Besten auszuwählen.

Es wurde bemängelt, dass nur einige Schüler von einigen Schulen untersucht wurden. Moede und Piorkowski hielten dem entgegen, dass die Vorauswahl durch die Rektoren der Schulen erfolgt war und es sicher besser gewesen wäre, wenn sich mehr Schulen daran beteiligt hätten. Je mehr Resultate vorgelegen hätten, je besser wären die Ergebnisse gewesen. Mitnichten wäre jedoch an den anderen Schulen ausschließlich schlechtes Schülerklientel.

Schulorganisatorische Bedenken

Entgegen der Ansicht einzelner haben die Erfahrungen gezeigt, dass die Begabtenschule nicht etwa einen Hochmütigkeitsdünkel der Schüler entstehen lässt, sondern dass das Gegenteil der Fall ist. Die Schüler der Begabtenklassen hatten insbesondere durch ihre Disziplin und ihren Lerneifer einen positiven erzieherischen Einfluss auf die Schüler der Normalklassen. Allerdings stimmten Moede und Piorkowski dem Ansinnen der Einrichtung eines Internates zu, da die Schüler vielfach zu Hause nicht die nötige Ruhe und Muße fänden.

Kulturpolitische Einwände

Zum Teil wurde gegen die Begabtenschulen angeführt, Kinder aus den unteren Schichten hätten kein Gefühl für kulturelle Werte. Ein kultureller Aufstieg sei nur langsam und stetig durch Vererbung möglich. Diese Behauptung ist jedoch nach Ansicht von Moede und Piorkowski unbegründet und unbewiesen.

Es würden dem Mittelstand auch nicht die führenden Kräfte entzogen. Insbesondere ist durch die Begabtenschule nicht die grundsätzlich angestrebte Aufwärtsentwicklung der Allgemeinheit ausgeschlossen. Schließlich war der Anteil jüdischer Schüler relativ gering, so dass die Annahme, bei den Begabtenschulen werde es zu Judenschulen kommen, sich nicht bewahrheitete. Rassenunterschiede waren nicht festzustellen.

Spätere Bewertungen

Moede und Piorkowski hielten trotz verschiedener Kritik an ihren Prüfungsmethoden und der Notwendigkeit solcher Prüfungen fest und wurden dabei von den Lehrern der Begabtenschulen unterstützt. Die Einwände der Kritiker konnten fast ausschließlich ausgeräumt werden, sodass die Einführung der Begabtenschulen im Wesentlichen positiv und damit fortsetzungswürdig angesehen wurde. Insbesondere die Förderung der begabten Kinder sollte unbedingt aufrechterhalten bleiben. Lediglich die finanzielle Unterstützung der Familien müsse ausgebaut werden, da die Kinder oftmals zu Hause nicht die notwendige Aufmerksamkeit fänden oder die Kinder gar die Schule aus finanziellen Gründen nicht weiter besuchen konnten.

Wissenschaftliche Arbeiten

Referate in Fachzeitschriften

Noch während seiner Assistententätigkeit hatte Walther Moede für die „Zeitschrift für pädagogische Psychologie und experimentelle Pädagogik" mehrere Referate bearbeitet, die erst nach seiner Einberufung zum Militärdienst veröffentlicht wurden. Hierzu gehören insbesondere solche Themen, die eine Beziehung zu seiner Habilitation aufwiesen, wie die Arbeiten von:

- Lobsien, M.: Intelligenzprüfungen auf Grund von Gruppenbeobachtungen. Zeitschrift für pädagogische Psychologie und experimentelle Pädagogik, Bd. 17, 1916, S. 123 ff.
- Damm, H.: Korrelative Beziehungen zwischen elementaren Vergleichsleistungen, ein Beitrag zur psychologischen Korrelationsforschung. Zeitschrift für pädagogische Psychologie und experimentelle Pädagogik, Bd. 17, 1916, S. 350 ff.
- Gutberlet, C.: Experimentelle Psychologie mit besonderer Berücksichtigung der Pädagogik. Zeitschrift für pädagogische Psychologie und experimentelle Pädagogik, Bd. 17, 1916, S. 398 f.

Unter dem Aspekt seiner weiteren wissenschaftlichen Entwicklung war das Referat über Piorkowskis Beitrag zur psychologischen Methodologie der wirtschaftlichen Berufseignung[37] von nachhaltiger Bedeutung. Walther Moede war auf diese Weise auch mit dem betriebswissenschaftlichen Ansatz zur Erforschung der Berufseignung und der Organisation der Fabrikarbeit vertraut geworden.

Wissenschaftliche Abhandlungen

Im Zusammenhang mit seiner Tätigkeit als Leiter eines Lazarettlabors für Gehirngeschädigte waren ihm die Arbeiten von Poppelreuter von zentraler Bedeutung, die im Jahre 1916 erschienen waren.[38] Moede arbeitete auf diesem Gebiet auch selbst wissenschaftlich und entwickelte eine Übungstheorie für Gehirngeschädigte, die er im Lazarettlabor Connewitz erprobte und später veröffentlichte:

- Moede, W.: Die Untersuchung und Übung des Gehirngeschädigten nach experimentellen Methoden. Verlag Hermann Beyer & Söhne, Langensalza 1917.

Die im Zusammenhang mit dem Projekt Berliner Begabtenschulen entstandenen Veröffentlichungen sind folgende:

- Moede, W.; Piorkowski, C.; Wolff: Die Berliner Begabtenschulen, ihre Organisation und die experimentellen Methoden der Schülerauswahl. Hermann Beyer & Söhne, Langensalza 1918.
- Moede, W.; Piorkowski, C.: Die psychologischen Schüleruntersuchungen zur Aufnahme in den Berliner Begabtenschulen. In: Zeitschrift für pädagogische und experimentelle Pädagogik, hrsg. von Scheibner und Stern, Bd. 19, 1918, S. 127ff.
- Moede, W.; Piorkowski, C.: 2 Jahre Berliner Begabtenschulen, Erfahrungen der Schulleiter. Verlag von S. Hirzel, Leipzig 1920.
- Moede, W.; Piorkowski, C.: Die Einwände gegen die Berliner Begabtenprüfungen. Hermann Beyer & Söhne, Langensalza 1919.

Nachruf auf Hugo Münsterberg

Der frühe Tod Hugo Münsterbergs im Jahre 1916 brachte einen tiefen Einbruch in die Weiterentwicklung der Angewandten Psychologie nicht nur in den USA, sondern auch in

---

37 Piorkowski, C.: Beiträge zur psychologischen Methodologie der wirtschaftlichen Berufseignung. Zeitschrift für pädagogische Psychologie und experimentelle Pädagogik, Bd. 17, 1916, S. 270 f.

38 Poppelreuter, W.: Aufgaben und Organisationen der Hirnverletztenfürsorge. Heft 2 der deutschen Krüppelhilfe, 1916. Zeitschrift für pädagogische Psychologie und experimentelle Pädagogik, Bd. 18, 1917, S. 62 ff.

Deutschland. Curt Piorkowski schrieb einen Nachruf, der das Wirken Münsterbergs in seiner vielseitigen Ausstrahlung würdigt und damit zugleich den wissenschaftlichen Entwicklungsstand jener Jahre des Aufbruchs der Psychotechnik dokumentiert:[39]

Zum Tode Hugo Münsterbergs

Die Psychologie hat in der jüngsten Zeit drei ihrer markantesten Vertreter verloren: Meumann, Külpe und nun auch noch Hugo Münsterberg. Alle drei standen noch in den Jahren, in denen man Großes von ihnen erwarten durfte und alle drei sind mitten aus ihrer Tätigkeit schroff und unerwartet herausgerissen worden.

Und doch kann man sagen: So viel im einzelnen wohl alle drei noch geleistet haben würden, so haben sie doch, jeder auf seinem Gebiet, das prinzipiell Neue ihrer Ansichten ziemlich restlos niedergelegt: Külpe auf dem allgemein psychologischen und erkenntnistheoretischen Gebiete, Meumann auf dem pädagogischen und Münsterberg auf dem der angewandten Psychologie überhaupt, vornehmlich aber auf dem von ihm eigentlich erst ins Leben gerufenen Gebiete der Wirtschaftspsychologie.

Münsterberg repräsentierte den Deutsch-Amerikaner im wahrsten Sinne des Wortes. Von Deutschland hatte er, als er noch nicht 30jährig sein Freiburger Extraordinariat verließ, um es mit der Professur für Psychologie an der Harvard-Universität in Boston zu vertauschen, die unbedingte Achtung für alle exakte Forschung mitgenommen, in Amerika einte sich zu dem die Vorliebe für alle praktischen Anwendungen. Und so ist ihm seit jener Zeit unverkennbar ein etwas „amerikanischer" Zug, allerdings im besten Sinne des Wortes, eigen, der ihm in deutschen Gelehrtenkreisen wohl bisweilen etwas Anfeindung eingebracht hat. Das auch auf diesem Gebiete etwas konservative Deutschland, in dem fast ausschließlich die streng exakte, aber in ihrem Wirken manchmal ein wenig sterile Psychologie des Altmeisters Wundt herrschte, und diese neue, jäh vorwärts stürmende Richtung der angewandten Psychologie standen sich deshalb mitunter einander etwas fremd gegenüber!

Bild 5.08: Hugo Münsterberg, Professor für Psychologie an der Harvard Universität (1863-1916)

Münsterberg ähnelt in seinem ganzen Wesen etwas einem Anderen, der auch mit die wesentlichsten Eindrücke seines Lebens dem Lande der großen Dimensionen verdankt, Karl Lamprecht. Gleich diesem, war auch sein Blick stets auf das Große und Wesentliche gerichtet. Seine Stärke war darum auch gleich der Karl Lamprechts das Erfassen einer Totalität, das Inbeziehungsetzen seines engeren Wissenschaftsgebietes zu den großen Kulturfragen und dessen systematisches Verbinden mit dem ganzen umgebenden Kulturkreise. Dieses Auffinden der großen Gesichtspunkte und Beziehungen, dieses Allumfassenwollen war ihm mehr wert als wissenschaftliche Kleinarbeit. Es ist letzen Endes eine Gefühlssache, was von beiden man höher stellen will. Wir Deutschen neigen wohl mehr dazu, die exakte wissenschaftliche Arbeit an und für sich, ohne Rücksicht auf ihren Wert von allgemeinerem Gesichtspunkte aus, höher einzuschätzen, aber wo würden wir bleiben, wenn nicht von Zeit zu Zeit einmal ein

39 Sonderabdruck aus „Zeitschrift für angewandte Psychologie", herausgegeben von William Stern und Otto Lipmann. Verlag von Johann Ambrosius Barth, Leipzig, Bd. XII, 1917, H. 3/4.

Anmerkung: Ein Exemplar des Sonderdrucks schickte Curt Piorkowski an Walther Moede mit folgender Widmung: „S. / l. W. Moede mit besten Grüßen vom Verfasser. Berlin 17.4.1917."

Mann aufstände, der es übernimmt, wieder einmal Kritik darüber zu halten, wie weit jene Einzeluntersuchungen, vom allgemeinen Kulturganzen aus betrachtet, auch noch Wert haben, und der uns die Richtlinien für neues Arbeiten zeigt, die Probleme aufdeckt und die Wege zur Fortentwicklung weist? Es ist wohl keine ungerechte Behauptung, wenn man sagt, daß diese Männer für die Weiterentwicklung der Wissenschaft mindestens die gleiche Bedeutung haben, wie die sorgsamsten Einzelarbeiter. Wir haben hier eben zwei grundverschiedene Typen vor uns!

Charakteristisch für diese Typen ist nun aber, wie gesagt, das Interesse an den großen Problemen und an der Auffindung von Neuem, vornehmlich von neuen Gesichtspunkten. Daher sind diese Männer alle große Systembilder und, durchdrungen von der Richtigkeit und Wichtigkeit ihrer neuen Erkenntnisse, „Proselytenmacher". So ist es kein Zufall, daß sowohl Lamprecht wie Münsterberg große Schulen hatten. Diesen fällt dann die Aufgabe zu, die Ideen des Meisters im einzelnen nachzuprüfen und, wenn auch bei vollständig freiem Gewährenlassen, zu belegen. Denn zu derartiger Kleinarbeit fehlt dem Meister oft die Zeit und das Interesse. Dieses ist meistens mit dem Herausfinden und Aufstellen des Problems auf seinem Höhepunkt angelangt. Münsterberg stellt diese fortwährende Prüfung der Prinzipien, auf denen sich dann die Untersuchung der Einzelfragen aufzubauen hat, über alles, wie z. B. noch aus einem seiner letzten und wohl die größte Nachwirkung verheißenden Werke, der „Psychotechnik", hervorgeht, wo er schreibt:

„Schießlich ist es besser, eine nur annähernd korrekte vorläufige Antwort auf eine richtig gestellte Frage zu gewinnen, als eine bis zur letzten Dezimalstelle genaue Antwort auf eine falsch gestellte Frage. Wir müssen jeden Tag der psychotechnischen Arbeit auf festem Grunde verankern; nicht nur der allgemeine Teil, sondern gerade auch die Prüfung der Einzelfragen wird uns daher immer wieder zu Untersuchungen über die Prinzipien zwingen."

Oder kurz darauf:
„Die nächstwichtigste Aufgabe ist es, die neue Wissenschaft einheitlich zu organisieren."

Bleibt so quasi die Oberleitung, das Aufstellen einheitlicher Gesichtspunkte und die richtige Deutung der gewonnenen Resultate Sache des Meisters, so wird er die einzelnen speziellen Untersuchungen, für die er zwar Untersuchungswege und Untersuchungsmethoden aufstellen wird, meistens seinen Schülern überlassen. Es kommt daher bei allen Großen jenes Typen – das gilt ganz generell – sehr viel darauf an, was für Schüler und Mitarbeiter sie finden, die ihre Ideen und Vorstellungen im einzelnen, oft in mühsamer Kleinarbeit, durchführen. Hier darf dann natürlich die Phantasie und Kombination, die zur richtigen Erfassung und Aufstellung der Probleme eine so maßgebende Rolle spielt, keinesfalls walten, da sie hier nur unheilvoll wirken würde. Und dort liegt nun der schwache Punkt aller jener Großen von dem beschriebenen Typus: Sie sind von der Arbeit ihrer Schüler in hohem Maße abhängig. Arbeiten dieselben ungenau oder flüchtig, so hat den Schaden der Meister selbst, dessen Methoden dann leicht als unreif oder zu ungenau verurteilt werden. Dieser Vorwurf ist auch Münsterberg nicht erspart geblieben, und in manchen Fällen sicher nicht ganz mit Unrecht. Doch sollte man wirklich gegen einige Fehler im einzelnen das Große seiner Leistung als Gesamtes verkleinern und aus solchen einigen Flüchtigkeiten ein Verdammungsurteil konstruieren wollen? Das wäre im höchsten Maße ungerecht! An große Neuerer darf man eben keinesfalls denselben Maßstab wie an Leute, die schon breite und ausgetretene Wege wandeln, anlegen! Quod licet jovi, non licet bovi sagt ein gutes lateinisches Sprichwort, und dies gilt auch in dem vorliegenden Falle!

Was Münsterberg im einzelnen auf dem Gebiete der angewandten Psychologie geleistet hat, ist zu bekannt, als das es hier ausführlich dargelegt zu werden brauchte. Erwähnt seien auf diesem Gebiete nur seine Anwendungen der Psychologie auf die Rechtspflege (On the Witness Stand 1908), die Krankenheilung (Psychotheraphy 1909), das Erziehungswesen (Psychology and the Teacher 1910) und vor allem sein, 1911 auch in Deutschland erschienenes Buch „Psychologie und Wirtschaftsleben", das von höchster Bedeutung für das Gebiet der rationellen Psychologisierung des Wirtschaftslebens geworden ist, die jetzt im Kriege solch hohe Bedeutung erlangt hat in Folge des Zwanges, mit der vorhandenen Arbeitskraft möglichst rationell umzugehen.

Mit der Übertragung der psychologischen Methoden auf das Gebiet des Wirtschaftslebens hat sich Münsterberg wohl seinen größten und vor allen Dingen wohl bleibendsten Erfolg gesichert. Denn wenn auch vor ihm schon einige Ansätze in dieser Richtung, wie die Studien von Thompsen und einigen anderen, vorlagen, so hat er doch als erster dieses Gebiet systematisch in Angriff genommen. Und von dem fast noch bekannter gewordenen anderen Arbeiter auf diesem Gebiete, Frederick Taylor, trennt ihn doch ein höchst wesentlicher, prinzipieller Faktor. Während Taylor aus dem einmal in einer bestimmten Tätigkeit vorgefundenen Arbeiter mittels rationeller Methoden, als sie die gewöhnliche

Zufallsarbeit zu bieten vermag, eine höhere Leistung bzw. die Höchstleistung herauszuholen sucht, geht Münsterberg von dem Prinzip aus: „Der richtige Mann an den richtigen Platz!" Das ist aber etwas ganz anderes und kulturell ungleich Wertvolleres als der Taylorismus, der falsch angewandt, mitunter doch recht unerfreuliche Nebenerscheinungen mit sich bringen kann!

Münsterberg hat auch vollständig die große kulturelle Wichtigkeit und die einschneidenden Konsequenzen dieser Devise „Der richtige Mann auf den richtigen Platz" erkannt. Ist doch in der Tat ein wesentlich nach Fähigkeiten und somit nach einem bestimmten Gerechtigkeitsideal orientiertes soziales System nur denkbar, wenn man auch in der Lage ist, Fähigkeiten relativ zeitig und annähernd genau festzustellen. Hierzu aber dürfte das psychologische Experiment ein immer wichtigeres Hilfsmittel werden!

Mit der Wichtigkeit und Dringlichkeit der Aufgabe hat Münsterberg auch das Heranziehen der Psychologie in den Fällen, in denen die theoretischen Vorarbeiten im Laboratorium ein abgeschlossenes Bild noch nicht ergeben haben, begründet. So sagt er an einer Stelle (S. 21 seiner 1914 erschienenen trefflichen „Psychotechnik", die erstmalig einen vollständigen Überblick über sämtliche Anwendungsgebiete der experimentellen Psychologie und deren gegenwärtigen Stand gibt), sehr richtig:

„Mit dem Fliegen konnte die Technik warten, bis die Physik in ihren Forschungen dahin kam, daß die nötigen Motoren gebaut werden konnten, aber Erziehen und Unterrichten, Rechtssprechen und Strafen, Arbeiten und Kaufen muß überall vor sich gehen und muß überall mit psychischen Tatsachen rechnen. Versagt die wissenschaftliche Psychologie ihre Hilfe, so nimmt das Leben mit vorwissenschaftlichen Beobachtungen vorlieb. Da kann es doch unmöglich den Interessen der Kultur entsprechen, wenn die Psychologie darauf besteht, ihr nichts zu geben, weil sie ihr noch nicht alles geben kann!"

Dies sollten sich alle diejenigen besonders einprägen, die immer wieder gegen die Anwendungen der Psychologie den Vorwurf der Übereilung und Unreife erheben. Wo ständen wir heute in der Medizin, wenn man nicht eher hätte anfangen wollen, zu versuchen, den Leiden der Menschen Abhilfe zu bringen, als man sich über das Wesen und die Funktionen von Krankheiten und Krankheitsursachen vollständig klar gewesen wäre! – Dort ist freilich die Notwendigkeit der Hilfe fachmännisch gebildeter Männer viel in die Augen springender als bei der Psychologie, wo jeder von Natur sich für sachverständig zu halten nur allzu leicht geneigt ist! – Daher auch die unverhältnismäßig späte Entwicklung der angewandten Psychologie! –

Liegt somit Münsterbergs Hauptverdienst auf dem Gebiet der angewandten Psychologie, vornehmlich der Wirtschaftspsychologie, so hat er doch auch auf anderem Gebiete Bedeutendes geleistet. So ist beispielsweise seine 1908 erschienene „Philosophie der Werte" ein Werk, das s. Zt. stark gewirkt hat, und das dauernd ein wertvolles Produkt der theoretischen Philosophie bleiben wird. Einflüsse von seiner Heidelberger und Freiburger Zeit (Windelband, Rickert) sind darin unverkennbar. Doch dürfte trotz allem, wie gesagt, die Bedeutung dieser und anderer theoretischer Schriften nicht an die seiner Arbeiten in der angewandten Psychologie heranreichen. –

Auch auf rein politischem Gebiete hat naturgemäß ein so vielseitiger Geist wie Münsterberg viel gewirkt. Die letzten beiden Jahre haben ihm hier leider infolge seines unentwegten Eintretens für das Deutschtum viel Herbes und manche Enttäuschung und Aufregung gebracht, die auf sein frühes Hinscheiden vielleicht nicht ganz ohne Einfluß gewesen ist. Er trat eben auch hier für das, was ihm richtig schien, mit voller Überzeugung ein und so waren naturgemäß Reibungen unausbleiblich. Bekannt geworden ist ja auch bei uns sein Konflikt aus diesen politischen Gründen mit dem Lehrkollegium der Harvarduniversität, die ihm so viel von ihrem Ruhm zu danken hat. Es ist hier nicht der Ort, über Münsterbergs politisches Glaubensbekenntnis zu rechten: Eins steht aber jedenfalls fest: Wie überall, so suchte er sich auch hier ein eigenes, sachlich begründetes und zu seiner ganzen Weltanschauung passendes Urteil zu bilden.

So haben wir im ganzen ein Bild eines Mannes vor uns, der in seiner Vielseitigkeit, Energie des Denkens und Handelns sowie seiner Charakterstärke ein leuchtendes Beispiel genannt werden darf und dessen Wirksamkeit so bald nicht verwischt werden wird. Wenn es sich heute auch bei uns in Deutschland, wenn auch zum Teil mit verbesserten und genaueren Methoden, überall auf dem Gebiete der Wirtschaftspsychologie und der sonstigen angewandten Psychologie regt und rührt und überall verheißungsvoll die Knospen aufbrechen, wenn das Verkehrsleben wie die Industrie die Dienste der Psychologie mannigfach in Anspruch nehmen, so ist das zum nicht geringen Teile auf die Anstrengungen Münsterbergs, sowohl auf die, die er selbst als Austauschprofessor anlässlich seiner Berliner Vorlesungen gegeben hat, wie auf die, die er in seinen verschiedenen Schriften niedergelegt hat, zurückzuführen, und das soll ihm unvergessen bleiben!

Dr. Curt Piorkowski

Wissenschaftliche Weiterentwicklung

Nach der unvermeidlichen Kasernierung zur Grundausbildung wurde Walther Moede zum Lazarettdienst nach Connewitz abkommandiert. Vermutlich erreichte er als Leiter des psychologischen Laboratoriums durch seine selbständige Tätigkeit einen größeren persönlichen Freiheitsgrad. Sowohl seine Habilitation als auch neuere Perspektiven der psychologischen Eignungsprüfung begleiteten ihn im WS 1915/16 weiterhin. Anzumerken ist ein Briefwechsel zwischen Walther Moede und Eduard Spranger. Auf Moedes Gruß zum Jahreswechsel antwortet Spranger am 3. Januar 1916. Beide kannten sich durch zeitgleiche Arbeit an der Universität Leipzig.[40]

Der Kontakt Moedes zur Wissenschaft war nicht unterbrochen. Jedoch hatte der frühe Tod von Meumann (1915) und Münsterberg (1916) für den nach Orientierung suchenden jungen Moede eingreifende Momente ausgelöst. Auch Piorkowski beklagt das plötzliche Ableben von Lamprecht (1915) als Unterbrechung seiner wissenschaftlichen Entwicklung. So mussten Wege zu den neuen Leitideen gesucht werden, die sich im Bereich der experimentellen Psychologie und Pädagogik anbahnten, wie die Entwicklung von Methoden zur Prüfung der Berufseignung.

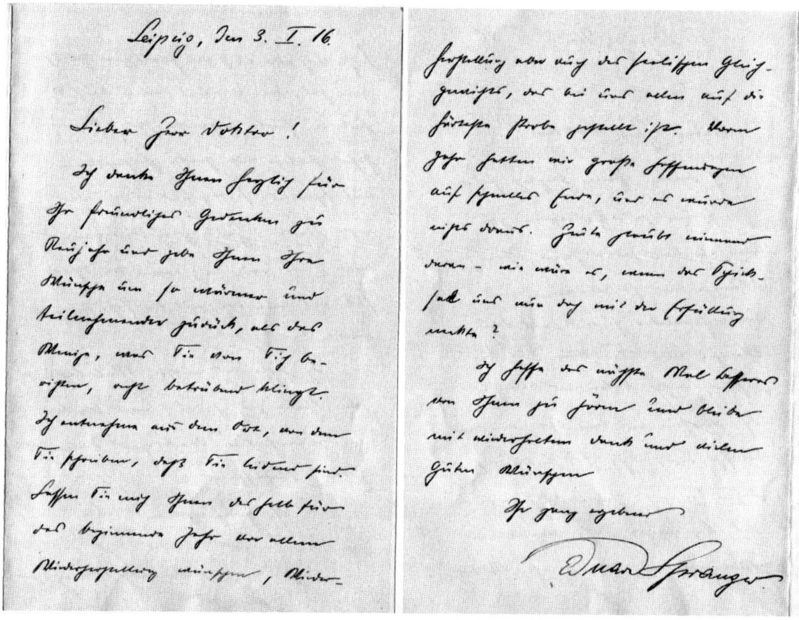
Leipzig, den 3. I. 16.

Lieber Herr Doktor!

Eduard Spranger

Bild 5.09: Eduard Sprangers Brief vom 3.1.1916

Die Umorientierung kam zwangsläufig durch die Verwendung von Psychologen im Heeresdienst mit der speziellen Aufgabe, Eignungsprüfstellen in den Kraftfahr-Ersatzabteilungen aufzubauen. Durch sein erfolgreiches Wirken geschätzt, wurde Walther Mode schließlich zu einem der ersten Heerespsychologen bestellt.

---

40 Dokument 05-04: Brief von Eduard Spranger (1882-1963).

Der aus einer Kaufmannsfamilie stammende Eduard Spranger, geb. am 27. Juni 1882 in Berlin-Lichterfelde, gest. am 17. September 1963 in Tübingen, war ein bedeutender Philosoph, Pädagoge und Psychologe. Er war ao. Professor in Leipzig von 1911 bis 1920. Danach wurde Eduard Spranger zum ordentlichen Professor der Friedrich-Wilhelms-Universität zu Berlin berufen und ab 1946 wirkte er bis zu seinem Tode als ordentlicher Professor an der Universität Tübingen. Spranger war einer der Herausgeber der Zeitschrift „Die Erziehung", die von 1925 bis 1943 erschien.

Nach der Aufbauarbeit der Berliner Prüfstelle 1915/16 und seinem Einsatz als Laborleiter im Lazarett Connewitz sowie seiner Bewährung als Leiter der Prüfstelle Mannheim 1916/17 war Walther Moede durch die ihm im März 1917 zugeordnete Gesamtleitung aller psychotechnischen Prüflaboratorien der Kraftfahr-Ersatzabteilungen Gelegenheit gegeben, dieses Arbeitsfeld der Prüfung von Berufseignungen zu einem neuen Wissenschaftsgebiet auszubauen.

Für Moedes Habilitation waren die Felduntersuchungen im Wesentlichen in den Jahren 1913 und 1914 durchgeführt und ausgewertet worden. Da er auch als Privatdozent am Institut für experimentelle Pädagogik tätig war, ist anzunehmen, dass er bis zu seiner Einberufung noch im WS 1914/15 und im SS 1915 seine Lehrveranstaltungen durchführte.

Als Walther Moede zum 1. September 1916 nach Mannheim abkommandiert wurde, um dort eine neue Prüfstelle bei der Kraftfahr-Ersatzabteilung 3 aufzubauen und bis Ende Februar zu leiten, suchte er eine Verbindung zur Handelshochschule Mannheim. Im WS 1916/17 erhielt Moede dort einen Lehrauftrag für Wirtschaftspsychologie mit ergänzenden praktisch-psychologischen Untersuchungen in einem von ihm aufgebauten wirtschaftspsychologischen Laboratorium, das dem ersten betriebswissenschaftlichen Institut an einer Handelshochschule unter Leitung von Professor Dr. rer. pol. Heinrich Nicklisch zugeordnet war.[41]

Sein dortiges Wirken war erfolgreich, wie Professor Nicklisch in seiner späteren gutachtlichen Stellungnahme bestätigt: Moede „ein herausragender, vielleicht der beste Experimentator, auch nach der betriebswissenschaftlichen Seite sehr fruchtbar, von umfangreichem Wissen, auch auf den Grenzgebieten der Psychologie bis zu rein medizinischen Fragen geprägt".[42]

Exkurs: Wissenschaftliche Betriebsführung

In der Zeit zwischen 1870 und 1918 hatte sich die wirtschaftliche Entwicklung der Industriestaaten in vielerlei Hinsicht verändert. Zahlreiche Betriebe wuchsen personell und räumlich, die Vielfalt der Produkte wurde größer. Die Unternehmen versuchten, die speziellen Vorteile aus diesem Größenwachstum zu ziehen. Die Wissenschaft hielt Einzug in die Wirtschaft. In dem gleichen Maße, wie sich die industrielle Produktionstechnik weiterentwickelte, formulierte sich inhaltlich und begrifflich das, was schließlich in Wissenschaft und Praxis unter Rationalisierung verstanden wurde.[43]

Frederick Winslow Taylor (1865-1915)

Mit dem Einsatz rationellerer Technik im Produktionsprozess, aber auch wegen Wachstum, Diversifikation und entsprechend zunehmender Unübersichtlichkeit der Fabriken rückte die Frage der Werkstattorganisation, der Kontrolle des Einsatzes der Arbeitskraft, der Ökonomie in den Vordergrund des Interesses. Dieser Prozess ist zwar eng mit dem Namen Frederick W. Taylor verbunden, doch liegen seine Wurzeln in früherer Zeit. Seit Ende der 1860er Jahre mehrten sich Veröffentlichungen über eine effizientere Gestaltung von betrieblicher Arbeit

---

41 Festschrift zum 50. Gründungstag der Handelshochschule Berlin. Herausgeber: Verband Deutscher Diplom-Kaufleute e.V. Berlin, Deutscher Bertriebswirte-Verlag GmbH, Berlin 1956.

42 Dokument 06-14: Schreiben mit gutachterlicher Stellungnahme von Prof. Dr. Nicklisch, Rektor an der Hochschule Mannheim vom 4. Juli 1918 im Zusammenhang mit der Besetzung einer Dozentur für Psychotechnik an der TH Charlottenburg (siehe Kap. 6).

43 Pentzlin, Kurt: Meister der Rationalisierung. Econ-Verlag, Düsseldorf, Wien 1969.

und Verwaltung. In Amerika mündeten diese Bemühungen in dem – nachträglich so genannten – „Systematic Management Movement“, aus dem Taylor so viele Anregungen schöpfte.[44]

Die von Taylor propagierten Methoden zur Optimierung der Arbeitsprozesse bezogen sich auf die Verbesserung der Produktionsanlagen und auf die Reorganisation der Arbeitsabläufe. Seine Ideen trugen maßgeblich zur besseren Ausnutzung der Maschinen bei. Er führte neue Schneidstoffe für spanende Werkzeugmaschinen und Normierungen in der Fertigungstechnik ein. Er versuchte außerdem, mit Hilfe eines differenzierten Akkordlohnsystems auf Grund von Zeitstudien die Autonomie des Arbeitslebens aufzubrechen und auch ungelernte Hilfskräfte einzusetzen. Das alte Vorarbeitersystem sollte durch einen Planungsstab von Ingenieuren und Technikern abgelöst werden, dessen Aufgabe es war, Herstellungsvorgang, Zeitaufwand und Materialzuteilung zu koordinieren.[45]

Taylors Methoden, die er nach 1896 entwickelte, stellten das erste umfassende System der Betriebsorganisation dar, das zudem für sich in Anspruch nahm, wissenschaftlich, das heißt objektiv und damit unanfechtbar und Konflikt vermeidend zu sein. Im Mittelpunkt der Überlegungen stand die „Efficiency“. Sie sollte erreicht werden durch ein umfassendes Maßnahmenbündel, mit dem immer „the one best way“ gegangen werden sollte.[46] Mit Taylor war der Begriff des „Scientific Management“, der wissenschaftlichen Betriebsführung, der zur Betriebswissenschaft führte, geboren. Auf großen Widerstand stieß Taylor mit seinen Neuerungen bei der Arbeiterschaft. Um ihre Leistungsfähigkeit zu erproben, nahm er die Zeiten und die Bewegungen hoch qualifizierter Arbeiter während der Erstellung von Einzelteilen auf und legte diese Werte seinem Fabrikationsprogramm zugrunde.

Bild 5.10: Frederick W. Taylor (1865-1915)

[44] Vgl. Spur, G.; Ebert, J.; Fischer, W.; Herter, J.; Lehr, U.; Materne, J.; Pahl, G.; Specht, D.; Thomas, H. Z.; Wietog, J.; Zurlino, F.: Automatisierung und Wandel der betrieblichen Arbeitswelt [Akademie der Wissenschaften zu Berlin. Arbeitsgruppe: Automatisierung, Arbeitswelt und künftige Gesellschaft] (Akademie der Wissenschaften zu Berlin. Forschungsbericht 6) Berlin, New York 1993, passim, v. a. S. 40 ff.

[45] Vgl. Pokorny, R.; Voglrieder, S.; Abenhausen, S.: Rationalisierung von Industrie- und Büroarbeit von 1914 bis 1933 in Berlin. Wissenstransfer von Methoden amerikanischer Arbeitsverfahren durch die Unternehmensberaterin und Fachschriftstellerin Irene Witte. Antragskonzept, Berlin 1995, S. 8.

[46] Vgl. Spur, G.; Ebert, J.; Fischer, W. et al.: Automatisierung und Wandel der betrieblichen Arbeitswelt, a.a.O., S. 42.

Dieses System ist immer wieder kritisiert worden. Das Studium der Arbeitsleistung oder des Arbeitsvermögens einzelner legte jedoch einen Grundstein zur modernen Psychotechnik, wie sie sich in den zwanziger Jahren entwickelte. Taylor sah in den Ergebnissen seiner Arbeit mehr als nur ein Rationalisierungssystem. In seinen Schriften finden sich sehr weitgehende Äußerungen über die Bedeutung der Betriebswissenschaft, die die zum Teil euphorischen Interpretationen seiner Anhänger in Europa vorwegnehmen:

> „Scientific Management ist weder ein Verfahren, die Effizienz zu steigern, noch sie zu sichern, noch ein ganzes Bündel oder eine Gruppe von Effizienzmethoden [...] In ihrem Wesenskern bedeutet Scientific Management eine vollständige geistige Revolution auf der Seite des Arbeiters in irgendeiner Unternehmung oder Industrie – eine vollständige geistige Revolution auf der Seite dieser Männer [...] Und es bedeutet die gleiche vollständige Revolution auf der Seite des Managements – der Werkmeister und Abteilungsleiter, der Eigentümer einer Firma und ihrer Direktoren [...] Und ohne diese vollständige geistige Revolution auf beiden Seiten gibt es überhaupt kein Scientific Management. Das ist sein Wesenskern! Diese große geistige Revolution! [...] Die große Revolution, die das Scientific Management in der Mentalität beider Seiten herbeiführt, besteht darin, daß beide Seiten ihre Fixierung auf die Verteilung des Überschusses loswerden. Sie sehen ihn nicht mehr als über alles wichtig an und richten ihre Aufmerksamkeit gemeinsam auf die Ausweitung dieses Überschusses, bis dieser Überschuß so groß wird, daß es überflüssig wird, sich über den Verteilungsschlüssel zu streiten. Sie kommen zu der Einsicht, daß der Umfang des Überschusses wirklich erstaunlich ist, wenn sie ihre Kräfte vereinigen!“[47]

Neben den Arbeiten Taylors sind vor allem die von Emerson, von Frank B. Gilbreth und seiner Frau Lilian, sowie von Henry L. Gantt und Henry Ford von Bedeutung, die in ihrer Mehrzahl vor dem Ersten Weltkrieg entstanden.[48]

In Deutschland setzte eine erste Rezeption der amerikanischen betriebswissenschaftlichen Arbeitsverfahren schon vor dem Ersten Weltkrieg ein. Taylors Hauptwerke erschienen insgesamt mit erheblicher Verspätung in deutscher Sprache. Sein „Shop Management“ von 1903 wurde 1909 in der Übersetzung von Adolf Wallichs (1869-1956), Professor an der TH Aachen und neben Schlesinger ein Repräsentant der entstehenden Betriebswissenschaften, veröffentlicht.[49] „A Piece Rate System“ (1895) stieß hingegen in Deutschland nicht auf Interesse. „On the Art of Cutting Metals“ (1906) wirkte in der ebenfalls von Wallichs vorgenommenen

---

47 Taylor über das Scientific Management, zit. nach Meister der Rationalisierung. Hrsg. v. Kurt Pentzlin in Zusammenarbeit mit dem Rationalisierungskuratorium der Deutschen Wirtschaft (RKW), Düsseldorf, Wien 1963, S. 59-60/62.

48 Vgl. ausführlicher hierzu die Studie: Spur, G.; Ebert, J.; Haak, R.; Pokorny, R.; Voglrieder, S.; Abenhausen, S.: Von der Psychotechnik zur Arbeitswissenschaft. 75 Jahre arbeitswissenschaftliche Forschung in Berlin. Projektbericht, Fraunhofer-Institut für Produktionsanlagen und Konstruktionstechnik, Gruppe Arbeitswirtschaft, Berlin 1994, S. 20-23 sowie Spur, G.; Voglrieder, S.; Klooster, Th.: Von der Psychotechnik zur Arbeitswissenschaft: Gründung und Entwicklung des Instituts für Industrielle Psychotechnik an der TH Berlin-Charlottenburg 1918 bis 1933, in: Berlin-Brandenburgische Akademie der Wissenschaften, Bericht und Abhandlungen, Bd. 8, 2000.

Georg Schlesinger scheint Gilbreth bereits 1907 persönlich kennengelernt zu haben, als dieser an der Reorganisation der AEG in Berlin mitwirkte. Vgl. Hans Ebert/Karin Hausen, Georg Schlesinger und die Rationalisierungsbewegung in Deutschland, in: Wissenschaft und Gesellschaft. Beiträge zur Geschichte der Technischen Universität Berlin 1879-1979. Im Auftrag d. Präsidenten d. Technischen Universität Berlin hrsg. v. Reinhard Rürup, Bd. 1, Berlin, Heidelberg, New York 1979, S. 315-334, hier S. 326. Gantt war während der 54. Hauptversammlung des VDI 1913 in Leipzig anwesend. Vgl. seinen Diskussionsbeitrag zu Georg Schlesingers damaligem Vortrag (Betriebsführung und Betriebswissenschaft, in: Technik und Wirtschaft 6 – monatliches Beiblatt der Zs. d. VDI 57, 1913, S. 525-547, u. Erörterung: S. 547-568, Gantt: S. 560/561).

49 Taylor, Frederick W.: Die Betriebsleitung insbesondere der Werkstätten. Autorisierte dt. Ausg. der Schrift „Shop management“ von Adolf Wallichs, Berlin 1909.

Übersetzung von 1908 als Wegbereiter für Taylor in Deutschland.[50] „The Principles of Scientific Management“ (1911) lagen dann schon 1913 in deutscher Sprache vor.[51] Zu diesem Zeitpunkt waren Taylors Vorstellungen allerdings von Fachleuten wie Georg Schlesinger längst rezipiert worden. Als 1913 die Taylorismusdebatte auf der Hauptversammlung des Vereins Deutscher Ingenieure ihren ersten Höhepunkt erreichte, war Schlesinger daher nicht zufällig einer der Referenten, und er griff nicht als Theoretiker, sondern als Praktiker mit großem Engagement in die Diskussion ein.

Frederick W. Taylor (1856-1915)	
1882	Beginn der betriebswissenschaftlichen Arbeiten durch Taylor Arbeitsteilung, Zeitstudien
1897	Taylor: „On the Art of Cutting Metals
1900	Schnellarbeitsstahl: Taylor-White Weltausstellung in Paris
1903	Taylor: „Shop Management“
1911	Taylor: „The Principles of Scientific Management“
1911	Studienreise Wallichs in die USA Wallichs studiert das Taylor-System
1912	Vorträge Wallichs in Deutschland über „Wissenschaftliche Betriebsführung“
1913	Deutsche Übersetzung der Taylor-Werke
1913	ASME in Deutschland, auch beim VDI-Berlin
1913	Schlesinger-Rede in Leipzig
1914	Seubert: „Aus der Praxis des Taylor-Systems“

Bild 5.11: Taylor und die Entwicklung der Betriebswissenschaft

Erst der Erste Weltkrieg und die besonderen wirtschaftlichen Ausgangsbedingungen in der Nachkriegssituation bildeten die Voraussetzungen für die Einführung rationalisierter Arbeitsvorgänge und -organisation und neuer Formen effizienter Fertigung. Taylorismus und Fordismus bestimmten nacheinander den Verlauf der Rationalisierungsbewegung in Deutschland.[52]

Schon sehr bald zeigte sich, dass die amerikanischen Verfahren nicht ohne weiteres auf die deutschen Verhältnisse übertragbar waren. Untersuchungen zum Taylor-System verwiesen auf die Unterschiede zwischen amerikanischen und deutschen Arbeitern. Von amerika-

---

50 Taylor, Frederick W.: Über Dreharbeit u. Werkzeugstähle. Autorisierte dt. Ausg. der Schrift: „On the art of cutting metals“ von Adolf Wallichs, Berlin 1908.

51 Taylor, Frederick W.: Die Grundsätze wissenschaftlicher Betriebsführung. Autorisierte dt. Ausg. der Schrift „The Principles of Scientific Management“, 1911, von Rud. Roesler, München 1913.

52 Über den Einfluss der USA auf die Entstehung der Betriebswissenschaften in Deutschland schreibt Wegeleben (a.a.O., S. 3/4) 1924: „Es besteht kein Zweifel, daß die Rationalisierungswelle zu Anfang dieses Jahrhunderts von Amerika ausging. Sie verbreitete sich zwar nur zögernd in Europa, aber in wichtigen Elementen jedoch sehr durchschlagend [...] Die Gründe für die Vorrangstellung Amerikas in der Einführung rationeller Arbeitsverfahren liegen einmal in dem sich so rasch entwickelnden Wirtschaftsleben Amerikas mit dem dadurch entstehenden Massenbedarf, sie liegen ferner in der Organisation der Fabrikation durch künstliche Vereinheitlichung des Bedarfs (Normalisation), durch die die Massenfabrikation wiederum begünstigt wird, sie liegen ferner in einer geringeren Gebundenheit des Landes infolge des Fehlens von Traditionen.“

nischen „Werkern" wurde angenommen, sie seien mehrheitlich wenig oder gar nicht ausgebildet, so dass ihnen die Zerlegung der Arbeit in kleine, leicht erlernbare Schritte entgegenkommen würde. Die deutschen Facharbeiter sollten nicht auf diese Weise entmündigt werden dürfen.

Henry Ford (1863-1947)

Bei der Suche nach den überzeugendsten Methoden der Fabrikrationalisierung erwuchs Taylor und seiner Schule wissenschaftlicher Betriebsführung mit Henry Ford ein mächtiger Konkurrent sowohl in Ideen als auch in erfolgreicher praktischer Umsetzung dieses Systems. Ford wurde, besonders nach dem Ersten Weltkrieg, zum Träger einer neuen Vorbildrolle Amerikas auf organisatorischem und technischem Gebiet.

Sein System der Fließfertigung wurde in allen Teilen der Welt zum Diskussionsgegenstand, und zwar weit über den Kreis von Führungskräften und Wissenschaftlern hinaus. Fords Geheimnis bestand in der finanziellen Unabhängigkeit seines Unternehmens, der rationellen Fertigungs- und Fabrikorganisation, einem großen Absatzgebiet sowie einer hoch verdienenden Arbeiterschaft, letzteres nicht nur aus Gründen der Arbeitsmotivation, sondern zugleich als Instrument zur Steigerung der Nachfrage. Ein wesentlicher Bestandteil des Fordschen Konzepts, mit dem er sich in die Tradition von Adam Smith stellte, war die Annahme, dass eine wirtschaftliche Produktionsweise den Wohlstand aller erhöhe.

Bild 5.12: Henry Ford (1863-1947)

Konkret äußerte sich sein Verdienst darin, bewiesen zu haben, dass es mit Hilfe der technischen Erfahrungen der Ingenieure und den wissenschaftlichen Erkenntnissen der Betriebswissenschaftler möglich war, ein Produkt, das ursprünglich ein Luxusartikel für eine kleine kaufkräftige Minderheit gewesen war, zu einem erschwinglichen Massengut weiterzuentwickeln. Dieser Durchbruch gelang ihm mit dem fließbandgefertigten Automobil Model T, von dem im Jahr 1923 ein Maximum von zwei Millionen Personen- und Lastkraftwagen verkauft wurden, die ersteren zu einem Stückpreis von $ 440.[53] Dies war eine Halbierung des ursprünglichen Preises und nur zu erreichen durch äußerste Wirtschaftlichkeit in der Betriebsführung in einem hoch diversifizierten Unternehmen, das alle Bereiche von der Rohstoffgewinnung

[53] Hughes, Thomas P.: Die Erfindung Amerikas – Der technologische Aufstieg der USA seit 1870. Beck Verlag, München 1991, S. 214.

über die Herstellung der Zwischenprodukte bis zu dem eng an den Bedürfnissen des Marktes orientierten Vertriebssystem in sich vereinigte.

Frank Bunker Gilbreth (1868-1924)

Im Bereich der Zeitstudien eng mit Taylor zusammenarbeitend entstand das spezielle „Gilbreth'sche Verfahren", das sich aus drei Faktoren konstituierte: dem Bewegungsstudium, damit verbunden dem Ermüdungsstudium und daraus resultierend der zweckmäßigen Ausbildung des technischen Nachwuchses auf der Grundlage der Anlernung, also einer Übertragung ermittelter und erkannter besonderer Geschicklichkeit. Als Anhänger einer systematischen Anlernung in den Werkstätten, wie sie bei Ford schon weitestgehend praktiziert wurde, stellte er folgende Grundsätze auf:

1. Die Bewegungen müssen bei der Erlernung der Arbeitsverrichtung die allein zu berücksichtigenden Elemente sein.
2. Vom ersten Tag der Arbeit an muß bei dem Anfänger auf den Gebrauch von nur richtigen Bewegungen bestanden werden.
3. Der Arbeitende kann die aufeinander folgenden Handlungen, welche die Tätigkeit bedingen, nur dann richtig ausführen, wenn er in dem ermittelten besten Verfahren besonders angelernt wurde.
4. Schnelle Bewegungen unterscheiden sich wesentlich von langsamen.
5. Soll bei der Erlernung einer Arbeit oder eines Handwerks jeder unnützen Verschwendung vorgebeugt werden, so ist vom ersten Tag an auf eine normale Geschwindigkeit der Bewegungen Wert zu legen.
6. Richtige, in normaler Geschwindigkeit ausgeführte Bewegungen bringen die gewünschte Qualität von selbst hervor.
7. Das beste Lehrverfahren besteht in der Ausführung der richtigen Bewegungen in normaler Geschwindigkeit und in Übereinstimmung mit den Gesetzen der Gewohnheitsbildung.[54]

Bild 5.13: Frank Bunker Gilbreth (1868-1924) und Lilian Gilbreth (1878-1972)

Gilbreth, der die Gesetzmäßigkeiten der Bewegung in seinem Laboratorium in Montclair, New Jersey, untersuchte, sah den Arbeitsprozess als Summe von Betätigungs- und Bewegungseinheiten,[55] die sich auf 17 Grundelemente, die „Therbligs" zurückführen ließen. Diese waren in den verschiedensten Kombinationen und Permutationen immer wieder zu finden und konnten demnach zu Arbeitsanalysen führen. Bewegungsstudien als Methode zur maximalen

---

[54] Giese, F. (Hrsg.): „Gilbreth, Frank B.", in: Handbuch der Arbeitswissenschaft, Bd. 1: Handwörterbuch der Arbeitswissenschaft, Halle 1930.

[55] Witte, I: Taylor, Gilbreth, Ford. Gegenwartsfragen der amerikanischen und europäischen Arbeitswissenschaft. 2. Aufl., München, Berlin 1925, S. 32 f.

Ökonomisierung der menschlichen Arbeit führte Gilbreth 1914/15 in der Berliner Gas-Glühlichtgesellschaft Auer durch.

Im zeitgenössischen Vergleich zu Taylor beurteilte Irene Witte Gilbreths' Arbeitsstudien folgendermaßen:

> „Der beim Taylor-System nur wenig beachtete und oft vernachlässigte 'menschliche Faktor' ist bei Gilbreth das Wesentliche und über Taylor Hinausführende in seinen Arbeiten. Für ihn ist der Mensch, sein Verhalten und seine zweckmäßigste Behandlung der Kernpunkt des zu lösenden Problems. Hier finden wir den unbedingt nötigen Konnex mit dem Psychologen." [56]

Dieser Auffassung folgte unter anderem die Psychotechnik, jene Wissenschaft, die wesentlich von Hugo Münsterberg geprägt worden war und die auch unter den Ingenieuren Befürworter einer stärkeren Verwissenschaftlichung der betrieblichen Arbeitsabläufe fand.

Münsterberg verweist auf Professor Wallichs von der Technischen Hochschule Aachen, der durch seine Arbeiten die deutschen Industriekreise mit Taylor vertraut gemacht hatte: Scientific Management wurde unter der Übersetzung „wissenschaftliche Betriebsleitung" durch zahlreiche Veröffentlichungen begleitet und entwickelte sich zum Träger einer neuen Form der industriellen Fabrikarbeit. Es war Münsterbergs Verdienst, schon sehr früh eine Verbindung zur jungen Psychotechnik zu erkennen und wissenschaftlich auszubauen. Damit nahm auch die Zusammenarbeit von Psychologen und Ingenieuren ihren Anfang, die sich in den folgenden Jahren zur Institutionalisierung der Psychotechnik an den Lehrstühlen und Versuchsfeldern für Betriebswissenschaften an den Technischen Hochschulen entwickelte.

Bild 5.14: Georg Schlesinger (1874-1949) und Adolf Wallichs (1869-1959)

Georg Schlesinger (1874-1949)

Während die Bereitschaft der deutschen Industrie, die amerikanischen Verfahren zu übernehmen, groß war, da sie in den USA einen wichtigen Konkurrenten auf dem Weltmarkt sah, der 1903 zur „amerikanischen Gefahr" hochstilisiert wurde[57], herrschte in akademischen Kreisen zunächst die Auffassung, „es gäbe keine Gesetzmäßigkeiten des Handwerks und der industriel-

[56] Witte zitiert nach Rita Pokorny: Die Rationalisierungsexpertin Irene M. Witte (1894-1976). Diss. TU Berlin, 2003, S. 33.

[57] Vgl. Trieba, Volker; Mentrup, Ulrich: Entwicklung der Arbeitswissenschaft in Deutschland – Rationalisierungspolitik der deutschen Wirtschaft bis zum Faschismus. München 1983, S. 79.

len Fertigung“[58]. Dass es um 1900 zu einem Einstellungswandel kam, resultierte nach Wallichs aus dem gewaltigen Aufblühen der industriellen Wirtschaft seit Beginn des 20. Jahrhunderts.[59]

Um die Jahrhundertwende kündigten sich besonders in der metallverarbeitenden Industrie bedeutende Fortschritte an. In Amerika hatte Frederick W. Taylor das „Scientific Management“ geprägt. Der von Taylor und White entwickelte Schnellarbeitsstahl erregte auf der Pariser Weltausstellung 1900 großes Aufsehen. Neue Werkzeugmaschinen wurden erfolgreich entwickelt und verhalfen der Massenfertigung zum Durchbruch. In vielen Bereichen der industriellen Fertigung wurde versucht, die Verfahren und Maschinen zu verbessern, die Leistungsfähigkeit zu steigern und insbesondere auf dem Gebiet der Fabrikorganisation den Vorsprung der Amerikaner einzuholen. So kam es zu einem raschen Anwachsen der Gütererzeugung, die einen erheblichen Bedarf an geschulten Maschinenbau-Ingenieuren auslöste.

Um im internationalen wirtschaftlichen Wettbewerb bestehen und mit der gewerblichen Entwicklung auf wissenschaftlichem Gebiet Schritt halten zu können, setzte sich seit der Jahrhundertwende die Abteilung für Maschinen-Ingenieurwesen der TH zu Berlin für eine Erweiterung des Hochschulangebots im Bereich von Fabrikorganisation und Werkzeugmaschinenbau ein. Hervorzuheben ist hierbei eine generell wachsende Tendenz zur Verbindung beider Bereiche, die sich institutionell zuerst in Berlin niederschlug.

Die Einrichtung eines Lehrstuhls für Werkzeugmaschinen, Fabrikanlagen und Fabrikbetriebe an der Technischen Hochschule zu Berlin war mit der Berufung Georg Schlesingers im Jahre 1904 ein viel beachtetes Ereignis. Gleichzeitig mit dieser Neugründung wurde das Versuchsfeld für Werkzeugmaschinen als erste derartige Einrichtung in Deutschland ins Leben gerufen, das neben der Lehre vor allem der wissenschaftlichen Forschung im Bereich der industriellen Fertigung dienen sollte. Im Jahre 1906 folgte mit Adolf Wallichs eine entsprechende Berufung an der Technischen Hochschule Aachen.

Es handelte sich nicht um die Teilung eines Fachgebiets im Sinn einer Ausgründung, sondern um die Errichtung eines neuen Wissenschaftsgebiets, das aus der industriellen Praxis heraus eine große Bedeutung erlangte. Die Besonderheit dieses Lehrstuhls lag in einer ungewöhnlichen Kombination von drei, in sich angrenzenden Fachgebieten, dem konstruktiven Werkzeugmaschinenbau, den planungsorientierten Fabrikanlagen und der wirtschaftlichen Organisation der Fabrikarbeit durch wissenschaftliche Betriebsführung.

Schlesinger hatte bereits im Jahre 1910 an seinem Lehrstuhl eine erste psychotechnische Dissertation betreut, und zwar die von Stanislaw von Biénkowski mit dem Titel „Untersuchungen über Arbeitseignung und Leistungsfähigkeit der Arbeiterschaft eines großindustriellen Betriebes“, auf die er verweisen konnte. In seinem programmatischen Vortrag „Betriebsführung und Betriebswissenschaft“ [60] auf der 54. Hauptversammlung des VDI in Leipzig von 1913 betonte Schlesinger, dass der Gegenstand der Betriebswissenschaft nicht nur sachlich durch die Maschinen, sondern darüber hinaus subjektiv durch die Auslese der Menschen bestimmt sei. Er legte dar, dass „nunmehr die Zeit gekommen sei, den Schwerpunkt der Be-

58 Wallichs, Adolf: Aus der Geschichte der Betriebswirtschaft. In: Opitz, Herwart (Hrsg.): Wirtschaftliche Fertigung und Forschung, München 1949, S. 11-33; zit. nach Spur, Günter: Vom Wandel der industriellen Welt durch Werkzeugmaschinen – Eine kulturgeschichtliche Betrachtung der Fertigungstechnik. Herausgegeben vom Verein Deutscher Werkzeugmaschinenfabriken e.V. zu seinem 100-jährigen Bestehen. Carl Hanser Verlag, München, Wien 1991, S. 427.

59 Vgl. ebd., S. 428.

60 Schlesinger, G.: Betriebsführung und Betriebswissenschaft. Vortrag zur 54. Hauptversammlung des VDI in Leipzig 1913. Veröffentlicht in Technik und Wirtschaft 6 – monatliches Beiblatt der Z-VDI, S. 520-547.

triebsführung von der Erhöhung der maschinellen Wirksamkeit auf die Erhöhung der menschlichen Wirksamkeit, d.h. des Wirkungsgrades der Arbeiterschaft als Ganzes, zu verlegen".[61] Da der Mensch keine „Muskelmaschine" sei, müssten bei der Auslese nicht nur physiologische, sondern auch psychologische Faktoren berücksichtigt werden. Die Betriebswissenschaft habe laut Schlesinger dazu beigetragen, dass im Betrieb ein harmonischer Zustand zwischen Arbeitgebern und Arbeitnehmern erreicht werde.

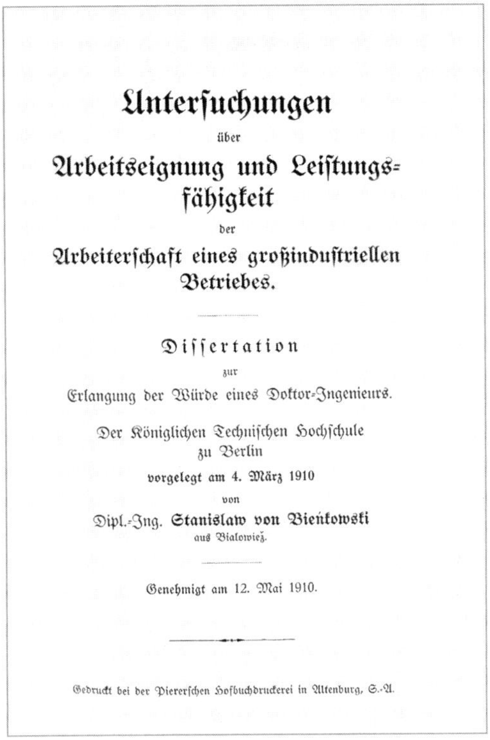

Untersuchungen

über

Arbeitseignung und Leistungsfähigkeit

der

Arbeiterschaft eines großindustriellen Betriebes.

Dissertation

zur

Erlangung der Würde eines Doktor-Ingenieurs.

Der Königlichen Technischen Hochschule zu Berlin

vorgelegt am 4. März 1910

von

Dipl.-Ing. Stanislaw von Bieńkowski

aus Bialowież.

Genehmigt am 12. Mai 1910.

Gedruckt bei der Piererschen Hofbuchdruckerei in Altenburg, S.-A.

Bild 5.15: Dissertation von S. von Biénkowski

Auch wenn das Taylor-System in der deutschen Wirtschaft nicht uneingeschränkten Zuspruch genoss und Schlesinger sich in einigen Punkten (z. B. in der Lohnfrage) von Taylor distanzierte, zeigte sich eine weitgehende Annährung deutscher und amerikanische Vorstellungen.

Sichtbar wurde die Spannung um die Erneuerung der industriellen Betriebsgestaltung auf der bereits genannten 54. Hauptversammlung des Vereins Deutscher Ingenieure im Jahre 1913 in Leipzig auch durch die breite Diskussion, die sich dem überragenden Vortrag Georg Schlesingers anschloss. Auf der Grundlage der Taylor'schen Lehren begründete Schlesinger die Notwendigkeit wissenschaftlicher Untersuchungen für die optimale Gestaltung betrieblicher Arbeitsabläufe. Dabei erhielt die Funktion der menschlichen Arbeit eine neue Bedeutung, auch in ihrer individuellen Variation. Schlesinger verweist auf den erst kurz zuvor erschienen Beitrag von Münsterberg[62] und dabei auf die aufkommende Möglichkeit von psychologischen Untersuchungen im Laboratorium, die sich auf frühe Arbeiten im Schulbereich ab-

61 Ebd., S. 526.
62 Ebd., S. 527.

stützen konnten. Hierbei verweist Schlesinger auf Arbeiten von Kraepelin[63], die dieser schon in den Jahre 1894 und 1896 veröffentlicht hatte. Auch Max Weber wird mit seinem Beitrag zur Psychophysik der industriellen Arbeit einbezogen, wenn Schlesinger auf die weit reichenden Arbeiten Münsterbergs eingeht.

Nachdem in den Jahren 1912/13 die Auseinandersetzung über die Ursachen der Stagnation des deutschen Industriesystems an Heftigkeit zunahmen, wurde offensichtlich noch vor dem ersten Weltkrieg der Versuch einer Synthese der verschiedenen arbeitswissenschaftlichen Strömungen unternommen, wobei die amerikanische Richtung dominierte. Schlesinger schlug vor, aus den „deutschen Strömungen" – namentlich die Psychotechnik und die Forschungen Kraepelins – und den Prinzipien der American Society of Mechanical Engineers eine Synthese abzuleiten.

Der Erste Weltkrieg brachte auf der einen Seite eine Unterbrechung der betriebswissenschaftlichen Arbeiten, auf der anderen Seite zeigte er aber die Probleme industrieller Massenfertigung besonders deutlich auf. Erst die Kriegswirtschaft mit ihrem Zwang zur Materialersparnis und zum Anlernen unausgebildeter Arbeitskräfte verstärkte selbst in kleineren Unternehmen den Rationalisierungsdruck.[64] Mit dem Aufkommen der Rationalisierungsbewegung seit den zwanziger Jahren schließlich sollte die Begründung der Betriebswissenschaft in Deutschland eine neue Entwicklungsstufe erreichen, während der die psychologische Seite der Betriebswissenschaft verstärkt ausgebaut wurde.

In den Jahren nach dem Ersten Weltkrieg erlebte die Psychotechnik nicht nur in Deutschland, sondern in fast allen industrialisierten Ländern – wenn auch mit unterschiedlichem Intensitätsgrad – ihre Blütezeit. Speziell der im Anschluss an Taylor erfolgende Rationalisierungsprozess in der Industrie eröffnete der angewandten Psychologie ein neues Arbeitsgebiet. Mit der Verbreitung des Taylorismus bot sich den Psychologen eine Chance, das „Scientific Management" im Betrieb mit ihrem differentiellen Ansatz zu humanisieren. Die stärkere Berücksichtigung menschlicher Belange lässt sich dabei zunächst nur im Kontext der unternehmerischen Versuche zur Gewinnmaximierung verstehen.[65] Bei zunehmend normierten technischen Abläufen führt die Tendenz zur Produktivitätssteigerung dazu, dass der Mensch als variable, unmittelbare Ursache höherer Produktivität, als Träger der Arbeitsintensität, gegenüber den technisch-organisatorischen Faktoren stärker hervortritt. Gerade das Auftreten neuer Tätigkeiten, die nur Teilfunktionen beanspruchen, macht den Einsatz einfacher eignungsdiagnostischer Funktionsprüfungen und Arbeitsproben möglich und sinnvoll.[66] Erste Ansatzpunkte für eine systematische wissenschaftliche Beschäftigung mit der menschlichen Arbeitskraft ergeben sich aus der konkreten Betriebspraxis, wo sich Fragen der effizienten Anwen-

---

63 Kraepelin, E.: Zur Hygiene der Arbeit. C. Fischer Jena 1896; Die Arbeitskurve. Verlag W. Engelmann, Leipzig 1902.

64 Vgl. Günter Spur: Vom Wandel der industriellen Welt durch Werkzeugmaschinen – Eine kulturgeschichtliche Betrachtung der Fertigungstechnik. Hg. vom Verein Deutscher Werkzeugmaschinenfabriken e. V. zu seinem 100jährigen Bestehen. Carl Hanser Verlag München, Wien 1991, S. 383; sowie Volker Trieba; Ulrich Mentrup: Entwicklung der Arbeitswissenschaft in Deutschland. Rationalisierungspolitik der deutschen Wirtschaft bis zum Faschismus (Minerva-Fachserie Wirtschafts- und Sozialwissenschaften). München 1983, S. 101.

65 Vgl. Rüegsegger, Ruedi: Die Geschichte der Angewandten Psychologie 1900-1940. Ein internationaler Vergleich am Beispiel der Entwicklung in Zürich, Bern u. a. 1986, S. 66-73.

66 Vgl. Jaeger, Siegfried: Zur Herausbildung von Praxisfeldern der Psychologie bis 1933. In: Geschichte der deutschen Psychologie im 20. Jahrhundert. Hg. v. Mitchell G. Ash u. Ulfried Geuter, Opladen 1985, S. 83-122, hier S. 98.

dung von Arbeitskraft, der rationellen Anwendung von Arbeitskraft und Arbeitsmitteln, der Ausbildung sowie der Auslese von Arbeitskraft stellen.[67]

Als eigenständige Hochschuldisziplin vereinte die Betriebswissenschaft die Erkenntnisse aus verschiedenen Fachgebieten zu einer praxisnahen Lehre. Begleitet wurde sie, zumindest im Bereich der Technischen Hochschulen, durch die Psychotechnik. Im Laufe der Zeit spaltete sie sich von ihr ab und führte im Rahmen der Betriebswissenschaften eine mehr oder minder entwickelte Eigenständigkeit.[68]

Da die Experimentalpsychologie an den Technischen Hochschulen nur in frühen Ansätzen existierte, hat sie an dem allgemeinen Aufschwung der Technik nach der Reichsgründung von 1871 nicht teilhaben können. Die Hauptphase der Institutionalisierung der Arbeitsforschung an den Hochschulen lag in den ersten Jahren der Weimarer Republik.[69]

Bereits zur Zeit des Kaiserreichs und während des Ersten Weltkrieges lassen sich jedoch erste Ansätze zur Institutionalisierung der ihr zu Grunde liegenden Wissenschaftsrichtungen ausmachen, die schließlich zur Konstituierung der Psychotechnik als einer eigenständigen Hochschuldisziplin führten. Dazu zählen die Zunahme publizistischer Aktivitäten, die Gründung von Fachzeitschriften und Berufsverbänden sowie die Institutionalisierung in Industrie, öffentlichem Dienst und in hochschulunabhängigen Forschungsinstituten. Der zur Zeit der Weimarer Republik erfolgende Aufschwung der Psychotechnik in Deutschland lässt sich nur vor dem Hintergrund dieser Etablierung von Arbeitsphysiologie, experimenteller Psychologie und Betriebswissenschaft verstehen. Zur systematischen Darstellung der verschiedenen Institutionalisierungsansätze ist das Gliederungsprinzip von Rohmert/Luczak hilfreich, das die Vorläufer und Wegbereiter der Psychotechnik idealtypisch in die drei Entwicklungsstränge technisch-physiologisch als Arbeitsphysiologie, technisch-psychologisch als experimentelle Psychologie und technisch-wirtschaftlich als Betriebswissenschaften unterteilt.[70]

Prüfstelle für Ersatzglieder

Die Prüfstelle für Ersatzglieder wurde im Herbst 1915 gegründet. Durch den Krieg war der Bedarf an Hilfsmitteln für Kriegsbeschädigte und Versehrte in ungeahnter Weise gestiegen. Während einerseits das individuelle Schicksal der Betroffenen Anlaß für die Entwicklung von Hilfsmitteln war, erwies sich unter den besonderen Bedingungen des Weltkriegs der Standard der gebräuchlichen Ersatzglieder für eine aktive Wiedereingliederung des Kriegsverletzten in die Erwerbstätigkeit als unzureichend. In den Worten des ersten Vorstandsvorsitzenden der Prüfstelle, des Senatspräsidenten und Honorar-Professors Dr.-Ing. E. h. Konrad Hartmann, verlangten diese Anforderungen

> „[...] nicht nur einfache Gestalt des Hilfsgerätes, sondern auch lange Haltbarkeit, geringes Gewicht, bequeme Einstellbarkeit, schnelles Anlegen, gutes Sitzen und sichere Befestigung, billige Herstellung

---

67 Vgl. Jaeger, Siegfried; Staeuble, Irmingard: Die Psychotechnik und ihre gesellschaftlichen Entwicklungsbedingungen, in: Arbeit und Beruf. Hrsg. v. Françoise Stoll, Bd. 1, Weinheim u. a. 1983, S. 49-91, hier S. 51/52.

68 Vgl. Schulte, Bernd: Die Entwicklung der Arbeitswissenschaft an der TU Berlin. In: Spur, G. (Hrsg.): Fertigungstechnik in Lehre, Forschung und Praxis. Haufe Verlag, Freiburg i. Br. 1967, S. 63-69, hier S. 63.

69 Vgl. Hoffmann, Rainer-W.: Wissenschaft und Arbeitskraft: Zur Geschichte der Arbeitsforschung in Deutschland. Campus Verlag, Frankfurt a. M. 1985, S. 72.

70 Durch die Verknüpfung der drei Begriffe mit dem vorangestellten Begriff „technisch" wollen Rohmert/Luczak andeuten, dass bei allen drei Richtungen jeweils natur- oder ingenieurwissenschaftliches Gedankengut maßgeblich an der Entwicklung beteiligt war und dass anwendungsbezogen geforscht wurde. Vgl. Rohmert, Walter; Luczak, Holger; Entwicklung und Dokumentation der Arbeitswissenschaft in Deutschland (BRD). In: Laurig, W.; Luczak, H.; Rohmert, W.: Entwicklung und Erkenntnisse der Arbeitswissenschaft. Berlin 1974, S. 72 ff.

unter Verwendung der Verfahren der Massenanfertigung und neuerdings auch von Ersatzstoffen an Stelle der fehlenden Materialien [..], ferner leichte Instandhaltung und Instandsetzung unter Benützung von Teilen, die nach Normalien angefertigt und ohne Schwierigkeit zu beziehen sind, schließlich möglichst uneingeschränkte, vorteilhafte und gefahrlose Verwendbarkeit bei den Verrichtungen des täglichen Lebens und bei der Ausübung bestimmter Arbeiten."[71]

„Auf eine im Verein deutscher Ingenieure erfolgte Anregung"[72] wurde die Prüfstelle für Ersatzglieder ins Leben gerufen. Die Bereitstellung von Ersatzgliedern aller Art, besonders von Armprothesen war ein Gebiet, auf dem der VDI sich nachdrücklich engagiert hatte.[73] Die Prüfstelle war ein Zusammenschluss von Ärzten und Ingenieuren mit dem Ziel „Bau, Herstellung und praktische Verwendung"[74] von künstlichen Gliedmaßen angesichts der kriegsbedingt gestiegenen Anforderungen zu verbessern.

Die Prüfstelle war eine von zwei Einrichtungen, die diese Problematik bearbeiteten. Sie wurde in den Räumlichkeiten der Ständigen Ausstellung für Arbeiterwohlfahrt, die sich in Berlin-Charlottenburg, Fraunhoferstraße 11, befand, eingerichtet. Vorsitzender des Vorstandes war der erwähnte Konrad Hartmann; Georg Schlesinger wurde zum Geschäftsführer und Schriftleiter ernannt. Neben diesen beiden bestand der Vorstand noch aus einer Reihe von ärztlichen und technischen Beisitzern.[75]

Die Prüfstelle für Ersatzglieder nahm ihre Tätigkeit am 1. Februar 1916 auf. Noch im ersten Jahr ihres Bestehens erfuhr sie eine Ausweitung ihrer organisatorischen Struktur. Neben der Zentralstelle in Berlin-Charlottenburg wurden Abteilungen in Danzig, Düsseldorf, Gleiwitz und Hamburg gegründet, um einerseits mehr Fachleute für eine Mitarbeit zu gewinnen und andererseits die Ereignisse einem größeren Kreis interessierter Stellen und Personen zugänglich zu machen, als es die Beschränkung auf den Großraum Berlin zugelassen hätte.[76]

---

71 Hartmann, Konrad: Die Prüfstelle für Ersatzglieder, in: Ersatzglieder und Arbeitshilfen für Kriegsbeschädigte und Unfallverletzte. Hrsg. von der Ständigen Ausstellung für Arbeiterwohlfahrt (Reichs-Anstalt) in Berlin-Charlottenburg und der Prüfstelle für Ersatzglieder (Gutachterstelle für das preußische Kriegsministerium) in Berlin-Charlottenburg durch M. Borchardt, K. Hartmann, H. Leymann, R. Radike, G. Schlesinger, H. Schwiening, Julius Springer-Verlag, Berlin 1919, S. 18-57, hier S. 18.

72 Ebd.

73 Vgl. Mauel, Kurt: Zur Geschichte des VDI, insbesondere in der Zeit 1914-1918, a.a.O., S. 9.

74 Hartmann, Konrad: Die Prüfstelle für Ersatzglieder, a.a.O., S. 18.

75 Vgl. Schlesinger G.: Die Prüfstelle für Ersatzglieder in Charlottenburg. In: Werkstattstechnik, Bd. X, 1916, Heft 2, S. 137-144, hier S. 137-139.

76 Ebd., S. 137.

6 Industrielle Psychotechnik an der TH Charlottenburg (1918)

Aufbereitung der Psychotechnik durch Georg Schlesinger

Das Jahr 1918 brachte Walther Moede eine entscheidende Wende seiner wissenschaftlichen und beruflichen Entwicklung. Er war seit 1. März 1917 mit der Gesamtleitung aller Laboratorien für Kraftfahrereignungsprüfungen der Kraftfahr-Ersatz-Abteilungen betraut worden. Diese hatten sich 1918 mit insgesamt 14 Laboratorien auf das gesamte Reichsgebiet verteilt, sodass seine Inspektionen mit viel Reisetätigkeit verbunden waren.

Dr. Walther Moede
Fachpsychologischer Beirat beim Stabe des Kommandos der Kraftfahr - Ersatz - Abteilungen.
Beratender Psychologe der Deputation für das höhere Schulwesen der Stadt Berlin.

Bild 6.01: Walther Moedes Briefkopf (1918)

Seinen Wohnsitz hatte Moede inzwischen in Berlin-Schöneberg eingerichtet, und zwar in der Luitpoldstraße 14. Diese Adresse wird auch von Piorkowski als Wohnsitz angegeben. Vermutlich haben beide eine Wohnung im 3. Stock geteilt und auch dort gemeinsam gearbeitet.

Nachdem Moede und Piorkowski im Jahre 1917 noch voll im Projekt „Berliner Begabtenschulen“ eingebunden waren, eröffneten sich 1918 neue Aktivitäten im Bereich der Wirtschaftspsychologie. Inzwischen zum Heeresbeamten ernannt, hatte Moede auch eine größere Freizügigkeit, um sich dem für die Entwicklung der Industrie so wichtigen Arbeitsgebiet der Eignungsprüfungen zu widmen. So kommt es auch zur engeren Zusammenarbeit mit dem Berliner Bezirksverein des VDI.

Mit Georg Schlesinger, der auch Vorstandsmitglied des Berliner Bezirksvereins des VDI war, hatte Walther Moede den großen Förderer gewonnen. Wann beide sich erstmals begegnet sind, bleibt offen. Möglicherweise hatte Walther Moede von dem programmatischen Vortrag Schlesingers 1913 in Leipzig gehört, sicherlich aber die Auseinandersetzungen um das Taylor-System sowie die Arbeiten von Gantt und Gilbreth verfolgt und schließlich auch die Entwicklung der Betriebswissenschaft an den Technischen Hochschulen Berlin und Aachen mit Aufmerksamkeit beobachtet.

Schlesinger hatte beim Aufbau seines Lehrstuhls und Versuchsfelds die Entwicklung der experimentellen Psychologie und dabei die Konzeption ihrer Anwendung auf betriebswissenschaftliche Probleme mit zunehmendem Interesse verfolgt. Die von Münsterberg eingebrachte Anreicherung des Taylor-Systems durch die Psychotechnik war für Schlesinger ein Anlass, die noch junge Wissenschaft vom Fabrikbetrieb mit einer Arbeitsgruppe für Psychotechnik in seinem Institut zu erweitern, auch durch die Probleme der Kriegswirtschaft begründet. Schlesinger sah die praktische Anwendung der Psychotechnik als notwendig für das Überleben der Wirtschaft an: „Den geeigneten Menschen finden und ihn an den richtigen Platz stellen, ist heute mehr denn je die Forderung des Tages in unserem niedergebrochenen Vaterlande, in dem der Mangel an leitenden Männern noch größer ist als an Rohstoffen".[1] Sein Ziel war es, den Schwerpunkt der Betriebsführung auf die Erhöhung der menschlichen Wirksamkeit zu verlegen.

Wie aktuell und weit spannend Schlesingers Pläne und Ratschläge waren, ist am besten dem Vortrag „Betriebsführung und Betriebswissenschaft"[2] auf der 54. Hauptversammlung des VDI in Leipzig 1913 zu entnehmen, wo Schlesinger darlegt, dass „das Zeitalter der Maschine und des Fabrikbetriebes (…) logisch die Betriebswissenschaft zeitigen" musste. Für die Entwicklung der Betriebswissenschaft an der TH Berlin ist kennzeichnend, dass bereits 1904 am Schlesinger-Lehrstuhl Vorlesungen zu „Rationellen Arbeitsmethoden und Kalkulation" sowie „Fabrikbetrieben und Anlagen" gehalten wurden, die vermutlich in mehr oder minder großem Umfang arbeitswissenschaftliches Gedankengut enthielten. Titel und Inhalt blieben über einige Jahre hinweg unverändert.[3]

Die bereits 1910 am Schlesinger-Lehrstuhl erstellte Dissertation von S. von Biénkowski mit dem Titel „Untersuchungen über Arbeitseignung und Leistungsfähigkeit der Arbeiterschaft eines großindustriellen Betriebes" hatte auf das neue Arbeitsfeld gewiesen.[4]

Georg Schlesingers Bemühungen mündeten in der Einrichtung einer Arbeitsgruppe für industrielle Psychotechnik am Versuchsfeld für Werkzeugmaschinen der Technischen Hochschule zu Berlin.[5] Damit begann die Phase der Institutionalisierung der Psychotechnik als eigenständige Wissenschaftsdisziplin. Der Wegbereiter war Georg Schlesinger, Inhaber des 1904 gegründeten Lehrstuhls für Werkzeugmaschinen, Fabrikanlagen und Fabrikbetriebe, ein Pionier der Produktionswissenschaft. Das später selbständige Institut für industrielle Psychotechnik unter Leitung von Walther Moede war das erste seiner Art in Deutschland und hatte daher Beispielfunktion für andere universitäre Einrichtungen. Mit seinen wegweisenden Forschungen legte es den Grundstein für die Entwicklung der Arbeitswissenschaft an der TH Berlin.

VDI-Vortrag Walther Moedes

Am 10. September 1918 konstituierte sich beim Berliner Bezirksverein des VDI unter Leitung von August Riebe[6], Direktor der Riebe Kugellager- und Werkzeugfabrik Berlin-Weißensee,

1 Schlesinger, G.: Betriebswissenschaft und Psychotechnik. Praktische Psychologie 1 (1919) 1/2, S. 1.

2 Schlesinger, G.: Betriebsführung und Betriebswissenschaft, 54. Hauptversammlung des VDI in Leipzig 1913. Veröffentlicht in Technik und Wirtschaft 6 – monatliches Beiblatt der Z-VDI, S. 547.

3 TH Berlin 1904 ff.; siehe auch Schulte: Die Entwicklung der Arbeitswissenschaft an der Technischen Universität Berlin. In: Fertigungstechnik in Lehre, Forschung und Praxis, Rudolf Haufe Verlag, 1967, S. 65.

4 S. von Biénkowski: Untersuchungen über die Arbeitseignung und Leistungsfähigkeit der Arbeiterschaft eines großindustriellen Betriebes. Diss. TH Charlottenburg, Berlin 1910.

5 Die Berliner „Königliche Technische Hochschule" wurde zum 1. April 1879 gegründet. Erst mit der Eröffnung des neuen Gebäudes im Jahr 1884 kam es jedoch zur räumlichen Integration der beiden Vorläuferinstitutionen, Bauakademie und Gewerbeakademie. Die Entscheidung für den Bauplatz in der Nähe des Charlottenburger „Knies" führte dazu, dass die Hochschule seit 1884 in Charlottenburg lag, das bis zur Bildung der Großgemeinde Berlin im Jahr 1920 eine selbständige Stadt war. Entsprechend finden sich in der Literatur die Bezeichnungen „TH Charlottenburg", „TH Berlin" und „TH Berlin-Charlottenburg". Historisch korrekt lautet der Namenszusatz bis 1920 jedoch „zu Berlin".

6 Riebe, Karl August, geb. 25.12.1867 in Potsdam, gest. 5.5.1936 in Dresden, Ingenieur, Unternehmer. Riebe besuchte die Realschule in Potsdam und arbeitete danach bei H. Gruson in Magdeburg-Buckau. Er bildete sich auf technischem Gebiet an der höheren technischen Mittelschule weiter, bestand 1890 das Abschlußexamen und ging ins Ausland. 1898 erhielt er eine Anstellung bei den Deutschen Waffen- und Munitionsfabriken Berlin. Seine Erfindungen und Tests trugen erheblich zur Verbesserung der Produktion moderner

der „Ausschuss für industrielle Psychotechnik“. Mitglieder waren neben Ingenieuren in leitenden Stellungen auch Fachpsychologen, Hochschullehrer und Direktoren technischer Mittelschulen. Der selbst gestellte Arbeitsauftrag zielte darauf ab, die nötigen Vorarbeiten zu leisten, sodass „alle in der Industrie Beschäftigten in zweckmäßigster Weise ausgewählt werden“.[7]

Der Gründung des VDI-Ausschusses für industrielle Psychotechnik vorausgegangen war am 6. März 1918 ein Vortrag Walther Moedes, damals Leiter der psychologischen Prüfungslaboratorien der Kraftfahr-Ersatzabteilungen bei der Inspektion der Kraftfahrtruppen des Heeres, auf Einladung des Vorstands des Berliner Bezirksvereins des VDI über die „Experimentalpsychologie im Dienste des Wirtschaftslebens“.[8] Er kritisierte darin die bisher üblichen Verfahren der Berufsauslese, Arbeitereinstellung und Arbeitsplatzgestaltung in der Industrie und plädierte dafür, dass die Industrie endlich „dem edelsten Material der Nation, ihren Arbeitskräften“[9] ihre Aufmerksamkeit zuwende. In diesem Zusammenhang beklagte Moede insbesondere die bisher fehlende institutionelle Verankerung der Experimentalpsychologie an den deutschen Hochschulen sowie das mangelnde Problembewusstsein in der Industrie und verwies auf die Erfolge bei den Kraftfahr-Ersatzabteilungen des Heeres und die Übernahme der von ihm entwickelten Prüfungsmethoden durch die Sächsische Staatseisenbahn.[10]

Moede vermittelte mit diesem Vortrag die Fortschritte der industriellen Psychotechnik und gab eine zusammenfassende Darstellung ihrer Leistungen und Aufgaben. Er zeigte einleitend auf, wie die Gesetze und Methoden der theoretischen Psychologie den praktischen Aufgaben des industriellen Lebens zu Nutze sein können. Die industrielle Psychotechnik gehöre zur Privatwirtschaftslehre als Bestandteil der Betriebslehre oder Betriebswirtschaft. Es bestehe ein Zusammenhang zwischen den technischen Einrichtungen wie Werkzeugmaschinen oder kaufmännischen Organisationsmaßnahmen und Eignung der an den Arbeitsplätzen tätigen Arbeitskräfte. Die industrielle Psychotechnik sei aber auch ein Teil der Volkswirtschaftslehre, da die rationelle Bewirtschaftung der Arbeitskräfte des Landes eine wichtige Angelegenheit der Volkswirtschaftslehre ist.

Der nachstehende Auszug aus dem Inhaltsverzeichnis zeigt die wesentlichen Schwerpunkte seines Vortrags:

- Stellung der Experimentalpsychologie im System der Wissenschaften.
- Angewandte Psychologie als experimentelle Pädagogik und Wirtschaftspsychologie.
- Die Wirtschaftspsychologie als industrielle Psychotechnik und ihre Aufgaben.
- Die industrielle Psychotechnik im Dienste der Gütererzeugung.

Kugel- und Rollenlager bei. Von 1905 bis 1907 gründete und baute er eine Kugellagerfabrik in der Nähe von Paris. Gemeinsam mit einem großen Stahlbetrieb gründete August Riebe 1909 in Weißensee die „Kugellager- und Werkzeugfabrik Riebe“. Riebe bereiste bis zum Ausbruch des Ersten Weltkrieges vor allem europäische Staaten und die USA. Ab 1921 war er Alleineigentümer seiner Firma in Weissensee, der „Berliner Kugellagerfabrik G.m.b.H.“.

7 Arbeitsauschuß für industrielle Psychotechnik, BBVDI, JB 1918. In: Monatsblätter des Berliner Bezirksvereins Deutscher Ingenieure 1918, S. 127, zit. nach ebd., S. 311.

8 Moede, W.: Die Experimentalpsychologie im Dienste des Wissenschaftslebens. Vortrag mit Diskussion, BBVDI, Mitgliederversammlung am 6. März 1918. In: Monatsblätter des Berliner Bezirksvereins Deutscher Ingenieure 1919, S. 1-14 und S. 19-23 (Vortrag), S. 23-31 (Diskussion).
Homburg, H.: Rationalisierung und Industriearbeit. Arbeitsmarkt – Management – Arbeiterschaft im Siemens-Konzern Berlin 1900-1939. Haude & Spener Verlag, Berlin 1991.

9 Ebd.

10 Vgl. Homburg, a.a.O., S. 307 ff.

- Die Berufsberatung auf Grund experimenteller Eignungsprüfung.
- Die Psychotechnik im Dienste der Rationalisierung der Arbeitsprozesse.
- Der Güterabsatz in psychotechnischer Beleuchtung.

Moede beginnt seinen Vortrag mit der Feststellung, dass auch die Geisteswissenschaften Methoden der Messbarkeit und Statistik anwenden und nennt als besonderes Beispiel die Psychologie dafür, dass das Experiment als das beste aller Forschungsmittel im Bereich der Erforschung geistigen Geschehens maßgebend sein könne. Die Psychologie ist die Brücke zwischen Natur- und Geisteswissenschaften, gleichsam als deren Grundlage. Seit einem halben Jahrhundert ist das Experiment in die Psychologie in systematischer Weise eingeführt worden. Es erfolgte dann alsbald der Übergang von der reinen zur angewandten Psychologie. Nachdem positive Arbeitsmethoden und sichere Erkenntnisse gewonnen waren, ist man dazu übergegangen, nun auch mit diesen Methoden und Erkenntnissen das Leben zu befruchten und auf dem Boden gesicherter wissenschaftlicher Einsicht und Forschungsweise die mannigfachen Anforderungen des Lebens diesem dienstbar zu machen. Zwei Gebiete werden in der angewandten Psychologie zunehmend Raum und Arbeitskräfte in Anspruch nehmen: die experimentelle Pädagogik und die Wirtschaftspsychologie.

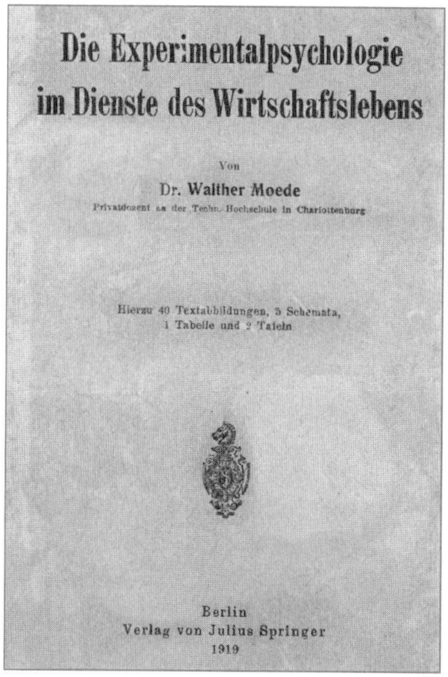
Die Experimentalpsychologie im Dienste des Wirtschaftslebens

Von

Dr. Walther Moede

Privatdozent an der Techn. Hochschule in Charlottenburg

Hierzu 40 Textabbildungen, 5 Schemata, 1 Tabelle und 2 Tafeln

Berlin
Verlag von Julius Springer
1919

Bild 6.02: Vortrag auf Einladung des Berliner VDI am 6. März 1918

In dem weiteren Verlauf des Vortrages erörtert Moede die Erfolge und Fortschritte sowie den Nutzen der angewandten Psychologie anhand von den bis dahin wesentlichen Anwendungsgebieten unter Darstellung von Versuchen und Versuchsanordnungen. Zunächst wendet er sich der experimentellen Pädagogik zu. Diese hat sich zur Aufgabe gestellt, mit exakten Methoden alle Fragen des Erziehungslebens zu durchleuchten. Sie ist in allen Universitäten vertreten und wird auch in der Öffentlichkeit zunehmend wahrgenommen. Beispielhaft geht Moede auf die unter seiner maßgeblichen Beteiligung vorgenommene Begabtenanalyse an

Berliner Schulen ein.[11] Weniger in der Öffentlichkeit bekannt ist hingegen die Bedeutung der angewandten Psychologie auf dem Gebiet der Wirtschaftspsychologie. Moede verweist auf Amerika und Münsterberg[12], der auf diesem Gebiet weltweit führend war. In der Wirtschaftspsychologie ist unter dem Gesichtspunkt der Gütererzeugung die Berufsberatung auf wissenschaftlicher Grundlage ein wesentliches Anwendungsgebiet. Daneben sind psychologische Komponenten auch unter dem Gesichtspunkt der Rationalisierung der Arbeitsprozesse und dem Absatz der Fertigfabrikate von hoher Bedeutung.

Nach Moede muss die Berufsberatung auf wissenschaftlicher Grundlage erfolgen. Das Ideal setzt genaue und wissenschaftlich begründete Kenntnisse voraus, welche Anforderungen an den Menschen konkret gestellt werden. Ist das Berufsbild festgestellt, so kann mit Hilfe genauer Hilfsmittel eine Prüfung aller Anwärter auf die von ihnen verlangten Anlagen und Eigenschaften hin erfolgen. Auf dieser Grundlage kann dann eine Berufsanweisung vorgenommen werden, sodass stets der am besten Geeignete an den für ihn geeigneten Arbeitsplatz gestellt werden kann. Von diesem Ideal ist man allerdings noch weit entfernt.

Das Militär hat zuerst den Nutzen und den Sinn der experimentellen Eignungsprüfung erkannt und hinsichtlich der Eignung von Kraftfahrern, Fliegern oder Funkern Eignungsprüfungen eingeführt. Diese Eignungsfeststellung ist mit den bewährten Hilfsmitteln der wissenschaftlichen Experimental-Psychologie erfolgt. Infolgedessen ist in Deutschland die experimentelle Kraftfahrereignungsprüfung am besten organisiert. Sie besteht schon zwei Jahre und hat sich bewährt. Bei sämtlichen in Deutschland befindlichen Prüfungslaboratorien der Kraftfahr-Ersatzabteilungen wird nach einheitlichem Schema verfahren.

Bei der Eignungsprüfung eines Anwärters ist die wissenschaftlich-psychologische Untersuchung oder experimentelle Eignungsprüfung ein Hilfsmittel der Prüfung und Begutachtung. Es schließt sich die Beobachtung der Prüflinge und ihres Verhaltens im Versuch an. Dann folgt die systematische Befragung des Prüflings, die sich in Bericht und Verhör gliedert. Schließlich sind Erhebungen über das Lebensschicksal des Prüflings notwendig. Aus all diesen Komponenten erstellt der Prüfungsleiter sein Gutachten über die Geeignetheit eines Anwärters und seine bestmögliche Verwendung. Voraussetzung ist jedoch die genaue Berufskunde. Danach kann eine Verarbeitung der Erkenntnisse in eine wissenschaftliche Funktionsanalyse erfolgen.

Moede erläutert dies anhand der experimentellen Kraftfahrereignungsprüfung. Er beschreibt wie die Kraftfahrereignungsprüfung aufgebaut ist und auf welche Voraussetzungen besonderer Wert gelegt werde. Dann beschreibt er die konkreten Untersuchungsmethoden und erstellt ein Prüfungsschema. Weiterhin stellt er die praktischen Auswirkungen der Untersuchungen dar, also die praktische Umsetzung. Es muss eine Kontrolle erfolgen. Sind die im Labor am meisten geeigneten auch in der Praxis die besten Fahrer? Es hat sich eine erfreuliche Übereinstimmung zwischen der theoretischen Analyse und den Erfahrungen der Praxis gezeigt, sodass die Eignungsprüfungen landesweit eingeführt worden sind.

Anschließend gibt Moede einen Überblick über die Untersuchungen des Prüfungslaboratoriums der sächsischen Staatseisenbahn und anderer Fahrprüfstellen. Die sächsische Staatseisenbahn ließ ihre Lokomotivführer vor ihrer Anstellung als Beamte auf ihre Eignung hin untersuchen. Dabei wurden Moedes Prüfungsmethoden der Kraftfahrereignungsprüfung zu we-

---

[11] Moede, W.; Piorkowski, C.; Wolff, G.: Die Berliner Begabtenschulen und die experimentellen Methoden der Schülerauswahl. 3. Aufl., Beyer & Söhne, Langensalza 1918.

[12] Münsterberg, Psychologie und Wirtschaftsleben, a.a.O.

sentlichen Teilen übernommen. Auch dort sind in der Praxis gute Erfahrungen mit den Eignungsprüfungen gemacht worden.

Bedenken der Praxis gegen die Eignungsprüfungen erwartete Moede nicht, denn die Eignungsprüfung diente der Aufgabe, durch analytische und systematische Untersuchung festzustellen, ob gute Fähigkeiten vorhanden sind, die zu beruflichen Leistungen geeignet machen. Auch von Seiten der Gewerkschaften hat er Unterstützung zugesagt bekommen. Gleichwertige Untersuchungen der Eignung von Personen für bestimmte Tätigkeiten hat es in der Vergangenheit in der Form nicht gegeben. Es schließt sich ein Überblick über den Stand der Untersuchungsmethodik hinsichtlich der zu untersuchenden industriellen Berufe an sowie eine Beschreibung der Versuchsmöglichkeiten anhand des konkreten Beispiels des Farbsehens und Unterscheidungsvermögens. Als weiteres Beispiel legt Moede das von ihm verwendete Schema zur Begabtenprüfung an Berliner Schulen dar und erläutert anhand eines Kombinationstexts die Vorgehensweise der Prüfer.

Die Psychotechnik kann nach Moede auch der Rationalisierung der Arbeitsprozesse dienen. Dazu ist erforderlich, zunächst den Arbeitsablauf sowohl quantitativ als auch qualitativ genau zu studieren. Die qualitative Arbeitsstudie ziele auf die Art und Weise der Beanspruchung des Organismus durch die Arbeit. Die Hauptkomponenten der Arbeit sind Übung, Ermüdung und Konzentration.

Schließlich geht Moede darauf ein, in welcher Weise die experimentellen Untersuchungsmethoden auch für den Absatz der Fertigfabrikate nutzbar gemacht werden können. Er hält neben der bekannten physikalischen und technischen Begutachtung auch eine psychotechnische Untersuchung auf die psychophysische Wirkung des Fabrikats für wünschenswert. Daneben sieht er insbesondere bei der Reklame einen Handlungsbedarf hinsichtlich einer psychotechnischen Eichung.

In der dem Vortrag folgenden Aussprache ergriff zunächst Professor Schlesinger das Wort. Er meinte, dass mit den Methoden Moedes das schwierige Problem der Untersuchung der geistigen Eignung eines Menschen für bestimmte Arbeiten gelöst worden sei. Allerdings sei dies bisher nur auf einen gewissen Massenverbrauch unter Menschen, auf Automobilfahrer, Flieger, Straßenbahnführer, Telephonisten usw. zugeschnitten. Aber es sei möglich, auch auf anderen Gebieten derartige Aufgaben zu lösen. Hinsichtlich eines wesentlichen Punktes des Vortrages, nämlich der Berufsberatung gab Schlesinger zu Bedenken, dass neben der geistigen Eignung auch die mechanische Eignung untersucht werden müsse. Denn neben dem inneren Verständnis für eine Arbeit bedürfe es auch der äußeren Handgeschicklichkeit.

Sodann geht Schlesinger auf das durch den Krieg entstandene Problem der Kriegsversehrten ein. Diesen müsse durch Kunstglieder die Möglichkeit gegeben werden, praktisch wertvolle Arbeit zu leisten. Anhand einer Versuchsbeschreibung erläutert Schlesinger die Schwierigkeiten der Armamputierten bei einfachen Tätigkeiten sowie die der Beinamputierten beim Gehen jeweils im Verhältnis zu gesunden Menschen. Diese Untersuchungen ermöglichen grundsätzliche Feststellungen zu den mechanischen Bewegungen am Arbeitsplatz. Die mechanische Eignungsprüfung könne die psychische Eignungsprüfung ergänzen und im Rahmen der Berufsberatung ein einheitliches Bild der Fähigkeiten geben. Richtig sei der Hinweis von Moede, dass die Technischen Hochschulen auf dem Gebiet der Psychotechnik arbeiten müssten.

Danach ergriff Riebe das Wort und führte die Erforderlichkeit von Untersuchungen über die Gelenkempfindlichkeit für bestimmte Tätigkeiten an. Er habe dazu Versuche und Untersuchungen angestellt, die er nachfolgend beschrieb. Dr. Heilandt schilderte das Prüfverfahren der Fa. AEG bei der Auswahl von Lehrlingen.

Linke gab zu Bedenken, dass möglicherweise mit der Prüfung der Geeignetheit für eine Arbeit das Ergebnis bereits vorweggenommen werde. Er stelle sich die Frage, ob eine solche Prüfung wirklich die Kenntnis der Geeignetheit erbringe. Zudem habe er Ausführungen zu den Themen Urteilsfähigkeit und Wille vermisst. Insgesamt brachte Linke mehrere kritische Anmerkungen vor, auf die Piorkowski antwortete. Er erläuterte die Untersuchung der Urteilsfähigkeit anhand der Untersuchungen für die Begabtenschulen.

In einem Schlusswort ging Moede auf die aufgeworfenen Fragen ein und versuchte die Bedenken zu zerstreuen. Auf die Frage, inwieweit sich das Bekanntsein der Untersuchung bei dem Prüfling auf das Ergebnis auswirke, antwortete Moede, dass dies doppelt wirken könne. Einmal als Leistungsverbesserung, aber auch als Leistungsverschlechterung. Allerdings habe selbstverständlich jeder Prüfling durch vorherige Information und Erläuterung eine gewisse Bekanntheit über die Untersuchung. Lege man den Schwerpunkt der Prüfung auf die Funktionsanalyse, die Prüfung reiner und nackter Fähigkeiten, so werde die Bekanntheit nicht allzu große Auswirkungen haben. Auch bei Wiederholungsübungen sei die vorherige Bekanntheit ohne großen Schaden, insbesondere bei erfahrenen und umsichtigen Prüfern. Denn diesen sei bewusst, dass durch Übung zwar eine gewisse Verschiebung der Werte möglich sei, jedoch der Grundzweck der Untersuchung, nämlich die Trennung der guten, schlechten und ungeeigneten Prüflinge fehlerfrei durchzuführen sei. Im Weiteren ging Moede auf die Kritik Linkes ein und widerlegte dessen Einwendungen durch Beispiele und bereits erfolgte Versuchsergebnisse. Ferner würdigte er auch die Anmerkungen Professor Schlesingers zur mechanischen Geeignetheit. Abschließend mahnte Moede die Verbesserung der Zusammenarbeit von Praktikern und Fachpsychologen an.

Moedes Vortrag erregte großes Interesse, wie auch die sich anschließende Diskussion verdeutlichte. Zum gleichen Thema sprach Walther Moede in der Folge auch vor anderen Bezirksvereinen des VDI, so in Augsburg, Nürnberg, Hannover und Bremen.[13] Im Nachgang entwickelten sich zahlreiche Aktivitäten zur Institutionalisierung der Psychotechnik, die sich in ihrer Begründung immer wieder auf Moedes VDI-Vortrag bezogen.

Forschungsgesellschaft für betriebswissenschaftliche Arbeitsverfahren

Im Kriegsjahr 1917 war im Vorstand des Vereins Deutscher Werkzeugmaschinenfabriken (VDW), dem damals auch Georg Schlesinger angehörte, die Gründung einer Forschungsinstitution vorgeschlagen worden, die das der Technischen Hochschule angeschlossene Versuchsfeld für Werkzeugmaschinen zu einem „Forschungs-Institut für betriebswissenschaftliche Arbeitsverfahren" erweitern sollte, um die vorhandenen ausgezeichneten Mittel des Versuchsfeldes besser auswerten zu können und die zu erwartenden umfangreichen Forschungsresultate in geeigneter Weise den Interessenten zugänglich zu machen.

Es kam sehr bald zur Gründung einer Stiftungsgesellschaft, um dem geplanten Forschungsinstitut die benötigte finanzielle Unterstützung zu geben. Auf der Grundlage der Satzung einer Stiftungsgesellschaft wurde zunächst für fünf Jahre ein Forschungsprogramm vorgesehen, das auf Vorschläge aus Reihen der Stifter nach Genehmigung durch den Vorstand dem Vorsteher der Forschungsgesellschaft zur Prüfung und Äußerung eingereicht war. Die Durchführung der Untersuchungen war ohne Auflagen und Einschränkungen. Den Vorzug

[13] Erstveröffentlichung in den Monatsblättern des Berliner Bezirkvereins deutscher Ingenieure 1919, Vorwort S. III.

sollten solche Untersuchungen haben, die der Allgemeinheit zu Nutze kommen. Die Ergebnisse wurden allen Mitgliedern der Stiftungsgesellschaft bekannt gegeben. Sonderaufträge einzelner Firmen mussten von diesen allein bezahlt werden. Jahresbericht und Abrechnung sollten von der Mitgliederversammlung bestätigt werden.

Schlesinger hatte in seiner Eigenschaft als ehrenamtlicher Geschäftsführer und stellvertretender Vorsitzender des Vereins Deutscher Werkzeugmaschinenfabriken die Gründung der Forschungsgesellschaft für betriebswissenschaftliche Arbeitsverfahren zielstrebig gefördert. [14]

Forschungs-Gesellschaft für betriebswissenschaftliche Arbeitsverfahren
Geschäftsstelle: Dr. Negbaur, Charlottenburg 4, Schlüterstraße 31

Streng vertraulich!

Bericht
über die Sitzung der Forschungs-Gesellschaft für betriebswissenschaftliche Arbeitsverfahren
am Sonnabend, den 4. Mai 1918.

Bild 6.03: Gründung der Forschungsgesellschaft für betriebswissenschaftliche Arbeitsverfahren durch den VDW

Am Sonnabend, dem 4. Mai 1918, fand in Berlin die konstituierende Sitzung der „Forschungs-Gesellschaft für betriebswissenschaftliche Arbeitsverfahren“ unter dem Vorsitz des Justizrats Dr. Walter Waldschmidt, Firma Ludwig Loewe, statt. Damit war der Grundstein zur Errichtung einer Arbeitsstelle für Psychotechnik am Schlesingerschen Versuchsfeld für Werkzeugmaschinen der TH Charlottenburg gelegt. Der Bedeutung angemessen ist im Anhang dieses Buches der vollständige Bericht über die Sitzung eingefügt worden.[15]

Bild 6.04: Justizrat Dr. Walter Waldschmidt, Firma Ludwig Loewe, Dr. Walter Negbaur, VDW-Geschäftsführer von 1916 bis 1933

---

14 Vgl. zum Folgenden auch Spur, G.; Klooster, Th.: Die Anfänge der Psychotechnik an der TH Berlin-Charlottenburg 1918 bis 1924. Aus der Geschichte des Instituts für Werkzeugmaschinen und Fabrikbetrieb der TU Berlin. ZWF 94 (1999) 5, S. 286-290; sowie Spur, G.; Voglrieder, S.; Klooster, Th.: Von der Psychotechnik zur Arbeitswissenschaft: Gründung und Entwicklung des Instituts für Industrielle Psychotechnik an der TH Berlin-Charlottenburg (1918-1933). Berlin Brandenburgische Akademie der Wissenschaften, Berichte und Abhandlungen, Bd. 8, Berlin 2000. Schlesinger, Georg: Das Meisterproblem. Werkstatttechnik Bd. XVI, 1922, S. 530-535.

15 Dokument 06-01: Bericht über die Sitzung der Forschungsgesellschaft für betriebswissenschaftliche Arbeitsverfahren vom 4. Mai 1918 (siehe auch Kapitel 12, S. 483-490).

Der Gründungsbeschluss wurde umgesetzt. Am 4. Juni 1918 richtete Dr. Negbaur, Geschäftsführer des Vereins Deutscher Werkzeugmaschinenfabriken und damit als Gründungsträger der Forschungsgesellschaft für betriebswissenschaftliche Arbeitsverfahren, einen Antrag an das Kultusministerium auf angemessene finanzielle Unterstützung. Der Brief hatte folgenden Wortlaut:[16]

> Hochgeehrter Herr Geheimrat!
>
> Unserem Vorschlage, Ihnen über den jetzigen Stand der Forschungs-Gesellschaft Unterlagen zu geben, kommen wir hiermit nach:
>
> Die Forschungs-Gesellschaft hat sich nach vorbereitenden Arbeiten von etwa 6 Monaten am 4. Mai 1918 konstituiert, unter Zugrundelegung der diesen Zeilen beigefügten Satzungen. Aus § 1 dieser Satzungen geht hervor, daß sich der Wirkungskreis der Gesellschaft nicht allein auf die Unterstützung des Versuchsfeldes für Werkzeugmaschinen an der Technischen Hochschule, Charlottenburg, erstreckt, sondern daß auch mit dieser Stelle gemeinsam arbeitende Institute materielle Unterstützung erhalten können. Es wird damit bezweckt, daß einzelne Arbeiten unter Beratung der Technischen Hochschule, Charlottenburg, welche dadurch sozusagen eine führende Stellung in dieser Angelegenheit bekommt, solchen Werkstätten zugewiesen werden können, welche schon besondere Erfahrungen auf diesem Gebiete haben.
>
> Nach § 6 können 11 Mitglieder dem Vorstand angehören. Auf der Gründungsversammlung am 4. Mai wurden 6 Herren in den Vorstand gewählt und zwar: Herr Justizrat Dr. Walter Waldschmidt als 1. Vorsitzender, Herr Generaldirektor Becker, Köln-Kalk, Herr Direktor Aug. Elfes, Berlin, Herr Direktor Raschig, Siemensstadt, Herr Professor Schlesinger, Charlottenburg, Herr I. Wrede, Berlin. Es sind somit noch 5 Stellen offen, die nach und nach von den Vertretern solcher Industrien besetzt werden sollen, wie die chemische Industrie, die Stahlindustrie usw., welche bisher noch nicht im Vorstand vertreten sind.
>
> Am 4. Mai fand nach der Gründungssitzung eine öffentliche Versammlung der Forschungs-Gesellschaft statt, in welcher Herr Professor Schlesinger einen Lichtbildervortrag hielt über die bisherigen Arbeiten der Forschungs-Gesellschaft und ihre Zukunftspläne. In dieser großen Versammlung, in welcher auch auf Veranlassung des Herrn Geheimrat Wollenberg das Kultusministerium vertreten war, und dem eine ganze Reihe von amtlichen Vertretern beiwohnten, sprach unter anderen auch Herr Geheimrat Romberg im Namen des Kriegsamtes ausführlich über die Wichtigkeit der neuen Gesellschaft, der im besonderen für die zukünftige Kriegswirtschaft des Landes außergewöhnliche Bedeutung zukomme.
>
> Auf Anregung von vielen Seiten wird über diese große Versammlung ein ausführlicher Bericht im Druck erscheinen, der die Ziele der Gesellschaft darstellt und die bisherigen Arbeiten durch viele Abbildungen erläutert. Exemplare dieser umfangreichen Schrift werden wir Ihnen, hochgeehrter Herr Geheimrat, alsbald nach Fertigstellung gern zusenden.
>
> Aus den im Kultusministerium befindlichen Akten über die Forschungs-Gesellschaft werden Herr Geheimrat ersehen, daß von der Regierung M 5000,- jährlicher Beitrag für 5 Jahre an das Charlottenburger Versuchsfeld zugesagt war, für den Fall, daß die Forschungs-Gesellschaft Mittel zusammenbringe von etwa M 30000,- pro Jahr. Wir fügen diesem Schreiben eine Aufstellung bei, aus der Herr Geheimrat ersehen wollen, daß dieser Betrag weit überschritten ist und am 1. Juni bereits M 241.500,-- gezeichnet waren. Im Verfolg dieser Anfangsresultate, die wir noch wesentlich zu verbessern hoffen, möchten wir darum den Antrag stellen, den Regierungsbeitrag in angemessener Weise zu erhöhen. Wir glauben, daß nach den Besprechungen mit Herrn Geheimrat Wollenberg eine Erhöhung des Betrages von M 5000,- jährlich als Regierungsbeitrag an das Versuchsfeld der Charlottenburger Hochschule auf M 10000,- angemessen erscheint.
>
> Wir fügen diesen Zeilen ein Exemplar unserer Satzungen und eine Vermögensaufstellung unserer Gesellschaft bei und bitten nun wie vereinbart, in persönlicher Aussprache im Laufe der kommenden Woche die Einzelheiten weiter erörtern zu dürfen.
>
> Mit vorzüglicher Hochachtung — Anlagen: Satzungen
>
> Dr. Negbaur — Vermögensaufstellung.

[16] Dokument 06-02: Brief von Dr. Negbaur, Geschäftsführer des Vereins Deutscher Werkzeugmaschinenfabriken, vom 4. Juni 1918 an Herrn Geheimrat Kaestner, Kultusministerium Berlin W 8, Unter den Linden 4.

Gründung der Arbeitsgruppe für industrielle Psychotechnik

Am 22. Oktober 1918 wurde anlässlich einer weiteren Sitzung der Forschungsgesellschaft für betriebswissenschaftliche Arbeitsverfahren in Berlin unter der Geschäftsführung des Vereins Deutscher Werkzeugmaschinenfabriken und auf Initiative von Professor Georg Schlesinger die Einrichtung einer Stätte für industrielle psychotechnische Forschung beschlossen.[17] Mit einem Grundkapital von 10.000,- Mark sollte die Arbeit des Laboratoriums ab 1. Januar 1919 zunächst als „Gruppe für industrielle Psychotechnik" des Versuchsfelds am Lehrstuhl für Werkzeugmaschinen und Fabrikbetriebe der TH- Charlottenburg beginnen.

Schlesinger erläuterte auf der Sitzung die Bedeutung von Eignungsprüfungen für die Betriebsführung sowie einige Grundfragen der Rationalisierung der menschlichen Arbeit und skizzierte die Forschung zur Bestgestaltung der Arbeit durch Zeit- und Bewegungsstudien. Es ist „[...] der Inhalt der Berufseignungsprüfung – der Psychotechnik – vor allem auch auf die Ermittlung der Sinnestüchtigkeit der Prüflinge eingestellt. Sie umfasst die technischen Verfahren, um die angeborene Veranlagung eines Menschen, nicht etwa seine ‚Seele' zu erforschen."[18] Damit beugte Schlesinger Vorbehalten gegenüber der Psychotechnik vor, die nach den anfänglichen Erfolgen in Wirtschaft und Wissenschaft in den folgenden Jahren zu einer Kontroverse führen sollten. Walther Moede berichtete rückblickend über diese Gründungssitzung wie folgt:[19]

> „Am Dienstag, dem 22. Oktober 1918, fand eine Sitzung der Forschungs-Gesellschaft für betriebswissenschaftliche Arbeitsverfahren statt, die das Thema „Psychotechnische Untersuchungsmethoden" behandelte. Vom damaligen Vorstand der Forschungsgesellschaft waren die Herren Elfes, Raschig, Schlesinger, Waldschmidt, Wrede und Barth (als Vertreter von Exzellenz Maffei) erschienen sowie Herr Dr. Negbaur, der Geschäftsführer des Vereins Deutscher Werkzeugmaschinenfabriken, der auch die Geschäftsführung dieser Gesellschaft im Namen des VDW übernommen hatte. Unter den Gästen war das Kriegsministerium, das Reichsamt des Inneren, das Ministerium der öffentlichen Arbeiten, das Landesgewerbeamt, die Eisenbahndirektion Berlin, die Inspektionen der Fliegertruppen, die Technische Hochschule Charlottenburg, die Baugewerbeschule, das Kaiser-Wilhelm-Institut Dahlem, die Zentrale für Erziehung und Unterricht, der Verein deutscher Ingenieure u.a.m. vertreten.
>
> Herr Justizrat Dr. Waldschmidt gab einen Bericht über die bisherigen Beziehungen zwischen Psychologie und Industrie und wies darauf hin, daß Professor Schlesinger die Forschungs-Gesellschaft angeregt hatte, eine Stätte für industrielle psychotechnische Forschung zu schaffen. Die Forschungsgesellschaft bewilligte M 10 000,- als Gründungskapital und bat die industriellen Firmen um weitere Zeichnungen.
>
> Herr Dr. Waldschmidt gab der Hoffnung Ausdruck, das Kultusministerium möge in Würdigung der Bedeutung der industriellen Psychotechnik einen Lehrstuhl an der größten preußischen Technischen Hochschule einrichten.
>
> In dieser Gründungssitzung des Institutes behandelte Schlesinger die Bedeutung der Eignungsfeststellung für die Betriebsführung sowie einige Grundfragen der Rationalisierung der menschlichen Arbeit, zu deren Bestgestaltung Zeit- und Bewegungsstudien dienen können.[20]
>
> Moede umriß das Arbeitsgebiet der industriellen Psychotechnik und stellte als die Hauptaufgabe Eignungsfeststellung, Anlernung, Bestgestaltung der Arbeitsverfahren hin. Gleichzeitig entwickelte er ein systematisches Programm der Lehrlingsuntersuchung.[21]

---

17 Dokument 06-03: Sitzungsprotokoll Forschungsgesellschaft für betriebswissenschaftliche Arbeitsverfahren vom 22. Oktober 1918.

18 Ebd.

19 Sonderdruck aus „Werkstattstechnik" Zeitschrift für Fabrikbetrieb und Herstellungsverfahren. XXII. Jahrgang, Heft 20, Julius Springer Verlag, Berlin 1928.

20 Schlesinger, G.: Psychotechnik und Betriebswissenschaft. Verlag von S. Hirzel, Leipzig 1920.

Als Vertreter der Industrie sprach zur Frage der Eignungsprüfung A. Riebe, der auf den Arbeitsausschuß für industrielle Psychotechnik des Berliner Bezirksvereins deutscher Ingenieure hinwies.

In einem Schlußwort hob Waldschmidt hervor, daß bei einer Umfrage sich herausstellte, daß 42 vH der Facharbeiter ihren Beruf wenigstens einmal gewechselt hätten. Als Grund wurden sehr häufig die mangelnde Eignung und der mangelnde Arbeitserfolg sowie die mangelnde Arbeitsfreude angegeben.

Das spätere Institut für Industrielle Psychotechnik war aus der Taufe gehoben worden. Es wurde der Leitung von (Professor) Moede unterstellt und arbeitete zunächst als Abteilung des Versuchsfeldes für Werkzeugmaschinen und Betriebswissenschaften der Technischen Hochschule Berlin, dessen Vorstand Schlesinger ist. Bald jedoch häuften sich die Arbeiten des Institutes derart, daß eine Abzweigung und Selbständigmachung erwogen und unter Zustimmung Schlesingers durchgeführt wurde.

Die erste Aufgabe des Institutes betraf Ausführung und systematische Begründung der Lehrlingseignungsprüfung in der mechanischen Industrie.

Zunächst wurde ein aus zwei Räumen bestehendes Plättgeschäft in der Schlüterstraße gemietet, das sich bald als zu eng erwies. Kurze Zeit nach der Übersiedlung in eine 4-Zimmer-Wohnung der Rosinenstraße erfolgte eine Ausweisung durch das Charlottenburger Wohnungsamt. Das Institut richtete sich dann in der großen Schießhalle der früheren militärtechnischen Akademie ein, mußte aber auch dort bald räumen, um schließlich Arbeitsräume in der Technischen Hochschule auf Antrag von Schlesinger gemäß Entscheid des Ministeriums für Wissenschaft, Kunst und Volksbildung zu erhalten. Diese Räume hat es jetzt noch inne.

Die Forschungsgesellschaft konnte einige Jahre nach Gründung des Institutes ihre Unterstützung einstellen, da es sich hauptsächlich durch seine eigenen Einnahmen tragen kann und da es einen Zuschuß des Kultusministeriums erhält."

Bild 6.05: Privatdozent Dr. phil. Walther Moede,
Leiter der Arbeitsgruppe für industrielle Psychotechnik

Durch die Gründung der Gruppe für industrielle Psychotechnik am 22. Oktober 1918 wurde der Prozess der Institutionalisierung der Psychotechnik an den deutschen Hochschulen, wie oben bereits erwähnt, in Gang gesetzt. Mit Homburg[22] lässt sich feststellen, dass mit „der institutionellen Verankerung und Aufgabenbeschreibung der Psychotechnik, der Gründung des „Ausschusses für industrielle Psychotechnik" und dessen personelle Verzahnung mit den Mitarbeitern der universitären Forschungsstelle, zumal mit Moede, [...] zumindest in Berlin

[21] Moede, W.: Die Experimentalpsychologie im Dienste des Wirtschaftslebens. Verlag Julius Springer, Berlin 1919.

[22] Homburg, Heidrun: Rationalisierung und Industriearbeit. Schriften der historischen Kommission, Berlin 1991.

im Herbst 1918 die organisatorischen Voraussetzungen für einen „Siegeszug“ der Psychotechnik geschaffen“ waren.[23]

Zu den Aufgaben des neu gegründeten Instituts zählten die Entwicklung und praktische Anwendung von Verfahren der Eignungsprüfung, der Anlernung, der optimalen Gestaltung von Arbeitsverfahren sowie die Erarbeitung entsprechender Zeit-Feldanalysen im Bereich der „Marktanalyse“, der „Verkaufslehre“ und des „Werbewesens“[24]. Methoden und Ergebnisse der Abteilung für Industrielle Psychotechnik wurden ab 1919 in der Zeitschrift „Praktische Psychologie“ veröffentlicht. Herausgeber waren Walther Moede und Curt Piorkowski. Nach der Umwandlung der Abteilung in ein eigenständiges Institut im Jahre 1924 änderten sich auch Titel und Aufmachung der Zeitschrift, die dann „Industrielle Psychotechnik“ hieß.

Im Wintersemester 1918/19 hielt Walther Moede eine Vorlesungsreihe an der Handelshochschule Berlin über Psychologie der Reklame auf experimenteller Grundlage. Die Vorlesung wurde mit einem Beitrag von Moede zum gleichen Thema im Berliner Tageblatt bekannt gemacht und auch in anderen Tageszeitungen verbreitet.[25]

Nr. 498
Sonntag, den 29. September 1918.

Die Psychologie der Reklame auf experimenteller Grundlage.

Von [Nachdruck verboten.]

Dr. W. Moede.

Der Verfasser des folgenden Aufsatzes, Dr. W. Moede, beginnt in der nächsten Woche in der Berliner Handelshochschule eine Reihe von Vorlesungen über die Psychologie der Reklame auf experimenteller Grundlage. Da dieser Gegenstand zum ersten Male in einem Hörsaal behandelt wird, haben wir Dr. Moede gebeten, die wichtigsten Gesichtspunkte seiner Darlegungen zusammen zu stellen. Dr. Moede ist auf dem von ihm behandelten Gebiet Autorität. Er hat zusammen mit Dr. Piorkowski das Werk über die Begabten-Prüfungen in den Berliner Schulen herausgegeben, über das in Nr. 64 des „B. T.“ vom 4. Februar 1918 ausführlich berichtet wurde.

Die Redaktion.

Bild 6.06: Lehrauftrag an der Handelshochschule Berlin WS 1918/19

In seiner Monographie „Psychotechnik und Betriebswissenschaft“ aus dem Jahr 1920, die wegen ihres grundlegenden Charakters große Beachtung in der Fachpresse fand, veröffentlichte Schlesinger die im Versuchsfeld für Werkzeugmaschinen im Rahmen zahlreicher Eignungsprüfungen und bei der Eingliederung Kriegsbeschädigter gewonnenen ersten umfangreichen Forschungsergebnisse und stellte diese den Versuchen anderer Forscher vergleichend gegenüber. Grundsätzliche Aussagen zur Stellung der Psychotechnik im Rahmen der Betriebswissenschaft finden sich im Vorwort, wo es unter anderem heißt:[26]

---

23 Zum „Siegeszug“ der Psychotechnik im Ersten Weltkrieg, vgl. für viele ebd., S.55; Dorsch, Friedrich: Geschichte und Probleme der angewandten Psychologie, Bern/Stuttgart 1963, S. 81; Baumgarten, Franziska: Die Berufseignungsprüfungen – Theorie und Praxis, 2. Aufl., Bern 1943, S. 14-16.

24 Vgl. Moede, W.: 10 Jahre Institut für industrielle Psychotechnik T.H. Berlin, a.a.O., S. 5.

25 Beitrag Dr. W. Moede: Die Psychologie der Reklame auf experimenteller Grundlage. Berliner Tageblatt Nr. 498, 20. September 1918 sowie Pressenotiz Deutsche Tageszeitung, Berlin, vom 14. Oktober 1918.

26 Schlesinger, Georg: Psychotechnik und Betriebswissenschaft. Verlag S. Hirzel, Leipzig 1920.

„In dem großen Gebäude der Betriebswissenschaft ist die praktische Psychologie (Psychotechnik) der Schlussstein des Bauwerkes. Die Auslese der Geeigneten aus der großen Schar der Bewerber, ihre Einreihung in die verschiedenen Betriebsstätten und endlich ihre Zuteilung an die Arbeitsplätze sind so wesentliche Faktoren, daß sie in ihrer Wichtigkeit und ihrem Einflusse allen andern Organisationsmaßnahmen gleichzusetzen sind. Rationelle Menschenwirtschaft ist an die völlige Auswirkung jedes einzelnen gebunden".

Schlesinger sprach sich daher dafür aus, die Wesenart des Menschen „objektiv" zu ergründen, anstatt sie der subjektiven Beurteilung durch Lehrer oder Meister zu überlassen. Die Angst vor „der Sezierung der Geistesanlagen, vor dem Zerreißen auch des Menschen in die Einzelelemente seines Wesens" hielt er dann für unbegründet, wenn es Mittel gäbe, „die unparteiisch benutzt werden können, um die Fähigkeit der Menschen objektiv aufzudecken und ihre Anlagen zu üben, so daß Beobachter und Prüfling sich gegenseitig und ohne Voreingenommenheit kontrollieren können". Folgerichtig verstand der Autor sein Buch als Wegweiser, der helfen sollte, die „Versuchsbedingungen zur Aufdeckung menschlicher Fähigkeiten im Dienste der Tagesarbeit beim Jungen und Alten fest[zu]stellen".

Die Gründung einer Arbeitsgruppe für Psychotechnik war nur über den Weg der Unterstützung durch die einschlägige Industrie möglich. Georg Schlesingers Konzeption ging auf. Das Projekt wurde in die Aufgaben der Forschungsgesellschaft betriebswissenschaftlicher Arbeitsverfahren eingegliedert.

Dozentur für psychotechnische Arbeitsverfahren

Am 30. April 1918 stellte die Abteilung für Maschinen-Ingenieurwesen der Königlichen Technischen Hochschule zu Berlin unter dem Vorsitz von Professor Brabbée einen Antrag auf Errichtung einer Dozentur für psychotechnische Arbeitsverfahren an den Minister der geistlichen und Unterrichts-Angelegenheiten mit folgendem Wortlaut:[27]

Euer Excellenz!

Die Abteilung für Maschinen-Ingenieurwesen stellt hierdurch ehrerbietigst den Antrag auf Errichtung einer Dozentur für psycho-technische Arbeitsverfahren. Die Begründung für den Antrag ist folgende:
In der heutigen Zeit des Maschinenmangels kommt es darauf an, vor allen Dingen in den Berufen, in denen ein öffentlicher Massenbedarf vorliegt, die Leute auszuwählen, die zur Ausfüllung dieses Berufes am besten geeignet erscheinen und von vornherein alle die auszuscheiden, die ungeeignet sind, ja, deren Einstellung unter Umständen eine schwerere Gefahr für die Öffentlichkeit bedeuten würde.
Solche Berufe sind:

die Fahrzeuglenker
- a.) Autofahrer
- b.) Lokomotivführer
- c.) Straßenbahnführer
- d.) Steuerleute (Schiff)
- e.) Flieger

ferner

die Telefonisten und andere mehr.

Dazu kommen die Fabrikbetriebe, die Aufsichtsbeamten, die Revisoren, vor allen Dingen die Lehrlinge, bei denen außer der geistigen Eignung auch noch eine Geschicklichkeitseignungsprüfung notwendig erscheint.

Es ist dieses Gebiet seit mehr als 15 Jahren eingehend durchgearbeitet worden und die Untersuchungsmethoden sind so durchgebildet, daß z.B. die Preußische Heeresverwaltung keinen Automobillenker einstellt, der nicht von den dort eingerichteten Psycho-technischen Instituten auf seine Eignung

[27] Dokument 06-06: Antrag des Vorstehers Professor Brabbée der Abteilung für Maschinen-Ingenieurwesen der Königlichen Technischen Hochschule zu Berlin vom 30. April 1918.

untersucht worden ist. Ein ähnliches Institut ist in Sachsen für die Prüfung von Lokomotivführern eingerichtet worden. In Berlin plant die Große Berliner Straßenbahn die Errichtung eines entsprechenden Laboratoriums für Wagenlenker. Bei dem großem Interesse, das insbesondere der Maschinenbau für die Untersuchung auf psychische Eignung der genannten Berufe besitzt, würde es sich als besonders zweckmäßig erweisen, wenn ein solches Institut zunächst an den Unterrichtsbetrieb der Abteilung 3 angegliedert wird, da die Herstellung der Apparate ihre Überwachung und Ausnutzung, insbesondere auf das Gebiet der Feinmechanik und Elektrotechnik zugeschnitten sind, so daß sich in dieser Abteilung nicht nur die Anwendung auf den Beruf, der ja auch in anderen Abteilungen vorhanden ist, sondern insbesondere die Durcharbeitung der Apparatur gut durchführen ließe.
Als geeignete Dozenten schlagen wir vor:

Dr. Moede, Berlin
Dr. Piorkowski, Berlin
Dr. Lipmann, Berlin

Der Abteilungs-Vorsteher
gez. Brabbée

Der Antrag wird mit Beschluss des Senats der Königlichen Technischen Hochschule zu Berlin vom 10. Mai 1918 befürwortet und mit dem Schreiben des Rektors vom 16. Mai 1918 zu dem Minister weitergeleitet.

Im Antwortschreiben des Ministers vom 10. Juni 1918 an Rektor und Senat wird der Wunsch nach mehr Informationen über die Kosten der Ausstattung, die Raumfrage, die Vergütung und die vorgeschlagenen Persönlichkeiten für den beantragten Dozenten zum Ausdruck gebracht. Mit der Erstellung der angefragten Unterlagen wird Professor Schlesinger beauftragt, der am 16. Juli 1918 dem Abteilungsvorsteher Professor Brabbée ein umfangreiches Schriftstück vorlegt.[28]

Dr.-Ing. Georg Schlesinger
Professor

Charlottenburg 2, den 16. Juli 18
Berliner Str. 171

Herrn
Abteilungsvorsteher Prof. Brabbée
Charlottenburg
Technische Hochschule

Betrifft: Dozentur über Psychotechnik
Schreiben des Ministers vom 10. Juni 1918

In der Anlage überreiche ich ein Schriftstück betreffend die Aufgaben der Wirtschaftspsychologie an der Technischen Hochschule nebst einen Plan über den Umfang, den Raumbedarf, die Kosten des Institutes. Der Lehrauftrag müßte lauten: Wirtschafts-Psychologie und psychotechnische Prüfungsverfahren. Er wäre mit 4 Stunden Vortrag und 8 Übungen wöchentlich abzuhalten. Der Dozent müsste eine Vergütung von mindestens 4 800,- M jährlich erhalten. Falls die Einrichtung und die Raumfrage Schwierigkeiten finden sollte, so mache ich den Vorschlag, in der Nähe der Hochschule Räume zu mieten; falls die Kosten eines neuen Institutes auf Schwierigkeiten stoßen sollten, so erkläre ich mich damit einverstanden, daß der Betrieb eingeschaltet wird in den des Versuchsfeldes für Werkzeugmaschinen und Betriebslehre. Eine Auskunft über die Personen des an erster Stelle vorgeschlagenen Dr. Moede füge ich streng vertraulich bei.

Hochachtungsvoll
Schlesinger

[28] Dokument 06-07: Schlesingers Schriftstück über die Kosten der Ausstattung, die Raumfrage, die Vergütung und die vorgeschlagenen Persönlichkeiten für den beantragten Dozenten vom 16. Juli 1918.

Im Folgenden wird die von Professor Schlesinger erarbeitete Begründung für die Einrichtung einer Dozentur für Wirtschaftspsychologie wiedergegeben:[29]

Wirtschafts-Psychologie, ihre Aufgaben an der Technischen Hochschule sowie Plan eines Institutes.

Der Lehrauftrag soll sich erstrecken auf Psychologie und ihre Anwendung mit besonderer Berücksichtigung der Wirtschaftspsychologie.

Die Aufgaben sind:

I. Experimentelle Eignungsprüfungen: Berufsberatung auf wissenschaftlicher Grundlage.

II. Psychotechnische Betriebslehre: Rationalisierung der Arbeitsmethoden auf arbeitswissenschaftlicher Grundlage.

III. Psychotechnische Begutachtung der Fertigfabrikate: Psychotechnische Eichanstalt.

Die Lehrstelle hat als erste preußische Hochschule für wissenschaftliche Berufsberatung folgende Aufgaben:

A) Berufsberatung der Schulentlassenen gemäß Ministererlass über Berufsberatung für das gesamte technische Bildungs- und Arbeitswesen: Beratung der Handwerker, Facharbeiter, der Lehrlinge der Lehrlingsschulen der Großindustrie, der Schüler der technischen Mittel- und Hochschulen. Berufsberatungskurse für das technische Lehrpersonal.

B) Beratung der Kriegsbeschädigten und ihre Einweisung in geeignete Berufe und Betriebe.

C) Beratung der Stellungssuchenden sowie Betriebsumstellungen, um die geeigneten Leute an die geeigneten Plätze zu stellen.

D) Militärpsychologie.

Die unter II genannte Aufgabe ist gemeinsam mit dem Versuchsfeld für Werkzeugmaschinen und Betriebslehre zu bearbeiten. Die Leitung hat der Ingenieur, dem der Psychologe beratend zur Seite steht.

Zu Punkt III ist zu bemerken: Es ist eine Zentralstelle zu schaffen für die an mannigfachen Orten schon unternommen Untersuchungen betreffs Eichung von Fertigfabrikaten z.B. durch Ermüdungsmessungen von Lampen verschiedener Konstruktion usw.

Der Lehrstuhl hat die schon vorhandenen Prüfungsmethoden für die mannigfachsten Berufe, die die Militär- und Zivilbehörden sowie die Privatindustrie schon erarbeitet haben, zu sammeln, zu sichten und nutzbar zu machen. Weiterhin sind auf berufswissenschaftlicher Grundlage neue Untersuchungsverfahren der experimentellen Eignungsprüfung auszuarbeiten und zu eichen, damit sie als bewährte Methode weitergegeben werden können. Besonders sind die Arbeitsstellen zu berücksichtigen, an denen nur bestgeeignete Arbeitskräfte brauchbar sind und der Ausfallkoeffizient der Anwärter sowie der Verschleiß hochwertigen Materials durch ungeeignete Arbeiter beträchtlich sind.

Neben diesen Aufgaben der Forschungen sind laufend Untersuchungen und Berufsberatungen auf Grund der schon feststehenden und bewährten Methoden auszuführen für Kraftfahrer, Lokomotivführer, Straßenbahnschaffner u.s.w. vor allem zunächst für die Berufe, die für die öffentliche Wohlfahrt und Sicherheit von hoher Bedeutung sind.

Daneben sind drittens Psychotechniker auszubilden, die in der Lage sind, nach festen Schemen und Methoden selbständig in ihren Dienststellen Berufsberatung durchzuführen.

Den Ingenieuren in führenden Stellen ist ein Überblick zu geben über die Arbeitswissenschaft und Psychotechnik sowie ihre Bedeutung für rationelle Betriebsorganisation im Interesse der Übergangswirtschaft, damit auf der Grundlage größter Sparsamkeit bei gegebenen Rohstoffen und Arbeitskräften zweckmäßigstes Arbeiten allenthalten gewährleistet wird.

Schließlich ist ein Einblick in die Gesetze seelischen Geschehens für die Ingenieure äußerst wichtig, da sie oftmals mit Arbeitern mannigfachster Herkunft zu tun haben. Neben der Einzelperson ist auch die Massen- und Völkerpsychologie zu berücksichtigen, damit auch der Auslandsingenieur Verständnis für fremde Wesensart gewinnt.

Aber auch den Lehrkräften an technischen Instituten, soweit sie ihre Ausbildung an Technischen Hochschulen erhalten, ist für ihre pädagogischen Zwecke eine gute psychologische Grundlage zu ge-

---

[29] Dokument 06-08: Von Prof. Schlesinger erarbeitete Begründung für die Einrichtung einer Dozentur für Wirtschaftspsychologie.

ben, da nur von dem eine zweckmäßige pädagogische Einwirkung auf das Seelenleben zu erwarten ist, der die Gesetze desselben kennt und beherrscht.

Über den Rahmen der Abteilung hinaus sind daher von der psychologischen Lehrstelle mannigfache Anregungen zu erwarten, etwa auch als experimentelle Ästhetik oder juristische Psychologie, soweit die dort behandelten Probleme eine exakte Bearbeitung erfordern und in den Rahmen der Hochschule fallen.

Da es Aufgabe der Technischen Hochschule ist, auf der Grundlage der exakten Wissenschaften besonders ihre Anwendungen zu pflegen, so wird durch die Errichtung eines Lehrstuhls für Psychologie und ihre Anwendungen das Schlussglied der exakten Naturwissenschaften, das gleichzeitig den Übergang darstellt zu den Geisteswissenschaften, folgerichtig in die bestehende Organisation aufgenommen und die Nutzbarmachung der Ergebnisse der reinen Forschung ebenfalls gewährleistet.

Zur Ausführung seiner Aufgaben steht dem Lehrstuhl ein Institut zu Verfügung, dessen Angliederung und Hand in Hand Arbeiten mit dem Versuchsfeld für Werkzeugmaschinen und Betriebslehre erwünscht ist, da die psychologische Seite ebenfalls ein Glied der Betriebswissenschaft darstellt.

Zur erstmaligen Einrichtung des Institutes ist eine Summe von etwa M 50.000,- nötig. An jährlichen Unterhaltungszuschüssen dürften 3.000,- Mark genügen, da nach Inbetriebnahme sich erhebliche Einnahmen ergeben dürften.

An Räumen sind 250 qm erwünscht, die gegebenenfalls leicht in Mietshäusern in der Nähe der Technischen Hochschule beschafft werden können.

Folgende Räume sind nötig für Wohnungs-, Lehr-, Forschungs- und Untersuchungszwecke:

- ein Zimmer für den Direktor 5 x 4
- ein Zimmer für die Assistenten 5 x 4
- ein Zimmer für Übungsraum und Handbibliothek 8 x 5
- drei Zimmer für Untersuchungszwecke für die Prüfung von besonderen Berufen, für die Aufträge und Methoden vorliegen:
  Kraftfahrer, Lokomotivführer, Schriftsetzer usw. je 5 x 4
- drei Zimmer für Forschungszwecke für Durchführung
  selbständiger Arbeiten, darunter ein Dunkelzimmer,
  ein Stillzimmer für phonetische Untersuchungen je 5 x 4
- eine Werkstatt für Reparaturen und Neuanfertigungen 5 x 6

Summe etwa 210 qm exklusive Korridor.

Das psychologische Instrumentarium.

Die Apparatur gliedert sich in Präzisionsinstrumente für Forschungs- und Untersuchungszwecke und in einfache Übungs- und Demonstrationsapparate für Lehr- und Vorlesungszwecke besonders für die Ausbildung von zukünftigen Psychotechnikern.

Für die Werkstatt sind einfache Hilfsmittel für die Bearbeitung von Metall, Holz und Pappe erwünscht, damit Reparaturen und Modelle für Neuanfertigungen gleich an Ort und Stelle ausgeführt werden können. Zu beschaffen sind:

1. die gebräuchlichen und bewährten Apparate der psychologischen Wissenschaft,
2. neue Versuchsvorrichtungen für die besondere Berufsanalyse und psychotechnische Fragestellung, die der reinen Psychologie fremd ist. Neben Neuanschaffung eines Grundstockes von Instrumenten kommt daher ein laufender jährlicher Zuschuss von etwa 3.000,- Mk in Frage.

Kostenvorschlag für das Instrumentarium:

Apparatur für die Sinnesuntersuchung: Auge, Ohr, Oberflächensinn, Getast, Temperaturempfindung, Gelenkprüfung, Schmerz, Geruchs- und Geschmacksempfindung	Mk.	4.500,--
Reizobjekte		500,--
Analyse der Aufmerksamkeit		1.200,--
Willensanalyse Analyse des Gedächtnisses		1.100,--
Willensanalyse Reaktionsmessung nebst Ergotherapie		5.000,--
Gefühlsanalyse		600,--

Hilfsinstrumente, Stative u.s.w.	700,--
Vorrichtungen für die Prüfung höherer Prozesse:	
Kombination, Urteilsfähigkeit, Begriffsbildung u.a. Psychographie	1.200,--
Spezial Laboratorium für Kraftfahrer-Eignungsprüfung	4.000,--
Lokomotivführer u. Straßenbahnschaffner	4.000,--
Bibliothek	1.200,--
Werkstatt	3.000,--
Mk.	27.000,--

Die feinmechanischen Instrumente sind mit Friedenspreis in den Kostenanschlag eingesetzt. Der Kriegszuschlag beträgt für die meisten Instrumente etwa 100 %. Das feinmechanische Instrumentarium stellt sich daher auf 45.600,--.

Die Gesamteinrichtung stellt sich nunmehr auf 49.800,-- incl. Werkstatt, Bibliothek und Spezial-Laboratorium, welche letztere etwa mit dem gegenwärtigen Preis eingesetzt sind."

Mit dem Schlesinger-Schriftstück erklärte sich die Abteilung für Maschinen-Ingenieurwesen einverstanden. Am 11. September 1918 wurde es vom Rektor der Technischen Hochschule, Professor Brix, an das Ministerium weitergeleitet. Hinzugefügt wurden die Abrisse des Lebens- und Bildungsganges der von der Abteilung zur Berufung an die Hochschule vorgeschlagenen Kandidaten nebst einigen Beilagen dazu.[30]

Der gesamte Antrag wurde mit folgendem Anschreiben[31] am 11. September an das zuständige Ministerium gesandt:

Königliche Technische Hochschule — Charlottenburg, den 11 September 1918
zu Berlin
Journal Nr. 2034 T.H.

Betrifft: Errichtung einer Dozentur für
psycho-technische Prüfungsverfahren.
Nr. 859.1 von 10.6.18
1 Heft Anlagen

Euer Excellenz,

überreiche ich anliegend in Abschrift den von dem ord. Professor Dr.-Ing. Schlesinger erstatteten Bericht vom 16. Juli d. Js., mit dem sich die Abteilung für Maschinen-Ingenieur-Wesen einverstanden erklärt hat, nebst 2 Anlagen dazu, sowie ferner die Abrisse des Lebens- und Bildungsganges der von der Abteilung zur Berufung an die Hochschule vorgeschlagenen Kandidaten nebst einigen Beilagen dazu.

Hinsichtlich der Raumfrage schließe ich mich dem Vorschlage des Professors Schlesinger, die erforderlichen Räume in Privathäusern in der Nähe der Hochschule anzumieten an, da es bei der bekannten Raumnot der Hochschule ausgeschlossen ist, die erforderlichen Räume in ihren Gebäuden zur Verfügung zu stellen. Die jährliche Miete – es könnte eine leere Wohnung sein – würde z. Zt. etwa 2000,-- M betragen.

Der Rektor
gez. Brix

Parallel zum Schriftwechsel zwischen Technischer Hochschule und Ministerium war das Bewerbungsverfahren[32] um die Dozentur für Psychotechnik angelaufen. Vorgeschlagen wurden:

1. Dr. Walther Moede,
2. Dr. Curt Piorkowski und
3. Dr. Otto Lipmann.

---

30 Dokument 06-09: Schreiben des Rektors der TH vom 11. September 1918.

31 Dokument 06-06: Anschreiben vom 17. Mai 1918 zum Antrag an den Herrn Minister der geistlichen und Unterrichts-Angelegenheiten Berlin.

32 Dokument 06-10: Antwortschreiben vom 10. Juni 1918 des Ministeriums an die Technische Hochschule.

Ihre Qualifikation spiegelt sich in den Lebensläufen, die den Bewerbungsunterlagen wie folgt beigefügt waren:

Dr. Walther Moede[33]

Lebenslauf
Am 3. September 1888 wurde ich, Walther Hans Wilhelm Moede, in Sorau N.L. als Sohn des Rektors Karl Moede geboren, bin evangelischer Konfession und besuchte das Gymnasium meiner Heimatstadt. Dann studierte ich in Straßburg, Leipzig und Berlin Philosophie, Psychologie und Pädagogik. Von den Naturwissenschaften hörte ich Botanik, Zoologie, Physik und Chemie und belegte die vorgeschriebenen praktischen Übungen. Aus der Medizin wählte ich diejenigen Gebiete aus, die für die Grundlegung der Psychologie unumgänglich nötig sind, vor allem Anatomie, Physiologie und Psychiatrie, wobei ich neben den Vorlesungen auch die Praktika absolvierte.

Ich promovierte mit einer Arbeit über: Gedächtnis, in Psychologie, Physiologie und Biologie summa cum laude an der Universität Leipzig im Jahr 1910/1911 und widmete mich dann der wissenschaftlichen Weiterarbeit, um mich auf die Universitätslaufbahn vorzubereiten.

Nach einer größeren Untersuchung über den Zeitsinn, die ich im Institute für Experimentalpsychologie der Universität Leipzig, das damals Exc. Wundt leitete, ausführte, und die in Wundt's psychologischen Studien veröffentlicht wurde, wurde ich Assistent daselbst. Neben der Einrichtung und Überwachung selbständiger Arbeiten erhielt ich den Auftrag, an der Abteilung für experimentelle Pädagogik den Einführungskurs zur experimentellen Pädagogik und angewandten Psychologie zu lesen.

Ich stand gerade vor der Habilitation in Leipzig, die Zeugnisse waren eingereicht und die Habilitationsarbeit fertig gestellt, als der Krieg ausbrach. Die Habilitationsarbeit betitelt sich Experimentelle Massenpsychologie und erschließt zum ersten Male die Massenpsychologie dem Experiment. Sie liegt druckfertig vor.

Während des Krieges stellte ich meine Kenntnisse in den Dienst unserer Heeresorganisation und mir waren gute Erfolge beschieden. Zunächst richtete ich in Leipzig, Reservelazarett Connewitz, ein psychologisches Laboratorium für Gehirngeschädigte ein, wurde dann zum Kraftfahrbatallion berufen und wurde daselbst als der verantwortliche Fachpsychologe bei der Errichtung psychologischer Prüfungslaboratorien verwandt. Die vorgeschlagenen Untersuchungsmethoden für Militärkraftfahrer wurden obligatorisch für die gesamte Kraftfahrtruppe und ich selbst erhielt die psychologische Leitung aller psychologischen Prüfungslaboratorien zur experimentellen Eignungsprüfung. In dieser Stellung bin ich gegenwärtig als wissenschaftlicher Militäroberbeamter und fachpsychologischer Beirat des Kommandos der Kraftfahr-Ersatzabteilung tätig. In dieser Eigenschaft habe ich zur Zeit vierzehn Prüfungsstellen in Deutschland zu kontrollieren, die Untersuchungsmethoden vorzuschlagen und weiterzubilden sowie die psychologischen Hilfsarbeiter auszubilden und zu prüfen.

Vom Magistrat der Stadt Berlin erhielt ich, übermittelt durch Stadtschulrat Dr. Reimann, den Auftrag, experimentelle Methoden zur Untersuchung und Auslese hochbefähigter Volksschüler für die Berliner Begabtenschulen vorzuschlagen. Gemeinsam mit einem meiner Mitarbeiter führe ich jedes Semester als fachpsychologischer Beirat der Deputation für das höhere Schulwesen der Stadt Berlin diese Untersuchungen aus, deren Ergebnis sich in der Praxis bewährt hat, da die Leistungen der Schüler dem psychologischen Gutachten voll entsprechen.

Erst kürzlich wurde mir vom Verein Deutscher Ingenieure der Auftrag erteilt, als beratender Psychologe die experimentelle Methodik der rationellen Betriebsführung nutzbar zu machen und auch hier werden demnächst die ersten Untersuchungen von Lehrlingen und Arbeitern in Großbetrieben stattfinden.

Meine Arbeiten beziehen sich auf philosophische, psychologische und pädagogische Fragen. Der Schwerpunkt meiner wissenschaftlichen Tätigkeit jedoch liegt gegenwärtig in der Psychologie und ihren Anwendungen.

Von den Arbeiten hebe ich folgende hervor:
- Gedächtnis, in Psychologie, Physiologie und Biologie 1911.
- Die psychische Kausalität und ihre Gegner 1913.
- Zeitverschiebung bei kontinuierlichen Reizen 1913.
- Die Massen- und Sozialpsychologie im kritischen Überblick 1915.

[33] Dokument 06-11: Lebenslauf Walther Moede vom 15. August 1918.

- Chorlernen und Einzellernen 1914.
- Der Wetteifer seine Struktur und sein Ausmaß 1914.
- Psychophysik der Arbeit 1915.
- Die Untersuchung und Übung der Gehirngeschädigten nach experimentellen Methoden 1917.
- Die Berliner Begabtenschulen, ihre Organisation und die experimentellen Methoden der Schülerauswahl 1918 (Gemeinsam mit Piorkowski und Wolff).

Druckfertig sind ferner:
- Experimentelle Massenpsychologie.
- Einführung in die experimentelle Pädagogik und angewandte Psychologie.

Während eines militärischen Kommandos in Mannheim hielt ich an der dortigen Handelshochschule auf Veranlassung des Rektors Prof. Nicklisch eine Vorlesung über Psychologie der Reklame auf experimenteller Grundlage ab. Auch richtete ich in seinem Auftrag an betriebswissenschaftlichen Instituten daselbst ein psychologisches Laboratorium ein, in dem ich Untersuchungen zur Wirtschaftspsychologie, vor allem Berufsberatung ausführte. Daneben wurden von mir Übungen zur angewandten Psychologie abgehalten.

Ich gedenke, mich in der nächsten Zeit vor allem der angewandten Psychologie zu widmen.

gez. W. Moede, 16.8.1918, Berlin

Dr. Curt Piorkowski[34]

Mein Lebens- und Bildungsgang ist kurz folgender: Ich wurde am 11. September 1888 in Leipzig geboren, besuchte dort von meinem 6. bis 10. Jahre die 3. höhere Bürgerschule (in Sachsen bestehen keine eigentlichen Vorschulen für Gymnasien, sondern es findet stattdessen ein vierjähriger Vorbereitungskurs auf einer höheren Bürgerschule statt) und darauf 9 Jahre lang die Thomasschule (Humanistisches Gymnasium) zu Leipzig, woselbst ich 1908 die Abiturientenprüfung bestand. Ich studierte darauf in München und Leipzig vor allem Psychologie und Philosophie sowie Nationalökonomie und Kulturgeschichte und promovierte im März 1915 in Leipzig in den genannten Fächern mit einer wirtschafts-psychologischen Abhandlung, wobei ich im mündlichen Examen das Prädikat „summa cum laude" erhielt.

Einer damals an mich herangetretenen Anfrage Geheimrat Lamprechts, im Institut für Kultur- und Universalgeschichte wirtschaftspsychologische Kurse zu unterrichten, konnte ich wegen meiner im April 1915 erfolgten militärischen Einziehung nicht näher treten. Nähere Verhandlungen darüber wurden durch die leider bald erfolgte Erkrankung und den Tod Lamprechts vereitelt.

Ich wurde nun von April bis Juni 1915 in Leipzig bei einem Infanterie-Regiment militärisch ausgebildet und wurde darauf zu der Ersatzabteilung I des Kraftfahrer-Bataillons, Berlin-Schöneberg, versetzt, woselbst ich die Anregung zur Errichtung eines psycho-physischen Laboratoriums zur Feststellung der Eignung von Kraftfahreranwärtern gab. Dieser Anregung wurde Folge geleistet, und ich konnte bereits Anfang August 1915 im Benehmen mit dem oben erwähnten Dr. Moede zur Einrichtung des ersten deutschen militärischen Eignungslaboratoriums schreiten, dessen Leitung ich dann bis zum 24. Juni 1918, also fast drei Jahre inne hatte. An diesem Tage wurde ich als Assistent zum Kaiser Wilhelm-Institut für physikalische Chemie und Elektrochemie, Abteilung A versetzt, woselbst ich mit Ermüdungsmessungen an Gasmasken und anderen psychologischen Arbeiten betraut wurde. Diese Stelle bekleide ich zur Zeit noch, und es stehen hier auch noch größere Arbeiten zur Erledigung.

Von meinen Schriften erschienen im Buchhandel:
1 Untersuchungen über die Kombinationsfähigkeit an Schulkindern, Leipzig 1913,
2 Beiträge zur psychologischen Methodologie der wirtschaftlichen Berufseignung, Leipzig 1915,
3 Zusammen mit Dr. Moede und Herrn Wolff: „Die Berliner Begabtenschulen und die experimentellen Methoden der Schülerauswahl."

Die letzt genannte Arbeit enthält die Resultate der von Dr. Moede und mir im Auftrage der Stadt Berlin vorgenommenen psychologischen Prüfungen zur Feststellung derjenigen Schüler und Schülerinnen, die für die neu errichteten Berliner Begabtenschulen zur Aufnahme in Frage kommen. Diese Prüfungen, die gute Erfolge gehabt haben, werden von uns seit dem halbjährlich zu jedem Oster- und Michaelis- Termin durchgeführt. Zur Zeit bearbeite ich das psychologische Kapitel in meinem als Leitfaden für Lehrer gedachten Handbuch der Berufswahl. Außerdem gedenke ich, auf Aufforderung von Herrn Geheimrat Abderhalden, Halle, meine Erfahrungen über die gegenwärtig beim Kaiser Wilhelm-Institut

[34] Dokument 06-12: Lebenslauf Curt Piorkowski.

vorgenommenen Ermüdungsmessungen für das vermutlich im nächsten Jahr erscheinende Handbuch der Biochemie, das Geheimrat Abderhalden herausgibt, niederzulegen.

gez. Dr. Piorkowski

Dr. Otto Lipmann[35]

Abschrift 17. August 1918
Otto Lippmann Dr. phil.
Kleinglienicke b. Berlin

Geboren 1880,
humanistisches Gymnasium, 1 Jahr Kaufmann, Reifeprüfung 1899.
Studium der Philosophie (besonders Psychologie), Zoologie und Mathematik in Breslau, Berlin und München.
Promotion zum Dr. phil. in Breslau als Schüler von Ebbinghaus 1904.

Leiter des der Gesellschaft für Experimentelle Psychologie gehörigen Instituts für angewandte Psychologie (von 1906 bis 1916 gemeinsam mit W. Stern).

Herausgeber der Zeitschrift für angewandte Psychologie (Gemeinsam mit W. Stern) (z. Z. im Erscheinen: Band 14 und Beiheft 17) seit 1907.

Leiter des der Zentralstelle für Volkswohlfahrt gehörigen Laboratoriums zum Studium psychischer Berufseignungen seit 1916.

Leiter des vom Ausschuss für Berufsberatung bei der Zentralstelle für Volkswohlfahrt errichteten Sekretariats für Berufs- und Wirtschaftspsychologie seit 1917.

Herausgeber der Schriften zur Psychologie der Berufseignung und des Wirtschaftslebens (gemeinsam mit W. Stern) bisher fünf Hefte) seit 1918.

Ich bin Mitglied der Gesellschaft für experimentelle Psychologie, sowie der Erziehungswissenschaftlichen Hauptstelle des Deutschen Lehrvereins, Vorstandsmitglied der Gesellschaft für Hochschulpädagogik, wissenschaftlicher Leiter der Arbeitsgemeinschaft für exakte Pädagogik im Berliner Lehrerverein.

Von meinen Veröffentlichungen sind gesondert erschienen:
- Grundriss der Psychologie für Juristen, mit einem Vorwort von v. Liszt, Leipzig, Barth 2. Auflage 1908-1914.
- Die Wirkung von Suggestivfragen. Leipzig, Barth 1908.
- Grundriss der Psychologie für Pädagogen. Leipzig, Barth 1909.
- Die Spuren interessebetonter Erlebnisse und ihrer Symptome. Theorie, Methoden und Ergebnisse der Tatbestandsdiagnostik. Leipzig, Barth 1911.
- Die Feststellungsmittel der differentiellen und der Individualpsychologie. Im Selbstverlag des Institutes für angewandte Psychologie. 1912.
- Psychische Geschlechtsunterschiede. Leipzig, Barth 1917.
- Psychologische Berufsberatung. Ziele, Grundlagen und Methoden. Berlin, Heymann 1917.
- Wirtschaftpsychologie und psychologische Berufsberatung. Leipzig, Barth 1918.
- Die Berufseignung der Schriftsetzer. Bericht über eine Experimental-Untersuchung. Leipzig, Barth 1918.
- Eine Methode zur Eignungsprüfung von Funktelegraphisten (mit Reichenbach) wird vorläufig nicht veröffentlicht).
- Die Berufseignung hochwertiger Facharbeiter der Metallindustrie; Darstellung einer bei Ludwig Loewe und Co. &. A.G. eingeführten Methode der Lehrlings- Auslese. (Mit Stolzenberg) in Vorbereitung.

Meine sonstigen Arbeiten sind in der psychologischen Fachpresse meist in der Zeitschrift für angewandte Psychologie, sowie in Zeitschriften der Anwendungsgebiete, also in pädagogischen, juristischen, sozial- und allgemeinwissenschaftlichen Zeitschriften erschienen. Sie verteilen sich auf folgende Gebiete:
- Das Anwendungsproblem der Psychologie im Allgemeinen – Anwendungsgebiete der Psychologie 1912.

35 Dokument 06-13: Lebenslauf Otto Lipmann.

- Angewandte Psychologie 1916.
- Die Anwendung der Psychologie auf einzelne Wissenschaften . Wie soll sich der Lehrer zur Psychologie stellen?
- Pädagogische Psychologie 1913.
- Einzelne für die Theorie und Praxis der Anwendungsgebiete wichtige Probleme.
- Praktische Ergebnisse der experimentellen Untersuchung des Gedächtnisses 1903.
- Ein zweites psychologisches Experiment im kriminalistischen Seminar der Universität Berlin 1905.
- Reformvorschläge zur Zeugenvernehmung vom Standpunkt des Psychologen 1905.
- Tatbestandsdiagnostik Kombinationsversuche (mit Wertheimer) 1907.
- Die Technik der Vernehmung vom psychologischen Standpunkt 1909.
- Aussagen über physikalische Demonstrationen (mit Baade) 1911.
- Pädagogical Psychology of Report 1911.
- Das Intelligenzproblem und die Schule 1912.
- Haben die Tiere Bewusstsein? 1913.
- Die Mitwirkung des Psychologen beim „Aufstieg der Begabten" 1917.
- Über Intelligenz, Intelligenz-Prüfung und Intelligenz-Messung 1917/18.
- Die für einige Handwerke bedeutungsvollen psychologischen Eigenschaften und ihre Erkennung 1918.
- Statistik der Berufswechsel 1918.
- Intelligenzmessung zum Problem der schulischen Differenzierung 1918.
- Untersuchungen zur Technik psychologischer Versuche.
- Ein neuer Expositionsapparat mit ruckweiser Rotation für Gedächtnis- und Lernversuche 1908.
- Fragment eines psychographischen Schemas (mit Baade und Stern) 1909.
- Katalog der Ausstellung des Institutes für angewandte Psychologie bei Gelegenheit des 5. Kongresses für experimentelle Psychologie 1912.
- Gedächtnis und Auffassung. Vorschläge zur psychologischen Untersuchung primitiver Menschen 1912.
- Zur Psychologischen Charakteristik der „mittleren Berufe" 1916.
- Über Begriff und Erforschung der „natürlichen Intelligenz" 1918.
- Untersuchungen zur Methodik (besonders der statistischen) der Ergebnis-Wertung.
- Eine Methode zur Vergleichung von zwei Kollektivgegenständen 1908.
- Welche Mindestzahl von Versuchen ist zur Sicherung eines zahlenmäßigen Resultats erforderlich?
- Graphische Darstellungen psychologischer Resultate 1914.

(Auch in meinen sonstigen Arbeiten habe ich mehrfach besondere statistische Methoden entwickelt.)
Die sonst von mir bearbeiteten Probleme sind teils solche der allgemeinen, meist aber solche der differentiellen und der Individual-Psychologie (Psychographie).

- Der Einfluss der einzelnen Wiederholungen auf verschieden starke und verschieden alte Assoziationen 1904.
- Beiträge zur Psychologie und Psychographie des Wollens und Denkens 1911.
- Die Entwicklung der grammatisch-logischen Funktionen 1917.

(Auch die schon vorher erwähnten Arbeiten sind meist differentiell-psychologisch angewandt.)

gez. Dr. O. Lipmann

Die von der Abteilung vorgeschlagene Berufungsliste wurde vom Rektor der Handelshochschule Mannheim extern begutachtet. Er betonte dabei die wissenschaftliche Qualität Moedes und seine besonderen Experimentierfähigkeiten, sodass er gegenüber den anderen Kandidaten zu bevorzugen sei.[36]

Sehr geehrter Herr Kollege!

Von den genannten 3 Herren sind mir Piorkowski und Lipmann nur aus ihren Arbeiten, Moede auch persönlich bekannt.

Ich bedauere außerordentlich, daß Moede durch seine Übersiedelung nach Berlin aus den Kreisen der Mannheimer Bestrebungen ausgeschieden ist, weil er gerade nach der betriebswissenschaftlichen Seite

[36] Dokument 06-14: Abschrift des Schreibens von Professor Dr. Nicklisch, Mannheim, den 4. Juli 1918.

sehr fruchtbar war. Er ist von umfangreichem und tiefem Wissen, auch auf den Grenzgebieten der Psychologie bis zu rein medizinischen Fragen und dabei zur Zeit vielleicht der beste Experimentator, den wir auf diesem Gebiet haben. Seine Persönlichkeit würde auch eine schnelle Anpassung an die neuen Aufgaben voll gewährleisten.
Nach meiner Ansicht stehen die beiden anderen Herren sowohl nach dem Umfange ihres Wissens, wie nach der Fähigkeit zu experimentieren, wie in der Anpassungsfähigkeit an neue Aufgaben beträchtlich zurück.

Mit vorzüglicher Hochachtung
gez. Nicklisch

Habilitation Walther Moedes

Nach der Habilitationsordnung vom 24. April 1884, die keine einheitliche verpflichtende Zutrittsregelung für alle Hochschullehrer geschaffen hatte, mussten sich Personen, die als Privatdozenten an der Hochschule lehren wollten, vorher habilitieren. Als nicht beamteter Hochschullehrer erfüllte der Privatdozent ähnliche Aufgaben wie die beamteten Hochschullehrer, allerdings ohne die Rechte der Beamten, sondern nur deren Pflichten zu übernehmen. Die Vorlesungen und Übungen wurden zwar bei der Beurteilung der Vollständigkeit des Lehrangebots der Abteilungen nicht berücksichtigt, aber auch an der TH Berlin wäre das notwendige Lehrangebot ohne den umfassenden Einsatz von Privatdozenten nicht gewährleistet gewesen.

Die Habilitation als Privatdozent erfolgte über ein bestimmtes Lehrfach an einer bestimmten Hochschule, wobei bei einem Wechsel der Hochschule eine Umhabilitation erforderlich wurde.

Die Einführung neuer Wissenschaftsbereiche innerhalb der Hochschulen durch Privatdozenten blieb wohl nicht ausgeschlossen, war aber äußerst erschwert, denn die Habilitation konnte in der Regel nur für die Lehrfächer erworben werden, die an der Technischen Hochschule durch eine etatmäßige Professur schon vertreten waren. Ausnahmen bedurften der Genehmigung durch Fakultät und Minister und konnten nur für Teilfächer erworben werden.

Das Habilitationsverfahren mit dem Thema „Experimentelle Massenpsychologie", das Walther Moede ursprünglich in Leipzig angestrebt hatte und dort in Folge des Kriegsbeginns nicht zum Abschluss kommen konnte, wurde schließlich 1918 an der Technischen Hochschule zu Berlin eröffnet.[37]

Das Habilitationsgesuch Moedes zielte auf das Fachgebiet „Psychotechnik der industriellen Arbeit". Das Thema des Habilitationsvortrages hieß: „Tatsachen und Gesetze der Massenpsychologie." Alternativ wird als weiteres Thema genannt: „Die praktischen Aufgaben der industriellen Psychotechnik". Als Habilitationsschrift wird die druckfertig vorliegende Arbeit von Prof. Moede über „Experimentelle Massenpsychologie" anerkannt. Sie wird 1920 unter folgendem Titel veröffentlicht:

„Experimentelle Massenpsychologie – Beiträge zur Experimentalpsychologie der Gruppe"
Von Dr. Walther Moede
Privatdozent an der Technischen Hochschule Charlottenburg
Verlag von S. Hirzel in Leipzig 1920.

37 Walther Moede habilitierte sich im WS 1918/19 an der TH Berlin Charlottenburg für Psychotechnik der industriellen Arbeit. Lit. „Experimentelle Massenpsychologie" von Dr. Walther Moede, Privatdozent an der TH Berlin Charlottenburg, Verlag von S. Hirzel, Leipzig 1920.

Bild 6.07: Habilitationsschrift Walther Moedes

Die Habilitation erfolgte für das Fachgebiet „Industrielle Psychotechnik". Über das Habilitationsverfahren finden sich folgende Auszüge in der Niederschrift der Abteilungssitzungen der Abteilung für Maschinen-Ingenieurwesen:[38]

a) Vom 14.11.1918. Habilitationsgesuch Moede. Wahl der Referenten.

Zu Berichterstattern sind gewählt worden:

Prof. Dr.-Ing. Schlesinger und Geheimrat Dr. Wedding.

Sie erstellen die folgenden Gutachten:

Professor Schlesinger schrieb das erste Gutachten:

„Die Schriften des Herrn Dr. Moede sind mir bekannt. Insbesondere sind seine Arbeiten über die Begabtenschulen der Stadt Berlin und die Untersuchung von Gehirngeschädigten bahnbrechend. Ich bin daher für die Zulassung des Herrn Dr. Moede zum Probevortrag und würde das Thema 3 wählen „Tatsachen und Gesetze der Massenpsychologie". Das Thema 1 „Die praktischen Aufgaben der industriellen Psychotechnik" liegt uns zwar näher, jedoch hat Herr Dr. Moede eine Anzahl Vorträge darüber gehalten, die einem großen Teile der Abteilungsmitglieder bekannt sind. Die Anlagen reiche ich ergebenst wieder zurück".

Professor Wedding schrieb das zweite Gutachten:

„Der Studiengang, die Tätigkeit und die schriftlichen bzw. gedruckt vorliegenden Arbeiten des Herrn Dr. Moede lassen den Bewerber geeignet erscheinen, eine Lehrtätigkeit über Psychotechnik auszuüben. Als Habilitationsschrift kann man dabei die Arbeit über die Berliner Begabtenschulen gelten lassen. Es würde unter dieser Voraussetzung dem Fortgang des Verfahrens nichts im Wege stehen."

b) Vom 5.12.1918. Auswahl des Themas und Festsetzung des Termins für den Probevortrag des sich zum Privatdozenten habilitierenden Dr. Moede.

Beschluss: Zulassung genehmigt. Vortrag vor der nächsten Abteilungssitzung über das Thema „Tatsachen und Gesetze der Massenpsychologie".

c) Vom 19.12.1918. Es liegt ein schriftlicher Einspruch der Abteilung für Allgemeine Wissenschaften vor.

---

38 Dokument 06-15: Niederschrift der Abteilungssitzungen der Abteilung für Maschinen-Ingenieurwesen.

Nach Verhandlung des Herrn Professors Dr. Brabbée mit dem Vorsteher der genannten Abteilung und des Herrn Professor Dr.-Ing. Schlesinger mit Herrn Geheimen Regierungsrat Professor Dr. Julius Wolf als Einbringer des betreffenden Antrags der Abteilung für Allgemeine Wissenschaften wird im Einverständnis mit den genannten Herren dieser Abteilung der Probevortrag abgehalten. Der Probevortrag hat stattgefunden. Moede wird als Privatdozent zugelassen.

Die Richtigkeit bescheinigt.
Charlottenburg, 21.12.1918
Der Abteilungsvorsteher
gez. Brabbée

Noch im Dezember 1918 stellt Prof. Schlesinger den folgenden Antrag über die Abteilung für Maschinen-Ingenieurwesen auf Zuteilung geeigneter Räume:[39]

Lehrstuhl für Werkzeugmaschinen und Fabrikbetriebe
Königliche Technische Hochschule
Professor Dr. Ing. Schlesinger
UIT 2469 – 18
Charlottenburg, den 28. Dezember 1918

Herrn Ministerialdirektor
Otto Naumann
Berlin, Unter den Linden

Betr.: Versuchsfeld für Werkzeugmaschinen und Betriebslehre

Euer Exzellenz,

durfte ich im September d. J. über den geplanten Ausbau des Versuchsfeldes nach der Seite der industriellen Psychotechnik Bericht erstatten.

Die damals erwähnte Versammlung hat vor einer großen Zahl Berliner und auswärtiger Großindustrieller stattgefunden. Von den Behörden waren nur die Vertreter der Heeresverwaltung zugegen. Auf Grund der dort gehaltenen Vorträge von Schlesinger, Moede und Niebe wurden meinem Versuchsfeld sofort M 40.000,-- zur Verfügung gestellt und zwar zu meiner persönlichen Disposition.

Herr Dr. Moede hat sich inzwischen bei der Abt. III für industrielle Psychotechnik habilitiert.

Der Verein deutscher Ingenieure hat ferner einen Sonderausschuß unter dem Fabrikbesitzer Riebe eingesetzt, der das Gebiet der industriellen Psychotechnik zum Arbeitsfeld genommen hat und in dem Herr Moede und ich Berichterstatter sind. Die Stadt Berlin will uns bereits Anfang nächsten Jahres, möglichst Mitte Januar, die Prüfung der industriellen Lehrlinge des Maschinenbaues übertragen.

Es ist somit alles in die Wege geleitet, um die außerordentliche Wichtigkeit des Fachgebietes für das allgemeine Wohl nachzuweisen. Es fehlt mir nur zur Aufnahme des Betriebes eines, und das sind Räume. Ich habe versucht, innerhalb der Hochschule freie Räume ausfindig zu machen, um die notwendige Apparatur unterzubringen und glaube solche gefunden zu haben und zwar in der ehemaligen Villa Falkenberg am Knie neben der Bergakademie. In diesem etwas baufälligen Hause sitzen zur Zeit im Obergeschoss der Pförtner, im ersten Geschoß das Baubüro (Baurat Hoffmann), im Erdgeschoß in drei Zimmern Soldaten des Soldatenwachdienstes (Soldatenrat Charlottenburg). Zwei weitere große Räume sind frei. Diese Räume würden zur Not und vorläufig meinen Erfordernissen genügen. Ich bitte daher Ew. Exzellenz mir die Räume zu überweisen und, wenn irgend möglich, dem Bauamt den Auftrag zu geben, sie etwas wohnlicher zu gestalten. Ich glaube, daß die Kosten unerheblich sind.

Da wir, wie gesagt, bereits zwischen dem 10. und 15. Januar die Eignungsprüfungen für die Stadt Berlin aufnehmen möchten, so erbitte ich eine möglichst sofortige Entscheidung.

Ich habe mir erlaubt, den Brief selbst zu überbringen, um gegebenenfalls mündliche Aufschlüsse zu geben.

Mit ausgezeichneter Hochachtung
sehr ergebenst
Schlesinger

[39] Dokument 06-16: Vlg. auch Schlesingers Antrag auf Erlaubnis zur Aufstellung „einer Baracke auf dem in der nächsten Nähe der Hochschule gelegenen Hypodrom“, 18. Dezember 1918.

Rückblick

Die aufgezeigten Dokumente machen deutlich, welche entscheidende Weichenstellung das Jahr 1918 für Walther Moede hinsichtlich seiner weiteren wissenschaftlichen und beruflichen Entwicklung brachte. So war der Weg zur Technischen Hochschule Charlottenburg vorgezeichnet. Nun kam es darauf an, die organisatorische Kraft und den Mut zum Neuen zur Wirkung zu bringen: Walther Moede hatte den Auftrag, ein Institut für industrielle Psychotechnik aufzubauen und zur Blüte zu führen. Die äußeren Bedingungen waren allerdings sehr schwierig. Die November-Revolution und das Kriegsende führten zunächst zu einer sehr labilen gesellschaftlichen Situation, wie die folgende Ereigniskette zeigt:

- 4. Nov. 1918 Rote Fahnen auf deutschen Kriegsschiffen,
- 6.-8. Nov. 1918 Revolution in Hamburg und München,
- 9. Nov. 1918 Revolution in Berlin,
- 10. Nov. 1918 Abdankung des Kaisers und Thronverzicht des Kronprinzen,
- 11. Nov. 1918 Waffenstillstand.

Walther Moede war auf Grund seiner Erfolge als verantwortlicher Heerespsychologe mit der Gesamtleitung aller Eignungsprüfungen für die Kraftfahrtruppen im Deutschen Heer betraut und am 26. April 1918 zum Militär-Oberbeamten beim Kommando der Kraftfahr-Ersatzabteilung Berlin ernannt worden.

Ein weiterer Erfolg war die 1917 im Nebenamt durchgeführte, vom Magistrat der Stadt Berlin beauftragte Untersuchung zur Auslese hoch befähigter Volksschüler für die Berliner Begabtenschulen. Walther Moede und Curt Piorkowski hatten sich damit als Schulpsychologen profiliert und neue Wege in der experimentellen Pädagogik aufgezeigt.

Während seines Kommandos in Mannheim zur Einrichtung und Leitung einer Prüfstelle der dortigen Kraftfahr-Ersatzabteilung übernahm Walther Moede einen Lehrauftrag an der Handelshochschule Mannheim, wo er auch ein erstes wirtschaftspsychologisches Labor aufbaute. Er hatte dort hohe Anerkennung für die geleistete Arbeit durch den Rektor Professor Dr. Nicklisch erfahren.

Mit der Einladung zu einem VDI-Vortrag des Berliner Bezirksvereins am 6. März 1918 war Walther Moede der Zugang zur industriellen Wirtschaft erschlossen. Seine Ausführungen überzeugten insbesondere die Betriebsingenieure. Sie gaben Anstoß zur Gründung eines VDI-Ausschusses für industrielle Psychotechnik. Gleichzeitig hatte Professor Schlesinger die Initiative ergriffen, an seinem Versuchsfeld auch eine Arbeitsgruppe für Psychotechnik einzurichten. Er trieb die Gründung der Forschungsgesellschaft für betriebswissenschaftliche Arbeitsverfahren voran und erreichte damit die Sicherung der Finanzierung dieses neuen Arbeitsgebiets.

Walther Moede erkannte seine großen Chancen. Er beantragte, von Schlesinger gefördert, sein Habilitationsverfahren in der Abteilung für Maschinen-Ingenieurwesen der TH Charlottenburg, das noch vor Ende des Jahres 1918 abgeschlossen werden konnte. Parallel dazu war er mit der Leitung der inzwischen gegründeten Arbeitsgruppe beauftragt. Welch ein Erfolg: Privatdozent Dr. phil. Walther Moede, Leiter der Abteilung für industrielle Psychotechnik am Versuchsfeld von Professor Schlesinger. So konnte er den feldgrauen Uniformrock an den Haken hängen. Der Krieg war zu Ende und damit auch die Weiterentwicklung der Heerespsychologie.

Mit Curt Piorkowski war Walther Moede weiterhin kollegial verbunden. Sie wohnten beide in Berlin-Schöneberg, Luitpoldstraße 14 III. Hier war auch das gemeinsame Büro für die Redaktion der 1919 von Moede und Piorkowski herausgegebenen Zeitschrift „Praktische

Psychologie". Es ging um die Erringung des Marktes zur Sicherung von Aufträgen, es ging aber auch um die wissenschaftlichen Grundlagen zur Weiterentwicklung der Psychotechnik.

Walther Moede war erst 30 Jahre alt, von Schlesinger beflügelt, und mit einer großen Aufgabe betraut. Der Start war gelungen und der Weg vorgezeichnet, von Mühsal und harter Arbeit begleitet.

Die Familie Walther Moedes blieb ein Zentrum der Geborgenheit. Die Verbindung zu den Eltern pflegte Walther Moede trotz der knappen Zeit weiterhin durch Besuche und Korrespondenz. Seine Mutter war seit Jahren schwächlich, ihr Gesundheitszustand bereitete ernste Sorgen. Sie starb im Frühjahr 1919.

7 Arbeitsgruppe für industrielle Psychotechnik (1919-1923)

Politische Rahmenbedingungen der Nachkriegszeit[1]

Der Erste Weltkrieg mit seinem bis dahin unvorstellbaren Ausmaß an Zerstörung und Leid durch moderne Waffentechniken und neue Methoden strategischer Kriegsführung sowie mit seiner ganz auf militärische Ziele und Erfordernisse ausgerichteten Umstrukturierung von Staat, Wirtschaft und Gesellschaft muss als historischer Einschnitt von epochaler Bedeutung angesehen werden. Das territoriale Gesicht Europas veränderte sich grundlegend, alte Reiche brachen auseinander, zahlreiche neue Staaten entstanden. Die politischen und sozialen Ordnungen der Kaiserreiche Russland und Deutschland sowie der österreichisch-ungarischen Monarchie lösten sich auf. Etwa zehn Millionen Kriegstote, mehr als 20 Millionen Verwundete und ungefähr acht Millionen Kriegsgefangene und Vermisste, ein von hoher Staatsverschuldung und kriegsbedingter Inflation zerrüttetes europäisches Finanzsystem und die harten Friedensbedingungen für die Mittelmächte führten über Jahre hinweg zu teilweise bürgerkriegsartigen Richtungskämpfen um die künftige innenpolitische Ordnung.

Die wirtschaftliche Instabilität und politische Radikalisierung belastete auch die Weimarer Republik von Anfang an stark. Die unerwartet lange Dauer des Kriegs mit seinen hohen finanziellen Belastungen, die wachsende Inflation und die Rationierung von Lebensmitteln hatten die von der Kriegseuphorie nur vordergründig überdeckten inneren Spannungen wieder hervorbrechen lassen. Spätestens seit 1916/17 war es zu inneren Krisen, Massenprotesten und Streiks gekommen, nicht zuletzt weil die staatlich gelenkte Kriegswirtschaft die Freiheit von Unternehmern und Arbeiterschaft zunehmend einengte. Immer größere Teile der Bevölkerung waren von Kriegsmüdigkeit und politischer Unzufriedenheit erfasst worden, die in einen Ruf nach sofortiger Beendigung des Krieges und inneren Reformen der gesellschaftlichen Verhältnisse mündeten.

Bereits die Entstehung der Republik bis zur Verabschiedung der Weimarer Verfassung durch die Nationalversammlung im August 1919 war entscheidend durch die Niederlage im Krieg bestimmt, deren Tragweite erst durch die erzwungene Annahme des Friedensvertrages in vollem Umfang geklärt wurde. Im Mai 1919 waren die harten Bedingungen des Versailler Vertrags in Deutschland bekannt geworden und stießen bei nahezu allen Parteien auf einhellige Ablehnung. Der Vertrag stellte in zweierlei Hinsicht eine starke Belastung für die junge Republik dar: zum einen durch die enorme Reparationslast, die den Wiederaufbau im hoch verschuldeten und von galoppierender Inflation geplagten Deutschland erschwerte, zum anderen dadurch, dass er den extrem rechten politischen Gruppierungen im Reich Propagandamaterial für die Agitation gegen die Weimarer Demokratie lieferte. Darüber hinaus hatten eine Demokratisierung und Entmilitarisierung von Staat und Gesellschaft nicht stattgefunden. Zusammen mit der fortschreitenden Inflation, die im November 1923 ihren Höhepunkt fand, stärkte dieses Klima die antidemokratische Opposition auf der Linken ebenso wie auf der Rechten (Kapp-Putsch, Hitler-Putsch).

---

[1] Spur, G.; Fischer, W.: Georg Schlesinger und die Wissenschaft vom Fabrikbetrieb. Carl Hanser Verlag, München, Wien 2000, S. 240 ff.

Noch 1923 setzte dann aber mit der Währungsreform und im folgenden Jahr mit dem Dawesplan zur Klärung der Reparationsfrage eine gewisse Entspannung und eine Phase der Erholung ein. Abgesehen von der Konsolidierungsphase zwischen 1924 und 1929 blieb jedoch der fragile Zustand der Republik ein Charakteristikum der ersten deutschen Demokratie.[2]

Die Novemberrevolution hatte das allgemeine Wahlrecht, den Achtstundentag, die Anerkennung der Gewerkschaften als Tarifpartner und die Einrichtung von Betriebsräten gebracht. Die sich bis 1923 beschleunigende Inflation und die so genannte „Reinigungskrise" 1925/26 führten zu wirtschaftlichen Konzentrations- und Zentralisationsbewegungen und schufen so die Voraussetzungen für die Einführung von Rationalisierungsmaßnahmen, mit deren Hilfe die durch Arbeitszeitbeschränkungen entstandenen „Verluste" kompensiert und die frühere Stellung auf dem Weltmarkt wiedererlangt werden sollten. Während die Siegerländer 1920/21 eine Überproduktionskrise mit erheblichem Produktionsrückgang durchmachten, gelang der deutschen Industrie der Übergang zur Friedenswirtschaft mit Hilfe staatlicher Maßnahmen relativ rasch, sodass bereits 1922 das Produktionsniveau der Vorkriegszeit erreicht war. Zur Durchführung der Rationalisierungsmaßnahmen entstanden innerhalb kürzester Zeit 600 private Rationalisierungsverbände, 85 staatliche Stellen sowie 67 staatliche Prüf- und Forschungseinrichtungen[3], zentral verknüpft durch das 1921 mit gewerkschaftlicher und staatlicher Beteiligung gegründete Reichskuratorium für Wirtschaftlichkeit (RKW). Gestützt durch eine entsprechende staatliche Technikpolitik und als Teil der Wirtschaftspolitik wurde die Rationalisierung in umfangreichen Kampagnen als Allheilmittel gegen Krisen und Massenarbeitslosigkeit propagiert. Erleichtert wurde die rasche Durchsetzung der Rationalisierung und der damit einhergehende Aufschwung der Psychotechnik auch durch die widersprüchlichen Positionen innerhalb der Arbeiterbewegung, die zumeist den technisch-wissenschaftlichen Fortschritt begrüßte, in der Psychotechnik zum Teil sogar die Chance einer Vorbereitung des Übergangs zum Sozialismus sah[4] und lediglich eine bessere Kontrolle der sozialen Auswirkungen forderte.[5]

Zu den zentralen Problemstellungen nach dem Krieg zählte der kriegsbedingte Mangel an qualifizierten Arbeitskräften. Dass die „Lehrlingsauslese" zu einem Hauptbetätigungsfeld der Psychotechnik werden konnte, erklärt sich großteils aus dem erheblichen Bedarf an Fachkräften für Handwerk und Industrie, der zudem die Verlagerung der Lehrlingsausbildung in Großbetriebe beschleunigte.[6]

---

2 Vgl. zum Vorstehenden: Nipperdey, Thomas: Deutsche Geschichte 1866-1918, 2. Bd.: Machtstaat vor der Demokratie, München 1992; Erdmann, Karl Dietrich: Der Erste Weltkrieg (Gebhardt Handbuch der deutschen Geschichte [Taschenbuchausgabe] 18), 6. Aufl., München 1986; Kolb, Eberhard: Die Weimarer Republik (Oldenbourg, Grundriß der Geschichte 16), 2. durchges. und erg. Aufl., München 1988.

3 Vgl. Mottek, Hans; Becker, Walter; Schröter, Alfred: Wirtschaftsgeschichte Deutschlands. Ein Grundriß, Bd. III, Berlin/Ost 1974/1975, S. 267.

4 So z. B. Lewin, K.: Die Sozialisierung des Taylorsystems. Eine grundsätzliche Untersuchung zur Arbeits- und Betriebspsychologie (Schriftenreihe Praktischer Sozialismus IV), Berlin 1920.

5 Vgl. Jaeger; Staeuble, a.a.O., S. 73/74; u. Jaeger, a.a.O., S. 102.

6 Vgl. Jaeger; Staeuble, a.a.O., S. 75; u. Muth, a.a.O., S. 3 ff.

Betriebswissenschaft in der Fakultät für Maschinenwirtschaft[7]

Die Entwicklung des Lehrstuhls für Werkzeugmaschinen und Fabrikbetriebe an der TH Berlin ist in zweifacher Hinsicht beispielhafter Ausdruck des Zeitgeschehens, denn sie dokumentiert den Verlauf der Hochschulreformen in der Zeit der Weimarer Republik ebenso wie die Geschichte der Betriebswissenschaft und der Psychotechnik in Deutschland.

In den Jahren nach dem Ersten Weltkrieg widmeten sich Schlesinger und seine Mitarbeiter dem systematischen Aufbau des Lehrstuhls, der Vertiefung ihrer Forschungstätigkeit und dem Ausbau des Versuchsfelds. Die Einführung des Oberbegriffs „Betriebswissenschaft" für die von Schlesinger und seinen Mitarbeitern durchgeführten Lehrveranstaltungen und die Umbenennung des Versuchsfelds in „Versuchsfeld für Werkzeugmaschinen und Betriebswissenschaft" im Jahr 1924 zeigen, welchen Verlauf die Entwicklung in dieser Zeit genommen hat. Schlesinger erkannte früh die Vielschichtigkeit der Zusammenhänge innerhalb der Industrieproduktion und machte deshalb die zuerst in Amerika formulierten Überlegungen der wissenschaftlichen Betriebsführung zum Ausgangspunkt seiner eigenen Untersuchungen, die dann maßgeblich zur Etablierung der Betriebswissenschaft in Deutschland beitrugen. Die unter seiner Leitung entfalteten Aktivitäten an der Berliner Technischen Hochschule waren in besonderer Weise Ausdruck der Ideen der Rationalisierungsbewegung, die wiederum durch die Arbeit des Lehrstuhls maßgeblich beeinflusst wurde.

Umbenennungen, Umstrukturierungen und Erweiterungen resultierten zum einen aus der Einführung der Fakultätsverfassung und der damit einhergehenden allgemeinen Neuorganisation der Berliner Technischen Hochschule. Gleichzeitig sind sie aber auch als Indizien für die zunehmende Institutionalisierung und Etablierung der Betriebswissenschaft an der TH Berlin anzusehen.

Durch die Einführung der Fakultätsverfassung wurde die bisherige Abteilung für Maschinen-Ingenieurwesen im Studienjahr 1922/23 in die Fakultät für Maschinenwirtschaft eingegliedert. Die neu geschaffene Fakultät setzte sich zunächst aus den Abteilungen für Maschinenbau, Elektrotechnik und Schiffbau zusammen.[8] Im Studienjahr 1924/25 wurde lediglich zwischen zwei Fachabteilungen, der für Maschineningenieurwesen (Maschinenbau und Elektrotechnik) und der für Schiff- und Schiffsmaschinenbau, unterschieden, wobei letztere 1925/26 um den Luftfahrzeugbau ergänzt wurde, der dann schließlich ab dem Studienjahr 1926/27 als eigene Abteilung neben dem Maschinenbau, der Elektrotechnik und dem Schiffbau in der Fakultät für Maschinenwirtschaft geführt wurde.

Die Benennung „Maschinenwirtschaft" kann als eines der Indizien für die Bemühungen der Technischen Hochschule Berlin angesehen werden, neben den technischen auch die wirtschaftlichen Aspekte der in den zwanziger Jahren in Deutschland zum Durchbruch gelangenden Rationalisierungsbewegung stärker zu berücksichtigen und so das Reformkonzept „Technik und Wirtschaft" in Lehre und Forschung umzusetzen.[9]

Auch am Lehrstuhl für Werkzeugmaschinen, Fabrikanlagen und Fabrikbetriebe kam es in der Weimarer Zeit zu verschiedenen Umbenennungen sowie zu echten strukturellen Veränderungen. So fand auf organisatorischer Ebene eine Ausdifferenzierung des Lehrstuhls statt. Gleichzeitig erfuhr der betriebswissenschaftliche Ansatz, der bis Ende des Ersten Weltkriegs

---

7 Spur, G.; Fischer, W.: Georg Schlesinger und die Wissenschaft vom Fabrikbetrieb. Carl Hanser Verlag, München, Wien 2000, S. 259 ff.

8 Vgl. hier und im Folgenden die TH-Programme für die Studienjahre 1918/19 bis 1933/34.

9 Vgl. Rürup: Die Technische Universität Berlin 1879-1979, a.a.O., S. 23.

sozusagen implizit im Schaffen Georg Schlesingers und seiner Mitarbeiter, also des Lehrstuhls für Werkzeugmaschinen, Fabrikbetriebe und Fabrikanlagen enthalten war, in den zwanziger Jahren seine Institutionalisierung. Zum Ausdruck kommt dies sowohl in der zweimaligen Umbenennung des Versuchsfelds in der Weimarer Zeit als auch in der fachlichen Gruppierung der Lehrveranstaltungen – einer Neuerung, die zeitgleich mit der Fakultätsverfassung eingeführt worden war. So wurden seit dem Studienjahr 1922/23 verschiedene Lehrveranstaltungen thematischen Sammelbegriffen zugeordnet. Die Veranstaltungen Schlesingers und seiner Mitarbeiter wurden zunächst unter der Benennung „Fertigung einschließlich Psychotechnik" geführt, seit dem Studienjahr 1924/25 dann unter „Betriebswissenschaft". Diesem Oberbegriff waren von 1922/23 bis 1926/27 auch die Lehrveranstaltungen des Privatdozenten und Konstruktionsingenieurs August Hilpert zugeordnet, der Mitarbeiter von Professor E. Reichel war.

Bild 7.01: Ordentliche Professoren der Abteilung Maschinen-Ingenieurwesen im Zeitraum von 1890 bis 1918 (nach Amtsantritt geordnet)

Organisatorisch war die Professur Georg Schlesingers bis zum Studienjahr 1921/22 in der Abteilung für Maschinen-Ingenieurwesen und seit dem Studienjahr 1922/23 in der (Fach-) Abteilung für Maschinenbau der Fakultät für Maschinenwirtschaft (seit 1929/30 für Maschinenwesen) angesiedelt. In den Akten des Kultusministeriums finden sich keine Belege für eine Umbenennung des Lehrstuhls, dessen offizielle Benennung seit der Gründung 1904 „Lehrstuhl für Werkzeugmaschinen, Fabrikanlagen und Fabrikbetriebe" lautete. In den Briefköpfen Schlesingers heißt es jedoch bereits seit 1906 durchgängig „Lehrstuhl für Werkzeugmaschinen und Fabrikbetriebe". Unklar ist, ob es sich hier um eine offiziell genehmigte Änderung oder eine informelle Abkürzung handelt.[10]

Offiziell von Schlesinger beantragt und vom Kultusminister genehmigt wurden in jedem Fall die Umbenennungen des Versuchsfelds für Werkzeugmaschinen, erstmals im Jahr 1919 in „Versuchsfeld für Werkzeugmaschinen und Betriebslehre", ein zweites Mal im Jahr 1924 in die bis auf weiteres gültige Benennung „Versuchsfeld für Werkzeugmaschinen und Betriebswissenschaft".[11] Beide Namensänderungen erscheinen in den TH-Programmen nicht bzw. erst mit einigen Jahren Verspätung. So wird das Versuchsfeld bis zum Studienjahr 1927/28 unter der Rubrik „Institute und Sammlungen" als „Versuchsfeld für Werkzeugmaschinen" und erst danach als „Versuchsfeld für Werkzeugmaschinen und Betriebswissenschaft" aufgeführt. Lediglich im Text, der die Aufgaben des Versuchsfelds beschreibt, erscheint seit dem Studienjahr 1919/20 der offizielle Zusatz „Betriebslehre":[12]

> „Das Versuchsfeld für Werkzeugmaschinen und Betriebslehre dient gleichmäßig dem Unterricht, der Forschung und unmittelbar der Industrie, indem es auf besonderen Antrag einschlägige Untersuchungen ausführt.
>
> Die Einrichtungen des Versuchsfeldes gestatten die Untersuchung von Werkzeugmaschinen auf Güte und Leistungsfähigkeit, die Untersuchung von Werkzeugen, Betriebsmitteln und Arbeitsverfahren und psychotechnische Untersuchungen."

Erstmals werden in diesem Text auch die explizite Industrieorientierung des Versuchsfelds sowie die Erweiterung des Angebots um psychotechnische Untersuchungen aufgeführt, die mit der Einrichtung der „Gruppe für industrielle Psychotechnik" am Versuchsfeld im Jahr 1918 einherging.

Georg Schlesinger war neben seiner ordentlichen Professur für Werkzeugmaschinen und Betriebslehre auch als Generalbevollmächtigter für die Spandauer Heereswerkstätten bis Juli 1919 zuständig. Für die Studienjahre 1919/20 und 1920/21 war Schlesinger in den Akademischen Senat gewählt worden. Im Studienjahr 1920/21 war er darüber hinaus für die Dauer eines Jahres Vorsteher der Abteilung für Maschinen-Ingenieurwesen. Im gleichen Jahr, d. h. 1920, schied er aus der Bibliothekskommission aus.

Zusammenfassend lässt sich festhalten, dass im Zuge der TH-Reform und der sich durchsetzenden Rationalisierungsbewegung eine Ausdifferenzierung des Lehrstuhls für Werkzeugmaschinen und Fabrikbetriebe erfolgte, die mit einer Erweiterung des Lehr- und For-

---

10 Bereits in den Akten bzgl. der Lehrstuhlgründung finden sich wahlweise die offizielle und diese kürzere Benennung.

11 Dokument 07-01: Vgl. das Genehmigungsschreiben des Kultusministers an den Rektor der TH Berlin vom 4. April 1919 (GStAPK I. HA, Rep. 76 Vb, Sekt. 4, Tit. X, Nr. 53, Bd. I, Betr.: Versuchsfeld, Bl. 115) sowie Dokument 07-02 die Aktenabschrift des Schreibens Schlesingers an den Kultusminister vom 8. April 1924 (GStAPK I. HA, Rep. 76 Vb, Sekt. 4, Tit. X, Nr. 53, Bd. I, Betr.: Versuchsfeld, Bl. 164).

12 Technische Hochschule zu Berlin. Programm für das Studienjahr 1919-1920, Berlin o. J. (1919), S. 206-207.

schungsbetriebs einherging. Betrachtet man die strukturellen Veränderungen am Schlesinger-Lehrstuhl in der Weimarer Zeit in ihrer Gesamtheit, so lassen sich drei Phasen unterscheiden, die weitgehend mit der in der Geschichtsschreibung üblichen Periodisierung der Weimarer Republik übereinstimmen. Sie werden als Phase des Wiederaufbaus bis zur Inflationskrise 1923/24, dann als Phase des Aufschwungs und Wachstums bis etwa 1929 und schließlich als Phase der globalen Rezession und deren Auswirkung auf die gerade wieder erstarkte deutsche Wirtschaft beschrieben.

Georg Schlesinger

Max Kurrein

Walther Moede

Werner von Schütz

Bild 7.02: Lehrkörper am Versuchsfeld für Werkzeugmaschinen und Betriebslehre 1923/24

Die Phase des Wiederaufbaus von 1918/19 bis 1923/24, in welche die durch die Einführung der Fakultätsverfassung bedingten allgemeinen Umstrukturierungen an der TH Berlin fallen, ist charakterisiert durch die Fortführung bzw. Wiederaufnahme des durch den Krieg beeinträchtigten Lehr- und Forschungsbetriebs. Gleichzeitig zeugen die Einrichtung der

„Gruppe für industrielle Psychotechnik" am Versuchsfeld für Werkzeugmaschinen, die erste Umbenennung des Versuchsfelds und die erstmalige Zusammenfassung betriebswissenschaftlich orientierter Veranstaltungen unter der Sammelbenennung „Fertigung einschließlich Psychotechnik" im Studienjahr 1922/23 von einer inhaltlichen Ausweitung des Fachs, die mit einer stärker betriebswissenschaftlichen und wirtschaftlichen Ausrichtung einhergeht.

Mit der Einführung des Oberbegriffs „Betriebswissenschaft" für die von Schlesinger und seinen Mitarbeitern durchgeführten Lehrveranstaltungen im Studienjahr 1924/25 beginnt die Phase des Aufschwungs und der Konsolidierung der Betriebswissenschaft. Betriebswissenschaftliche Inhalte flossen nicht mehr nur implizit in Lehre und Forschung ein, sondern wurden explizit unter dieser Benennung angeboten und zunehmend ausgeweitet. Zahlreiche Aufstockungen des Lehrpersonals und die entsprechenden Ausweitungen des betriebswissenschaftlichen Lehrangebots fallen in die Jahre zwischen 1924 und 1928. Die folgende Tafel zeigt einen chronologischen Überblick der Strukturveränderungen.

1918	**Einrichtung der „Gruppe für industrielle Psychotechnik"** **im Versuchsfeld für Werkzeugmaschinen**	
27.2.1919	Genehmigter Antrag zur Umbenennung in: **Versuchsfeld für Werkzeugmaschinen und Betriebslehre**	
1919/20	Benennung im TH-Programm: Versuchsfeld für Werkzeugmaschinen Vorsteher: Prof. Dr.-Ing. Schlesinger Betriebsingenieur: Dr. techn. Kurrein Konstruktionsingenieur: Prof. Rambuschek (1917/18: noch Ingenieur Rambuschek) **Gruppe für industrielle Psychotechnik**: Dr. Moede	
1920/21	Benennung im TH-Programm: Versuchsfeld für Werkzeugmaschinen Vorsteher: Prof. Dr.-Ing. Schlesinger Betriebsingenieur: Dr. techn. Kurrein Konstruktionsingenieur: Prof. Rambuschek **Industrielle Psychotechnik**: Dr. Moede	
1923/24	Benennung im TH-Programm: Versuchsfeld für Werkzeugmaschinen und **Institut für industrielle Psychotechnik** Vorsteher: Prof. Dr.-Ing. Schlesinger Betriebsingenieur: Prof. Dr. techn. Kurrein Konstruktionsingenieur: Dr.-Ing. von Schütz **Industrielle Psychotechnik:** **Leiter:** Prof. Dr. Moede	
29.4.1924	Genehmigter Antrag zur Umbenennung in: **Versuchsfeld für Werkzeugmaschinen und Betriebswissenschaft**	
1925/26	Benennung im TH-Programm: Versuchsfeld für Werkzeugmaschinen Vorsteher: Prof. Dr.-Ing. Schlesinger Betriebsingenieur: Prof. Dr. techn. Kurrein Konstruktionsingenieur: Dr.-Ing. von Schütz	Benennung im TH-Programm: **Institut für industrielle** **Psychotechnik** **Vorsteher:** Prof. Dr. Moede
1928		Genehmigter Antrag zur Umbenennung in: **„Institut für industrielle** **Psychotechnik und** **Arbeitstechnik"**

Aufbau der Arbeitsgruppe für industrielle Psychotechnik[13]

Organisatorische Entwicklung

Die Gruppe für industrielle Psychotechnik war dem Lehrstuhl Schlesinger zugeordnet, sie war aber als solche zunächst keine Einrichtung der Technischen Hochschule. Finanziert wurde sie durch die Forschungsgesellschaft für betriebswissenschaftliche Arbeitsverfahren sowie durch verschiedene Auftragsarbeiten.[14] Die Leitung übernahm der Privatdozent Dr. Walther Moede.

Die Einrichtung einer Arbeitsgruppe für industrielle Psychotechnik als Abteilung des Versuchsfeldes für Werkzeugmaschinen und Betriebslehre unter Professor Schlesinger wurde am 29. Januar 1919 öffentlich bekannt gegeben. Die ausführliche Pressemitteilung hatte folgenden Wortlaut:[15]

Errichtung eines Instituts für industrielle Psychotechnik.

Wie die „Hochschulkorrespondenz“ erfährt, habilitierte sich an der Berliner Technischen Hochschule Dr. Walter Moede für das Gebiet der industriellen Psychotechnik; gleichzeitig erhielt er die Leitung der Arbeitsgruppe für industrielle Psychotechnik, die als Abteilung des Versuchsfeldes für Werkzeugmaschinen und Betriebslehre des Professors Dr. Schlesinger in Errichtung begriffen ist. Seine Antrittsvorlesung behandelte die „Tatsachen und Gesetze der experimentellen Massenpsychologie“. Dr. Moede promovierte an der Universität Leipzig mit einer Arbeit über Gedächtnis in Psychologie, Physiologie und Biologie, nachdem er sich dem Studium der Philosophie, Psychologie, Pädagogik sowie Naturwissenschaften gewidmet hatte. Alsdann arbeitete er im Wundtschen Laboratorium für Experimentalpsychologie der Universität Leipzig, wo seine erste größere experimentelle Studie dem Zeitsinn gewidmet war. Er wurde darauf Assistent am gleichen Institut, wo er in der Abteilung für experimentelle Pädagogik den Einführungskursus zu lesen hatte. Diese Stellung bekleidete er bis Kriegsausbruch. Während des Krieges betätigte er sich als angewandter Psychologe im Heeresdienste. Zunächst errichtete er ein Laboratorium für Gehirnbeschädigte im Reservelazarett Leipzig, ging alsdann zur Kraftfahrtruppe über, wo er das psychologische Prüfungswesen mitbegründete. Gegenwärtig ist er als Leiter der psychologischen Prüfungslaboratorien der Kraftfahr-Ersatzabteilungen bei der Inspektion der Kraftfahrtruppen tätig. Als erster Schulpsychologe erhielt er gemeinsam mit Dr. Piorkowski den Auftrag, experimentelle Prüfungsmethoden für die Auswahl hochbefähigter Kinder vorzuschlagen und die Prüfungen für die Berliner Begabtenschulen vorzunehmen. An der Handelshochschule Berlin erhielt er einen Lehrauftrag über Psychologie der Reklame auf experimenteller Grundlage. Auch dieses Gebiet wurde damit erstmalig in systematischer Weise der experimentellen Arbeit erschlossen. Im Verein Deutscher Ingenieure ist er als fachpsychologischer Beirat des von Direktor Riebe geleiteten Arbeitsausschusses für industrielle Psychotechnik tätig. Seine Arbeiten beziehen sich auf Philosophie, reine und vor allem angewandte Psychologie sowie Pädagogik. Besonders eingehend studierte er die Massenpsychologie auf experimenteller Grundlage, worüber er in besonderen Aufsätzen über Chorlernen und Einzellernen, Wetteifer, Sozial- und Massenpsychologie u.a.m. berichtete. Von größeren Arbeiten heben wir hervor: Die Untersuchung und Übung der Gehirngeschädigten nach experimentellen Methoden (Beyer und Söhne, Langensalza) sowie die Berliner Begabtenschule und die experimentellen Methoden der Schülerauswahl (Beyer und Söhne, Langensalza) ferner: Die Experimentalpsychologie im Dienste des Wirtschaftslebens (Springer, Berlin 1918). Der Schwerpunkt seiner gegenwärtigen wissenschaftlichen Bestrebungen liegt in der Psychologie und ihren Anwendungen, wobei er bisher besonders Wirtschaftspsychologie und Pädagogik mit gro-

---

13 Vgl. zum Folgenden auch Spur, Günter; Klooster, Thorsten: Die Anfänge der Psychotechnik an der TH Berlin-Charlottenburg 1918 bis 1924. Aus der Geschichte des Instituts für Werkzeugmaschinen und Fabrikbetrieb der TU Berlin, in ZWF 94 (1999), S. 286-290 sowie Spur, Günter; Voglrieder, Sabine; Klooster, Thorsten: Von der Psychotechnik zur Arbeitswissenschaft: Gründung und Entwicklung des Instituts für Industrielle Psychotechnik an der TH Berlin-Charlottenburg 1918-1933, Berlin, 2000. In: Berlin Brandenburgische Akademie der Wissenschaften, Berichte und Abhandlungen; Bd. 8, 2000.

Schlesinger, Georg: Das Meisterproblem. In: Werkstattstechnik XVI, 1922, S. 530-535.

14 Jahresbericht des VDI-Bezirksvereins für 1918. Arbeitsausschuß für industrielle Psychotechnik. In: Monatsblätter des Berliner Bezirksvereins deutscher Ingenieure. Nr. 12, Berlin 1918, S. 123-128, hier S. 127.

15 Dokument 06-27: Hochschulkorrespondenz – Zeitungskorrespondenz für Wissenschaft, Kunst, Literatur usw. Herausgegeben von. Dr. A. Wiesenberg, Berlin Friedenau, Kaiserallee 103, Nr. 24, 17. Jg., 29.1.1919.

ßem Erfolge bearbeitete. Die Technische Hochschule errichtete damit das erste Deutsche Hochschulinstitut für Wirtschaftspsychologie. Erstmalig wurden in diesem Institute im Rahmen der allgemeinen Berliner Begabtenprüfungen im Auftrage des Stadtschulrates Dr. Reimann die technisch und als Facharbeiter hochbefähigten Volksschüler einer besonderen experimentellen Eignungsprüfung unterzogen. Neben der systematischen Forschung der industriellen Berufseignung wird das Institut der wissenschaftlichen Berufsberatung dienen. Neben der Lehrlingsauslese wird der experimentellen Eignungsprüfung des Industriearbeiters eingehende Beachtung geschenkt. Auch die Rationalisierung der Arbeitsprozesse sowie die psychotechnische Begutachtung der Fertigstücke werden im Institute einer eingehenden wissenschaftlichen Bearbeitung unterzogen. Neben der Forschungsarbeit liegt der Schwerpunkt der Neugründung auf der Nutzanwendung der gewonnenen Ergebnisse für die praktisch-industrielle Betriebsführung. Die einführenden Übungen zur industriellen Psychotechnik nebst charakterlichen Untersuchungen von Lehrlingen und Arbeitern beginnen Februar 1919. Berufsberater dürfen von diesen experimentellen Eignungsprüfungen großen Nutzen ziehen.

Offensichtlich gab es anfangs Schwierigkeiten bezüglich des offiziellen Status der „Gruppe“ bzw. ihres Leiters, Walther Moede, der zunächst als Privatdozent an der TH Berlin tätig war und gleichzeitig einen Lehrauftrag an der Berliner Handelshochschule innehatte. So heißt es im Schreiben des Kultusministers an den Rektor der TH Berlin vom 4. April 1919, in dem die erste Umbenennung des Versuchsfelds genehmigt wurde:[16]

„Nach der Etatbezeichnung und auch im Hochschulprogramm führt das dem Prof. Schlesinger unterstellte Versuchsfeld die Bezeichnung „Versuchsfeld für Werkzeugmaschinen“. Auf den Antrag, in die Bezeichnung auch die Betriebslehre mit aufzunehmen, ist die Entscheidung weiterer Erwägung vorbehalten worden. Auf die mündlichen Darlegungen Schlesingers wird nunmehr genehmigt, daß das Versuchsfeld die Bezeichnung „für Werkzeugmaschinen und Betriebslehre“ führt. Da der Begriff Betriebslehre eine vielfältige Auslegung erfahren kann, erwarte ich, daß organisatorische Maßnahmen im Versuchsfeld, welche mit Rücksicht auf dieses Arbeitsgebiet geplant sind, mir zunächst vorgetragen werden. Zu diesen Maßnahmen würden die Bildung neuer Abteilungen und deren Besetzung mit Abteilungsleitern gehören.“

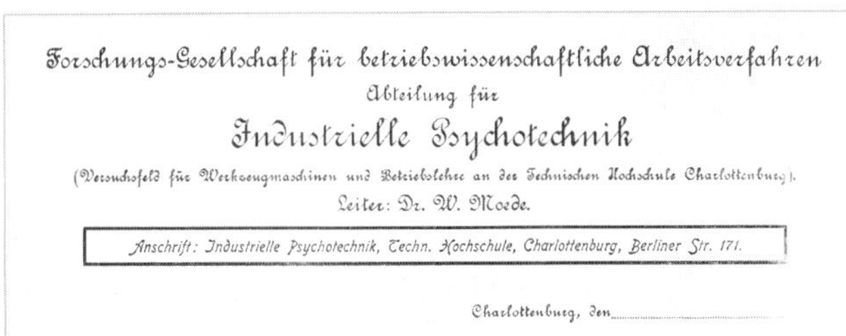
Forschungs-Gesellschaft für betriebswissenschaftliche Arbeitsverfahren
Abteilung für
Industrielle Psychotechnik
(Versuchsfeld für Werkzeugmaschinen und Betriebslehre an der Technischen Hochschule Charlottenburg).
Leiter: Dr. W. Moede.
Anschrift: Industrielle Psychotechnik, Techn. Hochschule, Charlottenburg, Berliner Str. 171.
Charlottenburg, den

Bild 7.03: Briefkopf der Abteilung für Industrielle Psychotechnik (1919)

Aus dem darauf folgenden Absatz geht hervor, dass sich der letzte Satz zur Bildung neuer Abteilungen auf Moede und die Einrichtung der Gruppe für industrielle Psychotechnik am Versuchsfeld für Werkzeugmaschinen bezieht:

„Wenn sich Prof. Schlesinger bei seinen verdienstvollen Forschungen auf dem Gebiet der Betriebswissenschaft des Dr. Moedes als Privatassistenten bedienen will, so ist dagegen nicht zu erinnern; doch wird sich Dr. Moede hinfort jeder irreführenden Bezeichnung seiner Stellung enthalten müssen.“[17]

[16] Dokument 07-01: Genehmigungsschreiben des Kultusministers an den Rektor der TH Berlin vom 4. April 1919, a.a.O.; dort beide Zitate.

[17] Zu Gründung, Status und Entwicklung des Instituts bis 1922 existiert bisher nicht vollständig ausgewertetes Quellenmaterial aus dem Geheimen Staatsarchiv Preußischer Kulturbesitz, darin unter anderem ein Schreiben des Reichstagsabgeordneten und späteren Reichskanzlers und Außenministers Gustav Stresemanns an den preußischen Kulturminister vom 24. März 1922, in dem er über einen Besuch des Laboratoriums für industrielle Psychotechnik der TH Berlin berichtet und sich für eine staatliche Förderung ausspricht.

Moede hatte zu diesem Zeitpunkt offenbar keine offizielle Anstellung am Versuchsfeld Schlesingers, sondern war dort lediglich Privatassistent.

Unter Umständen wurde die Aufführung der „Gruppe für industrielle Psychotechnik" im TH-Programm vom Kultusministerium als missverständlich empfunden. Zumindest entfiel diese Benennung im Programm des folgenden Studienjahrs 1920/21. An vierter Stelle nach dem Vorsteher Schlesinger, dem Betriebsingenieur Kurrein und dem Konstruktionsingenieur Rambuschek heißt es jetzt: „Industrielle Psychotechnik: Dr. Moede".

Erst im TH-Programm von 1923/24 wurde die Industrielle Psychotechnik zum „Institut für industrielle Psychotechnik" erhoben, das dem Versuchsfeld zunächst zugeordnet blieb. Moede wurde im TH-Programm nun als Leiter des Instituts genannt.

In den zwanziger Jahren wurde das Institut für industrielle Psychotechnik zu einem zentralen Anziehungspunkt für Arbeitsingenieure und Betriebswissenschaftler in Deutschland. Vom Institut gingen wesentliche Impulse aus, die der Betriebswissenschaft nach dem Vorbild Taylors und der von der angewandten Psychologie abgeleiteten Arbeitsphysiologie und Arbeitspsychologie zum Durchbruch verhalfen. Äußeres Anzeichen für diesen Aufschwung war schließlich die Lösung der Psychotechnik von der engen Bindung an das Versuchsfeld für Werkzeugmaschinen, die 1925 vollzogen wurde. Das „Institut für industrielle Psychotechnik" an der Technischen Hochschule Berlin wurde ab dem Studienjahr 1925/26 als selbständiges Institut geführt. Vorsteher wurde Moede, einen planmäßigen Lehrstuhl erhielt er jedoch nicht. 1928, im zehnten Jahr ihres Bestehens, erhielt die Einrichtung einen neuen Namen und hieß jetzt „Institut für industrielle Psychotechnik und Arbeitstechnik". Die Lehrveranstaltungen, die Moede zunächst als Privatdozent und seit 1921/22 als nicht beamteter außerordentlicher Professor abhielt, wurden jedoch nach der Einführung der Fakultätsverfassung durchgehend zusammen mit denen von Schlesinger und Kurrein unter der Benennung „Fertigung einschließlich Psychotechnik" und seit 1924/25 unter „Betriebswissenschaft" geführt.

Probleme mit Arbeitsräumen

In den ersten drei Jahren ihrer Existenz war die Gruppe für industrielle Psychotechnik an wechselnden Orten im Umkreis der Technischen Hochschule untergebracht. Schlesinger bemühte mehrfach das zuständige Ministerium um Hilfeleistung.

In seinem Schreiben[18] vom 28. Dezember 1918 verwies Schlesinger auf die gemeinsamen Anstrengungen der Wirtschaft, des VDI und der Technischen Hochschule, die zur Gründung und Finanzierung der Arbeitsgruppe führten. Angesichts vorliegender Aufträge zur Eignungsprüfung von Lehrlingen stellte sich die Raumfrage als vordringliches Problem. Eine erste Frage zielte auf die ehemalige Villa Falkenberg am Knie.

Ein weiterer Antrag[19] wurde von Schlesinger am 11. April 1919 gestellt. Er richtete sich an den Minister für Unterricht und Volkswohlfahrt Haenisch und zielte auf die Aufstellung einer Baracke am Hypodrom in der Fasanenstraße.

In seinem Schreiben vom 2. Juli 1919 berichtet Schlesinger dem Ministerium über die Erfolge der Arbeitsgruppe in der Wirtschaft. Er beklagt jedoch Probleme mit dem Wohnungsamt der Stadt Charlottenburg, die ihm die Räume in der Rosinenstraße 5, bestehend aus einer

---

18 Dokument 06-16: Schreiben von Schlesinger an den Ministerialdirektor Otto Naumann vom 28. Dezember 1918.

19 Dokument 07-04: Schreiben von Schlesinger an den Minister Haenisch vom 11. April 1919.

kleinen Dreizimmerwohnung, gekündigt hatte, weil wie es heißt „Wohnungen nicht mehr für Lehrzwecke freigegeben werden dürfen".

Weiter heißt es:[20]

> Unsere psychotechnischen Arbeiten, von deren Durchführung wir mit Sicherheit großen Segen für die Hebung des Wirkungsgrades der deutschen Nation erhoffen, sind daher von September ab heimatlos. In der Technischen Hochschule hat sich kein Raum freimachen lassen, und die mir durch den Referenten des Unterrichtsministeriums, Herrn Geheimrat Bodenstein, in Aussicht gestellten Räumlichkeiten, im Anschluß an die ebenfalls sehr geringe Vergrößerung meines Versuchsfeldes, sind mir durch Herrn Geheimrat Riedler endgültig genommen worden, da ich mich, um überhaupt eine Vergrößerung zu erhalten, (120 qm) mit der Gegenforderung des Herrn Geheimrat Riedler wohl oder übel einverstanden erklären musste.
>
> Ich spreche daher noch einmal die Bitte aus, man möchte uns doch wenigstens die Räume, die wir uns beschafft haben, ohne eine Geldunterstützung der Unterrichtsverwaltung in Anspruch zu nehmen, lassen oder dafür sorgen, daß unserem Institut möglichst bald größere Räume zur Verfügung gestellt werden. Wir haben schon einmal das sogenannte Rauchmuseum genannt, das bereits unter Dach ist, und dessen Fertigstellung kaum große Mühen und Kosten verursachen könnte.
>
> Ich wäre Euer Exzellenz dankbar, wenn Sie mir gestatten würden, meine Bitte mündlich zu unterstützen.
>
> Mit ausgezeichneter Hochachtung
> sehr ergebenst
> Schlesinger

Bild 7.04: Militärtechnische Akademie in Charlottenburg, Fasanenstr. 87, Sitz des Instituts (1919)

Auf seinen Antrag vom 2. Juli 1919 ist Professor Schlesinger für die Arbeitsgruppe Industrielle Psychotechnik die frühere Schießhalle der ehemaligen Militärtechnischen Akademie zugewiesen worden. Eine einvernehmliche Regelung mit Geheimrat Cranz konnte gefunden werden. Inzwischen hatte Professor Schlesinger die Räume in der Rosinenstraße 5, die mit fünf wissenschaftlichen Mitarbeitern sowie den psychotechnischen Apparaten belegt war, räumen müssen. Der Umzug in die Schießhalle wurde allerdings dadurch erschwert, dass die Räume von belgischen und englischen Offizieren der Entente-Kommission belegt waren, wie das folgende Schreiben aufzeigt:[21]

---

20 Dokument 07-05: Schreiben von Schlesinger an den Unterrichtsminister vom 2. Juli 1919.

21 Dokument 07-06: Schreiben von Schlesinger an den Unterrichtsminister vom 4. Oktober 1919.

An Herrn Unterrichtsminister für Kunst, Wissenschaft und Volkswohlfahrt
Berlin
Unter den Linden 8
Charlottenburg, den 4. Okt. 1919

Betrifft: Versuchsfeld für Werkzeugmaschinen und Betriebslehre, Abteilung für psychotechnische Untersuchungen

Auf meinen Antrag vom 2. Juli ist mir die frühere Schießhalle der ehemaligen Militärtechnischen Akademie zur Aufstellung meiner Apparate zugewiesen worden mit der Maßgabe, durch persönliche Vereinbarung mit Herrn Geheimrat Cranz die Teilung des Raumes zu regeln.

Entsprechende Verhandlungen mit Herrn Geheimrat Cranz haben Ende Juli stattgefunden und zu einer Regelung geführt, deren Ausführung aber davon abhing, daß die Schießhalle als eine Dienststelle der Technischen Hochschule erklärt werden sollte, da sowohl der Verwalter wie der Rendant der früheren Militärtechnischen Akademie eine amtliche Anweisung in Händen haben wollten.

Es ist dem Unterzeichneten nicht gelungen, trotz mehrfacher Versuche, eine solche Bescheinigung zu erhalten. Sie ist weder vom Ministerium für Kunst, Wissenschaft und Volksbildung, noch vom Kriegsministerium eingegangen.

In der Zwischenzeit hat nun das Wohnungsamt der Stadt Charlottenburg mir die drei Zimmer in der Rosinenstraße 5, in denen das psychotechnische Laboratorium untergebracht war, weggenommen, und ich versuchte daher, mit den ganzen Apparaten und den fünf wissenschaftlichen Mitarbeitern in die Schießhalle überzusiedeln, wo man mir erklärte, dass diese jetzt als Garage für die Automobile der Entente-Kommission, die die Militärtechnische Akademie mit Beschlag belegt hat, reserviert sei. Meine Vorstellungen beim Rektor der Hochschule haben zur Folge gehabt, daß mir dieser ein Schreiben ohne Datum aushändigte, wonach das Psychotechnische Institut als Dienststelle bezeichnet wird, das mir aber wahrscheinlich nichts nutze, da die belgischen und englischen Offiziere in irgendeiner Weise falsch orientiert, meinen Angaben mit offen zur Schau getragenem Mißtrauen begegnen.

Ich glaube daher nicht, daß mir die Schießhalle jetzt noch zur Verfügung gestellt werden wird und bin mit meinen Apparaturen und meinen sämtlichen Mitarbeitern gewissermaßen auf die Straße gesetzt.

Nun hat am Dienstag den 30. September auf höhere Veranlassung im Reichsarbeitsministerium eine Sitzung stattgefunden, an der auch der Dezernent des Unterrichtsministeriums teilgenommen hat, und die sich mit der Nutzbarmachung der psychotechnischen Forschung für die gesamte Industrie befaßt. An dieser Sitzung haben alle namhaften Forscher der Universitäten, Hochschulen und Handelshochschulen teilgenommen, und der Minister hat anerkannt, daß es notwendig sei, erhebliche Mittel für derartige Untersuchungen bereit zu stellen, da sie im höchsten Interesse des Allgemeinwohles ständen.

In dieser Sitzung wurde nun eine „Inventur" aufgenommen über die bisherigen Leistungen der einzelnen Institute, und ein Einblick in diese Inventuraufnahme wird den Herrn Minister überzeugen, daß positive Leistungen auf dem Gebiete des Industrielebens bisher nur das Versuchsfeld für Werkzeugmaschinen und Betriebslehre in Charlottenburg aufweist, trotzdem seine praktische Tätigkeit auf dem Gebiete der Psychotechnik erst seit Januar 1919 datiert. Ich darf diese Feststellung machen, ohne mir den Vorwurf der Überhebung zuziehen zu müssen.

Unsere Untersuchungen erstrecken sich bisher auf etwa 600 Lehrlinge der Berliner Großindustrie, 25 Spulerinnen und Wicklerinnen der Elektroindustrie (Siemens Schuckert Werke), 20 Telefonistinnen (Telefonamt Wilmersdorf) und auf die Einstellungsbedingungen für angelernte Leute an den Maschinen der Massenfabrikationen in der Metallindustrie.

Die mit uns zusammenarbeitende Prüfstation der Straßenbahnfahrer der Großberliner Straßenbahn, deren Betriebsingenieur Tramm Mitarbeiter des Psychotechnischen Laboratoriums ist, hat bereits über 1000 Fahrer geprüft und stellt keinen mehr ein, der die Prüfung nicht bestanden hat. Ferner sind in den 14 Instituten für die Untersuchung von Kraftfahrern, die Herr Dr. Moede eingerichtet hat, etwa 40.000 Kraftfahrer bereits geprüft worden. Endlich hat die Sächsische Staatsbahn durch das in Dresden nach den Moede'schen Reiztafeln errichtete Lokomotivführer-Laboratorium gleiche Einrichtungen getroffen.

Die gesamte Industrie, nicht bloß die Großberliner, hat ein brennendes Interesse an unseren Untersuchungen an den Tag gelegt, und der Verein Deutscher Ingenieure hat uns beauftragt, in der Woche vom 13.-18. Oktober einen Kursus abzuhalten, dessen Programm beigefügt ist, und dafür eine große Anzahl von Meldungen vorliegen.

Euer Excellenz ersehen hieraus, daß unser Berliner Institut nicht nur redet, sondern wirklich praktische Arbeit leitstet, und ich erneuere daher meinen Antrag, uns ein Obdach zu geben. Ich habe darauf hingewiesen, dass das Rauchmuseum in nächster Nähe der Hochschule steht, daß seine Fertigstellung mit kleinen Mitteln zu ermöglichen ist. Ich habe mich damals bereit erklärt, in die an sich gar nicht geeignete Schießhalle einzuziehen. Vielleicht ist sie noch für unsere volkswirtschaftlichen Zwecke zu retten, wenn sich das Ministerium energisch hinter uns stellt. Aber es muß auch von behördlichen Stellen etwas geschehen, denn wir sind in unseren Privatbeziehungen in diesem Falle naturgemäß machtlos, wenn es sich um die Besitzergreifung von öffentlichen Bauwerken handelt.

Die Angelegenheit eilt. Ich habe den Betrieb vorläufig einstellen müssen. Der Kursus im Oktober schwebt in der Luft, denn wir können praktisch nicht arbeiten. Die Räume, die ich für diese Zwecke haben wollte, im Restaurant der Technischen Hochschule und anderen Orten, sind mir abgeschlagen worden.

Mit vorzüglicher Hochachtung
ergebenst
Schlesinger

Unterstützt wurde dieses Schreiben vom 4. Oktober 1919 mit dem folgenden Antrag der Teilnehmer des Ausbildungskurses vom 13. bis 18. Oktober 1919:[22]

An den Herrn Reichsarbeits-Minister!

Die 90 Teilnehmer an dem vom Verein Deutscher Ingenieure zusammen mit dem Versuchsfeld für Werkzeugmaschinen und Betriebslehre (Gruppe Psychotechnik) an der Technischen Hochschule zu Charlottenburg veranstalteten Ausbildungskursus sprechen einmütig die Bitte aus, das Arbeitsministerium möchte für die psychotechnischen Untersuchungen der in der Industrie notwendigen Arbeitergruppen und Lehrlinge eine wissenschaftliche Zentralstelle schaffen, die gemeinsam mit Schwesterstellen im Reich dieses für das Allgemeinwohl der Nation so wichtige Arbeitsgebiet bearbeitet.

Unter Berücksichtigung der Tatsache, daß außer an der Charlottenburger Hochschule praktische Wirtschaftpsychologie nicht in nennenswertem Umfange betrieben worden ist, stellen die unterzeichneten Teilnehmer den Antrag, es möge zuerst das Charlottenburger Versuchsfeld seinem Wert und seinem Range gemäß ausgebaut werden und zwar durch reiche Mittel, die von Seiten des Staates zur Beschaffung von angemessenen Räumen und einer erprobten Apparatur notwendig sind. Das Charlottenburger Laboratorium ist nach unserer Kenntnis das einzige, das zurzeit als Zentralstelle gelten kann.

Die unterzeichneten Teilnehmer, die über das ganze Reich verteilt sind, haben sich entschlossen, mit dem Charlottenburger Versuchsfeld zusammen die gemeinschaftliche Pionierarbeit zu leisten und in einen dauernden Erfahrungsaustausch einzutreten, zu dessen Vermittlung sich die Charlottenburger Zentrale bereit erklärt hat.

Siemens-Schuckert, Siemens & Halske, AEG, Berlin; Borsig, Berlin; Ludwig Loewe, Berlin; Zeißwerk, Jena; Deutsch-Luxemburg, Dortmund; Krupp, Essen; Gutehoffnungshütte, Sterkrade; Thyssen, Mühlheim; Germaniawerft, Kiel; Vulcan, Stettin; Bleichen, Leipzig; Hanomag, Hannover; Fritz Werner, Berlin; R. Stock, Berlin; Benz, Gaggenau; Hirsch Kupfer, Eberswalde; Preuß. Ministerien des Innern und der öffentlichen Arbeiten; Sächsisches Ministerium des Innern usw. usw.“[23]

Am 5. Oktober 1919 wandte sich Georg Schlesinger zusätzlich in einem persönlichen Schreiben an den Geheimrat Dr. Bodenstein und bat ihn dringend um Unterstützung bei der Lösung der Raumfrage für das neu gegründete psychotechnische Versuchsfeld. Das Schreiben hatte folgenden Wortlaut:[24]

---

22 Dokument 07-07: Antrag der Teilnehmer des Ausbildungskursus vom 13. bis 18. Oktober 1919 an den Herrn Reicharbeits-Minister.

23 Praktische Psychologie 1 (1919/20) 3, S. 99. Verfasser nach Homburg ist Schlesinger.

24 Dokument 07-08: Schreiben von Schlesinger an Geheimrat Dr. Bodenstein vom 5. Oktober 1919.

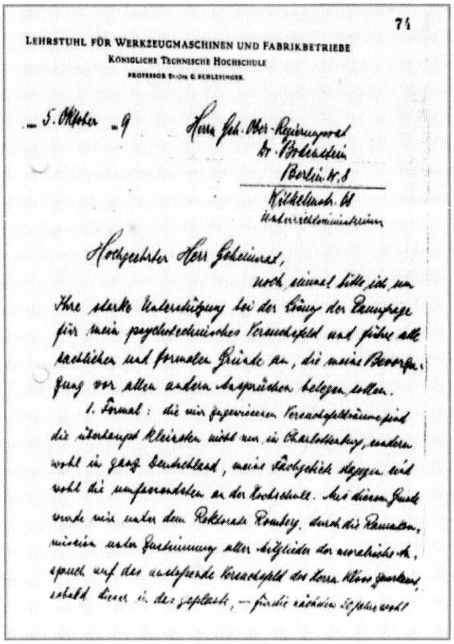
71

LEHRSTUHL FÜR WERKZEUGMASCHINEN UND FABRIKBETRIEBE
KÖNIGLICHE TECHNISCHE HOCHSCHULE
PROFESSOR Dr.-Ing. G. SCHLESINGER

(Seite 1)

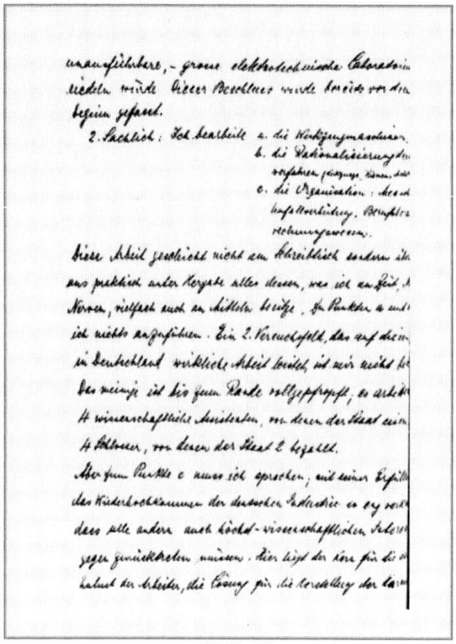

(Seite 2)

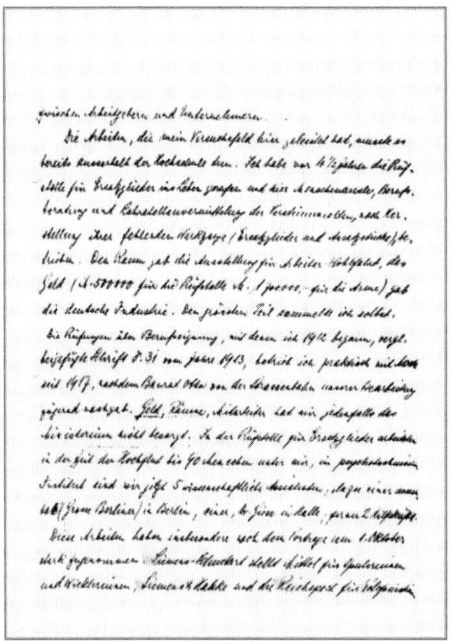

(Seite 3)

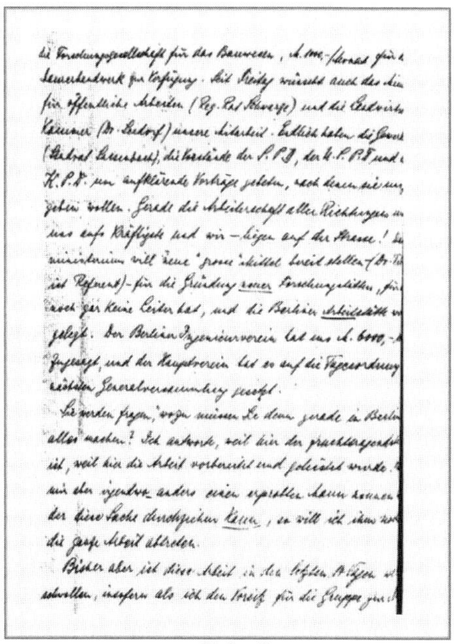

(Seite 4)

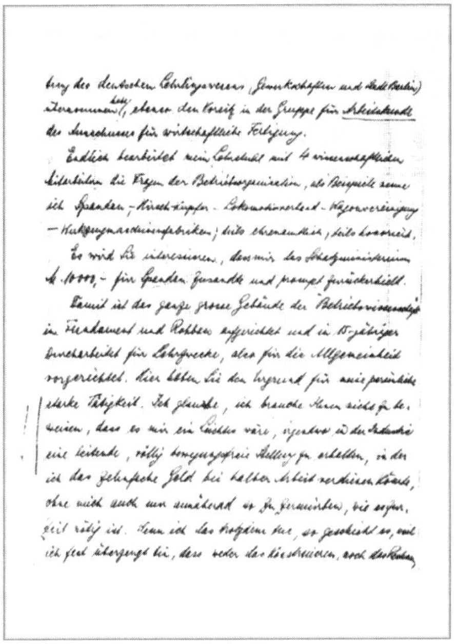

(Seite 5)

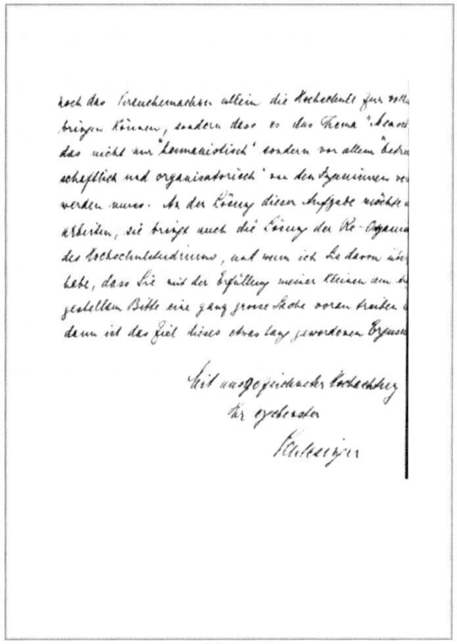

(Seite 6)

Bild 7.05: Schlesingers persönliches Schreiben an den Geheimrat Dr. Bodenstein im Unterrichtsministerium vom 5. Oktober 1919

Institut für angewandte Psychologie der Universität Berlin

An der Friedrich-Wilhelms-Universität zu Berlin wurde im Jahre 1893 das Psychologische Seminar gegründet, kurz darauf zum Institut für Psychologie umbenannt, durch Carl Stumpf von 1894 bis 1922 geleitet. Zum Wintersemester 1905/06 wurde Hans Rupp für das Gebiet der Arbeitspsychologie an das Institut berufen. Während des 1. Weltkrieges hatte er gemeinsam mit Max Wertheimer (1880-1943) und Erich Moritz von Hornbostel (1877-1935) ergonomische Forschungen im militärischen Bereich betrieben. Nach dem Kriege wurde 1920 eine Abteilung für angewandte Psychologie am Institut gegründet, die unter Leitung von Heinz Rupp und dem Direktorat von Carl Stumpf stand. In dieser Zeit lagen die Forschungsschwerpunkte auf dem Gebiet der industriellen Psychotechnik, insbesondere der Arbeitsmittelgestaltung. Herausgegeben wurde die Zeitschrift für Psychotechnik.

Von 1906 bis 1933 existierte parallel zum Institut für Psychologie an der Friedrich-Wilhelms-Universität ein privatwirtschaftlich organisiertes Institut für angewandte Psychologie in Berlin bzw. Neu-Babelsberg. Der Gründer war Otto Lipmann, zweiter Direktor wurde William Stern, derzeit Professor an der Breslauer Universität. Die Tätigkeitsschwerpunkte dieses Instituts lagen im Bereich der Psychotechnik und der pädagogischen Psychologie.

Am 28. Mai 1920 fand eine „Besprechung betreffend der Bestrebungen auf dem Gebiete der angewandten Psychologie“ im Ministerium für Wissenschaft, Kunst und Volksbildung statt. Es ging um die finanzielle Unterstützung der Forschungsinstitute auf dem Gebiet der angewandten Psychologie. Hierüber ist das folgende, für die Wettbewerbssituation aufschlussreiche Protokoll überliefert:[25]

Anwesend waren die Herren:

Vom Ministerium für Wissenschaft, Kunst und Volksbildung:
1. als Vorsitzender: Geheimer Regierungsrat Dr. Prym
2. Geheimer Ober-Regierungsrat Bodenstein
3. Geheimer Regierungsrat Wende
4. Gerichtsassessor Jander

Ferner:
5. Geheimer Regierungsrat Universitätsprofessor Dr. Stumpf
6. Professor Dr. Rupp
7. Dr. Otto Lipmann.

Vom Handelministerium:
8. Geheimer Regierungsrat Dr. Göhmann

Vom Reichswehrministerium:
9. Marine-General-Oberarzt Dr. Schepers (Admiralität)
10. Major Augustin (Waffenamt)
11. Wirklicher Geheimer Kriegsrat Dr. Baier (Abteilung für Erziehungs- und Bildungswesen)
12. Oberstabsarzt Dr. Waldmann (Sanitätsinspektion).

Vom Reichsarbeitsministerium:
13. Referent Dr. Tiburtius

Vom Reichswirtschaftsministerium:
14. Referent Saberny

Vom Reichspostministerium:
15. Geheimer Ober-Postrat Feyerabend.

Geheimer Regierungsrat Dr. Prym eröffnet nach Begrüßung der Erschienenen die Sitzung und führt einleitend etwa folgendes aus: Den Gegenstand der heutigen Besprechung bildet die Frage, in welcher Weise die Bestrebungen auf dem Gebiete der angewandten Psychologie, insbesondere auf dem der Berufs- und Wirtschaftspsychologie zweckmäßig zusammengefaßt werden könnten.

Das Interesse für die psychologischen Forschungen und die Auswertung der Ergebnisse dieser Forschungen sei ständig gewachsen. Vor dem Kriege erfreuten sich diese Bestrebungen nicht immer der Förderung und des Interesses, wie sie es wohl verdient hätten; während des Krieges und jetzt sei dies indessen anders geworden, z. B. die Frage der Berufspsychologie interessiere weitere Kreise in einem Maße und einer Intensität, wie nie zuvor. Ohne weiteres leuchte ja auch ein, daß die Berufspsychologie in einem demokratischen und sozialistischen Zeitalter größere Bedeutung habe, als im Obrigkeitsstaate; solle sie doch helfen, den Grundsatz „freie Bahn dem Tüchtigen" zur Durchführung zu bringen. Auch das Problem der Wirtschaftspsychologie sei jetzt in weit höherem Masse akut geworden, als vor dem Kriege. Denn damals habe es weder an Rohstoffen, noch an Produktionsmitteln gefehlt. Heute dagegen zwinge die wirtschaftliche Notlage, der Mangel an Produktionsmitteln und Rohstoffen, dazu jede Arbeit so produktiv, wie möglich zu gestalten und alle unproduktiven Faktoren aus dem Arbeitsprozeß des wirtschaftlichen Lebens auszuschalten. Hier erwachse der angewandten Psychologie die Aufgabe, die Berufseignung zu bestimmen, sowie die Ausbildungsmethoden für bestimmte Berufe und die Arbeitsmethoden zu verbessern. Die angewandte Psychologie beanspruche daher keineswegs nur ein rein wissenschaftliches Interesse.

Eine besondere Pflege dieses Zweiges der Wissenschaft liege daher nicht nur im Interesse des Kultusministeriums, sondern auch aller anderen übrigen Ministerien, insbesondere derjenigen mit Betriebsverwaltungen.

Noch aus einem besonderen Grunde müssten wir uns aber der angewandten Psychologie annehmen: Das Interesse dafür habe in den weitesten Kreisen sehr viel Dilettanten und Pfuscher zu versuchen ver-

[25] Dokument 07-17: Besprechungsprotokoll über angewandte Psychologie am 28. Mai 1920 im Ministerium für Wissenschaft, Kunst und Volksbildung.

anlasst, die Hoffnungen erweckten, die sich nicht erfüllen ließen und der wissenschaftlichen Kritik nicht standhielten. Dem hierdurch angerichteten Unheil könne dadurch gesteuert werden, dass man den berufenen Männern der Wissenschaft die Möglichkeit gebe, im Wege exakter Forschungen das ganze Problem auf eine wissenschaftliche Grundlage zu stellen.

Alle die erwähnten Aufgaben hätten in Berlin bereits eine Pflegestätte gefunden und zwar vornehmlich in dem Universitätsinstitut des Herrn Geheimen Regierungsrat Professor Dr. Stumpf, das auf dem Gebiet der angewandten Psychologie das leistungsfähigste Forschungsinstitut Deutschlands sei; zahlreiche wissenschaftliche Arbeiten seien aus dem Institut hervorgegangen, daneben habe es sich dem Unterricht von Anfängern gewidmet und vor allem die Fortbildung Vorgeschrittener z. B. der Oberlehrer und sonstiger Praktiker angelegen sein lassen. Professor Dr. Rupp, Geheimrats Stumpf Assistent, habe im großen Umfange experimentelle Untersuchungen vorgenommen und insbesondere während des Krieges seine Tätigkeit in den Dienst der Militärverwaltung durch Ermittlung von Schallmeßmethoden für die Artillerie usw. gestellt.

Bild 7.06: Carl Stumpf (1848-1936)

Das Institut habe in früheren Jahren unter Raumschwierigkeiten gelitten, die jetzt glücklicher Weise behoben seien, indem Räume im früheren Königlichen Schloß zur Verfügung gestellt worden seien. Dem Institut fehlten indessen die zur Aufrechterhaltung des Betriebes erforderlichen Geldmittel, ein Zustand, der dringend der Abhilfe bedürfe.

Neben dem Universitätsinstitut bestehe noch eine Sammlungs- und Forschungsstätte, die privater Initiative ihre Entstehung verdanke. Die Seele dieses wissenschaftlichen Unternehmens sei Herr Dr. Lipmann. Dr. Lipmann sehe seine Aufgabe darin, die wissenschaftlichen Beziehungen zwischen der Psychologie und zwischen ihren mannigfaltigen Anwendungsgebieten auf dem Gebiet der Wissenschaft und der Praxis (z.B. der Medizin, der Pädagogik, der Rechtspflege usw.) herzustellen. Das Unternehmen stelle sich dar als zentrale Auskunfts- und Sammelstelle sowie als Forschungsstelle. In letzterer Beziehung gelte die Arbeit dieses Unternehmens unter anderem der psychologischen Analyse, der Prüfung der Individuen und Gruppen, der psychologischen Schüler-Beobachtung der Begabten-Auslese, der Berufsberatung usw.

Dr. Lipmann habe gleichfalls im Schloß neben dem Universitätsinstitut geeignete Räume erhalten. Im übrigen sei das Unternehmen leider lediglich durch private Mittel unterhalten worden.

Wie sich aus Vorstehendem ergebe, verfolgten das Universitätsinstitut und das Unternehmen Dr. Lipmanns im Grunde verschiedene Aufgaben und verschiedene Ziele. Das Universitätsinstitut lege sein Schwergewicht auf die wissenschaftliche Ergründung der psychologischen Zusammenhänge durch experimentelle Versuche, während das Lipmann'sche Institut eine Auskunfts- und Sammelstelle sei. Die Werkzeuge des ersteren seien die feinsten und kostspieligsten Apparate, während das Lipmannsche Institut hauptsächlich sich als ein Büro und als eine Sammlung von Literatur, von Statistiken usw. darstelle.

Beide Institute seien berufen, sich gegenseitig zu ergänzen und fruchtbar aufeinander einzuwirken. Es sei indessen wichtig von Anfang an, eine eindeutige Festsetzung über die Teilung der Aufgaben zu erzielen, um jedes Gegeneinanderwirken auszuschließen. Als Name wäre daher für das Lipmannsche Unternehmen „Sammel- und Forschungsstelle für angewandte Psychologie" vorzuschlagen, um keine Verwechslung mit dem Universitätsinstitut herbeizuführen. Die Aufgaben wären sodann derart zu teilen, daß Stumpf experimentell an der Ausbildung der Methoden, an der Schulung der Kräfte, an der Durchführung der Untersuchungen mit diesen Kräften und Apparaten zu wirken hätte, während Lipmann seine Hauptaufgabe in einer literarischen Sammlung, in Auskunftserteilungen und in rechnerischen Arbeiten zu sehen hätte, daneben aber selbständige Untersuchungen vornehmen könnte, soweit dies ohne ausgiebige experimentelle Hilfsmittel durchführbar sei.

Was die Mittel anbetreffe, die zur Durchführung der sich hiernach ergebenden Aufgaben erforderlich seien, so müßten zunächst größere Mittel – einmalig und laufend – dem Universitätsinstitut für die Abteilung für angewandte Psychologie zur Verfügung gestellt werden; daneben wären aber auch für das Lipmann'sche Unternehmen einmalig und laufend ausreichende Geldmittel flüssig zu machen.

Aufgabe der heutigen Besprechung sei es nun, zunächst von Herrn Professor Stumpf und Herrn Dr. Lipmann zu hören, ob sie mit dieser Aufgabenverteilung einverstanden seien und welche Mittel sie für unbedingt notwendig hielten, ferner wäre es erwünscht, dann von den Vertretern der Ressorts zu hören, inwiefern sie an diesen beiden Instituten interessiert seien und ob und in welchem Umfange sie gewillt und in der Lage seien, dieselben zu finanzieren und zu unterstützen.

Professor Dr. Stumpf erklärt sich mit der vorgeschlagenen Arbeitseinteilung vollkommen einverstanden. Was die von ihm benötigten Mittel anbetreffe, so habe er vorgeschlagen:

1. eine Abteilung für angewandte Psychologie zu schaffen, die dem Direktor des Psychologischen Instituts unterstellt sei,
2. ein Extraordinariat für angewandte Psychologie und experimentelle Pädagogik zu begründen, dessen Inhaber zugleich mit der Leitung der Abteilung betraut werde,
3. zwei planmäßige Assistentenstellen für jede der beiden Abteilungen einzurichten sind und
4. eine Hilfskraft für die geschäftlichen und vor allem für die statistischen Arbeiten zu bestellen.

Als laufender Etat für Apparate, Bücher-, Schreib- und Druckkosten wäre ein Betrag von 10 000 Mark anzusetzen, während zur erstmaligen Einrichtung der neuen Abteilung etwa 50 000 Mark erforderlich sein würden.

Diese Forderungen müssen gleichzeitig mit denen für das Lipmannsche Institut bewilligt werden. Wenn dies der Fall sei, so erscheine ein Zusammenwirken der beiden Institute gut durchführbar, wie sie ja auch bisher immer gut zusammengearbeitet hätten.

Dr. *Lipmann* hält als sächlichen Etat einen Betrag von jährlich 10 000 Mark für erforderlich, wovon u.a. 4000 Mark als Gehalt für einen Sekretär, 2000 Mark als Unterstützung für die Zeitschrift, 1000 Mark für Buchbinderarbeiten, Schreibmaterial und ähnliches und 1000 Mark für den Fernsprecheranschluß in Frage kämen. An persönlichen Ausgaben wäre das Gehalt für den Leiter und für 1 – 2 Assistenten zu fordern. Ein Assistent sei für die Zentralisationstätigkeit und die Korrespondenz erforderlich, während der zweite der Forschungstätigkeit zu dienen hätte.

Als einmalige Anschaffungskosten seien 25 000 Mark für Mobiliar, Schreibmaschinen, Instandsetzung der Bibliothek, Unterbringung der Sammlung erforderlich.

Dr. *Tiburtius* erklärt, daß das Reichsarbeitsministerium in hohem Maße an den hier behandelten Fragen Interesse habe. In den Etat 1920 hätten jedoch Mittel zu Unterstützungszwecken noch nicht eingestellt werden können, es sei indessen zu hoffen, daß dies für den Etat des nächsten Jahres geschehe. Er werde in den nächsten Tagen im Wege mündlicher Besprechung die in Frage kommenden Unterlagen vom Kultusministerium erbitten.

Dr. *Waldmann* erklärt gleichfalls, daß die Sanitätsinspektion außerordentlich für diese Fragen interessiert sei, daß aber in diesem Etat keine Mittel zur Verfügung ständen, es würde versucht werden, im nächsten Jahr Mittel hierfür flüssig zu machen. Eine mittelbare Unterstützung könne schon jetzt in Aussicht genommen werden, indem Sanitätsoffiziere zur Ausbildung kommandiert würden, gegen Zahlung eines entsprechenden Betrages.

Geheimer Regierungsrat Dr. *Prym* bittet die Frage zu klären, inwieweit die Sanitätsoffiziere bei den beiden Unternehmungen interessiert seien.

Dr. *Rupp* erklärt, daß das Universitätsinstitut für die Ausbildung der Sanitätsoffiziere in Frage käme, zumal während des Krieges in ihm ähnliche Fragen behandelt worden seien.

Dr. *Prym* stellt hiernach fest, dass die Sanitätsinspektion sowohl für das von Dr. Stumpf, als auch für das von Dr. Lipmann geleitete Unternehmen Interesse habe.

Dr. *Tiburtius* erklärt, daß eine Reihe von ähnlichen Privatinstituten z.B. in Mannheim bei der Handelsschule aus den Kreisen der Industrie und des Handels unterstützt würden. Es wäre zu wünschen, wenn sich eine solche Unterstützung auch hier ermöglichen ließe. Voraussetzung dafür wäre aber, daß das Arbeitsministerium die Mittel zu verteilen hätte, um die nötige Unparteilichkeit zu gewährleisten.

Dr. Lipmann äußert Bedenken gegen diese Art der Unterstützung, da sie geeignet sei, in Arbeiterkreisen Misstrauen zu erwecken.

Dr. *Tiburtius* erklärt, daß diese Bedenken hier nicht vorlägen, da nur an eine Unterstützung seitens der paritätischen Arbeitsgemeinschaften gedacht sei.

Marine-General-Oberarzt Dr. *Schepers* erklärt, daß sowohl im Kriege, als auch jetzt die Marine sehr für psychologische Fragen interessiert sei. Es könnten indessen heute bestimmte Verpflichtungen seitens der Admiralität hinsichtlich der Unterstützung der Institute nicht übernommen werden. Im jetzigen Etat ständen Mittel hierfür nicht zur Verfügung. Es werde aber versucht werden, für den nächsten Etat Mittel flüssig zu machen. Im übrigen würden auch seitens der Admiralität Sanitätsoffiziere zur Ausbildung kommandiert werden.

Major *Augustin* schließt sich den vorstehenden Ausführungen an. Auch das Waffenamt hätte z. Zt. Mittel nicht zur Verfügung. Immerhin glaube er in Aussicht stellen zu können, daß im nächsten Jahre Mittel frei gemacht werden könnten.

Dr. *Rupp* erklärt, daß die von ihm geleitete Abteilung gerade für die Militärverwaltung durch Vornahme von Lichtmessungen, Schallmessungen, Eignungsprüfungen für Telefonisten im Kriege im hohen Masse tätig gewesen wäre.

Major *Augustin*: Auch das Eisenbahnwesen habe an den in dem Universitätsinstitut behandelten Fragen das größte Interesse, nicht minder an dem Unternehmen von Dr. Lipmann, weil dieses uns das ganze ausländische Material liefere. Beide Einrichtungen beanspruchten sonach das gleiche Interesse und die gleiche Förderung.

Wirklicher Geheimrat Sanitätsrat Dr. *Baier* schließt sich den Ausführungen von Major Augustin an. Auch für das Bildungswesen wäre an eine praktische Beteiligung in der Weise zu denken, daß an beide Institute Lehrer kommandiert wurden. Es sei schon in diesem Etat ein Fonds eingesetzt für Abhaltung von Kursen. Es ließe sich auf diesem Wege eine mittelbare Unterstützung der beiden Einrichtungen schon jetzt ermöglichen.

Ober-Postrat *Feyerabend* erklärt, daß das Reichspostministerium an der Psychotechnik sehr interessiert sei wegen der Eignungsprüfung für den Fernsprecher- und Telegrafendienst und wegen der Ermittlungen für die Ausbildung für diese Berufe.

Professor Dr. *Rupp* sei bereits durch Hingabe von Apparaten unterstützt worden. Ob darüber hinaus eine Unterstützung der Institute möglich sei, sei jetzt noch nicht sicher. Im Etat von 1920 ständen keine Mittel zur Verfügung. Er glaube aber, daß in dem künftigen Etat Mittel eingestellt werden.

Er möchte bei dieser Gelegenheit um Auskunft bitten, inwieweit die Bestrebungen von Professor Schlesinger an der Technischen Hochschule in Charlottenburg in dieser Hinsicht mit den beiden Instituten einig gingen, oder inwieweit sie mit ihnen konkurrierten.

Geheimer Ober-Regierungsrat *Bodenstein* berichtet über die bisherigen Arbeiten von Professor Schlesinger und von Dr. Moede. Für diese Bestrebungen interessierte sich schon seit Jahren die Industrie in erheblichem Masse. Die Unterrichtsverwaltung hätte Herrn Dr. Moede durch Gewährung von Räumen unterstützt. Im übrigen erhielten Schlesinger und Moede Privatmittel aus den Kreisen der Industrie.

Dr. *Rupp* erklärt, daß das Gebiet der psychologischen Technik so umfangreich sei, daß es nicht zentralisiert werden könne, sondern daß eine große Anzahl von Instituten hierin arbeiten müsste.

Dr. *Tiburtius* erklärt, daß auch das Reichsarbeitsministerium sich für die Arbeiten Schlesinger – Moede interessiere.

Major *Augustin*: Auch die Heeresverwaltung habe mit Dr. Moede zusammengearbeitet. Er sei der Ansicht, daß die geistige Führung von dem Institut des Geheimen Regierungsrats Stumpf ausgeht; daß das Lipmannsche Institut als Ausgleichs- und Zentralstelle anzusehen sei, während Dr. Moede sich für die praktische Ausführung einsetze.

Referent *Saberny*: Das Reichswirtschaftsministerium sei an dem Gedeihen beider Institute interessiert. Er glaube deshalb, daß er bereit sei, sich auch an der Finanzierung beider Institute zu beteiligen.

Geheimer Regierungsrat Dr. *Göhmann*: Das Handelsministerium habe ein Interesse an allen ernsten Bestrebungen auf dem Gebiet der angewandten Psychologie. Um abschließend Stellung zu nehmen, sei zunächst die Vorlegung eines überschlägigen Etats der beiden Institute erforderlich. Die von Dr. Lipmann zum Betrieb seines Unternehmens als ausreichend bezeichneten Summen seien wohl zu niedrig.

Geheimer Ober-Regierungsrat *Bodenstein* bittet, Professor Schlesinger und Dr. Moede bei der Gewährung von Mitteln nicht ganz außer Acht zu lassen.

Referent Dr. *Saberny* erklärt, daß die praktisch technisch-psychologischen Fragen schon von privater Seite in weit höherem Masse Unterstützung erhielten, als die wissenschaftlichen.

Geheimer Regierungsrat Dr. *Prym* erklärt zusammenfassend, daß die Vertreter sämtlicher Ressorts sich übereinstimmend dahin ausgesprochen hätten, es verdienten sowohl das Universitätsinstitut, als auch das Unternehmen von Herrn Dr. Lipmann weitgehende Förderung und finanzielle Unterstützung.

Den einzelnen Ressorts werde über die Sitzung eine Aufzeichnung zugehen. Herr Dr. Lipmann werde bald einen genauen Etat aufstellen. Die einzelnen Ressorts würden sich alsdann darüber schlüssig werden, in welcher Weise sie sich bei der Aufbringung der erforderlichen Mittel zu beteiligen in der Lage seien. In einer weiteren Besprechung würden schließlich die Einzelheiten der Ausführung sowie die Höhe der Beträge, die auf die einzelnen Ressorts fielen, festzusetzen sein.

Lipmann beschäftigte sich schwerpunktmäßig mit Berufseignungsprüfungen und der praktischen Anwendung der Psychologie. Allerdings war er kein Freund der von Moede vertretenen stark wirtschaftlich ausgerichteten angewandten Psychologie und experimentellen Psychotechnik. Das vorherrschende Interesse der Unternehmer an betriebs- und praxisnaher Forschung führte dazu, dass sich letztlich Moedes Konzeption durchsetzte. Lipmann konnte Ende der 1920er Jahre sein Institut für angewandte Psychologie und psychologische Sammelforschung nicht mehr halten.

Personelle Struktur am Schlesinger Lehrstuhl

Im Studienjahr 1920/21 wurde der reguläre Lehrbetrieb wieder aufgenommen. Vorausgegangen war ein verkürztes Studienjahr 1919/20, das erst am 2. Februar begonnen hatte, weil im Herbst 1919 ein so genanntes Zwischensemester eingerichtet worden war.

Der Personalstand des Lehrstuhls für Werkzeugmaschinen, Fabrikanlagen und Fabrikbetriebe umfasste zu Beginn des Studienjahres 1919/20 als Lehrstuhlinhaber Georg Schlesinger, als Betriebsingenieur Max Kurrein, als Konstruktionsingenieur Otto Rambuschek sowie neu hinzugekommen in jenem Studienjahr als Privatdozenten Walther Moede.

Weiterhin waren als ständige Assistenten tätig Hartmut Orenstein, Wollmann sowie als nichtetatmäßige Assistenten am Lehrstuhl Kurt Reinecker, Fritz Uber und Walter Marcus.

Die nachstehende Tafel bietet eine Übersicht über die Personalentwicklung des Lehrstuhls in den Jahren 1919/20 bis 1926/27. Sie zeigt die Mitarbeiter am Lehrstuhl und am Versuchsfeld einschließlich die Namen der Assistenten jeweils untergliedert nach ihrem Status und der entsprechenden Amtszeit:

Name	**Funktion**	**Amtszeit**
Schlesinger, Georg	• Ordentlicher Professor • Vorsteher Versuchsfeld	• 1904-1933 • 1906-1933
Kurrein, Max	• Privatdozent • Betriebsingenieur • Oberingenieur • nichtbeamt. ao. Professor	• 1911 • 1911-1925 • 1925-1934 • 1921-1934
Moede, Walther	• Privatdozent • Leiter der Gruppe für ind. Psychotechnik am Versuchsfeld • Leiter des Instituts für ind. Psychotechnik und Arbeitstechnik • nichtbeamt. ao. Professor • beamt. ao. Professor	• 1919 • 1919-1924 • 1924-1946 • 1921-1940 • 1940-1946
Rambuschek, Otto	• Konstruktionsingenieur	• 1906-1921
Schütz, Werner von	• Konstruktionsingenieur • Oberingenieur	• 1921-1925 • 1925-1926
Reinecker, Kurt	• nicht-etatmäßiger Assistent	• 1919/20
Uber, Fritz	• nicht-etatmäßiger Assistent	• 1919-1920
Orenstein, Hartmut	• ständiger Assistent • nicht-etatmäßiger Assistent	• 1919-1920 • 1920-1921
Wollmann	• ständiger Assistent • nicht-etatmäßiger Assistent	• 1919-1920
Marcus, Walter	• ständiger Assistent • nicht-etatmäßiger Assistent	• 1920-1921 • 1919-1920 u. 1922-1923
Dettenborn, Emil	• ständiger Assistent • nicht-etatmäßiger Assistent	• 1920-1921 • 1921-1922
Blumenreich, Eugen	• ständiger Assistent • nicht-etatmäßiger Assistent	• 1921-1922 • 1922-1923
Meyer-Jagenberg, Günther	• nicht-etatmäßiger Assistent	• 1922-1923
Stiebel, Theodor Hermann	• ständiger Assistent • nicht-etatmäßiger Assistent	• 1922-1924 • 1925-1926
Trostmann	• ständiger Assistent • nicht-etatmäßiger Assistent	• 1922-1924 • 1925-1926
Rögnitz, Hans	• ständiger Assistent • nicht-etatmäßiger Assistent	• 1925-1926 • 1922-1924 u. 1926-1927
Rózsavölgyi, László	• nicht-etatmäßiger Assistent	• 1923-1926

Zum Lehrkörper der Technischen Hochschulen gehörten die ordentlichen Professoren, die außerordentlichen Professoren und die Privatdozenten. Ergänzt werden konnte der Lehrkörper durch die Ernennung von Honorarprofessoren. Dies waren Gelehrte, die der Technischen Hochschule nicht angehörten, aber nach ihren wissenschaftlichen Leistungen zur Mitarbeit an den Aufgaben der Fakultät in Unterricht und Forschung geeignet erschienen und den Anforderungen genügten, die an die Inhaber akademischer Lehrstühle gestellt wurden. Honorarprofessoren hatten das Recht, Vorlesungen abzuhalten. Sie konnten durch besondere Lehraufträge hierzu verpflichtet werden.

Lehrbeauftragte, Lektoren und Assistenten waren als solche keine Mitglieder des Lehrkörpers. Ihre Dienstverhältnisse regelten sich nach besonderen Bestimmungen. Bei den außerordentlichen Professoren wurde zwischen beamteten planmäßigen außerordentlichen Professoren und nichtbeamteten außerordentlichen Professoren unterschieden. Zu nichtbeamteten außerordentlichen Professoren sollten gemäß den Beschlüssen des Preußischen Staatsministeriums vom 20. März 1923 nur noch Privatdozenten ernannt werden,

> „die sich in Lehre und Forschung bewährt haben und den Anforderungen genügen, die an die Inhaber akademischer Lehrstühle gestellt werden. Durch die Ernennung zum außerordentlichen Professor erwerben sie keinerlei Anspruch an den Staat, insbesondere keine Anwartschaft auf Übertragung eines planmäßigen Lehrstuhles, sondern nur die in den folgenden Bestimmungen bezeichnete gehobene Stellung im Rahmen des akademischen Lehrkörpers."[26]

Personelle Struktur der Arbeitsgruppe für industrielle Psychotechnik

Die ersten fünf Jahre seines Wirkens am Lehrstuhl Schlesingers haben Moedes weitere Entwicklung, seine Überzeugungskraft und seine Aufbauleistung geprägt. Sie waren bestimmt von der jungen Psychotechnik, einem integrierten Baustein der noch jungen Wissenschaft vom Fabrikbetrieb. Im Schulterschluss mit dem Berliner Bezirksverein des VDI und des neu gegründeten Ausschusses für wirtschaftliche Fertigung (AWF), insbesondere aber eingebettet in das Versuchsfeld Schlesingers gelang es Moede, innerhalb eines Jahres ein umfangreiches Programm zur Eignungsprüfung für industrielle Berufe anzubieten und zum Erfolg zu führen.

Aus der 1918 gegründeten Arbeitsgruppe für Psychotechnik, die sich schnell zur Abteilung des Versuchsfelds für Werkzeugmaschinen und Betriebslehre entwickelte, entstand schließlich nach wenigen Jahren ein selbständiges Institut für industrielle Psychotechnik unter der Leitung von Walther Moede. Nach einer Aufbauphase größten Einsatzes war es Moede gelungen, die psychotechnische Eignungsprüfung durch ein wissenschaftlich begründetes Untersuchungsprogramm zu etablieren und praktisch einzuführen.

Die zwanziger Jahre haben Walther Moede zu seinem wissenschaftlichen Durchbruch geführt, aber auch zum Streit herausgefordert. Nicht unbeneidet war der steile Aufstieg am Anfang als Arbeitsgruppe für Psychotechnik unter dem Patronat von Georg Schlesinger. Die Ingenieurwissenschaften hatten die Schlüsselfunktion der Psychotechnik erkannt und gefördert. Es ging nicht nur um die Begründung einer neuen Wissenschaftsdisziplin, es ging auch um die Stärkung der deutschen Wirtschaft: Zum Wohle des Vaterlandes. Der verlorene Krieg brachte nachhaltige soziale Probleme, führte zu extremen politischen Auseinandersetzungen, forderte aber auch zum Wiederaufbau der deutschen Wirtschaft heraus. Jeder war aufgefordert, an seinem Arbeitsplatz das Beste für die nationale Volkswirtschaft zu tun. So auch die Betriebswissenschaftler, so auch die jungen Pioniere der noch so jungen Psychotechnik.

Walther Moede war durch seine Erfahrungen in der Heerespsychologie geprägt worden. Eignungsprüfungen für das Kraftfahrzeugwesen standen am Anfang als Aufgabe für eine methodische Innovation. Die Einführung als Verfahren im Großversuch war von nachhaltigem Wert für eine noch zu entwickelnde wissenschaftliche Grundlage für berufsbezogene Erfahrungsuntersuchungen.

Walther Moede hatte Georg Schlesinger vermutlich um 1917 kennengelernt. Beide hatten sich partnerschaftlich gefunden, sie wollten das Neue wagen. Es ging um den Menschen, es

---

[26] Beschluss des Preußischen Staatsministeriums vom 20. März 1923. Grundsätze einer Neuordnung der Verfassungsstatuten der preußischen Technischen Hochschulen, abgedruckt in: Die Statuten der preußischen Universitäten und Technischen Hochschulen, a.a.O., S. 70-85, Zitat: S. 73-74.

ging um Arbeit und Leistung, aber auch um die Zukunftssicherung der Wirtschaftskraft Deutschlands. Schlesinger war ein Patriot, aber zugleich auch pragmatischer Realist. Moede war vierzehn Jahre jünger, gerade 30 Jahre alt, ein Idealist, ein Stürmer; der geeignete Mann an dem geeigneten Platz. Die Wirtschaft brauchte tüchtige, qualifizierte Mitarbeiter. Qualität und Produktivität hingen entscheidend von der Leistungsfähigkeit des Arbeitspotenzials ab.

Psychotechnische Eignungsprüfungen waren ein hoffnungsvolles Mittel, die Schwierigkeiten der ersten Nachkriegsjahre zu überwinden. Die Besten wurden gebraucht und gesucht. Schlesinger und Moede haben einen großen Schritt gewagt und dabei das Vertrauen der Wirtschaft gewonnen. Mit Unterstützung der Mittel aus der Werkzeugmaschinenindustrie hat sich in Deutschland die Psychotechnik entwickelt, der Staat hat dies begleitet, allerdings auch im Vertrauen auf die überzeugende Argumentation der Innovationsgemeinschaft Schlesinger/Moede. Dritter im Bund war die TH Charlottenburg und damit auch das zuständige Ministerium.

Die Gruppe für industrielle Psychotechnik bestand in ihrer Gründungsphase aus fünf Assistenten. Bekannt sind neben Walther Moede und Curt Piorkowski die Namen Robert Werner Schulte, Fritz Giese sowie ab 1920 Martha Moers, Maria Schorn und Bernhard Herwig. Es folgten 1921 Erwin Bramesfeld, Marga Baganz und Maria Frank sowie 1923 Kurt Gottschaldt als Praktikant. Die Mitarbeiter der Gruppe waren Privatangestellte von Professor Schlesinger. Der überlieferte Arbeitsvertrag mit Bernhard Herwig weist bemerkenswerte Einzelheiten aus.[27]

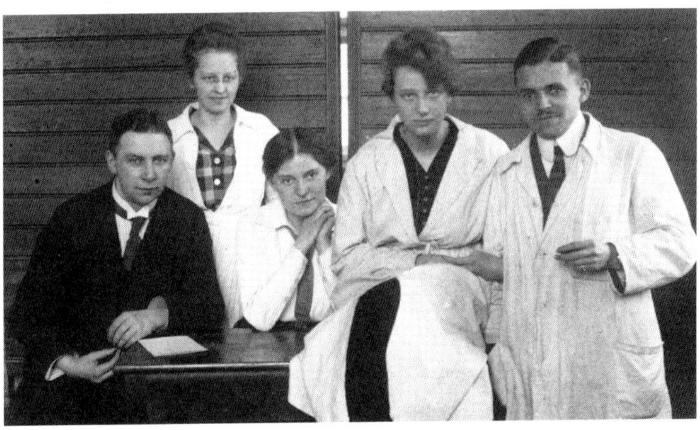

Bild 7.07: Arbeitsgruppe für industrielle Psychotechnik um 1921, Bernhard Herwig rechts im Bild

Im Folgenden sind die Mitarbeiter der Gruppe für industrielle Psychotechnik nach ihrer Dienstzeit aufgelistet und ihre Lebensläufe beschrieben:

Name	**Dienstzeit**	**Lebenszeit**
Giese, Fritz	1919 – 1920	1890 – 1935
Schulte, Robert Werner	1919 – 1921	1898 – 1933
Moers, Martha	20.3.1920 – 1.10.1920	1877 – 1965
Schorn, Maria	1.10.1920 – 1.4.1922	1894 – 1965
Herwig, Bernhard	1.4.1920 – 1922	1893 – 1974
Bramesfeld, Erwin	1.3.1920 – 30.8.1920	1893 – 1969
Baganz, Marga	1.1.1921 – 4.1924	1891 – 1979
Frank, Maria	5.1923 – 9.1925	1896 – 1925
Gottschaldt, Kurt	1923	1902 – 1991

27 Dokument 07-09: Anstellungsvertrag Bernhard Herwig mit Prof. Schlesinger vom 16. April 1920.

Lebensläufe der ersten Mitarbeiter der Arbeitsgruppe für industrielle Psychotechnik

Fritz Giese (1890-1935) studierte Philosophie, Psychologie und Pädagogik in Berlin und Leipzig. Er promovierte 1914 bei Wundt und Klemm in Leipzig zum Dr. phil. Nach seinem Militärdienst bis 1918 war Dr. Giese zunächst bei Poppelreuter an der Nervenstation für Kopfschüsse in Köln tätig. 1919 wechselte er nach Berlin und arbeitete zusammen mit Moede an der Entwicklung von Prüfverfahren zur Eignungsprüfung und gründete im selben Jahr das Institut für praktische Psychologie in Halle, dessen Leiter er 1923 wurde. 1928 übernahm Giese den Aufbau des psychotechnischen Labors an der TH Stuttgart, wo er sich auch habilitierte und 1929 als ao. Professor für Psychologie und angewandte Pädagogik berufen wurde. 1930 wurde er Vorstandsmitglied des Verbands Deutscher Praktischer Psychologen. Fritz Giese gilt als Pionier der angewandten Psychologie und Psychotechnik. Seine Arbeitsgebiete waren vielseitig, sie lagen auch in der Organisationspsychologie sowie im Arbeits- und Gesundheitsschutz. Er starb 1935 in Berlin an den Folgen einer Operation.

Robert Werner Schulte (1898-1933) studierte in Leipzig bei Wundt. Ab 1919 praktizierte über ein Jahr bei Moede am Institut für industrielle Psychotechnik der Technischen Hochschule Berlin als Assistent, um sich danach als praktischer Psychologe in Berlin niederzulassen. Er betätigte sich wissenschaftlich, literarisch und praktisch auf den verschiedenen Gebieten der Psychologie und Psychotechnik und lehrte u. a. an der Preußischen Hochschule sowie Deutschen Hochschule für Leibesübungen sowie an der Humboldt-Hochschule. Dank seiner vielseitigen Begabung war Dr. Schulte Mitarbeiter an philosophischen, psychologischen, psychotechnischen, medizinischen, sportlichen und literarischen Zeitschriften. Neben wissenschaftlichen Arbeiten veröffentlichte er auch Gedichte, Novellen und Erzählungen, die von psychologischem Verständnis und sprachlich hoher Gewandtheit sowie ästhetischem Formensinn zeugten. Robert Werner Schulte starb im Alter von 35 Jahren durch Suizid.

Martha Moers (1877-1965) studierte Philosophie, Mathematik und Naturwissenschaften. Sie promovierte 1918 in Bonn zum Dr. phil. und arbeitete danach von 1919 bis 1920 als Lehrerin. In den Jahren von 1920 bis 1921 war sie zunächst Assistentin bei Walther Moede an der Technischen Hochschule Charlottenburg in Berlin und dann bei Poppelreuter am Institut für Klinische Psychologie in Bonn. Martha Moers, die von 1921 bis 1928 als Berufsberaterin in Bonn tätig war, habilitierte sich 1929 in Innsbruck als erste Frau. Sie war dort von 1928 bis 1930 Privatdozentin für Psychologie und lehrte dann bis 1939 als Professorin für Psychologie an der Hochschule für Lehrerbildung in Beuthen. Bis 1944 arbeitete Martha Moers als wissenschaftliche Angestellte am Institut für Arbeitspsychologie und Arbeitspädagogik im Amt für Betriebsführung und Berufserziehung der Deutschen Arbeitsfront in Berlin. Sie untersuchte dabei insbesondere den Einsatz der Frauen in der Industrie. Von 1948 bis 1957 war Martha Moers Lehrbeauftragte für angewandte Psychologie an der Universität Bonn. Sie befasste sich zunächst mit entwicklungspsychologischen Fragen. Dann erforschte sie die psychischen Folgen von Hirnverletzungen. Ihr besonderes Interesse galt jedoch der Frauenerwerbsarbeit. Sie erhielt im 81. Lebensjahr das Bundesverdienstkreuz 1. Klasse als Nestorin der deutschen Psychologie.

Maria Schorn (1894-1965) war vom 1. Oktober 1920 bis zum 1. April 1922 Assistentin bei Walther Moede an der TH Charlottenburg und auch am Institut für Wirtschaftspsychologie der Handelshochschule in Berlin. Dort wirkte sie bei den ersten groß durchgeführten Lehrlingsuntersuchungen für die Deutsche Reichsbahn mit und war an der Aufstellung und Erprobung einer ersten Serie von kaufmännischen Angestellten beteiligt. Sie führte ferner erste experimentelle Untersuchungen zur Reklamepsychologie durch. 1922/23 war sie Leiterin des Berufsberatungsbüros Aachen und wurde dann Assistentin am psychologischen Institut in Würzburg. Nach ihrer Habilitation 1929 erhielt sie dort eine Privatdozentur. Dann arbeitete sie in den 1930er Jahren wieder beim Arbeitsamt Aachen. Sie ging nachfolgend als Professorin an die Hochschule für Lehrerinnenbildung Schneidemühl. Sie arbeitete danach als wissenschaftliche Mitarbeiterin am Institut für Arbeitspsychologie und Arbeitspädagogik des Amtes für Berufserziehung und Betriebsführung der DAF in Berlin. Von 1941 bis 1943 war Maria Schorn als Regierungsrätin und Fachpsychologin am Gauarbeitsamt Berlin tätig. 1949 wurde sie Lehrbeauftragte für angewandte Psychologie und dann apl. Professorin an der FU Berlin. Sie verstarb 1965.

Bernhard Herwig (1893-1974) studierte nach seinem Abitur an der Berliner Luisenstädtischen Oberrealschule 1912 Mathematik, Physik, Chemie und Psychologie in Berlin und Marburg. Er promovierte 1919, nach einem kurzen Militärdienst 1917, in Marburg bei Jaensch zum Dr. phil. mit einer wahrnehmungspsychologischen Arbeit „Über den inneren Farbensinn der Jugendlichen und seiner Beziehung zu den allgemeinen Fragen des Lichtsinns“. 1920 bestand er das Staatsexamen für das Lehramt an höheren Schulen für philosophische Propädeutik, Mathematik und Physik. Von 1920 bis 1922 war Herwig Assistent am Institut für industrielle Psychotechnik der TH Berlin bei Moede und zeitweise auch wissenschaftlicher Hilfsarbeiter am Psychologischen Laboratorium der Inspektion für Waffen und Geräte in Berlin sowie wissenschaftlicher Hilfsarbeiter an der Psychotechnischen Versuchsstelle der Deutschen Reichsbahn in Berlin-Eichkamp. Im Jahre 1923 ging er als Fachpsychologe bei der Reichsbahn nach Braunschweig und übernahm dort im WS 1923/24 einen Lehrauftrag am Institut für Psychologie an der Technischen Hochschule Braunschweig. Er war dort bis zur Einrichtung einer selbständigen Hochschule für Lehrerbildung 1938 auch für die Ausbildung von Lehrern mitverantwortlich.

Im Jahr 1924 gründete Herwig an der Technischen Hochschule Braunschweig ein psychologisch-psychotechnisches Institut. 1927 erfolgte die Habilitierung auf der Grundlage arbeitspsychologischer Untersuchungen und 1929 die Ernennung zum außerplanmäßigen ao. Professor. 1932 wurde er Ordinarius für Psychologie und blieb dies bis zu seiner Emeritierung 1961. Im Jahre 1937 erfolgte die Umbenennung in Institut für Arbeitspsychologie. 1940 wurde er Leiter der Abteilung für nichtnaturwissenschaftliche Ergänzungsfächer. Er führte 1941 als erster die Diplomprüfung für Psychologen an einer Technischen Hochschule ein und war Vorstandsmitglied der Deutschen Gesellschaft für Psychologie. Von 1939 bis 1942 war er zudem als Regierungsrat der Reserve bei der Personalprüfstelle XI in Hannover als Heerespsychologe tätig. Nach dem Krieg half Herwig bei dem Aufbau der Gesellschaft für das gewerbliche Bildungswesen, deren Vorstand er langjährig angehörte. Auch gründete er 1948 das Forschungsinstitut für Arbeitspsychologie und Personalwesen (Forfa) in Braunschweig, später Stiftung zur Förderung der praktischen Psychologie, dessen Direktor er bis 1963 war. Von 1948 bis 1953 war er zudem Vorsitzender des Berufsverbands Deutscher Psychologen, zu dessen Ehrenvorsitzenden er danach ernannt wurde. Am 7. Januar 1974 verstarb Herwig in Braunschweig an Herzversagen.

Während seiner Forschungs- und Lehrtätigkeit verfolgte Herwig das Ziel der „Synthese zwischen theoretischer und angewandter Forschung als Voraussetzung für die Anwendung der Psychologie im Leben". Schwerpunkt seines Schaffens war daher schon frühzeitig die Arbeitspsychologie. So war er bereits in seiner beratenden Tätigkeit bei der Reichsbahn als praktischer Psychologe aktiv und richtete 1929 an seinem Institut eine Abteilung für Eignungsuntersuchungen ein. Maßstäblich waren auch seine Forschungen auf dem Gebiet der Verkehrspsychologie, die er noch nach seiner Emeritierung fortsetzte.

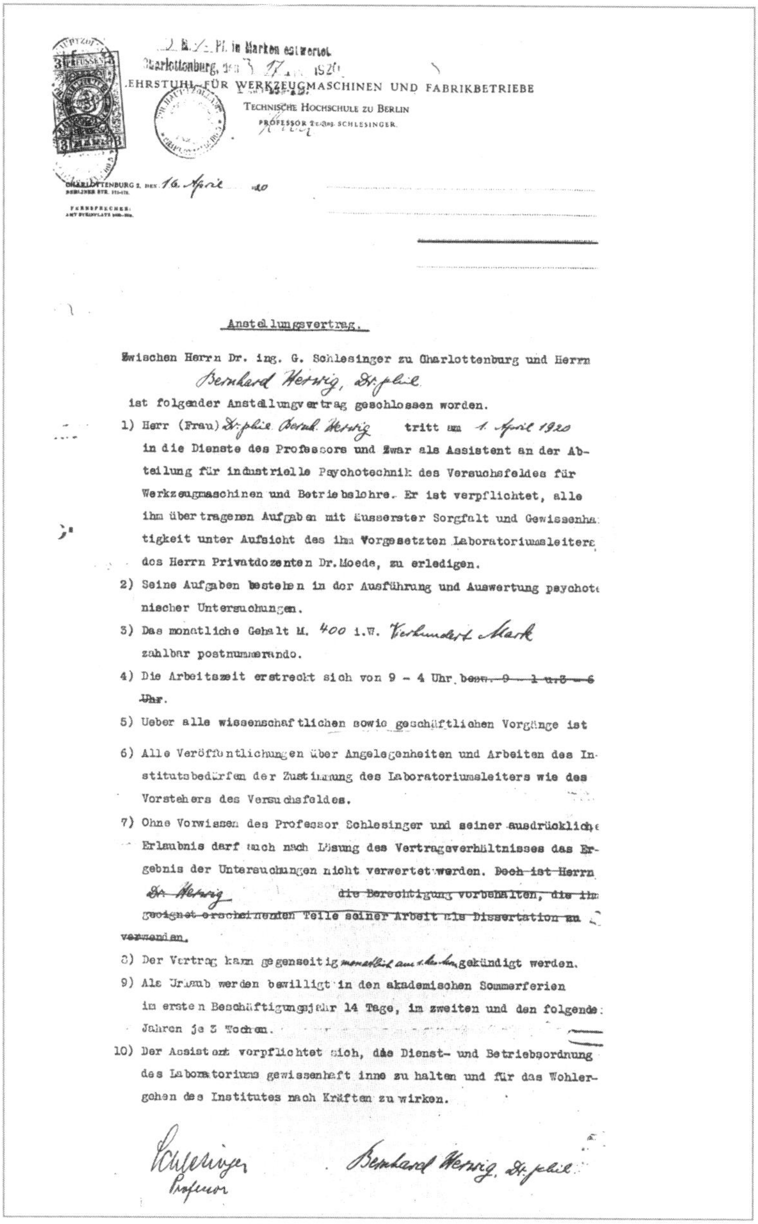

Charlottenburg, den 17. 1920

LEHRSTUHL FÜR WERKZEUGMASCHINEN UND FABRIKBETRIEBE
TECHNISCHE HOCHSCHULE ZU BERLIN
PROFESSOR Dr.-Ing. SCHLESINGER

CHARLOTTENBURG 2, DEN 16. April 20
BERLINER STR.
FERNSPRECHER:

Anstellungsvertrag.

Zwischen Herrn Dr. ing. G. Schlesinger zu Charlottenburg und Herrn
Bernhard Herwig, Dr. phil.
ist folgender Anstellungvertrag geschlossen worden.

1) Herr (Frau) Dr. phil. Bernh. Herwig tritt am 1. April 1920 in die Dienste des Professors und zwar als Assistent an der Abteilung für industrielle Psychotechnik des Versuchsfeldes für Werkzeugmaschinen und Betriebslehre. Er ist verpflichtet, alle ihm übertragenen Aufgaben mit äusserster Sorgfalt und Gewissenhaftigkeit unter Aufsicht des ihm Vorgesetzten Laboratoriumsleiters des Herrn Privatdozenten Dr. Moede, zu erledigen.
2) Seine Aufgaben bestehen in der Ausführung und Auswertung psychotechnischer Untersuchungen.
3) Das monatliche Gehalt M. 400 i.W. Vierhundert Mark zahlbar postnumerando.
4) Die Arbeitszeit erstreckt sich von 9 – 4 Uhr. ~~bezw. 9 – 1 u. 3 – 6 Uhr~~.
5) Ueber alle wissenschaftlichen sowie geschäftlichen Vorgänge ist
6) Alle Veröffentlichungen über Angelegenheiten und Arbeiten des Institutsbedürfen der Zustimmung des Laboratoriumsleiters wie des Vorstehers des Versuchsfeldes.
7) Ohne Vorwissen des Professor Schlesinger und seiner ausdrücklichen Erlaubnis darf auch nach Lösung des Vertragsverhältnisses das Ergebnis der Untersuchungen nicht verwertet werden. ~~Doch ist Herrn Dr. Herwig die Berechtigung vorbehalten, die ihm geeignet erscheinenden Teile seiner Arbeit als Dissertation zu verwenden.~~
8) Der Vertrag kann gegenseitig monatlich am [illegible] gekündigt werden.
9) Als Urlaub werden bewilligt in den akademischen Sommerferien im ersten Beschäftigungsjahr 14 Tage, im zweiten und den folgenden Jahren je 3 Wochen.
10) Der Assistent verpflichtet sich, die Dienst- und Betriebsordnung des Laboratoriums gewissenhaft inne zu halten und für das Wohlergehen des Institutes nach Kräften zu wirken.

Schlesinger
Professor

Bernhard Herwig, Dr. phil.

Bild 7.08: Anstellungsvertrag von Dr. Bernhard Herwig (1920)

Erwin Bramesfeld (1893-1969) studierte Maschinenbau und war vom 1. März bis zum 30. August 1920 Volontär-Assistent bei Moede. Nach seiner Promotion zum Dr.-Ing. bekam er 1921 einen Lehrauftrag an der TH Darmstadt und baute dort 1922 das psychotechnische Institut auf. Die Habilitation erfolgte 1925. Er wurde 1930 ao. Professor in Darmstadt. Er wechselte 1939 in die Industrie und wurde Prokurist und Leiter der Betriebswirtschafts- und Organisationsstelle einer Chemischen Fabrik. Dr. Bramesfeld war später geschäftsführendes Vorstandsmitglied des REFA-Verbandes, Darmstadt, und stellvertretender Vorsitzender der Arbeitsgemeinschaft für soziale Betriebsgestaltung (ASB), Heidelberg.

Veröffentlichungen:

- Psychotechnik als Lehrfach der Technischen Hochschule, Darmstadt 1926.
- Leitfaden für das Arbeitsstudium. Seelische und körperliche Voraussetzungen der menschlichen Betriebsarbeit von E[rwin] Bramesfeld und O[tto] Graf. Hrsg. vom Reichsausschuß für Arbeitsstudien (REFA), VDI-Verlag, Berlin 1936.

Maria Frank (1896-1925) promovierte zum Dr. phil. und war von Mai 1923 bis September 1925 Assistentin bei Moede am Institut für industrielle Psychotechnik und von 1922 bis September 1925 auch Assistentin am Institut für Wirtschaftspsychologie der Handelshochschule, als sie mit 29 Jahren plötzlich verstarb.

Veröffentlichungen:

- Das Bild im Dienste der Unfallverhütung. Werkstattstechnik, Bd. XVII, 15. Juni 1923, Heft 12, S. 358-360.
- Urteilsstatistik der Leser und Laboratoriumsbegutachtung von Inseraten. Industrielle Psychotechnik, Bd. II, 1925, Heft 11, S. 348-352.
- Psychotechnische Begutachtung von Unfallverhütungsplakaten. Industrielle Psychotechnik, Bd. III, 1926, Heft 1, S. 1-15.

Bild 7.09: Maria Frank, Mitarbeiterin am Institut für industrielle Psychotechnik (1923-25)

Marga Baganz geb. Lehmann (1891-1979) studierte an der Friedrich-Wilhelms-Universität in Berlin und promovierte um 1915 „summa cum laude“ zum Dr. phil. Sie war vom 1. Januar 1921 bis zum April 1924 Privatassistentin im Institut für industrielle Psychotechnik bei Walther Moede. Sie führte betriebspsychologische Untersuchungen in der Bekleidungsbranche durch. Sie war zeitweise freiberuflich tätig, auch als behördlich anerkannte Psychologin. Sie arbeitete auch als Dozentin an der Volkshochschule Berlin sowie im Psychologischen Institut der deutschen Reichswehr. Sie wohnte in Berlin-Kreuzberg, Müllenhoffstr. 13.

Veröffentlichungen:

- Der Einfluß der Schulbildung auf das Ergebnis der Eignungsprüfung. Industrielle Psychotechnik, Bd. I, 1924, Heft 9, S. 294-295.
- Aufgaben und Ziele einer wissenschaftlichen Frauenpsychologie. Industrielle Psychotechnik, Bd. X, 1933, Heft 11, S. 335-339.
- Kleid und Persönlichkeit. Industrielle Psychotechnik, Bd. XII, 1935, Heft 7/8, S. 238-248.
- Käufertypen – Zur Typologie des Kunden auf Grund praktischer Verkaufsstudien. Industrielle Psychotechnik, Bd. XIII, 1936, Heft 11/12, S. 321-329.
- Zur Psychologie des Verkäufers. Industrielle Psychotechnik, Bd. XV, 1938, Heft 9/10, S. 293-305.
- Das Lichtbild als diagnostisches Mittel bei der Bewerbung. Industrielle Psychotechnik, Bd. XVI, 1939, Heft 8, S. 240-249.
- Von den Voraussetzungen jeder Menschenbeurteilung. Industrielle Psychotechnik, Bd. XVIII, 1941, Heft 1, S. 1-15.

Kurt Gottschaldt (1902-1991) war 1923 wissenschaftlicher Praktikant bei Moede im Institut für industrielle Psychotechnik und arbeitete nach seinem Studium von 1926 bis 1929 als Assistent am Psychologischen Institut der Universität Berlin. 1935 wurde er Leiter einer neuen Abteilung für Erbpsychologie am Kaiser-Wilhelm-Institut für Anthropologie, menschliche Erblehre und Eugenik, das 1927 durch Eugen Fischer gegründet worden war. Von 1938 bis 1945 war Gottschaldt außerordentlicher Professor an der Friedrich-Wilhelms-Universität. Nach 1945 wurde er erster Direktor des Instituts für Psychologie der Humboldt-Universität. Er lehrte ab 1962 bis zu seiner Emeritierung in Göttingen. Gottschaldt hat sich um die Gestaltpsychologie verdient gemacht. Er war Mitglied der Deutschen Akademie der Wissenschaften der DDR und Mitglied der Deutschen Gesellschaft für Psychologie.

Entwicklung der Lehre für Betriebswissenschaft

In den Nachkriegsjahren kam es zu verschiedenen Umstrukturierungen der Studiengänge an der TH Berlin, die die Bemühungen zu einer stärkeren Integration von technischer, wirtschaftswissenschaftlicher und allgemeiner Bildung widerspiegeln, zugleich aber auf die zunehmende Etablierung des betriebswissenschaftlichen Ansatzes schließen lassen. Die Entwicklung am Schlesinger Lehrstuhl weist in diese Richtung. So korrespondiert die Zunahme des Lehrpersonals in der Weimarer Zeit mit einer beträchtlichen Ausweitung und inhaltlichen Ausdifferenzierung des Lehrangebots.

In der ersten Entwicklungsphase von 1918/19 bis 1923/24 zeugen die Aufnahme psychotechnischer Lehrveranstaltungen in das Lehrprogramm und die erstmalige Zusammenfassung betriebswissenschaftlich orientierter Veranstaltungen unter der Sammelbenennung „Fertigung einschließlich Psychotechnik“ im Studienjahr 1922/23 von der inhaltlichen Ausweitung und der stärker betriebswissenschaftlichen und wirtschaftlichen Ausrichtung des Fachgebiets.

Die Studentenunruhen in Folge der Ereignisse vom 9. November 1918 und die völlige Überfüllung der Technischen Hochschule zu Berlin durch die zurückkehrenden Soldaten-Studenten sowie noch bestehende Lazaretteinrichtungen in Gebäudeteilen der TH hatten zunächst zu chaotischen Verhältnissen geführt. Für das Studienjahr 1918/19 erschien kein reguläres Vorlesungsverzeichnis, sondern lediglich ein Verzeichnis mit Ergänzungen zum Programm von 1917/18, in dem etwaige Veränderungen gegenüber dem letzten Studienjahr verzeichnet waren. Im Herbst 1919 wurde ein Zwischensemester eingeführt, um Studium und Prüfungen für alle zu ermöglichen. Mit Parallelvorlesungen, der Beschäftigung von Gymnasiallehrern und Lautsprecherübertragung der Vorlesungen auf die Flure versuchte man, die Studentenflut aufzufangen. Das Unterrichtsministerium stellte das Gelände zwischen Kurfürsten- und Hardenbergstraße für Erweiterungsbauten zur Verfügung.[28] Infolge des eingeschobenen Herbstzwischensemesters und der Kohleknappheit begann das Studienjahr 1919/20 erst am 2. Februar 1920. Erst mit dem Studienjahr 1920/21 war der „Normalbetrieb" an der Technischen Hochschule Berlin wiederhergestellt.

Die Lehrveranstaltungen am Schlesinger Lehrstuhl wurden jedoch bereits seit dem Studienjahr 1918/19 weitgehend regulär durchgeführt. So sind in den „Ergänzungen zum Programm für das Studienjahr 1917/18 gültig für das Studienjahr 1918/19" keine Veränderungen aufgeführt, die Schlesinger oder Kurrein betreffen. Die Lehrveranstaltungen fanden also thematisch wie im letzten Kriegsjahr statt.[29]

Georg Schlesinger hielt, wie bereits in den Jahren seit 1904, für das VII. und VIII. Semester je einen zweistündigen Vortrag mit Seminar über „Werkzeugmaschinen" und „Fabrikbetriebe", jeweils ergänzt durch eine vierstündige Übung. Auch die vierstündigen Übungen im Versuchsfeld finden sich weiterhin im Lehrprogramm. In der Weimarer Zeit war Schlesinger durchgängig für diese Veranstaltungen zuständig, wobei es erst in der zweiten Phase ab 1924/25 zu einigen Umbenennungen kam, die den betriebswissenschaftlichen Charakter der Veranstaltungen stärker zum Ausdruck brachten.

Einführungsvorlesung „Der Maschinenbau"

Eine neue und beispielgebende Lehrform, die bereits im Studienjahr 1920/21 in der zu diesem Zeitpunkt noch bestehenden Abteilung für Maschinen-Ingenieurwesen eingeführt wurde, war die orientierende Einführungsvorlesung „Der Maschinenbau". Die Vorlesung, die für Studenten des ersten Semesters gedacht war und Exkursionen zu wichtigen Berliner Industriebetrieben umfaßte, war zwar nicht am Schlesinger-Lehrstuhl angesiedelt, sondern wurde im ersten Jahr von den Professoren Schlesinger, Heyn, Drawe, Josse, W. Reichel, Riedler, Kammerer, Franz, E. Meyer, Julius Wolf und Isay gemeinsam gestaltet. Schlesinger war jedoch auch in den folgenden Jahren an der Veranstaltung beteiligt, die seit 1923/24 nur noch von drei Professoren – Schlesinger, Riebensahm, Drawe – betreut und im Studienjahr 1925/26 durch eine Vorlesung von E. Reichel mit dem Titel „Einleitung in den Maschinenbau" ersetzt wurde. Nach der Einführung der Fakultätsverfassung wurde die Einführungsvorlesung im Studienjahr 1922/23 zusammen mit Veranstaltungen, wie „Einleitung in den Maschinenbau" oder „Skizzieren von Maschinenteilen", unter der Sammelbenennung „Einführung in den Maschinenbau und Maschinenelemente" im TH-Programm aufgeführt.

Unter der Überschrift „Reformvorlesungen an der Technischen Hochschule Berlin" berichtete Arthur Fürst über die Vorlesung:

---

[28] Vgl. Schröder-Werle, a.a.O., S. 16.

[29] Vgl. hier und im Folgenden – soweit nicht anders angegeben – die TH-Programme der Studienjahre 1917/18 bis 1932/33.

„Die vielfachen Erörterungen über eine Verbesserung des Vortragswesens an den Technischen Hochschulen haben unter anderem die Einführung einer neuen Vorlesungsart an der Charlottenburger Technischen Hochschule zur Folge gehabt. Der Einwand ist als berechtigt anerkannt worden, daß der vom Gymnasium kommende junge Student zunächst viel zu wenig Fühlung mit technischem Denken und Schaffen hat, um den Vorlesungen über Einzelheiten sogleich folgen zu können. Die ersten Schritte in das große fremde Gebiet werden ihm bedeutend erleichtert, wenn er im Beginn das Grundsätzliche in seinem ganzen Umfang kennen lernt.“[30]

Bemerkenswert an der ursprünglichen Konzeption ist das breite Themenspektrum, das von den technisch-wirtschaftlichen Zusammenhängen (Schlesinger) über Stoffkunde (Heyn), Wärmewirtschaft (Drawe), Krafterzeugung (Josse), Kraftverteilung (W. Reichel), Transportwesen (Kammerer), Bauanlagen (Franz) und Arbeitsmaschinen (Riedler) bis zu Mathematisch-mechanischen Grundlagen (E. Meyer), Volkswirtschaft (J. Wolf) und Rechtskunde (Isay) reichte. Die beiden letzteren Fächer wurden von Professoren unterrichtet, die nicht der Abteilung für Maschinen-Ingenieurwesen, sondern der für Allgemeine Wissenschaften angehörten.[31]

Der genaue Titel der Einzelvorlesung Schlesingers im Rahmen der Gemeinschaftsvorlesung lautete „Die wirtschaftlichen Zusammenhänge zwischen Gestaltung, Fertigung und wirtschaftlichem Erfolg, erläutert an einer technischen Anlage“[32]. Im erwähnten Beitrag von Fürst ist ein Auszug aus dieser Vorlesung wiedergegeben, der zeigt, welche Bedeutung Schlesinger dem Menschen im Produktionsprozess und der Integration von wirtschaftlichen Aspekten in die technische Ausbildung beimaß:

„Eine der schwersten Aufgaben, die dem jungen Ingenieur obliegen, ist das Lesen von Zeichnungen. [...] Wenn die Hausfrau ein bestimmtes Gericht herstellen will, so entnimmt sie dem Kochbuch das Rezept; es ersetzt ihr die Zeichnung. Dann beschafft sie die Rohstoffe [...], endlich setzt sie die Werkzeuge [...] in Bewegung, und wenn alles vollständig vorhanden ist, dann erst kann sie durch richtige Bearbeitung und Vereinigung der Rohstoffe und unter sachgemäßer Benutzung der vorhandenen, in gutem Stande befindlichen Werkzeuge den Kuchen herstellen; und nichts darf fehlen. Also stets müssen Rohstoffe, Werkzeuge und Handhabung in ausreichender Menge, in gutem Zustand und unter sachgemäßer Handhabung zusammenwirken. Ist nur eines von den Dreien mangelhaft, so mißlingt das angestrebte Ergebnis und am Ende kommt dann die Rechnung: was hat uns der Kuchen gekostet? Die sparsame Hausfrau bemißt ihre Ausgaben vorher, macht, wenn das Geld nicht reicht, den Kuchen kleiner ... und ist befriedigt, wenn das Haushaltsgeld bis zum Wochenende reicht. Die verschwenderische Hausfrau macht wohl den schmackhafteren Kuchen, aber an den beiden letzten Wochentagen muß sie sich und die ihrigen Hunger leiden lassen. Die Wirtschaftlichkeit regiert auch hier letzten Endes das Ganze.

So leiten wir ab: Wir brauchen als Wichtigstes tüchtige und leistungsfähige Menschen: Das sind die Arbeiter; ferner brauchen wir gutes Werkzeug und gute Werkzeugmaschinen, weiter helle, ausreichend gelüftete, gut beleuchtete und zweckmäßig eingerichtete Räume: das sind die technischen Einrichtungen.“[33]

Deutlich wird hier, wie Schlesinger versuchte, sein Ziel einer fundierten Ausbildung der Ingenieurstudenten durch die Kombination theoretischer Begriffsbildung und praktischer An-

---

30 Fürst, Arthur: Reformvorlesungen an der Technischen Hochschule Berlin. Werkstattstechnik, Bd. XIV, 1920, S. 644.

31 Vgl. Fürst, a.a.O. – Hermann Isay, geb. 1873, war seit 1935 ao. Prof. für Bürgerliches Recht, Patent-, Muster- und Warenzeichenrecht an der TH Berlin; Julius Wolf war Professor für Nationalökonomie, emeritiert seit 1922/23, jedoch bis April 1926 vertretungsweise weiter an der TH. Vgl. Schottlaender, Rudolf: Antisemitische Hochschulpolitik – Zur Lage an der Technischen Hochschule Berlin 1933/34. In: Wissenschaft und Gesellschaft. Beiträge zur Geschichte der Technischen Universität Berlin 1879-1979. Im Auftrag des Präsidenten der Technischen Universität Berlin hrsg. v. Reinhard Rürup, Bd. 1, Berlin, Heidelberg, New York 1979, S. 445-453, hier S. 452; sowie Ebert, Wirtschaftsingenieur, a.a.O., S. 356.

32 Vgl. Spur, G.; Ebert, J.; Haak, R.; Pokorny, R.; Voglrieder, S.; Abenhausen, S.: Von der Psychotechnik zur Arbeitswissenschaft, a.a.O., S. 103.

33 Fürst, a.a.O.

schauung zu verwirklichen. Das Amt des Hochschullehrers verstand er als Gelegenheit, durch die Ausbildung des technischen Nachwuchses die Voraussetzungen für die praktische Umsetzung der wissenschaftlichen Betriebsführung zu schaffen.[34]

Ebenso wie Schlesinger führte Max Kurrein, der im Dezember 1918 an den Lehrstuhl zurückgekehrt war, seine einstündige, bis zum Studienjahr 1920/21 unentgeltliche Vorlesung zum Thema „Die Herstellung und Prüfung der Meßmaschinen und Meßwerkzeuge" zunächst in wenig veränderter Form fort.

Ergänzt wurde diese Veranstaltung ab dem Studienjahr 1919/20 um eine einstündige Vorlesung zum Thema „Werkzeuge für die Maschinenfabrikation". Beide Veranstaltungen firmierten bis 1922/23 unter dem Titel „Arbeits- und Meßwerkzeug" und wurden 1923/24 in einer zwei Wochenstunden umfassenden Lehrveranstaltung zu „Arbeits- und Meßwerkzeugen für die Maschinenfabrikation, ihre Herstellung und Prüfung" zusammengefasst.

Aufnahme psychotechnischer Lehrveranstaltungen

Eine Neuerung, die mit der Einrichtung der Gruppe für industrielle Psychotechnik (seit 1923: Institut) am Versuchsfeld für Werkzeugmaschinen zusammenhängt, ist die Aufnahme psychotechnischer Lehrveranstaltungen, die ebenfalls bereits in das Studienjahr 1919/20 fällt. Walther Moede, zuständig für die „Gruppe für industrielle Psychotechnik" am Versuchsfeld für Werkzeugmaschinen, hielt als Privatdozent in der Abteilung für Maschinen-Ingenieurwesen zunächst eine unentgeltliche, zweistündige Vorlesung zur „Psychotechnik der industriellen Arbeit". Begleitet wurde die Vorlesung von einem einführenden kleinen Praktikum „Übungen zur industriellen Psychotechnik für Fortgeschrittene" und dem Angebot zu „Selbständigen Arbeiten über ausgewählte Themata aus dem Gesamtgebiet der industriellen Psychotechnik".[35]

Im folgenden Studienjahr 1920/21 gliederte Moede seine nunmehr entgeltliche[36] Vorlesung in zwei Teile, „Rationalisierung der Arbeits-, Anlern- und Absatzverfahren", über die er im Winterhalbjahr las, und „Eignungsprüfung", angekündigt für das Sommerhalbjahr. Damit legte er schon sehr früh die grundlegende Ausrichtung der Psychotechnik an der TH Berlin fest, die in den folgenden Jahren weiter ausdifferenziert und erweitert, deren Grundtendenz von praktisch-betrieblicher Anwendung bzw. betriebswirtschaftlicher Orientierung aber im wesentlichen beibehalten wurde.[37]

Im Studienjahr 1921/22, in dem Moede zum nicht beamteten außerordentlichen Professor ernannt wurde, erfolgten einige kleinere Umbenennungen der Lehrveranstaltungen. So lautete der Titel des zweiten Teils der Vorlesung nun „Eignungsprüfungen, ihre Methoden und Ergebnisse", das kleine Praktikum wurde umbenannt in „Psychotechnisches Praktikum", die

---

[34] Zu seinen Grundsätzen der Ingenieurausbildung vgl. Schlesinger, Georg: Was erwartet die Technische Hochschule von der praktischen Arbeitszeit? In: Die Technische Hochschule 4, 1925, S. 138-142, hier S. 140. Ein Ingenieur, dem es um „bloßen Gelderwerb" oder „bloße Arbeitserfüllung" gehe, habe seinen Beruf verfehlt. Der angehende Ingenieur müsse vielmehr lernen, daß „dieser Beruf Hingabe verlangt mit jedem Nerv vom Morgen bis zum Abend, vor und nach den festgesetzten Arbeitsstunden, sonst bleibt der Ingenieur Scharwerker und wird nie Leiter".

[35] Peter Goldschmidt gibt an, dass etwa 30 Studenten an den Praktika teilnahmen; vgl. Peter Goldschmidt: Walther Moede und die industrielle Psychotechnik. Versuch einer Werksbiographie. MA-Arbeit, Münster 1988, S. 34.

[36] Dokument 07-10: Vergüteter Lehrauftrag des Ministers für Wissenschaft, Kunst und Volksbildung an Walther Moede vom 20. Oktober 1921.

[37] Vgl. für Einzelheiten ebd., und Spur, G.; Ebert, J., Haak, R.; Pokorny, R.; Voglrieder, S.; Abenhausen, S.: Von der Psychotechnik zur Arbeitswissenschaft, a.a.O.

„Selbständigen Arbeiten aus dem Gesamtgebiet der industriellen Psychotechnik“ waren nun für Fortgeschrittene gedacht, und die „Übungen“ wichen der „Besprechung psychotechnischer Fragen für Fortgeschrittene“, einem unentgeltlichen, einstündigen Vortrag, der nach Verabredung stattfand. Die Tatsache, dass Moede in diesem Studienjahr unter den Privatdozenten als außerordentlicher Honorarprofessor geführt wurde, weist darauf hin, dass seine Vorlesungen für Hörer der TH und der Handelshochschule Berlin gleichzeitig angeboten wurden. An der HH lehrte Moede vom Sommersemester 1919/20 bis zum Wintersemester 1930/31.[38]

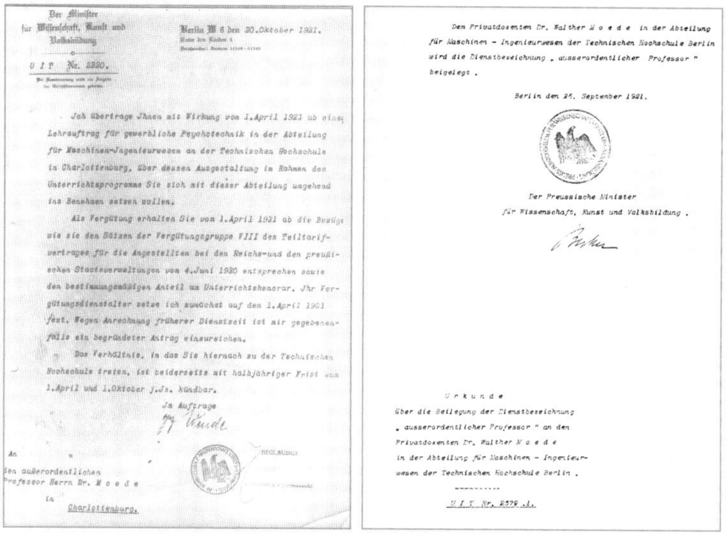

Der Minister
für Wissenschaft, Kunst und
Volksbildung

U I T Nr. 2220.

Berlin W 8 den 20.Oktober 1921.

Joh übertrage Jhnen mit Wirkung vom 1.April 1921 ab einen Lehrauftrag für gewerbliche Psychotechnik in der Abteilung für Maschinen-Jngenieurwesen an der Technischen Hochschule in Charlottenburg, über dessen Ausgestaltung im Rahmen des Unterrichtsprogramms Sie sich mit dieser Abteilung umgehend ins Benehmen setzen wollen.

Als Vergütung erhalten Sie vom 1.April 1921 ab die Bezüge wie sie den Sätzen der Vergütungsgruppe VIII des Teiltarifvertrages für die Angestellten bei den Reichs-und den preußischen Staatsverwaltungen vom 4.Juni 1920 entsprechen sowie den bestimmungsmäßigen Anteil am Unterrichtshonorar. Jhr Vergütungsdienstalter setze ich zunächst auf den 1.April 1921 fest. Wegen Anrechnung früherer Dienstzeit ist mir gegebenenfalls ein begründeter Antrag einzureichen.

Das Verhältnis, in das Sie hiernach zu der Technischen Hochschule treten, ist beiderseits mit halbjähriger Frist zum 1.April und 1.Oktober j.Js. kündbar.

Jm Auftrage

An

den außerordentlichen
Professor Herrn Dr. M o e d e

in

Charlottenburg.

Dem Privatdozenten Dr. Walther M o e d e in der Abteilung für Maschinen - Ingenieurwesen der Technischen Hochschule Berlin wird die Dienstbezeichnung „ ausserordentlicher Professor “ beigelegt .

Berlin den 26. September 1921.

Der Preussische Minister
für Wissenschaft, Kunst und Volksbildung .

U r k u n d e
über die Beilegung der Dienstbezeichnung
„ ausserordentlicher Professor “ an den
Privatdozenten Dr. Walther M o e d e
in der Abteilung für Maschinen - Ingenieurwesen der Technischen Hochschule Berlin .

U I T Nr. 2579 .1.

Bild 7.10: Ernennung zum nichtbeamteten außerordentlichen Professor (20. Oktober 1921)

Auch das Studienjahr 1922/23 brachte thematisch keine wesentlichen Veränderungen, aber wiederum einige Umbenennungen. So bot Moede seine zweiteilige Vorlesung jetzt unter dem Titel „Industrielle Psychotechnik“ mit den Unterthemen „Eignungsprüfung von Jugendlichen und Erwachsenen“ und „Rationalisierung der Arbeits-, Anlern- und Absatzverfahren“ an. Das „Psychotechnische Praktikum“ firmierte jetzt unter dem Titel „Übungen zur industriellen Psychotechnik“, die „Besprechung psychotechnischer Fragen“ entfiel, und die „Arbeiten für Fortgeschrittene“ wurden nicht mehr nach Vereinbarung abgehalten, sondern fanden täglich von 9.00 bis 17.00 Uhr, seit 1923/24 bis 18.00 Uhr statt.

Ebenso wie die Veranstaltungen Schlesingers und Kurreins wurden die von Moede nach der Einführung der Fakultätsverfassung im Studienjahr 1922/23 dem Gebiet „Fertigung einschließlich Psychotechnik“ in der maschinenwirtschaftlichen Fakultät zugeordnet. Unter dieser Sammelbenennung sind im TH-Programm dieses Jahres erstmals auch die Vorlesungen von August Hilpert aufgeführt, der damit, obwohl dem Lehrstuhl E. Reichels (Wasserkraftmotoren) angehörig, im Bereich der Lehre für mehrere Studienjahre dem Fachgebiet Schlesingers zugeordnet wurde. Hilpert, der im Studienjahr 1903/04 als Privatdozent an die TH ge-

[38] Vgl. Goldschmidt, a.a.O., S. 34. Im Sommersemester 1920 hatte die Kaufmannschaft Berlin an der Handelshochschule ein Institut für Wirtschaftspsychologie eröffnet, dessen Direktor Moede wurde; vgl. ebd., S. 27, S. 32. Zu Honorarprofessoren konnten nur Personen ernannt werden, die der Hochschule nicht angehörten; vgl. GStAPK I. HA, Rep. 76, Sekt. 5, Tit. III, Abtl. III, Nr. 5 C, Bd. 1, Bl. 119.

kommen und seit 1922/23 nicht beamteter außerordentlicher Professor war, hielt zwei zweistündige Vorträge zum Thema „Rationelle Arbeitsmethoden und Kalkulation".

Die folgende Tafel gibt einen Überblick über die Ausweitung und Ausdifferenzierung der Lehrveranstaltungen Schlesingers und seiner Mitarbeiter in der ersten Phase der Weimarer Republik von 1919 bis 1923/24.

Zuordnung	**Abteilung für Maschinen-Ingenieurwesen Lehrstuhl für Werkzeugmaschinen und Fabrikbetriebe**		
Studienjahr	**1919/20**	**1920/21**	**1921/22**
Dozent			
Schlesinger	Werkzeugmaschinen Vortr., 2 Std., Üb., 4 Std. Fabrikbetriebe Vortr., 2 Std., Üb., 4 Std. Übungen im Versuchsfelde für Werkzeugmaschinen Üb., 4 Std., Zeit n. Vereinb.	⇒	⇒
Kurrein	Arbeits- und Meßwerkzeuge a) Die Herstellung und Prüfung der Meßmaschinen und Meßwerkzeuge (unentg.), Vortr., 1 Std. b) Werkzeuge für die Maschinenfabrikation, Vortr., 1 Std.	⇒	⇒ (entgeltlich)
Moede	a) Psychotechnik der industriellen Arbeit (unentg.) Vortr., 2 Std., Zeit n. Vereinb.	a) Psychotechnik der industriellen Arbeit: - Rationalisierung der Arbeits-, Anlern- und Absatzverfahren (unentg.) W. Vortr., 2 Std., Zeit n. V. - Eignungsprüfung (unentg.) S. Vortrag, 2 Std., Zeit n. V.	a) Psychotechnik der industriellen Arbeit: - Rationalisierung der Arbeits-, Anlern- und Absatzverfahren W., Vortr., 2 Std. Vortr. Zeit n. V. - Eignungsprüfungen, ihre Methoden und Ergebnisse S., Vortr., 2 Std., Zeit n.V.
	b) Kleines Praktikum zur Einführung in die ind. Psychotechnik, Üb., 2 Std., Zeit n. V.	⇒	b) Psychotechnisches Praktikum Üb., 2 Std., Zeit n. V.
	c) Übungen zur industriellen Psychotechnik für Fortgeschrittene (unentg.), Üb., 2 Std., Zeit n. V.	⇒	c) Selbständige Arbeiten für Fortgeschrittene aus dem Gesamtgebiet der industr. Psychotechnik, Üb., halb- od. ganztägig n.V.
	d) Selbständige Arbeiten über ausgewählte Themata aus dem Gesamtgebiet der industriellen Psychotechnik (unentg.), Üb., halb- od. ganztätig n. V.	⇒	d) Besprechung psychotechnischer Fragen für Fortgeschrittene Vortr., 1 Std., Zeit n. V.
Hilpert	[die Lehrveranstaltungen Hilperts wurden erst seit dem Studienjahr 1922/23 unter der Rubrik "Fertigung einschließlich Psychotechnik" aufgeführt]		
Schlesinger		Der Maschinenbau. Einleitende Vorlesung mit Exkursion W., Vortr., 2 Std., Exkursion Mo vorm. zusammen mit: Heyn, Drawe, Josse, W. Reichel, Riedler, Kammerer, Franz, E. Meyer, Julius Wolf, Isay	Der Maschinenbau. Einleitende Vorlesung mit Werksbesichtigungen W., Vortr., 2 Std. zusammen mit: N.N., Drawe, Brabbée, Josse, W. Reichel, Franz, E. Meyer, J. Wolf, Isay, Kammerer

Zuordnung	**Fakultät für Maschinenwirtschaft, Abt. Maschinenbau „Fertigung einschließlich Psychotechnik“**	
Studienjahr	**1922/23**	**1923/24**
Dozent		
Schlesinger	⇒	⇒
Kurrein		Arbeits- und Meßwerkzeuge für die Maschinenfabrikation, ihre Herstellung und Prüfung, Vortr., 2 Std.
Moede	a) Industrielle Psychotechnik: – Eignungsprüfung von Jugendlichen und Erwachsenden W., Vortr., 2 Std. – Rationalisierung der Arbeits-, Anlern- und Absatzverfahren S., Vortr., 2 Std.	⇒
	b) Übungen zur industriellen Psychotechnik, Üb., 2 Std.	⇒
	c) Arbeiten für Fortgeschrittene W. u. S., Üb., täglich 9-5	⇒ jetzt: täglich 9-6
Hilpert	Rationelle Arbeitsmethoden und Kalkulation I Vortr., 2 Std. Rationelle Arbeitsmethoden und Kalkulation II Vortr., 2. Std.	Rationelle Arbeitsmethoden u. Kalkulation Vortr., 1 Std. Autogene Schweißmethoden, Vortr., 1 Std.
	Fakultät für Maschinenwirtschaft, Abt. Maschinenbau „Einführung in den Maschinenbau und Maschinenelemente“	
Schlesinger	⇒	Der Maschinenbau, einleitende Gruppenvorlesung mit Werkbesichtigung“ zusammen mit: Riebensahm, Drawe W., Vortr., 2 Std., Besichtigungen Mo 10-4

Entwicklung der Forschung

Durch die Ausdehnung der Betriebswissenschaften in der Zeit von 1919 bis 1920 waren die Voraussetzungen für neue umfangreiche Forschungsprogramme geschaffen, die Schlesinger und seine Mitarbeiter in den zwanziger Jahren durchführten. Die Erweiterung des Versuchsfelds im Jahre 1919 erlaubte es, weitere Maschinen aufzustellen und die Untersuchungen auszudehnen. Ein neuer Zwischenboden, der 1920 über dem Protokollzimmer eingezogen wurde, schuf Raum für die metallographischen Werkzeuguntersuchungen, für eine Dunkelkammer und Reproduktionseinrichtungen. Nach den vorangegangenen Erweiterungen von 1913/14 betrug nunmehr die gesamte Nutzfläche des Instituts 451 m^2. Ganz neu eingerichtet wurde der Feinmessraum. Die gesamten betriebswissenschaftlichen Einrichtungen waren so konzipiert, dass ohne Zeitverlust neue Forschungsarbeiten aufgenommen werden konnten.

Die Veröffentlichungen Georg Schlesingers und seiner Mitarbeiter verdeutlichen eine hohe Forschungsaktivität am Lehrstuhl für Werkzeugmaschinen und Fabrikbetriebe in der ersten Phase der Weimarer Republik von 1919 bis 1924. Es wurden zahlreiche Monographien, Aufsätze und Dissertationen zu den sechs zentralen Themenfeldern publiziert. Sie verteilen sich wie folgt:

- Werkzeugmaschinen: 6 Monographien, 9 Dissertationen, 48 wt-Beiträge,
- Fertigungsverfahren: 1 Monographie, 3 Dissertationen, 75 wt-Beiträge,
- Normung: 2 Monographien, 2 Dissertationen, 7 wt-Beiträge,
- Messtechnik: 1 Monographie, 18 wt-Beiträge,
- Fabrikbetrieb: 4 Dissertationen, 16 wt-Beiträge,
- Psychotechnik: 2 Monographien, 8 Dissertationen, 7 wt-Beiträge, Gründung der Zeitschrift „Praktische Psychologie".

Zu den seit 1904 von Georg Schlesinger vertretenen Fachgebieten Werkzeugmaschinen, Fertigungsverfahren und Normung waren nach dem Krieg als neue Schwerpunkte die Messtechnik, vertreten durch Max Kurrein, und die Psychotechnik, vertreten durch Walther Moede, hinzugekommen. Darüber hinaus hatte sich die stark betriebswissenschaftlich orientierte Thematik der Fabrikorganisation zu einem eigenständigen Forschungsschwerpunkt entwickelt.

Psychotechnik
und
Betriebswissenschaft
von
Dr.-Ing. Georg Schlesinger
Professor an der Technischen Hochschule Charlottenburg
Mit 97 Abbildungen
Verlag von S. Hirzel in Leipzig
1920

Bild 7.11: Schlesingers Monographie „Psychotechnik und Betriebswissenschaft“

Wissenschaftliche Beiträge zur industriellen Psychotechnik

Auf dem Gebiet der Psychotechnik verschafften sich Georg Schlesinger und Walther Moede in der Zeit von 1919 bis 1924 durch ihre intensive Forschungstätigkeit großes Ansehen. Neben einem Aufsatz aus dem Jahr 1922, der sich mit dem „Meisterproblem“ befasste[39], ist hier insbesondere die Monographie „Psychotechnik und Betriebswissenschaft“ aus dem Jahr 1920 hervorzuheben, die auf Grund ihres grundlegenden Charakters große Beachtung in der Fachpresse fand.[40] Schlesinger veröffentlichte darin die im Versuchsfeld im Rahmen zahlreicher Eignungsprüfungen und bei der Eingliederung Kriegsbeschädigter gewonnenen umfangreichen Forschungsergebnisse und stellte diese Versuche anderer Forscher vergleichend gegenüber. Grundsätzliche Aussagen zur Stellung der Psychotechnik im Rahmen der Betriebswissenschaft finden sich im Vorwort, wo es beispielsweise heißt:

---

[39] Schlesinger, Georg: Das Meisterproblem. Werkstattstechnik, Bd. XVI, 1922, S. 530-535.

[40] Schlesinger, Georg: Psychotechnik und Betriebswissenschaft (Psychotechnische Bibliothek Band 1). S. Hirzel Verlag, Leipzig 1920.

„In dem großen Gebäude der Betriebswissenschaft ist die praktische Psychologie (Psychotechnik) der Schlußstein des Bauwerkes. Die Auslese der Geeigneten aus der großen Schar der Bewerber, ihre Einreihung in die verschiedenen Betriebsstätten und endlich ihre Zuteilung an die Arbeitsplätze sind so wesentliche Faktoren, daß sie in ihrer Wichtigkeit und ihrem Einflusse allen anderen Organisationsmaßnahmen gleichzusetzen sind. Rationelle Menschenwirtschaft ist an die völlige Auswirkung jedes einzelnen gebunden."

Dissertationen

Auf dem Gebiet der Psychotechnik wurden von 1919 bis 1924 folgende Dissertationen von Schlesinger bzw. Moede betreut:

- Gladischefski, Hans: Ersatz der Männerarbeit durch Frauenarbeit und deren Wirkungsgrad (an Hand von Beispielen aus der Kriegsindustrie). Diss. TH Berlin, 1919.
- Marcus, Walter: Die Zeitstudie in Dienste der Kalkulation von Kleinstanzteilen. Eine kritische Betrachtung. Diss. TH Berlin, 26.5.1921 – (Schlesinger, Kammerer).
- Neesen, Friedrich: Die Arbeitsgliederung in den Eisenbahnwerkstätten. (9.3.1922) [ersch. Als Sonderdruck der Z-VDI, Bd. 66 (1922), H 38] – (Schlesinger, Kammerer, Reichel).
- Friedrich, Adolf: Die Schlosser-Analyse. Diss. TH Berlin, 15.6.1922 [u.d. Titel: Die Analyse des Schlosser-Berufs, Hirzel, Leipzig 1922] – (Schlesinger, Moede).
- Klutke, Oskar: Beiträge zur Eignungsprüfung für den Fernsprechdienst. Hirzel, Leipzig 1922.
- Hamburger, Richard: Einfluß der Wiederholung psychotechnischer Versuche auf das Ergebnis des ersten Versuches. Diss. TH Berlin, 10.11.1922 – (Moede, Schlesinger).
- Heller, Oswald: Berufseignungsfeststellung und Unfallverhütung in der Holzindustrie auf Grund psychotechnischer Prüfverfahren. Diss. TH Berlin, 28.7.1924 – (Moede, Schlesinger).
- Klockenberg, E. A.: Beiträge zur Psychotechnik der Schreibmaschine und ihrer Bedienung. Diss. TH Berlin, 6.7.1924 – (Moede, Schlesinger).
- Kobis, Karl: Studie über die Übung werkstattwichtiger Funktionen an Lehrlingen. Springer-Verlag, Berlin 1924.

Folgende Schriften von Moede sind von 1919 bis 1924 auf dem Gebiet der Psychotechnik erschienen:

Bücher

- Die Experimentalpsychologie im Dienste des Wirtschaftslebens, Berlin, 1919.
- Experimentelle Massenpsychologie, Leipzig, 1920.
- Die Einwände gegen die Berliner Begabtenschulen (mit Piorkowski), Langensalza, 1919.
- Zwei Jahre Berliner Begabtenschulen. Erfahrungen ihrer Schulleiter (mit Piorkowski), Leipzig, 1920.

Beiträge in wissenschaftlichen Zeitschriften

- Die psychotechnische Eignungsprüfung des industriellen Lehrlings, Praktische Psychologie, Bd. I, 1919, S 6 ff. und S. 65 ff.
- Die psychotechnische Arbeitsstudie, Praktische Psychologie, Bd. I, 1919/20, S.135 f., S. 180 f.
- Psychologie der Reklame, Praktische Psychologie, Bd. I, 1919/20, S. 200 ff.
- Psychotechnische Eignungsprüfung in der Industrie, Praktische Psychologie, Bd. I, 1919/20, S. 339 ff., S. 365 ff.
- Einzel- und Gruppenarbeit, Praktische Psychologie, Bd. II, 1920/21, S. 71 ff.
- Ergebnisse der industriellen Psychotechnik, Praktische Psychologie, Bd. II, 1920/21, S. 291 ff.
- Die Erfassung der Qualitätskräfte in Handel und Industrie durch psychotechnische Eignungsprüfung „Qualität", 1921, S. 11/12.
- Meisterprüfung, Praktische Psychologie, Bd. III, 1921/22, S. 12 ff.

- Ergebnisse der industriellen Psychotechnik, Bericht über den VII. Kongress für experimentelle Psychologie in Marburg, Jena 1922, S. 152 ff.
- Frage- und Beobachtungsbogen in der praktischen Psychologie, Praktische Psychologie, Bd. IV, 1922/23, S. 129 ff.
- Die Psychotechnik im Dienste der Betriebsrationalisierung, Maschinenbau, Bd. II, 1923, S. 259 ff.

Referate über Bücher und Abhandlungen

- Schackwitz, E.: Über die psychologischen Eignungsprüfungen für Verkehrsberufe Berlin, 1920, Praktische Psychologie, Bd. II, 1920/21, S. 125 ff.
- von Hanffstengel, G.: Technisches Denken und Schaffen, Berlin, 1920, Praktische Psychologie, Bd. II, 1920/21, S. 384.

Schriften aus der Schule Moedes

Aus dem Institut für Industrielle Psychotechnik der Technischen Hochschule Berlin und dem Institut für Wirtschaftpsychologie der Handelshochschule wurden von 1919 bis 1924 folgende Schriften veröffentlicht:

- Moers, M.: Ermüdungsstudien in der englischen Industrie, Praktische Psychologie, Bd. I, 1919/20, S. 378 ff.
- Herwig, B.: Auswertungsverfahren bei der psychotechnischen Eignungsprüfung, Praktische Psychologie, Bd. II, 1920/21, S. 45 ff.
- Schorn, M.: Begutachtung von Reklameplakaten und Inseraten, Praktische Psychologie, Bd. II, 1920/21, S. 157 ff.
- Menzel, M.: Beiträge zur Psychotechnik der Schreibmaschine und ihrer Bedienung, Praktische Psychologie, Bd. II, 1920/21, S. 269 ff.
- Schilling, A.: Beitrag zur Psychotechnik der Schreibmaschine und ihrer Bedienung, Praktische Psychologie, Bd. III, 1921/22, S. 21 ff. und S. 69 ff.
- Hamburger, R.: Einfluss der Wiederholung eines psychotechnischen Prüfungsversuches auf das Prüfungsergebnis, Praktische Psychologie, Bd. III, 1921/22, S. 54 ff.
- Klutke, O.: Beiträge zur psychotechnischen Eignungsprüfung für den Fernsprechdienst, Praktische Psychologie, Bd. III, 1921/22, S. 93 ff.
- Herwig, B.: Auswertungsverfahren bei nichtapparativen psychotechnischen Proben zur Eignungsfeststellung und ihre Bedeutung für die Methodik der Eignungsprüfung, Praktische Psychologie, Bd. III, 1921/22, S. 144 ff.
- Schorn, M.: Physiologie und Rationalisierungsbestrebung, Praktische Psychologie, Bd. III, 1921/22, S. 239 ff.
- Piorkowski, H.: Beiträge zur experimentellen Reklamepsychotechnik, Praktische Psychologie, Bd. III, 1921/22, S. 351 ff.
- Tuch: Die Dreiwort-Methode als Kombinationsprobe, Praktische Psychologie, Bd. IV, 1922/23, S. 272 ff.
- Ebel, H.: Gegenwärtige Organisationsformen der Psychotechnik, Praktische Psychologie, Bd. IV, 1922/23, S. 309 ff.
- Frank, M.: Das Bild im Dienste der Unfallverhütung, Werkstattstechnik, 1923, S. 357 ff.

Reichskonferenz für Arbeitswissenschaft

Eine Reichskonferenz aller an der Arbeitswissenschaft beteiligten Kreise fand am Dienstag, dem 30. September 1919, im Reichsarbeitsministerium statt. Der folgende einführende Vortrag von Georg Schlesinger wurde in der Zeitschrift „Praktische Psychologie" veröffentlicht und schon vorher in der Tageszeitung „Vorwärts" abgedruckt:[41]

> Die stärkste Errungenschaft der deutschen Revolution ist die Erkenntnis, dass nicht der Stoff und seine Gestaltung, nicht die Kraft und ihre Leistung – in dieser Hinsicht ist im Kriege Äußerstes geleistet worden – sondern der Mensch als Leiter und Ausführer, als Führer und Geführter das Schicksal der Welten entscheidet. Die Übertreibung der Mechanisierung der Menschen: die Zwangswirtschaft, die Zensur, der Übergehorsam mußte schließlich zur Auflehnung, zur gewalttätigen Sprengung der Fesseln durch die geknechtete Menschheit führen. Der Mensch ist keine Maschine, für Hingabe ist Geld kein Gegenwert, daher kämpfen unsere Arbeiter heute auch sicher nicht um höheren Lohn allein, sondern um moralische Werte, vor allem um die Heraushebung aus der Deklassierung des vierten Standes zum Range der Gleichberechtigung. „Wir Arbeiter wollen mitwissen und mitwirken und, wo immer zweckmäßig, mitbestimmen; die Leistung aber bestimme den Lohn."
>
> Steht aber der Mensch, sein Menschentum und seine Menschenwürde im Mittelpunkt des Interesses, handelt es sich nicht mehr nur um den Kauf von Waren: Menschenzeit und Menschenarbeit, so kommt es vor allem darauf an, den Qualitätsmenschen überall an die Spitze zu stellen: in der Werkschule, in der der Lehrling heranwächst, im Betriebe, in dem der Arbeiter und Meister schaffen, im Konstruktionssaal, in dem die Maschine erdacht und fabrikationsreif gemacht wird, im Zimmer der Betriebsleitung, in der die Fäden zusammenlaufen und straff und nie verwirrt gespannt gehalten werden müssen. Den geeigneten Menschen finden und ihn an den richtigen Platz stellen, ist heute mehr denn je die Forderung des Tages in unserem niedergebrochenen Vaterlande, in dem der Mangel an leitenden Männern noch größer ist als an Rohstoffen.
>
> Lust und Liebe sind die Fittiche zu großen Taten. Wer kann rüstig und fröhlich schaffen, der in der Berufswahl fehlgegriffen hat? Wer hilft dem Jugendlichen, wenn er die Schule verlässt, und wenn eine ausgeprägte Vorliebe für einen bestimmten Beruf fehlt – was leider allzu häufig ist –, den richtigen Weg zu finden? Der Vater ist einseitig im eigenen Fach befangen, das ihn oft genug selbst nicht befriedigt. Der Lehrer kennt meist nur oberflächlich die Anforderungen der beruflichen Tätigkeit, zu der er seinem Schüler raten soll; er weiß ihn aber wohl moralisch und ethisch zu werten. Der Arzt kann auf Grund der wenigen Untersuchungen seinen Pflegebefohlenen nur körperlich werten und feststellen, ob seine Gesundheit und Kräfte für eine ihm vorgeschlagene Berufswahl ausreichen.
>
> Somit klafft hier an ausschlaggebender Stelle eine Lücke, deren Nichtausfüllung die schwersten Folgen für den Wirkungsgrad unserer Nation haben muß.
>
> Richtige Berufswahl und anschließende gute Berufsdurchbildung ist daher an sachgemäße und praktische Berufsberatung geknüpft, und diese wieder bedarf der Fachleute, deren Kenntnisse sich paaren müssen nicht nur mit ehrlichem Wollen und warmem Herzen – wer darf sich ohne diese Berufsberater nennen –, sondern auch mit der Beherrschung des ganzen Apparates, der uns hineinleuchten lässt in die Sinneswelt des zu Beratenden. Wie viele „geistige" Tätigkeiten des Menschen sind doch nur mechanisch, wie falsch ist es doch, das Aufschreiben, Zusammenzählen und Abrechnen als geistig höher einzuschätzen als das Führen eines Kraftwagens, das Schneiden der Mikrometerschraube oder das Schleifen eines Feinkalibers. Es sind das nur andere Tätigkeiten des Geistes. Bei der einen bleiben die Hände sauberer und der Kragen weiß, aber die Aufmerksamkeit, die Geistesspannung, das Verantwortungsgefühl sind keineswegs stärker angespannt oder auch nur in höherem Maße nötig, als bei der praktischen Arbeit.
>
> Die Betriebswissenschaft stellt daher mit Recht die Auswahl der richtigen Menschen an die erste und wichtigste Stelle. Diese beginnt in der Großfabrik – wenn sie erfolgreich sein will – stets in den Bureaus, in denen die „Kopfarbeiter" hausen. Sie stellt diese zuerst ein und ordnet nicht nur den Arbeitsgang, sondern vor allem die ausführenden Menschen; und sie endet in der Werkstatt bei den Arbeitsgängen der eigentlichen Fabrikation. Von oben herab, nicht von unten herauf, ist die Einwirkung am stärksten und durchgreifendsten. Mit dem Praktiker kann man lapidar sprechen; jedes Wort ruft eine Erinnerungsreihe wach, löst eine Erfahrungskette aus, an die man leicht anknüpfen kann. Den alteingesessenen und eingefleischten Buchhalter für neue Arbeitsweisen zu gewinnen, ist erfahrungsgemäß viel schwerer, weil die Einwirkung auf die Sinne, die in der Werkstatt so kräftig mithilft, fehlt und

41 Dokument 07-11: Aufsatz von Prof. Schlesinger in der Zeitung „Vorwärts" vom 30. September 1919 sowie in der Zeitschrift „Praktische Psychologie" 1 (1919) 1/2 (Dokument 07-12).

durch die rein erklärende Belehrung durch das gesprochene Wort und die Begriffsbildung ersetzt werden muß.

Daher ist vorläufig der Inhalt der Berufs-Eignungsprüfung – der Psychotechnik – vor allem auch auf die Ermittlung der Sinnestüchtigkeit der Prüflinge eingestellt. Sie umfasst die technischen Verfahren, um die angeborene Veranlagung eines Menschen, nicht etwa seine „Seele" zu erforschen. Das Wort „Psyche" leitet tatsächlich irre. Es handelt sich gar nicht um das „seelische", nicht um die Moral oder die Ethik, oder die Willenskraft eines Menschen. Es handelt sich nur, vom Standpunkte des Praktikers aus gesehen, um das „scheinbar" Geistige, dessen objektive, von ihm selbst nachprüfbare Feststellung keinen Menschen kränken kann. Ob der Arm stark oder schwach, das Auge weit- oder kurzsichtig, farben- oder nachtblind, das Ohr unmusikalisch, der mathematische Sinn verkrüppelt, das Gedächtnis schwach, die Ermüdbarkeit groß, sind Feststellungen, die niemals demütigend wirken. Es handelt sich um keine Deklassierung, sondern nur um die richtige Einreihung. Aber unerlässlich zur Ausübung bestimmter Berufe ist das Vorhandensein einer Anzahl dieser teils körperlichen, teils geistigen Eigenschaften.

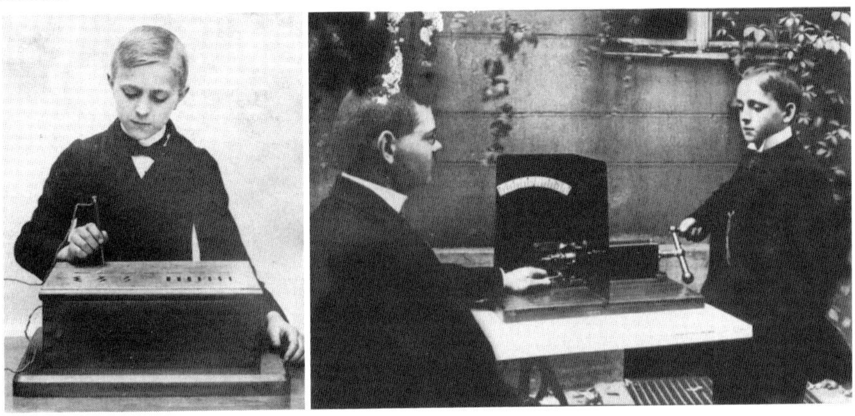

Bild 7.12: Ermittlung der Sinnestüchtigkeit bei der Berufseignungsprüfung

Der Betriebswissenschaftler kann daher Psychotechnik nicht als Wissenschaft „an sich" treiben. Er muß von einem bestimmten Berufe ausgehen, dessen Grundforderungen er sorgfältig sammeln, sichten und analysieren muß, ehe er es wagen darf, die Eignungsprüfung mit Aussicht auf Erfolg anzustellen. Diese Vorarbeiten legt das Verfahren fest. Daran schließt sich das Suchen des Maßstabes, mit dem hier menschliche Eigenschaften gemessen werden können, und dann folgt erst die Ausarbeitung der Apparatur. Die Apparate können unmittelbar dem zu untersuchenden Berufe entnommen werden – z. B. Feinmeßapparate für Gefühlsprüfungen –, sie können aber auch dieser Anlehnung völlig entraten, wie der Handzitterungsprüfer (Tremometer) für Former, das Faßbrett (Tachistoskop) für Straßenbahnführer usw. Langsam aber sicher werden sich durch die jetzt herbeigeführte innige Zusammenarbeit zwischen Ingenieur und Fachpsychologen die Grundverfahren entwickeln, die allen Berufen gemeinsam sind und die nur durch Sonderapparte für jeden neuen Beruf von Fall zu Fall ergänzt werden müssen. Der Maschinenbauer und der Maurer, der Kraftwagenführer und die Telephonistin haben mehr gemeinsame „geistige" Berührungspunkte, als der Fernstehende gemeinhin glaubt. Und doch ist die ganze Arbeit des Betriebspsychologen weit entfernt von der Ausstellung des „Seelenscheines", den törichte Gegner als fürchterliches Abschreckungsmittel insbesondere der Arbeiterschaft vorhalten wollen.

Wer die vielen Hunderte von 14- bis 16jährigen Lehrlingen fröhlich, ja mit einer wahren Begeisterung in der Eignungsprüfung des Versuchsfeldes für Werkzeugmaschinen und Betriebslehre an der Technischen Hochschule zu Charlottenburg hat arbeiten sehen, dessen Gruppe für industrielle Psychotechnik Herr Dr. Moede leitet, wer das verständnisvolle Eingehen auf die Notwendigkeit solcher Prüfungen erlebt hat, das einerseits die Gewerkschaften, andererseits Gruppen scharf unabhängiger Arbeiter nach Überwindung ursprünglicher Gegnerschaft an den Tag legten, der wird mit uns überzeugt sein, dass wir einen richtigen Weg gehen, dass wir an der bisher fehlenden Brücke zwischen Schule und Lebensberuf wirklich bauen, und daß wir den abschließenden Bogen schlagen werden, wenn Elternhaus und Schule, Arzt und Betriebspsychologe sich zu gemeinsamem Tun die Hand reichen.

Nicht das Wissen und die Kenntnisse entscheiden, nicht auf das Berechnen, Konstruieren, Versuchemachen kommt es allein an, sondern auf die volle, nirgends durch Unlust gehemmte Entfaltung der angeborenen Eigenschaften, kurz auf die fachlich beste Entwicklung jedes einzelnen Menschen. Nur so erziehen wir Qualitätsarbeiter vom Handwerker bis zum Generaldirektor.

Zeitschrift „Praktische Psychologie"

Ab Oktober 1919 gab Moede zusammen mit Piorkowski die Zeitschrift „Praktische Psychologie" heraus. Diese bei dem Leipziger Verlag S. Hirzel erscheinende Monatszeitschrift sollte sich nach der in der Einleitung angegebenen Zielsetzung an alle praktisch tätigen Kreise des gesamten Gebiets der angewandten oder praktischen Psychologie wenden. Der Schwerpunkt sollte auf die Wirtschaftspsychologie mit den Untergebieten der Berufseignung und Berufsberatung, der Rationalisierung der Ausbildungs- und Arbeitsverfahren (Betriebspsychologie), der Absatztechnik und Psychologie der Reklame, der psychotechnischen Begutachtung von Fertigfabrikaten und der Darstellung der Arbeiten aus dem Hochschulforschungsinstitut für industrielle Psychotechnik der TH Charlottenburg gelegt werden. Weitere Schwerpunktthemen zielten auf die experimentelle Pädagogik im Hinblick auf das Seelenleben von Kindern und Jugendlichen zur Erkennung der verschiedenartigen Anlagen und auf die medizinische Psychologie als Übungstherapie zur Erhaltung und Steigerung der geistigen Leistungsfähigkeit vor allem des Gedächtnisses und der Konzentration unter Einschluss der Hypnose, der Suggestion und der Psychoanalyse. Auch sollte die experimentelle Ästhetik, also die Maßfeststellung des Schönen in Form, Farbe und Linie untersucht werden. Die Gebiete der juristischen Psychologie mit Schwerpunkt auf Aussagepsychologie und Tatbestandsdiagnostik sowie die politische Psychologie und Untersuchungen zur Psychologie der einzelnen Berufsstände gehörten zu den angestrebten Themen wie auch die Psychologie fremder Rassen und Nationen, die Einflüsse des Einzelnen in der Masse und die Psychologie von Massenbewegungen. Das Themengebiet der Zeitschrift umfasste somit alle Gebiete der Angewandten Psychologie.

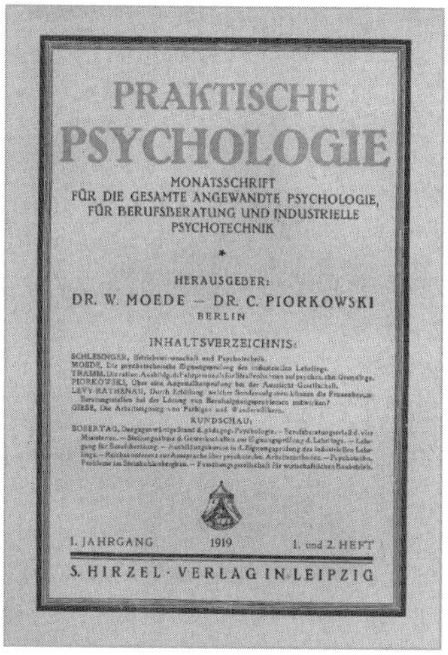
PRAKTISCHE PSYCHOLOGIE
MONATSSCHRIFT FÜR DIE GESAMTE ANGEWANDTE PSYCHOLOGIE, FÜR BERUFSBERATUNG UND INDUSTRIELLE PSYCHOTECHNIK
HERAUSGEBER: DR. W. MOEDE – DR. C. PIORKOWSKI BERLIN
INHALTSVERZEICHNIS:
KUNDSCHAU:
I. JAHRGANG 1919 1. und 2. HEFT
S. HIRZEL · VERLAG IN LEIPZIG

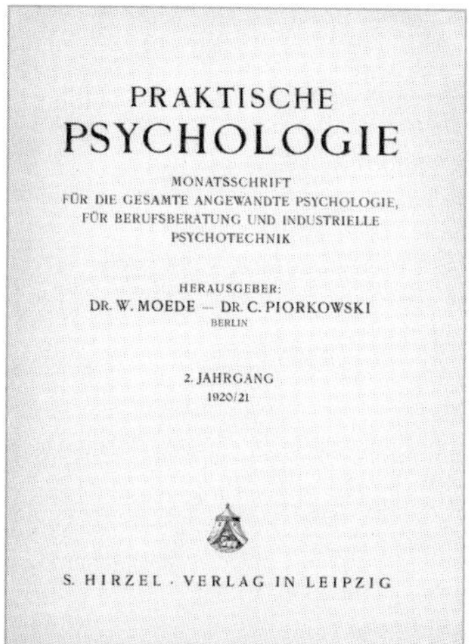
PRAKTISCHE PSYCHOLOGIE
MONATSSCHRIFT FÜR DIE GESAMTE ANGEWANDTE PSYCHOLOGIE, FÜR BERUFSBERATUNG UND INDUSTRIELLE PSYCHOTECHNIK
HERAUSGEBER: DR. W. MOEDE – DR. C. PIORKOWSKI BERLIN
2. JAHRGANG 1920/21
S. HIRZEL · VERLAG IN LEIPZIG

Bild 7.13: Die ersten Jahrgänge der Zeitschrift „Praktische Psychologie"

Die Zeitschrift war derart ausgelegt, dass in jedem Heft etwa drei bis vier Aufsätze unterschiedlicher Länge erschienen, die mehrfach auch in nachfolgenden Heften fortgeführt wurden.

Dabei wechselten die Schwerpunkte nach den oben genannten Bereichen. Am Ende eines Heftes erschien eine „Rundschau", in welcher Kurzaufsätze, Buchbesprechungen, Berichte über Konferenzen, Tagungen, Kongresse oder Kurse, aber auch Hinweise auf einschlägige neu erlassene oder geänderte Gesetze oder allgemeine Themen mit psychologischem Bezug veröffentlicht wurden. Eine besondere Tendenz war den Rundschaumeldungen nicht zu entnehmen. Die Autoren setzten sich aus Hochschullehrern und aller Art von Praktikern zusammen. Im ersten Jahrgang waren die beiden Herausgeber sowie der Betriebsingenieur K. A. Tramm, Leiter der Fahrschule und Prüfstelle der Berliner Straßenbahn, häufig als Autoren vertreten.

Erster Jahrgang (1919-1920)

Eine genauere Untersuchung der im ersten Jahrgang der Zeitschrift behandelten Themen ergibt, dass entsprechend der Zielsetzung Arbeiten zur Wirtschaftspsychologie, zur Berufseignung und Berufsberatung sowie zur Rationalisierung der Ausbildung und der Arbeitsverfahren mit mehr als der Hälfte der Aufsätze überwogen. So betrafen vornehmlich die Aufsätze von Moede und Piorkowski, aber auch andere Aufsätze das Thema der Eignungsprüfungen, während K. A. Tramm als Betriebsingenieur über die Rationalisierung der Ausbildung referierte. Häufig vertreten waren auch Arbeiten zur experimentellen Pädagogik. Hingegen wurden die Themen der medizinischen, juristischen und politischen Psychologie weniger aufgegriffen.

Heft 1/2 legt mit vier Aufsätzen zur Berufseignung und Berufsberatung sowie der Rationalisierung der Ausbildung seinen Schwerpunkt eindeutig auf die Wirtschaftspsychologie. In der Rundschau wird auf die am 18. März 1919 erfolgte Herausgabe eines gemeinsamen Berufsberatungserlasses der Ministerien für Handel und Gewerbe, für Wissenschaft, Kunst und Volksbildung, für Landwirtschaft und des Ministeriums des Inneren hingewiesen, in welchem insbesondere auch hinsichtlich der Eignung der die Beratung durchführenden Personen Vorgaben getroffen wurden. Unter anderem wurde darin die Hinzuziehung eines Psychologen bei größeren Berufsämtern empfohlen. Von Interesse ist dies, weil damit erstmalig der Psychologe als selbständiger Berufsstand in Erscheinung trat. Auf dem am 19. Juli 1919 gefassten Beschluss des 10. Kongresses der deutschen Gewerkschaften ist ebenfalls die Teilnahme von Psychologen bei der Berufsberatung beschlossen worden. Hingewiesen wurde auch auf einen Lehrgang für Berufsberatung vom 11. bis 20. September 1919 sowie auf einen vom VDI mit dem von Moede geleiteten Laboratorium für industrielle Psychotechnik veranstalteten Ausbildungskursus über die Eignungsprüfung des industriellen Lehrlings im Oktober 1919. Für den 30. September 1919 lud der Reichsarbeitsminister zu einer Besprechung über Verbesserung von Arbeitsmethoden ein.

Heft 3 wird durch Fortsetzung des Moede-Aufsatzes zur psychotechnischen Eignungsprüfung der Lehrlinge und einen weiteren Aufsatz zu dem Thema Eignung bestimmt. In der Rundschau erfolgt ein Bericht über die im Oktober 1919 stattgefundene Hauptversammlung des VDI, bei welcher Moede erstmalig auch ein Referat über die Psychotechnik vortrug. Dann erfolgt ein ausführlicher Bericht über den im Heft zuvor angekündigten Ausbildungskursus zur Eignungsprüfung des industriellen Lehrlings sowie ein Bericht über die am 30. September 1919 durchgeführte Besprechung beim Reichsarbeitsminister. Schließlich wird der Lehrgang für Berufsberatung in Leipzig eingehend besprochen und ein Bericht über die am 20. September 1919 stattgefundene Aussprache über Psychotechnik im VDI gegeben.

Heft 4 behandelt diverse Themen der praktischen Psychologie, ohne dass ein Schwerpunkt erkennbar wäre. Die Rundschau befasst sich mit drei Kurzaufsätzen über Eignungs- und Aufnahmeprüfungen an den Berliner Begabtenschulen.

Heft 5 ist dem Thema der Rationalisierung der Arbeitsverfahren sowie der Berufsberatung und der Berufseignung gewidmet, also wieder wirtschaftspsychologisch orientiert. In der Rundschau wird auf die Dresdner Tagung der „Landesstelle für Gemeinwirtschaft in Sachsen" im Dezember 1919 hingewiesen.

Heft 6 ist durch Aufsätze mit medizinischem und juristischem Bezug über Konzentration, Gedächtnis und Bewegung geprägt. Die Rundschau behandelt den Stand der Psychotechnik in Japan und die Auslese von Facharbeitern in den USA. Ferner wird über die Beschlüsse der Kommission für Schul- und Erziehungsfragen der SPD-Gemeindevertreter und über die Gründung eines Instituts für praktische psychologische Arbeit in Halle berichtet.

Heft 7 vermittelt die Eröffnung eines von Moede geleiteten Instituts der Wirtschaftspsychologie an der Handelshochschule Berlin für das Sommersemester 1920. Hierzu erscheint ein Aufsatz von Moede über die Psychologie der Reklame. In der Rundschau wird über die abschließenden Leitsätze des von Schlesinger geleiteten Untersuchungsausschusses der Studienkommission über das Lehrlingswesen berichtet sowie über verschiedene Veranstaltungen zur Eignungsprüfung in Leipzig.

Heft 8 befasst sich vornehmlich mit Themen zur experimentellen Pädagogik, aber auch wieder mit der Eignungsprüfung. Die Rundschau beschränkt sich auf einen allgemeinen Aufsatz zur Psychologie der geistigen Arbeit und einer ausführlichen Besprechung des Buches von Emanuel Lasker, Philosophie des Unvollendbaren. Angesprochen werden auch die von dem Ausschuss für Begabtenprüfungen im Institut des Leipziger Lehrervereins veröffentlichten Anweisungen für die psychologische Auswahl der jugendlichen Begabten.

Heft 9 legt seinen Schwerpunkt auf die experimentelle Pädagogik und berichtet auch in der Rundschau über die Ostertagung des Bundes der entschiedenen Schulreformer vom 31. März bis 2. April 1920 und über Begabungsprüfungen zur Aufnahme ins Gymnasium, also ebenfalls über pädagogische Themen.

Heft 10 enthält im Wesentlichen Aufsätze zu Fragen der juristischen Psychologie. In der Rundschau wird über die Einführung der praktischen Psychologie in den deutschen Hochschulen und über Beratungsschriften für akademische Berufe der Zentralstelle für Berufsberatung der Akademiker berichtet, während Heft 11 dann wieder Aufsätze zur Eignungsprüfung und Rationalisierung der Arbeitsverfahren enthält. Das letzte Heft des Jahrgangs setzt diesen Schwerpunkt fort. Die Rundschau enthält fast ausschließlich Buchbesprechungen sowie einen Hinweis auf einen bevorstehenden Psychotechnischen Kursus des Technischen Vorlesungswesens in Groß-Berlin vom 6. bis 14. September 1920.

Insgesamt dürfte sich die Zeitschrift mit dem Schwerpunkt Wirtschaftspsychologie von herkömmlichen und bestehenden psychologischen Zeitschriften abgehoben haben und gerade für Praktiker von großem Interesse gewesen sein. Dies zeigt auch die Vielzahl der Aufsätze zur Berufseignung und Rationalisierung, die damals für die Praktiker der Industrie neu und von großem Interesse waren.

Zweiter Jahrgang (1920-1921)

Die Herausgeber hatten den Aufbau der Zeitschrift beibehalten. Weiterhin lag der Schwerpunkt auf dem Gebiet der Wirtschaftspsychologie sowie auf der experimentellen Pädagogik.

Es kamen in den einzelnen Heften Praktiker der verschiedensten Bereiche der angewandten Psychologie zu Wort. So waren unter den Autoren neben den Herausgebern Ärzte, Ingenieure, Bau- und Studienräte, Gewerbe- und Wirtschaftslehrer sowie Berufsberater der Arbeitsämter zu finden. Die Wissenschaft war mit Professoren, Dozenten und Assistenten vertreten.

Im Bereich der Wirtschaftspsychologie überwogen Aufsätze und Berichte zur Eignungsprüfung erheblich. Zwölf Aufsätze behandelten das Thema der Rationalisierung und sieben das der experimentellen Pädagogik. Zu nennen sind ferner vier Aufsätze zum Thema der Berufsberatung und fünf zur Reklamewirkung. In der Rundschau wurden insgesamt 25 Bücher besprochen.

Heft 1 beginnt mit einem Nachruf zum Tode von Wilhelm Wundt, der von Max Brahn verfasst wurde. In der Rundschau wird über die Gründung einer Arbeitsgemeinschaft im Bereich der Friedrich-Krupp-AG, Essen sowie über einen psychotechnischen Kursus vom 6. bis 14. September 1920 im Laboratorium für industrielle Psychotechnik der TH Charlottenburg berichtet.

Heft 2 enthält zwei Aufsätze mit medizinisch-psychologischem Bezug. Im Übrigen finden sich Aufsätze zu den Themen der Eignungsprüfung und zur Psychologie der Schaufensterreklame. Die Rundschau enthält einen Hinweis auf die Gründung eines Psychotechnischen Laboratoriums an der Masaryk-Akademie für Arbeitswissenschaften in Prag.

Heft 3 beinhaltet verschiedene Aufsätze zum Bereich der Wirtschaftspsychologie und in der Rundschau einen Hinweis auf die Gründung einer Abteilung für Angewandte Psychologie und Psychologische Pädagogik am Psychologischen Institut der Universität Göttingen.

Die Hefte 4 und 5 beziehen sich vornehmlich auf den wirtschaftspsychologischen Bereich. In einem Kurzaufsatz wird über die Psychologie der Graphologie sowie über Einrichtungen zur Eignungsprüfung in verschiedenen Industriebetrieben und Begabtenprüfungen berichtet.

Abweichend von den vorangegangenen Heften legt Heft 6 eindeutig den Schwerpunkt auf die experimentelle Pädagogik. In der Rundschau finden sich die üblichen Berichte über Einrichtungen zur Eignungsprüfung und Begabtenprüfung. In Heft 7 werden die bereits in Heft 6 begonnenen arbeitswissenschaftlichen Studien fortgesetzt. In der Rundschau sind Kurzaufsätze zur experimentellen Pädagogik und über die Einrichtung einer psychotechnischen Versuchsstelle bei der Reichsbahn sowie über den Stand der Psychotechnik in Finnland und Schweden zu lesen.

Die Eignungsprüfung ist Schwerpunkt in Heft 8. Die Rundschau enthält fast ausschließlich Buchbesprechungen. Die Thematik des Heftes 9 ist wieder allgemein gehalten. Es finden sich Themen zur Eignungsprüfung, über Reklamemaßnahmen, zur Psychotechnik der Schreibmaschine und über die Gefahrenabwehr im Beruf. Die Rundschau legt den Schwerpunkt auf Berichte über Einrichtungen der Eignungsprüfung in verschiedenen Industriebetrieben.

Heft 10 enthält ausschließlich einen Vortrag Moedes über die Ergebnisse der industriellen Psychotechnik, welchen er anlässlich des VII. Psychologenkongresses der Gesellschaft für Experimentelle Psychologie vom 20. bis 23. April 1921 in Marburg gehalten hatte. In Heft 11 wird dann über diesen Kongress allgemein berichtet. Im Übrigen finden sich in diesem Heft Aufsätze zu den Themen der Eignungsprüfung, der Rationalisierung der Arbeit und der experimentellen Pädagogik. Heft 12 schließlich setzt diese Thematik fort. In der Rundschau wird über Einrichtungen zur Eignungsprüfung in Industriebetrieben und über verschiedene psychotechnische Einrichtungen wie Berufsberatungsstellen sowie über das Psychotechnische Institut Cöthen berichtet. Abgeschlossen wird der Jahresband dann noch mit umfangreichen Buchbesprechungen.

Dritter Jahrgang (1921-1922)

Im diesem Jahresband sind die Hefte von Oktober 1921 bis September 1922 zusammengefasst. Der Jahresband stand hinsichtlich Aufbau und Thematik in der Tradition der vorangegangenen Jahre. Die Rubrik Rundschau war nicht mehr regelmäßig vertreten. Die Zahl der Buchbesprechungen hatte deutlich zugenommen. Die Herausgeber waren erwartungsgemäß häufig vertreten. Im Übrigen kamen die Autoren aus vielen Bereichen der Psychologie, allerdings auch viele Ingenieure aus der Industrie oder Lehrer und Berufsberater. Dennoch hatten Professoren und Dozenten ein Übergewicht. Schwerpunkte der Aufsätze waren die Eignungsprüfung und die Begabtenauslese. Daneben wurden auch die Rationalisierung der Arbeitsverrichtung, die Psychologie der Reklame und die Berufsberatung mehrfach behandelt. Dagegen fielen die übrigen Gebiete der praktischen Psychologie stark ab.

In den Heften des ersten Halbjahres stehen die Eignungsprüfung und die Begabtenauslese eindeutig im Vordergrund. Diese Themen werden allerdings in der einen oder anderen Ausführlichkeit behandelt. In Heft 12 liegt der Schwerpunkt auf dem Gebiet der Reklamepsychologie. Die sonstigen Themen der Hefte sind weit gefächert. Auch Spezialthemen, wie die Psychotechnik der Schreibmaschine, Gedächtniskünstler und ihre Lernmethoden, Schrift und Suggestion, Hypnose oder die psychologische Untersuchung von Zeugenaussagen werden behandelt.

Die Rundschau in Heft 3 berichtet über das Institut für Berufsberatung in Barcelona und in Heft 5 über den II. psychologischen Kongress in Barcelona, an dem Moede teilgenommen hat. Ferner wird über die Psychotechnik der TH Darmstadt und in Heft 6 über das Nationalinstitut für industrielle Psychologie in London berichtet, welches 1921 neu gegründet worden war und eine neue Zeitschrift herausgab. In der Rundschau des Heftes 7 wird über den Jahresbericht des Institutes für Jugendkunde in Bremen für das Jahr 1921 ebenso berichtet, wie über die Psychotechnik in Dresden und ein neues psychotechnisches Institut in Amerika. Heft 8 erwähnt den Kongress für geistige Hygiene vom 1. bis 4. Juni 1922 in Paris.

Vierter Jahrgang (1922-1923)

Mit diesem Jahresband endete die Zeitschrift für Praktische Psychologie, da sich die Wege der beiden Herausgeber Moede und Piorkowski trennten. Künftig gab Moede als alleiniger Herausgeber die Zeitschrift Industrielle Psychotechnik heraus.

Auch im 4. Jahrgang blieb die Praktische Psychologie ihrem Konzept treu, wenn auch, wie bereits im 3. Jahrgang, nicht mehr jedem Heft eine Rundschau eingefügt war. Der Schwerpunkt der Aufsätze lag wie in den Jahren zuvor auf dem Gebiet der Wirtschaftspsychologie. Allerdings trat der Bereich der Eignungsprüfung nicht mehr so stark in den Vordergrund, wie in den vorangegangenen Jahren. Die Bereiche der Rationalisierung der Arbeitsverrichtung und der Experimentellen Pädagogik waren in etwa gleichstark vertreten.

Die Herausgeber traten im 4. Jahrgang kaum noch als Autoren in Erscheinung. Während Moede mit dem Abdruck seines Referates noch ein ganzes Heft in Anspruch nahm, fehlte bereits von Piorkowski jede schriftliche Abhandlung. Im Übrigen verteilten sich die Aufsätze auf eine Vielzahl von Autoren, ohne dass einer besonders häufig in Erscheinung trat. Die Autoren kamen aus allen Gebieten der praktischen Psychologie, wobei allerdings erneut Hochschulprofessoren und Privatdozenten überwogen. Der Jahrgang endete unregelmäßig. Es fehlten die Hefte der Monate August und September. Dafür waren im Dezember 1923 gleich zwei Hefte erschienen.

Die ersten drei Hefte weisen keinen bestimmten Schwerpunkt auf. Die Aufsätze sind aus allen Bereichen, vornehmlich jedoch aus der Wirtschaftspsychologie im weiteren Sinne und der experimentellen Pädagogik. In der Rundschau des ersten Heftes von Oktober 1922 wird auf die bevorstehende erste Tagung für angewandte Psychologie der Gesellschaft für experimentelle Psychologie in Berlin vom 10. bis 14. Oktober 1922 hingewiesen, ferner auf eine Tagung des Verbandes der praktischen Psychologen, zu deren Vorstand Moede und Piorkowski gewählt worden sind. Diese Gruppe reichte beim Reichsarbeitsministerium einen Antrag ein, künftig die psychologische Beteiligung bei der Berufsberatung gesetzlich zu regeln. In der Rundschau des zweiten Heftes erfolgt ein kurzer Überblick über den Stand der Berufsberatung in England und in der des dritten Heftes über psychologische Untersuchungen in Amerika.

Die Aufsätze in Heft 4 legen dann den Schwerpunkt auf die experimentelle Pädagogik. In der Rundschau wird über die III. internationale Konferenz für Psychotechnik und Berufsberatung in Mailand vom 2. bis 4. Oktober 1922 berichtet.

Heft 5 beinhaltet ausschließlich den Abdruck des Referates Moedes auf der ersten Tagung für angewandte Psychologie der Gesellschaft für experimentelle Psychologie mit dem Titel „Frage- und Beobachtungsbogen in der praktischen Psychologie".

Die Hefte 6 bis 9 bilden wiederum keinen erkennbaren Schwerpunkt, sondern beinhalten Aufsätze zu allen von der Zeitschrift erfassten Bereichen. Die Rundschau des 7. Heftes weist auf die Allrussische Konferenz für wissenschaftliche Arbeitsorganisation und Betriebsführung vom 15. April 1923 hin. In 8. Heft wird in der Rundschau über den ersten Kongress für angewandte Psychologie vom Oktober 1922 und in Heft 9 über die Psychotechnik bei der finnischen Staatseisenbahn berichtet.

Heft 10 widmet sich schwerpunktmäßig der Berufsberatung und experimentellen Pädagogik, wohingegen Heft 11 ausschließlich die Eignungsprüfung zum Thema hat. In der Rundschau wird die erste Sitzung des Psychotechnischen Ausschusses der Reichsbahnverwaltung in Dresden vom 12. bis 13. September 1923 besprochen. Heft 12 schließlich hat lediglich einen Aufsatz Poppelreuters zum Inhalt.

Zusammenarbeit mit der Industrie

Ausbildungskurse

Die von der Arbeitsgruppe für industrielle Psychotechnik unter der Leitung von Moede durchgeführten Ausbildungskurse bildeten die Schnittstelle zwischen den universitären Forschungsinhalten und -ergebnissen und dem Interesse der Berliner Industrie an Rationalisierung in den Betrieben.

Der „Arbeitsausschuß für industrielle Psychotechnik" im Berliner Bezirksverein des VDI förderte die Durchführung eines „Ausbildungskursus in der Eignungsprüfung des industriellen Lehrlings" [42], der vom 13. bis 18. Oktober 1919 in den Räumen der Technischen Hochschule Charlottenburg und zum Teil in den Räumen der ehemaligen Militärtechnischen Aka-

[42] Homburg, H.: Rationalisierung und Industriearbeit. Das Beispiel des Siemens-Konzerns 1900-1939. Hande und Spener Verlag, Berlin 1991, S. 317.

demie, Fasanenstraße 87 stattfand. Angekündigt wurde der einwöchige psychotechnische Lehrgang sowohl in der Zeitschrift für „Praktischen Psychologie" als auch in den Monatsblättern des Berliner Bezirksvereins (MBB)[43]. Als Ziel sollte der Kursus „allen interessierten Ingenieuren ein anschauliches Bild von den Prüfungsmethoden sowie den Prüfungserfahrungen geben und zugleich zur eigenen selbständigen Untersuchungsarbeit anleiten".[44]

Das Programm war dementsprechend an den Bedürfnissen der betrieblichen Ingenieurspraxis ausgerichtet. Es umfasste als Überblicksvorlesungen „Betriebswissenschaft und Psychotechnik" (Schlesinger) und die „Psychologie des Jugendlichen" (Moede) sowie Erläuterungen zu „Krankhaften Störungen im Seelenleben des Jugendlichen" (Dr. Peritz, Nervenarzt). Von Moede wurden Vorträge gehalten zur Prüfung der Aufmerksamkeit und der Reaktionsleistung, der Denkprozesse und des technischen Verständnisses und des konstruktiven Denkens, außerdem zur Prüfung der Sinnestüchtigkeit sowie des räumlichen Vorstellungsvermögens. Dazu wurden praktische Übungen an den psychotechnischen Apparaten angeboten. In einer Übung, wo „Knaben (...) in einer Vorführung mit einigen Tests zur technischen Begabung" untersucht wurden, gab Moede weiterführend einen Überblick über die Prinzipien bei der Wertung von Prüfergebnissen. Die Eignungsprüfung des Straßenbahnführers (Ing. Tramm) wurde im Psychotechnischen Laboratorium der Großen Berliner Straßenbahn abgehalten.[45]

Bild 7.14: Einübung der Bedienungsgriffe für das Rückwärtsfahren von Straßenbahnführern

An dem Kursus nahmen ca. 90 Personen teil, darunter Vertreter führender Industriebetriebe Deutschlands. In seinem Bericht über den Ausbildungskursus verdeutlicht Schlesinger, dass „die psychotechnische Eignungsprüfung stets ein Schema der Wirklichkeit durch einge-

43 Vorankündigung „Ausbildungskursus in der Eignungsprüfung des industriellen Lehrlings, veranstaltet am 13.-18. Oktober 1919 vom Laboratorium für industrielle Psychotechnik", in: MBB, Nr. 9/10, 16.9.1919, S. 127, nach H. Homburg; Abdruck des Programms in: „Praktische Psychologie" Jg. l, Sept. 1919, Heft 3, S. 63 (Rundschau). Als Ortsangabe für die Veranstaltung von Ing. Tramm ist das Psychotechnische Laboratorium der Großen Berliner Straßenbahn angegeben. Vgl. auch Dokument 7-07, S. 137.

44 Vorankündigung „Ausbildungskursus...", MBB, 1919, S. 127. Nach H. Homburg, a.a.O., auch im Folgenden.

45 Archiv TU Berlin, Nachlass Ebert; vgl. Goldschmidt, P.: Walter Moede und die industrielle Psychotechnik. Versuch einer Werksbiographie. Magisterarbeit der Universität Münster, 1988, S. 44 f.

hende experimentelle Arbeitsstudien zu benutzen habe, um an der Hand einer der Berufsfunktionen genau angepaßten Apparatur die Begutachtung der Prüflinge vornehmen zu können."[46]

Der Betriebsingenieur Tramm, gleichzeitig Laoratoriumsleiter des Prüfungslaboratoriums der Großen Berliner Straßenbahn, erläuterte dort anhand experimenteller Vorführungen die Grundgedanken der Eignungsprüfung und die systematische Anlernung auf psychotechnischer Grundlage. Die mittlere Ausbildungszeit sei, nach Tramm, um 50 Prozent gesunken. Die Teilnehmer bemerkten, dass die Einführung der psychotechnischen Eignungsprüfung im Betriebe Entlassungen von fast 30 Prozent auf nahezu null Prozent gesenkt habe.

Indiz des Erfolgs des Lehrgangs war die Tatsache, dass die Kursteilnehmer einstimmig den Beschluss einer Eingabe an das Arbeitsministerium zu Förderung und Ausbau des psychotechnischen Instituts als Zentralstelle aller psychotechnischen Forschungsstätten fassten.

Ein weiterer Kursus fand vom 6. bis 14. September 1920 statt. Er sollte wieder Einblick geben in die Methoden und Erkenntnisse der psychotechnischen Eignungsprüfung industrieller Lehrlinge und in die praktische Prüftätigkeit. Es wurde mit der Erfahrung des psychotechnischen Laboratoriums geworben, das bereits über 1000 Prüfungen ausgeführt habe.[47] Die Teilnahmegebühr betrug für Vorlesungen allein 100,- M, für alle Veranstaltungen inklusive Material, etc. 200.- M.

Der neuntägige Kursus wurde von 80 Teilnehmern besucht, die sich zum größten Teil aus Ingenieuren, Medizinern und Pädagogen rekrutierten.[48] Das Programm war inhaltlich und personell erweitert: Es referierten als neu hinzugekommene Vortragende sowohl Mitarbeiter/Assistenten des Laboratoriums (Hamburger, Schilling, Klutke) als auch Personen aus anderen Institutionen. So übernahm die Vorlesung zur Jugendpsychologie Dr. Bobertag aus dem Zentralinstitut für Erziehung und Unterricht. „Die krankhaften Störungen im Seelenleben des Jugendlichen" wurden vom Geheimen Sanitätsrat Dr. Moll vorgetragen.

Die „klassischen" Gebiete des Laboratoriums wie „Grundsätze der psychotechnischen Lehrlingsprüfung", die verschiedenen Prüfungen der Sinne, Aufmerksamkeit und Reaktion, der intellektuellen Fähigkeiten und des technisch-konstruktiven Denkens sowie dazugehörige praktische Übungen blieben weiterhin in Moedes Hand. Über den Bereich der kaufmännischen Angestellten referierte Dr. Piorkowski, über die Eignungsuntersuchung im Friseurgewerbe Dr. Schulte, zur Prüfung von Telefonistinnen Dipl.-Ing. Klutke und zu psychotechnischen Arbeitsstudien an der Schreibmaschine Dipl.-Ing. Schilling. Mit der Erörterung der „Bedeutung des Übungsphänomens für die psychotechnische Prüfung" nahm Dipl.-Ing. Hamburger zu den prinzipiellen Grenzen der psychotechnischen Methodik Stellung.

Als neues Gebiet hielt Moede in seiner Funktion als Direktor des Instituts für Wirtschaftspsychologie an der Berliner Handelshochschule (Spandauer Straße 1) eine Vorlesung zur Psychotechnik der Reklame. Ergänzend führte Dr. Schulte experimentelle Untersuchungen zur Wirksamkeit von Werbemitteln vor.

Begleitet war der Ausbildungskursus von Besichtigungen psychotechnischer betrieblicher Prüfstellen oder Werkschulen (Ludwig Loewe & Co, Hüttenstraße 17-19; Siemens & Halske, A.-G.; AEG, Brunnenstr. 107 a und Kabelwerk Oberspree, Oberschönweide; Borsig, Berlin-Tegel; Reichswerk Spandau).

---

46 Praktische Psychologie 1 (1919/20), S. 98 f.

47 Praktische Psychologie 1 (1919/20), S. 387.

48 Praktische Psychologie 2 (1919/20), (Rundschau), S. 31 f. Das Programm. In: Praktische Psychologie 2 (1919/20), (Rundschau), S. 388-390.

Das Programm der Ausbildungskurse orientierte sich an den Interessen der Berliner Metallindustrie. Neben Eignungsprüfungen gehörten dazu auch die Gebiete der Wirtschaftspsychologie, insbesondere die „Psychotechnik der Reklame“ sowie die Begleitung der Automatisierungsbewegung. Enge Beziehungen bestanden zu solchen Berufszweigen, die mit dem Institut verbunden waren.

Die Grundssätze der psychotechnischen Eignungsprüfung blieben in den folgenden Jahren beibehalten. Sie wurden nur weiter ausdifferenziert. Im Jahre 1920 umfasste der Stoff den Anspruch, die Prüfung analytisch, systematisch und nach Möglichkeit exakt durchzuführen. Eingeschlossen waren die Bedingungen der analytischen Prüfverfahren, Arbeitsstudien, Schemata der Wirklichkeit, Auslese von Prüfverfahren mit hohem Symptomwert sowie die Verwendung von Maß- und Rangzahlen.

Im Sommersemester 1921 fand vom 1. Mai bis 1. August ein psychotechnischer Lehrgang an der TH statt, der auf 10 Teilnehmer beschränkt war. Die monatlichen Gebühren betrugen etwa 600,- M für Deutsche und 1000,- M für Ausländer. Das Programm war stärker als bisher nach Disziplinen kategorisiert, nämlich in Psychologie, Betriebswissenschaften und Berufskunde, Volkswirtschaftslehre, Psychiatrie, Physiologie und Anatomie. Eingeschlossen war die Besichtigung psychotechnischer Laboratorien.

Ein zehntägiger Lehrgang fand vom 5. bis 15. Oktober 1921 statt.[49] Neben industrieller und kaufmännischer Psychotechnik trat als neuer Bereich die pädagogische Psychologie mit der Prüfung intellektueller Funktionen. Psychotechnik wurde in Verbindung mit der Arbeitsrationalisierung angeboten.[50] Auffällig am Ausbildungskursus vom Oktober 1922 waren die wegen der Inflation in die Höhe geschnellten Gebühren von 2000.- M bzw. 3000.- M.[51]

1924 fand sich in der Berichterstattung zu einem zehntägigen Lehrgang bereits die Kritik „einiger Werkangehöriger über die Unzulänglichkeit der Mittel, mit denen in einigen Betrieben psychotechnisch gearbeitet wurde“.[52] Nach den ersten überschwenglichen Jahren der Berliner Industrie flaute der Glaube an die Möglichkeiten betrieblicher Rationalisierung durch psychotechnische Eignungsprüfungen ab und wich einer Ernüchterung, die in der Weltwirtschaftskrise 1928 ihren Höhepunkt fand.

Gemeinschaftsarbeit

Zwischen den Vertretern der Berliner Industrie und den Fachpsychologen entwickelte sich ab 1918 das Modell der „Gemeinschaftsarbeit“, das einen Erfahrungsaustausch Praxis und Theorie auf betriebsorganisatorischer, psychologischer, berufskundlicher und eignungsdiagnostischer Ebene herbeiführen sollte. Die Schere zwischen dem Primat der betrieblichen Rentabilität und der kontroversen Erfolgsgeschichte des Eignungsprüfungswesens nach Moede weitete sich in den zwanziger Jahren nach einer anfänglichen Euphorie jedoch immer mehr. Das stärkste Interesse an der industriellen Psychotechnik und dem ihm immanenten Eignungsprüfungswesen lag reichsweit in Berlin und dort branchenmäßig in der Metall- und Elektroindustrie.[53]

---

49 Die Gebühren betragen 400.- M für Vorlesungen und 700.- M für das gesamte Programm und sind auf das Bankkonto Prof. Schlesinger, Spezialkonto „Industrielle Psychotechnik“, zu überweisen (siehe Einladung).

50 Werkstattstechnik (1921) 19, S. 585.

51 Werkstattstechnik (1922) 16, S. 458.

52 Industrielle Psychotechnik l (1924) 7/8, S. 256-257.

53 Homburg, H.: Rationalisierung und Industriearbeit: Arbeitsmarkt, Management, Arbeiterschaft im Siemens-Konzern Berlin 1900-1939 (Schriften der Historischen Kommission zu Berlin, Bd. l: Beiträge zu Inflation

Von 31 Berliner Metallunternehmen, die seit der Konstitutionsphase der Arbeitsgruppe für industrielle Psychotechnik eng mit Moede zusammengearbeitet hatten, richteten 16 betriebseigene Prüfstellen ein, die anderen ließen ihre Eignungstests bei öffentlichen, privaten Einrichtungen sowie vor allem im Institut für industrielle Psychotechnik durchführen.[54]

Über betriebseigene Prüfstellen verfügten folgende Firmen:[55]

- Allgemeine Elektrizitäts-Gesellschaft, Werkschule, Berlin N 4, Schlegelstraße 26/27 (1919).
- Allgemeine Elektrizitäts-Gesellschaft, Werkschule Kabelwerk Oberspree, Berlin-Oberschöneweide, Wilhelminenhofstr. 76/77 (1919).
- Bergmann Elektrizitätswerke, Berlin N 65, Seestr. 64 (1920).
- Berliner Maschinenbau A.-G. vorm. Schwartzkopff, Wildau, Kreis Teltow (1923).
- Borsig G.m.b.H., Berlin-Tegel (1919).
- Daimler-Motoren-Gesellschaft, Berlin-Marienfelde (1923).
- Deutsche Kraftfahrzeugwerke, Spandau, Berliner Chaussee (1923).
- Knorrbremse Akt.-Gesellschaft, Berlin-Lichtenberg, Neue Bahnhofsstr. 9-17 (1923).
- Ludwig Loewe & Co. A.-G., Berlin NW 87, Huttenstr. 17-19 (1919).
- Akt.-Gesellschaft Mix & Genest, Berlin-Schöneberg, Geneststr. 5 (1923).
- Siemens & Halske A.-G-Wernerwerk, Berlin-Siemensstadt (1920).
- Siemens-Schuckert-Werke A.-G., Berlin-Siemensstadt (1919).
- R. Stock & Co. A.-G., Berlin-Marienfelde (1919).
- Fritz Werner Aktiengesellschaft, Berlin-Marienfelde (1919).
- E. Zwietsch & Co., G.m.b.H., Charlottenburg, Salzufer 6/7 (1920).

An dieser Stelle kann nur marginal auf die Wirkung des psychotechnischen Eignungsprüfungswesens nach der Methode Moede auf die Berliner Industrie eingegangen werden, da eine Wirkungsanalyse und Dokumentation der Entwicklung der im Betriebe angewandten Eignungstests zu umfangreich wären. Als direkte Schnittstellen zwischen betrieblicher Praxis und der wissenschaftlichen Erkenntnis sind die Arbeiten des Instituts für industrielle Psychotechnik zu nennen, die zum Teil Dissertationen von Institutsangehörigen waren.

Die Aufgaben des Instituts für industrielle Psychotechnik waren über den Forschungsrahmen hinaus in mehrfacher Hinsicht mit der industriellen Praxis verzahnt. Sie umfassten:

- Prüftätigkeit für Betriebe, Bewerber, Verbände,
- Forschung und Erschließung von Arbeitsgebieten sowie Einrichtung, Beratung, Überwachung, Fortbildung industrieller und behördlicher Prüfstellen, Begutachtung von Prüfverfahren sowie Lehre und Ausbildung von Fachpersonal.[56]

Die betrieblichen Prüfstellen standen in einem unterschiedlich ausgeprägten direkten Zusammenhang mit dem Institut. Den Aufgaben und Zielsetzungen des Instituts entsprechend

---

und Wiederaufbau in Deutschland und Europa 1914-1924), Berlin 1991, S. 323 ff, vgl. auch die Tabelle zur Anzahl der Prüfstellen in der Metallindustrie nach dem Einrichtungsdatum und der regionalen Erfassung.

[54] Zu den Unternehmen, die keine eigenen Prüfstellen aufbauten, aber Eignungstests durchführen ließen, gehörten 1919 die Firmen Osram, 1920 die Aron-Elektrizitätszählerfabrik, 1923 Paul Meyer, Nationale Registrierkassen GmbH, Samson, Weber & Co und in nachfolgenden Jahren Askania-Werke AG, Carl Bamberg, R. Frister AG, Heiland Apparatebau GmbH, Opel-Berlin, Orenstein & Koppel, F.F.A. Schulze, Telephonfabrik Sudicatis & Co, Zeiss-Ikon.

Nach: Homburg, H.: Rationalisierung und Industriearbeit, a.a.O., S. 324, vgl. Tabelle XXIV im statistischen Anhang, vgl. auch den Aufruf der Kursteilnehmer des ersten Ausbildungskurses am IP, 1919, siehe S. 196.

[55] Nach: Kellner, Hans: Die Lehrlingsbeschaffung und -auslese in der Berliner Metallindustrie. Diss. TH Berlin 1927. Hermann, Berlin 1927, Sp. 15 f. und Homburg, H., ebd.

[56] Moede, W.: 10 Jahre Institut für Industrielle Psychotechnik T.H. Berlin. Werkstattstechnik 22 (1928) 20, S. 587.

lag das Hauptgewicht der Forschung in Eignungsuntersuchungen industrieller Lehrlinge mit dem Schwerpunkt in der Erkennung des technischen und praktischen Verständnisses sowie der Handgeschicklichkeit.[57] Bestimmt durch die Intensität der Kooperation und die Literatur wird hier exemplarisch auf die Firmen AEG, Ludwig Loewe und Siemens eingegangen.

AEG

Walther Moede schilderte 1919 den Ablauf der psychotechnischen Eignungsprüfung der AEG, Berlin, Brunnenstraße.[58] Die Tätigkeit der Betriebsprüfstelle (geleitet von Dr. Heilandt) umfasste die Eignungsprüfung u.a. von Lehrlingen, aber auch von Praktikanten und Zeichnerinnen. Da für 30 Lehrstellen pro Halbjahr mehr als 200 Bewerbungen vorlagen, erschien ein Ausleseverfahren sinnvoll. Es konstituierte sich aus den Schulzeugnissen und -beurteilungen, der Einschätzung des Prüfleiters und den Ergebnissen aus den Gruppen- und Einzelprüfungen.[59] 1926 wurde die Zahl der jährlich Geprüften im Werk Reinickendorf auf 270 beziffert, im Kabelwerk Oberspree in Oberschönweide wurden 150 Eignungsprüfungen durchgeführt.[60]

Im Jahre 1930 war die Eignungsprüfung zum Facharbeiter-Lehrling bei der AEG standardisiert und wurde durch elf verschiedene Eignungskriterien festgelegt.[61] Die Effizienz der Eignungsprüfungen, nach Heidrun Homburg der hauptsächliche Grund für die Beibehaltung der Tests trotz umstrittener wissenschaftlicher Methodik, wurde nachgewiesen.[62] Den Kosten für die Eignungsprüfungen, die sich für die ungelernten Arbeiterinnen im Jahr 1932 auf etwa 5000,- Reichsmark beliefen, standen mögliche Ausgaben für Fehleinstellungen in Verwaltung, Anlernung und Materialschäden gegenüber. Bezifferte man die Kosten einer Anlernung im maschinellen Bereich mit einer Dauer von vier bis zwölf Wochen auf durchschnittlich ca. 50,- RM pro Einstellung, ergäben sich für etwa 3000 Anstellungen jährlich Anlernkosten von 150.000,- RM. Da man annahm, dass der hohen Fluktuation von Arbeiterinnen durch eine Eignungsprüfung vorgebeugt werden könne, schienen diese Kosten gerechtfertigt. Tatsächlich bestimmten jedoch Faktoren wie Hochkonjunktur, niedrige Entlohnung und eine dementsprechende Abwanderung in die Konfektions- und Schokoladenindustrie für Arbeiterinnen eine Fluktuation von z. T über 50 %. Diesen Zahlen war auch durch strengere Prüfungsverfahren gegenüber „Ungeeigneten" nicht entgegenzutreten.[63]

---

57 Moede, W.: Lehrbuch der Psychotechnik, Berlin 1930, S. 353; im Abschnitt „Spezielle Eignungsprüfungen im Betriebe, der Wirtschaft und dem Staate; Lehrlinge und Handwerker".

58 Moede, W.: Psychotechnische Eignungsprüfungen in der Industrie (Teil 1). Praktische Psychologie l (1920) 11, S. 339-350.

59 Vgl. auch Heilandt, Dr.-Ing.: Psychotechnische Eignungsprüfungen bei der Einstellung gewerblicher Lehrlinge in der Werkschule der AEG-Fabriken Brunnenstraße. Der Betrieb 3 (1920/21) l, S. 16-20.

60 Die bereits 1917 eingerichtete Prüfstelle der AEG-Werkschule in Berlin-Reinickendorf wird von Dr. Heilandt geleitet, im Kabelwerk Oberspree leitet der Ingenieur Klinke die 1918 errichtete Prüfstelle. Geprüft werden vor allem Maschinenbauer, Mechaniker, Werkzeugmacher, Dreher, Tischler, Installateure, Wickler und Kesselschmiede. Nach: Industrie-Prüfstellen in Deutschland. Industrielle Psychotechnik 3 (1926) 8, S. 246 f.

61 Luithlen, W.: Die Eignungsprüfung für Facharbeiter-Lehrlinge bei der AEG. Industrielle Psychotechnik 7 (1930) 6, S. 161-166.

62 Köhler, Otto: Eignungsprüfung im Fabrikbetrieb. Industrielle Psychotechnik 9 (1932) 9, S. 282. Homburg, H.: Rationalisierung, a.a.O., S. 333 f, 339.

63 Zahlen nach Homburg, H.: Rationalisierung, a.a.O., S. 338.

Ludwig Loewe

Die Firma Ludwig Loewe & Co. A.-G. führte 1918 die Eignungsprüfung ein, nachdem sie zuvor einzig die Schulzeugnisse, z. T. ergänzt durch eine Kenntnis- und Fertigkeitsprüfung in den Bereichen „Rechnen, Raumlehre und Aufsatz" als Voraussetzung der Lehrlingseinstellung bestimmt hatte.[64] Die Grundlagen der Prüfung wurden unter der Mitarbeit von Otto Lipmann und dem Direktor Stolzenberg geschaffen. In Aufbau und Struktur ähnelte sie den von Moede praktizierten Eignungsprüfungen des industriellen Lehrlings. Moede selbst befand im Jahr 1920: „Die Erfahrungen mit der psychotechnischen Prüfung sind im großen und ganzen gut, da Entlassungen aus dem Lehrverhältnis wegen Unbrauchbarkeit selten geworden sind."[65]

Siemens

Die Firma Siemens hatte im Bereich der Eignungsprüfungen eng mit dem Institut für industrielle Psychotechnik kooperiert. Im Jahre 1923 beauftragte sie den Leiter der Abteilung für angewandte Psychologie am Psychologischen Institut der Berliner Universität, Hans Rupp, mit der Erstellung einer rein psychologischen Eignungsprüfung für die Lehrlingseinstellung. Dennoch verzichtete Siemens noch im selben Jahr auf eine weitere Anwendung der psychotechnischen Eignungsprüfungen. Stattdessen wurde die Lehrlingseinstellung nach den schriftlichen Bewerbungsunterlagen auf Grund eines Fragebogens und der Schulzeugnisse vorgenommen.

Bis 1927 fanden auch persönliche Vorstellungsgespräche statt. Die Söhne Werksangehöriger wurden im Gegensatz zu der rein „objektiven" Eignungsfeststellung durch psychotechnische Selektion, bevorzugt, was auf die „Heranbildung einer betriebsverbundenen Stammarbeiterschaft" abzielte.[66]

Weiterhin geprüft wurden jedoch die ungelernten Arbeiterinnen für die Massenherstellung elektrischer Kleinapparate im Kleinbauwerk der Siemens-Schuckertwerke.[67] Der Leiter der psychotechnischen Prüfstelle modifizierte die speziell-apparativen Eignungsprüfungen nach folgenden Kriterien:

> „Die Betätigung der Arbeiterinnen im Kleinbauwerk ist eine so mannigfaltige, daß so ziemlich für jede Veranlagung ein Arbeitsplatz vorhanden ist. Soweit nicht dieser gerade besetzt ist, [...] soll der Ausfall der Prüfung also nicht zum Ausschluß von der Einstellung, sondern zur Überweisung auf einen geeigneten Arbeitsplatz führen. Die Prüfung hat also viel weniger den Zweck der Ausscheidung als den der richtigen Verteilung."[68]

Damit erwies sich Siemens als eines der fortschrittlichsten Unternehmen, das eine reine Selektion durch ein einfach erstelltes Fähigkeitsprofil äußerst früh ersetzte. Siemens zog damit am deutlichsten die Konsequenzen aus einer – nach der anfänglichen Begeisterung über das psychotechnische Prüfungswesen – in der Metallindustrie eintretenden Skepsis gegenüber

---

64 Moede, W.: Psychotechnische Eignungsprüfungen in der Industrie (Teil 2). Praktische Psychologie 1 (1920) 12, S. 365-371.

65 Ebd., S. 369.

66 Homburg, H.: Rationalisierung, a.a.O., S. 332 f. Bei Siemens betrug der Prozentsatz von Söhnen Werksangehöriger als Lehrlinge 75 % und lag damit 1927 an der Spitze der von H. Kellner untersuchten Berliner Metallunternehmen, deren durchschnittlicher Prozentsatz bei 30 % lag. Vgl. Homburg, a.a.O., S. 333, Kellner, H.: Die Lehrlingsbeschaffung und -auslese in der Berliner Metallindustrie, Sp. 9.

67 Eine psychotechnische Prüfstelle war dort 1921 eingerichtet worden, die ab etwa 1923 von A. Winckler geleitet wurde. Die Anzahl der geprüften elektrotechnischen Facharbeiterinnen wird 1926 mit zwei bis dreitausend beziffert. Vgl. Industrie-Prüfstellen in Deutschland. Industrielle Psychotechnik 3 (1926), S. 250 f.

68 Winckler, A.: Eignungsprüfung im Kleinbauwerk der Siemens-Schuckertwerke G.m.b.H. Prüfung, Auswertung, Bewährung. Industrielle Psychotechnik 2 (1925) 9, S. 257.

Methode und Zielsetzung der Tests, die man in enger Anlehnung an das Institut für industrielle Psychotechnik durchführte. Diese bezogen sich auf die Prüfung isolierter Fähigkeiten an eigens am Moede Institut entwickelten Apparaten, die durch ein differenzierteres Bewertungssystem zu einer Gesamtnote führen sollte. Der Zweifel der Unternehmen an diesem Selektionsverfahren begründete sich in dem berechtigten Anspruch, die bewerteten Fähigkeiten müssten in betriebliche Leistungen umgesetzt werden. Für diese seien aber komplexere Eigenschaften als etwa die Feststellung der Handgeschicklichkeit notwendig, die in den Prüfungen jedoch keinen Raum fänden (und deren Prüfbarkeit bis heute zweifelhaft bleibt).[69]

Im Umkehrschluss besann man sich auf einfache, stark an der Praxis orientierte Prüfungen im Siemens-Schuckertwerk. Bei der Ausarbeitung der Prüfungen durch Spezialisten „hat es auch dabei zunächst an Mißgriffen und Fehlschlägen nicht gefehlt. Man hat vor allem den Fehler begangen, Methoden, die theoretisch von Wert waren, ohne weiteres auf die Praxis anzuwenden, für die sie sich nicht eigneten. Diese Kinderkrankheiten der angewandten Psychologie sind aber allmählich überwunden. Man lehnt sich jetzt bei dem Prüfen eng an die Praxis an und hat damit gute Erfolge erzielt.“[70]

Reichsbahn

Die ersten Eignungsprüfungen bei den öffentlichen Verkehrsbetrieben wurden schon während des Ersten Weltkrieges durchgeführt. Nicht zuletzt waren dafür die Erfolge der Kraftfahrerprüfungen aus dem militärischen Bereich verantwortlich. 1917 wurden Psychotechnische Prüfstellen bei den Großen Berliner Straßenbahnen und bei der Eisenbahn-Generaldirektion Dresden eingerichtet.[71]

Bis zum Oktober 1919 gab die Deutsche Reichsbahn Prüfungen für Lehrlinge und Bewerber für den höheren Dienst an das Institut für industrielle Psychotechnik. Gleichzeitig besuchten dort Eisenbahnbeamte die Lehrgänge für Prüfbeamte.[72]

Kontinuierlich wurden die Eignungsprüfungen für den Reichsbahndienst gesetzlich verankert.[73] Nach dem Zusammenschluss der Länderbahnen im Winter 1920/21 wurde die Psychotechnische Versuchsstelle der Reichs-Eisenbahnverwaltung bei der Reichsbahndirektion Berlin (Psytev) gegründet.[74] Ihre Aufgaben umfassten u. a.:

---

69 Homburg, H.: Rationalisierung, a.a.O., S. 327 ff.

70 Perls, P.: Bewährte und angewandte Eignungsprüfung von Arbeiterinnen für Massenherstellung elektrischer Kleinapparate. Mitteilung aus der psychotechnischen Prüfstelle der Siemens-Schuckertwerke. Werkstattstechnik (1927) 6, S. 157.

71 Goldschmidt, P.: Walther Moede und die industrielle Psychotechnik. Versuch einer Werksbiographie, MA-Arbeit, Münster 1988, S. 120. Die Dresdener Versuchsstelle wurde als älteste ihrer Art im Mai 1917 durch den damaligen Präsidenten der Sächsischen Staatseisenbahnverwaltung Ulbricht von Schreiber eingerichtet. Vgl. auch Moede, W.: Lehrbuch der Psychotechnik, 1930, S. 416.

72 Ebd., S. 415.

73 Mit dem Erlass des Preußischen Ministeriums der öffentlichen Arbeiten vom 26.10.1919 wurde die Lehrlingseinstellung abhängig von dem Ergebnis einer psychotechnischen Eignungsprüfung gemacht. Der Lohntarifvertrag mit den Eisenbahngewerkschaften vom 26.3.1920 setzte die Lehrlingseinstellung auf Grund erfolgreicher psychotechnischer Eignungsprüfung fest (§ 25 Abs. l). Vgl. auch Moede, W.: Lehrbuch der Psychotechnik, 1930, S. 415.

74 Die Einrichtung der Psytev erfolgte durch den Erlass des Verkehrsministers Groener, Reichsverkehrsblatt 1920, S. 166/67. Groener, „(...) der persönlich großes Interesse an den Aufgaben der Psychotechnik hatte“, war maßgeblich an der Einrichtung beteiligt. Vgl. auch Moede, W.: Lehrbuch der Psychotechnik, 1930, S. 415 und Goldschmidt, P.: Walther Moede und industrielle Psychotechnik, a.a.O., S. 120 f.

- Erstellung geeigneter Prüfverfahren für Lehrlinge (Werkstätten) und Bewerber für einen beschleunigten Aufstieg,
- Ausführung von Eignungsprüfungen und Ausbildung von Prüfbeamten im Eisenbahndirektionsbezirk Berlin,
- methodische Erstellung von Kriterien für die Bewertung von Prüfergebnissen,
- Überwachung der Ergebnisse als Bewährungskontrollen,
- begriffliche Ermittlung von Mindest-, Mittel- und Hochleistung in den verschiedenen Dienstzweigen,
- Entwicklung von geeigneten Ausbildungsverfahren für Beamte und Arbeiter,
- Ermittlung und Aufstellung geeigneter Prüfeinrichtungen sowie
- Verfolgung der psychotechnischen Fachliteratur zum Zwecke der Nutzbarmachung für die Reichsbahn.

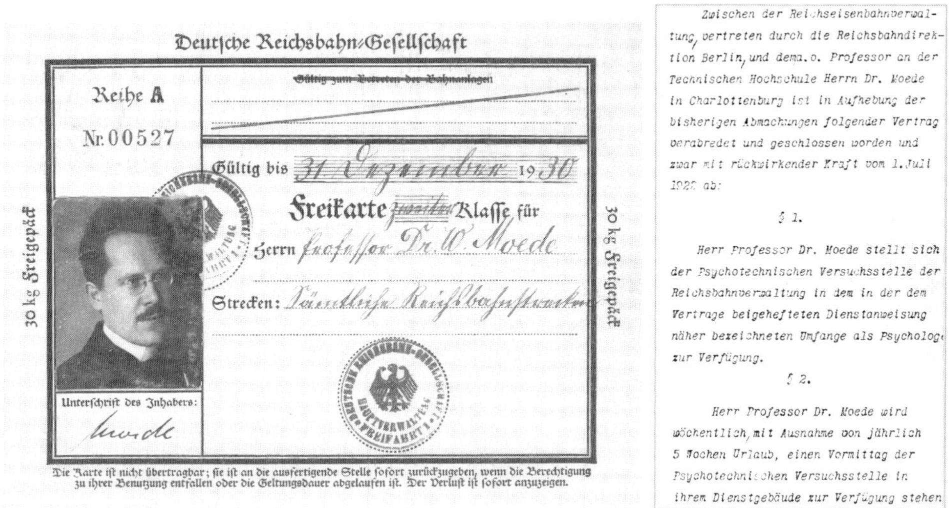

Bild 7.15: Walther Moede als Berater bei der Reichsbahn

Neben strukturellen Gemeinsamkeiten der Psytev mit dem Institut für industrielle Psychotechnik fielen in dem Aufgabenkatalog des Gründungserlasses vor allem inhaltlich schwerpunktmäßige Parallelen auf. Hier wie dort lag das Hauptgewicht (neben Anlern- und Ausbildungsverfahren) auf der Eignungsprüfung nach dem Leistungsprinzip der Konkurrenzauslese. Berufskundliche Aspekte und eine Einschätzung nach stärker psychologisch-pädagogischen Gesichtspunkten blieben bei der Reichsbahn außer acht.[75]

Mit der Einrichtung eines Ausschusses für psychotechnische Angelegenheiten bei der Reichsbahn erfuhr die Institutionalisierung und Publizität der Psychotechnik im öffentlichen Verkehrswesen einen weiteren Aufschwung.[76] Die Eignungsprüfungen wurden mit der Ent-

---

75 Vgl. Goldschmidt, P.: a.a.O., 120-125; vgl. Hoffmann, R.-W.: Wissenschaft und Arbeitskraft, Frankfurt/M 1985, S. 189.

76 Die Gründung erfolgt durch Erlass vom 14.9.1922, Reichsverkehrsblatt 1922, Abt. A, S. 363. Dem Ausschuss, der halbjährlich tagt, gehören Vertreter der Arbeiter, Angestellten- und Beamtenschaft, der höheren Beamten aller Fachrichtungen sowie Ärzte und ein Fachpsychologe (wahrscheinlich Moede) an. Der Ausschuss muss einzuführende Prüfverfahren genehmigen. Diese werden im amtlichen Organ „Die Reichsbahn" veröffentlicht. An Eignungsprüfungen wurden u.a. erlassen: Werkstättenlehrlinge (1922), Rangier-

wicklung der Prüfstelle weiter ausdifferenziert. In seinem Lehrbuch der Psychotechnik unterschied Walther Moede, der „wissenschaftliche Beirat" der Prüfstelle, grundsätzlich zwischen der Prüfung für Rangierer und für den Schalterdienst. Dabei orientierten sich die Eignungsprüfungen der Reichsbahn zum einen am Leistungsprinzip und zum anderen an den Anforderungen der Praxis. Die Kontrollen zum Vergleich von Prüfung und beruflicher Leistung in der Praxis brachten im Jahr 1928 eine Übereinstimmung von über 90 Prozent.[77]

Durch die räumliche Expansion im Jahr 1928, die organisatorische Erweiterung und die inhaltliche Ausdifferenzierung der psychotechnischen Versuchsstelle der Reichsbahndirektion wurde nach Carl Heydt der Tatsache Rechnung getragen, dass die Verwaltung „nach wie vor der Psychotechnik großen Wert zumißt". Das große Interesse des Personals jedoch an der psychotechnischen Versuchsstelle sei durch den kontinuierlichen Praxisbezug der wissenschaftlichen Arbeit, die Verbindung der Versuchstelle zu allen Ebenen des Außendienstes sowie durch das Mitspracherecht an den Zusammenkünften der Fachausschüsse für Psychotechnik und Unterrichtswesen garantiert.[78]

Die umfangreiche Eignungsauslese der Reichsbahn – im Zeitraum von 1921 bis 1928 wurden rund 50.000 Personen geprüft[79] – machte eine straffe Organisation des Prüfwesens notwendig:

> „Bei der Reichsbahn werden die Prüfverfahren in einer besonderen Zentralstelle für ganz Deutschland entwickelt. Die 'Psychotechnische Versuchstelle Berlin' gibt die Versuchsanweisungen an die einzelnen Direktionen, in deren Werkschulen die Prüfungen von geeignet erscheinenden Personen vorgenommen werden. Die Versuchsergebnisse werden der Zentralstelle eingesandt, dort ausgewertet und die Prüflingsverzeichnisse mit Rangnummern versehen den einzelnen Werkstätten zurückgesandt, die daraufhin die Einstellung bzw. Ablehnung der Lehrlinge veranlassen."[80]

Im Jahr 1930 zeigte Deutschland im internationalen Vergleich des Eignungsprüfungswesens der Bahn eine fortgeschrittene Entwicklung der psychotechnischen Forschung und Anwendung.[81]

---

dienst- und Kassenschalterpersonal (1925), Weichen- und Stellwerksdienst (1926), Betriebsassistenten, Assistenten, Zugbegleit- und Ladebeamte (1927). Moede, W.: a.a.O., S. 416.

77 Heydt, C.: Die Entwicklung der Psychotechnischen Versuchsstelle der Reichsbahndirektion Berlin. Industrielle Psychotechnik 5 (1928) 9, S. 273. Carl Heydt promovierte bei Moede mit einer Institutsarbeit zu den „Eignungsuntersuchungen für den Eisenbahnbetriebsdienst auf psychotechnischer Grundlage" (1925). Er war neben Richard Couvé, der als wissenschaftlicher Hilfsarbeiter bei der Versuchsstelle eingestellt wurde, ein wichtiges „Bindeglied" zwischen dem Institut für Industrielle Psychotechnik und der Berliner Reichsbahndirektion. Zur Lehrlingseignungsprüfung der frühen Jahre vgl. a. Couvé, R.: Organisation und Aufbau der Lehrlingsprüfung bei der Deutschen Reichsbahn. Praktische Psychologie 4 (1922/23), S. 328-334.

78 Heydt, C.: Die Entwicklung der Psychotechnischen Versuchsstelle, S. 277. Auch international erkennt die Arbeitnehmerseite nach Heydt die umsichtige Anwendung der Eignungsprüfung an. So zitiert Heydt einen deutschen Gewerkschaftsführer, der sich auf dem Internationalen Eisenbahnerkongress (Arbeitnehmer) 1930 in Madrid zu dem Problem der Personalausbildung und der Eignungsuntersuchung äußert: „Das psychotechnische Verfahren ist zweifellos ein wichtiges Hilfsmittel, um den rechten Mann an den rechten Platz zu stellen. Damit ist es zugleich ein Mittel zur Erzielung höherer Leistungen. Bei richtiger und vernunftsgemäßiger Anwendung bringt das psychotechnische Eignungsverfahren keine Nachteile für das Personal, im anderen Falle aber wird es zum Druckmittel ohnegleichen." Zit. nach Heydt, C.: Stand der Psychotechnik bei den Eisenbahnverwaltungen, (Rundschau). Industrielle Psychotechnik 8 (1931) 9, S. 287.

79 Heydt, a.a.O, S. 274.

80 Kellner, H.: Die Lehrlingsbeschaffung und -auslese in der Berliner Metallindustrie. Diss. TH Berlin 1927. Hermann, Berlin 1927, Sp. 16.

81 Der Entwicklungsstand der Psychotechnik wurde durch die Mitteilungen der Zeitschrift der Internationalen Eisenbahn-Kongreß-Vereinigung, die 1930 in Madrid v.a. zu Themen der Personalausbildung tagte, ermittelt.

Rückblickend berichtet Heydt[82], dass bis 1930 bei der Deutschen Reichsbahn-Gesellschaft rund 120 000 Eignungsuntersuchungen durchgeführt wurden. Diese erstrecken sich auf Bedienstete der verschiedenen Fachrichtungen. Sorgfältige Nachprüfungen und Erfolgskontrollen haben gezeigt, dass sich bei vorsichtiger Anwendung dieser Untersuchungen gute Ergebnisse erzielen lassen.

Bild 7.16: Psychotechnische Versuchsstelle der Reichsbahndirektion in Berlin-Eichkamp[83]

Neben der ungebrochenen Anwendung der Eignungsauslese verwies Heydt 1930 auf die Ausweitung der arbeitswissenschaftlichen Tätigkeitsbereiche der Reichsbahn-Gesellschaft in den drei Versuchsstellen Berlin, Dresden und München. Nachdem diese sich in den ersten Jahren hauptsächlich mit der Entwicklung von Eignungsuntersuchungen befassten, sind neuerdings auch auf den Gebieten der Anlernung und Rationalisierung mit ihren Untergruppen Unfallverhütung und Verkehrswerbung umfangreiche Arbeiten fertig gestellt worden.[84]

Chronologisch ergibt sich folgender Ablauf für die Einführung psychotechnischer Prüfstellen bei der deutschen Reichsbahn:

1917: Einrichtung von Psychotechnischen Prüfstellen bei den Großen Berliner Straßenbahnen und der Eisenbahn-Generaldirektion Dresden.

1920: Reichsbahn beginnt mit eigenen Eignungsprüfungen.

1921: Einrichtung der Psychotechnischen Versuchsstelle der Reichs-Eisenbahn-Verwaltung (Psytev) bei der Reichsbahndirektion Berlin. Räumlichkeiten in der neu errichten Baracke am Bahnhof Berlin-Eichkamp. Leitung: Regierungsbaurat Fröhlich (hauptamtlich). 1922-25: Prof. Dr.-Ing. Rudolf Skutsch. Mitarbeiter: Dr.-Ing. Busse, Dr. rer. pol. Richard Couvé. Psychologische Beratung: W. Moede (nebenamtlich als „wissenschaftlicher Beirat").

---

82 Heydt, C.: Stand der Psychotechnik bei den Eisenbahnverwaltungen, (Rundschau). Industrielle Psychotechnik 8 (1931) 9, S. 286.

83 Heydt, C.: Die Psychotechnische Versuchsstelle der Reichsbahndirektion. Berlin 1928.

84 Heydt, C.: Reichsbahn-Gesellschaft – Psychotechnik bei der Deutschen Reichsbahn. In: Giese, Fritz (Hrsg.): Handwörterbuch der Arbeitswissenschaft, Bd. II, Marhold Verlag, Halle a.S. 1930, Sp. 3695-3709.

	Psychotechnischer Kursus von W. Moede zur Eignungsprüfung und ihrer Auswertung für angehende Prüfleiter der Reichsbahn-Gesellschaft (Couvé, Praktische Psychologie 1922). Durchführung der einheitlichen Prüfung (nach Kellner, a.a.O., Sp.16) mit jedoch unterschiedlichen Untersuchungsverfahren (28 insgesamt).[83]
1922:	Einrichtung der Münchener Versuchsstelle. Einrichtung eines Ausschusses für psychotechnische Angelegenheiten von der Hauptverwaltung der Deutschen Reichsbahn-Gesellschaft.
1927:	Umzug der Psytev in ein Gebäude des Reichsbahnausbesserungswerks Grunewald. Räumliche Erweiterung von ca. 300 auf ca. 1000 qm. Gleisanschluss.
1935:	Umbenennung der Psytev in Eignungstechnische Versuchsanstalt (Etev) und Angliederung an das Reichsbahn-Zentralamt als Zentralstelle. Leitung: Reichsbahnoberrat J. Dilger.
1936:	Schrittweise Einführung von Einheitseignungsprüfungen (allgemeine Tauglichkeits- statt Fähigkeitsprüfungen).[85]
1942:	Unterstellung der Eignungstechnischen Versuchsanstalt der Reichsbahn unter das Reichsbahn-Zentralamt für Sozial- und Personalwesen, (Berlin, Kochstr. 6 (7) gemäß Erlass des Reichsverkehrsministers zum 1. Juli 1942.

Reichspost

Bereits seit 1919 fanden psychologische Untersuchungen im Fernsprechdienst unter der Leitung der Reichspostverwaltung und unter Beteiligung der Wissenschaftler Schlesinger, Rupp, Moede und Klutke sowie als Praktiker des Oberpostdirektors Olivier statt.[86] Die Untersuchungen, für die Hugo Münsterberg mit den Versuchen an Telephonistinnen maßgebliche Pionierarbeit geleistet hatte, mündeten 1922 in der Einrichtung einer Psychotechnischen Versuchsstelle beim Telegraphentechnischen Reichsamt. Die Leitung übernahm Oskar Klutke, der im selben Jahr am Institut für industrielle Psychotechnik unter Walter Moede zu dem Thema „Beiträge zur Eignungsprüfung für den Fernsprechdienst" promovierte.[87] Die Arbeitsbereiche umfassen den Fernsprech-, Telegraphen- und Telegraphenbaudienst.

Nach dem Vorbild dieser Versuchsstelle wurde im Juni desselben Jahres eine Psychologische Untersuchungsstelle eingerichtet, die jedoch in Post-Versuchsabteilung der Oberpostdirektion in Berlin umbenannt wurde.[88] Die Untersuchungen, die psychologische Fragen der

---

85 Vgl Goldschmidt, P.: Walther Moede und die industrielle Psychotechnik – Versuch einer Werksbiographie. MA-Arbeit, Münster 1988, S. 120-124.

86 Schneider, L.: Einrichtung einer psychologischen Untersuchungsstelle bei der Ober-Postdirektion Berlin. Praktische Psychologie 3 (1921/22), S. 376-378. (Rundschau) sowie in Zeitschrift für angewandte Psychologie 21 (1922/23), S. 406-408; vgl. auch zum Folgenden: Schneider, L.: Die Psychotechnik bei der Deutschen Reichspost. Psychotechnische Zeitschrift l (1925) l, S. 25 f.

87 Die Dissertation wird von Moede im Anhang des Sonderdrucks „10 Jahre Institut für Industrielle Psychotechnik" (1928) als Arbeit des Instituts in der Rubrik Eignungsprüfungen aufgelistet. In einer von Moede in den 1940er Jahren erstellten Personenliste zu Mitarbeitern, Assistenten, Personen mit Sonderausbildung am Institut wird Klutke als „Arbeitstechnischer Sachverständiger der Reichspost" erwähnt.

88 Die Diensträume befinden sich im Hauptgebäude der Ober-Postdirektion, Berlin C2, Spandauer Str. 13. Wissenschaftlicher Berater ist Prof. Dr. Rupp. Im Anschluss an die Berliner Stelle werden fünf weitere Post-Versuchsabteilungen eingerichtet: Leipzig (Dez. 1923), Frankfurt (August 1924), Breslau und Hamburg (Dez. 1924), Stuttgart (Jan. 1925), Köln (Feb. 1925).

Arbeitenden bei der Post wissenschaftlich erörtern und ihre Anwendung fördern sollen, „bezwecken die Feststellung der zweckmäßigsten Arbeitsweisen, Arbeitsumstände, Arbeitsgeräte sowie der zweckmäßigsten Ausbildung und der zuverlässigen Eignungsprüfungen. Das Ziel der Forschungen ist demnach die Anpassung der äußeren und inneren Arbeitsbedingungen an die natürlichen Bedürfnisse der ausübenden Beamten sowie die Auswahl und Verteilung der Bewerber und Beamten nach ihren natürlichen Fähigkeiten, soweit es der Betrieb und die öffentliche Sicherheit verlangen."[89]

Die Zusammenlegung der beiden psychotechnischen Stellen in das Hauptgebäude der Oberpostdirektion erfolgte am 1. Juli 1923. Eine neue Aufgabenverteilung sah nun für die psychotechnische Stelle die Entwicklung und Ausführung von Eignungsprüfungen für alle Bereiche des Post- und Telegraphendienstes vor, während die Post-Versuchsabteilung für alle betriebswissenschaftlichen Fragen zuständig war.[90]

Im Unterschied zur Reichsbahn-Gesellschaft, zu der Moede durch seine Funktion als wissenschaftlicher Berater direkten Kontakt hatte, ist die Verbindung des Instituts für industrielle Psychotechnik zur Reichspost mittelbar: Zum einen seien die psychotechnischen Untersuchungen im Vorfeld der Entstehungsphase der psychotechnischen Versuchstelle des Telegraphentechnischen Reichsamtes genannt. Zum anderen sind die Arbeiten Oskar Klutkes als Verbindungsstück zwischen den beiden Instituten anzusehen, zumal sie im Sinne Moedes betriebliche Leistungsoptimierung propagierten. So fasste er die Vorteile psychotechnischer Eignungsselektion vor der Einstellung im Fernsprechvermittlungsdienst zusammen:

- Ausgrenzung ungeeigneter Arbeitskräfte,
- Verminderung der damit verbundenen Verluste,
- Ersparnis an Personal, Zeit und Verwaltung,
- Verringerung der Betriebsunfälle,
- Leistungssteigerung der Verwaltung.[91]

Bereits 1926 wurden jedoch die psychotechnischen Prüfstellen bei der Reichspost in Deutschland wieder aufgelöst. Moede bemerkte zu dieser erschreckenden Entscheidung einleitend zu einem Artikel Klutkes in der Industriellen Psychotechnik:

> „Der Abbau der psychotechnischen Prüfeinrichtungen unter dem Ministerium Stingl bei der Reichspost hat die öffentliche Meinung sowohl der Wissenschaft wie auch der Industrie und des Handels stark erregt. Gewiß hört man im Allgemeinen als Gründe der Einstellung beamtenpolitische Erwägungen und Notwendigkeiten angegeben, nicht dagegen nachgewiesenes Versagen der Prüfmethoden."

Internationale Entwicklungen

Anders als in Europa war die Psychotechnik in den Vereinigten Staaten durch Münsterberg bereits vor dem Ersten Weltkrieg bekannt geworden.[92] Erste Versuche der Anwendung der

---

89 Schneider, L.: Einrichtung einer psychologischen Untersuchungsstelle bei der Ober-Postdirektion Berlin, in: Zeitschrift für angewandte Psychologie 21 (1922/23), S. 406 f.

90 Schneider, L.: Die Psychotechnik bei der Deutschen Reichspost. Psychotechnische Zeitschrift 1 (1925) 1, S. 26.

91 Klutke, O.: Die neuesten Ergebnisse der psychotechnischen Eignungsprüfung für den Fernsprechvermittlungsdienst. Werkstattstechnik (1922) 18, S. 555. Auszugsweise zitiert. Klutke arbeitete seit Ende 1919 als „Angehöriger und im Auftrage des Psychotechnischen Instituts der Technischen Hochschule Charlottenburg ein Verfahren zur Eignungsfesteilung von Anwärterinnen für den Fernsprechvermittlungsdienst" (Klutke, ebd., S. 553) aus. Seine Ergebnisse beriefen sich auf die vom 1.4.1921 bei sämtlichen Anwärterinnen durchgeführten Eignungsprüfungen, die nach sechs Monaten einer betrieblichen Erfolgskontrolle unterzogen wurden.

Psychotechnik auf die Berufsauslese Jugendlicher mit dem Ziel, die Berufsberatung auf eine breiter fundierte wissenschaftliche Grundlage zu stellen, wurden schon vor 1914 unternommen.[93] Der Eintritt der USA in den Ersten Weltkrieg vergrößerte das Aufgabengebiet der angewandten Psychologie zunächst um das Hauptarbeitsfeld der Rekrutierung der Armeen. Während die Psychotechnik in den europäischen Ländern hauptsächlich für die Ersatzbeschaffung von Spezialtruppenteilen eingesetzt wurde, prüften die Amerikaner gegen Ende des Krieges ihren gesamten Rekrutenstab mit Hilfe eines umfangreichen Selektions- und Ausbildungsprogrammes. Etwa 1,75 Mio. Prüfungen wurden allein mit den so genannten „Army Mental Tests" durchgeführt.[94]

Inhaltlich lässt sich für die amerikanische Psychotechnik bis 1925 eine Schwerpunktsetzung auf den Bereich der Erfassung der Intelligenz, der Spezialbegabungen und der Kenntnisse für schulische Zwecke sowie auf den Bereich der Reklamepsychologie feststellen.[95] Berufsspezifische Tests (Eignungsauslese), wie sie in Europa verwendet wurden, fanden in der Wirtschaft lediglich im Bereich des Handels Anwendung, da die entscheidende Voraussetzung eines Überangebots an industriellen Arbeitskräften fehlte und eine „Regulierung" durch Entlassungen – anders als in Europa – leichter möglich war.[96]

Die Tatsache, dass nur wenige Firmen auf Industriepsychologen zurückgriffen und qualitativ weniger psychotechnische Eignungsprüfungen als vielmehr einfache Intelligenzproben zur Anwendung kamen, führte in Deutschland zu der Vermutung, dass die Amerikaner die Psychotechnik nicht mehr anwandten – eine Einschätzung, die Schlesinger in einem Artikel aus dem Jahr 1924[97] vehement zurückwies.[98] Seiner Meinung nach steckte die Psychotechnik in den USA, abgesehen vom Bereich der Reklamepsychologie noch „in den Uranfängen"[99], verglichen mit der deutschen psychotechnischen Arbeit.

Rüegsegger weist darauf hin, dass das Selbstverständnis der amerikanischen Psychotechnik sowohl vom Münsterberg'schen Postulat der Wertfreiheit geprägt war als auch vom verbissenen Kampf um die Anerkennung durch die Führungskräfte, wobei nicht zuletzt die große Abhängigkeit von der Industrie dazu führte, dass die Belange der Arbeiter weniger berücksichtigt wurden als in Europa.[100]

Ab 1925 verstärkte sich die Ablehnung auf Seiten der amerikanischen Industrie gegenüber der Personalauslese mittels Intelligenztests, und die Industriepsychologie orientierte sich im Kontext der Wirtschaftskrise und des Erstarkens der Gewerkschaftsbewegung stärker in

92 Vgl. Dorsch, Friedrich: Geschichte und Probleme der angewandten Psychologie, a.a.O., S. 81.

93 Vgl. Baumgarten, Franziska: Berufseignungsprüfungen: Theorie und Praxis (1928). Verlag A. Francke, Berlin 1943, S. 363 f.

94 Vgl. Witte, Irene M.: Taylor – Gilbreth – Ford: Gegenwartsfragen der amerikanischen und europäischen Arbeitswissenschaft. München, Berlin: Oldenbourg, 1924, S. 36; Baumgarten, Franziska: Die Berufseignungsprüfungen, a.a.O., S. 15 f.

95 Vgl. Schlesinger, Georg: Psychotechnik in Amerika – Studieneindrücke. Industrielle Psychotechnik 2 (1925) 6, S. 161-170.

96 Vgl. Rüegsegger, Ruedi: Die Geschichte der Angewandten Psychologie 1900-1940, a.a.O., S. 124 f; Jaeger, Siegfried; Staeuble, Irmingard: Die Psychotechnik und ihre gesellschaftlichen Entwicklungsbedingungen, a.a.O., S. 71.

97 Vgl. Schlesinger, Georg: Psychotechnik in Amerika – Studieneindrücke. Industrielle Psychotechnik 2 (1925) 6, S. 161-170.

98 Vgl. dazu auch die zusammenfassende Darstellung bei Rüegsegger, Ruedi: Die Geschichte der Angewandten Psychologie 1900-1940, a.a.O., S. 75-78.

99 Schlesinger, Georg: Psychotechnik in Amerika, a.a.O., S. 170.

100 Vgl. Rüegsegger, Ruedi: Die Geschichte der Angewandten Psychologie 1900-1940, a.a.O., S. 124 f.

Richtung Industriesoziologie. Eingeleitet wurde der Übergang vom Scientific Mangement zu den Human Relations durch die Untersuchungen in den Hawthorne-Werken der Western Electric Company, die das Massachusetts Institute of Technology ab 1924 im Auftrag des National Research Council unter der Leitung von Mayo und Roethlisberger sowie Dickson aufnahm.[101] Die aus der dritten Experimentengruppe 1931 gezogenen Schlussfolgerungen, informelle Gruppenprozesse bestimmten das Leistungsniveau mit, und reale Leistung und potentielle Leistung stünden in keinem direkten Zusammenhang, entzogen der klassischen Testpsychologie den Boden in der Industrie.[102]

In Japan scheint die Herausbildung einer angewandten Psychologie stark von der amerikanischen Entwicklung beeinflusst gewesen zu sein. So wies Dr. Yenijiro Awaji in seinem Artikel über die „Angewandte Psychologie in Japan"[103] darauf hin, dass die „wissenschaftliche Betriebsführung" bereits vor dem Ersten Weltkrieg Eingang in Japan fand. Weiter heißt es: „Es ist verständlich, daß die Angewandte Psychologie in Japan namentlich von Amerika her stark beeinflußt wurde, und daß besonders die Psychotechnik, die Efficiency-Forschung und die Begabungsforschung von dort her starke Anregungen und Beeinflussungen erfuhr."[104] Während sich das „Institut für industrielle Arbeitsleistung" (Sangyô-Nôritsu-Kenkyûjo) in Tokio der praktischen Erforschung und Beratung in der industriellen Betriebsführung mit Schwerpunkt auf betriebstechnische Maßnahmen widmete, erfolgte parallel dazu die Ausbreitung psychotechnischer Laboratorien, die sich jedoch, anders als in Deutschland, primär mit der Erforschung der Betriebsmethoden und Arbeitsbedingungen und weniger mit Eignungsprüfungen beschäftigten.[105]

Für die Sowjetunion konstatieren Jaeger/Staeuble, dass die praktischen Versuche zu einer Verwissenschaftlichung der Arbeit in kritischer Auseinandersetzung mit Taylor zunächst über organisatorische und propagandistische Maßnahmen nicht hinauskamen. Danach setzten jedoch eigenständige Entwicklungen, ergänzt durch die Aufarbeitung der aus Deutschland stammenden psychotechnischen Methoden ein, die von einer Vielfalt seien, die einer eigenständigen Untersuchung wert wäre.[106] Zur inhaltlichen Zielsetzung der sowjetischen Psychotechnik hieß es in einem Bericht der Industriellen Psychotechnik aus dem Jahr 1931: „Die Erziehung der Massen zur sozialistischen Disziplin und die Auswahl und beschleunigte Ausbildung der Arbeitskräfte bilden die wichtigsten Aufgaben der Psychotechnik in der Sowjet-Union."[107] Die psychotechnische Arbeit habe schon 1921 begonnen, die übernommenen deutschen und amerikanischen Methoden müssten aber entsprechend der veränderten sozialen Einstellung und der Einführung neuer Arbeitsmethoden überprüft und abgeändert werden. Zur Vorbereitung eines neuen Arbeiterstammes würden jährlich 170.000 Jugendliche vor der

---

101 Vgl. dazu ausführlicher Ulich, Eberhard: Arbeitspsychologie. Verl. der Fachvereine, Zürich 1992, S. 33-37.

102 Vgl. Rüegsegger, Ruedi: Die Geschichte der Angewandten Psychologie 1900-1940, a.a.O., S. 129.

103 Awaji, Yenijiro: Angewandte Psychologie in Japan. Psychotechnische Zeitschrift 2 (1927) l, S. 29-33.

104 Ebd., S. 30.

105 Vgl. ebd., S. 32 sowie Jaeger, Siegfried; Staeuble, Irmingard: Die Psychotechnik und ihre gesellschaftlichen Entwicklungsbedingungen, a.a.O., S. 71.

106 Vgl. Jaeger, Siegfried; Staeuble, Irmingard: Die Psychotechnik und ihre gesellschaftlichen Entwicklungsbedingungen, a.a.O., S. 71. Zur „Wiederentdeckung der 'Wissenschaftlichen Betriebsführung' durch die Bolschewiki" und zum „Aufschwung der Wissenschaftlichen Arbeitsorganisation" vgl. auch ausführlicher Ebbinghaus, Angelika: Arbeiter und Arbeitswissenschaft: zur Entstehung der „Wissenschaftlichen Betriebsführung". Westdeutscher Verlag, Opladen 1984, S. 201-216.

107 Sándor, Bela: Psychotechnik in Rußland. Industrielle Psychotechnik 8 (1931) 6, S. 188-189, hier S. 189.

Aufnahme in die Werkschule psychotechnisch geprüft und im Sinne des Parteiprogramms ausgebildet.[108]

Insgesamt hatte die Psychotechnik in der Sowjetunion eine erhebliche Ausweitung mit regional verschiedener Schwerpunktsetzung erfahren.[109] Ende der 20er Jahre setzte dann eine Kritik ein, die ihre theoretischen und methodischen Grundlagen prinzipiell in Frage stellte.[110]

Sowohl in England als auch in Frankreich blieb die Psychotechnik weit stärker als in Deutschland an physiologisch-arbeitswissenschaftliche Fragestellungen gebunden.[111] Für die angewandte Psychologie in Großbritannien bildeten neben Kriegsneurosen und Selektionsproblemen für hochspezialisierte militärische Aufgaben (v.a. U-Boot-Hörer und Piloten) die Überlastung der Arbeiter in den Munitionsfabriken das Hauptproblem, das eine betont industriepsychologische und physiologische Ausrichtung des Faches bewirkte.[112] Bereits 1915 hatte die Überlastung der Munitionsarbeiter zur Einsetzung eines „Health of Munition Workers Committee" geführt, das die Fragen der Ermüdung, Arbeitszeit und allgemein der physischen Gesundheit und Effizienz erforschen sollte. In den drei großen Nachfolgeinstituten des Committees, dem 1918 gegründeten Industrial Fatigue Research Board (IFRB), der 1919 gegründeten Industrial Welfare Society sowie dem 1921 gegründeten National Institute for Industrial Psychology (NIIP) konzentrierte sich die Forschungs-, Prüf- und Beratungstätigkeit für Handel und Industrie in der Zwischenkriegszeit.[113] Schwerpunkte der Forschungs-, Ausbildungs- und Dienstleistungs-Tätigkeit des NIIP bildeten Ermüdung und Selektion. Auch das Scientific Management hatte vor allem am Anfang Einfluss; dabei wurde jedoch die ökonomische Ausrichtung dieser Bewegung unterstrichen und ihre Unterordnung als Teil der Industriepsychologie unter die humanistischen Ziele der Wissenschaft angestrebt.[114]

Als Besonderheiten der britischen Psychotechnik und angewandten Psychologie hervorzuheben sind die Betonung der physiologischen Aspekte, die stärkere Orientierung auf ergonomische, medizinische und arbeitsanalytische Gesichtspunkte, die Zentralisierung in den drei genannten Instituten, eine bedeutende staatliche Beteiligung und somit eine insgesamt relativ eigenständige Entwicklung.[115]

Auch für Frankreich gilt generell, dass die Experimentalpsychologie stark von der Medizin und Physiologie beeinflusst und getragen war.[116] 1920 wurde in Paris das erste französische Universitätsinstitut für Psychologie gegründet, welches ein Ausbildungsprogramm für Psychophysiologie, später Psychotechnik, anbot. Zu den Arbeitsgebieten der französischen Psychotechnik zählten sowohl Industrie- und Schulpsychologie als auch Eignungsauslese und Berufsberatung. Bezüglich der Charakterisierung der französischen Psychotechnik und der

---

108 Vgl. ebd., S. 189.

109 Vgl. dazu Baumgarten, Franziska: Arbeitswissenschaft und Psychotechnik in Rußland. München, 1924 und Baumgarten, Franziska: Rußland. In: Giese, Fritz (Hrsg.): Handwörterbuch der Arbeitswissenschaft. Marhold-Verlag, Halle a. S. 1930, Sp. 3794-3808.

110 Vgl. Jaeger, Siegfried; Staeuble, Irmingard: Die Psychotechnik und ihre gesellschaftlichen Entwicklungsbedingungen, a.a.O., S. 71 und S. 73.

111 Vgl. Muth, Wolfgang: Berufsausbildung in der Weimarer Republik, a.a.O., S. 204 f.

112 Vgl. Rüegsegger, Ruedi: Die Geschichte der Angewandten Psychologie 1900-1940, a.a.O., S. 82 ff.

113 Vgl. ebd., S. 83 f. sowie Jaeger, Siegfried; Staeuble, Irmingard: Die Psychotechnik und ihre gesellschaftlichen Entwicklungsbedingungen, a.a.O., S. 71 f.

114 Vgl. Rüegsegger, Ruedi: Die Geschichte der Angewandten Psychologie, a.a.O., S. 82-85.

115 Vgl. ebd., S. 82-85.

116 Vgl. Baumgarten, Franziska: Aus der französischen arbeitswissenschaftlichen Literatur. Zeitschrift für angewandte Psychologie 26 (1925) 3/4, S. 306-311 sowie zusammenfassend Rüegsegger, Ruedi: Die Geschichte der Angewandten Psychologie, a.a.O., S. 85-88.

Rezeption Taylors in Frankreich macht Rüegsegger auf die Existenz von zum Teil widersprüchlichen Aussagen aufmerksam.[117] So würden einerseits die eigenständige Position der französischen Psychotechnik und ihre frühzeitige, heftige Kritik am Taylorismus herausgestrichen[118], andererseits begegnete man altbekannten Konzepten und Positionen, die lediglich etwas später als in Amerika und Deutschland auftauchten. Rüegsegger interpretiert dies als „Antinomie zwischen Anspruch und Wirklichkeit, zwischen Humanisierungsbestrebungen und quasi-naturhafter Rationalisierung."[119]

Insgesamt scheint die Psychotechnik in Frankreich nicht den gleichen Durchbruch erlebt zu haben wie etwa in Deutschland. Sie kam am ehesten in den großen Fabriken zur Anwendung, Eignungstests spielten eine untergeordnete Rolle, und die Industriellen nahmen eine eher reservierte Haltung gegenüber der Psychotechnik ein. Die Tatsache, dass die französische angewandte Psychologie stärker von der Medizin und einem strikt naturwissenschaftlichen Blickwinkel geprägt war, führte gemäß Rüegsegger zwar zu methodisch sorgfältiger, fundierter Arbeit, bewirkte jedoch auch eine gewisse Einseitigkeit, die die Weiterentwicklung hemmte.

In seiner „Geschichte der Angewandten Psychologie 1900-1949" am Beispiel der Entwicklung in Zürich kommt Rüegsegger zu dem Schluss, dass die Entwicklung der Psychotechnik in der Schweiz große Übereinstimmung mit der deutschen zeigte, auch wenn die Psychotechnik in der Schweiz allein auf private Förderung angewiesen blieb, während sich der deutsche Staat stark für dieses Gebiet engagierte.[120] In Genf und Zürich bildeten sich zwei bedeutende psychotechnische Zentren heraus. Durch die Verbindung zum 1920 eingerichteten Internationalen Arbeitsamt und durch die vielfältigen organisatorischen Initiativen Claparedes zur internationalen Zusammenarbeit, so zum Beispiel die erste Internationale Konferenz für Psychotechnik und Berufsberatung 1920 in Genf, hat das Genfer Institut, Jaeger/Staeuble zufolge, eine weit reichende Wirksamkeit für die Ausbreitung der Psychotechnik erlangt.[121] Claparede und seine Mitarbeiter lehnten den Begriff Psychotechnik jedoch bereits frühzeitig ab und ersetzten ihn durch Technopsychologie, um aus dem Bereich der Technopsychologie (Ziel: Erforschung und Vervollkommnung der menschlichen Arbeitsweise mit Hilfe der Psychologie) alle Fragen und Probleme der gegenseitigen psychischen Beeinflussung von Arbeit und Kapital auszuklammern.[122]

Zusammenfassend lässt sich festhalten, dass sich die Psychotechnik zur Zeit der Weimarer Republik in den verschiedenen industrialisierten Ländern mehr oder weniger parallel, jedoch mit unterschiedlicher Schwerpunktsetzung und in unterschiedlicher Intensität entwickelte. Die Entfaltung des neuen Lehr- und Forschungsgebietes erfolgte offensichtlich in relativer Unabhängigkeit vom jeweiligen politisch-ideologischen System, als Reaktion auf die durch die Industrialisierung verursachten und durch die Rationalisierung verschärften Probleme, die

---

117 Vgl. ebd., S. 86.

118 So z. B. bei Lahy, J. M.: Taylorsystem und berufliche Arbeit. - Berlin: Springer, 1923, Baumgarten, F.: Aus der französischen arbeitswissenschaftlichen Literatur, a.a.O. und zum Teil bei Bonnardel, R.: L'Evolution des la Psychologie Industrielle en France et ses Realisations Actuelles. L'Armee psychologique 50 (1950), S. 485-491, Vgl. Rüegsegger, Ruedi: Die Geschichte der Angewandten Psychologie, a.a.O., S. 86.

119 Ebd., S. 86.

120 Vgl. Rüegsegger, Ruedi: Die Geschichte der Angewandten Psychologie 1900-1940, a.a.O., S. 291.

121 Zur Entwicklung in Genf vgl. ebd., S. 113-117, zur Entwicklung in Zürich vgl. das Kapitel 2.3 ebd., S. 143-235. Zusammenfassend zur Schweiz siehe auch Jaeger, Siegfried; Staeuble, Irmingard: Die Psychotechnik und ihre gesellschaftlichen Entwicklungsbedingungen, a.a.O., S. 73.

122 Vgl. Jaeger, Siegfried; Staeuble, Irmingard: Die Psychotechnik und ihre gesellschaftlichen Entwicklungsbedingungen, a.a.O., S. 73.

der angewandten Psychologie ein neues Betätigungsfeld eröffneten. Bestimmend für den „internationalen Charakter der Psychotechnischen Bewegung“ scheinen somit in erster Linie ökonomische Faktoren gewesen zu sein.[123] Während der Durchbruch der Psychotechnik in Frankreich, England und der Schweiz, ebenso wie in Japan und der Sowjetunion mit einiger Verzögerung zur Entwicklung in den Vereinigten Staaten erfolgte, konnte sich die deutsche Psychotechnik bereits im Ersten Weltkrieg, spätestens aber seit 1918, ausbreiten. Deutschland wurde zum Zentrum der psychotechnischen Bewegung in Europa.

Exkurs: Rationalisierungswelle in der Produktionswirtschaft

„Rationalisierung“ ist ein zentraler Begriff für das Verständnis der Entwicklung in Deutschland nach dem Ende des Ersten Weltkrieges. In der ursprünglichen Bedeutung lässt er sich übersetzen als „Vernünftigwerden“, „Vernünftigsein“, und steht im engeren Sinn für ökonomische Vernunft, also betriebliche und volkswirtschaftliche Effizienzsteigerung, die Ausdehnung des so genannten Kosten-Nutzen-Kalküls, das Geltendmachen einer Ökonomie der Zeit in der Produktion.[124]

In der Zeit zwischen 1870 und 1918 hatte sich das wirtschaftliche System der sich industrialisierenden Staaten in vielerlei Hinsicht verändert. Zahlreiche Betriebe wuchsen personell und räumlich, die Vielfalt der Produkte wurde größer. Die Unternehmen versuchten, die speziellen Vorteile aus diesem Größenwachstum zu ziehen. Über wissenschaftlich ausgebildete Techniker und über Forschungs- und Entwicklungslaboratorien hielt die Wissenschaft Einzug in die Wirtschaft. In dem gleichen Maß, wie sich die industrielle Produktionstechnik weiterentwickelte, formulierte sich inhaltlich und begrifflich, was schließlich in Wissenschaft und Praxis unter Rationalisierung verstanden wurde. Die rationelle Fertigung basierte in ihren wesentlichen technischen Zügen auf einer Vereinfachung des Produkts, vornehmlich durch Normung und Typisierung und durch Aufteilung der Fertigung in verschiedene Arbeitsstufen. Diese Prinzipien galt es, auf den Einzelfall abzustimmen:[125]

> „Die Rationalisierung ist ein Kompromiß zwischen der idealen Verwirklichung des ökonomischen Prinzips und den jeweiligen wirtschaftlichen Bedingungen einer Einzelwirtschaft. Sie ist z.B. abhängig von dem Stande der Technik, den Absatzverhältnissen, der herrschenden rechtlichen Ordnung, der Organisationsform, der Zusammensetzung des Kapitals und anderen Verhältnissen.“

---

[123] Als weiteren Grund führt Baumgarten das starke Interesse der Psychotechniker selbst an der Fortsetzung ihrer im Krieg begonnenen Arbeit und entsprechende Versuche zur Popularisierung der Eignungsprüfungen an. Vgl. Baumgarten, Franziska: Die Berufseignungsprüfungen, a.a.O., S. 17.

[124] Vgl. Pokorny, Rita; Voglrieder, Sabine; Abenhausen, Sigrid: Rationalisierung von Industrie- und Büroarbeit von 1914 bis 1933 in Berlin. Wissenstransfer von Methoden amerikanischer Arbeitsverfahren durch die Unternehmensberaterin und Fachschriftstellerin Irene Witte. Antragskonzept, Berlin 1995, 7. Das Reichskuratorium für wirtschaftliche Fertigung (RKW) gab 1927 eine Erläuterung des Begriffs, die in gekürzter Fassung lautet: „Rationalisieren ist die Erfassung und die Anwendung aller Mittel, die Technik und planmäßige Ordnung zur Hebung der Wirtschaftlichkeit bieten. Ihr Ziel ist die Steigerung des Volkswohlstandes durch Verbilligung, Vermehrung und Verbesserung der Güter.“ Zum Problem der Begriffsdefinition vgl. auch Produktionstechnik im Wandel, v. Günter Spur unter Mitarbeit v. H. Grage, U. Heisel, G. Lechler, D. Michaelis, hrsg. aus Anlaß des 75jährigen Bestehens des Instituts für Werkzeugmaschinen und Fertigungstechnik der Technischen Universität Berlin, München, Wien 1979, 173ff.

[125] Wegeleben, Fritz: Die Rationalisierung im Deutschen Werkzeugmaschinenbau. Dargestellt an der Entwicklung der Ludw. Loewe & Co. A.-G., Berlin, Berlin 1924, S. 1-2.

Die organisierte Fabrikarbeit zielte auf eine erhebliche Steigerung der Arbeitsproduktivität durch kapitalintensive Investition. Der Produktionsprozess wurde durch den Druck des wirtschaftlichen Wettbewerbs auf möglichst hohe Stückzahlen abgerichtet. Dies bewirkte eine konsequente Verstärkung von Arbeitsteilung und Fließfertigung.

Durch Taylor wurde der Begriff des Scientific Management, der wissenschaftlichen Betriebsführung, geboren. In Deutschland entwickelte sich in den zwanziger Jahren die Betriebswissenschaft und mit ihr auch die Psychotechnik, wie auch die Arbeitswissenschaft. Von ihr gingen wichtige Impulse aus. Sie betrafen sowohl die Anpassung der Arbeit an den Menschen als auch die Auswahl geeigneter Menschen für die Arbeit. Frühzeitig wurde die Bedeutung der Wechselwirkung zwischen Maschinensystemen und Arbeitswelt erkannt und wissenschaftlich bearbeitet.

Schon Max Weber versuchte, die Rationalisierung als Grundzug der modernen Wirtschaft, Gesellschaft und Staatlichkeit nachzuweisen. Betriebswirtschaftlich bedeutet Rationalisierung schlicht und einfach die Durchführung von Maßnahmen zur Verbesserung bestehender Zustände. Rationalisieren von Arbeit heißt, diese besser, zweckmäßiger, vernünftiger zu gestalten. Im Grunde sind derartige Rationalisierungsbemühungen in Wirtschaft und Technik als Daueraufgabe zu sehen. Dabei haben sich die organisatorischen Mittel zur Umsetzung der Rationalisierungsziele im Laufe der Entwicklung immer wieder geändert.

Die Produktionstechnik nahm mehr und mehr eine Schlüsselfunktion für eine wirtschaftliche Gütererzeugung ein. Daraus entwickelte sich der ökonomische Zwang, das Produktionsergebnis permanent zu verbessern. Mit dieser Überlegung wurde der Begriff der Rationalisierung verknüpft. Im Jahre 1925 definierte das RKW (Reichskuratorium für Wirtschaftlichkeit in Industrie und Handwerk) Rationalisieren als *Erfassung und Anwendung aller Mittel, die Technik und planmäßige Ordnung zur Hebung der Wirtschaftlichkeit bieten. Als Ziel wurde die Steigerung des Volkswohlstandes durch Verbilligung, Vermehrung und Verbesserung der Güter genannt.*[126]

Rationalisierung ist somit die Erfassung, Prüfung und Anwendung aller Mittel, die Wissenschaft, Technik, Wirtschaft, Organisation und alle übrigen Arbeitsgebiete des Menschen zur Hebung der Wirtschaftlichkeit im Sinne der Bestgestaltung aller menschlichen Arbeit bieten.[127] Maßnahmen zur Steigerung der Produktivität müssen besonders dann mit Nachdruck einsetzen, wenn ein konjunktureller Aufschwung beginnt. Vorsorge ist wirkungsvoller als Nachsorge.

Das Handlungsfeld des gesamten Rationalisierungssystems bietet sich zur Produktivitätssteigerung an. Der größte Erfolg stellt sich meistens dadurch ein, dass möglichst viele Maßnahmen gleichzeitig eingeleitet werden. Das Gesamtziel ist auf eine Wertsteigerung des Unternehmens gerichtet.

Strategisches Unternehmensziel muss Marktführerschaft mit neuen Produkten sein. Die Frage nach Leistungspotenzialen zur Marktführerschaft verbindet sich mit hohen Erwartungen an das Management. Leistungsfähigkeit wird als entscheidender Erfolgsfaktor sowohl vom einzelnen Unternehmen als auch von der ganzen Volkswirtschaft vorausgesetzt. Das hierfür verantwortliche Management ist gefordert, offensive Strategien und gangbare Wege

126 Hinnenthal, H.: Die deutsche Rationalisierungsbewegung und das Reichskuratorium für Wirtschaftlichkeit. Berlin 1927, S. 11 f.

127 RKW Jahresbericht 1932/33, Berlin 1933, S. 9.

zum strategischen Wandel aufzuzeigen. Die betroffenen Forschungsbereiche haben diesen Weg zu begleiten.

Entscheidend für den mittel- und langfristigen Erfolg eines Unternehmens ist seine strategische Schlagkraft. Ausgangspunkt jeglicher strategischer Überlegung, sei es zum Zwecke der strategischen Planung oder des strategischen Managements, ist die Existenz gerichteter Ziele, Absichten und Wertorientierungen. Wenn man nicht weiß, wohin man will, und nicht weiß, was man erreichen kann, fehlt die Voraussetzung für strategisches Handeln. Was bleibt, ist Improvisation oder Ad-hoc-Management.

Jede alltägliche Verhaltensweise muss von strategischen Leitzielen ausgehen. Strategische Neuorientierungen müssen somit einen Wertewandel in Unternehmen bewirken.

Als Grundkonsens einer auf Marktführerschaft ausgerichteten Unternehmenskultur müsste allen Beteiligten bewusst werden, dass von jedermann Höchstleistung zu erbringen ist.

Eine daraus abzuleitende Managementaufgabe ist die Verwirklichung einer angemessenen Organisationsform zur Erreichung der strategischen Zielvorgaben. Ein biologischer Organismus entwickelt sich zu einer höheren Stufe von Ordnung und Komplexität durch größere Differenzierung und stärkere Integration. Je mehr Abteilungen, Sparten, Funktionen und unterschiedliche Aktivitäten ein Unternehmen ausmachen, desto größer ist die Aufgabe und desto wichtiger die Koordination der ganzen Vielfalt.

Es hat sich gezeigt, dass alle Übertreibungen von Zentralisierung und Dezentralisierung, von Integration und Differenzierung zu einer signifikanten Leistungsschwäche führen. Differenzierung und Integration müssen zur Synergie oder zum Ausgleich gebracht werden. Das Unternehmen mit der am besten integrierten Vielfalt gelangt an die Spitze.

Die Organisationsstrukturen müssen vor allem durch Offenheit, Lernfähigkeit und größere Eigenverantwortung kleiner Einheiten geprägt sein. Handlungsfreiheit ist eine wichtige Voraussetzung für erfolgreiche Leistungsprozesse.

Rationalisierung wurde in der Zeit der Weimarer Republik immer mehr zu einem Schlagwort, das genau umrissene, technische und organisatorische Vorgänge innerhalb einzelner Unternehmen ebenso bezeichnete wie umfassende volkswirtschaftliche oder gesellschaftspolitische Prozesse. Verständlich wird dies angesichts der extremen ökonomischen und gesellschaftspolitischen Herausforderungen, vor denen Deutschland nach dem Ersten Weltkrieg stand. Die Kriegswirtschaft musste auf eine differenzierte Friedensproduktion umgestellt und Kriegsheimkehrer in die Wirtschaft integriert werden. Die Reparationsforderungen, verbunden mit den Verlusten an Menschen und Kapital, erschwerten den neuerlichen Anschluss an internationale technische und Wettbewerbsstandards. Hinzu kam der Aufstieg der amerikanischen Industrie zum wichtigsten Lieferanten in die europäischen Nachbarstaaten, der angesichts der Exportorientierung der deutschen Chemie-, Elektro- und Maschinenbauindustrie stark ins Gewicht fiel. Die Vereinigten Staaten verfügten über mächtige Ressourcen an Rohstoffen, Menschen und Kapital und besaßen ein besonders effektives Wirtschaftssystem. In der Summe waren es diese Faktoren, die es ihnen ermöglichten, mit preisgünstigen Massenerzeugnissen die durch den Krieg neu geordnete Situation auf dem Weltmarkt zu bestimmen.[128]

[128] Vgl. Homburg, Heidrun: Rationalisierung und Industriearbeit. Arbeitsmarkt, Management, Arbeiterschaft im Siemens-Konzern Berlin 1900–1939. Mit einem Geleitwort von Peter-Christian Witt in: Schriften der Historischen Kommission zu Berlin; Bd. 1: Beiträge zu Inflation und Wiederaufbau in Deutschland und Europa 1914-1924, Berlin 1991, S. 672.

Auch in Deutschland schienen die technisch-organisatorische Rationalisierung der Produktionsabläufe, die Analyse und Planung von Arbeitsprozessen ausschließlich auf Grund „objektiv bester", das hieß, wissenschaftlich ausgewiesener, Verfahren und durch professionelle Manager nach allgemeiner Auffassung geeignet, den betrieblichen Ertrag und darüber hinaus auch den allgemeinen Wohlstand zu steigern und damit die Basis für ein ausgewogenes Verhältnis zwischen den divergierenden Interessengruppen zu schaffen. Auch wenn sich im Deutschland der Weimarer Republik distanzierte Stimmen zum allgemeinen technischen Fortschritt fanden, war die Haltung zum Taylorismus ebenso wie später zum Fordismus insgesamt sehr positiv.[129] Die Anhänger kamen aus allen Schichten der Wirtschaft und Politik. Liberale Verfechter der neuen parlamentarischen Republik, konservative Industrielle, Gewerkschaftsführer, revisionistische Sozialisten und sogar reaktionäre Intellektuelle stimmten den Lehrsätzen Taylors über die wissenschaftliche Betriebsführung zu, zumindest soweit sie den Interessen dieser Gruppen entsprachen.[130] Als Allgemeinwohlformel bot Rationalisierung den unterschiedlichsten Gruppen, die in ihren Zielsetzungen zum Teil erheblich voneinander abwichen, die Möglichkeit einer gemeinsamen konzeptionellen Basis der Zusammenarbeit, auf der partikulare Interessen zu einem Konsens gebracht werden konnten. Rationalisierung versprach die Auflösung der Widersprüche allein auf der Grundlage der Entwicklungsdynamik der industriellen Produktion unabhängig von den politischen Machtverhältnissen oder der wirtschaftlichen Besitzverteilung. Die Rationalisierung hatte sich aus den Grenzen der Betriebswissenschaft heraus zu einer vielschichtigen gesellschaftlichen Bewegung entwickelt. Mit anderen Worten: „Gerade weil ‚Rationalisierung' in den zwanziger Jahren zum Schlagwort wurde, ist diesem Ausdruck ‚begriffliche Verschwommenheit' kaum vorzuwerfen. Denn es ist nicht der Mangel eines Schlagworts, dass ihm die klaren Konturen einer eindeutigen Definition fehlen, sondern es ist eine seiner Existenzbedingungen. ... mit einer eigentümlichen, neuen Form von Öffentlichkeit, mit einer ‚Bewegung'; Rationalisierung ist ein Schlagwort, ein Zauberwort, ist eine Fahne unter der man sich versammelte, eine Botschaft, der man glaubte".[131]

Schon sehr bald zeigte sich jedoch auch, dass die amerikanischen Verfahren nicht ohne weiteres auf die deutschen Verhältnisse übertragbar waren. Untersuchungen zum Taylorsystem etwa verwiesen auf die Unterschiede zwischen amerikanischen und deutschen Arbeitern. Von amerikanischen „Werkern" wurde angenommen, sie seien mehrheitlich wenig oder gar nicht ausgebildet, sodass ihnen die Zerlegung der Arbeit in kleine, leicht erlernbare Schritte entgegenkommen würde. Die deutschen Facharbeiter sollten nicht auf diese Weise entmündigt werden dürfen. Dieser Auffassung folgte unter anderem die Psychotechnik, jene Wissenschaft, die noch vor 1914 wesentlich von Hugo Münsterberg geprägt worden war und die

---

[129] Zu Oswald Spengler und den so genannten „reaktionären Modernisten" vgl. Hughes, Thomas P.: Die Erfindung Amerikas. Der technologische Aufstieg der USA seit 1870, München 1991, S. 295/296: „Anders als die liberalen Weimarer Kreise waren einige konservative Deutsche der Meinung, die alte Welt könne und solle sich der amerikanischen Technologie bedienen, sie von ihrem seelenlosen, materialistischen Kapitalismus befreien und mit ästhetischen, philosophischen und geistigen Werten füllen, um so eine überlegene deutsche Kultur zu errichten."

[130] Vgl. Hughes, a.a.O., S. 288-289.

[131] von Freyberg, Thomas: Industrielle Rationalisierung in der Weimarer Republik. Untersucht an Beispielen aus dem Maschinenbau und der Elektroindustrie (Forschungsberichte des Instituts für Sozialforschung Frankfurt am Main), Frankfurt a. M., New York 1989, S. 305-306. In ähnlicher Form wird die Rationalisierungsbewegung auch von anderen Autoren charakterisiert, z.B. von Homburg, a.a.O., S. 673-674: „Taylorismus war in Deutschland nach 1928 eine szientistische, technokratische Utopie der harmonischen Neuordnung von Arbeit, Wirtschaft und Gesellschaft aus den Betrieben heraus."

auch unter den Ingenieuren Befürworter einer stärkeren Verwissenschaftlichung der betrieblichen Arbeitsabläufe fand.

Im Lauf der zwanziger Jahre löste das Beispiel Henry Fords in Deutschland Taylor als amerikanisches Vorbild für organisierte Massenproduktion ab. Seit 1924 begann die Diskussion um die Fordschen Produktionsmethoden die Taylorrezeption zu verdrängen. Ford gilt gleichsam als konsequenter Anwender der Lehre Taylors. Sein Produktionssystem wird als die Vollendung des „American System of Manufactures" gesehen, das Normung, Typisierung, Austauschbarkeit und Präzisionsarbeit weiterentwickelte und mit den Prinzipien der Massenproduktion, weitgehender Arbeitsteilung und Mechanisierung in Einklang brachte, die es ermöglichten, die „Economies of Scale" in hohem Maße auszunutzen. Dies waren die Bestandteile einer Philosophie, der zufolge eine preisgünstige Massenproduktion in der Kombination mit hohen Löhnen weitgehenden Wohlstand und große Konsummöglichkeiten sichern und Gewerkschaften überflüssig machen würde.[132]

Die deutsche Übersetzung von Fords Autobiographie „Mein Leben und Werk" war die erste von zahlreichen Veröffentlichungen über den Fordismus. Sie wurde sehr bald zum Bestseller mit einem Verkauf von mehr als 200 000 Exemplaren. Wie zuvor im Fall des Taylorismus idealisierten viele der deutschen Fürsprecher die Situation in den Fordwerken. Auch der Fordismus fand gleichzeitig Zustimmung unter Liberalen und Linken und unter der politischen Rechten. Konservative mit antisemitischen Neigungen sahen bei Ford eine gesunde deutsche Kreativität und Produktivität verwirklicht.[133] In Deutschland kamen in der Industrie Methoden des Taylorismus und der Fließarbeit nebeneinander zur Anwendung, besonders dort, wo der Einsatz der Handarbeit noch wesentlich über den Produktionsausstoß mitbestimmte, also vor allem bei der Montage komplexer Produkte. Dies geschah in Abhängigkeit von der jeweiligen Kostensituation, der Produktionsmenge und den notwendigen Investitionen für die Umstellung in verschiedenem Umfang. Einem konsequenten Einsatz der Fließfertigung standen der Bedarf des im Verhältnis zum amerikanischen ungleich kleineren deutschen Binnenmarktes und die schwierige Situation des Exportgeschäftes entgegen, sodass nur für wenige ausgesuchte Produkte eine große Nachfrage bestand. „Wenn kein Massenbedarf für einen Gegenstand vorhanden ist oder sich anbahnt, wird niemand Mittel für das Aufstellen zur Massenherstellung aufwenden"[134], heißt es bei O'Brien.

Die Rationalisierungsdiskussion und die tatsächliche Umsetzung dieser Ideen bewegten sich in Deutschland polar zwischen Taylor und Ford, auch wenn sie nicht die einzigen waren, die mit Konzepten aufwarteten. Bis zu jener Phase in der Zeit der Weimarer Republik, in der sich die Wirtschaft vorübergehend konsolidierte, war der finanzielle Spielraum für eine intensive Rationalisierung ohnehin gering. Als es ab 1925 für wenige Jahre mit der deutschen Wirtschaft bergauf ging, war die Begeisterung auch bei denen weitgehend gewichen, die sich nach dem Krieg vehement für die wissenschaftliche Betriebsführung eingesetzt hatten. Die Rationalisierung hatte den Charakter einer Heilslehre verloren.

Es fanden sich inzwischen viele Bereiche, in denen die Fließfertigung wenigstens im Ansatz zur Anwendung kam, zum Beispiel in der Automobilindustrie, in der Elektroindustrie, im Nähmaschinenbau oder im Bekleidungsgewerbe. Eine Produktivitätssteigerung ließ sich aber

---

132 Vgl. Spur, G.; Ebert, J.; Fischer, W.; u.a., Automatisierung und Wandel der betrieblichen Arbeitswelt, a.a.O., passim, v.a. S. 41.

133 Vgl. Hughes, a.a.O., S. 291-293.

134 O'Brien, Robert: Die Maschinen, Reinbeck 1970, zit. nach Produktionstechnik im Wandel, a.a.O., S. 176.

in den meisten Fällen durch die Fließarbeit ohne Band erreichen, also durch eine Umorganisation des Produktionsflusses und des Material- und Teiletransports. Letztlich entsprach der große publizistische Widerhall, den die Fließbandarbeit in Deutschland fand, nicht der Situation in den Betrieben. Die Fließbandarbeit erforderte Spezialmaschinen, Prüfeinrichtungen, präzise Fertigung, besondere Transporteinrichtungen und eine weitgehende Normierung der Teile und der Arbeitsbewegungen.

Gegen Ende der Rationalisierungswelle stand schließlich angesichts der Auswirkungen der Weltwirtschaftskrise von 1929 nicht mehr die technische Rationalisierung mit der dafür notwendigen Kapitalanlage im Vordergrund, sondern die Intensivierung der Arbeit durch die Umstellung der Produktionsorganisation und die Änderung der Lohnsysteme. Dem Zusammenschluss von Unternehmen folgten Sanierungsprogramme mit Betriebsstilllegungen, Entlassungen, die Spezialisierung der Produktion in bestimmten Betrieben und anderes mehr. In dieser Krisenzeit offenbarte sich eine zweite Seite des Rationalisierungssystems, zeigte sich doch das enorme Einsparungspotenzial dieser so genannten negativen Rationalisierung, deren Konsequenzen vor allem von den Arbeitnehmern getragen wurden. Die Fließbandarbeit sollte erst nach 1933 erfolgreich in Deutschland umgesetzt werden. Die Voraussetzungen dafür wurden jedoch in den zwanziger Jahren geschaffen.[135]

Organisation der Gemeinschaftsarbeit

Unter dem gemeinsamen Dach des 1921 gegründeten Reichskuratoriums für Wirtschaftlichkeit (RKW) fanden sich annähernd 600 private und staatliche Einrichtungen, die sich mit Rationalisierung beschäftigten, zusammen. Rationalisierung sollte sich nicht länger auf das einzelne Unternehmen beschränken, sondern im Rahmen eines institutionalisierten und differenzierten, auch von staatlicher Seite unterstützten Systems kooperativer Einflussnahme die Steigerung der Produktivität der industriellen Produktion sichern und die Konkurrenzfähigkeit Deutschlands nach dem verlorenen Krieg wiederherstellen.[136]

Seit Mitte der zwanziger Jahre hatte die Kooperation zwischen Industrie und Wissenschaft an Intensität zugenommen. Die Anforderungen und Bedürfnisse der Industrie erforderten wissenschaftliche Untersuchungen, die sich im Ergebnis an der industriellen Praxis messen lassen mussten. Nach ersten Kursen über betriebswissenschaftliche Grundfragen, die zwischen 1910 und 1914 gelegentlich zur Fortbildung für Ingenieure abgehalten wurden, fand die Beschäftigung mit betrieblichen Aufgaben seit 1918 in umfassender Form eine Fortsetzung mit der Einrichtung einer Reihe von Institutionen, die vor allem aus dem Verein Deutscher Ingenieure hervorgingen.

Im Februar 1918 kam es im Rahmen des VDI zur Gründung des „Ausschusses für wirtschaftliche Fertigung" (AWF).[137] Ebenfalls Anfang 1918 gründete der Berliner Bezirksverein

---

135 Vgl. Bönig, Jürgen: Technik und Rationalisierung in Deutschland zur Zeit der Weimarer Republik. In: Troitzsch, Ulrich; Wohlauf, Gabriele (Hrsg.): Technik-Geschichte. Historische Beiträge und neuere Ansätze. Frankfurt a.M. 1980, S. 390-419, hier S. 407-408.

136 Vgl. ebd., S. 390.

137 Vgl. Trieba, Volker; Mentrup, Ulrich: Entwicklung der Arbeitswissenschaft in Deutschland. Rationalisierungspolitik der deutschen Wirtschaft bis zum Faschismus (Minerva-Fachserie Wirtschafts- und Sozialwissenschaften), München 1983, S. 101; sowie Spur, Günter: Vom Wandel der industriellen Welt durch Werkzeugmaschinen. Eine kulturgeschichtliche Betrachtung der Fertigungstechnik. Hg. vom Verein Deutscher Werkzeugmaschinenfabriken e.V. zu seinem 100jährigen Bestehen. Carl Hanser Verlag München, Wien 1991, S. 390.

des VDI einen „Ausschuß für Betriebsorganisation", der für aktuelle Vorträge auf diesem Gebiet sorgte. Mitte des Jahres 1918 forderte die Leitung des VDI die übrigen Bezirksvereine auf, Fragen der Betriebsorganisation zu behandeln. Gleichzeitig schuf der Verein die Zeitschrift „Der Betrieb" – und bald entstanden Ausschüsse für Betriebsorganisation in den anderen Bezirksvereinen.[138] 1920 wurde im VDI die „Arbeitsgemeinschaft Deutscher Betriebsingenieure" (ADB) gegründet. Die „Forschungsgesellschaft für betriebswissenschaftliche Arbeitsverfahren" des VDW unter dem Vorsitz von Georg Schlesinger war bereits 1918 ins Leben gerufen worden. 1921 folgte als Dachverband und zum Zweck der Koordinierung aller Rationalisierungsmaßnahmen das eingangs erwähnte Reichskuratorium für Wirtschaftlichkeit (RKW), dem 1922 der AWF angegliedert wurde. Damit wurde der AWF die technische Abteilung des RKW und blieb es bis zum Ende des Zweiten Weltkrieges.[139] 1924 schließlich wurde der „Reichsausschuß für Arbeitsstudien (REFA)" gegründet, der die Aufgaben des Ausschusses für Zeitstudien übernahm.

Vorausgegangen war die Gründung des Normenausschusses der Deutschen Industrie (NDI) im Jahr 1917, der 1926 in Deutscher Normenausschuss (DNA) umbenannt wurde. Die Einrichtung des Normenausschusses entstand aus der Überzeugung führender Vertreter aus Technik und Wirtschaft, dass nach dem Krieg der Anschluss an technische und wirtschaftliche Entwicklungen des Auslands nur durch gemeinsame Anstrengungen wiederherzustellen sei.

Innerhalb einer der Rationalisierungsbewegung immanenten Fortschrittsideologie bildete eine bestimmte Überlegung die Grundlage des Bündnisses zwischen Unternehmen und Staat, dessen institutioneller Ausdruck das Reichskuratorium für Wirtschaftlichkeit wurde: das Gemeinwohl sollte mit dem Mittel der Produktionsverbilligung gesichert werden. Rationalisierung lebendiger Arbeit und Pro-Kopf-Steigerung der Produktion schienen einander zu bedingen. Das RKW hatte sich ausschließlich an der „Höhe des Nutzeffektes" zu orientieren, dem „einzig gültigen Maßstab allen wirtschaftlichen Schaffens". Im Einzelnen umfassten die Arbeitsfelder des RKW die Bereiche rationeller Konstruktion und Fertigung, die Arbeitsvorbereitung, die überbetriebliche Kommunikation im Rahmen der Normung, Typisierung, Standardisierung und der Spezialisierung. Zur Rationalisierung gehörten besonders in Deutschland vor allem die bessere Ausnutzung und effizientere Anwendung von Rohstoffen, Energien und Maschinen. Das RKW allein erhielt für seine Arbeit und Ausbildungstätigkeit zwischen 1921 und 1930 von staatlicher Seite fünf Milliarden Reichsmark.[140]

Die konkreten Ergebnisse all dieser Bemühungen blieben gesamtwirtschaftlich schwer fassbar und sind oftmals überschätzt worden. Das lag nicht zuletzt daran, dass die Heftigkeit der Debatten, die die Rationalisierungsmaßnahmen begleiteten, über das Ausmaß der tatsächlichen betrieblichen Umsetzung der Konzepte hinwegtäuschten. Bis in die dreißiger Jahre behielten Rationalisierungsmaßnahmen insgesamt eher den Charakter eines Experiments und erfolgten selten in allen Arbeitsbereichen gleichzeitig, weil dazu die finanziellen, wissenschaftlichen, technisch-konstruktiven und manchmal auch die personellen Voraussetzungen fehlten. Die Mehrzahl der durchgeführten Maßnahmen scheint aber in der Weimarer Zeit, jedenfalls bis zum Einsetzen der Weltwirtschaftskrise, erfolgreich gewesen zu sein. Die meisten Produktivitätssteigerungen, die es in der Weimarer Republik gegeben hat, sind auf die Umorganisation des Betriebsflusses und des Material- und Teiletransports zurückzuführen, wohl aber auch

138 Vgl. Spur, G.: Vom Wandel der industriellen Welt durch Werkzeugmaschinen, a.a.O., S. 394.

139 Vgl. Produktionstechnik im Wandel, a.a.O., S. 186.

140 Vgl. Bönig, a.a.O., S. 396.

auf die „Normierung der lebendigen Arbeit". Besonders dazu beigetragen haben Zeit- und Bewegungsstudien und darauf basierende Akkordsysteme, die in erster Linie durch die REFA-Organisation verbreitet wurden. Über 60 Prozent der Metallbetriebe wandten 1926/27 REFA-Methoden an. Die kapitalintensive Fließbandproduktion setzte sich dagegen sehr viel langsamer durch. Die Weltwirtschaftskrise mit der sie begleitenden hohen Arbeitslosigkeit versetzte der Rationalisierungsbewegung einen Dämpfer, brachte sie aber nicht vollends zum Erliegen.[141]

In der Maschinenbauindustrie hatte die Entwicklung seit dem Ersten Weltkrieg, bedingt durch die Umstellung auf die Kriegswirtschaft, einen anderen Verlauf genommen. Der erhöhte Bedarf in der Waffenproduktion und im Kraftfahrzeugbau, verbunden mit dem Facharbeitermangel, zwang zur rationalisierten Produktion insbesondere in den Werkzeugmaschinenbetrieben. Die deshalb eingeführten Neuerungen im Passungs- und Normungswesen, im Austauschbau und in der Massenfertigung sollten über das Ende des Ersten Weltkrieges hinaus wirksam sein. In der Weimarer Zeit konzentrierten sich die Rationalisierungsmaßnahmen auf den Ausgleich des Zielkonflikts, der sich zwischen Mechanisierung und Flexibilisierung des Fertigungsprozesses ergab. Daraus leiteten sich bestimmte Bedingungen für die Konstruktion der Werkzeugmaschinen ab. Zu den steigenden Anforderungen an die Bearbeitungsgenauigkeit, an die Leistung und den vergleichsweise neuen Ansprüchen an ihre Taktgenauigkeit und Bedienungsfreundlichkeit, die sich aus der amerikanischen Massenfertigung ergaben, kam die Forderung nach einer flexibel zu gestaltenden Automatisierung der Maschinen. Zu Beginn der dreißiger Jahre standen dem deutschen Werkzeugmaschinenbau für die wichtigsten Fertigungsverfahren oft mehrere Klassen von Werkzeugmaschinen zur Verfügung, die innerhalb verschiedener Stufen das Spektrum zwischen Universalmaschinen und Sondermaschinen abdeckten. Wichtige Stationen technischer Innovation waren der regelbare mehrmotorige Elektroantrieb, die Vereinfachung der Steuerung und Regelung des Bearbeitungsprozesses und die Entwicklung von Sonderwerkzeugmaschinen.

Wissenschaftliche Kontroversen um die Psychotechnik

Bereits die klassische Gegenstandsbestimmung der Psychotechnik, wie sie von Stern und Münsterberg zu Beginn des 20. Jahrhunderts formuliert wurde, zog eine klare Grenzlinie innerhalb der angewandten Psychologie zwischen Psychotechnik und anderen Formen der Anwendung. Sie war jedoch noch sehr weit gespannt und nicht auf einen einzelnen Anwendungsbereich hin ausgerichtet.[142] So unterschied Stern zwischen Psychognostik (psychologische Beurteilung) und Psychotechnik (psychologische Einwirkung)[143], während Münsterberg unter Psychotechnik „die Wissenschaft von der praktischen Anwendung der Psychologie im Dienste der Kulturaufgaben"[144] verstand, eine Definition, in der bereits die Indienststellung der Psychotechnik für bestimmte, wenn auch noch nicht näher definierte Aufgaben und Ziele beinhaltet war.

---

141 Vgl. Spur, G.; et al.: Automatisierung und Wandel der betrieblichen Arbeitswelt, a.a.O., S. 46 ff.

142 Zu den unterschiedlichen Definitionen des Begriffs „Psychotechnik" vgl. Dorsch 1963, S. 9-14; Baumgarten 1928, S. 21-26 sowie Jaeger, Siegfried; Staeuble, Irmingard: Die Psychotechnik und ihre gesellschaftlichen Entwicklungsbedingungen, a.a.O., S. 58.

143 Vgl. Stern, William: Angewandte Psychologie. Beiträge zur Psychologie der Aussage 1 (1903) 1, S. 4-45.

144 Vgl. Münsterberg, Hugo: Grundzüge der Psychotechnik. Barth Verlag, Leipzig 1914, S. 1.

Dass der Begriff „Psychotechnik" im öffentlichen Verständnis zunehmend mit „industrieller Psychotechnik" bzw. „Wirtschaftspsychologie" gleichgesetzt wurde[145], erklärt sich großteils aus den Anfangserfolgen der Eignungsprüfungen in der Industrie. Das – zumindest in den ersten Jahren der Weimarer Republik – große Interesse von Seiten der Unternehmer[146] an der Psychotechnik und die realen Entwicklungen entschieden letztlich auch die zu Beginn der zwanziger Jahre zwischen Schlesinger/Moede und Lipmann/Stern ausgetragene Kontroverse zugunsten der ersteren.[147]

Den Auslöser für die wissenschaftliche Kontroverse bildete der erste „Ausbildungskursus in der Eignungsprüfung des industriellen Lehrlings", der vom Laboratorium für industrielle Psychotechnik in Kooperation mit dem Berliner Bezirksverband des VDI vom 13. bis 18. Oktober 1919 in den Räumen der Technischen Hochschule Charlottenburg abgehalten wurde. Dem Ausbildungskurs vorausgegangen waren erste Erfolgsmeldungen über die Bewährung des vom psychotechnischen Labor unter Moede entwickelten Prüfungsprogramms und seiner Testmittel in der industriellen Praxis.[148] In Anbetracht der regen Nachfrage, vor allem in der Berliner Industrie[149], auf die die Prüfungseinrichtungen des Labors und die Vorträge Schlesingers und seiner Mitarbeiter in der Folgezeit stießen, sollte der Kurs die bereits vorliegenden Erfahrungen einem breiteren Publikum von Fachvertretern, Ingenieuren und insbesondere Betriebspraktikern zugänglich machen.[150]

Angesichts des beachtlichen Andrangs[151] und der insgesamt breiten Resonanz der neuen Wissenschaft sah sich Hans Paul Roloff, ständiger Mitarbeiter des Psychologischen Laboratoriums der Hamburger Universität unter Leitung von William Stern, zu einer kritischen Stellungnahme „von Seiten der Fachpsychologie gegen gewisse Formen der Aufmachung und der Darbietung des Kursus"[152] veranlasst, die er in der Zeitschrift für angewandte Psychologie veröffentlichte.

Die Kritik und die unterschiedlichen Positionen der Moede/Schlesinger- und Lipmann/Stern-Gruppe hinsichtlich Theorie, Methodik und Zielsetzungen lassen sich am deutlichsten anhand dieses Aufsatzes sowie den Repliken von Schlesinger und Moede in der nachfolgenden Ausgabe der „Zeitschrift für angewandte Psychologie"[153] nachlesen.

---

145 Vgl. Baumgarten 1928, S. 24; Dorsch 1963, S. 113.

146 Vgl. Homburg 1991, S. 324.

147 Vgl. Jaeger 1985, S. 105 und Jaeger/Staeuble 1983, S. 81 f.

148 Vgl. den Aufsatz von Walther Moede: Die psychotechnische Eignungsprüfung des industriellen Lehrlings, - Praktische Psychologie 1 (1919/20) Teil 1: H. 11, S. 339-350, Teil 2 H. 12, S. 365-371, in dem er u.a. die psychotechnische Eignungsprüfung der AEG Berlin vorstellt. Siehe auch zusammenfassend Homburg 1991, S. 315 ff.

149 Vgl. Homburg, 1991, S. 318.

150 Vgl. Homburg, 1991, S. 317.

151 Bei Roloff heißt es: „Annähernd 40 industrielle Großbetriebe aus allen Teilen Deutschlands hatten ihre Vertreter – Ingenieure, Obermeister und Meister – entsandt. Außerdem nahmen noch Abgesandte des Reichswehrministeriums, der Berufsämter, Straßenbahnen, Feuerwehren und Fachschulen einer ganzen Reihe deutscher Großstädte an dem Ausbildungskursus teil", Roloff, Hans Paul: Ausbildungskursus in der Eignungsprüfung des industriellen Lehrlings, veranstaltet vom Laboratorium für industrielle Psychotechnik in Charlottenburg, vom 13.-18. Oktober 1919. Nachrichten. Zeitschrift für angewandte Psychologie 16 (1920) 1/2, S. 160-172, hier S. 166.

152 Roloff, Hans Paul: Ausbildungskursus (...), a.a.O., S. 166.

153 Vgl. Nachrichten. Zeitschrift für angewandte Psychologie 16 (1920) 3-6, S. 386-393. Die Replik Moedes ist dort nicht veröffentlicht, wurde jedoch den Kursteilnehmern direkt zugesandt vgl. Nachlass Moede in Sammlung Spur.

Roloff, der seine Kritik im Namen der „Fachpsychologie“[154], das heißt in erster Linie im Namen der Gruppe um William Stern und Otto Lipmann vortrug, bemängelte am Berliner Ausbildungskurs – an dem er teilgenommen hatte – hauptsächlich den Versuch, industrielle Praktiker im Schnellverfahren zur selbständigen Durchführung von Eignungsprüfungen befähigen zu wollen. So schreibt er:[155]

> „Wir stellen nun die Frage: Kann ein derartiger 'Ausbildungskursus' von drei Tagen Männer der industriellen Praxis [...], denen eine psychologische Einstellung im allgemeinen so fern wie nur möglich liegt, darin 'ausbilden', Prüfungen 'der Sinnestüchtigkeit und des räumlichen Vorstellungsvermögens, der Aufmerksamkeit und der Reaktionsleistung, der Denkprozesse (!), des technischen Verständnisses und des konstruktiven Denkens' vorzunehmen? Es gibt keinen Psychologen – den Leiter des Kursus mit eingeschlossen – der diese Frage mit „ja“ beantworten wird.“

Die Form des Kurses sei jedoch darauf zugeschnitten, den Teilnehmern diesen Eindruck zu vermitteln. Hauptpunkt seiner Kritik sei daher: „Anregung zu Massenveranstaltungen psychologischer Prüfungen durch Nichtpsychologen und daraus zu befürchtende Diskreditierung psychologischer Prüfungsmethoden überhaupt“.[156] Darüber hinaus unterstellt Roloff den Berlinern, dass sie mit ihrem Kurs bezweckten, die Unterstützung der Industrie für eine Umwandlung des Moede-Instituts in ein staatliches Zentralforschungsinstitut für Psychotechnik zu gewinnen.[157]

In ihrer Stellungnahme, die den Kursteilnehmern bereits vor Veröffentlichung in der Zeitschrift für angewandte Psychologie übersandt wurde, wiesen Schlesinger und Moede die Vorwürfe als haltlos zurück und betonten, dass der Zweck des Kurses von vornherein nur der gewesen sei, „einen Einblick in die Arbeitsmethoden und Ergebnisse der psychotechnischen Forschungsarbeit“ zu geben.[158] Der Vorschlag zur Errichtung eines staatlichen Zentralforschungsinstituts sei von den Teilnehmern des Kurses gekommen und würde von Schlesinger in dieser Form nicht unterstützt, zumal sein Institut bereits staatlich sei.[159] Schließlich erhob Schlesinger Einspruch dagegen, dass Ingenieure und Betriebspraktiker „von den zünftigen Psychologen als Laien gerade auf diesem Gebiet der Menschenbeurteilung bezeichnet werden.“[160] Er vertrat die Auffassung, dass die „langjährige praktische Erfahrung mit Menschen – Lehrlingen und Erwachsenen – [...] theoretische Buch- und Institutsweisheit mindestens wettmacht. Wir verkennen keineswegs die Wichtigkeit der langjährigen Universitätsarbeit: Sie ist der grundlegende Mutterboden für unsere heutige Arbeit, aber wer zur Anstellung von Eignungsprüfungen geeignet oder ungeeignet ist, wer die Ausbildung der Eignungsprüfer zu überwachen und zu leiten hat, das wird sich – bei dem völligen Mangel von behördlichen Einrichtungen – erst in längerer Zeit herausstellen.“[161]

Die erste Seite der an die Kursteilnehmer versandten Stellungnahme Schlesingers und Moedes hatte folgenden Wortlaut:

---

154 Roloff, Hans Paul: Ausbildungskursus (...), a.a.O., S. 166.

155 Ebd., S. 168.

156 Replik Roloffs auf Schlesingers Stellungnahme. Nachrichten. Zeitschrift für angewandte Psychologie 16 (1920) 3-6, S. 388-390, hier S. 389.

157 Roloff, Hans Paul: Ausbildungskursus (...), a.a.O., S. 168.

158 Stellungnahme Schlesingers. Nachrichten. Zeitschrift für angewandte Psychologie 16 (1920) 3-6. S. 386-388, hier S. 386.

159 Vgl. ebd., S. 387.

160 Ebd., S. 388.

161 Ebd., S. 388.

Mitteilung

An die

Herren Teilnehmer am Ausbildungskursus zur

Eignungsprüfung des industriellen Lehrlings

vom 13.-18. Oktober 1919.

Herr Oberlehrer Roloff hat in der „Zeitschrift für angewandte Psychologie" seine scharfe Kritik über den Ausbildungskursus abgefaßt, die allen Kursteilnehmern sowie anderen Personen und Stellen übersandt worden ist. Die Entgegnung auf diese Kritik durch Herrn Professor Dr. Schlesinger soll gemäß Mitteilung an den Herrn Professor Stern in der nächsten Nummer der gleichen Zeitschrift erfolgen. Da aber deren Drucklegung sich noch recht lange hinauszuziehen scheint, wollen wir den Kursteilnehmern schon jetzt unsere Stellungnahme übersenden.

Charlottenburg, 1. März 1920
I. A.
Dr. W. Moede

Zusammenfassend kann festgehalten werden, dass sich mit der Gruppe um Schlesinger/Moede und der um Stern/Lipmann bereits Anfang der zwanziger Jahre zwei konträre Positionen bezüglich der Frage herauskristallisiert hatten, „in wessen Interesse, von wem und unter welchen Voraussetzungen Psychotechnik betrieben werden soll."[162]

So hatte Schlesinger frühzeitig die wirtschaftliche Bedeutung psychotechnischer Forschung erkannt und propagiert. Er und Moede vertraten „eine rentabilitätsorientierte Konzeption der Unternehmensberatung im Rahmen wissenschaftlicher Betriebsführung."[163] Den Arbeitsschwerpunkt bildete die Konkurrenzauslese. Durch konsultierende Psychologen sollten die zur Rationalisierung der menschlichen Tätigkeit gewünschten Verfahren in enger Kooperation mit Betriebswirtschaftlern und Ingenieuren entwickelt und durch angelernte Hilfskräfte angewendet werden. Moede war der Meinung, dass die Handhabung der Prüfungsverfahren für jeden erlernbar sein müsse. So schrieb er: [164]

> „Die Eignungsprüfung ist für den Industriellen eine Verwaltungsmaßnahme, die nach Möglichkeit von einem Verwaltungsbeamten überwacht werden muß, wenn auch ein Psychologe die Durchführung der Prüfung zu übernehmen und zu überwachen hat."

Demgegenüber forderten Stern und Lipmann die Etablierung der Psychotechnik primär im Bereich der Berufsberatung in Kooperation mit Arbeitsämtern und Schulen und mit dem Arbeitsschwerpunkt der Berufsauslese.[165] Träger der Beratungsstellen sollten öffentliche Institute sein, die von Fachpsychologen geleitet und durch ein zentrales Forschungsinstitut für angewandte Psychologie koordiniert werden.[166] In ihrem Kampf für einen systematischeren Bezug der angewandten zur theoretischen Psychologie wandten sich Lipmann und Stern, ebenso wie auch Hans Rupp, Leiter der Abteilung für angewandte Psychologie am psychologischen Institut der Berliner Friedrich-Wilhelms-Universität unter Carl Stumpf, gegen die Mechanisierung und Verhandwerklichung, die Anwendung unfertiger Prüfmethoden und die gewerbli-

162 Jaeger/Staeuble 1983, S. 80.

163 Jaeger 1985, S. 104.

164 Moede, Walther: Aufgaben und Leistungen der psychotechnischen Eignungsprüfungen. In: Beiheft zum Zentralblatt für Gewerbehygiene und Unfallverhütung, Bd. I, Heft 3: Aufgaben und Grundlagen der Psychotechnischen Arbeitseignungsprüfung, 1926, S. 52-53, zit. nach Muth 1985, S. 221.

165 Vgl. Jaeger/Staeuble 1983, S. 80.

166 Vgl. Jaeger 1985, S. 104.

che Orientierung der Psychotechnik, die einer Offenlegung und Diskussion der Resultate entgegenstehe.[167]

Um zu verhindern, dass „Nicht-Psychologen und Halb-Psychologen, die sich die äußere Technik unserer Prüfmethoden angeeignet haben, [...] glauben, dennoch berechtigt zu sein, selber den Psychotechniker spielen zu dürfen“[168], versuchten Stern und Rupp, die methodischen Standards psychotechnischer Praxis zu präzisieren.

Lipmann forderte weitergehend, das Verhältnis zwischen „angewandter“ und „praktischer“ Psychologie näher zu bestimmen:[169]

> „[...] die praktische Psychologie ist keine Wissenschaft, sondern ein Gewerbe; die angewandte Psychologie dagegen ist eine Wissenschaft, genau wie die theoretische, nur mit dem Unterschiede, daß die Probleme der theoretischen Wissenschaft sich aus dem Fortschreiten dieser Wissenschaft selbst entwickeln ..., während die angewandte Psychologie [...] ihre Probleme erhält aus Bedürfnissen der Anwendungsgebiete heraus [...]“.

Während die praktische Psychologie durch Überhandnehmen des Laienelements in der Forschung gekennzeichnet sei, erhalte die angewandte Psychologie systematisch den Bezug zur theoretischen Psychologie aufrecht.

Vom Begriff „Psychotechnik“ distanzierte sich Lipmann bereits in einem Artikel aus dem Jahr 1920.[170] Treffender sei die Bezeichnung „Technopsychologie“ oder „technische Psychologie“, da eine Beziehung zwischen Psychologie und Technik gemeint sei, während psychotechnische Fragen sich damit beschäftigten, „wie und mit welchen Mitteln man eine gewünschte Wirkung erzielt“.[171]

Lipmanns Versuche, für sein „Institut für angewandte Psychologie und psychologische Sammelforschung“ die staatliche Anerkennung zu erreichen, sind im Kontext der auch von Stern gestellten Forderung nach einem zentralen Forschungsinstitut für angewandte Psychologie zu sehen.

1906 von Lipmann und Stern gegründet und weitgehend privat finanziert, hatte das Institut die interdisziplinäre Forschung zur Erarbeitung der Grundlagen und Propagierung angewandter Psychologie und damit die stärkere Organisation und Professionalisierung im Bereich der Psychotechnik zum Ziel.[172] Nach der Berufung Sterns an die Hamburger Universität und dem Auslaufen eines Vertrags mit der Gesellschaft für experimentelle Psychologie im Jahr 1916 versuchte Lipmann, durch den Anschluss seines Instituts an das psychologische Institut der Berliner Universität und eine Übereignung an den preußischen Staat seine jährlichen fi-

---

167 Vgl. „Die 1. Tagung der Gruppe für angewandte Psychologie (Gesellschaft für experimentelle Psychologie)“ in Berlin (10.-14. Oktober 1922). Tagungsbericht. Zeitschrift für angewandte Psychologie 21 (1922/23), S. 390-405. Zum wissenschaftlichen Standpunkt Rupps und seiner Kritik an Moede vgl. auch Rupp, Hans: Rezension zu Walther Moede, Die Experimentalpsychologie im Dienste des Wirtschaftslebens. Der Betrieb 2 (1919/20), S. 104 f; ders.: Grundsätzliches über Eignungsprüfungen. Beihefte zur Zeitschrift für angewandte Psychologie. Beiheft 29 (1921), S. 32-62.

168 Stern, William: Richtlinien für die Methodik der psychologischen Praxis. Beiheft zur Zeitschrift für angewandte Psychologie. Beiheft 29 (1921), S. 1-16, hier S. 11.

169 Lipmann, Otto: Allgemeine und kritische Bemerkungen zur Begabungs- und Eignungsforschung. - Beihefte zur Zeitschrift für angewandte Psychologie. Beiheft 29 (1921), S. 17-31, hier S. 19, 20.

170 Vgl. Lipmann, Otto: Die Grenzen des psychologischen Prüfexperiments. Der Betrieb 3 (1920) 1, S. 8-12.

171 Ebd., S. 12.

172 Zum Lipmann-Institut vgl. ausführlich Spring/Brandt, 1992, S. 139-159.

nanziellen Verpflichtungen zu reduzieren und gleichzeitig der angewandten Psychologie zu einer breiteren Ausstrahlung zu verhelfen.[173]

Sowohl die Zusammenarbeit mit dem Stumpf-Institut als auch die weiteren Versuche Lipmanns, die staatliche Anerkennung durchzusetzen, scheiterten jedoch. Nicht nur unterschiedliche weltanschauliche und wissenschaftliche Positionen, sondern insbesondere der Kampf um Ressourcen scheinen dafür verantwortlich gewesen zu sein.[174] Nur durch die am 25. November 1922 erfolgte Gründung einer „Gesellschaft zur Förderung der angewandten Psychologie e.V.“, die von ihrer Satzung her als eine Auffanggesellschaft für das Lipmann-Institut konzipiert war, kann die Finanzierung des Instituts für die nächsten Jahre gesichert und die „ungeliebte Ehe“ mit dem Psychologischen Institut der Berliner Universität aufgelöst werden.[175]

Die wissenschaftliche Kontroverse zwischen Lipmann/Stern und Moede/Schlesinger endete zunächst mit einem Scheinerfolg der „Fachpsychologen“. So wurde auf dem 7. Kongress der Deutschen Gesellschaft für experimentelle Psychologie, der vom 20.-23. April 1921 in Marburg stattfand, gemäß den Anregungen von Stern und Lipmann sowie denen von Fritz Giese[176] ein „Ausschuß für angewandte Psychologie“ eingesetzt[177], der 1922 in Berlin weitere Richtlinien und eine Resolution erarbeitete, die eine stärkere Beteiligung der Psychologie an der Berufsberatung forderte.[178] In Ergänzung dazu wurde ein „Verband praktischer Psychologen“ gegründet.[179]

Das Ausbleiben staatlicher Mittel für ein zentrales Institut und das Interesse der Unternehmer an betriebsnaher Forschung und Anwendung führten aber dazu, dass sich in der praktischen Anwendung Moedes Konzeption durchsetzte. Zwar gab es Mitte der zwanziger Jahre an allen psychologischen Instituten Lehrveranstaltungen und zum Teil Abteilungen für angewandte Psychologie, aber durch Einrichtung von psychotechnischen Lehrstühlen an den Technischen Hochschulen und von separaten Ausbildungsgängen wurden diese zu den eigentlichen Trägern psychotechnischer Arbeit.[180]

Mit Jaeger/Staeuble kann daher festgehalten werden, „daß die Frage nach dem inhaltlichen Schwerpunkt der Psychotechnik, mit der die Diskussion um die Organisationsformen und Formen der Professionalisierung unmittelbar verknüpft war, durch die reale Entwicklung beantwortet wird zugunsten einer industriell orientierten Psychotechnik, die organisatorisch weitgehend dezentralisiert bleibt [...]. Lediglich die Tagungen des Berufsverbandes und des Ausschusses für angewandte Psychologie geben begrenzte Möglichkeiten einer Koordination der psychotechnischen Forschung, begleitet von den anhaltenden Auseinandersetzungen über Ziele, Standards und Selbstverständnis der Psychotechniker.“[181]

---

173 Vgl. ebd., S. 144 f.

174 Vgl. ebd., S. 150 ff.

175 Vgl. ebd., S. 153 f.

176 Vgl. Nachrichten-Zeitschrift für angewandte Psychologie 16 (1920) 3-6, S. 391-393.

177 Vgl. 7. Psychologenkongress der Gesellschaft für experimentelle Psychologie. Rundschau – Praktische Psychologie 2 (1921) 11, S. 352-354.

178 Vgl. Die 1. Tagung der Gruppe für angewandte Psychologie (Gesellschaft für experimentelle Psychologie) in Berlin (10.-14. Oktober 1922), a.a.O.

179 Vgl. 7. Psychologenkongress der Gesellschaft für experimentelle Psychologie, a.a.O., S. 354.

180 Vgl. Jaeger 1985, S. 105.

181 Jaeger/Staeuble 1983, S. 82.

Rückblick

Seit dem 11. November 1918 war durch den Waffenstillstand das Ende des Krieges gekommen. Der Kaiser hatte abgedankt. Das Deutsche Reich war auf dem Weg, eine Republik zu werden. Trotz Straßenrevolution lief der Universitätsbetrieb weiter. Das Habilitationsverfahren Walther Moedes wurde ordnungsgemäß noch im Dezember des WS 1918/19 abgeschlossen. Walther Moede wird als Privatdozent zugelassen. Hierüber berichtet die Presse im Januar 1919.[182]

Ab 1. Januar 1919 wird Walther Moede als Leiter der Arbeitsgruppe für Psychotechnik im Versuchsfeld für Werkzeugmaschinen und Betriebswissenschaft tätig. Moede ist dem Ordinarius Professor Schlesinger unterstellt, arbeitet aber als fachpsychologischer Beirat auch eng mit dem VDI-Ausschuss für industrielle Psychotechnik zusammen. Er hielt zum Thema „Experimentalpsychologie im Dienste des Wirtschaftslebens" eine Vortragsreihe in den VDI-Bezirksvereinen Berlin, Augsburg, Nürnberg, Hannover und Bremen mit nachhaltigem Erfolg.[183]

Walther Moede hatte seinen Wohn- und Arbeitssitz in Berlin-Schöneberg, Luitpoldtstr. 14 III eingerichtet. Vermutlich war er schon während seines Militärdienstes dort, nämlich in die Wohnung seines Kollegen Curt Piorkowski eingezogen. Beide hatten seit ihrer Leipziger Assistentenzeit viele gemeinsame Interessen. Im Oktober 1919 gründeten Moede und Piorkowski gemeinsam die Monatsschrift „Praktische Psychologie". Sie berichtet über die gesamte angewandte Psychologie, die Berufsberatung und die industrielle Psychotechnik. Die Schriftleitung lag bei Moede und Piorkowski mit der Adresse Berlin W 30, Luitpoldtstr. 14.

Die Arbeitsgruppe für industrielle Psychotechnik verfügte zunächst in der Schlüterstraße nur über zwei Räume, um dann in einer 4-Zimmer-Wohnung in der Rosinenstraße sesshaft zu werden. Schließlich wurde sie in der großen Schießhalle der früheren Militärakademie in der Fasanenstraße eingerichtet, um dann endgültig Arbeitsräume in der Technischen Hochschule durch Betreiben Schlesingers zu erhalten. Die Fragen der räumlichen Unterbringung waren von vielen organisatorischen Problemen begleitet. Dazu gehörten auch Personalfragen, insbesondere die Auswahl von Mitarbeitern und deren finanzielle Sicherung durch Auftragsforschung.

Die Habilitation in einer technischen Fakultät veranlasste Walther Moede in den Studienjahren 1919-1921 seine Fachkenntnisse durch ein technisches Studium zu vertiefen. Er belegte die Fächer Maschinentechnik, Betriebswissenschaft und Technologie.

Mit dem offiziellen Ausscheiden aus dem Militärdienst zum 21. April 1919 stellten sich auch existenzielle Fragen, denn die Privatdozentur Moedes war zunächst noch nicht mit einer festen Anstellung verbunden. Sehr hilfreich war noch immer die Unterstützung aus dem Elternhaus. Jedoch kamen von dort auch Sorgen um die kranke Mutter. Sie starb am 8. Juli 1919 in Sorau, ein besonders schmerzlicher Verlust für Walther Moede. Neben der Fürsorge war die Liebe der Mutter ein verbindender Ausgleich zur Strenge des Vaters. Die herzlichen Beziehungen zur mütterlichen Familie nach Misdroy blieben erhalten.

Noch während des Krieges erhielt Moede einen Lehrauftrag für Wirtschaftspsychologie an der Handelshochschule Berlin. Neben der Arbeitsgruppe bzw. dem Institut für industrielle Psychotechnik an der Technischen Hochschule Berlin übernahm er auch die Leitung des 1920

---

182 Dokument 06-27: Hochschulkorrespondenz, Nr. 24, 17. Jg., 29.1.1919.

183 Dokumente 07-13 bis 07-15: Zeitungsausschnitte 18. März 1919: Bremer Tageblatt, Weser-Zeitung, Bremer-Nachrichten.

von der Kaufmannschaft Berlins gegründeten Instituts für Wirtschaftspsychologie an der Handelshochschule Berlin. Es wurde 1924 mit dem Institut für industrielle Psychotechnik vereinigt und bestand als Abteilung für kaufmännische Psychotechnik fort.

Mit Wirkung vom 26. September 1921 wurde Moede vom Preußischen Minister für Wissenschaft zum nicht beamteten außerordentlichen Professor ernannt.[184] Neben seiner Tätigkeit an der TH Charlottenburg war Moede Dozent für angewandte Psychologie an der Handelshochschule Berlin, beratender Psychologe der Deutschen Reichsbahn, später Chefpsychologe beim Zentralamt für Personal- und Sozialwesen sowie Vorsitzender des Ausschusses für Arbeitstechnik des VDI.

Ohne die finanzielle Unterstützung der Industrie, insbesondere des VDW, wäre der erfolgreiche Aufschwung der Psychotechnik in Deutschland nicht möglich gewesen. Dennoch blieb der Prozess der psychotechnischen Durchdringung in der Betriebswissenschaft nicht frei von Kritik und Neid. Das Neue hat immer dann Erfolg, wenn es vom Nutzer gewollt ist. Dort wo Licht ist, gibt es auch Schatten. Schnelles Wachstum reicht nicht aus, es muss auch stabil begründet und langfristig gesichert sein.

Auf Moede und Schlesinger wurden die Augen der kritischen Fachkollegen gerichtet. Der schnelle Erfolg wirkte überraschend, führte zur Anerkennung, aber auch zu kritischen Stimmen. Manches war methodisch zu einfach angesetzt, zu durchsichtig und sicher auch zu kühn unternommen, aber der Erfolg war offensichtlich. Das System Schlesinger/Moede hatte sich in dem Zeitraum von 1918 bis 1923 zwar durchgesetzt, doch „wo gehobelt wird, fallen auch Späne".

Unbestreitbar war der Erfolg, aber der Schatten der schnellen Umsetzung war nachhaltig spürbar. Es bedurfte weiterer wissenschaftlicher Untersuchungen und methodischer Begründungen über die Voraussage der Eignung für eine berufliche Entwicklung junger Menschen. Die Kritik richtete sich auf die fehlende wissenschaftliche Grundlage der Eignungsprüfung, auf die methodische Absicherung der Prüfungsverfahren und auf die wissenschaftliche Begründung des Selbstverständnisses der jungen Wissenschaft, die sich in Anlehnung an Stern und Münsterberg „Psychotechnik" nannte.

Aber Moede setzte sich durch: Er überzeugte Schlesinger und gewann dessen Vertrauen. Er wurde von der Fakultät für Maschinenwirtschaft[185] nicht nur als erster Psychologe habilitiert, sondern begründete auch das erste Institut für industrielle Psychotechnik an einer Technischen Hochschule in Deutschland. Mit unermüdlichem Einsatz bewältigte Moede ein breites Arbeitspensum: Entwicklung von Methoden zur Eignungsprüfung, Akquisition von Aufträgen in der Wirtschaft, akademische Gemeinschaftsarbeit, Vorlesungen und Betreuung von Doktoranden und schließlich auch Sicherung seiner existenziellen Zukunft durch Beratungen und Gutachten.

Nach fünf Jahren war es geschafft. Walther Moede wurde als nicht beamteter ao. Professor der Fakultät für Maschinenwirtschaft Leiter des Instituts für industrielle Psychotechnik der Technischen Hochschule Berlin.

[184] Dokument 07-34: Schreiben der TH zur Urkunde als ao. Professor vom 28. September 1921 und Dokument 07-35: Urkunde als ao. Professor vom 26. September 1921.

[185] Im WS 1918/19 noch Abteilung für Maschinen-Ingenieurwesen.

8 Institut für industrielle Psychotechnik (1924-1932)

Verbindung zum Schlesinger Lehrstuhl [1]

Am Lehrstuhl für Werkzeugmaschinen und Fabrikbetriebe wirkten in der zweiten Phase der zwanziger Jahre neben dem Lehrstuhlinhaber Georg Schlesinger die ao. Professoren Max Kurrein als Oberingenieur und Walther Moede als Leiter des Instituts für industrielle Psychotechnik. Neu hinzugekommen waren im Studienjahr 1925/26 der mit einem Lehrauftrag betraute Privatdozent Friedrich Meyenberg, im Studienjahr 1927/28 die Privatdozenten Hans Brasch und Werner von Schütz sowie 1928/29 der Privatdozent Max Kronenberg. Die folgende Übersicht zeigt die Personalentwicklung des Lehrkörpers in den Jahren 1919 bis 1932:

Name	Funktion	Amtszeit
Schlesinger, Georg	– Ordentlicher Professor – Vorsteher Versuchsfeld	– 1904-1933 – 1906-1933
Kurrein, Max	– Privatdozent – Betriebsingenieur – Oberingenieur – nichtbeamt. ao. Professor	– 1911-1934 – 1911-1925 – 1925-1934 – 1921-1934
Moede, Walther	**– Privatdozent – Leiter der Gruppe für industrielle Psychotechnik am Versuchsfeld – Leiter des Instituts für industrielle Psychotechnik – nichtbeamt. ao. Professor – beamt. ao. Professor**	**– 1919-1921 – 1919-1924 – 1924-1946 – 1921-1940 – 1940-1946**
Rambuschek, Otto	– Konstruktionsingenieur	– 1906-1921
Schütz, Werner von	– Konstruktionsingenieur – Oberingenieur – Privatdozent	– 1921-1925 – 1925-1926 – 1927-1939
Brasch, Hans	– Privatdozent – ao. Professor	– 1927-1929 – 1929-1934
Kronenberg, Max	– Privatdozent	– 1928-1934
Ledermann, Siegfried	– Oberingenieur	– 1927-1933
Meyenberg, Friedrich	– Privatdozent	– 1925-1926

Gegen Ende dieser zweiten Phase, der Zeit des Aufschwungs, hatte sich die Zahl der wissenschaftlichen Mitarbeiter gegenüber der unmittelbaren Nachkriegszeit beinahe verdoppelt.

Ständige Assistenten im Studienjahr 1924/25 waren Theodor Herrmann Stiebel und Trostmann. Ihnen folgten in den weiteren Jahren Hans Rögnitz, Walter Popendicker, Heinz Meyersberg, Werner Baum, Werner Prietsch, Jacob Klotz und Kurt Kries. Darüber hinaus ar-

[1] Vgl. Spur, G.; Fischer, W. (Hrsg.): Georg Schlesinger und die Wissenschaft vom Fabrikbetrieb. Carl Hanser Verlag, München, Wien 2000; sowie Spur, G.: Vom Faustkeil zum digitalen Produkt. Carl Hanser Verlag, München, Wien 2004.

beiteten in dieser Zeit mehrere nicht-etatmäßige Assistenten bei Schlesinger. Neben Ruthard Germar waren dies Heinz Kiekebusch, Stephan Pátkay und Heinz Wegener.

In den Jahren 1925 bis 1929 wurden dreizehn Dissertationen abgeschlossen. Neben elf externen Doktoranden promovierten bei Schlesinger zwei seiner Assistenten, nämlich Werner Prietsch und Heinz Wegener, während ihrer Amtszeit. Die folgende Übersicht zeigt die Assistenten am Schlesinger Lehrstuhl, die von 1919 bis 1932 eingestellt wurden.

Name	Funktion	Amtszeit
Reinecker, Kurt	– nicht etatmäßiger Assistent	– 1919/20
Uber, Fritz	– nicht etatmäßiger Assistent	– 1919-1920
Orenstein, Hartmut	– ständiger Assistent – nicht etatmäßiger Assistent	– 1919-1920 – 1920-1921
Wollmann	– ständiger Assistent – nicht etatmäßiger Assistent	– 1919-1920
Marcus, Walter	– ständiger Assistent – nicht etatmäßiger Assistent	– 1920-1921 – 1919-1920 u. 1922-1923
Dettenborn, Emil	– ständiger Assistent – nicht etatmäßiger Assistent	– 1920-1921 – 1921-1922
Blumenreich, Eugen	– ständiger Assistent – nicht etatmäßiger Assistent	– 1921-1922 – 1922-1923
Meyer-Jagenberg, Günther	– nicht etatmäßiger Assistent	– 1922-1923
Stiebel, Theodor Hermann	– ständiger Assistent – nicht etatmäßiger Assistent	– 1922-1924 – 1925-1926
Trostmann	– ständiger Assistent – nicht etatmäßiger Assistent	– 1922-1924 – 1925-1926
Rögnitz, Hans	– ständiger Assistent – nicht etatmäßiger Assistent	– 1925-1926 – 1922-1924 u. 1926-1927
Popendicker, Walter	– ständiger Assistent	– 1925-1927
Rózsavölgyi, László	– nicht etatmäßiger Assistent	– 1923-1926
Kiekebusch, Heinz	– nicht etatmäßiger Assistent – ständiger Assistent	– 1926-1929, 1930-1932 – 1929-1930, 1932-1934
Meyersberg, Heinz	– ständiger Assistent	– 1926-1927
Pátkay, Stephan	– nicht etatmäßiger Assistent	– 1926-1927
Wegener, Heinz	– nicht etatmäßiger Assistent	– 1926-1929
Baum, Werner	– ständiger Assistent	– 1927-1928
Prietsch, Werner	– nicht etatmäßiger Assistent – ständiger Assistent	– 1926-1927 – 1927-1928
Klotz, Jacob	– ständiger Assistent	– 1928-1929
Kries, Kurt	– ständiger Assistent	– 1928-1929
Germar, Ruthard	– nicht etatmäßiger Assistent – ständiger Assistent	– 1924-1930 – 1930-1934
Plagens, Helmut	– nicht etatmäßiger Assistent – Oberingenieur	– 1930-1933 – 1934-1936
Gründer, Georg	– nicht etatmäßiger Assistent	– 1932-1933
Barz, Eginhard	– Mitarbeiter im Versuchsfeld – nicht etatmäßiger Assistent	– 1932-1934 – 1934-1935

Die Veränderungen am Schlesinger Lehrstuhl lassen sich in drei Phasen unterteilen: eine Phase des Wiederaufbaus bis zur Inflationskrise 1923/24, eine zweite Phase des Aufschwungs und Wachstums bis etwa 1929 und schließlich eine dritte Phase der globalen Rezession und deren Auswirkung auf die gerade wieder erstarkte deutsche Wirtschaft.

Die folgende Darstellung zeigt für den Zeitraum von 1918 bis 1928/29 die strukturellen Veränderungen am Versuchsfeld für Werkzeugmaschinen und die Herausbildung der Psychotechnik:

1918	Einrichtung der „**Gruppe für industrielle Psychotechnik**" am Versuchsfeld für Werkzeugmaschinen	
27.02.1919	Genehmigter Antrag zur Umbenennung in: **„Versuchsfeld für Werkzeugmaschinen und Betriebslehre"**	
1919/20	Benennung im TH-Programm: Versuchsfeld für Werkzeugmaschinen Vorsteher: Prof. Dr.-Ing. Schlesinger Betriebsingenieur: Dr. techn. Kurrein Konstruktionsingenieur: Prof. Rambuschek (1917/18: noch Ingenieur Rambuschek) **Gruppe für industrielle Psychotechnik**: Dr. Moede	
1920/21	Benennung im TH-Programm: Versuchsfeld für Werkzeugmaschinen Vorsteher: Prof. Dr.-Ing. Schlesinger Betriebsingenieur: Dr. techn. Kurrein Konstruktionsingenieur: Prof. Rambuschek **Industrielle Psychotechnik**: Dr. Moede	
1923/24	Benennung im TH-Programm: Versuchsfeld für Werkzeugmaschinen und **Institut für industrielle Psychotechnik** Vorsteher: Prof. Dr.-Ing. Schlesinger, Betriebsingenieur: Prof. Dr. techn. Kurrein Konstruktionsingenieur: Dr.-Ing. von Schütz **Industrielle Psychotechnik:** Leiter: Prof. Dr. Moede	
29.04.1924	Genehmigter Antrag zur Umbenennung in: **Versuchsfeld für Werkzeugmaschinen und Betriebswissenschaft**	
1925/26	Benennung im TH-Programm: Versuchsfeld für Werkzeugmaschinen Vorsteher: Prof. Dr.-Ing. Schlesinger Betriebsingenieur: Prof. Dr. techn. Kurrein Konstruktionsingenieur: Dr.-Ing. von Schütz	Benennung im TH-Programm: **Institut für industrielle Psychotechnik** Vorsteher: Prof. Dr. Moede
1928		Genehmigter Antrag zur Umbenennung in: **Institut für industrielle Psychotechnik und Arbeitstechnik**
1928/29	Benennung im TH-Programm: **Versuchsfeld für Werkzeugmaschinen und Betriebswissenschaft** Vorsteher: Prof. Dr.-Ing. Schlesinger Oberingenieur: Prof. Dr. techn. Kurrein	Benennung im TH-Programm: **Institut für industrielle Psychotechnik** Vorsteher: Prof. Dr. Moede

Von 1918 bis 1924 war die Zeit charakterisiert durch die Fortführung bzw. Wiederaufnahme des durch den Krieg beeinträchtigten Lehr- und Forschungsbetriebs. Die Einrichtung der „Gruppe für industrielle Psychotechnik" am Versuchsfeld für Werkzeugmaschinen, die erste Umbenennung des Versuchsfelds und die erstmalige Zusammenfassung betriebswissenschaftlich orientierter Veranstaltungen unter der Sammelbenennung „Fertigung einschließlich Psychotechnik" belegen eine inhaltliche Ausweitung des Fachgebiets, die mit einer stärker betriebswissenschaftlichen Ausrichtung einhergeht.

Organisatorisch war die Professur Georg Schlesingers bis zum Studienjahr 1921/22 in der Abteilung für Maschineningenieurwesen und seit dem Studienjahr 1922/23 in der (Fach-) Abteilung für Maschinenbau der Fakultät für Maschinenwirtschaft (seit 1929/30 für Maschinenwesen) angesiedelt. In den Akten des Kultusministeriums finden sich keine Belege für eine Umbenennung des Lehrstuhls, dessen offizielle Benennung seit der Gründung 1904 „Lehrstuhl für Werkzeugmaschinen, Fabrikanlagen und Fabrikbetriebe" lautete. In den Briefköpfen Schlesingers heißt es jedoch bereits seit 1906 durchgängig „Lehrstuhl für Werkzeugmaschinen und Fabrikbetriebe". Unklar ist, ob es sich hier um eine offiziell genehmigte Änderung oder eine informelle Abkürzung handelt.[2]

Offiziell von Schlesinger beantragt und vom Kultusminister genehmigt wurden in jedem Fall die Umbenennungen des Versuchsfelds für Werkzeugmaschinen, erstmals im Jahr 1919 in „Versuchsfeld für Werkzeugmaschinen und Betriebslehre", ein zweites Mal im Jahr 1924 in die bis auf weiteres gültige Benennung „Versuchsfeld für Werkzeugmaschinen und Betriebswissenschaft".[3] Beide Namensänderungen erscheinen in den TH-Programmen nicht bzw. erst mit einigen Jahren Verspätung. So wird das Versuchsfeld bis zum Studienjahr 1927/28 unter der Rubrik „Institute und Sammlungen" als „Versuchsfeld für Werkzeugmaschinen" und erst danach als „Versuchsfeld für Werkzeugmaschinen und Betriebswissenschaft" aufgeführt. Lediglich im Text, der die Aufgaben des Versuchsfelds beschreibt, erscheint seit dem Studienjahr 1919/20 der offizielle Zusatz „Betriebslehre":[4]

> „Das Versuchsfeld für Werkzeugmaschinen und Betriebslehre dient gleichmäßig dem Unterricht, der Forschung und unmittelbar der Industrie, indem es auf besonderen Antrag einschlägige Untersuchungen ausführt.
>
> Die Einrichtungen des Versuchsfeldes gestatten die Untersuchung von Werkzeugmaschinen auf Güte und Leistungsfähigkeit, die Untersuchung von Werkzeugen, Betriebsmitteln und Arbeitsverfahren und psychotechnische Untersuchungen."

Erstmals werden in diesem Text auch die explizite Industrieorientierung des Versuchsfelds sowie die Erweiterung des Angebots um psychotechnische Untersuchungen aufgeführt, die mit der Einrichtung der „Gruppe für industrielle Psychotechnik" am Versuchsfeld im Jahr 1918 einherging.

Es handelt sich hierbei um die erste Ausdifferenzierung des Lehrstuhls, die als Anzeichen für eine dynamischere Entwicklung hin auf die Etablierung einer ausgeprägten Betriebswissenschaft in Lehre und Forschung gewertet werden kann.

Psychotechnik an betriebswissenschaftlichen Lehrstühlen Technischer Hochschulen

Nachdem mit der Einrichtung des Lehrstuhls für Werkzeugmaschinen und Fabrikbetriebe an der Technischen Hochschule zu Berlin unter *Schlesinger* im Jahr 1904 und des Lehrstuhls für Dampf- und Werkzeugmaschinen, Fabrikorganisation und Bergwerksmaschinen an der TH Aachen unter *Wallichs* im Jahr 1906 der Fabrikbetrieb und die Bedingungen industrieller Produktion erstmals zum Gegenstand wissenschaftlicher Untersuchungen erhoben worden waren[5], wurden in der fol-

---

2 Bereits in den Akten bzgl. der Lehrstuhlgründung finden sich wahlweise beide Benennungen.

3 Dokument 07-01: Vgl. das Genehmigungsschreiben des Kultusministers an den Rektor der TH Berlin vom 4. April 1919 (GStAPK I. HA, Rep. 76 Vb, Sekt. 4, Tit. X, Nr. 53, Bd. I, Betr.: Versuchsfeld, Bl. 115) sowie die Aktenabschrift des Schreibens Schlesingers an den Kultusminister vom 8. April 1924 (GStAPK I. HA, Rep. 76 Vb, Sekt. 4, Tit. X, Nr. 53, Bd. I, Betr.: Versuchsfeld, Bl. 164).

4 Technische Hochschule zu Berlin. Programm für das Studienjahr 1919-1920, Berlin o. J. (1919), S. 206-207.

5 Wallichs schrieb 1954 in einem Aufsatz zurückblickend auf die geschichtliche Entwicklung der Betriebswissenschaft: „Die Forschungen ergaben sich aus der Beobachtung und der dann folgenden Neuordnung der

genden Zeit auch an den anderen Technischen Hochschulen Deutschlands ähnliche Professuren eingerichtet oder bestehende Lehrstühle reformiert. Wesentlich hierfür war die Annahme, dass der Erfolg des nunmehr wichtigsten Konkurrenten auf dem Weltmarkt, der Vereinigten Staaten von Amerika, auch mit dem Auftrieb der Betriebswissenschaft verbunden war.

Mit Adolf Wallichs bildete sich an der TH Aachen schon sehr früh ein Lehr- und Forschungsschwerpunkt für Psychotechnik. Enge Beziehungen entwickelten sich zu Walther *Poppelreuter* (1886-1939). Dieser hatte nach seinem Studium in Berlin bei Narziss Ach (1871-1946) in Königsberg 1908 zum Dr. phil. und 1915 in Berlin zum Dr. med. promoviert. Er habilitierte sich in Bonn für klinische Psychologie und wurde 1922 dort ao. Professor für Psychiatrie und Neurologie. Die Zusammenarbeit mit dem Wallichs Lehrstuhl in Aachen entwickelte sich in den 1920er Jahren sehr fruchtbar, auch durch gemeinsame Projekte mit der Industrie des Rhein-Ruhr-Gebietes. Zunächst externer Mitarbeiter bei Professor Wallichs erhielt Walther Poppelreuter 1928 einen Lehrauftrag für Arbeitspsychologie an der TH Aachen und richtete zugleich eine Versuchsanstalt für Psychotechnik am Werkzeugmaschinenlaboratorium ein. Die erfolgreiche Zusammenarbeit setzte sich auch mit Professor Opitz in den dreißiger Jahren fort. Walther Poppelreuter starb 1939 im 53. Lebensjahr.

Bereits vor Beginn des Ersten Weltkriegs hatten einige Lehrstühle für Mechanische Technologie ihre Arbeitsgebiete durch betriebswissenschaftliche Forschungsschwerpunkte erweitert. So setzte Friedrich *Schwerd* (1872-1953)[6] am Lehrstuhl für Werkzeugmaschinen und Fabrikorganisation an der Königlichen Technischen Hochschule zu Hannover nach seiner Berufung 1911 die bereits von Hermann Fischer begonnene Forschung über Werkzeugmaschinen und industrielle Arbeitsformen fort. Schwerd konnte mit Hilfe staatlicher und industrieller Mittel ein Versuchsfeld aufbauen und folgte damit dem Berliner Vorbild. Es entwickelte sich auf dem Gebiet der Psychotechnik eine Zusammenarbeit mit Dr. Friedrich (1922-1924) und dann ab 1928 mit Dr. Hische.

An der Königlichen Technischen Hochschule Stuttgart erhielt 1913 *Alfred Widmaier* (1873-1956) die Professur für Mechanische Technologie und Werkzeugmaschinen. In den 1920er Jahren wurde mit *Fritz Giese* (1890-1935) eine Dozentur für Psychotechnik errichtet, die dann 1928 in eine ao. Professur umgewandelt wurde.

Als Nachfolger von *Schilling* stand der Lehrstuhl für Betriebswissenschaft an der Technischen Hochschule Breslau von 1921 bis 1939 unter der Leitung von *Karl Gottwein* (1879-1960), der seine Forschungsarbeit auf das Gebiet der Zerspanung konzentrierte. Hier entwickelte sich eine außeruniversitäre Zusammenarbeit mit dem Landesarbeitsamt über Dr. *Rose*.

---

gesamten Vorgänge in den Werkstätten, die Taylor abschließend in seinem ebenfalls berühmten Buche ‚Shop Management' veröffentlicht hat. Am Anfang des ersten Jahrzehnts wurden dann diese Arbeiten auch in Deutschland bekannt. [...] Mit dem Beginn der zwanziger Jahre wurde auch in Deutschland die Beschäftigung mit der Rationalisierung in der Industrie, in der Literatur und auf den Hochschulen sehr lebhaft. [...] Unter der tatkräftigen Führung von Hegner und Klein wurde 1920 der Reichsausschuss für Arbeitszeitermittlung (REFA) gegründet, der dann im engsten Zusammenhang mit der im Rahmen des Vereins Deutscher Ingenieure im Jahre 1920 eingerichteten Arbeitsgemeinschaft Deutscher Betriebsingenieure (ADB) stand. Wenn schon Anfang der zwanziger Jahre sich alle Kräfte anstrengten, um durch Pflege der Betriebswissenschaften die Wirtschaft wieder aufzurichten, so verstärkte sich die Bestrebung noch wesentlich gegen Ende des zweiten Jahrzehnts. Eine große Zahl von beratenden Ingenieuren war am Werk, um die neuzeitlichen Verfahren der Fertigungstechnik im Sinne der Rationalisierung in den verschiedenen Industrien, aber auch in Verkehr und Verwaltung einzuführen [...]" Zit. nach Wallichs, A.: Überblick über die Geschichte der Betriebswissenschaft. Industrie Anzeiger 76 (1954) 2, S. 11-12.

6 Der Lehrkörper der Technischen Hochschule Hannover 1831-1956. Hrsg. von der TH Hannover aus Anlass der 125-Jahrfeier, Hannover 1956, S. 165-166.

Der Lehrstuhl für Betriebswissenschaft an der Technischen Hochschule Dresden entstand 1921 unter Leitung von *Ewald Sachsenberg* (1877-1946). Sachsenberg veröffentlichte von etwa 1923 bis 1929 mehrere Bände über „Ausgewählte Arbeiten des Lehrstuhls für Betriebswissenschaften der TH Dresden", die vor allem für die Versuchsmethodik und Messtechnik der Zerspanungsforschung zahlreiche Anregungen enthielten. Zu seinen Forschungsschwerpunkten zählten auch Fließfertigung, Zeitstudien, Montageprozesse, insbesondere aber auch die Psychotechnik. 1922 wurde ein Institut für Psychotechnik gegründet, das dem Lehrstuhl für Betriebswissenschaften angegliedert war. Die Leitung hatte *Walter Blumenfeld.*

An der TH Braunschweig wurde Betriebswissenschaft in den 1920er Jahren durch *Schmitz* (1879-1965) und *Meyenberg* (1875-1949) vertreten, ergänzt durch einen seit 1923 durch *Bernhard Herwig* (1893-1974) wahrgenommenen Lehrauftrag für Psychotechnik, der 1929 in eine ao. Professur umgewandelt wurde.

Den Lehrstuhl für Betriebswissenschaft an der TH Danzig hatten *Noé* und *Behrens* (1890-1939) inne. Der Leiter des Lehrstuhls für Psychologie war von 1922 bis 1933 *Hans Henning* (1885-1946).

An der Technischen Hochschule Darmstadt vertrat *v. Roessler* (1877-1965) das Fach Betriebswissenschaft. *Bramesfeld* hatte ab 1921 zunächst einen Lehrauftrag für Psychotechnik, der dann 1930 in eine ao. Professur umgewandelt wurde.

Diese erste Forschergeneration an den Technischen Hochschulen hat in den zwanziger Jahren die Wissenschaft des Fabrikbetriebs und der Fabrikorganisation in Deutschland aufgebaut und ihr über die Landesgrenzen hinaus hohe Anerkennung verschafft. An den Technischen Hochschulen waren damit institutionelle Formen entstanden, die in geeigneter Weise zwischen den theoretischen und praktischen Seiten der Technik vermitteln konnten.

Die Gründungen der betriebswissenschaftlichen Lehrstühle waren in erster Linie auf die einschneidenden Veränderungen in der Industrie zurückzuführen. Sie gaben der unausgesetzten Reformdiskussion an den Technischen Hochschulen Ausdruck und waren gleichsam eine Reaktion auf die Entwicklung in den Betrieben, in denen die normierte Massenproduktion austauschbarer Teile nach amerikanischem Vorbild – und damit der Taylorismus – Einzug hielt. Die Komplexität neuer Fertigungstechnologien und Unternehmensstrukturen warf umfangreiche Fragen auf. Die Betriebswissenschaften boten geeignete Instrumentarien zur Lösung der mit der Einführung neuer Formen der Produktion verbundenen technischen, arbeitswissenschaftlichen und wirtschaftlichen Probleme.

Eine besondere Ausprägung erhielt die Psychotechnik am Institut für Sozialpsychologie an der TH Karlsruhe durch *Hellpach*[7], dem ersten seiner Art an einer deutschen Technischen Hochschule. Ein Arbeitsschwerpunkt lag hier in der sozialwissenschaftlichen Arbeitspsychologie.

Wie sich die Einbindung der Psychotechnik in die Lehre und Forschung der Betriebswissenschaft nach dem Berliner Modell an den anderen Technischen Hochschulen im Laufe der zwanziger Jahre entwickelte, zeigt Bild 8.01.

---

7 Stallmeister, W.: Willy Hellpach. In: Lück, Helmut E. (Hrsg.): Beiträge zur Geschichte der Psychologie. Band 1, Peter Lang Verlag, Frankfurt/Main 1991, S. 13-14.

Hochschule	Betriebswissenschaft		Psychotechnik	
	Professor (Lebenszeit)	**Amtszeit**	**Professor (Lebenszeit)**	**PD = Privatdozent LA = Lehrauftrag**
TH Aachen	Wallichs (1869-1959)	1906-1936	Poppelreuter (1886-1939) Mathieu (1903-1965)	Extern. Mitarbeiter 1925 LA 1928-1939 Hab. 1939 o. Prof. 1943-1965
TH Berlin	Schlesinger (1874-1949)	1904-1933	Moede (1888-1958)	LA 1919 ao. Prof. 1921 Inst. Leiter 1924-1946
TH Braunschweig	Schmitz (1879-1965) Meyenberg (1875-1949)	1921-1933 1926-1933	Herwig (1893-1974)	LA 1923 ao. Prof. 1929 o. Prof. 1932-1961
TH Breslau	Gottwein (1879-1960)	1921-1939	Rose	Arbeitsamt Breslau
TH Danzig	Noé Behrens (1890-1939)	1919-1928 1928-1936	Henning (1885-1946)	Hab. 1916, Frankfurt Prof. 1922-1933
TH Darmstadt	v. Roessler (1877-1965)	1904-1944	Bramesfeld (1893-1969)	LA 1921 Hab. 1925 apl. ao. Prof. 1930
TH Dresden	Sachsenberg (1877-1946)	1921-1939	Blumenfeld (1882-1967)	PD 1920-1935
TH Hannover	Schwerd (1872-1953)	1911-1937	Friedrich (1892-1963) Hische (1887-1964)	LA 1922-1924 Stadt Hannover LA 1928 Hon. Prof. 1932
TH Karlsruhe	Lindner (1859-1948) Kessner (1879-1941)	1893-1925 1925-1941	Hellpach (1877-1955) Friedrich (1892-1963)	apl. Prof. 1911 Heidelberg o. Prof. 1920 Karlsruhe
TH München	Prinz (1877-1933)	1913-1933	Graf (1893-1962)	PD ao. Prof. Münster
TH Stuttgart	Widmaier (1873-1956)	1913-1935	Giese (1890-1935)	PD 1923 ao. Prof. 1928-1935

Bild 8.01: Einbindung der Psychotechnik in die Betriebswissenschaft an Technischen Hochschulen

Aufschwung der Psychotechnik in Deutschland

In den zwanziger Jahren erlebte die Psychotechnik nicht nur in Deutschland, sondern in fast allen industrialisierten Ländern – wenn auch mit unterschiedlichem Intensitätsgrad – ihre Blütezeit. Insbesondere eröffnete der im Anschluss an Taylor folgende Rationalisierungsprozess in der Industrie der angewandten Psychologie ein neues Arbeitsgebiet. Mit der Diskussion um den Taylorismus bot sich den Psychologen eine Chance, das „Scientific Management" im Betrieb mit ihrem arbeitsorganisatorischen Ansatz zu humanisieren. Die stärkere Berücksichtigung menschlicher Belange lässt sich dabei zunächst nur im Kontext der unternehmerischen Versuche zur Betriebsrationalisierung verstehen. Bei zunehmend normierten technischen Abläufen führt die Tendenz zur Produktivitätssteigerung dazu, dass der Mensch als variable, unmittelbare Ursache höherer Produktivität, als Träger der Arbeitsintensität, gegenüber den technisch-organisatorischen Faktoren stärker hervortritt. Gerade das Auftreten neuer Tätigkeiten, die nur Teilfunktionen beanspruchen, macht den Einsatz einfacher eignungsdiagnostischer Funktionsprüfungen und Arbeitsproben möglich und sinnvoll. Erste Ansatzpunkte für eine systematische wissenschaftliche Beschäftigung mit der menschlichen Arbeitskraft ergaben sich aus der konkreten Betriebspraxis, wo sich Fragen der effizienten Anwendung von Arbeitskraft, der rationellen Anwendung von Arbeitskraft und Arbeitsmitteln, der Ausbildung sowie der Auslese von Arbeitskraft stellen.

Durch die rasche Institutionalisierung und Ausbreitung der Psychotechnik an den Hochschulen, in der Industrie und in öffentlichen Einrichtungen entstanden in Deutschland etwa 200 psychotechnische Prüfstellen, die einerseits praktische Prüfungen im Bereich der Berufsberatung und der Eignungsauslese durchführten, andererseits aber auch Grundlagenforschung betrieben. Zu den zentralen Problemstellungen für die Psychotechnik zählte der Abbau des kriegsbedingten Mangels an qualifizierten Arbeitskräften.

1920 wurde von der Kaufmannschaft Berlins ein Institut für Wirtschaftspsychologie an der Handelshochschule Berlin gegründet, dessen Leitung ebenfalls Moede übertragen wurde. Es wurde 1924 mit dem Institut für industrielle Psychotechnik verschmolzen und bestand als Abteilung für kaufmännische Psychotechnik fort.[8]

Bild 8.02: Wirtschaftspsychologie an der Handelshochschule Berlin

Für die rasche Ausbreitung industrieller, staatlicher und universitärer psychotechnischer Lehr-, Forschungs- und vor allem Prüfstellen spielte der „persönliche Faktor“ eine nicht unwesentliche Rolle. So seien die ersten deutschen Psychotechniker „nicht nur von Begabung, sondern auch von einem starken Willen und Streben“[9] geprägt gewesen.

Bereits 1919 wurde die Mitwirkung der Psychotechnik bei der Berufsberatung staatlich empfohlen, aber auch von den Gewerkschaften in Form einer Eignungsfeststellung bei Lehrlingen gefordert.[10]

---

8 Vgl. Jaeger, Siegfried; Staeuble, Irmingard: Die Psychotechnik und ihre gesellschaftlichen Entwicklungsbedingungen, a.a.O., S. 77.

9 Baumgarten, Franziska: Berufseignungsprüfungen, a.a.O., S. 19.

10 Vgl. Jaeger, Siegfried: Zur Herausbildung von Praxisfeldern der Psychologie bis 1933, a.a.O., S. 102.

In Städten wie Barmen, Bremen, Breslau, Düsseldorf, Gelsenkirchen, Hannover, Halle, Köln und München wurden Kommunal- und Provinzialinstitute neugegründet bzw. bestehende Institutionen der Kriegsbeschädigtenfürsorge verändert. Diese Institute hatten in der Regel ein sehr breites Spektrum an Aufgaben, darunter die Durchführung von Auslesen für Industrie und Handel. Sie arbeiteten im Rahmen der Berufsberatung eng mit städtischen und staatlichen Berufs- und Arbeitsämtern sowie mit allgemeinbildenden Schulen und Berufsschulen zusammen.[11] Das erste Provinzialinstitut für praktische Psychologie (Eignungsprüfung für Angestellte und Beamte der städtischen Behörden) wurde 1919 in Halle/Saale eingerichtet. Die Leitung übernahm Fritz Giese, der zuvor Mitglied in Moedes Gruppe für Industrielle Psychotechnik war. Als weitere bedeutende kommunale Institute dieser Zeit sind das Psychotechnische Institut der Stadt Hannover unter Wilhelm Hische und das Psychologische Institut unter Walther Poppelreuter in Köln zu nennen.[12]

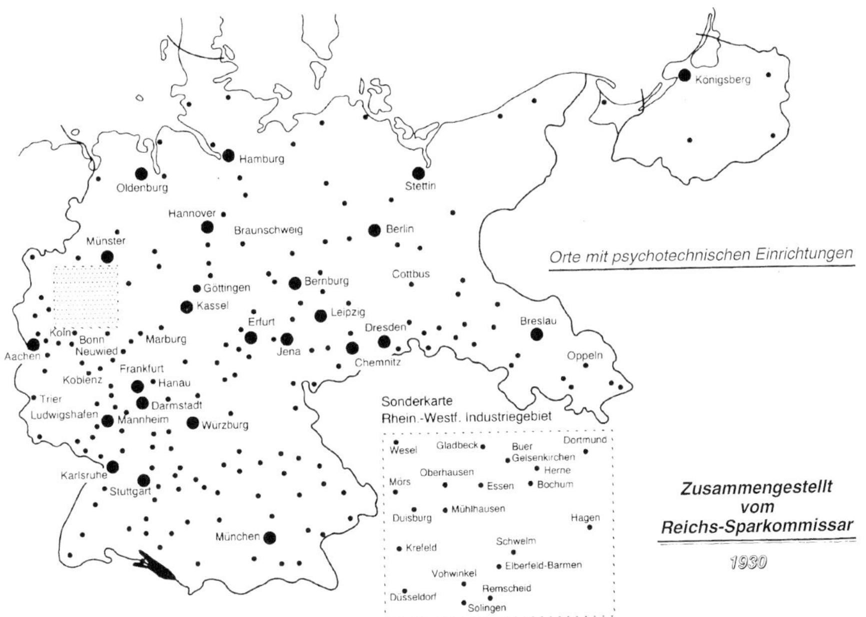

Bild 8.03: Orte mit psychotechnischen Einrichtungen im Jahr 1930

Bedeutende staatliche Einrichtungen stellten auch die psychologischen Forschungs- und Prüfstellen der Reichsbahn und der Reichspost dar.[13] Daneben führten die Arbeitsämter der Reichsanstalt für Arbeitsvermittlung und Arbeitslosenversicherung zahlreiche psychotechnische Eignungsprüfungen durch. Psychotechnische Untersuchungsstellen bestanden desweiteren in staatlichen Institutionen, wie z. B. dem Statistischen Reichsamt, den Verkehrsflieger-, Sport-, Polizei- und Gewerbeschulen sowie bei der Reichswehr.[14]

[11] Vgl. Dorsch 1963, S. 84-85; sowie Jaeger, Siegfried; Staeuble, Irmingard: Die Psychotechnik und ihre gesellschaftlichen Entwicklungsbedingungen, a.a.O., S. 77.

[12] Vgl. Ebel, Hans: Das Problem der Berufsverteilung und die Psychotechnik. Dissertation, Berlin, 1923; zit. nach Muth 1985: S. 205 f.

[13] Vgl. Muth, Wolfgang: Berufsausbildung in der Weimarer Republik, a.a.O., S. 206.

[14] Vgl. Dorsch 1963, S. 84 f.

Auch die Prüfstellen bei den einzelnen Werken der Privatindustrie erlangten in der Weimarer Zeit einen gewaltigen zahlenmäßigen Umfang. So bestanden 1918 in der Industrie lediglich bei der AEG, der Loewe AG in Berlin und bei den Zeiss-Werken in Jena psychotechnische Prüfstellen; die Einrichtung neuer Stellen erfolgte hauptsächlich von 1919 bis 1923. Im Jahre 1926 wurden bereits bei rund 110 Industriefirmen – vor allem Großbetriebe in den Bereichen Schwermaschinenbau, Elektro- und Montanindustrie, feinmechanische und optische Industrie – psychotechnische Untersuchungen vorgenommen. Die Arbeit der Prüfstellen bestand hauptsächlich in der Durchführung von Eignungsprüfungen (über 22.000 pro Jahr) an Lehrlingen (75%), Facharbeitern (15%) sowie Angestellten und Hilfsarbeitern. Ausgelesen wurde vor allem für Berufe im Bereich der Metallverarbeitung. An 16 Firmen der Berliner Metallindustrie wurden bereits 1919 eigene psychotechnische Prüfstellen eingerichtet (darunter AEG, Borsig, Ludwig Loewe, Osram, Siemens und Fritz Werner).[15]

Wenn keine eigenen Prüfstellen vorhanden waren, wurden die Untersuchungen im Auftrag durch entsprechende Institute an Universitäten, Technischen Hochschulen, Handelshochschulen, Ingenieurakademien, Gewerbeschulen, Provinzial- und Kommunalinstituten für praktische Psychologie oder von privaten Instituten durchgeführt.[16] Zu den rein privaten, an Gewinn orientierten Einrichtungen zählte auch das 1921 von Curt Piorkowski in Berlin gegründete Orga-Institut, das hauptsächlich Aufträge der Privatindustrie auf allen Gebieten der Psychotechnik ausführte.[17] Piorkowski ist zugleich einer der ersten unmittelbar in der Industrie beschäftigten Psychologen. Bereits 1919 wurde er im Osram-Werk als betriebspsychologischer Beirat eingestellt.[18]

Bild 8.04: Katalog des Orga-Instituts

---

15 Vgl. ebd., S. 75 sowie für die statistischen Angaben Tabelle XXIV. In: Homburg, Heidrun: Rationalisierung und Industrie, a.a.O., S. 714-716.

16 Vgl. ebd., S. 714-716.

17 Vgl. Ebel, Hans: Das Problem der Berufsverteilung, a.a.O., zit. nach Muth 1985, S. 205 f.

18 Vgl. Jaeger, Siegfried: Zur Herausbildung von Praxisfeldern der Psychologie bis 1933, a.a.O., S. 103.

Ziel der neuen Ansätze war der Wiederaufschwung der Wirtschaft, der nur durch Wiederherstellung der „Schaffensfreude" der Arbeiter zu erreichen sei. Dies habe eine Betriebsreform zu leisten, die den Antagonismus von Unternehmern und Arbeiterschaft zur Betriebsgemeinschaft umgestaltete und dadurch einen Beitrag zur „Wiederbeseelung" der industriellen Arbeit leistete.[19]

Während sich Lang und Hellpach – der 1921 an der TH Karlsruhe das Institut für Sozialpsychologie gründete – in den zwanziger Jahren mit alternativen Arbeitsformen in der Großindustrie („Gruppenfabrikation") beschäftigten, entwickelten Rosenstock und Riebensahm das Konzept der Werkstattaussiedlung. Damit war die Auslagerung von Betriebseinheiten gemeint, denen ein gewisses Maß an Selbständigkeit übertragen werden sollte, mit dem Ziel, die Kluft von Arbeits- und Lebensraum zu überbrücken und erfahrenen Arbeitern eine würdige Existenz zu ermöglichen.[20]

Ihren organisatorischen Ausdruck fanden diese neuen Ansätze unter anderem im „Institut für Betriebssoziologie und soziale Betriebslehre", das 1928 von Goetz Briefs und Paul Riebensahm an der Technischen Hochschule Charlottenburg gegründet, jedoch bereits in den Jahren 1933/34 von den Nationalsozialisten wieder geschlossen wurde.[21]

Briefs Arbeit konzentrierte sich auf die sachlichen Inhalte einer Betriebspolitik, die die Erfordernisse der Arbeitsorganisation und der Produktionstechnik abstimmte mit den menschlichen Bedürfnissen und sozialen Interessen der Beschäftigten.[22] Für ihn stand die Lohnarbeit als Kostenfaktor der Unternehmer der Tatsache gegenüber, dass die Arbeitenden ihre Lebenszeit verausgabten.[23] An der Psychotechnik kritisierte er die einseitige Sichtweise des Menschen als „Betriebsstoff Arbeit" und warnte vor den Folgen einer bloßen Rationalisierungspolitik. Der Ansatz, den Briefs und seine Mitarbeiter am Institut für Betriebssoziologie verfolgten, war gekennzeichnet durch eine theoretisch-methodologische Doppelorientierung: Einerseits ging es um die Analyse des Industriebetriebs als zweckrational, funktional organisiertes, geschlossenes Sozialgebilde, andererseits um das Reflektieren der betrieblichen Organisation der Produktion und der betrieblichen Kooperations- und Herrschaftsverhältnisse als Ergebnis der historischen Entwicklung der Industriegesellschaft.[24]

Die Grundidee der verschiedenen Neuansätze – die Aufhebung des Antagonismus zwischen Unternehmern und Arbeitern in einer Betriebsgemeinschaft – wurde schließlich von Arbeitgeberverbänden aufgegriffen und durch das 1926 gegründete Deutsche Institut für Technische Arbeitsschulung (DINTA) unter Karl Arnhold im Sinne einer Erziehung der Arbeiter zu Betriebsloyalität propagiert.[25]

Die dargestellten Entwicklungen blieben nicht ohne Einfluss auf die Psychotechnik, zumal diese „in dem Maße, wie sie in ihrer Praxis über die Aufgabenstellungen der Betriebseingangsauslese hinausgreift und Anlernungs-, Schulungs- und Führungsprobleme angeht und objektpsychotechnische Untersuchungen vornimmt, feststellen muß, daß die notwendige Mitarbeit der Betroffenen zu einem Problem wird, das in den Schranken der bisherigen Konzeption nicht lösbar ist".[26]

---

19 Vgl. Jaeger 1985, S. 105.

20 Vgl. Ulich, Eberhard: Arbeitspsychologie. Verlag der Fachvereine, Zürich 1992, S. 19-23; Wilke, Manfred: Goetz Briefs und das Institut für Betriebssoziologie an der Technischen Hochschule Berlin. In: Wissenschaft und Gesellschaft, Bd. l, 1997. S. 335-351, hier S. 339 f.

21 Vgl. Wilke, Manfred: Goetz Briefs (...), a.a.O.

22 Vgl. ebd., S. 339.

23 Vgl. ebd., S, 343.

24 Vgl. ebd., S. 345.

25 Vgl. Jaeger 1985, S. 105; Jaeger/Staeuble 1983, S. 83.

26 Jaeger/Staeuble 1983, S. 84.

Als bedeutendster Versuch einer konzeptionellen Anpassung der Psychotechnik an die neuen Herausforderungen ist die „Theoretisierung der Psychotechnik" durch Fritz Giese, 1919 Leiter des Instituts für praktische Psychologie Halle und seit 1928 ao. Professor an der Technischen Hochschule Stuttgart, zu nennen. Im Vorwort seiner „Theorie der Psychotechnik", die 1925 erschien, führt Giese die Kontroversen der vorhergehenden Jahre einerseits auf überhöhte Erwartungen von Seiten der Praktiker an die neue Wissenschaft, andererseits auf die Enttäuschung dieser Erwartungen auf Grund wissenschaftlich ungenügender Verfahren zurück.[27]

Mit seiner Abhandlung wollte er zu einer Theorie der Psychotechnik beitragen, die auch das Verhältnis zur psychologischen Richtung bestimmt. Dabei griff Giese auf die Münstergische Definition von Psychotechnik zurück, die dementsprechend mit „Angewandter Psychologie" gleichzusetzen sei, welche sich wiederum in die Bereiche „praktische Psychologie" und „Kulturpsychologie" untergliedere.[28] Für den Bereich der „praktischen Psychologie", das heißt, der „praktischen Beeinflussung und wirklichen Gestaltung" führte Giese eine Aufteilung in Subjekts- und Objektspsychotechnik ein:[29]

> „Handelt es sich um die praktische Anpassung der Umwelt an die Eigenart des menschlichen Seelenlebens, (...) dann nennen wir die Gegenstandszone 'Objektspsychotechnik'. Steht dagegen das lebendige Individuum (...) als Gegenstand der praktischen Psychologie im Vordergrunde, sollen die psychologischen Verfahren dazu dienen, die seelische Individualität anzupassen den kulturellen Zweckaufgaben der Sachlage: so haben wir eine 'Subjektspsychotechnik' vor uns."

Während Moede an seiner Konzeption der industriellen „Psychotechnik als Arbeitswirtschaft" zunächst festzuhalten versuchte, also bei einer rein betriebstechnischen Fragestellung blieb, begann Giese in den folgenden Jahren, anknüpfend an die frühen „sozialpolitischen" Arbeiten von Weber u.a., das Problem der Rationalisierung weiter zu fassen.[30] Er sah dabei „die Notwendigkeit wie Möglichkeit, nunmehr, nach über zehn Jahren Entwicklung der Psychotechnik in Deutschland, auf industriellem Gebiete die menschliche Seite der technischen Arbeit zu beleuchten und aus den Ergebnissen in diesem umfassenden Sinne als Psychologie praktischer Richtung die Rationalisierung zu fördern".[31]

Wie ausgreifend Giese die Aufgaben und die Ziele der Psychotechnik absteckte, wird auch in seiner Arbeit „Methoden der Wirtschaftspsychologie"[32] deutlich:

> „Habe die bisherige Psychotechnik den menschlichen Faktor nur vom Standpunkt der formalen Organisation – von außen – betrachtet, gelte es, ihn nun, insbesondere in seinen Bindungen an die Arbeit – von innen – zu untersuchen. Dabei gehe es allgemein darum, der zunehmenden Entbindung an die Arbeit psychologisch entgegenzuwirken und auf betrieblicher Ebene insbesondere um psychologische Probleme der Beziehungen der Arbeitenden untereinander, der Gemeinschaftsarbeit, aber auch des Lohns, der Arbeitszeit, des Streiks und der Aussperrung und, über den Betrieb hinausgreifend, um die sozial-psychologisch relevanten Aspekte der Berufsschichten, der Familie und sonstigen privaten Lebenswelt, die auf den Arbeitenden einwirken."[33]

---

27 Vgl. Giese, F.: Theorie der Psychotechnik. Vieweg, Braunschweig 1925, Vorwort, S. V.

28 Vgl. ebd., S. 1 f.

29 Ebd., S. 2.

30 Vgl. Jaeger/Staeuble 1983, S. 84.

31 Giese, F.: Die menschliche Seite der technischen Arbeit. Industrielle Psychotechnik 4 (1927) 12, S. 379-384, hier S. 381.

32 Giese, Fritz: Methoden der Wirtschaftspsychologie. In: Abderhalden, E.: Handbuch der biologischen Arbeitsmethoden. Abt. C Bd. 2. Berlin, Wien, 1927; hier zit. nach Dorsch 1963, S. 86 f.

33 Vgl. Jaeger/Staeuble 1983, S. 85.

Gleichzeitig wies Giese jedoch ausdrücklich darauf hin, „daß im Wirtschaftsleben die Objektspsychotechnik eine wesentlich größere Rolle spielen muß als die Subjektspsychotechnik."[34]

Sonntag zufolge liegt die Bedeutung der Arbeiten von Giese insbesondere in der systematischen und umfassenden Aufarbeitung psychotechnischer Methoden und Anwendungsfelder.[35] So wies er der Subjekts- und der Objektspsychotechnik jeweils vier Zonen zu: Berufskunde, Berufsberatung einschließlich Arbeiterauslese, Anlernung und Schulung sowie Menschenbehandlung für den Bereich der Subjektspsychotechnik, Arbeitsstudie, psychotechnische Eichung, Energiewirtschaft und Unfallverhütung für den der Objektspsychotechnik.[36]

Bild 8.05: Handbuch psychotechnischer Eignungsprüfungen – Herausgegeben von Prof. Fritz Giese

Dennoch kommen Jaeger/Staeuble[37] zu dem Schluss, dass sich auch Gieses „Theorie der Psychotechnik – als einziger systematischer Versuch einer Theorie der Psychotechnik – eher als eine Kritik der industriellen Psychotechnik und Vorarbeit für eine konzeptionell und theoretisch erst auszubildende praktische Psychologie"liest.

In der von Baumgarten erwähnten Bemerkung Poppelreuters, „daß das Funktionieren der gegenseitig sich bekämpfenden Methoden nur daran liegen könne, daß die Fehler sich gegenseitig aufhöben"[38], spiegelte sich das Erstaunen über den raschen Aufschwung der Psychotechnik wider, der in der Weimarer Zeit trotz aller theoretischer und inhaltlich-methodischer Kontroversen stattfand und erst Ende der zwanziger Jahre in die so genannte „Krise der Psychotechnik" mündete.

---

34 Ebd., S. 123 zit. nach Sonntag, Karlheinz: Geschichte der Arbeitspsychologie. In: Wehner, E. G. (Hrsg.): Geschichte der Psychologie – eine Einführung. Wiss. Buchgesellschaft, Darmstadt 1990, S. 188-218, hier S. 199.

35 Vgl. Sonntag 1990, S. 200.

36 Vgl. Dorsch 1963, S. 86 f.

37 Jaeger/Staeuble 1983, S. 79.

38 Baumgarten, Franziska: Zur Geschichte der angewandten Psychologie in der Schweiz – Dokumentarisches und Bibliographisches. Münsingen 1961; hier zit. nach Dorsch 1963, S. 89.

Psychotechnische Institute an Hochschulen und Universitäten

Das wohl bedeutendste Hochschulinstitut für Psychotechnik blieb in den zwanziger Jahren das der Technischen Hochschule Berlin unter Leitung von Walther Moede. Es war das erste seiner Art und hatte daher auch Beispielfunktion für andere universitäre Einrichtungen – auch wenn in anderen Ländern bereits einige Jahre zuvor erste Institute für Berufseignungsprüfungen gegründet worden waren, so z. B. 1912 in Brüssel das „Office Intercommunal d'Orientation Professionnelle" und 1916 in Genf das „Cabinet d'Orientation Professionnelle" am Institut von J. J. Rousseau.[39]

Im Bereich Lehre und Forschung waren die Technischen Hochschulen und Handelshochschulen die eigentlichen institutionellen Träger der psychotechnischen Bewegung. Während sich die Psychotechnik an den Universitäten nicht unmittelbar etablieren konnte – auch wenn einige Universitäten besondere Abteilungen für angewandte Psychotechnik schufen und Mitte der zwanziger Jahre auch dort zahlreiche Veranstaltungen über Psychotechnik oder zur Berufseignungs-, Wirtschafts- und Arbeitspsychologie stattfanden – hatten 1927 fast alle Technischen Hochschulen psychotechnische Lehrstühle mit Instituten oder Laboratorien gegründet. An den meisten Handelshochschulen war die Psychotechnik zumindest als Ausbildungsgegenstand vertreten.[40]

Jaeger/Staeuble vertreten die These, dass die Gründe für die rasche Etablierung der Psychotechnik im Bereich der Technischen Hochschulen und Handelshochschulen weniger in der allgemeinen Affinität des Psychotechnik zu den Ingenieur- und Betriebswissenschaften zu suchen seien als vielmehr in dem unmittelbaren Interesse der Industrie und des Handels an entsprechenden Dienstleistungen sowie an der Absicherung praxisorientierter, d. h. der regionalen Wirtschaft dienender Forschung. Die knappen staatlichen Finanzmittel wurden besonders in der Gründungsphase durch Spenden aus der Wirtschaft erhöht. Der Unterhalt und Ausbau der Institute waren durch bezahlte Dienstleistungen möglich. Entsprechend groß sei der Einfluss der Wirtschaft auf die Ausrichtung der Arbeit gewesen. Außerdem habe diese Finanzierungsgrundlage für die Zukunft die materielle Verantwortung des Staates für diesen Bereich gewährleistet.[41]

Dass die Einrichtung eines interdisziplinär ausgerichteten „Reichsausschusses zur Förderung der Arbeitswissenschaft", wie vom 1919 gegründeten Reichsarbeitsministerium geplant, trotz langwieriger Verhandlungen seit Oktober 1919 nicht zustande kam, verdeutlicht die zur Zeit der Weimarer Republik von Anfang an bestehenden Differenzen über die inhaltliche Ausrichtung und Zweckbestimmtheit der Psychotechnik bzw. der Arbeitswissenschaft.[42] Ziele des Ausschusses sollten gemäß den Vorstellungen des Reichsarbeitsministeriums sein: die Arbeitsbedingungsforschung, die Berufsforschung und die Arbeitsfolgenforschung. Dass diese Konzeption und Organisation wichtigen Industrieverbänden nicht genehm war, zeigte sich bereits im Oktober 1920, als das Kabinett auf Drängen des Finanzministeriums die Bereitstellung von Mitteln für die Arbeitswissenschaft ablehnte und sich wenig später auch das Wirtschaftsministerium diesem ablehnenden Votum anschloss. Hintergrund für die Ablehnung war die Stellungnahme des Reichskommissars für gewerbliche Wirtschaft gewesen, der das

[39] Vgl. Baumgarten, Franziska: Berufseignungsprüfungen, a.a.O., S. 19, und Moede, Walther: 10 Jahre Institut für industrielle Psychotechnik T. H. Berlin. Werkstattstechnik (1928) 20, S. 587-592.

[40] Vgl. Jaeger, Siegfried; Staeuble, Irmingard: Die Psychotechnik und ihre gesellschaftlichen Entwicklungsbedingungen, a.a.O., S. 76 f. sowie die Tabelle der psychotechnischen Lehr- und Forschungsstätten bei Dorsch, 1963, S. 82 f.

[41] Vgl. ebd., S. 75.

[42] Vgl. hier und im Folgenden Schuster, Helmuth: Industrie und Sozialwissenschaften – Eine Praxisgeschichte der Arbeits- und Industrieforschung in Deutschland. Westdeutscher Verlag, Opladen 1987, S. 231-237.

Gebiet der Arbeitswissenschaft nach dem Grundgedanken der Selbstverwaltung geregelt und vom Reichskuratorium für gewerbliche Wirtschaft (RKW) übernommen sehen wollte. Schuster vertritt die These, dass die rasche Gründung des RKW vor dem Hintergrund der „Kraftprobe zwischen soziologisch-institutionalistischer und ingenieurwissenschaftlicher Arbeitsforschung, die sich in den Ministerien vollzog“[43], zu sehen sei und auf die Bestrebung zurückgehe, „die Rationalisierungsarbeit nicht erst in andere Hände gelangen zu lassen“.[44]

Die folgende Übersicht[45] vermittelt ein Bild der psychologischen bzw. psychotechnischen Lehr- und Forschungsstätten in Deutschland nach dem Stand von 1926/27:

Hochschule	**Lehrgebiete**	**Dozenten**	**Bezeichnung der Lehrstühle bzw. Institute**
TH Aachen	Ps	Karl Gerhards	Philosophie
	Pst	Adolf Wallichs	Lehrstuhl für Werkzeugmaschinen – Ein psychotechnisches Laboratorium mit W. Poppelreuter und J. Mathieu folgte später
U Berlin	Ps	Wolfgang Köhler	Psychologisches Institut
	Ps Pst	Hans Rupp	
	Ps	Max Wertheimer	
	Ps	Erich v. Hornbostel	Phonogramm-Archiv
	Ps	Kurt Lewin	
	Ps	Joh. Baptist Rieffert	
TH Berlin	Pst	Walther Moede	Institut für industrielle Psychotechnik
	Pst	Georg Schlesinger	Lehrstuhl für Betriebswissenschaft
HH Berlin	Pst	Walther Moede	Pst Betriebswirtschaftslehre
HfL Berlin	Pst	Hans Sippel	Sportpsych. Laboratorium
U Bonn	Ps	Gustav Störring	Psycholog. Laboratorium
	Ps	Theodor Erismann	
	Ps	Walther Poppelreuter	Klinische Psychologie
TH Braunschweig	Pst	Bernhard Herwig	Psychol.-psychotechn. Abt. des Instituts für Philosophie
U Breslau	Ps	Richard Hönigswald	Ps Abt. des Philos. Seminars
TH Breslau	Ps	Wilhelm Steinberg (PD)	Philosophie u. Psychologie
TH Danzig	Pst	Hans Henning	Philosophie, Psychologie u. Pädagogik
TH Darmstadt	Pst	Erwin Bramesfeld (PD)	Psychotechnik
TH Dresden	Pst	Ewald Sachsenberg	Lehrstuhl für Betriebswissenschaft
	Ps	Walter Blumenfeld	
U Erlangen		—	
U Frankfurt	Ps	Friedrich Schumann	
	Ps	Adhémar Gelb	
U Freiburg	Ps	Edmund Husserl	Philosophie
	Ps	Jonas Cohn	Pädagogik und Philosophie

43 Ebd., S. 236.

44 Ebd., S. 237.

45 Jaeger, S.; Staeuble, I.: Die Psychotechnik und ihre gesellschaftlichen Entwicklungsbedingungen, a.a.O., S. 76 f., und die Tabelle der psychotechnischen Lehr- und Forschungsstätten bei Dorsch, 1963, S. 82 f.

U Gießen	Ps	August Messer	Institut für exp. Ps und exp. Pädagogik
	Ps	Erich Stern	Pädagogische Psychologie
U Göttingen	Ps	Narziß Ach	Psychologisches Institut
U Greifswald		—	
U Halle	Ps	Theodor Ziehen	
	Ps	Emil Utitz	
U Hamburg	Ps Pst	William Stern	
	Ps	Georg Anschütz (PD)	
TH Hannover	Pst	Adolf Friedrich,	
		Wilhelm Hische	
U Heidelberg	Ps	Willy Hellpach	
U Jena	Ps	Wilhelm Peters	Psychologische Anstalt
TH Karlsruhe	Pst	Adolf Friedrich	Institut für Sozialpsychologie
U Kiel	Ps	Johannes Wittmann	Psychologisches Institut
U Köln	Ps	Joh. Lindworsky	Psychologisches Institut
U Königsberg	Ps	Otto Schulze	Pädagogische Ps
	Ps	Heinrich Scole (PD)	Ps der Sinnesorgane
U Leipzig	Ps	Felix Krueger	Institut für experimentelle Ps u. Staatl. Forschungsinstitut für Psychologie
	Ps	Wilhelm Wirth	Psychophysisches Seminar
	Ps	Otto Klemm	Angewandte Psychologie
	Ps	Friedrich Sander	
HH Mannheim	Ps	Otto Selz	Institut für Ps und Pädagogik
	Ps	Edmund Lysinski	Betriebspsychologie
U Marburg	Ps	Erich Jaensch	
U München	Ps	Erich Becher	Psychologisches Institut
	Ps	Joseph Geyser	Psychologisches Institut
	Ps	Richard Pauli	
	Ps	Kurt Huber	Experimentelle und angw. Ps
TH München	Pst	Otto Graf (PD)	Arbeitspsychologie
U Münster	Ps	Richard H. Goldschmidt	Philosophie und exp. Ps
HH Nürnberg	Ps	Karl Marbe	Philosophie und Ps
U Rostock	Ps	David Katz	
	Ps	Hans Keller (PD)	
TH Stuttgart	Pst	Fritz Giese (PD)	
U Tübingen	Ps	Oswald Kroh	Erziehungswissenschaft und Ps
	Ps	Konst. Oesterreich	
U Würzburg	Ps	Karl Marbe	Psychologisches Institut

Abkürzungen: U = Universität, TH = Technische Hochschule, HH = Handelshochschule, HfL = Hochschule für Leibesübungen, Ps = Psychologie, Pst = Psychotechnik – Alle ausgeführten Namen sind Professoren, sofern nicht PD (Privatdozent) beigefügt ist.

Profil des Instituts für industrielle Psychotechnik der TH Berlin

Strukturelle Entwicklung

Walther Moede begründete in den Jahren 1919 bis 1922 das Fachgebiet „Industrielle Psychotechnik", indem er es mit den Aufgabenstellungen der noch jungen Betriebswissenschaft verband. In Zusammenarbeit mit dem Schlesinger Institut entstand innerhalb von fünf Jahren das selbständig agierende Institut für industrielle Psychotechnik unter der verantwortlichen Leitung Walther Moedes.

Im TH-Programm von 1923/24 wurde die Industrielle Psychotechnik als „Institut für industrielle Psychotechnik" bezeichnet, das dem Versuchsfeld für Werkzeugmaschinen zunächst zugeordnet blieb. Moede wurde im TH-Programm nun als Leiter des Instituts genannt.

Vom Institut gingen wesentliche Impulse aus, die der Betriebswissenschaft und der von der angewandten Psychologie abgeleiteten Arbeitspsychologie zum Durchbruch verhalfen. Äußeres Anzeichen für diesen Aufschwung war schließlich die organisatorische Lösung vom Versuchsfeld für Werkzeugmaschinen, die 1925 vollzogen wurde. Das „Institut für industrielle Psychotechnik" an der Technischen Hochschule Berlin wurde ab dem Studienjahr 1925/26 auch formal als selbständiges Institut geführt. Vorsteher wurde Moede, einen planmäßigen Lehrstuhl erhielt er jedoch nicht.[46] 1928, im zehnten Jahr ihres Bestehens, bekam die Einrichtung einen neuen Namen und hieß jetzt „Institut für industrielle Psychotechnik und Arbeitstechnik".[47] Die Lehrveranstaltungen, die Moede zunächst als Privatdozent und seit 1921/22 als nichtbeamteter außerordentlicher Professor abhielt, wurden jedoch nach der Einführung der Fakultätsverfassung durchgehend zusammen mit denen von Schlesinger und Kurrein unter der Benennung „Fertigung einschließlich Psychotechnik" und seit 1924/25 unter „Betriebswissenschaft" geführt.

Bild 8.06: Walther Moede im psychotechnischen Laboratorium (links), Übungsraum für Seminare (rechts)

Die räumliche Lage im Westflügel des Hauptgebäudes der Technischen Hochschule erwies sich für den Lehrbetrieb sehr vorteilhaft. Das Institut verfügte neben den Büroräumen über ein psychotechnisches Laboratorium, einen Übungsraum für Seminare und Eignungsun-

---

46 Dokument 08-01: Zu Gründung, Status und Entwicklung des Instituts existiert Quellenmaterial aus dem Geheimen Staatsarchiv Preußischer Kulturbesitz.

47 Vgl. Produktionstechnik im Wandel, a.a.O., S. 316.

tersuchungen sowie über eine Werkstatt zur Herstellung psychotechnischer Apparate. Die Hörsäle für Vorlesungen und Seminare lagen in direkter Nähe, wie auch die Verwaltungsräume der Fakultätslehrstühle kurzwegig erreichbar waren.

Die folgende Tabelle zeigt die strukturelle Entwicklung der Psychotechnik an der TH Berlin-Charlottenburg von 1918 bis 1933, gespiegelt an wichtigen Ereignissen in Lehre und Forschung sowie an der wirtschaftlich-technischen Entwicklung:

Zeit	Lehrstühle/ Institute	Professoren/ Mitarbeiter	Lehre und Forschung	Wirtschaftlich-technische Entwicklung
1918	Gründung der Gruppe für **Industrielle Psychotechnik** als Abteilung des Versuchsfelds für Werkzeugmaschinen und Betriebslehre des Lehrstuhls für Werkzeugmaschinen und Fabrikbetriebe der TH Charlottenburg	Leitung der Gruppe: **Walther Moede** Leitung des Lehrstuhls: **Georg Schlesinger**	Vorlage eines **Untersuchungsprogramms** für die praktische Eignungsprüfung im Betrieb durch Moedes Gruppe Moedes Vortrag **„Experimentalpsychologie im Dienste des Wirtschaftslebens"**	Gründung eines „Ausschusses für Industrielle Psychotechnik" beim BBVDI unter der Leitung von **August Riebe** **8-Stunden-Tag** gesetzlich eingeführt Gründung des Ausschusses für wirtschaftliche Fertigung (**AwF**) beim VDI Insgesamt 14 psychotechnische Prüfstellen in der öffentlichen Verwaltung des Deutschen Reiches tätig
1919	**Walther Moede** wird hauptamtlicher Dozent am Versuchsfeld für Werkzeugmaschinen und Betriebslehre Einrichtung des ersten **Provinzinstituts für praktische Psychologie** (Eignungsprüfung für Angestellte und Beamte der städtischen Behörden) in Halle Ausbildungskurse an der Technischen Hochschule Charlottenburg	Leitung: **Fritz Giese,** vorher in Moedes Gruppe für Industrielle Psychotechnik	Bericht **Schlesingers** zur Psychotechnik auf der Monatsversammlung des BBVDI **Schlesinger**: „Betriebswissenschaft und Psychotechnik" Vortrag **Moedes** „Über den gegenwärtigen Stand der industriellen Psychotechnik" auf der Hauptversammlung des VDI in Berlin **Moede; Piorkowski**: „Die Berliner Begabtenschulen. Ihre Organisation und die experimentellen Methoden der Schülerauswahl"	An 16 Firmen der Berliner Metallindustrie werden eigene **psychotechnische Prüfstellen** eingerichtet (z. B. AEG, Borsig, Ludwig Loewe, Osram, Siemens und Fritz Werner) Initiativen des Reichsarbeitsministeriums zur Vereinheitlichung der arbeitswissenschaftlichen Forschung – Berufsberatungserlass **Siemens** experimentiert mit Eignungstests und gibt 1923 die wissenschaftliche Prüfung von Lehrlingen wieder auf Eignungsprüfungen – ADGB
1920	Erstes Institut für **Wirtschaftspsychologie** an der Handels-Hochschule Berlin	Direktor: **Walther Moede**	**Schlesinger**: „Psychotechnik und Betriebswissenschaft"	AwF zählt **40 arbeitswissenschaftliche Institute und Lehrstühle** in Deutschland
1921				Gründung des Reichskuratoriums für Wirtschaftlichkeit (**RKW**)
1922	Gründung des **Instituts für industrielle Psychotechnik (IIP)**	Leitung: **Walther Moede** bis 1946		
1923				Erste deutsche Fließbandproduktion bei Opel
1924			Erster internationaler **Kongress** für wissenschaftliche Betriebsführung und Arbeitswissenschaft in Prag	Gründung des Reichsausschusses für Arbeitszeitermittlung (**REFA**) Umstellung auf Fließarbeit bei Siemens (Elektromotoren, Staubsauger, Haushaltsgeräte) Beginn der **Hawthorne Experimente** (1924-1932)

Zeit	Lehrstühle/ Institute	Professoren/ Mitarbeiter	Lehre und Forschung	Wirtschaftlich-technische Entwicklung
1925	**Institut für industrielle Psychotechnik erhält selbständigen Status** Gründung des „Deutschen Instituts für Technik und Arbeitsschulung" (**DINTA**)	Leitung: **Walther Moede** Leitung: **Walther Poppelreuter**	„Handbuch der Arbeitswissenschaft" von **F. Giese** **Riedel, J.**: „Arbeitskunde"	Gründung des Arbeitsausschusses für Berufsbildung (AfB)
1926	Gründung eines „Instituts für wirtschaftliches Arbeiten in der Verwaltung" (**DIWIV**) an der Verwaltungsakademie Gründung des Arbeitsleistungsausschusses (1930 aufgelöst)	Leitung: **Bill Drews**	**„Psychotechnik in Amerika"** von G. Schlesinger **„Eignungsprüfung im Dienste der Betriebsrationalisierung"** von W. Moede **„Unfallverhütung auf psychotechnischer Grundlage"** von W. Moede	Erste Fließfertigung bei Daimler-Benz
1928	Umbenennung des Instituts für industrielle Psychotechnik in Institut für **industrielle Psychotechnik und Arbeitstechnik** Gründung des **Instituts für Betriebssoziologie** an der TH Charlottenburg Verlegung des 1913 gegründeten **Kaiser-Wilhelm-Instituts für Arbeitsphysiologie** nach Dortmund	Leitung: **Walther Moede** Leitung: **Goetz Briefs**	Walther Moede: „10 Jahre Psychotechnik in Berlin"	Ende der 20er Jahre lag der **Facharbeiteranteil** bei Siemens bei etwa 65-70%. Dies entsprach dem Facharbeiteranteil innerhalb der gesamten deutschen Elektroindustrie.
1929	Gründung eines interministeriellen Erfahrungsaustausches beim Reichskommissar über Psychotechnik			
1930			„Lehrbuch der Psychotechnik" von **W. Moede**	Beginn der **Weltwirtschaftskrise**
1932			„Lehrbuch der Arbeitswissenschaften" von **O. Lipmann**	**Deutsche Arbeitsfront (DAF)**
1933	Auflösung des **Instituts für Betriebssoziologie und des Instituts für angewandte Psychologie und psychologische Sammelforschung** (1906 von Otto Lipmann und William Stern auf privater Basis gegründet)			Die Zahl der **RKW-Veröffentlichungen** (Informationspapiere) sank von 1933-1944 auf 44 ab gegenüber 98 von 1927-1933.

Personelle Entwicklung

Das Institut für industrielle Psychotechnik hatte sich personell aus der 1918 gegründeten Arbeitsgruppe entwickelt. In dem Zeitraum von 1924 bis 1932 waren unter der Leitung von Walther Moede die folgenden Assistenten am Institut für industrielle Psychotechnik tätig.[48]

[48] Dokument 08-03: Auflistung „Assistenten des Instituts für Industrielle Psychotechnik und Arbeitstechnik an der Technischen Hochschule Berlin". Im Jahr 1943 erstellt durch Moede.

Dr. Marga Baganz	1.1.1921 – April 1924
Dr. Maria Frank	Mai 1921 – September 1925
Dr.-Ing. Helmut Lossagk	März 1925 – 1.4.1932
Dr.-Ing. Herbert Lehmann	1.4.1925 – Juni 1929
Dr. Walter Heugel	5.6.1925 – 1.5.1927
Dr. J. F. v. Foerster	Januar 1926 – Februar 1929
Dr. Waldemar Engelmann	1.7.1928 – 31.10.1929
Dr. H. Thomas	15.10.1928 – März 1929
Dr. Erwin Bayer	Mai 1929 – Juni 1934
Dipl.-Ing. Ellenberg	1.7.1929 – 1.3.1930
Dr.-Ing. Otto Köhler	25.4.1932 – 15.9.1934

Bild 8.07: Wissenschaftliche Assistenten am Institut für industrielle Psychotechnik (1924-1932)

Dr.-Ing. habil. *Helmut Lossagk* war Assistent von März 1925 bis April 1932. Er war im Außendienst zur Arbeitsbestgestaltung und im Innendienst zur Bearbeitung neuer Proben zur Eignungsprüfung zuständig. Danach wurde er Beeidigter Sachverständiger für Psychotechnik im Kraftfahrtwesen am Landgericht Potsdam. Ab 1. April 1932 wurde er Leiter eines eigenen Laboratoriums und Büros für wissenschaftliche Unfallklärung und anschließend beratender Ingenieur im NSBTD. Dr. Lossagk war Mitglied u. a. der Reichsfachschaft für das Sachverständigenwesen in der Deutschen Rechtsfront, der Deutschen Lichttechnischen Gesellschaft und der Forschungsgesellschaft für das Straßenwesen. Seine Habilitation schrieb er an der Technischen Hochschule Berlin Februar 1937 über „Optische Gefahrwahrnehmung". Im Jahr 1939 nahm er am Polenfeldzug teil. Von 1940 bis 1942 beschäftigte er sich mit lichttechnischen Forschungsarbeiten und 1943 wurde Dr. Lossagk Technischer Kriegsverwaltungsrat.

Seine Veröffentlichungen:

- Griffeldstudien. Industrielle Psychotechnik, Bd. III, Sept. 1926, Heft 9, S. 257-274.
- Stückzeitschwankungen und Zeitzuschläge bei der Vorschätzung der Leistung für Handarbeit mit kleiner Grundzeit. Industrielle Psychotechnik, Bd. IV, Sept. 1927, Heft 9, S. 257-270.
- Werkstück und Werkzeuggriffe bei verschiedenen Arbeitsweisen. Industrielle Psychotechnik, Bd. V, Januar 1928, Heft 1, S. 1-15.
- Arbeitsauffassung der Arbeiter im Urteil der Meister. Industrielle Psychotechnik, Bd. V, Juni 1928, Heft 6, S. 183-189.
- Die Lehrprobe als psychotechnisches Auskunftsmittel. Industrielle Psychotechnik, Bd. V, November 1928, Heft 11, S. 333-338.
- Experimenteller Beitrag zur Frage des Monotonie-Empfindens. Industrielle Psychotechnik, Bd. VII, April 1930, Heft 4, S. 101-107.
- Zur Mechanik einfacher Körperbewegungen. Industrielle Psychotechnik, Bd. VII, Juli 1930, Heft 7. S. 218.
- Vergleichende Studien mit Raumanschauungsproben bei besonderer Berücksichtigung von Vorbildung und Vorkenntnissen. Industrielle Psychotechnik, Bd. VIII, Oktober 1931, Heft 10, S. 289-299.

Dr.-Ing. *Herbert Lehmann* studierte Maschinenbau an der Technischen Hochschule Berlin. Seine Dissertation zum Dr.-Ing. schrieb er im Jahre 1929. Im Institut arbeitete er als Assistent vom 1. Mai 1925 bis Juni 1929. Seine Aufgabenfelder waren u. a. Entwicklung von Proben zur Eignungsprüfung, Auftragskasten, Untersuchungen an Grubenlampen, Autolicht und Spielautomaten, Erarbeitung von Übungsaufgaben für Studenten sowie Vorträgen bei Lehrgängen. Von 1930 bis 1932 war er Betriebs- und Montageingenieur bei der AEG, danach arbeitete er als Dozent und später als Studienrat an der Ingenieurschule Gauß, Berlin. Ab 1939 wurde Dr. Lehmann Dozent an der Volkshochschule Berlin im Fachgebiet Elektrotechnik.

Seine Veröffentlichungen:

- Zur Kritik der Bewegungsstudien von Gilbreth. Industrielle Psychotechnik, Bd. IV, 1927, Heft 10, S. 306-314.
- Messung des Kraftimpulses. Industrielle Psychotechnik, Bd. V, 1928, Heft 9, S. 264-272.
- Das statisch-dynamische Arbeitsäquivalent. Industrielle Psychotechnik, Bd. V, 1928, Heft 11, S. 313-333.
- Statistik in der Fertigung.
- Die Häufigkeitsgesetze und ihre Wirkung im Betriebe.
- Aufgaben aus der Mechanik der Feinwerktechnik.

Bild 8.08: Mitarbeiter am Institut für industrielle Psychotechnik

Dr. phil. *Walter Heugel* war Assistent vom 5. Juni 1925 bis 1. Mai 1927. Die Schwerpunkte seiner Aufgabenfelder waren: Eignungsprüfung für industrielle Lehrlinge, Eignungsprüfung von Zeitnehmern auf der Avus, Eignungsprüfung für Kraftfahrer, Reklamepsychologie an der Handelshochschule Berlin, Untersuchung, ob das Bajazzospiel ein Geschicklichkeits- oder ein Glücksspiel ist, Arbeiten auf dem Gebiet der Rationalisierung, Durchführung praktischer Übungen in den Seminaren und bei Lehrgängen, Untersuchung bei welcher Anzahl von Prüfungen eine Konstanz der Mittelwerte eintritt, Auswertungen der Proben sowie Durchführung einer Eignungsuntersuchung von 10jährigen Schülern und Schülerinnen. Anschließend wurde Dr. Heugel Eignungsprüfer beim Landesarbeitsamt Brandenburg und ab 1928 Fachpsychologe am Landesarbeitsamt Breslau. Danach arbeitete er als Stellvertretender Vorsitzender im Arbeitsamt Ratibor. Seine Tätigkeiten umfassten Eignungsuntersuchungen für handwerkliche und kaufmännische Lehrlinge, Erwachsene zwecks Umschulungen, Krüppel, Dentistenpraktikanten, M-Schüler, Abiturienten. Seine Veröffentlichungen:

- Beiträge zur Berufskunde und Eignungsprüfung des Schmiedes mit besonderer Berücksichtigung der Arbeit in den Stadt- und Dorfschmieden. Industrielle Psychotechnik, Bd. II, 1925, Heft 12, S. 359-367.
- Handgeschicklichkeit und technische Intelligenz bei Zehnjährigen. Industrielle Psychotechnik, Bd. IV, 1927, Heft 7/8, S. 245-249.

Dr. *J. F. von Foerster* war Assistent im Institut von Januar 1926 bis Februar 1929. Seine Veröffentlichungen:

- Über den Charakter und seine Berufswichtigkeit. Industrielle Psychotechnik, Bd. III, 1926, Heft 3, S. 87-90.

- Verfahren und Möglichkeiten der Schriftbeurteilung. Industrielle Psychotechnik, Bd. IV, 1927, Heft 5, S. 129-147.
- Nomogramm zur Rangkorrelationsformel. Industrielle Psychotechnik, Bd. V, 1928, Heft 4, S. 116-118.
- Rechenhilfsmittel zur Berechnung von statistischen Größen. Industrielle Psychotechnik, Bd. V, 1928, Heft 11, S. 338-341.
- Zweckmäßige Sitze und Tische. Industrielle Psychotechnik, Bd. VI, 1929, Heft 1/2, S. 75-77.

Oberregierungsrat Dr. *Waldemar Engelmann* studierte Psychologie, Philosophie, Naturwissenschaften und Zeitungswissenschaften in München und Rostock. Er promovierte zum Dr. phil. 1927 in Rostock mit einer experimentalpsychologischen Arbeit. Seine Assistentenzeit am Institut war vom 1. Juli 1928 bis 31. Oktober 1929. Dabei beschäftigte er sich mit experimentellen Untersuchungen (Spielautomaten) sowie mit der Durchführung von Eignungsprüfungen. Anschließend arbeitete Dr. Engelmann als Fachpsychologe und Berufsberater im Arbeitsamt Berlin-Mitte und von 1934 bis 1936 als Leiter der Abteilungen Berufsberatung bei den Arbeitsämtern Berlin-Süd und Berlin-Süd-Ost. Danach wurde er Referent für Berufsberatung beim Gauarbeitsamt Mark Brandenburg, Oberregierungsrat und Ausbildungsleiter für die Anwärter des gehobenen und höheren Dienstes. Ab 1937 wurde er Mitarbeiter im Reichsinstitut für Berufsausbildung und übernahm die Leitung des Arbeitsausschusses für Berufseignungsanforderungen

Seine Veröffentlichungen:

- Zur Psychologie des „ersten Blickes". Industrielle Psychotechnik, Bd. V, 1928, Heft 10, S. 307-310.
- Die Eignungsuntersuchungen des Reklamezeichners. Industrielle Psychotechnik, Bd. VIII, 1931, Heft 6, S. 176-180.

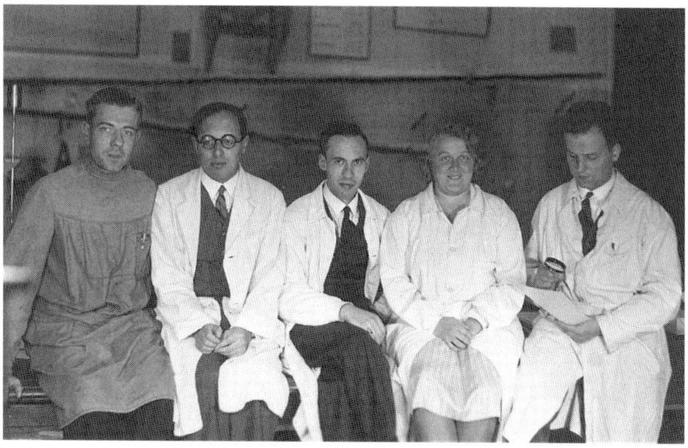

Bild 8.09: Mitarbeiter am Institut für industrielle Psychotechnik (1931)
Opitz, Colbiner, Dr. Bayer, Frl. Waymann, Dr. Lossagk (v.l.n.r.)

Dr. *H. Thomas* promovierte in Marburg im Jahre 1927. Am Institut war er Assistent vom 15. Oktober 1928 bis März 1929 und beschäftigte sich mit Grenzen der Graphologie sowie mit der mathematischen Begabung und ihrer Prüfung. Danach wurde Dr. Thomas Assistent am philosophischen Institut in der Technischen Hochschule Darmstadt. Anschließend arbeitete er als Wissenschaftlicher Mitarbeiter, Erfinder und Konstrukteur auf dem Gebiet der Schalltechnik und Kinematik von 1930 bis 1935. Er war Kommandant der Gauschulungsburg Westfalen Süd von 1935 bis 1939 sowie Chef des Ausbildungs- und Erziehungswesens eines Eisen- und Hüttenwerkes.

Dr. *Erwin Bayer* studierte Zoologie und Psychologie in Frankfurt, München und Rostock Er promovierte im Februar 1929 mit der Dissertation „Beiträge zur Zweikomponententheorie des Hungers". Er war Assistent im Institut von Mai 1929 bis Juni 1934 und beschäftigte sich mit Reklame- und Eignungspsychologie sowie Verkehrspsychologie. Ab 1934 war Dr. Bayer Fachpsychologe im Arbeitsamt Berlin. Er verstarb am 3. März 1940.

Seine Veröffentlichungen:

- Neue Proben für die Eignungsprüfungen. Industrielle Psychotechnik, Bd. VI, 1929, Heft 12, S. 389-391.
- Die wichtigsten Prüflingstypen und ihre Verhaltensweisen bei der Eignungsprüfung. Industrielle Psychotechnik, Bd. VII, 1930, Heft 8/9, S. 179-284.
- Dämmerungs- und Blendungssehen. Industrielle Psychotechnik, Bd. X, 1933, Heft 7, S. 207-209.

Dr.-Ing. *Otto Köhler* studierte Maschinenbau bis 1926 und promovierte im Jahr 1927 zum Dr.-Ing. mit der Arbeit „Über den Gruppenwirkungsgrad der menschlichen Körperarbeit und die Bedingung optimaler Kraftreaktion". Er war vom März 1927 bis Juli 1927 und vom April 1932 bis September 1934 Assistent am Institut. Von 1927 bis 1932 war Dr. Köhler außerdem Personalreferent bei der AEG und von 1934 bis 1938 arbeitete er in der gleichen Funktion bei der DVL. Bis März 1941 war er Gefolgschaftsleiter und danach Gefolgschaftsdirektor bei Heinkel Rostock. Er wurde 1942 erst stellv. Betriebsführer, dann Betriebsführer und später Wehrwirtschaftsführer.

Seine Veröffentlichungen:

- Kraftleistungen bei Einzel- und Gruppenarbeit. Industrielle Psychotechnik, Bd. III, 1926, Heft 9, S. 274-282.
- Industrielle Unfallverhütung auf psychotechnischer Grundlage. Industrielle Psychotechnik, Bd. IX, 1932, Heft 4, S. 97-104.
- Maßstäbe der Unfallstatistik. Industrielle Psychotechnik, Bd. IX, 1932, Heft 7, S. 219-223.
- Eignungsprüfung im Fabrikbetrieb. Industrielle Psychotechnik, Bd. IX, 1932, Heft 9, S. 272-282.
- Intensität und Schwankung menschlicher Arbeitsleistung. Industrielle Psychotechnik, Bd. X, 1933, Heft 5, S. 140-144.
- Psychologie im Rudersport. Industrielle Psychotechnik, Bd. XI, 1934, Heft 9, S. 266-276.
- Einsatz, Leistung und Gehalt von Ingenieuren. Industrielle Psychotechnik, Bd. XV, 1938, Heft 9/10, S. 277-284.

Entwicklung der Lehre für Betriebswissenschaft [49]

Mit der Einführung des Sammelbegriffs „Betriebswissenschaft" für die von Schlesinger und seinen Mitarbeitern durchgeführten Lehrveranstaltungen im Studienjahr 1924/25 begann die Phase des Aufschwungs, in der betriebswissenschaftliche Inhalte nicht mehr nur implizit in die Lehre einflossen, sondern explizit unter diesem Titel angeboten und zunehmend ausgeweitet wurden. Sämtliche Aufstockungen des Lehrpersonals und die entsprechenden Ausweitungen des Lehrangebots fallen in die Jahre zwischen 1924/25 und 1928/29, wobei der eigentliche Aufschwung, bedingt durch die preußische Personalabbauverordnung von 1924, die als

[49] Die Entwicklung der Lehre der Arbeitswissenschaft an der Technischen Universität Berlin von 1918-1945 ist nach den Jahresprogrammen des Universitätsarchivs der TU Berlin recherchiert. Vgl. Schulte, B.: Die Entwicklung der Arbeitswissenschaft an der Technischen Universität Berlin. In: Spur, G.: Fertigungstechnik in Lehre, Forschung und Praxis, Freiburg i. Br. 1967; Goldschmidt, P.: Walther Moede – Versuch einer Werksbiographie, MA-Arbeit, Münster 1988.

Reaktion auf die Inflation von 1923 erlassen und im Herbst 1925 wieder zurückgenommen wurde, erst im Jahr 1926 einsetzte, dafür aber bis etwa 1930 anhielt.[50]

Im Studienjahr 1924/25 finden sich noch keine nennenswerten Änderungen im Lehrprogramm. Unter der Überschrift „Betriebswissenschaft" werden die Veranstaltungen von Schlesinger, Kurrein, Moede und Hilpert aufgeführt, die zuvor unter dem Oberbegriff „Fertigung einschließlich Psychotechnik" zusammengefasst waren.

Georg Schlesinger hielt weiterhin seinen zweistündigen Vortrag mit Seminar über Werkzeugmaschinen, ergänzt um eine vierstündige Übung, die seit dem Studienjahr 1925/26 unter dem Titel „Entwerfen von Werkzeugmaschinen (mit Seminar)" gesondert aufgeführt und seit 1927/28 auf acht Stunden ausgeweitet wurde. Der Vortrag mit Seminar und vierstündiger Übung zum Thema „Fabrikbetriebe" wurde im Studienjahr 1924/25 in „Fertigung, Fabrikbetriebe und Fabrikorganisation (Betriebswissenschaft)" umbenannt. Auch hier wurde die Übung seit 1925/26 unter einem eigenen Titel, „Entwerfen von Fabrikbetrieben (mit Seminar)", aufgeführt und 1927/28 auf acht Stunden aufgestockt.[51] Die „Übungen im Versuchsfeld" hießen gemäß der 1924 genehmigten Umbenennung des Versuchsfeldes seit 1924/25 „Versuchsfeld für Werkzeugmaschinen und Betriebswissenschaft" und umfassten während des gesamten betrachteten Zeitraums vier Stunden.

Neben diesen Umbenennungen, die den betriebswissenschaftlichen Charakter der Veranstaltungen hervorhoben, zeugt Schlesingers Engagement für „eine Gemeinschaftsarbeit zwischen Hochschule und Industrie" in dieser zweiten Phase von seinem Bemühen, neben den technischen auch die wirtschaftlichen Aspekte verstärkt in die Ingenieurausbildung einzubringen.

Schon aus der Zeit vor dem Ersten Weltkrieg finden sich Äußerungen Schlesingers, aus denen hervorgeht, welche große Bedeutung er der Integration von berufspraktischer und theoretischer Ausbildung beimaß. Auf seiner ersten Reise in die Vereinigten Staaten 1924 hatte er schließlich Gelegenheit, das so genannte „Wechselsystem" der Universität Cincinnati kennen zu lernen, das eine Verbindung von betrieblicher Ausbildung und Hochschulstudium bot. Die „Ingenieurlehrlinge" arbeiteten dort zunächst vier Wochen in einem Industriebetrieb, um dann vier Wochen an der Hochschule zu studieren.

---

50 Die Preußische Personalabbauverordnung vom 8.2.1924 bedrohte Technische Hochschulen und Universitäten mit einem fünfundzwanzigprozentigen Abbau der Hochschullehrerstellen. Der sich ab 1925 abzeichnende, wirtschaftliche Aufschwung ermöglichte die Rücknahme der restriktivsten Bestimmungen im Herbst 1925. Vgl. Renate Schröder-Werle, Chronik zur Geschichte der Technischen Universität Berlin, in: Wissenschaft und Gesellschaft. Beiträge zur Geschichte der Technischen Universität Berlin 1879-1979. Im Auftrag d. Präsidenten d. Technischen Universität Berlin hg. v. Reinhard Rürup, Bd. 2, Berlin, Heidelberg, New York 1979, S. 1-37, hier S. 17; u. Reinhard Rürup, Die Technische Universität Berlin 1879-1979. Grundzüge und Probleme ihrer Geschichte, in: Wissenschaft und Gesellschaft. Beiträge zur Geschichte der Technischen Universität Berlin 1879-1979. Im Auftrag d. Präsidenten d. Technischen Universität Berlin hg. v. Reinhard Rürup, Bd. 1, Berlin, Heidelberg, New York 1979, S. 3-47, hier S. 21.

51 Von Schlesingers damaligem Studenten Erich Guttmann, der 1932 bei Schlesinger, Kurrein und Orlich eine Dissertation zum Thema „Bearbeitungsprüfung von Hartmessing unter gleichzeitiger Erprobung eines neuen elektrischen Schnittdruckmeßverfahrens", anfertigte, sind aus dem Wintersemester 1926/27 drei Hefte mit Mitschriften zu/von Schlesingers Lehrveranstaltungen erhalten (Sammlung Spur). Sie sind folgendermaßen betitelt:
Schlesinger, Werkzeugmaschinen W.-S. 26/27 – Schlesinger, Werkzeugmaschinen-Seminar.
Schlesinger, Fabrikbetriebe. 1. Heft. Vorlesung Winter-Semester 1926/27 – Schlesinger, Fabrikbetriebe. Seminar. 1. Heft.
Schlesinger, Fabrikbetriebe. 2. Heft.

Schlesingers Lehrveranstaltungen wurden in den Jahren 1925 bis 1929 immer breiter ergänzt durch Spezialvorlesungen der außerordentlichen Professoren und Privatdozenten.

Max Kurrein hielt in den Studienjahren von 1924/25 bis 1928/29 seinen zweistündigen Vortrag zum Thema „Arbeits- und Meßwerkzeuge" nur noch im Wintersemester, während er im Sommersemester seit dem Studienjahr 1924/25 eine neue, ebenfalls zwei Wochenstunden umfassende Veranstaltung zum Thema „Betriebstechnische Untersuchungen" anbot. Im Studienjahr 1926/27 übernahm er eine weitere, zweistündige Vorlesung über „Feinmechanische Fertigung". Aus der Korrespondenz der Fakultät für Maschinenwirtschaft mit dem Ministerium für Wissenschaft, Kunst und Volksbildung geht hervor, dass diese Veranstaltung durch einen Beschluss der Fakultät vom 14. April 1926 in das Lehrprogramm aufgenommen wurde, um den Anforderungen der feinmechanischen Industrie an die Ausbildung ihres akademischen Ingenieurnachwuchses besser gerecht zu werden.[52] Kurrein hielt die Vorlesung, die 1928/29 um eine dreistündige, unentgeltliche Übung ergänzt wurde, offensichtlich während des gesamten Zeitraums freiwillig. Den verschiedenen Anträgen, ihm einen Lehrauftrag (22.3.1928) oder eine Dozentur (30.6.1928) zu erteilen bzw. eine beamtete außerordentliche Professur für Feinmechanische Fertigung zu schaffen (1929), wurde in jedem Fall nicht stattgegeben.[53]

Auch wenn sich Walther Moedes „Gruppe für industrielle Psychotechnik" in den Jahren von 1923 bis 1925 aus der engen Bindung an das Versuchsfeld für Werkzeugmaschinen löste und im TH-Programm 1925/26 erstmals als eigenständiges Institut geführt wird, blieben seine Lehrveranstaltungen im betrachteten Zeitraum der „Betriebswissenschaft" zugeordnet. Nachdem das Studienjahr 1924/25 keinerlei Veränderungen gebracht hatte, kam es 1925/26 zu einigen Umstrukturierungen des Lehrprogramms, das sich in seinen Inhalten weiter der heutigen Arbeitswissenschaft annäherte. Die zweistündige Vorlesung „Industrielle Psychotechnik" war jetzt allgemeiner gehalten und umfasste zwei Teile. Auch die „Übungen zur industriellen Psychotechnik", das so genannte „kleine Praktikum", wurden inhaltlich in zwei Teile strukturiert, während die täglichen „Arbeiten für Fortgeschrittene", das große Praktikum, unverändert, aber um eine Stunde reduziert angeboten wurden.

Im Studienjahr 1928/29 fand schließlich die offizielle Umbenennung des Moede Instituts in „Institut für industrielle Psychotechnik und Arbeitstechnik" ihren Ausdruck im Lehrangebot. Der zweite Teil der Vorlesung, die jetzt unter dem Titel „Industrielle Psychotechnik und Arbeitstechnik" angekündigt wurde, behandelte nun die „Bestgestaltung der Arbeitsverfahren im Betriebe durch Arbeits-, Zeit- und Leistungsstudien". Die Titel der Übungen veränderten sich in „Übungen zur industriellen Psychotechnik und Arbeitstechnik" sowie „Arbeiten für Fortgeschrittene (großes Praktikum) aus dem Gesamtgebiet der Industriellen Psychotechnik und Arbeitstechnik". Neu hinzu kam zudem eine zweistündige Vorlesung zu den Grundzügen der Psychotechnik, die für Studierende der Wirtschaftswissenschaften angeboten wurde.

Auch August Hilpert zählt zu den nichtbeamteten außerordentlichen Professoren, die im betrachteten Zeitraum von 1924 bis 1929 Lehrveranstaltungen auf dem Gebiet der Betriebswissenschaft abhielten. Allerdings hatte sich bei Hilpert bereits im Studienjahr 1923/24 eine Hinwendung zur Schweißtechnik abgezeichnet, die in den folgenden Jahren weiter ausgebaut wurde. In den Studienjahren 1924/25 und 1925/26 las Hilpert jeweils im Sommersemester

---

52 Dokument 08-04: Vgl. das Schreiben des Dekans der Fakultät für Maschinenwirtschaft an den Minister für Wissenschaft, Kunst und Volksbildung vom 22. März 1928, GStAPK I. HA, Rep. 76, V b, Sekt. 5, Tit. III, Abt. III, Nr. 5 C, Bd. 1, Bl. 234-238.

53 Dokument 08-05: Vgl. GStAPK I. HA, Rep. 76, V b, Sekt. 5, Tit. III, Abt. III, Nr. 5 C, Bd. 1, Bl. 234-238 und 283-290.

über „Rationelle Arbeitsmethoden und Kalkulation“ und im Wintersemester über „Autogene Schweißmethoden“. Im Studienjahr 1926/27 entfielen beide Veranstaltungen zugunsten einer zweiteiligen Veranstaltung zur Schweißtechnik, die ab dem folgenden Studienjahr 1927/28 nicht mehr der Betriebswissenschaft zugeordnet war.

Als Ersatz war möglicherweise die zweistündige Vorlesung über das „Abrechnungswesen in Maschinenfabriken“ geplant, die Friedrich Meyenberg im Studienjahr 1925/26 als Privatdozent abhielt. Meyenberg, der sich 1925 an der TH Berlin habilitiert hatte, erhielt jedoch bereits 1926 einen Ruf auf den Lehrstuhl für Betriebswirtschaftslehre / Betriebswissenschaft an der Technischen Hochschule Braunschweig, und war daher gezwungen, seine Lehrtätigkeit in Berlin nach nur zwei Semestern aufzugeben.[54]

Durch Hans Brasch, der sich im November 1926 an der TH Berlin für das Lehrfach „Wirtschaftliche Fertigung“ habilitierte[55], konnte dieses Defizit ab dem Studienjahr 1927/28 wieder behoben werden. Da Brasch zuvor Assistent am Lehrstuhl von Professor Sachsenberg in Dresden war und sich dort bereits 1924 als Privatdozent habilitiert hatte, erfolgte die Habilitation in Berlin in einem verkürzten Verfahren ohne Probevortrag und Kolloquium. Aus einer handschriftlichen Stellungnahme Schlesingers vom 10. August 1926 geht hervor, dass sich Schlesinger gegenüber der Fakultät für Brasch eingesetzt hatte und dabei von Prof. Riebensahm unterstützt wurde. So schreibt Schlesinger:

> „Mir ist der Werdegang und das Können des Dr. Brasch wohl bekannt; auch seine Fähigkeit gut vorzutragen steht außer Zweifel, ich beantrage daher den Bewerber ausnahmsweise ohne neuen Probevortrag zur Habilitation zuzulassen.“[56]

Brasch gliederte seine Vorlesung im Studienjahr 1927/28 zunächst in die Bereiche „Vorrichtungsbau“ sowie „Arbeitsvorbereitung und Arbeitszeitermittlung“ und bot zudem eine einstündige Übung zum „Entwerfen von Vorrichtungen“ an. 1928/29 entfiel die Übung, und der erste Teil der Vorlesung behandelte die Fließarbeit.

Im Studienjahr 1928/29, im dem die Fakultät für Maschinenwirtschaft in Fakultät für Maschinenwesen umbenannt wurde, erfolgte eine weitere Ausweitung des Lehrangebots im Bereich „Betriebswissenschaft“.

Der ehemalige Oberingenieur am Versuchsfeld, Werner von Schütz, der sich 1927 habilitiert hatte, bot erstmals eine einstündige Vorlesung mit dem Titel „Aus der Praxis der Fließproduktion“ an. Neu im Lehrprogramm von 1928/29 war auch ein zweistündiger Vortrag von Max Kronenberg zum Thema „Betrieb der Werkzeugmaschinen“. Der frühere Assistent Schlesingers hatte sich ebenfalls 1927, direkt im Anschluss an seine Promotion, habilitiert und eine Antrittsvorlesung „Über eine grundsätzlich neue Geschwindigkeitsstufung an Werkzeugmaschinen“ gehalten.[57]

Die Psychotechnik war 1922 dem Lehrgebiet „Fertigung einschließlich Psychotechnik“ in der maschinenwirtschaftlichen Fakultät zugeordnet worden. Im Studienjahr 1924/25 wurden

---

54 Dokument 08-06: Vgl. das Schreiben Dipl.-Ing. Friedrich Meyenberg an das Sekretariat der TH Berlin vom 17.4.1926, GStAPK, I. HA, Rep. 76 Vb, Sekt. 5, Tit. III, Abt. III, Nr. 5 C, Bd. 1, Bl. 42.

55 Dokument 08-07: Vgl. den Schriftverkehr zur Habilitation Brasch, GStAK, I. HA, Rep. 76 Vb, Sekt. 5, Tit. III, Abt. III, Nr. 5 C, Bd. 1, Bl. 109-112.

56 Dokument 08-08: Fakultät für Maschinenwirtschaft Tageb. Nr. 579/26, GStAPK, I. HA, Rep. 76 Vb, Sekt. 5, Tit. III, Abt. III, Nr. 5 C, Bd. 1, Bl. 110.

57 Dokument 08-09: Vgl. das Schreiben Fakultät für Maschinenwirtschaft an den Minister für Wissenschaft, Kunst und Volksbildung vom 29. Oktober 1927, Habilitationsgesuch Kronenberg, GStAPK, I. HA, Rep. 76 Vb, Sekt. 5, Tit. III, Abt. III, Nr. 5 C, Bd. 1, Bl. 161-167.

Moedes Lehrveranstaltungen unter dem Lehrgebiet „Betriebswissenschaft" aufgeführt und 1925/26 erweitert. Sie näherten sich in ihren Inhalten der heutigen Arbeitswissenschaft an und umfassten:

Vorlesung „Industrielle Psychotechnik"

- Teil I: Eignungsprüfung, ihre Methoden und ihre praktische Anwendung im Betrieb,
- Teil II: Arbeitsrationalisierung, psychotechnische Arbeitslehre, ihre Grundlagen und praktische Anwendung im Betrieb.

Übungen zur „Industriellen Psychotechnik (kleines Praktikum)"

- Einführung in die Praxis der Eignungsprüfung,
- Einführung in die Methoden der Arbeitsstudien, der Zeit-, Leistungs- und Ermüdungsmessung.

In der Fakultät „Allgemeine Wissenschaften" wurde durch Ministerialbeschluss vom 1. April 1927 der Prüfungsplan für die neueingerichtete Fachrichtung „Wirtschaftswissenschaft" genehmigt. Im Hauptstudium, das sich in die Lehrgebiete „Technik" und „Wirtschaft" sowie „Recht" gliederte, waren Überschneidungen zur Psychotechnik, vor allem aber zu Teildisziplinen der späteren Arbeitswissenschaft zu erkennen. Im Bereich Technik fand man unter den Wahlfächern die Option Fabrikorganisation und Fabrikbetriebe. Im Bereich Wirtschaft und Recht war in der Betriebswirtschaftlehre für alle Studenten unter anderem „Betriebs- und Wirtschaftspsychologie" sowie „Industriebetriebslehre und Organisationstechnik" aufgeführt, für Studierende der betriebswirtschaftlichen Richtungen außerdem „Arbeitsvorbereitung und Arbeitszeitermittlung".

Die Volkswirtschaftslehre bot eine Veranstaltung zur „Theorie des industriellen Betriebes" an. Arbeitsrecht wurde im Fach „Rechtswissenschaft" gelehrt.

Im Studienjahr 1928/29 fand die begriffliche Umwandlung des Instituts in „Psychotechnik und Arbeitstechnik" auch ihren Ausdruck in der Lehre. Die gleichnamige Vorlesung veränderte den Stoff im zweiten Teil in „Bestgestaltung und Arbeitsverfahren im Betriebe durch Arbeits-, Zeit- und Leistungsstudien". In der Betriebswirtschaftslehre wurde Moedes Vorlesung „Grundzüge der Psychotechnik" aufgenommen. Im Jahr 1929/30 zeichnete sich eine Ausweitung arbeitswissenschaftlicher Teildisziplinen ab in sowohl institutioneller Hinsicht (Institut für Betriebssoziologie unter Götz Briefs) als auch durch ein erweitertes Lehrangebot aus verschiedenen Fachrichtungen.

Die Veranstaltungen Moedes in der Betriebswissenschaft blieben gleich. Hinzu kam jedoch der Lehrauftrag von Brasch für „Wirtschaftliche Fertigung: Arbeitsvorrichtung und Arbeitsermittlung". Des Weiteren bot von Schütz für fortgeschrittene Semester „Aus der Praxis der Fließfabrikation" als Sonderfragen der Betriebsorganisation an.

In der Volkswirtschaftsehre als Lehrgebiet der Fachrichtung Wirtschaftswissenschaften veranstaltete Briefs im Studienjahr 1929/30

- Betriebssoziologische Übungen (Grundlagen der Betriebssoziologie) und
- Besondere Volkswirtschaftslehre (Wirtschaftspolitik), Industrie- und Sozialpolitik

und 1930/31 als Ausweitung des Lehrplans

- Allgemeine Volkswirtschaftlehre,
- Soziologie des industriellen Betriebes und
- Besondere Volkswirtschaftslehre (Gewerbe- und Industriepolitik).

Von Gottl-Ottlilienfeld, einer der führenden Pioniere der Rationalisierung, unterrichtete als Honorarprofessor die „Theorie des industriellen Betriebes und seiner Rationalisierung“. Des Weiteren wurde in dem Lehrplan angeboten:

- Soziale Betriebskunde,
  Teil I: Der Arbeiter im Betrieb,
  Teil II: Gewerkschaften und Arbeitgeberverbände (Woldt),
- Fabrik und Umwelt: Soziologische Streifzüge mit Besichtigungen in Berliner Großbetrieben (Dunkmann).

Innerhalb der Betriebswirtschaftslehre unterrichtete Chajes unentgeltlich „Gewerbehygiene und Arbeitsschutz (mit Exkursionen)“.

Im Studienjahr 1931/32 erhielt die Vorlesung von Moede einen veränderten ersten Teil als „Die Lehre von den Arbeitsfunktionen des Menschen nebst praktischen Anwendungen im Betrieb und in der Wirtschaft – Eignungsprüfungen, Anlernung“. In dem Titel war das Selbstverständnis der damaligen Psychotechnik nach Moede exemplifiziert. Einerseits verstand sich die Psychotechnik als methodisch fundierte und theoretische durchdachte Wissenschaft, andererseits verwies sie auf ihren notwendig praktischen Bezug, was sie zum Teilbereich der Angewandten oder Praktischen Psychologie machte.

Bild 8.10: Walther Moede, Vorlesung Industrielle Psychotechnik

Übungen und das große Praktikum blieben in dem Studienjahr gleich. Hinzu kommt die „Industrielle Reklame nebst Übungen: Markt, Verkauf, Werbung“, die Moede neben den „Grundzügen der Psychotechnik“ auch in der Betriebswirtschaftslehre lehrte. Von Schütz erweiterte die „Sonderfragen der Betriebsorganisation“ um die „Rationalisierung von Fabrikbetrieben“ (8. Semester). Im letzten akademischen Jahr der Weimarer Republik veränderte Moede den ersten Teil der Hauptvorlesung noch einmal in „Einführung in die Messung der Arbeitsfunktionen sowie die Praxis der Eignungsfeststellung“.

Die Betriebssoziologie weitete ihr Lehrgebiet stetig in praxisorientierter, methodischer und theoretischer Hinsicht weiter aus; so z. B. „Die Lebenswelt des Industriearbeiters“ (Woldt) bis ihr 1933 mit der Machtübernahme der Nationalsozialisten im selben Jahr ein jähes Ende bereitet wurde.

Natürlich verschlechterten sich durch die Weltwirtschaftskrise von 1929 auch die Arbeitsbedingungen für Ingenieure, die nicht wussten, was die Zukunft ihnen bringen würde.

Man verschloss am Schlesinger Lehrstuhl nicht die Augen vor diesen Problemen. Allerdings lässt sich übereinstimmend mit der Personalentwicklung auch in Hinblick auf die Lehre im Bereich Betriebswissenschaft feststellen, dass die Auswirkungen der allgemeinen Krise, die die letzte Phase der Weimarer Republik einleiteten, ohne erkennbaren direkten Einfluss auf die Entwicklung des Lehrgebiets blieben. Die Studienjahre von 1929/30 bis 1932/33 waren weniger durch eine Rückentwicklung als vielmehr durch eine Konsolidierung der Betriebswissenschaft an der TH Berlin gekennzeichnet. Zwar wurde kein zusätzliches Lehrpersonal eingestellt, das bestehende Lehrangebot wurde jedoch beibehalten und teilweise sogar ausgeweitet.

Wie im Studienjahr 1928/29 wurde die Betriebswissenschaft in der Lehre durch sechs Personen vertreten: Schlesinger, Kurrein, Moede, Brasch, von Schütz und Kronenberg. Im „Personal- und Vorlesungsverzeichnis" der TH Berlin für das Studienjahr 1929-1930, das erstmals nicht nur die Namen der Fakultätsmitglieder, sondern auch die Fachgebiete der einzelnen Professoren, Privatdozenten und Lehrbeauftragten benennt, wurden ihre Zuständigkeiten folgendermaßen beschrieben:

o. Prof. Dr.-Ing **Schlesinger**	Werkzeugmaschinen und Fabrikbetriebe, Versuchsfeld für Werkzeugmaschinen und Betriebswissenschaft
nb. ao. Prof. Dr. techn. **Kurrein** Oberingenieur (Schlesinger)	Feinmechanische Fertigung, Arbeits- und Meßwerkzeuge, betriebstechnische Untersuchungen, Sammlung für feinmechanische Fertigung
nb. ao. Prof. Dr. **Moede**	Industrielle Psychotechnik und Arbeitstechnik, Institut für industrielle Psychotechnik und Arbeitstechnik
Dr.-Ing. **Brasch**	Betriebswissenschaft
Dr.-Ing. **Kronenberg**	Werkzeugmaschinen
Dr.-Ing. **von Schütz**	Betriebswirtschaft

Das Lehrprogramm von 1929/30, das unter der Rubrik „Betriebswissenschaft" 16 Veranstaltungen aufführt, stimmt im Wesentlichen mit dem des Vorjahrs überein.

Georg Schlesinger hielt weiterhin die beiden zweistündigen Vorlesungen „Werkzeugmaschinen" und „Fertigung, Fabrikbetriebe und Fabrikorganisation (Betriebswissenschaft)" sowie die drei Übungen „Entwerfen von Werkzeugmaschinen", „Entwerfen von Fabrikbetrieben" und „Versuchsfeld für Werkzeugmaschinen und Betriebswissenschaft". Im Studienjahr 1930/31 wurde die Werkzeugmaschinen-Übung von bisher acht auf jetzt vier Wochenstunden gekürzt, während die Übung zum Entwerfen von Fabrikbetrieben von bisher acht auf zwölf Wochenstunden aufgestockt wurde. Dies blieb die einzige Veränderung bis zum Studienjahr 1932/33, dem letzten Studienjahr, in dem Schlesinger im Vorlesungsverzeichnis geführt wurde. Im Programm von 1933/34 findet sich ein „N. N." hinter Schlesingers Veranstaltungen, die ansonsten unverändert angeboten wurden.

Einen Einblick in Form und Inhalte der Lehrveranstaltungen Schlesingers in den letzten Jahren vor der nationalsozialistischen Machtübernahme gibt ein Bericht Ernst Brödners, der zu dieser Zeit Maschinenbau studierte und 1934 seine noch unter Schlesinger begonnene Promotion abschloss. Mehr als 800 Studenten besuchten demnach die Vorlesung über „Fertigung, Fabrikbetrieb und Fabrikorganisation", die für alle Angehörigen der Studienrichtung „Allgemeiner Maschinenbau" verbindlich war und im größten Hörsaal im so genannten „Erweiterungsbau" der Technischen Hochschule abgehalten wurde:

„Sie [...] hörten einen straff gegliederten, informativen, anregenden Vortrag, der allerdings gedankliche Mitarbeit vorher und nachher in besonderem Maße erforderte. Begriffe wie Streß und Leistungsdruck waren damals noch nicht erfunden. [...] Wir wußten, daß Schlesinger sehr viel verlangte und daß mit nebulösen Vorstellungen, elegant dargebrachten Prüfungsantworten bei ihm nicht zu bestehen war. [...]

In sogenannten Kolloquien und Übungen wurden die notwendigen Kenntnisse vertieft. Fragen wurden schriftlich eingereicht, damit sie gebündelt besprochen werden konnten. Es waren oft kritische Fragen. Wir lebten in einer bewegten Zeit. Diejenigen Studenten, die über eine längere Betriebspraxis als das erforderliche Praktikantenjahr verfügten, wiesen auf die Probleme hin, mit denen sie im Betrieb konfrontiert wurden. Das belebte das Gespräch.

Die enorme wirtschaftliche Bedeutung jeder technischen Arbeit hat Schlesinger wie kein zweiter Ingenieur seiner Zeit seinen Studenten nahegebracht."[58]

Zu den Vorlesungen und Übungen über „Werkzeugmaschinen", die von etwa 400 Studenten besucht wurden, schreibt Brödner:

„Es war eine eindrucksvolle organisatorische und willensmäßige Leistung des Ordinarius, daß er mit jedem seiner Studenten mindestens einmal in jedem Semester ca. eine halbe Stunde, manchmal länger, dessen Übungsarbeit durchsprach und dabei Fragen stellte, die ihm Gewißheit verschafften, ob der Betreffende die Arbeit selbst gemacht, ob er das, was er vorlegte, verstanden hatte, was sein Wissensstand über die Werkzeugmaschine und ihre Anwendung im Betrieb war. Diese Arbeiten waren zwar vom zuständigen Assistenten und vom Oberingenieur des Lehrstuhls vorgeprüft. Aber Schlesinger legte Wert darauf, jede Arbeit selbst zu sehen und sie mit dem, der sie gemacht hatte, in aller Ruhe und in allen Einzelheiten durchzusprechen, nach einem genau festgelegten, verabredeten Zeitplan an bestimmten Tagen vom frühen Nachmittag bis in die oft späten Abendstunden."[59]

Der nichtbeamtete außerordentliche Professor Walther Moede, Vorsteher des ehemals als Arbeitsgruppe an das Versuchsfeld angegliederten, seit dem Studienjahr 1924/25 eigenständigeren Instituts für industrielle Psychotechnik und Arbeitstechnik, war innerhalb des Gebietes der Betriebswissenschaft allein für die gesamte psycho- und arbeitstechnische Lehre sowie für den Bereich der industriellen Reklame zuständig.

Walther Moede und Werner von Schütz, die von den rassistischen Verordnungen nicht bedroht waren, lehrten im Studienjahr 1933/34 zu den gleichen Themen wie im Vorjahr.

In einer ersten Zwischenbilanz lässt sich damit festhalten, dass die Fakultät für Maschinenwesen im Studienjahr 1933/34 bemüht war, trotz der personellen Diskontinuität durch das „Entfernen" des Lehrstuhlinhabers, der beiden außerordentlichen Professoren Kurrein und Brasch sowie des Oberingenieurs Ledermann eine größtmögliche fachliche Kontinuität zu wahren. Diese Feststellung deckt sich mit der Bewertung durch einen ehemaligen Studenten, Dietrich Goldschmidt, der als so genannter „Mischling I. Grades" von 1933 bis 1939 an der TH Berlin Maschinenbau studierte. Obwohl er sicherlich eine geschärfte Perspektive auf die Vorgänge und die Atmosphäre in der Fakultät hatte, behielt Goldschmidt die Hörsäle der Hochschule „als weitgehend ideologiefreien Raum in Erinnerung".[60] So heißt es in seinem Bericht:

„Nach meinen Beobachtungen dominierte nicht eine Ideologie von Herrenmenschen, gab es in den naturwissenschaftlichen und technischen Fächern keine „neue Lehre" [...] Ungeachtet nationalsozia-

---

58 Dokument 08-10: Vgl. den Bericht Ernst Brödners über sein Studium bei Schlesinger; zitiert nach Spur, G.: Produktionstechnik im Wandel, a.a.O., S. 358-359.

59 Bericht Ernst Brödners über sein Studium bei Schlesinger, ebd., S. 359.

60 Grüttner: Studenten im Dritten Reich, a.a.O., S. 175. Grüttner wertete in seiner Arbeit Vorlesungsverzeichnisse, zeitgenössische Aussagen von NS-(Hochschul-)Funktionären und Oppositionellen sowie autobiographische Quellen ehemaliger Studenten aus, um zu Aussagen über Anpassung und Beharrung in der Ausbildung und Lehre nach 1933 zu gelangen.

listischer Grundstimmung und eines gehörigen Maßes von Opportunismus bei Professoren und Studenten waren Forschung und Lehre sozusagen „unpolitisch" [...] Von der Wehrwissenschaft des nationalsozialistischen Rektors von Arnim und der Volkswirtschaftslehre des neu berufenen Professors Storm sprach man unter vielen Maschinenbauern und Elektroingenieuren nur mit herablassender Ironie."[61]

Grüttner, dem bei seiner Auswertung der Studien- und Prüfungsordnungen der Technischen Hochschulen insbesondere der „weitgehende Verzicht auf ideologische Indoktrination"[62] auffiel, schließt daraus, dass

„das ursprünglich formulierte Ziel einer Neuordnung der naturwissenschaftlichen und technischen Ausbildung im Geiste des Nationalsozialismus [...] [letztlich] unter der Hand zu den Akten gelegt [wurde]. Statt dessen setzte sich die Erkenntnis durch, daß fachlich gut ausgebildete Physiker, Chemiker und Ingenieure, wie sie in der Industrie, in der militärischen Forschung und in der Wehrmacht dringend benötigt wurden, für den Fortbestand des Regimes wichtiger waren als ideologisch versierte Dilettanten."[63]

Bild 8.11 zeigt die Häufigkeitsverteilung der Studenten an der TH Berlin und derjenigen an der Abteilung III für Maschinen-Ingenieurwesen, später, ab 1922/23 der Fakultät III für Maschinen-Wirtschaft und ab 1928/29 für Maschinenwesen.

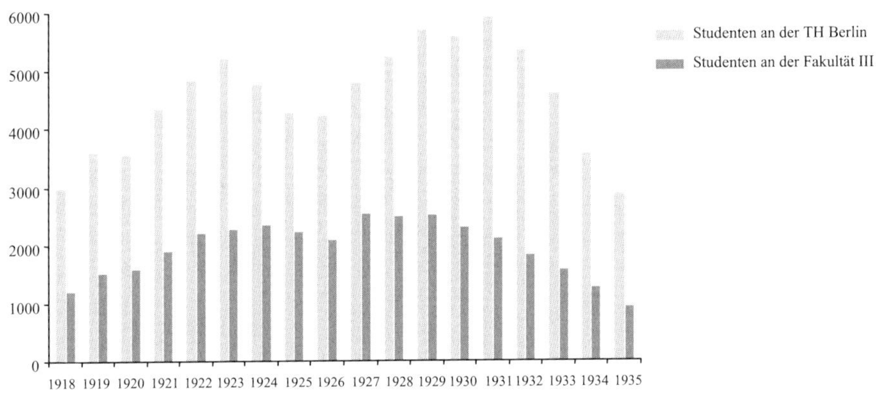

Bild 8.11: Anzahl der Studierenden an der TH Berlin und an der Fakultät III für Maschinenwirtschaft

Klar erkennbar ist der zunächst deutliche Anstieg der Einschreibungen nach Beendigung des Krieges bis zum Studienjahr 1930/31. Der kontinuierliche Anstieg wird nur durch einen vorübergehenden leichten Rückgang nach 1923 beeinträchtigt, der bis 1925 anhält, um dann wieder einem Anstieg zu weichen. Darin zeigt sich augenscheinlich die Reaktion auf die wirtschaftliche Unsicherheit im Gefolge der Inflationskrise von 1923. Entsprechend ist auch der deutliche Rückgang nach 1930 mit den Auswirkungen der Weltwirtschaftskrise zu verbinden.

Einen zusammenfassenden Überblick über die Lehrveranstaltungen, die in den Studienjahren von 1924/25 bis 1932/33 unter der Rubrik „Betriebswissenschaft" aufgeführt wurden, gibt die folgende Tafel:

---

61 Goldschmidt, Dietrich: Wie werden unsere Technischen Universitäten im Jahre 2000 aussehen? In: Neue Sammlung 20, 1980, S. 112-120, hier S. 114, zit. nach Grüttner, Studenten im Dritten Reich, a.a.O., S. 175.

62 Grüttner: Studenten im Dritten Reich, a.a.O., S. 197.

63 Ebd., S. 197-198.

Zuordnung	Fakultät für Maschinenwirtschaft „Betriebswissenschaft“				Fakultät für Maschinenwesen „Betriebswissenschaft“
Studienjahr	**1924/25**	**1925/26**	**1926/27**	**1927/28**	**1928/29**
Schlesinger	Werkzeugmaschinen (mit Seminar) Vortr., 2 Std., Üb., 4 Std.	Werkzeugmaschinen Vortr., 2 Std.	⇒	⇒	⇒
Schlesinger		Entwerfen von Werkzeugmaschinen (mit Seminar) Üb., 4 Std.	⇒	Entwerfen von Werkzeugmaschinen (mit Seminar) Üb., 8 Std. (4 Std. unentgeltlich)	⇒
Schlesinger	Fertigung, Fabrikbetriebe und Fabrikorganisation (Betriebswissenschaft) (mit Sem.) Vortr., 2 Std., Üb., 4 Std.	Fertigung, Fabrikbetriebe und Fabrikorganisation (Betriebswissenschaft) Vortr., 2 Std.	⇒	⇒	⇒
Schlesinger		Entwerfen von Fabrikbetrieben (mit Seminar) Üb., 4 Std.	⇒	Entwerfen von Fabrikbetrieben (mit Seminar) Üb., 8 Std. (4 Std. unentgeltlich)	⇒
Schlesinger	Versuchsfeld für Werkzeugmaschinen und Betriebswissenschaft Üb., 4 Std.	⇒	⇒	⇒	⇒
Kurrein	Arbeits- und Meßwerkzeuge W., Vortr., 2 Std.	⇒	⇒	⇒	⇒
Kurrein	Betriebstechnische Untersuchungen S., Vortr., 2 Std.	⇒	⇒	⇒	⇒
Kurrein			Feinmechanische Fertigung 2 Std., Versuchsfeld-Hörsaal	⇒	⇒ zusätzl.: Üb., 3 Std., unentg.
Moede	Industrielle Psychotechnik a) Eignungsprüfung von Jugendlichen und Erwachsenen W., Vortr., 2 Std. b) Rationalisierung der Arbeits-, Anlern- und Absatzverfahren S., Vortr., 2 Std.	Industrielle Psychotechnik: Teil I: Eignungsprüfungen, ihre Methoden und ihre praktische Anwendung im Betriebe; Teil II: Arbeitsrationalisierung, psychotechnische Arbeitslehre, ihre Grundlagen und praktische Anwendung im Betriebe Vortr., 2 Std.	Industrielle Psychotechnik: Teil I: Eignungsprüfungen, ihre Methoden und ihre praktische Anwendung im Betriebe; Teil II: Einführung in die Methoden der Arbeitsstudien, der Zeit-, Leistungs- und Ermüdungsmessung Vortr., 2 Std.	⇒	Industrielle Psychotechnik und Arbeitstechnik. Teil I: Eignungsprüfungen, ihre Methoden und ihre praktische Anwendung im Betriebe; Teil II: Bestgestaltung der Arbeitsverfahren im Betriebe durch Arbeits-, Zeit- und Leistungsstudien Vortr., 2 Std.

Studienjahr	1924/25	1925/26	1926/27	1927/28	1928/29
Moede	Übungen zur industriellen Psychotechnik Üb., 2 Std.	Übungen zur industriellen Psychotechnik (kleines Praktikum), Teil I: Einführung in die Praxis der Eignungsprüfung; Teil II: Einführung in die Methoden der Arbeitsstudien, der Zeit-, Leistungs- und Ermüdungsmessung Üb., 2 Std.	⇒	⇒	Übungen zur industriellen Psychotechnik und Arbeitstechnik: Teil I: Einführung in die Praxis der Eignungsprüfung; Teil II: Einführung in die Methoden der Arbeitsstudien, der Zeit-, Leistungs- und Ermüdungsmessung Üb. 2 Std.
Moede	Arbeiten für Fortgeschrittene Üb., tägl., 9-16	Arbeiten für Fortgeschrittene (großes Praktikum) Üb., tägl., 9-15	⇒	⇒	Arbeiten für Fortgeschrittene (großes Praktikum), aus dem Gesamtgebiet der Industriellen Psychotechnik und Arbeitstechnik Üb., tägl., 9-17
Moede					Grundzüge der Psychotechnik (für Studierende der Wirtschaftswissenschaften), 2 Std.
Hilpert	Rationelle Arbeitsmethoden und Kalkulation, 2 Std.	⇒	Schweißtechnik I Vortr., 2 Std.		
Hilpert	Autogene Schweißmethoden W., 2. Std.	⇒	Schweißtechnik II Vortr., 2 Std.		
Meyenberg		Abrechnungswesen in Maschinenfabriken, Vortr., 2 Std.			
Brasch				Wirtschaftliche Fertigung: Vorrichtungsbau S., Vortr., 1 Std.	Wirtschaftliche Fertigung: Fließarbeit S., Vortr., 1 Std.
Brasch				Wirtschaftliche Fertigung: Arbeitsvorbereitung und Arbeitzeitermittlung W. Vortr., 1 Std.	⇒
Brasch				Wirtschaftliche Fertigung: Entwerfen von Vorrichtungen W., Üb., 1 Std.	
v. Schütz					Aus der Praxis der Fließfabrikation 1 Std.
Kronenberg					Betrieb der Werkzeugmaschinen Vortr., 2 Std.

Studienjahr	1929/30	1930/31	1931/32	1932/33	1933/34
Zuordnung	**Fakultät für Maschinenwirtschaft „Einführung in den Maschinenbau und Maschinenelemente“**				**Fakultät für Maschinenwesen**
Schlesinger	Der Maschinenbau, einleitende Gruppenvorlesung mit Besichtigungen, zusammen mit: Riebensahm, Drawe W., Vortr., 2 Std., Besichtigungen Mo 10-14	?? entsprechende Seiten im TH-Programm fehlen	?? entsprechende Seiten im TH-Programm fehlen	?? entsprechende Seiten im TH-Programm fehlen	?? entsprechende Seiten im TH-Programm fehlen
Zuordnung	**Fakultät für Maschinenwesen „Betriebswissenschaft“**				
Schlesinger	Werkzeugmaschinen Vortr., 2 Std.	⇒	⇒	⇒	N.N. ⇒
Schlesinger	Entwerfen von Werkzeugmaschinen (mit Seminar) Üb., 8 Std. (4 Std. unentg.)	Entwerfen von Werkzeugmaschinen (mit Seminar) Üb., 4 Std.	⇒	Entwerfen von Werkzeugmaschinen Üb., 4 Std.	N.N. ⇒
Schlesinger	Fertigung, Fabrikbetriebe und Fabrikorganisation (Betriebswissenschaft) Vortr., 2 Std.	⇒	⇒	⇒	N.N. ⇒
Schlesinger	Entwerfen von Fabrikbetrieben (mit Seminar) Üb., 8 Std. (4 Std. unentg.)	Entwerfen von Fabrikbetrieben (mit Seminar) Üb., 12 Std. (8 Std. unentg.)	⇒	⇒	N.N. ⇒
Schlesinger	Versuchsfeld für Werkzeugmaschinen und Betriebswissenschaft Üb., 4 Std.	⇒	⇒	⇒	N.N. ⇒
Kurrein	Arbeits- und Meßwerkzeuge W., Vortr., 2 Std.	⇒	⇒	⇒	
Kurrein	Betriebstechnische Untersuchungen S., Vortr., 2 Std.	⇒	⇒	⇒	
Kurrein	Feinmechanische Fertigung 2 Std., Versuchsfeld-Hörsaal Üb., 3 Std., unentg.	⇒	⇒	⇒	

Studienjahr	1929/30	1930/31	1931/32	1932/33	1933/34
Moede	Industrielle Psychotechnik und Arbeitstechnik. Teil I: Eignungsprüfungen, ihre Methoden und ihre praktische Anwendung im Betriebe; Teil II: Bestgestaltung der Arbeitsverfahren im Betriebe durch Arbeits-, Zeit- und Leistungsstudien Vortr., 2 Std.	⇒	Industrielle Psychotechnik und Arbeitstechnik. Teil I: Die Lehre von den Arbeitsfunktionen des Menschen nebst praktischen Anwendungen im Betriebe und in der Wirtschaft. Eignungsprüfung, Anlernung; Teil II: Bestgestaltung der Arbeitsverfahren im Betriebe durch Arbeits-, Zeit- und Leistungsstudien Vortr., 2 Std.	⇒	⇒
Moede	Übungen zur industriellen Psychotechnik und Arbeitstechnik: Teil I: Einführung in die Praxis der Eignungsprüfung; Teil II: Einführung in die Methoden der Arbeitsstudien, der Zeit-, Leistungs- und Ermüdungsmessung Üb., 2 Std.	⇒	⇒	Übungen zur industriellen Psychotechnik und Arbeitstechnik: Teil I: Einführung in die Messung der Arbeitsfunktionen sowie die Praxis der Eignungsfeststellung; Teil II: Einführung in die Methoden der Arbeitsstudien, der Zeit-, Leistungs- und Ermüdungsmessung Üb., 2 Std.	⇒
Moede	Arbeiten für Fortgeschrittene (großes Praktikum), aus dem Gesamtgebiet der Industriellen Psychotechnik und Arbeitstechnik Üb., tägl., 9-17	⇒	⇒	⇒	⇒
Moede	Grundzüge der Psychotechnik (für Studierende der Wirtschaftswissenschaften) 2 Std.	⇒	⇒	⇒	⇒
Moede			[Lehrangebot der Fakultät I: Industrielle Reklame: Markt, Verkauf, Werbung]	⇒	⇒
Brasch	Wirtschaftliche Fertigung: Vorrichtungsbau S., Vortr., 1 Std.	⇒	Wirtschaftliche Fertigung: Fließarbeit S., Vortr., 2 Std., 14tägig	Vorrichtungsbau S., Vortr., 2 Std., 14tägig	⇒
Brasch	Wirtschaftliche Fertigung: Arbeitsvorbereitung und Arbeitszeitermittlung W., Vortr., 1 Std.	Wirtschaftliche Fertigung: Arbeitsvorbereitung und Arbeitszeitermittlung W., Vortr., 2 Std.	Wirtschaftliche Fertigung: Arbeitsvorbereitung und Arbeitszeitermittlung W., Vortr., 2 Std., 14-tägig	Arbeitsvorbereitung und Arbeitszeitermittlung W., Vortr., 2 Std., 14-tägig	⇒

v. Schütz	Aus der Praxis der Fließfabrikation 1 Std.	⇒	Sonderfragen der Betriebsorganisation: Aus der Praxis der Fließarbeit W., Vortr., 2 Std. Sonderfragen der Betriebsorganisation: Rationalisierung von Fabrikbetrieben S., Vortr., 2 Std	Sonderfragen der Betriebsorganisation: Aus der Praxis der Fließarbeit W., Vortr., 2 Std., unentg. Sonderfragen der Betriebsorganisation: Rationalisierung von Fabrikbetrieben S., Vortr., 2 Std., unentg.	⇒
Kronenberg	Werkzeugmaschinen insbesondere ihre Ausnutzung im Betrieb Vortr., 2 Std.	⇒	Werkzeugmaschinen, insbesondere ihre Ausnutzung im Betrieb 1. Teil: W., Vortr., 2 Std. 2. Teil: S., Vortr., 2 Std.	Zerspanungslehre und ihre Anwendung bei Werkzeugmaschinen 1. Teil: W., Vortr., 2 Std. 2. Teil: S., Vortr., 2 Std.	⇒

Forschung im Fachgebiet Fabrikorganisation

Schwerpunkte der Forschung waren unter Schlesinger neben den Werkzeugmaschinen und den fertigungstechnischen Verfahren weiterhin die Fabrikorganisation und zunehmend die Psychotechnik, was offensichtlich im Zusammenhang mit der Errichtung des Instituts für industrielle Psychotechnik im Jahr 1924 zu sehen ist. Im Folgenden wird über Forschungsarbeiten unter Anleitung Georg Schlesingers berichtet, die im Bereich der Fabrikorganisation positioniert sind und damit eine fachliche Nähe zur Psychotechnik haben.

Schlesinger engagierte sich nachdrücklich für die Gemeinschaftsarbeit im Normenwesen. Wie schon in den Jahren zuvor hatte er in verschiedenen Fachausschüssen gearbeitet, darunter als Obmann des Normenausschusses des Vereins Deutscher Werkzeugmaschinenfabriken und des Unterausschusses für Antrieb und Antriebsmaschinen beim Ausschuss für wirtschaftliche Fertigung.[64]

Im Auftrag des VDW führte Schlesinger mehrere Forschungsreisen durch. Seine erste große Reise ging im Herbst 1924 in die Vereinigten Staaten von Amerika. Es folgte 1925 eine Reise in die UdSSR. Im Herbst 1929 nahm er schließlich an der Ersten Weltkraftkonferenz (bzw. Weltingenieurskonferenz) in Tokio teil. Auf dem Rückweg bereiste er neben China und Indien ein weiteres Mal die UdSSR.

In einem Beitrag unter dem Titel „Forschung und Werkstatt" aus dem Jahre 1926 skizzierte Georg Schlesinger die Rahmenbedingung seiner Arbeit als die Notwendigkeit einer engen Verbindung zwischen Betriebswissenschaft und industrieller Praxis. Die betriebswissenschaftliche Forschung sei eine wichtige Stütze der im internationalen Vergleich stehenden deutschen Industrie. Ihre Aufgabe sei es, verbesserte und zudem wirtschaftliche Methoden der Bearbeitung und der Fertigung zu entwickeln. Schlesinger war sich bewusst, dass die Entwicklung in den USA den Maßstab für die betriebswissenschaftliche Forschung in Deutschland gab. Er urteilte jedoch kritisch über die dortige Situation und stellte vergleichend fest:

64 Vgl. Ebert, Hans; Hausen, Karin: Georg Schlesinger und die Rationalisierungsbewegung in Deutschland. In: Wissenschaft und Gesellschaft. Beiträge zur Geschichte der Technischen Universität Berlin 1879-1979. Im Auftrag des Präsidenten der Technischen Universität Berlin, hrsg. v. Reinhard Rürup, Bd. 1, Berlin, Heidelberg, New York 1979, S. 315-334, hier S. 322.

„Das bisherige „Scientific Management" der Amerikaner hatte mit Wissenschaft wenig zu tun, war eine Häufung der empirisch allerdings in ungeheurer Menge gefundenen und stets nur auf ein scharf umgrenztes Sondergebiet angewendeten Sondererfahrungen. Zur eigentlichen Betriebswissenschaft, beruhend auf bewußt durchgebildeter Systematik, mit dem Ziele: allgemein gültige Maßstäbe, leicht verständliche Meßverfahren und praktisch überall verwendbare Meßgeräte zu schaffen, hat sie wohl erst die deutsche Forschung erhoben. Wir wollten Werkzeug und Werkzeugmaschine so fest in die Hand bekommen, wie es den Wärmeforschern durch den Indikator, den Dampf- und Wassermesser, den Elektrotechnikern durch Volt-, Ampere- und Wattmeter gelungen ist (...) Starke, langlebige, schnellaufende, bequem bedienbare Werkzeugmaschinen, entstanden aus inniger Gemeinschaftsarbeit von Forscher, Konstrukteur und Verbraucher, richtig hergestellte und geschliffene Werkzeuge, denen es Freude macht zu schneiden, leicht verwendbare Prüfgeräte, um den Werkzeugpark in seiner Leistung zu überwachen, nicht nur auf der Höhe zu halten, sondern fortgesetzt weiter zu entwickeln, das sind die drei Grundlagen, ohne die es keinen „Wirtschaftlichkeitsgrad" in unseren Werkstätten mehr geben wird."[65]

Den Schwerpunkt der Rationalisierungsforschung am Lehrstuhl und Versuchsfeld bildete der Bereich Fertigungstechnik. Neue Fertigungsverfahren und Fortschritte in der Werkstofftechnologie erforderten die Verbesserung vorrangig der Werkzeuge und der Antriebssysteme.[66] Schlesinger und seine Mitarbeiter befassten sich ausführlich mit der Konstruktion von Werkzeugmaschinen, ihrer Prüfung und Abnahme. Große Aufmerksamkeit widmeten sie Fragen der Fertigungsgenauigkeit und den Maßnahmen zu ihrer Optimierung.

Von besonderem Interesse in Hinblick auf die Etablierung des betriebswissenschaftlichen Ansatzes an der TH Berlin sind die Veröffentlichungen Schlesingers, die sich mit Fragen des Fabrikbetriebs beschäftigten.

Die erstmals 1913 formulierten Gedanken zum Scientific Management Taylors und dessen nur begrenzte Anwendbarkeit auf die deutschen Betriebsbedingungen greift Schlesinger in seinem Aufsatz „Das Taylor-System und die deutsche Betriebswissenschaft" von 1921 auf.[67] Der Argumentationsgang soll etwas ausführlicher verfolgt werden, da hier Schlesingers betriebswissenschaftlicher Ansatz deutlich zum Ausdruck kommt, der auch in den folgenden Jahren die Basis für Lehre und Forschung am Lehrstuhl für Werkzeugmaschinen und Fabrikbetrieb bildete.

Den Ausgangspunkt für Schlesingers Überlegungen bildet die Feststellung, dass sich die Taylorrezeption in Deutschland seit 1904, als Taylors Grundsätze erstmals in Deutschland veröffentlicht wurden, grundsätzlich gewandelt habe. Die anfänglich heftige Kritik und Ablehnung, vor allem von Seiten der Arbeiterschaft, sei nun der Erkenntnis gewichen, „daß ohne die Grundsätze Taylors auch für Deutschland der Wiederaufbau unmöglich ist".[68] Diesen Wandel führt Schlesinger darauf zurück, dass in Deutschland zunächst ein einziger Gesichtspunkt, nämlich die Methode der Arbeitszerlegung, einseitig betont worden sei, während die positiven Aspekte des Taylor-Systems erst später erkannt wurden. Ziel seines Aufsatzes ist es daher, erneut klarzulegen: „in welcher Form sich der gute Kern des Systems für unsere deutschen Verhältnisse nutzbar machen läßt".[69]

Diesen guten Kern sieht Schlesinger in den drei Säulen des Taylor-Systems – Arbeitszerlegung, Zeitmessung und Einführung von Normen – die untrennbar verbunden seien und die

---

65 Schlesinger, G.: Forschung und Werkstatt. Werkstattstechnik 20 (1926), S. 637-646, hier S. 645-646.

66 Vgl. Schlesinger, G.: 30 Jahre deutscher Werkzeugmaschinenbau. Werkstattstechnik 22 (1928), S. 549-554, hier S. 550.

67 Schlesinger, G.: Das Taylor-System und die deutsche Betriebswissenschaft. Werkstattstechnik 15 (1921), S. 313-317.

68 Ebd., S. 313.

69 Ebd., S. 315.

Grundlage für die Mechanisierung der Arbeit darstellten, auf deren Basis erst die erforderliche Produktivitätssteigerung bei gleichzeitiger Senkung der Kosten möglich sei. Kritik übt er dagegen an „Methode und Geist", wie das System eingeführt wurde. So verkörpert das Taylor-System für Schlesinger den Grundgedanken: „Macht die Arbeit geeignet für den Menschen!" Gerade das „menschliche Element" sei jedoch durch die Konzentration auf den Gedanken der Arbeitszerlegung völlig zurückgedrängt worden. Schlesinger zufolge hatte man vergessen, „daß nicht die Höchstleistung für den Menschen die Norm bildet, (...) sondern daß die verschiedenen Umstände, die im Material, im Werkzeug, aber auch in der menschlichen Disposition liegen, berücksichtigt werden müssen", und dass man auf Grund „einer Verbindung des Seelischen mit dem Mechanischen eine Anpassung an den Durchschnittmenschen suchen müsse".[70] Gerade die Ausnutzung der Fähigkeiten des Menschen liege den Arbeiten der deutschen Betriebswissenschaftler zugrunde, die insofern über die Arbeiten von Taylor und Gilbreth hinausgingen. Statt eine Fähigkeit zu drillen, gehe es darum, „Neigung und Fähigkeit zum Höchstmaß zu vereinen".[71]

Neben dieser stark programmatischen Schrift, die auch in der „Technischen Hochschule", einer Halbmonatsschrift der TH Charlottenburg, erschien, veröffentliche Schlesinger auf dem Gebiet der Fabrikorganisation vor allem Arbeiten, die sich mit der Gesamtproblematik der Organisation sowie mit Kalkulation und Abrechnungswesen auseinandersetzten.

Es entstanden zahlreiche Untersuchungen zur Zerspanbarkeit und Schneidhaltigkeit – die bekanntesten Arbeiten aus dieser Zeit sind die Dissertationen von Max Kronenberg (1927), Eugen Simon (1928), Stephan Pátkay (1929) und die Publikation „Vielschnittbänke, ihre Konstruktion und Arbeit" von Max Kurrein (1929). Im Versuchsfeld wurden einzelne Maschinenteile, Werkzeuge, Schmiermittel, der Kraftverbrauch von Getrieben, das Ausnutzungsoptimum von Material und Maschinen untersucht. Die Ergebnisse boten Konstrukteuren und Betriebsleitern eine Grundlage, auf der sich sicher planen ließ.

Folgende Monographien wurden von den Mitarbeitern des Lehrstuhls zwischen 1925 und 1929 verfasst:

G. Schlesinger	Die Bohrmaschine, ihre Konstruktion und ihre Anwendung, Berlin (Springer) 1925.
H. Klopstock	Die Untersuchung der Dreharbeit (Berichte des Versuchsfeldes für Werkzeugmaschinen an der Technischen Hochschule Berlin, Bd. 8), Berlin (Springer) 1926.
L. Frommer	Der Spritzguß, Berlin (Springer) 1926.
M. Kronenberg	Grundzüge der Zerspanungslehre, Berlin (Springer) 1927.
G. Schlesinger	Prüfbuch für Werkzeugmaschinen (Die Arbeitsgenauigkeit der Werkzeugmaschinen), 1. Aufl. Berlin (Springer) 1927; 2. Aufl. Berlin (Springer) 1931. – Insgesamt erschienen acht Auflagen bis 1971 und Übersetzungen ins Französische, Russische, Japanische, Rumänische, Italienische und Englische.
H. D. Brasch	Betriebsorganisation und Betriebsabrechnung (Betriebswissenschaftliche Bücher, Bd. 6), Berlin (Stilke) 1928.
M. Kurrein	Vielschnittbänke, ihre Konstruktion und Arbeit, Berlin (Hackebeil AG) 1929.

70 Ebd., S. 315.

71 Ebd., S. 314.

Das achte Heft der Berichte des Versuchsfelds für Werkzeugmaschinen erschien 1926. Dieses Heft mit dem Titel „Die Untersuchungen der Dreharbeit“ verfasste Hans Klopstock, der mit dieser Arbeit schon 1923 bei Schlesinger promoviert hatte.

Die zahlenmäßige Verteilung der „Werkstattstechnik“-Veröffentlichungen wichtiger Mitarbeiter des Lehrstuhls von 1925 bis 1929 zeigt die folgende Darstellung:

	Schlesinger	**Kurrein**	**Moede**	**v. Schütz**	**Brasch**	**Kronenberg**	**Ledermann**	**Meyenberg**	**Rögnitz**	**Popendicker**	**Σ**
Werkzeugmaschinen	12	13		20		3	2		12	39	101
Fertigung	9	19				1			3	10	42
Organisation	7			3	1	1	3		1	3	19
Normung	20							1			21
Messtechnik		5							1	3	9
Psychotechnik			2								2
Σ	48	37	2	23	1	5	5	1	16	55	

Von den elf Dissertationen, die zwischen 1925 und 1929 am Lehrstuhl Schlesinger abgeschlossen wurden, und den zwei Arbeiten, bei denen Schlesinger als Korreferent hinzugezogen wurde, behandelte eine Arbeit die Werkzeugmaschinen. Fünf Schriften waren Untersuchungen des Forschungsschwerpunkts Fertigungsverfahren. Vier Themen bezogen sich auf Fragen des Fabrikbetriebs. Diese werden im Folgenden zusammengefasst.

Am 11. November 1925 legte *Friedrich Kruspi* eine Dissertation mit dem Titel „Die Entwicklung der deutschen Maschinenindustrie vom Kriege bis zur Gegenwart, dargestellt unter Benutzung der Quellen des Vereins Deutscher Maschinenbauanstalten“ vor. Die Arbeit wurde am 17. Februar 1926 genehmigt. Referent war Professor Schlesinger, Korreferent Professor Paul Riebensahm. Der Dissertationsdruck erschien 1926. Im selben Jahr wurde die Arbeit unter dem Titel „Gegenwart und Zukunft der Deutschen Maschinenbauindustrie“ als Buch im Verlag Julius Springer, Berlin, veröffentlicht.[72]

Mit seiner Untersuchung zum Maschinenbau als führender Industrie Deutschlands wollte Kruspi einen Beitrag zur Erkenntnis der aktuellen, Mitte der zwanziger Jahre bestehenden Produktions- und Absatzbedingungen der deutschen Wirtschaft leisten. Die durch historische Analyse erzielten Ergebnisse sollten zugleich Schlussfolgerungen für die zukünftige Entwicklung begründen. Die geschichtliche Entwicklung des Maschinenbaus, seine wirtschaftliche Bedeutung sowie die Folgen des Krieges und der Inflation, die in der Einleitung abgehandelt werden, ergeben den Rahmen zur Interpretation der erschwerten Produktionsbedingungen hinsichtlich der Rohstoffversorgung, der komplizierten Selbstkostenberechnung und Preisgestaltung, der schrumpfenden Märkte im In- und Ausland sowie der Konflikte im Bereich der Lohn- und Arbeitszeitpolitik. Diese „Notlage der Maschinenindustrie“ wird in einem eigenen Kapitel statistisch belegt. Dem schließt sich eine Darstellung der Organisationsformen der deutschen Maschinenindustrie an, in denen die Voraussetzungen für eine Vereinigung der

---

72 Vgl. Kruspi, Friedrich: Die Entwicklung der deutschen Maschinenindustrie vom Kriege bis zur Gegenwart, dargestellt unter Benutzung der Quellen des Vereins Deutscher Maschinenbauanstalten. Springer-Verlag, Berlin 1926 – Erschienen auch unter dem Titel „Gegenwart und Zukunft der deutschen Maschinenindustrie“, Springer-Verlag, Berlin 1926.

Kräfte als Weg aus der Krise gesehen werden. Ohne die Aufgaben der einzelnen Werke bei der Bewältigung der Krisenerscheinungen in Frage zu stellen, fordert Kruspi eine „Gemeinschaftsarbeit“ der Fachverbände zur Förderung der Verständigung in jedem einzelnen Produktionszweig, für die er auf das Beispiel der amerikanischen „cooperation“ verweist.

Mit dem „Materialproblem innerhalb der Organisation“ befasste sich *Werner Prietsch* in seiner Dissertation, die er am 5. März 1928 vorlegte und die am 4. September 1928 genehmigt wurde. Berichter war Professor Schlesinger, Mitberichter Professor Hanner. Die Arbeit wurde in der Zeitschrift „Werkstattstechnik“ sowie als Sonderdruck im Verlag Julius Springer veröffentlicht.[73] Prietsch, der bis Februar 1926 im Auftrag Georg Schlesingers bei der Horch Werke AG in Zwickau arbeitete und dann ständiger Assistent am Schlesinger-Lehrstuhl war, bevor er am 1. Juni 1927 eine Tätigkeit als Organisationsingenieur in der „Renta Organisations-Gesellschaft m.b.H.“ aufnahm, behandelt die Organisation des Fabrikbetriebs aus der Sicht des verarbeiteten Materials. Dabei geht er davon aus, dass unabhängig von der Art des Produkts alle in das Endprodukt eingehenden Aufwendungen durch den Herstellungspreis gedeckt sein müssen. Aus dieser Aufgabe greift er in seiner Untersuchung die Teilprobleme der Materialbeschaffung und der Materialverrechnung heraus. Im Zusammenhang der Materialbeschaffung werden Fragen der Materialbezeichnung, der Materialverfügbarkeit und des Materialeinkaufs behandelt. Dem schließt sich die Untersuchung von Problemen der Materialverrechnung an, wobei auch diese ein „Spiegelbild“ des im Umlauf befindlichen entsprechenden Vermögens der Fabrik sein soll. Zu den im einzelnen erörterten Themen gehören die Form der Verrechnung, die Arten der Buchungsbelege, die Kalkulation des Materialpreises, der Aufbau eines für den Betrieb passenden „Kontengerüsts“, die Inventurbewertung, die Nachrechnung sowie die Dokumentation aller relevanten Materialdaten in einer „Materialstatistik“. Die „Lösung des Materialproblems“, so werden die Ergebnisse der Untersuchung zusammengefasst, erfordert eine sorgfältige Arbeitsvorbereitung in der Verwaltung ebenso wie in der Fertigung. Bei einem eindeutig und übersichtlich organisierten Geschäftsprozess lassen sich in der Materialbeschaffung wie in der Materialverrechnung die betrieblichen Daten „zwangsläufig, richtig und schnell“ erfassen.

„Leistungserfassung und Lohnrechnung unter besonderer Berücksichtigung des Lohnbüros“ lautete das Thema der Dissertation, die *László Rózsavölgyi* am 20. Juni 1927 vorlegte. Die Arbeit, die sich mit der Lohnorganisation innerhalb verschiedener Betriebsgestaltungen beschäftigt, wurde am 12. September 1929 genehmigt, Berichter war Schlesinger, Mitberichter Kurrein.[74] Im Wesentlichen geht es um Erfassungsmöglichkeiten von gebrachten Leistungen und deren Dokumentation zur Ermittlung des Lohns eines Arbeiters in der Industrie. Diskutiert wird zum Beispiel die Ermittlung des Anteils eines einzelnen Arbeiters oder Kolonnenführers an der Leistung einer Arbeiterkolonne. Rózsavölgyi stellt fest, dass eine Umstellung vom Zeitlohn- auf ein Stücklohnsystem erstrebenswert wäre. Dieser Umstellung stehen aber nach Meinung des Autors kaum überwindbare Schwierigkeiten wie die Ermittlung des Zeitverbrauchs je Arbeitsstufe und vor allem die Prüfung des Leistungserfolgs auf Menge und Güte im Wege. Ein Schwerpunkt der Arbeit liegt bei den Aufgaben des Lohnbüros, deren Umfang davon abhängig ist, inwiefern die Trennung zwischen Ver-

---

73 Vgl. Prietsch, Werner: Das Materialproblem innerhalb der Organisation. Sonderdruck aus Werkstattstechnik 23 (1929) 11.

74 Vgl. Rózsavölgyi, László: Leistungserfassung und Lohnrechnung unter besonderer Berücksichtigung des Lohnbüros. Dissertation zum Dr.-Ing., TH Berlin, vorgelegt am 20. Juni 1927, genehmigt am 12. September 1928, erschienen in: Werkstattstechnik 23 (1929) 10, S. 285-304.

waltungs- und Werkstattaufgaben vollzogen wird. Dabei geht Rózsavölgyi auf die Gliederung der Abrechnungen ein, betont die Notwendigkeit, dass die vorausgehende Erfassung auf die Gliederung der Abrechnung abgestimmt werden muss, und befasst sich vor allem mit dem Rechnungsvorgang und dessen Aufzeichnung. Herausgestellt wird die zunehmende Bedeutung von technischen Hilfsmitteln, wie Rechen- oder Tabelliermaschinen. Der schwierigere Teil der in den Lohnbüros anfallenden Arbeiten liegt jedoch, so Rózsavölgyi, nicht in der Dokumentation und Rechnung, sondern in der Leistungsbewertung der Arbeiter. Diese Arbeit geschieht nach wie vor auf normalen Vervielfältigungsmaschinen. Somit gelte es, eine optimale Ausnutzung der im Lohnbüro angestellten Arbeitskräfte zu erreichen. Dazu setzt der Autor eine straffe Ordnung in der Leistungserfassung, verständliche Unterlagen und eine sinnvolle Arbeitsteilung voraus.

Zum Thema „Wirtschaftlichkeit von Buchungsmaschinen in der Fabriklohn-, Material- und Auftragsrechnung" legte *Heinz Wegener*, von 1926 bis 1929 Assistent bei Schlesinger, am 28. Mai 1929 eine Dissertation vor, die am 1. November 1929 genehmigt wurde. Berichter war Schlesinger, Mitberichter Hanner. Die Arbeit wurde 1930 bei Springer veröffentlicht.[75] Kern der Arbeit ist die Betrachtung von bestehenden Buchungsmaschinen zur Lohn-, Material- und Auftragsrechnung hinsichtlich ihrer Wirtschaftlichkeit. Verglichen werden die Maschinen mit der manuellen Durchführung der jeweiligen Buchungsaufgabe. Hierbei steht der hohe Anschaffungswert der Buchungsmaschine mit ihren Abschreibungskosten den damals geringeren Personalkosten zur manuellen Durchführung der Buchungsaufgabe gegenüber. Zur Bestimmung der Wirtschaftlichkeit ermittelt Wegener die Zeiten der einzelnen Arbeitsschritte des Buchungsvorgangs. Die Verlustzeiten finden bei dieser Betrachtung jedoch keine Berücksichtigung. Die ermittelten Zeitwerte werden rechnerisch untersucht und durch graphische Darstellung miteinander verglichen. Wegener kommt zu dem Ergebnis, dass die Anschaffung von Buchungsmaschinen nur für mittlere bis große Unternehmen rentabel ist. Große Unternehmen sollten dabei jedoch auf besonders schnelle, wenn auch teurere Maschinen zurückgreifen, da nach Meinung des Autors insbesondere die Schnelligkeit bei der Fabrikbuchhaltung eine entscheidende Rolle spielt.

Die Auseinandersetzung mit den internationalen Entwicklungen im Werkzeugmaschinenbau und insbesondere mit den Fortschritten im Bereich der Konstruktion von Sondermaschinen für die Fließfertigung bildete auch in den Jahren von 1925 bis 1929 die wesentliche Grundlage für die Forschungsarbeiten Schlesingers und seiner Mitarbeiter auf diesem Gebiet. Die Verbreitung von Kenntnissen über Neuerungen, die Auseinandersetzung mit technischen und wirtschaftlichen Anforderungen, die Förderung der Gemeinschaftsarbeit zwischen Herstellern und Verbrauchern sowie Wissenschaft und Praxis waren weiterhin Kernpunkte ihrer Tätigkeit.

Das gesamte Heft Nummer 24 der „Werkstattstechnik" des Jahres 1925 ist der Darstellung amerikanischer Sondermaschinen für den Bereich der Automobilindustrie gewidmet. Schlesinger vertrat die Ansicht, dass die Anschaffung solcher Hochleistungsmaschinen trotz der vergleichsweise geringen Produktionsziffern in Deutschland in jenen Bereichen sinnvoll sein würde, in denen in der Folgezeit ein Nutzungsgrad von mehr als 70 Prozent erreicht werden konnte. Um ihre Leistungsfähigkeit zu steigern, müsste sich die Organisation der deutschen Automobilfabriken

[75] Vgl. Wegener, Heinz: Wirtschaftlichkeit von Buchungsmaschinen in der Fabriklohn-, Material- und Auftragsrechnung. Springer-Verlag, Berlin 1930.

„selbst eine Art Reihenfabrikation schaffen dadurch, daß sie statt des amerikanischen Tagesbedarfs den Bedarf von 1 oder 2 Wochen zusammenfaßt und nun die Umstellung der Sondermaschinen jede Woche oder alle 2 Wochen in den Kauf nimmt, weil die Vorteile von Höchstleistungsmaschinen derartig groß sind, daß man die Schädigung ihres Wirkungsgrades durch ein- bis viermalige Umstellung im Monat sehr wohl in den Kauf nehmen kann und muß [...]".[76]

Wesentlich sei es, die für den „amerikanischen Riesenbedarf" geschaffenen Sonderhochleistungsmaschinen an die deutschen Verhältnisse anzupassen. Schlesinger schlug vor, sie mit normalen Maschinen der Metallbearbeitung zu „kreuzen", um eine einfache Umstellungsmöglichkeit für andere Arbeitsstufen oder Stücke zu erreichen.

Forschung im Fachgebiet Psychotechnik

Eignungsprüfung und Rationalisierung

Fast die Hälfte der Arbeiten des Instituts für industrielle Psychotechnik, von Moede 1928 zum zehnjährigen Bestehen des Instituts in einem Sonderdruck veröffentlicht, kann unter dem Stichwort Rationalisierung zusammengefasst werden. Dieser Forschungsschwerpunkt umfasste:

- das Eignungstestwesen bezüglich Standardisierung, Optimierung und Effizienz von Eignungsprüfungen sowie deren Erfolgskontrollen,
- die Arbeits-, Bewegungs- und Zeitstudien bestimmter Berufe und Tätigkeiten als notwendige Voraussetzung betrieblicher Arbeitsorganisation (Kalkulation von Entlohnung und Beschäftigung, Planung von Arbeitsverfahren) sowie
- die Arbeitswirtschaft im Sinne betriebswirtschaftlicher und -wissenschaftlicher Erkenntnisse.

Im Geleitwort zur Erstausgabe der Industriellen Psychotechnik 1924 definierte Walther Moede die Aufgabe der Psychotechnik als „die Methoden und Erkenntnisse der Psychologie den Fragen des praktischen Lebens dienstbar zu machen".[77] Ziel der industriellen Psychotechnik sei in einem betriebswirtschaftlichen Sinne die „Rationalisierung der menschlichen Tätigkeit auf allen Gebieten des Wirtschaftslebens",[78] die „die günstigsten Leistungsbedingungen für Menschenarbeit aller Art aufzufinden" suchte.[79] Sie gliederte sich in die Rationalisierung der Arbeitszuteilung, der Anlernung, der Arbeitsverfahren und der Absatzverfahren.

Damit umfasste die Industrielle Psychotechnik die vollständige Bandbreite des Betriebslebens „von der Einstellung geeigneter Leute über die zweckmäßige Anlernung bis hin zur zweckvollen, auf die Anlagen des Menschen Bedacht nehmenden Gestaltung der Arbeitsmittel und -vorgänge, um schließlich auch dem Warenabsatz Rechnung zu tragen".[80]

Die Forschungsarbeiten des Instituts befassten sich im Einzelnen mit dem Studium von Übungserscheinungen bei Wiederholung von Versuchen, der Auswertung von Ergebnissen und ihrer Verwendung zu Richtlinien für industrielle Schulung und Anlernung sowie mit der

---

76 Schlesinger, G.: Der amerikanische Riesenbedarf und seine Befriedigung durch Sondermaschinen. Werkstattstechnik 19 (1925) 24, S. 821-860 und S. 869-871, hier S. 821.

77 Moede, W.: Zum Geleit. Industrielle Psychotechnik 1 (1924) 1/2, S. 1.

78 Ebd., S. 1.

79 Moede, W.: Psychotechnische Betriebsrationalisierung. Industrielle Psychotechnik 2 (1925) 7/8, S. 245.

80 Ebd., S. 245.

Erstellung von Leistungs- und Berufsanalysen als Grundlage für das Arbeitsfunktionsbild der einzelnen Arbeitsstellen, Arbeitsgruppen und Berufe.

Die Studien wurden im Hinblick auf Eignungsprüfungen und die „Bestgestaltung" der Arbeitsfunktionen ausgewertet, „um bei geringeren objektiven und subjektiven Aufwendungen mehr und bessere Leistungen zu erzielen."[81]

Moede formulierte 1928, dass es ein Ziel der institutionellen Forschung sei, „planmäßig den Bestwerten der Menschenarbeit nachzugehen auf der Grundlage einer eingehenden wissenschaftlich begründeten Einsicht in den Ablauf der Arbeitsleistungen. Die Zeitstudie Taylors sowie das Bewegungsmessverfahren Gilbreths müssen zur allgemeinen und umfassenden Leistungsstudie erweitert werden, um alle am jeweiligen Leistungserfolg beteiligten Faktoren des arbeitenden Menschen zu erfassen."[82]

Bild 8.12: Buchdruckerlehrlingsprüfung (1928)

Rationalisierung besaß in diesem Zusammenhang eine doppelte Bedeutung: Neben einem in Teilbereichen zu untersuchenden Forschungsschwerpunkt formaler Betriebsorganisation war es gleichzeitig ein übergreifendes Konzept, das über die betriebswirtschaftliche Dimension hinaus auf einen volkswirtschaftlichen Rahmen verwies.[83] In diesem Sinne ordnete Moede in seinem Vortrag auf dem IV. Internationalen Kongress in Paris die Psychotechnik den Wirtschaftswissenschaften zu.[84]

---

81 Moede, W.: 10 Jahre Institut für industrielle Psychotechnik T. H. Berlin. Werkstattstechnik 22 (1928), S. 587-592, hier S. 592.

82 Ebd., S. 590.

83 Es sei hier nur auf die so genannte Rationalisierungsdebatte nach dem Ersten Weltkrieg und auf die Rezeption der amerikanischen Rationalisierungsbewegung um Taylor, Gilbreth und Ford verwiesen. Dazu: Radkau, J.: Technik in Deutschland – Vom 18. Jahrhundert bis zur Gegenwart. Frankfurt/M 1989, S. 269-284.

84 Moede, W.: Die Psychotechnik als Arbeitswirtschaft. Vortrag, gehalten auf dem IV. Internationalen Kongress in Paris, abgedruckt in: Industrielle Psychotechnik 4 (1927) 11, S. 347-349.

Als einen Teilbereich der Rationalisierung untersuchte Moede „Die psychotechnische Arbeitsstudie“. Sie ist grundlegendes Forschungsmittel für das Arbeitsgebiet der Rationalisierung der Arbeits- und Anlernverfahren. Die experimentelle Arbeitsstudie bestand aus zwei Teilen. Die formale Analyse untersuchte neben dem Zeitwert einer Tätigkeit auch den Kraftverlauf sowie die äußere Form der Arbeit selbst. Die Methoden der Analyse dienten der Feststellung von Reaktionsvermögen, Bewegungsabläufen und Ermüdungen. Die materiale Analyse nahm eine Kompetenzzerlegung, d. h. eine „psychotechnische Zergliederung der Berufsanforderung an die körperlich-geistigen Fähigkeiten“ vor[85]. Moede, der sich in den Zeit- und Bewegungsstudien an Taylor und Gilbreth anlehnte, propagierte eine detaillierte Aufgliederung der einzelnen Arbeitsschritte, um zu möglichst genauen Ergebnissen zu kommen. Wichtiger Orientierungspunkt war die berufliche Praxis, zu der die theoretischen und experimentellen Untersuchungen im Labor Bezug behalten mussten. Die Versuche waren deshalb als Schema der Wirklichkeit zu verstehen.

Die Mitarbeiter der Gruppe für industrielle Psychotechnik beschäftigten sich mit der Entwicklung, Eichung und Überprüfung von Ausleseverfahren, der Ausbildung von Psychotechnikern und der Durchführung von Prüfungen im Auftrag von Dritten. Während in den USA Handwerker systematisch durch angelernte Teilarbeiter ersetzt wurden, gab es in Deutschland die Zielsetzung, die Arbeitsinhalte so zu strukturieren, dass auch unter den Bedingungen rationalisierter Massenfertigung handwerkliches Können, ein identifikatorischer Symbolgehalt und die sozialintegrative Funktion des Berufes erhalten blieben. Die von den Firmen AEG, Siemens und Loewe zunächst in eigener Regie vorangetriebene Arbeit für eine planmäßige Organisation der Facharbeiterausbildung wurde erst wirksam, nachdem einer zentralen, in Berlin ansässigen Institution, dem Deutschen Ausschuss für das technische Schulwesen (DATSCH), die Koordination der „Ordnungsarbeiten“ übertragen worden war. Dieser schon 1908 gebildete Ausschuss war eine Gründung des VDI und des Vereins der Deutschen Maschinenbauanstalten. Sein Aufgabengebiet erstreckte sich über alle Bereiche der praktischen und theoretischen Ausbildung, von der Lehrlingsausbildung bis zum Studium an der Technischen Hochschule. Der DATSCH wurde 1926 durch den Beitritt der Arbeitgeberverbände zum Arbeitsausschuss für Berufsbildung erweitert und ging schließlich 1939 im Reichsinstitut für Berufsausbildung in Handel und Gewerbe auf. Die dort konzipierten Eignungsanforderungen, Ausbildungsmittel und Prüfungsanforderungen führten den Prozess der typisierenden Konstruktion des Facharbeiterberufs zu einem Ende.[86]

Innerhalb der Psychotechnik um Walther Moede war die Eignungsprüfung des industriellen Lehrlings ein richtungweisender Forschungsschwerpunkt. Rund 40 Prozent der insgesamt 100 Arbeiten des Instituts, die von Moede 1928 im Sonderdruck „10 Jahre Institut für industrielle Psychotechnik“ aufgelistet wurden, beschäftigten sich mit den verschiedenen Formen der Eignungsfeststellung. Dass die „Lehrlingsauslese“ zu einem Hauptbetätigungsfeld der

---

85 Moede, W.: Die psychotechnische Arbeitsstudie – Richtlinien für die Praxis. In: Mitteilungen zur Psychologie der Arbeit. Beilage zu der Monatszeitschrift „Der Arbeitnachweis in Westfalen“ (Mitteilungen des Landesarbeitsamtes Westfalen und Lippe in Münster), 15. März 1920, S. 1-17, hier S. 10. Aus: Nachlass Walther Moede.

86 Vgl. Hanf, Georg: Berufsausbildung unter dem Einfluß der Rationalität. Industrielle Psychotechnik und die Konstruktion des Facharbeiters. In: Wissenschaften in Berlin. Begleitband zur Ausstellung „Der Kongreß denkt“ vom 14. Juni bis zum 1. November 1987 in der wiedereröffneten Kongreßhalle Berlin. Hrsg. v. Tilmann Buddensieg, Kurt Düwell u. Klaus-Jürgen Sembach, Bd. 3: Gedanken, Berlin 1987, S. 158-162, hier S. 161/162.

Psychotechnik werden konnte, erklärt sich aus dem erheblichen Bedarf an Fachkräften für Handwerk und Industrie, der dazu führte, dass sich die Großbetriebe in besonderer Weise der Lehrlingsausbildung annahmen.[87] Die Effizienz der Eignungsprüfung ließ sich durch einen Leistungsvergleich von geprüften mit nicht geprüften Lehrlingen nachweisen. Dabei waren die Bewertungskriterien die benötigte Zeit und die Qualität der ausgeführten Arbeiten.[88] Moede formulierte, dass es ein Ziel der institutionellen Forschung sei,

> „planmäßig den Bestwerten der Menschenarbeit nachzugehen auf der Grundlage einer eingehenden wissenschaftlich begründeten Einsicht in den Ablauf der Arbeitsleistungen. Die Zeitstudie Taylors sowie das Bewegungsmessverfahren Gilbreths müssen zur allgemeinen und umfassenden Leistungsstudie erweitert werden, um alle am jeweiligen Leistungserfolg beteiligten Faktoren des arbeitenden Menschen zu erfassen."[89]

Eine erste Aufgabe war deshalb die „Lehrlingsauslese" für Berliner Großbetriebe. Auf der Grundlage von durch Beobachtung und Befragung ermittelten Daten wurde ein Katalog berufsspezifischer Anforderungen erarbeitet, der den Maßstab gab für eine Kategorisierung des menschlichen Arbeitsverhaltens und an dem die Leistungsfähigkeit der Probanden gemessen wurde. Moede ging an die Ausarbeitung der Testverfahren, bevorzugte dabei zum größten Teil selbst konstruierte Apparaturen und entwickelte auf diese Weise Schemata zur Prüfung verschiedener Berufsgruppen. Die Lehrlingsprüfung für die mechanische Industrie umfasste schließlich Prüfungen der Sinnesleistungen von Auge und Hand, der Handgeschicklichkeit, der Konzentrationsfähigkeit, des räumlichen Vorstellungsvermögens, der praktischen, technischen und allgemeinen Intelligenz.

Die gewonnenen Erkenntnisse wurden zu einem Eignungsprofil zusammengetragen, die einzelnen Faktoren addierten sich gewichtend zu einer Rangskala der Kandidaten. Dass sich die Psychotechniker um Moede nahezu ausschließlich für Fragen der Betriebsrentabilität interessierten, blieb nicht unwidersprochen. Andere Vertreter der angewandten Psychologie stellten die Wissenschaftlichkeit einer solchen Vorgehensweise in Abrede und setzten dagegen das Modell einer individuellen Berufsberatung durch unabhängige Stellen. Dennoch behauptete sich das Prinzip einer engen Zusammenarbeit von Betriebsingenieur und Psychotechniker.[90]

Die industrielle Psychotechnik hatte sich am Ende der zwanziger Jahre inhaltlich sowie institutionell in drei Hauptrichtungen entwickelt:

- die Hochschul-Psychotechnik,
- die Forschung und Praxis in psychotechnischen Betriebsprüfstellen sowie
- die öffentlichen Prüfstellen der Landesberufsämter.[91]

Es lag in der Struktur des Berliner Instituts für industrielle Psychotechnik, eng mit der Wirtschaft wie der Berliner Metall- und Elektroindustrie und dem öffentlichen Dienst wie Reichsbahn und Reichspost zusammenzuarbeiten. Die Aufgaben eines Hochschulinstitutes bezogen sich im Bereich der Eignungsprüfungen nach Moede[92] auf:

---

87 Vgl. Muth, Wolfgang: Berufsausbildung in der Weimarer Republik, Stuttgart 1985, 3 ff.; sowie Jaeger, a.a.O.

88 Vgl. Spur, G.; Ebert, J.; Haak, R.; Pokorny, R.; Voglrieder, S.; Abenhausen, S.: Von der Psychotechnik zur Arbeitswissenschaft, a.a.O., S. 85-89.

89 Moede, W.: 10 Jahre Institut für industrielle Psychotechnik T.H. Berlin. Werkstattstechnik 22 (1928), S. 587-592, hier S. 590.

90 Vgl. Hanf, a.a.O., S. 161-162.

91 Vgl. Moede, W.: 10 Jahre Institut für industrielle Psychotechnik T.H. Berlin, a.a.O.

92 Vgl. ebd.

- Prüftätigkeit für Betrieb, Bewerber und Verbände,
- Forschungstätigkeit durch Erschließung von neuen Gebieten,
- Einrichtung, Beratung, Überwachung, Fortbildung industrieller und behördlicher Prüfstellen,
- Begutachtung von Prüfverfahren sowie
- Ausbildung von Fachpersonal für die Lehre.

Schon früh setzte ein wissenschaftlicher Methodenstreit unter den Vertretern der angewandten Psychologie ein. Die immer wiederkehrenden öffentlichen Dispute um die wissenschaftliche Kompetenz und Wahrung der Neutralität innerhalb der angewandten Psychologie, insbesondere in den Betriebswissenschaften, gelangten zwischen 1927 und 1930 zu einem Höhepunkt. Die Psychotechnik gehörte als Baustein der privatwirtschaftlich und staatlich finanzierten Rationalisierungsmaßnahmen zu jenem Aktionsfeld, dem es offenbar nicht gelungen war, die wirtschaftliche Krise Ende der 20er Jahre abzuwenden. Deren sichtbares Zeichen war die große Masse der Arbeitslosen.[93]

In der Debatte zwischen Ingenieuren und akademischen Psychologen um die „Selektionsmethoden" für die Industrie, stellte sich Walther Moede als einziger auf die Seite der Praktiker, während die meisten anderen die Vorgehensweise der Ingenieure bemängelten.[94] Moede orientierte sich weiterhin vornehmlich an den Gegebenheiten der Industrie, während sich beispielsweise der Psychologe Otto Lipmann (1880-1933) für eine Orientierung am „neutralen Status" des Arbeitsmarktes aussprach und eigene wissenschaftliche Methoden der Eignungsprüfung und Berufsberatung vorstellte.[95] Methodik und Anwendung der Psychotechnik wurden demzufolge für zwei voneinander völlig verschiedene Zielgruppen entwickelt. Während die Gruppe um Lipmann für eine Zusammenarbeit mit staatlichen Arbeitsämtern und Erziehungsbehörden plädierte, um die Neutralität der Forschung zu gewährleisten, lag für die Gruppe um Moede und Schlesinger die Erfolg versprechende Zukunft der Psychotechnik in einer Zusammenarbeit mit den Praktikern, vornehmlich mit Betriebswissenschaftlern, Führungskräften der Wirtschaft und Ingenieuren.[96] Indiz für den Erfolg dieser Haltung ist die bis Mitte der zwanziger Jahre sich entwickelnde institutionelle Eigenständigkeit des Forschungsgebiets an der Technischen Hochschule Berlin. Im Programm für das Studienjahr 1924/25 wurde das Institut für industrielle Psychotechnik erstmals als eigene Einrichtung aufgeführt. Die Lehrveranstaltungen waren im Rahmen des Maschineningenieurwesens der Betriebswissenschaft zugeordnet.

Zu einem neuen Schwerpunkt reifte die Arbeitstechnik, eine Entwicklung, die kenntlich wurde an der 1928/29 vorgenommen Namensänderung in „Institut für industrielle Psychotechnik und Arbeitstechnik"[97]. Die Arbeitstechnik umfasste die Gesetzeserkenntnis und die Definition von Bestgestaltungsregeln für die industrielle Handarbeit. Die Erfolge der Unter-

---

93 Bühler, K.: Die Krise der Psychologie, 1927, zit. nach: Projektbericht Psychotechnik, Berlin 1994, a.a.O. S. 124; sowie Czada, P.: Die Berliner Elektroindustrie in der Weimarer Republik. Berlin 1969, S. 195.

94 Vgl. Geuter, Ulfried: Die Professionalisierung der deutschen Psychologie im Nationalsozialismus. Frankfurt a. M. 1984, S. 222.

95 Vgl. Rabinbach, Anson: Betriebspsychologie zwischen Psychotechnik und Politik während der Weimarer Republik: Der Fall Otto Lipmann. In: Milles, Dietrich (Hrsg.): Betriebsärzte und produktionsbezogene Gesundheitspolitik in der Geschichte. Bremerhaven 1992, S. 41-64, hier S. 46.

96 Vgl. ebd., a.a.O.

97 Vgl. Technische Hochschule zu Berlin, Vorlesungsverzeichnis für das Studienjahr 1924-1925; Technische Hochschule zu Berlin, Programm (Personal- und Vorlesungsverzeichnis) für das Studienjahr 1928-1929.

suchungen dieser arbeitsphysiologischen und ergonomischen Aspekte der arbeitswissenschaftlichen Forschung belegen die Fortschritte der am Institut vorgenommenen Arbeitsstudien und Berufsanalysen. Das Berliner Institut wurde in den zwanziger Jahren zu einem zentralen Anziehungspunkt für Arbeitsingenieure und Betriebswissenschaftler. Die Impulse, die von hier ausgingen, sind ein wesentlicher Bestandteil der sich an der TH Berlin nunmehr ausbildenden Arbeitswissenschaften, die sich aus den Grundlagen der Betriebswissenschaft nach dem Vorbild des von Taylor beschriebenen Scientific Management, der von der angewandten Psychologie abgeleiteten Arbeitsphysiologie und Arbeitspsychologie und der von Max Weber und anderen konzipierten Schriften zur Betriebs- und Industriesoziologie heraus entwickelten.

Wesentlicher Bestandteil der Tätigkeit am Institut war das Prüfwesen. Forschungsstudien dienten der wissenschaftlichen Untermauerung der psychotechnischen Prüfungspraxis:

> „Alle unsere Studien [...] beziehen sich auf den Menschen im Betriebe und in der Wirtschaft. Die Eignungsfeststellung an Jugendlichen einer relativ kleinen Industriegruppe bildete den Anfang. Bald entwickelte sich unter tatkräftiger Mithilfe des Instituts ein privates und ein öffentliches Prüfwesen, das Industrie, Handel, Verkehr und Verwaltung umspannt.“[98]

Die betriebswirtschaftliche Ausrichtung der Forschung zeigte sich besonders auf dem Gebiet der Arbeitswirtschaft. Ihr Ziel war ein psychoenergetisches Optimum im Betrieb und in der Wirtschaft durch die Mittel der Eignungsfeststellung und Arbeitsbestgestaltung. Die Verwirklichung sollte durch die „vier Grundpfeiler der guten Menschenarbeit“ erreicht werden:[99]

- Stetigkeit des Leistungsflusses,
- günstige (optimale) Intensität,
- Kleinstbeanspruchung der Arbeitsfunktionen nach Zahl und nach Wertigkeit sowie
- größte Leistungsdichte.

Gelegentlich wurden am Institut auch andere Themengebiete Gegenstand der psychotechnischen Forschung, z. B. Untersuchungen zur Bestgestaltung des Verkaufs- und Werbewesens. So wurden etwa für den Verkauf von Schuhen Zeit-Feldanalysen erstellt, um Form und Verlauf des Verhandlungsgesprächs zu optimieren. Darüber hinaus gab es Marktanalysen, die im Auftrag der Industrie durchgeführt wurden, um mehr über die allgemeine und besondere Wertung verschiedener Marken in bestimmten Wirtschaftsbezirken zu erfahren.

Die Effizienz der Eignungsprüfung war nach Auffassung Hans Kellners, der 1927 bei Schlesinger und Moede über das Thema „Die Lehrlingsbeschaffung und -auslese in der Berliner Metallindustrie“ am Institut für industrielle Psychotechnik promovierte, durch einen Leistungsvergleich von geprüften mit nicht geprüften Lehrlingen erwiesen, dabei waren die Bewertungskriterien die benötigte Zeit und die Qualität der ausgeführten Arbeiten.[100]

Die folgende Tabelle zeigt die Art der Prüflinge in der Lehrlingsbeschaffung und -ausbildung sowie die Namen der Firmen, die den Auftrag erteilt hatten:

---

98 Vgl. ebd., S. 591-592.

99 Vgl. ebd., passim.

100 Vgl. Kellner, Hans: Die Lehrlingsbeschaffung und -auslese in der Berliner Metallindustrie. Diss. TH Berlin 1927, Berlin 1927, Sp. 2, Sp. 39. Siehe hierzu auch Spur, G; Ebert, J.; Haak, R.; Pokorny, R.; Voglrieder, S.; Abenhausen, S.: Von der Psychotechnik zur Arbeitswissenschaft – 75 Jahre arbeitswissenschaftliche Forschung in Berlin. Projektbericht, Fraunhofer-Institut für Produktionsanlagen und Konstruktionstechnik, Gruppe Arbeitswirtschaft, Berlin 1994, S. 85-89.

Auftrags-firma	**Firmensitz**	**Prüfungs_ beginn**	**Art der Prüflinge**
Aron-Elektrizitätszählerfabrik	Berlin-Charlottenburg	1920	Werkzeugschlosser- und Mechanikerlehrlinge
Askania-Werke A.G.	Berlin-Friedenau	1925	Mechanikerlehrlinge
Frister, R., A.G.	Berlin-Niederschönweide		Lehrlinge
Heyland m.b.H.	Berlin-Mariendorf	1926	Maschinenbaulehrlinge
Opel, Adam	Berlin		Lehrlinge
Orenstein & Koppel - Zentrale - Lokomotivfabrik - Desgl.	 Berlin Novawes b. Potsdam Spandau		 Zeichnerlehrlinge Lehrlinge Lehrlinge
Schulze, F.F.A., Metallwarenfabrik	Berlin	1924	Drucker-, Klempner-, Schlosser-; Werkzeugmacher, Dreher-, Zeichnerlehrlinge
Sudicatis & Co.	Berlin		Lehrlinge

Der Lehrlingsauslese wurde ein volkswirtschaftlicher Nutzen zugesprochen, denn der zu erwartende kriegsbedingte Geburtenausfall für die Jahre 1930 bis 1933 sollte Auswirkungen auf den Lehrstellenmarkt haben. Die Zahl der Volksschulabgänger reduzierte sich in diesem Zeitraum auf die Hälfte. Kellner war ein Verfechter der Moedeschen Ausrichtung einer wirtschaftlich orientierten Psychotechnik, mit der Zielsetzung „planmäßig den Bestwerten der Menschenarbeit nachzugehen auf der Grundlage einer eingehenden wissenschaftlich begründeten Einsicht in den Ablauf der Arbeitsleistungen“. [101]

Dissertationen

In der folgenden Tafel sind alle Dissertationen auf dem Gebiet der Betriebswissenschaft unter Mitwirkung von Georg Schlesinger und Walther Moede im Zeitraum von 1919 bis 1932 zusammengefasst. Die aus der Psychotechnik sind optisch hervorgehoben:

Name	**Datum d. Promotion**	**Titel der Dissertation**	**Referenten**
Gladischefsky, Hans	01.01.1919	Ersatz der Männerarbeit durch Frauenarbeit und deren Wirkungsgrad	
Meyer, Karl	17.11.1919	Die Muskelkräfte Sauerbruchoperierter und der Kraftverbrauch künstlicher Hände und Arme	Schlesinger Meyer
Zäuner, Egon	01.01.1920	Unfallverhütung in Rohzelluloidfabriken	

[101] Moede, W.: 10 Jahre Institut für industrielle Psychotechnik T. H. Berlin. Werkstattstechnik 22 (1928), S. 587-592, hier S. 590.

Buxbaum, Berthold	12.02.1920	Die Entwicklungszüge der industriellen spanabhebenden Metallbearbeitungstechnik	Schlesinger Heyn
Ohanessian, Suren ter	02.12.1920	Wirtschaftliches Bohren nebst weiteren Untersuchungen an Bohrmaschinen	Schlesinger Heyn
Kienzle, Otto	01.01.1921	Passungssysteme.	Schlesinger Kammerer
Litz, Valentin	01.01.1921	Die Vorteile der Massenherstellung von Maschinenteilen gegenüber ihrer Einzelherstellung im allgemeinen Maschinenbau.	Schlesinger Kammerer
Schütz, Werner von	26.05.1921	Die Messung indirekter Kraftquellen zur Betätigung künstlicher Glieder	Schlesinger Meyer
Marcus, Walter	26.05.1921	Die Zeitstudie im Dienste der Kalkulation von Kleinstanzteilen	Schlesinger
Ledermann, Siegfried	01.01.1922	Die Rationalisierung der Fabrikation von Leitungsbronzen	
Neesen, Friedrich	09.03.1922	Die Arbeitsgliederung in Eisenbahnwerkstätten	Schlesinger Kammerer Reichel
Klein, Ernst	11.05.1922	Kraftbedarf der Feinspinn- und Zwirnmaschinen	Schlesinger Glafey
Friedrich, Adolf	15.06.1922	Die Schlosser-Analyse	Schlesinger Moede
Hamburger, Richard	10.11.1922	Der Einfluß der Wiederholung psychotechnischer Versuche auf das Ergebnis des ersten Versuchs	Moede Schlesinger
Klutke, Oskar	1922	Beitrag zur Eignungsprüfung für den Fernsprechdienst	Schlesinger Moede
Meyer-Jagenberg, Günther	01.01.1923	Untersuchung von Gleit- und Kugellagern	Schlesinger Kammerer
Klopstock, Hans	01.01.1923	Die Untersuchung der Dreharbeit	Schlesinger
Krüger, Paul	01.01.1923	Beitrag zur Theorie der in Abwälzverfahren herstellbaren Evolventen-Satzräder	
Klockenberg, Erich Alexander	11.07.1923	Beiträge zur Psychotechnik der Schreibmaschine und ihrer Bedienung	Moede Schlesinger
Biagosch, Heinrich	01.01.1924	Normung, Typung, Spezialisierung in der Papiermaschinenindustrie	
Heller, Oswald	01.01.1924	Berufseignungsfestsetzung und Unfallverhütung in der Holzindustrie aufgrund psychotechnischer Prüfverfahren	Moede Schlesinger
Hübener, Friedrich	11.07.1924	Rück- und Richtmaschinen für Förderanlagen	
Kobis, Karl	1925	Studie über die Übung werkstattwichtiger Funktionen an Lehrlingen	
Heydt, Carl	1925	Eignungsuntersuchungen für den Eisenbahnbetriebsdienst auf psychotechnischer Grundlage	
Ströer, Heinrich Josef	1926	Rationalisierung der Arbeitsplatzbeleuchtung. Günstigste Flächenhelle und Beleuchtungsverteilung. Eine psychotechnische Studie	
Kellner, Hans	09.05.1927	Die Lehrlingsbeschaffung und -auslese in der Berliner Metallindustrie	Schlesinger Moede Hanner

Köhler, Otto	14.01.1927	Über den Gruppenwirkungsgrad der menschlichen Körperarbeit und die Bedingungen optimaler Kollektivkraftreaktion	Schlesinger Moede
Weiß, Erich	21.01.1927	Leistung und Lebensalter bei der Deutschen Reichsbahn	
Lossagk, Helmut	29.02.1928	Experimentelle Beiträge zur Bestgestaltung der Handarbeit auf Grund von Studien im psychotechnischen Versuchsfeld und von Betriebskontrollen	Moede Schlesinger
Braunschweig, Werner	10.07.1929	Beiträge zur Analyse und Begutachtung der Raumanschauung nebst Erfolgskontrollen	Moede Schlesinger
Sándor, Béla	13.1.1932	Experimentelle Analyse des Reaktionsvermögens bei verschiedenartiger Reizdarbietung	Moede Schlesinger

Adolf Friedrich war als Oberingenieur Leiter der psychotechnischen Abteilung der Friedrich Krupp- A.-G. Essen (um 1920). Er promovierte an der Technischen Hochschule Berlin zum Dr.-Ing. mit einer psychotechnischen Arbeit zur Schlosser-Analyse als Teil des Eignungsprüfungswesens.[102] Friedrich galt als ein bekannter Vertreter der deutschen wissenschaftlichen Betriebsführung. Die psychotechnische Prüfung müsste über die reine Auslese hinausgehen, die Eignungsprüfung als quasi Eigenschaftsanalyse Grundlage für Anlernung und Arbeitsrationalisierung sein.[103]

In seiner Dissertation „Die Schlosser-Analyse" hielt Friedrich eine psychotechnische Betrachtung der Arbeit neben der rein technischen für notwendig, wie sich aus der Durchdringung der „Betriebsform" mit arbeitswissenschaftlichen Methoden ergab. „Eine menschliche Wertung (wird) überall dort durchgeführt (...), wo der Mensch Träger der Handlung ist." Für die wissenschaftliche Analyse eines Berufs müssen dazu „objektive Methoden" ermittelt werden. „Die industrielle Psychotechnik, welcher diese Aufgabe zufällt, darf nicht ausgehen von einer einseitig technischen Einstellung, ebenso nicht von dem leitenden Menschen, sondern muß den schaffenden Menschen als Träger der Arbeit betrachten und ihren Gedankenkreis hierauf einstellen."[104] Im Einzelnen fielen innerhalb der Betriebsorganisation der Psychotechnik als dringlichste Aufgaben zu:

- „die richtige Auslese und Verteilung der Arbeitnehmer", wobei Friedrichs dabei neben Eignungsprüfungen auch die Anlernung als dazugehörig erachtete;
- „die Beseitigung der Hemmungen in der Arbeit". Dieser Faktor umfasste Arbeitsorganisation, Arbeitsplanung und -art (Gruppenarbeit wird propagiert!), Mitarbeiter, Werkzeug und Maschinen und den Arbeitsort. Stichworte: Hygiene, Licht, Bewegungsmöglichkeiten.
- „die Erweckung der Lebens- und Schaffensfreude": Arbeitsmotivation.[105]

Die Berufsanalyse als Ergebnis von zu verrichtenden Untertätigkeiten des betreffenden Berufs und den dazu erforderlichen Fähigkeiten wurde „als richtunggebend betrachtet, weil

102 Vgl. Moede, W.: 10 Jahre Industrielle Psychotechnik. Sonderdruck, S. 7; Praktische Psychologie 3 (1921/22), S. 318.

103 Ebd.: Gegenwärtige Organisationsformen der Psychotechnik. Praktische Psychologie 4 (1922/23), S. 311.

104 Friedrich, Adolf: Die Schlosser-Analyse. Diss. TH Berlin 1922. [Auszug unter dem Titel: Die Analyse des Schlosser-Berufs, Hirzel, Leipzig 1922. Abgedruckt in: Praktische Psychologie 3 (1922) 10, S. 287-299].

105 Ebd., S. 287-288.

ihre Grundlagen im allgemeinen eindeutig festliegen bzw. erkennbar verändert werden können."[106]

Nur mit der Kenntnis eines Tätigkeits-Fähigkeits-Profils eines spezifischen Berufs konnte dieser optimal ausgeübt werden. Friedrich ging in seiner Forderung nach Harmonie zwischen Mensch und Mensch sowie Mensch und Materie zum Zwecke der Arbeitsmotivation und damit einer effizienten Betriebsführung weit über den Eignungsfeststellungsbegriff Moedescher Prägung hinaus.

In seinem Artikel zur „Psychotechnischen Arbeit der Betriebsleitung" erläuterte Friedrich die Bedeutung psychotechnischer Verfahren für die Betriebsorganisation. Gleichwohl warnte er vor der in der psychotechnischen Praxis gängigen Übergewichtung der Eignungsprüfung. Diese dürfe nicht als einziges Verfahren in Betrieb und Wissenschaft dastehen, sondern „es darf nie vergessen werden, daß sie nur einen Teil der mannigfachen Aufgaben darstellt und daß das Anlernen auf psychotechnischer Grundlage, das Formen und das Rationalisieren der Arbeitsmittel, Arbeitsverfahren und Organisationsgebilde in gleicher Weise Teile des großen Aufgabenkomplexes sind",[107] die von der Arbeitsorganisation überdacht werden.

Mit dieser Einstellung entfernte sich Friedrich schon von Moedes Schwerpunkten der frühen Weimarer Jahre, die – u. a. bedingt durch die wirtschaftliche Situation und den Zuspruch der Industrie – der Eignungsprüfung vor allen anderen psychotechnischen Verfahren eindeutig den Vorrang gaben. Im Unterschied zu seiner Dissertation am Institut, die empirisch-analytisch verfasst war, maß Friedrich in diesem Artikel dem generalisierenden Aspekt der Arbeitsorganisation eine größere Bedeutung bei.

Bindeglieder zwischen Mensch und Materie/Arbeit waren:

- Arbeitsmittel mit dem Stufenmodell der „Mensch-Maschine-Interaktion".
- Rolle des Menschen: Träger von Arbeit, notwendige Voraussetzung von Organisation „jede Organisation (bleibt) nur durch menschliche Kräfte lebensfähig".
- Funktion der Psychotechnik: Das vielen Organisationsformen eigene Gewinn sichernde Prinzip durch ein Gewinn suchendes Prinzip zu modifizieren.
- Stellung des Menschen: Die Beurteilung durch den Betrieb hat den „Menschen an erste Stelle zu rücken und das Mechanische um ihn zu gruppieren".

Richard Hamburger war zu Beginn der zwanziger Jahre als Ingenieur Assistent am Institut Werkzeugmaschinen und Fabrikbetrieb bei Schlesinger.[108] Am 10. November 1922 legte Richard Hamburger zur Erlangung der Würde eines Doktor-Ingenieurs seine Promotionsschrift vor. Die Arbeit über den „Einfluß der Wiederholung psychotechnischer Versuche auf das Ergebnis des ersten Versuches" wurde von Moede und Schlesinger begutachtet. Ein Auszug befindet sich im Archiv der Humboldt Universität, nähere Angaben über Zeit und Ort der Drucklegung konnte nicht ermittelt werden. Aus den Immatrikulationsunterlagen der Technischen Hochschule Berlin lässt sich entnehmen, dass Hamburger am 11. November 1892 in Frankfurt am Main geboren wurde.[109]

---

106 Ebd., S. 289.

107 Friedrich, A.: Die psychotechnische Arbeit der Betriebsleitung. Werkstattstechnik (1922) 18, S. 547.

108 Dokument 08-12: Richard Hamburger wurde von 1926 bis 1934 zusammen mit Curt Piorkowski Geschäftsführer des „Orga-Instituts", einer psychotechnischen G.m.b.H, die v.a. Apparate für psychotechnische Eignungsuntersuchungen vertrieb. Zur Geschichte des „Orga-Instituts" vgl. Akten Amtsgericht Charlottenburg. Er emigrierte 1934 nach den Niederlanden und dann nach Südafrika.

109 Dokument 08-13: Immatrikulationsunterlagen TU Berlin, Hochschularchiv.

Gegenstand der Arbeit waren Untersuchungen von Ursachen, die das Ergebnis psychotechnischer Berufseignungsprüfungen zeitlich begrenzen. Unter den möglichen Einflüssen auf Prüfungsleistungen, wie z. B. Veränderungen durch fortschreitendes Alter oder Schwankungen der momentanen physischen und psychischen Disposition, konzentrierte sich der Verfasser auf die Analyse von Wirkungen, die durch Wiederholung der Lösung einer Versuchsaufgabe zu verzeichnen sind. Er ging insbesondere der Frage nach, ob derartige Wiederholungen die Rangreihe der Prüflinge verändern. Die Ergebnisse sollten die Rückschlüsse auf die Zuverlässigkeit psychotechnischer Prüfungen zulassen, in denen jeweils der Momentanwert einer Leistungsfähigkeit ermittelt wurde.

Die Versuche, an denen jeweils 10 bis 16 Versuchspersonen teilnahmen, bezogen sich auf verschiedene Gebiete des psychotechnischen Prüfungsprogramms. Dazu zählten Gedächtnisleistungen, sensomotorische Fertigkeiten, Konzentrationsfähigkeit und die Bewältigung komplexer Handlungsabläufe.

Im Ergebnis stellte der Verfasser fest, „daß eine absolut straffe Aufrechterhaltung der Rangreihe im Bereich der vorliegenden Versuche nicht [bestand].“ Für psychotechnische Eignungsprüfungen wurde daher gefordert, die Frage der stabilen Rangreihe für den absoluten Fehler bzw. zumindest für die mittlere Variation der einzelnen Versuchspersonen zu klären. Bei auftretenden Schwankungen mussten die Folgen hinsichtlich der erwarteten beruflichen Fähigkeiten abgeschätzt werden. Darüber hinaus wurde auf das Problem der beobachteten täglichen Schwankungen verwiesen, die eine mehrfache Wiederholung von Eignungsprüfungen erforderten. Das psychotechnische Vorgehen, berufliche Eignung als relative personale Konstante aufzufassen, wurde jedoch auch in der Arbeit Hamburgers grundsätzlich nicht in Frage gestellt.

Auch im Jahre 1922 promovierte *Oskar Klutke* mit einer Dissertation „Beitrag zur Eignungsprüfung für den Fernsprechdienst“. Als Mitarbeiter der Abteilung für industrielle Psychotechnik des Versuchsfeldes für Werkzeugmaschinen und Betriebslehre der TH Charlottenburg hatte er psychotechnische Studien zur Eignungsprüfung für Anwärterinnen des Fernsprechdienstes erstellt. Das Ziel seiner Arbeit sollte die Gewinnung von brauchbaren Prüfmethoden für deren Eignungsfeststellung sein. Klutke bedankt sich in seinem in der Zeitschrift „Praktische Psychologie“ erschienenen Artikel[110] bei seinen Lehrern, insbesondere Prof. Schlesinger für die Anregung zu dieser Arbeit sowie Prof. Moede für die Unterstützung bei derselben und die Erlaubnis Apparate des Institutes benutzen zu dürfen. Ferner spricht Dr. Klutke seinen tiefen Dank Herrn Oberpostdirektor Olivier für die vielfachen Anregungen aus seinem reichen Erfahrungsschatz sowie dem Reichspostministerium und der Oberpostdirektion Berlin, insbesondere Herrn Ministerialdirektor Feyerabend, Herrn Ministerialrat Dr.-Ing. Steidle, Herrn Oberpostrat Gutzmann, Herrn Oberpostrat Hersen, Herrn Postrat Hüne und Herrn Oberwerkmeister Schubert für die Hilfe während der Arbeit aus.

1924 hatte *Erich A. Klockenberg* eine Dissertation vorgelegt, die den Titel „Beiträge zur Psychotechnik der Schreibmaschine und ihrer Bedienung“ trug. Gegenstand der Arbeit war die Rationalisierung der Schreibmaschinenkonstruktion und die Eignungsprüfung für den Maschinenschreiber, wobei der Schwerpunkt im „Gesamtarbeitsprozeß von Mensch und Maschine“ hier auf der Seite des Menschen lag. Berichter waren Moede und Schlesinger.

---

110 Klutke, O.: Beiträge zur psychotechnischen Eignungsprüfung für den Fernsprechdienst. Praktische Psychologie 3 (1922) 4, S. 93-110.

Im Jahre 1924 legte Dipl.-Ing. *Oswald Heller* aus Teplitz-Schönau der Technischen Hochschule zu Berlin eine Dissertation vor mit dem Titel „Berufseignungsfeststellung und Unfallverhüttung in der Holzindustrie auf Grund psychotechnischer Prüfverfahren". Heller wurde am 17. Juli 1890 geboren.[111]

Die genauen Daten des Promotionsverfahrens sind nicht bekannt, da nur ein Sonderdruck aus der Zeitschrift „Industrielle Psychotechnik" zugänglich ist.[112] Als Datum der mündlichen Prüfung konnte der 28. Juli 1924 ermittelt werden, jedoch sind die beiden Referenten wiederum nicht dokumentiert. Da das Dissertationsthema jedoch im „Laboratorium für industrielle Psychotechnik der Technischen Hochschule zu Berlin" bearbeitet wurde, ist davon auszugehen, dass Professor Moede als Referent und Professor Schlesinger als Korreferent fungierten. Der Sonderdruck wurde von der Verlagsbuchhandlung Julius Springer in Berlin 1924 besorgt.

Gegenstand der Arbeit sind Prüfverfahren auf Grund von Berufs- und Unfallanalysen, die Eignungsfeststellungen für die Ausübung des „Holzbearbeitungsmaschinenarbeiterberufs" ermöglichen sowie der Vermeidung von Berufsunfällen dienen. Dazu wurden seelisch-körperliche Eigenschaften und Verhaltensweisen untersucht, die beim Auftreten einer Unfallgefahr eine entscheidende Rolle spielen. Zur Prüfung der an Holzbearbeitungsmaschinen wichtigen Funktionen wurden Apparate, deren Anwendungsmöglichkeit sowie das Vorgehen bei der Prüfung festgelegt. Die im Laboratorium ermittelten Ergebnisse konnten mit Hilfe einer Erfolgsstatistik durch die Praxis im Wesentlichen bestätigt werden. Die entwickelten Prüfverfahren lassen sich nach Meinung des Autors auch in der eignungsorientierten Berufsberatung einsetzen.

Weiterhin promovierte 1924 *Karl Kobis* mit einer Dissertation „Studie über die Übung werkstattwichtiger Funktionen an Lehrlingen".

Heinrich Josef Ströer promovierte 1926 über die „Rationalisierung der Arbeitsplatzbeleuchtung. Günstigste Flächenhelle und Beleuchtungsverteilung". Die Dissertation war eine Arbeit des Instituts für industrielle Psychotechnik in der Rubrik Rationalisierung. Sie griff aber auch arbeitsphysiologische sowie ergonomische Bereiche auf.

Hans Kellner, geb. 1895, promovierte im Jahre 1927 bei Schlesinger und Moede über das Thema „Die Lehrlingsbeschaffung und -auslese in der Berliner Metallindustrie". Die Dissertation ist eine Arbeit aus dem Institut für industrielle Psychotechnik. In seiner Dissertation gab Kellner mit Hilfe eines Fragebogens, der durch Vermittlung des Verbands Berliner Metall-Industrieller an 30 Berliner metallverarbeitende Firmen geschickt worden war, einen Überblick über die praktischen Erfahrungen der Metallindustrie im Eignungsprüfungswesen. Es sollten „die bestehenden Einrichtungen und deren Ergebnisse referierend gegenübergestellt und kritisch betrachtet werden."[113]

Der Bewerber ist auf seine Eignung für einen Beruf zu untersuchen, wobei die beruflichen Anforderungen psychischer und physischer Art waren: „Hieraus ergeben sich zwei Teilaufgaben, nämlich die Analyse der objektiven Berufsarbeit auf ihre berufswichtigen Funktionen, also um die Gewinnung eines physiologischen und psychologischen Berufsbildes und die Analyse der subjektiven Veranlagung des jugendlichen Berufsanwärters, deren Vergleich mit

---

111 Dokument 08-14: Immatrikulationsunterlagen TU Berlin, Hochschularchiv.

112 Heller, O.: Berufseignungsfeststellung und Unfallverhütung in der Holzindustrie auf Grund psychotechnischer Prüfverfahren. Sonderdruck Industrielle Psychotechnik 1 (1924) 4, S. 99-118.

113 Kellner, Hans: Die Lehrlingsbeschaffung und -auslese in der Berliner Metallindustrie. Diss. TH Berlin 1927. Hermann Verlag, Berlin 1927.

dem jeweiligen ‚Berufsphysiogramm- bzw. -psychogramm' die Grundlage für die Auswahl nach dieser Richtung zu bilden hat".[114]

Während die physiologische Forschung Aufgabe der Gewerbehygiene und der Arbeitsphysiologie sei, sei die Funktion der Psychotechnik „die Feststellung der psychischen Berufserfordernisse im Hinblick auf die subjektiven Eigenschaften des die Berufsarbeit Ausführenden bei den Berufen, wie sie in der Berliner Metallindustrie vorkommen."[115] Der Entwicklung der Berufseignung mit der dazugehörigen Berufsanalyse waren gleichwohl Grenzen gesetzt:

> „In den ersten Jahren der Entwicklung der Eignungsprüfung war allgemein eine Tendenz zu bemerken, die darauf hinzielte, die einzelnen berufswichtigen Komplexe möglichst weit zu unterteilen, um so zu einer Prüfung der Grundfähigkeiten zu gelangen, deren jeweilige Kombination dann ein zutreffendes Bild von der Tauglichkeit des Geprüften geben sollte. Der im Laufe der letzten Jahre eingetretene Wandel läßt erkennen, daß man mit der Berufsanalyse zu weit gegangen ist. Es ist wohl richtig, daß der Werkzeugmacher ein gutes Augenmaß, guten Gelenksinn, Tastgefühl, technisches Verständnis, Aufmerksamkeit und Gedächtnis braucht, aber damit ist keineswegs gesagt, daß derjenige, welcher diese Eigenschaften in notwendigem Maße besitzt, tatsächlich maßhaltig, schnell, geschickt und gewissenhaft seine beruflichen Aufgaben erledigen kann."[116]

Die „Große Prüfung" als ein am psychotechnischen Institut angewandtes Verfahren beinhaltete: Erfassung des Wesentlichen, Gedächtnis für Formen und Zahlen, Dreiwortprobe, Rybakowsche Aufgaben, technische Intelligenzaufgaben, Tastsinnprüfer, Bolzenpasser, Impulsmesser, Tremometer, Feingelenkprüfer, Dynamometer, Optometer, Winkelschätzer, Zweihandprüfer, Werkstücke aussuchen, Auftragserledigung, Zielhammer, Drahtbiegen, Sortierkasten. Die große Prüfung diente der Feststellung der „Ursache der Richtbewährung eines Lehrlings". Die „Vereinfachte Prüfung" wurde für die meisten Prüfungen zur Lehrlingsauslese angewandt. Diese umfasste: Tastsinnprüfer, Sortierkasten, Rybakowsche Aufgaben, zwei- und dreidimensionales Drahtbiegen, Zweihandprüfer, technische Intelligenzaufgaben.[117]

Kellner zeigte die verschiedenen Methoden und Arten von Erfolgskontrollen auf, die die „Bewährung der Eignungsprüfung" garantierten. Am effektivsten war dabei der Vergleich der relativen Leistungen der Lehrlinge untereinander. Erstellte Rangreihen für die Eignungsprüfungen einerseits und vom Lehrling andererseits erbrachten Werkstattleistungen führten in der Regel zu Übereinstimmungen um 80 Prozent.[118] Ursachen „schlechter Bewährungszahlen", also Fehlerquellen für eine Diskrepanz zwischen Prüflings- und Berufsleistung wurden gesehen in:

- Befangenheit oder Prüfungsangst,
- Einfluss der Prüfperson,
- Versuchdurchführung,
- Prüfungszeit, um Charaktereigenschaften feststellen zu können,
- Verhältnis von Auswertung der einzelnen Versuche zur Bildung des Gesamturteils,
- Veränderung des Prüflings während der Lehrzeit (Entwicklung),
- Erziehung und
- Übungsfaktor.

---

[114] Ebd., Sp. 13.

[115] Ebd., Sp. 14.

[116] Ebd., Sp. 16-17.

[117] Ebd., Sp. 19-20.

[118] Vgl. ebd., Sp. 23. In der von Moede erstellten Stufenkontrolle (Sp. 24) betrugen die Übereinstimmungen 83 bis 90 %. Nach Untersuchung von 1921. In: Die psychotechnische Eignungsprüfung des industriellen Lehrlings. Praktische Psychotechnik 1 (1920), S. 78.

Die Effizienz der Eignungsprüfung war nach Kellner durch einen Leistungsvergleich von geprüften mit nicht geprüften Lehrlingen mittels verschiedener Methoden erwiesen, wobei als Bewertungskriterien Zeit und Qualität der Arbeiten verwendet wurden. Die Lehrlingsauslese besaß darüber hinaus einen volkswirtschaftlichen Nutzen, denn der zu erwartende Geburtenausfall der Kriegsjahre für die Jahre 1930-33 hatte Auswirkungen auf den Lehrstellenmarkt mit einer Reduzierung der Volksschulabgänger auf die Hälfte.

Kellner war ein Verfechter der Moedeschen Ausrichtung einer wirtschaftlich orientierten Psychotechnik. Er brachte selber Erfahrungen aus der Betriebspraxis (Fritz Werner A.G. u.a.) mit, die ihn zu einem Pragmatiker machten. Allerdings betonte auch er die Notwendigkeit eines parallel zum Eignungsprüfungswesen ausgebauten Ausbildungswesens. Er lehnte eine „Überdifferenzierung" der Berufsanalyse ab.

Moede selber plädierte für die Einbettung der Eignungsprüfung in das „System der gesamten psychotechnischen Betriebsrationalisierung":

> „Wenn [...] die Eignungsprüfung mit Anlernung und Arbeitsrationalisierung psychotechnischer Art innig verschmolzen sind, wie dies in einer Reihe von Betrieben [...] geschieht, so ist die Rentabilität solcher Maßnahmen, wie nachgerechnet wurde, keineswegs geringer wie der Nutzen der Sparmaßnahmen wärmetechnischer und sonstiger betriebstechnischer Natur, insofern die geeigneten Vorbedingungen gegeben sind. Neben der Rentabilitätssteigerung erstrebt die psychotechnische Betriebsarbeit Menschenwohlfahrt sowohl durch gute Arbeitszuteilung als auch durch sachgemäße Anlernung und Schaffung zweckmäßiger Arbeitsbedingungen, die jede unnötige Belastung vermeiden."[119]

Werner E. A. Braunschweig, geb. 18. August 1896 in Berlin als Sohn eines Kaufmanns, besuchte die Königsstädtische Oberschule in Berlin, die er 1914 mit der Hochschulreife abschloss. 1914/15 war er bei der Firma I.C. Freund in Charlottenburg und in dem Eisenbahnhauptwerk Berlin II tätig. 1915 wurde er zum Militärdienst eingezogen. Er wurde verwundet und erhielt das Eiserne Kreuz II. Klasse. 1918 war er im Artilleriekonstruktionsbüro in Spandau eingesetzt. Im Januar 1919 wurde er aus dem Militärdienst entlassen.

Bereits 1912 hatte er mit dem Studium des Maschinen- und Ingenieurwesens an der Technischen Hochschule Berlin begonnen, welches er am 12. November 1922 mit dem Diplom abschloss. Danach war er von Ende 1922 bis 1924 zunächst bei Siemens & Halske sowie bei den Siemens-Schuckert-Werken beschäftigt, bevor er im Herbst 1924 ständiger Assistent an dem Lehrstuhl für Zwangslaufmechanik der Technischen Hochschule Berlin wurde. Danach war er zum Frühjahr 1929 am Institut für Werkzeugmaschinen und Fabrikbetrieb der Hochschule tätig. Am 12. März1929 reichte er seine Dissertation mit dem Titel „Beiträge zur Analyse und Begutachtung der Raumanschauung nebst Erfolgskontrollen" ein. Die Dissertation wurde am 10. Juli 1929 genehmigt. Referent war Prof. Moede, Korreferent Prof. Schlesinger. In seiner Dissertation untersuchte Braunschweig die Raumanschauung als wichtige Funktion der psychotechnischen Eignungsprüfung für Handwerkslehrlinge. Die Untersuchungen wurden an drei Berliner Schulen vorgenommen. Er kehrte danach wieder zu Siemens & Halske zurück.

Otto Köhler wurde am 10. März 1902 als Sohn des Bäckermeisters August Köhler in Berlin geboren. Er besuchte die Luisenstädtische Oberschule zu Berlin, an der er 1921 das Abitur ablegte. Vor Beginn seines Maschinenbaustudiums an der TH zu Berlin im Jahr 1921 arbeitete er als Praktikant bei der Firma Maffei-Schwartzkopff in Wildau. 1926 erwarb er den Grad eines Diplom-Ingenieurs. Von 1926 bis 1927 führte er am Psychotechnischen Institut zahlrei-

[119] Moede, W.: Die Eignungsprüfung im Dienste der Betriebsrationalisierung. Industrielle Psychotechnik 1 (1924) 1/2, S. 16.

che Versuche zu Problemen menschlicher Gruppenarbeit durch, deren Ergebnisse in seiner Dissertation ihren Niederschlag fanden.

Am 19. Januar 1927 hat Otto Köhler seine Dissertation zur Erlangung der Würde eines Doktor-Ingenieurs mit dem Titel „Über den Gruppenwirkungsgrad der menschlichen Körperarbeit und die Bedingungen optimaler Kollektivkraftreaktion" vorgelegt. Referent war Professor Schlesinger, Korreferent Professor Moede. Die Arbeit erschien 1927 als Sonderdruck in der Zeitschrift „Industrielle Psychotechnik".[120]

Der Verfasser behandelte aus unterschiedlichen Formen der Gruppenarbeit die Tätigkeit in einer „gebundenen dynamischen Gruppe", bei der es sich um gemeinsame, zielidentische und kooperative Arbeit handelt. Diese Form der „Gruppenarbeit" sei für den Fabrikbetrieb von grundsätzlicher Bedeutung, ein Sachverhalt, den insbesondere Taylor bei seiner Betrachtung der individuellen Arbeitskraft nicht berücksichtigt habe.

In seiner Arbeit beschäftigte sich Köhler mit dem Problem exakter Ermittlung des „Gruppenwirkungsgrads". In die Versuche, die sich über ein Jahr erstreckten, waren 123 Versuchspersonen im Alter von 18 bis 28 Jahren einbezogen. Untersuchungsgegenstände waren die zeitlich begrenzte Maximalarbeit beim Rudern, Arbeitsgruppenversuche am Hebel sowie an der Kurbel. Ihre Ergebnisse bestätigten die motivationalen Vorzüge der Gruppenarbeit, zeigten jedoch auch eine annähernd zehnprozentige Verminderung des Gruppenanteils als „physiopsychomotorische Gesetzmäßigkeit".

Helmut Lossagk wurde am 26. Januar 1900 als Sohn des evangelischen Gemeindeschullehrers Wilhelm Lossagk geboren. Er besuchte das humanistische Lessing-Gymnasium, an dem er 1917 das Notabitur ablegte. Anschließend war er für ein Jahr im landwirtschaftlichen Hilfsdienst tätig, wurde im Juni 1918 zur Nachrichten-Ersatzabteilung als Fernsprecher und Blinker eingezogen.

Nach seiner Entlassung aus dem Militärdienst im Dezember 1918 war Helmut Lossagk zunächst Praktikant in den Siemens-Schuckert-Werken. Im Februar 1919 nahm er das Studium der Elektrotechnik an der TH zu Berlin auf, das er mit der Diplomprüfung abschloss. Während seines Studiums arbeitete er als Werkstudent im Konstruktionsbüro der Siemens-Schuckert-Werke. Gleichzeitig war er dort als staatlich geprüfter Werkschulturnlehrer tätig.

Nach seinem Studienabschluss wurde er ebenfalls in den Siemens-Schuckert-Werken Konstrukteur und unterrichtete gleichzeitig an einer technischen Abendschule. 1925 ging er als Assistent an das Institut für industrielle Psychotechnik der TH zu Berlin.

Am 1. September 1927 hat Helmut Lossagk seine Dissertation mit dem Titel „Experimentelle Beiträge zur Bestgestaltung der Handarbeit auf Grund von Studien im Psychotechnischen Versuchsfeld und von Betriebskontrollen" an der TH Berlin vorgelegt. Referent war Professor Moede, Korreferent Professor Schlesinger. Die am 29. Februar 1928 genehmigte Arbeit lag als Sonderdruck aus der Zeitschrift „Industrielle Psychotechnik"[121] vor.

Grundlage der Dissertation von Helmut Lossagk waren Grifffeldstudien, in denen verschiedene Greifbewegungen analysiert wurden. Die Studien waren zum einen auf die Ermittlung empirisch erfassbarer relativer Griffzeiten gerichtet, um die jeweils günstigsten Greifbedingungen zu identifizieren. Zum anderen sollten die Untersuchungsergebnisse einen „rechne-

[120] Köhler, Otto: Über den Gruppenwirkungsgrad der menschlichen Körperarbeit und die Bedingungen optimaler Kollektivkraftreaktion. Industrielle Psychotechnik 4 (1927) 7/8, S. 209-226.

[121] Lossagk, Helmut: Experimentelle Beiträge zur Bestgestaltung der Handarbeit auf Grund von Studien im psychotechnischen Versuchsfeld und von Betriebskontrollen. Sonderdruck aus: Industrielle Psychotechnik 3 (1926), 4 (1927) ,5 (1928).

rischen Anteil" bieten, um den durch Arbeitsplatzoptimierung zu erwartenden Nutzen vorkalkulieren zu können.

Die Untersuchung beinhaltete die Bestimmung des Grifffelds, des Griffbereichs, der Griffzeitdeterminanten, wie Höhe, Weite und Richtung des Grifforts, die Analyse des Griffzeitoptimums in Abhängigkeit vom Griffwinkel, der Armrichtungsbewegung und Grifffolgen. Die gewonnenen Erkenntnisse und in Kurventafeln dokumentierten Versuchsergebnisse wurden schließlich zu einem Konzept der „Rationalisierung der Greifbedingungen" einschließlich ihrer Kostenkalkulation ausgearbeitet.

Béla Sándor wurde am 19. Dezember 1906 in Budapest (Ungarn) als Sohn des Kaufmanns Ignác Sándor geboren. Hier besuchte er die Vorschule und im Anschluss daran das staatliche „Madách Imre"-Obergymnasium, das er im Juni 1924 mit dem Reifezeugnis verließ.

Seine Hochschulstudien absolvierte Béla Sándor in Brünn und Prag an der Deutschen Technischen Hochschule und legte die zweite Staatsprüfung (Diplomprüfung) der Maschinenbauabteilung im April 1929 in Brünn ab. Darauf ging er nach Berlin, studierte zwei Semester an der Technischen Hochschule und begann im Institut für industrielle Psychotechnik und Arbeitstechnik mit seiner Dissertation.

Parallel mit der Ausführung seiner Untersuchungen beschäftigte er sich mit den Fragen der Berufseignungsprüfung und der psychotechnischen Rationalisierung. Die Versuche wurden im März 1931 abgeschlossen und die Ergebnisse legte Béla Sándor unter dem Titel „Experimentelle Analyse des Reaktionsvorganges bei verschiedenartiger Reizdarbietung" am 13. Januar 1932 als Dissertation[122] vor.

Ansätze zur Gemeinschaftsarbeit

Am 22. Oktober 1928 blickte das Institut für industrielle Psychotechnik und Arbeitstechnik der Technischen Hochschule zu Berlin auf sein zehnjähriges Bestehen zurück.[123] Es war von der Forschungsgesellschaft für betriebswissenschaftliche Arbeitsverfahren auf Antrag von Schlesinger mit Unterstützung der Wirtschaft gegründet worden.

In der Gründungsversammlung wurden als Hauptaufgaben der Industriellen Psychotechnik von Moede die Eignungsprüfung sowie die Anlernung und Bestgestaltung der Arbeitsverfahren herausgestellt. Gleichzeitig entwickelte er ein eingehendes Programm der Lehrlingsauswahl.

Die Tätigkeit des Instituts war vielseitig und erstreckte sich auf Forschung, Lehre, Begutachtung für alle Fragen der Eignungsfeststellung, Anlernung, Arbeitsbestgestaltung, Marktanalyse, Verkaufswesen und Werbsachenprüfung. Es wurde ein Vorbild für die Gründung ähnlicher Institutionen an anderen Technischen Hochschulen oder wirtschaftsnahen Einrichtungen.

Die Anzahl der psychologischen Lehrstühle und Institute für Psychotechnik hatte sich im Laufe der zwanziger Jahre beträchtlich erhöht. Zwischen 1918 und 1930 wurden außer an der Technischen Hochschule Charlottenburg Professuren, Lehraufträge oder Institute für Psychotechnik an acht Technischen Hochschulen und dreizehn Universitäten sowie 29 weitere durch die öffentliche Hand finanzierte wissenschaftliche Institute eingerichtet.[124] Die verschiedenen

---

122 Sándor, B.: Experimentelle Analyse des Reaktionsvorganges bei verschiedenartiger Reizdarbietung. Diss. TH Berlin, Buchholz & Weißwange, Berlin 1932. Auch in: Industrielle Psychotechnik 8 (1931) 8 und 9 (1932) 1.

123 Moede, W.: Zehn Jahre Institut für Industrielle Psychotechnik. Industrielle Psychotechnik 5 (1928) 11, S. 344.

124 Vgl. Industrielle Psychotechnik (1930) 7, S. 339-352 und zur zeitlichen Abfolge der institutionellen und personellen Ausstattung Geuter, S. 83-100 und S. 132 f.; Gesamttabelle in: Der Mensch und die Rationali-

Institutionen entwickelten ihre jeweils eigene Methodik, und es entstand eine Heterogenität, die unter den Vertretern der unterschiedlichen Strömungen keinen Konsens aufkommen ließ.[125] Das Reichssparkommissariat forderte schließlich 1930 in einem Gutachten über die behördlichen psychotechnischen Einrichtungen in Deutschland zur Gemeinschaftsarbeit in der Psychotechnik auf:

> „Ein Blick auf die große Zahl, noch dazu örtlich zusammengedrängter, psychotechnischer Einrichtungen läßt die Frage aufkommen, ob hier nicht unwirtschaftlicher Zersplitterung und unrationeller Doppel-, ja Vielfacharbeit durch Gemeinschaftsarbeit der Psychotechniker vorgebeugt werden kann."[126]

Als erste praktische Maßnahme wurde eine interministerielle „Arbeitsgemeinschaft für Psychotechnik" aus Vertretern des Reichs und der Länder sowie Wissenschaftlern eingesetzt, die die Aufgabe hatte, die theoretischen und praktischen Schwierigkeiten einer gemeinsamen Arbeit auf psychotechnischem Gebiet durch Zusammenfassung der beteiligten Stellen zu überwinden, ohne deren Selbständigkeit zu berühren. Die Schwierigkeiten psychotechnischer Einrichtungen beschränkten sich allerdings nicht nur auf methodische Probleme. Die 1918 bei der Gründung der Abteilung für Industrielle Psychotechnik an der TH Berlin initiierte Zusammenarbeit von Psychologen und Industrieunternehmen brachte offenbar nicht immer den gewünschten wirtschaftlichen Erfolg. Nur eine Minderheit der Werke mit eigenen Prüfstellen beteiligte sich an dem geplanten Erfahrungsaustausch, der die psychotechnische Gemeinschaftsarbeit vorantreiben sollte.[127] Bald zeichneten sich Schwierigkeiten und Grenzen bei der konsequenten Anwendung psychotechnischer Ausleseverfahren ab: die fehlenden Kenntnisse und die unzureichende Zahl ausgebildeter Prüfer in den Betrieben, der begrenzte Anwendungsbereich psychotechnischer Eignungstests (meist nur Lehrstellenbewerber) und die Abhängigkeit der Angaben von der Autorität und der Kooperationsbereitschaft des Meisters. Die Ergebnisse der Eignungstests wurden zudem von der Voreingenommenheit einiger Betriebspraktiker beeinträchtigt, die Zweifel hegten, ob sich die Tests für die Bedürfnisse der Betriebe und zur Auslese der Arbeitskräfte überhaupt eigneten. Es stellte sich die Frage nach dem wirtschaftlichen Nutzen der Prüfungen, wobei die Ergebnisse von Erfolgskontrollen, z.B. bei ungelernten Arbeitskräften der OSRAM GmbH 1922/25, offenbar ernüchternd ausfielen. Das Ziel war die Heranbildung einer betriebsverbundenen Stammarbeiterschaft und das ließ sich mit psychotechnischen Eignungsprüfungen als einzigem „objektivem" Auswahlkriterium nur schwer vereinbaren.

Die Firma Siemens zum Beispiel verzichtete seit 1923 auf psychotechnische Auswahlverfahren:

> „Die radikale Abkehr von psychotechnischen Eignungsfeststellungen bei Lehrstellenbewerbern, die Siemens nach 1923 vollzog, blieb die Ausnahme. Die Regel war dagegen, daß die Eignungsprüfung beständig umgemodelt wurde oder im Laufe der Jahre den Fortschritten in Wissenschaft und Praxis entsprechend weiter ausgebaut wurde, wobei jedes Unternehmen eigene Wege beschritt."[128]

Dies zeigt, dass sich die zu Beginn der psychotechnischen Forschungstätigkeit angestrebte Zusammenarbeit zwischen Wissenschaftlern und Betriebspraktikern in vielen Fällen als

---

sierung. Fragen der Arbeits- und Berufsauslese, der Berufssausbildung und Bestgestaltung der Arbeit, hrsg. von RKW, Jena 1931, S. 82-99. Siehe auch Kap. 8, S. 204-207 sowie S. 214-216.

125 Vgl. Homburg 1991, S. 321.

126 Vgl. Gesamttabelle in: Der Mensch und die Rationalisierung – Fragen der Arbeits- und Berufsauslese, der Berufsausbildung und Bestgestaltung der Arbeit, hrsg. von RKW, Jena 1931, S. 107.

127 Homburg, S. 325.

128 Homburg, S. 327, 329, 332, 333, 335, 336.

schwierig erwies. So wurde 1931 anlässlich des XI. Kongresses der Deutschen Gesellschaft für Psychologie in Hamburg eine Reichsvereinigung zur Förderung der Praktischen Psychologie gegründet, der unter anderen der Göttinger Professor Narziß Ach sowie Fritz Giese, Otto Lipmann, Walther Poppelreuter, Hans Rupp und William Stern angehörten. Diese Vereinigung hatte die Aufgabe, eine Brücke zwischen Fachpsychologen und Praktikern aller Anwendungsgebiete der Psychologie zu bilden, was bis zu diesem Zeitpunkt offenbar nicht erreicht worden war.[129]

Auch hatten RKW und AWF bis in die 1930er Jahre wiederholt zur „Gemeinschaftsarbeit" zwischen Wissenschaft und Industrie auf diesem Gebiet aufgerufen. Hierbei bildete die eher mechanistisch ausgerichtete Feststellung, dass „eine wirklich vollkommene Rationalisierung" die „Rationalisierung des Menschen" voraussetze, den Ausgangspunkt der Argumentation. Dieser war – wie das RKW 1929 darlegte – mit technischen Rationalisierungsmitteln nicht zu bewerkstelligen, sondern immer noch mit Hilfe der „Wunderwaffe" Eignungsauslese.[130]

Veröffentlichungen und Kongresse

Psychotechnische Zeitschriften

Mit dem Ausbau und der Differenzierung der psychotechnischen Forschungs- und Prüfstellen zur Weimarer Zeit ging eine ebenso rasche Entwicklung des psychotechnischen Schrifttums einher. Nicht nur die zahlreichen Veröffentlichungen (Aufsätze, Sammelbände, Monographien) zur Psychotechnik sondern auch die nationalen und internationalen Tagungen veranschaulichen die Vielzahl unterschiedlicher theoretischer und methodisch-inhaltlicher Ansätze, gleichzeitig aber auch die Bedeutung der damaligen psychotechnischen Forschung.

Bis Mitte der zwanziger Jahre waren Zeitschriftenaufsätze und Veröffentlichungen zu Teilproblemen der Psychotechnik vorherrschend. Danach lassen sich verstärkt Bemühungen feststellen, durch umfangreiche Handbücher, Lehrbücher und Methodensammlungen zu einer Systematisierung und wissenschaftlichen Fundierung zu gelangen.

> „Ein Vergleich der bis 1930 erschienenen Werke von Burt, Giese, Lipmann, Moede, Myers, Wallon, Walther, Weber u.a. zeigt aber im Gegenteil, daß man über eine pragmatische Anordnung des Stoffs kaum hinausgelangte und Uneinheitlichkeit über den Gegenstand der Psychotechnik, die Systematik ihrer Binnengliederung und ihrer Beziehungen zu Nachbarwissenschaften bestand. Der Begriff Psychotechnik wurde zunehmend vermieden."[131]

Zu den wichtigsten psychotechnischen Zeitschriften im internationalen Bereich zählten die Publikationsorgane der Institute in Brüssel, London, Paris, Moskau, Leningrad, Barcelona und Genf.[132] Die 1919 gegründete Gesellschaft für Sozialtechnik in Wien gab die „Taylor-Zeitschrift" heraus; in den USA erschienen das „Journal of Applied Psychology" (1917) und das „Journal of Personnel Research" (1922), in London die Zeitschrift „Human Factor" (1925).

In Deutschland wirkten die „Schriften zur Psychologie der Berufseignung und des Wirtschaftslebens", die ab 1918 als Sonderausgabe der „Zeitschrift für angewandte Psychologie" von

[129] Zeitschrift für angewandte Psychologie, Bd. 40, 1931, S. 89-93.

[130] Homburg 1991, S. 341 f.

[131] Jaeger/Staeuble 1983, S. 79.

[132] Vgl. hier und im Folgenden Jaeger/Staeuble 1983, S. 78 f.

Stern und Lipmann herausgegeben wurden, auf die neue Schwerpunktbildung der angewandten Psychologie hin und auf das Bemühen, möglichst weite Kreise von Interessenten zu erreichen.

Die „Praktische Psychologie" wurde ab 1919 von Moede und Piorkowski als Monatsschrift für die gesamte angewandte Psychologie, für Berufsberatung und industrielle Psychotechnik herausgegeben. Der Untertitel verdeutlichte das noch breit gesteckte Programm. Der Schwerpunkt sollte auf der Wirtschaftspsychologie liegen, worunter die Psychologie der Berufseignung, der Rationalisierung der Ausbildungs- und Arbeitsverfahren und der Absatztechnik (Reklame) verstanden wurde.

1924 wurde die in ihren Beiträgen äußerst heterogene „Praktische Psychologie" von Moede durch die Zeitschrift „Industrielle Psychotechnik" ersetzt. Damit wurde der Arbeitsschwerpunkt weiter präzisiert. Unter „Industrielle Psychotechnik" wollte Moede angewandte Psychologie in Industrie, Handel, Verkehr und Verwaltung mit dem Ziel der Rationalisierung der menschlichen Tätigkeit auf allen Gebieten des Wirtschaftslebens gefasst wissen. Die Zeitschrift erschien bis 1944.

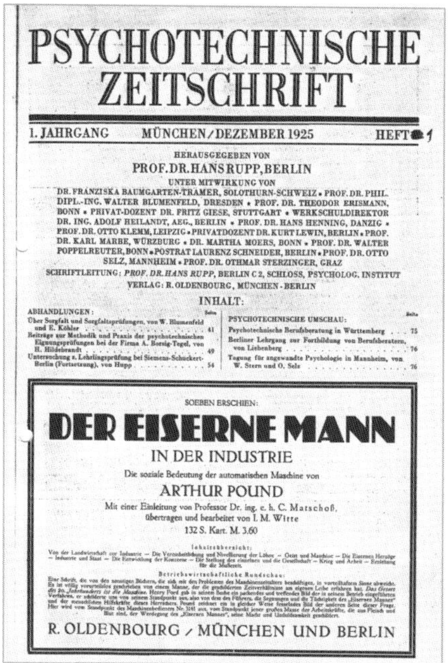

PSYCHOTECHNISCHE ZEITSCHRIFT

1. JAHRGANG MÜNCHEN/DEZEMBER 1925 HEFT 1

HERAUSGEGEBEN VON
PROF. DR. HANS RUPP, BERLIN
UNTER MITWIRKUNG VON
DR. FRANZISKA BAUMGARTEN-TRAMER, SOLOTHURN-SCHWEIZ • PROF. DR. PHIL. DIPL.-ING. WALTER BLUMENFELD, DRESDEN • PROF. DR. THEODOR ERISMANN, BONN • PRIVAT-DOZENT DR. FRITZ GIESE, STUTTGART • WERKSCHULDIREKTOR DR. ING. ADOLF HEILANDT, AEG., BERLIN • PROF. DR. HANS HENNING, DANZIG • PROF. DR. OTTO KLEMM, LEIPZIG • PRIVATDOZENT DR. KURT LEWIN, BERLIN • PROF. DR. KARL MARBE, WÜRZBURG • DR. MARTHA MOERS, BONN • PROF. DR. WALTER POPPELREUTER, BONN • POSTRAT LAURENZ SCHNEIDER, BERLIN • PROF. DR. OTTO SELZ, MANNHEIM • PROF. DR. OTHMAR STERZINGER, GRAZ
SCHRIFTLEITUNG: *PROF. DR. HANS RUPP*, BERLIN C 2, SCHLOSS, PSYCHOLOG. INSTITUT
VERLAG: R. OLDENBOURG, MÜNCHEN-BERLIN

INHALT:

ABHANDLUNGEN: Seite
Über Sorgfalt und Sorgfaltsprüfungen, von W. Blumenfeld und E. Köhler . . . 41
Beiträge zur Methodik und Praxis der psychotechnischen Eignungsprüfungen bei der Firma A. Borsig-Tegel, von H. Hildebrandt . . . 49
Untersuchung z. Lehrlingsprüfung bei Siemens-Schuckert-Berlin (Fortsetzung), von Rupp . . . 54

PSYCHOTECHNISCHE UMSCHAU: Seite
Psychotechnische Berufsberatung in Württemberg . . . 75
Berliner Lehrgang zur Fortbildung von Berufsberatern, von Liebenberg . . . 76
Tagung für angewandte Psychologie in Mannheim, von W. Stern und O. Selz . . . 76

SOEBEN ERSCHIEN:
DER EISERNE MANN
IN DER INDUSTRIE
Die soziale Bedeutung der automatischen Maschine von
ARTHUR POUND
Mit einer Einleitung von Professor Dr. ing. e. h. C. Matschoß,
übertragen und bearbeitet von I. M. Witte
132 S. Kart. M. 3.60
Inhaltsübersicht:
Betriebswirtschaftliche Rundschau:
R. OLDENBOURG / MÜNCHEN UND BERLIN

INDUSTRIELLE PSYCHOTECHNIK

Angewandte Psychologie in Industrie - Handel - Verkehr - Verwaltung
Herausgegeben von
Prof. Dr. W. Moede
Technische Hochschule zu Berlin - Handelshochschule Berlin
VERLAG VON JULIUS SPRINGER IN BERLIN W 9

1. Jahrgang Mai/Juni 1924 Heft 1/2

Bild 8.13: Psychotechnische Zeitschrift, 1. Jahrgang, Dezember 1925, Heft 1 und Industrielle Psychotechnik, 1. Jahrgang, Mai/Juni 1924, Heft 1/2

Die „Psychotechnische Zeitschrift", die 1925 von H. Rupp herausgegeben wurde, wollte in vorsichtig formulierter Absetzung zur bis dahin dominierenden Praxis neben dem bisher hauptsächlich betrachteten Bereich der Eignungsprüfung die Arbeitsbedingungen, Arbeitsverfahren, Ausbildungs- und Anlernverfahren, Organisation, Reklame usw. zum Gegenstand von praktisch-wissenschaftlichen Abhandlungen unter internationaler Beteiligung machen.

Die „Psychotechnische Rundschau" wurde ab 1921 von Giese herausgegeben und war als eine Art „Chronik der psychotechnischen Wissenschaft" intendiert. Sie erschien bis 1936 und wurde dann als „Zeitschrift für Arbcitspsychologie" fortgesetzt.

Ebenfalls von Giese gegründet wurde 1916 die „Deutsche Psychologie", die 1924 mit dem vierten Band wieder aufgenommen wurde.

Piorkowski gab die Zeitschrift „Organisation" heraus. Bereits 1908 hatten Lipmann und Stern die „Zeitschrift für angewandte Psychologie" gegründet.

Das Forum der psychotechnischen Diskussion in Deutschland bildeten die „Industrielle Psychotechnik" und zeitweise auch die „Psychotechnische Rundschau".

Die Auswertung von Tagungsberichten in den einschlägigen zeitgenössischen Fachzeitschriften gibt Aufschluss über die wichtigsten psychotechnischen Tagungen und Konferenzen, anhand derer sich der aktuelle Stand der Forschung nachverfolgen lässt.

Zeitschrift „Industrielle Psychotechnik"

Moede war ab 1924 alleiniger Herausgeber der Zeitschrift „Industrielle Psychotechnik". In den Aufsätzen und Themen, die in der Zeitschrift veröffentlicht worden sind, spiegelt sich die Arbeit Moedes sowie seiner Institutsmitarbeiter und Assistenten wider. Die Ergebnisse ihrer Arbeit sind in entsprechenden Aufsätzen der Fachwelt bekannt gemacht worden. Auch war die Zeitschrift Forum für viele Fachkollegen, die darin ihre Forschungsergebnisse veröffentlichten. Beibehalten aus den Vorjahren war die Rubrik „Rundschau", in welcher über Kongresse und Tagungen aus aller Welt berichtet wurde.

Moede selbst veröffentlichte in der Zeitschrift der Jahrgänge 1924 bis 1928 vergleichsweise wenig eigene Aufsätze. Von besonderer Bedeutung ist allerdings ein Aufsatz aus dem ersten Heft 1924 mit dem Titel „Die Eignungsprüfung im Dienste der Betriebsrationalisierung". Hierin geht Moede mittelbar auf den zurückliegenden Streit über die Eigenständigkeit der Psychotechnik und im Besonderen auf die Frage der Wissenschaftlichkeit der Eignungsprüfungen ein. Er betont, dass der Erfolg der Eignungsprüfungen von der Gründlichkeit der Prüfungen und der Geeignetheit des Prüfungspersonals abhängt. Bei diesen sollte eine Symbiose von betriebserfahrenen und psychologieerfahrenen Prüfern erfolgen. Wenn eine Eignungsprüfung mit geeigneten Prüfmitteln durch geeignetes Personal erfolgt, dann wird auch ein erfreulicher Wirkungsgrad hinsichtlich der psychotechnischen Auslese und Beratung erzielt. Moede betont, dass nach den Regeln der psychotechnischen Wissenschaft vorsichtig und gewissenhaft vorgegangen werden muss und Eignungsprüfungen nur ein Bruchteil der psychotechnischen Betriebsarbeit sind. Eignungsprüfungen können erfolgreich nur dann durchgeführt werden, wenn die Arbeitsbedingungen gut und mangelfrei sind und eine psychotechnische Arbeitsstudie vorliegt. Moede tritt damit seinen Kritikern um Lipmann entgegen, die die Eignungsprüfungen der Moede'schen Verfahrensart für unwissenschaftlich, zu stark betriebsbezogen und ungenau hielten.

Interessant ist, dass der Meinungsstreit auch auf andere psychotechnische Fragen ausgedehnt wurde. So veröffentlichte Richard Hamburger, ein ehemaliger Assistent von Moede, in Heft 7/8 des Jahrgangs 1924 eine kommentierende Untersuchung der Lipmann'schen Formel zur Bewertung der Arbeitsleistung an einem Arbeitstag, die Lipmann in seinem Buch „Das Arbeitszeitproblem" darlegte. Hamburger geht dabei mit Lipmann hart ins Gericht und legt dar, dass er die Lipmann'sche Formel nicht nur für falsch und erfolglos, sondern auch als unsinnig beurteilt. Lipmann konnte dies nicht unbeantwortet lassen und entgegnete Hamburger mit einer Stellungnahme in Heft 3 des Jahrgangs 1925. Hamburger wurde im Anschluss daran Gelegenheit zur Erwiderung gegeben. Abschließend erfolgte in Heft 7/8 des Jahres 1925 noch eine Stellungnahme der Professoren Blumenfeld und Brasch aus Dresden, die zwar offenbar vermitteln sollten, letztlich aber Hamburger in seiner Entgegnung dazu brachte, an seiner Kritik der Lipmann'schen Formel festzuhalten und die Bemerkungen Blumenfelds und Braschs zurückzuweisen. Obwohl in diesem Streit insgesamt die Ebene der Sachlichkeit nicht verlassen wurde, blieb erkennbar, dass sich seit der zurückliegenden heftigen Kontroverse Anfang der 1920er Jahre die „Lipmann'sche" und die „Moede'sche Schule" augenscheinlich weiterhin unversöhnlich gegenüber standen.

Im Jahr 1926 erfolgte in der Rundschau des Heftes 1 ein umfangreicher Überblick über die Entwicklung von Fahrerprüfungen in Deutschland, Frankreich und Amerika, wobei Walther Moede selbst nur über Deutschland berichtete. Er wies auf den Beginn im Jahr 1915 in Berlin bei der Garde-Kraftfahr-Ersatz-Abteilung unter Hauptmann von Faust, Piorkowski und ihm selbst hin. Dort wurde die erste Prüfstelle für Kraftwagenführer eingerichtet. Nach deren Bewährung wurden drei weitere Prüfstellen in anderen Ersatz-Abteilungen geschaffen. Schließlich hatte jede Ersatz-Abteilung des deutschen Heeres ein Laboratorium für Kraftfahrereignungsprüfungen, die unter psychologischer Oberleitung beim Oberkommando der Kraftfahrtruppe geführt wurden. Das Prüfungsschema der Prüfstellen hatte Moede entwickelt.

In Heft 7/8 des Jahres 1927 veröffentlichte Moede einen vor der 7. Sitzung des psychologischen Ausschusses der Deutschen Reichsbahn in der Generaldirektion der österreichischen Bundesbahn in Wien gehaltenen Vortrag mit dem Titel „Richtlinien der Leistungspsychologie". Moede stellt darin dar, dass der Zentralbegriff der industriellen Psychotechnik der der *Leistung* ist. Bei der *Eignungsprüfung* wird die Vorbedingung des Leistungserfolgs im Träger der zukünftigen Leistung, nämlich dem Berufsanwärter festgestellt. Die nachfolgende *Anlernung* bezieht sich auf die zweckmäßigen Bedingungen für schnelle und gute Leistungsentwicklung. Bei der *Rationalisierung* wird die Bestgestaltung aller den Leistungsablauf beeinflussenden Bedingungen und Faktoren erstrebt. Bei der *Begutachtung* schließlich wird dann eine Bewertung vorgenommen, um Gehalt und Wirkung der Leistung zu umschreiben.

Moede hat diesen Bezug der Psychotechnik zum Leistungsbegriff später in mehreren Aufsätzen und Vorträgen wiederholt, sodass diese Beschreibung des Wesens der Psychotechnik als Moedes Grundsatzprogramm bezeichnet werden kann. Er führt dazu weiter aus, dass die Leistung eines Menschen, die verstanden, bewertet und gemessen werden soll, unter drei Gesichtspunkten untersucht wird: dem Individuum, der Gemeinschaft und der Entwicklung. Dazu hat die Psychotechnik allgemeine und spezielle Gesetze entwickelt, die Moede beispielsweise aufzählt, nämlich den Satz von dem fallenden Erlebniswert des Reizes, den Satz von Weber und den Satz vom Streben nach dem subjektiven Optimum, als dem Hauptsatz der Leistungspsychologie. Hinzu kommen der Satz vom Beharrungszustand der psychogenetischen Lage und der Leistungspsychologie des Einzelnen und der Gruppe unter genetischer Betrachtung der Alterung.

Die Gesetzmäßigkeiten der Leistungserbringung, die die Psychotechnik aufgestellt hat bzw. aufzustellen versucht, kehren in den Vorträgen und Arbeiten Moedes mehrfach wieder, können also als Schwerpunkt seiner wissenschaftlichen Arbeit der Jahre 1924 bis 1928 angesehen werden. So referierte Moede im November-Heft 11 des Jahres 1928 anlässlich des 10-jährigen Bestehens des Instituts für industrielle Psychotechnik erneut über die Leistung als den wesentlichen Begriff der Psychotechnik. Er wies bei diesem Jubiläum auf die Gründungsphase des Instituts hin. Bereits damals war die Hauptaufgabe des Instituts neben der Eignungsprüfung, die Anlernung und die Bestgestaltung der Arbeit wissenschaftlich aufzuarbeiten.

Auch bei einem Vortrag vor dem IV. Internationalen Kongress für Psychotechnik in Paris im Oktober 1927 war die Leistungspsychologie Gegenstand seiner Ausführungen.

Im Jahr 1929 ging Moede in einem Aufsatz in Heft 1/2 auf die Richtungen und Entwicklungsstufen der industriellen Anlernung und Schulung ein. Er legte darin die vier Stufen der Anlernung und deren Nutzen und Erfolg dar. Dabei sah er als oberste Stufe der Anlernung die Menschenführung und wies auf die Vorzüge einer abseits vom Betrieb errichteten Anlernstelle hin, die einem Anlernmeister untersteht, dem wiederum Anlernhilfskräfte beiseite stünden. Eine solche Anlernstelle arbeitet nach industriell pädagogischen Grundsätzen gemäß eines systematischen Lehrplans und ist eine abgekürzte und zeitlich zusammengedrängte Ersatzlehre für die angelernten Arbeitskräfte, die der vierjährigen Lehre des Handwerkslehrlings entspricht. Einer solchen Anlernstelle ist gegenüber einem innerbetrieblichen Anlernmeister oder gar einer ungeordneten und ungeregelten Anlernung im laufenden Betriebsprozess der Vorzug zu geben.

Im Jahr 1929 nahm Moede das 25-jährige Dienstjubiläum Schlesingers zum Anlass einer Laudatio, in welcher er insbesondere Schlesingers Verdienst um die Psychotechnik würdigte. Er erinnerte dabei daran, dass es Schlesinger war, der frühzeitig die Bedeutung der Psychotechnik erkannte und sie als Teil der industriellen Praxis stets gefördert hatte. Schlesingers Verdienst war es, die Betriebspsychologen und die Betriebsingingenieure in Deutschland zusammengebracht zu haben.

Im Jahr 1930 war Moede mit vier Aufsätzen stärker als in den Vorjahren vertreten. Schwerpunkt seiner wissenschaftlichen Arbeit war weiterhin die Eignungsuntersuchung, aber wesentlich auch die Frage der Menschenbehandlung im Betrieb durch Vorgesetzte gegenüber Unterstellten. In Heft 4 des Jahrgangs 1930 geht Moede auf die Methodik der Menschenbehandlung ein. Dieser Aufsatz sowie der in Heft 7 zum selben Thema veröffentlichte Aufsatz haben großen Streit in der Fachwelt hervorgerufen, der an anderer Stelle behandelt wird.[133] Inhaltlich bemerkt Moede in diesen Aufsätzen zunächst, dass die Psychotechnik sich auch um Anweisungen zur Behandlung der im Betrieb tätigen Menschen durch Vorgesetzte bemühen solle. Er stellt dazu vier verschiedene Typen von Vorgesetzten voran und gibt Empfehlungen bezüglich der Behandlung und der Maßnahmen gegenüber den Unterstellten. Da darin auch Anweisungen zur Entlassung bzw. Versetzung von ungeeigneten oder missliebigen Mitarbeitern enthalten waren, hatte insbesondere dieser Teil der Ausführungen Moedes großen Widerspruch hervorgerufen.

In dem darauf folgenden Jahrgang 1931 ist nur ein Aufsatz Moedes enthalten. In diesem geht Moede auf die Frage der Fehldiagnosen in der Eignungsfeststellung und der Fehlurteile in Prüfungen überhaupt ein. 1932 lag der Schwerpunkt der Forschungen Moedes in der psychotechnischen Betrachtung des Konsums, wie ein entsprechender Aufsatz in Heft 10 des 9. Jahrgangs sowie ein Vortrag zu dem gleichen Thema auf dem X. Kongress für Psychologie zeigen. Moede untersucht dabei insbesondere die Psychologie der Geltung einer Ware auf dem Markt. Die Psychotechnik hat auch für die Erfassung von Gesetzmäßigkeiten der Konsumtion durch Untersuchung der konsumierenden Menschen Dienste zu leisten. Ziel der Untersuchungen Moedes war es, Erkenntnisse über die allgemeinen oder speziellen Gesetzmäßigkeiten des Konsums, der typischen Geschehensabläufe oder Verhaltensweisen am Markt zu gewinnen. Dazu führt er die verschiedenen Untersuchungsmethoden aus.

In den veröffentlichten Aufsätzen der verschiedensten Autoren spielt die Eignungsprüfung über alle Jahre hinweg eine herausragende Rolle. Es zeigt sich, dass Eignungsprüfungen in Industrie und Wirtschaft für die Psychotechniker um Moede der Schwerpunkt ihrer Arbeit waren. Veröffentlichungen zu diesem Thema überwiegen ganz erheblich. Daneben waren

---

[133] Siehe auch Abschnitt „Wissenschaftliche Kontroversen", S. 273-281.

aber auch Arbeiten zur Rationalisierung und Psychotechnik des Arbeitsplatzes und der Werkzeuge sowie Arbeits- und Zeitstudien und in den späteren Jahrgängen auch vielfach Arbeiten zu psychotechnischen Gutachten und Augenmaßuntersuchungen von übergeordneter Bedeutung. Diese Themen nehmen einen erheblichen Teil der Zeitschrift in den Jahren 1924 und 1932 ein. Schließlich sollten auch psychotechnische Untersuchungen zu Reaktionszeiten im Straßenverkehr in den späteren Jahrgängen und zur Unfallverhütung, insbesondere im Bereich der Schiene, nicht unerwähnt bleiben. Ab 1925 kamen noch einige Aufsätze zur Psychotechnik der Werbung und Reklame im nennenswerten Umfang dazu. Nach 1927 gewann auch das Thema der Anlernung und der Menschenbehandlung zunehmend an Bedeutung.

Kongresse und Lehrgänge

Aus den Berichten der Jahre von 1924 bis 1932 geht hervor, dass Moede in dieser Zeit regelmäßig an Kongressen und Tagungen teilgenommen und dort Vorträge gehalten hat. So wird im Jahr 1924 zunächst über den 7. Kongress für Psychologie vom 26. Juli bis 2. August 1923 in Oxford berichtet, wo Moede einen Vortrag über den Stand der deutschen Psychotechnik hielt. Ein Jahr später nahm Moede als Mitglied des Psychotechnischen Ausschuss der Deutschen Reichsbahn am 26. und 27. Juni 1924 an einer Sitzung in Würzburg teil. Im September 1924 besuchte Moede den 4. Internationalen Kongress für Unfallheilkunde und Berufskrankheiten in Amsterdam, wo er über psychotechnische Ermüdungsstudien referierte. Im Januar 1925 war Moede Teilnehmer einer Sitzung der Deutschen Gesellschaft für Gewerbehygiene, auf der er die methodischen Grundlagen der Eignungsprüfungen behandelte und über die Prüfverfahren in Industrie, Handel, Verkehr und Verwaltung berichtete. Vom 21. bis 25. April 1925 besuchte Moede den 9. Kongress für Psychologie in München.

Am 23. Februar 1926 war Moede Teilnehmer der 26. Sitzung des Sonderausschusses für Ausbildungsfragen und der 45. Sitzung des Sonderausschusses für Landarbeit des DLG. Am 15. März 1926 nahm die internationale Arbeitsgemeinschaft für Psychologie und Psychotechnik, die am 15. November 1925 ins Leben gerufen worden war, ihre Arbeit auf. Moede war Mitglied der deutschen Sektion. Am 21. April 1926 erfolgte die Tagung des Verbands Deutscher Praktischer Psychologen in Würzburg. Vom 27. bis 29. Mai 1926 fand dann die 5. Tagung des psychotechnischen Ausschusses bei der Deutschen Reichsbahn statt, bei der Moede in seiner Funktion als psychologischer Berater der Versuchstelle Berlin und Mitglied des Ausschusses einen Vortrag über Mittel, Wege und Ziele der Anlernung und Rationalisierung hielt. Anlässlich des 8. Internationalen Psychologiekongresses vom 8. bis 11. September 1926 in Groningen/Niederlande hielt Moede einen Vortrag über die Massenpsychologie.

Im September 1926 veranstaltete das Deutsche Institut für Wirtschaftliche Arbeit in der Öffentlichen Verwaltung (DIWIV) einen Kursus an der Technischen Hochschule Berlin, bei dem Moede eine Einführung über die verschiedenen Methoden und Anwendungsgebiete der Psychotechnik gab. Weitere Vorträge hielten Herwig, v. Foerster, Heugel und Couvé. Die ehemaligen Assistenten waren vielfach Besucher und Teilnehmer der verschiedenen Kongresse. So hielt Adolf Friedrich auf der Tagung des Reichskuratoriums für Wirtschaftlichkeit in Industrie und Handel am 21. Juni 1924 einen Vortrag über die psychotechnische Fähigkeitsschulung und Richard Hamburger berichtete über die Tagung für Betriebswissenschaft und Psychotechnik in Prag. Heydt nahm an der Jahreshauptversammlung der Deutschen Gesellschaft für Gewerbehygiene am 17. September 1926 in Wiesbaden und v. Foerster an deren Sitzung am 15. November 1926 teil. Schorn war Teilnehmer auf dem 10. Kongress für Psychologie in Bonn und v. Foerster berichtete sowohl über die Sitzung des Untersuchungsausschusses für Arbeitspsychologie der Deutschen Landwirtschafts-Gesellschaft am 31. Januar 1927 als auch über die Tagung des Reichskuratoriums für Wirtschaftlichkeit am 15. März 1927.

Anlässlich der Tagung des Verbands der Deutschen Psychologen am 19. April 1927 in Bonn übernahm Moede als Stellvertreter des zurückgetretenen Marbe die Geschäftsführung bis zur nächsten Vollversammlung. Marbe, seit 1926 Geheimrat und kommissarischer Leiter des Lehrstuhls für Philosophie und Psychologie in Würzburg, war zum Vorsitzenden des Verbands der experimentellen Psychologie gewählt worden, der vom 20. bis 23. April 1927 in Bonn seinen 10. Kongress durchführte. Auf diesem 10. Kongress hielt Moede ein Referat über Ermüdungsmessungen.

Im Oktober 1927 fand vom 10. bis 14. der IV. Internationale Kongress für Psychotechnik in Paris statt. Schwerpunkt der Vorträge von Giese und Henning waren die Intelligenz und Eignungsprüfungen. Moede nahm in seinem Vortrag grundsätzliche Ausführungen über die Stellung der industriellen Psychotechnik im System der Wissenschaften vor und ging dabei erneut auf die oben erwähnte Hauptaufgabe der Psychotechnik der Eignungsuntersuchungen, Anlernung und Bestgestaltung unter Bezug auf den psychotechnischen Leistungsbegriff ein. Direkt vor diesem Kongress wurde die Vereinigung für internationale psychotechnische Konferenzen als Zusammenschluss der internationalen Vereinigung für Psychologie und Psychotechnik und der internationalen Konferenz für Psychotechnik gegründet. Moede wurde in das Direktorium gewählt.

Im Jahr 1928 nahm Moede an der VI. Tagung der Praktischen Psychologen am 2. und 3. März in Hannover teil. Er hielt dort einen Vortrag über die Erkennbarkeit von Wegzeichen. Weiterhin referierten auch Heydt, Giese, Schulte und Couvé. Moede eröffnete die abschließende Aussprache über die Gutachtertätigkeit der praktischen Psychologen und wies darauf hin, dass zunächst eine Bestandsaufnahme und Erfahrungssammlung erfolgen müsse.

Bild 8.14: Walther Moede (2. v. r.) auf der VI. Tagung der Praktischen Psychologen in Hannover, März 1928

Vom 10. bis 14. September 1928 fand der jährliche Kongress für Psychotechnik zum fünften Mal statt, diesmal in Utrecht. Teilnehmer waren Herwig, Giese, Schorn, Henning, Bramesfeld und Schulte.

Moede berichtete über eine im Juli/August 1928 an dem Institut für industrielle Psychotechnik durchgeführte Eignungsuntersuchung von 346 Buchdruckerlehrlingen.

In den folgenden Jahren scheint Moede seine Teilnahmen an Kongressen und Tagungen eingeschränkt zu haben. Auf dem XI. Kongress der Gesellschaft für experimentelle Psychologie in Wien vom 9. bis 13. April 1929 hielt er zusammen mit Poppelreuter ein Sammelreferat über die Psychotechnik. Neben Moede waren bei diesem Kongress auch seine ehemaligen Assistenten Herwig, Schorn, Schulte, Moers, Gottschaldt und Lehmann Referenten. Ein weiterer Vortrag Moedes ist vor der Besprechung im Afa-Bund über Eignungsprüfungen an kaufmännischen Angestellten am 7. Mai 1929 vermerkt.

Vom 23. bis 25. Oktober 1930 führte Moede einen Lehrgang über Reklame-Psychologie am Institut durch. Im Jahr 1930 werden in der Industriellen Psychotechnik die Tagesordnungen von Kongressen, nämlich die der VI. Internationalen Konferenz für Psychotechnik in Barcelona vom 23. bis 27. April 1930 und die der VII. Tagung des Verbandes der deutschen praktischen Psychologen vom 11. bis 14. Juni 1930 in Dortmund veröffentlicht. Als geschäftsführender Vorsitzender des Vorstandes fiel es Moede zu, die Teilnehmer der Dortmunder Tagung zu begrüßen. Im Weiteren hielt er dort ein Referat über psychotechnische Leistungs- und Ermüdungsstudien, offensichtlich der Schwerpunkt seiner letztjährigen Forschungsarbeit. Neben Moede nahmen an dieser Tagung auch seine ehemaligen Assistenten Giese, Schorn, Bramesfeld, Lossagk, Couvé und Herwig teil.

Von der VII. Internationalen psychotechnischen Konferenz in Moskau vom 8. bis 13. September 1931 wird über ein Streitgespräch Moedes mit dem Veranstalter Spielrein über die Frage des politischen Einflusses auf die Wissenschaft berichtet. Neben Moedes Referat über Fehldiagnosen hielten auch Goldstern, Sándor und Blumenfeld Vorträge.

Im Jahr 1932 hat Moede offenbar nur an dem 10. Kongress für Psychologie im August 1932 in Kopenhagen teilgenommen und dort zur Psychologie der Geltung einer Ware auf dem Markt referiert. An diesem Kongress waren unter anderem auch Baumgarten, Giese und Henning als Redner vertreten. Im Übrigen wird in diesem Jahrgang kaum über nationale oder internationale Veranstaltungen berichtet. Moede sprach auf einer Veranstaltung des Instituts für gerichtliche und soziale Medizin der Universität Berlin zu dem Thema Verkehrsunfälle und Kausalität, insbesondere unter Berücksichtigung der Wechselwirkung von der Anlage des Fahrers und Umwelteinflüssen.

Sonstige Tätigkeiten

Ab 1929/30 ist eine Zunahme der gerichtsgutachterlichen Tätigkeit Moedes festzustellen. So wurde in der Zeitschrift ein Urteil des Landgerichts Landsberg vom 16. April 1930 veröffentlicht, in welchem die Angeklagte auf Grund der gutachterlichen Feststellungen Moedes freigesprochen wurde. Moede hatte die psychotechnische Eignung der Angeklagten, die einen Unfall mit Todesfolge verursacht hatte, zum Führen eines Fahrzeuges verneint, weshalb der Angeklagten eine Schuldunfähigkeit zugebilligt wurde. Auch in einem anderen, 1932 in der Industriellen Psychotechnik auszugsweise veröffentlichten Urteil in einer Strafsache hat das Reichsgericht umfangreich auf die Feststellungen des Sachverständigen Moede bei seiner Urteilsfindung Bezug genommen.

In dem Doppelheft 11/12 des Jahres 1932 berichtet Moede über Eignungsuntersuchungen seines Instituts an ca. 300 Ingenieurstudenten. Danach waren etwa 20 % der Studenten für dieses Studium gänzlich ungeeignet. Erfolgskontrollen hatten die Einschätzungen bestätigt. Auffällig war, dass Absolventen humanistischer Gymnasien stets besser abschnitten, als die der Real- oder Oberrealschulen.

In Heft 8 des Jahres 1926 wurde in der Rundschau ein Überblick über die Betriebsprüfstellen der deutschen Industrie veröffentlicht. Danach war das Institut für industrielle Psychotechnik die Prüfstelle für folgende Unternehmen: seit 1920 für die Aron-Elektrizitätswerke AG, seit 1925 für die Askania Werk AG, für die R. Frister AG, für die Heyland Gesellschaft für Apparatebau GmbH, seit 1926 für die Adam Opel AG Berlin sowie für die Zentrale von Orenstein und Koppel, seit 1924 für die Schulze F. F. A. Metallfabrik und Sudicatis & Co. Telephonfabrik.

In der Rundschau des Hefts 1/1927 wurde eine Liste der Universitäts- und Hochschulinstitute und der Lehrkräfte für Psychologie und Psychotechnik veröffentlicht. Es zeigt sich, dass Moedes ehemalige Mitarbeiter auffallend stark vertreten waren. So wurden neben Moede am Institut für industrielle Psychotechnik an der Technischen Hochschule Berlin und als Dozent für Psychotechnische Betriebswirtschaftslehre an der Handelshochschule Berlin, Dr. Herwig als Leiter der Psychologisch-Psychotechnischen Abteilung des Instituts der Philosophie als Privatdozent der TH Braunschweig, Dr. Bramesfeld als Privatdozent an dem Psychologischen Institut der TH Darmstadt, Dr. Henning als Professor an dem Psychologischen Institut der TH Danzig, Dr. Friedrich als Professor der Psychologie der TH Karlsruhe und Dr. Giese als Privatdozent und Professor an der TH Stuttgart aufgeführt (siehe auch S. 214-216).

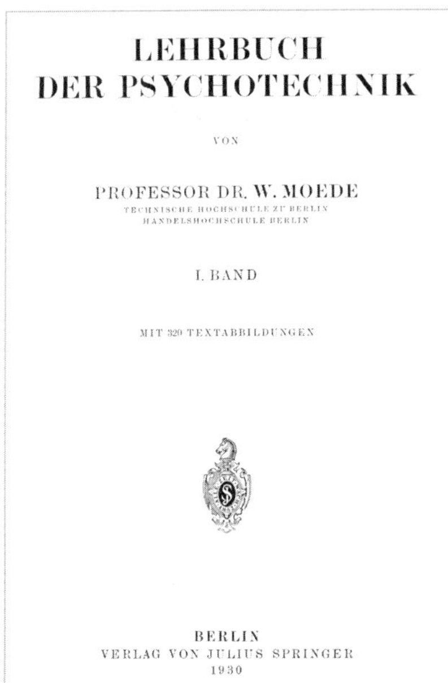
LEHRBUCH
DER PSYCHOTECHNIK

VON

PROFESSOR DR. W. MOEDE
TECHNISCHE HOCHSCHULE ZU BERLIN
HANDELSHOCHSCHULE BERLIN

I. BAND

MIT 320 TEXTABBILDUNGEN

BERLIN
VERLAG VON JULIUS SPRINGER
1930

Bild 8.15: „Lehrbuch der Psychotechnik" von Walther Moede (1930)

In Heft 6 des Jahrgangs 1929 erfolgt ein Aufruf der Deutschen Gesellschaft für Psychologie an die deutschen Universitäten, Hochschulen, Ministerien und Parlamente, an alle deutschen Fachkollegen und benachbarten Wissenschaften sowie an die Tages- und Fachpresse, in welchem gegen die Einschränkung der psychologischen Lehrstühle durch Abschaffung und Zusammenlegung protestiert wird.

Die Internationalen Konferenzen für Psychotechnik (ab 1920), deren Arbeitsschwerpunkt zunächst auf Problemen der Berufsberatung und dem Austausch und der Vereinheitlichung der Verfahren der psychotechnischen Eignungsprüfung lag, haben ab 1927 verstärkt arbeitswissenschaftliche Fragen behandelt. In diesem Jahr wurde auch die „Vereinigung für internationale psychotechnische Konferenzen" als Verschmelzung aus zwei Vorformen geschaffen, sodass die internationale Kooperation nunmehr vereinheitlicht über ständige Ausschüsse erfolgen konnte. Wesentliche Resultate hatten diese Bemühungen um eine Vereinheitlichung nicht erbracht.[134]

Wissenschaftliche Veröffentlichungen

In der folgenden Auflistung sind alle Schriften der „Schule Moede" von 1924 bis 1932 aufgeführt:

Schriften von Walther Moede (1924-1932)

I. *Bücher*

- Lehrbuch der Psychotechnik, Bd. I, Julius Springer, Berlin, 1930.

II. *Abhandlungen in wissenschaftlichen Zeitschriften*

- Die Eignungsprüfung im Dienste der Betriebsrationalisierung, Industrielle Psychotechnik, Bd. I, 1924, S. 3 ff.
- Psychotechnische Arbeitsrationalisierung, Industrielle Psychotechnik, Bd. II, 1925, S. 245 ff.
- Unfallverhütung auf psychotechnischer Grundlage, Industrielle Psychotechnik, Bd. III, 1926, S. 16 ff.
- Fahrerprüfung in Deutschland, Industrielle Psychotechnik, Bd. III, 1926, S. 23 ff.
- Eignungsprüfungen für Kaufleute, Industrielle Psychotechnik, Bd. III, 1926, S. 191 ff.
- Grundsätze der psychotechnischen Lehrlingsprüfung, Werkstattstechnik, 20. Jahrgang, 1926, S. 433 ff.
- Psychotechnische Arbeitsrationalisierung. In: K. Bühler (Hrsg.): Bericht über den IX. Kongress für experimentelle Psychologie in München, Jena 1926, S. 198-201.
- Aufgaben und Leistungen der psychotechnischen Eignungsprüfungen, Beihefte zum Zentralblatt für Gewerbehygiene, Heft 26.
- Die Arten der Eignungsprüfung, Werkstattstechnik, 22. Jahrgang, 1927, S. 521 ff.
- Die Richtlinien der Leistungspsychologie, Industrielle Psychotechnik, Bd. IV, 1927, S. 193 ff.
- Die Psychotechnik als Arbeitswirtschaft, Industrielle Psychotechnik, Bd. IV, 1927, S. 347 ff.
- Zur Psychotechnik des Glücksspiels, Forschungen und Fortschritte, Korrespondenzblatt der deutschen Wissenschaft und Technik, 1927.
- Ermüdungsmessungen, Bericht über den X. Kongress für experimentelle Psychologie in Bonn, Jena 1927, S. 148 ff.
- Übung, Handbuch der Betriebswissenschaften, herausgegeben von Nicklisch, 1928.
- Richtlinien für die Bestgestaltung der Büroarbeit, Organisation, Nr. 17, Berlin, 1928.
- Werbsachen-Prüfung, Z. f. O., Jahrgang 2, Heft 22, Nov. 1928.
- Ziele der Psychotechnik, Deutsche Allgemeine Zeitung, Oktober 1929.
- Leistungsstatistik „Fabrikationskontrolle", VDI-Verlag, Berlin, 1930.
- Psychotechnik, Bericht über den XI. Kongress für experimentelle Psychologie in Wien, Fischer, Jena 1930.
- Eignungsprüfung für kaufmännische Lehrlinge und Angestellte. Industrielle Psychotechnik, Bd. VII, Januar 1930, Heft 1, S. 1-17.
- Zur Methodik der Menschenbehandlung, Industrielle Psychotechnik, Bd. VII, April 1930, Heft 4, S. 107-111.

[134] Vgl. Jaeger/Staeuble 1983, S. 82.

- Zur Arbeitstechnik des Schneidens: Die Handschere und ihr Ersatz, Industrielle Psychotechnik, Bd. VII, Mai 1930, Heft 5, S. 129-136.
- Zur Methodik der Menschenbehandlung: Vom erfolgreichen Vorgesetzten, Industrielle Psychotechnik, Bd. VII, Juli 1930, Heft 7, S. 208-214 (auch als Sonderdruck erschienen).
- Messbestimmung der menschlichen Leistung sowie der Ermüdung – Bericht der VII. Tagung des Verbandes der deutschen praktischen Psychologen in Dortmund, Industrielle Psychotechnik, Bd. VII, Juli 1930, Heft 7, S. 216.
- Zur praktischen Psychologie des Zeitungslesers, Zeitungsverlag, 31. Jahrgang, Nr. 21, Mai 1930.
- Arbeit ohne Unfall, Monatszeitschrift der Vereinigten Krankenversicherung, Nr. 10, Oktober 1930.
- Zur Psychologie des Konsums, Industrielle Psychotechnik, Bd. IX, 1932, S. 289 ff.
- Schuld und Schuldlosigkeit bei Verkehrsunfällen, Ärztliche Sachverständigen Zeitung, XXXVIII. Jahrgang, 1932.

III. Vorworte und Einleitungen von Büchern

- zu R. Couvé: Die Psychotechnik im Dienste der Deutschen Reichsbahn, VDI-Verlag, Berlin, 1925.
- zu H. Tipper, H. L. Hollingworth, G. B. Hotchkiss, F. A. Parsons: Richtige Reklame, Autorisierte Übersetzung von H. Hahn, Berlin, 1928.
- zu Le Bon: Massenpsychologie, Stuttgart, 1932 (1938).

IV. Einige Aufsätze aus Tageszeitungen

- Beruf und Psychotechnik, Der Tag, Nr. 59, 9. März 1928.
- Kulturpropaganda, Berliner Tageblatt, Nr. 141, 23. März 1928.
- Jede Entwicklungsphase ist wertvoll, 8 Uhr Abendblatt der Nationalzeitung, 26. Mai1928.

V. Herausgabe von Büchern und Zeitschriften

- Bücher der industriellen Psychotechnik

  a) Tipper, H.; Hollingworth, H. J.; Hotchkiss, G. B.; Parsons, F. A.: Richtige Reklame, Autorisierte Übersetzung von H. Hahn mit einem Vorwort von W. Moede, Bd. I, Berlin, 1928.

  b) Klockenberg, E. A.: Rationalisierung der Schreibmaschine und ihre Bedienung, Bd. II, Berlin, 1926.

  c) Meyerheim, H.: Psychotechnik der Buchführung, Bd. III, Berlin, 1927.
- Praktische Psychologie (mit Piorkowski), Monatszeitschrift (Hirzel), 4 Jahrgänge, Leipzig, 1919/20, 1920/21, 1921/22,1922/23.
- Industrielle Psychotechnik – Der Mensch, Eignung, Leistung, Charakter, Verhalten, Monatszeitschrift (Springer) 1924-1928, (Buchholz & Weißwange seit 1929).

VI. Referate von Büchern und Abhandlungen (nur die wichtigsten)

- König, Th.: Reklamepsychologie, 2. Auflage, München und Berlin, 1924, Industrielle Psychotechnik, Bd. I, 1924, S. 296.
- Plaut, P.: Prinzipien und Methoden der Massenpsychologie, Handbuch der biologischen Arbeitsmethoden, Abt. VI. C, Heft 4, 1925, Industrielle Psychotechnik, Bd. II, 1925, S. 287.
- Zell, Th.: Der Schlaf des Menschen, Hamburg und Berlin, 1925, Industrielle Psychotechnik, Bd. II, 1925, S. 255.
- Bobertag, O.; Hylla, E.: Aufgaben zur Begabungsprüfung für die letzten Volksschuljahre, Selbstverlag des Zentralinstituts für Erziehung und Unterricht, Industrielle Psychotechnik, Bd. II, 1926, S. 125.
- Hering, E.: Grundzüge der Lehre vom Lichtsinn, 4 Bände, Berlin, 1926, Industrielle Psychotechnik, Bd. III, 1926, S. 350.

Schriften aus der Schule Moedes (1924-1932)

I. Aus dem Institut für industrielle Psychotechnik und Arbeitstechnik der Technischen Hochschule Berlin (und dem Institut für Wirtschaftpsychologie)

- Kurtzig, K.: Zur Psychologie des Inserates, Beachtungswert der verschiedenen Stellen im Aufmerksamkeitsfelde. Industrielle Psychotechnik, Bd. I, 1924, S. 51 ff.
- Schulhoff, A.: Die Darstellung psychotechnischer Prüfergebnisse. Industrielle Psychotechnik, Bd. I, 1924, S. 54 ff.
- Cauer, M.: Berufspsychologische und psychotechnische Studie zur Eignungsprüfung der Schneiderin. Industrielle Psychotechnik, Bd. I, 1924, S. 73 ff.
- Heller, O.: Eignungsprüfung und Unfallvorbeugung in der Holzindustrie. Industrielle Psychotechnik, Bd. I, 1924, S. 99 ff.
- Kloth, W.: Über die Eignung von Bedienungselementen zu Einstellbewegungen. Industrielle Psychotechnik, Bd. I, 1924, S. 171 ff.
- Ströer, J.: Über die Reaktionszeitmessungen an Bedienungselementen für Werkzeugmaschinen. Industrielle Psychotechnik, Bd. I, 1924, S. 198 ff.
- Klockenberg, E.: Beiträge zur Schulbildung auf das Ergebnis der Eignungsprüfung. Industrielle Psychotechnik, Bd. I, 1924, S. 294 ff.
- Baganz, M.: Der Einfluss der Schulbildung auf das Ergebnis der Eignungsprüfung. Industrielle Psychotechnik, Bd. I, 1924, S. 294 ff.
- Schulhoff, A.: Experimentelle Bestimmung der optimalen Arbeitsbedingungen. Industrielle Psychotechnik, Bd. II, 1925, S. 59 ff. und S. 84 ff.
- Jachmann, B.: Die Zeitstudie mit ständig laufender Uhr. Industrielle Psychotechnik, Bd. II, 1925, S. 65 ff.
- Kobis, C.: Übung werkstattwichtiger Funktionen an Lehrlingen. Industrielle Psychotechnik, Bd. II, 1925, S. 97 ff.
- Kunze, B.; Schulhoff, A.: Untersuchung über die menschliche Zug- und Stoßkraft. Industrielle Psychotechnik, Bd. II, 1925, S. 170 ff.
- Mitteilung des Instituts für industrielle Psychotechnik Berlin über die Sichtbarkeit farbiger Fäden auf farbigem Hintergrund. Industrielle Psychotechnik, Bd. II, 1925, S. 231 ff.
- Frank, M.: Urteilsstatistik der Leser und Laboratoriumsbegutachtung von Inseraten. Industrielle Psychotechnik, Bd. II, 1925, S. 348 ff.
- Heugel, W.: Beiträge zur Berufskunde und Eignungsprüfung des Schmiedes mit besonderer Berücksichtigung der Arbeit in den Stadt- und Dorfschmieden. Industrielle Psychotechnik, Bd. II, 1925, S. 339 ff.
- Klockenberg, E. A.: Rationalisierung der Schreibmaschine und ihre Bedienung. Industrielle Psychotechnik, Bd. II, Berlin, 1926.
- Frank, M.: Psychotechnische Begutachtung von Unfallverhütungsplakaten. Industrielle Psychotechnik, Bd. III, 1926, S. 1 ff.
- von Foerster, J. F.: Über den Charakter und seine Berufswichtigkeit. Industrielle Psychotechnik, Bd. III, 1926, S.87 ff.
- Lossagk, H.: Griffeldstudien. Industrielle Psychotechnik, Bd. III, 1926, S. 257 ff.
- Köhler, O.: Kraftleistungen bei Einzel- und Gruppenarbeit. Industrielle Psychotechnik, Bd. III, 1926, S. 274 ff
- Ströer, J.: Rationalisierung der Arbeitsplatzbeleuchtung. Industrielle Psychotechnik, Bd. III, 1926, S. 289 ff.
- Heuler, J. M.: Zeitstudien beim Schuhverkauf. Industrielle Psychotechnik, Bd. III, 1927, S. 1 ff.
- Klutke, O.: Eignungsprüfungen bei der Reichspost. Industrielle Psychotechnik, Bd. IV, 1927, S. 65 ff.
- Moisescu, M.: Psychotechnik des Zeitnehmens in der Werkstatt, Vergleich verschiedener Zeitmessinstrumente und Zeitmessverfahren. Industrielle Psychotechnik, Bd. IV, 1927, S. 97 ff.

- von Foerster, J. F.: Verfahren und Möglichkeiten der Schriftbeurteilung. Industrielle Psychotechnik, Bd. IV, 1927, S. 129 ff.
- Köhler, O.: Über den Gruppenwirkungsgrad der menschlichen Körperarbeit und die Bedingung optimaler Kollektivkraftreaktion. Industrielle Psychotechnik, Bd. IV, 1927, S. 209 ff.
- Heugel, W.: Handgeschicklichkeit und technische Intelligenz bei 10-Jährigen. Industrielle Psychotechnik, Bd. IV, 1927, S. 245 ff.
- Lossagk, H.: Stückzeitschwankungen und Zeitzuschläge bei der Vorschätzung der Leistung für Handarbeit mit kleiner Grundzeit. Industrielle Psychotechnik, Bd. IV, 1927, S. 257 ff.
- Lehmann, H.: Zur Kritik der Bewegungsstudien von Gilbreth. Industrielle Psychotechnik, Bd. IV, 1927, S. 306 ff.
- Moisescu, M.: Zwei abgekürzte Rechenverfahren für den Alltagsgebrauch des Psychotechnikers. Industrielle Psychotechnik, Bd. IV, 1927, S. 340 ff.
- Kleint, H.: Reaktionen auf erlöschende Lichter. Zeitschrift für Psychologie, Bd. 104, 1927, S. 322 ff.
- Lossagk, H.: Werkstück und Werkzeuggriffe bei verschiedenen Arbeitsweisen. Industrielle Psychotechnik, Bd. V, 1928, S. 1 ff.
- Kunze, B.: Die menschliche Wahrnehmung von Geschwindigkeitsveränderungen bei horizontaler Progressivbewegung. Industrielle Psychotechnik, Bd. V, 1928, S. 65 ff.
- Ströer, H. J.: Vergleichsversuche an Rechenhilfsmitteln. Industrielle Psychotechnik, Bd. V, 1928, S. 111 ff.
- von Foerster, J. F.: Nomogramm zur Rangkorrelationsformel. Industrielle Psychotechnik, Bd. V, 1928, S.116 ff.
- Rubarth, B.: Untersuchung der Bestgestaltung von Handheften für Schraubenzieher und ähnliche Werkzeuge. Industrielle Psychotechnik, Bd. V, 1928, S. 129 ff.
- Knoop, W.: Die Eignungsprüfung für Beamtinnen für die Autoruf A.G. Industrielle Psychotechnik, Bd. V, 1928, S. 143 ff.
- Lossagk, H.: Arbeitsauffassung der Arbeiter im Urteil der Meister. Industrielle Psychotechnik, Bd. V, 1928, S. 183 ff.
- Goldstern, N.: Zur Psychotechnik des Messens. Industrielle Psychotechnik, Bd. V, 1928, S. 207 ff. und S. 281 ff.
- Lehmann, H.: Messung des Kraftimpulses. Industrielle Psychotechnik, Bd. V, 1928, S. 264 ff.
- Engelmann, W.: Zur Psychologie des ersten Blickes. Industrielle Psychotechnik, Bd. V, 1928, S. 307 ff.
- Lehmann, H.: Das statisch-dynamische Arbeitsäquivalent. Industrielle Psychotechnik, Bd. V, 1928, S. 313 ff.
- Lossagk, H.: Die Lehrprobe als psychologisches Auskunftsmittel. Industrielle Psychotechnik, Bd. V, 1928, S. 333 ff.
- von Foerster, J. F.: Rechenhilfsmittel zur Berechnung von $\sum d^2$, A.M. (Arithmetisches Mittel) und M.V. (Mittlere Variation) sowie für fortlaufende Uhrablesungen. Industrielle Psychotechnik, Bd. V, 1928, S. 338 ff.
- Knoop, W.: Material- und Übungseinflüsse beim Drahtbiegen. Industrielle Psychotechnik, Bd. VI, 1929, S. 57 ff.
- von Foerster, J. F.: Zweckmäßige Sitze und Tische. Industrielle Psychotechnik, Bd. VI, 1929, S. 75 ff.
- Lehmann, H.: Statistik in der Fertigung, Die Häufigkeitsgesetze und ihre Wirkung im Betriebe. Industrielle Psychotechnik, Bd. VI, 1929, S. 122 ff.
- Lossagk, H.: Beitrag zur Prüfung technischer Intelligenz. Industrielle Psychotechnik, Bd. VI, 1929, S. 130 ff.
- Thomas, H.: Die mathematische Begabung und ihre Prüfung. Industrielle Psychotechnik, Bd. VI, 1929, S. 157 ff.
- Radler, K.: Eignungsprüfung von Acetylenschweißern. Industrielle Psychotechnik, Bd. VI, 1929, S. 177 ff.

- Braunschweig, W.: Prüfung und Begutachtung der Raumanschauung. Industrielle Psychotechnik, Bd. VI, 1929, S. 249 ff.
- Haber, A.: Zur Bestgestaltung des Aufmerksamkeits-Reaktionsfeldes. Industrielle Psychotechnik, Bd. VI, 1929, S. 316 ff.
- Stolzenberg-Ellenberg: Arbeitsplatzstudien. Industrielle Psychotechnik, Bd. VI, 1929, S. 375 ff.
- Bayer, E.: Neue Proben für die Eignungsprüfung. Industrielle Psychotechnik, Bd. VI, 1929, S. 389 ff.
- Lossagk, H.: Experimenteller Beitrag zur Frage des Monotonie-Empfindens. Industrielle Psychotechnik, Bd. VII, 1930, S. 101 ff.
- Bayer, E.: Die wichtigsten Prüfungstypen und ihre Verhaltensweise bei der Eignungsprüfung, Industrielle Psychotechnik, Bd. VII, 1930, S. 279 ff.
- Engel, R.: Arbeitstechnische Grundbegriffe der Fertigung. Industrielle Psychotechnik, Bd. VII, 1930, S. 289 ff.
- Goldstern-Putnoky: Arbeitstechnische Untersuchung über die Beleuchtung von Webstühlen. Industrielle Psychotechnik, Bd. VII, 1930, S. 321 ff. und S. 353 ff.
- Erschowitz, N.: Psychotechnische Untersuchung von Schriftproben. Industrielle Psychotechnik, Bd. VIII, 1931, S. 51 ff.
- Maier, E.: Zur Bestgestaltung der Zifferblätter von Stoppuhren. Industrielle Psychotechnik, Bd. VIII, 1931, S. 97 ff.
- Engelmann, W.: Die Eignungsuntersuchung des Reklamezeichners. Industrielle Psychotechnik, Bd. VIII, 1931, S. 176 ff.
- Sàndor, B.: Die Reaktionszeit des Menschen. Industrielle Psychotechnik, Bd. VIII, 1931, S. 233 ff.
- Schaller, J.: Das Berufsbild des Betriebsingenieurs. Industrielle Psychotechnik, Bd. VIII, 1931, S. 252 ff.
- Schleip, W.: Ein Beitrag zum Wirkungsgrad der Arbeit beim Sitzen und Stehen. Industrielle Psychotechnik, Bd. VIII, 1931, S. 271 ff.
- Lossagk, H.: Vergleichende Studien mit Raumanschauungsproben bei besonderer Berücksichtigung von Vorbildung und Vorkenntnissen. Industrielle Psychotechnik, Bd. VIII, 1931,S. 289 ff.
- Sàndor, B.: Schnelle Aufeinanderfolge einfacher und zusammengesetzter Reaktionen. Industrielle Psychotechnik, Bd. IX, 1932, S. 1 ff.
- Markstein, R.: Die Augenermüdung im Differenzmaß. Industrielle Psychotechnik, Bd. IX, 1932, S. 65 ff.
- Köhler, O.: Industrielle Unfallverhütung auf psychotechnischer Grundlage. Industrielle Psychotechnik, Bd. IX, 1932, S. 97 ff.
- Matt, H.: Reaktion unter Aufmerksamkeitsbelastung. Industrielle Psychotechnik, Bd. IX, 1932, S. 104 ff.
- Rabofsky, A.: Zur Psychotechnik der Kartei. Industrielle Psychotechnik, Bd. IX, 1932, S. 321 ff.

II. Aus der Eignungstechnischen Versuchsanstalt der Reichsbahndirektion

- Couvé, R.: Die psychotechnische Eignungsprüfung von Eisenbahnverkehrsbeamten. Industrielle Psychotechnik, Bd. IV, 1924, S. 22 ff.
- Heydt, C.: Eignungsprüfungen für den Rangierdienst. Industrielle Psychotechnik, Bd. IV, 1924, S. 140 ff.
- Couvé, R.: Die Psychotechnik im Dienste der Deutschen Reichsbahn. VDI-Verlag, Berlin, 1925
- Heydt, C.: Der Einfluss des Alters bei Eignungsuntersuchungen mit besonderer Berücksichtigung des Verkehrs- und Betriebsdienstes der Deutschen Reichsbahn. Industrielle Psychotechnik, Bd. II, 1925, S. 213 ff.
- Couvé, R.: Die Auslese von Personal für statistische Arbeiten. Industrielle Psychotechnik, Bd. II, 1925, S. 275 ff.
- Couvé, R.: Lehrlingseignungsprüfung bei der Deutschen Reichsbahngesellschaft, Prüfanweisungen und Werttafeln. Industrielle Psychotechnik, Bd. II, 1925, S. 289 ff.

- Heydt, C.: Eignungsuntersuchungen für Eisenbahnbeamte der Assistentenlaufbahn und des Stellwerkdienstes. Industrielle Psychotechnik, Bd. III, 1926, S. 65 ff.
- Heydt, C.: Erfahrungen bei Erfolgskontrollen. Industrielle Psychotechnik, Bd. III, 1926, S. 367 ff.
- Weiss, E.: Anzahl von Versuchspersonen und Beständigkeit der Mittelwerte. Industrielle Psychotechnik, Bd. IV, 1927, S. 50 ff.
- Couvé, R.: Über die Untersuchung des Lochkartenpersonals bei der Deutschen Reichsbahn. Industrielle Psychotechnik, Bd. IV, 1927, S. 91 ff.
- Couvé, R.: Anlernung im Eisenbahndienst. Industrielle Psychotechnik, Bd. IV, 1927, S. 147 ff.
- Weiss, E.: Leistung und Lebensalter. Industrielle Psychotechnik, Bd. IV, 1927, S. 227 ff.
- Couvé, R.: Eignungsuntersuchung und Charakter. Industrielle Psychotechnik, Bd. V, 1928, S. 53 ff.
- Couvé, R.: Bestgestaltung der Verwaltung, Leistungsuntersuchungen im Eisenbahnverkehrsdienst. Industrielle Psychotechnik, Bd. V, 1928, S. 193 ff.
- Heydt, C.: Die Entwicklung der Psychotechnischen Versuchsstelle der Reichsbahndirektion Berlin. Industrielle Psychotechnik, Bd. V, 1928, S. 272 ff.
- Dilger, J.: Zur Wirkungsgradbestimmung von Eignungsprüfungen alle Art. Industrielle Psychotechnik, Bd. VI, 1929, S. 53 ff.
- Dilger, J.: Feilübungen am Schraubstock und am Anlerngerät. Industrielle Psychotechnik, Bd. VI, 1929, S. 369 ff.
- Couvé, R.: Anlernung bei der Deutschen Reichsbahn, Industrielle Psychotechnik, Bd. VII, 1930, S. 218 ff.
- Dilger, J.: Gruppeneinteilung bei der Gauss'schen Kurve. Industrielle Psychotechnik, Bd. VII, 1930, S. 258 ff.
- Heydt, C.: Eignungsuntersuchung und Personalwirtschaft bei der Deutschen Reichsbahn, Industrielle Psychotechnik, Bd. VII, 1930, S. 136 ff.
- Dilger, J.: Gruppeneinteilung bei der Gauss'schen Kurve. Industrielle Psychotechnik, Bd. VIII, 1931, S. 225 ff.
- Heydt, C.: Stand der Psychotechnik bei der Eisenbahnverwaltung. Industrielle Psychotechnik, Bd. VIII, 1931, S. 286 ff.

Wissenschaftliche Kontroversen

Krisen der Psychotechnik

Sowohl der Leiter des Kaiser-Wilhelm-Instituts für Arbeitsphysiologie, Max Rubner, als auch Carl Stumpf, Leiter des Psychologischen Instituts der Friedrich-Wilhelms-Universität Berlin, prognostizierten Anfang der 20er Jahre für die Psychotechnik eine glänzende Zukunft. Auch durch die positive Aufnahme seitens der Gewerkschaften, die in ihren Methoden eine unparteiische und objektive Basis bei der Auswahl von Berufsanwärtern sahen, war der Erfolg vorgezeichnet. Im Jahre 1919 wurde in Preußen sogar ein Gesetz erlassen, das die Einsetzung von Psychologen bei der Berufsberatung und in Arbeitsämtern vorsah.[135]

Die „Krise“ der Psychotechnik war innerhalb der Etablierung der Psychologie als akademische Disziplin und der sie von Anfang an begleitenden Kontroversen über methodische und

[135] Vgl. Anson Rabinbach: Betriebspsychologie zwischen Psychotechnik und Politik während der Weimarer Republik, am Beispiel von Otto Lipmann. In: Dietrich Milles (Hrsg.): Betriebsärzte und produktionsbezogene Gesundheitspolitik in der Geschichte, Bremerhaven, 1992, S. 46; vgl. auch Geuter, a.a.O., S. 221.

inhaltliche Ausrichtungen ein marginales Ereignis.[136] Jedoch gehörte die Psychotechnik als Baustein der privatwirtschaftlich und staatlich finanzierten Rationalisierungsmaßnahmen, die den Aufbau der durch Krieg und Reparationsforderungen beschädigten deutschen Industrie unter großem Kostenaufwand beschleunigen sollten und 1927 weitestgehend abgeschlossen waren, zu jenem Aktionsfeld, dem es offenbar nicht gelungen war, die wirtschaftliche Krise gegen Ende der 1920er Jahre abzuwenden und deren nach außen sichtbares Zeichen die große Masse der Arbeitslosen war. [137]

Dieser Sachverhalt und die immer wiederkehrenden öffentlichen Dispute um die wissenschaftliche Kompetenz und Wahrung der Neutralität innerhalb der angewandten Psychologie insbesondere in der Betriebswissenschaft gelangten zwischen 1927 und 1930 zu einem Höhepunkt, der unter anderem dazu führte, dass die meisten Vertreter der Arbeitsforschung (ausgenommen Walther Moede) den Begriff „Psychotechnik" allmählich in das umfassendere Feld der „Arbeitswissenschaft" integrierten, das neben biologischen, physiologischen, hygienischen und pädagogischen Aspekten auch soziologische, sozialpolitische, rechtliche, ökonomische und technische Aspekte der Arbeit berücksichtigte. Dem Psychologen wurde somit eine der Komplexität des Themas angemessene Stellung auf „politisch und wissenschaftlich neutraler Grundlage" gegeben.[138]

Bereits im Herbst 1919 war zwischen den Vertretern der angewandten Psychologie ein heftiger wissenschaftlicher Methodenstreit ausgebrochen. Moede und Schlesinger wurden von einigen ihrer Kollegen sowohl wegen vorgeblich wissenschaftlich unhaltbarer Positionen kritisiert als auch als fahrlässige Vereinfacher angegriffen.[139] Hans Rupp, Leiter der Abteilung für praktische Psychologie des von Carl Stumpf geleiteten psychologischen Instituts der Friedrich-Wilhelms-Universität Berlin und der Hamburger Psychologieprofessor William Stern warfen ihnen vor, den erreichten Wissensstand dieser neuen Disziplin nach außen übertrieben optimistisch darzustellen. Sowohl der Aussagewert als auch der praktische Ertrag der von ihnen vertretenen analytischen Funktionsprüfung würden überbewertet und dadurch Hoffnungen geweckt, denen man nicht gerecht werden könne. Darüber hinaus werde das erforderliche psychologische Vorwissen auf Seiten der Prüfer bagatellisiert, was einer dilettantischen Handhabung der psychologischen Eignungsprüfungen in den Industriebetrieben Vorschub leiste.[140] In den folgenden Jahren wurden zunehmend Aufbau, Elemente, Hilfsmittel, Auswertungsverfahren sowie der prognostische Gehalt der Eignungsprüfungen angezweifelt. Auch die Kriterien, mit denen der Erfolg verschiedener Testverfahren in der Praxis gemessen und verglichen werden konnte, waren in Fachkreisen umstritten.[141]

Otto Lipmann gehörte zu denjenigen, die Betriebspsychologie nicht nur – wie im psychotechnischen Ansatz – zur Ausbildung von Praktikern, sondern zu einer akademischen Disziplin von hohem akademischem Niveau ausbauen wollten. Lipmann bestand auf einer politischen Neutralität der Arbeitswissenschaft im Allgemeinen, die er von direkter Anwendung getrennt haben wollte. Er hatte bei den Experimentalpsychologen Ebbinghaus und Stern stu-

---

[136] Vgl. auch Karl Bühler: Die Krise der Psychologie, 1927.

[137] Czada, P.: Die Berliner Elektroindustrie in der Weimarer Republik. Berlin 1969, S. 195.

[138] Jaeger, Siegfried; Staeuble, Irmingard: Die Psychotechnik und ihre gesellschaftlichen Entwicklungsbedingungen. In: Stoll, François (Hrsg.): Psychologie des 20 Jahrhunderts, Bd. XII, Anwendungen im Berufsleben. Arbeits-, Wirtschafts- und Verkehrspsychologie. Kindler Verlag, Zürich 1983, S. 53-95, hier S. 85.

[139] Homburg 1991, S. 319 f.

[140] Ebd., S. 320.

[141] Ebd., S. 321.

diert, war Mitbegründer der Zeitschrift für angewandte Psychologie sowie Direktor des Instituts für Angewandte Psychologie und psychologische Sammelforschung, das er größtenteils aus privatem Einkommen finanzierte.

Bei den bereits erwähnten heftigen Debatten zwischen Ingenieuren und akademischen Psychologen darüber, wer die Selektionsmethoden für die Industrie am besten entwickeln und anwenden könne[142], stellte sich Walther Moede als einziger auf die Seite der Praktiker, während Lipmann und die meisten anderen die Amateurhaftigkeit der Ingenieure bemängelten.[143] Moede orientierte sich vornehmlich an den Gegebenheiten der Industrie, während Otto Lipmann und William Stern sich für eine Orientierung am „neutralen Status“ des Arbeitsmarktes und an der offiziellen Unterstützung ihrer eigenen wissenschaftlichen Methoden der Eignungsprüfung und Berufsberatung aussprachen.[144] Methodik und Anwendung der Psychotechnik wurden demzufolge für zwei voneinander völlig verschiedene Zielgruppen entwickelt: während die Gruppe um Lipmann und Stern für eine Zusammenarbeit mit staatlichen Arbeitsämtern und Erziehungsbehörden plädierten, um die Neutralität der Forschung zu gewährleisten, sahen Moede und Schlesinger die Erfolg versprechende Zukunft der Psychotechnik in einer Zusammenarbeit mit Praktikern, vornehmlich mit Betriebswissenschaftlern, wirtschaftlichen Führungskräften und Ingenieuren.[145]

Ausweitung der Kontroversen

In den späten zwanziger Jahren weitete sich die sowohl inhaltlich-methodisch als auch theoretisch bestimmte Kontroverse um die Psychotechnik aus. Aufbau, Elemente, Hilfsmittel, Auswertungsverfahren und prognostischer Wert von Eignungsprüfungen waren unter Fachwissenschaftlern ebenso umstritten wie die Kriterien, mit denen der Erfolg verschiedener Testverfahren in der Praxis gemessen und verglichen werden konnte.[146] Daneben bestanden die unterschiedlichen Auffassungen über das Verhältnis zwischen Wissenschaft und praktischer Anwendung fort. Auch die sozialen Auswirkungen der Psychotechnik wurden zunehmend diskutiert.

Als Beispiele für die sich weiter differenzierenden wissenschaftlichen Positionen seien hier *Walther Poppelreuter*, *E. J. Göhring*, *Hildegard Sachs* und *Franziska Baumgarten* angeführt.

Ein Aufsatz von Walther Poppelreuter aus dem Jahr 1926 und die Antwort von E. J. Göhring im „Arbeitgeber“, der Zeitschrift der Vereinigung Deutscher Arbeitgeberverbände, veranschaulichen die Auseinandersetzung um die verschiedenen Prüfverfahren und die damit zusammenhängende Frage nach der erforderlichen theoretisch-psychologischen Fundierung der Eignungsprüfungen.[147]

Poppelreuter kritisierte dabei die „Psychotechnik im Betriebe“, das heißt die seiner Meinung nach dilettantische Durchführung von psychotechnischen Eignungsprüfungen durch im

---

142 Geuter 1984, S. 222; Rabinbach, a.a.O., S. 47.

143 Geuter 1984, S. 223; Rabinbach, a.a.O., S. 47.

144 Jaeger, S.; Staeuble, I., a.a.O., S. 84 f.

145 Ebd., S. 84.

146 Vgl. Homburg 1991, S. 321.

147 Vgl. Poppelreuter, Walther: Werkspolitische Fragen der psychotechnischen Begutachtung. Der Arbeitgeber 16 (1926) 18, S. 377-380; Göhring, E. J.: Über psychotechnische Begutachtung in der Industrie. Der Arbeitgeber 17 (1927) 3, S. 51-53.

Schnellverfahren „ausgebildete" Ingenieure, Werkmeister oder Techniker, die den Widerstand der bisher eher positiv eingestellten Arbeiterschaft gegen die Psychotechnik hervorrufen könnte.[148] Verantwortlich für den sich verbreitenden Dilettantismus seien Betriebspraktiker, die glaubten, „mit dem Kauf eines Apparates, dem günstigstenfalls eine Gebrauchsanweisung (...) mitgegeben ist, alles getan zu haben, um mit Erfolg prüfen zu können."[149] Weiter beklagte Poppelreuter: „In der Psychotechnik geht allzu häufig noch bloße Laborantenfähigkeit unter dem Namen der Wissenschaft. Es sind Fälle Wirklichkeit, daß Ingenieure, die einige Wochen vorher kaum die Wortbedeutung Psychotechnik kannten, schon mit praktischer Wirksamkeit größere Menschenzahlen begutachtet haben."[150] Um eine stärkere theoretische Untermauerung der Prüfungen zu erreichen, forderte er einerseits die Bildung einer Fachwissenschaft der Psychotechnik. Andererseits seien die Arbeitgeber, die die Prüfstellen finanzierten, in die Verantwortung genommen, mehr wissenschaftlich geschulte Psychologen hinzuzuziehen.[151]

Göhring versuchte in einer Antwort auf Poppelreuters Kritik, diese Einstellung der Unternehmer mit der Abgehobenheit der Wissenschaftler zu erklären, die ihre Forschungsergebnisse nicht in einer allgemeinverständlichen Sprache darstellen könnten. Der Kampf gegen den Dilettantismus bei der Durchführung von Eignungsprüfungen war für ihn eine wichtige Angelegenheit, er forderte aber gleichzeitig eine Abkehr der Wissenschaftler von ihrem arroganten Verhalten und ihre Bereitschaft zu wirklicher Zusammenarbeit. Denn, so wie die einen „mit der fröhlichen Unbekümmertheit des Dilettanten [glaubten], die Berufseignung des Menschen mit Geräten der Länge, Breite und Höhe nach ausmessen zu können, [so glaubten] die anderen (...) dasselbe mit der unfehlbaren Sicherheit des Stubengelehrten, der den Gegenstand seiner Forschungen, den Arbeiter, nur aus Büchern kennt."[152] Aber, „ohne den Praktiker verliert der Wissenschaftler den Boden unter den Füßen, ohne den Wissenschaftler bleibt der Praktiker am Boden haften (...)"[153]

Hildegard Sachs fasste die Kritik an den Betriebsprüfstellen, die von Seiten der Wissenschaft und von Praktikern der Berufsberatung geltend gemacht wurde und die auch die volkswirtschaftlich-sozialpolitische Seite der Eignungsprüfungen ansprach, folgendermaßen zusammen:

- Die privatwirtschaftliche Berufsauslese führt zur Arbeiterausschließung, da sie nur dem privaten Einzelinteresse dient.
- Der Zeitaufwand für bei der Konkurrenzauslese abgewiesene Bewerber ist zu groß.
- Durch die Durchführung der Eignungsforschung an verschiedenen Betriebsprüfstellen wird an mehreren Orten gleiche oder ähnliche Forschung betrieben, was eine volkswirtschaftliche Verschwendung von Finanzmitteln bedeutet.
- Durch die Ausweitung der privatwirtschaftlichen Berufsauslese wird der Dilettantismus gefördert.[154]

---

148 Vgl. Poppelreuter, Walther: Werkspolitische Fragen der psychotechnischen Begutachtung, a.a.O., S. 377.

149 Ebd., S. 377.

150 Ebd., S. 377-378.

151 Ebd., S. 379.

152 Göhring, E. J.: Über psychotechnische Begutachtung in der Industrie, a.a.O., S. 52.

153 Ebd., S. 53.

154 Vgl. Sachs, Hildegard: Zur Organisation der Eignungspsychologie. Leipzig, 1920 zit. nach Muth 1985: S. 235 sowie Die 1. Tagung der Gruppe für angewandte Psychologie (Gesellschaft für experimentelle Psychologie) in Berlin (10.-14. Oktober 1922), a.a.O., S. 398-399.

Auch *Franziska Baumgarten-Tramer*, die Anfang der zwanziger Jahre mit Lipmann, Moede und Piorkowski auf dem Gebiet der Eignungsprüfungen zusammenarbeitete, sah die Gefahr, dass bei der Anwendung der Psychotechnik im Betrieb allein die wirtschaftlichen Interessen zum Durchbruch kämen und die soziale Seite vollkommen unter den Tisch fiele.[155] Deshalb stellte sie die Forderung auf, dass die Psychotechnik nicht allein den wirtschaftlichen Nutzen der Unternehmen im Auge haben dürfe, sondern beide Seiten, die wirtschaftliche und die soziale, von ihr abgedeckt werden müssten. Bereits früh bemängelte sie die Vernachlässigung der Neigung und des Charakters bei den Eignungsprüfungen und forderte später die Abkehr von der Bestenauslese. Stattdessen sollte der Schwerpunkt der Prüfungen auf der Feststellung der Nocheignung für einen Beruf liegen.[156] Auf Grund der Bedeutung, die Baumgarten dem Verantwortungsgefühl, der Menschenfreundlichkeit und Menschenliebe[157] der Prüfer beimaß, hatte sie sich selbst gerne als „Gewissen der Psychologie“ bezeichnet.[158]

Trotz ihrer insgesamt kritischen Einstellung zur industriellen Psychotechnik kam Baumgarten in ihrer Schrift „Die Berufseignungsprüfungen“ aus dem Jahr 1928 zu dem Schluss: „Aber eines unvergänglichen Verdienstes vermögen die Berufseignungsprüfungen sich schon jetzt zu rühmen, daß sie im Zeitalter der Maschinen auf den Faktor "Mensch" in dem Wirtschaftsleben die Aufmerksamkeit gelenkt haben.“[159]

Ansatz von Juhász

Der allgemeine Disput um inhaltliche Fragen innerhalb der Psychotechnik lässt sich zum Beispiel anhand eines 1929 erschienenen Aufsatzes von Dr. Andor Juhász aus Budapest[160] veranschaulichen. Dieser empfahl unter Bezugnahme auf die herkömmliche Methodik der Eignungsprüfungen die Abkehr von der Methode, psychologische Aspekte additiv aneinanderzufügen. Er plädierte für einen zweckmäßigen (teleologischen) ganzheitlichen Ansatz. Bei der mechanistisch-reflexologischen Art psychotechnischer Testverfahren sei das endgültige Ziel das Messen von Leistung in mathematischen Werten, und der Aspekt der Nützlichkeit stünde ohne Berücksichtigung des Subjekts im Vordergrund. Er verglich diese Art der Anwendung der Gesetze psychischer Reaktionen mit der Anwendung der physikalischen Gesetze auf Maschinen und gab zu bedenken, dass die Addition von Teilfähigkeiten des Subjekts, von Teilveranlagungen und Teilresultaten nicht den Beweis für eine Beschäftigung liefern könne, denn es werde niemals die ganze Person erfasst, und die Ergebnisse erfolgten somit lediglich nach den Regeln der Kausalität.

Bei Fritz Giese hingegen sah Juhász einen zweiten Ansatz vertreten, bei dem die Testverfahren auf eine Prüfung der aktiv-produktiven Tätigkeiten des Menschen im Gegensatz zu den passiv-mechanistischen (die er als „Pseudomeßtechnik“ bezeichnet) gerichtet seien, eben unter Berücksichtigung der gesamten Eigenschaften einer Persönlichkeit. Auch durch den Verweis auf eine stärkere Betonung von theoretischen Grundlagen würde die Psychotechnik in

155 Ausführlich zu Franziska Baumgarten vgl. Rüegsegger, Ruedi: Die Geschichte der Angewandten Psychologie 1900-1940, a.a.O., S. 229-235.

156 Vgl. Baumgarten, Franziska: Die soziale Seite der Psychotechnik. Soziale Praxis 40 (1931), Sp. 1527; zit. nach Muth 1985, S. 242-243; dies. in: Die Berufseignungsprüfungen, a.a.O. S. 640-659.

157 Vgl. ebd., S. 647.

158 Vgl. Rüegsegger 1986, S. 229.

159 Baumgarten, Franziska: Die Berufseignungsprüfungen, a.a.O., S. 659.

160 Juchász, Andor: Die „Krise“ der Psychotechnik. Zeitschrift für angewandte Psychologie, Bd. 33, 1929.

diesem Zusammenhang wieder näher an die Psychologie heranrücken, denn die Bewertung der Leistungen unter dem Vorzeichen der Ganzheit des Individuums sei der Kern von Gieses Subjektspsychotechnik und der Objektspsychotechnik.[161] Giese ergänzte die herkömmliche Methodik durch neue Richtungen der theoretischen Psychologie, vornehmlich durch die von Wertheimer entwickelte Gestaltpsychologie, den Personalismus von William Stern und die Konstitutions- und Charakterforschung.

Juhász resümierte jedoch, dass er Gieses Ansatz mit der praktischen Methodik der bewährten Psychotechnik vereint sehen wollte, denn letztendlich seien Mechanismus und Teleologie, Teile und Ganzheit, Kausalität und Zweckmäßigkeit nicht als Gegensätze, sondern als verschiedene Gesichtspunkte derselben Sache zu betrachten. Eine „Teil"-leistung könnte als Reflexion des Ganzen ebenso die Qualität der Gesamtbefähigung kennzeichnen, und wenn eine psychische Disposition der Arbeit angepasst werde, so würde auch die Totalität der Anpassungsfähigkeit und die Anpassung aller Teildispositionen gefördert.

Lipmann und Stern lehnten diesen Aufsatz auf Grund seiner mangelhaften Auslegung des Ganzheitsprinzips ab.[162] In der Frankfurter Zeitung von 1929 wurde die Rolle der Psychotechnik von dem Soziologen Siegfried Kracauer gar der „Doppelmoral" bezichtigt:[163]

> „Ganze Persönlichkeit, richtiger Mensch und richtige Stelle: die aus dem Diktionär der verblichenen idealistischen Philosophie geschöpften Worte erwecken den Anschein, als handele es sich [...] um eine wirkliche Auslese von Menschen. [...] Was soll aber das Gerede von Persönlichkeit, wenn die Arbeit mehr und mehr zur Teilfunktion wird? Berufsfreude zu pflegen ist unter diesen Umständen schwer. [...] Ein Dienstmädchen für alles indessen kann man aus der Wissenschaft schließlich auch nicht machen. Einmal soll sie die Betriebe rationalisieren und das andere Mal die heitere Stimmung schaffen, die sie wegrationalisiert hat: das ist entschieden zuviel verlangt."

Methodik der Menschenbehandlung

Im Jahre 1930 fand eine weitere Kontroverse statt, die über die bekannten Fachkreise hinausging und sowohl in der Fachpresse als auch in anderen (z. B. gewerkschaftlichen) Publikationsorganen Aufsehen erregte. Sie wird an dieser Stelle erwähnt, weil sie Ausdruck eines latent schwelenden Missverhältnisses zwischen sozialwissenschaftlich ausgerichteter und der betriebsbezogenen psychotechnischen Forschung war, die immer auch auf das Einbringen von fachfremdem Erfahrungswissen in den theoretisch-praktischen Zweckverbund der angewandten Psychologie angewiesen war. Ausgangspunkt und Endergebnis dieser Kontroverse sind daher wohl auch als willkommene Gelegenheit für eine Thematisierung der im 19. Jahrhundert entstandenen Kluft zwischen der 'reinen' Wissenschaft und der zweckgebundenen Technikwissenschaft zu verstehen. Sie gibt auch Auskunft über ein potenzielles Betriebsklima, das in den 20er Jahren von zum Teil radikalen Arbeitern und dem Verhältnis von Führung und Arbeiterschaft in wirtschaftlich unsicheren Zeiten geprägt wurde.

---

161 Subjektspsychotechnik umfasste Berufskunde und Berufsberatung, Arbeiterauslese und Arbeiterverteilung, Anlernverfahern und Schulung im Betrieb, Menschenbehandlung. Objektspsychotechnik beinhaltete Zeit-, Bewegungs- und Ermüdungsstudien, Rationalisierung des Arbeitsplatzes, Licht am Arbeitsplatz und Unfallverhütung sowie Werbekunde.

162 Zeitschrift für angewandte Psychologie, Bd. 33, 1929. In: A. Métraux: Die angewandte Psychologie vor und nach 1933 in Deutschland. In: Graumann, C.F. (Hrsg.): Psychologie im Nationalsozialismus. Springer-Verlag, Berlin, Heidelberg, New York, Tokio 1985, S. 231.

163 Zit. nach. Kracauer, Siegfried. In: Frankfurter Zeitung, a.a.O., S. 239-240.

Zur Methodik
der Menschenbehandlung

Vom Vorgesetzten,
seiner Psychologie und seinen
Maßnahmen

von

Prof. Dr. WALTHER MOEDE
Technische Hochschule zu Berlin
Handelshochschule Berlin

Berlin-Charlottenburg 2

BUCHHOLZ & WEISSWANGE
1930

Bild 8.16: „Zur Methodik der Menschenbehandlung" von Walther Moede (1930)

Ausgelöst wurde sie durch einen Aufsatz Moedes mit dem Titel „Zur Methodik der Menschenbehandlung", der 1930 in der Zeitschrift Industrielle Psychotechnik erschien.[164] In diesem Aufsatz werden „praktische Beispiele zur Typologie des Vorgesetzten und zur Technik der Menschenbehandlung im Betriebe mit besonderer Berücksichtigung der Unterstellten" beschrieben. Es ging um das Aufzählen von Methoden, die zur Entlassung eines unbequemen Mitarbeiters führen sollten, wobei Moede im einzelnen die für einen Angestellten möglichen kritischen Situationen beschrieb (z. B. Ferien / Unerfüllbare Aufgaben / Abschaltung und Parallelschaltung / Die Reizung / Das Überlob), ohne sich von diesen Methoden explizit zu distanzieren:[165]

> „Die Maßnahmen der Förderung und der Erzielung von Arbeitsfreude sind von den verschiedensten Seiten behandelt worden. Weniger dagegen ist über Erfahrungen berichtet, die auf Grund eingehender Beobachtung und unter Anpassung an die jeweilige Beschaffenheit der Betriebsverhältnisse erfolgreich von der Betriebsleitung zur Entfernung oder Kaltstellung missliebiger oder ungeeigneter Betriebsangehöriger benutzt werden. Gewiß ist die Entfernung mitunter bei geeigneten Verträgen reibungslos und schnell durchzuführen. Mitunter freilich soll gerade eine äußere Vertragslösung vermieden und der Betriebsangehörige zu eigener Einsicht der Unzweckmäßigkeit des weiteren Verbleibens im Betriebe geführt werden, so daß er es selbst vorzieht, zu gehen, auch unter der Voraussicht erheblicher persönlicher und wirtschaftlicher Schäden."

Abschließend bemerkte Moede:

> „Wie auch immer die Menschenführung im Betriebe beschaffen ist, stets sollte es begrüßt werden, wenn bewährte Anweisungen zur Technik der Menschenführung systematisch gesammelt und bekannt würden, um über die Geschicklichkeit und die Begabung der leitenden Köpfe hinaus eine Gewähr für eine gewisse, gleichbleibende, wenn möglich gute Menschenbehandlung zu bekommen, für ein harmonisches Zusammenspiel der Vorgesetzten, der Unterstellten und der Kollegen."

---

164 Moede, W.: Zur Methodik der Menschenbehandlung. Industrielle Psychotechnik 7 (1930) 4, S. 107-111.

165 Ebd., S. 109.

Dieser Aufsatz schien für einige den Verdacht auf grundlegende Unzulänglichkeiten in der Methodik und Wissenschaftlichkeit psychotechnischer Forschung in den Betrieben zu bestätigen. Für manche war dies der Beweis dafür, dass sich die industrielle Psychotechnik mehr denn je von der sozial-pädagogischen Seite entfernt hatte und Franziska Baumgartens Frage zu beantworten schien: „Hat nicht der Psychologe die Autonomie aufgegeben, um seine Direktiven vom Kaufmann zu empfangen?“[166] Auch die Presse und andere Fachvertreter reagierten mit Kritik. Otto Lipmann nahm den Aufsatz zum Anlass, die Psychotechnik überhaupt nicht mehr mit angewandter Psychologie zu verbinden[167] und gab zu bedenken, dass die Zusammenstellung „bewährter“ Methoden als 'Rezept' aufgefasst werden könnte.[168] Angestellte und Arbeiter müssten sich zwangsläufig als Objekt solcher Methoden empfinden und hätten zudem die Möglichkeit, sich dabei auf die Autorität Moedes zu berufen. Man sei weiterhin zu der Frage gezwungen, welche Bedeutung eine Disziplin habe, die den Unterschied zwischen „Methode“ und „Trick“ nicht kenne und die Tragweite der von ihr veröffentlichten Aufsätze nicht abzuschätzen wisse.

Auch die Vereinigung der Deutschen Arbeitgeberverbände und die Gesellschaft zur Förderung der praktischen Psychologie nahmen entschieden Stellung. Hans Rupp, Leiter der Abteilung für angewandte Psychologie der Friedrich-Wilhelms-Universität Berlin, reagierte mit einem Aufsatz über die „sittliche Verpflichtung“ der Psychotechnik. Die Öffentlichkeit müsse wissen, dass die beschriebenen Maßnahmen mit Psychotechnik als Wissenschaft nichts zu tun hätten. Rupp bezog sich dabei auf die Anfänge und die von Münsterberg vorgegebene Devise, die Psychotechnik in den „Dienst der Kulturaufgaben“ zu stellen, und wies darauf hin, dass Rationalisierungsmaßnahmen, zu denen die meisten psychotechnischen Maßnahmen zählten, nicht nur der Wirtschaftlichkeit, sondern auch den an diesem Prozess beteiligten Menschen zu dienen hätten.[169]

Moede antwortete auf die Angriffe unter anderem in dem Vorwort zu einer gleichnamigen Monographie, indem er den umstrittenen Absatz durch die Überschrift „Vom intriganten Vorgesetzten und Kollegen und ihren Gepflogenheiten“ ergänzte.[170] Er wies auf die Brisanz der von ihm erstmals eingebrachten Analyse der Typologie des Vorgesetzten hin und verwahrte sich gegen die „ärgsten Missdeutungen“ seiner Position. Er hielt es für selbstverständlich, dass er die „Gepflogenheiten des intriganten Vorgesetzten“ nicht billigte und verwies auf die Objektivität seiner Darstellung. Moede hatte vor Erscheinen der umstrittenen Aufsätze das Lehrbuch für Psychotechnik publiziert,[171] indem er auf die soziale Bedeutung der Eignungsauslese im „Dienste der staatlichen Arbeitswirtschaft“[172] einging und das nach Moedes Auffassung genug Hinweise zu seiner Grundeinstellung enthielt:[173]

> „Wie auch immer die zukünftigen Formen des Staates sein werden, [...] stets wird der Staat es als sittliche und praktische Aufgabe empfinden, die Veranlagung des Menschen nicht nur wegen ihres wirtschaftlichen Wertes, sondern vor allem wegen ihrer sozialen Bedeutung [...] pfleglich zu verwalten.[...] Dem sozialen Glück und der sozialen Wohlfahrt zu dienen in einem vielleicht gegenwärtig noch gar nicht geahnten Umfange, dürfte die Wissenschaft vom Eignungswesen [...] in hohem Maße berufen sein.“

---

166 Psychotechnische Zeitschrift, 1929, S. 170.

167 Rabinbach: Eine Technik ist keine Wissenschaft, a.a.O., S. 49.

168 Mehr Psychotechnik in der Psychotechnik. Zeitschrift für angewandte Psychologie (1930) 37, S. 189-191.

169 Psychotechnische Zeitschrift, 1930, S. 103-108.

170 Moede, W.: Zur Methodik der Menschenbehandlung – Vom Vorgesetzten, seiner Psychologie und seinen Maßnahmen. Buchholz & Weißwange, Berlin 1930, S. 12 ff.

171 Moede, W.: Lehrbuch der Psychotechnik. Verlag von Julius Springer, Berlin 1930.

172 Ebd., S. 435.

173 Ebd., S. 438.

Auch die Fakultät hatte sich mit Moedes Veröffentlichung über Menschenbehandlung in der Zeitschrift Industrielle Psychotechnik befasst. Es hatte ihr auch die Sonderausgabe vorgelegen, in welcher Moede einige Überschriften eingefügt und einen weiteren Aufsatz zur Klarlegung seiner Gedankengänge hinzugefügt hatte:[174]

> „[...] Sie hat nach Anhörung des Herrn Moede die Überzeugung gewonnen, dass der Sinn, der durch die Einfügung der Überschriften hineingekommen ist, seiner ursprünglichen Absicht und wissenschaftlichen Auffassung entsprach, obschon sie es bedauert, dass Herr Moede versäumt hat, im Vorwort auf diese Ergänzungen besonders hinzuweisen. Die Fakultät hätte es auch mit Rücksicht auf die heutige schwierige wirtschaftliche Lage und die herrschenden sozialen Spannungen gern gesehen, wenn Herr Moede deutlicher von den Praktiken, welche er als Beispiel geschildert hat, persönlich abgerückt wäre. Zu einem Vorgehen gegen Herrn Moede sieht sich die Fakultät nicht veranlasst mit Rücksicht auf die dem Hochschullehrer zustehende Freiheit, seine wissenschaftlichen Ansichten der Öffentlichkeit vorzulegen."

Fünfundzwanzigjähriges Dienstjubiläum Georg Schlesingers 1929

Ehrenkolloquium

Das fünfundzwanzigjährige Professoren-Jubiläum Schlesingers im Juli 1929 und damit auch das fünfundzwanzigjährige Bestehen des Lehrstuhls für Werkzeugmaschinen und Fabrikbetriebe gaben Anlass zur Würdigung der Verdienste Schlesingers. Erhalten ist ein Glückwunschtelegramm der Boehler-Stahlwerke, Düsseldorf, das einen Eindruck von der allgemeinen Wertschätzung der Verdienste Schlesingers vermittelt:[175]

> „Die Vollendung des 25sten Jahres Ihres Wirkens als Professor der Technischen Hochschule gewährt uns Gelegenheit mit unseren herzlichsten Glückwünschen unseren wärmsten Dank auszusprechen für die bahnbrechende Arbeit, mit der Sie Wissenschaft und Praxis zu verbinden wussten. Ihrem mitreißenden Drängen nach Verbesserung der Methode hat die deutsche Maschinenindustrie großenteils ihre Erfolge zu danken, Ihrer oft unbequemen aber stets sachlichen wissenschaftlich und technisch begründeten Kritik nicht weniger die Automobilindustrie und mit beiden zusammen die Edelstahlindustrie. Ihre wegweisende Betätigung auf Gebieten der Betriebswirtschaft bleibt der ganzen deutschen Wirtschaft dauernder Gewinn. Wir hoffen, daß Sie der deutschen Industrie noch lange Ihr Führertum weihen werden. Glückauf Boehler-Stahlwerk Düsseldorf."

Bild 8.17: „Loewe-Notizen" zum 25jährigen Lehrjubiläum von Georg Schlesinger

---

[174] Dokument 08-33: Aktennotiz der Fakultät, 1929.

[175] Telegramm Deutsche Reichspost 271 Neuss f 6861 115/112 20/7 14/05 – „Professor Dr.-Ing. Georg Schlesinger Technische Hochschule Berlin". Aufgenommen am 20.07.1929.

Bild 8.18: Schlesinger (Ölgemälde) und seine Arbeitsgebiete: Rationalisierung, Passungen, Zerspanung und Normung – Eine Fotomontage aus Anlass seines fünfundzwanzigjährigen Dienstjubiläums

Auch der Verein Deutscher Maschinenbauanstalten (VDMA) würdigte Schlesingers Wirken in einem Brief, die Firma Loewe widmete ihm eine Ausgabe ihrer „Loewe-Notizen“[176] und Freunde, Kollegen und ehemalige Schüler riefen zusammen mit Industrie, wirtschaftlichen und wissenschaftlichen Verbänden eine „Schlesinger-Spende“ ins Leben, um ihrer „allseitigen Anerkennung Ausdruck zu verleihen“. Die Spende sollte dem weiteren Ausbau der „Forscher- und Lehrtätigkeit“ Schlesingers dienen. Erhalten geblieben ist schließlich eine Schrift mit dem Titel „Georg Schlesinger zum 20. Juli 1929“, die neben einer von Hermann Franken verfassten biographischen Würdigung auch eine Zusammenstellung der unter Schlesingers Mitwirkung entstandenen Habilitations- und Dissertationsschriften enthält. Der Verfasser dieser Liste unterzeichnete mit dem Kürzel M. K. – sowohl Max Kurrein als auch Max Kronenberg könnten sich dahinter verbergen.

Franken erwähnt neben Schlesingers vielseitigen Verdiensten als Praktiker und Forscher bei Loewe, Wissenschaftler und Hochschullehrer an der TH Berlin, Industrieberater und Gutachter sowie als vielfaches Verbandsmitglied interessanterweise auch folgendes:[177]

> „Neben dieser vielseitigen Tätigkeit findet er immer noch Zeit, um in zahlreichen Vorträgen nicht nur die Fachkreise von Fortschritten zu unterrichten, sondern auch die größere Öffentlichkeit in klarer und eindringlicher Weise mit den Fragen vertraut zu machen, die für die gesamte Volkswirtschaft von einschneidender Bedeutung sind.“

---

176 Prof. Dr.-Ing. Georg Schlesinger zum 25-jährigen Lehrjubiläum an der Technischen Hochschule Berlin. In: Loewe-Notizen 14, 1929, S. 77-92.

177 Franken, Hermann: Georg Schlesinger. In: [Jubiläumsfestschrift] Georg Schlesinger zum 20. Juli 1929, o.O. (Berlin) u. J. (1929), S. 1-4, hier S. 3.

DEM HERVORRAGENDEN FÖRDERER DES INDUSTRIELLEN BETRIEBES IN WISSENSCHAFT UND PRAXIS

GEORG SCHLESINGER

SPRECHEN SEINE FREUNDE, FACHGENOSSEN UND EHEMALIGEN SCHÜLER ZU DEM EHRENTAGE SEINES

FÜNFUNDZWANZIGJÄHRIGEN PROFESSOREN-JUBILÄUMS

AN DER TECHNISCHEN HOCHSCHULE ZU BERLIN DIE AUFRICHTIGSTEN GLÜCKWÜNSCHE AUS. UM DER ALLSEITIGEN ANERKENNUNG AUSDRUCK ZU VERLEIHEN, DER DIE GROSSEN VERDIENSTE DES JUBILARS UM DIE DEUTSCHE TECHNIK UND INDUSTRIE SOWIE UM DIE HERANBILDUNG DES INGENIEUR-NACHWUCHSES BEGEGNEN, HABEN SIE ZUSAMMEN MIT INDUSTRIE, WIRTSCHAFTLICHEN UND WISSENSCHAFTLICHEN VERBÄNDEN EINE SCHLESINGER-SPENDE INS LEBEN GERUFEN, DIE DEM WEITEREN AUSBAU SEINER FORSCHER- UND LEHRTÄTIGKEIT DIENEN SOLL

IM NAMEN DER SPENDER

DER VORBEREITENDE AUSSCHUSS

BERLIN, DEN 20. JULI 1929

Bild 8.19: „Schlesinger-Spende“ zum fünfundzwanzigjährigen Dienstjubiläum

Wichtiger erscheint noch Frankens Charakterisierung der Persönlichkeit Georg Schlesingers; da sie eine der wenigen ist, die erhalten geblieben sind: [178]

> „Eine schlanke Gestalt von jugendlicher Biegsamkeit. Von früh auf sportgeübt. Nichts Professorales in seiner äußeren Erscheinung, eher einem Jüngling vergleichbar. Auch im Wesen.
>
> Das ist der Mann, der seit zweieinhalb Jahrzehnten an der Technischen Hochschule Charlottenburg lehrt als ein Prominenter, zu dessen Füßen viele gesessen haben, die seitdem in der deutschen Industrie Führer geworden sind.
>
> Auch er ein Führer: den Studierenden seiner Fachrichtung, aber ebenso sehr den Wissenschaftern und den Männern der Praxis.
>
> Ein Mann der Tat auf allen Einzelgebieten der Betriebswissenschaften.
>
> Keine komplizierte Natur, auch kein schweres Blut. Fast spielerisch – so wenigstens erscheint es dem Miterlebenden – bewältigt er die Aufgaben, deren Lösung ihm innerer Beruf. Nie schafft er Halbes. Was er beginnt, führt er durch bis zur Vollendung, allen Hindernissen zum Trotz. [...]
>
> Ein Meister des geschriebenen und des gesprochenen Wortes.
>
> Produktiv fast bis zur Unbegreiflichkeit.
>
> Tiefernst in der Erfüllung selbstgewählter, vielseitiger Pflichten. Dabei heiteren Temperamentes und voller Humor. Von stärkster Geistigkeit und lebhaftestem Interesse für alle Gebiete des pulsierenden Lebens, gleichzeitig ein Verehrer aller schönen Künste.
>
> Voll wärmsten Mitgefühls für hilfsbedürftige Mitmenschen; zahlreich ist die Schar derer, denen er seine hilfreiche Hand gereicht.“

Nun ist diese Beschreibung, dem Anlass entsprechend, alles andere als eine kritische. Doch lässt sich wohl der Wesenszug Schlesingers erkennen. Auf jeden Fall gehörten Klarheit und Sachlichkeit zu Schlesingers Charakterzügen; dies bestätigt auch die Würdigung Waldemar Hellmichs:

> „Wer Schlesinger gehört hat, ging durch eine Schule sachlicher Klarheit und wirklichkeitsgetreuer Folgerichtigkeit; das bezeugen ihm dankbar Tausende, die seine Schüler waren, und Tausende, die schon im Beruf stehend von ihm Bereicherung und Belehrung durch eine unübersehbare Zahl von Vorträgen und Aufsätzen erfuhren.
>
> [...] Abhold dem schmückenden Wort, unbestechlich in seiner nüchternen und den Kern suchenden Sachlichkeit, von bezwingender Bescheidenheit nach außen, ist Schlesinger auf seinem Fachgebiet heute unumstritten wissenschaftlicher Führer, dessen Ruf auch das Ausland anerkennt.“[179]

---

[178] Ebd., S. 1.

Die Zeitung des Centralvereins jüdischer Bürger veröffentlichte die folgende Würdigung:[180]

Professor Schlesinger 25 Jahre im Lehramt

Professor Dr.-Ing. Georg Schlesinger sieht am 15. Juli d. J. auf eine 25jährige Tätigkeit als ordentlicher Professor an der Technischen Hochschule zu Charlottenburg zurück. Professor Schlesinger ist im deutschen Hochschulleben eine markante Erscheinung. Am 14. Januar 1874 geboren, gelang es ihm auf Grund ungewöhnlicher Begabung, Energie und Fleißes, sich schon mit 30 Jahren solch Anerkennung in seinem Berufe zu verschaffen, daß ihm an der Technischen Hochschule zu Charlottenburg der neu gegründete Lehrstuhl für Betriebswissenschaft sowie das diesem angegliederte Versuchsfeld für Werkzeugmaschinen übertragen wurde. Diese Stellung gab ihm die Plattform, von der aus er eine überaus fruchtbringende Tätigkeit als Ingenieur, Organisator, Freund und Mensch entfaltete. Seine praktischen und wissenschaftlichen Arbeiten in der Industrie und im Versuchsfeld der Technischen Hochschule haben ihn zum anerkannten Führer der jungen Lehre der Betriebswissenschaft im In- und Ausland gemacht. Seine Zeitschriftenartikel und seine Bücher gehören heute zum notwendigen Handwerkszeug der Betriebsleute und Organisatoren.

Warmes Interesse hat Schlesinger stets für die jüdische Allgemeinheit bewiesen. Als Dr. Paul Nathan und Dr. James Simon die Idee des Technikums in Haifa gefaßt hatten, wandten sich die Herren zunächst an ihn mit der Bitte, seine Erfahrungen und Arbeitskraft dem Technikum zur Verfügung zu stellen. Er tat dies in der liberalsten Weise und wahrscheinlich schon damals mit dem Bewußtsein, daß er für die viele Arbeit, die er leistete, niemals Dank ernten würde. Er war es, der die ganze Idee des Technikums in bezug auf Platzausnutzung, in bezug auf Einzelheiten des Gebäudes und des Lehrplanes inspiriert hat, so daß er mit Recht neben Paul Nathan, Jacob G. Schiff, James Simon und Wisotzki als einer der hervorragendsten Träger der Idee der technischen Erziehung des jüdischen Nachwuchses in Palästina und der Industrialisierung des Landes gelten muß.

Am 15. Juli vereinigten sich seine ehemaligen Mitarbeiter, Freunde und Schüler, um das 25jährige Lehrjubiläum in angemessener Weise zu feiern. Auch wir wollen an dieser Feier nicht fehlen und den Wunsch ausdrücken, daß noch viele Jahre fruchtbarer Tätigkeit dem Jubilar beschieden sein mögen.

Walther Moedes Laudatio auf Georg Schlesinger

Walther Moede würdigte in der Industriellen Psychotechnik[181] mit folgenden Worten Georg Schlesinger als Förderer seines Instituts:

Schlesinger und der psychotechnische Gedanke

„In dem großen Gebäude der Betriebswissenschaft ist die praktische Psychotechnik der Schlußstein des Bauwerkes".

„Im Mittelpunkt der heutigen Betriebswissenschaft steht der Mensch als Leiter und Ausführer, als Führer und Geführter".

Diese beiden wuchtigen Leitgedanken seiner Auffassung der Betriebswissenschaft führt Schlesinger in seinem Buch „Psychotechnik und Betriebswissenschaft" aus.

Die Umfassenheit und Klarheit des Blickes sowie der gesamten wissenschaftlichen und praktischen Einstellung ist ein Hauptvorzug Schlesingers und seiner Betriebslehre.

Während die eine Gruppe der Betriebswissenschaftler lediglich in der Durcharbeitung der technischen Einrichtung das Ziel der Betriebslehre erblickt, während die anderen nur die Lehren vom Gelde im Betriebe als die vorzugsweise Aufgabe der Betriebswissenschaft ansehen, andere wieder nur Innenorganisation als Verwaltungsbestgestaltung treiben, hat Schlesinger in Lehre und Praxis von jeher den Betrieb als eine Gesamtheit und einen Inbegriff von Mensch, Maschinen und Geld aufgefaßt. Er selbst, als Inhaber des Lehrstuhles für Werkzeugmaschinen, bearbeitet in Lehre und Forschung, auf dem Katheder sowie in seinem Versuchsfeld für Werkzeugmaschinen, die Fragen der technischen Betriebslehre und Betriebswissenschaft. Zahlreiche Einzeldarstellungen, die der Erforschung der Werkzeugma-

179 Hellmich, Waldemar: Georg Schlesinger zum 20. Juli 1929. Werkstattstechnik 23 (1929) 14, S. 413.

180 Zeitung des Centralvereins jüdischer Bürger, 12.07.1929.

181 Moede, W.: Schlesinger und der psychotechnische Gedanke. Industrielle Psychotechnik 6 (1929) 7, S. 209-213.

schinen nach den verschiedenen Richtungen hin gewidmet sind, zeugen von dieser technischen Seite seiner Betriebslehre.

In Lehre und Praxis bearbeitet Schlesinger aber auch die Lehre von der Abrechnung im Betriebe sowie die Lehre von der Bestgestaltung der Innenorganisation. Seiner Ansicht nach kann weder der Betriebswissenschaftler noch der Betriebspraktiker auf diese Aufgaben des Arbeitsgebietes verzichten.

Beide Richtungen der Betriebsorganisation, sowohl die technische als auch die verwaltungs- und abrechnungsmäßige, sind nicht Widerspruch und Gegensatz, sondern nur verschiedene Seiten der Lehre von der Bestgestaltung des Betriebes überhaupt.

Der Schlußstein der Betriebslehre soll nach Schlesinger die Lehre vom Menschen im Betriebe sein. Er begrüßte daher die praktischen Anfänge der Psychotechnik, die er beispielsweise während des Weltkrieges bei der Kraftfahrereignungsprüfung im Deutschen Heere fand und war sofort auf's eifrigste bestrebt, die industrielle Psychologie als Psychotechnik dem großen Gebäude der Betriebswissenschaft als Sonderflügel einzugliedern.

Auf seine Anregung und dank seiner tatkräftigen Unterstützung wurde das erste Institut für industrielle Psychotechnik an der Technischen Hochschule zu Berlin gegründet, und zwar durch die damalige Forschungsgesellschaft für betriebswissenschaftliche Arbeitsverfahren im Oktober 1918. Dank des Ansehens, das Schlesinger in der Industrie genoß, dank seiner energischen und zielbewußten Persönlichkeit, dank seiner Verhandlungsgewandtheit mit den am Problem beteiligten Wirtschaftsgruppen, gelang es recht bald, der industriellen Psychologie die ersten Erfolge in der deutschen Industrie, der deutschen Wirtschaft sowie bei den Behörden zu sichern. Er wollte weniger als Forscher auf dem Gebiete der industriellen Psychologie auftreten, wohl aber als Wegweiser und Wegbereiter, um Wissenschaft und Industrie mit den Hilfsmitteln der industriellen Psychologie vertraut zu machen, wollte ein Schirmherr sein, der seinen breiten Rücken als Schutzwehr dem jüngsten Sproß der Betriebslehre lieh. Er wich den zahlreichen Angriffen nicht aus, die sich der jungen industriellen Psychologie entgegen stellten, sondern sie waren ihm nur willkommen, um den Angreifern und Gegnern die Einseitigkeit und Irrtümlichkeit ihrer Beweisführung zu zeigen.

Schlesinger hat in der Geschichte der industriellen Psychologie eine historische Stelle.

Der psychotechnische Gedanke kann in der Gesamtentwicklung Schlesingers verfolgt werden, wird er doch bereits bei seinem Eintritt in die wissenschaftliche Tätigkeit, in seiner Dissertation über „Passungen im Maschinenbau" gesichtet.

In seiner Dissertation geht Schlesinger auch auf die Fragen der Psychotechnik des Messens ein. Er fand beispielsweise bei seinen Versuchen bei Ludwig Loewe, daß die Einpassung eines Kalibers u.a. auch abhängig ist von der Kraft der die Einpassung vornehmenden Arbeitshand. Personen mit gröberer Hand paßten das Kaliber strammer als die Konstrukteure, die den Zeichenstift zu führen gewohnt sind. Prüft man psychotechnisch am Bolzenpasser die Einstellung eines Kalibers auf bestimmte Reibung, so kann man in der Tat die Abhängigkeit des Einstellungsfehlers sowie seiner Schwankungen von der Kraft, Ausdauer, Empfindlichkeit und Geübtheit der Arbeitshand nachweisen. Die Psychologie des Messens war ja letzten Endes Grundlage der experimentellen Psychologie überhaupt, da die Probleme der Reaktionsanalyse bei astronomischen Zeitmessungen am Anfang der Experimentalpsychologie überhaupt stehen. Die Psychotechnik des Messens in der Werkstatt, die Messung durch Auge, Gelenkgefühl und Tastempfinden, wurde gerade in den ersten Tagen der industriellen Psychotechnik eingehend erarbeitet, theoretisch, literarisch als auch in der praktischen Prüftätigkeit. Letzten Endes ist der psychologische Gesichtspunkt bei der Organisation des Meßwesens im Betriebe nicht auszuschalten, da das Ziel der Bestgestaltung in der mängelfreien Ausführung von Messungen, in maß- und paßgerechter Arbeit durch jedermann ohne besondere Qualifikation gelegen ist.

Der psychotechnische Gedanke findet eine neue Ausprägung und Gestaltung in Schlesingers Auffassung von der Unfallverhütung im Betriebe. Er unterscheidet drei Entwicklungsstufen der Unfallverhütung.

„Die erste besteht in der nachträglich angebrachten Schutzvorrichtung, die zweite berücksichtigt sie (als getrenntes Organ) von vornherein, die dritte konstruiert gleich unfallsicher, d.h. sie verlegt die bewegten Teile ins Innere des Gestelles und läßt die Werkzeuge nur so weit frei, wie es die Arbeitsweise unumgänglich erheischt. Endlich ist noch zu erwähnen, daß bei der Massenherstellung mehr und mehr auf den ganz selbsttätigen Betrieb hingearbeitet wird, bei dem also insbesondere die Tätigkeit der menschlichen Gliedmaßen – diesen droht ja regelmäßig die Gefahr – in der Nähe der Werkzeuge ganz vermieden wird."

Auf Grund der psychologischen Analyse des Arbeiters kommt Schlesinger zu der Ansicht, daß Unfallreaktionen am besten durch die Ausschaltung der Betätigungs- und Bedienungsgriffe in allen Gefahrzonen der Maschinen vermieden werden. Man möge daher, so lautet seine Lehre, „unfallsicher konstruieren", um auch den unaufmerksamen und ungeschickten Arbeiter vor Gefährdung zu bewahren. Er verwirft alle Schutzmaßnahmen, die als äußeres Anhängsel der Maschine angehängt und aufgesetzt werden, an ihr als Fremdkörper wirken, vom Arbeiter als lästig empfunden werden, da sie ihn im Verdienst hemmen, so daß er sie instruktionswidrig abschraubt oder voller Mißtrauen betrachtet.

Unter der Fülle der psychologischen Möglichkeiten der Unfallverhütungsmaßnahmen wird man zweifelsohne den Gedanken der unfallsicheren Konstruktion entscheidende Bedeutung zuzulegen haben, da Ausschluß von Gefährdung überhaupt ungeschicktes und unaufmerksames Reaktionsverhalten des Arbeitnehmers gegenstandslos macht. Sicherlich wird der fortwährende Appell an ein unfallsicheres Verhalten und eine vorschriftsmäßige Bedienung der Maschinen, besonders der gefahrbringenden Teile, auf den Arbeiter wirkungsvoll sein können, doch ist es stets psychologisch besser, statt eines unsicheren Erfolges auf Grund von Werbung für richtiges Verhalten und richtige Leistung etwa durch Belehrung, Plakataushang u. ä. die Unmöglichkeit von Fehlleistungen zu setzen, soweit dies technisch-konstruktiv möglich ist.

Während des Krieges war Schlesinger leitend bei der Prüfstelle für Ersatzglieder tätig. Hier waren es insbesondere 3 Fragenkreise, die ihn beschäftigten.

Einmal mußten die Ersatzglieder arbeitstechnisch untersucht werden, und es galt, geeignete Meßverfahren und Begutachtungsmethoden zu entwickeln.

Zweitens wurde die Frage der Uebung der mit Ersatzgliedern versehenen Menschen eingehend untersucht, um Uebungsmöglichkeiten und Uebungsablauf kennen zu lernen.

Drittens galt es, der Berufsberatung der Kriegsgeschädigten sich zuzuwenden. Die Geschädigten mußten nach Möglichkeit denjenigen industriellen Arbeitsstellen oder den handwerklichen, kaufmännischen oder Verwaltungsberufen zugeführt werden, für die sie eine noch ausreichende Eignung und Leistungsfähigkeit besaßen.

Bei den Begutachtungsmethoden der Ersatzglieder verwandte Schlesinger auch die psychologischen Hilfsmittel, beispielsweise die ergographische Messung, um die Maximalleistung der Amputierten zu studieren. Der von Mosso empfohlene Ergograph oder Arbeitsschreiber wurde von ihm frei pendelnd aufgehängt, damit die Zusatzbewegungen der nicht an der Prüfung beteiligten Muskelgruppe nicht das Ergogramm verfälschten. Gerade die pendelnde Aufhängung der Ergographen dürfte psychotechnisch recht empfehlenswert sein, da sie Fehlerquellen der verschiedensten Art ausschaltet. Es wurden in der Prüfstelle für Ersatzglieder eigene Verfahren entworfen, um die Kunsthand sowie die Ersatzglieder arbeitstechnisch, beispielsweise im Kraftweg-Schaubild, zu begutachten. Diese arbeitstechnisch neuen Studien der Arbeitsglieder gaben mancherlei wertvolle Einsicht und viele Erkenntnisse auch für die Betätigung der Arbeitsglieder des gesunden Menschen. Es ist ein Vorzug gerade dieser arbeitstechnischen Untersuchungen der Prüfstelle für Ersatzglieder, daß die bisherigen Zeit- und Bewegungsstudien der industriellen Praxis auch auf die Analyse der Arbeit, die Arbeitsart sowie den Arbeitserfolg der Amputierten übertragen wurden, so daß von Schlesinger eine Brücke geschlagen wurde, einmal zwischen den psychologisch-physiologischen Meßmethoden, die sich vorwiegend an das Laboratorium wandten, den Zeit- und Bewegungsstudien des Ingenieurs sowie den mechanischen Meßmethoden von Werkzeugen und Maschinen überhaupt.

Alle Hilfsmittel der Psychologie, Medizin, Physiologie, Arbeitstechnik, Betriebswissenschaft wurden in der Prüfstelle für Ersatzglieder angewandt, um der Wiederertüchtigung der Kriegsbeschädigten zu dienen.

Die Uebungsversuche gaben wertvolle Beiträge zur Anlernung des industriellen Arbeiters überhaupt. Für die Einübung von Schwerbeschädigten stellte Schlesinger die Regel auf:

1 Erweckung des Vertrauens zur eigenen Arbeitsfähigkeit,

2 Vertrautmachen mit der Betätigung eines guten Ersatzgliedes,

3 Wiedereinführung in die gewerbliche Tätigkeit.

Besonders schwierig war nach Schlesinger die Beseitigung der inneren Hemmungen der Anzulernenden. Erfolge können dann erzielt werden, wenn die Arbeitsverfahren für die Beschädigten ausführbar waren, wenn der Maßstab der Leistung einen vernünftigen Vergleich zwischen den Schwerbeschädigten untereinander und mit den Gesunden ermöglichte, und wenn schließlich die Apparatur, bestehend aus der Apparatur für Arme und Beine und passend gemachten und zweckmäßig hergerichteten Maschinen, ohne Mühe zu beschaffen war.

Der Charakter der Uebungskurve der Amputierten ist nach Schlesinger ein allmählicher, offenbar vom Verletzungsgrad und der Energie abhängiger Anstieg bis zur Erreichung der recht gleichmäßig bleibenden Höchstleistung. Grundsätzlich ist kein Unterschied zu den Uebungskurven der Gesunden festzustellen, jedoch ist die Auslese insofern leichter, als die Lust oder die Abneigung, überhaupt noch an Maschinen tätig zu sein, meist von vornherein, stets aber in wenigen Tagen offenbar wird.

Berufsanalyse auf der einen Seite, Kenntnis der Veranlagung und Eignung des Bewerbers auf der anderen Seite, schließlich Wechselwirkung zwischen Werkzeug und Mensch, dies waren demnach Fragenkreise, die Schlesinger bei den Amputierten eingehend beschäftigten, besonders wenn Berufsberatung und Anlernung durchzuführen waren.

Eignungs- und Begabungsfeststellungen wurde während der Zeit des Weltkrieges sowohl im deutschen Heer, z.B. bei den Prüf- und Uebungsstellen für Gehirngeschädigte, bei den Kraftfahrtruppen, bei der Berliner Schulbehörde zwecks Auslese der Begabten für die neu einzurichtenden Begabtenschulen eingeführt. Ausdruck der organisatorischen Einstellung Schlesingers war sein sofort einsetzendes Bestreben, alle mannigfachen praktischen, psychologischen Bemühungen, die sich auf den Menschen in Handel, Industrie und Beruf bezogen, zusammenzufassen und sie der Betriebslehre einzureihen.

Es ist immer ein undankbares Unterfangen bei einem Vertreter der Betriebswissenschaft, der in gleicher Weise die Lehre auf dem Katheder wie die industrielle Praxis zwecks Erschließung neuer Erfahrungen betont, den psychotechnischen Gedanken an der Hand literarischer Zeugnisse nachweisen zu wollen. Die industrielle Praxis soll nach Schlesinger stets ein Grundstein des Betriebswissenschaftlers bilden, da er ohne sie Gefahr läuft, zu einem Katheder-Organisator zu werden, der entweder Bücher schreibt, Erfahrungen von zweiter und dritter Hand übernimmt, ohne sie auf ihre Bewährung nachprüfen zu können, oder der gar in den grauen Wolken reiner Theorie umherirrt.

Mit Nachdruck weist Schlesinger auf seine industrielle Praxis hin. In dieser Praxis wird man ohne praktische Psychologie des Menschen nicht auskommen können. Vielleicht ist es in der Betriebspraxis das Geheimnis des Erfolges, die psychologisch richtigen Wege für Durchführung der als richtig erkannten Maßnahmen intuitiv zu erkennen. Der welt- und betriebsfremde, menschenunkundige Gelehrte fühlt sich im Betriebe vereinsamt und in einer ihm lästigen Welt, die der Verwirklichung seiner Ideen der Bestgestaltung stets starke sachliche und persönliche Hemmungen entgegenstellt. Der geborene Betriebsorganisator erwartet derartige Widerstände und Hemmungen, wenn er als ein Betriebsfremder in einen Betrieb eindringt, um zu ändern, und läßt sie nicht erst aufkommen.

Diese Kunst der praktischen Betriebsorganisation ist letzten Endes zu einem großen Teil praktische Psychologie oder Psychotechnik überhaupt. Literarische Zeugnisse über derartige psychotechnische Organisations-Erfahrungen, die die Regeln erfolgreicher Betriebsarbeit zusammenfassen, findet man bei Männern der Betriebspraxis meistens nicht.

Der psychotechnische Gedanke ist durch Schlesinger zu einem selbstverständlichen Grundgedanken der Lehre vom Betriebe überhaupt geworden. Der Mensch im Betriebe und die Lehre von ihm soll der technischen und geldlichen, der auf Abrechnung und Innenorganisation gerichteten Seite der Betriebsforschung nicht feindlich gegenüberstehen, sondern alle Richtungen haben sich zusammenzuschließen. Die industrielle Psychotechnik ist nach Schlesinger berufen, die Lücke auszufüllen, die bisher in der Betriebswissenschaft bestand.

In manchen Ländern außerhalb Deutschlands standen und stehen die industriellen Psychologen den Betriebsingenieuren und diese ihnen feindlich gegenüber, da beide Gruppen das einigende Arbeitsfeld noch nicht gefunden haben. In Deutschland wurde dank des Eingreifens Schlesingers und dank der Einrichtung der psychotechnischen Lehrtätigkeit an der Technischen Hochschule zu Berlin von vornherein die Notwendigkeit des Zusammengehens des Betriebswissenschaftlers mannigfacher Richtung mit dem Psychologen als notwendig, ja selbstverständlich anerkannt. Zahlreiche Zeugnisse und Erfahrungen in Forschung, Lehre und Begutachtung beweisen, daß der von Schlesinger zuerst beschrittene Weg des harmonischen Zusammengehens fruchtbar und erfolgreich gewesen ist und hoffentlich auch weiter sein wird.

WERKSTATTSTECHNIK

XXIII. JAHRGANG. 15. JULI 1929. HEFT 14.

GEORG SCHLESINGER

ZUM 20. JULI 1929.

Vor 25 Jahren, am 20. Juli 1904, wurde der Chef des Konstruktionsbüros der Ludw. Loewe & Co. A. G., Dr.-Ing. Georg Schlesinger, auf den Lehrstuhl für Betriebswissenschaften an der Technischen Hochschule zu Charlottenburg berufen.

Mit geradezu beispielloser Tatkraft ging der erst 30jährige Professor daran, den Betriebswissenschaften ein Lehrgebäude zu errichten, für das er kaum die ersten Bausteine vorfand. War Lehre und Forschung bis dahin doch kaum über die beschreibende Darstellung von Werkzeugmaschinen und Werkzeugen hinausgekommen.

Der wirtschaftlichen Fertigung erkämpfte er in mühsamer Kleinarbeit wissenschaftliche Geltung. Das von ihm errichtete und 1906 in Betrieb genommene Versuchsfeld für Werkzeugmaschinen wurde Vorbild für alle ähnlichen Einrichtungen an den Technischen Hochschulen.

Schlesingers Arbeit dient der deutschen Fabrik im Sinne einer organischen Einheit von Mechanik und Mensch, die ihren wirtschaftlichen Wert zu erweisen hat. Seine Arbeiten brachen Bahn für eine neue geistige Einstellung an den Technischen Hochschulen, die den Wert der technischen Lösung an ihrem wirtschaftlichen Erfolg mißt.

Wer Schlesinger gehört hat, ging durch eine Schule sachlicher Klarheit und wirklichkeitstreuer Folgerichtigkeit; das bezeugen ihm dankbar Tausende, die seine Schüler waren, und Tausende, die schon im Beruf stehend von ihm Bereicherung und Belehrung durch eine unübersehbare Zahl von Vorträgen und Aufsätzen erfuhren. Die von ihm begründete und noch heute geleitete Zeitschrift „Werkstattstechnik", die diesen Zeilen ohne sein Wissen und Wollen Aufnahme gönnt, trägt unablässig Ansporn und Fortbildung in eine große Gemeinde von Werksleitern, Ingenieuren, Kaufleuten, Meistern und Arbeitern. Der schaffenden Praxis ist er unermüdlicher und erfolgreicher Berater in Anlage, Einrichtung und Organisation von Betrieben.

Die technisch-wissenschaftliche Gemeinschaftsarbeit kennt kaum einen Vorkämpfer, der auf seinem Fachgebiet mit gleicher Tatkraft und Vertiefung in die Einzelheiten voran arbeitet; seiner Führung verdankt die Normung der Passungen, Gewinde, Edelstähle, Werkzeuge und Werkzeugmaschinen Bestehen und Erfolg. Ob Verein deutscher Ingenieure, ob Verein deutscher Werkzeugmaschinenfabriken oder Reichsverband der Automobilindustrie, überall sehen seine Fachgenossen in ihm den gewissenhaften und treuen Helfer bei schwierigen Aufgaben. Im Prüfbuch für Werkzeugmaschinen schuf er durch eindeutige Richtlinien für die Herstellungs- und Abnahmegenauigkeit eine objektive Grundlage zur Beurteilung der Maschinengeräte.

Der großen Aufgabe, „Zufriedenheit der Arbeitnehmer und Arbeitgeber" zu erreichen, „jener beiden großen Gruppen, von deren Einigkeit das Wohl und Wehe der gesamten Industrie abhängt", dient Schlesinger mit innerster Überzeugung und erfolgreicher Tat. Davon zeugen sein Eintreten für richtig angewandte Psychotechnik, seine Arbeiten für den Unfallschutz, seine Tätigkeit in der Herstellung künstlicher Glieder zur Wiederherstellung der Arbeitsfähigkeit.

Abhold dem schmückenden Wort, unbestechlich in seiner nüchternen und den Kern suchenden Sachlichkeit, von bezwingender Bescheidenheit nach außen, ist Schlesinger auf seinem Fachgebiet heute unumstritten wissenschaftlicher Führer, dessen Ruf auch das Ausland anerkennt. Geistige Arbeit von staunenswertem Umfang und seltener Tiefe meißelte seinen Gelehrtenkopf in eine Form, die die Fülle dieses Reichtums kaum scheint fassen zu können. Diesem Mann am Tage seiner 25jährigen Tätigkeit als akademischer Lehrer Anerkennung und Dank zu zollen, ist den deutschen Ingenieuren freudig empfundene Pflicht.

W. Hellmich.

Bild 8.20: Glückwunsch und Würdigung durch Waldemar Hellmich[182]

182 Vgl. Hellmich, Waldemar: Georg Schlesinger zum 20. Juli 1929, a.a.O., S. 413.

Rückblick

Die durch Münsterberg eingeleitete und von Schlesinger und Wallichs aufbereitete Anwendung psychotechnischer Methoden entwickelte sich in den zwanziger Jahren als Industrielle Psychotechnik durch die Integration in die aufstrebende neue Fachdisziplin der Betriebswissenschaft, die an allen Technischen Hochschulen eingerichtet wurde. Die Wissenschaft vom Fabrikbetrieb erforderte ein neues Selbstverständnis der Arbeitsgestaltung und Arbeitsorganisation, insbesondere aber auch methodische Hilfestellung bei der Ermittlung von Befähigungen zur Berufseignung und Berufsausbildung.

Die Lehrstühle für Werkzeugmaschinen erkannten sehr schnell ihre Schlüsselfunktion und erweiterten ihre Fachgebiete durch Angliederung der Psychotechnik. Georg Schlesinger war der Vorreiter. Ihm gelang es, mit Unterstützung des VDW und des VDI eine Arbeitsgruppe für Psychotechnik an seinem Versuchsfeld einzurichten und Walther Moede als Leiter einzustellen. Nach fünf Jahren war das Ziel erreicht. Dem Lehrstuhl Schlesinger zwar weiterhin zugeordnet, wurde selbstständig agierend das Institut für industrielle Psychotechnik gegründet und Walther Moede mit der Leitung beauftragt. Damit begann für das Fachgebiet in Lehre und Forschung eine neue Entwicklungsphase.

Die Finanzierung des Instituts war durch Aufträge aus der Wirtschaft gesichert. Der Psychologe Walther Moede hatte durch das Vorbild des Lehrstuhlinhabers und seines Förderers gelernt, praxisnah und marktgerecht zu wirken, um daran seine Forschungsarbeiten zu orientieren und die Lehre anwendungsorientiert zu gestalten. Das Interesse an psychotechnischen Methoden zur Weiterentwicklung der Betriebswissenschaft war schnell gewachsen. Die Integration in die Betriebswissenschaft bewirkte eine Stabilisierung des neuen Fachgebietes und gleichzeitig auch ein spezifisches Interesse der Studenten dieser Fachrichtung aus der Fakultät für Maschinenwirtschaft.

Als ein Ergebnis der Diskussion um den Taylorismus entwickelte sich in Deutschland eine Rationalisierungswelle, die auf eine Erneuerung der Fabrikbetriebe gerichtet war und dabei sowohl den technologischen als auch organisatorischen Fortschritt der Produktionswirtschaft berücksichtigen wollte. Die optimale Gestaltung der Betriebsfunktionen stand im Zentrum aller Maßnahmen, die im Einzelnen wie folgt ausgerichtet waren:

- Betriebsplanung,
- Betriebsorganisation,
- Betriebsführung,
- Betriebskontrolle,
- Betriebssicherheit.

Der Begriff Betriebswissenschaft umfasste die verschiedenen Wissenschaftsgebiete wie:

- Betriebstechnik,
- Betriebspsychologie,
- Betriebswirtschaft,
- Betriebssoziologie,
- Betriebsrecht,
- Betriebsgeschichte.

Ab 1924 verstärkte sich der Siegeszug des Instituts für industrielle Psychotechnik unter der Leitung Walther Moedes. Die Grundlagen für die erfolgreiche Entwicklung waren gegeben und gestaltet durch

- die Einbettung in die Lehre und Forschung des Schlesinger-Lehrstuhls für Betriebswissenschaft,
- die Öffnung zu den Problemen der Rationalisierung und Betriebsorganisation der fortgeschrittenen Produktionswirtschaft,
- die Weiterentwicklung der Arbeitstechnik der handwerklichen Berufe,
- die Entwicklung von Eignungsprüfungen und Sicherheitsmaßnahmen in der Verkehrswirtschaft,
- die Mitwirkung an der Gemeinschaftsarbeit betriebstechnisch orientierter Organisationen wie VDI, AWF, RKW und REFA,
- den Aufbau des Lehrgebietes Psychotechnik innerhalb der Studienrichtung Betriebswissenschaft in der Fakultät für Maschinenwirtschaft,
- den Aufbau von Forschungsgebieten zur Entwicklung neuer Methoden der psychotechnischen Eignungsprüfung und der Ausgestaltung der Arbeitstechnik,
- die Herausgabe einer eigenen Zeitschrift „Industrielle Psychotechnik“ im Springer-Verlag.

Getrübt und belastet wurde der Aufstieg Walther Moedes durch Spannungen zu der Arbeitsgruppe um Lipmann und Rupp, die ihrerseits durch Veröffentlichungen Kritik an den Methoden und Arbeitsrichtungen des Moede-Instituts übten.

Eine Wettbewerbssituation zwischen Lipmann und Moede war erstmals bei der Errichtung der Arbeitsgruppe für Psychotechnik am Schlesinger Lehrstuhl 1918 eingetreten, als das Ausschreibungsverfahren um die Leitung der Arbeitsgruppe eingeleitet war. Neben Moede und Piorkowski war als dritter Bewerber Lipmann aufgelistet worden.

In der Folgezeit war eine Wettbewerbssituation auch dadurch gegeben, dass Moede nicht nur als ao. Professor Mitglied der Fakultät für Maschinenwesen der TH Charlottenburg war, sondern auch in der Zusammenarbeit mit der Wirtschaft erfolgreich wirkte. Lipmann leitete dagegen ein Privatinstitut, das in hohem Maße auf Selbstfinanzierung durch Auftragseinwerbung angewiesen war.

Das Spannungsfeld in der Psychotechnik der zwanziger Jahre lässt sich an Personengruppen aufzeigen, die einerseits in der Universitätspsychologie an den klassischen Instituten beheimatet und andererseits den Lehrstühlen für Betriebswissenschaft der Technischen Hochschulen zugeordnet waren. Auch aus dieser Positionierung sind die Kontroversen und akademischen Auseinandersetzungen zwischen Universitäten und Technischen Hochschulen zu bewerten.

Es war in den zwanziger Jahren noch immer umstritten, die Technik auch als Wissenschaft zu deuten. Das Promotionsrecht war zwar um 1900 nach langjährigen Bemühungen erreicht, aber es war in den zwanziger Jahren noch immer nicht möglich, in der Preußischen Akademie der Wissenschaften eine Klasse für Technikwissenschaften zu errichten. Die Nähe zur Wirtschaft entwertete die Anerkennung wissenschaftlicher Tätigkeit und stärkte den Vorwurf der Abhängigkeit der wissenschaftlichen Forschung.

Aber auch in den Fakultäten der Technischen Hochschulen war es nicht möglich, die Psychotechnik als Ordinariat einzurichten. In dieser Grundhaltung lag eine nachhaltig wirkende Erschwerung für die Weiterentwicklung der Psychotechnik zu einer allgemeinen Industriellen Betriebspsychologie. Durch Verbindung mit der wissenschaftlichen Erforschung der Arbeitstechnik und Arbeitsorganisation öffnete sich Ende der zwanziger Jahre der Weg zur Arbeitswissenschaft.

9 Lehrstuhl für Werkzeugmaschinen und Betriebswissenschaft 1933

Politische Einwirkung an der Technischen Hochschule Berlin [1]

Anders als bei den Professoren war das rassistische Gedankengut in der Studentenschaft als Kernpunkt der nationalsozialistischen Ideologie bereits 1933 „satzungsmäßig" verankert, da es unter den Studenten der TH Berlin schon Ende der Zwanziger Jahre zahlreiche Anhänger der NS-Ideologie gab. Im Jahr 1929 war der Stimmanteil des NSDStB auf 27 Prozent gestiegen und lag damit knapp 7 Prozent höher als der aus dem Wahlergebnis von insgesamt vier Technischen Hochschulen errechnete Durchschnitt. Nach Hans Ebert stimmten im Wintersemester 1930/31 bereits 1.735 Studenten (von 2.807 abgegebenen Stimmen = 61,7 Prozent) für die Liste I (Nationalsozialisten), die damit 20 von 30 Sitzen einnahm. Mit einem Stimmenanteil von 63,3 Prozent konnte der NSDStB diesen Wahlerfolg im Wintersemester 1932/33 wiederholen, während der durchschnittliche Anteil der Stimmen für die Nationalsozialisten an acht Technischen Hochschulen 1932 nur 41,2 Prozent betrug.[2] Im Personalverzeichnis der TH Berlin für das Studienjahr 1933/34 erklärte die Studentenschaft dann auch stolz:[3]

> „Seit dem 1. Mai 1933 ist die Studentenschaft wieder der staatlich anerkannte Zusammenschluß aller deutschen Studenten. Mitglieder sind alle Studenten deutscher Abstammung ohne Rücksicht auf Staatsangehörigkeit. Die Mitgliedschaft wird vollzogen durch Unterschrift unter den Fragebogen und die ehrenwörtliche Erklärung über die Abstammung. Bestätigt wird sie durch die Aushändigung einer weißen Studentenkarte durch die Hochschule."

Daneben finden sich auch der volksgemeinschaftliche Gedanke und der Anspruch an politische Schulung innerhalb einer durch das Führerprinzip gekennzeichneten Hierarchie der Studierenden wieder:[4]

> „Die Studentenschaft ist die Erziehungsgemeinschaft aller Studierenden. Sie hat die Aufgabe, die Hochschule zu einer Führerschule des deutschen Volkes zu machen. Dazu gehört außer der wissenschaftlichen und fachlichen Ausbildung die Erziehung des ganzen Menschen auf körperlichem und geistigem Gebiet durch Geländesport und Leibesübungen, durch Arbeitsdienst und politische Schulung, durch Einordnung in eine feste Gemeinschaft und durch Mitarbeit an der Gesamtheit. (...) Die Studentenschaft verlangt von allen Mitgliedern schärfste Disziplin und Ausführung des von ihr angesetzten Dienstes. Außer den allgemeinen Veranstaltungen (...) verlangt sie die Mitarbeit an den Aufgaben der Selbstverwaltung. Die Verbindung zwischen dem Führer der Studentenschaft und den Studenten wird hergestellt (...) durch eine Vollversammlung aller Studenten (...). Jeder Student hat sich eingehendst über die Studentenschaft zu unterrichten. Wir sind die sozialistisch geformte junge Mannschaft der Nation; wer nicht zu uns gehört, den dulden wir nicht an deutschen Hochschulen."

---

1 Spur, G.; Fischer, W. (Hrsg.): Georg Schlesinger und die Wissenschaft vom Fabrikbetrieb. Carl Hanser Verlag, München, Wien 2000, S. 395-403.

2 Zu den Zahlenangaben vgl. Ebert, Hans: Die Technische Hochschule Berlin und der Nationalsozialismus, a.a.O., S. 456; Grüttner kommt in seinen Berechnungen für das Jahr 1930 sogar auf einen Anteil von 70 % aller abgegebenen gültigen Stimmen für das nationalsozialistische Lager; vgl. Grüttner, Michael: Studenten im Dritten Reich, a.a.O., S. 496 (Tabelle 25); die Abweichung resultiert unter Umständen aus der Zugrundelegung unterschiedlicher Bezugsgrößen – alle abgegebenen Stimmen vs. alle abgegebenen gültigen Stimmen.

3 Technische Hochschule zu Berlin. Personal- und Vorlesungsverzeichnis für das Studienjahr 1933-1934, Berlin 1933, S. 16.

4 Ebd., S. 17.

Verglichen mit der Haltung der Studenten zum Nationalsozialismus war diejenige des Lehrkörpers der TH Berlin in der Zeit vor 1933 eher zurückhaltend. Es bekannten sich nach Angaben von Hans Ebert im Jahr 1932 von den 410 Hochschullehrern und Assistenten „mindestens 37 öffentlich zur NSDAP (12 Professoren, 10 Dozenten, 15 ständige Assistenten)“.[5] Ein Jahr später waren es bereits 82 von 399, das heißt über ein Fünftel des Lehrkörpers einschließlich Assistenten, und 1941 mindestens 211 von ca. 370 Angehörigen des Lehrkörpers – eine Entwicklung, die dem von Grüttner konstatierten allgemeinen Zustrom von Wissenschaftlern in die NSDAP nach den Märzwahlen 1933 und der erheblichen Zunahme der Parteimitglieder in den folgenden Jahren bis auf etwa zwei Drittel aller Hochschullehrer in der Endphase des „Dritten Reiches“ entsprechen würde.[6]

Zur Vorsicht vor Pauschalurteilen über die nationalsozialistische Gesinnung der Hochschullehrer der TH Berlin mahnt Wilhelm Heinz Schröder, da sich auf Grundlage des vorhandenen Materials selten mehr als die Pflichtmitgliedschaft in den nationalen berufsständischen Organisationen nachweisen lasse.[7] Die Tatsache, dass es generell auch nach der „Machtergreifung“ vor allem die jüngeren Assistenten, Privatdozenten und außerordentlichen Professoren in die Partei zog, während Hochschullehrer, die bereits ein Ordinariat innehatten, der NSDAP mehrheitlich fernblieben, veranlasst Grüttner zu der Vermutung, „dass der Parteieintritt meist wohl nicht so sehr ein Ausdruck politischer Überzeugung war, sondern in erster Linie dem Ziel diente, die eigene Karriere politisch abzusichern“.[8]

Die Reaktionen der Professoren gegenüber dem aufkommenden Nationalsozialismus an den Hochschulen teilt Grüttner in zwei Typen ein: Während ein Teil der Professorenschaft auf Grund der Unvereinbarkeit von freier Wissenschaft und politischen Vorgaben die Forderung nach Entpolitisierung der Hochschulen stellte, nahm ein anderer Teil, bedingt durch seine nationalkonservative Gesinnung, eine ambivalente Haltung ein, die durch Kritik am „unakademischen“ Auftreten der nationalsozialistischen Studenten bei gleichzeitiger Sympathie für deren „nationale Gesinnung“ gekennzeichnet war.[9]

Grüttner zufolge war das offene Eintreten gegen den Nationalsozialismus in der Endphase der Weimarer Republik jedoch genauso selten wie die unverhüllte Parteinahme zu Gunsten des NSDStB. Vielmehr verfolgte die „Mehrheit der Rektoren, darunter auch die meisten Nationalkonservativen, (...) in erster Linie das Ziel, den inneren Frieden der Hochschulen zu bewahren und parteipolitische Einflußnahme zu verhindern. Insofern erschien der NSDStB,

---

5 Ebert, Hans: Die Technische Hochschule Berlin und der Nationalsozialismus, a.a.O., S. 456. Allerdings kritisiert Helmut Heiber die von Ebert genannten Zahlen zur Parteizugehörigkeit, beziehungsweise zum „öffentlichen Bekenntnis“ zur NSDAP. Er verweist darauf, dass sich die Angaben für das Jahr 1932 vermutlich auf eine Aufstellung von Anfang 1937 beziehen und die überwiegende Zahl der von Ebert aufgeführten Ordinarien 1932/33 noch keine gewesen seien. Heibers Widerlegungen führen allerdings nicht weiter, da er die Parteizugehörigkeit zur NSDAP oder einer ihrer Gliederungen und Verbände nicht weiter untersucht und entsprechend kein korrigiertes Zahlenmaterial vorlegt. Vgl. dazu Heiber, Universität unterm Hakenkreuz, Teil 1, S. 410f.

6 Vgl. Grüttner, Wissenschaft, a.a.O., S. 147. Siehe auch Rürup, Reinhard: Die Technische Universität Berlin 1879-1979, a.a.O., S. 25.

7 Vgl. Wilhelm Heinz Schröder: Die Lehrkörperstruktur der Technischen Hochschule Berlin 1879-1945. In: Wissenschaft und Gesellschaft. Beiträge zur Geschichte der Technischen Universität Berlin 1879-1979. Im Auftrag des Präsidenten der Technischen Universität Berlin hrsg. v. Reinhard Rürup, Bd. 1, Berlin/Heidelberg/New York 1979, S. 51-114, hier S. 106.

8 Grüttner, Wissenschaft, a.a.O., S. 147.

9 Vgl. Grüttner, Studenten im Dritten Reich, a.a.O., S. 43-50.

trotz mancher Sympathie im grundsätzlichen, doch auch immer wieder als Störenfried, der mit Sanktionen rechnen musste, wenn er Einrichtungen der Universität, Entscheidungen des Rektors oder einzelne Hochschullehrer in beleidigender Form öffentlich angriff." [10]

Insgesamt lässt sich festhalten, dass der Nationalsozialismus schon vor 1933 als eine Macht an den Hochschulen erkennbar war, gegen die entschiedener Widerstand offensichtlich nicht geleistet wurde. Entsprechend erstaunt es nicht, daß die politische Gleichschaltung und Umstrukturierung der Hochschulen 1933/34 von den Hochschullehrern der TH Berlin wie anderswo ohne größeren Widerstand und erkennbare Komplikationen hingenommen wurde.[11]

Der Amtsantritt des Rektors Achim von Arnim markierte schließlich den Wechsel von der Hochschulautonomie alten Stils hin zum Führerprinzip der nationalsozialistischen Weltordnung. Das Reichserziehungsministerium ernannte ihn für das Amtsjahr 1934/35 zum Rektor der TH Berlin. Von Arnim gehörte zu den wenigen Professoren, die schon vor 1933 Mitglied der NSDAP geworden waren, er gehörte der Partei seit Mai 1932 an, war Stabsführer der SA-Gruppe Ostland und Leiter des SA Hochschulamtes in Charlottenburg.[12] Eine akademische Laufbahn hatte von Arnim nach seinem mit Promotion abgeschlossenen Studium der Staatswissenschaften nicht eingeschlagen. Da er 1933 auf einen Lehrstuhl für Wehrverfassung in der Allgemeinen Abteilung der Technischen Hochschule berufen worden war, gehörte er dieser als Ordinarius an. Angesichts seiner Berufung nach dem Machtantritt der Nationalsozialisten ist er jedoch eher als Beispiel für die starken Eingriffsmöglichkeiten der Parteigliederungen in die Hochschullandschaft zu sehen, denn als typisches Beispiel eines Professors mit früher Parteizugehörigkeit. Politisch tat sich der Rektor von Arnim[13] in seinem Amt als – nicht mehr gewählter, sondern ernannter – Rektor (bis 1938) unter anderem dadurch hervor, dass er in einem Schreiben an das Kultusministerium vom 24. Juli 1934 anfragte, ob man nicht den Nationalökonomen und Betriebssoziologen Goetz Briefs, der in seinen Vorlesungen kritische, dem Nationalsozialismus nicht förderliche Gedanken äußerte, loswerden könne. Nach Heiber antwortete das Ministerium darauf, „dass schließlich niemand Briefs' Vorlesungen besuchen müsse und es jedem Studenten frei stände, die Volkswirtschaftslehre bei Storm zu hören".[14]

Auf von Arnim ging auch die Initiative zurück, dem verhafteten Privatdozenten Waldemar Koch die Lehrbefugnis zu entziehen.[15] Nicht zuletzt engagierte sich der dienstbeflissene Rektor für eine stärkere politische Kontrolle der Studierenden, und wollte die Dienstbescheinigungen in NS-Organisationen, die die Studenten vor der Immatrikulation vorweisen mussten, um Informationen zur „Dienstleistung (Auftreten im Dienst gegen Vorgesetzte und Kameraden) und die charakterliche Beurteilung des betreffenden Studenten" [16] erweitern.

---

10 Grüttner, Studenten im Dritten Reich, a.a.O., S. 48.

11 Vgl. Grüttner, Studenten im Dritten Reich, a.a.O., S. 50; u. Rürup, Die Technische Universität Berlin 1879-1979, a.a.O., S. 25-26.

12 Zu den Funktionen v. Arnims vgl. Heiber, Universität unterm Hakenkreuz, Teil II, Bd. 2, München 1994, S. 28 f.

13 Ausführlich zur wehrtechnischen Fakultät der TH Berlin: Ebert, Hans; Rupieper, Hermann-J.: Technische Wissenschaft und nationalsozialistische Rüstungspolitik: Die Wehrtechnische Fakultät der TH Berlin 1933-1945, in: Wissenschaft und Gesellschaft, a.a.O., S. 469-491, bes. S. 472.

14 GStAPK, I. HA, Rep. 76 Vb, Sekt. 5, Tit. III, 2A II (M), zit. nach Heiber, Universität unterm Hakenkreuz,Teil II, a.a.O., S. 30.

15 Vgl. Heiber, Universität unterm Hakenkreuz. Teil II, a.a.O., S. 30, der als Quelle angibt: Antrag vom 18. September 1934 (GStAPK, I. HA, Rep. 76 Vb, Sekt. 5, Tit. III, 1 Beih. II [M]).

16 Heiber, Universität unterm Hakenkreuz, Teil II, a.a.O., S. 31 f.

Vom Nachfolger von Arnims im Rektorat ab 1938, dem SA-Sturmbannführer und NSDAP-Mitglied seit Februar 1932, Ernst Storm, der bereits 1933 durch das Hissen der Hakenkreuzfahne auf dem Gebäude der TH aufgefallen war, ist schließlich bekannt, dass er 1942, am Ende seiner Amtszeit, voller Stolz schrieb:

> „Die Technische Hochschule Berlin galt schon vor der Machtübernahme als eine Hochburg des Nationalsozialismus unter den deutschen Hochschulen."[17]

Zu diesem Schluss kommt auch Hans Ebert in seiner Studie, wenn er zusammenfassend konstatiert, dass:

> „die Technische Hochschule Berlin, die größte in Deutschland, sich an der Spitze der Bewegung befand, die zu der nationalsozialistischen Eroberung der Universitäten und der höheren Bildungseinrichtungen führte. (...) Der traditionelle Mangel an politisch-demokratischem Engagement unter Ingenieuren und Technikern erleichterte diesen „Erfolg". Vor und besonders nach dem Januar 1933 wurde der Antisemitismus als ein bequemes Mittel gebraucht, um eine Massenunterstützung zu gewinnen und die Verteidiger der Verfolgten als Abtrünnige von der „Volksgemeinschaft" zu verfolgen."[18]

Bereits vor der nationalsozialistischen „Machtergreifung" war die Pogromstimmung vorbereitet worden. So waren Professoren der TH Berlin wiederholt Gegenstand von Anfragen der NSDAP-Fraktion im Preußischen Landtag, wobei der Hauptangriff Georg Schlesinger galt, dem vorgeworfen wurde, „in unrühmlicher Weise zum Nachteil des deutschen Volkes in der Kriegszeit bei Kriegslieferungen bekannt geworden" [19] zu sein.

Das Gesetz zur Wiederherstellung des Berufsbeamtentums

Die erste einschneidende Maßnahme nach der nationalsozialistischen Machtübernahme an der TH waren die Befragungen in Folge des „Gesetzes zur Wiederherstellung des Berufsbeamtentums" vom 7. April 1933. Mit Hilfe dieses Gesetzes sollten öffentliche Institutionen von politisch unzuverlässigen Mitgliedern wie Sozialdemokraten, aktiven Gewerkschaftern oder Kommunisten gesäubert werden, vor allem aber sollten alle jüdischen Beamten und öffentlich Bediensteten mit Hilfe dieses Gesetzes entlassen werden. Die Durchführung des Gesetzes oblag den betreffenden Institutionen.

Die Entfernung der Hochschullehrer, die unter eine der Bestimmungen des „Berufsbeamtengesetzes" vom 7. April 1933 fielen, lässt sich anhand der Korrespondenz zwischen dem Rektor der Hochschule und dem Wissenschaftsministerium relativ detailliert rekonstruieren.[20] Wie überall erhielten die Mitglieder des Lehrkörpers der TH Berlin Fragebogen zugestellt, mit deren Hilfe vor allem die Personen ermittelt werden sollten, die unter den „Arierparagraphen" fielen. Abgefragt wurden neben der Abstammung (Name und Konfession von

---

17 Storm, Ernst: Die Technische Hochschule Berlin. In: Europäischer Wissenschaftsdienst 2, 1942, 7/8, vom 5. Februar 1942, hier zit. nach Ebert, Die Technische Hochschule Berlin und der Nationalsozialismus, a.a.O., S. 455; vgl. auch Wolfgang Mock, Technische Intelligenz im Exil. Vertreibung und Emigration deutschsprachiger Ingenieure nach Großbritannien 1933 bis 1945, Düsseldorf 1986, S. 46. – Storm war bis 1933 Assistent an der TH Berlin und seit dem 1. April 1933 o. Prof. für Berg- und Volkswirtschaftslehre, später Wehrwirtschaftslehre; vgl. Ebert/Rupieper, Technische Wissenschaft und nationalsozialistische Rüstungspolitik, a.a.O., S. 472; im Rektorat wurde Storm 1942 von Oskar Nimczyk, dem letzen TH-Rektor in der NS-Zeit, abgelöst.

18 Ebert, Hans: Die Technische Hochschule Berlin und der Nationalsozialismus, a.a.O., S. 465.

19 Preußischer Landtag, 4. Wahlperiode, 1. Tagung, 1932/33, Große Anfrage Nr. 94 der NSDAP-Fraktion, zit. nach Ebert, Die Technische Hochschule Berlin und der Nationalsozialismus, a.a.O., S. 462.

20 Vgl. dazu GStAPK, I. HA, Rep. 76, Vb, Sekt. 4, Tit. III, Abt. 3, Nr. 1, Beiheft (April 1933-Nov. 1933); Sek. 5, Tit. 3, Abt. III, Nr. 1, Beiheft (Nov. 1933-Dez. 1934).

Eltern sowie Großeltern väterlicher- und mütterlicherseits) auch Parteimitgliedschaften, das Vorhandensein der für die Laufbahn vorgeschriebenen Vorbildung sowie Informationen, mit deren Hilfe das Greifen der Ausnahmeregelungen überprüft wurde (Zeitpunkt des Eintritts in das Beamtenverhältnis, Teilnahme am Ersten Weltkrieg).

Mit Schreiben vom 21. April 1933 überreichte Rektor Tübben dem Minister für Wissenschaft, Kunst und Volksbildung ein erstes Verzeichnis der Hochschulmitglieder, denen aufgrund der entsprechenden Erlasse vom 12. April 1933 (UI Nr. 739.1) und 18. April 1933 (UI Nr. 769) ein Fragebogen übersandt worden war, sowie „eine Sammlung ausgefüllter Fragebögen in 5 Heften".[21] Demnach war der Fragebogen zunächst an insgesamt 191 Personen versandt worden, darunter 64 ordentliche Professoren, elf planmäßige außerordentliche Professoren, 88 Dozenten mit besoldetem Lehrauftrag (hauptamtliche Dozenten, Honorarprofessoren, nichtbeamtete ao. Professoren, Privatdozenten, Lehrbeauftragte), 22 Dozenten mit unbesoldetem Lehrauftrag, fünf planmäßige Lektoren mit Vergütung sowie ein außerplanmäßiger Lektor ohne Vergütung.[22] Beantwortet hatten den Fragebogen, der gemäß einer Vorbemerkung bis zum 30. April „ausgefüllt und unterschriftlich vollzogen"[23] an das Rektorat einzusenden war, zu diesem Zeitpunkt bereits 163 Personen. Von den 17 Hochschulmitgliedern „nicht arischer Abstammung", die Tübben in seiner Auswertung namentlich aufführt, waren zwei bereits beurlaubt worden, für drei weitere, darunter ein Lehrbeauftragter, dessen Fragebogen noch ausstand, kam seines Erachtens „eine Beurlaubung noch in Frage", während „für die übrigen Herren (…) die Ausnahmebestimmungen in § 3 Abs. 2 des Beamtengesetzes vom 7. April 1933 gelten" dürften. Bei einem Lehrbeauftragten, „dessen Ausscheiden hier wiederholt gefordert worden ist", wäre zudem „zu prüfen, ob und inwieweit § 4 des Beamtengesetzes Anwendung zu finden hätte (...)"[24].

Eine weitere Liste, die als Anlage zu einem Schreiben Tübbens an des Ministerium vom 4. Mai 1933 eingereicht wurde, verzeichnet nochmals 28 Honorarprofessoren ohne Lehrauftrag, 52 nichtbeamtete a. o. Professoren und 81 Privatdozenten, also insgesamt 161 Mitglieder des Lehrkörpers, denen der Fragebogen gemäß zweier weiterer Erlasse vom 26. April 1933 (UI Nr. 840) und 28. April 1933 (UI Nr. 31111) übersandt worden war.[25] Unter den

---

21 GStAPK I. HA, Rep. 76, VB, Sekt. 4, Tit. III, Abt. 3, Nr. 1, Beiheft, Bl. 341-353: Schreiben des Rektors der TH Berlin an den Minister für Wissenschaft, Kunst und Volksbildung vom 21. April 1933 betreffend die Auswirkung des Beamtengesetzes vom 7.4.1933 (Reichsgesetzblatt S. 175) auf den Lehrkörper, 6 Anlagen.

22 An dem Verzeichnis fällt besonders auf, dass bereits im April 1933 Fragebögen an Honorarprofessoren, nicht beamtete außerordentliche Professoren und Privatdozenten versandt wurden, auf die das ‚Berufsbeamtengesetz' erst durch die 3. Durchführungsverordnung vom 6. Mai 1933 ausgeweitet wurde. Unklar bleibt, ob es sich hier um einen Fall von vorauseilendem Gehorsam von Seiten der TH Berlin handelt und nach welchen Kriterien der Personenkreis ausgewählt wurde, der bereits im ersten Durchgang Fragebögen erhielt.

23 Vgl. z. B. den Fragebogen Kurrein (GStAPK I. HA, Rep. 76, VB, Sekt. 4, Tit. III, Abt. 3, Nr. 1, Beiheft, Bl. 157 RS).

24 Schreiben des Rektors der TH Berlin an den Minister für Wissenschaft, Kunst und Volksbildung vom 21. April 1933 betreffend die Auswirkung des Beamtengesetzes vom 7.4.1933 (Reichsgesetzblatt S. 175) auf den Lehrkörper (GStAPK I. HA, Rep. 76, VB, Sekt. 4, Tit. III, Abt. 3, Nr. 1, Beiheft, Bl. 341 RS, 342).

25 Vgl. Schreiben des Rektors der TH Berlin an den Minister für Wissenschaft, Kunst und Volksbildung vom 4. Mai 1933 betreffend Fragebögen der Privatdozenten, der n. a. o. Professoren und der Honorarprofessoren ohne Lehrauftrag (GStAPK I. HA, Rep. 76, Vb, Sekt. 4, Tit. III, Abt. 3, Nr. 1, Beih., Bl. 355-356 RS, Verzeichnis Bl. 357-364). Auch hier erstaunt die Tatsache, dass Fragebögen vor dem 6. Mai 1933 offensichtlich gezielt an Mitglieder des Lehrkörpers verschickt wurden, die vom Berufsbeamtengesetz erst nach dessen Ausweitung auf die nicht beamteten Hochschullehrer durch die 3. Durchführungsverordnung betroffen waren.

151 Personen, deren Antworten bereits eingegangen waren, waren gemäß der Auswertung Tübbens drei Honorarprofessoren, elf nicht beamtete ao. Professoren und elf Privatdozenten, also 25 Personen „nicht arischer Abstammung“, von denen fünf bereits zwischen dem 22. und dem 28. April beurlaubt worden waren. Weiter teilte Tübben mit, dass er neun Mitgliedern des Lehrkörpers empfohlen habe, „bis zur endgültigen Entscheidung ihrer Rechtslage durch den Herrn Minister ihre Lehrtätigkeit und – soweit sie auch Assistenten bzw. Ober-Ingenieure sind – ihre Dienstgeschäfte nicht mehr auszuüben“.[26].Aus einem Schreiben Tübbens an das Ministerium vom 26. Mai 1933 geht schließlich hervor, dass im Sommersemester 1933 insgesamt 27 Dozenten (o. Prof., beamtete und nicht beamtete ao. Prof., Hon. Prof., Privatdozenten und Lehrbeauftragte), „die den §§ 3 und 4 des Gesetzes zur Wiederherstellung des Berufsbeamtentums vom 7. April 1933 unterliegen“, ihre venia legendi nicht ausübten.[27] Aufgeschlüsselt nach Fakultäten waren es sieben Dozenten aus der Fakultät für Allgemeine Wissenschaften, sechs aus der Fakultät für Bauwesen, fünf aus der Fakultät für Maschinenwesen und neun aus der Fakultät für Stoffwirtschaft.

Hans Ebert, der sich bei seinen Angaben auf den „Preußischen Pressedienst“ vom 3. Mai 1933 beruft, spricht von 34 Dozenten der TH Berlin, die bereits zum Mai 1933 beurlaubt wurden.[28] Insgesamt seien ihm 94 Namen von Mitgliedern des Lehrkörpers bekannt, die dem Nationalsozialismus weichen mussten, bei einer Gesamtzahl von etwa 410 Professoren und Assistenten.[29] Dem entsprechen die Angaben Schröders, nach denen 71 Hochschullehrer (einschließlich der nichtbeamteten Dozenten und Lehrbeauftragten, ohne Assistenten) von der Hochschule vertrieben wurden.[30]

Die Mehrheit der betroffenen Wissenschaftler erhielt dabei, Kurt Pätzold zufolge, bereits im September 1933, noch im Rahmen der vom Gesetz bemessenen Frist und vor Beginn des Wintersemesters, eine verbindliche und gegen jede Berufung geschützte Mitteilung über ihr zwangsweises Ausscheiden – die ersten Beurlaubungen vom April 1933 waren größtenteils „vorläufig“ ausgesprochen worden.[31] Abgeschlossen war der Vertreibungsprozess, soweit jüdische Wissenschaftler betroffen waren, Ende 1935, als die Ausnahmebestimmungen für Frontkämpfer und Vorkriegsbeamte durch die Erste Verordnung zum „Reichsbürgergesetz“ vom 14. November 1935 aufgehoben wurden und bestimmt wurde, dass jüdische Beamte generell zum 31. Dezember 1935 in den Ruhestand zu versetzen seien.[32] Die danach erfolgten Maßnahmen gegen „jüdisch versippte“ Hochschullehrer sowie gegen „Viertel-“ oder „Halb-

---

26 Schreiben des Rektors der TH Berlin an den Minister für Wissenschaft, Kunst und Volksbildung vom 4. Mai 1933 betreffend Fragebögen der Privatdozenten, der nicht beamteten ao. Professoren und der Honorarprofessoren ohne Lehrauftrag (GStAPK I. HA, Rep. 76, Vb, Sekt. 4, Tit. III, Abt. 3, Nr. 1, Beih., Bl. 356).

27 Vgl. Schreiben des Rektors der TH Berlin an den Minister für Wissenschaft, Kunst und Volksbildung vom 26. Mai 1933, Betr.: Dozenten, die den §§ 3 und 4 des Gesetzes zur Wiederherstellung des Berufsbeamtentums vom 7.4.1933 unterliegen und die im Sommer-Semester 1933 die venia legendi nicht ausüben. Erlass vom 11. ds. Mts. – UI Nr. 1018 (GStAPK I. HA, Rep. 76, Vb, Sekt. 4, Tit. III, Abt. 3, Nr. 1, Beih., Bl. 68, 68 RS).

28 Vgl. Ebert, Die Technische Hochschule Berlin und der Nationalsozialismus, a.a.O., S. 458.

29 Vgl. ebd., Fußnote 26, S. 466.

30 Vgl. Schröder, a.a.O., S. 111.

31 Vgl. Pätzold, a.a.O., S. 9. Als Beispiele für die TH Berlin seien hier Kurrein und Schlesinger angeführt, denen am 6. bzw. am 8. September per Postzustellungsurkunde das entsprechende Schreiben zuging, gemäß dem Kurrein die Lehrbefugnis entzogen und Schlesinger aus dem Staatsdienst entlassen wurde; vgl. GStAPK I. HA, Rep. 76, Vb, Sekt. 4, Tit. III, Abt. 3, Nr. 1, Beih., Bl. 159 [Kurrein] und Bl. 202 [Schlesinger].

32 Vgl. Ebert, Die Technische Hochschule Berlin und der Nationalsozialismus, a.a.O., S. 463.

juden" wurden bis zum Beginn des Krieges abgeschlossen. Seit der „Reichskristallnacht" waren auch „Volljuden" unter den Studenten, soweit sie Inländer bzw. Staatenlose waren, vom Studium ausgeschlossen.[33]

Bei den nichtjüdischen Wissenschaftlern, die aus politischen Gründen verdrängt wurden, lässt sich zwar kein ähnlich eindeutiges Datum nennen, doch vermutet Rürup, dass „sich auch hier die meisten Fälle in den Jahren 1933 bis 1936 ereignet haben"[34] dürften. Dabei sei „von Protesten grundsätzlicher Art gegen die Vernichtung der beruflichen Existenz von Kollegen und gegen den damit verbundenen tödlichen Eingriff in die Freiheit der Wissenschaft und die Autonomie der Hochschule nichts bekannt"[35] geworden, auch wenn es in gewissen Fällen Bemühungen gegeben habe, der drohenden Verdrängung einzelner Kollegen entgegenzuwirken.

Verfolgung und Vertreibung Georg Schlesingers

Kampagne gegen Schlesinger

Georg Schlesinger hatte bereits kurz nach der Machtübergabe an die Nationalsozialisten unter politischer Diskriminierung und Verfolgung zu leiden. Am Samstag, dem 18. März 1933, verschaffte sich gegen 6.30 Uhr eine Gruppe von zwei Polizisten, unterstützt durch Hilfspolizei der SA „unter der Führung eines Standartenführers", ohne Haft- oder Durchsuchungsbefehl Zutritt zu Schlesingers Wohnung, deren Bibliothek sie durchsuchten. Die Durchsuchung ging wahrscheinlich auf eine Denunziation vom 16. März zurück, die Schlesinger Landesverrat vorwarf. Helmut Plagens, ein Assistent an Schlesingers Lehrstuhl, hatte ihn bei der Polizei beschuldigt, Akten des Lehrstuhls in seine Wohnung verbracht zu haben, ein weiterer Assistent, Heinz Kickebusch, war ebenfalls an der Denunziation beteiligt.[36]

Zeitgleich mit der Durchsuchung der Wohnung am Morgen des 18. März erfolgte die Durchsuchung der Diensträume Schlesingers an der Technischen Hochschule durch vier Polizeibeamte und ca. 20 SA-Leute sowie der Büroräume des Versuchsfeldes für Werkzeugmaschinen, die von Max Kurrein als Diensträume genutzt wurden. In seiner Wohnung war nach Kurreins Angaben um 6 Uhr morgens ebenfalls eine Hausdurchsuchung vorgenommen worden, da auch dort Kisten mit den Aufzeichnungen Schlesingers vermutet wurden. Über alle Durchsuchungen liegen Berichte vom selben Tag vor. Sie lagen dem Schreiben als Anlage bei, das der Vertreter des Rektors der Hochschule, Krencker, noch am 18. März an den Reichskommissar für das Ministerium für Wissenschaft, Kunst und Volksbildung, Rust, schickte.[37]

---

[33] Vgl. ebd., S. 465.

[34] Rürup, Die Technische Universität Berlin 1879-1979, a.a.O., S. 28.

[35] Ebd., S. 29.

[36] Ein namentlich nicht gekennzeichneter Bericht „Georg Schlesinger Prof. Dr. Ing.", vermutlich aber von der Ehefrau Elise Schlesinger in den 50er Jahren verfasst, ist für viele Ereignisse, die im Zusammenhang mit der Denunziation und Inhaftierung Schlesingers stehen, die einzige Quelle. Weitere Informationen stammen aus dem Lebensbericht von Dr. Richard Frankfurter, einem entfernten Verwandten Schlesingers, der sich um die juristische Betreuung gekümmert hatte, 1934 aber selbst emigrieren musste. Ausführlicher dazu Spur, G.; Fischer, W. (Hrsg.): Georg Schlesinger und die Wissenschaft vom Fabrikbetrieb, a.a.O., S. 411 f.

[37] Vgl. GStAPK, I. HA, Rep. 76, Vb, Sekt. 5, Tit. III, Nr. 5 A, Bd. II, Bl. 269-277: Der Rektor der Technischen Hochschule Berlin – in Vertretung Krencker – an den Kommissar des Reiches für das Ministerium für Wissenschaft, Kunst und Volksbildung, Herrn Dr. Rust.

Bild 9.01: Schlesingers Wohnhaus am Karolingerplatz

Krencker fasste in dem Schreiben zusammen, was er ursprünglich gemeinsam mit dem Vertreter des Dekans der Fakultät für Maschinenwesen Professor Orlich am Tag der „überraschend erfolgten polizeilichen Durchsuchung" von Schlesingers Diensträumen bei einem Besuch im Ministerium Minister Rust persönlich hatte vortragen wollen:[38]

> „(...) pflicht- und überzeugungsgemäß vor allem für den von uns hochgeachteten und um die Hochschule sehr verdienten Prof. Dr.-Ing. Schlesinger einzutreten und ihn nach Möglichkeit zu schützen (...). Er gehört zu den hoch erfahrenen, in seinem Fache fast unersetzbaren besten Kräften des Lehrkörpers und ist wissenschaftlich und in seinem Fache eine allgemein äußerst geachtete Persönlichkeit. Daß er staatsfeindliche Umtriebe begünstige, ist für uns undenkbar. Er gehörte lange der Deutschen Volkspartei an und besitzt unserer Überzeugung nach eine durchaus nationale Gesinnung."

Krencker bat um eine Untersuchung der Anschuldigungen gegen Schlesinger und Kurrein sowie „für den Fall der erwiesenen Unschuld um eine amtliche Erklärung zur Rehabilitierung". Daneben gab Professor Orlich in seiner Eigenschaft als Vertreter des „abwesenden Dekans" der Fakultät für Maschinenwesen eine Ehrenerklärung für Schlesingers ab, in der er die Auffassung äußerte:[39]

> „daß Herr Professor Schlesinger zu den angesehensten Mitgliedern der Fakultät gehört, der nach außen durch seine wissenschaftlichen Arbeiten, nach innen durch die mustergültige Art, wie er seinen Unterricht führt, die Hochachtung seiner Kollegen erworben hat. Aus einer 20jährigen Zusammenarbeit mit ihm glaube ich bezeugen zu können, daß er sich nie im staatsfeindlichen Sinne betätigt hat, und dass an seiner nationalen Gesinnung nicht gezweifelt werden darf."

---

38 GStAPK, I. HA, Rep. 76, Vb, Sekt. 5, Tit. III, Nr. 5 A, Bd. II, Bl. 269-270: Der Rektor der Technischen Hochschule Berlin – in Vertretung Krencker – an den Kommissar des Reiches für das Ministerium für Wissenschaft, Kunst und Volksbildung, Herrn Dr. Rust. Charlottenburg, den 18. März 1933. Folgende als Anlagen beigefügten Berichte geben über die Vorgänge des 18. März Auskunft: Bericht des Hochschulobersekretärs von Klinski, Hausinspektor, vom 18. März, über die Durchsuchung der Diensträume Schlesingers, Bericht von Schlesinger über die Durchsuchung seiner Wohnung am Karolingerplatz 9 sowie Bericht von Kurrein über die Durchsuchung der Büroräume des Versuchsfeldes. Eine weitere Anlage ist die Ehrenerklärung von Professor Orlich.

39 GStAPK, I. HA, Rep. 76, Vb, Sekt. 5, Tit. III, Nr. 5 A, Bd. II, Bl. 277, Anlage Orlich.

Im April 1933 wurde den Mitgliedern des Kollegiums vom Rektorat der Hochschule ein Fragebogen zugestellt, der die „Auswirkungen des Beamtengesetzes vom 7. April 1933 auf den Lehrkörper“[40], also des „Gesetzes zur Wiederherstellung des Berufsbeamtentums“ untersuchen sollte. Verlangt wurden „bis zum 30. April“ unter anderem Auskünfte über die Abstammung. Nach Paragraph 3 des Gesetzes waren Beamte „nichtarischer“ Abstammung in den Ruhestand zu versetzen. Als „nichtarisch“ galt, wer auch nur einen jüdischen Großelternteil hatte. Ausnahmen wurden zunächst für solche Beamte gemacht, „die ununterbrochen seit dem 1. August 1914 beamtet gewesen waren, oder die im Weltkrieg an der Front gekämpft hatten, oder deren Väter oder Söhne im Weltkrieg gefallen waren“.[41] Dieser Regelung entsprechend enthält eine dem Ministerium am 21. April überstellte Liste mit dem Verzeichnis der Mitglieder des Lehrkörpers hinter dem Namen Schlesingers den Vermerk „nichtarisch, o. Prof. 1904“.[42]

Am 28. April 1933 erhielt Schlesinger zunächst eine Nachricht, der zufolge ihn der Minister für Wissenschaft, Kunst und Volksbildung „mit sofortiger Wirkung“ von seinen Dienstgeschäften sowie seiner Lehr- und Forschertätigkeit „beurlaubte“. Das Schreiben wurde auch dem Rektor der Technischen Hochschule zugestellt. Einen Brief gleichen Wortlauts erhielten am selben Tage auch weitere Mitglieder des Lehrkörpers, darunter Max Kurrein, der Privatdozent an der Fakultät für Bauwesen Kelen, der a. o. Professor Schwerin und der ao. Professor für Volkswirtschaftslehre Hermann Levy.[43]

Inhaftierung und Prozess

Am 30. April durchsuchten Beamte ein zweites Mal Schlesingers Haus, er selbst musste anschließend mit auf das Revier. Schlesinger kehrte an jenem Tag nicht mehr nach Hause zurück, sondern wurde zunächst in „Schutzhaft“ genommen. Er verlor seinen Pass, staatliche Behörden ließen bald darauf den Arbeitsraum in seiner Wohnung am Karolingerplatz versiegeln. Sein Konto wurde gesperrt und Teile seines Eigentums eingezogen, ein fadenscheiniger Prozess angestrengt.[44] Spätestens an dieser Stelle wird sowohl die politische Entrechtung der jüdischen Deutschen als auch die erfolgreiche und schnelle gesellschaftliche Gleichschaltung durch die Nationalsozialisten deutlich.

Am 5. Mai 1933 wurde gegen Georg Schlesinger, wegen des „Verrats militärischer Geheimnisse“ Haftbefehl erlassen. Er befand sich zu diesem Zeitpunkt bereits sechs Tage im

---

40 Schreiben des Rektors der TH Tübben an den Minister vom 21. April 1933 (GStAPK, I. HA, Rep. 76, Vb, Sekt. 4, Tit. III, Abt. 3, Nr. 1, Beiheft, Bl. 341).

41 Vgl. Schottlaender, Antisemitische Hochschulpolitik, a.a.O., S. 446/447.

42 Schreiben des Rektors der TH Tübben an den Minister vom 21. April 1933 (GStAPK, I. HA, Rep. 76, Vb, Sekt. 4, Tit. III, Abt. 3, Nr. 1, Beiheft, Bl. 345).

43 Vgl. GStAPK, I. HA, Rep. 76, Vb, Sekt. 4, Tit. III, Abt. 3, Nr. 1, Beiheft, Bl. 28: Beurlaubung Schlesinger. Beurlaubung Kurrein etc.: GStAPK, I. HA, Rep. 76, Vb, Sekt. 4, Tit. III, Abt. 3, Nr. 1, Beiheft, Bl. 27, 29-31 sowie Bl. 369 (zum Status von Kelen). Vgl. auch Schottlaender, Antisemitische Hochschulpolitik, a.a.O., S. 452. In dieser Phase gab es den letzten persönlichen Kontakt zwischen Kurrein und Schlesinger. Kurrein berichtet über dieses Treffen: „Ich sah ihn zuletzt im April 1933, als er mich und seinen Konstr. Ing. Dr. Ledermann zu sich in die Wohnung bestellte und uns vorschlug, wir sollten, um die Lehrkanzel – außer ihm – judenrein zu machen, unsere Stellungen kündigen!! Ich erklärte ihm, er solle mir kündigen'“. Kurrein, Lebenslauf Georg Schlesinger, a.a.O., S. 4. Über die Motive Schlesingers, die ihn zu diesem erstaunlichen Vorgehen veranlasst haben mögen, kann angesichts der bestehenden Quellenlage nur spekuliert werden.

44 Vgl. Georg Schlesinger. Prof. Dr.-Ing. („Bericht GS“), S. 5 ff.

Gefängnis.[45] Schlesingers Untersuchungshaft im Gefängnis Moabit dauerte offiziell bis zum 15. September 1933, er kam jedoch erst im November wieder frei.[46] Der Beschluss auf Eröffnung der Voruntersuchung war nicht von einem Berliner, sondern vom Leipziger Reichsgericht erlassen worden, der damals höchsten deutschen Gerichtsbarkeit. Der im „Fall Schlesinger“ zuständige Untersuchungsrichter hieß Dr. Braune.[47]

Die Ehrenerklärung Professor Orlichs in seiner Eigenschaft als stellvertretender Dekan der Fakultät für Maschinenwesen und das Schreiben des stellvertretenden Rektors Krencker vom Tag der ersten Hausdurchsuchung, dem 18. März 1933, sind die einzigen offiziellen Äußerungen von Seiten der Technischen Hochschule Berlin, in denen diese für Georg Schlesinger eintrat.

Bild 9.02: Georg Schlesinger

Unterstützung erhielt Georg Schlesinger während seiner Inhaftierung von anderer Seite. Außer seiner Familie und Freunden verwendete sich vor allem der VDW, dessen erstes Ehrenmitglied Schlesinger seit 1921 war, für ihn.[48] Auch Institutionen, wie der AWF und das

45 Vgl. ebd., S. 3 ff.

46 Angaben zum Datum der Verhaftung sind dem „Beschluß“ über die Aufhebung des Haftbefehls entnommen: Schreiben des Untersuchungsrichters des Reichsgerichts vom 15.9.1933, Angaben zur Dauer der Untersuchungshaft laut „Beschluß in der Strafsache gegen Professor Dr.-Ing. Georg Schlesinger wegen Spionage“ des Reichsgerichts, 5. Strafsenat, über die Niederlegung des Verfahrens. Schreiben vom 19.2.1934. Dokumente Schlesinger (Sammlung Spur.)

47 Aus dem „Bericht GS“ geht hervor, dass Schlesinger erst während seines Verfahrens von der bereits am 16. März 1933 erfolgten Anzeige und Denunziation durch Plagens erfuhr, vgl. a.a.O., S. 18f.

48 Ende Februar 1930 war Georg Schlesinger „infolge starker Inanspruchnahmen durch andere wissenschaftliche Arbeiten“ von der Leitung des VDW-Fachnormenausschusses für Werkzeugmaschinen, dem er seit 1916 vorgestanden hatte, zurückgetreten. Der Vorstand brachte ihm für seine „langjährige, unermüdliche und überaus erfolgreiche ehrenamtliche Tätigkeit den Dank des VDW und des ganzen Industriezweiges“ entgegen. Für die Weiterführung der Normenarbeit wurde bei der Geschäftsführung des VDW eine Normenstelle gebildet. Die Leitung dieser Arbeiten wurde vom VDW Normenausschuß dem neuem Vorsitzenden Direktor Kurt Hegner von der Ludw. Loewe & Co. A. G. übertragen. Hegner folgte Schlesinger 1931 auch als Vorsitzender des Technischen Ausschusses des VDW, dem Schlesinger seit 1916 vorgestanden hatte. Georg Schlesinger blieb Vorstandsmitglied des VDW bis 1933. Vgl. Fritz Kappel, 75 Jahre VDW (1891-1966). Hg. vom Verein Deutscher Werkzeugmaschinenfabriken e.V. (VDW), Frankfurt a. M. 1966, S. 73, S. 169, S. 173.

RKW, nahmen im Zusammenhang mit Schlesingers Emigrationsbemühungen und den Nachweisen, die ihm NS-Behörden in bedrängter Lage abverlangten, zu seinen Gunsten Stellung.

Die nationalsozialistische Regierung nahm Schlesingers Kontakte nach Russland in den zwanziger Jahren zum Vorwand, um daraus unter anderem Spionagevorwürfe abzuleiten. In allen Quellen werden immer wieder Sachverhalte angesprochen, die mit den so genannten Russlandaktivitäten der Werkzeugmaschinenindustrie in einem Zusammenhang stehen.[49]

Die Beschuldigungen gegen Schlesinger[50] konnten im Verlaufe der folgenden Verhandlungswochen entkräftet werden. Besonders hervorgehoben wird die positive Rolle des Vorsitzenden Dr. Braune, laut Bericht ein „vornehmer Charakter und eine menschliche Seele"[51]. Am 15. September 1933 erfolgte die Einstellung des Strafverfahrens und die Aufhebung des Haftbefehls.[52] Die Nachricht darüber erhielt Elise Schlesinger von Rechtsanwalt Frankfurter. Die Familie hatte in der Zwischenzeit das Haus am Karolingerplatz verkauft und wohnte jetzt im Königsweg 27a in Berlin-Charlottenburg.[53]

Schlesinger wurde nach der Aufhebung des Haftbefehls im September nicht entlassen. Die Gefängnisverwaltung war sofort von der Gestapo angewiesen worden, „den Prof. zu ihrer Verfügung zu halten, es seien noch einige belanglose Formalitäten zu erledigen". Die Gestapo hielt Schlesinger noch für weitere zwei Monate in Haft, dieses Mal unter dem Vorwurf des unlauteren Wettbewerbs. Noch einmal wurde er beschuldigt, insgesamt vierunddreißig Fabriken besichtigt zu haben, „um den Russen bewährte deutsche Fabrikationsmethoden zugängig zu machen". Schließlich kam Georg Schlesinger am 26. November nach insgesamt sieben Monaten aus dem Gefängnis frei.[54]

Der Fragebogen Kurreins zur „Durchführung des Gesetzes zur Wiederherstellung des Berufsbeamtentums", den die Mitglieder des Lehrkörpers der TH im April 1933 hatten beantworten müssen, enthält das „Votum des Referenten": „100 % Jude (...) Anhänger der Staatspartei". Das „Votum des Generalreferenten" sowie das „Ergebnis der Beratung" im August 1933 lauteten: „Lehrbefugnis nach § 3 zu entziehen".[55] Im Fragebogen Schlesingers lautete das Votum zunächst: „Nach § 4 in den Ruhestand zu versetzen". Mit dem Datum vom 31. August erfuhr dieses „Urteil" jedoch eine Korrektur. Es wurde gestrichen und durch die Bemerkung ersetzt: „Nach § 4 zu entlassen".[56]

---

49 Lebenserinnerungen v. Dr. Richard Frankfurter. Kapitel: Rechtsangelegenheiten (Abschnitt ‚Hochverrat'), a.a.O., S. 3.

50 Georg Schlesinger. Prof. Dr.-Ing. („Bericht GS"), a.a.O., S. 20-24.

51 Vgl. ebd., S. 18.

52 „Beschluß" über die Aufhebung des Haftbefehls – Schreiben des Untersuchungsrichters des Landgerichts mit Datum vom 15.9.1933. Dokumente Schlesinger (Sammlung Spur). Laut „Bericht GS" erhielt die Familie Schlesinger das Schreiben am 13. September; vgl. Georg Schlesinger. Prof. Dr.-Ing. („Bericht GS"), a.a.O., S. 26. „Beschluß in der Strafsache gegen Professor Dr.-Ing. Georg Schlesinger wegen Spionage" des Reichsgerichts, 5. Strafsenat, über die Niederlegung des Verfahrens. Schreiben vom 19.2.1934. – Dokumente Schlesinger (Sammlung Spur). Schlesinger selbst schrieb 1936: „Im Februar 1934 stellte das Reichsgericht das Verfahren wegen „Hochverrates" ein, nachdem bereits im September 1933 der Berliner General-Staatsanwalt eine Denunciation wegen „Betruges" abgewiesen hatte." Brief Georg Schlesingers aus Brüssel an eine „sehr verehrte Freundin", datiert 22. März 1936. – Dokumente Schlesinger (Sammlung Spur).

53 Vgl. z. B. Schreiben des Oberreichsanwalts an Schlesinger vom 21. Dezember 1933. – Dokumente Schlesinger (Sammlung Spur).

54 Vgl. ebd., S. 27-30; die Zitate: S. 27-28.

55 GStAPK, I. HA, Rep. 76, Vb, Sekt. 4, Tit. III, Abt. 3, Nr. 1, Beiheft, Bl. 155-158.

56 GStAPK, I. HA, Rep. 76, Vb, Sekt. 4, Tit. III, Abt. 3, Nr. 1, Beiheft, Bl. 198-201.

Georg Schlesinger wurde am 8. September 1933, während der Zeit der Haft im Moabiter Gefängnis, offiziell „vorläufig“ aus dem Staatsdienst entlassen.[57] Zwei Tage zuvor war seinem langjährigen Mitarbeiter Kurrein die Lehrbefugnis entzogen worden.[58] Nachdem sich die im Prozess angestrengten Anschuldigungen gegen ihn als unberechtigt erwiesen hatten und auch ein vom Unterrichtsminister Ende September 1934 eingeleitetes Disziplinarverfahren wegen „Pflichtverletzung, Würdelosigkeit usw. mit dem Ziele der pensionslosen Entlassung“ am 28. Oktober 1935 bedingungslos eingestellt worden war[59], wurde Schlesingers Entlassung zurückgenommen. Nach einer Mitteilung des Preußischen Ministers für Wissenschaft, Kunst und Volksbildung vom Oktober 1934 wurde er rückwirkend zum 1. Januar 1934 in den Ruhestand versetzt, erhielt jedoch nie Ruhestandsgeld.[60] So beantragte Schlesinger unter anderem im Juni und noch einmal im September 1937 die Genehmigung zur Verlegung seines Wohnsitzes nach Brüssel „bzw. zum dauernden Auslandsaufenthalt“. Dies war formell die Voraussetzung, auch außerhalb Deutschlands ihm zustehende Versorgungsbezüge zu erhalten. Die Genehmigung wurde nicht erteilt.[61]

Noch im Dezember 1933 stellte Schlesinger beim Leipziger Reichsgericht den Antrag, vorübergehend und zum Zwecke einer wissenschaftlichen Lehrtätigkeit in die Schweiz reisen zu dürfen. Das Reichsgericht gab dem Antrag statt und verwies Schlesinger zur Erteilung eines Reisepasses an die Polizeibehörden, die ihm erstaunlicherweise ohne weitere Verzögerungen einen Pass mit fünfjähriger Gültigkeit ausstellten und die Ausreiseerlaubnis erteilten.[62] Im Januar 1934 folgte Georg Schlesinger der Einladung des Schweizer Unterrichtsministers Röhn und nahm eine Gastprofessur an der ETH Zürich an, die ihm noch während seiner Zeit im Gefängnis angeboten worden war.[63] Damit endete auch die Arbeit der „Schlesinger-Stiftung“, die noch bis 1934 „Zuwendungen (...) an Studenten und Beihilfen zum Drucken von Doktorarbeiten“[64] vergeben hatte.

Die nationalsozialistischen Propagandaorgane unternahmen indes einen letzten Versuch, den verdienten Wissenschaftler zu diskreditieren. In der Ausgabe des „Völkischen Beobachters“ vom 23. Januar 1934 erschien unter der Überschrift „Nachruf auf einen Hochschullehrer und Wirtschaftsführer“ ein Artikel, der sich noch einmal der gegen ihn vorgetragenen denun-

---

57 Vgl. GStAPK, I. HA, Rep. 76, Vb, Sekt. 4, Tit. III, Abt. 3, Nr. 1, Beiheft, Bl. 202-203: Schreiben des Preußischen Ministers für Wissenschaft, Kunst und Volksbildung an Schlesinger vom 8. September 1933; u. Brief Georg Schlesingers aus Brüssel an eine „sehr verehrte Freundin“, datiert 22. März 1936. – Dokumente Schlesinger (Sammlung Spur).

58 GStAPK, I. HA, Rep. 76, Vb, Sekt. 4, Tit. III, Abt. 3, Nr. 1, Beiheft, Bl. 159: Schreiben des Preußischen Ministers für Wissenschaft, Kunst und Volksbildung an Herrn Dr. Kurrein vom 6. September 1933. Vgl. weiter GStAPK, I. HA, Rep. 76, Vb, Sekt. 5, Tit. III, Nr. 5 A, Bd. II, Bl. 367: Der Minister an den Rektor der TH, Schreiben vom 8.1.1934: „Soweit hier bekannt, sind die beiden Oberingenieure [Kurrein und Ledermann] am 30.9.1933 aus ihren Ämtern ausgeschieden.“

59 Brief Georg Schlesingers aus Brüssel an eine „sehr verehrte Freundin“, datiert 22. März 1936. – Dokumente Schlesinger (Sammlung Spur).

60 Schreiben des Preußischen Ministers für Wissenschaft, Kunst und Volksbildung an Schlesinger vom 20. Oktober 1934. Dokumente Schlesinger (Sammlung Spur). Vgl. Produktionstechnik im Wandel, a.a.O., S. 345.

61 Verschiedene Ablehnungsbescheide des Ministeriums für Wissenschaft, Erziehung und Volksbildung, Dokumente Schlesinger (Sammlung Spur). Das letzte vorliegende Schreiben an Schlesinger datiert vom 9. Oktober 1937.

62 Vgl. Schreiben des Oberreichsanwaltes an Schlesinger vom 21. Dezember 1933. Dokumente Schlesinger. Sammlung G. Spur; u. Georg Schlesinger. Prof. Dr. Ing., a.a.O., S. 37.

63 Vgl. Georg Schlesinger. Prof. Dr. Ing. („Bericht GS“), a.a.O., S. 37.

64 Vgl. Brief Elise Schlesinger an den VDI Düsseldorf, 3. April 1956, Dokumente Schütz (Sammlung Spur).

ziatorischen Anschuldigungen bediente. Der Verfasser rühmte den Preußischen Kultusminister „Pg. Rust", dem es gelungen sei, „einen solchen Mann wie Prof. Schlesinger an der Technischen Hochschule abzusetzen".[65] Der Artikel stützt zugleich die Vermutung, das gegen Schlesinger in Gang gesetzte Verfahren sei „auf Grund seines jüdischen Glaubens" inszeniert worden.[66]

Hilfe der Industrieverbände

Die Erklärung Professor Orlichs, des stellvertretenden Dekans der Fakultät für Maschinenwesen, und das Schreiben des stellvertretenden Rektors Krencker vom 18. März 1933 blieben die einzigen offiziellen Äußerungen von Seiten der Technischen Hochschule Berlin, in denen diese für Georg Schlesinger eintrat.

Von einer breiten Solidarisierung angesichts der Ausgrenzung und Vertreibung eines herausragenden Wissenschaftlers, der über Jahrzehnte erfolgreich gewirkt und in zahlreichen dieser Verbände wichtige Positionen inne gehabt hatte, kann allerdings keine Rede sein. Aus Ungewissheit darüber, ob sich die NS-Diktatur festigen, an Bedeutung verlieren oder sogar bald wieder verschwinden würde, schwankten die Reaktionen zwischen zögerlicher Unterstützung und vorauseilendem Gehorsam.

Eine Stellungnahme des VDI, eingeholt durch den Untersuchungsrichter Braune, mag als Beleg für das beschriebene Verhalten herangezogen werden. Die Leitung des VDI war seit den Vorstandswahlen vom 9. Mai 1933 zu zwei Dritteln mit Mitgliedern der NSDAP besetzt. Doch schon zuvor hatte der VDI dem neuen Regime weitgehende Zugeständnisse gemacht und im April unter anderem unaufgefordert das so genannte Gesetz zur Wiederherstellung des Berufsbeamtentums anerkannt.[67] Wenn man dies berücksichtigt, mag der nachstehende Brief, in dem sich der VDI zugunsten Schlesingers äußerte, noch überraschend erscheinen und als wohlüberlegte Vorgehensweise verstanden werden, die vielleicht ihre Wirkung nicht verfehlte. Doch behandelt die hier vertretene Argumentation das Schicksal Schlesingers in jeder Hinsicht als eine Ausnahme und stellt das ungeheuerliche Vorgehen gegen die jüdischen Bürger insgesamt keineswegs in Frage.

> „Schon seit Jahren hatten wir den Arier-Paragraphen stillschweigend eingeführt. Unter unseren Mitgliedern befindet sich kein Jude. Wir schicken dies voraus, um zu erklären: Niemals hat Prof. Schlesinger etwas getan, nach unserer Überzeugung, was sich zum Schaden des Vaterlandes auswirken könnte. Dafür geben die Lauterkeit seines Charakters, die patriotische Hingabe an Deutschland und Art und Grösse seiner wissenschaftlichen Verdienste um unser Volk sichere Gewaehr. Uns trennen von ihm seine Rasse und unsere allgemeine Ablehnung des jüdischen Einflusses. Aber der Ausnahmeerscheinung unseres grossen Lehrers gebührt unsere Dankbarkeit."[68]

Dokumentieren lässt sich allein die Hilfe, die Schlesinger von Anfang an durch den VDW, genauer durch dessen Präsidenten Hermann Schoening und den VDW-Geschäftsführer

---

65 Feldhaus-Archiv Akten-Nr. 7942 – Abschrift des Artikels aus Ausgabe des Völkischen Beobachters vom 23.1.1934. Kopie aus dem Archiv des Deutschen Technikmuseums.

66 Georg Schlesinger. Prof. Dr.-Ing. („Bericht GS"), a.a.O., S. 12.

67 Vgl. Ludwig, Karl-Heinz: Der VDI als Gegenstand der Parteipolitik 1933 bis 1945. In: Technik, Ingenieure und Gesellschaft, Geschichte des Vereins Deutscher Ingenieure 1856-1981. Düsseldorf 1981, S. 407-427, bes. S. 411.

68 Zit. nach Lebenserinnerungen v. Dr. Richard Frankfurter. Kapitel: Rechtsangelegenheiten (Abschnitt „Hochverrat"). Versehen mit handschriftlichen Korrekturen und Bemerkungen von Elise Schlesinger, a.a.O., S. 9.

Georg Engel, erhielt. Unmittelbar nach seiner Verhaftung hatte sich Elise Schlesinger in ihrem Bemühen um Unterstützung ihres Mannes auch an den VDW gewandt und den Vorsitzenden Dr.-Ing. E. h. Schoening und den Geschäftsführer des Vereins Engel über das Vorgefallene informiert.

„Sie war sicher, dort volles Verständnis ihrer Verzweiflung zu finden. Die Herren Dr. Ing. e. h. Schoening, Vorsitzender des Vereins und der Sekretär des Vereins, Herr Engel, haben sie die langen Monate, die es trotz aller erdenklichen Mühe nicht möglich war, die Haft zu verkürzen, nicht im Stich gelassen, sondern sich als ganz besondere Freunde Schl[esinger]s gezeigt. (...) Dr. Schöning und Herr Engel ließen nichts unversucht, (...) sie drangen bis zu den Nazibehörden vor, fanden immer Zeit, wenn es galt, neue Wege für Schl[esinger] zu versuchen, um Gehör zu finden. (...) Je länger die Haft dauerte, je mehr der Naziterror um sich griff, je mehr liessen die Sympathiekundgebungen für Schlesinger nach. Im Verlauf weniger Wochen wurden sie schon nicht mehr gewagt. Nur die grossen Vereine hielten durch.“[69]

Hermann Schoening, geb. 1871, Ingenieur und Fabrikant, war vom 3. März 1926 bis zum 16. November 1937 Vorsitzender des VDW. Er hatte am 1. Mai 1890 die Raboma Maschinenfabrik in Berlin-Borsigwalde gegründet, später die Ehrendoktorwürde der Technischen Hochschule Berlin erhalten. Hermann Schoening starb am 30. November 1938.

Georg Schlesinger selbst schrieb rückblickend:[70]

„Der V.D.W. hat treu zu seinem Ehrenmitglied gestanden, trotzdem mein tapferer und guter Freund Engel im Dezember 1935 die Augen für immer geschlossen hatte.“

Auch Max Kurrein beschrieb das große Engagement der Vertreter des VDW:[71]

„Der VDW, besonders Herr Engel, hielt immer noch fest an ihm und unterstützte ihn in seinem Prozeß gegen die Nazis, in dem die Nazispione bei der Lehrkanzel eine große Rolle spielten. Dazu mußte ich noch von Haifa aus – auf Verlangen des VDW – langatmige Erklärungen schicken.“

Oberingenieur Georg Engel, Jahrgang 1875, war von 1921 bis 1935 Geschäftsführer des VDW.[72] Er starb im Dezember 1935.

Bild 9.03: Hermann Schoening (1871–1938) und Georg Engel (1875–1935)

[69] Georg Schlesinger. Prof. Dr. Ing. („Bericht GS“), a.a.O., S. 11.

[70] Brief Georg Schlesingers aus Brüssel an eine „sehr verehrte Freundin“, datiert 22. März 1936. – Dokumente Schlesinger (Sammlung Spur).

[71] Kurrein, Lebenslauf Georg Schlesinger, a.a.O., S. 4.

[72] Vgl. Glunk, Fritz R.: Ein Jahrhundert VDW. Zeitgeschichte, Vereinsgeschichte, Werkzeugmaschinengeschichte. Frankfurt a. M., München 1991, S. 189 ff.; Wenzel, Deutscher Wirtschaftsführer: Lebensgänge deutscher Wirtschaftspersönlichkeiten. Hamburg, Berlin, Leipzig 1929.

Um Oberingenieur Engel entspann sich eine Kontroverse. Kiekebusch – mittlerweile zum kommissarischen Leiter des Schlesinger Lehrstuhls ernannt – wollte eine durch Dritte kolportierte Äußerung des Geschäftsführers über die Rolle der Mitarbeiter in der „Angelegenheit" Schlesinger nicht auf sich beruhen lassen. Engel hatte sich demnach gegen ein Mitwirken des Lehrstuhls an einer geplanten gemeinsamen Veröffentlichung mit dem AWF ausgesprochen, da der Lehrstuhl „mit vergifteten Pfeilen aus dem Hinterhalt gegen Herrn Professor Schlesinger geschossen" habe. Kiekebusch wurde diese Aussage zugetragen, er wandte sich zunächst an den AWF, wohl in der Absicht, doch noch eine Mitarbeit an der geplanten Publikation zu erreichen. Der AWF antwortete am 17. November 1933,

> „[...] daß es zu unserem Bedauern nicht möglich ist, die beabsichtigte Schrift über die fabrikationstechnische Bewertung des Werkzeugmaschinenparks gemeinsam mit Ihnen herauszubringen. Wir müssen uns dabei nämlich auch auf die Mitarbeit des Vereins deutscher Werkzeugmaschinenfabriken stützen. Dieser Verein sieht aber in der jetzigen interimistischen Führung des Lehrbetriebes am Lehrstuhl für Werkzeugmaschinen eine Regelung, die nicht in seinem Sinne liegt. Infolgedessen können wir uns nur für eine Zusammenarbeit entweder mit dem Lehrstuhl für Werkzeugmaschinen oder mit dem VDW entscheiden. [...] Wir werden sehr gern bei jeder anderen Gelegenheit mit Ihnen zusammenarbeiten. Im Übrigen bitten wir Sie, alles zu tun, daß der Ausschuss für wirtschaftliche Fertigung nicht in den Streit, der um die Person des Herrn Prof. Schlesingers geht, hineingezogen wird."[73]

Ungeachtet der Tatsache, von jenem Gespräch nur durch Hörensagen erfahren zu haben, forderte Kiekebusch in einem nächsten Schritt den VDW schriftlich auf, zu den Aussagen Engels Stellung zu nehmen. Als die Auskunft des VDW ausbleibt, kündigt Kiekebusch an, sich an das Ministerium zu wenden. Darauf erwiderte Schoening:

> „Bevor ich mir ein Urteil über die von Herrn Engel gemachten Aeusserungen erlauben kann, liegt es in ihrem Interesse, für Klarstellung zu sorgen und ihr Verhalten in Sachen Prof. Schlesinger zu rechtfertigen. Ich höre daher gern, dass Sie den besagten Weg beschreiten werden."[74]

In seiner Eigenschaft als stellvertretender Leiter des Lehrstuhls richtete Kiekebusch schließlich einen dreiseitigen Brief an den zuständigen Minister Rust, mit der Bitte, „die Angelegenheit zu verfolgen und rasche und wirksame Mittel" gegen eine „Verbreitung unwahrer Behauptungen" zu ergreifen, die beanstandete Aussage Engels wird als Zitat wiedergegeben. Interessant hinsichtlich der Stimmungslage im AWF sind einige Passagen, da sie das frühe Abrücken von jüdischen Kollegen zeigen und somit auch erklären, wieso der AWF nicht in den Streit „um die Person des Herrn Professor Schlesinger" hineingezogen werden wollte.

> „[...] Ich erwiderte Herrn Paasche, daß mich die Stellungnahme des VDW insofern verwundert, als die Zusammenarbeit zwischen dem VDW angehörenden Firmen und dem Lehrstuhl unmittelbar denkbar gut ist unter Hinweis auf die Firma Ludw. Loewe. Ich bedeutete ihm ferner, daß die Vermutung nahe liegt, daß Herr Engel Nichtarier ist ebenso wie Herr Dr. Negbaur. Herr Paasche teilte mit, dass Her Dr. Negbaur vom Verein ausgeschieden ist. Ich erwiderte ihm ferner, daß der VDW nicht in Herrn Engel bestehe, sondern daß die Meinung des Vorstandes, Herrn Dr. Schoening, maßgebend sei. Herr Paasche teilte mit, daß ihm Herr Engel gesagt habe, **„Herr Dr. Schoening werde eher ins Konzentrationslager Oranienburg gehen, als dass er nicht alles unternehmen werde, Prof. Schlesinger zu rehabilitieren"**. Ich erklärte Herrn Paasche in aller Deutlichkeit, daß vom Lehrstuhl insbesondere von Herrn

---

73 GStAPK, I. HA, Rep. 76, Vb, Sekt. 5, Tit. III, Nr. 5 A, Bd. II, Bl. 374: Abschrift Schreiben des AWF an Dr. Kiekebusch, Versuchsfeld für Werkzeugmaschinen, vom 17. November 1933, ohne Unterschrift.

74 GStAPK, I. HA, Rep. 76, Vb, Sekt. 5, Tit. III, Nr. 5 A, Bd. II, Bl. 377: Abschrift Schreiben Dr. Schoening an Dr. Kiekebusch vom 27.12.1933 (dort das Zitat) und ebd., Bl. 376: Abschrift Einschreiben. Kiekebusch an den Vorsitzenden des VDW Herrn Direktor Dr. Schoening vom 22.12.1933.

Dr. Kiekebusch Herrn Prof. Schlesinger gegenüber stets die äußerste Objektivität gewahrt worden ist."[75]

Auf der Rückseite des von Kiekebusch verfassten Schreibens findet sich ein handschriftlicher Bearbeitungsvermerk des Ministerialrats Otto von Rottenburg an den Minister für Wissenschaft, Kunst und Volksbildung, Rust, in dem v. Rottenburg zunächst die Zusammenhänge erläuterte und Verständnis für die Zurückhaltung des VDW gegenüber dem offiziell nicht besetzten Lehrstuhl äußerte. Diese Schwierigkeit werde durch die Neubesetzung beseitigt, weiter heißt es: [76]

„Der Vorwurf „mit vergifteten Pfeilen geschossen zu haben" richtet sich nicht gegen den Lehrstuhl, sondern gegen die Assistenten, in erster Linie gegen Herrn Kiekebusch. Auch mir gegenüber hat sowohl Direktor Schoening wie ein anderes prominentes Mitglied des Vereins, Direktor Haverbeck über das Verhalten der Ass. in der Angel. Schlesinger Klage geführt. (...) Zunächst möchte ich vorschlagen, den V.D.W. aufzufordern, die Vorwürfe gegen Dr. K. zu spezifizieren."

Das Ministerium richtete am 17. Januar 1934 eine entsprechende Anfrage an den VDW. Georg Schlesinger war mittlerweile aus der Haft entlassen worden und stand im Begriff, in die Schweiz zu emigrieren. Nachdem der VDW das Ministerium zunächst um Geduld gebeten hatte, ging dort schließlich eine Stellungnahme ein. Dem fünfseitigen Bericht des Geschäftsführers Engel stellte der Vorsitzende Schoening ein Schreiben voran. Beide Teile sind datiert auf den 7. Februar 1934. Engel gab noch einmal den genauen Sachverhalt in allen Einzelheiten wieder und räumte ein, „möglicherweise" jenen strittigen Satz ausgesprochen zu haben. Engel schloss mit den Worten:[77]

„Was nun den sachlichen Inhalt der Aeusserung betrifft, so möchte ich dazu noch sagen, dass der VDW bei der besonderen Stellung des Prof. Schlesinger zu unserem Verband – er ist seit vielen Jahren unser Ehrenmitglied – selbstverständlich das allergrößte Interesse daran hatte, die gegen ihn erhobenen Beschuldigungen aufgeklärt zu wissen. Ich hatte erwartet, dass die zahlreichen jetzigen und früheren Mitarbeiter von Prof. Schlesinger, die auch mit der Geschäftsführung unseres Verbandes seit Jahren in Verbindung standen, uns in diesem Bestreben unterstützen und zur Klarstellung mit beitragen würden. In Wahrheit hat aber niemand den Weg zu uns gefunden. Statt dessen ergibt sich – nach Mitteilung der Verteidigung – aus der Akteneinsicht, dass sämtliche Anzeigen gegen Herrn Prof. Schlesinger aus der nächsten Umgebung des Lehrstuhles herstammen, und zwar zum Teil aus einer Zeit, als die Anzeigenden noch äußerlich vertrauensvoll mit Prof. Schlesinger zusammenarbeiteten."

Auf dem vorangestellten Schreiben Schoenings findet sich der handschriftliche Vermerk des Ministerialrats v. Rottenburg vom 8. März 1934:

„Nach Mitteilung des Dekans, Prof. Kloss, ist diese Angelegenheit durch Aussprache zwischen den Beteiligten erledigt. Daher z. d. A."

---

75 GStAPK, I. HA, Rep. 76, Vb, Sekt. 5, Tit. III, Nr. 5 A, Bd. II, Bl. 372: Anlage zum Schreiben Kiekebusch, Lehrstuhl für Werkzeugmaschinen und Fabrikbetriebe, an den Minister für Wissenschaft, Kunst und Volksbildung vom 4. Januar 1934, datiert 16.11.1933 über die Unterredung vom 15.11.1933. – Dr. Walter Negbaur wurde 1916 als Nachfolger Schlesingers Geschäftsführer des VDW und hatte dieses Amt bis 1933 inne. Über die näheren Umstände des Ausscheidens Negbaurs ist bislang nichts bekannt. Kappel (a.a.O., S. 81) schreibt lediglich: „13.9.1933 Dr. Negbaur tritt in den Ruhestand."

Mitten in der märkischen Stadt Oranienburg wurde in einer ehemaligen Brauerei am 21. März 1933, dem „Tag von Potsdam", eines der ersten Konzentrationslager errichtet. Das von der SA geführte Lager wurde im Juli 1934 von der SS übernommen und kurze Zeit später aufgelöst. „Etwa 3000 Häftlinge, die v. a. aus den Reihen der KPD und SPD stammten", wurden dort inhaftiert. Vgl. Bernward Dörner, Oranienburg (KZ), in: Enzyklopädie des Nationalsozialismus, a.a.O., S. 626.

76 GStAPK, I. HA, Rep. 76, Vb, Sekt. 5, Tit. III, Nr. 5 A, Bd. II, Bl. 369-377 – Edgar Haverbeck, Direktor der Berlin-Erfurter Maschinenfabrik Henry Pels & Co. Erfurt, zuvor bei L. Schuler, Göppingen, war von 1929 bis 1945 Vorstandsmitglied des VDW. Vgl. Glunk, Ein Jahrhundert VDW, S. 193.

77 GStAPK, I. HA, Rep. 76, Vb, Sekt. 5, Tit. III, Nr. 5 A, Bd. II, Bl. 397.

Personelle Veränderungen am Lehrstuhl für Betriebswissenschaft (1933-1934)

Ausgangslage

Dekan der Fakultät für Maschinenwesen war im Studienjahr 1932/33 der o. Professor und Geheime Regierungsrat Otto Kammerer, dem im Studienjahr 1933/34 der o. Professor Kloß folgte.[78]

Am Lehrstuhl für Werkzeugmaschinen und Fabrikbetriebe waren zu Beginn des Studienjahrs 1932/33 mindestens zwölf Personen lehrend und forschend tätig. Georg Schlesinger, Lehrstuhlinhaber und Vorsteher des Versuchsfelds für Werkzeugmaschinen und Betriebswissenschaft, hielt wie in den Jahren zuvor seine Vorlesungen und Übungen zu folgenden Themen:

- Werkzeugmaschinen,
- Entwerfen von Werkzeugmaschinen,
- Fertigung, Fabrikbetriebe und Fabrikorganisation (Betriebswissenschaft),
- Entwerfen von Fabrikbetrieben sowie
- Versuchsfeld für Werkzeugmaschinen und Betriebswissenschaft.

Neben seinen wöchentlichen 24 Stunden Lehrveranstaltungen bot er noch vier Sprechstunden an.

Max Kurrein war weiterhin Oberingenieur am Versuchsfeld für Werkzeugmaschinen und Betriebswissenschaft. Als nichtbeamteter außerordentlicher Professor las er für das fünfte bis achte Semester über „Arbeits- und Meßwerkzeuge" sowie „Betriebstechnische Untersuchungen". Daneben hielt er im Hörsaal des Versuchsfelds eine Vorlesung zur „Feinmechanischen Fertigung" mit begleitenden Übungen. Gemäß den Angaben im Personal- und Vorlesungsverzeichnis war er für die Sammlung für feinmechanische Fertigung zuständig, die sich wahrscheinlich im Versuchsfeld befand.

Der nichtbeamtete außerordentliche Professor Walther Moede, Vorsteher des ehemals als Arbeitsgruppe an das Versuchsfeld angegliederten, seit dem Studienjahr 1924/25 eigenständigen Instituts für industrielle Psychotechnik und Arbeitstechnik, war innerhalb des Gebiets der Betriebswissenschaft allein für die gesamte psycho- und arbeitstechnische Lehre sowie für den Bereich der industriellen Reklame zuständig.

In der Kategorie der nichtbeamteten außerordentlichen Professoren lehrte auch Dr.-Ing. Hans Brasch, der mittlerweile in Hamburg wohnte und dort Vorstandsmitglied und Technischer Direktor der MAIHAK AG war.[79] Sein Lehrgebiet war die wirtschaftliche Fertigung, zu dem er zwei Vorlesungen ankündigte. Die erste für das sechste bis achte Semester behandelte das Thema „Vorrichtungsbau", die zweite für das fünfte bis siebte Semester das Thema „Arbeitsvorbereitung und Arbeitszeitermittlung". Dass die Veranstaltungen im Studienjahr 1932/33 tatsächlich stattfanden ist anzuzweifeln, da einem Schreiben der Fakultät für Maschinenwesen an das Wissenschaftsministerium vom 23. März 1934 zu entnehmen ist, dass

---

78 Vgl. hier und im Folgenden, soweit nicht anders angegeben, Technische Hochschule Berlin. Personal- und Vorlesungsverzeichnis für die Studienjahre 1931/1932 ff.

79 Vgl. Korrespondenz zum Rechtsstreit Brasch / Land Berlin wg. Entschädigung, z. B. Brief von Prof. Schallbroch an das Landgericht vom 17.10.1961 sowie GStAPK I. HA, Rep. 76, Vb, Sekt. 5, Tit. III, Nr. 5A, Bd. 3, ohne Blattangaben, aufgestempelt: 1777: Schreiben TH, Fakultät für Maschinenwesen an den Minister für Wissenschaft, Kunst und Volksbildung vom 23. März 1934. Betr.: Neubesetzung der Professur Schlesinger (Werkzeugmaschinen und Fabrikbetrieb).

Brasch sich in den letzten vier Semestern, also seit dem Sommersemester 1932, dreimal hatte beurlauben lassen.[80]

Dr.-Ing. Max Kronenberg, der im Studienjahr 1928/29 als Privatdozent an die TH Berlin gekommen war, hielt 1932/33 seine zweistündige Vorlesung erstmals über sein Spezialgebiet, die „Zerspanungslehre und ihre Anwendung bei Werkzeugmaschinen".

Vervollständigt wurde das betriebswissenschaftliche Lehrangebot im Studienjahr 1932/33 durch die zweiteilige Lehrveranstaltung des Privatdozenten Dr.-Ing. Werner von Schütz. Unter dem Titel „Sonderfragen der Betriebsorganisation" behandelte er im Winterhalbjahr die „Praxis der Fließarbeit" und im Sommerhalbjahr die „Rationalisierung von Fabrikbetrieben".

Als weitere Mitarbeiter am Lehrstuhl sind im Personal- und Vorlesungsverzeichnis für das Studienjahr 1932/33 aufgeführt der Oberingenieur Dr.-Ing. Siegfried Ledermann, der diese Position 1926 von Werner von Schütz übernommen hatte, sowie die ständigen Assistenten Dipl.-Ing. Ruthard Germar und Dipl.-Ing. Heinz Kiekebusch.

Bekannt sind darüber hinaus die Namen von drei weiteren Personen, die Ende 1932 bzw. Anfang 1933 am Lehrstuhl bzw. am Versuchsfeld beschäftigt waren:

Georg Gründer, der im November 1932 bei Kammerer und Schlesinger promovierte, war gemäß den Angaben in seiner Doktorarbeit seit Ende Juli 1932 bis mindestens November 1932 Assistent am Lehrstuhl Schlesingers.[81]

Helmut Plagens, ebenfalls Doktorand am Lehrstuhl, war vom 1. Oktober 1930 bis Ende September 1933 wissenschaftlicher Hilfsarbeiter am Versuchsfeld, bevor er am 9. Oktober 1933 eine Stelle als Betriebsingenieur in der Arbeitsvorbereitung der Bayerischen Motorenwerke A.-G., München, annahm.[82] Seine Dissertation, die er am 25. September 1933 vorlegte, wurde am 8. Februar 1934 genehmigt. Berichter war Riebensahm, Mitberichter Hanner. Zum Wintersemester 1934/35 kehrte Plagens als Oberingenieur an den Lehrstuhl zurück.

Eginhard Barz arbeitete nach dem Studium im Versuchsfeld für Betriebswissenschaft und Werkzeugmaschinen an messtechnischen Aufgaben, aus denen seine Doktorarbeit zum Thema „Die Meßeigenschaften der Meßuhr" (1937, Berichter: Kienzle, Mitberichter: Everling) hervorging. Als Assistent am Lehrstuhl und Versuchsfeld war er von August 1934 bis September 1935 tätig, bevor er im Oktober 1935 zur Telefunken GmbH wechselte.[83]

Die folgende Tafel umfasst die im Studienjahr 1932/33 am Lehrstuhl von Schlesinger tätigen Dozenten und Mitarbeiter:

---

80 Vgl. Schreiben TH, Fakultät für Maschinenwesen an den Minister für Wissenschaft, Kunst und Volksbildung vom 23. März 1934. Betr.: Neubesetzung der Professur Schlesinger (Werkzeugmaschinen und Fabrikbetrieb), GStAPK I. HA, Rep. 76, Vb, Sekt. 5, Tit. III, Nr. 5A, Bd. 3, ohne Blattangaben, aufgestempelt: 1777.

81 Vgl. Georg Gründer, Versuche mit Leder- und Textilriemen zur Ermittlung der zulässigen Belastungen, Berlin 1932, Lebenslauf.

82 Vgl. Helmut Plagens, Schnittdruck und Standzeit beim Drehen legierter Baustähle, Düsseldorf 1934, Lebenslauf.

83 Vgl. Eginhard Barz, Die Meßeigenschaften der Meßuhr, Berlin, Technische Hochschule, Dr.-Ing. Diss., vorgelegt am 10.04.1937, genehmigt am 20.12.1937, Lebenslauf.

Name	Funktion	Amtszeit
Schlesinger, Georg	– Ordentlicher Professor – Vorsteher Versuchsfeld	– 1904-1933 – 1906-1933
Kurrein, Max	– Privatdozent – Betriebsingenieur – Oberingenieur – nicht beamt. ao. Professor	– 1911-1933 – 1911-1925 – 1925-1933 – 1921-1933
Moede, Walter	– Privatdozent – Leiter der Gruppe für industrielle Psychotechnik am Versuchsfeld – Vorsteher Institut für industrielle Psychotechnik und Arbeitstechnik – nicht beamt. ao. Professor – beamt. ao. Professor	– 1919-1940 – 1919-1924 – 1924-1945 – 1921-1940 – 1940-1945
Brasch, Hans	– Privatdozent – nicht beamt. ao. Professor	– 1927-1929 – 1929-1933
Schütz, Werner von	– Konstruktionsingenieur – Oberingenieur – Privatdozent	– 1921-1925 – 1925-1926 – 1927-1933
Kronenberg, Max	– Privatdozent	– 1928-1934
Ledermann, Siegfried	– Oberingenieur	– 1926-1933
Kiekebusch, Heinz	– nicht etatmäßiger Assistent – ständiger Assistent	– 1926-1928, 1930-1932 – 1928-1930, 1932-1934
Germar, Ruthard	– nicht etatmäßiger Assistent – ständiger Assistent	– 1924-1930 – 1930-1934
Plagens, Helmut	– nicht etatmäßiger Assistent – Oberingenieur	– 1930-1933 – 1934-1936
Gründer, Georg	– nicht etatmäßiger Assistent	– 1932-1933
Barz, Eginhard	– Ingenieur im Versuchsfeld – nicht etatmäßiger Assistent	– 1932-1934 – 1934-1935

Politisch bedingte Veränderungen

Im Personal- und Vorlesungsverzeichnis für das Studienjahr 1933/34 sind der Lehrstuhl für Werkzeugmaschinen und Fabrikbetriebe sowie das Versuchsfeld für Werkzeugmaschinen und Betriebswissenschaft als einzige Einrichtungen der Fakultät für Maschinenwesen mit der Bemerkung „N. N. (Vertretung)“ vermerkt. Ebenso ist kein Oberingenieur für das Versuchsfeld aufgeführt.[84]

- Die Vorlesungen und Übungen über „Werkzeugmaschinen“ hielt im Sommersemester 1933 und im Wintersemester 1933/34 der ständige Assistent Heinz Kiekebusch. Dabei wurde er von dem ständigen Assistenten Ruthard Germar unterstützt.
- Die Vorlesungen und Übungen über „Fabrikbetriebe“ übernahm im Sommersemester der Privatdozent Werner von Schütz, der im Wintersemester durch den o. Professor Riebensahm ersetzt wurde. Germar hatte nach Auskunft der Fakultätsleitung im Sommer die Seminare „anstelle des Dr. v. Schütz zu 80 Prozent selbstständig geleitet“.[85]

[84] Vgl. Technische Hochschule zu Berlin. Personal- und Vorlesungsverzeichnis für das Studienjahr 1933-1934, S. 49, S. 54.

[85] GStAPK, I. HA, Rep. 76, Vb, Sekt. 5, Tit. III, Nr. 5 A, Bd. II, Bl. 365: Schreiben des Dekans Kloss an das Ministerium vom 4.12.1933 über die Verwendung der Kolleggeldanteile des Sommersemesters 1933 und des Wintersemesters 1933/34 der beiden beurlaubten Oberingenieure Kurrein und Ledermann.

Name	Funktion	Amtszeit
Schütz, Werner von	– Konstruktionsingenieur – Oberingenieur – Privatdozent	– 1921-1925 – 1925-1926 – 1927-1933
Brasch, Hans	– Privatdozent – nicht beamt. a.o. Professor	– 1927-1929 – 1929-1933/34
Kronenberg, Max	– Privatdozent	– 1928-1934
Kiekebusch, Heinz	– nicht etatmäßiger Assistent – ständiger Assistent	– 1926-1928, 1930-1932 – 1928-1930, 1932-1934
Germar, Ruthard	– ständiger Assistent – nicht etatmäßiger Assistent	– 1924-1930 – 1930-1934
Barz, Eginhard	– Ingenieur im Versuchsfeld – nicht etatmäßiger Assistent	– 1932-1934 – 1934-1935
Werth, Siegfried	– nicht etatmäßiger Assistent – ständiger Assistent	– 1931-1932 – 1934-1935

Bild 9.04: Wissenschaftliches Personal am Lehrstuhl für Werkzeugmaschinen und Fabrikbetriebe im Studienjahr 1933/34

Der Personalstand des Lehrstuhls für Werkzeugmaschinen und Fabrikbetriebe umfasste im Studienjahr 1933/34 außerdem

- die Privatdozenten Hans Brasch und Max Kronenberg
- sowie den ständigen Assistenten Siegfried Werth und den nicht-etatmäßigen Assistenten Eginhard Barz.[86]

Nach der Verhaftung Schlesingers waren als „Vertretung des beurlaubten o. Prof.“ von der Fakultät für Maschinenwesen vorgeschlagen worden:

- Heinz Kiekebusch für die Leitung des Versuchsfeldes für Werkzeugmaschinen und für die Vorlesung und die Übungen „Werkzeugmaschinen“ sowie
- Werner von Schütz für die Vorlesung „Fabrikbetriebe“.[87]

Am 26. Juli 1933 setzte die Fakultät einen Ausschuss ein, der sich mit der Frage der „Fortführung des Unterrichts ‚Fertigung, Fabrikbetriebe und Fabrikorganisation‘“ beschäftigen sollte. Schlesinger galt weiterhin als „beurlaubt“. Dem Ausschuss gehörten die Professoren Hanner, Riebensahm und Romberg an.[88] Während die Arbeit von Kiekebusch eine positive Beurteilung fand, schlug der Ausschuss vor, v. Schütz durch Riebensahm zu ersetzen, da er das Fachgebiet nicht sachgemäß vertrete. Außerdem machten die drei Mitglieder des Ausschusses verschiedene Vorschläge zur Umstrukturierung der Vorlesung „Fertigung, Fabrikbetriebe und Fabrikorganisation“. In seinem Antwortschreiben stimmte der Vertreter des Minis-

86 Vgl. Technische Hochschule zu Berlin. Personal- und Vorlesungsverzeichnis für das Studienjahr 1933-1934, S. 33-54. Angabe Barz nach: Barz, E., Die Meßeigenschaften der Meßuhr, Diss. An der TH Berlin vom 20.12.1937. Angabe Werth nach: Werth, S., Austauschbare Längspreßsitze, Diss. An der TH Berlin vom 14.12.1936.

87 Vgl. GStAPK, I. HA, Rep. 76, Vb, Sekt. 5, Tit. III, Nr. 5 A, Bd. II, Bl. 278: Schreiben des Rektors der TH, Tübben, an das Ministerium vom 11. Mai 1933.

88 Vgl. GStAPK, I. HA, Rep. 76, Vb, Sekt. 5, Tit. III, Nr. 5 A, Bd. II, Bl. 316: Schreiben des Dekans der Fakultät für Maschinenwesen, Kloss, an das Ministerium vom 9. August 1933.

teriums der Vorgabe zu und forderte die Technische Hochschule auf, „vorsorglich Vorschläge für eine etwa notwendig werdende Wiederbesetzung des Lehrstuhls Schlesingers einzureichen".[89]

Der letzte Doktorand Schlesingers und zugleich einer seiner späteren Denunzianten war Heinz Kiekebusch. Er promovierte mit einer Arbeit zum Thema „Die Formänderungen der Drehbank unter den Schnittkräften", die er am 11. Januar 1933 vorlegte. Mitberichter war Professor Kucharski. Genehmigt wurde die Arbeit am 27. Februar 1933, die Doktorurkunde datiert vom 28. April 1933[90], dem Tag, an dem Schlesinger vorläufig beurlaubt wurde.

Heinz Johannes Karl Kiekebusch wurde am 10. August 1902 in Rudak (Kreis Thorn) als Sohn des Stadt-Oberinspektors Franz Kiekebusch und Martha Watzkes geboren. Von Oktober 1908 bis April 1912 besuchte er die Gemeindeschule in Neukölln/Berlin sowie von 1912 bis 1921 die Albrecht Dürer-Oberrealschule in Neukölln/Berlin, wo er sein Abitur erwarb. Erste praktische Erfahrungen konnte Kiekebusch während eines praktischen Jahres bei den Reichsbahnausbesserungswerken in Berlin, Warschauerstraße, und in Tempelhof sammeln.

Von 1921 bis 1926 studierte er Allgemeinen Maschinenbau an der TH Berlin und legte dort die Diplomprüfung ab. Von 1926 an war er bis 1934 in verschiedenen Funktionen am Lehrstuhl tätig; zunächst als nicht-etatmäßiger Assistent und schließlich im Studienjahr 1929/30 und dann von 1932 bis 1934 als ständiger Assistent. Neben dem Studienbetrieb arbeitete Kiekebusch an verschiedenen Industrieaufträgen, in der Normung, der Arbeitsvorbereitung, der Organisation und der Ausarbeitung des Prüfbuchs für Werkzeugmaschinen mit. Drei Monate lang war er in der Organisation der Druckerei Rudolph Mosse tätig.

Im zweiten Halbjahr des Jahres 1934 war Kiekebusch von der Fakultätsleitung als Vertreter des zu diesem Zeitpunkt bereits entlassenen Schlesingers eingesetzt worden. Knapp drei Monate nach seiner Promotion war Kiekebusch dem Nationalsozialistischen Lehrerbund beigetreten, dem er bis zum 1. Juli 1934 als Mitglied angehörte, also genau in jener Phase, in der er zum Vertreter Schlesingers bestellt werden sollte.[91]

Neben Schlesinger fehlten auch der Oberingenieur am Versuchsfeld und nicht beamtete außerordentliche Professor Max Kurrein sowie der Oberingenieur Siegfried Ledermann im Personal- und Vorlesungsverzeichnis für das Studienjahr 1933/34. Kurrein war wie Schlesinger am 28. April 1933 vorläufig beurlaubt worden.[92] Mit Schreiben vom 6. September 1933 wurde ihm die Lehrbefugnis entzogen.[93] Seine Lehrveranstaltungen finden sich, anders als im Fall Schlesingers, bereits 1933/34 nicht mehr im Vorlesungsverzeichnis. Erst im Zusammenhang mit den Verhandlungen um die Neubesetzung der Schlesinger Professur im Jahr 1934

---

89 GStAPK, I. HA, Rep. 76, Vb, Sekt. 5, Tit. III, Nr. 5 A, Bd. II, Bl. 320: Schreiben des Ministeriums an den Rektor der TH vom 29. August 1933.

90 Vgl. Personalakte Kiekebusch, BDC, Abschrift Doktorurkunde, Bl. 0675.

91 Vgl. Rockstroh, Wolfgang: Betriebswissenschaften, Produktionstechnik an der Technischen Universität Dresden. Zur 75sten Wiederkehr der Gründungsberufung von Prof. Dr. Ewald Sachsenberg auf den Lehrstuhl für „Betriebswissenschaften" an der Technischen Hochschule Dresden am 1. Mai 1921. Hg.: TU Dresden, Fakultät Maschinenwesen, Institut für Produktionstechnik, o. O. (Dresden) u. J. (1996), S. 43-44; Heinz Kiekebusch, Die Formänderung der Drehbank unter den Schnittkräften, Berlin 1933, Lebenslauf; u. Akten GStAPK.

92 Vgl. GStAPK I. HA, Rep. 76, Vb, Sekt. 4, Tit. III, Abt. 3, Nr. 1, Beiheft, Bl. 27.

93 Schreiben des Preußischen Ministers für Wissenschaft, Kunst und Volksbildung an Kurrein vom 6.9.1933 gegen Postzustellungsurkunde (GStAPK, I. HA, Rep. 76, Vb, Sekt. 4, Tit. III, Abt. 3, Nr. 1, Beiheft, Bl. 159).

findet sich ein Hinweis darauf, dass das von Kurrein vertretene Gebiet der „Feinmechanischen Fertigung" wieder besetzt werden sollte.[94]

Aus der Korrespondenz zwischen der TH Berlin und dem Wissenschaftsministerium geht hervor, dass auch Siegfried Ledermann bereits für das Sommersemester 1933 beurlaubt worden war und am 30. September 1933 aus seinem Amt als Oberingenieur ausschied.[95] Als stellvertretender Schriftleiter der Werkstattstechnik war Ledermann jedoch noch von Mai bis Dezember 1933 (Heft 10 vom 15. Mai 1933 bis Heft 23 vom 1. Dezember 1933) tätig.

Die zwei verbleibenden jüdischen Lehrstuhlmitarbeiter, Hans Brasch und Max Kronenberg, sind im Personal- und Vorlesungsverzeichnis für das Studienjahr 1933/34 noch mit den gleichen Lehrveranstaltungen wie im Vorjahr aufgeführt. Allerdings ist von Brasch bekannt, dass er sich seit 1932 auf eigenen Antrag hin dreimal hatte beurlauben lassen. Aus den Akten geht zudem hervor, dass er im Sommersemester 1933 beurlaubt war[96], und dass sich die Fakultät im März 1934 um eine Vertretung für das zuvor von ihm vertretene Fach „Vorrichtungsbau" bemühte.[97]

Der Privatdozent Max Kronenberg scheint somit der einzige jüdische Dozent am Lehrstuhl für Werkzeugmaschinen und Fabrikbetriebe gewesen zu sein, der seine Lehrveranstaltungen im Studienjahr 1933/34 zunächst noch abhielt. Zwar erscheint der Name Kronenberg bereits in der Liste der Privatdozenten „nicht arischer Abstammung", die der Rektor der TH Berlin dem Wissenschaftsministerium am 4. Mai 1933 überreichte, mit dem handschriftlichen Vermerk „scheidet aus".[98] In der Aufstellung der Dozenten, die die venia legendi im Sommersemester 1933 nicht ausübten, wurde Kronenberg jedoch nicht genannt.[99] Auch die Vorschläge der Fakultät für Maschinenwesen zur Neuordnung des Lehrgebiets vom 23. März 1934 lassen darauf schließen, dass Kronenberg seine Lehrtätigkeit mindestens bis zu diesem Zeitpunkt ausübte. Während die Namen Schlesinger, Kurrein und Brasch in Klammern gesetzt sind, ist Kronenberg in der Übersicht „Inhalt und Ordnung des Lehrgebiets" mit seinem bisherigen Lehrgebiet, der „Zerspanungstechnik", eingeplant – eine Tatsache, die wenige Tage

---

94 Vgl. GStAPK I. HA, Rep. 76, Vb, Sekt. 5, Tit. III, Nr. 5A, Bd. 3, ohne Blattangaben, aufgestempelt: 1777, S. Vff.: Schreiben TH, Fakultät für Maschinenwesen an den Minister für Wissenschaft, Kunst und Volksbildung vom 23. März 1934, Betr.: Neubesetzung der Professur Schlesinger (Werkzeugmaschinen und Fabrikbetrieb).

95 Vgl. Schreiben des Dekans Kloss an den Minister für Wissenschaft, Kunst und Volksbildung vom 4. Dezember 1933, Betr. Kolleggeldanteile der Oberingenieure am Lehrstuhl Schlesinger sowie Schreiben des Wissenschaftsministers an den Rektor der TH Berlin vom 8. Januar 1934 (GStAPK, I. HA, Rep. 76, Vb, Sekt. 5, Tit. III, Nr. 5 A, Bd. II, Bl. 365-368).

96 Vgl. Schreiben des Rektors der TH Berlin an den Minister für Wissenschaft, Kunst und Volksbildung vom 4. Mai 1933, Betrifft: Fragebogen der Privatdozenten, der n. a. o. Professoren und der Honorarprofessoren ohne Lehrauftrag (GStAPK I. HA, Rep. 76, Vb, Sekt. 4, Tit. III, Abt. 3, Nr. 1, Beiheft, Bl. 355 RS).

97 Vgl. GStAPK I. HA, Rep. 76, Vb, Sekt. 5, Tit. III, Nr. 5A, Bd. 3, ohne Blattangaben, aufgestempelt: 1777, S. Vff.: Schreiben TH, Fakultät für Maschinenwesen an den Minister für Wissenschaft, Kunst und Volksbildung vom 23. März 1934, Betr.: Neubesetzung der Professur Schlesinger (Werkzeugmaschinen und Fabrikbetrieb).

98 Vgl. Schreiben des Rektors der TH Berlin an den Minister für Wissenschaft, Kunst und Volksbildung vom 4. Mai 1933 betreffend Fragebogen der Privatdozenten, der n. a. o. Professoren und der Honorarprofessoren ohne Lehrauftrag (GStAPK I. HA, Rep. 76, Vb, Sekt. 4, Tit. III, Abt. 3, Nr. 1, Beih., Bl. 356).

99 Vgl. Schreiben des Rektors der TH Berlin an den Minister für Wissenschaft, Kunst und Volksbildung vom 26. Mai 1933, Betr.: Dozenten, die den §§ 3 und 4 des Gesetzes zur Wiederherstellung des Berufsbeamtentums vom 7.4.1933 unterliegen und die im Sommer-Semester 1933 die venia legendi nicht ausüben. Erlaß vom 11. ds. Mts. – UI Nr. 1018 (GStAPK I. HA, Rep. 76, Vb, Sekt. 4, Tit. III, Abt. 3, Nr. 1, Beih., Bl. 368, 368 RS).

später von der Dozentenschaft kritisiert wurde.[100] Mit Schreiben vom 27. März 1934 unter dem Aktenzeichen UI Nr. 31044 und auf der Basis von § 6 des Berufsbeamtengesetzes (Verwaltungsvereinfachung) wurde schließlich auch Kronenberg die Lehrbefugnis entzogen.[101]

Auch Walther Moede und Werner von Schütz, die von den rassistischen Verordnungen nicht bedroht waren, lehrten im Studienjahr 1933/34 zu den gleichen Themen wie im Vorjahr.

In einer ersten Zwischenbilanz lässt sich damit festhalten, dass die Fakultät für Maschinenwesen im Studienjahr 1933/34 bemüht war, trotz der personellen Diskontinuität durch das „Entfernen" des Lehrstuhlinhabers, der beiden außerordentlichen Professoren Kurrein und Brasch sowie des Oberingenieurs Ledermann eine größtmögliche fachliche Kontinuität zu wahren. Diese Feststellung deckt sich mit der Bewertung von Dietrich Goldschmidt, der als so genannter „Mischling I. Grades" von 1933 bis 1939 an der TH Berlin Maschinenbau studierte. Obwohl er sicherlich eine geschärfte Perspektive auf die Vorgänge und die Atmosphäre in der Fakultät hatte, behielt Goldschmidt die Hörsäle der Hochschule „als weitgehend ideologiefreien Raum in Erinnerung".[102]

Weiterführung des Lehrstuhls unter Otto Kienzle (1934-1945) [103]

Berufungsverfahren

Am 23. März 1934 schrieb der Dekan der Fakultät für Maschinenwesen, Kloss, an den Minister für Wissenschaft, Kunst und Volksbildung, entsprechend dem Wissen über Werkzeugmaschinen, Fertigung, Fabrikbetrieb und Fabrikorganisation seien die Gebiete bei Gründung des Schlesinger Lehrstuhles im Jahre 1904 in einer Hand vereinigt gewesen. Mittlerweile sei die Entwicklung so voran geschritten, dass es nun nicht mehr sinnvoll erscheine, alle Gebiete in einer Hand – sprich an einem Lehrstuhl – zu vereinen.

Der Dekan schlug eine Verteilung auf drei Ordinariate vor. Der ehemalige Lehrstuhl von Schlesinger sollte danach das Gebiet Werkzeugmaschinen und Werkzeuge und das Versuchsfeld für Werkzeugmaschinen betreuen, ein zweiter Lehrstuhl sollte Technologie, Fertigung und Fabrikbetrieb betreuen und der dritte schließlich die Metallkunde vertreten. Ein Lehrstuhl soll die Führung erhalten, nach Ansicht des Dekans müsste das der Lehrstuhl für Technologie, Fertigung und Fabrikbetrieb sein, der dem o. Prof. Dr.-Ing. Riebensahm übertragen werden soll, Metallkunde soll der o. Prof. Dr. W. Guertler vertreten, auf den Lehrstuhl Werkzeugma-

---

100 Vgl. Schreiben TH, Fakultät für Maschinenwesen an den Minister für Wissenschaft, Kunst und Volksbildung vom 23. März 1934, Betr.: Neubesetzung der Professur Schlesinger (Werkzeugmaschinen und Fabrikbetrieb), GStAPK I. HA, Rep. 76, Vb, Sekt. 5, Tit. III, Nr. 5A, Bd. 3, ohne Blattangaben, aufgestempelt: 1777; sowie Schreiben der Dozentenschaft der TH Berlin an den Minister für Wissenschaft, Kunst und Volksbildung vom 29.03.1934 (GStAPK, I. HA, Rep. 76, Vb, Sekt. 5, Tit. III, Nr. 5A, Bd. 3, ohne Blattangaben, aufgestempelt: 1950, S. 4).

101 Vgl. Schreiben des Preußischen Ministers für Wissenschaft, Kunst und Volksbildung an Kronenberg vom 27. März 1934; Kopie aus dem Nachlaß Kronenberg (Sammlung Spur). Siehe auch Wiedergutmachungsbescheid auf den Antrag des Privatdozenten Dr.-Ing. habil. Max Kronenberg (...) Berlin, 20. Februar 1958, GeschZ.: TU-W 00 681/11/56, Abschrift, S. 2/3, Sammlung Günter Spur.

102 Grüttner, Studenten im Dritten Reich, a. a. O., S. 175. Grüttner wertete in seiner Arbeit Vorlesungsverzeichnisse, zeitgenössische Aussagen von NS-(Hochschul-)Funktionären und Oppositionellen sowie autobiographische Quellen ehemaliger Studenten aus, um zu Aussagen über Anpassung und Beharrung in der Ausbildung und Lehre nach 1933 zu gelangen.

103 Spur, G.: Produktionstechnische Forschung in Deutschland 1933-1945. Bearbeitet von Ruth Federspiel et al. Carl Hanser Verlag, München, Wien 2003.

schinenbau muss ein neuer Professor berufen werden. Doch trotz intensiver Kontakte zum VDW und Bemühungen bei anderen Stellen ließ sich kein Fachmann finden. Als besonderes Problem erwies sich, dass der geeignete Kandidat für die Nachfolge eine Kombination aus praktischem Wissen und pädagogischer Fähigkeit vereinen sollte und bereit sein musste, „seine Position in der zur Zeit stark aufblühenden Industrie ganz aufzugeben“ [104].

Die so vorgeschlagene Aufteilung des Lehrstuhles sollte eine Neuregelung bei der Zuweisung der Assistenten nach sich ziehen. Bislang setzte sich die Schar der Assistenten zu etwa 9/10 aus Studenten des Pflichtfaches Fabrikbetriebe aber nur zu 1/10 aus dem Wahlfach Werkzeugmaschinen zusammen. Das sollte nach der Neubesetzung Werkzeugmaschinen verändert werden, ebenso die Nutzung des Versuchsfeldes. In Zukunft sollte das Versuchsfeld stärker als bisher für Unterrichtszwecke genutzt werden, so wie es Kiekebusch im Wintersemester 1933/34 bereits begonnen hatte.[105] Nach Ansicht des Dekans war auch die Neuordnung der Nebenfächer wünschenswert, denn das Ausscheiden der Privatdozenten Kurrein und Brasch zog die Neubesetzung für deren Gebiete nach sich.

Im Zusammenhang mit der Neubesetzung des Schlesinger Lehrstuhles war auch der VDI aktiv geworden. Am 5. Januar 1934 schrieben Conrad Matschoß von der Geschäftsstelle des VDI und der Beauftragte des Vorsitzenden, Dr. Garbotz, an das Preußische Ministerium für Wissenschaft, Kunst und Volksbildung, dass es nach Ansicht des VDI kaum möglich sein dürfte, die Lehrgebiete Werkzeugmaschinen und Fabrikbetrieb „in der gleichen vollkommenen Form (....) in einer Person zusammenzufassen“[106]. Der VDI schlug nun ebenfalls die Teilung des alten Schlesinger Lehrstuhles vor, wobei der Bereich Werkzeugmaschinen mit einem Praktiker besetzt, das Fach Fabrikbetrieb/Betriebswissenschaften über eine Honorarprofessur vertreten werden sollte. Für letztere schlug der VDI den Regierungs-Baumeister Erich Kothe vor, der seit sieben Jahren als Geschäftsführer der ADB tätig ist.[107]

Obwohl der Antrag der Fakultät nach Aussage des Dekans „mit dem Unterführer der Dozentenschaft in der Fakultät, Prof. Everling, eingehend durchgesprochen worden“ war, verfasste die Dozentenschaft am 29. März 1934 ein neuerliches Schreiben an das Ministerium, in dem sie vor allem im Hinblick auf die Besetzung des Lehrstuhls Schlesinger mit einem Nichtbeamten eine deutlich andere Position einnahm.[108] Auch bezüglich der Aufteilung des Schlesinger Lehrstuhles äußerte die Dozentenschaft eine andere Meinung. Ihre Argumentation ging einmal in die Richtung, dass die Unterstellung von vier Lehrstühlen mit ihren Instituten unter ein Ordinariat eine Machtfülle neuen Maßes bedeuten würde, zum anderen würden die Anforderungen aus dieser Aufgabe, die Kraft eines einzelnen übersteigen. Die Dozentenschaft sah es zudem als unvereinbar an, eine führende Persönlichkeit aus der Industrie zu suchen, die ihre „Lehrtätigkeit unter dem bestimmenden Einfluss von Herrn Prof. Riebensahm“ ausüben sollte. Eine sehr realistische Einschätzung, die von der Dozentenschaft zusätzlich mit dem Hinweis auf die ungleiche Verteilung der Kolleggeldeinnahmen aus dem Pflichtfach Fabrikbetrieb und dem Wahlfach Werkzeugmaschinen gestützt wurde, bei der dem Inhaber des Lehrstuhles für mechanische Technologie der weitaus größte Teil zufließen würde, „während der neu zu berufende Vertreter

104 GStAPK, HA I, Rep. 76, Vb, Sekt. 5, Tit. III, Nr. 5A, Bd. 3 (M). Schreiben der Fakultät für Maschinenwesen vom 23. März 1934 an den Minister für Wissenschaft, Kunst und Volksbildung.

105 Vgl. ebd., nach Angaben des Berichts hatte er 20 Studenten, die dort an Übungen teilnahmen, während es unter Schlesinger im Durchschnitt etwa vier waren.

106 GStAPK Schreiben VDI vom 5. Jan.uar1934, ohne nähere Angabe, nur zu 288.

107 Zur ADB vgl. Spur/Fischer, Georg Schlesinger [...], S. 251 f.

108 GStAPK, HA Rep.76,Vb, Sekt.4, Tit. III, Abt. 3, Schreiben der Dozentenschaft vom 29.3.1934, S. 2.

des an sich wichtigen Faches Werkzeugmaschinen nahezu leer ausginge." Mindestens genauso problematisch stellte sich für die Dozentenschaft die gerechte Verteilung der Assistenten auf die Lehrgebiete dar, da das Nebenfach Werkzeugmaschinen mit seiner geringeren Zahl von Hörern einen größeren Bedarf an Assistenten für seine Arbeit hatte, da hier auch das wichtige Versuchsfeld dazugehörte, während das Fach Fabrikorganisation mit weniger Assistenten auskommen konnte. Solange die beiden Lehrgebiete in einer Hand vereinigt waren, ließ sich dieses Ungleichgewicht gut auffangen, bei einer Teilung war nach der Darstellung der Dozentenschaft jedoch mit erheblichen Schwierigkeiten zu rechnen.[109]

Die Dozentenschaft schlug vor, alles zu versuchen, um Direktor Kurt Hegner von der Ludwig Loewe-Gesfürel. A.G. für diese Professur zu gewinnen. An zweiter Stelle folgte Oberingenieur Mitan von der Fritz Werner A.G., „ein erstklassiger Fachmann, über dessen Einstellung zum Dritten Reich bzw. politische Gesinnung noch nichts in Erfahrung gebracht werden konnte." [110] Auf den dritten Platz setzte die Dozentenschaft Dr.-Ing. Otto Kienzle, der als Fabrikorganisator langjährige Erfahrung habe und „das volle Vertrauen des Heereswaffenamts infolge seiner bisherigen Arbeiten" [111] genieße. Ohne weiteren Zusatz erfolgte die Nennung von Prof. Gottwein (Breslau). Die Leitung des Versuchsfeldes sollte auch nach Meinung der Dozentenschaft an Dr.-Ing. Kiekebusch übertragen werden, dazu sollte er noch einen bezahlten Lehrauftrag für Zerspanungstechnik erhalten, „selbstverständlich mit der Auflage sich zu habilitieren".

Die Dozentenschaft bat im Interesse der Hochschule und der Studenten, die Berufungsverhandlungen mit Nachdruck aufzunehmen, um möglichst noch für das Sommersemester 1934 zu einer endgültigen Regelung zu kommen. Verstärkt wurde der Appell an das Ministerium unter Hinweis auf die Kündigung Kiekebuschs, der „auf Anraten von Prof. Riebensahm die Technische Hochschule verlassen will."

Die Eingabe der Dozentenschaft zeigte im Ministerium Wirkung und konnte die eingeschlagene Richtung der Fakultät bei der Schlesinger Nachfolge ganz erheblich verändern. Am 26. April 1934 schrieb der Minister an den Rektor der Technischen Hochschule, dass ihm die Bedenken der Dozentenschaft doch so schwerwiegend schienen, dass er dem Antrag der Fakultät nicht nachkommen möchte. Der Minister sah vor allem in der Vereinigung der „Gebiete Materialkunde, Mechanische Technologie und Fertigung, Fabrikorganisation und Werkzeugmaschinenbau an der größten deutschen Technischen Hochschule unter der Leitung eines Lehrstuhles" eine Überbeanspruchung dieses Lehrstuhles, die „zum Schaden des Unterrichtes und der Forschung ausschlagen müßte."[112] Der Minister traf daher die Entscheidung, Prof. Guertler die gesamte Metallkunde für Maschineningenieure als selbständiges Fach zu übertragen, Prof. Riebensahm sollte die Mechanische Technologie, die Fertigung und den mit ihr zusammenhängenden Werkstatt- und Fabrikbetrieb in den allgemeinen Grundlagen betreuen. Für die neu zu besetzende Professur in Nachfolge Schlesinger schlug der Minister vor, dass diese „dic Weiterführung und Vertiefung der Ausbildung auf dem Gebiete der Fertigung und des Fabrikbetriebs sowie den Werkzeugmaschinenbau" vertreten müsse. Hierbei wäre er in dem letztgenannten Fach durch einen guten jüngeren Konstrukteur mit praktischer Erfahrung zu unterstützen, der zunächst die Oberingenieurstelle übernehmen und einen Lehrauftrag er-

---

[109] Ebd., S. 5f.

[110] Ebd., S. 3.

[111] Ebd., S. 3.

[112] GStAPK, I. HA, Rep. 76, Vb, Sek. 5, Tit. III, Nr. 5A, Bd. 3, Schreiben des Ministers vom 26.4.1934.

halten, später in die noch zu schaffende Stelle eines Extraordinarius (Abteilungsvorsteher) einrücken könnte. „Die Gliederung der Lehrgebiete Fertigung und Fabrikbetrieb in zwei Teile, die man als den allgemeinen oder elementaren und den speziellen bezeichnen könnte, und die Verteilung auf zwei Ordinariate scheint mir der besonderen und wachsenden Bedeutung dieser Fächer für den Ingenieur am ehesten zu entsprechen."[113]

Der Minister teilte mit, er beabsichtige die kommissarische Vertretung des Lehrstuhls „dem Dr.-Ing. Kienzle zu übertragen, den sowohl die Fakultät wie die Dozentenschaft, erstere allerdings nur für ein Teilgebiet, als Lehrer in Vorschlag gebracht haben." Der Minister bat darum, Dr.-Ing. Kienzle von dieser Entscheidung zu informieren und legte das entsprechende Schreiben bei, in dem Kienzle unter Berufung auf die mit ihm geführten Verhandlungen ersucht wird, „für das Sommersemester 1934 die Vertretung des Lehrstuhles für Werkzeugmaschinen und Fabrikbetriebe an der TH Charlottenburg und die Leitung des Instituts zu übernehmen. Die Entscheidung über die endgültige Besetzung bleibt vorbehalten."[114]

Der letzte Satz ist dem sehr gedrängten Zeitplan geschuldet, denn Ende Dezember 1933 hatte der Rektor der TH beim Preußischen Minister für Wissenschaft, Kunst und Volksbildung um Fristverlängerung zur Vorlage der Besetzungsvorschläge bis Anfang Februar 1934 gebeten. Als Begründung nannte der Rektor den Umfang des Lehrgebietes der vakanten Schlesinger Professur. Die politische Situation, die an der Hochschule ein neues Mitbestimmungsorgan, den Dozentenbund, hervorgebracht hatte, verlangsamte das Verfahren zusätzlich. Als der Vorschlag der Fakultät beim Ministerium ankam, zeigte der Kalender die letzte Märzwoche an. Es folgten am 10. April die Bedenken der Dozentenschaft.

Nur das schnelle Eingreifen des Ministerialrats von Rottenburg ermöglichte die kontinuierliche Arbeit am Lehrstuhl. Rückwirkend zum 1. April 1934 trat Kienzle die Vertretung des Lehrstuhls für Werkzeugmaschinen und Fabrikbetrieb an.

Im April 1934 wurde Otto Kienzle vom Preußischen Minister für Wissenschaft, Kunst und Volksbildung gebeten, vertretungsweise Vorlesungen zu halten und das Versuchsfeld zu leiten.[115] Dieser Form der Tätigkeit folgte am 1. Oktober 1934 die Berufung als ordentlicher Professor.

Kiekebusch, dem zu diesem Zeitpunkt die Leitung des Lehrstuhls oblag, kündigte seinen Vertrag als ständiger Assistent zum 30. April 1934 zugunsten einer „sehr guten Stellung in der Praxis". Es handelte sich um den Posten eines Direktions-Assistenten bei der Maschinenfabrik Weingarten, den er bis 1936 innehaben sollte.[116] Dekan Kloss trat noch einmal für den von der Fakultät gestellten Antrag zur Schaffung einer Honorarprofessur für Direktor Stephan ein, indem er darum bat, die Entscheidung zu beschleunigen, um es Kiekebusch zu ermöglichen, die Amtsgeschäfte vor seiner Abreise persönlich zu übergeben.[117]

---

113 Ebd.

114 Ebd.

115 Vereinbarung zwischen Kienzle und Ministerialrat Dr. von Rottenburg: „Herr Dr. Kienzle ist bereit, für das SS. 1934 die Vertretung des Lehrstuhls für Werkzeugmaschinen und Fabrikbetriebe an der T.H. Berlin und die Leitung des Instituts zu übernehmen [...] Die endgültige Besetzung bleibt vorbehalten." GStAPK, I. HA, Rep. 76, Vb, Sekt. 5, Tit. III, Nr. 5 A, Bd. III.

116 Vgl. Personalakte Kiekebusch aus BDC; von diesem selbst ausgefüllter Fragebogen der TU Dresden zur Vervollständigung von Unterlagen über den ehemaligen Lehrkörper vom 8.4.1965.

117 Vgl. GStAPK, I. HA, Rep. 76, Vb, Sekt. 5 Tit. III, Nr. 5 A, Bd. III: Schreiben der TH, Fakultät für Maschinenwesen an den Herrn Ministerialrat Dr. von Rottenburg vom 17. April 1934.

Otto Kienzle

Mit Otto Kienzle war ein Schüler Schlesingers zum Nachfolger berufen worden, der sich besonders im Bereich der Passungen und der Normung einen Namen gemacht hatte. Dieses Gebiet hatte von Beginn an auch die wissenschaftliche Arbeit Schlesingers begleitet, der mit einer Arbeit zu Passungen im Maschinenbau 1904 promoviert hatte.[118] Aus dieser Perspektive stand die Berufung Otto Kienzles für Kontinuität.

Bild 9.05: Schlesingers Nachfolger Otto Kienzle

Kienzle war am 12. Oktober 1893 in Baiersbronn/Württemberg geboren und zählte mit Anfang Vierzig bereits zu den älteren der neuen Generation von Hochschullehrern. Als Sohn eines königlich württembergischen Oberförsters wuchs er in einem gutbürgerlichen Beamtenmilieu heran im elterlichen Haushalt. Die Schule besuchte er in Freudenstadt und Stuttgart, dort legte er 1912 am Realgymnasium die Abiturprüfung ab und nahm im Anschluss das Studium der Elektrotechnik an der TH Stuttgart auf, wechselte an die TH Berlin und kehrte mit Kriegsbeginn nach Stuttgart zurück. Im Kriegswinter 1915/16 war Kienzle als Betriebsassistent bei der Geschützgießerei und Geschossfabrik Ingolstadt dienstverpflichtet. Im Sommer 1916 konnte er an der TH Stuttgart die Diplomprüfung ablegen. Kienzle kehrte nach Berlin zurück und immatrikulierte sich an der Philosophischen Fakultät der Friedrich-Wilhelms-Universität. Dort besuchte er volks- und betriebswirtschaftliche Seminare, die er mit Lehrveranstaltungen an der Handelshochschule ergänzte.[119] Seine Hauptbetätigung war allerdings nicht der Hörsaal, sondern die Abteilung für Werkstätteneinrichtungen der Siemens-Schuckert Werke in Siemensstadt, bei denen er seit 1916 als Konstrukteur angestellt war. Nach gut einem Jahr wurde er zum Militärdienst eingezogen und wirkte im Waffen- und Munitionsbeschaffungsamt Berlin in der Abteilung Fabrikationsbüro (Fabo) für die Artillerie und arbeitete in dieser Position als Assistent von Prof. Dr.-Ing. Pfleiderer. Im Fabo der königlichen Spandauer Gewehrfabrik beschäftigte sich Kienzle nun intensiv mit Fragen der Normung, insbesondere der Toleranzsysteme, einem Fachgebiet bei dessen theoretischer Begründung und

118 Vgl. Spur/Fischer, Georg Schlesinger [...], S. 84-86.

119 Das Amtliche Verzeichnis des Personals und der Studierenden der Kgl. Pr. Friedrich-Wilhelms Universität für das Sommerhalbjahr 1917 führt Otto Kienzle aus Württemberg mit der Matr. Nr. 2584 und der Anschrift Charlottenburg, Goethestr. 76. Als Studienfach ist Nationalökonomie eingetragen.

wissenschaftlicher Entwicklung Georg Schlesinger eine herausragende Rolle spielte.[120] In diesem Umfeld entstanden die Grundlagen zu seiner Arbeit über Passungssysteme, die Kienzle 1921 als Dissertation bei Georg Schlesinger einreichte.

Nach dem Ende des Ersten Weltkrieges gründete er zusammen mit Dr.-Ing. Richard Koch ein technisch-wissenschaftliches Ingenieurbüro, der Eintrag im Handelsregister datierte auf den 12. Dezember 1918, die Arbeit des Büros begann mit dem Jahr 1919. Kienzle hatte in diesem Ingenieurbüro die Leitung der Abteilungen für Fabrikeinrichtung und Fabrikorganisation übernommen. Nach seinen eigenen Angaben war die Abteilung Fabrikeinrichtung mit 40 bis 50 Ingenieuren „das größte private Konstruktionsbüro für Spezial-Werkzeugmaschinen, Vorrichtungen, Metallbearbeitungswerkzeuge, Meßwerkzeuge und Lehren." Das Büro arbeitete für die Privatindustrie mit Konstruktionen zur Metallbearbeitung sowie zu Stoffen, wie Holz, Kunststoff und Kork, aber auch für die Heeresfertigung und fertigte Konstruktionen für „Infanteriewaffen, Geschütze, Geschosse, Flugzeuge und Torpedos."[121]

Trotz der starken Beanspruchung durch das Ingenieurbüro hatte Otto Kienzle im Jahr 1921 seine Dissertation „Passungssysteme" fertig gestellt und an der TH Berlin eingereicht. Das Titelblatt der Dissertation hält als Referent Professor Dr.-Ing. G. Schlesinger und als Ko-Referent Geh. Rat Professor Kammerer fest. Mit 28 Jahren promovierte Kienzle mit Auszeichnung und wurde schnell zu einem der führenden Vertreter im Normungswesen. Seine Arbeit erschien in überarbeiteter Fassung 1922 im Druck.[122] Schon seit 1918 wirkte er im DNA als Obmann verschiedener Ausschüsse.

Im Mai 1919 hatte er Lotte Bernhardt geheiratet, die aus einer Schorndorfer Fabrikantenfamilie stammte. Am 29. Juli 1924 kam das einzige Kind aus dieser Verbindung, der Sohn Werner, zur Welt. Die Familie hatte ihren Wohnort in Berlin-Südende.

Ab 1924 wandte sich Kienzle im besonderen Maße der Fließarbeit und ihrer praktischen Einführung zu. Aus dieser Zeit stammt das von ihm zusammen mit Mäckbach herausgegebene AWF-Buch „Fließarbeit". Hiernach drang Kienzle noch tiefer in Organisationsfragen ein, insbesondere in das Rechnungswesen. Von ihm stammt aus dem Anfang der dreißiger Jahre eine Reihe maßgeblicher Veröffentlichungen aus diesem Gebiet. Als 1932 die Institution der Wirtschaftsprüfer geschaffen wurde, gehörte Kienzle zu den ersten zehn, die von der Industrie- und Handelskammer Berlin auf Grund ihrer Leistungen dazu ernannt wurden. Er gehörte dann der Prüfungskammer der Wirtschaftsprüfer bei der Industrie- und Handelskammer Berlin an und vertrat darin neben Dr.-Ing. Orenstein, auch ein Schüler Schlesingers, die Belange des Ingenieurs.

Mit der Berufung an die Technische Hochschule Berlin übernahm Kienzle auch die Herausgabe der „Werkstattstechnik". Sie wurde mit der von Koch und Kienzle herausgegebenen Zeitschrift „Der Werksleiter" verschmolzen und erschien jetzt unter dem Namen „Werkstattstechnik und Werksleiter", deren Untertitel „Zeitschrift für Werkanlagen, Fertigung und Betriebsführung" lautete. Schon früher befasste sich Kienzle mit der Herausgabe technischer Fachzeitschriften. Bald nach Gründung des Ingenieurbüros Koch und Kienzle

---

120 Zu den Beziehungen Schlesingers zur königl. Gewehrfabrik und seiner Rolle bei der Entwicklung des technischen Normenwesens, vgl. Spur, G.; Fischer, W.: Georg Schlesinger [...], S. 191 u. S. 197-206.

121 BAB, ZB II 1977. A.8, Personalakte Kienzle, maschinenschriftl. Lebenslauf für das REM, S. 2.

122 Kienzle, Otto: Passungssysteme. Mit einem Anhang über Passungssysteme und wirtschaftliche Fertigung im Elektromaschinenbau (=Forschungsarbeiten auf dem Gebiete des Ingenieurwesens, hrsg. v. C.W. Drescher), Berlin 1922.

wurde seinen Inhabern die Herausgabe der damaligen „Zeitschrift für Maschinenbau" anvertraut, die später vom Verein Deutscher Ingenieure übernommen wurde.

Schon vor der Berufung an die Technische Hochschule Berlin war Kienzle als hervorragender Wissenschaftler und Fachmann auch über die Grenzen Deutschlands hinaus bekannt. So war er seit 1924 deutscher Delegierter im ISA-Komitee 3 „Passungen" und wurde 1934 Vorsitzender dieses Ausschusses.

Die Tätigkeit im Büro Koch & Kienzle brachte eine umfangreiche Reisetätigkeit Kienzles mit sich, bei der er Fabriken im In- und Ausland besuchte und beriet. Gleichzeitig erwarb er dabei umfassende Kenntnisse über verschiedenste Werkzeugmaschinen. Sein Weg führte ihn 1926 auch in die maßgebenden Werkzeugmaschinenfabriken der USA. Im Jahr der beginnenden Weltwirtschaftskrise wirkte Kienzle als Vertreter des deutschen Werkzeugmaschinenbaus bei der Einrichtung großer Werkstätten in Frankreich mit und gehörte dem internationalen Ausschuss für die Vereinheitlichung von Passungen – ISA – als Delegierter der Maschinen-Industrie an.[123] Gegen Ende der Weimarer Republik nahm er an den internationalen Verhandlungen über „Normungszahlen für Drehzahlen von Werkzeugmaschinen" teil. Im darauf folgenden Jahr 1933 vereidigte ihn die Industrie- und Handelskammer zu Berlin als Sachverständigen für „Maschinen und Geräte für Fliessarbeit sowie für Lehren und Werkzeuge", zur gleichen Zeit arbeitete Kienzle an einer „Systematik für Werkzeugmaschinen mit Nummernsystem für die Wehrtechnik." Die Verbindung zum Heereswaffenamt war seit Kienzles Arbeit im Fabo nicht mehr abgerissen, er hielt vor den Hochschuloffizieren jährlich Vorträge über Werkzeugmaschinen und Fertigungsfragen. Die enge Verbindung des Ingenieurbüros Koch & Kienzle mit dem Heereswaffenamt fand ihren Niederschlag auch in geheimen Planungen über die Entwicklung der Technik innerhalb des Amtes in einem Bericht vom 9. Februar 1933 mit dem Titel „Gründe für das Verbleiben der vereinigten Technik (Entwicklung, Beschaffung, Rüstung) der vereinigten Luftwaffe im Waffenamt".[124]

Das Argument der Dozentenschaft, mit Kienzle einen Fachmann für die Wehrtechnik zu bekommen, lässt sich somit nur unterstreichen. Das massive Eingreifen des Ministeriums in die Besetzung bekommt neben dem pragmatischen Zug, den reibungslosen Ablauf des Semesters zu sichern, noch eine zweite Dimension. Im Zusammenhang mit der geplanten Errichtung der Wehrtechnischen Fakultät sicherte die Berufung eines so ausgewiesenen Fachmannes wie Otto Kienzle nicht nur den Erhalt des internationalen Ansehens der ehemaligen Professur Schlesinger, es erleichterte auch die Planungen für die Zukunft der Technischen Hochschule Berlin.

Im Berufungsverfahren Kienzle zeigte sich der Einfluss der Dozentenschaft besonders deutlich, da ihr Votum das Verfahren in eine andere Richtung lenken konnte und sich das Ministerium schließlich für den Kandidaten entschied, den alle Parteien genannt hatten. Die Entscheidung bedeutete auch, dass der Lehrstuhl seine Bedeutung erhalten konnte. Dabei muss festgehalten werden, dass der Einfluss der Dozentenschaft bei dieser Berufung auf eine überzeugende inhaltlich orientierte Argumentation zurückging, bei der die politischen Motive hinsichtlich der Kandidaten klar hinter qualitative Gesichtspunkte zurücktraten.

---

123 Vgl. ebd., S. 3.

124 BA-MA Freiburg, RH8/I, Nr. 3596, Bl. 112.

Personelle Entwicklung des Kienzle-Lehrstuhls bis 1945

Der Personalstand des Lehrstuhls für Werkzeugmaschinen und Fabrikbetriebe umfasste im Studienjahr 1934/35

- den Dr.-Ing. Otto Kienzle, der von April bis Oktober den Lehrstuhl und das Versuchsfeld vertretungsweise leitete und mit Wirkung zum 1. Oktober zum o. Professor ernannt wurde sowie
- die Oberingenieure Ruthard Germar und Helmuth Plagens.
- Werner von Schütz hatte als Privatdozent einen Lehrauftrag inne.

Als ständiger Assistent war weiterhin Siegfried Werth tätig. Neu hinzu kam der ständige Assistent Pohl. Eginhard Barz war weiterhin nicht-etatmäßiger Assistent. Ebenfalls neu hinzu kam im Sommersemester 1934 Herbert Göttsching als nicht-etatmäßiger Assistent. (vgl. nachfolgende Tabelle).[125]

Name	Funktion	Amtszeit
Kienzle, Otto	– o. Professor	– 1934-1945
Germar, Ruthard	– nicht etatmäßiger Assistent – ständiger Assistent – Oberingenieur	– 1924-1930 – 1930-1934 – 1934-1936
Plagens, Helmut	– nicht etatmäßiger Assistent – Oberingenieur	– 1930-1933 – 1934-1936
Schütz, Werner von	– Konstruktionsingenieur – Oberingenieur – Privatdozent	– 1921-1925 – 1925-1926 – 1927-1939
Pohl, Fritz	– ständiger Assistent	– 1934-1936
Werth, Siegfried	– nicht etatmäßiger Assistent – ständiger Assistent	– 1931-1932 – 1934-1935
Barz, Eginhard	– nicht etatmäßiger Assistent	– 1932-1935
Göttsching, Herbert	– nicht etatmäßiger Assistent	– 1934-1940

Bild 9.06: Personal am Lehrstuhl für Werkzeugmaschinen und Fabrikbetriebe im Studienjahr 1934/35

Ab 1936 wurde Wolfram (bis WS 1936/37) als wissenschaftlicher Mitarbeiter eingestellt. Ab Wintersemester 1937/38 waren Koop (bis SS 1942) und vom Sommersemester 1938 bis Sommersemester 1939 Bornemann als wissenschaftliche Mitarbeiter tätig. Beide promovierten später 1942 bei Kienzle.

Im Sommersemester 1936 wurde Kettner (bis SS 1938) als wissenschaftlicher Mitarbeiter eingestellt, der später Professor für „Arbeitsmaschinen und Fabrikanlagen“ an der TH Hannover wurde. Ab Wintersemester 1936/37 waren Schwerdtfeger, der später 1941 als ordentlicher Professor nach Breslau berufen wurde, als Oberingenieur und Kahler (bis SS 1937) sowie Lechner (bis WS 1938/39) als Assistenten bei Kienzle tätig.

125 Vgl. Technische Hochschule zu Berlin. Personal- und Vorlesungsverzeichnis für das Studienjahr 1934-1935, 58-65. Angaben zur Professur Kienzle, im Vorlesungsverzeichnis noch mit "N.N." vermerkt: siehe nachfolgenden Text. Den Angaben zu Barz und Werth liegen die Lebensläufe der Dissertationen zugrunde.

1939 bestanden der Lehrstuhl und das Versuchsfeld für Betriebswissenschaft und Werkzeugmaschinen aus den Büroräumen im Hauptgebäude (das Amtszimmer Kienzles befand sich im H238), den Maschinenhallen 1, 2 und 3 mit den dazugehörigen Nebenräumen. Die gesamte Nutzfläche belief sich auf 1.112 m^2. Die Maschinenhalle 3 wurde nach Fertigstellung des Physikalischen Instituts dort eingerichtet. Sie diente neben Lehrzwecken im Wesentlichen den gesamten Verzahnungsuntersuchungen.[126]

Der Lehrstuhl und das Versuchsfeld hatten 1939 einen Personalbestand von 27 Angestellten. Am Lehrstuhl waren ein Oberingenieur (zu dieser Zeit Schatz), drei Assistenten und eine Sekretärin. Das Personal des Versuchsfelds setzte sich aus einem Oberingenieur (Schwerdtfeger), sechs Assistenten, zwei Sekretärinnen und einer Bibliothekarin zusammen. In der Werkstatt waren ein Meister, sechs Gesellen, vier Lehrlinge und eine Hilfskraft beschäftigt.

Der Reichserziehungsminister Rust entzog v. Schütz 1939 ohne Begründung die Lehrbefugnis. Die anderen Lehrveranstaltungen des Lehrgebietes „Betriebswissenschaft" liefen seit 1937 unverändert weiter. Der Oberingenieur des Kienzle unterstellten Versuchsfelds für Schweißtechnik, Le Comte, hielt die Vorlesung „Schweißtechnik I und II" mit zugehöriger Übung im Lehrgebiet „Einführung in den Maschinenbau, Maschinenelemente und allgemeine Maschinengestaltung". An diesem Institut war Christann als wissenschaftlicher Assistent beschäftigt.

Die Umbenennung der ständigen Assistenten in wissenschaftliche Assistenten erfolgte in der Fakultät für Maschinenwesen ab Sommersemester 1939. Im Studienjahr 1939/40 war laut Vorlesungsverzeichnis nur Saß als wissenschaftlicher Assistent am Lehrstuhl bzw. Versuchsfeld für Betriebswissenschaft und Werkzeugmaschinen tätig.

Mit Beginn des 2. Weltkriegs wurde Kienzle zum Heereswaffenamt eingezogen. Seine Aufgaben lagen auf fertigungstechnischem Gebiet in der Versorgung der gesamten mechanischen Industrie mit Lehren und Werkzeugen. Kienzle war daher gezwungen, einige seiner Vorlesungen aufzugeben. So auch die über Werkzeugmaschinen. Da sein Dienstsitz in Berlin blieb, hielt er jedoch weiterhin die fertigungstechnischen Vorlesungen. Kienzle beauftragte Wolfram, zunächst einzelne Vorlesungen und Übungen zu übernehmen. Später, etwa ab 1942, hielt Wolfram fast alle Lehrveranstaltungen ab.

Kienzle fand darüber hinaus noch Zeit, sich auf dem Gebiet der Betriebswissenschaft einem in seiner Tragweite noch nicht erkannten Teilgebiete, nämlich der technischen Normung, zu widmen. Zum Teil wurde diese Arbeit auch vom damaligen Oberingenieur Schatz angeregt. Etwa 1940 folgte auch die Gründung des „Seminars für technische Normung".[127]

Der Oberingenieur Schatz wurde zum Heeresdienst eingezogen. Neben Schwerdtfeger wurde Wolfram ab dem Herbsttrimester 1940 Oberingenieur am Lehrstuhl und Versuchsfeld für Betriebswissenschaft und Werkzeugmaschinen. Weiterhin blieb Le Comte, Vorsteher des Instituts für Schweißtechnik, Kienzle als Oberingenieur unterstellt. Als Assistenten, früher mit wissenschaftlichen Assistenten bezeichnet, waren ab Sommertrimester 1940 bei Kienzle neu beschäftigt: Döring (bis WS 1940/41), der zum Heeresdienst eingezogene Nissen (bis WS 1941/42), Peters (bis SS 1945), davon aber ab SS 1943 im Heeresdienst und Rocholl (bis SS 1945), der zwischenzeitlich auch von 1943 bis 1944 im Heeresdienst war. Hinzu kam noch

---

[126] Kienzle, O.: Das Versuchsfeld für Betriebswissenschaft und Werkzeugmaschinen der Technischen Hochschule Berlin. Werkstattstechnik und Werkleiter 33 (1939) 5, S. 155-159.

[127] Spur, G.: Fertigungslehre in Lehre, Forschung und Praxis. Rudolf Haufe Verlag, Freiburg i. B. 1967.

eine unbesetzte Assistentenstelle. In dem Institut für Schweißtechnik waren Christann und Roll als Assistenten tätig.

Schwerdtfeger, seit 1936 Oberingenieur am Versuchsfeld für Betriebswissenschaft und Werkzeugmaschinen, wurde 1941 als Nachfolger von Gottwein als ordentlicher Professor nach Breslau berufen. Als Oberingenieur blieb bis Kriegsende Wolfram, seit 1939 Assistent bei Kienzle, am Versuchsfeld.

Anlässlich des 25jährigen Jubiläums des Deutschen Normen-Ausschusses 1942, das wegen des Krieges nur in einem bescheidenen Rahmen gefeiert wurde, hielt Kienzle einen Festvortrag über „Wissenschaft und Normung". Im gleichen Jahr wurde ihm für seine Verdienste bei der Normungsarbeit der DIN-Ehrenring verliehen.[128]

Durch den zunehmenden Papiermangel und die Verknappung an Arbeitskräften kam es 1943 auf behördliche Anordnung zu einer Zusammenlegung der von Kienzle herausgegebenen Fachzeitschrift „Werkstattstechnik und Werksleiter" mit der vom Verein Deutscher Ingenieure herausgegebenen Zeitschrift „Maschinenbau – Der Betrieb". Noch etwa ein Jahr bis zu ihrer Einstellung im September 1944 konnte die gemeinsame Ausgabe erscheinen.[129]

Im Wintersemester 1943/44 wurden Müller (bis SS 1946) als Assistent und Rühl (bis WS 1944/45) als wissenschaftlicher Mitarbeiter eingestellt.

Als sich die Verhältnisse durch die Kriegslage weiter verschlechterten, wurde von Kienzle und seinen Mitarbeitern die Verlagerung des Instituts beschlossen. Kienzle beauftragte Wolfram mit den vorbereitenden Arbeiten. Etwa 45 Personen wurden dann in Gruppen in die vorgesehenen Orte Göttingen, Duderstadt und Aerzen bei Hameln nacheinander verlagert. Im Februar 1945 wurde zunächst eine Mitarbeitergruppe, die mit dem eigentlichen Lehrbetrieb nichts zu tun hatte, zur Universität Göttingen verlegt, wo ein Raum zur Verfügung stand. Anfang März wurde dann auch das restliche Institut in die dafür vorgesehene Aerzener Maschinenfabrik, Aerzen bei Hameln, verlagert. Die wichtigsten Werkzeugmaschinen und Messeinrichtungen sollten mitgenommen werden.

Ab 1.12.1945 erhielt Kienzle einen Lehrauftrag für Fertigung und Werkzeugmaschinen an der Technischen Hochschule Hannover, der auch einige seiner Berliner Assistenten, darunter auch den Oberingenieur Wolfram, von Aerzen nach Hannover führte. Im Jahre 1947 wurde Kienzle vom Niedersächsischen Kultusminister an die Technische Hochschule berufen, eine Rückkehr nach Berlin war damit nicht mehr zu erwarten.

---

128 Zemlin, H.: DIN – Deutsches Institut für Normung e.V. und Beuth Verlag GmbH. Dokumente und Berichte 1944-1948. Beuth-Verlag GmbH, Berlin 1977.

129 Springer, J.: Der gegenwärtige Herausgeber. Werkstattstechnik und Maschinenbau 47 (1957) 1, S. 5-6.

10 Institut für industrielle Psychotechnik und Arbeitstechnik (1933-1945)

Exkurs: Psychotechnik im Nationalsozialismus [1]

Frühe Anpassung und Krise

Die Psychotechnik erlebte in fast allen industrialisierten Ländern in den Jahren zwischen den Weltkriegen einen wirtschaftsorientierten Aufschwung. Die Rolle des Menschen im industriellen Arbeitssystem, insbesondere seine Auswahl und Spezialisierung sowie die arbeitsorganisatorische Integration in den sich schnell wandelnden Fertigungsprozess, wurde zum Kristallisationspunkt der psychotechnischen Forschung. Die aus der Angewandten Psychologie entstandene Psychotechnik[2] wurde gegen Ende der 1920er Jahre auch dem komplexeren Begriff Arbeitswissenschaft zugeordnet.

Fritz Giese[3] definierte 1932 Arbeitswissenschaft als „die wissenschaftliche Lehre vom dynamischen Bezugssystem aller Faktoren, welche sich auf berufsbedingte Kulturziele beziehen und deren vernunftgemäße Gestaltung im Auge haben. Ihr Zentralbegriff ist die demgemäß definierte Arbeit".[4] Diese weithin bekannte Definition von Arbeitswissenschaft schloss den Bereich der angewandten Psychologie und die Teilbereiche Psychotechnik, Betriebs- und Arbeitspsychologie ein, deren methodische Uneinheitlichkeit sich aber weiterhin in einer diffusen Begriffsbestimmung niederschlug. Die neue Definition der Arbeitswissenschaft führte zu einer Verlagerung der inhaltlichen Diskussion in eine verschwommene, philosophisch ausgerichtete Ebene. Die aktuelle Forschung bezeichnet dies auch als eine *romantische Wende*, die mit einem wachsenden Desinteresse an ökonomischen und die Industrie betreffenden Fragestellungen einherging.[5, 6]

Während Otto Lipmann die charakterologisch ausgerichteten Themen der bereits Ende der 1920er Jahre entwickelten Ganzheitstheorie von Fritz Giese als zu weit gefasst und zu wenig wissenschaftlich bezeichnete, wurde Lipmanns arbeitswissenschaftliches Konzept von Fritz Giese zunehmend als eine von *angelsächsischer Nüchternheit* geprägte Kausalforschung angesehen.

Dem psychologisch orientierten Ansatz der Arbeitswissenschaft wurde somit eine ontologische Dimension hinzugefügt, die der *Entfremdung* des Menschen durch die Dominanz der ökonomischen Bedingungen und der damit einhergehenden Arbeitsteilung entgegenwirken

1 Vgl. Spur, G.; Haak, R.: Das Institut für Industrielle Psychotechnik an der Technischen Hochschule Berlin-Charlottenburg zwischen 1933 und 1945. In: Berlin-Brandenburgische Akademie der Wissenschaften, Berichte und Abhandlungen, Bd. 8. Akademie Verlag, Berlin 2000, S. 403-422.

2 Der Terminus „Psychotechnik" wurde erstmals 1903 von William Stern (1871-1938) verwendet. Er war Professor für Philosophie in Breslau und später Leiter des psychologischen Labors der Universität Hamburg; siehe auch Kapitel 4 – Exkurs: Ansätze zur Psychotechnik.

3 Fritz Giese, geb. 21.5.1890 in Charlottenburg, gest. 12.7.1935 in Berlin, 1923 Dozentur, 1928-1935 ao. Professor an der TH Stuttgart.

4 Giese, F.: Philosophie der Arbeit. Halle 1932, S. 26.

5 Rabinbach, Anson: The Human Motor. Energy, Fatigue, and the Origins of Modernity. Berkeley 1992, S. 283.

6 Schuster, Helmuth: Industrie und Sozialwissenschaften: Eine Praxisgeschichte der Arbeits- und Industrieforschung in Deutschland. Beiträge zur sozialwissenschaftlichen Forschung, Bd. 92. Westdeutscher Verlag, Opladen 1987, S. 244.

und der Arbeit wieder eine geistige Komponente verleihen sollte. Diese für weite Kreise vielversprechende, im Grunde genommen sozialorientierte Argumentation wurde jedoch in den Dienst einer Ideologie gestellt, die *nationalsozialistisch-völkische* und später auch rassistische Ziele verfolgte: „Die Verwirtschaftlichung der Technik hatte das Unternehmertum und die Arbeiterschaft auseinander gerissen. Leuchtend sind jetzt diese Gegensätze überwölbt von der Majestät einer überindividuellen lebenden Ganzheit des Volkes".[7]

Fritz Giese, der im Juli 1933 darauf hinwies, bereits 1932 Hitlers *„Mein Kampf"* zum Gegenstand des psychologischen Praktikums an der Technischen Hochschule Stuttgart erhoben zu haben, erläuterte die zukünftigen Aufgaben der Angewandten Psychologie im Dritten Reich wie folgt: „Dazu kommen aber auch ausgesprochene Ingenieurprobleme, von denen als unsere Wissenschaft berührende, die vornehmsten: die Wiederentdeckung der Handarbeit, Rückschaltung der ausgewachsenen Betriebe auf lebenstüchtige Ausmaßgebungen und Zuordnung des Faktors Mensch im Reiche der gebändigten Technik sein müssen".[8]

Diese Vorgaben wurden in den Jahren 1933 bis 1934 von einigen erlassenen Gesetzen zur Neustrukturierung der deutschen Wirtschaft untermauert, die den Ausbau des Handwerks durch die Einführung von Pflichtinnungen und des Führerprinzips im Handwerk beinhalteten.[9]

Auch Walther Poppelreuter[10] (1886-1939) war vom Nationalsozialismus angetan. Er sah in Hitlers „Mein Kampf" eine Fundgrube neuer Erkenntnisse des politischen Geschehens:

> „Poppelreuter trug die Grundlagen der politischen Psychologie im Anschluß an Hitlers Buch „Mein Kampf" vor und entwarf ein Bild von den Zukunftsaufgaben einer in das Staatsganze eingegliederten Psychologie. Eignungsfeststellung als Maßnahme rationalistischen und liberalistischen Denkens sei zu verwerfen. Dringend notwendig dagegen und zu bejahen ist Eignungsfeststellung bei neuer Wertung der Befunde im Rahmen der Belange des Volksganzen und der Ideen des Führertums und der Erbguterhaltung.
>
> Es ist die Aufgabe der jungen Generation der Psychologie, wieder ein steigendes Volks- und Geltungsvertrauen für die Wissenschaft zu erkämpfen. Der neue Psychologe möge sich nicht „Fachpsychologe", sondern nur „Deutscher Psychologe" nennen."[11]

Ideologischer Vorreiter einer angepassten Psychologie im Nationalsozialismus war Erich Rudolf Jaensch (1883-1940), der für eine Verbindung von Typologie und Rassismus in den Naturwissenschaften eintrat.[12]

Die betriebwissenschaftlich bezogene praktische Psychotechnik nahm in den 1930er Jahren allgemein einen bedeutenden Aufschwung. Einen wesentlichen Anteil daran hatte Walther Moede. Er sprach sich allerdings gegen diese von Jaensch propagierte Typologisierung aus, die er für berufliche Eignungsprüfungen als unbrauchbar bezeichnete.[13]

---

7 Métraux, Alexander: Die angewandte Psychologie vor und nach 1933 in Deutschland. In: Graumann, Carl Friedrich (Hrsg.): Psychologie im Nationalsozialismus. Springer-Verlag, Berlin 1985, S. 246.

8 Giese, Fritz: Psychologie als Lehrfach und Forschungsgebiet auf der Technischen Hochschule – Ein Zehnjahresbericht. Halle 1933, S. 42.

9 Vgl. Métraux, Alexander: Die angewandte Psychologie vor und nach 1933 in Deutschland. In: Graumann, Carl Friedrich (Hrsg.): Psychologie im Nationalsozialismus. Springer-Verlag, Berlin 1985, S. 221 ff.

10 Lexikon der Psychologie. 3. Band, Spektrum Akademischer Verlag, Heidelberg, Berlin 2001, S. 123.

11 XIII. Kongreß der deutschen Gesellschaft für Psychologie. Bericht Moede, W.: Industrielle Psychotechnik 10 (1933) 10, S. 290.

12 Jaensch, E. Rudolf: Wege und Ziele der Psychologie in Deutschland. Industrielle Psychotechnik 15 (1938) 1/2, S. 19.

13 Moede, W.: Arbeitstechnik. Stuttgart, 1935, S. 135.

Erich Rudolf Jaensch sah das Hauptmerkmal der Psychologie im Nationalsozialismus darin, dass sie nun nicht mehr eine von allen anderen Wissenschaftszweigen abgetrennte Spezialangelegenheit war, sondern eine enge Arbeitsgemeinschaft mit den naturwissenschaftlich-medizinischen und ebenso mit den geisteswissenschaftlichen Nachbarfächern bilden sollte.

Das 19. Jahrhundert hatte, seiner Auffassung nach, mit Hilfe der Wissenschaften von der anorganischen Natur und der Technik im weitesten Sinne eine Kultur der toten Sachen und Sachwerte begründet und entwickelt. Die Philosophie, die sich mit den historischen Geisteswissenschaften gegen diesen positivistischen Ansatz verbündete, stellte daneben ein Bildungssystem der *reinen, wirklichkeitsfernen Ideen*, das den Weg der Erkenntnis durch Empirie vorsätzlich ausschloss. Die Mehrheit der Bevölkerung, zum Beispiel die Welt der Industriearbeiter, blieb hingegen der *toten Sachkultur* verhaftet und musste deshalb alle *seelischen Lebensgüter* entbehren. Nach Jaensch vernachlässigte das so in zwei Hälften gespaltene Kultur- und Wissenschaftssystem den Bereich des Lebendigen, der zwischen den unorganischen Elementen und der hochgeistigen Ideenwelt gleichsam in der Mitte lag. Er bezeichnete daher die Grundabsicht der *deutschen Bewegung* im Kulturbereich als eine auf Heilung ausgerichtete, *im tiefsten Sinne soziale* Bewegung.

Die praktische Psychologie sowie die Berufskunde und Berufsauslese nahmen in den 1930er Jahren weiterhin einen bedeutenden Aufschwung. Das größte persönliche Verdienst wurde hierbei Moede, Poppelreuter, Schulz und Valentiner zugeschrieben, institutionell besonders dem Prüfwesen der Deutschen Reichsbahn, dem Untersuchungswesen der Reichsanstalt für Arbeitszeitermittlung und der deutschen Heerespsychologie.[14]

Jaensch betonte, dass durch die Berücksichtigung typologischer und rassischer Gesichtspunkte in der praktischen Psychologie die von Moede und anderen begründeten Methoden zur Prüfung einzelner Berufsleistungen nicht ihre Bedeutung einbüßten, sondern eher eine wertvolle Ergänzung erfahren würden:

> „Wir wollen allen, die mit Auslese zu tun haben, den Blick für die wertvollen und ebenso für die weniger wertvollen und wertwidrigen Formen in unserem Volke schärfen. Wir wollen sogar, da irgendwie und irgendwann einmal einem jeden eine Aufgabe der Auslese obliegt, die Erziehung zu diesem Blick zu einem Gegenstand der Allgemeinbildung machen, und wir halten dies für so wichtig, wie nur irgendein Bildungsgut der Vergangenheit. (...) Die Psychologie, die sich zugleich in den Dienst bevölkerungspolitischer Eugenik stellt, verdient es aber, wie nur irgendetwas, zu einem Gegenstand der allgemeinen Bildung zu werden“.[15]

Im Verlaufe der 1930er Jahre wurde mehr und mehr Gewicht auf die Präsentation der praktischen Nützlichkeit der Psychologie gelegt, eine Strategie, welche die Psychotechniker und Wehrmachtspsychologen von ihrem Arbeitsgebiet und ihren besonderen Ansprechpartnern her ohnehin einschlugen. So wurde schon Ende März 1933 auf der Vorstandssitzung der Deutschen Gesellschaft für Psychologie[16] die Stärkung der *praktischen Bedeutung der Psychologie für Kernfragen des gegenwärtigen deutschen Lebens* [17] betont.

---

14 Jaensch, E. Rudolf: Wege und Ziele der Psychologie in Deutschland. Industrielle Psychotechnik 15 (1938) 1/2, S. 10-19.

15 Ebd., S. 19.

16 Die Sitzung der Deutschen Gesellschaft für Psychologie fand am 28.3.1933 statt. Sie war vor allem durch die Amtsniederlegung von Stern, Kafka und Katz sowie durch die Hinzuwahl von Rieffert, Jaensch und Klemm gekennzeichnet. Darüber hinaus wurde Krueger zum Vorstand gewählt; Stellvertreter wurde Poppelreuter, Schriftführer Klemm.

17 Spur/Haak 1994, S. 135.

Auf den folgenden Kongressen fand eine eher theoretisch-ideologische Neuausrichtung statt. So war das Motto 1934 in Tübingen „*Psychologie des Gemeinschaftslebens, Rasse und Vererbung*“ mit den Themenschwerpunkten „*Rasse und Staat, Seelentum, Gemeinschaft und Vererbung*“. Auf dem Kongress in Jena 1936 wurde auf praktische Möglichkeiten der Psychologie in der Wehrmacht, im Arbeitsamt und in der Deutschen Arbeitsfront (DAF) Bezug genommen; Thema: „*Gefühl und Wille*“. Auf dem letzten Kongress 1938 in Bayreuth rückte die Wehrmachtspsychologie ins Zentrum der Diskussion.[18]

Auch Fritz Giese vertrat auf dem Kongress im Jahre 1934 die Ansicht, man könne durch den Vergleich deutscher Stämme hinsichtlich *stammesgemäßer* Leistungs- und Funktionsbilder[19] eine *seelische Stammeskunde auf empirischer Grundlage* schaffen.

Durch die Politisierung hatte das Ansehen der akademischen Psychologie nachgelassen. Die Intelligenzprüfungen wurden der Kritik ausgesetzt und stattdessen Verfahren zur Diagnose von Gesamtpersönlichkeiten gefordert.[20]

Verfolgungen und Vertreibungen im Fachgebiet Psychologie

Mit dem so genannten „Gesetz zur Wiederherstellung des Berufsbeamtentums“ vom 7. April 1933 wurde ein Verfolgungsprozess eingeleitet, der die Entlassung von politisch unerwünschten Beamten zum Ziel hatte. Ash[21] beschreibt in diesem Zusammenhang die spezielle Situation der Psychologie in Deutschland und verweist auf die betroffenen Ordinarien David Katz (Rostock), Wilhelm Peters (Jena), Max Wertheimer (Frankfurt), William Stern (Hamburg) und Adhemar Gelb (Halle). Betroffen waren weiterhin Gustav Kafka (TH Dresden), Aloys Fischer (München), Karl Marbe (Würzburg) und Hans Henning (TH Danzig). Auch außerordentliche Professoren waren betroffen, wie Kurt Lewin (Berlin), Curt Bondy (Göttingen), Jonas Colin (Freiburg), Richard Goldschmidt (Münster), Erich von Hornbostel (Berlin), Traugott Konstantin Österreich (Tübingen), Erich Stern (Gießen), Heinz Werner (Hamburg) und Walter Blumenfeld (TH Dresden). Nach 1938 kam es auch in Wien zur Entlassung von Karl und Charlotte Bühler.

Ash ermittelte, dass durch die NS-Judenverfolgung mehr als ein Drittel der Ordinarien aus dem Fachgebiet der Psychologie und insgesamt weitere 20 Lehrkräfte der höheren Ränge ihre Stellen an Universitäten verloren. Von den 308 im deutschen Sprachraum lebenden Mitgliedern der Deutschen Gesellschaft für Psychologie des Jahres 1932 emigrierten ab 1933 insgesamt 45, also 14,6 Prozent.[22]

Im Umfeld der Betriebswissenschaft gerieten in den 1930er Jahren an den Technischen Hochschulen neben Georg Schlesinger (Berlin) auch andere Lehrstuhlinhaber in politische Schwierigkeiten, wie Meyenberg (Braunschweig), Blumenfeld (Dresden), Henning (Danzig), Gottwein (Breslau), Prinz (München) und Sachsenberg (Dresden).

---

18 Spur/Haak 1994, S. 136.

19 Geuter, Ulfried: Die Professionalisierung der deutschen Psychologie im Nationalsozialismus. Campus Verlag, Frankfurt a.M. 1984, S. 296.

20 Strebe, W.: Nationalsozialismus und Psychotechnik. Industrielle Psychotechnik 10 (1933) 7, S. 214-216.

21 Ash, Mitchell G.: Die experimentelle Psychologie an den deutschsprachigen Universitäten von der Wilhelminischen Zeit bis zum Nationalsozialismus. In: Ash, Mitchell G.; Geuter, U.: Geschichte der deutschen Psychologie im 20. Jahrhundert. Westdeutscher Verlag GmbH, Opladen 1985, S. 72.

22 Ebd., S. 75.

In der wirtschaftsorientierten angewandten Psychologie waren William Stern (Hamburg) und Otto Lipmann (Berlin) schon kurz nach der Machtergreifung starkem politischen Druck ausgeliefert. Die im Folgenden beschriebenen Lebensläufe erinnern an ihr erfolgreiches wissenschaftliches Wirken als Pioniere der angewandten Psychologie.

William Stern (1871-1938)[23] wurde am 29. April 1871 als Sohn eines jüdischen Kaufmanns in Berlin geboren. 1897 erhielt Stern den Lehrstuhl für Pädagogik an der Universität Breslau. Bereits 1903 verwandte Stern den Begriff der Psychotechnik als Abgrenzung zur Psychognostik im Bereich der angewandten Psychologie. 1904 gehörte er zu den Gründungsmitgliedern der Deutschen Gesellschaft für Psychologie, deren Vorstand er ab 1916 angehörte und deren Vorsitz er 1929 erst stellvertretend und ab 1931 alleinig übernahm. 1906 gründete Stern zusammen mit Lipmann das „Institut für angewandte Psychologie und psychologische Sammelforschung" in Neu-Babelsberg und gab mit ihm ab 1907 die „Zeitschrift für angewandte Psychologie" heraus. Zusammen mit Freud und Jung erhielt Stern 1909 die Ehrendoktorwürde der Clark University in New York. Nach 19 Jahren auf dem Lehrstuhl für Pädagogik in Breslau übernahm Stern 1916 nach dem Tod Meumanns dessen Lehrstuhl in Hamburg. Er gilt als einer der Gründer der Universität Hamburg. An dieser übernahm er zusammen mit Ernst Cassirer die Leitung des Philosophischen und zusammen mit Heinz Werner die des Psychologischen Instituts. Im Jahr 1933 musste Stern seinen Lehrstuhl in Hamburg über Nacht räumen und die Institutsleitung sowie alle seine Ämter aufgeben. Die mit Lipmann gegründete Zeitschrift wurde eingestellt. Stern emigrierte 1933 zunächst in die Niederlande und dann in die USA an die Duke University in Durham, wo er am 27. März 1938 starb.

Stern gilt als ein bedeutender Philosoph und Psychologe. Er hatte sich frühzeitig der Psychologie des Kindes zugewandt, als er nach seiner Heirat mit Clara Stern, geborene Joseephy (Berlin 1878 - New York 1945), mit ihr zusammen seine drei Kinder von Geburt an ohne deren Wissen beobachtete und die Beobachtungen in Tagebüchern festhielt. Die so gewonnenen Feststellungen verarbeitete Stern wissenschaftlich in seinem Werk mit dem Titel „Psychologie der frühen Kindheit bis zum sechsten Lebensjahr". Stern war darüber hinaus allen psychologischen Richtungen gegenüber stets offen eingestellt. So entwickelte er durch die Verwertung von Studien des Instituts für angewandte Psychologie und psychologische Sammelforschung eine Methode zur Berechnung des Intelligenzquotienten und schuf dabei einen noch heute verwendeten psychologischen Begriff. Er war ferner einer der ersten, der wissenschaftliche Methoden zur Untersuchung der Glaubwürdigkeit von jugendlichen Zeugen entwickelte. In diesem Zusammenhang war er auch als Gerichtssachverständiger tätig. Stern war ein Kritiker der Psychoanalyse Freuds.

Idealistisch und unerschütterlich an das Gute im Menschen glaubend erkannte Stern nicht das Anfang der 1930er Jahre aufziehende drohende Unheil und wurde von der Machtergreifung und den sofort einsetzenden antisemitischen Maßnahmen überrascht. Er erholte sich davon nicht mehr und konnte sich dem Leben in den USA nur schwer eingewöhnen.

---

[23] Lück, H.E.; Miller, R.: Illustrierte Geschichte der Psychologie. Beltz Verlag, Weinheim, Basel 2005. Vgl. auch Ash, M.: Geschichte der deutschen Psychologie im 20. Jahrhundert. Westdeutscher Verlag GmbH, Opladen 1985.

Bild 10.01: William Stern (1871-1938) und Otto Lipmann (1880-1933)

Otto Lipmann (1880-1933)[24] wurde am 6. März 1880 als Sohn eines wohlhabenden jüdischen Kaufmanns in Breslau geboren. Dort besuchte er von 1886 bis 1890 die Volksschule und von 1890 bis zum Abitur 1894 ein humanistisches Gymnasium. Nach einer kurzen Banklehre in Breslau studierte Lipmann ab 1899 dort sowie in München und Berlin bis 1904 vor allem Philosophie, speziell Psychologie, aber auch Zoologie und Mathematik. Er schloss das Studium 1904 mit der Promotion in Breslau unter Ebbinghaus mit dem Titel „Die Wirkung der einzelnen Wiederholungen auf verschieden starke und verschieden alte Assoziationen" ab. Dort lernte er auch William Stern kennen, der ihn bis zu seinem Tod als guter Freund und Kollege begleitete. Durch Stern motiviert widmete sich Lipmann der Angewandten Psychologie.

Fünf Tage nach seiner Promotion heiratete Lipmann in Berlin Gertrud Wendriner. Aus dieser Ehe gingen zwei Kinder hervor. Mit seiner Familie zog Lipmann 1906 von Breslau nach Neu-Babelsberg bei Berlin, da er dort zusammen mit Stern ein Institut für angewandte Psychologie gründen wollte. Am 1. Oktober 1906 erfolgte dann die Gründung des Instituts für Angewandte Psychologie und psychologische Sammelforschung. Zweck des Instituts war eine psychologische Arbeits- und Berufsberatung in Kooperation mit Arbeitsämtern und Schulen mit dem Ziel einer besseren Arbeitskräfteverteilung. Träger der Beratungsstellen sollten von Fachpsychologen geleitete öffentliche Institute sein, koordiniert durch ein zentrales Forschungsinstitut für angewandte Psychotechnik als Ort der theoretisch-methodischen „Selbstbesinnung und Kontrollarbeit".[25]

Lipmann und Stern banden ihr Institut zunächst an die Gesellschaft für experimentelle Psychologie. Als ihr Publikationsorgan diente die von ihnen 1907 gegründete Zeitschrift für Angewandte Psychologie und psychologische Sammelforschung. 1912 wurde Lipmann zudem wissenschaftlicher Leiter der Arbeitsgemeinschaft für exakte Pädagogik des Berliner Lehrervereins und 1916, zusammen mit Curt Piorkowski, Leiter des Laboratoriums zum Studium psychischer Berufseignung bei der Zentralstelle der Volkswohlfahrt. Gleichzeitig führte er ab 1916 das Neu-Babelsberger Institut alleinverantwortlich. Ab 1917 leitete er ferner das Sekretariat für Berufs- und Wirtschaftspsychologie, welches 1920 als Institut umgegründet

---

[24] Ash, Mitchell G.: Geschichte der deutschen Psychologie im 20. Jahrhundert. Westdeutscher Verlag GmbH, Opladen 1985.

[25] Ebd., S. 104; siehe auch Sprung, L; Brandt, R.: Otto Lipmann und die Anfänge der Angewandten Psychologie in Berlin. In: Beiträge zur Geschichte der Psychologie, Bd. 4 „Zur Geschichte der Psychologie in Berlin". 2. Aufl., Peter Lang Verlag, Frankfurt a. M. 2003.

wurde. Ab 1918 gaben Lipmann und Stern die Schriften zur Psychologie der Berufseignung und des Wirtschaftslebens heraus. Im Mai 1920 nahm Lipmann als Leiter des Instituts für Angewandte Psychologie und Psychologische Sammelforschung an einer Besprechung im preußischen Ministerium für Wissenschaft, Kunst und Volksbildung über Bestrebungen auf dem Gebiet der Angewandten Psychologie teil, an der auch Stumpf und andere anwesend waren, die aber ohne Ergebnis blieb.[26]

Im Jahr 1932 erhielt Lipmann einen Lehrauftrag für die Psychologie der Arbeit an der Berliner Universität, der ihm 1933 allerdings aus rassischen Gründen wieder entzogen wurde. Im selben Jahr erfolgte eine Plünderung seines Instituts und seines Hauses durch Nationalsozialisten. Lipmann starb am 7. Oktober 1933 in Neu-Babelsberg, durch Suizid auf Grund der jüngsten politischen Ereignisse.

Lipmann war Mitglied der Deutschen Gesellschaft für Psychologie und der Erziehungswissenschaftlichen Hauptstelle des Lehrervereins sowie Vorstandsmitglied der Gesellschaft für Hochschulpädagogik, weiterhin Mitglied im Ausschuss zur Untersuchung der Erzeugungs- und Absatzbedingungen der deutschen Wirtschaft sowie Mitarbeiter des Reichskuratoriums für Wirtschaftlichkeit.

Durch sein Schaffen wurde Lipmann ein angesehener Psychologe auf dem Gebiet der Psychotechnik und der angewandten Psychologie. Er beschäftigte sich schwerpunktmäßig mit Berufseignungsprüfungen und der praktischen Anwendung der Psychologie. Allerdings war er kein Freund der von Moede vertretenen stark wirtschaftlich ausgerichteten Angewandten Psychologie und Experimentellen Psychotechnik und stand im Wesentlichen zu Moede in Gegnerschaft, was sich insbesondere in den frühen 1920er Jahren zeigte, als vornehmlich Lipmann die Vorgehensweise Moedes als zu wirtschaftsnah und unwissenschaftlich angriff. Er kritisierte die aus seiner Sicht erfolgte Anwendung unfertiger Prüfmethoden und die gewerbliche Orientierung.[27] Beispielhaft sei ein Aufsatz Lipmanns von 1921 genannt, in welchem er allgemeine kritische Bemerkungen zur Begabungs- und Eignungsprüfung macht. Seine Hauptkritikpunkte an der Moedeschen Konzeption waren: die Ausrichtung an die Bedürfnisse der Praxis, die reine Gutachtertätigkeit und fehlende Wissenschaftlichkeit, das Überhandnehmen des Laienelements auf diesem Gebiet, die Problematik der exakten Methodologie, das wissenschaftliche Problem der Erreichung eines befriedigenden Korrelationssystems und die Nichtberücksichtigung nichtmessbarer Größen. Stattdessen hebt Lipmann die Beobachtungsmethode gegenüber der experimentellen Methode hervor und rät zur Vorsicht bei der Prognose auf Grund von einmaligen Prüfergebnissen. Schließlich hält er die Berufs- und Eignungsprüfung für übertrieben wertgeschätzt und meint, dass grundsätzlich jeder Mensch für jeden Beruf geeignet sei.[28] Auch wandte er sich gegen den Begriff der Psychotechnik als Überbegriff der Angewandten Psychologie.[29] Psychotechnik war für ihn lediglich die Anwendung von praktischen Ergebnissen der Psychologie.[30]

---

26 Dokument 07-17: Besprechungsprotokoll vom 28. Mai 1920 (siehe auch in Kapitel 7, S. 140 ff.).

27 Ash, Mitchell G.: Geschichte der deutschen Psychologie im 20. Jahrhundert. Westdeutscher Verlag GmbH, Opladen 1985, S. 105.

28 Lipmann, O.: Allgemeine und kritische Bemerkungen zur Begabungs- und Eignungsprüfung. Zeitschrift für angewandte Psychologie, Beiheft 7, 1921, S. 17-31; siehe auch Lipmann, O.: Die Grenzen des psychologischen Prüfungsexperiments. Der Betrieb (1920) 3, S. 8-12.

29 Lipmann, O.: Praktische Wirtschaftspsychologie („Psychotechnik"). In: Riedel: Arbeitskunde, 1925, S. 55 ff.

30 Lipmann. O.: Grundlagen und Ziele der Psychotechnik und der praktischen Psychologie. Zeitschrift für angewandte Psychologie 44 (1933) 1/2, S. 64-79.

Lipmann und die Vertreter der wissenschaftlich-theoretischen Ausrichtung der Psychotechnik schienen zunächst erfolgreich zu sein. Sie arbeiteten methodische Standards, berufsethische Verpflichtungen und Aufnahmebedingungen für einen Berufsverband aus. Allerdings beklagten sie das Ausbleiben staatlicher Mittel für das angestrebte Zentralinstitut. Das vorherrschende Interesse der Unternehmer an betriebs- und praxisnaher Forschung führte dazu, dass sich letztlich Moedes Konzeption durchsetzte. Lipmann konnte Ende der 1920er Jahre sein Institut für angewandte Psychologie und psychologische Sammelforschung nicht mehr halten, sodass es geschlossen werden musste. Er hatte sich jahrelang ergebnislos um eine wirksame Angliederung seines Instituts an ein Hochschulinstitut, insbesondere an das von Stumpf geleitete Institut an der Berliner Universität, sowie um eine Verstaatlichung seines Instituts bemüht.

In einem Nachruf William Sterns wird Lipmann als ein gründlicher, lauterer, beherrschter, feinfühliger und stets hilfsbereiter Mensch beschrieben, der seine Arbeiten übersichtlich ordnete und mit mathematischer Exaktheit und begrifflicher Klarheit ausführte.[31]

Kurt Tsadek Lewin[32] wurde am 9. September 1890 in Mogilno als Sohn von Leopold und Recha Lewin (geb. Engel) geboren. Kurt Lewin wurde jüdisch erzogen. Er besuchte die Religionsschule und lernte dort neben Lateinisch, Griechisch und Französisch noch Hebräisch. Mit 13 Jahren nahm Kurt Lewin am Bar-Mitzvah-Ritual teil. 1905 zog die Familie nach Berlin um, wo er ab dem Herbst dieses Jahres das Kaiserin-Augusta-Gymnasium bis zum Abitur im Februar 1908 besuchte.

Ab April 1909 studierte Lewin in Freiburg Medizin, um, als Sohn eines jüdischen Landwirtes, Landarzt zu werden. Im Wintersemester 1909/1910 setzte Lewin sein Medizinstudium in München fort, hörte bei Aloys Fischer vier Semesterwochenstunden Psychologie und belegte ein psychologisches Praktikum. Ab April 1910 studierte er in Berlin weiter Medizin, u.a. bei Rudolf Virchow, wo er eine Veranstaltung bei Carl Stumpf besuchte. Daraufhin wendet sich Lewin ganz der Philosophie, der Wissenschaftstheorie und der Psychologie zu, und hört bei Ernst Cassirer. In dieser Zeit wurde er (schon als Student) Mitglied der Gesellschaft für experimentelle Psychologie und promovierte bei Carl Stumpf, bei dem er insgesamt 14 Vorlesungen und Seminare besuchte.

Kurt Lewin diente als Kriegsfreiwilliger, entgegen anderslautender antijüdischer Propaganda, wie auch seine Brüder und Schwager. Fritz, einer seiner beiden jüngeren Brüder, fällt im August 1918. Kurt Lewin widmete ihm 1922 seine Schrift über den Genesebegriff. Lewin wurde im August 1918 bei einem Sturmangriff verwundet und verließ die Armee als Leutnant der Reserve. Er wurde mit dem Eisernen Kreuz ausgezeichnet.

Lewin war Mitglied einer Studentengruppe, zu der auch Karl und Hedda Korsch gehörten. In dieser Studentengruppe lernte Lewin auch seine erste Frau, Dr. phil. Maria Landsberg, kennen. Sie beteiligten sich aktiv an sozialreformerischen Aufgaben. In seinen wissenschaftstheoretischen Auffassungen, geprägt durch Ernst Cassirer (1875-1945), arbeitete Lewin zunächst an willenspsychologischen Fragestellungen.

Eine Zeitlang verfolgte Lewin auch praktisch-psychologische Interessen. Gemeinsam mit H. Rupp (1880-1954) führte Lewin psychotechnische Untersuchungen an Industriearbeitern durch und schrieb ein Buch über „Die Sozialisierung des Taylor-Systems" (1920). Lewin schlug schließlich eine akademische Laufbahn ein, der allerdings durch den (damals aufkom-

31 Stern, W.: Nachruf für Lipmann. Zeitschrift für angewandte Psychologie 45 (1933), S. 420.

32 Hinweis von Professor A. Upmeyer; siehe auch http://www.sembbsspeyer.de/ausbildung/zertifikate/webs5/psy_erziehungsstile/index.html (Stand: 23.06.2008).

menden) Antisemitismus spürbare Grenzen gesetzt wurden. Ende 1919 / Anfang 1920 beantragte Lewin die Habilitation an der philosophischen Fakultät der Friedrich-Wilhelms-Universität mit einer Schrift, die 1922 unter dem Titel „Der Begriff der Genese in Physik, Biologie und Entwicklungsgeschichte" erschien.

Wenige Monate später, Ende 1920 wurde Lewin die Venia legendi verliehen. Am Berliner Institut führte Lewin mit Studentinnen und Studenten (u. a. B. Zeigarnik) Serien von Experimenten durch, die zu seiner Feldtheorie führten.

Lewin setzte die Tradition seines Lehrers Stumpf fort, indem er etwa gleichviel Lehrveranstaltungen zur Philosophie und zur Psychologie abhält. Lewin referierte auf Tagungen; drehte Filme und benutzte diese als unterstützendes Anschauungsmaterial seiner Auffassungen. Durch einen seiner Schüler (J.F. Brown) wurde man in den USA auf Lewin aufmerksam und Lewin wurde 1929 zum Internationalen Kongress für Psychologie in Yale eingeladen.

Im Jahr 1929 nahm Lewin eine sechsmonatige Gastprofessur an der Stanford University an. Während dieser Zeit ließ sich Lewin ein Haus in modernstem Stil bauen, das vom 27-jährigen Bauhaus-Architekten M. Breuer eingerichtet wurde. Zu Lewins Freizeitinteressen zählten Literatur, Theater und Segelsport. Er hatte zwei Kinder aus der ersten Ehe und heiratete in zweiter Ehe G. Weiss, eine Kindergärtnerin.

Auf Grund der rassistischen Beamtengesetze setzte Lewin 1933 seine theoretischen Arbeiten in den USA fort. Als Kinderpsychologe an der Comell-University (1935-1944) wendete er sich hauptsächlich entwicklungs- und erziehungspsychologischen Themen zu und wies durch neuartige Untersuchungen den Weg zur experimentellen Sozialpsychologie. Mitentscheidend für die Verbreitung des Lewinschen Gedankengutes in den USA war die Topology Group, ein lockerer Zusammenschluss meist junger Wissenschaftler. Neben Schülern Lewins nahmen Kollegen wie F. Heider, K. Koffka oder E.H. Erikson an den Zusammenkünften teil.

Mit Ausnahme einiger Jahre (während des 2.Weltkrieges) traf sich die Topology Group kontinuierlich von 1933 bis 1964, also auch noch lange Zeit nach Lewins Tod. Lewin verfolgte (auch) auf Grund seiner politischen Interessen Pläne zur Gründung eines Psychologischen Institutes an der Hebräischen Universität in Jerusalem. 1938 und 1939 lehrte Lewin an der Harvard University, gründete 1944 das erste Forschungsinstitut für Gruppendynamik und prägte über viele Schüler, wie z. B. Leon Festfinger, mehrere neuere Entwicklungen der Psychologie vor allem der Sozialpsychologie. In mehreren dieser Aktionsforschungsprojekte zum Abbau von Vorurteilen engagierte sich Lewin bis zur Erschöpfung.

Am 11. Februar 1947 stirbt Kurt Lewin in Newtonville bei Boston unerwartet an den Folgen eines Herzschlages – also bereits im jungen Alter von 56 Jahren. Im September des Todesjahres fand eine akademische Trauerfeier für Lewin statt. Zu deren Eröffnung sprach Edward C. Tolman: [33] „Freud, der Kliniker, und Lewin, der Experimentator, dies sind die beiden Männer, deren Namen in der Geschichte unserer Psychologie vor allen stehen werden. Denn es sind deren gegensätzliche, aber sich ergänzende Einsichten, welche die Psychologie zur

---

[33] Edward Chace Tolman, geb. 14. April 1886 in West Newton, Massachusetts, gest. 19. November 1959 in Berkeley, Kalifornien, war ein amerikanischer Psychologe. Er wurde bekannt durch seine Arbeiten auf dem Gebiet der Lerntheorie und gilt als ein Wegbereiter des Kognitivismus. Edward C. Tolman promovierte 1915 an der Harvard University. Bis 1918 hatte er einen Lehrauftrag an der Northwestern University inne, wo er sich mit Fragen des vorstellungsfreien Denkens, der retroaktiven Hemmung und ähnlichen Gedächtnisphänomenen befasste. Von 1918 bis zu 1954 lehrte er, von einigen kurzen Unterbrechungen abgesehen, an der University of California in Berkeley. In seinem späteren akademischen Leben wurde er stark von den Ideen von Kurt Lewin und Egon Brunswik beeinflusst.

Wissenschaft gemacht haben, – eine Wissenschaft, die auf Menschen und die menschliche Gesellschaft anwendbar ist".

Emigration jüdischer Betriebswissenschaftler der TH Berlin

Das von Walther Moede geführte Institut für industrielle Psychotechnik und Arbeitstechnik hatte sich nach seiner 15jährigen Entwicklung einen festen Platz als Lehr- und Forschungsinstitut in der Fakultät für Maschinenwesen erarbeitet. Da es ab dem Studienjahr 1925/26 auch formal in der Fakultät als selbständiges Institut geführt wurde, war Walther Moedes Wirken mit den Aufgaben eines unabhängigen Lehrstuhlinhabers vergleichbar. Sein Mentor Georg Schlesinger hatte diese Entwicklung nicht nur toleriert, sondern auch gefördert. Die gemeinsamen wissenschaftlichen Interessen lagen im Ausbau von Lehre und Forschung der Berliner Betriebswissenschaft.

Bild 10.02: Max Kurrein in seinem Büro am Technion in Haifa

Umso schwieriger war die hochschulpolitische Situation für Walther Moede und seine Mitarbeiter als schon im Februar 1933 Georg Schlesinger politisch bedrängt und schließlich im April 1933 auf Grund von Denunziationen verhaftet wurde. Die damit einsetzende Verfolgung der jüdischen Mitarbeiter des Lehrstuhls für Betriebswissenschaften brachte Walther Moede in eine schwierige Lage. Der politische Druck wirkte auch auf die Mitarbeiter und führte 1933/34 am Schlesinger Institut zu einer einschneidenden personellen Krise. Betroffen waren auch frühere Assistenten und Doktoranden.

Georg Schlesinger (1874-1949) blieb bis November 1933 in Untersuchungshaft, wurde dann aus dem Amt entlassen und zur Emigration gezwungen. Nach Inhaftierung und Emigration verlor Schlesinger im Jahr 1939 im Rahmen der Massenausbürgerung die deutsche Staatsbürgerschaft. Georg Schlesinger starb am 6. Oktober 1949 in Wembley, England.[34]

Max Kurrein (1878-1967) wurde am 6. September 1933 die Lehrbefugnis entzogen. Er emigrierte und fand am Technion in Haifa eine neue Lebensaufgabe. Im Alter von 56 Jahren begründete er dort den Lehrstuhl für Werkzeugmaschinen und Fabrikbetrieb. Bis zu seinem 80. Lebensjahr, in dem er als „Professor Emeritus" von der Lehrtätigkeit befreit wurde, blieb

[34] Näheres zur Verfolgung und Vertreibung Georg Schlesingers siehe Kapitel 9, S. 291 ff.

Kurrein Dekan der Maschinenbaufakultät. Seine wissenschaftliche Arbeit setzte er jedoch bis zu seinem Lebensende 1967 fort.

Insgesamt wurden 1933/34 folgende aktive und frühere Mitarbeiter des Lehr- und Forschungsgebiets Betriebswissenschaft der TH Berlin ausgegliedert oder nachfolgend zur Emigration gezwungen. Ledermann und Blumenreich wurden später nach Auschwitz und Cohn wurde nach Theresienstadt deportiert:[35]

Geb.-Jahr	Name	Amtszeit	Letzte Dienststellung	Emigration
1874	Schlesinger, Georg	1904-1933	o. Professor	1934 Schweiz, Belgien, England
1878	Kurrein, Max	1911-1933	ao. Professor	1934 Palästina
1892	Brasch, Hans	1927-1933	ao. Professor	1934 England, Ägypten, Australien
1894	Kronenberg, Max	1928-1934	Privatdozent	1936 USA
1895	Ledermann, Siegfried	1926-1933	Oberingenieur	1937 Niederlande
1875	Meyenberg, Friedrich	1925-1926	Privatdozent	1933 England
1889	Blumenreich, Eugen	1921-1923	Assistent	1939 Belgien
1883	Cohn, Erich	1908-1909	Assistent	1943
	David, Kurt	1933-1934	Assistent	England
1903	Ehrenreich, Max	1929-1930	Assistent	1934 Palästina
1904	Guttmann, Erich	1928-1932	Assistent	1938 USA
1892	Hamburger, Richard	1922	Doktorand	1934 Niederlande, Südafrika
1890	Heller, Oswald	1924	Doktorand	
1892	Klopstock, Hans	1922-1923	Doktorand	1939 England
1893	Marcus, Walter	1920-1922	Assistent	1933 Schweiz
1900	Meyersberg, Heinz	1926-1928	Assistent	1932 England
1904	Neuwahl, Heinz	1928-1933	Doktorand	1939 Niederlande
1902	Pátkay, Stephan	1926-1927	Assistent	1932 USA
1874	Simon, Eugen	1928	Doktorand	1939 Belgien
1907	Koenigsberger, Franz	1933-1934	Assistent	1935 Belgien, Italien, England

Als Jude von den Nationalsozialisten verfolgt, emigrierte *Hans Brasch* 1934 zunächst über England nach Ägypten, nachdem er von 1933 bis 1934 arbeitslos gewesen war.[36] In Ägypten war er bis Kriegsausbruch als beratender Ingenieur in Alexandria und als Dozent für „Industrial Engineering" an der Universität zu Kairo tätig.[37] Im Jahr 1935 stattete er Max Kur-

[35] Spur, G.; Fischer, W. (Hrsg.): Georg Schlesinger und die Wissenschaft vom Fabrikbetrieb. Carl Hanser Verlag, München, Wien 2000, S. 478-559.

[36] Vgl. Schreiben Rektor der TH Berlin an den Minister für Wissenschaft, Kunst und Volksbildung vom 4. Mai 1933, Betrifft: Fragebogen der Privatdozenten, der n.a.o. Professoren und der Honorarprofessoren ohne Lehrauftrag, GStAPK I. HA, Rep. 76, Vb, Sekt. 4, Tit. III, Abt. 3, Nr. 1, Beiheft, Bl. 355 RS sowie Korrespondenz zum Rechtsstreit Brasch / Land Berlin wg. Entschädigung, z. B. Schreiben Prof. Schallbroch an das Landgericht vom 17.10.1961, Schreiben Schallbroch an den Dekan der Fakultät für Maschinenwesen, Prof. Kniehahn vom 2. Juli 1957.

[37] Brasch, H. D.: „Little Trip to Port Said". Cranks and Nuts 1941, S. 15 ff; vgl. auch den von Max Kurrein verfassten Werdegang „Hans D. Brasch" vom 28. Mai 1959, überreicht durch die Tochter Kurreins mit Schreiben vom 11.08.1999 (Sammlung Spur). Kurrein schreibt, dass ihm Brasch 1935 mitteilte, er sei an der Universität Alexandria Professor für Werkzeugmaschinen und Betriebslehre; tatsächlich existierte zu

rein in Haifa einen Besuch ab, wie aus einem Bericht über den Werdegang Braschs hervorgeht, den Kurrein 1959 verfasste.[38] Ende 1939 emigrierte Brasch erneut, dieses Mal nach Melbourne, Australien, wo er 1941 zum „Senior Lecturer in Machine Design and Graphics" an der Fakultät für Maschinenbau der Universität Melbourne berufen wurde.[39] Hans Brasch starb am 3. November 1950 in Melbourne im Prince Henry's Hospital an den Folgen eines Verkehrsunfalls.[40]

Max Kronenberg kam am 8. Juli 1894 in Berlin-Kreuzberg, in der Baerwaldstr. 52, als Sohn von Leopold Kronenberg (geb. 15.01.1867) und Ella Kronenberg, geborene Wittgenstein (geb. 18.12.1867) zur Welt. Er hatte zwei Geschwister, Walter (geb. 11.02.1897) und Herta. Max Kronenberg besuchte die am Savignyplatz gelegene Kaiser-Friedrich-Schule und später die Hohenzollern-Oberrealschule in Schöneberg, die er am 4. März 1914 mit dem Reifezeugnis verließ.[41]

Am 4. August 1914 meldete sich Kronenberg zum Heeresdienst. Nach Genesung von einer Verwundung in Russland stellte er sich erneut als Freiwilliger bei der Feldartillerie in einem Schallmesstrupp zur Verfügung.[42] Auf Grund des Hindenburgprogramms wurde er in die Artilleriewerkstatt Spandau Süd versetzt, wo er aus erster Hand sah, wie unvollkommen die Unterlagen zur Bearbeitung der Metalle waren. Nach Beendigung des Krieges setzte Kronenberg sein 1914 begonnenes Studium des Maschinenbaus an der TH Berlin fort, das er Anfang 1920 mit dem Staatsexamen abschloss.[43] Die Urkunde, mit der ihm der Titel „Diplom-Ingenieur" mit dem Gesamturteil „gut bestanden" verliehen wurde, datiert vom 4. Februar 1920. Seine bei Professor Schlesinger eingereichte Diplomarbeit trug den Titel „Die Vorkalkulation und Bearbeitungsverfahren von Getreidemähern"[44] und führte dazu, dass Schlesinger ihn aufforderte, als Assistent bei ihm zu arbeiten.

Am 27. Juli 1920 heiratete Kronenberg seine Frau Elli, geboren am 15. April 1898 in Berlin. Sie hatten eine Tochter, Gisela.[45] Mit Ausnahme der Jahre von 1921 bis 1923 lebte Kronenberg mit seiner Familie in Berlin. Zunächst war er jedoch als so genannter „Taylor-Ingenieur" bei der Werkzeugmaschinenfabrik Hahn & Koplowitz Nachf. (die spätere Nema)

---

dieser Zeit noch keine eigenständige Universität Alexandria, sondern lediglich eine Art von „Außenstelle" der
Universität Kairo in Alexandria, aus der die heutige Universität Alexandria hervorging.

38 Vgl. den von Max Kurrein verfassten Werdegang „Hans D. Brasch" vom 28. Mai 1959, überreicht durch die Tochter Kurreins mit Schreiben vom 11.08.1999 (Sammlung Spur).

39 Vgl. Brasch, H. D.: „Little Trip to Port Said". Cranks and Nuts 1941, S. 15.

40 Vgl. Obituary. – Cranks and Nuts 1950, S. 30, sowie Korrespondenz zum Rechtsstreit Brasch / Land Berlin wg. Entschädigung, Wiedergutmachungsbescheid, 1958. Von Bob Brown, einem Schüler Braschs an der Universität Melbourne, stammt die Information, dass es sich bei dem Verkehrsunfall um einen Fahrradunfall handelte; Brasch war demnach immer mit dem Fahrrad zur Universität gefahren, vgl. e-mail-Auskunft von Hartmut Kaebernick, Professor an der University of New South Wales, Sydney, NSW, Australien an Günter Spur vom 08.12.99.

41 Schreiben Max Kronenberg an Günter Spur vom 14. Januar 1971 mit biographischen Angaben, Sammlung Spur; vgl. auch den „Abriß des Lebens- und Bildungsganges von Dr.-Ing. M. Kronenberg" in den Akten des preußischen Kultusministeriums zum Habilitationsverfahren, GStA PK, I. HA, Rep. 76 Vb, Sekt. 5, Tit. III, Nr. 5 C, Bd. 1, Bl. 164-166, hier Bl. 164.

42 Vgl. ebd.

43 Vgl. „Abriß des Lebens- und Bildungsganges von Dr.-Ing. M. Kronenberg", a.a.O., Bl. 164.

44 Vgl. den Nachruf „Max Kronenberg gestorben". Industrie-Anzeiger 94 (1972) 33, 21.4.1972, S.749. Eine Kopie der Diplomurkunde befindet sich in der Sammlung Spur.

45 Vgl. Schreiben Max Kronenberg an Günter Spur vom 14. Januar 1971, a.a.O.

in Neisse tätig,[46] wo unter anderem die Bankbestimmungstafel entstand, über die er in einem seiner ersten Aufsätze berichtet.[47] Interessant in diesem Zusammenhang ist die Zusammenarbeit mit dem Ingenieurbüro Koch und Kienzle, die es hier wohl gegeben hat. In einem Schreiben vom 23. Juli 1921 bezieht sich das Büro auf eine Unterredung zwischen Kronenberg und Kienzle und bestätigt die Bereitschaft zur Übernahme der Herstellung und des Vertriebs der Kronenbergschen Bankbestimmungstafeln.[48]

Am 4. Februar 1927 promovierte Max Kronenberg bei Prof. Schlesinger mit einer Dissertation über die „Theorie der Dreharbeit und ihre Anwendung im Betrieb" zum Doktor-Ingenieur.[49] Die Prüfungskommission bestand aus den Professoren Schlesinger, Riebensahm und Hanner. Die Dissertation liegt als maschinenschriftlicher Text im Archiv des Instituts für Werkzeugmaschinen und Fabrikbetrieb der TU Berlin vor.

Die Doktorarbeit bildete die Grundlage für Kronenbergs Habilitation als Privatdozent im Bereich der Zerspanungsforschung, die ebenfalls im Jahr 1927, am 26. Oktober, an der Technischen Hochschule Berlin erfolgte. Seine Habilitationsschrift „Grundzüge der Zerspanungslehre", die beim Verlag Julius Springer verlegt wurde, stellt sein erstes größeres wissenschaftliches Werk dar.[50] Die Arbeit war grundlegend für die weitere wissenschaftliche Durchdringung dieses Bereichs der Fertigungstechnik. Seine Antrittsvorlesung hielt er zum Thema „Über eine grundsätzlich neue Geschwindigkeitsstufung an Werkzeugmaschinen".[51]

Bis zu seiner Vertreibung von der Hochschule war Kronenberg am Lehrstuhl für Werkzeugmaschinen und Fabrikbetriebe der Technischen Hochschule Berlin als Privatdozent für das Lehrgebiet Werkzeugmaschinen tätig. Im Personal- und Vorlesungsverzeichnis ist er erstmals im Studienjahr 1928/29 mit einer zweistündigen Vorlesung zum Thema „Betrieb der Werkzeugmaschinen" verzeichnet.[52]

Zu Kronenbergs Studenten zählten u. a. Franz Koenigsberger, Max Ehrenreich und Ernst Brödner. Ehrenreich war als junger Diplom-Ingenieur Assistent Schlesingers und Kronenbergs. Später wirkte Ehrenreich als Professor an der Technischen Universität Haifa in Israel.[53] Die Lehrtätigkeit Kronenbergs an der TH Berlin schloss zahlreiche Exkursionen mit Studenten zu Berliner Werkzeugmaschinenfirmen ein, darunter zu Ludwig Loewe & Co., R. Stock & Co. sowie Raboma Berlin.

Obwohl Kronenberg am 4. April 1933 vom Nationalsozialistischen Aktionskomitee der Technischen Hochschule Berlin die „Empfehlung" erhielt, „in Rücksicht auf die derzeitige

---

46 Vgl. „Max Kronenberg 70 Jahre", Technische Zeitung für praktische Metallbearbeitung 58 (1964) 7; siehe auch „Abriß des Lebens- und Bildungsganges von Dr.-Ing. M. Kronenberg", a.a.O., Bl. 164.

47 Vgl. Max Kronenberg: Die Grundlagen und der Aufbau einer einwandfreien Drehbankarbeitstafel und Bankbestimmungstafel. Werkstattstechnik 21 (1927) 10, S. 299-300.

48 Vgl. Brief des Ingenieurbüros Koch und Kienzle an Kronenberg vom 23.7.1921 (Sammlung Spur).

49 Vgl. Max Kronenberg, Theorie der Dreharbeit und ihre praktische Anwendung im Betrieb, Berlin, TH, Dr.-Ing. Diss., 1927; eine Kopie der Doktorurkunde befindet sich in der Sammlung Spur.

50 Vgl. Max Kronenberg: Grundzüge der Zerspanungslehre, Berlin 1927, 2., erw. Auflage, Berlin 1954.

51 Vgl. Schreiben Fakultät für Maschinenwirtschaft an den Minister für Wissenschaft, Kunst und Volksbildung vom 29. Oktober 1927, Habilitationsgesuch Kronenberg, GStAPK, I. HA, Rep. 76 Vb, Sekt. 5, Tit. I-II, Abt. III, Nr. 5 C, Bd. 1, Bl. 161-167.

52 Vgl. Brief Max Kronenberg an Günter Spur, a.a.O., sowie die Vorlesungsverzeichnisse, Technische Hochschule zu Berlin, Programm (Personal- und Vorlesungsverzeichnis) für das Studienjahr 1928-1929, Berlin 1928; sowie Technische Hochschule zu Berlin, Personal- und Vorlesungsverzeichnis für das Studienjahr 1929-30 ff., Berlin, 1929ff.

53 Vgl. Brief Max Kronenberg an Günter Spur vom 11.1.1968 (Sammlung Spur).

Volksstimmung" seine Beurlaubung zu beantragen und „bis zu einer Entscheidung von einem Betreten der Technischen Hochschule abzusehen", hielt er seine Vorlesung weiterhin ab, bis auch ihm am 27. März 1934 unter dem Aktenzeichen UI Nr. 31044 und auf der Basis von § 6 des „Berufsbeamtengesetzes" die Lehrbefugnis entzogen wurde.[54] Bis 1936 war Kronenberg selbständig als beratender Ingenieur für verschiedene Industriefirmen tätig, zuletzt (1936) in Neiße als Betriebsdirektor.[55]

Bild 10.03: Georg Schlesinger (rechts) und Max Kronenberg beim Besuch der Cincinnati Milling Company (1946)

Am 15. April 1936 emigrierte er in die USA. Seine Frau Elli und seine Tochter Gisela folgten ihm im September 1936, nachdem Kronenberg im Juni oder Juli 1936 eine Stelle bei der „Cincinnati Milling Machine Company", einem bekannten Unternehmen der amerikanischen Werkzeugmaschinenindustrie in Cincinnati, Ohio, angetreten hatte.[56] Einem Nachruf ist zu entnehmen, dass er dort als Mitglied des Forschungs- und Entwicklungsstabes tätig war.[57] Am 23. September 1941 wurde Kronenberg in die USA eingebürgert.[58] Von 1944 bis zum Kriegsende 1945 war er von seiner Tätigkeit bei der Milling Maschine Company beurlaubt, um eine Beratungstätigkeit für das amerikanische Verteidigungsministerium auszuüben.[59]

Am 20. Februar 1958 wurde der Antrag Kronenbergs auf Wiedergutmachung positiv beschieden. Der Senator für Volksbildung Berlin ernannte ihn zum emeritierten Professor der

---

54 Vgl. Schreiben des Preußischen Ministers für Wissenschaft, Kunst und Volksbildung an Kronenberg vom 27. März 1934; Kopie aus dem Nachlass Kronenberg (Sammlung Spur); siehe auch Wiedergutmachungsbescheid, a.a.O., S. 2-3.

55 Vgl. ebd., S. 3.

56 Vgl. Schreiben Max Kronenberg an Günter Spur vom 14. Januar 1971, a.a.O.

57 Vgl. „Max Kronenberg gestorben", a.a.O., S. 749; siehe auch „Max Kronenberg 70 Jahre", a.a.O.

58 Vgl. Wiedergutmachungsbescheid, a.a.O., S. 3.

59 In einer Liste seiner Ehrungen, die sich in der Sammlung Spur befindet, heißt es: „Consultant to the Secretary of War at the Pentagon in Washington D.C. with leave of absence from the Milling Machine Co. 1944-1945 war's end"; vgl. auch Spur, G.: Produktionstechnik im Wandel. Carl Hanser Verlag, München, 1979, S. 358.

Technischen Universität Berlin.[60] Im Alter von 77 Jahren verstarb Kronenberg am 7. Februar 1972 in Cincinnati, Ohio.

Max Kronenberg wurden zahlreiche Anerkennungen und Ehrungen zuteil. Neben seiner Mitgliedschaft in vielen wissenschaftlichen Vereinigungen und der „Society of Sigma Xi" sind besonders die Verleihung der Forschungsmedaille der „American Society of Tool and Manufacturing Engineers" und der erste Preis der „James Lincoln Welding Foundation" für seine Arbeiten über Werkzeugmaschinenschwingungen hervorzuheben.[61]

Siegfried Ledermann wurde zunächst für das Sommersemester 1933 sowie für das Wintersemester 1933/34 „beurlaubt".[62] Wahrscheinlich am 30. September ist er schließlich „aus seinen Ämtern (...) ausgeschieden".[63] Möglicherweise erhielt er in dieser Zeit ein Angebot, an das Technion in Haifa zu wechseln. Sein Name erscheint zusammen mit dem Schlesingers und Kurreins in einer entsprechenden Vorschlagsliste, die der Dresdener Physiker H. Dember bereits 1933 an die „Notgemeinschaft Deutscher Wissenschaftler im Ausland" nach Zürich sandte.[64] Ob Ledermann einen Wechsel nach Haifa ablehnte, oder letztendlich keine Anstellung erhielt, ist nicht bekannt. Auch über seine Tätigkeit in den Jahren 1934 bis 1936 liegen keinerlei Informationen vor, doch hielt er sich vermutlich noch in Deutschland auf und arbeitete in der freien Wirtschaft.[65] Aus dem Bestand „Opfer des Faschismus" im Archiv des Centrum Judaicum geht hervor, dass Ledermann am 7. Februar 1937 in die Niederlande nach Utrecht emigrierte.[66] Den Angaben Koenigsbergers zufolge war Ledermann von 1937 bis zum Kriegsausbruch Oberingenieur der NV Laagland in Rotterdam, Piekestraat 2.[67] Aus den Niederlanden wurde er später deportiert. Als Sterbedatum ist im Centrum Judaicum der 18. Oktober 1944 verzeichnet, als Sterbeort Auschwitz.[68]

Im NS-Sinne jüdisch, nach eigenen Angaben aber evangelisch-lutherisch,[69] wurde *Friedrich Meyenberg* verfolgt und emigrierte 1933 nach Großbritannien. Dort wirkte er unter anderem als technischer Berater, als Schriftleiter der Zeitschrift „The Engineers Digest", als freier Autor sowie als Übersetzer und als Lehrer an den Technical Colleges in London mit Erfolg in seinem alten Fachgebiet weiter.[70] Anfang 1935 arbeitete er als Produktions- und Rationalisierungsfachmann bei der United Steel Companies Ltd. in Stockbridge, England. Seit 1939 war er Associated Member, seit 1942 Member der Institution of Mechanical Engineers. 1946 nahm Meyenberg als Mitglied einer englischen Kommission an der ersten deutsch-englischen

60 Vgl. Wiedergutmachungsbescheid, a.a.O.

61 Vgl. Spur, Günter: Vom Wandel der industriellen Welt durch Werkzeugmaschinen, 1991, S.440.

62 GStAPK 1. HA, Rep. 76, Vb, Sekt. 5, Tit. III, Nr. 5a, Bd. II, Blatt 365 – Schreiben des Dekans Kloss an das Ministerium vom 4.12.1933 über die Verwendung der Kolleggeldanteile des Sommersemesters 1933 und des Wintersemesters 1933/34 der beiden beurlaubten Oberingenieure Kurrein und Ledermann.

63 GStAPK 1. HA, Rep. 76, Vb, Sekt. 5, Tit. III, Nr. 5a, Bd. II, Blatt 367 – Der Minister an den Rektor der TH, Schreiben vom 8.1.1934: „Soweit hier bekannt, sind die beiden Oberingenieure am 30.9.1933 aus ihren Aemtern ausgeschieden".

64 Vgl. Sadmon, Z.W.: Die Gründung des Technions im Lichte deutscher Politik, 1994, S. 235.

65 Notgemeinschaft Deutscher Wissenschaftler im Ausland (Hrsg.): List of Displaced German Scholars, London [Autumn] 1936, S. 37. In: Strauss, H.A. (Hrsg.): Emigration: deutsche Wissenschaftler nach 1933, Entlassung und Vertreibung, Berlin 1987.

66 Vgl. Bestand „Opfer des Faschismus" (OdF), Centrum Judaicum, Archiv.

67 Vgl. Schreiben Koenigsberger an Spur vom 11. September 1978 (Sammlung Spur).

68 Vgl. Bestand „Opfer des Faschismus" (OdF), Centrum Judaicum, Archiv.

69 GStAPK 1. HA, Rep. 76, Vb, Sekt. 5, Tit. III, Nr. 5c, Bd. 1, Bl. 44-45.

70 Prof. Dipl.-Ing. Friedrich Meyenberg. Z. VDI 83 (1950) 1, S. 23.

Tagung über Arbeitswissenschaft in Hahnenklee teil. Im Herbst 1949 befand er sich auf einer Vortragsreise durch verschiedene deutsche Städte.[71] Am 2. Oktober 1949 verstarb Friedrich Meyenberg in Frankfurt am Main.[72]

Bild 10.04: Friedrich Meyenberg (1875-1949)

Eugen Blumenreich emigrierte 1939 zusammen mit seiner Frau Rita nach Belgien. Am 31. August 1942 ist er aus dem zentralen Deportationslager in Nord-Frankreich, Drancy, nach Auschwitz deportiert worden. Über seinen Lebensweg gibt es keine weiteren Anhaltspunkte.[73]

Aus dem Gedenkbuch der jüdischen Opfer des Nationalsozialismus geht hervor, dass *Erich Cohn* später in der Berliner Färberei und Druckerei R. Wolff beschäftigt war. Der Betrieb hatte seinen Sitz in der Köpenicker Straße 18-20 in Kreuzberg (SO 36). Als letzte Anschrift in Berlin ist die Nauheimer Str. 27 in Wilmersdorf genannt, als Sterbeort Theresienstadt. Dorthin wurde Erich Cohn mit dem 4. Großen Alterstransport am 17. März 1943 deportiert. Seine Ehefrau Mathilde Cohn, geb. Baehr, kam in Auschwitz um.[74]

Kurt David war wahrscheinlich von 1933 bis 1934 nicht etatmäßiger Assistent am Lehrstuhl. Er unterstützte Georg Schlesinger bei den Arbeiten für das Buch „Die Werkzeugmaschine". Mit der systematischen Ausarbeitung dieser Monografie hatte Schlesinger unmittelbar vor seiner Verhaftung im Frühjahr 1933 begonnen. Während der Abwesenheit ihres Mannes richtete Elise Schlesinger drei jüdischen Assistenten ein kleines Büro in den Räumen ihrer Wohnung ein, wo sie nach den Anweisungen, die ihr Mann ihnen über den Verleger Springer zukommen lassen konnte, für sein Manuskript Zeichnungen und Berechnungen ausführten.[75] Die Gruppe der Assistenten, die während dieser Zeit wahrscheinlich auch vom Oberingenieur

71 Prof. Friedrich Meyenberg: Den toten Pionieren der deutschen Betriebstechnik. Werkstattstechnik und Maschinenbau (1949), S. 282.

72 Z. VDI 83 (1950) 1, S. 23; Mock 1986, 119; sowie: Schreiben Moore, Archiv IMechE vom 7. Januar 2000 (Sammlung Spur).

73 TH Berlin, Programm für das Studienjahr 1921/22; Gedenkbuch. Opfer der Verfolgung der Juden unter der nationalsozialistischen Gewaltherrschaft in Deutschland 1933-1945, Arolsen 1986; Gedenkbuch Berlins der jüdischen Opfer des Nationalsozialismus, Berlin 1995; Akten des OFP, Landesarchiv Berlin.

74 Vgl. Gedenkbuch Berlins der Opfer des Nationalsozialismus, Berlin 1995 – als Quellen sind dort angegeben: Gedenkbuch. Opfer der Verfolgung der Juden unter der nationalsozialistischen Gewaltherrschaft in Deutschland 1933-1945, Arolsen 1986; Akten des OFP, Landesarchiv Berlin; Bundesarchiv, Abt. Potsdam, 15.09., RSA.

75 Anonym: Georg Schlesinger. Prof. Dr. Ing. / Von März bis November 1933 („Bericht GS"). o. O., o. J., S. 33. Dokumente Schlesinger (Sammlung Spur).

des Versuchsfelds Ledermann betreut wurde, bestand vermutlich aus Kurt David, Koenigsberger und Crzellitzer. Von David ist bislang bekannt, dass er promovierte und nach England emigrierte. Um 1956 war er als Technical Manager bei John Lund Ltd. in Keighley in der Grafschaft Yorkshire tätig.[76]

Im Jahr 1934 emigrierte *Max Ehrenreich* nach Palästina, wo er in Haifa zunächst bis 1942 an der dem Technion angeschlossenen Technischen Hochschule theoretischen Unterricht abhielt sowie eine Stellung als Lehrer in der Werkstatt innehatte. Während dieser Zeit war er außerdem leitender Maschinen-Ingenieur der Hagana. Von 1942 bis 1947 war er Direktor der Ludwig-Tietz-Gewerbeschule in Yagour bei Haifa und kehrte dann zunächst als Assistent von Max Kurrein an das Technion zurück. In den Jahren bis 1956 avancierte Max Ehrenreich zum „Lecturer", später zum „Senior Lecturer" für Mechanische Technologie. 1957 war er „Associate Professor" und Leiter der Fachrichtung für Allgemeinen Maschinenbau an der Fakultät für Maschinenbau. Am Unabhängigkeitskrieg 1948/49 nahm er als Leitender Ingenieur der Produktionsabteilung der israelischen Armee teil. Als Nachfolger Max Kurreins übernahm Max Ehrenreich 1961 das Dekanat der Fakultät für Maschinenbau. Im selben Jahr verstarb er im Alter von 57 Jahren.[77]

Erich Guttmann promovierte im Jahr 1932 bei Schlesinger. Durch den politischen Druck gezwungen, emigrierte er 1938 in die Vereinigten Staaten[78], wo er vor allem für die Luft- und Raumfahrtindustrie arbeitete. Bis 1943 war er für die Ingersoll Milling Machine Company in Rockford, Illinois, als Development Engineer tätig. Er entwickelte hier Präzisionsinstrumente und Meßeinrichtungen. Von 1943 bis 1945 übernahm er die Stellung des „Chief Engineer" bei der Zenith Optical Co. in Huntington, West Virginia. Diese Firma stellte Optiken und Visiere für Gewehre her, sowie Mikroskope und Kameras. In den folgenden eineinhalb Jahren arbeitete er für die Adel Precision Products Co. in Burbank, Kalifornien, die ebenfalls Kameras für den Amateurfotobedarf und den medizinischen Sektor herstellte. Von 1946 bis 1957 war Guttmann Präsident und General Manager der Testa Manufacturing Co. in El Monte, Kalifornien. Nach einem kurzen Engagement für die H. A. Wagner Co. in Van Nuys, Kalifornien, bei der er als Leiter der Abteilung „Production Design" beschäftigt war, ging Guttmann 1958 zur ITT Gilfillan. Nach seinem Ausscheiden bei der ITT war Guttmann als Berater tätig. Von 1969 bis 1972 arbeitete er zunächst als Full-time Consultant für die Tridea Electronics sowie für die Actron Industries, einer Tochtergesellschaft der McDonnel-Douglas Aircraft. Hier war er an der Entwicklung von Cockpitdisplays für Militärflugzeuge und das Space Shuttle beteiligt, sowie an der Konzeption von Kameras für den Einsatz im Weltraum und für „unconventional photography". Ab 1973 widmete er sich als Berater des City of Hope National Center in Duarte, Kalifornien, der zivilen Nutzung hochentwickelter Optiken.

Im Herbst 1922 legte *Richard Hamburger* der Technischen Hochschule zu Berlin zur Erlangung der Würde eines Doktor-Ingenieurs seine Promotionsschrift vor. Richard Hamburger führte von 1926 bis 1934 zusammen mit Curt Piorkowski das Orga-Institut. Er emigrierte 1934 nach den Niederlanden und dann nach Südafrika.

---

76 Adressenliste, Brief Elise Schlesinger an W. von Schütz vom 12.5.1956. Dokumente von Schütz (Sammlung Spur).

77 Bickel, E.: Nachruf Max Ehrenreich, CIRP-Annalen, Bd. X, Heft 1, 1962, S. 75; Lenz, E.: C.V. Max Ehrenreich, Haifa 1999, Kopie Sammlung Spur.

78 Angabe der Emigrationsjahr nach: Guttmann, E.S.: Rundsichtanzeigegerät als Bordnavigationshilfe. Elektrisches Nachrichtenwesen 43 (1968) 2, S. 160.

Im Jahre 1924 legte *Oswald Heller* der Technischen Hochschule zu Berlin eine Dissertation vor mit dem Titel „Berufseignungsfeststellung und Unfallverhütung in der Holzindustrie auf Grund psychotechnischer Prüfverfahren". Heller wurde am 17. Juli 1890 in Teplitz-Schönau in Böhmen geboren. Weitere Angaben konnten nicht ermittelt werden.[79]

Im NS-Sinne jüdisch, emigrierte *Hans Klopstock* im Januar 1939 nach England, wo er unter anderem bei der Britannia Eng. Works in Luton tätig war. Seine Ehefrau Charlotte erhielt offenbar kein Visum. Sie wurde am 28. Mai 1942 nach Cholm deportiert. Ihr weiteres Schicksal ist unbekannt.

Im Jahr 1926 eröffnete *Walter Marcus* zusammen mit Werner von Schütz, der 1921 Otto Rambuscheks Nachfolger als Konstruktionsingenieur am Versuchsfeld für Werkzeugmaschinen geworden war, die Beraterfirma RENTA GmbH. Mit dieser Gründung zählt Marcus zu den Pionieren der modernen Unternehmensberatung in Deutschland.[80] 1933 emigrierte Walter Marcus in die Schweiz, da er – wenngleich evangelisch getauft – von den Nationalsozialisten als Jude verfolgt wurde. Einzelheiten zu den Umständen seiner Emigration sind nicht bekannt. Unmittelbar nach dem Krieg lebte er in Zürich und war in der Folgezeit unter anderem in der Firma Fischer in Schaffhausen tätig.[81]

Nach seiner Assistentenzeit bei Schlesinger ging *Heinz Meyersberg* als Technischer Leiter zur Firma Ernst Alb. Steffens in Remscheid. Im Sinne der Nationalsozialisten jüdisch und deswegen verfolgt, emigrierte er gegen Ende 1932 nach Großbritannien.[82] Dort gründete er noch im Dezember des gleichen Jahres zusammen mit weiteren Gesellschaftern die „English Metal Powder Company (EMPCO)" – „for the purpose of pulverising metals under special patented processes of which it had secured sole rights" – und wurde einer ihrer Direktoren.[83]

Die Dissertationsschrift von *Heinz Neuwahl* wurde am 12. Oktober 1932 vorgelegt und am 18. Februar 1933 genehmigt. Einer Notiz im Soester Anzeiger vom 28. Februar 1933 ist zu entnehmen, dass Neuwahl die Doktorprüfung „cum laude" bestand und im Anschluss Direktor bei der chemischen Fabrik Konack AG Düsseldorf wurde.[84] Über sein weiteres Schicksal sind nur wenige Einzelheiten bekannt. 1939 hielt er sich in Holland auf. Von dort aus schrieb er wegen des Vornamengesetzes an die Behörden in Soest. Im gleichen Jahr wurde der Betrieb seiner Eltern „arisiert", d. h. man zwang seine inzwischen verwitwete Mutter zum Verkauf. Mathilde Neuwahl wurde bald darauf deportiert und ist im Konzentrationslager

79 Immatrikulationsunterlagen der TU Berlin, Universitätsarchiv.

80 v. Schütz, W.: Entwicklung und Bedeutung der Unternehmensberatung in den letzten 50 Jahren. Unveröffentlichtes Manuskript, o. J. (vermutlich 1971). Dokumente von Schütz (Sammlung Spur). – Werner von Schütz weist daraufhin, dass drei der vier Beraterfirmen von Schülern Schlesingers gegründet worden waren. Außer der RENTA waren dies die Beratergemeinschaften Koch und Kienzle sowie Rambuschek und Orenstein. Außerdem existierte zu dieser Zeit bereits das Michel-Institut.

81 Adressenliste, Brief Elise Schlesinger an W. von Schütz vom 12.5.1956. Dokumente von Schütz (Sammlung Spur); Telefonat Günter Spur mit Walter Marcus aus dem Jahre 1971.

82 Akten des OFP, Landesarchiv Berlin; Gedenkbuch Berlins der jüdischen Opfer des Nationalsozialismus, Berlin 1995; Lebenslauf in der Dissertation – Meyersberg, H.: Die Bearbeitbarkeit der Konstruktionsstähle des Automobilbaus. Diss. TH Berlin vom 26.4.1928, Berlin 1928.

83 Pugh, Peter: Astor. A Company waxes wide. Cambridge, 1990, S. 70 und S. 78.

84 Soester Anzeiger vom 28.2.1933, nach: Köhn, Gerhard: Die jüdische Gemeinde Soest. Ihre Mitglieder von 1700 bis zur Vertreibung und Ermordung im Dritten Reich. Versuche einer Rekonstruktion / unter Mitarb. von Dirk Elbert. Westfälische Verlagsbuchhandlung Mocker & Jahn, Soest 1993.

Auschwitz verschollen. Am 12. Juli 1940 wurde Heinz Neuwahl ausgebürgert.[85] Einer Veröffentlichung über die jüdische Gemeinde Soest zufolge lebte er 1971 in Köln. Sein weiterer Verbleib ist unbekannt.[86]

Stephan Pátkay wurde am 13. April 1902 in Budapest geboren. Im Studienjahr 1926/27 war er nicht etatmäßiger Assistent. Am 22. Februar 1929 promovierte er bei Schlesinger und Hanner mit einer Arbeit über „Bearbeitbarkeit, Bohrarbeit und Spiralbohrer". Laut eines Artikels in der Werkstattstechnik von 1933 war er Betriebsingenieur bei Klein, Schanzlin & Becker, Frankenthal (Pfalz). Auf das Jahr 1966 ist ein Schreiben an Max Kurrein in Haifa datiert. Zu diesem Zeitpunkt lebt Pátkay in Pasadena, Kalifornien, und betrieb ein eigenes Unternehmensberatungs- und Ingenieurbüro. Dem Firmenlogo ist zu entnehmen, dass das Büro bereits 1932 gegründet wurde. Ob Pátkay schon zu diesem Zeitpunkt in den USA lebte, ist nicht sicher zu belegen. Im gleichen Brief informierte er Kurrein, dass seine Firma auch in Deutschland Beratungen durchführen würde. Als Beispiel fand die Firma Klein, Schanzlin & Becker Erwähnung.[87]

Eugen Simon war erst ein Jahr Assistent an der Technischen Hochschule Aachen und danach elf Jahre als Konstrukteur, Betriebsingenieur und Abteilungschef in der Industrie tätig. 1911 wurde er Studienrat an der Beuthschule in Berlin. 1928 promovierte Eugen Simon an der Technischen Hochschule zu Berlin mit der Dissertation „Die Geometrie der Schneide und ihre Bedeutung für die Zerspanung". Im Juli 1939 emigrierte Eugen Simon nach Belgien. Anhaltspunkte über sein weiteres Schicksal ließen sich nicht gewinnen.[88]

Franz Koenigsberger war 1931 und 1933 Hilfs- bzw. Privatassistent bei Georg Schlesinger. 1934 heiratete er Lilli Gertrude Schlesinger, die älteste Tochter Georg Schlesingers, mit der er dann über Belgien nach Italien und schließlich nach Großbritannien emigrierte. 1961 wurde Franz Koenigsberger auf den neu gegründeten Lehrstuhl für Werkzeugmaschinen und Bearbeitungstechnik an der Universität Manchester berufen, und war damit der erste Inhaber eines solchen Lehrstuhls in Großbritannien, so wie sein Schwiegervater Georg Schlesinger der erste Inhaber eines Lehrstuhls für Werkzeugmaschinen, Fabrikanlagen und Fabrikbetriebe in Deutschland gewesen war.

Als Sohn eines Zahnarztes, dem selbst das Studium zum Ingenieur verwehrt worden war, ist Franz Koenigsberger am 9. November 1907 in Posen geboren. Hier lebte er bis zu seinem ersten Schuljahr 1914 als Kind einer gutbürgerlichen Familie, mit der Aussicht auf eine gute Schulbildung, ein erlebnisreiches Studium und eine befriedigende Ausbildung.

Im Jahre 1926 beendete Koenigsberger seine Schulzeit mit dem Abitur und dem Berufswunsch, Ingenieur zu werden. In der Zeit von 1926 bis 1931 studierte Koenigsberger an der Technischen Hochschule zu Berlin Maschinenwesen. Einer seiner Lehrer war Professor Drawe. Koenigsberger schloss das Studium erfolgreich mit dem Hauptdiplom ab und fand an-

85 Liste 188 (Dt. Reichsanzeiger u. Preuß. Reichsanzeiger Nr. 161 v. 12.7.1940), abgedruckt S. 371-374, hier S. 373; nach: Hepp, M.: Die Ausbürgerung deutscher Staatsangehöriger 1933-45 nach den im Reichsanzeiger veröffentlichten Listen. 3 Bde., Bd. 1, Saur Verlag, München, London, New York, Paris 1985. Hier ist der vollständige Vorname (Heinz Israel) vermerkt.

86 Vgl. Köhn, Gerhard, a.a.O., S. 263.

87 Brief an Kurrein vom 3.2.1966, Dokumente Ina Dimon (Sammlung Spur).

88 Centrum Judaicum, Archiv; Meldebogen der Familie Siegmund Simon (Dep 3 b XVIII Nr. 288), Niedersächsisches Staatsarchiv Osnabrück; Handschriftlicher Lebenslauf Eugen Simon, o.J., Hochschularchiv Darmstadt; Simon, E.: Die Geometrie der Schneide und ihre Bedeutung für die Zerspanung. Diss. TH Berlin vom 28.11.1928, Berlin 1928.

schließend eine Anstellung an der TH Berlin im Fach Maschinenwesen bei Prof. Schlesinger und wurde Hilfsassistent. In dieser Zeit lernte er auch Schlesingers Tochter Lilli Gertrude kennen, die er 1934 heiratete.

1932 war Koenigsberger Doktorand an der Technischen Hochschule Dresden bei Ewald Sachsenberg, musste jedoch aus politischen Gründen diese Arbeit abbrechen und kehrte 1933 als Privatassistent bei Professor Schlesinger an dessen Lehrstuhl zurück. Dort wurde ihm die besondere Aufgabe zuteil, Schlesinger bei der Bearbeitung seines zweibändigen Werkes „Die Werkzeugmaschine" zu unterstützen, das 1936 erschien und besonders durch den im 2. Band enthaltenden Atlas mit erklärenden Werkzeugmaschinenzeichnungen beispielgebend für spätere Fachbücher war.

Ein Jahr später, 1934, konnte Koenigsberger praktische Erfahrungen und erste Anerkennung seiner Tätigkeit als Konstrukteur bei der Firma G. Kärger in Berlin sammeln, die Werkzeugmacherbänke von hoher Präzision herstellte. Der oft zitierte Satz aus den „Erinnerungen" mag das noch einmal verdeutlichen: „Es ist ein Jammer, daß Sie Diplomingenieur sind" [89], so Kärger, nachdem er sich lobend über die Arbeit Koenigsbergers in seinem Konstruktionsbüro geäußert hatte.

Obwohl sich Franz Koenigsberger aus allen politischen Querelen heraushielt, konnten er und seine Frau nicht in Berlin bleiben. Im März 1935 emigrierten sie zunächst nach Belgien, wo Koenigsberger eine Anstellung als Werkzeugmaschinenkonstrukteur bei der Firma „Ateliers Jaspar" in Liège (Lüttich) erhielt. Wie Schlesinger war auch Koenigsberger während dieser Zeit für die „association pour la rééducation professionelle des réfugiés" tätig, die sich um die Ausbildung von Flüchtlingen kümmerte.

Da Koenigsberger in Belgien nur eine kurzfristig bezahlte Anstellung für eine Spezialaufgabe erhalten hatte und daher auch nur über eine beschränkte Aufenthaltsgenehmigung verfügte, bewarb er sich in Italien bei der Firma „Ansaldo SA, Genua", einem Werftbetrieb, der für die Gründung einer Abteilung der Konstruktion und Fabrikation von Werkzeugmaschinen einen „ersten Konstrukteur" suchte, und Georg Schlesinger um Empfehlungen gebeten hatte.[90]

Nachdem auch in Italien die politische Situation für Juden zunehmend repressiv geworden war, beendete Koenigsberger im August 1938 seine Tätigkeit bei „Ansaldo", wo er sich nach eigenen Angaben „eine sehr befriedigende Situation als Oberingenieur und Chefkonstrukteur für Werkzeugmaschinen geschaffen hatte"[91], um ein Stellenangebot in England anzunehmen. Nach einem zweimonatigem Aufenthalt in Brüssel, wo er auf die Arbeits- und Einreiseerlaubnis wartete, landete Koenigsberger mit seiner Familie am 28. Oktober 1938 in Dover, von wo er nach Manchester weiter reiste, um am 1. November 1938 seine Stelle als Konstrukteur bei der Großwerkzeugmaschinenfabrik Craven Brothers anzutreten.[92]

Am 1. November 1947 begann Koenigsberger seine Lehr- und Forschungstätigkeit auf dem Gebiet der Schweißtechnik, die er in den Jahren 1950 bis 1960 auf das Gebiet der Werkzeugmaschinen und Fertigungstechnik ausgedehnt hat. Nachdem er bereits 1947 den „Master of Technical Science" erworben hatte, erlangte er 1954 den Titel „Doctor of Science".

---

89 Vgl. Koenigsberger, Franz: Amboß oder Hammer – Erinnerungen und Gedanken eines Ingenieurs, der sich nicht unterkriegen lassen wollte. Cosmos Verlag, Bern 1980, S. 23.

90 Vgl. ebd., S. 23 und S. 27 ff.; Anstellungsbrief abgedruckt: S. 33-34; die Angabe, dass der Kontakt zur Firma Ansaldo über G. Schlesinger zustande kam, stammt aus dem Interview mit Lilli Koenigsberger am 4.2.1997.

91 Ebd., S. 42.

92 Vgl. ebd., S. 46-47.

1960 wurde am Institute of Science and Technology der University of Manchester ein Lehrstuhl für Werkzeugmaschinen und Bearbeitungstechnik geschaffen, den Koenigsberger übernahm. In diesem Rahmen nahm er auch die Aufgabe eines „external examiners" an verschiedenen Universitäten innerhalb und außerhalb von Großbritannien wahr.

Inzwischen besaß Koenigsberger anerkanntermaßen Kontakte und Einfluss innerhalb Europas und weltweit. Der Springer-Verlag veröffentlichte seine Arbeit über Konstruktionsprinzipien für Werkzeugmaschinen und das Manchester Institute of Science and Technology beauftragte ihn, dazu Kurse zu organisieren, mit dem Erfolg „Absolventen des Manchester-Kurses würden bevorzugt" eingestellt.[93]

Bild 10.05: Franz Koenigsberger bei der Verleihung der Ehrendoktorwürde der TU Berlin (1969)

In den Jahren 1965/1966 war Koenigsberger Präsident der „Internationalen Forschungsgemeinschaft für mechanische Produktionstechnik" (International Institution of Production Engineering Research, C.I.R.P.). Professor Kienzle würdigte diese Tätigkeit anlässlich der Verleihung der Ehrendoktorwürde der TH Berlin an Koenigsberger folgendermaßen: „Seine hervorragende Fachkenntnis und sein zupackendes Wesen haben ihm alsbald hohe Anerkennung im Kreis dieser wissenschaftlichen Vereinigung verschafft". In seiner Eigenschaft als Präsident „(...) hat sich Herr Koenigsberger besonders für die gute Zusammenarbeit mit Deutschland und Frankreich eingesetzt (...)".[94]

Im Juli 1967 kehrte Koenigsberger als TU-Gastprofessor nach Berlin zurück. Dies war eine von vielen Gastprofessuren, die er dank seines internationalen Rufes innehatte. So hielt er am 13. Februar 1969 eine Gastvorlesung zum Thema „Entwicklung des britischen Werkzeugmaschinenbaus" am Institut für Werkzeugmaschinen der TU Berlin.[95] Einen Tag später, am 14. Februar 1969, verlieh die Technische Universität Berlin den Ehrendoktortitel an Koenigsberger[96].

93 Ebd., S. 86.

94 Gutachten Kienzle, S. 3.

95 Vgl. die Einladung vom 10.2.1969 (Sammlung Spur).

96 Vgl. die Korrespondenz zwischen Spur, Koenigsberger und dem Rektorat sowie die Laudatio des Dekans, Professor Federn (Sammlung Spur).

Im Februar 1970 erhielt Koenigsberger die Ehrendoktorwürde in Gent, Belgien. Im Juli 1974 folgte die Verleihung der Ehrendoktorwürde der Universität Bradford durch den damaligen Premierminister Harold Wilson. Koenigsberger starb am 22. Januar 1979 in Heaton Moore, Großbritannien.

Angleichung der industriellen Psychotechnik

Die politische Entwicklung führte auch in der Psychotechnik zwangsweise zu einer Angleichung. Moede konzentrierte seine Arbeiten auf die industrielle Effektivität. Er sprach sich allerdings gegen die Typologisierung aus, die er als unbrauchbar für berufliche Eignungsbegutachtung bezeichnete.[97]

Nachdem Rupp bereits im Februar 1933 die neuen Aufgaben definiert hatte, forderten Moede, Couvé und Tramm im Juni 1933 alle auf dem Gebiet der Angewandten Psychologie tätigen Praktiker und Wissenschaftler, die den neuen Staat bejahen, zum Beitritt in die von ihnen gegründete Gesellschaft für Psychotechnik auf:

> „Zahllose und neuartige Aufgaben harren der Verwirklichung, an denen jeder mitarbeiten muß, der über Sachkunde und Erfahrung und guten Willen verfügt. Eine rationelle Verteilung der Kräfte ist im Interesse der schnellen Verwirklichung dringend erforderlich. Gemeinnutz geht vor Eigennutz! Die Verwirklichung dieses Grundsatzes erfordert Ausschaltung von Doppelarbeit, Auswahl der im Interesse von Staat und Wirtschaft zu bewältigenden, vordringlichen Aufgaben sowie klare Stellungnahme gegen eine wirklichkeitsfremde Psychologistik. Die Gesellschaft für Psychotechnik e. V. ist Sachwalterin dieser Bestrebungen“.[98]

Der traditionelle psychotechnische Aufgabenbereich in Fragen der Rationalisierung des Arbeitsplatzes und des Arbeitsgeräts wurde von Moede ungebrochen weitergeführt. Die staatlich beeinflusste Arbeitsforschung verlagerte dagegen ihre politischen Schwerpunkte bei der Eignungsprüfung von Arbeitskräften auf charakterliche, erbpsychologische und rassische Anlagen, einschließlich der politischen Gesinnung.

Die Rationalisierung der menschlichen Arbeit sollte noch weiter vorangetrieben werden als in den Jahren der Weimarer Republik. Trotz der Bemühungen, eine geeignete Verteilung aller Arbeitskräfte zu erreichen, entstand das Problem der Desintegration von Arbeitern, die ab 1938 sprunghaft zunahm. Ob Psychologen besonders gefragt waren, ist umstritten; fest steht lediglich, dass es Ende der 1930er Jahre die ersten fest angestellten Psychologen in deutschen Betrieben gab.[99]

Maßgeblichen Einfluss auf die Entwicklung der Betriebspsychologie hatte das Deutsche Institut für Technische Arbeitsschulung (DINTA), das 1925 gegründet und von dem Ingenieur Karl Arnhold geleitet wurde. Diese betriebspädagogische Einrichtung propagierte Arbeitsfreude und Werkgemeinschaft und wurde größtenteils von den konservativen Kreisen (Deutschnationale Volkspartei – DNVP) finanziert. Dadurch wurde sie in der letzten Phase der Weimarer Republik zu einer führenden Schule der Arbeitswissenschaft. Durch berufsberatende Tätigkeit, Erwachsenenbildung und umfassende sozialbetriebliche Politik hatte sie vorwiegend unter den jungen Arbeitslosen eine große Anhängerschaft.

---

97 Moede, W.: Arbeitstechnik – Die Arbeitskraft: Schutz, Erhaltung, Steigerung. Stuttgart 1935, S. 135.

98 Moede, W.: Aufruf der Gesellschaft für Psychotechnik. Industrielle Psychotechnik 10 (1933) 6, S. 161. Anmerkung: Die Gründung der Gesellschaft blieb ohne nachhaltige Wirkung.

99 Vgl. Geuter, Ulfried: Die Professionalisierung der deutschen Psychologie im Nationalsozialismus. Campus Verlag, Frankfurt a.M. 1984, S. 248.

Im Jahre 1928 existierten 71 Ausbildungszentren und um 1930 arbeiteten etwa 300 Firmen nach DINTA-Richtlinien. Nach der nationalsozialistischen Machtübernahme wurde das DINTA in die Deutsche Arbeitsfront (DAF) einverleibt. Karl Arnhold avancierte zum Leiter des Amtes für Berufserziehung und Betriebsführung, dem ersten nationalen Institut für Arbeitspsychologie. Arnhold verbreitete die nationalsozialistische Arbeitsideologie durch den Gedanken, das „Tempo der Maschine mit dem Rhythmus des Blutes" durch die organische Formation des Betriebs und Militarisierung der Führerschaft zu harmonisieren.[100]

Durch Anordnung des Führers der Deutschen Arbeitsfront, Dr. Ley, wurde das DINTA unter der Bezeichnung Deutsches Institut für Nationalsozialistische Technische Arbeitsforschung und -schulung in die Deutsche Arbeitsfront eingegliedert. Die Hauptaufgabe bestand in der Erziehung zur Gemeinschaft, in der betrieblichen Menschenführung sowie in der Heranbildung eines hochwertigen Facharbeiters auf Grund des Eignungsprinzips.[101]

Neben den ersten Einstellungen von Psychologen in Betrieben[102] gegen Ende der 1930er Jahre waren Werbung und Arbeitsdienst weitere Gebiete wirtschaftspsychologischer Tätigkeit.

Neue Schwerpunkte der Betriebspsychologie waren die Schulung von Führungskräften und die psychotherapeutische Berufsberatung, zum einen auf Grund der Desintegration der Arbeiter, zum anderen auf Grund des Mangels an Vorarbeitern, die zur Wehrmacht abberufen worden waren; auch die Produktivität sollte durch psychologische Schulung erhöht werden. Auf dem Psychotherapeuten-Kongress von 1940 bezeichnete Arnhold das Problem des richtigen Betriebsführers als Schlüsselproblem der Zukunft.

Im Jahre 1938 wurde das Institut für Arbeitspsychologie und Arbeitspädagogik der DAF gegründet, das ausschließlich von Psychologen besetzt wurde. Leiter des Instituts war Joseph Mathieu. Die DAF hatte damit ein arbeitswissenschaftliches Institut, das als eigene wissenschaftliche Zentralstelle zuständig war für die wissenschaftliche Forschung der DAF. Die Zwangsgewerkschaft verfügte, dass sieben Psychologen an einem zentralen arbeitspsychologischen Forschungsinstitut arbeiteten, für dessen Leistungen die Betriebe nicht zahlen mussten. Die kriegswirtschaftlichen Erfordernisse hatten demzufolge eine Auslösefunktion für den Einsatz von Industriepsychologen in den Betrieben und bei der DAF.[103]

Bereits die ersten Monate nach der Machtübernahme Hitlers im Januar 1933 bedeuteten eine wesentliche Weichenstellung für die Wirtschaftspolitik des Dritten Reiches und damit für die Arbeitskräftesituation.

Die Regierung unter Hitler knüpfte vor dem Hintergrund einer sich allmählich erholenden Weltwirtschaft an jene Arbeitsbeschaffungsmaßnahmen an, die bereits unter den vorhergehenden Regierungen angelaufen waren.[104] Die Gesetze zur Verminderung der Arbeitslosigkeit vom 1. Juni 1933 und 21. September 1933, Ehestandsdarlehen und ein steuerbegünstigstes Instandsetzungsprogramm für die private und kommerzielle Bautätigkeit, der am 27. Juni 1933 gesetzlich geregelte Bau der Reichsautobahn sowie die Senkung der fiskalischen Belastung

---

100 Vgl. Rabinbach, Anson: The Human Motor. Energy, Fatigue, and the Origins of Modernity. Berkeley 1992, S. 284 ff.

101 Spur/Haak, 1994, S. 142.

102 Vgl. Geuter, Ulfried: Die Professionalisierung der deutschen Psychologie im Nationalsozialismus. Campus Verlag, Frankfurt a.M. 1984, S. 228.

103 Ebd., S. 249-254.

104 Frei, Norbert: Der Führerstaat – nationalsozialistische Herrschaft 1933 bis 1945. dtv, München 1989, S. 87.

des Verkehrs[105] schufen die Voraussetzungen für wirtschaftliches Wachstum und eine Reduzierung der Arbeitslosigkeit.

Schon im Februar 1933 nutzte Hitler die Besprechung mit seinen Ministern[106], um auf eine Verknüpfung der Maßnahmen zur Schaffung neuer Arbeitsplätze mit dem Aufbau einer militärischen Infrastruktur zu drängen. „Jede öffentlich geförderte Arbeitsbeschaffungsmaßnahme müsse unter dem Gesichtspunkt beurteilt werden, ob sie notwendig sei vom Gesichtspunkt der Wiederwehrhaftmachung des deutschen Volkes. Dieser Gedanke müsse immer und überall im Vordergrund stehen".[107]

In den Ausführungen Hitlers auf der Sitzung des Ausschusses für Arbeitsbeschaffung wird die Zielrichtung nationalsozialistischer Wirtschaftspolitik unmissverständlich deutlich:

> „Die Zukunft Deutschlands hänge ausschließlich und allein vom Wiederaufbau der Wehrmacht ab. Alle anderen Aufgaben müßten hinter der Aufgabe der Wiederaufrüstung zurücktreten […]. Jedenfalls stehe er auf dem Standpunkt, daß in Zukunft bei einer Kollision zwischen Anforderungen der Wehrmacht und Anforderungen für andere Zwecke die Interessen der Wehrmacht unter allen Umständen vorzugehen hätten. In diesem Sinne sei auch bei der Vergebung der Mittel des Sofortprogramms zu entscheiden. Er halte die Bekämpfung der Arbeitslosigkeit durch Vergebung öffentlicher Aufträge für die geeignetste Hilfsmaßnahme. Das 500-Millionen-Programm sei das größte seiner Art und besonders geeignet, den Interessen der Wiederaufrüstung dienstbar gemacht zu werden. Es ermögliche am ehesten die Tarnung der Arbeiten für die Verbesserung der Landesverteidigung".[108]

Entsprechend dieser wirtschaftspolitischen Grundausrichtung nahmen die Rüstungsausgaben, die 1933 noch 746 Mio. RM betrugen, kontinuierlich zu. Im letzten Friedensjahr beliefen sie sich auf über 17 Mrd. RM, ihr Anteil am Volkseinkommen erreichte bereits 21 Prozent.[109]

Die Rüstungsausgaben der Regierung konzentrierten sich seit 1933 verstärkt auf die Luftwaffe und auf die Bedürfnisse des Heeres, wobei insbesondere zwischen 1937 und 1938 ein außerordentlicher Sprung zu verzeichnen war.

Allein zwischen 1933 und 1936 erhöhten sich die Staatsausgaben für die Luftwaffe von 76 Mio. RM auf 2.225 Mio. RM.[110] Auch die Aufwendungen des Staatshaushalts für die Marine, die in absoluten Zahlen geringer ausfielen als die für Heer und Luftwaffe, stiegen nach der Machtübernahme durch die Nationalsozialisten schnell an. Zwischen 1933 und 1938 erhöhten sich die Ausgaben um mehr als das Achtfache von 192 Mio. RM (1933) auf 1.632 Mio. RM im Jahre 1938.[111]

Diese eindeutig auf die „Wehrhaftmachung" des deutschen Volkes gerichtete Politik blieb nicht ohne Folgen für den Arbeitsmarkt und die Ausrichtung der Psychotechnik. Ab 1938 wurde die Wirtschaftspolitik vollständig auf Kriegswirtschaft umgestellt: Dienstver-

---

105 Kluke, Peter: Hitler und das Volkswagenprojekt. Vierteljahrsheft zur Zeitgeschichte 8 (1960), S. 341-383. Blaich, Fritz: Wirtschaft und Rüstung im „Dritten Reich". Schwann-Verlag, Düsseldorf 1987, S. 148-164.

106 An dieser Besprechung beteiligten sich der Reichskanzler Hitler, der Verkehrsminister Eltz von Rübenach, der Finanzminister Schwerin von Krosigk, der Arbeitsminister Seldte, der Reichskommissar für Luftfahrt Göring, der Reichswehrminister von Blomberg, der Reichskommissar für Arbeitsbeschaffung Gereke und Direktor Milch von der Lufthansa.

107 Vgl. Blaich, Fritz: Wirtschaft und Rüstung im „Dritten Reich". Schwann-Verlag, Düsseldorf 1987, S. 55 f.

108 Ebd., S. 57.

109 Ebd., S. 83.

110 Homze, Edward L.: Arming the Luftwaffe: The Reich Air Ministry and the German Aircraft Industry 1919-1939. Univ. of Nebraska Press, Lincoln 1976.

111 Herbst, Ludolf: Die Krise des nationalsozialistischen Regimes am Vorabend des Zweiten Weltkrieges und die forcierte Aufrüstung. Vierteljahrsheft zur Zeitgeschichte 26 (1978), S. 347-392.

pflichtung, Erweiterung der Berufsausbildung für Facharbeiter, zwangsweise Berufsberatung für Schulabgänger, Verkürzung der Lehrzeit und Arbeitszeitverlängerung zählten zu den Maßnahmen zur Lenkung des Arbeitsmarktes. Hierzu gehörte auch der Einsatz von ausländischen Arbeitern, insbesondere von Deportierten und Kriegsgefangenen. Zur Auswahl der Besten unter den Deportierten wurde die Konkurrenzauslese in Massenverfahren wieder eingeführt, wobei die Methoden vom arbeitspsychologischen Institut der DAF bereitgestellt wurden.

Der einstmals als unvermeidbar definierte Interessenkonflikt zwischen Arbeitnehmern und Arbeitgebern wurde durch die allgemeine Einführung des Führerprinzips in der Wirtschaft und durch die Einbindung aller Unternehmen in eine zentralisierte Befehlshierarchie, also durch eine enge Verbindung von Staat und Wirtschaft im Sinne einer *Ganzheit des Volkes*, scheinbar aufgelöst; zum einen durch die Substitution der Gewerkschaften durch die Deutsche Arbeitsfront (DAF) und zum anderen durch die Vertreibung und Verfolgung von Sozialdemokraten und Kommunisten. Dennoch wäre es falsch, die Ganzheitstheorie oder die *romantisierende* Wende vollständig mit nationalsozialistischer Ideologie gleichzusetzen, da sie in Ansätzen bereits Ende der 1920er Jahre entwickelt wurde.

Zusammenfassend kann gesagt werden, dass in der Arbeitspsychologie Widersprüche zwischen einem effizienten Einsatz und der ideologischen Anpassung zu erkennen waren. Einerseits wurden psychotechnische Verfahren kritisiert und die Rolle für Rassen- und Stammesuntersuchungen herausgestellt, andererseits wurden sie aber als effektive Verfahren eingesetzt, auch bei der Auslese deportierter Arbeitskräfte.

Moede grenzte die Psychotechnik nach 1933 deutlich von der *Wehrmachtspsychologie* ab. Letztere wurde nach 1933 ausgebaut und erhielt zeitweise eine überbetonte Bedeutung. Er forderte die Ausschaltung von Doppelarbeit, die Auswahl der im Interesse von Staat und Wirtschaft zu bewältigenden vordringlichen Aufgaben, klare Stellungnahmen gegen eine wirklichkeitsfremde Psychologistik sowie eine Bündelung aller Kräfte zur Verwirklichung der neu gestellten Aufgaben.[112]

Nach 1936, als durch den Vierjahresplan die Rüstungswirtschaft zur Kriegsvorbereitung angekurbelt wurde und ein allgemeiner Wirtschaftsaufschwung einsetzte, waren für die Arbeitspsychologen neue Aufgaben gegeben.

Die bereits zuvor eingeführten Eignungsprüfungen für Offiziersbewerber in der Reichswehr waren allerdings umstritten, da diese unter anderem auch das Privileg des Adels im Heer in Frage stellten. Daher wurden bereits 1930 und dann noch einmal im Jahr 1936 Richtlinien für die psychologischen Prüfstellen geschaffen, die bestimmten, dass der psychologische Befund der gesamten Kommission für das Eignungsurteil vorgelegt und die endgültige Entscheidung über die Eignung des Bewerbers somit dem Militär überlassen wurde.[113]

Nach 1942 wurden die Luftwaffen- und Heerespsychologie aufgelöst und die Eignungsprüfungen abgeschafft, da praktisch jeder Bewerber genommen wurde.

---

[112] Moede, W.: Industrielle Psychotechnik 10 (1933) 6, S. 161.

[113] Vgl. Spur, G.; Ebert, J.; Haak, R.: Psychotechnik im Nationalsozialismus. Interner Projektbericht des IWF der TU Berlin, S. 139-140.

Profil des Instituts für industrielle Psychotechnik und Arbeitstechnik der TH Berlin

Institutionalisierung als planmäßiges Extraordinariat

Seit Gründung der Arbeitsgruppe für Psychotechnik im Jahre 1918 hatte Walther Moede nach 15jähriger Lehr- und Forschungstätigkeit sein Institut zu hohem wissenschaftlichen Ansehen entwickelt. Es wurde seit 1925 im Programm der TH Berlin als selbständiges Institut ausgewiesen und 1928 um den Bereich Arbeitstechnik ergänzt.

Moede nahm in der universitären psychotechnischen Forschung eine weiterhin überragende Stellung ein. Seine Schriften und Forschungsergebnisse standen im Vordergrund. Es fällt dabei auf, dass sich trotz nachhaltiger Gesellschaftsreformen die Psychotechnik in ihrer völlig praxisorientierten Ausrichtung beinahe unverändert fortsetzen konnte. Moedes Schwerpunkt einer leistungsorientierten und auf betriebliche Effektivität ausgerichteten Psychotechnik schloss ideologisch ausgerichtete Themenschwerpunkte weitgehend aus.[114]

Moede gab während des Nationalsozialismus weiterhin die Zeitschrift „Industrielle Psychotechnik" heraus. Nach der Machtübernahme war ab Juni 1933 eine gewisse Bereitwilligkeit erkennbar, der Psychotechnik bzw. der angewandten Psychologie veränderte Funktionen und Anwendungsfelder in der neuen Gesellschaftsordnung zuzuschreiben. Moede war jedoch kein Verfechter nationalsozialistischer ideologischer Standpunkte, sondern versuchte, sich wie viele unpolitische Wissenschaftler der neuen Gesellschaftsform anzupassen. Die Forschungen an seinem Institut führte Moede aus der Zeit der Weimarer Republik kontinuierlich mit der Zielsetzung industrieller Anwendung fort. Mit dem Beginn des Krieges war jedoch eine Ausrichtung auf die Kriegswirtschaft unausweichlich.

Durch Ministererlass vom 28. März 1933 erhielt das Lehrgebiet[115] Moedes an der TH Berlin die Bezeichnung „Angewandte Psychologie" mit besonderer Berücksichtigung der industriellen und der Wirtschafts-Psychologie, Psychotechnik sowie „Arbeitstechnik" mit Bestgestaltung der Arbeitsverfahren durch Arbeits-, Zeit- und Leistungsstudien.[116]

Durch Ministererlass[117] vom 8. Juni 1940 wurde Walther Moede mit Wirkung vom 1. Mai 1940 unter Berufung in das Beamtenverhältnis auf Lebenszeit zum außerordentlichen Professor ernannt und ihm in der Fakultät für Maschinenwesen der Technischen Hochschule Berlin die freie Planstelle eines außerordentlichen Professors mit der Verpflichtung verliehen, die Psychotechnik in Vorlesungen und Übungen zu vertreten. Gleichzeitig wurde er zum Direktor des Instituts für Psychotechnik der TH Berlin ernannt. Der neu geschaffene Lehrstuhl wurde verwaltungsgemäß als planmäßiges Extraordinariat eingeordnet.

---

114 Geuter, Ulfried: Die Professionalisierung der deutschen Psychotechnik im Nationalsozialismus. Campus Verlag, Frankfurt a. M. 1984, S. 153.

115 Umbenennung des Lehrgebiets als hauptamtliche Dozentur.

116 Vgl. Industrielle Psychotechnik 10 (1933) 5, S. 160.

117 Dokument 10-17: Schreiben des Reichsministers vom 8. Juni 1940.
Nach der neuen Reichshabilitationsordnung von 1939 konnten auch nicht beamtete außerordentliche Professoren zu beamteten außerplanmäßigen Professoren ernannt werden (die Bezeichnung „außerordentlicher Prof." entfiel). Der einzige Fall, in dem die Verbeamtung eines außerordentlichen Professors nach 1939 erfolgte, ist der W. Moedes. Vgl.: Ash, M.G.; Geuter, U.: NSdAP-Mitgliedschaft und Universitätskarriere in der Psychologie. In: Graumann, C.F. (Hrsg.): Psychologie im Nationalsozialismus. Springer-Verlag, Berlin 1955, S. 266, Anm. 6.

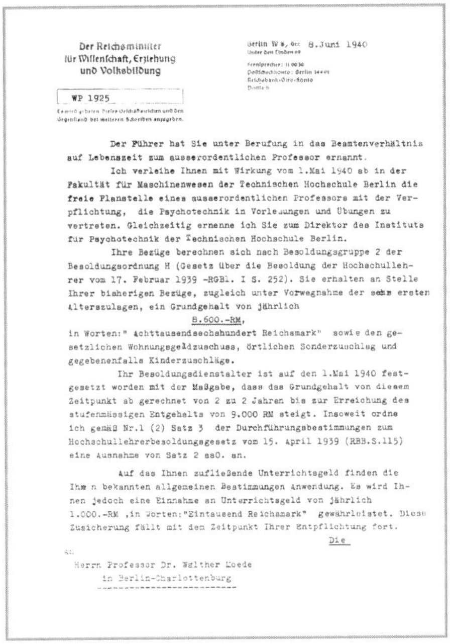

Der Reichsminister
für Wissenschaft, Erziehung
und Volksbildung

Berlin W 8, den 8.Juni 1940
Unter den Linden 69
Fernsprecher: 11 00 30
Postscheckkonto: Berlin 14401
Reichsbank-Giro-Konto

WP 1925

Es wird gebeten, dieses Geschäftszeichen und den Gegenstand bei weiteren Schreiben anzugeben.

Der Führer hat Sie unter Berufung in das Beamtenverhältnis auf Lebenszeit zum ausserordentlichen Professor ernannt.

Ich verleihe Ihnen mit Wirkung vom 1.Mai 1940 ab in der Fakultät für Maschinenwesen der Technischen Hochschule Berlin die freie Planstelle eines ausserordentlichen Professors mit der Verpflichtung, die Psychotechnik in Vorlesungen und Übungen zu vertreten. Gleichzeitig ernenne ich Sie zum Direktor des Instituts für Psychotechnik der Technischen Hochschule Berlin.

Ihre Bezüge berechnen sich nach Besoldungsgruppe 2 der Besoldungsordnung H (Gesetz über die Besoldung der Hochschullehrer vom 17. Februar 1939 -RGBl. I S. 252). Sie erhalten an Stelle Ihrer bisherigen Bezüge, zugleich unter Vorwegnahme der sechs ersten Alterszulagen, ein Grundgehalt von jährlich

8.600.-RM,

in Worten:" Achttausendsechshundert Reichsmark" sowie den gesetzlichen Wohnungsgeldzuschuss, örtlichen Sonderzuschlag und gegebenenfalls Kinderzuschläge.

Ihr Besoldungsdienstalter ist auf den 1.Mai 1940 festgesetzt worden mit der Maßgabe, dass das Grundgehalt von diesem Zeitpunkt ab gerechnet von 2 zu 2 Jahren bis zur Erreichung des stufenmässigen Entgehalts von 9.000 RM steigt. Insoweit ordne ich gemäß Nr.1 (2) Satz 3 der Durchführungsbestimmungen zum Hochschullehrerbesoldungsgesetz vom 15. April 1939 (RBB.S.115) eine Ausnahme von Satz 2 aaO. an.

Auf das Ihnen zufließende Unterrichtsgeld finden die Ihnen bekannten allgemeinen Bestimmungen Anwendung. Es wird Ihnen jedoch eine Einnahme an Unterrichtsgeld von jährlich 1.000.-RM ,in Worten:"Eintausend Reichsmark" gewährleistet. Diese Zusicherung fällt mit dem Zeitpunkt Ihrer Entpflichtung fort.

Die

An
Herrn Professor Dr. Walther Moede
in Berlin-Charlottenburg

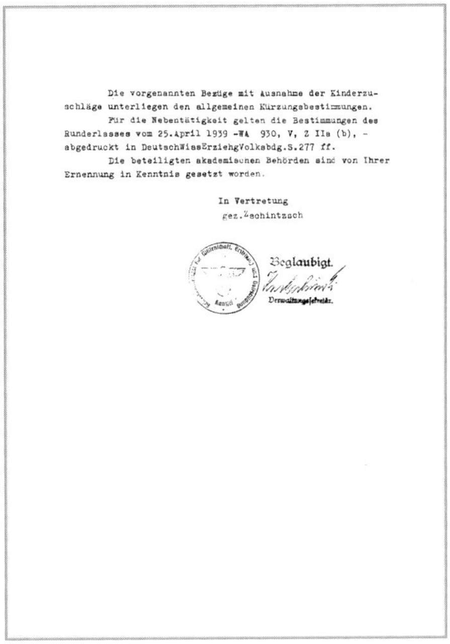

Die vorgenannten Bezüge mit Ausnahme der Kinderzuschläge unterliegen den allgemeinen Kürzungsbestimmungen.

Für die Nebentätigkeit gelten die Bestimmungen des Runderlasses vom 25.April 1939 -WA 930, V, Z IIa (b), - abgedruckt in DeutschWissErziehgVolksbdg.S.277 ff.

Die beteiligten akademischen Behörden sind von Ihrer Ernennung in Kenntnis gesetzt worden.

In Vertretung
gez. Zschintzsch

Beglaubigt.
Verwaltungssekretär.

Bild 10.06: Berufung in das Beamtenverhältnis auf Lebenszeit als ao. Professor

Durch Ministererlass[118] vom 21. Juni 1940 wurde die bisherige hauptamtliche Dozentur für Angewandte Psychologie (Industrielle und Wirtschaftspsychologie; Psychotechnik; Arbeitstechnik) an der Technischen Hochschule Berlin in einen planmäßigen Lehrstuhl für Psychotechnik umgewandelt. Arbeitsgebiet des Lehrstuhls war die Betriebs- und Wirtschaftslehre vom Menschen auf der Grundlage der Psychologie.

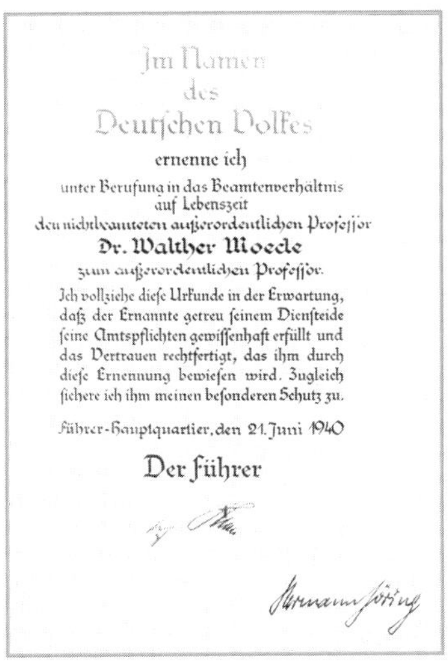

Im Namen
des
Deutschen Volkes
ernenne ich
unter Berufung in das Beamtenverhältnis
auf Lebenszeit
den nichtbeamteten außerordentlichen Professor
Dr. Walther Moede
zum außerordentlichen Professor.
Ich vollziehe diese Urkunde in der Erwartung, daß der Ernannte getreu seinem Diensteide seine Amtspflichten gewissenhaft erfüllt und das Vertrauen rechtfertigt, das ihm durch diese Ernennung bewiesen wird. Zugleich sichere ich ihm meinen besonderen Schutz zu.
Führer-Hauptquartier, den 21. Juni 1940
Der Führer

Bild 10.07: Ernennungsurkunde vom 21. Juni 1940

118 Vgl. Industrielle Psychotechnik 17 (1940) 8/11, S. 261.

1943 wurde an der Technischen Hochschule Berlin die Psychotechnische Arbeitstechnik in die Fachrichtung Werkzeugmaschinen und Betriebswissenschaft unter dem Titel Betriebswissenschaft III eingegliedert.

Arbeitsgebiet des Lehrstuhls war die Betriebs- und Wirtschaftslehre auf der Grundlage der Psychologie. Damit wurde die Betriebslehre nicht nur technisch und wirtschaftlich, sondern auch psychotechnisch an der Technischen Hochschule Berlin in Vorlesungen und Übungen behandelt. Zu den Lehrstühlen der Mathematik, Physik und Chemie war nunmehr auch ein solcher für Psychologie getreten, um in praktischer Anwendung Produktion, Verwaltung, Konsum, Betrieb und Wirtschaft zu studieren. Das Arbeitsgebiet umfasste die gesamte Psychologie in ihrer Anwendung auf Produktion, Konsum und Verwaltung, und insbesondere:

- Personalwesen mit besonderer Berücksichtigung der Eignungsbegutachtung aller Art: Übung, Anlernung und Schulung;
- Arbeitswissenschaft: Arbeitsstudien und Arbeitstechnik, Zeit-, Leistungs- und Ermüdungsmessungen;
- Unfallwesen: Unfallfeststellung, -klärung und -verhütung;
- Konsumpsychologie: Markt, Verkauf, Werbung.

Institutsstandort

Die räumliche Situation war zufriedenstellend gelöst. Der Standort im Westflügel des Hauptgebäudes war für den Institutsbetrieb sehr günstig gelegen. Für experimentelle Untersuchungen stand ein gut ausgestattetes psychotechnisches Laboratorium zur Verfügung. Die unterschiedlichen Hörsäle im Hauptgebäude gaben für die zahlreichen Vorlesungen, Seminare und Lehrgänge einen gut anpassbaren Rahmen für die Außenarbeit des Instituts. Weitere Räume standen in der Franklinstraße zur Verfügung.

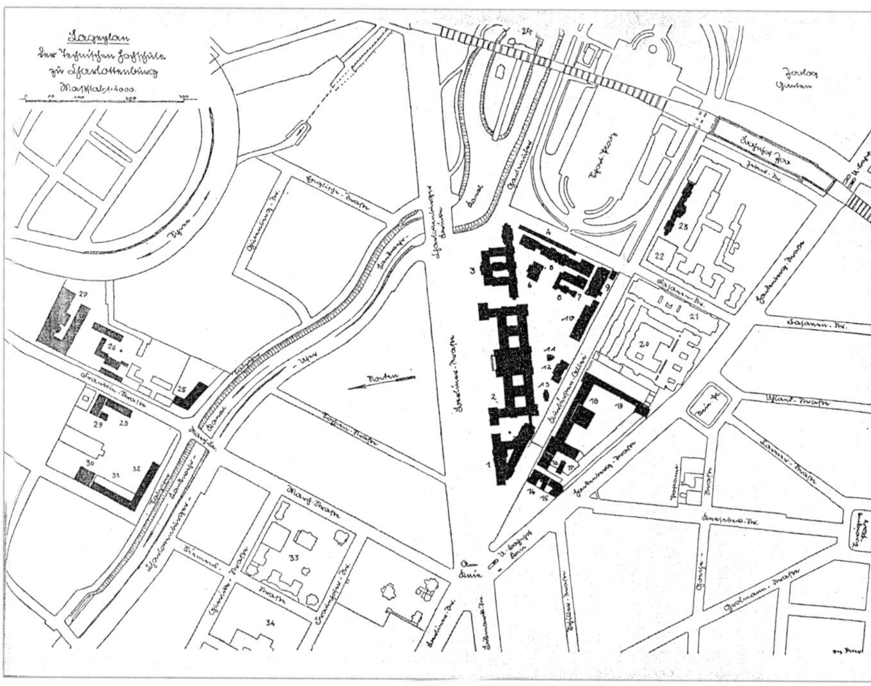

Bild 10.08: Lageplan der TH Charlottenburg

1. Erweiterungsbau der Technischen Hochschule
2. Hauptgebäude, Altbau; **Institut für industrielle Psychotechnik**
3. Chemiegebäude
4. Versuchsanstalt für Heiz- und Lüftungswesen
5. Prüfungsamt, Institut für Technische Strömungsforschung, Festigkeitslaboratorium, Versuchsfeld für Maschinen-Elemente, Versuchsanstalt für Verbrennungsmaschinen und Kraftfahrzeuge
6. Institut für physikalische Chemie und Elektrochemie
7. Elektrotechnisches Versuchsfeld und **Versuchsfeld für Werkzeugmaschinen und Betriebswissenschaft**
8. Wasserbaulaboratorium
9. Kesselhaus
10. Maschinenbaulaboratorium
11. Ventilator
12. Institut für Aufbereitung und Brikettierung
13. Gewächshaus
14. Metallhüttenmännisches Institut und Probierlaboratorium der Bergbauabteilung
15. Staatliche Akademie für Kirchen- und Schulmusik
16. Maschinen-Laboratorium der Fakultät für Bergbau und Hüttenwesen
17. Chemisches Laboratorium der Fakultät für Bergbau und Hüttenwesen
18. Physikalisches Institut, Versuchsanstalt für Ingenieurbau und Institut für Bodenmechanik
19. Reichsstudentenwerk und Kameradschaftshaus des Studentenwerkes der T. H.
20. Vereinigte Staatsschulen für freie und angewandte Kunst
21. Akademische Hochschule für Kunst
22. Heereswaffenamt
23. Wehrtechnische Fakultät
24. Versuchsanstalt für Strömungsmaschinen, Versuchsanstalt für Wasserbau und Schiffbau
25. Institut für Schwingungs-Forschung
26. Amtliche Prüfstelle für Kraftfahrzeuge
27. Skihalle
28. Institut für Metallkunde, Sammlung für Lagerstättenkunde, Forschungsinstitut für Kältetechnik und Trockentechnik
29. Institute für Elektrochemie und Gasanalyse
30. Lehrstuhl für Fördermaschinen
31. **Institut für industrielle Psychotechnik**
32. Institut für Vermessungs-Kunde, Optisches Institut, Institut für Getriebelehre
33. Physikalsich-Technische Reichsanstalt
34. Museum für Arbeitsschutz

Personelle Ausstattung

Dem Institut waren zwei planmäßige Assistentenstellen zugeordnet, die von 1933 bis 1946 wie folgt besetzt waren:[119]

Erwin Bayer	Mai 1929 – Juni 1934,
Otto Köhler	25.4.1932 – 15.9.1934,
Hellmuth Schmidt	1.9.1934 – 30.6.1942,
Günther Missbach	1.4.1934 – 1.3.1936,
Joseph K. Lange	1.3.1936 – 31.12.1937,
Bruno Seeber	1.7.1937 – April 1941 (†),
Gerhard Dressel	1.5.1942 – April 1945,
Eberhard Dörling	1944 – 31.12.1944,
Walter Hermann Tillmann	Januar 1946 – Juni 1946.

Außerdem arbeiteten am Institut als studentische Hilfskräfte im Zeitraum 1943/45: stud. phil. Schellenberg (1.1.1943 – 31.3.1943), stud. phil. rer. pol. Maria Wobith (1944 †), stud. phil. Hildegard Riedel sowie stud. phil. Ingelotte Krüger (1944/45).

Als Sekretärin arbeitete Else Prinstinger, geborene Waymann, von etwa 1930 bis 1943 im Institut. Vera Rohde wurde als weitere Verwaltungsangestellte am 15. April 1942 eingestellt.

[119] Liste der Assistenten am Moede-Institut, angefertigt von Walther Moede.

Sie begleitete Walther Moede auch weiterhin und arbeitete ab 1943 als Sekretärin. Hans Opitz war seit 7. Dezember 1929 bis zum 8. Mai 1945 als Institutsmechaniker beschäftigt.

Bild 10.09: Mitarbeiter am Institut 1934: Opitz, Schmidt, Fr. Prinstinger, Köhler, Bayer (v.l.n.r.)

Am Institut für industrielle Psychotechnik und Arbeitstechnik arbeiteten unter Anleitung von Walther Moede folgende ausländische Studenten und Mitarbeiter:[120] Frau Dr. Morones, Leiterin des Psychotechnischen Institutes, Mexico, Dipl.-Ing. Schnewlin, Schweiz, cand. ing. Lage, Peru, Dr. Demény, Ungarn, cand. ing. Öyen, Norwegen, stud. phil. Kretiarytich, Rumänien, Dipl.-Ing. F. Deng, China, cand. ing. E. Aziz, Türkei, Dipl.-Ing. Röhrs, Spanien, und Dr.-Ing. Ingenohl, Dänemark.

Dipl.-Ing. *Günther Missbach* studierte Maschinenbau an der TH Berlin. Er war Assistent am Institut für Psychotechnik und Arbeitstechnik vom 1. April 1935 bis 1. März 1936. Sein Forschungsgebiet bezog sich auf Untersuchungen beim Führen von Kraftfahrzeugen. Er veröffentlichte 1935 einen Beitrag über *Bremsen oder Ausweichen* in der Industriellen Psychotechnik.[121] Über seinen weiteren Berufsweg ist bekannt, dass er in der Industrie über verschiedene Leitungsfunktionen als Ausbildungsleiter, Verkaufsleiter und Assistent des Betriebsleiters schließlich Inhaber einer Maschinenfabrik wurde.

Joseph K. Lange war als Psychologe vom 1. März 1936 bis zum 31. Dezember 1937 Assistent bei Walther Moede. Er untersuchte im Rahmen seiner Forschungsarbeit „*Das Lichtbild im Dienste der Persönlichkeitskennzeichnung und Eignungsfeststellung*" physiognomische Werte auf ihre Aussagekraft hin. So wurden Jugendliche im Alter von 16 bis 18 Jahren, die im psychotechnischen Institut einer vielseitigen Kraftfahrereignungsuntersuchung unterzogen worden waren, auf Grund von vorgelegten Lichtbildern auf ihre Aufmerksamkeits- und Reaktionsleistungen geschätzt.

Dr.-Ing. *Hellmuth Schmidt* studierte von 1929 bis 1935 Starkstromtechnik an der TH Berlin und promovierte Juni 1938. Das Thema seiner Dissertation lautete „Funktions- und Leistungsanalyse des Höhenfliegers". Er arbeitete vom 1. September 1934 bis zum 30. Juni 1942

[120] Dokument 10-44: Maschinenschriftliche Aufzeichnung im Nachlass von Walther Moede.

[121] Missbach, Günther: Bremsen oder Ausweichen. Experimentelle Verhaltensstudien auf dem Kraftwagen. Industrielle Psychotechnik 12 (1935) 4/5, S. 137-148.

als wissenschaftlicher Assistent am Institut. Die Schwerpunkte seiner Forschungstätigkeiten waren Arbeitsteilung und Arbeitsbindung, Höhenfestigkeit im Flugdienst, Orientierung in Großgebäuden, Arbeitsversuche bei Sauerstoffmangel sowie arbeitstechnische Untersuchungen beim Arbeiten mit Staubmaske. Von 1939 bis 1942 war Dr. Schmidt nebenamtlich freier Mitarbeiter bei Heinkel Rostock, wo er ab 1. Juli 1942 Abteilungsleiter und ab 1. September 1943 stellvertretender Betriebsführer wurde. Außerdem war Dr. Schmidt Leiter der Gauarbeitsgemeinschaft Mecklenburg für betriebliches Vorschlagswesen und Haupterfinderbetreuer der EHAG. Er arbeitete als Bezirksarbeitseinsatzingenieur für Mecklenburg und war Mitglied der Rüstungskommission II des Reichsministers für Rüstung und Kriegsproduktion sowie Generalbevollmächtigter für Rüstungsaufgaben im Vierjahresplan.

Seine Veröffentlichungen waren:

- Orientierung in Großgebäuden. Industrielle Psychotechnik, Bd. IX, 1932, Heft 6, S. 184-191.
- Arbeitsteilung und Arbeitsbindung. Industrielle Psychotechnik, Bd. XI, 1934, Heft 7/8, S. 243-250.
- Äußere Erscheinung und Persönlichkeitsbeurteilung. Industrielle Psychotechnik, Bd. XI, 1934, Heft 10, S. 311-315.
- Kraftfahrereignungsprüfung in England. Industrielle Psychotechnik, Bd. XII, 1935, Heft 1, S. 28-32.
- Höhenfestigkeit im Flugdienst. Industrielle Psychotechnik, Bd. XII, 1935, Heft 12, S. 366-373.
- Die Höhenkrankheit und ihre Bekämpfung. Industrielle Psychotechnik, Bd. XV, 1938, Heft 4/6, S. 162-180.
- Die körperliche Leistungsfähigkeit des Menschen und ihre Minderung durch Sauerstoffmangel. Industrielle Psychotechnik, Bd. XV, 1938, Heft 11/12, S. 367-384.
- Arbeitsversuche bei Sauerstoffmangel. Industrielle Psychotechnik, Bd. XVI, 1939, H. 4/5, S. 137-150.

Eberhard Dörling wurde am 16. November 1920 in Ruhla geboren, besuchte die Höhere Schule in Eisenach, studierte an der Technischen Hochschule Berlin Allgemeinen Maschinenbau und Wirtschaftswissenschaften und legte Ende 1944 sein Examen als Diplomingenieur ab und war dann Assistent bei Walther Moede. Bedingt durch den Zusammenbruch hat er in Ruhla eine Werkstätte für Gerätebau gegründet und als Industrieberater gearbeitet.

Gerhard Dressel, geb. am 19. Dezember 1919 in Berlin, studierte ab SS 1938 Elektrotechnik und Fernmeldetechnik an der Technischen Hochschule Berlin mit einer Unterbrechung durch den Wehrdienst im WS 1939/40. Er besuchte Vorlesungen und Übungen in Moedes Institut ab WS 1940/41. Anschließend war er erst wissenschaftliche Hilfskraft und nach der Diplomprüfung ab SS 1943 bis September 1945 wissenschaftlicher Assistent bei Walther Moede. Seine Promotion zum Dr.-Ing. erfolgte im März 1945. Schon als Student hatte ihn Moede wegen seiner Originalität und seiner Kreativität mit einer Fülle von Ideen beeindruckt. In der engeren Zusammenarbeit ist ihm Moedes Selbsterkenntnis mit der Bemerkung „Psychologen sind für sich selbst die schlechtesten Psychologen“ aufgefallen.

Gerhard Dressel heiratete im November 1944 Ursula Dressel, geb. Reuter in Königsberg/Ostpreußen. Von seinem neuen Wohnsitz in Idstein/Taunus meldete Dr. Dressel im Januar 1946 in Frankfurt/Main ein „Arbeitswissenschaftliches Ingenieurbüro Dr. Dressel“ an und firmierte ab Mai 1946 in Oldesloe und Idstein als „Institut für Arbeitswissenschaft Dr. Gerhard Dressel, ifA.“

Aus Moedes Marktpsychologie hatte er für sein Unternehmen verinnerlicht, gemäß Marktbeobachtung beständig neue Produkte zu entwickeln und anzubieten, die entweder besser und/oder billiger sind als diejenigen der Wettbewerber. So begann Dr. Dressel im Sommer

1946 mit kompetenten Arbeitsrechtlern die Herausgabe einer ifA-Sozialkartei zunächst in Schleswig-Holstein, ab 1947 für alle weiteren Zonenländer (bis 1988 im ifA-Verlag Dressel).

Von 1948 bis 1950 führte er zusammen mit Prof. Herwigs Institut (Forfa) die Eignungsuntersuchungen für Bewerber zur Teilnahme an Refa-Kursen in Hessen durch. Seither sind auch Psychologen ständige Mitarbeiter im ifA.

Beim Wiederaufbau nach dem Krieg sah Dr. Dressel einen völlig offenen Markt in der Bauwirtschaft für die Anwendung arbeitswissenschaftlicher Methoden, die in diesem Wirtschaftszweig noch unbekannt waren. Im Frühjahr 1949 führte Dr. Dressel mit einem Bauingenieur erste „Arbeitstechnische Untersuchungen zur Bestgestaltung von Bauarbeiten" durch. Die Darstellung dieser Ergebnisse überzeugte im württembergischen Landesgewerbeamt einen ausgewählten Kreis und führte 1950 zur Umsiedlung des ifA nach Stuttgart sowie weiteren Untersuchungen im Auftrag des Landesgewerbeamts und der dortigen „Forschungsgemeinschaft Bauen und Wohnen", später auch des Bundesministeriums für Wohnungsbau.

Bild 10.10: Gerhard Dressel, Assistent am Moede Institut (1943)

Umfassende Arbeitsstudien auf Baustellen führten über den „Arbeitskreis Leistungslohn" (1954) zu Richtwerten für den Leistungslohn und den „Rahmentarifvertrag zum Leistungslohn für Bauarbeiten" (1964).

Seit 1951 wurde in „Arbeitskundlichen ifA-Seminaren" für Poliere, Ingenieure und Bauunternehmer sowie an einer Musterbaustelle in Stuttgart (1955) mehr als 80 000 Teilnehmern und Besuchern aus dem In- und Ausland vermittelt, was man am Bau mit arbeitswissenschaftlichen Methoden besser machen kann. Neben Forschung und Seminarveranstaltungen gewann ab 1954 auch die Beratung von Bauunternehmen zunehmend an Bedeutung.

1957 gründete Dr. Dressel weitere ifA-Arbeitskreise und Arbeitsgruppen sowie ifA-Beratungsringe mit jährlich zwei Tagungen auch in Österreich, der Schweiz und Spanien, die zum Teil in mehr als 25 der ifA-Ringe und ifA-Arbeitsgruppen fortbestehen.[122]

[122] Die von Dr. Dressel gegründeten Firmen und Vereinigungen und die ifA-Veröffentlichungen sind dokumentiert in dem Bericht „50 Jahre ifA", ebenso die 20 internationalen ifA-Symposien (ab 1983). Er vertreibt heute noch seine Produkte im Dr. Dressel ifA-Bau Verlag.

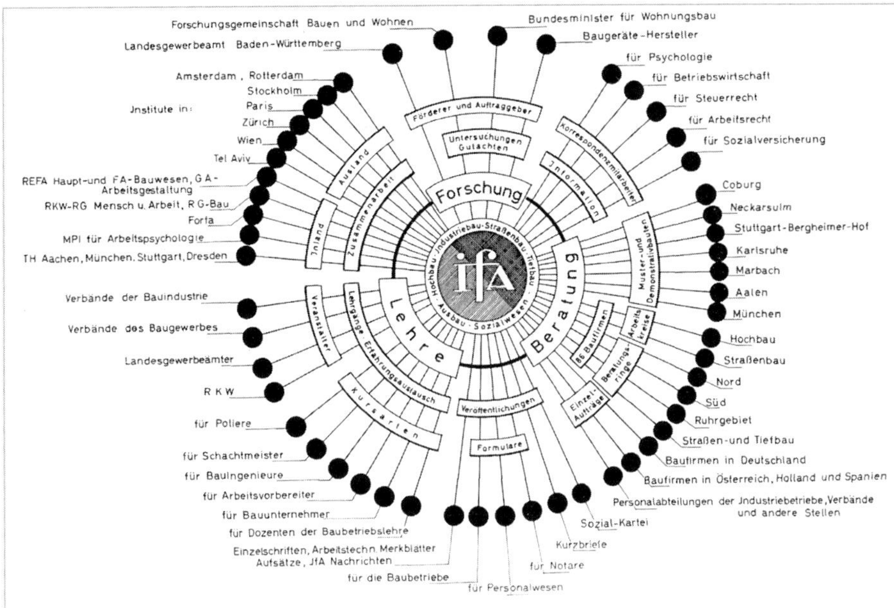

Bild 10.11: Aufgaben und Tätigkeiten des Instituts für Arbeitswissenschaft Dr. Gerhard Dressel (1958)

1960 kamen zu den Psychologen und Ingenieuren auch Betriebswirte, weil der Markt eine zunehmend ganzheitliche Unternehmensberatung brauchte. Dr. Dressel gründete das „Institut für Arbeits- und Baubetriebswissenschaft Dr. Gerhard Dressel KG", womit auch die Spezialisierung auf die Bauwirtschaft herausgestellt wurde.

Entwicklung der Lehre

Lehre an der TH Berlin

Die Lehrveranstaltungen und Forschungsprojekte der Psychotechnik wiesen in ihren Inhalten eine bemerkenswerte Kontinuität zu der Zeit vor 1933 auf, was nicht zuletzt durch die wissenschaftliche Dominanz Moedes bedingt war. Als neue Schwerpunkte der Angewandten Psychologie kamen zwar Verkehrs- und Wehrpsychologie hinzu. Im Institut für industrielle Psychotechnik und Arbeitstechnik führten sie jedoch nicht zu nachhaltigen Änderungen im Lehrprogramm.

Der Lehrbetrieb Moedes umfasste weiterhin

- die zweisemestrige Standardvorlesung Industrielle Psychotechnik mit

  Teil I: Die Lehre von den Arbeitsfunktionen des Menschen nebst praktischen Anwendungen im Betrieb und in der Wirtschaft, Eignungsprüfungen, Anlernung,
  Teil II: Bestgestaltung der Arbeitsverfahren im Betrieb durch Arbeits-, Zeit- und Leistungsstudien.

- Übungen zur industriellen Psychotechnik und Arbeitstechnik mit

  Teil I: Einführung in die Messung der Arbeitsfunktionen sowie die Praxis der Eignungsfeststellung und Anlernung,

Teil II: Einführung in die Methoden der Arbeitsstudien, der Zeit-, Leistungs- und Ermüdungsmessungen.

- Arbeiten für Fortgeschrittene (großes Praktikum) aus dem Gesamtgebiet der industriellen Psychotechnik und Arbeitstechnik, der Betriebs- und Wirtschaftspsychologie.

Das Praktikum lief zweisemestrig täglich von neun bis siebzehn Uhr im Institut, Raum H 75 im Hauptgebäude. Die Vorlesungen „Grundzüge der Psychotechnik" sowie „Industrielle Reklame nebst Übungen: Markt, Verkauf, Werbung" wurden in der Betriebswissenschaft und in den Wirtschaftswissenschaften gelehrt.[123]

In der Fakultät für allgemeine Wissenschaften wurde das arbeitsmedizinische Thema „Hygiene und Unfallverhütung" (J. Müller und Clauberg) angeboten. Neben der Arbeitsmedizin und Hygiene ging sukzessive auch der Arbeitsschutz stärker in die Lehre ein. Der Dozent Chajes, der vormals in der Betriebswirtschaftslehre zu Fragen der Gewerbehygiene unterrichtet hatte, verlor bereits 1933 seinen Lehrauftrag.[124]

Ab 1935/36 wurde erstmals die Mitgliedschaft der Studentenschaft der TH Berlin nach nationalsozialistischen Kriterien im Jahresprogramm formuliert. Der „Ahnennachweis" musste in der braunen (!) Studentenkarte geführt werden, die „Führerschule des deutschen Volkes" sollte Vorbild sein in politischer Schulung, Arbeitsdienst und Volksgemeinschaftsgedanken.

Kienzles Hauptvorlesung „Betriebswissenschaft" gliederte sich ab 1935/36 in „Betriebseinrichtung und Fertigungsverfahren" und „ Betriebsführung und Organisation". Aus betriebswissenschaftlicher und -wirtschaftlicher Sicht fand eine zunehmende Ausweitung bzw. Differenzierung arbeitswissenschaftlicher Teilbereiche statt.[125]

Assistenten am Institut für industrielle Psychotechnik und Arbeitstechnik waren Mitte der dreißiger Jahre Bruno Seeber, Günther Missbach, Joseph Lange und Hellmuth Schmidt.

In der Betriebswirtschaftslehre bot Moede einen zweiteiligen Vortrag zu den „Grundzügen der Psychotechnik" an. Atzler unterrichtete in dem Lehrgebiet Arbeitsphysiologie. Die psychotechnischen Veranstaltungen in der Betriebswissenschaft waren mittlerweile zweigeteilt.

1937 wurde ein Zwischensemester an der Technischen Hochschule durchgeführt. Die Vorlesungen in diesem und im Wintersemester 1937/38 blieben bis auf eine Umbenennung von Moedes Vorlesungen unverändert. Die Vorlesung „Grundzüge der Psychotechnik (für Studierende der Wirtschaftswissenschaften)" wurde umbenannt in

- Grundzüge der Psychotechnik I und II,
  SS und WS, Zeit nach Vereinbarung.

Im Jahr 1938 wurde Kienzle das Versuchsfeld für Schweißtechnik zugeordnet. Dies ist zwar erst aus dem Vorlesungsverzeichnis 1939/40 zu entnehmen. Da aber Le Comte als Vorsteher dieses Versuchsfelds schon im Vorlesungsverzeichnis 1938/39 als Oberingenieur bei Kienzle aufgeführt wird, kann angenommen werden, dass das Versuchsfeld für Schweißtechnik schon im Jahre 1938 Kienzle unterstellt war.

---

123 Vgl. Goldschmidt, P.: Walther Moede und die industrielle Psychotechnik. MA-Arbeit, Universität Münster, 1988, S. 37.

124 Nachdem die Fragebogen zur Durchführung des Gesetzes zur Wiederherstellung des Berufsbeamtentums vom 7.4.1933 für den Lehrkörper ausgewertet sind, verliert Chajes am 19. April 1933 seinen Lehrauftrag. Max Kurrein wird am 28.4.1933 „beurlaubt". GStPK, I. HA, Rep. 76, Vb, Sek. 4, Tit. III, Abt. III, Nr. 1, Beiheft (April 1933 – Nov. 1933), Bl. 1, 27.

125 Vgl. auch Schulte, B.: Die Entwicklung der Arbeitswissenschaft an der Technischen Universität Berlin. In: Spur, G.: Fertigungstechnik in Lehre, Forschung und Praxis. Freiburg i. Br. 1967, S. 66.

1940 erfolgte durch die Umwandlung der nicht beamteten außerordentlichen Professur Moedes in ein planmäßiges Extraordinariat der letzte Schritt zur weiteren Verselbständigung seines Instituts. Die Vorlesungen und Übungen Moedes blieben fast unverändert. Nur die Vorlesung „Grundzüge der Psychotechnik I und II" wurde umbenannt in

Grundzüge der Psychotechnik und Arbeitstechnik

a) Die Lehre von den Arbeitsfunktionen, Eignungsprüfung, Anlernung HT und WT, Zeit nach Vereinbarung.
b) Arbeitsstudien, Zeit-, Leistungs- und Ermüdungsmessungen ST, Zeit nach Vereinbarung.

Außerdem wurden neue Lehraufträge aus dem Gebiet der Psychotechnik aufgenommen. Stiller hielt folgende Lehrveranstaltungen:

- Schutz der Arbeiter gegen Betriebsgefahren (Unfälle und Berufskrankheiten). Rechts- und Verwaltungsgrundlagen (Herbsttrimester), Technische Grundlage (Wintertrimester); Mo 14-16 Uhr, Vorlesung.
- Schutz der Arbeiter gegen Betriebsgefahren (Unfälle und Berufskrankheiten); ST Mo 14–16 Uhr, Vorlesung und Übung.

Im Lehrgebiet „Betriebswissenschaft" kamen noch zwei weitere Vorlesungen von Schuster hinzu:

- Einführung in die Betriebswirtschaftslehre (HT Do 16-17 Uhr),
- Zahlungs- und Kreditverkehr (ST Do 16-18 Uhr).

Das Studienjahr 1940/41 wurde in Trimester[126] aufgeteilt. Es trat eine neue Prüfungsordnung in Kraft. Walther Moede lehrte nunmehr als beamteter außerordentlicher Professor[127] mit den Gebieten Industrielle Psychotechnik und Arbeitstechnik sowie Industriereklame, was für die Bedeutung der Psychotechnik bzw. der Angewandten Psychologie in der Kriegssituation sprach.[128]

Die Veranstaltungen blieben in den Kriegsjahren im Wesentlichen gleich. Im Jahre 1943/44 wurden sie nochmals erweitert und umfassten folgendes Programm:

- Industrielle Psychotechnik
  Vortrag: Die Lehre von den Arbeitsfunktionen des Menschen, ihre Anwendung in Betrieb und Wirtschaft. Personalprüfung, Eignungsfeststellung, Anlernung;
  Übung: Einführung in die Kennzeichnung und Messung der Arbeitsfunktionen sowie die Praxis der Personalprüfung, Eignungsfeststellung, Anlernung.
- Arbeitstechnik
  Vortrag: Einführung in die Methoden der Arbeitsstudien mit dem Ziel der Bestgestaltung. Praktische Zeit-, Leistungs- und Ermüdungsmessung;
  Übung: Die Methoden der Arbeitsstudien mit dem Ziel der Bestgestaltung. Zeit-, Leistungs- und Ermüdungsmessung, Unfall- und Schadensanalyse;
  Vortrag: Grundzüge der Psychotechnik;
  Vortrag: Grundzüge der Arbeitstechnik.
- Konsumpsychologie I
  Vortrag: Marktanalyse und Verkauf.

---

126 Anmerkung: Unter dem Begriff Trimester (lat.: tri = drei + mensis = Monat bzw. „trimestris" = dreimonatig) versteht man die Teilung eines Studienjahres in drei dreimonatige Perioden; WT (Winter-Trimester), ST (Sommer-Trimester) und HT (Herbst-Trimester).

127 Dokument 10-18: Ernennungsurkunde vom 21. Juni 1940.

128 Dokument 10-17: Vgl. Begleitschreiben zur Ernennung vom 8. Juni 1940 des Reichsministers für Wissenschaft, Erziehung und Volksbildung.

- Konsumpsychologie II
  Vortrag: Industrielle Reklame für Waren und Verkauf;
  Praktikum.
- Arbeiten aus dem Gebiet der industriellen Psychotechnik und Arbeitstechnik
  Großes Praktikum;
  Übung: Arbeiten für Fortgeschrittene aus dem Gesamtgebiet der industriellen Psychotechnik und Arbeitstechnik, der Betriebs- und Wirtschaftspsychologie in Fertigung, Verwaltung, Konsum.

Neben den unveränderten Vorlesungen und Übungen von Moede und Schuster im Lehrgebiet „Betriebswissenschaft" wurden weitere Lehrveranstaltungen teilweise aus anderen Lehrgebieten bzw. Fakultäten aufgeführt. Diese waren „Werftanlagen und -einrichtungen" sowie „Werftorganisation und -betrieb" von Ehrenberg (Fachrichtung Schiffbau und Schiffsmaschinenbau) und eine Vorlesung über Hygiene von Müller und Clauberg (Fakultät für Allgemeine Wissenschaften). Eine andere Vorlesung „Der Einsatz von Maschinen in landwirtschaftlichen Betrieben" (WS Fr 14-15 Uhr) wurde von Honorarprofessor Ries gehalten, dem Direktor der Versuchs- und Forschungsanstalt für Landarbeit (Landwirtschaftliche Betriebslehre) in Bornim bei Potsdam.

Die von Ries vorher im gleichen Lehrgebiet angebotene Vorlesung über den Einsatz von Maschinen in der Landwirtschaft wurde ab diesem Studienjahr im Lehrgebiet „Arbeitsmaschinen" aufgeführt.

Mit der Herausgabe der 1941 erstmals im Springer Verlag erschienenen Schriftenreihe „Wissenschaftliche Normung" setzte Kienzle seine Bemühungen um die technische Normung fort. Hierzu angeregt wurde er durch die Arbeit in dem von ihm ins Leben gerufene „Seminar für technische Normung". Auf diesem Gebiet erarbeitete 1941 Helmut Schmidt die Dissertation über „Die wirtschaftliche Mengenteilung des nationalen Bedarfs eines Erzeugnisses im Hinblick auf Größenstufungen, Herstellverfahren und Erzeugnisse". Berichter waren Kienzle und Riebensahm. Diese Arbeit war auch Inhalt der ersten Ausgabe der neuen Schriftenreihe „Wissenschaftliche Normung". Ebenfalls 1941 entstand am Lehrstuhl eine weitere Dissertation auf dem Gebiet der Passungen von Leinweber mit dem Titel „Beiträge zur Passungskunde". Berichter waren wiederum Kienzle und Riebensahm.

Ab 1941 erfolgte die Aufteilung des Studienjahres wieder in Sommer- und Wintersemester. Die Vorlesungen, Übungen und Seminare Kienzles in Werkzeugmaschinen I und II wurden von Wolfram vertretungsweise durchgeführt. In späteren Vorlesungsverzeichnissen waren diese Lehrveranstaltungen mit dem Zusatz „Entfällt während des Krieges" versehen. Die Vorlesungen von Schuster über „Buchhaltung und Bilanz" sowie „Kostenrechnungen" wurden im Lehrgebiet „Betriebswissenschaft" neu aufgenommen. Ebenso die Übung „Werft-Anlagen und -Betrieb" von Ehrenberg. Die von Stiller durchgeführte Vorlesung mit Übung wurde umbenannt in „Kampf gegen die Gefahren der Arbeit im Betrieb (Rechtsgrundlagen und technische Maßnahmen des Betriebsschutzes)".

In dem Vorlesungsverzeichnis für das Studienjahr 1943/44 wurde eine neue Vorlesung von Kienzle über Werkzeuge angekündigt. Auch das schon vorher gegründete „Seminar für technische Normung" wurde in diesem Verzeichnis erstmals, aber mit dem Hinweis „Entfällt während des Krieges", aufgeführt. Das gleiche galt auch für die Vorlesung und Übung von Kienzle über „Feinmechanische Fertigung".

Die Lehrveranstaltungen von Moede auf dem Gebiet der Industriellen Psychotechnik wurden neu gegliedert und um Teilgebiete erweitert. Folgende Vorlesungen und Übungen wurden 1943/44 angeboten:

- Industrielle Psychotechnik
  Die Lehre von den Arbeitsfunktionen des Menschen und ihre praktische Anwendung in Betrieb und Wirtschaft. Personalprüfung, Eignungsfeststellung, Anlernung; Vorlesung.
- Industrielle Psychotechnik
  Einführung in die Kennzeichnung und Messung der Arbeitsfunktionen sowie die Praxis der Personalprüfung, Eignungsfeststellung, Anlernung; Übung.
- Arbeitstechnik
  Die Methoden der Arbeitsstudien mit dem Ziele der Bestgestaltung. Zeit-, Leistungs- und Ermüdungsmessung, Unfall- und Schadenanalyse; Vorlesung.
- Arbeitstechnik
  Einführung in die Methoden der Arbeitsstudien mit dem Ziele der Bestgestaltung. Praktische Zeit-, Leistungs- und Ermüdungsmessungen; Übung.
- Grundzüge der Psychotechnik; Vorlesung.
- Grundzüge der Arbeitstechnik; Vorlesung.
- Konsumpsychologie I
  Marktanalyse und Verkauf; Vorlesung.
- Konsumpsychologie II
  Industrielle Reklame für Waren und Leistungen; Vorlesung.
- Praktikum
  Arbeiten für Fortgeschrittene aus dem Gebiet der industriellen Psychotechnik und Arbeitstechnik; Übung.
- Großes Praktikum
  Arbeiten für Fortgeschrittene aus dem Gesamtgebiet der industriellen Psychotechnik und Arbeitstechnik, der Betriebs- und Wirtschaftspsychologie in Fertigung, Verwaltung, Konsum; Übung.

Vorlesung und Übung von Stiller liefen jetzt unter dem Namen „Der neuzeitliche Arbeitsschutz (Rechtsschutz und technische Grundlagen)“. Eine weitere Vorlesung mit Übung wurde im Lehrgebiet Betriebswissenschaft über das Werkstattmesswesen aufgenommen. Diese wurden von R. Lehmann, Regierungsrat bei der Physikalisch-Technischen Reichsanstalt, durchgeführt.

In dem letzten Programm der Technischen Hochschule Berlin für das Wintersemester 1944/45 und Sommersemester 1945 wurden noch die Lehrveranstaltungen des rund 370 Mitglieder umfassenden Lehrkörpers im vollen Umfang aufgeführt.[129] Im Lehrgebiet Betriebswissenschaft wurden noch insgesamt 31 Vorlesungen und Übungen ausgewiesen.[130] Aber infolge der Kriegseinwirkungen konnte im Wintersemester 1944/45 nur noch ein Bruchteil wirklich durchgeführt werden. Die Psychotechnik und Arbeitstechnik wurde in die Fachrichtung Werkzeugmaschinen und Betriebswissenschaft eingegliedert. Gemäß Regelung der Technischen Hochschule Berlin, Fakultät für Maschinenwesen, umfasste Betriebswissenschaft I die Betriebseinrichtungen und Fertigungsverfahren zuzüglich Messtechnik, Betriebs-

[129] Herrmann, A.: Technische Universität Berlin-Charlottenburg. Länderdienst-Verlag, Brilon 1954.

[130] Vgl. Mitteilungen. Industrielle Psychotechnik 20 (1943/44) 7/9, S. 146.

wissenschaft II die Betriebsführung und Organisation sowie Betriebswissenschaft III die Psychotechnik und Arbeitstechnik.

Auf Grund der dramatischen Kriegsentwicklung und der erheblichen baulichen Schäden durch Luftangriffe war im WS 1944/45 der Lehr- und Forschungsbetrieb an der TH Charlottenburg sehr stark eingeschränkt worden. Es waren nur noch etwa 700 Studenten immatrikuliert.[131] Allerdings standen im WS 1944/45 formal noch 342 Hochschullehrer zur Verfügung.[132] Wegen der Raumnot wurde im Januar 1945 ein Projekt zur Aufstellung von Baracken auf dem Hochschulgebäude entwickelt.

Das Sommersemester 1945 ist nicht mehr begonnen worden. Die Gebäude der Hochschule waren durch Luftangriffe mehrfach bombardiert worden, auch noch nach dem schweren Angriff in der Nacht vom 22./23. November 1943. Bis kurz vor Einstellung der Kampfhandlungen wurde um den Gebäudekomplex der Technischen Hochschule noch heftig gekämpft, was zu weiteren Schäden führte.

Lehre an der Universität Berlin

Seit dem WS 1935/36 hatte Walther Moede einen Lehrauftrag über Arbeits- und Wirtschaftspsychologie in der Philosophischen Fakultät der Universität Berlin. Im Studienjahr 1943/44 wird im Vorlesungsverzeichnis für das Fachgebiet Psychologie das folgende Lehrprogramm angeboten:

Kroh:	Grundzüge der anthropologischen Psychologie, Charakterologie, Kulturpsychologie.
Rupp:	Beurteilung der Berufseignung und der Gesamtpersönlichkeit, Arbeitspsychologie.
Kroh:	Pädagogische Psychologie.
Rupp:	Pädagogische Psychologie.
Clauß:	Einführung in die Psychologie der Rasse.
Mühlmann:	Rasse und Volk.
Gottschaldt:	Grundzüge der Entwicklungspsychologie, Einführung in die Erbpsychologie, Gegenwartsfragen der Jugendpsychologie.
Moede:	Konsumpsychologie – Marktanalyse und Verkauf, Angewandte Psychologie.
Kroh:	Übungen zur psychologischen Typenlehre, Psychologisches Kolloquium für Fortgeschrittene.
Rupp:	Anleitung zu wissenschaftlichen Arbeiten.
Clauß:	Seele und Leib – Übung für Fortgeschrittene.
Mühlmann:	Übungen zur Völkerpsychologie.
Moede:	Übungen zur angewandten Psychologie.
Moede:	Arbeiten aus dem Gesamtgebiet der angewandten Psychologie.

Moedes Lehrtätigkeiten außerhalb der Hochschule befassten sich mit den Arbeitsfunktionen des Menschen und ihrer praktischen Anwendung in Betrieb und Wirtschaft sowie mit der Konsumpsychologie und Verkehrspsychologie. Neben der Arbeitsmedizin und Hygiene ging auch der Arbeitsschutz stärker in die Lehre ein.

---

131 Rürup, Reinhard: Wissenschaft und Gesellschaft. Springer-Verlag, Berlin 1979.

132 Ebd., S. 495.

Mit der Bescheinigung vom 8. Juni 1943 wird vom Gesundheitsamt Charlottenburg testiert, dass Prof. Dr. Walther Moede als praktischer Psychologe zugelassen und als solcher dort registriert ist.[133]

Entwicklung der Forschung

Leistungsorientierte Psychotechnik

Die überragende Figur der psychotechnischen Forschung an der TH Berlin blieb auch in der Zeit des Nationalsozialismus Walther Moede. Die Forschung am Institut für industrielle Psychotechnik wurde nachhaltig durch ihn geprägt. Seine Schriften und Forschungsergebnisse standen im Vordergrund der Berliner Psychotechnik. Auffällig ist, dass Moede die Psychotechnik trotz einer völlig gewandelten Gesellschaftsform in ihrer praxisorientierten Ausrichtung beinahe unverändert fortsetzen konnte. [134] Moedes leistungsorientierte und auf betriebliche Effektivität ausgerichtete Psychotechnik schloss die im Nationalsozialismus ideologisch betriebenen Themenschwerpunkte wie ausdruckspsychologische und charakterologische Betrachtungen, Typologie und rassekundliche Untersuchungen weitgehend aus.[135]

In der Zeitschrift für Industrielle Psychotechnik war mit zeitlicher Verzögerung nach der Machtübernahme der Nationalsozialisten ab Juni 1933 allerdings die Bereitwilligkeit erkennbar, der Psychotechnik bzw. angewandten Psychologie veränderte Funktionen und Anwendungsfelder in der neuen Gesellschaftsordnung zuzuschreiben. Der Grund, weshalb sich die Psychotechnik innerhalb der neuen Gesellschaftsform überhaupt funktionalisieren ließ, liegt zum einen im Anspruch einer unpolitischen, gesellschaftsabgewandten *Objektivität* und zum anderen im Gedankengut einiger *geistiger Wegbereiter* (Fritz Giese) und Institutionen (DINTA). Nach Waltraut Bergmann waren sogar die meisten Wissenschaftler dieser Fachrichtung „schon vor 1933 wertfreie Positivisten, die sich gerade deshalb vom Nationalsozialismus zu Sozialtechnikern einer noch rationaleren und besser funktionierenden Arbeitswelt machen ließen".[136] Als ein Verfechter nationalsozialistischer Ideologien kann Walther Moede nicht gesehen werden. Dennoch war er in die politische Wende eingebunden, auch als Herausgeber der „Industriellen Psychotechnik".

Im Jahr 1933 skizzierte ein Artikel von Strebe mit dem Titel „*Nationalsozialismus und Psychotechnik*" künftige Aufgaben der Psychotechnik: [137]

> „Der nationalsozialistische Staat, dessen vornehmste Aufgabe die Erfassung aller aufbauenden Kräfte im Volke ist, muß versuchen, jeden einzelnen Volksgenossen auf den Platz zu stellen, an dem sein Persönlichkeitswert und seine Fähigkeiten am besten zur Geltung kommen".

Die Psychotechnik sollte dabei den Staat mittels ganzheitlicher Personenauslese, Anlernung und Arbeitsbestgestaltung unterstützen. Ihre weiteren Aufgaben waren die Steigerung

---

[133] Dokument 10-25: Bescheinigung des Gesundheitsamts vom 8.6.1943.

[134] Moede war nach seinen Angaben von 1935 bis 1943 Mitglied der NSDAP, Mitgl.-Nr. 2583310. Vgl. dazu auch Dokument 10-45: Personalfragebogen von 7. März 1935.
Vgl. auch Jaeger, Siegfried; Staeuble, Irmingard: Die Psychotechnik und ihre gesellschaftlichen Entwicklungsbedingungen. In: Stoll, Francois (Hrsg.): Arbeit und Beruf, Bd. 1. Weinheim 1983, S. 87.

[135] Vgl. Geuter, Ulfried: Die Professionalisierung der deutschen Psychologie im Nationalsozialismus. Campus Verlag, Frankfurt a.M. 1984, S. 153.

[136] Bergmann, Waltraut: Soziologie im Faschismus (1933-1945). Köln 1981, S. 74.

[137] Strebe, W.: Nationalsozialismus und Psychotechnik. Industrielle Psychotechnik 10 (1933), S. 214.

der Arbeitsfreude in einem organisch zusammengeschlossenen Betrieb und die charakterologische Eignungsuntersuchung für Führungsberufe vor allem im militärischen Bereich.

Neben der Untersuchung inhaltlicher Ausrichtung der Forschung am Moede Institut bezüglich einer Funktionalisierung für eine nationalsozialistische Ideologie und staatliche wie wirtschaftliche Interessen ist auch die Frage nach Kontinuitäten bzw. Diskontinuitäten zur Forschung der Weimarer Republik zu stellen.

Das Institut für industrielle Psychotechnik orientierte sich in seinen wissenschaftlichen Forschungsbereichen inhaltlich leistungsbezogen und methodisch an der Experimentalpsychologie. Seine in den Jahren der Weimarer Republik entwickelten Untersuchungsschwerpunkte, wie vor allem die Berufseignungsdiagnostik, arbeitstechnische und ergonomische Studien sowie Untersuchungen über die Arbeitssicherheit, differenzierte Walther Moede weiter aus.

Im Jahre 1935 erschien Moedes Buch „Arbeitstechnik – Die Arbeitskraft: Schutz, Erhaltung, Steigerung“. Die Themenschwerpunkte sind aus den einzelnen Kapiteln erkennbar:

1. Begriff und Aufgaben der Arbeitstechnik im Betriebe
2. Die Ziele: Sicherheit, Wirtschaftlichkeit, Wohlfahrt
3. Arbeitsorganisatorische Systeme
4. Kennzeichnungswerte menschlicher Arbeit
5. Verteilungssatz menschlicher Leistung
6. Methoden der Arbeitsbestgestaltung
7. Der Leistungsnutzwert
8. Betriebssicherheit und Unfallverhütung
9. Mängelfeststellung
10. Entlastung von unnötigen und ungünstigen Arbeitsfunktionen
11. Zeitstudien
12. Zuschlagswesen
13. Leistungsstatistik und -registrierung
14. Eignungswesen und Eignungstechnik
15. Arbeitsfelder und ihre Bestgestaltung
16. Das Aufmerksamkeitsfeld
17. Die Lehre von den Arbeitsbewegungen
18. Kraft- und Anstrengungsarbeit
19. Arbeitsteilung und Arbeitsbindung
20. Leistungsstetigkeit
21. Verdichtung
22. Verlaufsformen der menschlichen Arbeitsleistung: Arbeitskurven
23. Übung und Anlernung von Arbeitern
24. Ermüdungsstudien und Ermüdungsmessungen

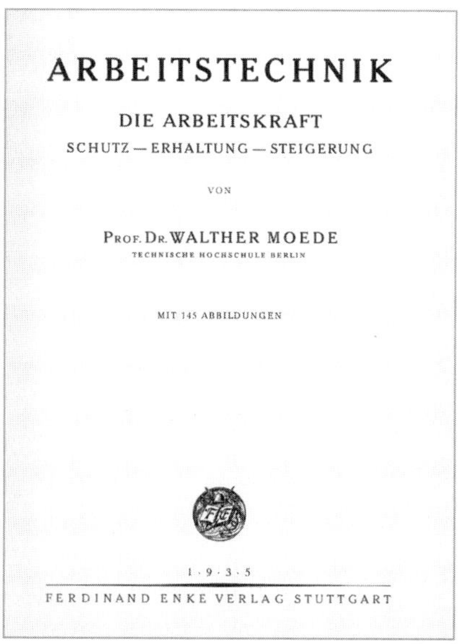
ARBEITSTECHNIK

DIE ARBEITSKRAFT

SCHUTZ — ERHALTUNG — STEIGERUNG

VON

PROF. DR. WALTHER MOEDE

TECHNISCHE HOCHSCHULE BERLIN

MIT 145 ABBILDUNGEN

1 · 9 · 3 · 5

FERDINAND ENKE VERLAG STUTTGART

Bild 10.12: Moedes Monographie „Arbeitstechnik“ (1935)

Im Zusammenhang mit den veränderten sozio-ökonomischen Bedingungen entstanden schwerpunktmäßig neue Arbeits- und Forschungsgebiete. So schwand die reine Konkurrenzauslese bei Massenarbeitslosigkeit in den Jahren 1932 und 1933 zugunsten einer Fähigkeitsprüfung und verstärkten Anlernung von Facharbeitern, als ab 1936 zusammen mit dem wirtschaftlichen Aufschwung ein Mangel an Arbeitskräften eintrat.[138]

Die Mobilmachung für die Kriegswirtschaft, nachhaltig unterstrichen durch die Verkündung und Umsetzung des Vierjahresplans, hatte über den Ausbau der Rüstungsindustrie und über das Postulat der betrieblichen Leistungssteigerung punktuelle Auswirkungen auf die psychotechnische Forschung am Institut für industrielle Psychotechnik. Besonders deutlich wurde die Abhängigkeit der wissenschaftlichen Arbeit von den sozio-ökonomischen Bedingungen im Kriege.

Programmatisch stand dafür der 1943 vom Institut für industrielle Psychotechnik durchgeführte Lehrgang „*Die praktische Psychologie im Kriegseinsatz*“. In diesem wurden unter regem Interesse von Wirtschaft und Staat Referate zur Eignungsauslese für den Fremdarbeitereinsatz, zur Anlernung von Frauen für die Fertigung in der Rüstungsindustrie und die Auslese für Unterführer im Baubetriebe gehalten. Schließlich wies die Kriegsversehrtenfrage auf ein Anwendungsfeld der Psychotechnik zurück, das im Ersten Weltkrieg vor allem durch die Bemühungen von Georg Schlesinger maßgeblich zu ihrer Institutionalisierung beigetragen hatte. Sie wies gleichzeitig auf die verheerenden Auswirkungen des Zweiten Weltkrieges hin, nach dessen Beendigung unter anderen Gesichtspunkten als zur jungen Weimarer Republik eine Wissenschaft von der menschlichen Arbeit unter dem Stichwort *Humanisierung der Arbeit* neu aufgebaut werden sollte.

Ganzheitliche Eignungsdiagnostik

Der Schwerpunkt innerhalb der industriellen Eignungsdiagnostik wandelte sich 1933 von der Prüfung vorwiegend handwerklicher Fähigkeiten auf experimenteller Basis zum Zwecke einer Eignungsselektion nach Leistungskriterien zu einer ganzheitspsychologischen Untersuchung des Prüflings. Mit der Wiedereinführung der allgemeinen Wehrpflicht und dem Aufbau der Wehrmacht 1935 wurden besonders im militärischen Bereich die Anwärter für die Offizierslaufbahn nun stärker auf *Arbeitswillen* und *Arbeitscharakter* neben der weltanschaulichen Gesinnung geprüft. Charakterologie und Persönlichkeitsforschung mit ihren Untergebieten Graphologie, Typologie und Vererbung flossen in den Bereich des Eignungswesens ein, wie man am Schrifttum der Industriellen Psychotechnik nachverfolgen kann.

Moedes Bewertung der Typenlehre innerhalb der Eignungsuntersuchung lässt sich in seinem Artikel „*Die Leistungsprobe in der Eignungsuntersuchung*“ von 1936 erkennen. Als Vertreter des analytischen Prinzips der klassischen Psychotechnik mit testkritisch-apparativer Verfahrensweise durch Leistungsproben erhebt er gegen die unzureichende Praxis der Typenlehre Einspruch:

> „Die Leistungsproben sind im Laufe der letzten zwei Jahrzehnte an Hand [...] berufskundlicher Untersuchungen und Erfolgskontrollen fortlaufend verbessert worden, so daß man ihren Wirkungsgrad und ihre Fehlerhaftigkeit im Einzelfalle kennt. Die Typenforschung hat uns diese Gegenüberstellung zwischen Untersuchung und Praxis, zwischen psychologischem Befund und beruflicher Entwicklung, zwischen Wertungsrichtlinien des Gutachters und praktischen Erfolgsnachweisen im Berufe sowie tatsäch-

[138] Die Arbeitslosigkeit betrug 1932 im Deutschen Reich 29,9 % mit 5.603.000 Personen, 1933 25,9 % mit 4.804.000 Personen, 1936 nur noch 7,4 % mit 1.593.000 Arbeitslosen und lag ein Jahr vor Kriegsbeginn 1938 bei 1,9 % mit 429.000 Personen. Zahlen nach: Petzina 1978, S. 119 f. sowie Frei 1987, S. 257.

lichem Verhalten bei Arbeit und Lebensführung bisher in ausreichendem und befriedigendem Maße nicht erbracht".[139]

Für Moede bedeutete der Einsatz eines unsicheren Verfahrens in Form von typologischer Einordnung oder reiner Vermutung einen Rückschritt zu den bewährten psychotechnischen Methoden durch Leistungsproben und Erfolgskontrolle.[140] Er ließ allein die Ergänzung des Leistungsbildes eines Prüflings durch eine verantwortliche Menschenwertung des Eignungsgutachters zu, welcher „nicht Schein- und Fehltypen, sondern richtige Typen von hohem Lebens- und Berufswerte und sicherer Erkennungsmöglichkeit unter den Untersuchungsbedingungen der psychologischen Praxis"[141] forderte.

Die Entwicklung der Eignungsdiagnostik am Institut für Industrielle Psychotechnik äußerte sich an der fortschreitenden Differenzierung der Prüfungen nach berufsspezifischen Anforderungen sowie an dem Ausbau und der Kontrolle der Prüfmethoden. Impulse aus Bereichen der ganzheitspsychologischen Persönlichkeitsuntersuchung wurden zwar aufgenommen, aber den traditionellen Untersuchungsverfahren modifiziert angegliedert.

Auf dem XVI. Kongress der Deutschen Gesellschaft für Psychologie von 1938 in Bayreuth berichtete Walther Moede über das *„Leistungs- und Ausdrucksprinzip bei der Eignungsbegutachtung"*. Der die Grundsätze der Eignungsdiagnostik resümierende Vortrag machte deutlich, dass sich Moede einerseits kontinuierlich mit der immer stärker in der deutschen angewandten Psychologie auftretenden ausdruckspsychologischen Diagnostik auseinandersetzen musste. Andererseits wurde die relative Kontinuität der Prinzipien der Eignungsfeststellung bei Moede klar, wenn er sich auf sein Lehrbuch von 1930 bezog:

> „Die wissenschaftliche Eignungsbegutachtung fußt auf vier Prinzipien, nach denen der ganze lebendige Mensch sowie insbesondere die berufswichtigen Seiten seiner Persönlichkeit zu studieren sind. Das erste Prinzip kann das biographische genannt werden: nach ihm werden Erbgang, Familien- und Sippenbeschaffenheit, insbesondere das Arbeits- und Lebensschicksal auszuwerten sein. [...] Der zweite Arbeitsgrundsatz ist das Aussageprinzip. Der Prüfling soll uns frei berichten über seine Persönlichkeit und ihre Veranlagungen, über seine Neigungen, Wünsche, Berufs- und Lebensziele. [...] Ganz besonders bewährt hat sich der dritte Grundsatz: das Leistungs- und Verhaltensprinzip. Wollen wir die Leistungsfähigkeit von Auge, Ohr und Hand, von Körper, Geist und Seele, von Wille, Gefühlsleben und Charakter erforschen, so haben sich als beste Feststellungsmittel berufsnahe Leistungsproben bewährt, etwa der Sinnestüchtigkeit, der Aufmerksamkeit, der gedanklichen Tauglichkeit, des künstlerischen Sinnes, sowie für alle sonstigen auskunftswichtigen Seiten der Veranlagung.
>
> Vielseitige Kurzproben [...] und Dauerproben berufsnaher Art geben uns weitere Aufschlüsse über die Leistungs- und Arbeitspersönlichkeit, etwa ihre Übungsfähigkeit für bestimmte Stoffe und Arbeitsgebiete, ihre Konzentration und Zuverlässigkeit, ihre Ermüdbarkeit. Während des Leistungsablaufs ist das Verhalten durch Beobachtung nach arbeits- und berufswichtigen Gesichtspunkten auszuwerten. Die strukturelle und typologische Wertung des Leistungsergebnisses und Arbeitsablaufs unter den Untersuchungsbedingungen ist ebenso wertvoll wie Können, Hochleistung und Versagen bei einzelnen Betätigungsformen, etwa der Handgeschicklichkeit, des kombinierenden und begrifflichen Denkens. Schließlich hat der erfahrene Eignungsgutachter aus allen Belegen der Leistungs- und Verhaltungsproben in schöpferisch gestaltender Tätigkeit das Individualitäts- und Persönlichkeitsbild zu formen.
>
> Dem Leistungsprinzip tritt das Eindrucks-Ausdrucksprinzip zur Seite, nach dem insbesondere Physiognomie, Mimik, Sprache und Handschrift einer Analyse zu unterziehen sind".[142]

So untersuchte Moede, der es für falsch hielt, die Graphologie vorwiegend oder ausschließlich als Deutungsbeleg zur Kennzeichnung des Wesens und der Begabung eines Men-

---

[139] Moede, W.: Die Leistungsprobe in der Eignungsuntersuchung. Industrielle Psychotechnik 13 (1936) 1, S. 4 f.

[140] Ebd., S. 7.

[141] Ebd., S. 6.

[142] Spur/Haak 1994, S. 151.

schen heranzuziehen, die Handschrift im Hinblick auf unterschiedliche Zustände, beispielsweise in der Unterdruckkammer bei Sauerstoffmangel, zwecks Erkenntnis der Änderung der Gesamtpersönlichkeit, ihrer Leistungsfähigkeit und ihres Verhaltens unter wirklichkeitstypischen Bedingungen in großen Höhen.

In einer Institutsarbeit des Assistenten *Joseph Lange* zum „*Lichtbild im Dienste der Persönlichkeitskennzeichnung und Eignungsfeststellung*" von 1936 wurden physiognomische Werte auf ihre Aussagekraft hin untersucht.[143] Es wurden 121 Jugendliche im Alter von 16 bis 18 Jahren, die im psychotechnischen Institut der TH einer vielseitigen Kraftfahrer-Eignungsuntersuchung unterzogen worden waren, auf Grund von vorgelegten Lichtbildern auf ihre Aufmerksamkeits- und Reaktionsleistungen geschätzt. Neun Personen sollten anhand der Beurteilung von 121 standardisierten Passbildern helfen, die Frage nach Möglichkeiten und eventuellen Anwendungsgebieten der physiognomischen Methode bei der Erkenntnis bestimmter beruflicher Fähigkeiten zu beantworten. Der Vergleich von erbrachten Leistungen der Prüflinge mit der physiognomischen Schätzung erbrachte jedoch nur eine Zufallsgenauigkeit von etwa 50 Prozent, was die Einstellung Moedes zur Ausdruckspsychologie als nur „sekundärem" psychotechnischen Bewertungskriterium untermauerte.

Ab 1936 machte sich die nationalsozialistische Lenkung von Wirtschaft und Arbeitsmarkt über die Organisation der DAF in der arbeitswissenschaftlichen Forschung nachhaltig bemerkbar. Die Eignungsprüfung nach dem Prinzip der Massenauslese wurde durch eine Fähigkeitsprüfung für eine Erkenntnis des richtigen Arbeitseinsatzes bei einsetzendem Arbeitsbedarf modifiziert. In der Phase der Kriegsvorbereitung wurden Fragen der Facharbeiteranlernung für die Rüstungsindustrie bedeutsam.

Seit Kriegsbeginn nahm mit dem akuten Arbeitermangel sukzessive das Postulat der betrieblichen Leistungssteigerung zu, der sich die psychotechnische Eignungsdiagnostik betriebswirtschaftlicher Prägung nach Moede in den Dienst stellte. Zur Erlangung eines Leistungsmaximums in der Kriegswirtschaft wurden Frauen immer stärker für industrielle Fertigung benötigt, insbesondere in der Rüstungsindustrie, wodurch sich ein neues Gebiet der Eignungsuntersuchungs- und Anlernverfahren ergab. Zu einer Anhäufung von psychotechnischen Eignungsuntersuchungen der DAF kam es mit den groben Selektionsverfahren für den Arbeitseinsatz von Fremd- und Zwangsarbeitern.

Moede, der um eine Ausgewogenheit zwischen theoretischer Perfektionierung der Eignungsprüfungen und praktischer Anwendung der entworfenen Methoden bemüht war, wie sich immer wieder an seinem Beharren auf Bewährungskontrollen zeigte, deutete in seiner Monographie „*Eignungsprüfung und Arbeitseinsatz*" von 1943 die Missstände der Kriegssituation an. Er bemängelte die technisch-organisatorischen Unzulänglichkeiten; eine weiter greifende Kritik an der Situation einer Massenauslese für ausländische Zwangsarbeiter wird angedeutet:

> „Nicht immer stehen alle Hilfsmittel, die man zur Kennzeichnung benutzen möchte, zur Verfügung, und nicht immer ist ausreichend Zeit für ihre Beschaffung und Nutzbarmachung vorhanden. Mitunter sind hundert Mann je Arbeitstag einzugliedern, die der Landessprache nicht mächtig sind, und mit denen nur eine Verständigung durch Gebärde oder Vormachen möglich ist. Dann fällt die in der Regel fruchtbare Wechselrede fort. Die Aussprache mit Dolmetscher ist immer nur ein Notbehelf bei dieser Untersuchungsmethode, bei welcher der sich vorstellende Mensch körperlich, geistig, seelisch-charakterlich in Rede und Gegenrede aufgeschlossen werden soll, um Leistung und Artung zu offenba-

---

143 Lange, Joseph Karl: Das Lichtbild im Dienste der Persönlichkeitserkennung und Eignungsfeststellung. Industrielle Psychotechnik 13 (1936) 10, S. 300-305.

ren. Vollständigkeit der Kennzeichnungsmittel wird Ausnahme, nicht Regel sein, trotzdem sie als Ideal angestrebt werden soll."[144]

EIGNUNGSPRÜFUNG
UND ARBEITSEINSATZ

VON

PROF. DR. WALTHER MOEDE
TECHNISCHE HOCHSCHULE BERLIN · UNIVERSITÄT BERLIN

MIT 43 ABBILDUNGEN

1 · 9 · 4 · 3

FERDINAND ENKE VERLAG STUTTGART

Bild 10.13: Moedes Monographie „Eignungsprüfung und Arbeitseinsatz" (1943)

Diese Monographie war Moedes letzte große Schrift vor dem Kriegsende und der Beendigung seiner Hochschullaufbahn. Diese Arbeit, die laut dem Vorwort für Personalprüfer der Praxis und Wissenschaft im Betrieb, in Forschung, Staat und Verwaltung bestimmt ist und sich an alle Betreuer des Personalwesens wendet, die mit natürlicher Psychologie ihre Aufgabe erfüllen, insbesondere aber an diejenigen, die sich dazu der wissenschaftlichen praktisch-psychologischen Methode bedienen.

Mit dieser Arbeit wollte Moede auch dem 25jährigen Jubiläum des Instituts für industrielle Psychotechnik und Arbeitstechnik gedenken, das mit dem Erscheinen des Buches zusammenfiel. Moede betont in seinem Vorwort, dass die Personalpsychotechnik nur ein Bruchteil der gesamten Psychotechnik als Betriebslehre vom Menschen darstellt, welche darüber hinaus auch die Sachwelt und ihre Bestgestaltung studiert. Beide Arbeitsfelder, Person und Sache im Sinne der Bestführung und Bestgestaltung, sind Gegenstand der praktisch-psychologischen Forschung und Lehre, die auf Arbeit und Wirtschaft ausgerichtet sind. Die Notwendigkeit einer solchen Betriebslehre vom Menschen hat das Institut in seinem 25jährigen Bestehen bewiesen.

Nach Moede ist die Zeit reif für eine einheitliche Eignungsprüfung der Arbeits- und Angestelltenbeginner und der Dienstanfänger in Werkstatt und Büro. Die vorliegende Studie diene daher auch dem Zweck, um auf normativer Grundlage und unter Wahrung der jeweiligen Betriebseigenart durch Erkenntnis des Menschenwerts einer Person als Individualität und Sozialität zu ihrem Besteinsatz, ihrer Bestentwicklung und Bestführung zu gelangen.

Schließlich sollen mit der Schrift auch Fehlansichten und Missverständnissen sowie Irrwegen durch Aufklärung und Belehrung entgegnet werden.

[144] Moede, Walther: Eignungsprüfung und Arbeitseinsatz. Ferdinand Enke Verlag, Stuttgart 1943, S. 17.

Moede legt in dem ersten Kapitel des Buches zunächst die begrifflichen Voraussetzungen für das Verständnis seiner Feststellungen fest und führt den Sinn und Zweck der Psychotechnik zur Werterkennung, aber auch zur Erkenntnis über angestrebte Werte des Menschen dar. Er betont, dass der Psychologe auch Kenntnis von den Arbeitsverrichtungen und Berufen aller Art, ihrer Wesensart und ihres Charakters, ihrer Struktur und ihren Anforderungen an Leistung haben muss und dazu Feststellungsmethoden entwickeln sollte. Diese Methoden können nicht universal oder mechanisiert erfolgen, sondern allein durch Erfahrungsbeweise, also insbesondere nicht durch theoretische Ableitungen. Diese seien der größte Fehlansatz.

Moede nennt die drei einzelnen Hauptgrundlagen jedweder Eignungsprüfung nochmals ausdrücklich, die da sind: Erkenntnis der Wesensart des Menschen, Wissen um Arbeits- und Berufskunde und die praktisch-psychologische Untersuchungsmethode.

Nach einem Überblick über die allgemeinen Richtungen der Psychologie geht Moede dann intensiv auf die Kennzeichnungsmittel der Person und ihres Arbeitsfelds ein. Erwähnenswert ist das von ihm so bezeichnete biographische Prinzip. Dabei würden nach Leitlinien des Erbgangs und des Familienschicksals gesucht. Anhand von Leistungsproben, Zeugnissen und durch Familien- und Lehrerurteil ist nachzuweisen, ob es bestimmte Fähigkeiten und Talente in Familien gibt, die offensichtlich erblich weitergegeben werden, sodass von einem „geborenen Offizier“ oder „geborenen Handwerker“ gesprochen werden kann. Diese Ansicht ist Moede später als eine Annäherung zur NS-Ideologie vorgeworfen worden.[145]

Moede erläuterte in weiteren Kapiteln das Verteilungsgesetz nach Gauß und die Symptomwerte der statischen und dynamischen Kennzeichen. Damit sind die individuellen Charakterwerte eines Prüflings ebenso gemeint, wie die Zeit und Güte, die ein Prüfling bei der Verrichtung einer Arbeit erbringt. Dabei sind auch so genannte Schwellen- oder Grenzwerte durch berufstypische Leistungsproben zu ermitteln.

Im Weiteren legt Moede die Notwendigkeit der Berufsbezogenheit der Kennwerte dar. Es müssen diejenigen Arbeitsarten herausgehoben werden, die für den zu untersuchenden Beruf kennzeichnend, charakteristisch, also repräsentativ sind. Daran schließe sich das Kernstück der psychotechnischen Eignungsuntersuchung an, die Verifikation. Alle Bestandteile der Eignungsuntersuchung sind zu kontrollieren und zu verifizieren, da sie andernfalls praktisch nicht verwertbar seien. Die dazu notwendigen Schritte werden ausgeführt. Moede stellt eingehend die Kennzeichnungsziele dar, welche der praktisch-psychologischen Untersuchung innewohnen, nämlich die Bestimmung der Eigenwertigkeit einer Person, der Umweltwertigkeit und der Entwicklungswertigkeit.

In einem eigenen ausführlichen Kapitel geht Moede anhand der Typenlehre nochmals auf den Streit zwischen den Befürwortern und Gegnern der praktischen Psychologie ein. Er legt auch Wert auf die Interessen und die Werterhaltung des Probanden. Damit sind seine bisherigen Lebensumstände, Wünsche, Ziele und Ideale gemeint, die in einer Aussprache zu ermitteln sind. Allgemeine Ausführungen zu dem Thema Arbeitsschicksal anhand verschiedener Berufe und Schicksale runden dieses Kapitel ab. Zusammenfassend stellt Moede dazu fest, ein erfahrener Prüfer könne in der Aussprache die fachliche Erfahrungsreife des Bewerbers gut überprüfen.

Moede widmet den auf dem Leistungs- und Verhaltensprinzip aufbauenden Untersuchungsverfahren einen besonderen Abschnitt, da sie die besten Werkzeuge für Eignungsfest-

---

[145] Raehlmann, Irene: Arbeitswissenschaft im Nationalsozialismus – Eine wissenschaftssoziologische Analyse. VS Verlag für Sozialwissenschaften, Wiesbaden 2005.

stellung und Arbeitseinsatz sind. Er entgegnet dabei auch den Kritikern dieser Untersuchungsverfahren und räumt Missverständnisse und Irrtümer aus. Ergänzt werden die Ausführungen mit einem Kapitel über Ausdrucksproben und Ausdruckskunde.

Moede schließt die Arbeit mit einem geschichtlichen und beschreibenden Überblick über die Entwicklung der Eignungsuntersuchung.

Insgesamt ist die Monographie letztlich das, was Moede in seinem Vorwort angekündigt hat, nämlich ein Überblick über die Eignungsprüfung als einen Teilaspekt der praktischen Psychologie. Die Arbeit stellt eine Zusammenfassung der Ergebnisse und Erkenntnisse der Psychotechniker in 25 Jahren Institutsarbeit dar und gibt dem praktischen Prüfer einen konkreten und übersichtlichen Leitfaden für seine Tätigkeit. Besonders erwähnenswert ist auch, dass die Arbeit, obwohl 1943 im vierten Kriegsjahr und in der totalitären Phase des NS-Staates, ohne ideologischen Bezug auskommt und daher zeitlos wirkt. Das Buch ist wissenschaftlich bzw. fachbezogen geschrieben.

Berufliche Qualifizierung am Rande staatlicher „Berufserziehung“

Direkt nach Beendigung des zweiten Weltkrieges beurteilte Engelbert Pechhold[146] das Gebiet der Berufsanlernung in Deutschland äußerst positiv. Im Gegensatz zur psychotechnischen Eignungsauslese für den Zwangsarbeitereinsatz „hat ein Nebengebiet [der angewandten Psychologie], die Berufsausbildung und Anlernung, große Fortschritte gemacht. Das Amt für Berufserziehung, Betriebsführung und Leistungsertüchtigung (in dem Rupp, Mathieu, Moers u.a. arbeiteten) hat viele, betrieblich gut brauchbare Hilfsmittel herausgegeben.“[147]

Mit dem Einsetzen des Arbeitskräftebedarfs 1936 bzw. -mangels 1938 verstärkte sich besonders der Bedarf an Facharbeitern.[148] Somit änderte sich die Funktion der arbeitswissenschaftlichen Tätigkeit von einer psychotechnischen Konkurrenzauslese mit dem Motto „Freie Fahrt dem Tüchtigen“ zu einer Fähigkeitsprüfung, die „jedem seinen Arbeitsplatz“ zuweisen sollte. Die Berufserziehung, d. h. Schulung des Facharbeiternachwuchses war zentral von der DAF nach der vollständigen Eingliederung des DINTA durch ihre verschiedenen Organe geleitet. Die Berufsberatung war gesetzlich verankert und wies den Betrieben entsprechend qualifizierte Arbeitskräfte zu.[149] Die staatliche Lenkung der Arbeitsfrage bedeutete in dem nationalsozialistischen Regime aber auch eine Verquickung mit parteipolitischer Einflussnahme, wie in dem Artikel „Mitarbeit der Hitler-Jugend am Arbeitseinsatz der Jugendlichen“ (1939) deutlich wird. Darin heißt es u. a., dass „nicht mehr so sehr die Auslese, als vielmehr die Verteilung des Berufsnachwuchses im Vordergrund“ stehe.[150]

---

146 Engelbert Pechhold war Psychotechniker im 1923 gegründeten Psychotechnischen Institut des Eisenhüttenwerks Witkowitz, das bis zum Jahr 1937 ca. 50.000 Personen geprüft hatte. Vgl. Pechhold, E.: Aufgabe und Wirkungsmöglichkeiten der Arbeitswissenschaft auf Eisenhüttenwerken. Industrielle Psychotechnik 14 (1937) 10/12, S. 343-357.

147 Pechhold, E.: Psychotechnisches aus Deutschland. In: Baumgarten, F. (Hrsg.): Progrés de la Psychotechnique, 1939-45. Bern 1949, S. 310.

148 Die Zahl der gemeldeten Anlern- und Lehrstellen lag 1939 zum ersten Mal über der aller Schulabgänger. (Stets, 1941, S. 4), zit. nach Geuter: Die Professionalisierung der Psychologie im Nationalsozialismus, a.a.O., S. 227.

149 Vgl. Geuter, a.a.O., S. 226 f.

150 Schleip, W.: Mitarbeit der Hitler-Jugend am Arbeitseinsatz der Jugendlichen – Ein Beitrag zur Methodik der Eignungsbegutachtung und Berufsberatung. Industrielle Psychotechnik 16 (1939) 1/3, S. 8.

Das Moede-Institut reagierte auf die veränderte arbeitswissenschaftliche Schwerpunktsetzung indirekt. Anlernung trat nun verstärkt neben der Eignungsprüfung in den Vordergrund:

als der Eignungsprüfung folgender Arbeitsschritt,
als Untersuchungsgegenstand zur innerbetrieblichen Schulung,
als Forschungsgegenstand methodischer Art und
als Mittel der betrieblichen Rationalisierung und Leistungssteigerung.

So führte Moede in seiner Monographie „Arbeitstechnik" von 1935 zum Thema der Übung, Schulung und Anlernung aus:[151]

> „Taylor empfahl eine Zusammenfassung der anzulernenden Kräfte im Arbeitssaal durch den Anlernmeister. Die gesonderte und pflegliche Schulung in der Anlernstelle dürfte jedoch zweckmäßiger sein, zumal dort über das rein handwerkliche Schulen hinaus auch Menschenführung, Anregung von Arbeitsfreudigkeit und Arbeitsbegeisterung, Fernhalten von Verdruß erwünscht sind, da es Sache der industriell pädagogischen Schulung sein sollte, nicht nur äußere, sondern auch innere Werte durch Schulung anzustreben. Gemäß den vorhandenen Umständen ist das Bildungs- und Führungsziel für die neuen Arbeitskräfte zu formen, auch sind die persönlichen und sachlichen Mittel zur Verwirklichung des Planes bereitzuhalten. [...] Man wird in der Anlernstelle mehrere Fortschrittsstufen, gegebenenfalls mit gesonderter Bezahlung, einrichten, um allmählich – bei ausreichender Beherrschung der Arbeitsmethoden – auch zum Akkord überzugehen."

Moede verfügte demnach über ein Konzept für den Modus der Anlernung und Schulung bis hin zu einer leistungsorientierten Entlohnung durch Akkordarbeit. Darüber hinaus erstellte er ein pädagogisches Konzept für die Einweisung in neue Fertigkeiten:

> „Die Anlernstelle selbst ist zweckmäßig nach allgemein feststehenden Grundsätzen einzurichten und zu führen. Der Unterrichtsplan hat alle erforderlichen berufsmäßigen Kenntnisse, Fertigkeiten und Verhaltensweisen zu umfassen. [...] Alle Vorschriften sollen vielseitig und anschaulich gelehrt werden. [...] Sind die Arbeitsprozesse allzu schwierig für einmalige Erlernung in ihrer Gesamtheit, so wird man sie zerlegen, ohne dabei natürliche Zusammenhänge zu zerschneiden. [...] Es sollen durch eine fortlaufende Beobachtung und helfende Kontrolle dem Übenden auf einer neutralen objektiven Grundlage Leistungszuwachs und Leistungsänderung dargetan werden, den gegebenenfalls der Schüler selbst fortlaufend an geeigneten Ausweisen verfolgen kann. Im Lehrplan sind die einzelnen Teile des Schulungsprozesses in der richtigen psychologisch-pädagogischen Reihenfolge niedergelegt, also im Fortschritt vom Einfachen zum Schwierigen bei fortlaufender Wiederholung und Überprüfung des Beherrschten."

Als ein Beispiel der betrieblichen Schulung sollte das „Leistungsgradschätzen" vorgestellt werden. *Erich Kupke* lieferte einen „Beitrag zur praktischen Psychologie der Urteilsbildung zum Zwecke einer systematischen Arbeitswerterschulung im Industriebetrieb".[152] Leistungsgradschätzen bedeutete dabei „das freie, aus Anschauung gewonnene und durch Erfahrung gesicherte Urteil eines Arbeitswerters über die Leistung eines beobachteten Arbeitenden bei einem bestimmten Arbeitsvorgang und während der Beobachtungsdauer".[153]

---

[151] Moede, W.: Arbeitstechnik – Die Arbeitskraft: Schutz, Erhaltung, Steigerung. Ferdinand Enke Verlag, Stuttgart 1935, S. 242 ff.

[152] Kupke, E.: Psychotechnische Untersuchungen über das Leistungsgradschätzen. Ein Beitrag zur praktischen Psychologie der Urteilsbildung zum Zwecke einer systematischen Arbeitswerterschulung im Industriebetrieb". Diss. TH Berlin 24.10.1940. Abgedruckt in: Industrielle Psychotechnik 1940. Kupke veröffentlichte in der Zeitschrift „Industrielle Psychotechnik" Forschungsergebnisse zum Leistungsgradschätzen, ab 1939/40 zur Leistungssteigerung im Betrieb, in den darauf folgenden Jahren zum Vorschlags- und Prämienwesen im Betrieb zur Leistungssteigerung. Als eines der wichtigsten Werke von ihm ist zu nennen: Jeder denkt mit! – Innerbetrieblicher Erfahrungsaustausch und lebendige Mitarbeit der Gefolgschaft – Wege zur Leistungssteigerung in deutschen Betrieben. (Heft 1 der Schriftenreihe des Reichsausschusses für Leistungssteigerung), Berlin 1940.

[153] Kupke, E.: Untersuchungen über das Leistungsgradschätzen. Beitrag zur praktischen Psychologie der Urteilsbildung zum Zwecke einer systematischen Arbeitswerterschulung im Industriebetrieb. Industrielle Psychotechnik 17 (1940) 8/11, S. 178 ff.

Das gebräuchliche Zahlenschätzen in Prozent wurde bei den Untersuchungen durch ein Schätzen ersetzt, welches begriffliche Leistungskategorien erstellte, die sich innerhalb der menschlichen Leistungskapazität befinden (z. B. „Sehr gute Leistung – lässt sich auf Dauer durchhalten“ oder „Leistung befriedigend – aber so, wie man sie von jedem ohne weiteres verlangen kann“). Die Untersuchungen zum Begriffschätzen wurden im Versuch „Gehen“ (Geschwindigkeits- oder Bewegungskomponente der menschlichen Leistung) unternommen. Dabei wurden normative Werte ermittelt.

Ergebnisse dieser Untersuchung waren:

- Erfahrene Arbeitswerter bewerten die normale Leistungskapazität (von „Befriedigende Leistungen“ bis „Sehr gute Leistungen“) höher als unerfahrene Leistungsgradschätzer.
- Eine Schulung der Arbeitswerter erscheint notwendig und sinnvoll. Bei einer Schulung sind eine Optimierung des Leistungsgradschätzens (Genauigkeit) sowie eine höhere Bewertung der „normalen“ Leistungskapazität zu erreichen.
- Auch Nicht-Arbeitswerter verstehen – zunächst beim Gehen – unmittelbar mit der Begriffschätzskala zu arbeiten.[154] Das bedeutet, dass zur Zeit- und Leistungsgradschätzung bzw. -messung auch ein weiterer Personenkreis fähig bzw. einsetzbar ist.
- Begriffschätzen ist im Vergleich zum herkömmlichen Zahlenschätzen brauchbarer hinsichtlich des Zweckes der Schulung im Leistungsgradschätzen. Dabei ist „die Begriffsschätzung nicht nur für die Schulung des Leistungsgradschätzens dienlich (…), sondern [sollte] auch für die grundsätzliche Klarstellung der Möglichkeiten und Schwierigkeiten einer subjektiven Leistungserkennung am schaffenden Menschen noch weiter verwandt werden“.[155]

Obwohl mit der Untersuchung das Ziel einer ökonomisch optimierten Leistungsspanne für Arbeitsgänge erreicht werden sollte, wies Kupke vorsorglich darauf hin, dass die Erfolgskontrolle des richtigen Leistungsgradschätzens im Erhalt der psychischen und physischen Kräfte des „Leistungsträgers“ lag.[156]

Josef Dilger, der bei der Reichsbahn arbeitete, promovierte bei Moede mit „Beiträgen zur psychotechnischen Methodenlehre der Eignungsprüfung, Anlernung und arbeitstechnischen Bestgestaltung bei der Deutschen Reichsbahn“.[157] Man kann davon ausgehen, dass eine methodische Verbesserung und Korrektur der bestehenden Verfahren ein unmittelbares Forschungsanliegen Moedes innerhalb der Arbeitsqualifizierung waren.[158] Dilger arbeitete für die eignungstechnische Anlernung bei Lehrlingen im Feilen eine Methode aus, bei der nicht – wie bisher – nur ein Teilvorgang der ausgeführten Arbeit, sondern das gesamte Arbeitsergebnis, nämlich die bearbeitete Fläche, im Bild erschien. Der Lernende konnte durch eine vergrößerte Darstellung die gefeilten Unebenheiten im Arbeitsstück exakt erkennen. Mit Hilfe eines „Flächenprüfers“ vermochte er die Ungenauigkeiten zu vermessen. Durch täglich halbstündige Übungen unter Anleitung des Meisters konnte er seine Handgeschicklichkeit verbessern.

---

154 Kupke, a.a.O., S. 244.

155 Kupke, a.a.O., S. 245.

156 Kupke, a.a.O., S. 246.

157 Dilger, Josef: Beiträge zur psychotechnischen Methodenlehre der Eignungsprüfung, Anlernung und arbeitstechnischen Bestgestaltung bei der Deutschen Reichsbahn. Diss. TH Berlin 22.5.1939, Buchholz & Weßwange, Berlin 1939.

158 So bedankt sich Dilger im Vorwort der Dissertation bei Moede für die Stellung der Aufgabe und die Beratung.

Der Erfolg seines Verfahrens sei anhand von Werkstättenberichten der Reichsbahn zu beurteilen:[159]

„Die Anlernmethode hat auf die Lehrlinge einen guten Einfluß gehabt. Sie lernen nicht nur feilen, sondern, was sehr wichtig ist, auch messen. Die Lehrlinge waren mit vollem Eifer bei der Sache und waren sehr gespannt auf die Aufzeichnungen. Es kommt ein sehr gesunder Wettstreit zustande. Die Lehrkräfte können die mündliche und praktische Unterweisung durch sofortigen Beweis bekräftigen. Durch Nachmessen allein können die Fehler nicht so klar gemacht werden. Die Mehrarbeit wird aufgewogen durch die Freude am Fortschritt der Jungen."

Die Erfolge des neuen Arbeitsverfahrens kongruierten mit den angestrebten arbeitspsychologischen, -pädagogischen und –wirtschaftlichen Zielen einer solchen Methode:[160]

„Das Feilenanlernverfahren will die Erziehungsarbeit des Lehrmeisters unterstützen und erleichtern, besonders durch Sichtbarmachung des Übungserfolges, Ansporn des Arbeitseifers (Wettstreit), Erziehung zu genauer Arbeit vom Beginn der Lehrzeit sowie durch Stärkung des Ansehens der Lehrkräfte."

In seinem 1937 in der Industriellen Psychotechnik veröffentlichten Erfahrungsbericht zur psychotechnischen Arbeiterauslese im Eisenwerk Witkowitz rückte *E. Pechhold* das Bild der Psychotechnik zurecht:[161]

„Die psychotechnische Auswahl von Arbeitern für ein bestimmtes Industrieunternehmen pflegt irrtümlich der „positiven Beratung" gegenübergestellt zu werden. Mit dieser Begriffstrennung wird vielfach fälschlicherweise eine geringere Bewertung der Industrieauslese insofern verbunden, als dieser Arbeiterauswahl für den Betrieb soziologische und charakterologische Faktoren abgesprochen werden und scheinbar nur eine begrenzte Fähigkeitsauslese verbleibt. Sieht man den Betrieb jedoch als organischen Körper und seine Belegschaft nicht nur als Kollektiv von Einzelindividuen, sondern als soziologisches Gebilde an, dann erscheint eine solche Auffassung dürftig und unzulänglich. Das Problem der Arbeiterauslese und vor allem seine psychotechnische Seite sind [...] an dem Beispiel des Eisenwerkes Witkowitz von diesem höheren Gesichtspunkt aus behandelt."

Direkte Zusammenarbeit zwischen dem Institut und der Industrie lässt sich erst in der Kriegszeit bei der Erforschung von arbeitswissenschaftlichen Möglichkeiten hinsichtlich des Postulats betrieblicher Leistungssteigerung deutlich erkennen. Die Auftragsforschung beschäftigte sich in der Zeit akuten Arbeitskräfte- und Rohstoffmangels vor allem mit Fragen der Betriebsorganisation und Arbeitsplanung. Das klassische psychotechnische Gebiet der Eignungsauslese trat bei den Massenprüfungen für Zwangsarbeiter in den Vordergrund.

Ein Beispiel für die industrielle Auftragsforschung ist die Verbindung von *Hellmuth Schmidt* zu den Heinkel Flugzeugwerken in Rostock.[162] Eberhard von Faber berichtete im 1941 erschienenen Beitrag „Leistungslohn nach der Arbeitsschwierigkeit" über die Untersuchungen, die in den Ernst Heinkel-Werken in Zusammenarbeit mit dem Institut für industrielle Psycho-

---

159 Dilger, a.a.O., S. 37.

160 Dilger, a.a.O., S. 38.

161 Pechhold, E.: Psychotechnik und Arbeiterauslese im Großbetrieb. Industrielle Psychotechnik 14 (1937) 1, S. 23. Die Ausrichtung der psychotechnischen Eignungsprüfungen und ihre veränderten Zielsetzungen erfassten also auch direkt die praktisch arbeitenden Psychotechniker in den Betrieben.

162 Hellmuth Schmidt war Assistent bei Moede, hatte spätestens seit 1939 Kontakt zum Heinkel-Konzern und bekam etwa 1942 eine Funktion innerhalb der Betriebsführung zugewiesen. Durch seinen Forschungsschwerpunkt im Bereich des Flugzeugwesens (Simulation von Höhenversuchen, Untersuchung von Höhenangst etc.) ist anzunehmen, dass schon eine längere Zusammenarbeit mit den Heinkel-Werken bestand.

technik und Arbeitstechnik durchgeführt wurden.[163] Für den industriellen Fertigungsgang des Nietens von Flugzeugteilen wurde eine Bewertung der Arbeit und ihres Schwierigkeitsgrads an zahlreichen Versuchspersonen durchgeführt und statistisch ausgewertet. Hinter der Ermittlung eines „gerechten" Leistungslohnes, zu dem von der Belegschaft Meinungen durch Fragebögen ermittelt wurden, stand die grundsätzliche Frage der Entlohnung durch Stunden- oder Akkordlohn und nach ihren Modalitäten. Das Ergebnis vermittelte den Wunsch nach Berücksichtigung von Arbeitsschwierigkeiten sowie nach „Berücksichtigung persönlicher Werte (Güte der Arbeit, charakterliche Gegebenheiten)".[164]

Neben der leistungsorientierten Entlohnung war das Vorschlagswesen ein weiteres Mittel der betrieblichen Leistungssteigerung, die schon seit 1939 im Reichsausschuss für Leistungssteigerung institutionalisiert war.[165] Schmidt berichtete über das Verbesserungsvorschlagswesen als eine Form innerbetrieblicher Werbung im Heinkel-Konzern.[166] Der betriebswirtschaftliche Gewinn bekräftigte die Bedeutung von Forschung und Praxis auf diesem Gebiet:

> „Die Erfolgszahlen der Ernst Heinkel Flugzeugwerke beweisen, daß das in diesem Werk seit über zehn Jahren bestehende Vorschlagswesen einen erfolgreichen Weg zur Leistungssteigerung darstellt. Im Jahre1941 wurden allein durch die Vorschläge eingespart: 104 Vollarbeitskräfte und über 150.000 RM Materialkosten. Nicht eingerechnet sind zum Beispiel Verbesserungen der Güte und Sicherheit, des Gefolgschaftswesens oder der Unfallverhütung. [...] Neben der Leistungssteigerung gestattet es das Vorschlagswesen, besonders tüchtige Mitarbeiter zu erkennen, so daß deren berufliche Förderung und Aufstieg möglich sind."[167]

Von Schmidt wurden dabei für Heinkel und seine angeschlossenen Werke „(...) im Laufe der letzten drei Jahre die vorhandenen Bewertungsmethoden nach Durchrechnung mehrerer Tausend Verbesserungsvorschläge zu einem festen System aufgebaut und in Form von Richtlinien niedergelegt."[168]

Für die Prämienhöhe von aufgenommenen Verbesserungsvorschlägen waren verschiedene Faktoren verantwortlich:

- die Wirtschaftlichkeit für den Betrieb,
- die Stellung des einen Vorschlag einreichenden Mitarbeiters,
- das Verhältnis von Arbeitsgebiet des Einreichenden und Vorschlag sowie
- die Innovationskraft und die Ausarbeitung des Vorschlags.[169]

Schmidt lieferte neben der methodischen und strukturellen Erstellung des Vorschlagswesens auch Beispiele aus der Praxis.

Die betriebsorganisatorischen und arbeitswirtschaftlichen Schwerpunkte entsprachen den Bedürfnissen einer Wirtschaft, die sich mit dem Kriegsbeginn wieder stärker auf eine leistungsorientierte Psychotechnik, bzw. Arbeitswissenschaft besann, wie sie im Institut für industrielle Psychotechnik von Moede gefördert wurde.

---

163 von Faber, E.: Leistungslohn nach der Arbeitsschwierigkeit – Untersuchungen in einem Großbetrieb. Industrielle Psychotechnik 18 (1941) 2/4, S. 48-80.

164 von Faber, a.a.O., S. 79.

165 Die Einrichtung des Ausschusses wurde am 12.1.1939 durch den Reichswirtschaftsminister Göring (in Vorbereitung auf die Kriegswirtschaft) angeordnet.

166 Schmidt, H.. Leistungssteigerung durch Verbesserungsvorschläge und deren Prämierung. Industrielle Psychotechnik 18 (1941) 10/12, S, 217-253.

167 Schmidt, a.a.O., S. 217.

168 Schmidt, a.a.O., S. 229.

169 Schmidt, a.a.O., S. 230.

Im Kleinbauwerk Siemens-Schuckert wurde der Effizienzgedanke betrieblicher Leistungssteigerung durch die rege Publikationstätigkeit *Erich Kupkes* in der Industriellen Psychotechnik auf verschiedene Weise vorangetrieben. Schon seit 1937 fanden dort eigene Betriebsausstellungen mit dem rationalisierenden Programm „Besser und billiger jeden Tag" statt.[170] Kupke wandte seine Untersuchungen dem Verbesserungsvorschlagswesen als Form innerbetrieblicher Werbung zu. Dabei reichten seine Vorschläge vom Prämiensystem bis zum „Sonderleistungsbuch".

Zusammenfassung der Dissertationen

In der folgenden Tafel sind die von 1933 bis 1945 auf dem Gebiet der betriebswissenschaftlichen Psychotechnik erarbeiteten Dissertationen zusammengefasst:[171]

Name	Datum	Titel der Dissertation
Maier, Ernst	1933	Die arbeitstechnische Bestgestaltung der Skalen.
Mauritz, Heinrich	1934	Psychotechnik des Pressenschutzes.
Barth, Ernst	28.3.1936	Beiträge zur Methodik der Eignungsfeststellung mittels Arbeitsschaubildern.
Coermann, R.	1937	Einwirkungen von Bewegungen auf den Menschen.
Mau, Karl	27.6.1938	Arbeitsintensitätsuntersuchungen bei handwerklicher Fertigung.
Schmidt, Hellmuth	27.6.1938	Funktions- und Leistungsanalyse des Höhenfliegers nach berufswichtigen Gesichtspunkten.
Neumann, Erich	26.1.1939	Psychotechnische Eignungsprüfung und Anlernung im Flugmotorenbau.
Schmidt, Otto	26.1.1939	Auswahl und Anlernung von Erwerbslosen für die Luftfahrt-Rüstungsindustrie.
Münnich, Karl	25.4.1940	Die Reaktionsleistung in Abhängigkeit von der Körperlage.
Mantsuranis, Johann	1.2.1939	Die Hauptbeiträge der Länder USA, Deutschland und Frankreich zum heutigen Stand der Betriebswissenschaft.
Dilger, Josef	22.5.1939	Beiträge zur psychotechnischen Methodenlehre der Eignungsprüfung, Anlernung und arbeitstechnischen Bestgestaltung bei der Deutschen Reichsbahn.
Quednau, Horst	1940	Eignungsprüfung für Lochkartenpersonal.
Kupke, Erich	24.10.1940	Psychotechnische Untersuchungen über das Leistungsgradschätzen – Ein Beitrag zur praktischen Psychologie der Urteilsbildung zum Zweck einer systematischen Arbeitswerterschulung im Industriebetrieb.
Ingenohl, Ingo	Juni 1942	Bestimmung der Arbeitsschwierigkeit.
Dust, Johannes	28.11.1942	Die Psychotechnik als Mittel für die Auswahl und Schulung der Unterführer in industriellen Betrieben.
Dressel, Gerhard	März 1945	Psychotechn. Untersuchungen zur Bestgestaltung der Visiere von Handfeuerwaffen.

[170] Kupke, E.: Werbung für Verbesserungsvorschläge. Industrielle Psychotechnik 18 (1941) 10/12, S. 266.

[171] Die Dissertationen von 1933 bis 1945 sind nach dem Jahresverzeichnis der deutschen Hochschulschriften recherchiert. Da nur die Hochschulen, nicht aber die Berichter aufgeführt sind, sind möglicherweise auch Dissertationen psycho- oder arbeitstechnischer Thematiken innerhalb der Wehrtechnik o.ä. verfasst worden. Zum Teil konnten Dissertationen als direkte Arbeiten des Instituts für industrielle Psychotechnik und Arbeitstechnik verifiziert werden, zum Teil wurde über personelle Verschränkungen (Assistenten) oder über Publikation der Dissertation in der Industriellen Psychotechnik recherchiert. Die Arbeiten von Erich Kupke, Josef Dilger und Hellmuth Schmidt sind auf den Seiten 383-384 beschrieben.

Maier, Ernst: „Die arbeitstechnische Bestgestaltung der Skalen“[172]
Form und Aufbaustufen der Skalen werden im Sinne einer arbeitstechnischen Bestgestaltung untersucht. Bei der arbeitstechnischen Untersuchung der Skalen sind einerseits die Aufbaustücke, andererseits die ganzen Skalen als Bilder von eigener Wirkung und Gesetzmäßigkeit zu studieren. Der Bezifferung der Skala kommt überragende Bedeutung zu: Bezifferte Skalen jeder Aufbaustufe sind den unbezifferten im Gesamtvergleich überlegen; für unregelmäßig geteilte Skalen ist die Bezifferung besonders wichtig. Die Vorgänge bei der Ablesung von Skalen werden durch Aufzeichnung der Bewegungen des ablesenden Auges ergründet. Aus den Ergebnissen werden Grundforderungen für die Anlage der Skala gewonnen.

Mauritz, Heinrich: „Psychotechnik des Pressenschutzes“[173]
Stanzen und Pressen ist ein meist nur in der Massenfertigung wirtschaftliches Arbeitsverfahren, da die Herstellung der benötigten Schnitte und Formen recht erhebliche Kosten verursacht, die erst bei größeren Stückzahlen rentabel werden. Diese gegenüber anderen Verfahren größeren Mengen geben dem Arbeitsgang sein besonderes Gepräge. Unfälle an Pressen und Stanzen lassen sich durch geeignete Auswahl und zweckmäßige Anlernung des Maschinenpersonals sowie vor allem durch sichere und leistungsfähige Schutzvorrichtungen vermindern. An Hand von Unfallstatistiken und auf Grund von Versuchen werden die Unfallgefahren analysiert. Schutzvorrichtungen sollen bei hoher Sicherheit leicht und bequem anwendbar sein. Der Schutzbügel besitzt gegenüber der Zweihandeinrückung und Zweihandsperrung erhebliche wirtschaftliche Vorteile.

Barth, Ernst: „Beiträge zur Methodik der Eignungsfeststellung mittels Arbeitsschaubildern“
Die Entwicklung des Leistungsablaufs bei der Keilschlagprobe wird an Hand des Arbeitsschaubilds studiert. Die Gesichtspunkte der Leistungsauswertung zum Zwecke der Eignungsfestlegung der Handbetätigung werden nach fachlicher und charakterologischer Hinsicht behandelt. [174] Es wird über Durchführung, Auswertung und Ergebnisse umfangreicher Versuchsreihen berichtet, die an fünf Proben mit Arbeitsschauuhren zur Klärung der Verwendbarkeit von Urteilsschaubildern für die Bewertung des Menschen vorgenommen wurden. An Hand der Ergebnisse werden methodische Schlussfolgerungen gezogen. [175]

Coermann, R.: „Einwirkungen von Bewegungen auf den Menschen“[176]
Es wird die Notwendigkeit systematischer Untersuchungen über die Wirkung zwangsläufiger Bewegungen auf den menschlichen Körper dargestellt. Die möglichen Bewegungsarten werden in vier Gruppen unterteilt, und zwar nach dem Gesichtspunkt der gleichen Wirkung. Die bisherigen Ergebnisse werden im Auszug für die einzelnen Gruppen zusammengefasst. Es wird auf die Möglichkeit der Abhängigkeit der Wirkung vom dritten Differentialquotienten des Wegs nach der Zeit hingewiesen, wobei besonders über die Untersuchungen von H. Reiher und F. J. Meister eingehend berichtet wird. Die Begriffe „Schwingungen“ und „Vibrati-

---

[172] Maier, Ernst: Die arbeitstechnische Bestgestaltung der Skalen. Diss. TH Berlin 1933. Abgedruckt in: Industrielle Psychotechnik 10 (1933) 12, S. 353-362.

[173] Mauritz, Heinrich: Psychotechnik des Pressenschutzes. Industrielle Psychotechnik 11 (1934) 4, S. 97-106.

[174] Barth, Ernst: Die Keilschlagprobe im Leistungsschaubild. Industrielle Psychotechnik 13 (1936) 3, S. 65-77.

[175] Barth, Ernst: Leistungsverhalten und Arbeitscharakter im Schaubild. Industrielle Psychotechnik 13 (1936) 6, S. 161-173.

[176] Coermann, R.: Einwirkungen von Bewegungen auf den Menschen. Industrielle Psychotechnik 14 (1937) 2/3, S. 41-58.

on" werden definiert. Den Schluss bildet eine allgemeine Betrachtung über die bisher verwendeten Maßeinheiten und Messverfahren.

Mau, Karl: „Arbeitsintensitätsuntersuchungen bei handwerklicher Fertigung"[177]
In dieser Arbeit wird gezeigt, wie es mit Hilfe der mittleren Variation möglich ist, die Zusammenhänge zwischen der Arbeitsintensität und den Streuungen der Griffzeiten zu klären, an die Stelle der subjektiven Schätzung der Arbeitsantriebe eine Bewertung derselben auf Grund objektiver Anhaltspunkte zu setzen und durch zahlenmäßige Festlegung die Gesetzmäßigkeiten der verschiedenen Leistungsimpulse zu finden. Die Untersuchungen wurden für durchschnittliche, gebremste und gehetzte Arbeitsintensität durchgeführt. Allgemein gehaltene Betrachtungen über die charakteristischen Wesensmerkmale der vorkommenden Arbeitsantriebe und Untersuchungsbefunde über die wechselseitige Bedingtheit zwischen Tempo und Exaktheit runden das gewonnene Bild ab.

Schmidt, Otto: „Auswahl und Anlernung von Erwerbslosen für die Luftfahrt-Rüstungsindustrie"[178]
Es wird anhand eines durchgeführten Schulungsbeispiels die Auswahl und Anlernung neuer Gefolgschaftsmitglieder für den Flugzeugbau, insbesondere den Zellenbau untersucht. Dabei werden neben psychotechnischen Proben der Handgeschicklichkeit für die Prüfung des räumlichen Vorstellungsvermögens und der Zuverlässigkeit je eine Probe und deren Auswertung behandelt. Die Bedeutung der Modellübungen und der Bildungswert psychotechnischer Prüfungen werden aufgezeigt. Nach einer Erfolgskontrolle sind die auf Grund der Untersuchung als zweckmäßig ausgewiesenen Maßnahmen für die Auswahl und Anlernung von Facharbeitern der Flugzeugindustrie zusammengefasst.

Münnich, Karl: „Die Reaktionsleistung in Abhängigkeit von der Körperlage"[179]
Die Studie soll einen Beitrag darstellen zur Klärung der Frage der Leistungsfähigkeit des Menschen im Flugzeug. Wir wissen, dass der Mensch beim Fliegen durch die verschiedenartigsten inneren und äußeren Einflüsse in erhöhtem Maße beansprucht wird. Um zu erkennen, wo die Grenzen seiner Leistungsfähigkeit liegen, ist es erforderlich, die Einwirkungen der einzelnen Einflüsse in physischer und psychischer Hinsicht zunächst gesondert und später in ihrer Gesamtheit zu untersuchen. So befasst sich diese Arbeit nur mit der Frage, ob und in welchem Maße allein die verschiedenen möglichen Körperlagen im Raum die Leistungsfähigkeit hinsichtlich des Reaktionsvermögens beeinflussen können. Auf Grund von Versuchen, die an die Verhältnisse der Praxis angepasst und zum Teil neuartig sind, sollen erste Anhaltswerte gegeben werden, die mit einer kleinen Zahl von Versuchspersonen gewonnen wurden. Der erste Teil der Arbeit beschäftigt sich mit der Reaktionsfähigkeit als solcher und ihrer Beeinflussbarkeit. Im zweiten Teil werden die technischen Einrichtungen und die Versuchsmethoden zur Feststellung der Reaktionsleistung bei allen möglichen abnormalen Lagen im Raum beschrieben. Im dritten Teil erfolgt dann die Auswertung der Versuchsreihen. Die Versuche wurden in der Zeit Ende 1938 bis Anfang 1939 durchgeführt. Die Anregung zur vorliegenden Arbeit gaben eigene Studien über die Kausalität der Flugzeugunfälle.

---

[177] Mau, Karl: Arbeitsintensitätsuntersuchungen bei handwerklicher Fertigung. Industrielle Psychotechnik 14 (1937) 10/12, S. 289-341.

[178] Schmidt, Otto: Auswahl und Anlernung von Erwerblosen für die Luftfahrt-Rüstungsindustrie. Industrielle Psychotechnik 16 (1939) 1/3, S. 44-80.

[179] Münnich, Karl: Die Reaktionsleistung in Abhängigkeit von der Körperlage. Industrielle Psychotechnik 17 (1940) 3/5, S. 49-83.

Quednau, Horst: „Eignungsprüfung für Lochkartenpersonal“[180]
Die Auswertung und Verarbeitung umfangreichen statistischen Materials unter Verwendung des Lochkartenverfahrens bringt außerordentliche wirtschaftliche Vorteile mit sich. Neben der rein wirtschaftlichen Seite steht jedoch für viele Arbeiten die Schnelligkeit des Verarbeitungsprozesses im Vordergrund, sinkt doch die Zeit beispielsweise für die Auswertung einer Volkszählung oder ähnlicher umfangreicher Arbeiten bei Übertragung der Erhebungen auf die Lochkarte auf einen Bruchteil der sonst üblichen. Hinzu kommen allgemein die fast völlige Vermeidung von Fehlern sowie die Tatsache, dass die Unterlagen – nämlich die Lochkarte – für irgendwelche Ergänzungen und Überprüfungen leicht zur Verfügung gehalten werden können.

Der vorgefasste Zweck dieser Arbeit bestand darin, der Praxis Mittel an die Hand zu geben, um dem steigenden Bedarf an Locherinnen, der sich seit längerer Zeit bemerkbar macht und in der Folgezeit wahrscheinlich noch weiter steigen wird, in möglichst wirtschaftlicher Weise Rechnung zu tragen.

Für die Durchführung der notwendigen praktischen Untersuchungen stellte die Deutsche Hollerith-Maschinen Gesellschaft m.b.H., Berlin-Lichterfelde, ihre Abteilung für Lohnarbeiten in Berlin zur Verfügung, in der im Laufe der Zeit an ungefähr 200 Locherinnen – teils geübten, teils Anfängerinnen – Erfahrungen gesammelt werden konnten.

Kupke, Erich: „Psychotechnische Untersuchungen über das Leistungsgradschätzen – Ein Beitrag zur praktischen Psychologie der Urteilsbildung zum Zweck einer systematischen Arbeitswerterschulung im Industriebetrieb“
In dieser Arbeit wird zunächst ein systematischer Überblick über die bisherigen Bestrebungen der Bestimmung des Leistungsgrades menschlichen Arbeitens gegeben, wobei die Vorzüge und Mängel der einzelnen Verfahren herausgestellt werden.[181] Anschließend wird der Aufbau eines systematischen Schätztrainings für Leistungsgradschätzen im Rahmen der industriellen Arbeitszeitermittlung beschrieben. Hierbei wird dem üblichen Schätzen in Zahlen (%) ein normatives Schätzen vorgeschaltet, das in Leistungsstufen und Leistungsbereichen denkt, die auf die begrenzte menschliche Leistungskapazität bezogen sind. Mittels des normativen Schätzens wird versucht, eine optimale (wirtschaftliche) Leistungsspanne des normalen Menschen größenmäßig zu erkennen. Außerdem geben die Untersuchungen Aufschlüsse über die Wege der Urteilsbildung beim Leistungsgradschätzen im Betriebe.[182]

Ingenohl, Ingo: „Die Bestimmung der Arbeitsschwierigkeit“[183]
Es werden zunächst die Zuschläge, dann das Grad- und Rangsystem und schließlich das Punktsystem als Verfahren zur Bestimmung von Schwierigkeitsgraden werktätiger Arbeiten allgemein beschrieben.

Eine Untersuchung über den Aufbau der wichtigsten deutschen und amerikanischen Punktsysteme führt sodann zu der Erkenntnis, dass vier Hauptbewertungsmerkmale immer wiederkehren, zu denen die Untermerkmale nur richtig zugeordnet werden müssen. Diese Zu-

---

180 Quednau, Horst: Eignungsprüfung für Lochkartenpersonal. Industrielle Psychotechnik 17 (1940) 6/7, S. 130-164.

181 Kupke, Erich: Das Leistungsgradschätzen. Industrielle Psychotechnik 17 (1940) 6/7, S. 121-129.

182 Kupke, Erich: Untersuchungen über das Leistungsgradschätzen. Industrielle Psychotechnik 17 (1940) 8/11, S. 178-247.

183 Ingenohl, Ingo: Die Bestimmung der Arbeitsschwierigkeit. Industrielle Psychotechnik 19 (1942) 7/9, S. 145-201.

ordnung der begrifflichen Definitionen unter „Ausbildungs-Anforderungen, Geistige Anforderungen, Körperliche Anforderungen und Umgebungseinflüsse" sowie diese vier Hauptgesichspunkte selbst stellen den allen Punktssystemen gemeinsamen Inhalt dar, die sich jedoch, wie die weiteren Untersuchungen dann ergeben, in ihrer Form wesentlich unterscheiden: Die Abstimmung der Anforderungsarten untereinander, die Verteilung der Gesamtpunktsumme auf die einzelnen Merkmale, die Bewertung und „Gewichtung" der Anforderungsarten selbst wird in den deutschen und amerikanischen Systemen errechnet und gegenübergestellt.

Nach einer Untersuchung über die Herkunft und Begründung der verschiedenen Systemformen wird der Versuch zur Aufstellung einer einheitlichen und für die Zwecke der Reichslohnordnung allgemeingültigen Gewichtung sowohl der Hauptbewertungsmerkmale als auch der Untermerkmale unternommen.

Die auf Grund der verschiedenen Formen und verschiedenen absoluten Messzahlbereiche bisher unvergleichbaren Ergebnisse der einzelnen Systeme werden durch Einführung des mathematischen Begriffes „Bewertungs-Charakteristik", der gleichzeitig die Schwierigkeitsbeschreibung einer Arbeit darstellt, miteinander vergleichbar gemacht.

Schließlich wird noch der maßgebende Einfluss, den die bisherige verschiedenartige Bewertung der Anforderungsarten untereinander ausübt, an Hand einer Vielzahl von Arbeitsbeispielen nachgewiesen, indem diese Arbeiten in drei Systemen mit ganz verschiedener Gewichtung durchbewertet werden.

Aus der Erkenntnis, dass ein analytisches System zur Bestimmung der Arbeitsschwierigkeit neben seinem Inhalt auch eine Form hat, die zu erkennen und zu berücksichtigen mindestens ebenso wichtig ist, wird zum Schluss die Forderung abgeleitet, den Punktsystemen zur Arbeitsbewertung eine reichseinheitliche Gewichtung der Bewertungsmerkmale vorzuschreiben, die dabei selbst in ihrer Anzahl und begrifflichen Definition für die vielfältigen Berufs- und Arbeitsarten abwandelbar bleiben können und dennoch immer eine betriebliche Lohnordnung ergeben werden, die sich reibungslos mit den Lohnordnungen anderer Betriebe und Wirtschaftszweige zur Reichslohnordnung zusammenfügen wird.

Dressel, Gerhard: „Psychotechnische Untersuchungen zur Bestgestaltung der Visiere von Handfeuerwaffen"
Während bei deutschen, russischen und französischen Gewehren das Visier aus Kimme und Korn bestand, verwendete ein englisches Gewehr eine Lochkimme mit Korn. Aus der Tatsache, dass auch bei Unschärfen konzentrische Kreise schneller und sicherer zur Deckung gebracht werden können als Kimme und Korn, entstand die Lösung: Lochkimme und Tunnel mit Stäbchenkorn.

Beim Zielvorgang muss der kleinere runde Tunnel in das Loch der Kimme gebracht werden und das Ziel muss zwischen den Stäbchen auf deren Oberkante aufsitzen.

Nach dieser Idee wurden die Zielabweichungen bei den alten Visierelementen auf einer Messbank (von 21 Versuchspersonen) mit den neuen durch Seiten- und Höhenverstellungen verglichen und dabei festgestellt, dass die Streuungen bei den neuen Elementen wesentlich geringer sind als bei den alten. Bei diesen Messungen wurden auch die Einflüsse von Dämmerung und Blendung berücksichtigt.

Durch Berechnungen und Messungen wurden die optimalen Maße für die neuen Visierelemente festgelegt, diese auf Karabinern an Stelle von Kimme und Korn aufgebracht und auf dem Schießstand erprobt. Hier ergab sich eine Verbesserung der Zielgenauigkeit mit den neuen Elementen um 18 Prozent.

Die guten Erfahrungen bei der Anlernung der Versuchsperson an der Messbank führten zu dem Vorschlag, auch für die Anlernung von Schützen eine Messbank zu benutzen. Das geht schneller, erspart Munition und Lärm. Dadurch sind Fehler beim Zielen leichter zu korrigieren als auf dem Schießstand.

Veröffentlichungen und Kongresse

Zeitschrift Industrielle Psychotechnik (1933-1944)

Auch in dem Zeitraum von 1933 bis 1944 gab Moede weiterhin die Zeitschrift Industrielle Psychotechnik heraus. Aufbau und Thematik der Zeitschrift blieben im Wesentlichen unverändert. Wie in den vorherigen Jahrgängen wurden in der Zeitschrift Aufsätze zu psychotechnischen Themen von verschiedensten Autoren veröffentlicht. Dabei war etwa ein Drittel der Aufsätze von ehemaligen oder jeweils aktiven Assistenten Moedes am Institut für industrielle Psychotechnik und Arbeitstechnik erarbeitet. Mitte der dreißiger Jahre nahm die Anzahl der Aufsätze der Assistenten bis etwa zu einem Verhältnis von 50 % zu, 1938 und 1939 sank dieser Anteil allerdings wieder bis zu einem Viertel ab, während sich ab 1940 das Verhältnis wieder zugunsten der Arbeiten der Assistenten veränderte.

Die Thematik der Aufsätze war, anders als in den Vorjahren breiter gefächert. Zwar standen weiterhin Untersuchungen zur Eignungsprüfung, zur Leistungs- und Arbeitsbestgestaltung sowie Leistungs-, Zeit- und Ermüdungsstudien im Vordergrund, jedoch kamen auch Aufsätze zur betrieblichen Organisation unter psychotechnischen Gesichtspunkten und vor allem Arbeiten zur Reaktion im Verkehr und Augenmaßuntersuchungen in einem erheblichen Umfang hinzu. Erwähnenswert ist auch die Zunahme von Arbeiten zur Psychologie und Charakterologie einzelner Berufs- oder Menschengruppen wie beispielsweise von Vorgesetzten, Sachverständigen oder auch Verbrechern. Weitere Arbeiten bezogen sich auf die Schulausbildung und die Eignung zum Hochschulstudium sowie auf Sinnesuntersuchungen. Gänzlich neu waren Untersuchungen zu der Frage der Führungspersönlichkeit, bzw. der Eignung zum Führer einer Gruppe. Das verstärkte Aufkommen dieser Thematik sowie die Bedeutung des Arbeitsdienstes waren offensichtlich der neuen Zeit geschuldet. Insgesamt beschränkt sich der „neue Geist" der NS-Zeit allerdings nur auf wenige Aufsätze. Zumeist waren die Arbeiten weiterhin streng wissenschaftlich, ohne dass ein Bezug zur Ideologie des NS-Staates hergestellt wurde. Allerdings erfolgt in Heft 6 des Jahres 1933 mit dem Aufruf Moedes, Tramms und Couvés zur Sammlung der psychotechnischen Kräfte eine Bejahung des neuen Staates. Tramm zeichnet sich in der Folge weiterhin durch regimefreundliche Artikel aus, in denen er die Ideologie der Nationalsozialisten vertritt. Im Übrigen ist der neue Geist vornehmlich den Berichten über Vorträge, Kongresse und Tagungen zu entnehmen. Insbesondere auf dem 13. Kongress der Deutschen Gesellschaft für Psychologie zeigte sich der Wandel. Die jüdischen Vertreter wie Stern, Katz und Kafka schieden aus dem Vorstand aus. Ihre Plätze nehmen Anhänger der Nationalsozialisten wie Jaensch, Poppelreuter, Rieffert und Klemm ein. Der Kongress wurde vom April auf den Oktober 1933 verschoben. Dort zeigte sich zum Teil in der Thematik, vor allem aber in der Gestaltung, dass die Deutsche Gesellschaft für Psychologie bereits nationalsozialistisch gleichgeschaltet war. So beendete der Minister Hartnacke seine Rede mit „Sieg Heil" und am Ende der Eröffnungsveranstaltung wurde neben dem Deutschlandlied auch das Horst-Wessel-Lied gesungen.

Im Jahr 1934 wird nur über den 14. Kongress der Deutschen Gesellschaft für Psychologie vom 22. bis 26. Mai 1934 in Tübingen berichtet, an dem Moede jedoch nicht teilgenommen zu haben scheint. Von seinen engeren Kollegen waren lediglich Giese und Herwig vertreten. Auch 1934 stand der Kongress ausweislich der veröffentlichten Thematik ganz im Geiste des neuen Staates.

Im Jahrgang 1937 waren weiterhin die Eignungsprüfungen ein wesentliches Thema der Aufsätze, daneben aber auch Untersuchungen zur Handgeschicklichkeit sowie Zeit- und Leistungsstudien. Die ehemaligen Assistenten haben 1937 nur wenig Arbeiten veröffentlicht.

Industrielle

Psychotechnik

Der Mensch

Eignung Leistung

Charakter Verhalten

FESTSCHRIFT

zum 50. Geburtstag

des Herausgebers

Professor Dr. W. Moede

Herausgeber:

Prof. Dr. W. Moede. Techn. Hochschule Berlin. Universität Berlin

15. Jahrgang September/Oktober 1938 Heft 9/10

Bild 10.14: Festschrift zum 50. Geburtstag Walther Moedes am 3. September 1938

Im Jahr 1938 feierte Moede am 3. September seinen 50. Geburtstag. Dazu veröffentlichte Karl Marbe in der Ausgabe September/Oktober eine Gratulationsschrift, in dem er die Verdienste Moedes für die praktische Psychologie und dessen hohe Wertschätzung unter Fachkollegen würdigte. Insbesondere verwies er darauf, dass Moede der erste Fachpsychologe des Deutschen Heeres war und auch der erste Psychologe, der sich an einer Technischen Hochschule habilitiert hatte. Er erwähnte die verschiedenen Arbeitsgebiete Moedes und verwies schließlich auf die Moede zu Ehren veröffentlichte Festschrift. Weiterhin wurde Moede auch von der Eignungstechnischen Versuchsanstalt der Deutschen Reichsbahn gewürdigt, für die er annähernd 20 Jahre als fachpsychologischer Berater tätig war und spezielle Verfahren der Eignungsuntersuchung entwickelt hatte. Schließlich gratulierte auch die Deutsche Gesellschaft für Psychologie Moede zu seinem Geburtstag und gedachte seiner Pionierarbeit auf dem Gebiet der praktischen Psychologie. Es wurden folgende Geleitworte der Festschrift vorangestellt:

Von Geheinrat Prof. Dr. Karl Marbe, Würzburg.

Hochgeehrter, lieber Herr Kollege! Schüler, Amtsgenossen und Freunde haben sich vereint, um Ihnen durch diese Festschrift anläßlich der Vollendung Ihres fünfzigsten Lebensjahres eine kleine Aufmerksamkeit zu erweisen. Die folgenden Blätter wollen aber auch der Welt gegenüber die große Hochschätzung zum Ausdruck bringen, derer Sie sich in den Kreisen der Psychologen mit Recht erfreuen dürfen. Denn Sie haben durch unermüdliche Arbeit und Energie, durch Ideenreichtum und seltenes Talent für die Bewältigung praktischer Fragen die Anwendung der Psychologie auf die mannigfaltigsten Gebiete des Lebens mächtig gefördert und Sie haben weithin bahnbrechend gewirkt.

Wie viele von uns haben Sie sich zunächst mit allgemeinen Fragen der Philosophie und mit der reinen Psychologie beschäftigt, als Sie in Straßburg, Leipzig und Berlin studierten und in Leipzig (1911) mit einer Arbeit „Gedächtnis in Psychologie, Physiologie und Biologie" promovierten. Sie gehören aber zu denjenigen Psychologen, welche früh erkannt haben, daß die Bedeutung der Psychologie wesentlich in ihren Anwendungen liegt und daß die reine und praktische Psychologie nicht scharf voneinander getrennt werden dürfen.

Schon währen des Weltkriegs und vor Ihrer Habilitation an der Technischen Hochschule in Berlin-Charlottenburg (1918) haben Sie psychologische Prüfungen an Kraftfahrern und Hirngeschädigten ausgeführt und Begabtenprüfungen für die Stadt Berlin angestellt.

Ihr Hauptinteresse galt aber zumal seit Ihrer Habilitation der Arbeits- und Marktpsychologie, die Sie seit 1921 an der Technischen Hochschule und seit 1935 auch an der Universität Berlin offiziell vertreten. In allen genannten und verwandten Gebieten haben Sie aber selbst nicht nur praktisch gewirkt, sondern hauptsächlich als Leiter des Instituts für Industrielle Psychotechnik und Arbeitstechnik an der Technischen Hochschule eine große Anzahl von jungen Ingenieuren und anderen Schülern für die praktische Psychologie gewonnen und ihnen die Notwendigkeit der Beachtung des Faktors „Mensch" vor Augen geführt. Ihre vielen Veröffentlichungen von Büchern und Aufsätzen haben immer wieder neue Gesichtspunkte für die praktische Bedeutung der Psychologie an die Hand gegeben. Auch haben Sie sich durch die Gründung und umsichtige Leitung der vorliegenden Zeitschrift große Verdienste um die Psychologie, die Arbeitswissenschaft und die Industrie erworben.

Bild 10.15: Walther Moede (1938)

Sie waren (während des Weltkriegs) der erste Fachpsychologe der Deutschen Armee und Sie waren der erste Psychologe, der sich an einer Technischen Hochschule habilitiert hat. Sie und Ihre Schüler haben das psychologische Prüfungswesen im Gebiet von Industrie, Technik und Handel ausgebildet, das Anlernverfahren und die Bestgestaltung der Arbeit (auch bei den Verkehrsanstalten) in hervorragender Weise gefördert. Sie haben Psychologie der Werbung, der Unfälle und viele andere Gebiete der Praxis fruchtbar und erfolgreich beeinflußt. Auch auf unseren nationalen und internationalen Kongressen haben Sie uns immer wieder neue Anregungen gegeben. Sie sind ein Pionier auf dem Gebiet der praktischen Psychologie gewesen.

Gewesen? Sie stehen heute auf der Höhe des Lebens, Ihre Persönlichkeit aber bürgt uns dafür, daß Sie auch in den Jahrzehnten, die Ihnen weiterhin beschieden sein mögen, rastlos vorwärts schreiten werden und daß wir zum Wohle unseres deutschen Vaterlandes und im Sinne unserer eigenen Ideale auch weiterhin bedeutsame Leistungen von Ihnen erwarten dürfen.

Wir beglückwünschen Sie daher zu allem, was Sie uns waren und gegeben haben. Unsere Glückwünsche gelten aber auch Ihrer Zukunft und dem zweiten Abschnitt Ihres Lebens. Möge Ihr ferneres Leben auch Ihnen persönlich größte Befriedigung bringen!

Die Eignungstechnische Versuchsanstalt der Deutschen Reichsbahn.

Herr Professor Dr. Moede steht nun bald 20 Jahre der Deutschen Reichsbahn als fachpsychologischer Berater zur Seite. In dieser Zeit hat Moede bei dem Aufbau der Verfahren zur Eignungsuntersuchung der Anwärter für die verschiedenen Laufbahnen des Reichsbahndienstes richtunggebend mitgewirkt, und wir können heute feststellen, daß sich die nach dem Leistungsprinzip aufgebauten Untersuchungsverfahren im Wettstreit der vielen Methoden bestens bewährt haben. Professor Moedes 50. Geburtstag ist uns daher ein willkommener Anlaß, ihm für seine auf hervorragende Fachkenntnisse gestützte Mitarbeit und Beratung zu danken.

Hiermit verbinden wir unsere besten Wünsche für sein persönliches Wohlergehen.

Berlin-Grunewald, den 3. September 1938.

Eignungstechnische Versuchsanstalt der Deutschen Reichsbahn.

gez. Dilger gez. Szurau

Die Deutsche Gesellschaft für Psychologie.

Hochgeehrter und lieber Herr Kollege! Die Deutsche Gesellschaft für Psychologie begrüßt Sie mit den herzlichsten Wünschen zu Ihrem 50. Geburtstagsfest. Wir vergessen es Ihnen nicht, daß Sie in einem der wichtigsten Teile unseres Faches, im Gebiet seiner praktischen Anwendungen, einst die entscheidende Pionierarbeit geleistet haben. Am schwierigsten und daher auch am verdienstvollsten sind in jedem jungen Tätigkeitsfeld die ersten Schritte, bis das Eis gebrochen und der Widerstand überwunden ist, der sich der neuen Sache, von innen in Gestalt seitheriger Denkgewohnheiten und von außen in Form von Vorurteilen und festgefahrenen Einrichtungen, entgegenstemmt. Sie haben mit diesen Widerständen gerungen, und Sie haben sie besiegt.

Sie haben damit in zweifacher Hinsicht für die Zukunft gekämpft, für etwas, das in unserer gewaltigen deutschen Bewegung jetzt kommen und werden will: Zunächst und vor allem haben Sie in eine nur den toten Sachwerten hingegebene Daseinsform, und zwar in ihren unlebendigsten Teil, die reine Industriekultur, erstmals den Fragenkreis des lebendigen Menschentums hineingetragen und seine Berücksichtigung erzwungen.

Aber wenngleich Ihre Pionierarbeit in erster Linie dem praktischen Leben in seiner großen Breite galt, so diente sie damit zugleich der geistigen Kultur und der Wissenschaft. Sie haben sich stets für den engen Zusammenhalt der praktischen mit der theoretischen oder, besser ausgedrückt, allgemeinen Psychologie eingesetzt, für das Hand-in-Hand-Arbeiten beider in fruchtbarer Wechselwirkung. Für das Gebiet der Psychologie wird auf diesem Wege am sichersten ein Problem gelöst, das in allgemeiner Form dahin gekennzeichnet worden ist: es gelte jetzt, die letzten Reste des Mittelalters zu überwinden. Gerade die Psychologie war bis in die jüngste Vergangenheit hinein noch voll von Scholastik. Die Denkweise eines mit dem Menschenwesen beschäftigten Faches ist nicht gleichgültig für die Ausrichtung in Weltanschauungsfragen. Aber die scholastische Denkform, die schon im Beginn der Neuzeit Bacon als „unfruchtbar" kennzeichnete, wird in unserem Gebiet am sichersten überwunden durch die enge Wechselwirkung zwischen allgemeiner und praktischer Psychologie: wenn der Vertreter der angewandten Psychologie stets den Zusammenhang mit der reinen Forschung wahrt und der – heute nicht mehr zutreffend – sogenannte „Theoretiker" bei seinen Untersuchungen immer auch dem Aufgabenkreis des Praktikers Beachtung schenkt. In dieser Wechselwirkung – ohne Vermischung –, für die Sie immer eintraten, vollzieht sich in unserem Fache ein wesentlicher Teil der wissenschaftlichen Neugestaltung im deutschen Sinne.

Pioniere des geistigen Lebens stellt man sich gewöhnlich im Dämmerlicht der Vergangenheit vor. Sie aber stehen unter uns in der Vollkraft des Wirkens. Unsere Gesellschaft, in der Sie stets eines der tatkräftigsten und lebendigsten Mitglieder waren, erwartet noch viel von Ihnen, für den Fortschritt Ihres Lebenswerkes und, in Rat und Tat, für die Sache der gesamten Psychologie.

E. R. Jaensch, Vorsitzender der Deutschen Gesellschaft für Psychologie.

Der 16. Jahrgang 1939 bringt keine Neuerungen in der redaktionellen Gestaltung der Industriellen Psychotechnik. Die Thematik ist weit gefächert und legt nur noch einen geringeren Schwerpunkt auf Eignungsuntersuchungen. Mehrere Aufsätze beschäftigten sich mit Sinnesuntersuchungen im weiteren Sinn und der Charakterologie. Aufsätze mit Bezug oder Nähe zum NS-System waren nur wenig vorhanden. Hingegen zeigt eine Häufung von Untersuchungen mit Bezug zur Luftfahrt, möglicherweise eine Vorbereitung auf die kommende Auseinandersetzung mit der Wehrmachtspsychologie. In der Rundschau erfolgten wieder mehr Buchbesprechungen als in den letzten Jahren zuvor, wenn auch der Umfang der zwanziger Jahre nicht mehr erreicht wurde. Über Tagungen wird nicht berichtet. 1939 erschienen auf Grund der Zusammenfassung verschiedener Monate lediglich fünf Hefte.

Auch der 17. Jahrgang 1940 wurde in Doppelheften zusammengefasst. Buchbesprechungen nahmen erheblich ab und erfolgten vornehmlich durch Moede selbst. Berichte über Tagungen und Kongresse fehlen kriegsbedingt.

Der Jahrgang 1941 wurde ebenfalls überwiegend in Doppelheften veröffentlicht. Aufsätze Außenstehender nahmen wieder zu und hielten sich mit der Assistentengruppe die Waage. Die Thematik der Aufsätze betraf die verschiedensten Gebiete der Psychotechnik, ohne dass ein eindeutiger Schwerpunkt erkennbar wäre. Buchbesprechungen erfolgten nur noch in einem geringen Umfang.

Moede hat an der Arbeitstagung der deutschen und italienischen Psychologen in Mailand-Rom vom 12. bis 16. Juni 1941 teilgenommen und dort einen Vortrag über den Stand der Eignungsprüfung im Rahmen der Eignungspsychologie in Deutschland gehalten. Er gab einen Überblick über die entsprechenden Forschungsstellen und deren Aufgaben.

Die Jahre 1942 bis 1944 zeigen deutliche kriegsbedingte Einschränkungen in der Zeitschrift. Der Zeilenabstand und die Schriftgröße wurden ab 1943 reduziert, wohl im Zuge der Notwendigkeit Papier zu sparen. Die Eignungsprüfung war wieder verstärkt Thema der Aufsätze. Kriegsbezogene Themen erfolgten nur insoweit, als dass der Arbeitseinsatz der Frauen in der Kriegsindustrie und psychotechnische Fragen zu Kriegsversehrten behandelt wurden. 1942 besuchte Moede eine programmatische Tagung des Arbeitswissenschaftlichen Instituts der Deutschen Arbeitsfront vom 24. bis 26. August 1942, an der auch Reichsleiter Robert Ley teilgenommen hatte.

Die nachstehende Einzelbetrachtung der von Moede veröffentlichten Aufsätze gibt einen Überblick über seine damaligen Arbeitsthemen. Im Jahr 1933 beschäftigte er sich ausweislich seiner Aufsätze mit der Reklame, insbesondere der psychotechnischen Bedeutung der Bekanntheit und Geltung von Waren, mit psychotechnischen Gutachten vor Gericht und deren Anwendungsgebieten sowie mit Zeitstudien auf Kraftwagen zum Reaktionsverhalten der Fahrer. Ferner berichtete er über Untersuchungen zur Auslese und Beratung von Studierenden unter dem Gesichtspunkt des Gemeinnutzes vor Eigennutz. Ungeeignete Studenten müssten gegenüber den geeigneten zurückstehen. Moede berechnet den Prozentsatz der zu einem Studium Befähigten eines Jahrgangs und beschreibt die Vorauslese durch die Schule sowie die soziologische Vorauswahl. Sodann geht er auf die Aufgaben und die Verfahrensweise der Studentenauslese anhand der von seinem Institut 1932 ausgeführten Eignungsprüfungen ein.

Im Jahr 1934 beschäftigte sich Moede mit Unfällern und Nichtunfällern im Lichte eignungstechnischer Untersuchungen. Er weist darauf hin, dass Unfälle aus der Wechselwirkung von Umwelt und Verhalten entstehen und je nach Veranlagung ein hohes oder geringes Unfallrisiko besteht. Eine planmäßige Auslese und eine zweckmäßige Schulung kann die Zahl und Schwere der Unfälle vermindern. Dazu bedarf es psychotechnischer Untersuchungen der

Gesamtpersönlichkeit und ihrer Fertigkeiten. Moede führt dies anhand von Beispielen aus. In einem weiteren Aufsatz widmet er sich Ermüdungsstudien als notwendiger Ergänzung von Zeit- und Leistungsstudien und legt die entsprechenden Messmethoden dar.

Moede veröffentlichte 1937 vier Aufsätze. Er berichtete über Kaufmannsgehilfenprüfungen der deutschen Industrie- und Handelskammer, über psychotechnische Eignungsprüfungen bei den Eisenbahnen Europas sowie über die Tagung der deutschen Eisenhüttenleute in Düsseldorf und über den XI. Internationalen Kongress für Psychologie in Paris 1937.

Im Jahr 1938 veröffentlichte Moede zwei Artikel. Zum einen widmete er sich den Bedingungen der Genauigkeit psychophysischer Leistungen, indem er über die Antrittsvorlesung Professor Wirths an der Universität Leipzig zu diesem Thema berichtete. Ferner gab er einen Report über Entwicklung und Stand der Eignungsprüftechnik bei der Deutschen Reichsbahn. Er beschreibt darin zunächst die Anfänge 1917, als nach dem Erfolg der Kraftfahrer-Eignungsuntersuchung bei dem deutschen Heer der Präsident der Sächsischen Staatseisenbahn Dr. Ulbricht die Lokomotivführeruntersuchungen einführte. Bei der Reichsbahn waren bis 1936 zunächst einzelne Laufbahnprüfungen ausgearbeitet worden. Ab 1938 wurde durch ministeriellen Erlass für Arbeiter und Beamte des unteren und mittleren Dienstes ein Gesamteinheitsprüfverfahren entwickelt und eingeführt. Laufbahnuntersuchungen gab es nur noch für den technischen Dienst. Diese würden aber auch alsbald auf Einheitsprüfungen umgestellt werden. Im weiteren Verlauf des Aufsatzes beschreibt Moede dann die aktuellen Einheitsuntersuchungen und die Laufbahnuntersuchungen des technischen Dienstes und legt die Grundlagen der Eignungstechnik bei der Deutschen Reichsbahn auf der Basis des Leistungsprinzips dar. Schließlich stellt er einen internationalen Bezug und einen Bezug zur Rechtsprechung her.

In den Jahren 1940 und 1941 veröffentlichte Moede keinen eigenen Aufsatz in der Industriellen Psychotechnik. In Heft 3/6 des Jahres 1942 erschien sein Beitrag über den Psychologen als Gerichtsgutachter. Dieser Bericht ist eine Darstellung von Arbeitsgebieten des Psychologen auf dem Gebiet des Rechts. Moede stellt darin die verschiedenen Aufgaben des praktischen Psychologen dar, soweit es die Judikatur betrifft. Insbesondere nennt er die Personalprüfung, Spielgutachten, die Alkoholbewertung im Verkehr und konsumpsychologische Gutachten. Er geht zunächst auf die Rolle des psychologischen Gutachters im Prozess, insbesondere dem Strafverfahren ein. Dabei erwähnt er die psychologisch vielfach noch nicht ausreichend untersuchten Beteiligtenpersonen wie Richter, Rechtsanwälte, Zeugen und Angeklagte und stellt schließlich fest, dass es dem Psychologen nicht anhand von Versuchen möglich sein kann, eine abschließende Bestimmung von Schuld und Unschuld zu treffen. Ferner erläutert Moede die psychologische Bewertung der Vernehmungstechnik von Zeugen und Angeschuldigten. Im Weiteren beschreibt Moede die Vorgehensweise bei einem Personalgutachten mittels Erstellung einer Leistungsprobe zur Bestimmung der Fähigkeiten sowie auch die Erstellung einer Ausdrucksprobe anhand von graphologischen Untersuchungen. Schließlich rundet eine Analyse der Herkunft und des Lebensgangs das Personalgutachten ab. Fortgeführt wird der Aufsatz mit der Beschreibung psychologischer Spielgutachten und der Alkoholbewertung, also der psychotechnischen Prüfung der Wirkung des Alkohols auf die Leistungsfähigkeit, insbesondere im Hinblick auf Verkehrsunfälle. Abschließend geht Moede noch auf die Konsumpsychologie im Hinblick auf den unlauteren Wettbewerb und auf patentrechtliche Fragen ein.

Im Jahr 1943 erschien schließlich noch eine Abhandlung Moedes über die Arbeitsstudie als Grundlage der menschlichen Betriebslehre. Er bespricht darin die Methode und Systematik der

Arbeitsstudie und entwickelt sie aus der Taylorschen Zeitstudie heraus, die er kritisiert, aber als solche für die erste Grundlage der Arbeitsstudie hält. Weiter bedarf eine Arbeitsstudie der Arbeitsfeldanalysen für die Arbeitsarten verschiedener Schwierigkeit und Intensität sowie der Nutzbarmachung von arbeits- und betriebsstatistischen Belegen der Werkstatt aus verschiedenen Arbeitsgebieten. Schließlich kennzeichnet die Arbeitsstudie die Arbeitswertigkeit, sie bedarf daher der Auswertung nach personellen und sachlichen Gesichtspunkten. Personelles Ziel ist der jeweilige Arbeitseinsatz, die Personalschulung und die Personalführung während sachliches Ziel der Arbeitsstudie die Bestgestaltung der Arbeitsbedingungen ist.

Sonstige Veröffentlichungen

Moede bearbeitete in dem 3. Band des Lehrbuchs der Psychologie von Ach[184] zwei Kapitel, die Verkehrspsychologie und die Wirtschaftspsychologie, die im Folgenden beschrieben werden.

Die *Verkehrspsychologie* teilte Moede in 15 Abschnitte ein, beginnend mit dem allgemeinen Überblick über Inhalt und Aufgabe der Verkehrspsychologie und deren Arbeitsgebiete. Er definierte den Verkehr als die Beförderung von Personen, Gütern, Waren, Nachrichten und allen weiteren in Betracht kommenden Bedingungen. Die Verkehrslehre unterteilte er in die technische Grundlehre, in der die Belange der Technik zusammengefasst sind und die psychotechnische Verkehrslehre, in welcher Moede den Menschen im Verkehr würdigte. Zwar stellt der Ingenieur die technisch bestmöglichen Verkehrseinrichtungen her, er kann jedoch nur mit Hilfe des Psychologen eine Bestgestaltung des Verkehrs erreichen. Insoweit bedarf es der Fahrer-Eignungsgutachten. Dementsprechend unterteilte Moede die Arbeitsgebiete und stellte sie auf die praktisch-psychologischen Erfahrungen und die Forschung ab. Der praktische Verkehrspsychologe ist auf dem Gebiet der Eignungsprüfung, der Anlernung und Schulung, der Unfall-Lehre, der Bestgestaltung verkehrswichtiger Einrichtungen und schließlich der Werbung für unfallsicheres Verhalten unverzichtbar.

In den weiteren Kapiteln beschreibt Moede die psychotechnische Berufsanalyse, also die Untersuchung der Verkehrsführer und deren Fahrverhalten. Er beschreibt die verschiedenen Verrichtungen des Fahrers unter psychologischen Gesichtspunkten und die verschiedenen Verhaltensmuster wie verkehrsangepasstes Verhalten, Kurzschlussreaktionen und Vorbedachtshandlungen. Dazu geht er auch auf die Grundwerte der theoretischen Aufmerksamkeits- und Reaktionsanalyse ein und stellt die dazu vorgenommenen Versuche und ihre Ergebnisse dar. Abgerundet wird dieser Abschnitt mit der Beschreibung von Zeit- und Leistungsstudien auf dem Kraftwagen. In den folgenden Kapiteln widmet sich Moede der Schrecksekunde als Rechtsnorm und der Geschwindigkeitsschätzung der am Verkehr Beteiligten, insbesondere den Bedingungen für die Über- oder Unterschätzung der Geschwindigkeit.

Die Eignungsprüfung der Fahrer sollte, nach einer vorangegangenen ärztlichen Begutachtung, als Einheitsprüfung im Sinne einer Grundprüfung durchgeführt werden und als Mindestanforderung für alle wichtigen Eigenschaften des Fahrers im Rahmen seiner Gesamtpersönlichkeit angesehen werden. Vier Felder für die Eignungsprüfung kommen in Betracht: Das Wahrnehmungsfeld als Sinnestüchtigkeit unter fahrwichtigen und durchschnittlichen Bedingungen, die Beobachtung als Aufmerksamkeit und Konzentration bei kurzer oder längerer Darbietung der objektiven Vorgänge, das Handeln als reaktives Verhalten in einfacher und schwieriger La-

184 Ach, Narziss Kaspar: Lehrbuch der Psychologie. Bd. 3: Praktische Psychologie. C.C. Buchners Verlag, Bamberg 1944.

ge nach Zeit, Güte und Zuverlässigkeit bei Einfach- und Mehrfachbelastung und schließlich das ethische Feld als charakterliche Zuverlässigkeit und Tatbereitschaft. Moede gibt dazu einen kurzen Überblick über die Entwicklung der Fahrer-Eignungsprüfung und deren wesentliche Versuche sowie über die Entwicklung der Eignungsprüfung von der Lokomotivführerprüfung über die Einheitsfahruntersuchung bis hin zur allgemeinen Einheitsuntersuchung für alle Dienstsparten nach den Bedingungen des Aufmerksamkeits- und Reaktionsverhältnisses zum Besteinsatz.

In den weiteren Kapiteln widmet Moede sich der Verkehrsunfallanalyse, die wie folgt angelegt ist: Feststellung des Sachverhalts als Tatbestandsermittlung, Verursachung, Folgen und Verhütung. Der Schwerpunkt der psychotechnischen Analyse liegt im Nachweis der Kausalität des Verhaltens für den Unfallhergang, also im weitesten Sinne bei der Schuldfrage. Als Ergänzung dazu beschreibt Moede die Untersuchungen zum Alkohol, die dadurch hervorgerufenen Reaktionsveränderungen und der Bedeutung dieser Untersuchungen für den Verkehr. Es folgt ein Kapitel zur Psychotechnik der Verkehrseinrichtungen. Abgeschlossen wird der Abschnitt Verkehrspsychologie mit Untersuchungen zur Konsumpsychologie des Verkehrs und einem Überblick über den Verkehr, seine Entwicklung und die wachsende Rolle des Psychologen hinsichtlich der Fragen zu Verkehrssicherheit, Geschwindigkeit und Verkehrsanpassung.

Die *Wirtschaftspsychologie* behandelte Moede in drei Abschnitten und insgesamt 18 Kapiteln. Die Abschnitte sind bezeichnet als Aufgabenstellung, Eignungslehre und Markt-Verkauf-Werbung. In dem Abschnitt Aufgabenstellung definierte Moede zunächst den Begriff der Wirtschaft als die Erzeugung, Verwaltung, Verteilung und den Konsum sowie die Nutzung der Güter und Werte der verschiedenen ideellen und materiellen Art. Die Zelle der Wirtschaft ist der Betrieb. Die Würdigung des Menschen im Betrieb und in der Wirtschaft ist die Aufgabe der Wirtschaftspsychologie. Sie studiert den Menschen bei der Erzeugung von Leistungen und Werten aller Art, bei ihrem Konsum und ihrer Nutzung. Daraus ergeben sich die Arbeitsgebiete der Wirtschaftspsychologie, nämlich die Eignungslehre und Eignungstechnik, die Anlernung und Schulung, die Arbeitstechnik als Bestgestaltung der Arbeitsgebiete und der Markt, Verkauf und Werbung in Analyse, Beobachtung und Planung. Inhalt der Arbeitsgebiete sind bei der Eignungsbegutachtung die arbeitsbeste Einsetzung der Neulinge und erfahrenen Arbeitskräfte, die Förderung der vorhandenen Arbeitskräfte und Planung der Laufbahn sowie die Fernhaltung ungeeigneter Arbeitskräfte. Als Ziel gelten der Einsatz und die beschäftigungsgemäße Eingliederung jeder Arbeitskraft. Aufgabe der Schulung ist es, neue Arbeitskräfte nach industriell-pädagogischen Methoden in die Arbeit allgemein und besonders auf der Grundlage eines betriebsangepassten Lehrplans einzuführen, und zwar mit dem jeweiligen Entwicklungsziel auf Grund der Analyse des Arbeitsplatzes und dessen Anforderungen an Leistung und Haltung. Aufgabe der Arbeitstechnik ist es, alle am Arbeitsablauf beteiligten Felder der Arbeitspersönlichkeit mit dem Ziel der Bestgestaltung zu ermitteln. Dazu bedarf es zuvor der Arbeitsanalyse. Ein wichtiger Teil der Arbeitstechnik ist die Unfall-Lehre zur Vermeidung und Verringerung von Arbeitsunfällen. Die Markt-, Verkaufs- und Werbungsstudien gründen sich auf der Konsumpsychologie, die sich mit der allgemeinen Marktlage befasst. Ziel ist es, Gesetzmäßigkeiten des Verkaufsgeschehens und der Werbung zu erarbeiten sowie diese bestzugestalten.

Moede legt dazu vorab die psychologischen Hauptkennwerte dar, die da sind: Eigenwertigkeit, Umweltwertigkeit und Entwicklungswertigkeit. Diese sind als Grundlage der Betriebs- und Wirtschaftspsychologie in Hinsicht auf die zu beurteilenden Fragen und Aufgaben in Betrieb und Wirtschaft bei dem Menschen zu ermitteln. Dazu geht Moede kurz auf die psychologische Grundlehre ein und gibt einen Arbeitsplan zum Studium der Wirtschaftspsychologie vor.

Im zweiten Abschnitt erläutert Moede die Eignungslehre. Er stellt die Typen der Eignungsprüfung dar und unterscheidet die psychometrische Eignungsprüfung, die psychotechnische und die charakterologische Eignungsprüfung. Dann legt er die Hauptprinzipien der Eignungsprüfung und im Weiteren den Aufbau einer Eignungsprüfung im Einzelnen dar. Diese sind die Erstellung einer Arbeitskartei, in welcher nach einer Arbeits- und Berufsanalyse eine Übersicht über die Arbeits- und Berufsanforderung gegeben wird. Dann erfolgt die Untersuchung anhand von Versuchen. Die Ergebnisse der Untersuchung werden in einem Gutachten ausgewertet und mit einer Empfehlung hinsichtlich des arbeitsbesten Einsatzes abgeschlossen. Nachfolgend bedarf es noch Erfolgskontrollen. Dazu gibt Moede Richtlinien der Auswertung vor.

Der dritte Abschnitt behandelt den Markt, den Verkauf und die Werbung. Es sind Gesetzmäßigkeiten und Methoden der Konsumpsychologie aus der Untersuchung des Waren verzehrenden und Dienstleistungen nutzenden Menschen zu entwickeln. Mittels Erhebungen auf dem Markt, ergänzt durch systematische und experimentelle Analysen des Verhaltens beim Konsum, soll Aufschluss über die gestellten Fragen gegeben werden. Dazu sind Marktstudien, Verkaufsstudien und Produktanalysen anzustellen. Moede geht dazu auf die Verkaufspsychologie, also auf die Wechselwirkung zwischen Verkäufer und Käufer ein, benennt die Bedeutung der Zeitwerte beim Verkauf, stellt eine Kausalanalyse auf und behandelt das Verkaufsgespräch. Schließlich beschreibt Moede die Bedeutung der Werbung aus psychologischer Sicht.

Weitere Veröffentlichungen Moedes werden im Folgenden chronologisch zusammengefasst:

Am 28. April 1935 erschien ein Gespräch mit Moede in der Zeitung DAZ. Dieses im Versuchsfeld des Instituts geführte Gespräch hatte vornehmlich die einzelnen dort erfolgten Versuche und deren Zweck in psychotechnischer Hinsicht zum Inhalt.

Moede legte 1935 dem zuständigen Ministerium eine Denkschrift vor, mit der ein psychologisch-psychotechnisches Spezialexamen für Ingenieure eingeführt werden sollte. Jedoch zeigten sich weder die Industrie noch die Hochschulen daran interessiert.

1935 erschien in einem Sonderabdruck Nr. 6 der ärztlichen Wochenschrift „Die Medizinische Welt“ ein Aufsatz Moedes mit dem Titel „Unfäller und Nichtunfäller im Licht eignungstechnischer Untersuchung“. Darin untersuchte Moede die Unfallneigung der Menschen und kam zu dem Ergebnis, dass manche Menschen wegen ihrer langsamen Reaktion vermehrt zu Unfällen neigen.

Am 16. August 1935 fertigte Moede für das Bekleidungsunternehmen C & A einen Beobachtungsbogen für Verkaufsstudien von 90minütiger Dauer an. Er untersuchte darin das Kaufverhalten zweier Kundinnen und beschrieb deren Auftreten und Verhalten.

Im November 1937 erschien ein Aufsatz in der amerikanischen Zeitschrift „The American Journal of Psychology, Vol. L, pp. 307-327“. Moede beschreibt darin auf Deutsch den Stand und die Lage der Angewandten Psychologie in Deutschland. Eine politische Ideologie ist dem Aufsatz nicht zu entnehmen.

Am 24. Juli 1938 erschien als Sonderabdruck aus der Zeitschrift „Charakter und Erziehung“ ein Bericht Moedes über den XVI. Kongress der DGfP in Bayreuth mit dem Titel „Leistungs- und Ausdruckprinzip bei der Eignungsprüfung“ sowie ein Sonderabdruck über Moedes Referat „Die notwendige Neuordnung des psychotechnischen Studiums sowie dessen Richtlinien“. Moede hatte bereits 1935 ähnliche Ziele verfolgt und wollte damit den von ihm erkannten Bestrebungen der Wehrmacht entgegenwirken, die Ausbildung ihrer Psychologen und Techniker selbst zu übernehmen. Moede trat diesen Bestrebungen kritisch entgegen und schlug stattdessen eine stärkere Berücksichtigung von Wirtschafts- und Arbeitspsychologie anstelle der Betonung von Ausdruckskunde und Charakterologie vor.

Wie 1935 konnte sich Moede gegen die Interessen der Wehrmachtspsychologen nicht durchsetzen. Er wurde allerdings 1941 Mitglied des Prüfungsausschusses der TH Berlin für das Gebiet „Psychologie und ihre Anwendung". Er versuchte nun, in dieser Position seine Vorstellungen vom Psychologiestudium und für Psychologen im Industriebetrieb wenigstens innerhalb der TH Berlin mit Hilfe des Rektors zu erreichen. Er sprach deshalb beim zuständigen Ministerium für Wissenschaft, Erziehung und Volksbildung vor. Dort wurde sein Anliegen jedoch abschlägig beschieden. Später konnte er immerhin eine erweiterte Diplomprüfung durchsetzen.

Von 1938 bis in das Jahr 1946 entwickelte sich ein Schriftverkehr Walther Moedes mit dem Alfred Kröner Verlag über die Änderung seines Vorworts zu dem Buch Le Bons „Psychologie der Massen".

Am 12. April 1939 schrieb der Alfred Kröner Verlag Moede an und informierte ihn über vorgenommene Änderungen des Vorwortes auf Druck der parteiamtlichen Prüfungskommission.[185] Der Verlag erläuterte die Entscheidung und erklärte die vorgenommenen Änderungen.

Am 28. September 1944 teilte der Verlag dann Moede mit, dass das Propagandaministerium nunmehr eine Neuauflage des Buches von 10 000 Stück genehmigt hatte und bat um Mitteilung eventueller Korrekturwünsche.[186] In seiner Antwort verwies Moede wegen der vergangenen Zeit seit der letzten Ausgabe auf die Notwendigkeit der Anpassung, verlor jedoch auch nicht die zurückliegenden Schwierigkeiten mit der Pressestelle aus den Augen. Der Verlag stellte mit Schreiben vom 18. September 1944 klar, dass inhaltliche Änderungen nicht in Betracht kämen und lediglich die Einführung Moedes eventuelle Berichtigung finden könnte, wobei darüber hinaus gehende Änderungen, zumindest zurzeit, unerwünscht wären.[187] Mit Schreiben vom 10. Oktober 1944 beharrte Moede jedoch auf den von ihm gewünschten Änderungen des Vorwortes und bat um Besuch des zuständigen Mitarbeiters bei ihm.

Der Verlag konnte aus kriegsbedingten Gründen darauf erst am 24. Januar 1945 antworten und verwies aus denselben Gründen darauf, dass ein Mitarbeiter derzeit nicht nach Berlin kommen könne.[188]

Der Verlag kündigte den Neudruck ohne die von Moede gewünschten Änderungen an, da weder dem Buch, noch dem Verlag, noch Moede dadurch Nachteile entstünden. Der Verlag bat um Spezifizierung der Änderungswünsche, wies aber gleichzeitig darauf hin, dass die parteiamtliche Prüfungskommission ihre Ansicht über den Inhalt des Vorworts seit 1939 sicher nicht geändert haben werde, sondern eher strenger sein dürfte. Zudem könne derzeit wegen der kriegsbedingten Zerstörung der Druckerei sowieso nicht gedruckt werden und eine Ersatzdruckerei stehe noch nicht in Aussicht.

Der Schriftverkehr in dieser Angelegenheit zog sich dann bis in das Jahr 1946 hinein. Am 9. März 1946 wies der Kröner Verlag auf ein Telegramm Moedes vom selben Tag darauf hin, dass, wie Moede bekannt sei, den Parteikommissionsanordnungen zur Änderung der Einführung Moedes zu dem Buch Le Bons nur deshalb gefolgt worden sei, weil dies die einzige Möglichkeit gewesen wäre, das Buch überhaupt im Dritten Reich zu verlegen.[189] Der Verlag

---

185 Dokument 10-20a: Schreiben des Alfred Kröner Verlags vom 12.4.1939.

186 Dokument 10-20b: Schreiben des Alfred Kröner Verlags vom 29.8.1944.

187 Dokument 10-20d: Schreiben des Alfred Kröner Verlags vom 18.9.1944.

188 Dokument 10-20f: Schreiben des Alfred Kröner Verlags vom 24.1.1945.

189 Dokument 10-20i: Schreiben des Alfred Kröner Verlags vom 9.3.1946.

hielt die weitere Veröffentlichung für wichtig, weil das Buch in einzigartiger Weise die im Dritten Reich befolgten Methoden der Massenbeeinflussung aufgedeckt habe und daher der deutschen Leserschaft habe erhalten werden müssen. Nur mit Mühe habe gegenüber der Kommission durchgesetzt werden können, den Originaltext Le Bons nicht zu ändern. Im Gegenzug habe sich die Pkk (Parteiamtliche Prüfungskommission zum Schutze des nationalsozialistischen Schrifttums) jedoch hinsichtlich des Vorwortes Moedes sehr kleinlich gezeigt.

Abschließend bestätigte der Verlag mit Schreiben vom 4. Juni 1946 auf eine Anfrage Moedes vom 25. Mai 1946, dass ein Teil des Vorworts von der Fassung des Jahres 1938 nicht von Moede, sondern von einem Mitarbeiter des Verlags stammte, der damit den Forderungen der Pkk nachgekommen war.[190]

Unter den Daten 10. und 25. Oktober 1940 wurde ein Beitrag Moedes aus der Zeitschrift Arbeitseinsatz und Arbeitslosenhilfe, Heft 19/20, über die Bedeutung des Weltkriegs für die Psychologie in Deutschland veröffentlicht.

1941 beschrieb Moede das Wesen und die Anwendung der Psychotechnik und seine Ansichten hinsichtlich einer neuen Prüfungsordnung für Psychologen.

Im Jahr 1942 erschien ein Sonderabdruck aus der Zeitschrift für Organisation (ZfO), Heft 7, Juli 1942 über die deutsche Psychotechnik.

Im Oktober 1943 veröffentlichte die „Deutsche Allgemeine Zeitung“ einen Artikel mit dem Titel „Arbeitsschicksal – Lebensschicksal“ anlässlich des 25jährigen Jubiläums der Psychotechnik. Im Dezember 1943 wird Moede in einem von H. Graupner veröffentlichten Artikel über Wege der Psychotechnik in der Zeitung „Das Reich“ erwähnt.

Vom 16. Mai bis zum 6. Juni 1944 hielt sich Moede in Barcelona/Spanien anlässlich einer Einladung des dortigen psychotechnischen Instituts auf.[191] Er erstellte dazu einen umfangreichen Bericht.

Mit Schreiben vom 5. September 1944 informierte Moede den Oberregierungsrat Mierke, dem leitenden Marinepsychologen von der Dienststelle für Eignungsprüfungen des Marineoberkommandos Ostsee, dass er den zugesagten Aufsatz „Das Rundgespräch als Hilfsmittel der psychologischen Diagnostik“ wegen der kriegsbedingten Zerstörung seiner Unterlagen nicht zu dem verabredeten Termin einhalten könne. Der Marinepsychologe bat mit Schreiben vom 11. Januar 1945 um baldige Übersendung des Aufsatzes.[192]

Auflistung wissenschaftlicher Veröffentlichungen (1933-1945)

In der folgenden Auflistung sind alle Schriften, die an der Schule Moedes von 1933 bis 1945 entstanden sind, aufgeführt:

Schriften von Walther Moede (1933-1945)

I. Bücher und Buchbeiträge

- Konsumpsychologie, Verlag Buchholz & Weißwange, Berlin, 1933.
- Arbeitstechnik, Ferdinand Enke Verlag, Stuttgart, 1935.
- Eignungsprüfung und Arbeitseinsatz, Ferdinand Enke Verlag, Stuttgart, 1943.
- Wirtschaftspsychologie, Verkehrspsychologie. In: Ach, Narziss Kaspar (Hrsg.): Lehrbuch der Psychologie, Bd. 3, Bamberg, 1944, S. 80-121 und S. 276-305.

---

190 Dokument 10-20g: Schreiben des Alfred Kröner Verlags vom 04.06.1946.

191 Dokument 10-29: Bericht über den Besuch des psychotechnischen Instituts in Barcelona.

192 Dokument 09-33: Schreiben von Oberregierungsrat Mierke vom 11. Januar 1945.

II. Abhandlungen in wissenschaftlichen Zeitschriften

- Bekanntheit und Geltung, Industrielle Psychotechnik, Bd. X, 1933, S. 65 ff.
- Psychologische und psychotechnische Gutachten vor Gericht, Industrielle Psychotechnik, Bd. X, 1933, S. 137 ff.
- Zeitstudien auf dem Kraftwagen, Industrielle Psychotechnik, Bd. X, 1933, S. 165 ff.
- Auslese und Beratung von Studierenden, Industrielle Psychotechnik, Bd. X, 1933, S. 193 ff.
- Unfäller und Nichtunfäller im Lichte der eignungstechnischen Untersuchung, Industrielle Psychotechnik, Bd. XI, 1934, S. 1 ff. und Die medizinische Welt, Nr. 6, 1935.
- Was muss der Bahnaugenarzt aus dem Gebiete der Psychotechnik und ihrer Untersuchungsmethoden wissen?, Zeitschrift für Bahnärzte, Nr. 6, Juni 1934.
- Ermüdungsstudien, Industrielle Psychotechnik, Bd. XI, 1934, S. 193 ff.
- Die wissenschaftliche Begutachtung im Dienste der Neuordnung des Spielautomatenwesens, Deutsche Automaten-Rundschau, Februar 1934.
- Die Kennzeichnungswerte menschlicher Arbeit, Industrielle Psychotechnik, Bd. XII, 1935, S. 1 ff.
- Fortschritte der Arbeitslehre, Reclams Universum, Heft 8, November 1935.
- Die Leistungsprobe in der Eignungsuntersuchung Industrielle Psychotechnik, Bd. XIII, 1936, S. 1 ff.
- Eignungsbeobachtung und Eignungsbegutachtung des Dentisten als berufsständische Einrichtung, Deutsche Dentistische Wochenschrift, 56. Jahrgang, 1934.
- Missverständnisse ohne Ende in der angewandten Psychologie der Gegenwart, Industrielle Psychotechnik, Bd. XIII, 1936, S. 289 ff.
- Konsumpsychologische Kennwerte von Markenartikeln, Der Markenartikel, 4. Jahrgang, Heft 2, 1937.
- Eignungsfeststellung und Unfallverhütung, Verkehrswarte, 10. Jahrgang, Nr. 4, April 1937.
- Psychotechnische Eignungsprüfungen bei den Eisenbahnen Europas, Industrielle Psychotechnik, Bd. XIV, 1937, S. 33 ff.
- Augenermüdung, Sonderdruck, 3. Internationaler Kongress für Lichtforschung, Wiesbaden 1.9.-7.9.1936.
- Einzelleistung – Gruppenleistung, Gesundheit und Erziehung, 50. Jahrgang, Heft 11, 1937.
- XI. Internationaler Kongress für Psychologie, Industrielle Psychotechnik, Bd. XIV, 1937, S. 238 ff.
- Die Kaufmannsgehilfenprüfung der deutschen Industrie und Handelskammern im Jahre 1937, Industrielle Psychotechnik, Bd. XIV, 1937, S. 245 ff.
- Der Mensch in Betrieb und Wirtschaft, Die Technische Hochschule, 16. Jahrgang, Heft 1, 1938.
- Stand und Lage der angewandten Psychologie in Deutschland, The American Journal of Psychology, November 1937.
- Zeit- und Leistungsstudien auf dem Kraftwagen, Sanitätsdienst, Heft 6 und 7/8, 1938.
- Leistungs- und Ausdrucksprinzip bei der Eignungsbegutachtung, Forschungen und Fortschritte, 14. Jahrgang, Nr. 34, Dezember 1938.
- Der Mensch in Betrieb und Wirtschaft, Monatsheft für NS-Sozialpolitik, 6. Jahrgang, Heft 3, 1939.
- Die notwendige Neuordnung des psychologischen Studiums sowie dessen Richtlinien, XVI. Kongress der Deutschen Gesellschaft für Psychologie in Bayreuth, Juli 1938.
- Leistungs- und Ausdrucksprinzip bei der Eignungsbegutachtung, XVI. Kongress der Deutschen Gesellschaft für Psychologie in Bayreuth, Juli 1938.
- Die Bedingungen der Genauigkeit psychophysischer Leistungen, Industrielle Psychotechnik, Bd. XVI, 1939, S. 130 ff.
- Eignungstechnik bei der Deutschen Reichsbahn, Die Deutsche Reichsbahn, Heft 49/50, Dezember 1939.
- Entwicklung und Stand der Eignungstechnik bei der Deutschen Reichsbahn, Industrielle Psychotechnik, Bd. XVI, 1939, S. 275 ff.
- Leistungsversuche an Staubschutzmasken, „Staub" Verlag Knapp, Halle, 1940.

- Die Bedeutung des Weltkrieges für die praktische Psychologie in Deutschland, Arbeitseinsatz und Arbeitslosenhilfe, Heft 19/20, 1940.
- Die Lenkung des beruflichen Nachwuchses, Die Auslese, März 1941.
- Wesen und Anwendung der Psychotechnik, Westermanns Monatshefte, August 1941.
- Anwendung und Erfolg der Psychotechnik in Verkehrswesen, Heer und Industrie, Großdeutscher Verkehr, Jahrgang 42, Heft 7/8.
- Deutsche Psychotechnik, Z. f. O., 16. Jahrgang, Heft 7, 1942, S. 114 ff.
- Richtungen der Psychologie in ihrer Bedeutung für die Eignungsbegutachtung in Betrieb und Wirtschaft, Der Sanitätsdienst 6. Jahrgang, Heft 12, Dezember 1942.
- Der Psychologe als Gerichtsgutachter, Industrielle Psychotechnik, Bd. XIX, 1942, S. 49 ff.
- Die Arbeitsstudie als Grundlage der menschlichen Betriebslehre, Industrielle Psychotechnik, Bd. XX, 1943, S. 97 ff.

III. Vorworte , Einleitungen und Zeitungsaufsätze

- zu Kupke: Vom Schätzen des Leistungsgrades, Berlin, 1943.
- Arbeitsschicksal – Lebensschicksal, Deutsche Allgemeine Zeitung, 20. Oktober 1943.

IV. Herausgabe von Büchern und Zeitschriften

- Industrielle Psychotechnik: Der Mensch, Eignung, Leistung, Charakter, Verhalten, 1924-1943.
  Von 1924 bis 1928 Verlag von Julius Springer, Berlin, und ab 1929 Verlag Buchholz & Weißwange, Berlin-Charlottenburg.

Schriften aus der Schule Moedes (1933-1945)

I. Aus dem Institut für Industrielle Psychotechnik und Arbeitstechnik der Technischen Hochschule Berlin

- Krause, E.: Leistungssteigerung durch Arbeitswechsel, Industrielle Psychotechnik, Bd. X, 1933, S. 97 ff.
- Köhler, O.: Intensität und Schwankung menschlicher Arbeitsleitung, Industrielle Psychotechnik, Bd. X, 1933, S. 140 ff.
- Krause, E.: Ausgleichsarbeiten an Büromaschinen, Industrielle Psychotechnik, Bd. X, 1933, S. 173 ff.
- Bayer, E.: Dämmerungs- und Blendungssehen, Industrielle Psychotechnik, Bd. X, 1933, S. 207 ff.
- Maier, E.: Arbeitstechnische Bestgestaltung der Skalen, Industrielle Psychotechnik, Bd. X, 1933, S. 353 ff.
- Maier, E.: Strichabstand und Strichdicke bei Skalen, Industrielle Psychotechnik, Bd. X und Bd. XI, 1933 und 1934, S. 20 ff. und S. 37 ff.
- Siegelmann: Intensität und Schwankung menschlicher Leistung, Industrielle Psychotechnik, Bd. XI, 1934, S. 48 ff.
- Mattersdorff, E.: Leistungsverdichtung, Industrielle Psychotechnik, Bd. XI, 1934, S. 226 ff.
- Schmidt, H.: Arbeitsteilung und Arbeitsbindung, Industrielle Psychotechnik, Bd. XI, 1934, S. 243 ff.
- Köhler, O.: Psychologie im Rudersport, Industrielle Psychotechnik, Bd. XI, 1934, S. 266 ff.
- Schmidt, H.: Äußere Erscheinung und Persönlichkeitsbeurteilung, Industrielle Psychotechnik, Bd. XI, 1934, S. 311 ff.
- Missbach: Bremsen oder Ausweichen, Industrielle Psychotechnik, Bd. XII, 1935, S. 137 ff.
- Kupper: Anlernzeit und Gesetzmäßigkeit des Übungsanstieges, Industrielle Psychotechnik, Bd. XII, 1935, S. 257 ff.
- Schmidt, H.: Die Höhenfestigkeit im Flugdienst, Industrielle Psychotechnik, Bd. XII, 1935, S. 366 ff.
- Ottow: Untersuchungen über die Vergleichbarkeit der Unfallstatistik, Industrielle Psychotechnik, Bd. XIII, 1936, S. 20 ff.
- Milkiewicz: Richtige und gerechte Arbeitszeiten, Industrielle Psychotechnik, Bd. XIII, 1936, S. 53 ff.

- Barth, E.: Die Keilschlagprobe im Leistungsschaubild, Industrielle Psychotechnik, Bd. XIII, 1936, S. 65 ff. und S. 130 ff.
- Barth, E.: Der Kraft- und Anstrengungswille, Industrielle Psychotechnik, Bd. XIII, 1936, S. 130 ff.
- Barth, E.: Leistungsverhalten und Arbeitscharakter im Schaubild, Industrielle Psychotechnik, Bd. XIII, 1936, S. 161 ff.
- Lange: Das Lichtbild im Dienste der Persönlichkeitskennzeichnung und Eignungsfeststellung, Industrielle Psychotechnik, Bd. XIII, 1936, S. 300 ff.
- Coermann, R.: Einwirkungen von Bewegungen auf den Menschen, Industrielle Psychotechnik, Bd. XIV, 1937, S. 41 ff.
- Barth, E.: Leistungs-charakterologische Auswertung einer Reaktionsprobe, Industrielle Psychotechnik, Bd. XIV, 1937, S. 75 ff.
- Mau, K.: Arbeitsintensitätsuntersuchungen bei handwerklicher Fertigung, Industrielle Psychotechnik, Bd. XIV, 1937, S. 289 ff.
- Seeber: Berufseignungsprüfung in Frankreich, Industrielle Psychotechnik, Bd. XV, 1938, S. 53 ff.
- Neumann, E.: Psychotechnische Eignungsprüfung und Anlernung im Flugmotorenbau, Industrielle Psychotechnik, Bd. XV, 1938, S. 111 ff.
- Schmidt, H.: Die Höhenkrankheit und ihre Bekämpfung, Industrielle Psychotechnik, Bd. XV, 1938, S. 162 ff.
- Schmidt, H.: Gesamtpersönlichkeitsanalyse des Höhenfliegers nach Leistung und Verhalten, Industrielle Psychotechnik, Bd. XV, 1938, S. 212 ff.
- Köhler, O.: Einsatz, Leistung und Gehalt von Ingenieuren, Industrielle Psychotechnik, Bd. XV, 1938, S. 277 ff.
- Schmidt, H.: Die körperliche Leistungsfähigkeit des Menschen und ihre Minderung durch Sauerstoffmangel, Industrielle Psychotechnik, Bd. XV, 1938, S. 367 ff.
- Münnich, K.: Der Mensch als Ursache bei Flugzeugunglücken, Industrielle Psychotechnik, XVI, 1939, S. 1 ff.
- Schmidt, O.: Auswahl und Anlernung von Erwerbslosen für die Luftfahrt-Rüstungs-Industrie, Industrielle Psychotechnik, Bd. XVI, 1939, S. 44 ff.
- Schmidt, H.: Arbeitsversuche bei Sauerstoffmangel, Industrielle Psychotechnik, Bd. XVI, 1939, S. 137 ff.
- Coermann, R.: Untersuchungen über die Einwirkung von Schwingungen auf den menschlichen Organismus, Industrielle Psychotechnik, Bd. XVI, 1939, S. 169 ff.
- Hüttner: Psychotechnik des Signalwesens, Industrielle Psychotechnik, Bd. XVII, 1940, S. 34 ff.
- Münnich, K.: Die Reaktionsleistung in Abhängigkeit von der Körperlage, Industrielle Psychotechnik, Bd. XVII, 1940, S. 49 ff.
- Quednau, H.: Die Monotonie, ihre Analyse und ihre Theorie, Industrielle Psychotechnik, Bd. XVII, 1940, S. 84 ff.
- Kupke, E: Untersuchung über das Leistungsgradschätzen, Industrielle Psychotechnik, XVII, 1940, S. 178 ff.
- von Faber: Die Bewertung der Arbeitsschwierigkeit, Industrielle Psychotechnik, Bd. XVII, 1940, S. 265 ff.
- von Faber: Leistungslohn nach der Arbeitsschwierigkeit, Industrielle Psychotechnik, Bd. XVIII, 1941, S. 48 ff.
- Schmidt, H.: Leistungssteigerung durch Verbesserungsvorschläge und deren Prämierung, Industrielle Psychotechnik, Bd. XVIII, 1941, H. 10/12, S. 217 ff.
- Schmidt, H.: Die Auslese im Langemarck-Studium der Reichsstudentenführung, Industrielle Psychotechnik, Bd. XVIII, 1941, H. 7, S. 149 ff.
- Ingenohl, I.: Die Anwendung von Punktwertungs-Systemen bei der Lohngruppen-Entlohnung in der Metallindustrie, Industrielle Psychotechnik, Bd. XIX, 1942, S. 19 ff.

- Siegel, B.: Begutachtung von Plakaten für die innerbetriebliche Werbung, Industrielle Psychotechnik, Bd. XIX, 1942, S. 93 ff.
- Dressel, G.: Bestimmung des Wirkungsgrades von Ausleseuntersuchungen, Industrielle Psychotechnik, Bd. XIX, 1942, S. 120 ff.
- Ingenohl, I.: Die Bestimmung der Arbeitsschwierigkeit. Psychotechnische Untersuchungen und kritischer Vergleich der bestehenden Systeme zur Ermittlung von Schwierigkeitsgraden werktätiger Arbeiten, Industrielle Psychotechnik, Bd. XIX, 1942, H. 7/9, S. 145 ff.
- Schorn, M.: Die praktische Durchführung eines Ausleseverfahrens für den Ausländereinsatz, Industrielle Psychotechnik, Bd. XIX, 1942, H. 7/9, S. 207 ff.
- Moers, M.: Fraueneinsatz in der Industrie, Industrielle Psychotechnik, Bd. XIX, 1942, H. 10/12, S. 251 ff.
- Tramm, K.A.: Das Ausdrucksverhalten beim Lügen, Industrielle Psychotechnik, Bd. XX, 1943, 1/3, S. 33 ff.
- Moers, M.: Eine Kurzuntersuchung auf ausdruckspsychologischer Grundlage zur Eignungsfeststellung besonders für Textilarbeiter, Industrielle Psychotechnik, Bd. XX, 1943, S. 39 ff.
- Graf, W.: Beiträge zur Eignungsuntersuchung des Maschinenfacharbeiters in der Flugmotorenindustrie, Industrielle Psychotechnik, Bd. XX, 1943, H. 7/9, S. 135 ff.
- Spicer, F.: Arbeitstechnische Studien zur Frage von Staub und Leistung beim Thomasmehlumschlag in Seehafenbetrieben.
- Dressel, G.: Planung arbeitstechnischer Leistungssteigerung in einer gegebenen Stanzerei durch praktische Arbeitsstudien.
- Dörling, E.: Ermittlung eines Schemas zur Wirtschaftlichkeitsrechnung arbeitstechnischer Umstellungen am Arbeitsplatz durch praktische Erprobung.

II. Aus der Eignungstechnischen Versuchsanstalt der Reichsbahndirektion

- Couvé, R.: Der Einzelfall in der Bewährungskontrolle der psychotechnischen Eignungsuntersuchung, Industrielle Psychotechnik, Bd. X, 1933, S. 33 ff.
- Dilger, J.: Eignung, Leistung und Charakter bei Wagenmeistern, Industrielle Psychotechnik, Bd. XI, 1934, S. 10 ff.
- Müller, H.: Notwendigkeit und Durchführung von Nachuntersuchungen, Industrielle Psychotechnik, Bd. XI, 1934, S. 177 ff.
- Müller, H.: Reichsberufswettkampf und Eignungsuntersuchung, Industrielle Psychotechnik, Bd. XII, 1935, S. 156 ff.
- Dilger, J.: Ausbildung im Feilen, Industrielle Psychotechnik, Bd. XIII, 1936, S. 257 ff.
- Dilger, J.: Fragen der Eignungstechnik auf der Tagung der Internationalen Eisenbahnkongressvereinigung, Paris 1937, Industrielle Psychotechnik, Bd. XIV, 1937, S. 236 ff.
- Dilger, J.: Praktische Bedeutung und Verwertung des Gauss'schen Gesetzes, Industrielle Psychotechnik, Bd. XV, 1938, S. 362 ff.
- Dilger, J.: Das Gauss'sche Streuungsgesetz in der praktischen Psychologie, Industrielle Psychotechnik, Bd. XVII, 1940, S. 1 ff.
- Müller, H.: Reichsbahninspektor: Einheitsprüfung der Deutschen Reichsbahn, Industrielle Psychotechnik, Bd. XX, 1943, S. 27 ff.

Kongresse, Tagungen und Lehrgänge

Im Laufe der dreißiger Jahre wurde mehr und mehr Gewicht auf die Präsentation der praktischen Nützlichkeit der Psychologie gelegt, eine Strategie, die die Psychotechniker und Wehrmachtspsychologen von ihrem Arbeitsgebiet und ihren besonderen Ansprechpartnern her ohnehin einschlugen. Auf den Kongressen 1933/34 fand eine eher theoretisch-ideologische Neuausrichtung statt, auf dem Kongress in Jena 1936 wurde auf praktische Möglichkeiten der Psychologie in der Wehrmacht, dem Arbeitsamt und in der Deutschen Arbeitsfront (DAF) Bezug genommen.[193]

Nicht nur das Ansehen der akademischen Psychologie, sondern auch Ansehen und Einsatz der Psychotechnik hatten in der allgemeinen Bewertung nachgelassen. Die Intelligenzprüfungen („Jüdische Intelligenzform") wurden der Kritik ausgesetzt und stattdessen Verfahren zur Diagnose von Gesamtpersönlichkeiten gefordert.[194] Auch Giese vertrat auf dem Kongress 1934 die Ansicht, man könnte eine „seelische Stammeskunde auf empirischer Grundlage" schaffen durch den Vergleich deutscher „Stämme" hinsichtlich „stammesgemäßer" Leistungs- und Funktionsbilder.[195]

Dieser Orientierung standen Psychotechniker entgegen, die ganz auf die industrielle Effektivität der Psychotechnik setzten. Zu ihnen zählte vor allem Moede, der sich gegen die Typologisierung aussprach, die er als unbrauchbar für berufliche Eignungsbegutachtung bezeichnete.[196]

Im Folgenden sind die Kongresse in zeitlicher Folge aufgeführt:

1933 – Vorstandssitzung der Deutschen Gesellschaft für Psychologie vom 28. März 1933 mit Amtsniederlegung von Stern, Kafka und Katz sowie Hinzuwahl von Rieffert, Jaensch und Klemm. Gewählt wurden Krueger (Vorsitzender), Poppelreuter (stellv. Vorsitzender) und Klemm (Schriftführer). Inhaltliche Ziele der Gesellschaft waren Förderung der Persönlichkeitsforschung, Stärkung der „praktischen Bedeutung der Psychologie für Kernfragen des gegenwärtigen deutschen Lebens".[197]

– 13. Kongress der Deutschen Gesellschaft für Psychologie, Leipzig, 13.-18. Oktober 1933. Teilnehmer kamen aus Deutschland, Japan, Amerika, England, Norwegen, Österreich und Ungarn. Die Themen waren: Von deutscher Art, Charakter und Typus, Theoretische Psychologie, Praktische Psychologie, Kind und Jugendlicher.
Der Kongress war ursprünglich für den 4.-9. April 1933 in Dresden anberaumt worden, wurde aber „wegen der innenpolitischen Lage" verschoben.[198]

– Moede nahm vom 6. bis 11. März 1933 an der 4. Studienkonferenz der Deutschen Reichsbahn-Gesellschaft mit Professoren an deutschen Universitäten und Hochschulen teil. Er hielt dort am 7.3.1933 einen Vortrag über die Psychotechnik im Dienste der Volkswirtschaft.

---

193 Vgl. Geuter 1985, S. 282-283.

194 Strebe, W.: Nationalsozialismus und Psychotechnik. Industrielle Psychotechnik 10 (1933), S. 214-216.

195 Vgl. Geuter 1984, S. 296.

196 Vgl. Moede, W.: Arbeitstechnik – Die Arbeitskraft: Schutz, Erhaltung, Steigerung. Ferninand Enke Verlag, Stuttgart, 1935, S. 135.

197 Ebd., S. 127.

198 Mitteilungen. In: Industrielle Psychotechnik 10 (1933) 4, S. 127; zum Kongress S. 61, S. 321 ff. Dort weiteres zu den neuen Zielen und Aufgaben der Psychologie.

1934 – 4. Kongress der Deutschen Gesellschaft für Psychologie, Tübingen, 22.-26. Mai. Thema: „Psychologie des Gemeinschaftslebens". Angekündigt waren folgende Unterthemen: 1) Rasse, Seelentum und Gemeinschaft: Vererbung, Eugenik, soziale Charakterologie, typische Verschiedenheiten der sozialen Haltung, Rasse und Staat, Volkskunde. 2) Psychologie der Gemeinschaft (sozialtheoretisch im engeren Sinne): Tatsachen und Probleme des Führertums (politisch, soldatisch, im Arbeitsleben); Zur Psychologie sozialer Gebilde (Dorf, Großstadt und Kleinstadt, Gemeinde, Klasse und Stand); Entwicklung des Gemeinschaftslebens in Kindheit und Jugend. 3) Erziehung zur Gemeinschaft: Sozial-psychologische Grundlagen der Volksgemeinschaft, das Familienleben. Erziehung des Heimatsinns, Erziehung des historischen Sinnes und des Staatsbewusstseins, Spracherziehung, Kunsterziehung, Willens- und Charakterbildung. 4) Experimentelle Einzelforschung. Die ersten beiden Punkte wurden abgeändert in Herkunft der sozialen Formen und Theorie des sozialen Verhaltens.[199] Moede hielt keinen Vortrag.
Gewählt wurden Krueger, Leipzig (Vorsitzender); Poppelreuter, Bonn (Stellvertr. Vorsitzender); Klemm, Leipzig (Schriftführer) sowie Ach, Göttingen; Handrick, Berlin; Jaensch, Marburg; Kroh, Tübingen; Rieffert, Berlin.[200]

1936 – 15. Kongress der Deutschen Gesellschaft für Psychologie, Jena, 5.-8. Juli 1936.
– 8. Tagung der italienischen Psychologen, Rom, April, mit Vorträgen über die Betätigung von praktischen Psychologen im sozialen Leben, u.a. „Die Psychotechnik im Korporativstaate", „Die Psychotechnik in der italienischen Industrie", „Die Psychotechnik bei den italienischen Staatsbahnen" und „Psychotechnik und Rationalisierung". (Auffallende Parallelen zu den Anwendungsgebieten der Moede'schen Psychotechnik in Deutschland auch vor 1933. Mögliches Indiz für die internationalen „Impulse" aus dem Institut.)

1937 – 11. Internationaler Kongress für Psychologie, Paris, 25.-31. Juli, mit einem Vortrag von Moede zur Psychotechnik und Berichterstattung in Industrielle Psychotechnik 14 (1937), S. 238 ff.
– 2. Internationaler Kongress für Geistige Hygiene, Paris, Juli 1937.
– Tagung der Internationalen Eisenbahnerkongressvereinigung, Paris, 2.-11. Juni.

1938 – 7. Internationaler Kongress für Unfallmedizin und Berufskrankheiten, Frankfurt/M.[201]
– 16. Tagung der Deutschen Gesellschaft für Psychologie, Bayreuth, 1.-4. Juli 1938, mit dem Themenschwerpunkt „Charakter und Erziehung".
Vorträge von Moede waren „Das Leistungs- und Ausdrucksprinzip bei den Eignungsuntersuchungen" und „Die notwendige Neuordnung des psychologischen Studiums sowie dessen Richtlinien"; Vortrag von N. Ach, Göttingen,[202] und Bericht von Schorn.[203]

1939 – Refa-Tagung, Gotha.

---

[199] Weiteres dazu in: Industrielle Psychotechnik 11 (1934) 5, S. 155 ff. und 6, S. 186 f.

[200] Mitteilungen. In: Industrielle Psychotechnik 11 (1934) 3, S. 94.

[201] Näheres dazu in: Industrielle Psychotechnik 1939, S. 151.

[202] Näheres dazu in: Industrielle Psychotechnik 1938, S. 306 ff.

[203] Näheres dazu in: Industrielle Psychotechnik 1938, S. 193 ff.

1941 – Arbeitstagung deutscher und italienischer Psychologen, Mailand und Rom, 12.-16. Juni. Der Vortrag vom Moede enthält u.a. einen Überblick über den Stand der deutschen Eignungspsychologie.
– 7. Tagung der Arbeitsgemeinschaft für Strafrechtspflege, 18. Dezember, mit einem Vortrag von Moede zum Thema „Der Psychologe als Gerichtsgutachter".

1943 – Lehrgang des IIP am 28. und 29. Januar unter der Leitung von Moede in Verbindung mit dem Außeninstitut der TH zum Thema „Die praktische Psychologie im Kriegseinsatz" mit diversen Vorträgen. Moede hielt die Eröffnungsansprache und sprach des Weiteren über die Personalprüfung im Betrieb.

1944 – Moede besuchte vom 16. Mai bis zum 6. Juni das Psychotechnische Institut in Barcelona. Er hielt auf dieser Forschungsreise mehrere Vorträge, gab Unterricht und begutachtete die psychotechnischen Einrichtungen.

Lehrgang „Die praktische Psychologie im Kriegseinsatz"

Vom 28. bis zum 29. Januar 1943 wurde ein Lehrgang „Die praktische Psychologie im Kriegseinsatz" vom Institut für industrielle Psychotechnik und Arbeitstechnik unter der Leitung von Walther Moede veranstaltet.

Der Lehrgang wurde im Rahmen des „Außeninstituts der Technischen Hochschule Berlin" durchgeführt. Das Außeninstitut war 1939 gegründet worden. Es war die Aufgabe dieses selbständigen Organs, „auf allen Gebieten der Wissenschaft, Technik und Kultur den inneren geistigen Zusammenhang der Hochschule zu fördern, um damit eine geschlossene Wirkung der Hochschule im Volksleben zu gewinnen". Im Besonderen diente es der Aus- und Weiterbildung innerhalb der Wissenschaften sowie der Behandlung wichtiger Sondergebiete und allgemein „dringlicher Fragen" jenseits des Lehrplans.[204]

Die Dringlichkeit des Themas war eng an das rege Interesse der über 150 Teilnehmer aus Industrie, Wissenschaft und Organen der DAF geknüpft.[205] Es nahmen u.a. folgende Firmen teil: AEG (Drontheimerstr., Technisches Lehrmittel- und Vortragswesen, Henningsdorf), Siemens-Schuckertwerke (Kabelwerk, Schaltwerk, Kleinbauwerk, Stromrichterwerk, Dynamowerk (Zentralverwaltung, Sozialpolitische Abteilung), Arado Flugzeugwerke, Auergesellschaft, Blohm & Voss, Berliner Maschinenbau AG, Daimler-Benz, Deutsche Telefon- und Kabelwerke, Flohr GmbH, Hasse & Wrede, Heinkel Flugzeugwerke, Knorr-Bremse, Lorenz AG, Mix & Genest, Pintsch KG, Telefunken AG, Wirtschaftsgruppe Gießerei, Arbeitswissenschaftliches Institut der DAF (AWI) sowie Institut für Arbeitspsychologie und Arbeitspädagogik der DAF.

Die Inhalte des Lehrgangs werden im Folgenden ausführlich vorgestellt, da dieses der einzig dokumentierte Lehrgang des Instituts für industrielle Psychotechnik und Arbeitstechnik zwischen 1933 und 1945 ist und eine weitere Erschließung der Lehr- und Forschungstätigkeit des Instituts über die Referenten, die zum Teil in enger Verbindung mit dem IIP standen,

---

204 Das Institut wirkte durch Veranstaltungen, Ausstellungen, Übungen und Vorträge sowie Lehrausflüge. Finanziell kamen ihm 10 % der jeweiligen Veranstaltungseinnahmen zu, dem Veranstalter selber die restlichen 90 % der Einnahmen. Vgl. Richtlinien des Außeninstituts der Technischen Hochschule Berlin, vom 23. Juni 1939. Universitätsarchiv der TU Berlin (Nachlaß Ebert).

205 So bezeichnete Moede in einem Schreiben 13. Februar 1943 an den Rektor der TH Berlin den Lehrgang als „vollen Erfolg". Die im Hörsaal 63 des Hauptgebäudes verfügbaren Plätze seien alle vergeben gewesen und 42 Industriemeldungen hätten sogar zurückgewiesen werden müssen (Sammlung Spur).

sinnvoll scheint. Außerdem stehen sie paradigmatisch für das Hauptanwendungsfeld der Psychotechnik im Krieg. So beurteilte E. Pechhold die psychotechnische Massenauslese in Deutschland folgendermaßen:[206]

> „Ein weiteres Arbeitsfeld wurde gegen Kriegsende der Arbeitseinsatz. Als Millionen fremder Arbeitskräfte in die Kriegswirtschaft eingegliedert wurden und die menschlichen Konflikte bei der Arbeitsdienstverpflichtung sich häuften, erinnerte man sich auch der Psychotechnik. Es kam zur Anwendung in Massenverfahren, wie sie in den Uranfängen der Psychotechnik üblich waren."

Dozent	**Lehrgang**
Prof. Dr. Deuchler (Hamburg)	Die Psychologie im Osteinsatz
Dr. W. Lejeune (Berlin)	Die Auslese fremdländischer Arbeitskräfte unter besonderer Berücksichtigung der Ostarbeiterfrage
Prof. Dr. M. Schorn (Berlin, BuB)	Die praktische Durchführung eines Ausleseverfahrens für den Ausländereinsatz – Bericht über Prüfmethoden des BuB/Institut für Arbeitspsychologie und Arbeitspädagogik
Dr.-Ing. H. Schmidt (Rostock, IIP)	Erfahrungen des Heinkelkonzerns mit seinen fremdländischen Arbeitskräften
Prof. Dr. W. Moede (Berlin, IIP)	Personalprüfung im Betriebe
Dr.-Ing. J. Dust	Die Auslese der Unterführer im Baubetriebe
Dr. Papke (Berlin)	Berufseinsatz Kriegsversehrter
Prof. Dr. M. Moers (Berlin)	Fraueneinsatz in der Industrie
Obering. R. Bolt (Nürnberg)	Eignungsprüfung für Unterführer im Elektrobetriebe

Bild 10.16: Das Programm des Lehrgangs im Überblick[207]

In dem Lehrgang definierte Moede die Aufgabe der praktischen Psychologie als Kennzeichnung des Menschen in berufsrelevanter Hinsicht, „um den Arbeitseinsatz an der richtigen Stelle sicherstellen zu können."[208]

Dr. Deuchler sprach anhand der okkupierten Gebiete in Osteuropa über die „Psychologie im Osteinsatz", wobei er eine Gliederung der verschiedenen Bevölkerungsgruppen vornahm:

- Für die so genannten Reichsdeutschen, die als „Wehrbauern" in die Ostgebiete gehen wollen, sei die „Mitarbeit des Psychologen bei der Siebung und Erziehung der für den Osteinsatz in Frage kommenden Ostanwärter"[209] erforderlich.
- Für die „Volksdeutschen" sei auf Grund der bolschewistischen Indoktrinierung „eine längere Lebenserziehung und Schulung notwendig", um sie für die „Aufgabe im Osten" innerlich zu festigen.[210]

---

206 Pechhold, E.: Psychotechnisches aus Deutschland. In: Baumgarten, F. (Hrsg.): Progrés de la psychotechnique 1939-45. Bern 1949, S. 310.

207 TU Berlin Hochschularchiv, a.a.O. Vgl. auch Goldschmidt, a.a.O., S. 117.

208 Bericht über den Lehrgang „Praktische Psychologie im Kriegseinsatz", als Anlage eines Briefes von Moede an den Rektor der TH, dat. vom 13.2.1943, Universitätsarchiv der TU Berlin (Mikrofilm).

209 Die praktische Psychologie im Kriegseinsatz, a.a.O., S. 2.

210 Ebd., S. 2 f.

- Hinsichtlich der Einheimischen sei es Aufgabe der praktischen Psychologen, durch Sammeln und Auswertung von Daten der Bevölkerung ein „gesundes Bauerntum durch Siebung der Familien" sicherzustellen.

Dr. Lejeune referierte zu der „Auslese fremdländischer Arbeitskräfte unter besonderer Berücksichtigung der Ostarbeiterfrage".

„Der Vortragende betonte die Notwendigkeit eines eignungsgemäßen innerbetrieblichen Arbeitseinsatzes und der Anlernung, nachdem durch den staatlich gesteuerten Einsatz fremdländischer Arbeitskräfte das Problem ihrer besten Eingliederung in die deutsche Fertigung gegeben war" so Moedes Bericht. Dann fuhr Lejeune mit einer ideologischen – und auf das eklatanteste Ursache und Wirkung vertauschenden – Typologisierung der Ostarbeiter fort, die als Antiklimax psychologischer Beobachtungsfähigkeit zu zitieren sei:[211]

> „Er [...] wandte sich dann besonders den psychischen Fähigkeiten und Eigenschaften der Ostarbeiter zu, soweit sie von betrieblicher und arbeitspolitischer Bedeutung sind. Als bedeutsame Wesenzüge und Verhaltensstudien der Ostarbeiter in Hinsicht auf deren Behandlung, Erziehung und Arbeitseinsatz gab Dr. Lejeune die durchschnittlich fehlende geistige Selbständigkeit, das ungleichmäßige Selbstgefühl und den labilen Stimmungsverlauf an. Folgen davon sind ihre Umweltabhängigkeit, geringe eigene Zielsetzung, Fügsamkeit, Anspruchslosigkeit und oft Neigung zur Verstellung und Flucht vor Tatsachen. Die innere Bindung an berufliche und gestellte Aufgaben ist zumeist nur insofern vorhanden, als sie der Befriedigung elementarer Bedürfnisse dient. Die geistige Arbeitsbereitschaft ist bei vielfach guter Auffassungsfähigkeit und ausreichendem Denkvermögen im Durchschnitt gering, das Denken und die Wertung sind zumeist rezeptiv und reproduktiv. Entscheidend für die Umgebung der jüngsten Zeit ist das Phänomen der Technik, das der östliche Mensch in der vom Bolschewismus stark vorangetriebenen überstürzten Entwicklung erlebt hat. Bedeutsam sind für den Ostarbeiter die nachhaltigen Einwirkungen geschichtlicher Schicksale wie Hunger und Zwang."

Maria Schorn referierte über „Praktische Durchführung eines Ausleseverfahrens für den Ausländereinsatz". Dabei berief sie sich auf die 1942 im Institut für Arbeitspsychologie und Arbeitspädagogik entwickelten Prüfungsmethoden für eine Massenauslese, die „sich bei der Auslese der Ostarbeiter für den Arbeitseinsatz voll bewährt haben".[212]

Helmuth Schmidt, zwangsverpflichteter Assistent des IIP, berichtete über die Erfahrungen des Heinkel-Konzerns (Rostock), bei dem er stellvertretender Betriebsführer war, mit seinen fremdländischen Arbeitskräften. Er wies dabei auf die Aufgabe hin, dass der Heinkel-Konzern „anstreben müsse, daß sich die eingesetzten Kräfte wohl fühlen können, um somit auch eine positive Haltung zur Arbeit mitzubringen", was sich anhand der Tatsache von Zwangsarbeit äußerst naiv liest. Schmidt erläuterte allerdings auch den Einsatz „wenig beachteter Möglichkeiten" zur Steigerung des Wohlbefindens der fremdländischen Arbeiter, wie z. B. eine verbesserte Wohn- und Essenssituation sowie die Möglichkeiten angemessener Freizeitgestaltung. Er referierte außerdem über die positiven Erfahrungen aus den Eignungsprüfungen im Hinblick auf die Übereinstimmung von Prüfungsergebnissen und Betriebsurteilen des Heinkel-Konzerns. Dabei wurde zusätzlich zur Prüfung – mit Methoden ähnlich denen des Instituts für Arbeitspsychologie und Arbeitspädagogik – eine Befragung des Arbeiterschicksals

[211] Ebd., S. 4. Wilhelm Lejeune war ebenso wie Maria Schorn und Martha Moers Mitarbeiter des Instituts für Arbeitspsychologie und Arbeitspädagogik der DAF.

[212] Ebd., S. 4. Vgl. den gleichnamigen Artikel in der Industriellen Psychotechnik 19 (1942) 7/9, S. 207-216. Das Institut für Arbeitspsychologie und Arbeitspädagogik im Amt für Berufserziehung und Betriebsführung der DAF wurde (offiziell) 1941 gegründet. Es war das erste zentrale arbeitspsychologische Institut in Deutschland und bestand vorwiegend aus fachpsychologischen Mitarbeitern. Die Zahlen für die Ausländerauslese belaufen sich nach Ansbacher (1950, S. 40) auf 400.000 deportierte Arbeiter in 1.100 Werken. Vgl. Geuter: Die Professionalisierung der Psychologie im Nationalsozialismus, a.a.O., S. 253 f., S. 449.

durchgeführt.[213] Die Massenprüfungen würden so bei relativ geringem Aufwand zu einer gewissen Stetigkeit in der Fertigung verhelfen, da „mehrfaches Auswechseln der Arbeitskräfte infolge Nichteignung" vermieden werden könne, so Moedes Bericht.[214]

Moede, der nicht über Eignungsprüfung und Arbeitseinsatz sprach, resümierte in der „Personalprüfung im Betriebe" die Prinzipien der Eignungsfeststellung, die sich zu einem Persönlichkeitsbild fügten. Wie gewohnt, wies er auf die Unerlässlichkeit von Erfolgskontrollen hin.[215]

Johannes Dust referierte über „die Auslese der Unterführer im Baubetriebe".[216] Er wies auf die gewaltigen Bauaufgaben im Krieg hin, die den Bedarf an Unterführern in der Bauindustrie vervielfache. „Nach der siegreichen Beendigung des Krieges wird im Baubetrieb die erforderliche Anzahl an Unterführern noch ein Mehrfaches der heute vorhandenen Anzahl sein müssen".[217] Optimistisch sah er jedoch für (das mittlerweile kriegszerstörte und zerbombte) Deutschland, dass „durch den Einsatz einer großen Zahl fremdländischer Arbeitskräfte" das Leistungsvolumen der Bauindustrie in den nächsten zehn Jahren sich verdreifachen wird. Die Bauunternehmen würden einen erheblich gesteigerten Bedarf an intelligenten, willensstarken „Unterführer-Persönlichkeiten" benötigen. Er gab zudem einen Erfahrungsbericht über die Auslese von Unterführern bei der Siemens Bauunion ab.

Der kriegsverletzte Provinzialverwaltungsrat Dr. Papke sprach über den „Berufseinsatz Kriegsversehrter" mit dem Appell an medizinisches Personal, „den Verwundeten den Genesungswillen und das Vertrauen zu sich selbst zu stärken".[218]Er zeigte differenzierte Möglichkeiten der Berufseignung durch Beratung und (Um-)Schulung auf, um die Kriegsversehrten wieder ins Arbeitsleben zu integrieren. Dieser Beitrag wich ebenso wie Moedes von dem allgemeinen Tenor der Eignungsprüfungen für den Massenarbeitseinsatz zum Fortbestehen der Kriegswirtschaft ab.

Martha Moers gab einen Erfahrungsbericht über „Fraueneinsatz in der Industrie" ab. Dabei fasste sie zusammen: [219]

> „[…] daß nach gründlichen Vorarbeiten der Fraueneinsatz in der Industrie nicht mehr so problematisch ist wie noch im vergangenen Weltkrieg, da die Erfahrungen aus dieser Zeit verwertet werden konnten und auch der Einsatz der Frauen in diesem Kriege nicht so sprunghaft erfolgte, sondern seit 1935 ein allmähliches Hineinwachsen der Frau in die Industrie zu verzeichnen war."

Obering. R. Bolt berichtete basierend auf seiner über zehnjährigen praktischen Erfahrung bei den Siemens-Schuckertwerken in Nürnberg über die „Eignungsprüfung für Unterführer im Elektrobetrieb". Er differenzierte das Berufsbild des Unterführers, erläuterte die Zulassungsbedingungen für Werkmeister, die Eignungsbegutachtung, Prüfung und Ausbildung der Unterführeranwärter. Bolt resümierte, dass „in den Siemens-Schuckertwerken, Nürnberg (…) bereits 56 % des Werkmeisterbestandes durch die Eignungsbegutachtung gegangen" sei.

Moede berichtete abschließend über den Erfolg des Lehrgangs:

---

213 Zu Fragen der sprachlichen Bewältigung der Prüfung durch Dolmetscher und zur organisatorischen Durchführung der Massenauslese vgl. Schorn, a.a.O.

214 Ebd., a.a.O., S. 5.

215 Ebd., S. 7.

216 Er referierte damit über seine Dissertation „Die Psychotechnik als Mittel für die Auswahl und Schulung der Unterführer in industriellen Betrieben". TH Berlin, 28.11.1942.

217 Ebd., S. 7.

218 Die praktische Psychologie im Kriegseinsatz, a.a.O., S. 9.

219 Ebd., S. 12.

> „Der Erfahrungsaustausch zwischen Wissenschaft und Praxis auf diesem Felde der Personalprüfung erwies sich nicht nur als fruchtbar, sondern die Vertreter der Wissenschaft erhielten mannigfache Anregungen aus der Praxis, die wertvolles und umfassendes Material erstmalig der Öffentlichkeit bekannt gab. Der Erfahrungsaustausch zwischen der Leitung des Lehrgangs [d.h. Moede] und den Teilnehmern wird dem allgemeinen Wunsche entsprechend fortgesetzt."

Gemeinschaftsarbeit mit anderen psychotechnischen Einrichtungen

Im Folgenden werden chronologisch psychotechnische Einrichtungen aufgelistet, mit denen das Moede Institut in den Jahren 1933 bis 1944 in Verbindung stand:

1933
- DIWIV (Deutsches Institut für wirtschaftliche Arbeit in der öffentlichen Verwaltung): Am 1. April 1933 findet der Umzug in die Dorotheenstr. 4 statt.
- 30jähriges Bestehen des Deutschen Arbeitsschutzmuseums. Räumlichkeiten: Fraunhoferstr. 11/12. (Dort hatte Moede zum Teil in der Anfangsphase des Laboratoriums gelehrt). Museum als Schulungsstätte, in der Lehrgänge stattfinden; 1933 fanden dort zum Beispiel Lehrgänge des Reichsschutzbundes statt, Durchführung von Ausstellungen.
- DINTA: Das DINTA wurde 1933 unter der Bezeichnung „Deutsches Institut für nationalsozialistische Technische Arbeitsforschung und -schulung" in die Deutsche Arbeitsfront (DAF) eingegliedert, durch den Erlass des Führers der DAF, Robert Ley. Seine Aufgaben waren Erziehung zur Gemeinschaft, in der betrieblichen Menschenführung sowie in der Heranbildung eines hochwertigen Facharbeiters auf Grund des Eignungsprinzips.[220] Die Leitung hatte Dr.-Ing. Arnhold, der schon jahrelang im Sinne dieser Ziele gearbeitet hatte.[221]

1934
- AWF (Ausschuss für wirtschaftliche Fertigung) des RKW (Reichskuratorium für Wirtschaftlichkeit).
- Jahresbericht 1934: Die Mitarbeiter des AWF bedienen sich bei dem Ziel wirtschaftlicher Fertigung der „erfolgreichen Arbeitsform der Gemeinschaftsarbeit". Wirtschaftliche Fertigung wird damit zur Gemeinschaftsaufgabe.[222]

1935
- Umbenennung des Berufsgruppenamtes in *Amt für Berufserziehung*, angeschlossen an die DAF, angeordnet durch den Reichsleiter DAF Robert Ley. Die Aufgaben waren: „Zeitaufgaben der Gegenwart", Umschulung von Arbeitskräften, Eignungsprüfungen für ungelernte und gelernte Arbeiter bis zum 27. Lebensjahr hinsichtlich der Berufserziehung sowie Berufsberatung, -lehre und -fortbildung.[223]
- Amt für Leistungsertüchtigung, Berufserziehung und Betriebsführung der DAF.
- Gründung des Deutschen Instituts für psychotechnische Forschung und Psychotherapie unter Leitung von Göring.
- Reichsberufswettkampf und Eignungsuntersuchung, 1935. Vergleich von den Ergebnissen der Eignungsprüfung mit dem Reichsberufswettkampf, der „gedankliche und praktische Arbeiten" verlangte.[224] Dabei wurden gute Erfahrungen mit den Eignungsprüfungen zum Schlosser-Beruf gesammelt.

---

220 Mitteilungen in: Industrielle Psychotechnik 10 (1933) 9, S. 288.

221 Zur konservativ-völkischen Ausrichtung von DINTA siehe auch Goldschmidt, a.a.O.

222 Näheres dazu in: Industrielle Psychotechnik 12 (1935) 2, S. 60 f.

223 Näheres dazu in: Industrielle Psychotechnik 12 (1935) 2, S. 93.

224 Industrielle Psychotechnik 12 (1935) 4/5, S. 156 f.

1936 – Gründung des Arbeitswissenschaftlichen Instituts der DAF (AWI), Berlin. Das AWI kann als Nachfolger des DINTA (gegründet 1925 in Düsseldorf) gelten, welches in seiner deutschnational-konservativen Ausrichtung den ideologischen Nährboden gab.[225] Die Abteilungen des AWI waren: Arbeit und Volkswirtschaft, Arbeitsgestaltung und Wirtschaft, Arbeitserziehung, Arbeitsrecht, Geschichte der Arbeit, Industrielle und organische Rohstoffe, Zentralarchiv, Zentralbücherei und statistische Zentralstelle.
– Deutsche Versuchsanstalt für Luftfahrt e.V., Berlin-Adlershof, Abteilung Flugmedizin.[226]

1937 – Ausstellung „Besser und billiger jeden Tag" ab 1937, beim Kleinbauwerk Siemens-Schuckert.[227]

1938 – Veröffentlichung zahlreicher Publikationen, u.a. Jahrbücher, 1938 ff. u.a. zum „Bedaux-System".[228]

1940 – Reichsinstitut für Berufsausbildung, vormals DATSCH, erarbeitete die Berufseignungsanforderungen für industrielle Lehr- und Anlernberufe.
– Amt „Gesundheit und Volksschutz" der DAF.
– „Reichsstelle für Arbeitsschutz"
– „Reichsausschuß für Leistungssteigerung": Diese Einrichtung wurde durch den Reichswirtschaftsminister Göring am 12.1.1939 in Vorbereitung auf die Kriegswirtschaft angeordnet.
– Weitere Ausschüsse/Einrichtungen:[229] VDI-Ausschüsse (AWF, DANN), VDE, RKW, AWV, RAL, DVM und NSG.

1941 – Offizielle Gründung des Instituts für Arbeitspsychologie und Arbeitspädagogik im Amt für Berufserziehung und Betriebsführung der DAF unter Leitung von Prof. Dr.-Ing. Mathieu. Mitarbeiter waren Wilhelm Lejeune, Elisabeth Lucker, Thaddäus Kohlmann, Martha Moers, Maria Paul-Mengelberg, Carl-Alexander Roos und Maria Schorn.[230]

1942 – Übertragung der Herausgabe seiner Schriften an den Arbeitswissenschaftlichen Verlag G.m.b.H., Berlin C2, Märkischer Platz 1.[231]

Außerdem war der Hochschullehrer Moede sehr aktiv in Aufgaben der Gemeinschaftsarbeit eingebunden, wie:

1921 – 1936 Fachpsychologischer Beirat der Psychotechnischen Versuchsstelle der Deutschen Reichsbahn,
1936 – 1945 Obergutachter und Chefpsychologe bei der Deutschen Reichsbahn,
1923 – 1933 Vorstandsmitglied der Internationalen Gesellschaft für Psychologie,
1936 – 1945 Vorstandsmitglied der Deutschen Gesellschaft für Psychologie,

225 Vgl. Goldschmidt, S. 100 ff.
226 Vgl. Bericht von Coermann in: Industrielle Psychotechnik 13 (1936), S. 169 ff.
227 Kupke: Industrielle Psychotechnik 18 (1941) 10/12, S. 266.
228 Vgl. Nachricht in: Industrielle Psychotechnik 16 (1939) 9/12, S. 328 ff.
229 Industrielle Psychotechnik 17 (1940), S. 119.
230 Vgl. Geuter 1984, S. 499 und Industrielle Psychotechnik 1942, S. 207.
231 Näheres dazu in: Industrielle Psychotechnik 19 (1942) 1, S. 46 f.

1941 – 1945	Vorsitzender der Prüfungskommission für Diplom-Psychologen an der Technischen Hochschule Berlin bei gleichzeitiger Mitgliedschaft der Psychologischen Prüfungskommission an der Universität Berlin,
1942 – 1945	Vorsitzender des Ausschusses für Arbeitstechnik im VDI,
1942 – 1945	Vorsitzender des Verbands der deutschen praktischen Psychologen.

Wehrmachtspsychologie

Im Jahre 1930 waren außerhalb der Universitäten 30 Psychologen in öffentlichen Einrichtungen tätig, eine vielfache Anzahl davon an den 23 Universitäten und 10 Technischen Hochschulen des Landes. Dieses Verhältnis kehrte sich im Laufe der nächsten zehn Jahre um, was dem extrem beschleunigten Ausbau der Wehrmachtspsychologie zuzuschreiben war.[232] Das umfangreiche Gebiet der Wehrmachtspsychologie erhielt erst nach 1933 seine überdimensionale Bedeutung, wobei die Kraftfahrereignungsprüfungen während des Ersten Weltkrieges als Vorläufer angesehen werden können.

Planstellen für Psychologen in Heer und Marine 1935-1938				
	Anzahl der Prüfstellen	**N/Psych. pro Prüfstelle**	**N/Psych. Inspektion**	**Gesamt**
1.7.1935	10 / 2	5	9	69
1.4.1937	14 / 2	7	15	127
1.8.1937	14 /2	8	15	143
1.7.1938	17 /2	8	18	170

Insbesondere nachdem der Vierjahresplan von 1936 die Rüstungswirtschaft zur Kriegsvorbereitung ankurbelte und ein allgemeiner Wirtschaftsaufschwung einsetzte, waren für die Arbeitspsychologie neue Aufgaben gegeben. Durch die Wiedereinführung der allgemeinen Wehrpflicht wurden dem Arbeitsmarkt Kräfte entzogen. Die Arbeitsämter lenkten nun die Verteilung von Berufen bei Schülern und Arbeitern. Dabei hatte die Zuweisung der Militärschüler für die Luftwaffenrüstung besonderes Gewicht. Unter anderem entstanden neue Berufe wie die des Metallflugzeugbauers oder des Flugmotorenschlossers, für die es galt, Nachwuchs heranzubilden.

Die Eignungsprüfung für Offiziersbewerber in der Reichswehr war eher umstritten, da die Eignungsprüfung durch ihre egalitären Elemente das Privileg des Adels im Heer in Frage stellte. Institutionell wurde dieser Konflikt durch die 1930, dann 1936 herausgegebenen Richtlinien für die psychologischen Prüfstellen gelöst, die bestimmten, dass der psychologische Befund der gesamten Kommission für das Eignungsurteil vorgelegt und die endgültige Entscheidung somit den Militärs überlassen wurde.

Die wesentlichen Anstöße zur Professionalisierung der Psychologie in anderen Bereichen kamen aus der Wehrmachtspsychologie. Im Jahre 1935 erfolgte der Aufbau der Eignungsprüfung in der Luftwaffe nach dem Vorbild der Reichswehr und Reichsmarine. Die Zunahme der psychologischen Prüfstellen entsprach derjenigen der Wehrkreise, da sie den Wehrkreiskommandos angegliedert waren.

---

[232] Vgl. Geuter, a.a.O., S. 225.

Spezialistenuntersuchungen des Heeres 1928-1942			
Jahr	**Anzahl**	**Jahr**	**Anzahl**
1928	1487	1936	12 750
1929	2489	1937	15 525
1930	2506	1938	41 551
1931	2697	1939	66 633
1932	2980	1940	136 691
1933	1748	1941	199 743
1934	6565	1942	81 729
1935	6790	**Summe**	**581 614**
Davon entfielen auf:			
Nachrichtenpersonal	329 565		
Gasspürer	121 836		
Motorisiertes Personal	101 778		
Entfernungsmesser	13 998		
Sonstige	14 437		

Im Jahre 1942 wurden die Luftwaffen- und die Heerespsychologie aufgelöst. Die Gründe wurden in Widersprüchen von Partei, Militär und Wehrmachtsmedizin sowie bei methodischen Unzulänglichkeiten gesucht. Die wahren Beweggründe lagen wohl in der mangelnden praktischen Funktion der Psychologie zu diesem Zeitpunkt, da eine Auslese Geeigneter unter einer großen Anzahl von Bewerbern als paradoxer Tatbestand in einer Kriegssituation angesehen werden musste. Die Eignungsprüfung wurde dysfunktional, da ab 1941/42 alle Bewerber akzeptiert wurden. Die Leitung der Wehrmachtpsychologie lag zunächst bei Rieffert[233] und dann bei Simoneit[234].

Diplomprüfungsordnung für das Studienfach Psychologie

In den 1920er und 1930er Jahren war die wissenschaftliche Doktorprüfung der einzige Abschluss für Psychologen, wobei die Berufsaussichten ungewiss blieben. Oftmals war Psychologie nicht einmal als eigenes Fach zugelassen. Es entstand ein Widerspruch zwischen Ausbildung und praktischer Anwendung.

Im Jahre 1935 konnte nur an den Technischen Hochschulen Braunschweig und Dresden ein eigenes Psychologiestudium mit dem Abschluss „Dr. cult." absolviert werden, an der TH

233 Rieffert, Johann Babtist, geb. 1883 in Köln, gest. 9.7.1956 in Harburg, Psychotechniker, war ein Schüler von C. Stumpf, erst Privatdozent und Professor in Berlin, von 1925 bis 1931 war Rieffert wissenschaftlicher Leiter der Heerespsychologie und hatte wesentlichen Anteil an der Schaffung diagnostischer Verfahren bei den Eignungsprüfstellen der Reichswehr. Besonders widmete er sich der Sprechanalyse. Seine wichtigsten Schriften: Pragmatische Bewusstseinstheorie (1929); Methoden der Grundbegriffe der Charakterologie (Kongressbericht, 1934). Vgl. Wilhelm Hehlmann: Wörterbuch der Psychologie. Alfred Kröner Verlag Stuttgart 1959.

234 Simoneit, Max, geb. 17.10.1896 in Arys, gest. 1962 in Köln, Pädagoge und Heerespsychologe, wissenschaftlicher Leiter der Inspektion für Eignungsuntersuchungen im Oberkommando der Wehrmacht, Ministerialrat seit 1939, seit 1956 Leiter des psychologischen Forschungsinstituts Köln; Verdient um die Ausgestaltung des Eignungsprüfwesens der psychologischen Diagnostik und Symptomlehre und der Entwicklungspsychologie. Schriften: Wehrpsychologie (1933); Grundriss der charakterologischen Diagnostik (1943); Schriften zur Schulpsychologie (1952 ff.); Charakterologische Symptomlehre (1953); Die Seele stirbt – Über die Krise und Wandlung der abendländischen Seele (1953). Vgl. Wilhelm Hehlmann: Wörterbuch der Psychologie. Alfred Kröner Verlag, Stuttgart 1959.

Berlin konnte ein psychotechnisches Thema zum Dr.-Ing., an der TH Stuttgart nach dem Dipl.-Ing. zum Dr. rer. tech. mit einem psychotechnischen Thema führen.

Nach Fritz Giese wurde der Begriff Diplom-Psychologe erstmals von Walther Poppelreuter als akademische Parallele zum Titel Dipl.-Ing. verwandt. Im Vordergrund standen weniger Fragen des Inhalts der Ausbildung als die des professionellen Abschlusses mit dem Ziel, eine dilettantische Handhabung der Eignungsprüfungen zu vermeiden und eine staatliche Regelung herbeizuführen.

Die Überlegungen, einen professionellen Studienabschluss für Psychologiestudenten einzuführen, kamen nach dem Ersten Weltkrieg aus Kreisen psychotechnisch wirkender Hochschullehrer, zusammen mit einer stärkeren Orientierung an der Praxis. Moede legte 1935 dem Ministerium eine Denkschrift vor, mit der ein psychologisch-psychotechnisches Spezialexamen für Ingenieure erwirkt werden sollte. Dieser Vorschlag hätte die Arbeit am Institut für Industrielle Psychotechnik sehr gestärkt, aber weder die Industrie, der ein Dr.-Ing. mit Nebenfach Psychotechnik ausreichte, noch die Universitäten, die einen breiter gefächerten Bildungsgang wünschten, zeigten Interesse.[235] Die Entwicklung der Wehrmachtspsychologie ermöglichte dann durch eine Koalition von akademischen und praktischen Psychologen eine Regelung der beamtenrechtlichen Voraussetzungen für die Laufbahn des Wehrmachtsbeamten und schürte die Hoffnung der akademischen Psychologen auf eine Stärkung des Fachs innerhalb der Universitäten. 1937 kam es zur Einführung eines Assessorexamens und einer zweiten Staatsprüfung, die in Teilen die Diplomprüfungsordnung vorwegnahm und erstmals 1940 abgehalten wurde. Im Jahre 1940 konstituierte sich zudem eine Kommission mit Vertretern der deutschen Gesellschaft für Psychotechnik, der Wehrmachtspsychologie, Arbeitspsychologie, Psychotherapie und Lehrerbildung, um einen Entwurf für die Diplomprüfungsordnung zu erstellen.

Schon auf dem 16. Kongress der Deutschen Gesellschaft für Psychotechnik 1938 in Bayreuth hatte Moede über die „notwendige Neuordnung des psychotechnischen Studiums sowie dessen Richtlinien" referiert. Damit wollte Moede wohl den Bestrebungen der Wehrmacht, deren zunehmende Bedeutung für die Psychotechnik er erkannte und welche die Ausbildung ihrer Psychologen und Techniker selbst übernehmen wollte, entgegenwirken.

Bei der Vorbereitung einer neuen Diplomprüfungsordnung (DPO) bildeten die Wehrmachts- und Universitätspsychologen die dominierenden Gruppen. Der Entwurf war eindeutig auf eine berufsvorbereitende, nicht ausgesprochen wissenschaftlich orientierte Ausbildung ausgerichtet, vielmehr sollte der Absolvent ein Bild von der Praxis erhalten. Die Hauptprüfung sollte aus vier Teilgebieten bestehen: Psychologische Diagnostik, Angewandte Psychologie, Psychologik, Kultur- und Völkerpsychologie.

Moede äußerte sich dazu kritisch und schlug eine stärkere Berücksichtigung von Wirtschafts- und Arbeitspsychologie anstelle der Betonung von Ausdruckskunde und Charakterologie vor:

1. Kennzeichnungslehre des Menschen: Symptomatologie und Diagnostik,
2. Praktische Psychologie: Eignungslehre, Arbeitsstudien in Grundzügen, Unfalllehre, Markt-Verkauf-Werbung.

Moede konnte sich jedoch nicht gegen die Interessen der Wehrmachtspsychologie durchsetzen. Die erste DPO wurde gemäß den vorher genannten Vorschlägen 1941 erlassen.

235 Vgl. Geuter, a.a.O., S. 310-317, S. 349-351.

Moede betonte seit 1939 wiederholt die Notwendigkeit, dass das charakterologisch-typologische Moment bei Eignungsprüfungen lediglich eine Ergänzung des Leistungsprinzips darstellen sollte. Bei dem Neuentwurf einer Diplomprüfungsordnung für das Fach Psychologie im Jahr 1941 forderte Moede eine stärkere Berücksichtigung der experimentellen und exakten Richtung. Seine Prüfvorschläge, die sich gegen die Interessen der Wehrmacht- und Hochschulpsychologie wandten, wurden jedoch abgelehnt.

Die TH Berlin machte Moede zum Mitglied des Prüfungsausschusses für das Gebiet „Psychologie und ihre Anwendungen (Theoretische und praktische Psychologie)“. Moede versuchte nun in dieser Position, seine Vorstellungen vom Psychologiestudium und für Psychologen im Industriebetrieb wenigstens innerhalb der Technischen Hochschule durchzusetzen und sprach persönlich beim Reichsministerium für Wissenschaft, Erziehung und Volksbildung vor. Dieses genehmigte sein Anliegen im Mai 1942. Die Prüfungsausschüsse wurden zu diesem Zeitpunkt auch an 19 anderen Universitäten und an den Technischen Hochschulen in Braunschweig, Danzig, Darmstadt und Dresden bewilligt. Moede setzte später eine erweiterte Diplomprüfung durch, die folgende Ergänzungsgebiete zur mündlichen Prüfung zuließ:

- Erziehungspsychologie,
- Psychologie und Berufslenkung,
- Industriepsychologie und
- Wirtschaftspsychologie.[236]

Rückblick

Während seiner Militärdienstzeit hatte Walther Moede seinen Wohnsitz nach *Berlin-Schöneberg, Luitpoldstr. 14* verlegt, wo auch Curt Piorkowski wohnte und arbeitete. Später verlegte Moede seinen Wohnsitz in die *Luitpoldstr. 24.*

Am 3. Juli 1936 unterzeichnete Moede einen Zweitmietvertrag über eine Wohnung in der *Knesebeckstr. 96, Berlin-Charlottenburg*, zum 1. Oktober 1936 mit einer vereinbarten Verlängerungsoption um jeweils sechs Monate bei Nichtkündigung. Diese Wohnung sollte bis zu seinem Tode im Jahre 1958 sein Berliner Wohnsitz bleiben.[237]

Am 7. Oktober 1936 erfolgte die polizeiliche Ummeldung mit Wirkung vom 2. Oktober 1936 in die *Tornowstr. 24 nach Potsdam.* Moede war aus der Luitpoldstr. 24 in Berlin-Schöneberg mit seinem Hauptwohnsitz nach Potsdam verzogen, wo er ein Grundstück erworben hatte.

Die hauptamtliche *Dozentur für Angewandte Psychologie (Industrielle Psychotechnik und Wirtschaftspsychologie; Psychotechnik; Arbeitstechnik)* wurde durch den Ministerialerlass vom 21. Juni 1940 in einen planmäßigen *außerordentlichen Lehrstuhl für Psychotechnik* umgewandelt. Das Arbeitsgebiet des Lehrstuhls war die Betriebs- und Wirtschaftslehre vom Menschen auf der Grundlage der Psychologie. Leiter des Lehrstuhls wurde Walther Moede.

Das Arbeitsgebiet umfasste die gesamte Psychologie in ihrer Anwendung auf Produktion, Konsum und Verwaltung und zwar insbesondere das Personalwesen mit besonderer Berücksichtigung der Eignungsbegutachtung aller Art, die Übung, Anlernung und Schulung, die Arbeitswissenschaft (Arbeitsstudien und Arbeitstechnik, Zeit-, Leistungs- und Ermüdungsmes-

[236] Spur/Haak 1994, S. 146.

[237] Dokument 10-05: Mietvertrag zwischen Eigentümer Dr. Josef Hofmann und Prof. Dr. Walther Moede vom 3. Juli 1936 über 4-Zimmer-Wohnung und Nebenräume.

sungen), das Unfallwesen (Unfallfeststellung, -klärung, und -verhütung) sowie die Konsumpsychologie (Markt, Verkauf, und Werbung).

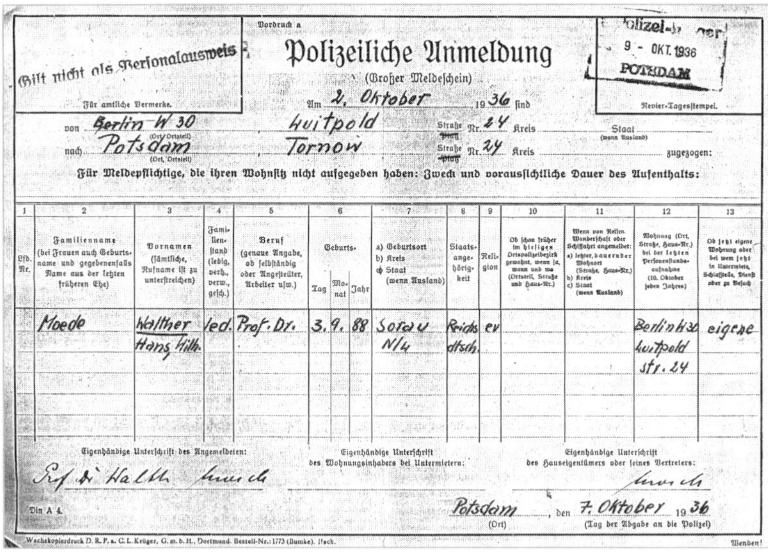

Gilt nicht als Personalausweis

Für amtliche Vermerke.

Vordruck a

Polizeiliche Anmeldung

(Großer Meldeschein)

Am 2. Oktober 1936 sind

von Berlin W 30 (Ort, Ortsteil), Luitpold Straße Nr. 24 Kreis .... Staat (wenn Ausland) ....

nach Potsdam (Ort, Ortsteil), Tornow Straße Nr. 24 Kreis .... zugezogen:

Polizei-... 9 - OKT. 1936 POTSDAM

Revier-Tagesstempel.

Für Meldepflichtige, die ihren Wohnsitz nicht aufgegeben haben: Zweck und voraussichtliche Dauer des Aufenthalts:

1	2	3	4	5	6			7	8	9	10	11	12	13
Lfd. Nr.	Familienname (bei Frauen auch Geburtsname und gegebenenfalls Name aus der letzten früheren Ehe)	Vornamen (sämtliche, Rufname ist zu unterstreichen)	Familienstand (ledig, verh., verw., gesch.)	Beruf (genaue Angabe, ob selbständig oder Angestellter, Arbeiter usw.)	Geburts- Tag	Monat	Jahr	a) Geburtsort b) Kreis c) Staat (wenn Ausland)	Staatsangehörigkeit	Religion	Ob schon früher im hiesigen Ortspolizeibezirk gewohnt, wenn ja, wann und wo (Ortsteil, Straße und Haus-Nr.)	Wenn von Reisen, Wanderschaft oder Schiffahrt angemeldet: a) letzter, dauernder Wohnort (Straße, Haus-Nr.) b) Kreis c) Staat (wenn Ausland)	Wohnung (Ort, Straße, Haus-Nr.) bei der letzten Personenstandsaufnahme (10. Oktober jeden Jahres)	Ob jetzt eigene Wohnung oder bei wem jetzt in Untermiete, Schlafstelle, Dienst oder zu Besuch
	Moede	Walther Hans Wilh.	led.	Prof. Dr.	3.	9.	88	Sorau N/L	Reichsdtsch.	ev			Berlin W 30 Luitpoldstr. 24	eigene

Eigenhändige Unterschrift des Angemeldeten: Prof. Dr. Walther Moede

Eigenhändige Unterschrift des Wohnungsinhabers bei Untermietern:

Eigenhändige Unterschrift des Hauseigentümers oder seines Vertreters: Moede

Din A 4.

Potsdam (Ort), den 7. Oktober 1936 (Tag der Abgabe an die Polizei)

Wachskopierdruck D. R. P. a. C. L. Krüger, G. m. b. H., Dortmund. Bestell-Nr.: 1773 (Bumke). Ilsch.

Wenden!

Bild 10.17: Wechsel des Wohnsitzes nach Potsdam, Tornowstr. 24

Im Jahre 1941 wurde Moede Mitglied des Prüfungsausschusses der TH Berlin für das Gebiet „Psychologie und ihre Anwendung". Er versuchte nun in dieser Position *seine Vorstellungen vom Psychologiestudium und für Psychologen im Industriebetrieb* wenigstens innerhalb der TH Berlin mit Hilfe des Rektors zu verwirklichen. Er sprach deshalb beim zuständigen Ministerium für Wissenschaft, Erziehung und Volksbildung vor. Dort wurde sein Anliegen jedoch abschlägig beschieden. Später konnte er immerhin eine *erweiterte Diplomprüfung* durchsetzen.

Mit Wirkung vom 1. April 1941 wurde durch das Reichsministerium für Wissenschaft, Erziehung und Volksbildung eine neue Prüfungsordnung für Studierende der Psychologie erlassen und in Kraft gesetzt. Die Einrichtung des Diplomstudiengangs für Psychologie wurde wie folgt begründet: „Die wachsenden Anforderungen, die Staat, Wehrmacht und Wirtschaft an die Psychologie stellen, machen es notwendig, die Ausbildung der Fachpsychologen auf eine neue Grundlage zu stellen."

Walther Moede hatte maßgeblich auf die Einführung einer Prüfungsordnung für Fachpsychologie gedrungen. Am 20. August 1942 erfolgte die Änderung der Prüfungsordnung in ein Studium der Fachpsychologie ohne Psychiatrie.

Am 23. Oktober 1943 feierte Walther Moede das *25jährige Bestehen* seines Instituts.[238] Er lud aus diesem Anlass Freunde und Partner seines Wirkens zu einem Frühstück in den Seekrug am Templiner See in Potsdam ein. Anwesend waren 20 Personen, und zwar

- Präsident Haustein, Reichsbahn,
- Prof. Dr. Grapow, Prorektor der Universität Berlin,
- Dir. Benkert, Vorstand von Siemens und Vorsitzender des VDI,

238 Quelle: Fotoalbum mit Kommentaren von Gerhard Dressel, Nachlass Moede: 25 Jahre Institut für industrielle Psychotechnik und Arbeitstechnik an der Technischen Hochschule Berlin, Feier am 23. Oktober 1943.

- Univ.-Rat. Dr. Denschel, Reichsverkehrsministerium,
- Dir. Ude, Geschäftsführer des VDI,
- Oberverwaltungsrat Dr. Bestehorn,
- Obering. Hartwig, Sachverständigen-Ausschuss,
- Oberreichsbahnrat Fröhlich, Reichsbahn,
- Rechtsanwalt Dr. Sack, Strafrecht,
- Dekan Prof. Dr. Schuster, Dozentenschaft,
- Dekan Prof. Dr. Biberbach, Universität Berlin,
- Prof. Dr. Everling, TH Berlin,
- Dr.-Ing. Schmidt, Assistent bzw. Heinkel in Rostock,
- Oberregierungsrat Dr. Engelmann, Gauarbeitsamt,
- Prof. Dr. Dr. h.c. Dr.-Ing. E.h. Krüger,
- Dekan Prof. Dr. Winkhaus, TH Berlin,
- Prof. Dr. Maria Schorn, frühere Assistentin,
- Dr.-Ing. Ingenohl, Mitarbeiter,
- Dipl.-Ing. Gerhard Dressel, Assistent.

Bild 10.18: 25jähriges Institutsjubiläum am 23. Oktober 1943 – Professor Moede am festlich geschmückten Schreibtisch

In einem Fotoalbum findet sich folgender Bericht:

> „Nach der Begrüßung durch den Gastgeber und der Gefallenenehrung wurden die Gläser gefüllt. Schnell kommt die Unterhaltung in Fluss und Tischreden werden gehalten: Prof. Winkhaus überbringt die Grüße des Rektors der TH, Dir. Benkert gratuliert als Vorsitzender des VDI und überträgt ihm eine neue, selbst zu wählende Aufgabe, Dr. Sack (Säcki genannt) spricht humorvoll, desgl. Dr. Bestehorn. Glückwünsche der ausländischen Mitarbeiter überbringt Dr.-Ing. Ingenohl, die der früheren und gegenwärtigen Assistenten überbringen Schmidt und Dressel. Es war eine fröhliche Runde, die von Mittag bis zum Abend tagte. Man hoffte schließlich, auch den „50. Jahrestag“ des Instituts feiern zu können.“

Diese Jubiläumsgesellschaft verdeutlicht die guten Beziehungen, die Walther Moede zu Wissenschaft, Wirtschaft und Verwaltung unterhielt. Er war als angewandter Psychologe im Wirkfeld der Wirtschaft seit Jahrzehnten sehr erfolgreich tätig und damit auch ein gefragter Partner und Berater.

Anlässlich dieses 25jährigen Jubiläums des Instituts für Psychotechnik und Arbeitstechnik erschien folgender Kurzbericht in der Tagespresse:[239]

[239] Dokument 10-27: Zeitungsausschnitt 1943, Potsdam.

„25 Jahre industrielle Psychotechnik mit Prof. Dr. Moede

Der bekannte Potsdamer Wissenschaftler Prof. Dr. W. Moede kann in diesen Tagen auf eine 25-jährige Tätigkeit als Leiter des Instituts für industrielle Psychotechnik und Arbeitstechnik an der Technischen Hochschule Berlin zurückblicken.

Im Herbst 1918 wurde vom Verein Deutscher Werkzeugmaschinenfabriken, im Einvernehmen mit dem Verein Deutscher Ingenieure und dem Preußischen Kultusministerium, diese Einrichtung ins Leben gerufen. Wenige Wochen später wurde ihre Leitung Prof. Dr. Moede übergeben, der das Institut aus den kleinsten Anfängen zur Weltgeltung führte. Er ist der Schöpfer und Gründer der deutschen praktischen Psychologie in Betrieb und Wirtschaft. Das Institut steht gegenwärtig im fruchtbaren Kriegseinsatz.

Psychotechnik ist angewandte Psychologie in Industrie, Handel, Verkehr und Verwaltung. Somit wurde erstmalig im Lehrplan einer Technischen Hochschule Betriebs- und Wirtschaftslehre vom Menschen aus als selbständiges Unterrichtsfach eingeführt und anerkannt.

Prof. Dr. Moede, der seinen Wohnsitz in Potsdam hat, war früher Mitarbeiter des Wundtschen Instituts für experimentelle Psychologie in Leipzig. Heute ist er u.a. als fachpsychologischer Beirat der Deutschen Reichsbahn, Obmann des Ausschusses für Arbeitstechnik der Arbeitsgemeinschaft der Betriebsingenieure im Verein Deutscher Ingenieure tätig. Außerdem lehrt der Jubilar an der Universität Berlin."

Bild 10.19: Festveranstaltung im Seekrug am Templiner See in Potsdam

Ausbombung

Die sich weiter hinziehende Kriegszeit brachte der Institutsarbeit zunehmende Belastungen, die einerseits durch die Einführung von Trimestern und Sonderveranstaltungen in der Lehre bedingt waren, andererseits aber durch kriegsbedingte Zusatzaufgaben von wissenschaftlicher Arbeit ablenkten.

Bild 10.20: Aufgang im Hauptgebäude der TH Berlin mit Widmung von Dr. Ingenohl, rechts der Lichthof

Bild 10.21: Haupteingang der Technischen Hochschule Berlin 1840 und 1945

Mit der Verhärtung des Kriegsablaufs nahm auch der Luftkrieg seinen Weg nach Berlin. Bereits bei einem der ersten großen Angriffe auf Berlin, nämlich am 22./23. November 1943, wurde die Technische Hochschule schwer beschädigt. Besonders getroffen wurde das Hauptgebäude. Das im Westflügel gelegene Moede Institut brannte aus und war nahezu vollständig zerstört. Erst vier Wochen vorher hatte Walther Moede zusammen mit seinen Kollegen, Freunden und Mitarbeitern das 25jährige Institutsjubiläum gefeiert. Dr. Ingenohl hatte Walther Moede aus diesem Anlass künstlerische Fotoaufnahmen des prachtvoll gestalteten Hauptgebäudes der TH Charlottenburg geschenkt (Bild 10-20). Vier Wochen später war das Moede Institut für industrielle Psychotechnik nicht mehr vorhanden. Die Zerstörung war mehr als nur ein Verlust von materiellen Einrichtungen. Sie war der Anfang vom Ende einer 25jährigen Aufbauleistung. Walther Moede verlagerte seine Institutsarbeit nach der „Ausbombung“ in seine Privatwohnung in Charlottenburg, Knesebeckstraße 96.

11 Nachkriegsphase (1945-1958)

Zusammenbruch und Kriegsende

Am 16. April 1945 begann die sowjetische Großoffensive an der Oder. Gleichzeitig fand ein schwerer nächtlicher Luftangriff auf Berlin statt. Die Stadt brannte, war schwer getroffen. Hitler hatte sich entschlossen, in Berlin zu bleiben. Aus seinem Schutzbunker ergingen seine Befehle zum Widerstand gegen das unaufhaltsame Eindringen der Roten Armee in den Raum Berlin. Am 20. April 1945, dem 56. Geburtstag Hitlers, war die Stadt unmittelbar bedroht.

Die Technische Hochschule wurde geschlossen. Die Energieversorgung war nachhaltig gestört. Die noch verbliebenen Mitarbeiter richteten sich nach den gegebenen Verhältnissen auf einen Kampf um die Stadt ein. Jeder suchte Sicherheit, wenn er nicht zum Volkssturm oder anderen Dienstverpflichtungen gezwungen wurde.

Walther Moede zog sich auf seinen Wohnsitz nach Potsdam zurück, wo am 14. April 1945 durch einen schweren Luftangriff, die Innenstadt zerstört wurde. Weniger getroffen war aber der Stadtteil Hermannswerder, wo er in seinem Haus das Kriegsende erlebte.

Die Verbindung zwischen Berlin und Potsdam bestand noch bis zum 25. April. Die Einschließung Berlins stand kurz bevor. Der Flugplatz Gatow musste aufgegeben werden. Damit war auch die Einschließung Potsdams verbunden. Die Garnison Potsdam war unter dem befehl des Generals Reymann in verzweifelte Abwehrkämpfe verwickelt.[1]

Am 26. April hatten die Russen das Stadtzentrum Berlins erreicht. Die Armee Wenck war eine letzte Hoffnung. Sie sollte über Potsdam kommend Berlin befreien. Doch Wencks Angriff war am Schwielowsee südlich von Potsdam liegen geblieben. Der Garnison Potsdam gelang am 29./30. April der Ausbruch nach Süden zur Armee Wenck. In Berlin ging die Katastrophe ihrem Ende zu. Hitler verübte am 30. April 1945 Selbstmord. Der Stadtkommandant Weidling hatte in der Nacht vom 1. zum 2. Mai die Kapitulation Berlins erklärt. Dem Krieg um Berlin folgte die Besetzung durch die Rote Armee.

Mit dem Ende des Krieges am 8. Mai 1945 zerbrach wie für viele Menschen in Deutschland auch das Lebenswerk Walther Moedes. Seine letzte Lebensphase bis zu seinem Tod 1958 ist durch Neuorientierung seines wissenschaftlichen Wirkens und durch Ringen um Anerkennung seiner Lebensleistung gekennzeichnet. Nach seiner Entlassung aus dem Hochschuldienst im Jahr 1946 und der Einleitung eines Entnazifizierungsverfahrens bemühte sich Moede nachdrücklich um die Wiedereingliederung in die Technische Universität. Dies gelang ihm letztlich erst zu einem Zeitpunkt, als bereits seine Emeritierung bevorstand. Das Wirken Walther Moedes ist durch die besondere politische Situation Berlins nachhaltig beeinträchtigt worden. Hierüber wird im Folgenden auf der Grundlage von erhaltenen Dokumenten chronologisch berichtet.

Blockade und Teilung Berlins

Mit der Eroberung Berlins durch die Russen und der Waffenstillstandsvereinbarung am 2. Mai 1945 war der Krieg in der Stadt beendet. Die Russen begannen als Besatzungsmacht unverzüglich mit dem Aufbau einer neuen Stadtverwaltung. Bis Juli 1945, dem Eintreffen der

[1] Eberle, H.; Uhl, M.: Das Buch Hitler. Bastei-Lübbe Verlag, 2007, S. 418.

Westalliierten in Berlin, unterstand Berlin ausschließlich dem sowjetischen Stadtkommandanten. Dieser setzte zunächst Bezirksverwaltungen ein, um dem drohenden Chaos entgegen zu wirken. Dann ernannte er am 17. Mai 1945 einen Magistrat, der bis zu den ersten Nachkriegswahlen am 20. Oktober 1946 im Amt blieb. Entsprechend den Vereinbarungen der Alliierten sollte Berlin jedoch eine Vier-Mächte-Verwaltung erhalten, da die Stadt gegenüber den einzelnen Besatzungszonen einen besonderen Status bekommen hatte. Der beginnende Kalte Krieg ließ die Zusammenarbeit des gebildeten Kontrollrates jedoch immer schwieriger werden. Die allein von den Westalliierten durchgeführte Währungsreform führte dann zu der Berliner Blockade vom 23. Juni 1948 bis zum 12. Mai 1949.

Bild 11.01: Besatzungszonen Berlins

Berlin wurde von den westlichen Landverbindungen abgeriegelt. General Clay gab dem Erpressungsversuch nicht nach. Wenige Tage danach begann die Versorgungsaktion durch amerikanische Militärflugzeuge und damit die so genannte „Luftbrücke“ der Alliierten zur Aufrechterhaltung der Lebensfähigkeit Berlins. Das Gelingen einer solchen Luftoperation zur Versorgung von 2 Millionen Menschen hatten viele Politiker nicht für möglich gehalten, am wenigstens die Sowjets selbst.

Wichtig war es, die Standhaftigkeit und das Vertrauen der Berliner Bevölkerung zu erhalten. Eine gewisse Verbitterung war erkennbar. Im Osten stieg der Propagandadruck der politisch einseitig orientierten Medien. Die täglichen Belastungen waren hoch: Stromausfälle, Verkehrsprobleme, der „Schwarze Markt“ zweier Währungen und die Sorge um die tägliche Haushaltsversorgung, auch die Sorge um den Arbeitsplatz.

Neben den politischen Auseinandersetzungen der Alliierten nahm auch der Streit unter den deutschen Politikern zu. Schließlich verließen die Kommunisten der SED den Magistrat und errichteten am 1. Dezember 1948 eine eigene Stadtverwaltung, die allerdings faktisch nur für den sowjetischen Ostteil der Stadt zuständig war. Mit der Gründung der beiden deutschen Staaten im Mai 1949 war damit auch die administrative Teilung der Stadt erfolgt.[2]

---

[2] Vgl. Brandt, Peter: Wiederaufbau und Reform – Die Technische Universität Berlin 1945-1950. In: Wissenschaft und Gesellschaft, Beiträge zur Geschichte der Technischen Universität Berlin 1879-1979, Festschrift zum Hundertjährigen Gründungsjubiläum der Technischen Universität Berlin, hrsg. vom Präsidenten der Technischen Universität Berlin, Springer-Verlag, Berlin 1979, S. 496.

Durch die Verlegung seines ersten Wohnsitzes von Berlin-Schöneberg, Luitpoldstraße 24 nach Potsdam, Tornowstraße 24 war Walther Moede hier seit 1936 polizeilich gemeldet. Dies hatte zur Folge, dass er 1945 wohnrechtlich zum sowjetisch besetzten Teil Deutschlands gehörte. In diesem Sinne war Walther Moede bis zu seinem offiziellen Wechsel des Wohnsitzes im Jahre 1956 kein Bürger der Stadt Berlin und damit auch nicht Besitzer eines Westberliner Personalausweises. Nach der Teilung Deutschlands im Jahre 1949 war Walther Moede somit „Staatsbürger der DDR“, allerdings seit 1936 mit einem 2. Wohnsitz in Berlin-Charlottenburg, Knesebeckstraße 96. Die Verkehrsbindungen zwischen Potsdam und Berlin waren bis zum Mauerbau 1961 zwar zunehmend überwacht, aber zu Lebzeiten Walther Moedes noch relativ gut möglich.

Technische Hochschule Berlin 1945 [3]

Etwas mehr als die Hälfte des der Technischen Hochschule Berlin zur Verfügung stehenden Komplexes von Lehrgebäuden und Instituten aller Art war durch Kriegseinwirkungen, vor allem durch den verheerenden Luftangriff vom 22./23. November 1943, verloren gegangen. Nach Kriegsende hatten dann Plünderungen und die systematische Demontage aller noch erhaltenen wertvollen Einrichtungen auf dem engeren Hochschulgelände, ebenso wie in den außerhalb gelegenen Instituten, den Schaden noch erheblich vergrößert. Es gehörte viel Optimismus dazu, als Professoren, Assistenten, andere Dienstkräfte und Studierende schon kurz nach der Kapitulation bei erbärmlicher Ernährung mit den mühseligen Aufräumungsarbeiten begannen.[4]

Im Mai 1945 war noch nicht abzusehen, ob und wann die Technische Hochschule wieder eröffnet werden würde. Daher galt es zunächst die Existenz einer Technischen Hochschule überhaupt zu sichern, wobei der von dem sowjetischen Stadtkommandanten eingerichtete Magistrat die Voraussetzungen mit der am 2. Juni 1945 erfolgten Einsetzung eines Ausschusses für Hochschulfragen dafür schuf, dessen Vorsitz Prof. Gustav Hertz übernahm. Weiterhin gehörten Georg Schnadel, Walter Kucharski, Georg Garbotz, Max Volmer, Emil Rüster, Aloys Timpe, Helmut Stark und Rudolf Wille zu den Männern der ersten Stunde. Ihre Sorge galt nicht allein der Erhaltung der Bausubstanz der TH, sondern von Anfang an beschäftigten sie sich vor allem mit der Frage, wer künftig als Wissenschaftler für die Lehrtätigkeit an der Hochschule geeignet sei.[5] Nach dem Weggang von Prof. Hertz übernahm Prof. Schnadel und, als dieser im November einem Ruf nach Hamburg folgte, Prof. Kucharski den Vorsitz des „Arbeitsausschusses“. Wie Schnadel fungierte Kucharski zuerst nur als kommissarischer, von der englischen Besatzungsmacht bestellter Rektor.

Die bauliche Erneuerung erforderte einen immensen finanziellen Aufwand, den das Gemeinwesen unmittelbar nach dem Krieg aufzubringen nicht in der Lage war. Dringend notwendig war der Neuaufbau des Lehrkörpers. Hierbei waren die erst nach und nach festgelegten Vorgaben der Besatzungsmächte zu beachten.[6]

Der am 2. Juni 1945 eingesetzte Ausschuss hatte die Aufgabe, die Hochschullehrer zu überprüfen und den Wiederbeginn des Unterrichts in die Wege zu leiten. In seiner konstituierenden Sitzung beschloss der Ausschuss, dass die Technische Hochschule in Berlin Ende

---

3 Vgl. Spur, G: Vom Faustkeil zum digitalen Produkt. Carl Hanser Verlag, München, Wien 2004, S. 346 f.

4 Herrmann, A.: Technische Universität Berlin-Charlottenburg. Länderdienst-Verlag, Brilon 1954.

5 Eben, H.: 30 Jahre Technische Universität Berlin. Information, Techn. Universität Berlin 7 (1976), Heft 5.

6 Vgl. Brandt, P., S. 495.

April 1945 aufgehört hatte, zu bestehen. Auf Grund der Erlasse des Magistrats vom 31. Mai und 8. Juni 1945 galten alle Dienstverhältnisse und die daraus resultierenden Ansprüche mit dem Einmarsch der sowjetischen Truppen als erloschen und sämtliche öffentlichen Beschäftigten wurden Verwaltungsangestellte.[7] Somit stellte der Hochschulausschuss zuerst fest, dass auch sämtliche Dienstverhältnisse mit der Technischen Hochschule erloschen seien. Die Hochschullehrer wurden, soweit sie nicht auf Grund von Entnazifizierungsverfahren oder anderen Gründen ausscheiden mussten, lediglich kommissarisch vom Magistrat als Verwaltungsangestellte weiterbeschäftigt. Die Wiedereröffnung der Technischen Hochschule war daher rechtlich von Beginn an als eine Neueröffnung gedacht.

Nach Übernahme der Kontrolle des Hochschulgeländes durch die britische Militärverwaltung hielten diese sich zunächst zurück, da sie die Frage der Wiederaufnahme des Hochschulbetriebs als eine Zuständigkeit des Magistrats und der Vier-Mächte-Verwaltung ansah. Weil die sowjetische Vertretung im Kontrollrat eine Magistratsverwaltung der Hochschule unter alliierter Kontrolle ablehnte, entschloss sich die britische Militärverwaltung den Aufbau der Hochschule allein voranzutreiben. Es wurde auf ihre Anordnung vom Arbeitsausschuss zur Wiedereröffnung der Hochschule ein Lehrplan erarbeitet. Nach Überprüfung und Genehmigung der britischen Behörden wurde am 14. Dezember 1945 die Eröffnung der Universität zum Sommersemester 1946 angekündigt. Studenten wurden zur Bewerbung aufgefordert.

Mit Billigung des British Education Department, des Magistrats von Berlin und durch Beschluss des nunmehr „Senat" genannten ehemaligen „Arbeitsausschusses" vom 12. Dezember 1945 war die Eröffnung der Technischen Hochschule zum 15. März 1946 vorgesehen. Die Lehrpläne mussten den britischen Behörden vorgelegt werden. Aus dem eingereichten Lehrplan für das Sommersemester 1946 wurden drei Lehrveranstaltungen untersagt, da sie möglicherweise flugtechnisch wichtiges Wissen verbreiten würden. Am 29. März 1946, also 14 Tage nach dem ursprünglich geplanten Eröffnungstermin, wusste Rektor Kucharski nunmehr endgültig, dass am 9. April 1946 die Technische Universität Berlin-Charlottenburg feierlich eröffnet würde.[8]

Lehrstuhl und Versuchsfeld für Betriebswissenschaft und Werkzeugmaschinen 1945/46

Von der Gesamtnutzfläche des Lehrstuhls und Versuchsfeldes für Betriebswissenschaft und Werkzeugmaschinen, die sich 1939 auf 1112 m^2 belief, standen nur noch 235 m^2 zur Verfügung. Die Lehrstuhlräume im Hauptgebäude waren ausgebrannt. Die Halle 1, in der Schlesinger das erste Versuchsfeld aufgebaut hatte, war abgedeckt und der Kran demontiert worden. Auch die sich im Physikgebäude befindliche Halle 3 konnte wegen des hohen Grundwasserstandes nicht benutzt werden. Zur Verfügung stand nur die Halle 2 mit den darüber liegenden Büroräumen.[9]

Als Verwalter des Lehrstuhls wurde Dr.-Ing. Werner Reuthe von August bis Dezember 1945 eingesetzt. Reuthe erlangte 1944 bei Cornelius, dem Ordinarius für Maschinenelemente

---

7 Vgl. Brandt, P., S. 498-499.

8 Vgl. Eben, H.: 30 Jahre Technische Universität Berlin. Information, Techn. Universität Berlin 7 (1976), Heft 5.

9 Spur, G.: Fünfjahresbericht des Instituts für Werkzeugmaschinen der Technischen Universität Berlin 1966-1970, S. 70-72; Spur, G.: Produktionstechnik im Wandel. Carl Hanser Verlag, München 1979, S. 383-386; sowie Spur, G: Vom Faustkeil zum digitalen Produkt. Carl Hanser Verlag, München, Wien 2004, S. 348 f.

den Grad eines Doktor-Ingenieurs mit der Arbeit „Untersuchung von Kreuzgelenken auf ihre Bewegungsverhältnisse, Belastungsgrenzen und Reibungsverluste“. Im Jahr 1910 in Berlin geboren war Reuthe nach seinem Studium an der TH Berlin von 1929 bis 1934 zunächst bei Billeter & Klunz in Aschersleben, dann zwei Jahre als Assistent bei Professor Behrens an der TH Danzig und anschließend bei der Firma Fritz Werner in Berlin tätig gewesen.

Im Zuge der Verlagerung des Instituts im März 1945 nach Aerzen bei Hameln waren die wichtigsten Werkzeugmaschinen und Messeinrichtungen verladen worden. Die Eisenbahnwaggons rollten zwar noch aus Berlin heraus, kamen aber niemals in Aerzen an.

Wie der in Charlottenburg verbliebene Oberingenieur Dr.-Ing. Wolfram feststellen konnte, war der Transport auf dem Verschiebebahnhof Nauen hängen geblieben. Nachdem keine Verbindung zum Westen mehr bestand, wurden die Waggons entladen und die Maschinen der Spandauer Industrie zur Verfügung gestellt. Der im Versuchsfeld verbliebene Rest an Geräten und Maschinen wurde teilweise ein Opfer der Wirren in der ersten Nachkriegszeit.

Die nach Aerzen verlagerte Lehrstuhlgruppe um Kienzle blieb auch noch nach Kriegsschluss dort beisammen, da die Rückkehr nach Berlin versperrt war. Es wurden einige Forschungsarbeiten weitergeführt, so die Untersuchung von Lehnert über elastische Verformungen von Fräsern. Kienzle schrieb sein Buch über Normungszahlen. An jedem Donnerstag fand ein wissenschaftliches Seminar statt. Auf Umwegen kam schließlich auch der Oberingenieur des Versuchsfeldes, Dr.-Ing. Wolfram, nach Aerzen.

Bild 11.02: Lehrstuhl und Versuchsfeld für Betriebswissenschaft und Werkzeugmaschinen (Aufnahme 1978)

Die Aufgabe der noch am Lehrstuhl in Berlin verbliebenen Mitarbeiter bestand zunächst in Aufräumungsarbeiten und der notdürftigen Einrichtung des Lehrstuhls in den Räumen des alten Schlesingerschen Versuchsfelds. Anfang 1946 wurde Professor Riebensahm mit der kommissarischen Leitung des Lehrstuhls beauftragt.

Neben Dr. Reuthe war der frühere Kienzle-Assistent Müller noch am Lehrstuhl tätig. Außerdem wird Professor Kurt Stiller im SS 1945 und im WS 1945/46 als Lehrbeauftragter noch im Vorlesungsverzeichnis der TH Berlin geführt, der bereits seit 1931 einen Lehrauftrag hatte und 1936 zum Honorarprofessor ernannt worden war.

Mit Unterstützung der Industrie konnten einige Maschinen überholt und erste neue Maschinen und Messeinrichtungen beschafft werden. Für die anfallenden Arbeiten in der Werkstatt standen der Meister Kopplin und der Mechaniker Krause zur Verfügung. Kopplin wurde noch unter Schlesinger im Jahre 1927 als Meister eingestellt. Er war auch unter Kienzle tätig und ging bei der

Verlagerung des Versuchsfelds mit nach Aerzen, kehrte aber noch 1945 zurück nach Berlin. Nach dreißigjähriger Institutszugehörigkeit schied er 1957 aus den Diensten der TU aus. Der Mechaniker Krause war schon seit 1926 unter Schlesinger tätig und blieb bis 1964 am Versuchsfeld.

Günter Rühl, vom Wintersemester 1943/44 bis Wintersemester 1944/45 und wieder ab April 1946 Assistent, war seit November 1946 als Oberingenieur am nun umbenannten Lehrstuhl und Versuchsfeld für Fertigungstechnik mit dem angeschlossenen Institut für industrielle Psychotechnik tätig. Der Assistent Müller war schon seit Wintersemester 1943/44 am Lehrstuhl beschäftigt. Er schied Ende des laufenden Sommersemesters 1946 aus. Rühl blieb in verschiedenen Funktionen bis 1954.

Da Kienzle weiterhin in Aerzen verblieb, stellte sich die Frage nach der Neubesetzung des Lehrstuhls. Außerdem war unklar, ob Schlesinger zurückkehren würde und mit ihm die nach 1933 vertriebenen habilitierten Oberingenieure Kurrein, Brasch und Kronenberg. Der mit der Verwaltung des Lehrstuhls Beauftragte, Prof. Riebensahm, schlug eine Aufteilung des Fachgebiets Betriebswissenschaft vor, und zwar in die Teilgebiete Werkzeugmaschinen, Fertigungstechnik, Messtechnik und Psychotechnik. Letztlich kam es hierzu nicht. Die Fachgebiete wurden schrittweise zu einem Lehrstuhl zusammengefasst.

Ab Mai 1946 leitete Karl P. Matthes zunächst als außerordentlicher Professor und ab Dezember 1946 als ordentlicher Professor den Lehrstuhl für Fertigungstechnik und Werkzeugmaschinen. Diesem Lehrstuhl wurden das Versuchsfeld für Werkzeugmaschinen und das Institut für Psychotechnik durch Fakultätsbeschluss angeschlossen. Im Folgenden ist die Entwicklung der Verwaltung des Lehrstuhls für Betriebswissenschaft und Werkzeugmaschinen in der frühen Nachkriegsphase dargestellt.

Lehrstuhlinhaber, Lehrstuhlverwalter, Lehrbeauftragte:

Kienzle	o. Professor	Oktober 1934 – Mai 1945
Reuthe	Verwalter	August 1945 – Dezember 1945
Riebensahm	Verwalter	Januar 1946 – April 1946
Matthes	Lehrauftrag/ ao. Professor	Mai 1946 – Dezember 1946
Matthes	o. Professor	Dezember 1946 – September 1952
Augustin	Verwalter	Oktober 1952 – September 1953
Schallbroch	o. Professor	Oktober 1953 – September 1965
Stiller	Lehrauftrag	Januar 1940 – März 1946
Lehmann	Lehrauftrag	Oktober 1942 – März 1945
Leinweber	Lehrauftrag	April 1946 – September 1946
Mühlbauer	Lehrauftrag	April 1946 – September 1955

Oberingenieure und Assistenten:

Wolfram	Oberingenieur	April 1942 – April 1945
Rühl	Assistent	Oktober 1943 – März 1945
	Assistent	April 1946 – Oktober 1946
	Oberingenieur	November 1946 – September 1954
Reuthe	Assistent	August 1945 – Dezember 1945
Müller	Assistent	Oktober 1943 – September 1946
Hirschfeld	Assistent	Oktober 1946 – März 1956
Janders	Assistent	Oktober 1946 – September 1953
Rekittke	Assistent	Oktober 1946 – September 1947
Schmidt, Hans	Assistent	April 1947 – März 1951
Zwingmann	Assistent	April 1947 – September 1951
Weber	Assistent	April 1951 – September 1954
Gumlich	Assistent	Oktober 1953 – September 1958

Im Laufe des Wintersemesters 1946/47 und im Jahre 1947 wurden neben Hirschfeld (bis SS 1956) noch Schmidt (bis WS 1950/51) und Zwingmann (bis SS 1951) als Assistenten eingestellt.

Durch den weiteren Ausbau des Versuchsfelds mit Maschinen und Messgeräten konnte im Wintersemester 1946/47 erstmalig nach dem Kriege der Übungsbetrieb wieder durchgeführt werden. An den Übungen nahmen 24 Studenten teil.

Der Personalbestand erhöhte sich in diesem Semester auf 11 Mitarbeiter. Dies waren ein Oberingenieur, drei wissenschaftliche Assistenten, ein Techniker, zwei Schreibkräfte, ein Meister, ein Mechaniker und zwei Hilfsassistenten.

Durch Hinzunahme von drei Räumen im 2. Stock über der Zentralwerkstatt der TU konnte 1949 die räumliche Situation am Lehrstuhl verbessert werden. Diese Räume wurden nun vom Institut für Psychotechnik benutzt. Die gesamte Nutzfläche mit Werkstatt und Büroräumen des Lehrstuhls vergrößerte sich damit um $91 m^2$ und betrug jetzt $326 m^2$.

Lehrstuhl und Institut für industrielle Psychotechnik 1945/46

Seit 1943 durch Bombenangriffe zerstört, konnten die Räume des Instituts für industrielle Psychotechnik, die sich im Hauptgebäude der Technischen Hochschule befanden, nicht mehr genutzt werden. Die Institutsarbeit, einschließlich Vorlesungs- und Übungsbetrieb, hatte der Institutsdirektor Prof. Dr. Walther Moede seit November 1943 in seiner Charlottenburger Wohnung Knesebeckstraße 96 fortgeführt. Das Laboratorium für industrielle Psychotechnik und mit ihm ein umfangreicher Teil wertvoller wissenschaftlicher Instrumente, Apparate und Materialien sowie die Bücherei und Lichtbildsammlung standen auf Grund der Zerstörungen nicht mehr zur Verfügung. Hinzu kamen nach Kriegsende Plünderungen und die systematische Demontage der noch erhaltenen Einrichtungen auf dem Hochschulgelände.

Auf Grund der Kriegslage in Berlin war der Institutsbetrieb in der Knesebeckstraße 96 Mitte April eingestellt worden. Die letzten Mitarbeiter Moedes waren der Assistent Dr. Gerhard Dressel und die Sekretärin Vera Rohde. Walther Moede hatte sich nach Schließung der Technischen Hochschule nach Potsdam in sein Haus auf Hermannswerder, Tornowstr. 24 zurückgezogen. Hier erlebte er die Besetzung durch die Rote Armee. Neben der Einquartierung eines russischen Offiziers musste er wie andere Bewohner auch zunächst Arbeitsdienst zum Wiederaufbau leisten. Walther Moede verrichtete die ihm zugewiesenen Aufbauarbeiten in den Monaten Mai und Juni 1945 in den Städtischen Wasserwerken Potsdam.[10]

Sofort nach Wiederherstellung der Verkehrsverbindungen nahm Walther Moede Ende Mai 1945 seine Tätigkeit an der Technischen Hochschule wieder auf. Er organisierte zunächst die Aufbereitung eines behelfsmäßigen Institutsbetriebs in der Knesebeckstraße 96. Hierbei wurde er von seiner Sekretärin Vera Rohde tatkräftig unterstützt.[11] Die Wiederaufnahme des

---

[10] Dokument 11-18: Bescheinigung vom 23.2.1946, städt. Wasserwerke Potsdam.

[11] Dokument 11-02: Schreiben von Vera Rohde an Prof. Moede vom 21.5.1945.

Sehr verehrter Herr Professor!
Gerade las ich in der Zeitung, daß die Post ab morgen wieder in Gang gesetzt wird, und ich möchte es daher nicht versäumen, mich unverzüglich nach Ihrem Wohlergehen zu erkundigen. Ich hoffe sehr, daß Sie, sehr verehrter Herr Professor, Fräulein Winkler, Frau Professor Schorn, Frau Meyfarth und alle anderen Bekannten, die Kämpfe gut überstanden haben und auch gesundheitlich auf der Höhe sind. Wir haben ab 21. April keine Nachrichten mehr über die Kampfhandlungen um und in Berlin gehört. Ich habe gewünscht, daß Sie so glimpflich davon gekommen sind wie wir. Bei uns ging der Einmarsch der Roten Armee kurz und

Lehrbetriebs war im SS 1945 noch nicht möglich. Allerdings verdichteten sich in kurzer Zeit viele Kontakte mit Assistenten und Studenten aus der Kriegszeit, geprägt von Fragen nach der zukünftigen Entwicklung der Technischen Hochschule und auch nach den Aussichten einer beruflichen Zukunft im Bereich der Angewandten Psychologie.

Die Stimmung unter den Hochschulangehörigen war von Unsicherheit, aber auch von Hoffnung geprägt. Eine zentrale und entscheidende Rolle spielten die Maßnahmen des am 2. Juni 1945 eingesetzten Arbeitsausschusses zur Neuorientierung der Technischen Hochschule.

Bild 11.03: Walther Moede (1946)

Durch Erlasse des Magistrats vom 31. Mai und 8. Juni 1945 galten alle Dienstverhältnisse mit dem Staat als erloschen. Eine Weiterbeschäftigung an der TH Berlin war damit nur vorläufiger Art.

Bereits Ende Mai 1945 hatte Walther Moede seine Beratungstätigkeit als Fachpsychologe der Eignungstechnischen Versuchsanstalt der Deutschen Reichsbahn beim Reichsbahn-Zentralamt wieder aufgenommen.[12]

Unabhängig von der allgemeinen Unsicherheit über die Weiterführung der Technischen Hochschule Berlin wandte sich Walther Moede zu Beginn des WS 1945/46 an die Fakultät für

schnell vonstatten, denn es wurden sofort auf dem Bunker und auf den anderen Häusern weiße Flaggen gehißt. Wir bekamen nur noch ein paar Granattreffer von der eigenen Artillerie auf unseren Ort, die uns nicht weiter erschütterten.

Sowie irgendeine Verkehrsmöglichkeit besteht, werde ich mir erlauben, Sie in Potsdam aufzusuchen. Zum Laufen ist es halt doch ein bißchen weit und außerdem gefährlich für ein junges Mädchen.

Von einigen Berlinern hörte ich, daß in Charlottenburg sehr gekämpft worden sei. Hoffentlich steht das Institut noch.

Haben Sie sich, sehr verehrter Herr Professor, schon irgendwie beruflich in Ihrem Fach betätigen können? Ich bin überzeugt davon, daß gerade verdiente Gelehrte wieder in vollem Umfang ihrer Forschung nachgehen können. Wirkt sich doch die Anerkennung Ihrer Verdienste selbst in der Lebensmittelration aus.

Straßenweise werden bei uns die Frauen zum Reinemachen in den Lazaretten herangezogen. Außer dieser zeitweisen Tätigkeit übe ich im Augenblick keinen Beruf aus und warte sehnlichst darauf, wieder bei Ihnen arbeiten zu können.

Ich wäre Ihnen, sehr verehrter Herr Professor, für die Mühe, mir einige Zeilen zukommen zu lassen, sehr zu Dank verbunden. Haben Sie irgendwelche Nachrichten von Herrn Dr. Dressel?

Indem ich hoffe, dass Sie über all die Wirren und Unruhen gut hinweggekommen sind, verbleibe ich
Ihre sehr ergebene Vera Rohde.

12 Dokument 11-04: Bescheinigung der Eignungstechnischen Versuchsanstalt der Deutschen Reichsbahn beim Reichsbahn-Zentralamt für Sozial- und Personalwesen; Potsdam, Am Neuen Palais Nr. 1 vom 15. Juni 1945.

Maschinenwesen mit Anträgen und Vorschlägen zur Wiederaufnahme seiner Lehrtätigkeit. Nach Beratung in der Fakultät teilte der Kommissarische Dekan, Prof. Horn, mit einem Schreiben vom 29. Oktober 1945 die für Professor Moede vorgesehene Lehrtätigkeit nach Art und Umfang mit:[13]

> Herrn
> Prof. Moede
>
> im Hause
>
> Nachdem sich die Fakultät mit der Frage über Art und Umfang Ihrer Lehrtätigkeit erneut beschäftigt hat, bestätige ich Ihnen hiermit die Ihnen bereits erteilten Auskünfte wie folgt:
>
> 1. Sie üben Ihre Lehrtätigkeit in Zukunft im Rahmen eines bezahlten Lehrauftrages aus, für den etwa die Hälfte der Mittel wie für einen ao. Lehrstuhl einschließlich Institut zur Verfügung stehen werden.
> 2. Sie verlegen das Schwergewicht Ihrer Tätigkeit auf das Gebiet Arbeitstechnik und behalten Ihre bisherige 2stündige Vorlesung und Uebung für dieses Gebiet bei, außerdem richten Sie dafür ein Praktikum ein.
> 3. Die Frage Ihrer weiteren Lehrtätigkeit über Psychotechnik wird noch mit der Fakultät für Allgemeine Wissenschaften besprochen werden.

Aus diesem Schreiben geht eine Verlegung des Lehrgebiets auf die Arbeitstechnik hervor. Andere Lehrgebiete der Psychotechnik bleiben offen, insbesondere die Eignungsprüfung. Der Hinweis auf die Fakultät für Allgemeine Wissenschaften macht deutlich, dass auch organisatorische Annäherung nach dort in Betracht gezogen wurde.

Bemerkenswert ist, dass schon ab August 1945 in dem von Moede geführten Gästebuch eine beachtliche Anzahl Besucher aus dem Ausland ausgewiesen ist, darunter auffallend viele US-amerikanische Wissenschaftler aus dem Bereich der praktischen Psychologie. Von historischer Bedeutung ist der Besuch von Professor Meyenberg, jetzt aus London, früher Mitarbeiter bei Georg Schlesinger und dann Professor für Betriebswissenschaft an der TH Braunschweig bis 1933. Von ihm erfuhr Moede die Anschrift Georg Schlesingers und sicherlich auch die Geschichte seiner Emigration nach England. Noch immer war die Frage offen, ob Schlesinger den Weg zurück nach Berlin suchen würde.

Der Sommer 1945 war in Berlin durch die Maßnahmen der Besatzungsmächte bestimmt.[14] Am 17. Mai 1945 nahm der erste Magistrat der Stadt Berlin seine Arbeit auf. Schon vier Wochen später wurde die Gründung von Parteien genehmigt. Die KPD, die SPD, die CDU und die LPD entfalteten ihre politische Tätigkeit. Am 4. Juli 1945 rückten amerikanische und britische Truppen, am 12. August 1945 auch französische Truppen in die ihnen zugewiesenen Sektoren Berlins ein. Die erste Sitzung der Alliierten Kommandantur fand am 11. Juli 1945 statt. Die vier Siegermächte begannen, wie vereinbart, die Besatzungsgewalt in Berlin gemeinsam auszuüben. Der Befehl Nr. 1 der Alliierten Kommandantur der Stadt Berlin vom 11. Juli 1945 lautete (Auszug):

> „Die interalliierte Militärkommandantur hat die Kontrolle über die Verwaltung der Stadt Berlin am 11. Juli 1945 übernommen. [...] Alle früher vom Chef der Garnison und Militärkommandantur der Roten Armee der Stadt Berlin und von den unter alliierten Kontrolle stehenden deutschen Behörden ausgegebenen Befehle und Anordnungen, die die Ordnung und Haltung der Bevölkerung der Stadt Berlin regulieren, sowie die Verantwortung der Bevölkerung für die Verletzung der Befehle und Anordnungen und für gesetzwidrige Handlungen gegen die alliierten Okupationstruppen betreffend, bleiben bis auf besondere Verfügung in Kraft."

---

[13] Dokument 11-10: Schreiben von Prof. Horn, Komm. Dekan der Fakultät für Maschinenwesen, vom 29. Oktober 1945.

[14] Informationszentrum Berlin. Herausgegeben vom Presse- und Informationsamt des Landes Berlin 1984/87.

Mit Spannung wurde die Potsdamer Konferenz erwartet, die vom 17. Juli bis zum 2. August 1945 stattfand. Die Staatschefs der USA, Großbritanniens und der Sowjetunion beschlossen die völlige Abrüstung und Entmilitarisierung Deutschlands, die Dezentralisierung der politischen Ordnung und den Aufbau einer örtlichen Selbstverwaltung nach demokratischen Grundsätzen. Die Einheit Deutschlands und die Rolle Berlins als seiner Hauptstadt wurden nicht in Frage gestellt. Das gemeinsame Ziel war die Beseitigung des Nationalsozialismus.

Ausgliederung Walther Moedes

Professor Moede war im SS 1945 weiterhin Mitglied der noch bestehenden Technischen Hochschule. Am 26. September 1945 bestätigte die Hochschulverwaltung Moede, dass er dort als außerordentlicher Professor bei einer täglichen Arbeitszeit von 8 Stunden vollbeschäftigt sei.[15] Die ihm zustehenden monatlichen Bezüge wurden vorschussweise für die Monate Juli bis November 1945 ausgezahlt. Wie bereits beschrieben, teilte der Dekan der Fakultät für Maschinenwesen Moede am 29. Oktober 1945 mit, sein Arbeitsgebiet konzentriere sich zunächst auf das Feld der Arbeitstechnik und er könne dazu seine zweistündige Vorlesung wie bisher weiterführen.[16]

Der Arbeitsausschuss für Hochschulfragen der TH Berlin hatte jedoch bereits am 2. Juni 1945 einen Sonderausschuss zur Eignung der Hochschullehrer eingesetzt. Schon am 21. Juni 1945 übergab der kommissarische Rektor Kucharski dem sowjetischen Verbindungsoffizier eine Liste mit 22 Hochschullehrern, die aus politischen oder anderen Gründen nach Ansicht des Ausschusses nicht weiterbeschäftigt werden sollten.[17] Bis Herbst 1945 wurden 37 aktive oder langjährige NSDAP-Mitglieder ausgeschieden. Auf Grund eines Befehls der britischen Militärregierung vom 24. November 1945, basierend auf den alliierten Richtlinien, dass alle ehemaligen Parteigenossen aus den öffentlichen und halböffentlichen Ämtern zu entfernen seien, mussten dann auch alle noch verbliebenen Lehrpersonen der Hochschule, die der NSDAP angehört hatten, entlassen werden. Daraufhin erhielten weitere 29, darunter auch Walther Moede und Werner Reuthe (Verwalter des Kienzle-Lehrstuhls) die Entlassung.

Moede hatte sich zunächst gegenüber der Hochschulverwaltung zu verantworten gehabt. Nach einem Gespräch mit dem Rektorat am 7. Dezember 1945 erfolgte dazu eine kurze schriftliche Eingabe. Er verwies darin auf eine im Jahr 1935 erfolgte Kündigung seiner Professur durch die „Nazis“ und seine nachfolgende Eingliederung in die NSDAP durch den damaligen Rektor von Arnim sowie auf seinen Parteiausschluss im Jahr 1943. Seine Eingliederung in die NSDAP sei durch von Arnim ohne sein Wissen und Wollen erfolgt.[18] Dem Rektorat der Hochschule reichte diese kurze Eingabe allerdings nicht aus. Es stellte Moede anheim, seine Angaben durch entsprechende Unterlagen und Nachweise zu belegen. Dabei ging das Rektorat der TH auch auf die Vorgänge in dem Jahr 1935 ein, denn damals hatte es Bestrebungen innerhalb der TH gegeben, die Professur Moedes zu schließen und ihm zu kündigen.

---

15 Dokument 11-06: Schreiben der TH Berlin vom 26. September 1945.

16 Vgl. Dokument 11-10: Schreiben der Fakultät für Maschinenwesen vom 29. Oktober 1945.

17 Vgl. Brandt, a.a.O. S. 505. Auch: Protokolle des Arbeitsausschusses für Hochschulfragen, Universitätsarchiv der TU Berlin.

18 Dokument 11-15: Erklärung Moedes gegenüber der Technischen Hochschule vom 11. Januar 1946, gerichtet an den Komm. Rektor Kucharski.

Moede habe sich dagegen gewehrt und dabei die Unterstützung des damaligen Gaudozentenbundführers, des Parteigenossen Willing erhalten. Letztlich sei ihm daher nicht gekündigt worden, sondern seine, bis dahin nichtbeamtete Professur sei 1940 in eine beamtete umgewandelt worden. Die Hochschule vermute daher einen Zusammenhang zwischen dem Parteieintritt Moedes und seiner Verbeamtung. Seine Angaben hinsichtlich des Parteiausschlusses 1943 werden mangels Nachweisen in Frage gestellt.[19]

Moede nahm die Vorhaltungen durch die Technische Hochschule jedoch nicht widerspruchslos hin. Er stellte sich der Darstellung der Vorgänge durch die Hochschulverwaltung entgegen und antwortete in einem umfangreichen Schreiben vom 11. Januar 1946. Darin legte er seinen beruflichen Werdegang dar und ging dann konkret auf die Vorgänge in den Jahren 1935 bis 1943 ein. Nach seinen Angaben wurde ihm durch den damaligen Leiter der Dozentenschaft Willing mit rückwirkender Wirkung von sechs Monaten gekündigt, weil er politisch missliebig gewesen sei. Er habe unter anderem als „Judengenosse" gegolten, weil er bei Professor Schlesinger habilitiert hatte und mit einer Reihe von jüdischen Assistenten bekannt war (Kurrein, Brasch, Ledermann, Kronenberg). Auch seien ihm seine fachlichen Tätigkeiten für die Sowjetunion, insbesondere die fehlende Distanzierung zu dieser auf seinem Fachgebiet vorgeworfen worden.

Trotz seiner durch von Arnim erfolgten Eingliederung in die NSDAP sei die Kündigung keineswegs zurückgenommen worden. Erst auf das nachdrückliche Betreiben der Fakultät wurde davon Abstand genommen und schließlich 1940 die hauptamtliche Dozentur in ein planmäßiges Extraordinariat umgewandelt, welches er dann 1940 erhalten habe. Ob ihm der Gaudozentenbundführer Willing geholfen habe oder nicht, entziehe sich seiner Kenntnis. Nach seiner Einschätzung war dies jedoch nicht der Fall, hat doch der Dozentenbund die weitere Besetzung seiner Stelle durch ihn mehrfach abgelehnt. Willing habe sich lediglich für den Erhalt der Stelle, nicht aber für seine Person eingesetzt. Seine Parteieingliederung habe ihm daher nur die Belassung in seinem Amt gebracht. Er habe letztlich dadurch die Besetzung der Stelle durch einen Gesinnungsnazi verhindert.[20]

Hinsichtlich seines Parteiausschlusses verfüge er leider über keine Unterlagen mehr, da diese bei einem Bombenangriff im Jahr 1943, bei dem das Institut vollständig zerstört worden war, vernichtet worden seien. Inwieweit die Hochschule von den innerparteilichen Vorgängen in Kenntnis gesetzt worden sei, wisse er nicht. Der für seinen Parteiausschluss verantwortliche Fachreferent im Reichserziehungsministerium, Prof. Dr. Röhl, sei bei einem Bombenangriff im Jahr 1943 umgekommen.

Er fügte eine Aufstellung über die erlittenen beruflichen Beeinträchtigungen seiner Arbeit durch die NSDAP bei und verwies auf seinen Widerstand gegen die Maßregelungen der Partei. Schließlich legte er dem Schreiben zur Bestätigung seiner antifaschistischen politischen Einstellung auch verschiedene Stellungnahmen Dritter, so von Dr. H. L. Menzel, Werner Stichnote, Dipl.-Ing. Dörling und seiner Sekretärin Vera Rohde bei.[21] Diese eidesstattlichen Erklärungen sind im Anhang des Buches (siehe auch Kapitel 12 „Stellungnahmen zur politischen Einstellung Walther Moedes", S. 491-494) abgedruckt.

---

19 Dokument 11-13: Schreiben der Technischen Hochschule vom 28. Dezember 1945, Komm. Rektor Kucharski.

20 Vgl. Dokument 11-15: Schreiben Moedes vom 11. Januar 1946.

21 Dokumente 11-15 (a-f): Eidesstattliche Erklärungen von Menzel 31.10.1945, Stichnote 20.11.1945, Dörling 1.12.1945, Baganz 6.12.1945, Rohde 11.1.1946 und Marbe 8.2.1946.

Obwohl die Hochschulverwaltung noch am 25. Januar 1946 Moede eine Bescheinigung über seine dortige bestehende Tätigkeit ausgestellt hatte,[22] hielt sie an ihrer Entlassungsentscheidung fest und teilte Moede mit Schreiben vom 18. Februar 1946 mit, die Entscheidung der Technischen Hochschule sei als endgültig anzusehen. Die Hochschule betrachtete die beruflichen Beziehungen zu Prof. Moede ab Empfang dieses Einschreibens als beendet.[23]

Begründet wird diese Entscheidung im Schreiben des komm. Rektors Kucharski vom 18. Februar 1946 an den Magistrat der Stadt Berlin, Abteilung für Volksbildung, wie folgt:[24]

> „[...] Herr Moede legt die eidesstattliche Versicherung seiner Sekretärin bei, wonach Herr Moede ein Schreiben der Partei erhalten hat, lt. welchem er infolge von Differenzen mit der Partei aus dieser ausgeschlossen wird. [...] Aber auch hier könnte, ohne daß damit die Glaubwürdigkeit der in Frage kommenden Personen unmittelbar angezweifelt werden soll, die Frage entstehen, ob für eine so wichtige Entscheidung eine einzige eidesstattliche Erklärung von Seiten einer immerhin nahe stehenden Person als maßgebend anerkannt werden darf.
>
> Die endgültige Entscheidung über die Wiedereinsetzung [...] wäre danach etwas schwierig geworden, wenn man nicht noch die sonstigen Gesichtspunkte herangezogen hätte, die für die Technische Hochschule und deren Neuaufbau für diese selbst maßgebend im Vordergrund stehen mussten. [...] Es bleibt also für die heutigen Angehörigen der T.H., ganz abgesehen von allen politischen Gesichtspunkten, der unangenehme und mit der Würde einer Akademie unverträgliche Eindruck zurück, [...] den heute maßgebenden Persönlichkeiten ein nicht zutreffendes Bild über die damaligen Vorgänge zu geben.
>
> Weiterhin muß betreffend Herrn Moede festgestellt werden, daß er vor und nach 1933 ein in vieler Beziehung nicht erfreuliches Mitglied des Lehrkörpers der T.H. gewesen ist, mit dem sich ständig Schwierigkeiten in der verschiedensten Beziehung abgespielt haben. Hiernach liegt der Schluß nahe, daß auch seine etwaigen Differenzen mit der Partei weniger auf innere Gegensätze Moedes zu den besonderen Grundlagen der Partei als auf die üblichen Schwierigkeiten zurückzuführen sind, die Moede mit jeder Stelle und auch mit der T.H. ständig gehabt hat. Hierzu kommt, daß von Herrn Moede aus früherer Zeit Veröffentlichungen vorliegen, in welchen er gewisse angebliche Forschungsresultate auf dem Gebiet der Psychologie in äußerst geschmackloser und unstatthafter Weise ausnutzt; und schließlich hat man noch festgestellt, daß Herr Moede nach 1933 trotz seiner angeblichen Einstellung gegen die Partei in zumindest einer Veröffentlichung in recht charakterloser Weise die neue Staatsleitung umworben hat.
>
> Nimmt man noch hinzu, daß, auch rein fachlich gesehen, ein ausgesprochenes Bedürfnis für eine Vertretung der Psychotechnik und verwandten Gebiete bei der zweifellos äußerst eingeschränkten deutschen Industrie zumindest vorläufig nicht vorhanden sein wird, so dürften damit die Gründe für die endgültige Entscheidung bezüglich Moedes reichlich geklärt und als stichhaltig dargelegt sein. [...]
>
> Durchschlag dieses Schreibens sowie Durchschläge der Anlagen habe ich an das Education Section der Engländer zur Kenntnisnahme übersandt.
>
> Der komm. Rektor: gez. W. Kucharski

Moede hatte diese Entscheidung nicht akzeptiert, sondern bemühte sich in den folgenden Jahren nachdrücklich um die Wiedereingliederung in den Hochschulbetrieb und, nach Erreichen der Altersgrenze, um die Anerkennung seiner Pensionsberechtigung.

Am 29. Dezember 1945 erhielt Moede auch von der Friedrich-Wilhelms-Universität unter Hinweis auf die durchzuführenden Maßnahmen zur Entlassung aller ehemaligen Parteigenossen und Anwärter auf die Parteimitgliedschaft der NSDAP ein Entlassungsschreiben.[25]

---

22 Dokument 11-17: Bescheinigung der Technischen Hochschule Berlin vom 25. Januar 1946.

23 Dokument 11-19: Einschreiben der TH Berlin vom 18. Februar 1946, Unterzeichner: Komm. Rektor W. Kucharski. Ergänzung: Begründung des Rektors an den Magistrat der Stadt Berlin vom 18. Februar 1946.

24 Schreiben des komm. Rektors Kucharski vom 18. Februar 1946 an den Magistrat der Stadt Berlin: Betr. Begründung der Entlassung von Prof. Moede und Prof. Schmidt. Hier auszugsweise nur auf Moede bezogen zitiert; Universitätsarchiv der TU Berlin.

25 Dokument 11-14: Entlassungsschreiben der Friedrich-Wilhelms-Universität vom 29. Dezember 1945.

Zu seiner Entlastung musste sich Walther Moede wie alle damaligen Parteimitglieder in amtlichen und halbamtlichen Stellen einem Entnazifizierungsverfahren unterziehen. Dazu war er als ehemaliges Parteimitglied gehalten, den entsprechenden Fragebogen auszufüllen und nähere Angaben zu den Umständen seiner Parteimitgliedschaft sowie seiner politischen Verantwortung in der Zeit des Nationalsozialismus zu machen.

Zum besseren Verständnis der damaligen Umstände ist ein Blick auf die grundsätzliche Verfahrensweise der Alliierten hinsichtlich der Beschäftigung von ehemaligen Parteigenossen in der öffentlichen Verwaltung oder öffentlichen Ämtern sowie deren Entnazifizierung hilfreich.

Entnazifizierung

Zweck und Verfahren

Die Alliierten hatten bereits auf der Konferenz in Jalta im Februar 1945 als ein wesentliches Kriegsziel beschlossen, nach Kriegsende und bedingungsloser Kapitulation in Deutschland den Nationalsozialismus und Militarismus dauerhaft zu zerstören. Es galt das Ziel, ein Deutschland zu schaffen, welches vollständig vom Nationalsozialismus befreit und insbesondere nicht mehr von Nationalsozialisten bevölkert ist. Angestrebt wurden die Entfernung sämtlicher Repräsentanten des alten Regimes und aller einflussreichen Anhänger aus dem öffentlichen und halböffentlichen Dienst und die Besetzung dieser Stellen mit politisch zuverlässigen Personen.[26] Dementsprechend mussten zunächst die obersten Repräsentanten des Naziregimes verhaftet und vor Gericht gestellt werden. Darüber hinaus musste aber auch das Volk „umerzogen“ werden, denn insbesondere die Amerikaner gingen davon aus, dass das deutsche Volk eine Gesamt- oder Kollektivschuld träfe.

Beauftragt mit der Durchführung der Entnazifizierung waren die einzelnen Militärregierungen. Diese definierten und führten die politische Säuberung in der Anfangsphase uneinheitlich nach eigenem Gutdünken ohne deutsche Beteiligung qua Besatzungsrecht durch.[27] Über Art und Umfang der für die Entnazifizierung notwendigen Maßnahmen bestanden bei den Alliierten von Beginn an tief greifende Differenzen. So verfolgte die sowjetische Militäradministration (SMAD) mit der Entnazifizierung zwei Ziele, nämlich zum einen die „Ausrottung des Nazismus“ und zum anderen die strukturelle Umwälzung der Gesellschaft sowie die Durchsetzung des kommunistischen Führungsanspruchs. Die politischen Zielsetzungen der Westalliierten und der Sowjetunion waren somit äußerst verschieden. Zwar verfolgten auch die Amerikaner vornehmlich die Ausrottung des Nationalsozialismus in Deutschland, sie beabsichtigten jedoch in Deutschland eine Demokratie nach westlichem Vorbild zu errichten. Unter Druck der amerikanischen Öffentlichkeit verschärften die Amerikaner in rascher Folge die Entnazifizierungsbestimmungen, bis schließlich nach dem Militärgesetz Nr. 8 sämtliche NSDAP-Mitglieder auch aus dem gesamten Wirtschaftsbereich entlassen werden sollten.[28] Die SMAD hingegen erließ nach den ersten Maßnahmen 1945 lediglich eine allgemeine Registrierungspflicht. Es folgten keine einheitlichen Direktiven für ihr Besatzungsgebiet. Erst im

---

26 Vgl. Vollnhals, Clemens (Hrsg.): Entnazifizierung – Politische Säuberung und Rehabilitierung in den vier Besatzungszonen 1945-1949. München 1991, S. 8 f.

27 Ebd.

28 Militärgesetz Nr. 8, Anlage 1.

Dezember 1946 beschloss der SMAD die Entnazifizierung auf Grund der bereits im Januar 1946 ergangenen Kontrollratsdirektive Nr. 24 neu zu organisieren. Diese Direktive enthielt konkrete Grundsätze zur politischen Säuberung. Die Sowjets führten die politische Säuberung letztlich dann doch wesentlich konsequenter durch. In Berlin begann sie bereits mit dem Einmarsch der sowjetischen Truppen im Mai 1945. Schon Ende Mai/Anfang Juni 1945 löste der von der Sowjetunion eingesetzte Berliner Magistrat alle Beamtenverhältnisse auf. Am 30. Juni 1945 ordnete die Sowjetische Militärverwaltung die Entlassung aller ehemaligen Angehörigen der NSDAP aus der Berliner Verwaltung an und schloss zugleich für das Schulwesen und in Privatunternehmen die Beschäftigung von NSDAP-Mitgliedern in leitenden Stellungen aus. Im Juli 1945 nahm dann die Alliierte Militärkommandantur ihre Arbeit auf und verfügte zunächst, dass sämtliche Entscheidungen der Sowjets in Berlin in Kraft bleiben sollten.[29] Damit wurden auch die verfügten Entlassungen der ehemaligen Parteigenossen aus ihren Ämtern bestätigt.

Die Westalliierten betrieben die Entnazifizierung jedoch keineswegs einheitlich. Die Engländer und Franzosen richteten ihr Augenmerk vornehmlich auf die Säuberung in der staatlichen und kommunalen Verwaltung, ließen jedoch die Wirtschaft weitgehend unberührt. Zwar lehnten sie sich im Grundsatz an die amerikanischen Vorgaben an, führten die politische Säuberung jedoch zurückhaltend und pragmatisch, die Franzosen eher improvisierend durch.[30] Nach der Bildung des Alliierten Kontrollrats erließ dieser im Jahr 1946 die Direktiven 24[31] und 38. Darin sowie in weiteren Erlassen waren die Richtlinien für die politische Bereinigung von Ämtern und Stellungen festgelegt. Ferner war eine Liste aufgestellt worden, in der 99 Kategorien für Nationalsozialisten sowie für höhere Beamte und Militärpersonen aufgeführt waren. Mit Erlass des Gesetzes zur Befreiung vom Nationalsozialismus und Militarismus vom 5. März 1946 (BefrG) ging die Durchführung der Entnazifizierung in der US-Zone auf deutsche Stellen über. Die vorläufige Einstufung hatte für die Betroffenen meist schwerwiegende Folgen, denn nach § 58 BefrG durften sie bis zum Abschluss ihres Verfahrens nur in „gewöhnlicher" Arbeit beschäftigt sein, also keine verantwortlichen oder höheren Tätigkeiten ausüben.[32] Da jedoch rechtsstaatliche Grundsätze galten, stellte der Übergang des Verfahrens auf deutsche Spruchkammern einen Fortschritt für die Betroffenen dar. Sie hatten nun die Möglichkeit der Appellation bei einer deutschen Entnazifizierungskommission. Kam die Kommission zu dem Ergebnis, der Betroffene sei verwendungsfähig, leitete sie die Unterlagen einer alliierten Dienststelle zu, die dann eine Entscheidung fällte. Lehnte sie die Appellation ab, konnte der Fall vor eine weitere deutsche Kommission gebracht werden. Nach einer für den Betroffenen positiven Entscheidung gingen die Unterlagen wieder einer alliierten Dienststelle zu, die dann endgültig entschied. Bei einer negativen Entscheidung blieb dem Betroffenen dann nur noch die Möglichkeit eine weitere alliierte Appellationsinstanz anzurufen.[33] Die britischen und französischen Militärregierungen übernahmen diese Regelung Mitte 1947.

Jeder Deutsche über 18 Jahren musste einen Fragebogen mit 131 Fragen ausfüllen. Falsche Antworten wurden hart bestraft. Das Befreiungsgesetz sah fünf Kategorien vor, auf die das Gesetz Anwendung finden sollte. Erfasst waren Hauptbeschuldigte, Belastete – dazu zähl-

---

29 Vgl. Wolfgang Ribbe, Berlin 1945-2000, S. 18 und S. 30.

30 Vgl. Vollnhals, S. 24 und S. 39.

31 Kontrollratsdirektive 24, Anlage 2.

32 Vgl. Vollnhals, S. 17.

33 Vgl. Ribbe, S. 40.

ten generell jedes NSDAP-Mitglied vor dem 1. Januar 1937 – Minderbelastete, Mitläufer und Entlastete. Das Gesetz sah für die Hauptschuldigen als Strafen den Berufsausschluss, die Amtsenthebung, den Vermögenseinzug oder die Bestrafung mit Arbeitslager von bis zu zehn Jahren vor. Als geringere Strafen für Belastete waren Wahlrechteinschränkungen und die Aberkennung der bürgerlichen Ehrenrechte vorgesehen, für die bis zu zehn Jahren Bestraften waren Geldbußen oder Pensionsverluste sowie Arbeitsverbote möglich. Für Minderbelastete waren Bewährungsfristen, Verbot der leitenden Tätigkeit und Gehalts- bzw. Lohnkürzungen vorgesehen. Entlastet war, wer nur formell einer NS-Organisation angehört hatte und zugleich nachweisen konnte „nach Maß seiner Kräfte aktiven Widerstand gegen die NS-Gewaltherrschaft geleistet und dadurch Nachteile erlitten zu haben“.[34] Durchgeführt wurde das Gesetz durch dafür eingerichtete so genannte Befreiungsministerien und Spruch- und Berufungskammern in allen deutschen Ländern, deren Verfahren öffentlich waren.

Das Entnazifizierungsverfahren der Alliierten zeigte schon bald seine Schwächen. Durch das Ausufern der Direktiven war das Verfahren schließlich auf die gesamte Erfassung und Bereinigung der deutschen Bevölkerung vom Nationalsozialismus gerichtet und damit überdehnt. Die Parteigenossen wurden erfasst und entlassen, ohne Rücksicht auf deren persönliche Verantwortung oder Bedeutung. Dies und der unterlassene Versuch der Umerziehung und Gewinnung der Parteigenossen für die zu errichtende Demokratie führten dazu, dass die Verwaltungen und öffentlichen Ämter auf Grund der Entlassungen teilweise nicht mehr arbeitsfähig waren, denn die sachkundigen Sachbearbeiter fehlten nun. So sind allein in der US-Zone im Juni 1945 von der ersten Entnazifizierungswelle 80 000 Personen verhaftet und ca. 70 000 entlassen worden. Nach Erlass der Direktive Nr. 24 waren in der US-Zone über 330 000 Personen betroffen.[35] Ferner erwies sich die Verlagerung der politischen Säuberungsvorgaben auf die unpolitische Ebene des gerichtsähnlichen Spruchkammersystems als nachteilig. Zum einen stand für die Vielzahl von Verfahren kaum unbelastetes und qualifiziertes Personal zur Verfügung. Zum anderen war die Folge davon, dass sich die Verfahren über Jahre hinzogen und somit die Massenentnazifizierung letztlich zu einer Massenrehabilitierung führte. Mit dem zunehmenden Ost-West-Konflikt nahm die Entnazifizierung dann ein abruptes Ende, von dem auf Grund der langwierigen Verfahren vor allem schwer belastete Personen profitierten.[36] Auch die zunehmend sinkende Akzeptanz bei der Bevölkerung führte dazu, dass die Spruchkammern nur schwer zu besetzen waren. Man behalf sich neben unbelasteten Richtern mit zwangsverpflichteten freiberuflichen Juristen, aber auch Laienrichtern.

Noch augenfälliger war der Mangel des nicht ausreichend zur Verfügung stehenden Ermittlungspersonals. Vielfach hätte es einer umfangreichen und genauen Recherche durch Ermittler bedurft. Da diese aus Personalmangel und Zeitnot nicht möglich war, entwickelte sich bald ein Denunziantentum. Viele versuchten sich über das Entnazifizierungsverfahren unliebsamer Konkurrenten, Nachbarn oder unbeliebter Personen zu entledigen. Alte Rechnungen wurden beglichen. So kam es auf Grund unzureichender Ermittlungen zu mitunter harten Strafen gegenüber Personen, die allenfalls Mitläufer waren, während sich Hauptbelastete durch entsprechende Entlastungsschreiben oder Versicherungen von Zeugen ihrer Bestrafung entziehen konnten.

---

[34] Vgl. Vollnhals, S. 19; Jens Fergen, Gerd-Kristin Kull, Fabian Thehos und Marco Meyer: Entnazifizierung, erlebte Geschichte (http://www.koblenz.de/sehenswertes/erlebt/sinz.htm).

[35] Vgl. Vollnhals, S. 10 und S. 14.

[36] Vgl. Vollnhals, S. 55.

Mit der im August 1946 erlassenen Jugendamnestie für alle nach 1919 geborenen und einer Weihnachtsamnestie 1947 erledigten sich Millionen von Verfahren. Ab 1947 distanzierten sich dann auch zunehmend die politischen Parteien Deutschlands sowie die Landesregierungen von dem Befreiungsgesetz. Im Oktober 1947 stimmte Militärgouverneur Clay dem 1. Änderungsgesetz zum BefrG zu, wonach die Masse der kleinen Amtsträger von einem Beschäftigungsverbot befreit wurde.

Als die Alliierten die Mängel des Entnazifizierungsverfahrens erkannt hatten und sich zwischenzeitlich die politische Lage und damit auch das Interesse der Alliierten an der Fortsetzung der Entnazifizierungsverfahren geändert hatten, wurden die Verfahren im Sommer 1947 vollständig in deutsche Hände gelegt und lediglich noch überwacht. Die Westalliierten erlangten das Bewusstsein, Deutschland im Kampf gegen den Kommunismus zu benötigen.

Mit dem Befehl Nr. 35 vom 26. Februar 1948 erklärte zunächst die SMAD die Entnazifizierung für beendet. Bis zum 10. März 1948 hatten in ihrem Besatzungsgebiet sämtliche Kommissionen ihre Arbeit einzustellen. 1949 wurden die Verfahren auch in Berlin im Wesentlichen beendet.

Ab Januar 1948 drängten auch die westalliierten Militärregierungen auf die schnelle Beendigung der Verfahren. Dem widersetzten sich jedoch zunächst deutsche Stellen, da noch nicht alle Fälle abgeschlossen waren. Das 2. Änderungsgesetz zum BefrG vom 25. März 1948 erlaubte in Schnellverfahren Belastete zu Mitläufern zu erklären und sah nur noch für Hauptschuldige ein Beschäftigungsverbot vor. Die Militärregierungen stellten schließlich die Überwachung der Verfahren ein.[37] Nachdem der deutsche Bundestag am 15. Oktober 1950 den Ländern den Abschluss der Entnazifizierungsverfahren empfohlen hatte, wurden diese in den Ländern bis zum Jahr 1951 nach und nach eingestellt. Einer 1949 veröffentlichen Bilanz der Alliierten war zu entnehmen, dass es bis dahin insgesamt 950 000 Spruchkammerverfahren gegeben hatte. Dabei waren rund 500 000 Personen zu Geldstrafen und rund 9 000 zu Haftstrafen verurteilt worden. Weitere 20 000 wurden aus ihren Ämtern entfernt.[38] Mit dem Erlass des Ausführungsgesetzes zu Art 131 GG im Jahr 1951 boten sich ehemaligen Parteimitgliedern neue Möglichkeiten zur Wiedereinstellung. Auf diesem Weg kamen zwischen Juli 1951 und März 1953 rund 390 000 Personen zu einer erneuten Anstellung im Staatsdienst.[39]

Wenn die Entnazifizierung auch nicht zu einer dauerhaften Ausschaltung aller ehemaligen Parteigenossen geführt hatte, so war sie dennoch nicht folgenlos. Sie bewirkte nachhaltig, auch bei den gesellschaftlichen Eliten, dass die Betroffenen und zeitweilig entlassenen Wirtschaftsführer, hohen Verwaltungsbeamten oder Universitätsprofessoren zur politischen Mäßigung und Zurückhaltung gezwungen worden waren, wenn sie ihre Reintegration nicht gefährden wollten.

Entnazifizierung Walther Moedes

Moede konnte angesichts der Richtlinien des Magistrats nach seiner Entlassung im Februar 1946 nicht unverzüglich für seine Wiedereinstellung kämpfen. Um seine wissenschaftliche Arbeit an der Universität überhaupt je fortsetzen zu können, bedurfte es zunächst seiner Entlastung durch die Entnazifizierungsbehörden. Denn wie alle ehemaligen Parteimitglieder in

[37] Vgl. Vollnhals, S. 33.

[38] Vgl. Jens Fergen, Gerd-Kristin Kull, Fabian Thehos und Marco Meyer: Entnazifizierung, erlebte Geschichte.

[39] Vgl. Vollnhals, S. 62.

amtlichen oder halbamtlichen Stellen musste sich Moede einem Entnazifizierungsverfahren unterziehen. Dazu war er als ehemaliges Parteimitglied gehalten, den entsprechenden Fragebogen auszufüllen und nähere Angaben zu den Umständen seiner Parteimitgliedschaft sowie seiner politischen Verantwortung zu machen.

Er verfasste noch am 1. Dezember 1945, nachdem er sich gegenüber der Hochschulverwaltung zu verantworten gehabt hatte, einen Antrag an die Stadt Berlin – Abt. Bereinigungsausschuss von Mitgliedschaft der ehemaligen NSDAP –, in welchem er um Überprüfung seiner politischen Verhältnisse bat. Dem Schreiben war eine Vielzahl von entlastenden Versicherungen verschiedener Personen beigefügt.[40] Eine unmittelbare Antwort auf dieses Schreiben befindet sich allerdings nicht in den Unterlagen Moedes. Mit Schreiben vom 12. April 1946 stellte er einen Antrag auf „Denazifizierung" bei der Entnazifizierungskommission in Berlin-Charlottenburg.[41] Auch diesem Antrag waren die zum Teil bereits zuvor verwandten entlastenden Versicherungen Dritter beigefügt. Ferner füllte er den obligatorischen Fragebogen aus.[42] Der Eingang des Antrags am 18. April 1946 wurde ihm bestätigt.[43] Am 19. September 1946 reichte Moede weitere entlastende Stellungnahmen bei der Entnazifizierungskommission ein und zahlte die Verfahrensgebühr von 100,00 RM sowie für die Auslagen einen Betrag von 82,00 RM.[44]

Eine schriftliche Entscheidung der Entnazifizierungskommission im Fall Moedes liegt nicht vor. Allerdings muss diese für Moede zunächst positiv ausgegangen sein, denn es findet sich ein Erinnerungsvermerk, wonach in einer Entscheidung am 22. November 1946 festgestellt wurde:[45]

> „Prof. Moede ist von 1935 bis 1943 Mitglied der NSDAP gewesen und musste gemäß Gesetz 101a aus dem Amte entlassen werden. Er leistete ideologischen Widerstand und wurde 1943 aus der Partei ausgeschlossen. Wiedereinsetzung in sein Amt wird empfohlen und der Antrag empfehlend an die Alliierte Kommandantur weitergegeben."

Die Vorlage an die Alliierte Kommandantur erfolgte am 19. Mai 1947. Die Kommandantur folgte jedoch der Empfehlung nicht und lehnte den Antrag Moedes in einer Sitzung vom 2. November 1947 mit Bescheid vom 15. November 1947 ab, den Moede jedoch erst am 21. Januar 1948 erhielt.[46]

Mit Schreiben vom 27. Januar 1948 wandte sich Moede daraufhin an das Britische Military Government und legte darin dar, dass er auf Grund einer negativen Stellungnahme des Rektors der Technischen Hochschule Kucharski von einer Wiedererlangung seiner Hochschulstellung Abstand nehme und lediglich ungehemmt seiner wissenschaftlichen Tätigkeit nachgehen möchte. Daher möchte die britische Militärregierung doch seinen Antrag nochmals prüfen.[47] In der Folgezeit kam es zu einer Reihe von persönlichen Gesprächen mit den verschiedensten Personen, über die lediglich kurze Vermerke Moedes erhalten blieben. Am 9. April 1948 erfolgte dann wohl eine förmliche Berufung gegen die ablehnende Entscheidung

---

[40] Dokument 11-11: Schreiben Moedes vom 1. Dezember 1945 an den Oberbürgermeister der Stadt Berlin.

[41] Dokument 11-20: Schreiben Moedes vom 12. April 1946.

[42] Dokument 11-21: Fragebogen zur Entnazifizierung.

[43] Dokument 11-22: Bestätigung der Entnazifizierungsbehörde vom 18. April 1946.

[44] Dokument 11-23: Schreiben Moedes vom 19. September 1946 nebst Zahlungsbelegen.

[45] Dokument 11-24: Erinnerungsvermerk.

[46] Dokument 11-28: Bescheid der Alliierten Kommandantur vom 15. November 1947.

[47] Dokument 11-30: Schreiben Moedes vom 27. Januar 1948.

der Alliierten Kommandantur, die jedoch nicht mehr vorliegt. Jedenfalls übergab die britische Militärregierung den Antrag Moedes an die zuständige deutsche Spruchkammer weiter. Die vorliegenden Unterlagen enden mit einer Anfrage des Spruchausschusses Charlottenburg an Moede vom 5. Januar 1950 dahingehend, ob in seiner Sache noch ein Verfahren betrieben wird.[48] Eine abschließende Entscheidung scheint in der Angelegenheit Moedes nicht mehr getroffen worden zu sein. Sein Verfahren gehörte wohl zu denen, die letztlich unentschieden abgeschlossen wurden, da das Entnazifizierungsverfahren allgemein in den Jahren 1950/51 in Berlin eingestellt worden ist. Eine förmliche Entlastung Moedes erfolgte daher nie. Jedoch ist nicht ersichtlich, ob noch weiter nach dem Entnazifizierungsbescheid gefragt wurde.

Im Dezember 1949 verdichteten sich die Angebote an Walther Moede, sich um die Leitung des Instituts für Betriebsgestaltung in Halle zu bewerben, das als Außeninstitut der Universität Halle entwickelt werden sollte.[49] Walther Moede hat dieses Angebot jedoch nicht weiter verfolgt.

Neubesetzung des Lehrstuhls durch Berufung von Karl P. Matthes 1946

Fakultätsbeschlüsse

Ab Dezember 1945 verwaltete Prof. Riebensahm den gesamten Lehrstuhl für Betriebswissenschaft und Werkzeugmaschinen als kommissarischer Leiter, da der letzte Inhaber dieses Lehrstuhls, Prof. Kienzle, nicht zur Verfügung stand. Die Nachfolge Kienzles war offen, da noch nicht klar war, ob der mit seinem Institut nach Aerzen ausgelagerte Kienzle nicht etwa doch noch zurückkehrte. Moedes Entlassung war mit dem Schreiben vom 28. Dezember 1945 auf Grund der alliierten Anordnung als ehemaliges Parteimitglied der NSDAP eingeleitet und mit Wirkung vom 18. Februar 1946 vollzogen worden.[50] Sein Lehrstuhl blieb zunächst unbesetzt und sein Institut ohne Leitung. Die Frage, ob und in welchem Umfang der Lehrstuhl wieder besetzt und wer der Nachfolger Moedes werden sollte, fand unter den Mitgliedern der Fakultät für Maschinenwesen in den Fakultätssitzungen des Jahres 1946 mehrfache Erörterung.[51]

Auf der 14. Sitzung der Fakultät für Maschinenbau am 20. März 1946 erörterten die Teilnehmer den Wunsch der Zentralverwaltung für Gesundheitswesen, der Gewerkschaft und der Studentenschaft, in Erweiterung des bisher von Moede geleiteten Instituts ein arbeitswissenschaftliches Institut einzurichten. Man beschloss, zunächst keinen Leiter dafür zu bestimmen, sondern lediglich den Lehrstuhl Moedes neu zu besetzen. Als aussichtsreichster Kandidat galt zuerst Dr.-Ing. Kellner.[52] Riebensahm berichtete von einer Unterredung zwischen ihm, Prof.

---

48 Dokument 11-42: Schreiben an Moede vom 5. Januar 1950.

49 Dokument 11-37: Schreiben vom 23. Dezember 1949, Dir. Lang, Halle, Puschkinstr. 37.

50 Dokument 11-19: Schreiben vom 28. Dezember 1945.

51 Protokolle der Fakultätssitzungen ab Nr. 14 vom 20. März 1946 sowie folgende. Fakultät III Maschinenwesen, Universitätsarchiv der TU Berlin.

52 Dr. Kellner wurde am 29. Juni 1895 in Hengersberg (Kreis Niederbayern) geboren. Er besuchte ab dem 6. Lebensjahr die Volksschule und danach weitere vier Jahre die Oberrealschule in Passau. Er hatte von Herbst 1912 bis Herbst 1913 den Schulbesuch unterbrochen und in einer Maschinenfabrik praktisch gearbeitet; war dann wieder in die Oberschule eingetreten. August 1914 verließ Kellner die Schule, um als Freiwilliger Kriegsdienst zu leisten. Ab September 1914 bis zu seiner Verwundung im Juli 1916 stand er im Frontdienst mit anschließender Lazarett- und Garnisonzeit. Er nahm April 1918 das Studium an der Technischen Hochschule in München auf. Juli 1920 legte er dort die Diplomvorprüfung und Mai 1921 die Diplomhauptprüfung ab. Er war seit Juli 1921 in Berlin ansässig und arbeitete als Konstrukteur und Projektin-

Horn und Prof. Drawe mit Kellner, wonach dieser beabsichtigte, von Moedes Fachgebiet zunächst nur die Arbeitstechnik beizubehalten, um aber dann nach einem Ausbau des Lehrgebiets die Aufnahme der Psychotechnik und anderer psychologischer Lehrgebiete anzustreben. Riebensahm hielt die fachliche Eignung insoweit für zweifelhaft, als sich das Fachgebiet nur auf die Arbeitstechnik beziehen sollte und ein Lehrauftrag daher darauf beschränkt werden müsste. Voraussetzung war jedoch, dass der Probevortrag die Anforderungen erfülle. In der der Fakultätssitzung vorausgegangenen Aussprache mit Kellner hatte dieser nach Riebensahm eher ausweichend reagiert.

Hinsichtlich des Wunsches der Zentralverwaltung für Gesundheitswesen auf Einrichtung eines arbeitswissenschaftlichen Instituts stand die Fakultät auf dem Standpunkt, die gewünschten Pflichten würden über die Möglichkeiten der Technischen Hochschule hinausgehen. Daher sollte das Institut eine behördliche Einrichtung mit selbständigen Forschungsaufgaben werden. Es wäre dann eine problemlose Zusammenarbeit mit Hochschulinstituten möglich.

Auf der folgenden Fakultätssitzung am 11. April 1946 erörterten die Anwesenden zunächst die erfolgte Beendigung der kommissarischen Bestellungen der Professoren und Umstellung in ordnungsgemäße Anstellungsverträge mit zweijähriger Befristung und beiderseitiger halbjähriger Kündigungsfrist. Für Mitglieder des ehemaligen Lehrkörpers, die aus politischen Gründen nicht von der neuen Technischen Universität übernommen werden konnten, blieb die Möglichkeit, die Feststellung ihrer politischen Zuverlässigkeit von sich aus zu betreiben, unabhängig von der Technischen Universität. Allerdings beinhaltete ein Erfolg dieser Bemühungen nicht zwingend eine Aufnahme in die TU. Vielmehr musste auch dann ein ordnungsgemäßes Verfahren durchgeführt werden.[53]

Eine der dringend anstehenden Aufgaben sahen die Sitzungsteilnehmer zunächst in der Erteilung eines Lehrauftrags für Arbeitstechnik, dies unter der Berücksichtigung des Wunsches der Zentralverwaltung für Gesundheitswesen und anderer Stellen nach Schaffung eines arbeitswissenschaftlichen Instituts. Dazu war am 17. April 1946 die Probevorlesung Dr. Kellners vorgesehen. Ebenso vorgesehen war die Habilitation Dr.-Ing. Leinwebers in Form einer Antrittsvorlesung über Betriebswissenschaft, der sich ebenfalls um einen Lehrauftrag bewarb.

Die Fakultätssitzung wurde dann nach der Probevorlesung Dr. Kellners am 17. April 1946 über die Aufgaben und die Bedeutung der Arbeitswissenschaften mit einer Analyse des Vortrags Kellners fortgesetzt. Die Fakultät sprach sich einstimmig gegen eine vorzeitige Bindung Kellners an die Fakultät aus. Man wollte Erwartungen auf ein Ordinariat oder auf die Institutsleitung vermeiden. Vielmehr solle Dr. Kellner über ein Außeninstitut Gelegenheit gegeben werden, seine Befähigung nachzuweisen. Die Verschiebung des Lehrauftrags hielten die Fakultätsmitglieder für vertretbar, zumal es seinerzeit auch nur wenige Studenten für dieses Gebiet gab und das Tätigkeitsfeld der TU sich auch erst langsam ausbauen ließ.[54]

Der Magistrat unterstützte hingegen die Bestrebungen Kellners. Die Fakultät wollte jedoch im Hinblick auf ihre Einschätzung Kellners zunächst eine Kommission einsetzen, die

---

genieur. Ab Oktober 1922 wurde Kellner Leiter des Ausbildungswesens einer Maschinenfabrik in Berlin. Seine Dissertation, genehmigt zur Promotion zum Dr.-Ing. von der Fakultät für Maschinenwesen der TH Berlin, schrieb er über „Die Lehrlingsbeschaffung und -auslese in der Berliner Metallindustrie". Vorsitzender der Prüfungskommission war Prof. Dr.-Ing. Schlesinger, Berichter war Prof. Dr. phil. Moede und Mitberichter Prof. Dipl.-Ing. Hanner (Quelle: Dissertationsschrift vom 9.7.1927).

53 Protokoll der 15. Sitzung der Fakultät vom 11. April 1946, Universitätsarchiv der TU Berlin.

54 Protokoll der 16. Sitzung der Fakultät vom 17. April 1946, Universitätsarchiv der TU Berlin.

auch grundsätzliche Fragen zum Institut für Arbeitswissenschaft beurteilen und entscheiden sollte. Die Kommission war beauftragt, auch mit dem Reichsbahnsachverständigen Couvé wegen des Einblicks in die dort angewandten Methoden der Eignungsprüfung Kontakt aufzunehmen. Zudem neigte die Fakultät zu der Ansicht, die Arbeitswissenschaft dem Lehrstuhl für Betriebswissenschaft wieder einzugliedern. Dies alles wurde dem Magistrat mitgeteilt.

Ferner beschloss die Fakultät in dieser Sitzung, dass keine Prüfungen von Diplompsychologen mehr am vakanten Moede Lehrstuhl durchgeführt werden sollten. Auch die laufende Dissertation des Assistenten Dipl.-Psych. Tillmann wurde an die Fakultät I abgegeben.[55]

Hinsichtlich der Neubesetzung der Lehrstühle ehemaliger Parteigenossen kamen die Fakultätsmitglieder überein, dass grundsätzlich auch die ehemaligen Amtsinhaber in die Berufungsliste aufgenommen werden könnten, sofern eine Aussicht auf eine Übernahme erkennbar wäre. Bezüglich des von ihm vertretungsweise verwalteten Lehrstuhls Kienzles vertrat Prof. Riebensahm die Ansicht, es solle eine Zweiteilung des Lehrstuhls vorgenommen werden: zum einen in den Bereich der Fertigung und des Fabrikbetriebes (Betriebswissenschaft) und zum anderen in den Bereich der Werkzeugmaschinen.

Für den letztgenannten Bereich seien bisher die Besetzungsbemühungen gescheitert. Allerdings biete sich nunmehr Dipl.-Ing. Matthes an. Dieser erfülle alle Voraussetzungen und habe als technischer Entwicklungsleiter bei Fortuna in Cannstatt und als technischer Direktor bei Pittler in Leipzig führende Stellungen innegehabt. Außerdem habe er in Ausschüssen und Verbänden Erfahrungen auf dem Gebiet der Werkzeugmaschinen sammeln können. Riebensahm, der nach seinen Angaben als Gerichtsgutachter Einblick in die Arbeiten Matthes bei Fortuna hatte, hielt Matthes für einen Vorreiter auf dem Gebiet des Werkzeugmaschinenbaus und empfahl, ihn als außerordentlichen Professor zu berufen und ihm den Bereich der Werkzeugmaschinen zu übertragen. Durch die Berufung von Matthes solle allerdings die Stellung Dr. Leinwebers nicht beeinträchtigt werden. Professor Vogt, der Matthes von Stuttgart her kannte, bestätigte Riebensahms positive Einschätzung. Die Fakultät beschloss daraufhin die Berufung von Matthes soweit Magistrat und Militärverwaltung zustimmen würden.[56]

Mit der 17. Sitzung der Fakultät am 15. Mai 1946[57] wurde Matthes dann in die Ergänzungsliste des Lehrkörpers aufgenommen. Auch wurde seine Aufnahme von dem Senat empfohlen. Die Fakultät ging davon aus, dass die Berufung von Matthes erfolgen würde, zumal Matthes bereits mit der Lehrtätigkeit begonnen hatte. Es war beabsichtigt, auch im Falle einer möglichen Rückkehr Kienzles Matthes weiterhin mit dem Gebiet Werkzeugmaschinen zu betrauen, während Kienzle dann den Fabrikbetrieb übernehmen sollte. Auch mit Leinweber wurde dies so besprochen, der formal das Gebiet Kienzles vertrat.

Matthes Probevorlesung fand am 13. Mai 1946 in Gestalt einer Antrittsvorlesung statt. Diese wurde von der Fakultät insgesamt positiv beurteilt. Man lobte die in eindrucksvoller Weise wohl durchdachte und anregende Art der Vorlesung. Die Probevorlesung von Dr.-Ing. Leinweber am 6. Mai 1946 hingegen hielt die Fakultät für inhaltsarm, wenn damit auch Leinweber als hochwertige Persönlichkeit nicht in Frage gestellt werden solle. In der Konsequenz aus den Probevorlesungen hielt es die Fakultät für angezeigt, Leinweber zunächst für ein Semester vertretungshalber in Absprache mit Professor Riebensahm Vorlesungen in der Fabrikbetriebslehre halten zu lassen. Soweit es im Hinblick auf Leinwebers vergangene Tä-

55 Protokoll der 16. Sitzung der Fakultät vom 17. April 1946, Universitätsarchiv der TU Berlin.

56 Protokoll der 16. Sitzung der Fakultät vom 17. April 1946, Universitätsarchiv der TU Berlin.

57 Protokoll der 17. Sitzung der Fakultät vom 15. Mai 1946, Universitätsarchiv der TU Berlin.

tigkeit beim Heereswaffenamt Schwierigkeiten geben sollte, war man der Überzeugung, auch Matthes könnte die Vorlesungen in der Betriebswissenschaft übernehmen, denn Matthes verfüge im Gegensatz zu Leinweber über eine mehr als zehnjährige Tätigkeitserfahrung im praktischen Fabrikbetrieb. Leinweber hielt man grundsätzlich mehr für die Messtechnik im Werkstattbetrieb geeignet.

Hauptinhalt eines außeruniversitären arbeitswissenschaftlichen Instituts sollten nach Ansicht der Fakultät die Eignungsprüfungen sein. Die Arbeit eines solchen Instituts könne derart anlaufen, dass zunächst nur Teilbereiche für klar umrissene Einzelfragen eingerichtet würden. Die Federführung würde Prof. Dr. Leithäuser übertragen werden. Dr. Kellner hingegen, den der Magistrat für das Gebiet der Arbeitstechnik empfohlen hatte, wollte man nicht zum Leiter eines arbeitswissenschaftlichen Instituts der TU machen, da er zu wenig Erfahrung über die Versuchsmethoden der technischen Eignungsprüfung habe. Dr. Kellner war bereit, arbeitswissenschaftliche Vorträge im Außeninstitut zu halten.

Hinsichtlich des Assistenten Dipl.-Psych. Tillmann wurde auf der 18. Fakultätssitzung am 19. Juni 1946 beschlossen, ihn im Hinblick auf den verwaisten Lehrstuhl Moedes alsbald zu entlassen.[58] Durch Beschluss der Fakultät vom 26. Juni 1946 wurden Lehrstuhl und Institut Moedes auf Anregung Riebensahms dann von Matthes übernommen.[59] Ab der folgenden 19. Sitzung war Matthes beständig auf den Fakultätssitzungen vertreten. Er wurde auf der 21. Sitzung am 24. Juli 1946 vom Dekan als neues ständiges Mitglied der Fakultätssitzungen begrüßt. Auf dieser Sitzung ist auch der Aufbau einer Einrichtung für Eignungsprüfungen durch Matthes beschlossen worden. Scharf kritisiert wurde auf dieser Sitzung der Vortrag Dr. Leinwebers über technische Probleme aus dem Werkstattbetrieb.[60] Dr. Leinweber bat daraufhin um Entbindung von seinen Verpflichtungen.[61] Aus dem Protokoll der 22. Sitzung vom 14. August 1946 geht hervor, dass Matthes auch arbeitswissenschaftliche Vorträge in dem Außeninstitut der TU Berlin gehalten hatte.

Die 23. Sitzung vom 2. Oktober 1946[62] brachte insoweit eine Neuerung, als dass Prof. Riebensahm ausführte, ihm sei es zunächst als aussichtslos erschienen, eine Persönlichkeit für den Werkzeugmaschinenbau und für den Fabrikbetrieb und damit für beide Gebiete des Lehrstuhls für Fertigungstechnik zu finden. Nunmehr meinte er jedoch, in der Person von Mattthes diese Persönlichkeit gefunden zu haben. Er empfahl daher die Wiedervereinigung beider Teilgebiete in der Hand von Matthes, der dann die Vertretung des gesamten Lehrstuhls übernehmen würde. Im Zuge dessen solle Matthes als Anerkennung alsbald zum ordentlichen Professor berufen werden, was für den Lehrstuhl förderlich sei, denn die derzeitige Situation sei wegen unzweckmäßiger Maßnahmen Leinwebers unerfreulich. Zudem habe Matthes auch bereits das Aufgabengebiet der Arbeitswissenschaften (Arbeitstechnik) übernommen und habe inzwischen auch auf diesem Gebiet seine Fähigkeiten und Erfahrungen beweisen können. Daher schlug Prof. Riebensahm auch vor, die Arbeitstechnik als Teilgebiet des Lehrstuhls der Fertigungstechnik zu betrachten und die angedachte Einrichtung eines gesonderten Lehrstuhls fallen zu lassen.

---

[58] Protokoll der 18. Sitzung der Fakultät vom 19. Juni 1946, Universitätsarchiv der TU Berlin.

[59] Protokoll der 19. Sitzung der Fakultät vom 26. Juni 1946, Universitätsarchiv der TU Berlin.

[60] Protokoll der 21. Sitzung der Fakultät vom 24. Juli 1946, Universitätsarchiv der TU Berlin.

[61] Protokoll der 22. Sitzung der Fakultät vom 14. August 1946, Universitätsarchiv der TU Berlin.

[62] Protokoll der 23. Sitzung der Fakultät vom 2. Oktober 1946, Universitätsarchiv der TU Berlin.

Die Fakultät stimmte den Vorschlägen Riebensahms in vollem Umfang zu und billigte einstimmig die Vereinigung des Werkzeugmaschinenbaus und der Fabrikbetriebslehre einschließlich der Arbeitstechnik in der Hand von Matthes. Damit endete die Verwaltung des Lehrstuhls durch Riebensahm.

Der Vorschlag Riebensahms, Matthes auch zum ordentlichen Professor zu machen, löste insoweit eine Diskussion aus, ob denn damit auf eine Wiedereingliederung Kienzles verzichtet werden sollte. Um Matthes gegenüber Kienzle bevorzugen zu können, sprachen dessen Erfahrungen als Konstrukteur und Werkstattfachmann. Zudem war es ungewiss, ob Kienzle überhaupt wieder nach Berlin zurückkehren und die politische Rehabilitation erhalten würde. Schließlich sollte Matthes auch im Fall der Rückkehr Kienzles den Bereich des Werkzeugmaschinenbaus weiterführen. Die Entscheidung wurde letztlich auf die nächste Sitzung verschoben. Matthes selbst war bei diesen Verhandlungen nicht anwesend, erklärte sich aber im Nachhinein bereit, den erweiterten Aufgabenkreis zu übernehmen.

Auf der 24. Sitzung am 20. Oktober 1946 teilte der Dekan die formelle Bestätigung des Magistrats für die Berufung von Matthes zum Extra-Ordinarius mit.[63]

Damit war ein Nachfolger des verwaisten Kienzle-Lehrstuhls und auch eine Lösung hinsichtlich des unbesetzten Moede Lehrstuhls gefunden worden. Es war nicht beabsichtigt, das Moede Institut selbständig fortzuführen. Damit war Matthes auch gleichsam Nachfolger Moedes geworden.

Bild 11.04: Karl P. Matthes (1899-1985)

Matthes war ferner Mitglied des neu gegründeten arbeitswissenschaftlichen Gremiums am Außeninstitut. Auf einer ersten Aussprache wurde betont, dass es einstweilen nicht beabsichtigt sei, Dr.-Ing. Kellner in den Lehrkörper der Fakultät einzugliedern. Interessierende Themen aus dem Bereich der Psychotechnik könnten im Außeninstitut behandelt werden. Auf Grund der Tatsache, dass nunmehr Matthes auch die Arbeitstechnik lehrte, gab Professor Leithäuser die Federführung im Gremium der arbeitswissenschaftlichen Sachverständigen an Matthes weiter.[64]

63 Protokoll der 24. Sitzung der Fakultät vom 30. Oktober 1946, Universitätsarchiv der TU Berlin.

64 Protokoll der 23. Sitzung der Fakultät vom 2. Oktober 1946, Universitätsarchiv der TU Berlin.

Zum Abschluss der 23. Sitzung am 2. Oktober 1946 legte Matthes seinen Semesterbericht vor.[65] Auf der folgenden Sitzung am 30. Oktober 1946[66] berichtete er dann über einen Vortrag Kellners, der bei allen Zuhörern – auch bei der Vertreterin des Magistrats – Klarheit darüber geschaffen hatte, dass Kellner weder fachlich noch von der Art seiner Darlegungen her in den Lehrkörper der TU Berlin passe. Die Bedenken der Fakultät wurden damit bestätigt.

Dr. Kellner hielt darauf nur Einzelvorträge am Außeninstitut. Er hatte Matthes gebeten, als Vertreter der TU in dem von ihm herausgegebenen Zentralblatt der Arbeitswissenschaften mit Beiträgen teilzunehmen.[67] Matthes stimmte nach einer Bedenkzeit zu. Er sprach sich jedoch auch in der Zukunft stets gegen eine Berufung Kellners aus. Anlässlich einer Bewerbung Kellners um einen Lehrauftrag schätzte Matthes Kellner auf der 38. Sitzung am 6. Juni 1948[68] weiterhin als ungeeignet ein. Er begründete dies insbesondere mit der von Kellner herausgegebenen Zeitschrift für Arbeitspsychologie und erhielt von der Fakultät Zustimmung, sodass Kellner mitgeteilt wurde, dass die Fakultät hinsichtlich seiner Bewerbung keinen Bedarf hätte.

In Abwesenheit von Matthes beschloss die Fakultät, ihm den Lehrstuhl für Fertigungstechnik endgültig zu übertragen.[69] Matthes nahm dies an. Auf der 25. Sitzung vom 11. Dezember 1946 beschloss die Fakultät sodann die Beantragung von Matthes als Ordinarius beim Magistrat.[70]

Die vollständige Übernahme des ehemaligen Lehrstuhls Moedes durch Matthes zeigte sich auch in einem Beschluss der 26. Sitzung der Fakultät am 15. Januar 1947. Nachdem Matthes und Riebensahm darauf hingewiesen hatten, dass zu dem Lehrstuhl für arbeitsphysiologische Fragen auch ein medizinischer Fachmann einzubeziehen ist, da zur Ergänzung der bisherigen Gebiete Psychotechnik und Arbeitstechnik dem Gebiet auch physiologische bzw. anatomische Fragen übertragen werden, stellten sie klar, dass diese Fragen zum Arbeitsgebiet von Matthes gehörten, um dem Ziel, d. h. dem Schaffen von fortschrittlichen physiologisch begründeten Arbeitsmethoden, Vorschub zu leisten. Mit der Etaterörterung auf der 27. Sitzung am 12. Februar 1947 beschloss die Fakultät, die ehemals geplanten Extraordinate für Werkzeugmaschinen und für Arbeitstechnik im Ordinariat für Fertigungstechnik unter Matthes aufgehen zu lassen. Laut Riebensahm sollte die Matthes anvertraute Arbeitstechnik zu einer umfassenden Arbeitswissenschaft ausgebaut werden, die neben der von Matthes betreuten Arbeitspsychologie auch die Arbeitsmedizin und die Arbeitssoziologie umfasste.

Anlässlich der Umstrukturierung der Fakultät V für Maschinenwesen[71] wurde Matthes in den Fakultätsausschuss für die Gründung der neuen Fakultät I gewählt. Nach einem Streit mit dem Ausschussmitglied von Szalay fühlte sich Matthes allerdings an sein Amt in dem Ausschuss nicht mehr gebunden.[72]

Matthes wurde dazu gebeten, mit dem Arbeitsmediziner Dr. med. Siebert Kontakt wegen eines Lehrauftrags aufzunehmen. Der Ablauf [73] für die Erteilung eines Lehrauftrages sah vor,

---

65 Ebd.

66 Protokoll der 24. Sitzung der Fakultät vom 30. Oktober 1946, Universitätsarchiv der TU Berlin.

67 Ebd.

68 Protokoll der 38. Sitzung der Fakultät vom 6. Juni 1948, Universitätsarchiv der TU Berlin.

69 Protokoll der 23. Sitzung der Fakultät vom 2. Oktober 1946, Universitätsarchiv der TU Berlin.

70 Protokoll der 25. Sitzung der Fakultät vom 11. Dezember 1946, auch 26. Sitzung vom 15. Januar 1947, Universitätsarchiv der TU Berlin.

71 Protokoll der 39. Sitzung der Fakultät vom 9. März 1948, Universitätsarchiv der TU Berlin.

72 Protokoll der 40. Sitzung der Fakultät vom 15. März 1948, Universitätsarchiv der TU Berlin.

73 Protokoll der 49. Sitzung der Fakultät vom 15. Dezember 1948, Universitätsarchiv der TU Berlin.

dass sich Dr. Siebert alsbald bei Matthes zu einem Gespräch einfinden sollte.[74] Allerdings konnte der Lehrauftrag für Arbeitsmedizin an Dr. Siebert nicht ohne weiteres erteilt werden, da noch Unklarheiten hinsichtlich seiner politischen Vergangenheit bestanden.[75] Deshalb sollte Matthes nach möglichen Ersatzpersönlichkeiten Ausschau halten.[76]

Oberingenieur Rühl, dessen Bemühungen um die Nachfolge Moedes erfolglos geblieben waren, erhielt mit Zustimmung von Matthes im Dezember 1949 einen Lehrauftrag für Psychotechnik an der Freien Universität.[77] Im November 1950 beantragte Rühl die Promotion und legte seine Dissertation vor.[78]

Lehrbetrieb

Der neu berufene Professor Matthes hatte zunächst den Lehrbetrieb einzurichten. Er begann am 13. Mai 1946 mit den Vorlesungen Grundlagen der Werkzeugmaschinen I (Pflichtvorlesung) und Werkzeugmaschinenlehre I (Wahlfach). Die erste Vorlesung wurde etwa von 50 bis 60 Hörern belegt, in der zweiten waren durchschnittlich 5 bis 7 Studenten anwesend. Zu der Vorlesung „Werkzeugmaschinenlehre I" wurde auch ein zweistündiges Seminar durchgeführt.

Darüber hinaus wurde von Leinweber die Vorlesung mit zugehörigen Übungen Grundlagen des Fabrikbetriebes I und II und Fabrikbetriebslehre I abgehalten. Die Lehrveranstaltungen von Matthes und Leinweber waren einerseits für Studierende aller Fachrichtungen und andererseits für Hörer der neu gegründeten Fachrichtung „Fertigungstechnik und Fabrikbetriebe" bestimmt.

Zur Ingangsetzung des Forschungs-, Versuchs- und Übungsbetriebs wurden große Anstrengungen zur Wiederbeschaffung von Werkzeugen, Messgeräten und Maschinen unternommen. Außerdem wurde eine vollständige Installation für Gleich- und Drehstrom in dem Versuchsfeld durchgeführt.

Besondere Aufmerksamkeit wurde in diesem ersten Nachkriegs-Semester der Einrichtung einer Lehrmittelsammlung, der Erstellung von Vorlesungsumdrucken und dem Ausbau der Lehrstuhlbücherei, die auf etwa 300 Bände erweitert werden konnte, gewidmet. Auf Grund dieser umfangreichen Arbeiten mussten Forschungsvorhaben zurückstehen. Auch fehlte es noch an geeigneten Messgeräten und -einrichtungen. Erst im Laufe dieses Semesters konnten die notwendigen Reparaturarbeiten durchgeführt werden. Außerdem wurde die Diapositivsammlung von 500 auf 1000 Stück vergrößert. Zur Erleichterung wissenschaftlicher Arbeit wurden einige vollständige Stichwortverzeichnisse der Staatsbibliotheken aus den Lehrgebieten erfasst und in Karteiform beim Lehrstuhl abgestellt. Die Firma Siemens stellt als Anschauungsmaterial eine Mustertafel der Herstellung eines Drehkondensators zur Verfügung.

Im Sommersemester 1946 wurden auch schon Prüfungen in den Fächern „Betriebswissenschaft" und „Werkzeugmaschinen" abgenommen. Insgesamt wurden zehn Diplom-Kandidaten geprüft, die ihr Studium noch während des Kriegs begonnen hatten.

Zu Beginn des Wintersemesters 1946/47 wurden neue Studienpläne herausgegeben. Für die Diplom-Hauptprüfung der Fachrichtung „Fertigungstechnik" mussten folgende Vorlesungen und Übungen in der Grundausbildung und Fachrichtung belegt werden:

---

74 Protokoll der 50. Sitzung der Fakultät vom 12. Januar 1949, Universitätsarchiv der TU Berlin.

75 Protokoll der 53. Sitzung der Fakultät vom 9. März 1949, Universitätsarchiv der TU Berlin.

76 Protokoll der 55. Sitzung der Fakultät vom 25. Mai 1949, Universitätsarchiv der TU Berlin.

77 Protokoll der 61. Sitzung der Fakultät vom 14. Dezember 1949, Universitätsarchiv der TU Berlin.

78 Protokoll der 72. Sitzung der Fakultät vom 16. November 1950, Universitätsarchiv der TU Berlin.

Vorlesungen der Grundausbildung

1) Kraftmaschinen,
   a) Dampfkraftmaschinen,
   b) Verbrennungskraftmaschinen,
2) Fördertechnik,
3) Feinwerktechnik,
4) Maschinendynamik,
5) Maschinenbaustatik,
6) Mechanik der Flüssigkeiten,
7) Elektromaschinen,
8) Werkstattmesstechnik,
9) - 10) Zwei der folgenden Fächer:
   Brennstofftechnik,
   Dampfkessel,
   Heizung und Lüftung,
   Kältetechnik,
   Wärmetechnik für Industrie, Gewerbe und Landwirtschaft.

Vorlesungen der Fachrichtung

1) Werkzeugmaschinen,
2) Betriebstechnik,
3) Arbeitstechnik (Psychotechnik),
4) Getriebelehre,
5) Werkstofftechnik.

Übungen

1) Maschinenlaboratorium I und III,
2) Elektromaschinenlaboratorium,
3) Entwurf einer Kraftmaschine,
4) Entwurf einer Werkzeugmaschine,
5) Entwurf eines Fabrikbetriebes,
6) Versuchsfeld für Fertigungstechnik,
7) Studienarbeit.

Insgesamt waren zum Hauptdiplom 86 Wochenstunden für Vorlesungen und Übungen vorgesehen. Darüber hinaus wurde empfohlen, eine Vorlesung über Planung und Einrichtung von feinmechanischen Fabriken zu hören. Die Vorlesungen 1 bis 3 der Fachrichtung sowie die Übungen 4 bis 6 und teilweise auch 7 wurden vom Lehrstuhl betreut. Entsprechend diesem Studienplan wurden im Wintersemester 1946/47 von Matthes folgende Vorlesungen und Übungen abgehalten:

- Betriebstechnik II,
- Betriebstechnik III,
- Werkzeugmaschinen I,
- Arbeitstechnik I,
- Planung eines Fabrikbetriebes,
- Entwerfen einer Werkzeugmaschine,
- Versuchsfeld für Fertigungstechnik.

Darüber hinaus wurde eine weitere Übung im Versuchsfeld, Dienstag von 14-16 Uhr, für Studierende anderer Fachrichtungen, die in der Grundausbildung Betriebstechnik und Werkzeugmaschinen belegen mussten, durchgeführt.

Ein Lehrauftrag wurde ebenfalls im Wintersemester 1946/47 an Direktor Mühlbauer (aus dem Hause Siemens) vergeben, der die Vorlesung mit Übung

- Planung und Einrichtung von feinmechanischen Fabriken I

abhielt. Die Vorlesung Betriebstechnik II wurde im Durchschnitt von 65 Hörern besucht. Da Studierende der Hochfrequenztechnik diese Vorlesungen auf Grund von Überschneidungen nicht hören konnten, wurde diese von Oberingenieur Rühl an einem anderen Tag wiederholt. An den anderen Vorlesungen nahmen im Durchschnitt 25 Studierende teil.

Im Sommersemester 1947 wurden von Matthes folgende Vorlesungen gehalten:

- Betriebstechnik I,
- Betriebstechnik IV,
- Werkzeugmaschinen II,
- Psychotechnik II.

Hinzu kamen die Übungen im Versuchsfeld und zur Arbeitstechnik. Die Vorlesung „Psychotechnik II“ war die weiterführende Vorlesung zu der im Wintersemester 1946/47 abgehaltenen Lehrveranstaltung „Arbeitstechnik I“. In den folgenden Semestern wurde diese unter „Psychotechnik I“ weitergeführt. Mühlbauer hielt in diesem Sommersemester die Vorlesung „Planung und Einrichtung von feinmechanischen Fabriken II“. Im Jahre 1947 war somit der Aufbau der Vorlesungen und Übungen abgeschlossen.

Vom Lehrstuhl mussten neben den Studierenden der Fachrichtung „Fertigungstechnik“ auch Studenten anderer Fachrichtungen betreut werden. Diese hatten, insbesondere in den Fächern der Grundausbildung, Vorlesungen des Lehrstuhls für Fertigungstechnik zu belegen.

Im Sommersemester 1949 wurde vom Lehrstuhl ein Produktionstechnisches Kolloquium eingerichtet. In dieser bis 1952 durchgeführten Veranstaltung wurde über Sondergebiete und spezielle Probleme aus der Produktionstechnik berichtet sowie Studierenden Gelegenheit gegeben, über ihre Arbeiten zu referieren. Vom Oberingenieur Rühl wurde ab Wintersemester 1949/50 die Vorlesung „Einführung in die Produktionstechnik für Praktikanten“ veranstaltet. Diese Vorlesung sollte dazu beitragen, den angehenden Studenten schon während des Praktikums die Grundzüge der Fertigungstechnik zu vermitteln und den Bezug der während der praktischen Tätigkeit gewonnenen Erkenntnisse zu ihrem späteren Studium zu erkennen.

Aus der Übersicht über die Übungen am Lehrstuhl für Fertigungstechnik und Werkzeugmaschinen und am Institut für Psychotechnik der Technischen Universität Berlin-Charlottenburg im Sommersemester 1952 ist zu entnehmen, dass an den seminaristischen Übungen im Versuchsfeld für Fertigungstechnik II 21 Studenten teilgenommen haben. Die Zahl der Teilnehmer an den seminaristischen Übungen zur Psychotechnik II betrug 91. In diesem Semester wurden 6 Diplomarbeiten, 10 Studienarbeiten und 23 Übungsaufgaben durchgeführt.

Forschungsprojekte

Allmählich wurde auch begonnen, Forschungsarbeiten durchzuführen. Beschränkten sich diese anfänglich notgedrungen nur auf die Betreuung einiger Doktoranden, so konnten mit der Zeit insbesondere Versuchsaufträge der Berliner Industrie aus den Bereichen der Fertigungstechnik, Werkzeugmaschinen, Messtechnik und der industriellen Psychotechnik bearbeitet werden. Vor allem waren vertiefende Arbeiten auf dem Gebiet der Eignungsuntersuchungen gefragt. Auf Anregung der Zentralverwaltung des Deutschen Verkehrs begannen Vorarbeiten für Untersuchungsverfahren zur frühzeitigen Erkennung von so genannten „Unfällern“.

Vom Planungsamt des Magistrats von Berlin wurde Anfang 1947 die Einrichtung einer Normenauslegestelle an der TU Berlin angeregt. Laut Fakultätsbeschluss wurde diese dem

Lehrstuhl für Fertigungstechnik angegliedert. Im Laufe des Jahres konnten geeignete Räume im Erweiterungsbau eingerichtet und die ersten Normblätter beschafft werden. Die Normenauslegestelle besteht noch heute am Institut.

In der 48. Sitzung der Fakultät für Maschinenwesen[79] am 1. Dezember 1948 wird auf Grund eines Schreibens der Fakultät II als weiterer Berichter für das dort laufende Promotionsverfahren von Dipl.-Ing. Helmut Schnewlin Professor Matthes bestimmt. Das Thema der Dissertation lautet: „Beitrag zur Ermittlung der optischen Arbeitsbedingungen an Fußbedienungselementen, unter besonderer Berücksichtigung Bein- und Fußverletzter".

Helmut Schnewlin war Schüler Walther Moedes und hatte als externer Doktorand schon während der Kriegsjahre an seiner Dissertation gearbeitet, die er unter Betreuung durch Professor Moede abschloss. Schnewlin lebte in Zürich und arbeitete in leitender Stellung bei Brown, Boverie & Cie., Baden, Schweiz und unterhielt freundschaftliche Beziehungen zu Walther Moede, der nach der Promotion gratulierte. Bemerkenswert sind seine Arbeiten in den fünfziger Jahren zur Auswirkung der Automatisierung auf die Arbeitsstrukturen der Produktionswirtschaft.[80]

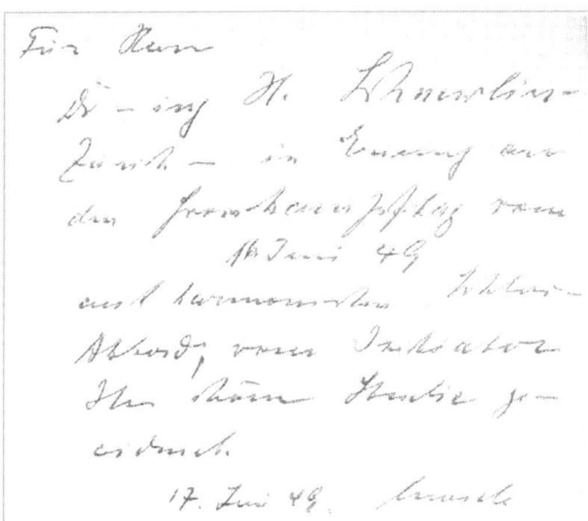
Für Herrn
Dr.-Ing. H. Schnewlin –
Zürich – in Erinnerung an
den Promotionsabschluss vom
16. Juni 49
[illegible]
[illegible]
[illegible]
[illegible]
17. Juni 49. Moede

Bild 11.05: Moedes Schreiben an Dr. Schnewlin anlässlich seiner Promotion am 16. Juni 1949

Die erste Nachkriegspromotion am Lehrstuhl war die von Hans Rögnitz am 15. Juni 1949 mit der Dissertation über „Die Ermittlung der kleinsten Summe der Zähnezahlen bei ungebundenen Stufenrädergetrieben an Werkzeugmaschinen". Berichter waren Matthes und Alt, Vorsitzender war Oertel. Rögnitz war schon von 1922 bis 1927 Assistent bei Schlesinger gewesen.

Im Jahre 1951 promovierte Günter Rühl, damals Oberingenieur und später Professor für Betriebswirtschaftslehre, Fertigungswirtschaft und Arbeitswissenschaft der Technischen Hochschule Karlsruhe, mit der Dissertation zum Thema „Die Ermittlung von Beurteilungsmaßstäben in der praktischen Psychologie mit Hilfe von Häufigkeitskurven". Matthes war der Berichterstatter.

79 Protokoll der 48. Sitzung der Fakultät für Maschinenwesen vom 1. Dezember 1948, Universitätsarchiv der TU Berlin.

80 Streiff, F.; Schnewlin, H.: Technische, wirtschaftliche und soziale Aspekte zur Automation. Schweizer Monatshefte 37 (1957) 8, S. 657-666.

Ein erstes Ergebnis der unter Matthes wieder aufgenommenen Zerspanungsforschung war die 1952 abgeschlossene Dissertation von Martin Hirschfeld über die „Entwicklung eines werkstoffbezogenen Grundgesetzes sowie verfahrenabhängiger Gleichungen für die Bestimmung der Hauptschnittkraft bei spanenden Bearbeitungsvorgängen."[81]

Bild 11.06: Hans Rögnitz, Günter Rühl und Martin Hirschfeld (v.l.n.r.)

Psychotechnische Eignungsprüfungen

Nach der Übernahme des Instituts für industrielle Psychotechnik wurde zunächst eine vollständige Einrichtung für die psychotechnische Eignungsprüfung von Kraftfahrern aufgebaut. Neben der Daueraufmerksamkeits-Prüfung an einem Fahrerstand konnten die Sinnesleistungen des Auges wie Blendungssehen, Dämmerungssehen und Farbsehen sowie Reaktions-, Geschicklichkeits- und Intelligenzleistungen untersucht werden.

Am Institut für Psychotechnik kam der Diplom-Psychologe Dr. Kunze zur Anstellung. Er sollte die umfangreichen, laufenden Arbeiten des Instituts betreuen. Zu diesen Aufgaben gehörten die Überprüfung von Jugendlichen auf ihre Kraftfahrereignung, Lehrlingsprüfungen für Berliner Firmen, Eignungsprüfungen für die Zulassung von Studenten zum Studium der Zahnheilkunde an der Humboldt-Universität und Gutachten über die Einwirkung des Alkohols auf das Leistungs- und Reaktionsvermögen von Kraftfahrern. Hinsichtlich des letzten Punktes wurde auch ein weiteres Forschungsvorhaben in Angriff genommen, welches die Anwendung und Methodik psychotechnischer Eignungsuntersuchungen zur objektiven Erfassung der Alkoholeinwirkung zum Inhalt hatte. Die anderen Forschungsvorhaben wurden unverändert weitergeführt.

Bemerkenswert ist die unterschiedliche wissenschaftliche Entwicklung der politischen Bewertung psychologischer Eignungsprüfung in der DDR. Vom Staatssekretariat für Berufsbildung wurde mit der Durchführungsbestimmung zur Verordnung über die Ausbildung von Industriearbeitern in den Berufsschulen vom 20. März 1951 die Durchführung von Eignungsprüfungen auf der Grundlage psychotechnischer Testmethoden verboten.

[81] Martin Hirschfeld (1917-1997) studierte Maschinenbau an der TH München. Nach Militärdienst in der Kriegszeit war er als Assistent bei Matthes, Schallbroch und Kniehahn tätig. Dann wurde er Baurat und Professor an der Fachhochschule Berlin.

Zweite Durchführungsbestimmung zur Verordnung über die Ausbildung von Industriearbeitern in den Berufsschulen — Verbot psychotechnischer Eignungsprüfungen —

Vom 20. März 1951

Auf Grund § 24 der Verordnung vom 3. November 1947 über die Ausbildung von Industriearbeitern in den Berufsschulen (ZVOBl. 1948 S. 451) wird folgendes bestimmt:

§ 1

(1) Alle Eignungsuntersuchungen auf der Grundlage psychotechnischer Testmethoden in den Ämtern für Arbeit der Deutschen Demokratischen Republik und in den volkseigenen Betrieben zum Zwecke der Berufsbestimmung für Schulabgänger der Grund- und Oberschulen werden untersagt.

(2) Die Apparaturen, Geräte und Vordrucke für die Testmethoden sind an die Hauptabteilung Berufsausbildung des Ministeriums für Aufbau, Wirtschaft und Arbeit des Landes abzuliefern.

§ 2

Die Eignungsuntersuchungen durch Amtsärzte nach physiologischen Richtlinien werden durch dieses Verbot nicht betroffen.

§ 3

Diese Durchführungsbestimmung tritt mit dem 1. April 1951 in Kraft.

Berlin, den 20. März 1951

Staatssekretariat für Berufsausbildung

Wießner

Staatssekretär

Bild 11.07: Verbot psychotechnischer Eignungsprüfungen in den Berufsschulen der DDR

Auf Bitten des Senators für Arbeit wurden im August 1953 am Institut 400 West-Berliner Jugendliche im Alter von 16 bis 19 Jahren, die im Berliner Jugendnoteinsatz eine einjährige Berufsausbildung erhielten, einer Eignungsprüfung unterzogen. Diese Gruppe sollte ein Jahr lang verfolgt werden, um den Einsatz der Ausbildungsbemühungen in fachlicher und persönlichkeitsbildender Hinsicht zu überprüfen.

Gemeinschaftsarbeit

Anfang 1950 beschloss der Rationalisierungs-Ausschuss des Berliner Magistrats die Gründung einer ständigen Lehrschau für Rationalisierung.[82] Mit der Einrichtung dieser Schau wurde der VDI betraut. Unter maßgeblicher Mitarbeit von Prof. Matthes konnte diese unter dem Namen „Berliner Schau – Rationelles Schaffen" am 16. September 1950 in Berlin-Steglitz, Schloßstr. 38-40, eröffnet werden. Ziele dieser ständigen Lehrschau waren unter anderem Ausstellungen neuzeitlicher Arbeitsverfahren und vorbildlicher Beispiele über die Ausnutzung vorhandener Möglichkeiten sowie wichtiger Erzeugnisse der Berliner Wirtschaft, die über deren Leistungsfähigkeit Aufschluss bieten können. Ferner gehörten zu den Aufgaben die Darstellung sachgemäßer und wirtschaftlicher Maßnahmen sowie die Darstellung von arbeitswissenschaftlichen Rationalisierungsmaßnahmen zum Zwecke der persönlichen Leistungsentfaltung. Letztlich sollte die Lehrschau auch über die Marktlage der verschiedenen Wirtschaftszweige, über die sozialen Gegebenheiten, die Mitbestimmung der Gewerkschaften und deren Organe informieren. 1951 wurde die Betreuung der Lehrschau dem RKW (Rationalisierungskuratorium der Deutschen Wirtschaft) übergeben. Mit der Leitung beauftragt war Matthes. Zahlreiche Lehrkurse in Zusammenarbeit mit anderen Verbänden und Organisationen sowie Ausbildungskurse für Schwerbeschädigte konnten durchgeführt werden. Darüber hinaus wurde ein „Forum der Rationalisierungspraxis" eingerichtet, auf dem namhafte Persönlichkeiten Vorträge hielten, die stets von einem großen Kreis von Fachleuten besucht wur-

[82] Die Anregung dazu hatte Karl Matthes gegeben.

den. Neben der „Berliner Schau – Rationelles Schaffen" fanden auch Sonderausstellungen wie „Rationalisierung im Bekleidungsgewerbe" oder „Rationelle Hauswirtschaft" statt.

Bild 11.08: Plakat der „Berliner Schau – Rationelles Schaffen"

Anlässlich der Werkzeugmaschinenschau auf der Technischen Messe Hannover fand 1951 in Zusammenarbeit mit dem Verein Deutscher Werkzeugmaschinenfabriken (VDW) eine Studenten-Exkursion nach Hannover statt. Diese vom VDW-Vorstand angeregte Studienfahrt wurde auch von anderen Technischen Hochschulen wahrgenommen. Gerade aus Berliner Sicht wurde diese Anregung sehr begrüßt, da die Leipziger Messe kaum noch besucht wurde. An der Exkursion nahmen von der Technischen Universität Berlin etwa 15 Studenten teil. Einige von ihnen sollten Berichte über Neuheiten auf der Werkzeugmaschinenschau anfertigen.

Ausscheiden von Prof. Matthes

Auf der Fakultätssitzung vom 2. September 1952 berichtete der Dekan überraschend von Vorgängen persönlicher Art Matthes betreffend.[83] Diese hatten Matthes veranlasst, zum 30. September 1952 aus der TU auszuscheiden. Die Fakultät bat Prof. Augustin (Lehrstuhl für Kraftfahrzeuge), die Verwaltung des Lehrstuhls für Fertigungstechnik und Werkzeugmaschinen nebst den Instituten Werkzeugmaschinen und Psychotechnik zu übernehmen.

Am 30. September 1952 schied Professor Matthes aus den Diensten der Technischen Universität Berlin aus. Bis zur Berufung von Professor Dr.-Ing. Heinrich Schallbroch am 1. Oktober 1953 wurde der Lehr- und Forschungsbetrieb vom damaligen Oberingenieur Dr.-Ing. Rühl weitergeführt.

Die Vorlesungen und Übungen wurden vertretungsweise vom Oberingenieur Rühl und den wissenschaftlichen Assistenten Hirschfeld, Janders und Weber durchgeführt. Gleichzeitig erfolgte auch die Umbenennung der Lehrveranstaltung „Psychotechnik" in „Arbeitswissenschaft". Seit Wintersemester 1950/51 war es möglich, am Lehrstuhl für Fertigungstechnik Refa-Scheine zu erwerben. Von diesem Angebot wurde reger Gebrauch gemacht. Die Leitung

[83] Vgl. auch die Niederschrift über die 1. Sitzung des Senats der TU Berlin zum WS 1952/53 am 9. August 1952, Universitätsarchiv der TU Berlin.

der Kurse übernahm Rühl. In diesen Vorlesungen und zugehörigen Übungen wurden in Absprache mit dem Refa-Verband in ca. 80 Stunden der Stoff zur Erwerbung eines Refa-Scheines (Arbeits- und Zeitstudien) vermittelt. Nach einer Abschlussklausur konnten im August 1953 an 52 Teilnehmer dieser Lehrveranstaltungen Refa-Scheine ausgegeben werden.

Rückblickend verdeutlichen die Fakultätssitzungsprotokolle, aus denen die Vorgänge um die Besetzung des Lehrstuhls für Fertigungstechnik und Werkzeugmaschinen sowie Psychotechnik in dem Zeitraum ab März 1946 bis Januar 1947 hervorgehen, dass von Beginn an die Fortführung des Lehrstuhls Moedes weder im Etat der neu gegründeten TU vorgesehen noch innerhalb der Fakultät gewünscht war. Vielmehr gab es mehrfach Bemühungen und Überlegungen, dieses Gebiet an eine andere Fakultät auszugliedern. Die Psychotechnik sollte innerhalb der Fakultät für Maschinenwesen allenfalls mit einer Lehrbeauftragung fortgeführt werden. Eine sofortige Wiedereingliederung Moedes war wegen seiner Parteizugehörigkeit zunächst blockiert. Nachdem in den Jahren 1951/52 die politischen Hindernisse entfallen waren, stand seiner Wiederbeschäftigung zudem die Tatsache entgegen, dass der Lehrstuhlinhaber Matthes das Gebiet der Psychotechnik voll übernommen hatte und für eine zusätzliche Stelle kein Raum war. Schließlich kam auch das hohe Alter Moedes hinzu, sodass all seine Versuche der Wiederbeschäftigung scheitern mussten.

Walther Moede im Spannungsfeld mit der Technischen Universität

Walther Moede konnte sich nach seiner Entlassung aus dem Hochschuldienst nicht damit abfinden, dass sein ehemaliger Lehrstuhl im Zuge der Neubesetzung nach Auflösung der Technischen Hochschule nicht direkt wieder besetzt wurde, sondern durch Entscheidung der Fakultät für Maschinenwesen der Technischen Universität ab April 1946 mit der Berufung von Karl Paul Matthes von diesem übernommen wurde. Im Zuge seiner Nachforschungen über Matthes wurde Moede bekannt, dass zumindest der erhebliche Verdacht bestand, dass Matthes weder ein abgeschlossenes Maschinenbaustudium an einer Technischen Hochschule mit dem akademischen Grad eines Diplomingenieurs erworben hatte, noch auf dem Bereich der Arbeitspsychologie wissenschaftliche Kenntnisse oder gar Ausbildungen nachweisen konnte. Er versuchte darum die Ausgliederung seines ehemaligen Lehrstuhls aus dem Verantwortungsbereich des Lehrstuhls von Matthes und die Wiedereinsetzung seiner Person als Dozent zu erreichen. Obwohl Matthes die Technische Hochschule zum 30. September 1952 verließ, konnte sich Walther Moede mit seinem Wunsch nach Wiedereinsetzung auf seinen alten Lehrstuhl oder Übertragung eines Lehrauftrags nicht durchsetzen.

Die Frage, ob Matthes seine Titel zu Recht führte und die Qualifikation für den von ihm geführten Lehrstuhl besaß, beschäftigte nicht nur Moede, sondern neben der TU-Verwaltung und der Presse auch die Gerichte. Vorgeworfen worden war ihm das unerlaubte Führen des akademischen Grades Dipl.-Ing. entgegen der Durchführungsverordnung des Gesetzes über die Führung akademischer Grade vom 21. Juli 1939. Nach einem Urteil des Amtsgerichts Tiergarten wurde zwar Matthes in allen Anklagepunkten mangels Beweises freigesprochen, jedoch konnte ihn dieses Urteil gegenüber der TU letztlich nicht entlasten, sodass sein Dienstverhältnis mit der TU einvernehmlich aufgehoben wurde.

Moede hat in der Zeit von 1950 bis 1952 eine Vielzahl von Schreiben an verschiedene Personen gerichtet, um von diesen Aufklärung über den von Matthes erworbenen akademischen Grad zu bekommen. Diese Auskünfte ergaben zwar tendenzielle, jedoch keine dokumentensicheren Nachweise.

Erstmals hatte sich Matthes mit Schreiben vom 20. Oktober 1946 an Moede gewandt und ihm darin mitgeteilt, dass er nunmehr auch dessen ehemaliges Arbeitsgebiet an der TU übernommen habe. Er bat Moede etwaig noch vorhandenes Arbeitsmaterial der Hochschule an ihn abzugeben und ferner um Unterstützung.[84] Hieraus entwickelten sich Streitigkeiten zwischen beiden.

Die Auseinandersetzung zwischen Moede und Matthes beschränkte sich jedoch nicht nur auf die Besetzung des Lehrstuhles, sondern umfasste auch massive Plagiatsvorwürfe seitens Moedes gegen Matthes. So wandte ersterer sich mit Schreiben vom 15. November 1952 an den Senator für Wirtschaft wegen einer Ausstellung „Rationelles Schaffen", in welcher nach Moedes Angaben Ausstellungsstücke, insbesondere Tabellen und Arbeitskurven und die Abbildung eines Prüfgeräts enthalten waren, die seinen Büchern entnommen worden waren, ohne dass dies in der Ausstellung erkenntlich gemacht worden sei. Dadurch sei der falsche Eindruck entstanden, Matthes sei selbst der Urheber.[85] Matthes verwahrte sich gegen die vorgehaltene Unterdrückung der Urheberschaft.[86] Er hatte sich bereits mit Schreiben vom 1. Dezember 1951 an Moede gewandt und darin betont, dass er sich nicht als Nachfolger Moedes sähe und seine Lehre von der Moedes abweiche.[87] Zu den erhobenen Plagiatsvorwürfen nahm er nicht Stellung.

Moede sah sich in seinen Bemühungen um eine Wiedereingliederung im Jahre 1953 einer neuen Problematik gegenüber. Gegen ihn war von unbekannter Seite gegenüber dem Untersuchungsausschuss (UfJ) freiheitlicher Juristen der Vorwurf erhoben worden, als Agent für die Sowjetischen Behörden tätig zu sein. Der UfJ hatte diesen Verdacht unter anderem auch an die Universitätsverwaltung weitergegeben. Nachdem Moede davon Kenntnis erlangt hatte, wandte er sich mit Schreiben vom 4. September 1953 an den UfJ, um einem vermeintlichen Gutachten des UfJ hinsichtlich einer angeblichen Tätigkeit für sowjetische Dienststellen entgegenzutreten.[88]

Der Untersuchungsausschuss freiheitlicher Juristen (UfJ) wurde am 6. Dezember 1949 in Berlin gegründet.[89] Ziel des UfJ war die Bekämpfung des totalitären Regimes in der DDR, offiziell durch Aufdeckung von Verbrechen und Unrechtstaten in der DDR, innoffiziell auch mit geheimdienstlichen Mitteln zwecks Destabilisierung der DDR und Ausspähung von Informationen über die DDR und die dortigen Sowjettruppen und Einrichtungen im Auftrag und Dienst des amerikanischen CIA. Auf dessen Initiative hin sollen sowohl der UfJ, wie auch die Kampfgruppe gegen Unmenschlichkeit (KgU) gegründet worden sein. Mit Sicherheit wurde der UfJ von amerikanischer Seite langjährig finanziert.[90]

Der UfJ antwortete Moede mit Schreiben vom 5. September 1953. Ihm wurde mitgeteilt, der UfJ habe weder ein solches Gutachten erstellt, noch habe es sich bei dem Hinweisgeber um die von Moede vermutete Person gehandelt. Die Ermittlungen des UfJ hätten den gegen

84 Dokument 11-26: Schreiben Matthes vom 20. Oktober 1946.
85 Dokument 11-72: Schreiben Moedes vom 15. November 1952.
86 Dokument 11-73: Entgegnung des Senators für Wirtschaft vom 3. Dezember 1952.
87 Dokument 11-59: Schreiben Matthes vom 1. Dezember 1952.
88 Dokument 11-101: Moedes Schreiben an den UfJ vom 4. September 1953.
89 Vgl. Dr. Friedrich Schlomann: Der illegale Widerstand in der DDR, Zeit-Fragen Nr. 34 vom 1.2.1997.
90 Vgl. Schlomann, S. 4.

Moede erhobenen Verdacht nicht bestätigt, wovon der UfJ die an einer Klärung dieser Frage interessierten Stellen in Kenntnis gesetzt habe.[91] Um welche Stellen es sich dabei gehandelt hat, bleibt allerdings unklar. Jedenfalls sah der UfJ keinen Anlass für weitere Ermittlungen gegen Moede.

Moede bereitete am 15. September 1953 ein Schreiben an den UfJ vor, in welchem er zu den Angaben des UfJ Stellung nahm. Er führte darin aus, er habe von der für seine Wiedereingliederung in die Hochschule maßgeblichen Stelle die Auskunft erhalten, dass ein ihn belastender Bericht des UfJ dort vorliege.[92] Eine solche Auskunft oder ein solcher Bericht ist allerdings in den Unterlagen Moedes nicht enthalten. Die Auskunft müsste daher mündlich an ihn erfolgt sein. Wahrscheinlich handelt es sich nicht um einen Bericht, sondern lediglich um das auch in den Personalakten Moedes befindliche Schreiben des UfJ an die TU-Verwaltung vom 8. August 1952, in welchem der Verdacht der Spitzeltätigkeit Moedes für sowjetische Dienststellen geäußert wird.[93] Dem Schreiben Moedes vom 15. September war eine Liste von Namen beigefügt, bei denen es sich um weitere mögliche Informanten handelte, die Moede verdächtigte, die falschen Angaben über seine angebliche Spitzeltätigkeit verbreitet zu haben.

Mit Schreiben vom 11. März 1954 hatte sich Moede erneut an den UfJ gewandt und darin darüber beschwert, dass ein entlastender Bericht des UfJ noch immer nicht bei der Hochschulverwaltung vorlag. Er bat zudem um Mitteilung, welche Stellen von dem UfJ mit dem belastenden Bericht benachrichtigt worden seien.[94] Unter Bezugnahme auf dieses Schreiben teilte der UfJ am 16. März 1954 mit, dass die Stelle, von der der Hinweis auf eine angebliche Tätigkeit für sowjetische Dienststellen seitens Moedes ausgegangen war, nochmals von dem UfJ angesprochen worden sei und dieser dabei dann zugegeben hätte, es hätte sich bloß um einen losen Verdacht gehandelt. Konkrete Beweise hätten nicht vorgelegen.[95] Allein die Tatsache jedoch, dass Moede durch diese aus der Luft gegriffene Anschuldigung erhebliche Nachteile hatte, ließ Moede weiter nach dem Namen des Unbekannten forschen. Er wandte sich am 3. September 1954 persönlich an den Dekan der Fakultät für Maschinenwesen Professor Mohr und bat diesen um Einsicht in seine Personalakte. Zur Begründung gab er an, er meine die TU habe falsche, unzureichende oder herabsetzende Auskünfte über ihn erteilt.[96] Professor Mohr fragte wegen der Akteneinsicht bei der Verwaltung nach, die dagegen keine Einwände hatte, sodass Moede seine Akte am 25. November 1954 einsehen konnte.

Moede wollte sich offenbar danach erneut an den UfJ wenden und bereitete ein Schreiben, datiert auf den 13. Januar 1955 vor. Dieses in den Unterlagen Moedes befindliche Schreiben trägt jedoch den Vermerk „nicht abgesandt“, sodass angenommen werden muss, Moede habe sich umentschieden. Jedenfalls kritisierte er in diesem Schreiben die offensichtlich falsche Auskunft des UfJ vom 5. September 1953, er hätte alle Stellen von der Bereinigung des Verdachts gegen Moede informiert. Da sich in seiner Personalakte bei der TU eine solche Mitteilung nicht befinde, sei die Mitteilung falsch gewesen.[97] Die in dem Briefentwurf abschließend geäußerte Bitte Moedes um Mitteilung der Dienstaufsichtsstelle des UfJ lässt erkennen, dass Moede of-

---

[91] Dokument 11-102: Schreiben des UfJ vom 5. September 1953.

[92] Dokument 11-103: Schreiben Moedes vom 15. September 1953.

[93] Dokument 11-100: Schreiben des UfJ vom 8. August 1952.

[94] Dokument 11-104: Schreiben Moedes vom 11. März 1954.

[95] Dokument 11-105: Schreiben des UfJ vom 16. März 1954.

[96] Dokument 11-106: Schreiben Moedes vom 3. September 1954.

[97] Dokument 11-107: Schreiben Moedes vom 13. Januar 1955.

fensichtlich eine Dienstaufsichtsbeschwerde gegen den UfJ beabsichtigt hatte. Allerdings lässt dieses beabsichtigte Ansinnen vermuten, dass Moede die Rechtsnatur und die tatsächliche Bedeutung des UfJ nicht wirklich erkannt hatte. Denn es handelte sich bei dem UfJ um einen „Verein kraft eigener Verleihung", also um eine rein privatrechtlich gegründete und betriebene Organisation, für die es selbstverständlich keine dienstaufsichtsführende öffentliche Stelle gab, bei der sich Moede hätte beschweren können oder die dem UfJ gegenüber weisungsbefugt gewesen wäre. Welchen Inhalt ein Schreiben Moedes an den UfJ dann letztlich hatte, lässt sich seinen Unterlagen nicht zweifelsfrei entnehmen. Jedenfalls antwortete der UfJ auf einen Brief Moedes vom 22. Januar 1955, in dem er um Beantwortung seiner Fragen hinsichtlich der benachrichtigten Stellen des ihn sowohl be- als auch entlastenden UfJ-Berichts gebeten hatte[98]. Schließlich sagte der UfJ mit einem Schreiben vom 27. Januar 1955 eine sehr allgemeine, jedoch rehabilitierende Stellungnahme gegenüber der TU zu.[99] Diese war bereits am 24. Januar 1955 erfolgt.[100] Dem Rektorrat der TU wurde darin mitgeteilt und ausdrücklich klargestellt, dass der sich gegen Moede mit Schreiben vom 8. August 1952 geäußerte Verdacht der Spitzeltätigkeit für Sowjetbehörden auf Grund eines Besuches zweier für Moede erschienenen Personen nicht erhärtet hätte und gegen die politische Zuverlässigkeit Moedes keine Bedenken bestünden. Einen entsprechende Mitteilung an die TU sei seinerzeit nicht erfolgt, weil diese dem UfJ mitgeteilt hatte, Moede sei dort nicht mehr beschäftigt. Damit endet der Schriftverkehr zwischen Moede und dem UfJ.

Die Auseinandersetzung Moedes mit dem UfJ lässt erkennen, dass der UfJ, obwohl eine privatrechtliche Einrichtung, offensichtlich von öffentlichen Stellen anerkannt und benutzt worden ist. Wurde von einem Spitzel oder auf Grund Informationen Dritter ein Verdacht gegenüber einer Person geäußert, so hat der UfJ diesen Verdacht zunächst direkt und offenbar ungeprüft an öffentliche Stellen weitergegeben. Dies hatte für die betroffenen Personen mitunter weit reichende Folgen, wie auch das Beispiel von Walther Moede zeigt. Denn nach Bekanntwerden des Verdachtes hatte er zunehmend Schwierigkeiten, mit den verantwortlichen Personen über seine beabsichtigte Wiedereingliederung in die TU überhaupt zu sprechen. Auch wenn dieser Verdacht sicherlich nicht der einzige Grund war, der gegen Moedes Wiedereingliederung angeführt wurde, so darf wohl angenommen werden, dass der im Raum stehende Verdacht seiner schnellen Wiederbeschäftigung zumindest doch entgegenstand.

Moede selbst hat von diesem Verdacht erst nach geraumer Zeit Kenntnis erlangt. Er ist also von dem UfJ selbst davon nicht in Kenntnis gesetzt worden. Aus heutiger Sicht erscheint die Weitergabe eines bloßen Verdachts an verschiedene öffentliche Stellen durch den UfJ nicht rechtsstaatlich und entsprach auch nicht der damaligen Gesetzeslage. Allerdings ist zu berücksichtigen, dass in den Zeiten des Kalten Krieges und verhältnismäßig kurz nach dem Kriegsende noch kein ausgeprägtes rechtsstaatliches Bewusstsein in der Bevölkerung und auch den öffentlichen Stellen verankert war. So war es möglich, dass ein einfacher Verdacht seitens einer privatrechtlichen Vereinigung auch von öffentlichen Stellen und Arbeitgebern wie der TU zumindest ernst genommen wurde. Gleichwohl war das Vorgehen des UfJ bedenklich und willkürlich. Auf einen losen Verdacht hin wurde Moede beschuldigt, ohne dass diesem überhaupt die Gelegenheit gegeben wurde, sich dagegen zu verteidigen. Das Vorgehen des UfJ hat Moedes Interessen mit Sicherheit geschadet. Wer den Verdacht gegen Moede

98 Dokument 11-108: Schreiben Moedes vom 22. Januar 1955.

99 Dokument 11-109: Schreiben des UfJ vom 27. Januar.1955.

100 Dokument 11-110: Schreiben des UfJ an die TU Berlin vom 24. Januar 1955.

geäußert hat, lässt sich nicht mehr feststellen. Die Angaben des UfJ dazu sind recht nebulös. Moede selbst hatte verschiedene Personen in Verdacht, ohne jedoch die Verdachtsmomente genauer zu begründen.[101]

Arbeitswissenschaft unter Heinrich Schallbroch (1953-1965)

Fakultätsbeschlüsse

Im Laufe der Beratungen um die Wiederbesetzung des Matthes-Lehrstuhls teilte der Dekan mit, dass er es abgelehnt hatte, Moede zu einer Unterredung über dessen Wiederaufnahme seiner Lehrtätigkeit zu empfangen. Die Anwesenden waren sich einig darüber, dass Moede für die Berufung eines Lehrstuhls für Fertigungstechnik und Werkzeugmaschinen nicht in Betracht käme. Ob die Berufung eines neuen Ordinarius für dieses Gebiet mit der Bestellung des zukünftigen Institutsleiters für Psychotechnik verquickt werden könne, blieb zunächst offen. Vordringlich war die Neubesetzung des Lehrstuhls für Werkzeugmaschinen. Ob hinsichtlich der Psychotechnik Rühl in Betracht komme, ließ die Fakultät offen. Sie zog auch in Erwägung, künftig die Psychotechnik einer anderen Fakultät zu überlassen. Zeit- und Arbeitsstudien sollten aber im Wirkungsbereich des Lehrstuhls für Fertigungstechnik und Maschinenbau verbleiben.

Auf dieser 93. Fakultätssitzung[102] wurde schließlich ein Berufungsausschuss unter der Leitung Triebniggs gebildet und gegen die vorangehende Empfehlung beschlossen, dass die Arbeitspsychologie weiter bei dem Lehrstuhl, gegebenenfalls mit gesondertem Lehrauftrag, verbleiben soll, da die Fakultät II die Übernahme abgelehnt hatte. Professor Augustin hatte mit Hilfe Professor Kniehahns die Verwaltung des verwaisten Lehrstuhls übernommen. Prüfungen auf dem Gebiet der Arbeitspsychologie sollte Rühl unter Aufsicht Augustins oder Kniehahns durchführen.[103] Rühl begehrte in der Folge eine größere Selbständigkeit im Institut für Psychotechnik. Über die Arbeitspsychologie wollte die Fakultät aber erst nach der Neubesetzung des Lehrstuhls entscheiden.[104] Zunächst erhielt Rühl nur einen Lehrauftrag für das Sommersemester 1953 über Arbeitswissenschaften. Es wurde ihm aber nahe gelegt, auf diesem Gebiet zu habilitieren.[105]

Auf der 100. Fakultätssitzung am 10. Juni 1953 legte Professor Triebnigg die Berufungsliste der Fakultät vor, an deren erster Stelle Professor Dr.-Ing. Schallbroch stand.[106] Die Fakultät beschloss drei Sitzungen später am 21. Oktober 1953 dessen Berufung, die alsbald erfolgte.[107] Schallbroch hatte mitgeteilt, dass er die Behandlung der Psychotechnik im eingeschränkten Umfang beabsichtige und daher dafür nur einen Assistenten benötige. Die Fakultät beschloss darauf, den Oberingenieur Rühl eine halbjährige Überlegungsfrist zu geben, ob er am

---

101 Aufklärung könnte wohl nur ein Einblick in die Akte des UfJ zu dem Aktenzeichen 4102/52 geben.

102 Protokoll der 93. Sitzung der Fakultät vom 2. September 1952, Universitätsarchiv der TU Berlin.

103 Protokoll der 93. Sitzung der Fakultät vom 2. September 1952, Universitätsarchiv der TU Berlin.

104 Protokoll der 97. Sitzung der Fakultät vom 18. Februar 1953, Universitätsarchiv der TU Berlin.

105 Protokoll der 98. Sitzung der Fakultät vom 6. Mai 1953, Universitätsarchiv der TU Berlin.

106 Protokoll der 100. Sitzung der Fakultät vom 10. Juni 1953, Universitätsarchiv der TU Berlin.

107 Protokoll der 103. Sitzung der Fakultät vom 21. Oktober 1953, Universitätsarchiv der TU Berlin.

Lehrstuhl bleiben wolle oder nicht. Gelegenheit zur Habilitation solle ihm in dieser Zeit gegeben werden, woran Rühl Interesse angemeldet hatte.[108]

In diesem Zeitraum versuchte Moede angesichts der Vakanz der Arbeitswissenschaften mit einem Lehrauftrag betraut zu werden, was die Fakultät im Hinblick auf die Berufung Schallbrochs als hinfällig ansah.[109] Moede beschäftigte die Fakultät dann noch einmal auf der 111. Sitzung, da er eine Klage auf Wiedereinstellung angedroht hatte und Einsicht in seine Personalakte wünschte, wogegen keine Einwendungen bestanden.[110] Auch die Person Matthes war noch mehrfach Gegenstand von Erörterungen der Fakultät. So anlässlich eines Rechtsstreits vor dem Arbeitsgericht[111] und hinsichtlich der Übersendung von Material der TU Stuttgart zu der Frage des Diploms.[112]

Bild 11.09: Heinrich Schallbroch (1897-1978)

Auf Schallbrochs Wunsch hin erfolgte eine Umbenennung des Fachgebiets in Lehrstuhl für Werkzeugmaschinen und Fertigungstechnik mit dem Institut für Werkzeugmaschinen und Fertigungstechnik sowie dem Institut für Arbeitswissenschaften.[113]

Heinrich Schallbroch wurde am 4. Juli 1897 in Huckingen am Niederrhein geboren. Von 1907 bis 1915 besuchte er das Realgymnasium in Duisburg. Durch den Ausbruch des 1. Weltkriegs bedingt, legte er mit seiner Oberprima vorzeitig das Notabitur ab und meldete sich als Kriegsfreiwilliger. Heinrich Schallbroch diente bei der Bayerischen Feldartillerie und wurde als Leutnant d. R. im Dezember 1918 vom Militärdienst entlassen. Nach einem Praktikum in verschiedenen Betrieben des Duisburger Raums nahm Schallbroch zum Wintersemester 1919/20 das Studium des Maschinenbaus an der Technischen Hochschule Aachen auf. Bereits am 16. Mai 1923 konnte er dieses mit dem Diplom-Examen abschließen. Am 1. Juni 1923 begann seine erste berufliche Tätigkeit in der bekannten Werkzeugmaschinenfabrik Schiess AG, Düsseldorf, wo er zunächst als Konstrukteur an der Entwicklung von Waage-

108 Protokoll der 106. Sitzung der Fakultät vom 26. Februar 1954, Universitätsarchiv der TU Berlin.

109 Protokoll der 104. Sitzung der Fakultät vom 9. Dezember 1953, Universitätsarchiv der TU Berlin.

110 Protokoll der 111. Sitzung der Fakultät vom 13. Oktober 1954, Universitätsarchiv der TU Berlin.

111 Protokoll der 106. Sitzung der Fakultät vom 26. Februar 1954, Universitätsarchiv der TU Berlin.

112 Protokoll der 107. Sitzung der Fakultät vom 5. Mai 1954, Universitätsarchiv der TU Berlin.

113 Protokoll der 104. Sitzung der Fakultät vom 9. Dezember 1955, Universitätsarchiv der TU Berlin.

recht-Bohr- und Fräsmaschinen mitwirkte. Später wurde er Betriebsassistent in der Schiess-Werkzeugfabrik. Seine wissenschaftliche Befähigung veranlasste den Geheimen Regierungsrat Professor Wallichs im Jahre 1925, Schallbroch als Oberingenieur am Lehrstuhl und Laboratorium für Werkzeugmaschinen und Betriebslehre der TH Aachen einzustellen. Hier wirkte er mit der ihm eigenen Aktivität und Einsatzbereitschaft acht Jahre. Als Oberingenieur war er mit der Durchführung zahlreicher Forschungsaufgaben beauftragt. Mit der Dissertation „Untersuchungen über das Senken und Reiben von Eisen-, Kupfer- und Aluminiumlegierungen" promovierte Schallbroch am 18. Juli 1930 an der TH Aachen zum Doktor-Ingenieur. Nach erfolgter Habilitation in der Fakultät für Maschinenwesen der TH Aachen wurde er im Sommersemester 1933 Privat-Dozent mit dem Lehrgebiet „Feinmeßwesen in der Werkstatt". Im Frühjahr 1934 erging an ihn sowohl ein Ruf der TH Braunschweig als auch der TH München. Er nahm die Berufung auf den Lehrstuhl für Mechanische Technologie der TH München an und wurde am 16.4.1934 zum ordentlichen Professor ernannt. In den elf Jahren seines Wirkens als Ordinarius auf dem Münchener Lehrstuhl hat Schallbroch diesem seine Prägung gegeben. Auf Grund der zahlreichen Forschungsarbeiten wurden dem Institut hohes Ansehen und allgemeine Anerkennung zuteil.[114]

Entwicklung der Forschung

Die technischen und wirtschaftlichen Entwicklungen führten auch seitens des Berliner Instituts zu einem verstärkten Engagement in Forschungsarbeiten sowie praktischen arbeitswissenschaftlichen Untersuchungen. In der Ära von Heinrich Schallbroch, der in diesen Jahren des wirtschaftlichen Aufschwungs von 1953 bis 1964 das Institut leitete, erfuhren sowohl Forschung als auch Lehre eine starke Ausweitung.

Bild 11.10: Versuchsfeld des Instituts für Werkzeugmaschinen und Fertigungstechnik, Fasanenstraße 90

Zur Initiative und Zähigkeit Schallbrochs bei der Durchsetzung eines Institutsneubaus kam die Unterstützungsbereitschaft der einschlägigen Werkzeugmaschinenindustrie. Zahlreiche fabrikneue Werkzeugmaschinen wurden zur Verfügung gestellt. Hierdurch war es möglich, dass man schon kurz nach Fertigstellung des Baus mit dem Ausbildungsbetrieb für die

[114] Spur, G.: Vom Faustkeil zum digitalen Produkt. Carl Hanser Verlag. München, Wien 2000, S. 373 ff.

Studierenden in Laborübungen für Werkzeugmaschinen sowie mit einer größeren Zahl von Versuchs- und Forschungsarbeiten auf den Gebieten der Werkzeugmaschinen, Zerspanungslehre und Fertigungstechnik beginnen konnte. Die Messräume im Lehrstuhlgebäude erhielten dank der Unterstützung der Deutschen Forschungsgemeinschaft wertvolle Messgeräte und Einrichtungen.[115]

Als wissenschaftlicher Assistent war weiterhin Oberingenieur Dr. Rühl am Institut tätig, der im SS 1954 die Vorlesung und Übung in Arbeitswissenschaft übernahm. Rühl widmete sich wie bisher mit großem Interesse den Fragen der Arbeitspsychologie und den Kenntnissen und Entwicklungen, die auf diesem Gebiet in den USA erarbeitet worden waren. 1953 organisierte und leitete er eine Studienreise junger Unternehmer in die Vereinigten Staaten, die in Zusammenarbeit mit dem Rationalisierungskuratorium der Deutschen Wirtschaft durchgeführt wurde.

Die 1921 als Reichskuratorium für Wirtschaftlichkeit gegründete Organisation diente der Abstimmung und Koordinierung in der Wirtschaftsentwicklung und verstand sich als nationale Produktivitätszentrale der OEEC (Organization for European Economic Cooperation). Den schnellen Entwicklungen in Politik, Gesellschaft sowie Wirtschaft zu Beginn der fünfziger Jahre versuchte das RKW durch einen erheblichen Ausbau seiner Organisation und Aufgabenstellungen Rechnung zu tragen. Über die ursprüngliche Konzeption der Beratung, Abstimmung und Steuerung hinaus leistete es wesentliche aktive Hilfe zum weiteren Aufschwung der bundesdeutschen Wirtschaft sowie zur Vorbereitung eines europäischen Marktes. Neben Fragen der Betriebstechnik und Betriebswirtschaft widmete sich das RKW gegen Ende der fünfziger Jahre auch besonders arbeitswissenschaftlichen Problemen. Denn mit dem Übergang von der Mechanisierung zur Automation standen jetzt besonders Fragen der Arbeitsgestaltung im Vordergrund.[116]

Von Rühls Interesse an psychologischen Fragen zeugen eine Vielzahl von Vorträgen, die er in den Jahren 1953 und 1954 über diese Thematik hielt, sowie verschiedene seiner Publikationen. So hielt er im Jahre 1953 bei der Arbeitgemeinschaft Berliner Werbewirtschaft einen Vortrag über Werbepsychologie, sprach über die „Beurteilung von Eignung und Leistung durch den Ausbilder“ vor der Arbeitsgemeinschaft Ausbildungswesen der Deutschen Angestellten Gewerkschaft und über die „Gestaltung des Betriebsklimas“ vor Mitgliedern des deutschen Gewerkschaftsbundes. „Denkweise und Methoden des amerikanischen Unternehmers“ lautete das Thema einer Rede, die er vor dem Forum Rationalisierungspraxis des Rationalisierungskuratoriums der Deutschen Wirtschaft hielt. Über „Moderne Lehrmethoden“ las er vor den Ausbildern des Jugendamtes Berlin, über „Menschenführung und betriebliche Partnerschaft“ in einem Unternehmerseminar am Hochschulinstitut für Wirtschaftskunde und über „Die Frau bei der Arbeit“ vor dem Verein Deutscher Ingenieure.[117]

Der „Praxis der psychologischen Betriebsführung“ ist auch ein von Rühl verfasstes ausführliches Kapitel in dem im Jahre 1954 erschienenen Taschenbuch für den Betriebswirt gewidmet.[118]

---

115 Spur, G.: Produktionstechnik im Wandel. Carl Hanser Verlag, München, Wien 1979, S. 404.

116 Das Rationalisierungskuratorium der Deutschen Wirtschaft – RKW e. V. (Ohne Verfasser). In: Arbeitswissenschaft, 1963, H. 1, S. 31 ff.

117 Vgl. Protokoll aus der Sammlung Spur.

118 Rühl, G.: Praxis der psychologischen Betriebsführung. In: Taschenbuch für den Betriebswirt. Berlin, Stuttgart 1954, S. 21-71.

In dieser Darstellung, die u. a. auf den Erfahrungen des Verfassers während seiner Studienreise in den Vereinigten Staaten aufbaut, stellt Rühl die Bedeutung und den Wert einer psychologisch orientierten Betriebsführung heraus und zeigt ihre Voraussetzungen auf. Er stellt die Teilgebiete der Wirtschaftspsychologie sowie den mit der psychologischen Betriebsführung befassten Personenkreis vor. Als praktische Aufgaben der psychologischen Betriebsführung werden Eignung und Arbeitseinsatz, Arbeits- und Leistungsgestaltung, Gestaltung der menschlichen Beziehungen sowie die Erforschung und Pflege der Meinungsbildung genannt.

1957 leitete Rühl eine weitere Studienreise in die Vereinigten Staaten, die zu dem Thema „Unternehmerisches Handeln und Ausbildung für die Unternehmensführung" stattfand und ebenfalls vom Rationalisierungskuratorium der Deutschen Wirtschaft organisiert wurde. Die Beobachtungen, die die Teilnehmer während ihres Amerikaaufenthalts machen konnten, fasste Rühl in einem vom RKW Auslandsdienst publizierten Reisebericht zusammen. Ausgehend von der These, dass der Erfolg der amerikanischen Wirtschaft vor allem auf das unternehmerische Denken und Handeln zurückzuführen sei, wurden die Aus- und Weiterbildungsmaßnahmen für wirtschaftliche Führungskräfte in den USA untersucht. Allgemein zeichneten sich die amerikanischen Unternehmer, so Rühl, durch eine hohe Risikobereitschaft bei gleichzeitigem Verantwortungsbewusstsein, sowie Toleranz und Kooperationsbereitschaft aus. Zudem bestehe eine große Bereitschaft seitens der wirtschaftlichen Führungskräfte, auch nach langjähriger praktischer Berufserfahrung an Fortbildungskursen, wie sie etwa die Harvard-University anbot, teilzunehmen. Eine derartig unternehmerische Denkweise und Offenheit könne in Deutschland nur durch einen auf lange Sicht hin angelegten Werbe- und Erziehungsprozess erreicht werden. Dies könne, so Rühl, nur erzielt werden über ein wiederholtes Demonstrieren und Bewusstmachen des Erfolges von richtigem unternehmerischen Handeln an praktischen Beispielen aus der deutschen Wirtschaft, die Formulierung überzeugender und werbewirksamer deutscher Grundsätze des unternehmerischen Denkens, eine starke Öffentlichkeitsarbeit, die Beeinflussung der jungen Unternehmerschaft und der Unternehmer allgemein durch die Gründung einer Unternehmer-Akademie, sowie eine ideelle und materielle Unterstützung geeigneter Institutionen und Verbände.[119]

Während seiner Tätigkeit am Berliner Institut ging Rühl außerdem einer Untersuchung über die Persönlichkeitsentwicklung einer repräsentativen Gruppe von 400 Jugendlichen unter der Einwirkung von Berufsausbildungsmaßnahmen des Berliner Jugendaufbauwerkes nach. Psychologische Fragen und Kenntnisse nahmen auch in seiner Vorlesung über Arbeitswissenschaft einen breiten Raum ein.[120]

Das Interesse an Psychologie innerhalb der Arbeitswissenschaft entsprach durchaus dem allgemeinen Trend in der Bundesrepublik, der angewandten Psychologie zunehmend Bedeutung beizumessen. So wurden 1953 durch die Bundesanstalt für Arbeitsvermittlung und Arbeitslosenversicherung eine Psychologenlaufbahn sowie ein psychologischer Dienst eingerichtet. Zwei Jahre später führte dieser bereits systematische psychologische Berufseignungs-

[119] Rühl, G.: Unternehmerisches Handeln und Ausbildung für die Unternehmensführung. Ein zusammengefasster Bericht junger Unternehmer aus Berlin und Oberfranken über Studienreisen in den Vereinigten Staaten von Amerika. Rationalisierungs-Kuratorium der Deutschen Wirtschaft. RKW-SI Auslandsdienst. München, 1959, H. 85, S. 67.

[120] Semesterbericht des Instituts für Werkzeugmaschinen und Fertigungstechnik der Technischen Universität Berlin vom März 1955, 5.1.

untersuchungen ein. 1956 begann man mit dem Aufbau einer Bundeswehrpsychologie, 1959 fand in Hamburg die erste wissenschaftliche Tagung zur Schulpsychologie statt.[121]

Mit Walter Niens und Heinz Friebe, die ab 1956 die Vorlesung in Arbeitswissenschaft übernahmen, kamen zwei weitere Praktiker aus der Industrie an den Berliner Lehrstuhl.

Walter Niens hatte Naturwissenschaften an den Universitäten Marburg, Frankfurt a. M. und Kiel studiert und war in den Jahren von 1923 bis 1936 als Assistent an den Physikalischen Instituten Kiel und Danzig tätig, wo er 1935 promovierte. Nach einer Tätigkeit bei der Firma Telefunken in Berlin (1936-1937) trat er 1938 in das Forschungsinstitut der Allgemeinen Elektrizitätsgesellschaft (AEG) in Berlin ein, der er bis zu seiner Versetzung in den Ruhestand 1970 angehörte. Charakteristisch für seine Tätigkeit im Hause AEG waren eine schrittweise Abwendung von der Physik und eine zunehmende Beschäftigung mit organisatorischen sowie arbeitswissenschaftlichen Problemen.[122] Im Jahre 1954 nahm er an einer Studienreise in die Vereinigten Staaten teil, die der Human Relations Bewegung, ihrer Umsetzung in Industriebetrieben sowie ihrer Integration in die Ingenieurausbildung galt.

Die Erfahrungen und Kenntnisse, die Niens während dieser Studienreise sammeln konnte, wurden in der Reihe RKW Auslandsdienst unter dem Titel „Human Relations – Die menschlichen Beziehungen" publiziert. Allgemein stellte man fest, dass die Pflege der menschlichen Beziehungen in den Vereinigten Staaten zu einem festen Bestandteil in Lehre und Forschung sowie betrieblicher Praxis geworden war und ihre Bedeutung und Stellung in der Wirtschaft mit dem Ziel einer Verbesserung des Betriebsklimas und damit der Produktivität ungleich größer und nachhaltiger war als in Deutschland.[123] Viele Betriebe würden Mitarbeiter beschäftigen, die sich ausschließlich der Pflege der menschlichen Beziehungen widmeten, und der Einsatz von Psychologen in Betrieben habe in den letzten Jahren erheblich zugenommen. Sie würden u. a. durch diverse Testverfahren bei der Auswahl neuer Mitarbeiter mitwirken, den Angestellten und Arbeitern eines Betriebes bei Problemen als Berater zur Seite stehen und mittels so genannter Attitude Surveys das Verhältnis der Mitarbeiter zu ihrem Betrieb untersuchen. Speziell entwickelte „Human Relations"-Programme seien konzipiert worden, um den Arbeiter auch innerlich an seinen Betrieb zu binden.[124]

Walter Niens konnte sich auf reiche praktische Erfahrungen in der Industrie stützen, die eine überaus fruchtbare Grundlage für seine arbeitswissenschaftliche Lehr- und Forschungstätigkeit an der TU Berlin bildeten. Mit Niens hatte der Berliner Lehrstuhl einen kompetenten Spezialisten auf dem Gebiet des Ausbildungswesens gewonnen. 1957 wurde er Direktor der Abteilung „Nachwuchs und Ausbildung" und seit 1958 war er Leiter der Zentralstelle „Zentrales Bildungswesen" im Haus AEG-Telefunken, Berlin und Frankfurt. Von seinen tief greifenden Kenntnissen im Bereich der Berufsausbildung zeugen nicht zuletzt die Publikationen, die dieser Thematik gewidmet sind wie etwa der Aufsatz „Auswahlmethoden bei der Einstellung von Arbeitskräften", „Nachwuchsauslese, Ausbildungsbetrieb und Elternhaus" oder die Blätter zur Berufskunde mit den Titeln „Der Elektroingenieur" (1957), „Ingenieur der Elektrotechnik" (1961), „Techniker und nicht akademische Ingenieure in der Bundesrepublik Deutschland und im Vergleich zur anderen europäischen Industrie" (1964). Weitere veröffent-

---

121 Ash, M. G.; Geuter, U. (Hrsg.): Geschichte der deutschen Psychologie im 20. Jahrhundert. Westdeutscher Verlag, Opladen, 1985, S. 359.

122 Professor Dr. rer. techn. Walter Niens – 75 Jahre. In: Humanismus und Technik. Jb. 1980, S. 7.

123 Rationalisierungs-Kuratorium der deutschen Wirtschaft – RKW-Auslandsdienst (Hrsg.): Human Relations – Die menschlichen Beziehungen. München, 1956, Heft 41, S. 96.

124 Ebd., S. 61 ff.

lichte Schriften sind „Die Stellung der Berufsausbildung in der Deutschen Industrie“(1963), „Arbeitspädagogische Probleme der Leistungsminderung“ (1963), „Der Physiker in Deutschland – Ausbildung und berufliche Aussichten“ (1963) sowie „Der Beitrag des industriellen Bildungswesens zum technischen Fortschritt“ (1963).[125]

Heinz Friebe, der an der TH Darmstadt Elektrotechnik studiert (1922-1927) und 1933 zum Doktoringenieur promoviert hatte, kam ebenfalls aus dem Hause AEG, wo er Generalbevollmächtigter war. Er hatte bereits 1953 einen Lehrauftrag „Betriebliche und organisatorische Probleme industrieller Fertigung“ der Fakultät Wirtschaftswissenschaften erhalten. In diesem Jahr hielt er auf dem Deutschen Betriebswirtschaftertag einen Vortrag über „Die neuzeitliche Arbeitsvorbereitung als Zelle des rationellen Schaffens.“ Auch Friebe konnte in den Vorlesungen und Übungen, die er an der TU Berlin hielt, aus den reichen Erfahrungen in der industriellen Praxis schöpfen. In Zusammenarbeit mit Niens und Monsheimer verfasste er u. a. das „Handbuch für das Ingenieurschulwesen“ (1964).

Nach Ausscheiden Heinz Friebes im Studienjahr 1960/61 erhielt Oberingenieur Ernst Mayer einen Lehrauftrag für die Übung und Vorlesung „Arbeitswissenschaft I“. Mayer hatte in Darmstadt Maschinenbauwesen studiert (1948-1954) und war nach einer vierjährigen Tätigkeit in der Industrie seit 1958 am Lehrstuhl von Prof. Schallbroch beschäftigt. Er widmete sich u. a. dem Gebiet der Arbeitssicherheit. Diesem Thema sind auch viele seiner Publikationen wie etwa die Aufsätze „Schädigende Einwirkungen des Lärms auf den Menschen“ (1959) oder „Abwehr mechanischer Schwingungen durch elastische Aufstellung der Maschinen (Schwingungsisolierung)“ (1961) gewidmet.

Im Studienjahr 1962/63 wurden Lehre und Forschung personell sowie inhaltlich erweitert. Prof. Dr. Dr. h.c. Hubert Hugo Hilf, emeritierter Ordinarius für Arbeitswissenschaft und Holzwirtschaft an der Universität Hamburg, las als Gastdozent über „Aktuelle Probleme der Arbeitswissenschaft“ und „Die Methodik der arbeitswissenschaftlichen Forschung“. Hilf war bereits seit langem eine anerkannte Kapazität auf dem Gebiet der Arbeitswissenschaft. Als Mitglied der Gesellschaft für Arbeitswissenschaft hielt er auf einigen der alljährlich veranstalteten Kongresse Vorträge über verschiedene arbeitswissenschaftliche Themen.[126] „Untersuchungen über die Arbeitsverhältnisse älterer Waldarbeiter“ war das Thema eines Vortrags, den er auf dem 2. Kongress der Gesellschaft für Arbeitswissenschaft mit dem Rahmenthema „Der ältere Mensch in der Arbeit und im Betrieb“ im Jahre 1955 in Dortmund hielt. Auf dem 4. Kongress der Gesellschaft für Arbeitswissenschaft mit dem Schwerpunkt „Die Arbeitszeit als Problem der Arbeitswissenschaft“ in Hamburg 1957 sprach er über die „Probleme der Arbeitszeit“ und auf dem 8. Kongress der Gesellschaft für Arbeitswissenschaft, der sich 1961 in Wiesbaden dem Problem „Arbeitswissenschaft und Rationalisierung“ widmete, hielt Hilf einen Vortrag über „Die Rationalisierung und der Mensch“.

---

125 Vgl. Unterlagen aus der Familiensammlung.

126 Die Gesellschaft für Arbeitswissenschaft wurde im Jahre 1953 gegründet. Ihre Mitglieder setzten sich aus Vertretern der verschiedenen arbeitswissenschaftlichen Teilgebiete wie Arbeitsphysiologie und Psychologie, Arbeitstechnologie, Arbeitspädagogik und Arbeitssoziologie zusammen. Ihr Ziel war es, die Beziehungen zwischen Wissenschaft und Praxis zu intensivieren und das Nebeneinander der einzelnen arbeitswissenschaftlichen Disziplinen in eine intensive Zusammenarbeit umzuformen. Vgl. auch Specht, K.: 10 Jahre Gesellschaft für Arbeitswissenschaft. In: Arbeitswissenschaft, 1963, H. 2, S. 41 ff.

Hilf war ein entschiedener Vertreter einer Ganzheitsbetrachtung der Arbeitswissenschaft, wie aus einer seiner wohl bekanntesten arbeitswissenschaftlichen Publikationen, dem Grundlagenwerk „Arbeitswissenschaft“ (1957), deutlich hervorgeht.[127]

Die als selbständiges Teilgebiet eingeführte Arbeitsmedizin wurde seit dem Studienjahr 1962 durch Dr. med. Heinz-Günter Schmidt vertreten, der die Vorlesung „Arbeitsmedizin unter besonderer Berücksichtigung der Arbeitssicherheit“ las. Schmidt hatte an der Humboldt-Universität Medizin und nebenbei Betriebswirtschaft an der Wirtschafthochschule Berlin studiert. Nach der Approbation als Arzt und der Promotion zum Dr. med. war er als Assistenzarzt in verschiedenen Krankenhäusern tätig und gleichzeitig Betriebsarzt bei den Siemens-Schuckert-Werken, Berlin. Im Jahre 1951 wurde er zudem als Refa-Lehrer in den Refa-Landesverband Berlin berufen.

Der Refa-Verband, der sich für die Pflege einer einheitlichen arbeitswissenschaftlichen Lehre einsetzte und sich der Ausbildung von arbeitswissenschaftlichen Fachkräften widmete, konnte in den fünfziger Jahren des wirtschaftlichen Wachstums geradezu einen Mitgliederboom verzeichnen. Die Mitgliederzahl wuchs von 3.630 im Jahre 1949 auf 22 251, also auf mehr als das Sechsfache an.[128]

Schmidts Lehrtätigkeit bei einer derartig bedeutenden arbeitswissenschaftlichen Organisation und seine Vertrautheit mit dem Refa-Lehrstoff kam auch dem Berliner Institut zugute. Mit ihm hatte das Institut für Psychotechnik nicht nur einen kompetenten Vertreter der Arbeitsmedizin gewonnen, der auf langjährige Erfahrungen in der betriebsärztlichen Praxis zurückblicken konnte, sondern auch eine erfahrene Lehrkraft. Sein breites Wissen auf dem Gebiet der Arbeitsmedizin bereicherte neben der Lehre auch die Forschung. 1963 habilitierte er über das Thema „Intoxikationen durch Lösungsmittel unter besonderer Berücksichtigung des Benzols und des Trichloräthylens“. Diese Studie zeigt basierend auf den Erfahrungen aus der Praxis die Gefahren auf, die für den Menschen mit der Anwendung bestimmter Lösemittel in der industriellen Fertigung verbunden sind. Schmidt stellte fest, dass durch Benzol bzw. seine Homologe Erkrankungen als akute, subakute sowie chronische Vergiftungen leichten und schweren Verlaufs auftreten können. Nicht minder gefährlich seien Gemische von Benzol und seinen Homologen sowie Kombinationen mit anderen Lösemitteln. Akute Vergiftungen entstünden insbesondere bei Anstrich- und Spritzarbeiten mit Farben oder Lacken, die Benzol oder dessen Homologe enthalten. Ebenso könnten schon kleine Mengen von Benzol bei der Reinigung von Kesseln und Tanks in der Industrie tödliche Vergiftungen hervorrufen. Auf Grund der großen Zahl von Vergiftungsfällen sei der Werksarzt als Berater der Werksleitung wie der Belegschaft gehalten, bereits im Vorfeld Präventivmaßnahmen zu ergreifen.[129]

Schmidt verfasste zudem eine Vielzahl von Aufsätzen und Reden über Arbeitsmedizin und Arbeitssicherheit. So hielt er beispielsweise anlässlich des Kongresses für Arbeitsschutz und Arbeitsmedizin, der 1959 in Düsseldorf stattfand, eine Rede über die „Intensivierung des betrieblichen Arbeitsschutzes“. Weitere Publikationen sind u. a. die in Zeitschriften veröffentlichten Aufsätze „Die Bedeutung der werkärztlichen Betreuung“[130], „Lärmeinflüsse auf den

---

127 Hilf, H. H: Arbeitswissenschaft - Leistungsforschung und Arbeitsgestaltung. München, 1957. Vgl. Prof. Dr. Dr. h.c. Hubert-Hugo Hilf 70 Jahre. In: Arbeitswissenschaft, 1963, Heft 2, S. 81.

128 Pechhold, E.: 50 Jahre Refa. Berlin, Frankfurt, Köln 1974, S. 141.

129 Schmidt, H.-G.: Intoxikationen durch Lösungsmittel unter besonderer Berücksichtigung des Benzols und des Trichloräthylens. Berlin, 1963.

130 Zeitschrift für wirtschaftliche Fertigung. 1963, Heft 2, S. 59 ff.

arbeitenden Menschen“[131] oder „Möglichkeiten und Grenzen der eignungsdiagnostischen Arbeit aus werkärztlicher Sicht“[132].

Ein weiterer Schwerpunkt, dem sich Heinz-Günter Schmidt nachhaltig widmete, war die spezifische Situation Jugendlicher im Betrieb. Zu diesem Thema hielt er anlässlich des 10. Kongresses für ärztliche Fortbildung im Jahre 1961 einen Vortrag mit dem Titel „Der Jugendliche im Betrieb unter besonderer Berücksichtigung des männlichen Jugendlichen“. Weitere Publikationen zu diesem Thema sind u. a. „Der Arbeitsplatz und seine Anforderung an den Jugendlichen“[133], „Der Jugendliche im Betrieb – Ärztliche Gedanken zum neuen Jugendarbeitsschutzgesetz“[134].

Neben der Habilitationsschrift von Heinz-Günter Schmidt wurde unter Schallbroch eine weitere bedeutende arbeitswissenschaftliche Forschungsarbeit verfasst. 1957 promovierte Dieter Dieckmann über das Thema „Einfluß mechanischer Schwingungen auf den Menschen“. Das Ziel seiner Untersuchungen beschrieb Dieckmann folgendermaßen:

> „Die Untersuchungen sollen mit physikalischen Methoden das mechanische Schwingungsverhalten des menschlichen Körpers darstellen und mit physiologischen Methoden die Belastung des Menschen zu erfassen suchen. Die Untersuchungsergebnisse physikalischer und physiologischer Art sollen zur Definition eines Belastungsmaßstabes führen, mit dessen Hilfe kritische Belastungsfälle erkannt werden können. Die Berücksichtigung der Schwingungseigenschaften des Menschen bei technischen Konstruktionen kann von vornherein solche kritischen Fälle ausschließen.“[135]

Im Rahmen der Arbeit wurden praktische Untersuchungen an Schleppersitzen, Motorsägen, Abbauhämmern, in einer Weberei sowie im Autobus durchgeführt.

Der Verfasser kam zu dem prinzipiellen Ergebnis, „daß für alle Überlegungen über den Einfluß von Schwingungen auf den Menschen der Mensch schwingungsmechanisch nicht als reine Masse, sondern als ein gedämpftes Masse-Feder-System zu betrachten ist. (...) Eine Minderung der Belastung des Menschen hat wesentliche arbeitstechnische und ökonomische Vorteile und ist außerdem ein selbstverständliches menschliches Anliegen“.[136]

Entwicklung der Lehre

Das Lehrangebot bestand In den fünfziger Jahren aus den Vorlesungen Arbeitswissenschaft I und II mit den entsprechenden Übungen, sowie einer dritten Übung, die der Betreuung von Studien- und Diplomarbeiten galt. Die beiden Grundvorlesungen Arbeitswissenschaft I und II beinhalteten grundsätzlich folgenden Lehrstoff:

- Arbeits- und Zeitstudien,
- Arbeitsbewertung,
- Lohnwesen,
- Arbeitspsychologie,
- Arbeitseinsatz sowie
- Unfallverhütung.

---

131 Zeitschrift für ärztliche Fortbildung. 1963, Heft 8, S. 517 ff.
132 Arbeitsmedizin.,1964, Heft 4, S. 91 ff.
133 Zeitschrift für ärztliche Fortbildung. 1961, Heft 9, S. 680.
134 Zeitschrift für wirtschaftliche Fertigung. 1962, Heft 1, S. 5 ff.
135 Dieckmann, D.: Einfluß mechanischer Schwingungen auf den Menschen. Diss. TU Berlin, 1957, S. 5.
136 Ebd., S. 81.

In diesen Vorlesungen und den entsprechenden Übungen wurde in Absprache mit dem Refa-Verband in ca. 80 Stunden der Stoff zur Erwerbung eines Refa-Scheines zu Arbeits- und Zeitstudien vermittelt.

Anfang der sechziger Jahre wurde der Lehrstoff durch Vorlesungen zu Spezialgebieten der Arbeitswissenschaft erweitert. So wurden ab dem Sommer-Semester 1962 zusätzlich eine Vorlesung über „Aktuelle Probleme der Arbeitswissenschaft" (H. H. Hilf) und über „Arbeitsmedizin unter besonderer Berücksichtigung der Arbeitssicherheit" (H.-G. Schmidt) angeboten. Im Studienjahr 1963/64 kam eine Vorlesung über die „Methodik der arbeitswissenschaftlichen Forschung" (H. H. Hilf) hinzu. In diesem Jahr wurde auch die Vorlesung in Arbeitsmedizin von H.-G. Schmidt um einen zweiten Teil erweitert. Der erste Teil wurde im Sommersemester gelesen und beinhaltete die allgemeinen Grundlagen, Berufskrankheiten und Arbeitsunfälle, während im zweiten Teil über Arbeitshygiene, Nachbarschaftsschutz und Rehabilitation gesprochen wurde.

Welchen Fragestellungen und Problemen man im Einzelnen in den Vorlesungen und Übungen nachgegangen ist, zeigen die folgenden exemplarischen auf den Vorlesungsunterlagen der Lehrenden basierenden Ausführungen.

So beschäftigte sich die im SS 54 von Rühl gehaltene Vorlesung in Arbeitswissenschaft II u. a. mit psychologischen Fragestellungen. Sie gab eine Einführung in die Arbeitspsychologie, zeigte die Komponenten menschlichen Handelns und ihre Beeinflussung aus psychologischer Sicht auf, behandelte Sinnesleistung und Wahrnehmungsprozesse, Aufmerksamkeit, Gedächtnis und Lernprozess sowie Geschicklichkeits- und Reaktionsleistungen.

Weitere thematische Schwerpunkte waren Intelligenz und Denken, Aufbau des Charakters, Werden und Wesen der menschlichen Persönlichkeit. Grundlagen der Eignungsuntersuchungen, Berufsberatung, -ausbildung und -erziehung, Störungsquellen im Betrieb und deren Beseitigung sowie neue arbeitswissenschaftliche Forschungen stellten weitere Themen dar.

Eine Darstellung der Arbeitswissenschaft bot Professor Heinrich Schallbroch in der von ihm im WS 1955/56 gehaltenen Vorlesung. Neben einer Begriffsbestimmung der Arbeitswissenschaft, ihrer Aufgabenbereiche und historischen Entwicklung über Taylor, Fayol, Ford, Bedaux und Refa behandelte sie die Themen Arbeits- und Zeitstudie, Zeitermittlung mit den Grundmethoden Schätzen, Vergleichen, Rechnen und Zeitaufnahme. Arbeitsphysiologie, Leistungsgrad, Arbeitsgestaltung und Arbeitsbewertung stellten weitere Themen dar. Ebenso stand der Einfluss von Licht und Farben auf die Arbeit, die Grundgesetze menschlicher Arbeit, Eignung und Ausbildung, Fließarbeit sowie die angewandte Psychologie auf dem Vorlesungsprogramm.

Das theoretische Wissen, das den Studenten in den Vorlesungen vermittelt wurde, sollte anhand praktischer Übungen im darauf folgenden Semester vertieft werden. So wurden etwa in der von Walter Niens 1956 betreuten Übung zur Arbeitswissenschaft II u. a. eine Arbeitsablaufstudie, eine Studie zu Ermüdung und Erholung mit Hilfe eines Ergogrammes, Übungen zu Motorik, Reaktion und Wahrnehmung, Eignungsprüfungstests sowie eine Schwellenuntersuchung durchgeführt. Um den Studenten ebenso einen Zugang zur betrieblichen Praxis zu bieten, standen u. a. Werksbesichtigungen bei der AEG in Reinickendorf sowie bei Osram auf dem Programm.

In der von Heinz Friebe im Wintersemester 1958/59 gehaltenen Übung zur Arbeitswissenschaft beschäftigte man sich mit Zeitmessgeräten, Hilfsmitteln und Technik der Zeitaufnahmen, einer Zeitstudienübung, dem Leistungsgradschätzen, Arbeitswertstudien und einer Zeitstudie über die Montage von Klemmleisten. Das Berechnen der Arbeitszeit für das Drehen einer Motorenwelle sowie die Zeitaufnahme in der Werkstatt beim Drehen einer Motorenwelle stellten weitere Schwerpunkte dieser praktischen Übung dar.

Prof. Hilf sprach in seiner im Sommer-Semester 1963 gehaltenen Vorlesung „Methodik der arbeitswissenschaftlichen Forschung“ über die Wege zum Sollzustand der Arbeit, den Aussagewert arbeitswissenschaftlicher Methoden, den Arbeitsversuch und die Arbeitsstudie, den Leistungsvergleich sowie Arbeitswirkungsnachweise.[137] Mit weit reichenden Problemen der Arbeitswissenschaft befasste sich die Vorlesung „Aktuelle Probleme der Arbeitswissenschaft“, die er im darauf folgenden Wintersemester 1963/64 las. Hier standen Fragen wie die Möglichkeit von Mehrleistung und ihre Voraussagbarkeit, die Wirkung, die der Zwang zur Arbeit auf die Leistung hat, und Probleme der Arbeit in Entwicklungsländern zur Diskussion. Die Ursachen und Motive des Bremsens bei Akkordarbeit, die Frage, ob der moderne Industriebetrieb ein Arbeitsethos brauche, was eine weitere Humanisierung der Arbeit erwarten lasse oder ob man die geistige Arbeit ergiebiger gestalten könne, waren weitere Probleme, die im Rahmen dieser Vorlesung diskutiert wurden.

Thematische Schwerpunkte der Vorlesung „Arbeitsmedizin unter besonderer Berücksichtigung der Arbeitssicherheit II“, die Heinz-Günter Schmidt im Wintersemester 1963/64 hielt, waren unter anderem Arbeitshygiene, Beleuchtung, Lüftung und Heizung, Farbgestaltung, Nachbarschaftsschutz und Strahlenschutz. Rehabilitation, Arbeitshilfen, ausgewählte Gewerbekrankheiten und Unfallverhütung wurden ebenfalls thematisiert.[138]

Der thematischen Vielfalt des Lehrstoffs entsprechend wurden auch Studien- und Diplomarbeiten zu den verschiedensten Gebieten der Arbeitswissenschaft verfasst.

Außenbeziehungen

Vom Fachgebiet Arbeitswissenschaft des Berliner Instituts für Werkzeugmaschinen und Fertigungstechnik wurden der Industrie und Verwaltung diverse Dienstleistungen angeboten. So konnten seitens des Instituts unter anderem Eignungsuntersuchungen und Persönlichkeitsbegutachtungen für alle betrieblichen Positionen, zum Beispiel bei der Neueinstellung und bei der Auswahl von Führungskräften, und Beratung bezüglich des Arbeitseinsatzes durchgeführt werden. Ebenso bot man Beratung in Fragen des Ausbildungswesens und bei der Aufstellung von Weiterbildungsprogrammen (z. B. Arbeitsverbesserung, Arbeitsunterweisung oder Menschenführung) an. Arbeitsstudien zur Untersuchung des Arbeitsflusses, der Arbeitsplatzgestaltung und des Mitarbeitereinsatzes, Beratung in Fragen der Arbeitsbewertung und Leistungsbeurteilung von Arbeitern und Angestellten, Analyse der Arbeitsbeziehungen und Beseitigung von Störungen gehören ebenfalls zu den angebotenen Beratungs- und Untersuchungsleistungen.[139]

Heinrich Schallbroch unterhielt zudem eine intensive Beziehung zur griechischen Hauptstadt. Hier hielt er eine Vielzahl von Vorträgen, die neben werkzeugtechnischen Problemen auch verschiedenen arbeitswissenschaftlichen Fragen gewidmet waren. So hielt er zum Beispiel im Jahre 1959 vor Mitarbeitern der Produktivitätszentrale in Athen einen Vortrag über „Probleme der Ausbildung von technischem Personal in der Industrie“, „Wie soll man die Arbeit bewerten, um einen möglichst gerechten Lohn zu erreichen?“ und „Gesichtspunkte zur

---

[137] Vgl. Spur, G.: Produktionstechnik im Wandel. Carl Hanser Verlag, München, Wien 1959, S. 412.

[138] Die Angaben zu den Inhalten der einzelnen Vorlesungen basieren in ihrer Gesamtheit auf den Vorlesungsunterlagen der Lehrenden aus der Sammlung Spur.

[139] Semesterbericht des Instituts für Werkzeugmaschinen und Fertigungstechnik der Technischen Universität Berlin vom Oktober 1955.

Beurteilung von Werkzeugmaschinen durch den Benutzer“ waren die Themen zweier Vorträge, die Schallbroch 1959 an der Technischen Hochschule hielt. An der Königlichen Griechischen Armee-Werkstätte in Athen hielt er 1960 die Vorträge mit den Titeln „Die Organisation der Arbeitszeitermittlung, der Arbeitsbewertung und der Lohnmethoden“ und „Die Berufsausbildung für angelernte Arbeiter, Facharbeiter, Meister für die Metallindustrie, Techniker, Ingenieure und Diplom-Ingenieure“.[140]

Insgesamt lässt sich festhalten, dass die arbeitswissenschaftliche Forschung und Lehre in den Jahren von 1953 bis 1964 stark intensiviert wurde. Man widmete sich einer Vielzahl verschiedener arbeitswissenschaftlicher Themen und setzte sich, wie die Forschungsreisen der Mitarbeiter dokumentieren, mit den Entwicklungen auseinander, die international auf dem Gebiet der Arbeitswissenschaft erreicht worden waren. Dank des überaus praxiserfahrenen Lehrkörpers zeichnete sich die Forschung und Lehre am Berliner Institut durch eine große Praxisnähe aus. Dieses Bemühen, schon in der Ausbildung enge Beziehungen zur Praxis zu pflegen, sowie die erweiterte Auffassung von der Arbeitswissenschaft bis in betriebswirtschaftliche und organisatorische Fragestellungen, wie sie in Berlin vertreten wurde, lassen wesentliche Unterschiede zu anderen Lehrstühlen gleichen Aufgabenbereichs erkennen.[141]

Wiedereingliederung und Emeritierung Walther Moedes

Nach dem Ende der Entnazifizierung bemühte sich Moede seit 1950 nachdrücklich um seine Wiedereingliederung in den Hochschulbetrieb und die Wiedererlangung der Stellung eines außerordentlichen Professors für Psychotechnik. Dazu wandte er sich zunächst an Dr. Kruspi, den zuständigen Leiter des Hauptamtes für Wissenschaft und Forschung bei dem Magistrat von Berlin. Mit Schreiben vom 2. Juni 1950 bedankte er sich bei diesem für die Unterstützung seiner Wiedereingliederungsbemühungen.[142] Kruspi sah jedoch zu dem Zeitpunkt keine Möglichkeit Moede in sein altes akademisches Lehramt zurück zu berufen, wie er mit Schreiben vom 10. Juni 1950 mitteilte und verwies darauf, dass eine entsprechende Initiative von der Fakultät ausgehen müsse.[143]

Mit Schreiben vom 29. September 1951 an den Senat für Volksbildung bat Moede unter Bezugnahme auf das Gesetz zu Art. 131 GG erneut um Wiedereinstellung. Dabei wies er auch ausdrücklich darauf hin, dass sein ehemaliger Lehrstuhl derzeit von einem Nichtfachmann (Prof. Matthes) geleitet werde, was nicht zulässig sei.[144] Für den zwischenzeitlich gebildeten Senat von Berlin lehnte der Senator für Volksbildung jedoch auch dieses Ansinnen Moedes nach einer Beschäftigung an der TU Berlin ab. Er begründete dies in seinem Schreiben vom 17. Oktober 1951 damit, dass der ehemalige Lehrstuhl Moedes an der Technischen Hochschule für Industrielle Psychotechnik und Arbeitstechnik an der neu gegründeten TU nicht mehr in der Form bestünde, sondern lediglich ein Institut für Psychotechnik eingerichtet worden sei, welches vom Inhaber des Lehrstuhls für Werkzeugmaschinen und Fertigungstechnik mitverwaltet werde. Auf die Problematik der fehlenden Qualifikation des Leiters ging der Senator

140 Ebd.

141 Schulte, B.: Die Entwicklung der Arbeitswissenschaft an der Technischen Universität Berlin. In: Spur, G. (Hrsg.): Fertigungstechnik in Lehre, Forschung und Praxis. Rudolf Haufe Verlag, Freiburg i. Br. 1967.

142 Dokument 11-200: Schreiben Moedes vom 2. Juni 1950.

143 Dokument 11-201: Schreiben Kruspis vom 10. Juni 1950.

144 Dokument 11-203: Schreiben Moedes vom 29. September 1951.

nicht ein. Ferner wies der Senator darauf hin, dass die TU nicht Rechtsnachfolgerin der ehemaligen TH sei, sondern es sich bei ihr um eine im Jahr 1946 erfolgte Neugründung handele. Ein Rechtsanspruch auf Weiterbeschäftigung an der TU sei bereits deshalb nicht gegeben. Schließlich verwies er Moede auf die Möglichkeit eines Antrages auf Grund des Gesetzes über Sofortmaßnahmen, worüber jedoch der Senator für Inneres zu entscheiden habe. Er werde daher sein Schreiben an diesen weiterleiten.[145]

Tatsächlich verwies dann der Senator für Inneres mit Schreiben vom 26. November 1951 Moede erneut darauf, dass der Senator für Volksbildung keine Möglichkeit der Einweisung in die angestrebte Position habe und auch der Senator für Inneres über keine Stellenangebote anderer wissenschaftlicher Institute verfüge. Moede solle jedoch im Rahmen des Sofortmaßnahmegesetzes zu Art. 131 GG so bald als möglich eine Stelle vermittelt werden.[146] Es geschah jedoch nichts dergleichen.

Moede gab nicht auf und stellte am 22. Juli 1952 bei dem Senator für Inneres einen Antrag auf Zahlung gemäß des Bundesgesetzes zu Art. 131. GG mit Wirkung vom 1. Oktober 1951. Er gab darin an, in dieser Sache bereits am 14. Juni 1950 den entsprechenden Beamtenfragebogen und am 22. Dezember 1950 einen ausführlichen Melde- und Personalbogen an das Bezirksamt Charlottenburg gesandt zu haben.[147]

Das von Moede zitierte Bundesgesetz zu Art. 131 GG betraf die Behandlung von dienstfähigen Beamten des öffentlichen Dienstes, welche das 65. Lebensjahr noch nicht erreicht hatten. Mit der Abgabe des Personalbogens bei dem Bezirksamt erstrebte Moede die Wiederverwendung in seiner früheren Tätigkeit als Hochschullehrer, wobei er zwar eine Verwendung in Berlin bevorzugte, diese offenbar für ihn jedoch nicht zwingend gewesen zu sein schien.

Ebenfalls mit Schreiben vom 22. Juli 1952 fragte Moede bei dem Dekan der Fakultät für Maschinenwesen der TU unter Hinweis darauf, dass nach Auskunft des Senators für Inneres die TU Rechtsnachfolgerin der TH sei, welche Folgen dies für ihn hätte insbesondere, ob nicht die Wiedereingliederungspflicht verdrängter Professoren auch für ihn Anwendung finde.[148] Der Dekan Prof. Marks leitete dieses Schreiben am 28. Juli 1952 an die Verwaltung der TU weiter und wies dabei daraufhin, dass die Psychotechnik derzeit von Prof. Matthes gelesen werde und auch die Einrichtung eines Extraordinariats wegen vorrangiger dringenderer Aufgaben nicht in Betracht käme.[149] Der Rektor der TU gab diese Auskunft dann mit Schreiben vom 1. August 1952 an Moede weiter.[150]

In seinem weiteren Kampf um Wiedereingliederung und Wiederanstellung half Moede dann ein Schreiben des Senators für Inneres vom 6. August 1952, in dem dieser ausdrücklich klarstellte, dass er der Rechtsansicht des Senators für Volksbildung vom 17. Oktober 1951 dahingehend, dass die TU nicht Rechtsnachfolgerin der TH sei, nicht folge, sondern die TU vielmehr die Aufgaben der TH übernommen habe und daher verpflichtet sei, nach Art. 131 GG Unterbringungsberechtigte einzustellen.[151] Hinsichtlich des Registrierungsantrages vom

---

145 Dokument 11-204: Schreiben des Senators für Volksbildung vom 17. Oktober 1951.

146 Dokument 11-205: Schreiben des Senators für Inneres vom 26. November 1951.

147 Dokument 11-206: Schreiben vom 22. Juli 1952. Eine entsprechende Eingangsbestätigung des Bezirksamtes vom 31. Januar 1951 lag vor.

148 Dokument 11-207a: Schreiben Moedes an den Dekan vom 22. Juli 1952.

149 Dokument 11-207b: Schreiben Dr. Marks an die Hochschulverwaltung vom 28. Juli 1952.

150 Dokument 11-208: Schreiben der Hochschulverwaltung an Moede vom 1. August 1952.

151 Dokument 11-209: Schreiben des Senators für Inneres vom 6. August 1952.

22. Juli 1952 bat der Innensenator um Nachreichung einiger Nachweise.[152] Gleichzeitig bat der Senator die Verwaltung der TU um Überlassung der Personalakte Moedes, die darauf allerdings angab über keine Aktenvorgänge Moede betreffend mehr zu verfügen.

Mit Schreiben vom 17. September 1953 stellte der Senator für Inneres Moede unter Verweis auf § 172 des am 1. Dezember 1952 in Kraft getretenen LBG (Landesbeamtengesetz) anheim, einen Antrag auf Übertragung eines Amtes im Dienst des Landes Berlin zu stellen.[153]

Moede nahm diesen Hinweis sofort auf und stellte am 24. September einen entsprechenden Antrag.[154] Am 2. Oktober 1953 erhielt er dann allerdings die Mitteilung seitens des Senator für Inneres, dass er auf Grund seines 65. Geburtstags am 3. September 1953 nun nicht mehr an der Unterbringung nach § 172 Abs. 2 des LBG teilnehmen könne und der Bescheid des Senators vom 17. September 1953 damit gegenstandslos sei.[155] Moede bat nunmehr mit Schreiben vom 9. November 1953 um die Auszahlung seiner Pensionsbezüge[156] und erhielt am 20. November 1953 die Mitteilung des Senators für Inneres, dass er gemäß § 63 Abs. 1 des Gesetzes zur Regelung der Rechtsverhältnisses der unter Art. 131 GG fallenden Personen in der Fassung vom 1. September 1953 i.V.m. § 77 Abs. 1 LBG vom 24. Juli 1952 in der Fassung des 1. Gesetzes zur Änderung des LBG mit dem Stichtag dem 30. September 1953 in den Ruhestand getreten sei. Damit endete seine Rechtsstellung als Beamter zur Wiederverwendung und seine Akten würden an die entsprechende Versorgungsstelle weitergereicht werden.[157]

Moede hatte schließlich den Kampf um seine Wiederanstellung durch Zeitablauf verloren. Trotz seiner Versetzung in den Ruhestand bemühte er sich weiter um eine Tätigkeit an der TU Berlin. Er wandte sich zunächst mit Schreiben vom 11. November 1953 an den Rektor der TU und bat diesen, unter Beifügung eines ähnlich lautenden Schreibens an den Dekan der Fakultät, mit dem Hinweis, dass das Institut für Psychotechnik verwaist und seit seinem Weggang ohne fachpsychologische Leitung sei, um die Übertragung dieser Stelle und der kommissarischen Leitung des Instituts.[158] Die TU-Verwaltung teilte Moede durch den Dekan der Fakultät in einem ausführlichen Schreiben vom 25. November 1953 dann allerdings mit, dass auf den Lehrstuhl des Fachbereichs nunmehr Prof. Schallbroch berufen worden sei und sich damit die von Moede angesprochene kommissarische Leitung des Instituts erledigt hätte. Im Übrigen dürfe Moede auf Grund seiner Nichtbeschäftigung bei der TU nicht den Titel eines Universitätsprofessors führen.[159]

Moede versuchte trotz erfolgter Versetzung in den Ruhestand unverdrossen weiter von der TU beschäftigt zu werden und wandte sich mit Schreiben vom 30. April 1954 noch einmal an den Senator für Volksbildung. Er bat darin unter Hinweis auf die Fürsorgepflicht ihm als jahrzehntelangen Bediensteten der Technischen Hochschule gegenüber, um Heraufsetzung des Pensionsalters gemäß § 77 LBG auf 68 Jahre. Ferner stellte er fest, dass er nicht auf der Liste der amtsverdrängten Professoren zur Wiederverwendung gestanden habe und stünde

[152] Dokument 11-210: Schreiben des Senators für Inneres vom 27. August 1952.
[153] Dokument 11-212: Schreiben des Senators für Inneres vom 17. September 1953.
[154] Dokument 11-213: Antrag Moedes vom 24. September 1953.
[155] Dokument 11-214: Schreiben des Senators für Inneres vom 2. Oktober 1953.
[156] Dokument 11-215: Schreiben Moedes vom 9. November 1953.
[157] Dokument 11-216: Schreiben des Senators für Inneres an Moede vom 20. November 1953.
[158] Dokument 11-217: Schreiben Moedes vom 11. November 1953.
[159] Dokument 11-218: Schreiben der TU-Verwaltung vom 25. November 1953.

und stellte dies in einem Zusammenhang damit, dass der Senator für Volksbildung die unzutreffende Rechtsansicht vertreten und ihm am 17. Oktober 1951 mitgeteilt hatte, die TU sei nicht Rechtsnachfolgerin der TH, sondern eine 1946 erfolgte Neugründung, sodass keine Unterbringungspflicht bestünde und eine Wiederbeschäftigung nicht möglich sei.[160] Schließlich verwies er darauf, dass der Senator für Inneres ihm mit Schreiben vom 6. August 1952 die entgegenstehende Rechtsansicht mitgeteilt habe und daher eine Unterbringungspflicht der TU bestünde. Durch seinen Hochschuldezernenten Dr. Kruspi antwortete der Senator für Volksbildung am 11. Mai 1954 und räumte ein, dass seine ursprüngliche Rechtsansicht durch das Gesetz vom 13. Dezember 1951 zur Regelung von Rechtsverhältnissen von Personen, die am 8. Mai 1945 im öffentlichen Dienst standen, hinfällig geworden sei. Daher sei die Anerkennung des Rechtsstandes Prof. Moedes als Berliner Beamten zur Wiederverwendung richtig. Er sei deshalb in den Ruhestand versetzt worden. Damit sei jedoch seinem Rechtsanspruch gemäß § 63 Abs. 1 des Gesetzes zur Regelung der Rechtsverhältnisse der unter Art. 131 GG fallenden Personen und auch der Sorgepflicht des Dienstherrn, also des Landes Berlin, Rechnung getragen worden. Soweit Professor Moede einen Antrag auf Heraufsetzung des Pensionsalters gestellt habe, verwies Dr. Kruspi darauf, dass eine solche Ausnahme nach § 77 LBG nur bei solchen Beamten möglich sei, die noch im Dienst seien und bei denen die Fortführung der Dienstgeschäfte eine solche Hinausschiebung des Pensionsalters erforderlich mache. Diese Voraussetzungen träfen jedoch bei Prof. Moede nicht zu, sodass eine Hinausschiebung des Pensionsalters in seinem Fall nicht möglich ist und der Senator für Volksbildung daher keinen solchen Antrag bei dem Senat von Berlin stellen werde.[161] Moede hielt dem entgegen, dass ihm auch noch nach dem 13. Dezember 1951 die unzutreffende Rechtsansicht des Senators für Volksbildung hinsichtlich der Rechtsnachfolge der TU trotz des Interesses verschiedener Fakultäten der TU an seiner Weiterbeschäftigung entgegengehalten worden und er deshalb nicht mehr weiterbeschäftigt worden sei. Sinngemäß verwies er darauf, dass er dadurch nunmehr nicht mehr die Möglichkeit der Beschäftigung über sein 65. Lebensjahr hinaus habe und er zudem eine entsprechende gesetzliche Regelung nicht zu erkennen vermöge. Ein weiterer Schriftverkehr unmittelbar zu dieser Problematik ist dann zunächst nicht mehr festzustellen. Erst mit Schreiben vom 8. Februar 1955 an den Deutschen Beamtenbund bat Moede um Mitteilung über die Gesetzeslage hinsichtlich der Entpflichtung.[162] Der Beamtenbund teilte ihm darauf mit Schreiben vom 12. Februar 1955 mit, die Entpflichtung trete kraft Gesetzes ein. Moede wandte sich mit Schreiben vom 9. März 1956 an den Hochschulverband und bat dort um entsprechende Auskünfte.[163] Am 10. April 1956 bestätigte der Hochschulverband ihm schließlich das Recht die Amtsbezeichnung Professor em. zu führen.[164] Moede bat am 4. April 1956 den Senator für Inneres um Zusendung einer Urkunde über seine Entpflichtung zum 1. Januar 1953, da er zum 30. September 1953 in den Ruhestand trat.[165] Der Senator für Inneres verwies Moede mit Schreiben vom 11. April 1956 hinsichtlich der Entpflichtung auf einen entsprechenden Antrag, da er lediglich als Ruhestandsbeamter angesehen werde.[166] Er teilte

[160] Dokument 11-219: Schreiben Moedes vom 30. April 1954.

[161] Dokument 11-220: Schreiben des Senators für Volksbildung vom 11. Mai 1954.

[162] Dokument 11-221: Schreiben Moedes an den Beamtenbund vom 8. Februar 1956.

[163] Dokument 11-222: Schreiben Moedes an den Hochschulverband vom 9. März 1956.

[164] Dokument 11-223: Schreiben vom 10. April 1956.

[165] Dokument 11-224: Schreiben Moedes vom 4. April 1956.

[166] Dokument 11-225: Schreiben des Senators für Inneres vom 11. April 1956.

jedoch bereits am 26. April 1956 dem Rektor der TU mit, Moede sei auf Grund seines Antrags vom 4. April 1956 die Rechtsstellung eines entpflichteten Professors zu verleihen. Der Senator habe unter Hinweis auf § 78 a G 131 dagegen keine Bedenken. Soweit die TU dagegen Bedenken hege, möge sie diese mitteilen. Der Dekan der Fakultät äußerte am 14. Mai 1956, dass solche Bedenken nicht bestünden. Am 20. Juni 1956 erteilte die Verwaltung der TU ihre Zustimmung zur Verleihung der Rechtsstellung eines Emeritus gegenüber dem Senator für Inneres.

Moede fragte gleich am 22. Juni 1956 wegen der Rechte des Emeritus zur Durchführung von Vorlesungen bei dem Hochschulverband ergänzend nach. Dieser gab Moede ein ausführliches Rechtsgutachten in seiner Antwort vom 27. Juni 1956. Er vertrat jedoch die Ansicht, eine grundsätzliche Entpflichtung erfolge erst mit 68 Jahren. Jedenfalls hätte Moede das Recht als Emeritus Vorlesungen zu halten.[167] Im August 1956 fragte Moede dann nochmals wegen der Problematik des Pensionsalters sowie der Frage der Zahlung eines Übergangsgeldes nach.[168] Nach der am 2. Oktober 1956 nunmehr erfolgten Auskunft des Hochschulverbandes gelte in Berlin eine Altersgrenze von 65 Jahren. Hinsichtlich des Übergangsgeldes bestünden für Hochschulprofessoren keine Sonderegelungen.

Am 4. August 1956 verlieh der Senator für Volksbildung Moede in Absprache mit dem Senator für Inneres gemäß § 78 a des Gesetzes zur Regelung der Rechtsverhältnisses der unter Art. 131 GG fallenden Personen mit Wirkung zum 1. April 1956 die Rechtsstellung des emeritierten außerordentlichen Professors. [169] Es erfolgte eine Festsetzung der Besoldung.[170] Moede bestätigte diesen Rechtsstand und kündigte dem Senator seine Lehrtätigkeit in dem kommenden Wintersemester an. Gleichzeitig beantragte er die Rückdatierung seiner Emeritierung auf den 1. Oktober 1953, da er im September 1953 bereits 65 Jahre alt geworden war und die Hinausschiebung seiner Pensionierung auf das 68. Jahr abgelehnt worden sei. Diesen Antrag lehnte der Senator für Volksbildung jedoch mit Schreiben vom 22. November 1956 unter Hinweis darauf ab, dass die Entpflichtung Moedes nicht kraft Gesetzes mit Erreichen der Altersgrenze eingetreten sei, da er nicht als Beamter im Dienst war. Vielmehr könne gemäß § 78 a des Gesetzes zur Regelung der Rechtsverhältnisse der unter Art. 131 GG fallenden Personen, welcher auf Moede Anwendung fände, die Dienstbehörde einem Hochschullehrer die Rechtsstellung eines emeritierten Hochschullehrers verleihen. Da es sich dabei um eine Kannvorschrift handele, könne die Dienstbehörde auch den Zeitpunkt der Entpflichtung nach ihrem Ermessen bestimmen. In seinem Fall sei bereits eine Ausnahme mit der Festsetzung des Zeitpunktes der Emeritierung auf den 1. April 1954 erfolgt. Die Erweiterung dieser Ausnahme auf den 1. Oktober 1953 sei aus Kostengründen für das Land Berlin nicht möglich.[171]

Der TU gegenüber hatte Professor Moede die Absicht angekündigt, Vorlesungen als Emeritus zu halten. Er erhielt darauf die Mitteilung, die Eingliederung seiner Vorlesungen müsse noch mit den Fakultäten abgesprochen werden. Nach erfolgter Absprache wollte Walther Moede dann im Wintersemester 1956/57 und im Sommersemester 1957 Vorlesungen an der TU halten.

---

[167] Dokument 11-226: Schreiben des Hochschulverbandes vom 22. Juni 1956.

[168] Dokument 11-227: Schreiben Moedes vom 27. August 1956.

[169] Dokument 11-228: Schreiben des Senators für Inneres vom 19. Juni 1956 und 7. Juli 1956.

[170] Dokument 11-228: Schreiben des Senators für Volksbildung vom 4. August 1956.

[171] Dokument 11-233: Schreiben des Senators für Volksbildung vom 22. November 1956.

Mit seinem Schreiben vom 1. November 1956 bestätigte Walther Moede dem Senator für Volksbildung die Absicht zur Aufnahme seiner Lehrtätigkeit im Wintersemester 1956/57 wie folgt:

„[...] Ich werde meine Lehrtätigkeit im Wintersemester 1957/58 in den Fakultäten I, IV, V und VIII der Technischen Universität Berlin aufnehmen. Auch die Wirtschafts- und Sozialwissenschaftliche Fakultät der Freien Universität wird meine Vorlesung ankündigen. Das Thema der Vorlesung lautet:

„Angewandte Psychologie I: Betriebs- und Wirtschaftspsychologie, Verwaltungs- und Verkehrspsychologie, betriebliche Arbeitswissenschaft".

Den Titel „Angewandte Psychologie" habe ich entsprechend der Bezeichnung meines Lehrstuhls durch das damalige Reichsministerium für Wissenschaft, Erziehung und Volksbildung gewählt. Ich habe in mehreren Fakultäten der T.U. Bln. gemäß Zustimmung des Herrn Rektors und der Herren Dekane angekündigt. Mein Lehrgebiet war bis 1946 Wahlfach in der Fakultät für Maschinenwesen und in der Abteilung für Wirtschaftswissenschaften der damaligen Allgemeinen Fakultät, wo es auch Pflichtfach in der Vorprüfung war.

Ich bitte ganz ergebenst, den Antrag um Rückdatierung der Emeritierung auf den 1.10.1953, meinen Eintritt in die Altersgrenze, stellen zu dürfen, also nach Vollendung des 65. Lebensjahres.

Der Herr Senator für Volksbildung teilt mir am 11.5.1954 mit, daß mein Antrag auf Heraufsetzung der Altersgrenze für meine Wiederverwendung auf das 68. Lebensjahr gesetzlich nicht statthaft ist, da die Altersgrenze 65 Jahre ist.

Dr. Thieme, der Geschäftsführer des Hochschulverbandes, schreibt in seinem Buch „Deutsches Hochschulrecht" Seite 271: „Die Entpflichtung tritt kraft Gesetzes mit Erreichen der Altersgrenze ein". Er berichtet weiter, daß diese Altersgrenze in Berlin mit dem 65. Jahre gegeben ist. Dies wird ebenfalls in den Berliner Beamtengesetzen bestimmt. Ich bitte daher, meine Emeritierung vom 1.10.1953 an zu datieren.

Ich gestatte mir den Hinweis, daß ich in der Zeit von 1946 bis 1953 keinerlei Entschädigung erhalten habe. Großen moralischen Schaden erlitt ich durch meine Entfernung von der Technischen Universität und meine Nichtwiedereinstellung. Vor allem war die Beschäftigung fachlich nicht vorgebildeter Lehrkräfte auf meinem Gebiete nach 1946 besonders schmerzlich.

Schließlich trifft es mich besonders hart, daß meine Ernennung zum persönlichen Ordinarius infolge der Kriegseinwirkung nicht zum Abschluß kam. Das Reichsministerium für Wissenschaft, Erziehung und Volksbildung war mit dem Antrag meiner Hochschule einverstanden angesichts meiner langjährigen Forschungs- und Lehrerfolge, meiner umfassenden literarischen Tätigkeiten sowie angesichts meiner Stellung in der internationalen Fachwissenschaft. Doch war der Vollzug der Ernennung leider nicht mehr möglich. Jedenfalls hat mich das Ernennungsschreiben nicht mehr erreicht.

Ich hoffe jedoch bestimmt, daß mir die vor etwa 10 Jahren zugedachte Ehrung durch Verleihung des persönlichen Ordinariates, womit keine zusätzlichen Kosten verbunden sind, nun doch noch zuteil wird und ich bitte den Herrn Senator für Volksbildung um wohlwollende Unterstützung.

Ich schließe mit dem Ausdruck des besten Dankes für Ihre Wünsche für persönliches Wohlergehen und alles Gute.

Hochachtungsvoll!

Ergebenst"

Aufgabe des Wohnsitzes in Potsdam

Mit seiner Versetzung nach Berlin zur Kraftfahr-Ersatzabteilung verlegte Moede am 21. Juni 1916 auch seinen Wohnsitz von Leipzig nach Berlin-Schöneberg, Luitpoldstraße 14. Er wohnte später in der Luitpoldstraße 24.

Seit dem 1. Oktober 1936 hatte Moede in Charlottenburg, Knesebeckstraße 96, einen Mietvertrag über eine eigene Vierzimmerwohnung im Vorderhaus, Parterre, mit dem Vermieter Dr. Josef Hofmann abgeschlossen, vertreten durch Dr. Philipp-Josef Metz. Diesen Wohnsitz hat er bis zu seinem Tode nicht mehr aufgegeben, wenn er auch zeitweise lediglich als Zweitwohnsitz gemeldet war.[172]

Moede hatte Ende der zwanziger Jahre in der Tornowstraße 24 in Potsdam ein Grundstück erworben und darauf ein Wohnhaus errichtet. Er ist dort mit erstem Wohnsitz am 1. Oktober 1936 eingezogen. Aus einem Zeitungsausschnitt vom 20. Oktober 1943 zum 25-jährigen Bestehen der industriellen Psychotechnik geht der Wohnsitz Moedes in Potsdam hervor. Auch eine ärztliche Abrechnung vom 12. April 1944 ist an Moedes Wohnsitz in der Tornowstraße 24 in Potsdam gerichtet. Schließlich hat Moede sich nach den Wirren des Kriegsendes ab Mai 1945 dort aufgehalten. In einer Bescheinigung der Technischen Hochschule vom 25. Januar 1946 ist als Wohnsitz Moedes noch immer die Tornowstraße 24 angegeben. Auch ein Schreiben der Hochschule vom 18. Februar 1946 ist an die Potsdamer Anschrift Moedes gerichtet. Unter dieser Anschrift war Moede bei dem Rat der Stadt Potsdam – Volksbildungsamt – als praktischer Psychologe und freischaffender Wissenschaftler registriert. Ferner liegt eine Bescheinigung der städtischen Wasserwerke Potsdam vom 23. Februar 1946 über die Ableistung eines Arbeitseinsatzes Moedes dort vor. Er erhielt am 27. Mai 1946 eine Ersatzkarte vom Arbeitsamt Potsdam und es liegt eine Bescheinigung des Arbeitsamtes vom 9. Oktober 1947 über die Registrierung Moedes für einen Arbeitseinsatz vor.[173] Das Entnazifizierungsverfahren Moedes war auch für die Behörden in Potsdam von Interesse, denn mit Schreiben vom 13. Februar 1948 teilte der Rat der Stadt Potsdam – Abt. Volksbildung – Moede mit, auf Grund einer Mitteilung der Entnazifizierungskommission beim Magistrat der Stadt Berlin sei der Entnazifizierungsantrag Moedes durch die alliierte Kommandantur am 12. November 1947 abgelehnt worden, sodass Moede von der Liste der dem Arbeitsamt zur Verfügung stehenden Personen gestrichen worden sei. Mit Schreiben vom 21. Februar 1948 nahm die Behörde diese Mitteilung jedoch zurück und bestätigte Moede, dass er weiterhin als wissenschaftlicher Schriftsteller beim dortigen Arbeitsamt geführt werde.[174]

Die Polizei Potsdam hatte ihm am 27. Mai 1946 einen Personalausweis ausgestellt und diesen bis zum 31. März 1947 verlängert. In den Unterlagen Moedes findet sich noch ein weiterer Ausweis der Stadt Potsdam vom 26. November 1946, verlängert bis zum 26. Mai 1947.[175]

Moede arbeitete jedoch weiterhin überwiegend in Berlin und gab seinen zweiten Wohnsitz in der Knesebeckstraße 96 nie auf, wie aus der oben genannten Anmeldebescheinigung vom 28. Februar 1948 und auch aus der Bescheinigung über seine Registrierung beim Gesundheitsamt des Bezirksamtes Charlottenburg vom 8. Juni 1948 hervorgeht.[176] Mit einem Schreiben vom 24. Mai 1949 wandte sich Moede an den Magistrat von Berlin – Währungskommission – mit der Bitte um Genehmigung zum Geldumtausch.[177]

[172] Dokument 11-251: Anmeldebescheinigung vom 28. Februar 1948.
Dokument 10-06: Polizeiliche Anmeldung in Potsdam vom 2. Oktober 1936.

[173] Dokument 11-18: Bescheinigung der städtischen Wasserwerke Potsdam vom 23. Februar 1946; Dokument 11-27: Bescheinigung des Volksbildungsamtes; Ersatzkarte des Arbeitsamtes Potsdam vom 27. Mai 1946; Bescheinigung des Arbeitsamtes Potsdam vom 9. Oktober 1947.

[174] Dokument 11-32: Schreiben vom 13. und 21. Februar 1948.

[175] Dokument 11-27: Ausweise vom 27. Mai 1946 und vom 27. November 1946.

[176] Dokument 11-251: Anmeldebescheinigung vom 28. Februar 1948; Registrierungsbescheinigung des Gesundheitsamtes vom 8. Juni 1948.

[177] Dokument 11-264: Schreiben Moedes an den Magistrat der Stadt Berlin vom 24. Mai 1949.

Offenbar betrachtete Moede seine Wohnung in der Knesebeckstraße 96 in Berlin tatsächlich als seinen eigentlichen Wohnsitz, denn bereits in einem Beamtenfragebogen vom 22. Dezember 1950 gab er diesen als seinen weiteren Hauptwohnsitz ab dem 8. Mai 1945 an.[178] Auch in dem Entnazifizierungsfragebogen gab er die Anschrift unter der Knesebeckstraße 96 als seinen Hauptwohnsitz bereits seit dem Jahr 1936 an. Der Schriftverkehr mit der Entnazifizierungskommission, wie auch mit sämtlichen anderen Ämtern Berlins, ist entsprechend ausschließlich über die Anschrift in Charlottenburg geführt worden. Einem handschriftlichen Vermerk Moedes ist zu entnehmen, dass er am 1. März 1948 in Berlin polizeilich gemeldet gewesen ist und die Polizei ihm den Wohnungseinzug zum 1. Oktober 1932 bestätigte sowie eine Bestätigung des Bezirksamtes vom 5. März 1948 vorgelegen habe.[179] Dieser Vermerk entsprach auch den Tatsachen, wie aus der Anmeldebescheinigung vom 28. Februar 1948 hervorgeht.

Moede beabsichtigte jedoch wahrscheinlich bereits seit 1951, spätestens jedoch seit 1953 die vollständige Umsiedlung nach Berlin unter Aufgabe seines Wohnsitzes in Potsdam. Er sammelte dafür zunächst Informationen über die Gesetzeslage, um aus den Gesetzesauszügen, Kommentierungen und Gesetzesblättern die einschlägigen Bestimmungen hinsichtlich des beabsichtigten Umzuges von der DDR nach Westberlin sein weiteres Vorgehen zu bestimmen. Im Herbst 1953 verschaffte sich Moede dann verschiedene Bescheinigungen, Bestätigungen und eidesstattliche Versicherungen darüber, dass er stets in der Knesebeckstraße gewohnt und gelebt hatte. Zu nennen sind insbesondere die Bescheinigung seines Vermieters Dr. Metz über den gewöhnlichen Aufenthalt und die polizeiliche Anmeldung in dem Haus in der Knesebeckstraße 96 vom 4. November 1953, die eidesstattliche Versicherung seiner Hausverwalterin in Potsdam Frau Hedwig Winkler vom 22. Oktober 1953 über die erfolgte Beschlagnahme eines Teiles seines Hauses in Potsdam und über seinen gewöhnlichen Aufenthalt in Berlin sowie eine Bescheinigung der Freien Universität in Berlin vom 3. Juli 1952 über Moedes Tätigkeit dort als Lehrbeauftragter.[180] Am 23. April 1954 stellt Moede einen offiziellen Antrag beim Bezirksamt Charlottenburg auf Erteilung einer Zuzugsgenehmigung. Darin legt er seine durchgehende polizeiliche Anmeldung in der Knesebeckstraße seit 1936 und, wegen Aktenverlustes, nochmals seit 1948 sowie seinen durchgehenden dauerhaften Aufenthalt in Berlin seit 1916 dar. Er verweist auf die Teilbeschlagnahme seines Hauses in Potsdam und gibt in der dem Antrag beigefügten Anlage den Hauptwohnsitz mit Berlin und den Zweitwohnsitz mit Potsdam an.[181]

Am 29. April 1954 erteilt das Bezirksamt Charlottenburg Moede die gewünschte Zuzugsbescheinigung zur polizeilichen Abmeldung, gültig zunächst bis zum 27. Juli 1954. Moede musste diese Bescheinigung insgesamt viermal verlängern lassen, da sich die Beschaffung und Erteilung von notwendigen Bescheinigungen der Behörden in Potsdam verzögerten.[182] Die endgültige Zuzugsgenehmigung wurde erst nach Vorlage der Abmeldung in Potsdam erteilt.

---

178 Dokument 11-265: Fragebogen vom 22. Dezember 1950.

179 Dokument 11-266: Moedes handschriftliche Vermerke vom 22.12.1958.

180 Dokument 11-71: Bescheinigung der Freien Universität Berlin vom 3.7.1952.

181 Dokument 11-250: Antrag vom 23. April 1954.

182 Dokument 11-251: Verlängerungsnachweise, es wurde die Bescheinigung zunächst bis zum 27. Oktober 1954, dann zum 27. Januar 1955, zum 27. April 1955 und schließlich zum 27. Juli 1955 verlängert.

Am 11. Dezember 1954 bat Moede das Bezirksamt um Erteilung einer Währungsbescheinigung und am 13. Dezember 1954 um Erteilung einer Zuzugsgenehmigung, da er diese für die Währungsbescheinigung benötige.[183] Er erhielt darauf ein Schreiben, in welchem das Bezirksamt zunächst feststellte, dass Moede laut Mietvertrag seit dem 3. Juli 1936 in der Knesebeckstraße 96 wohne und diesen Wohnsitz auch nie aufgegeben habe. Auch nach dem Zusammenbruch sei Moede dort weiter mit seinem zweiten Wohnsitz gemeldet gewesen. Er habe „ganz unzweifelhaft" den Mittelpunkt seiner gesamten Lebensführung, zumindest was die Zeit nach 1945 beträfe, in Westberlin gehabt. Dass er daneben noch einen zweiten Wohnsitz hatte, sei unerheblich. Daher sei kein Zuzug möglich, denn Moede habe in Berlin stets seinen Wohnort gehabt. Das Bezirksamt vermute jedoch, dass Moede seinen Wohnsitz in Potsdam nur aufrechterhalten habe, um seine Vermögensgüter dort zu schützen und sich aus diesem Grund dort habe nur einen Personalausweis ausstellen lassen. Um nun dort seine Abmeldung betreiben zu können, werde ihm eine Zuzugsgenehmigung überlassen.[184]

Am 17. Dezember 1954 erhielt Moede dann auch die Bescheinigung zum Währungsausgleich für den Rentenbezug von dem Bezirksamt.

Damit waren die Voraussetzungen für einen Antrag auf Erteilung einer Abmeldeerlaubnis und die Übersiedlung nach Westberlin bei den zuständigen Behörden in Potsdam im Wesentlichen erfüllt und Moede reichte diesen Antrag am 8. Juli 1955 bei der Volkspolizei in Potsdam ein. Er begründete den Antrag damit, nach Westberlin verziehen zu müssen, um seine dortige Emeritierung zu erreichen. Zudem sei er seit mehreren Jahren herz- und leberkrank und bedürfe nach einem zweimonatigen Krankenhausaufenthalt einer Kur in Bad Nauheim. Dem Antrag beigefügt waren notwendige Bescheinigungen der Kreisparkasse Potsdam und der Bank für Handwerk und Gewerbe vom 12. Juni 1954 bzw. 18. Juni 1954 über die Schuldenfreiheit Moedes und die nicht erfolgte Aufnahme eines Kredites. Eine weitere Bescheinigung der Notenbank vom 30. April 1955 lag den Unterlagen nicht bei. Ferner legte Moede eine steuerliche Unbedenklichkeitsbescheinigung des Rates des Stadtbezirks Potsdam – Abteilung Abgaben – vom 20. Mai 1954 sowie die Zuzugsbescheinigung des Bezirksamtes Charlottenburg vom 29. April 1954 vor. Beigefügt war schließlich auch eine notariell beglaubigte Verzichtserklärung vom 5. Mai 1955, in welcher Moede auf etwaige Ansprüche gegen die DDR verzichtete.[185] Es fällt allerdings auf, dass Moede in seinem Antrag jeweils aktuellere Daten der Bescheinigungen nennt, als sich aus den Unterlagen ergeben. Wahrscheinlich hatte er bereits im Sommer 1954 beabsichtigt den Antrag einzureichen und sich die dafür notwendigen Bescheinigungen besorgt. Aus nicht ersichtlichen Gründen erfolgte die Einreichung des Antrages jedoch erst im Juli 1955, sodass Moede sich wahrscheinlich dafür aktuelle Bescheinigungen verschafft hatte, die den Unterlagen nicht mehr beigefügt sind. Den Antrag vom 8. Juli 1955 ließ Moede mittels einer notariell beglaubigten Vollmacht von Frau Vera Rohde und Frau Hedwig Winkler einreichen, da er aus Krankheitsgründen persönlich daran gehindert war. Er bevollmächtigte die beiden zur Vornahme und Durchführung seines Umzugs. Bereits am 22. Juli 1955 erhielt Moede eine Bescheinigung der Volkspolizei über die Genehmigung des Antrags auf polizeiliche Abmeldung.

Das Abmeldeverfahren verzögerte sich bis März 1956. Am 12. März 1956 legte Moede den Behörden eine Umzugsgut-Aufstellung vor und erteilte am 19. März 1956 Frau Hedwig

183 Dokument 11-252: Schreiben Moedes vom 11. Dezember 1954.

184 Dokument 11-253: Schreiben des Bezirksamtes Charlottenburg vom 16. Dezember 1954.

185 Dokument 11-256: Schreiben Moedes vom 8. Juli 1955.

Winkler und Frau Erna Mayfarth eine Postvollmacht für Potsdam.[186] Am 13. März 1956 zahlte er einer Spedition in Potsdam einen Vorschuss in Höhe von 215,00 DM für den Umzug und erhielt dann schließlich am 21. März 1956 von dem Kreisamt der Volkspolizei die Abmeldebescheinigung für die Übersiedlung von der Tornowstraße 24 in Potsdam nach der Knesebeckstraße 96 in Berlin.[187] Sein Pass wurde eingezogen. Er hatte jedoch bereits am 23. Februar 1955 eine Bescheinigung für einen eingezogenen Personalausweis erhalten, die zunächst bis zum 23. November 1955, dann bis zum 23. Dezember 1955 und schließlich bis zum 23. Februar 1956 verlängert worden war.[188] Moede beantragte umgehend am 24. bzw. 29. März 1956 die Ausstellung eines behelfsmäßigen Personalausweises in Berlin bei der zuständigen polizeilichen Meldestelle.[189]

Offenbar wurde Moede die Mitnahme einiger Gegenstände von den Behörden der DDR verweigert, denn er wandte sich mit einem Schreiben vom 23. März 1956, abgesandt laut Vermerk am 12. April 1956, an Wilhelm Pieck als Präsidenten des Förderausschusses der Intelligenz und bat darin unter Mitteilung der Gründe für seinen Umzug nach Westberlin um Hilfe, da ihm die Mitnahme seiner Reiseschreibmaschine, seines Kühlschranks und seines Außenbordmotors verweigert werden würde.[190] Ob Wilhelm Pieck geantwortet hat oder nicht, ist nicht bekannt. Jedenfalls teilte der Rat der Stadt Potsdam – Abteilung Innere Angelegenheiten – am 18. Juli 1956 mit, dass alle Gegenstände genehmigt seien.[191] Es wurde eine Verwaltungsgebühr von 10,00 DM erhoben, über deren Zahlung eine Quittung noch vorhanden ist. Am 13. August 1956 erhielt Moede von der Kreissparkasse Potsdam einen Schlusskontoauszug über das aufgelöste Bankkonto. Sodann erfolgte im August 1956 der endgültige Umzug nach Berlin, wie aus einer Quittung einer Steglitzer Spedition über Umzugskosten von 137,00 DM vorgeht.[192]

Lehrtätigkeiten und Beratungen

Bedingt durch die schwierigen politischen und wirtschaftlichen Verhältnissen im Berlin der Nachkriegszeit war für Walther Moede die Möglichkeit zur Fortsetzung seiner wissenschaftlichen Tätigkeit nur begrenzt gegeben. Zunächst bemühte er sich, seine Wohnung in der Knesebeckstraße 96, die nach der Ausbombung des Instituts im Hauptgebäude der Technischen Hochschule 1943 bereits als Ersatzeinrichtung verwendet worden war, wieder herzurichten. Wohnräume waren knapp und unterstanden dem Wohnungsamt.

In Zusammenarbeit mit seiner Sekretärin Vera Rohde war es Moede möglich, bereits zum WS 1945/46 sein Institut für industrielle Psychotechnik und Arbeitstechnik in der Knesebeckstraße der Technischen Hochschule als betriebsfähig zu melden. Umso größer war die Enttäuschung, als er dann am 18. Februar 1946 gemäß der allgemeinen Anweisungen des Alliierten Kontrollrates entlassen und nach Neugründung der Technischen Universität von dieser nicht wieder eingestellt wurde. Er verlor auch seine Tätigkeit als Psychologe beim Zent-

186 Dokument 11-257: Umzugsgutaufstellung und Postvollmacht vom 12. März 1956.

187 Dokument 11-258: Abmeldebescheinigung vom 21. März 1956.

188 Dokument 11-259: Verlängerungsbescheinigungen über eingezogenen Personalausweis.

189 Dokument 11-260: Antrag vom 24. bzw. 29. März 1956.

190 Dokument 11-261: Schreiben Moedes vom 23. März 1956.

191 Dokument 11-262: Schreiben des Rates der Stadt Potsdam vom 18. Juli 1956.

192 Dokument 11-263: Umzugsquittung.

ralamt für Personal- und Sozialwesen der Deutschen Reichsbahn, welche er seit 1921 in verschiedenen Positionen versah, sowie seine Tätigkeit als Dozent für Angewandte Psychologie an der Berliner Friedrich Wilhelms Universität, die er seit 1935 dort ausübte.

Bild 11.11: Psychotechnische Untersuchungen im Institut Knesebeckstr. 96
(v.l.n.r.: Vera Rohde, Prof. Dr. Walther Moede)

Walther Moede war somit darauf angewiesen, eine neue Existenz aufzubauen. Diese bestand zunächst in der Durchführung von Vorträgen, Gutachten und psychotechnischen Untersuchungen, aber auch in der Beratung von Firmen. Am 6. August 1948 wurde Prof. Moede als praktischer Psychologe vom Magistrat in Berlin zugelassen.

Mit Lehrtätigkeiten versuchte Walther Moede, auch Ansätze für neue Forschungsarbeiten zu verbinden. Größere wissenschaftliche Arbeiten waren zunächst nur bedingt möglich. Der wirtschaftlichen Situation der ersten Nachkriegsjahre angepasst, findet sich in den Aufzeichnungen über wissenschaftliche Veröffentlichungen ein Hinweis auf einen Beitrag von Moede über die „Psychologie des schwarzen Marktes" aus dem Jahre 1946.

Universität Berlin

Vom WS 1935/36 bis zum WS 1944/45 war Walther Moede bereits als Lehrbeauftragter an der Philosophischen Fakultät der Friedrich Wilhelms Universität Berlin mit dem Lehrgebiet „Arbeits- und Wirtschaftspsychologie" vertreten. Die erste Lehrveranstaltung dieser Art hatte er gemeinsam mit Prof. Dr. Johann Baptist Rieffert eröffnet. Ab SS 1936 und SS 1937 hielt Moede eine Vorlesung zur Wirtschaftspsychologie im Philosophischen Seminar mit ergänzendem Praktikum zur Wirtschaftspsychologie am Psychologischen Institut. Im WS 1936/37 fand zusätzlich ein Seminar zur Angewandten Psychologie statt. Ergänzend wurden vom SS 1938 an auch einige Vorlesungen im Lehrgebiet Staatswissenschaften, Abteilung Volkswirtschaftslehre angeboten.[193]

[193] Siehe auch in Kapitel 10 „Entwicklung der Lehre", S. 355-361.

Bereits 1947 und nochmals 1948 verhandelte Professor Rogowsky als Prodekan der Wirtschaftswissenschaftlichen Fakultät der Universität Berlin mit Walther Moede um die Übernahme eines Lehrauftrags, wie die folgenden Schreiben ausweisen:[194]

Wirtschaftswissenschaftliche Fakultät	Berlin-C 2, den 30. Sept. 1947
der Universität Berlin	Spandauer Straße 1
Abt. Betriebswirtschaft	Eingang Neue Friedrichstr. 53-56
	Fernruf: 42 72 72 und 42 19 56

Es wird hiermit bescheinigt, daß Herr Professor Walther Moede ein anerkannter Forscher auf dem Gebiete der Arbeitswissenschaft und der Personalwissenschaft ist, dessen Einrichtungen und Materialien von großem wissenschaftlichem Wert sind. Der Unterzeichnete führt gegenwärtig mit Professor Dr. Moede Verhandlungen wegen Übernahme eines größeren Lehrauftrags am Hochschul-Institut für Wirtschaftskunde von Groß-Berlin.

Die Räume in Berlin-Charlottenburg, Knesebeckstraße 96, sind für die Forschungsaufgaben des Herrn Professor Moede und für die wissenschaftlichen Arbeiten von Studierenden der wirtschaftswissenschaftlichen Fakultät erforderlich.

Professor Rogowsky

Prodekan

Wirtschaftswissenschaftliche Fakultät	Berlin-C 2, den 27. Februar 1948
der Universität Berlin	Spandauer Straße 1
	Eingang Neue Friedrichstr. 53-56
	Fernruf: 42 72 72 und 42 19 56

Hiermit wird bescheinigt, daß Herr Professor Walther Moede ein anerkannter Forscher auf dem Gebiete der Arbeitswissenschaft, der Personalwissenschaft sowie der Bedarfs- und Konsumlehre ist, dessen Einrichtungen und Materialien von großem wissenschaftlichem Wert sind. Professor Dr. Moede führt wichtige Arbeiten für meinen Lehrstuhl und mein Institut aus, die sowohl den Zweck des wirtschaftswissenschaftlichen Hochschulunterrichts meiner Fakultät als auch für den Wiederaufbau dringend nötig sind.

Seine Räume in Berlin-Charlottenburg, Knesebeckstraße 96, sind für die Forschungsaufgaben des Herrn Professor Moede und für die wissenschaftlichen Arbeiten von Studierenden der wirtschaftswissenschaftlichen Fakultät sowie das Hochschulinstitut für Wirtschaftskunde von Groß-Berlin erforderlich.

Professor Rogowsky

Prodekan

Wirtschaftswissenschaftliche Fakultät	Berlin-C 2, den 28. Februar 1948
der Universität Berlin	Spandauer Straße 1
	Eingang Neue Friedrichstr. 53-56
	Fernruf: 42 72 72 und 42 19 56

Sehr geehrter Herr Professor Dr. Moede!

In Ergänzung der Arbeiten des Seminars für Betriebswirtschaftslehre und des Seminars für Wirtschaftsprüfungs- und Treuhandwesen habe ich für das Sommer-Semester 1948 ein Praktikum angekündigt, in dem die Prüfung von Organisations- und Arbeitseinrichtungen behandelt werden soll. Da die entsprechenden Einrichtungen der ehemaligen Wirtschafts-Hochschule und der Universität durch die Kriegshandlungen vernichtet worden sind, bitte ich Sie, mir für dieses Praktikum, an dem außer mir etwa 30 bis 40 Studierende und 2 bis 3 Assistenten teilnehmen werden, Ihr Institut zur Verfügung

[194] Dokument 11-31: Schreiben von Prof. Dr. Rogowski, Prodekan der Universität Berlin, 28. Februar 1948, sowie Schreiben vom 30. September 1947 und 27. Februar 1948.

zu stellen. Die Einführung und Anleitung der Studierenden würde jeweils an Donnerstagvormittag stattfinden. Wegen der praktischen Einzelarbeiten der Studierenden hoffe ich, mit Ihnen Zeiten an verschiedenen Wochentagen vereinbaren zu können. Ich selbst bin durch die Entlassung während der Nazizeit mit der neueren Literatur und Entwicklung der Organisationsprüfung nicht ganz vertraut und werde mir erlauben, im März und April d. Js. nach vorheriger Vereinbarung mit Ihnen Vorbereitungsarbeiten für dieses Praktikum an Hand des in Ihrem Institut vorhandenen Materials durchzuführen.

Zurzeit stehen etatmäßige Mittel für eine Miete der Räume noch nicht zur Verfügung. Ich hoffe aber, daß ein Antrag in späterer Zeit Berücksichtigung finden wird. Während der praktischen Übungen wird der mit Ihrer Apparatur versehene Arbeitsraum zur Benützung gelangen. Für die Ausarbeitungen bitte ich mir und meinen Assistenten den einen vorderen Raum und den Studierenden den anderen vorderen Raum zeitweilig zur Verfügung zu stellen. Ich werde selbstverständlich die Räume nur in dem Umfang benützen, als dies Ihre eigene freiberufliche Arbeit zuläßt.

Mit bestem Dank für Ihre Bereitwilligkeit, Ihr wissenschaftliches Material und Ihre wissenschaftliche Apparatur der Ausbildung der Studierenden der Wirtschaftswissenschaftlichen Fakultät zur Verfügung zu stellen, grüße ich Sie in ausgezeichneter Hochachtung.

Professor Dr. Rogowsky

Walther Moede übernahm jedoch erst nach Beendigung der Blockade Lehraufgaben an der Universität Berlin. Zum SS 1950 wurde ihm offiziell von der Wirtschaftswissenschaftlichen Fakultät der Humboldt Universität ein Lehrauftrag über „Betriebliche Arbeitswissenschaft“ und „Spezielle Wirtschaftspsychologie“ übertragen, wodurch sich auch die Zusammenarbeit mit Professor Rogowski weiter vertiefte.[195]

Freie Universität Berlin

Im Jahre 1949 wurde in West-Berlin die Freie Universität gegründet. Im SS 1952 war Walther Moede an der Freien Universität Berlin als Lehrbeauftragter für das Fachgebiet „Angewandte Psychologie“ gegen Entgelt tätig.[196] Von 1953 bis 1963 arbeitete Dr. Maria Schorn als außerplanmäßige Professorin für Angewandte Psychologie an der FU Berlin.

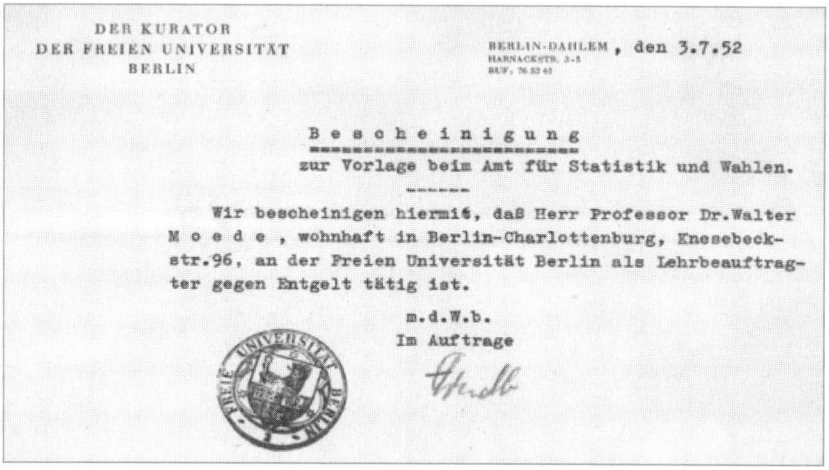
DER KURATOR
DER FREIEN UNIVERSITÄT
BERLIN

BERLIN-DAHLEM, den 3.7.52

Bescheinigung
zur Vorlage beim Amt für Statistik und Wahlen.

Wir bescheinigen hiermit, daß Herr Professor Dr. Walter Moede, wohnhaft in Berlin-Charlottenburg, Knesebeckstr. 96, an der Freien Universität Berlin als Lehrbeauftragter gegen Entgelt tätig ist.

m.d.W.b.
Im Auftrage

Bild 11.12: Bescheinigung über Lehrauftrag für Angewandte Psychologie an der FU Berlin (1952)

[195] Dokument 11-61: Ausweis Nr. M 135 der Humboldt Universität Berlin vom 25. Mai 1950, gültig bis 31. Dezember 1950, gez. der Verwaltungsdirektor.

[196] Dokument 11-71: Kurator der Freien Universität Berlin vom 3.7.1952 – Bescheinigung zur Vorlage beim Amt für Statistik und Wahlen.

Verwaltungsakademie Berlin

Von 1951 bis 1958 war Walther Moede als angestellter Dozent für Angewandte Psychologie mit den Schwerpunkten Verwaltungspsychologie und Arbeitswissenschaft an der Verwaltungsakademie Berlin tätig. Sie befand sich in Berlin W30, Nürnberger Straße 53-55.

Die Vorlesungen und Seminare wurden regelmäßig in jedem Semester gehalten. Die Teilnehmerzahl pendelte sich schließlich auf 15 bis 20 Hörer ein. Der Inhalt war auf die Aus- und Weiterbildung von „Verwaltungsleuten" gerichtet. Es wurden die Anwendungsmöglichkeiten der Praktischen Psychologie in der Verwaltung behandelt, mit den folgenden Themen: Grundsatzfragen der Verwaltungswissenschaft, Praktische Verwaltungspsychologie und Verwaltungssoziologie sowie Arbeitswissenschaftliche Bestgestaltung des Verwaltungsdienstes. In einem historischen Rückblick auf Fayol, den Begründer der Verwaltungswissenschaft, und auf Taylor, den Begründer der Betriebswissenschaft, wurde auf den hohen Stand der Forschung in Deutschland verwiesen. Dabei konnte Moede auf seine großen Erfahrungen bei der Deutschen Reichsbahn zurückgreifen, wo er von 1921 bis 1945 als psychologischer Beirat tätig gewesen war.

Wichtig war Moede die Weiterbildung für Vorgesetzte zur Förderung der innerbetrieblichen Arbeitsbeziehungen, aber auch die Steigerung der Arbeitsproduktivität. Hierbei kam es ihm auf die Erfüllung der Grundpflichten eines Beamten an, wie auch auf die Beherrschung der Methodik zur Reorganisation von Verwaltungsprozessen. Die Grundlagen der geistigen Arbeitstechnik wurden behandelt, auch in Verbindung mit einer optimalen Gestaltung des Büroarbeitsplatzes. Ein wichtiges Kapitel sah Moede in den Grundlagen zur Eignungsuntersuchung und Arbeitsbeurteilung. Schließlich wurde auch die optimale Führung von Konferenzen gelehrt. Ergänzt wurden die Vorlesungen durch experimentelle Übungen.

Walther Moede konnte die Lehrveranstaltungen an der Verwaltungsakademie Berlin auf Grund seines reichen Erfahrungsschatzes und seines herausragenden Wissens äußerst interessant gestalten. Sein Lehrauftrag erfreute sich einer großen Beliebtheit und gehörte schließlich zum Standardbaustein für die Ausbildung von Verwaltungspersonal in der politisch noch sehr schwierigen Lage der Berliner Stadtverwaltung der fünfziger Jahre.

Technische Universität Berlin

Nach der am 1. April 1956 erreichten Anerkennung des Status eines emeritierten Extraordinarius durch die Technische Universität Berlin machte Walther Moede von seinem Recht gebrauch, Lehrtätigkeiten durchzuführen. Nach dem Selbstverständnis seines wissenschaftlichen Profils und seiner Einordnung in den Lehrkörper der Technischen Universität Berlin firmierte er im Vorlesungsverzeichnis des SS 1956 unter Professor Dr. phil. Walther Moede, emeritierter Extraordinarius für Angewandte Psychologie, Betriebs- und Wirtschaftspsychologie, Arbeitswissenschaft.

Sein Vorlesungsangebot richtete sich an alle Semester und Hörer aller Fakultäten. Der Inhalt bezog sich auf Betriebs- und Wirtschaftspsychologie, Verwaltungs- und Verkehrspsychologie sowie betriebliche Arbeitswissenschaft.

Nach einigen organisatorischen Unklarheiten konnte er ab WS 1956/57 eine Vorlesungsreihe zum Thema *Angewandte Psychologie* aufnehmen, die er dann infolge seiner schweren Erkrankung im SS 1958 nicht mehr fortsetzen konnte.

Thematisch war die Vorlesung der industriellen Anwendungspraxis zugewendet. Schwerpunkte waren Probleme der Betriebs- und Wirtschaftspsychologie und der betrieblichen Arbeitswissenschaft. Ergänzend wurde ein Praktikum für Fortgeschrittene angeboten.[197] Folgende Lehrveranstaltungen wurden von zahlreichen Studierenden besucht:

Prof. Dr. Walther Moede | Berlin-Charlottenburg, 25.10.1956
Knesebeckstr. 96
Tel. 32 21 08

Im Wintersemester 1956/57 werde ich lesen:

Angewandte Psychologie I:

Betriebs- und Wirtschaftspsychologie, Verwaltungs- und Verkehrspsychologie, betriebliche Arbeitswissenschaft.

Für alle Semester

Hörsaal	Zeit	Beginn
2035	montags 10 – 12 h	12.11.1956

Prof. Dr. Walther Moede | Berlin-Charlottenburg, 25.4.1957
Knesebeckstr. 96
Tel. 32 21 08

Im Sommersemester 1957 werde ich lesen:

Angewandte Psychologie II:

Betriebs- und Wirtschaftspsychologie, Verwaltungs- und Verkehrspsychologie, betriebliche Arbeitswissenschaft (Mit Lichtbildern).

Für alle Semester und Hörer aller Fakultäten

Vorlesungs-Nr.	Hörsaal	Zeit	Beginn
5995,02	H 2035	montags 10 – 12 h	6.5.1957

Die folgenden Schreiben vermitteln das Interesse der Fakultät für Wirtschaftswissenschaften sowie der Humanistischen Fakultät an den Lehrveranstaltungen Walther Moedes.

Fakultät für Wirtschaftswissenschaften
an der
Technischen Universität Berlin-Charlottenburg
DER DEKAN

Berlin-C 2, den 15. Oktober 1956
Hardenbergstraße 34
Telefon: 32 51 81

Herrn
Professor Dr. Moede
Berlin-Charlottenburg
Knesebeckstr. 96

Sehr geehrter Herr Kollege!

Ich beziehe mich auf Ihr Schreiben vom 3. Oktober 1956 und erlaube mir Ihnen mitzuteilen, daß ich von dem Inhalt dieses Schreibens den Mitgliedern der Fakultät auf unserer letzten Sitzung Kenntnis gegeben habe. Die Fakultät hat mit Interesse von Ihrer Absicht, eine Vorlesung über das von Ihnen in Absatz 2 Ihres Schreibens näher bezeichnete Thema zu halten, Kenntnis genommen. Wir sind überzeugt davon, daß die Vorlesung bei den Studenten Anklang finden wird. Ich bitte Sie, uns baldigst eine Vorlesungsankündigung in der üblichen Form zuzustellen, damit ich sie anschlagen lassen kann.

Mit besten Wünschen für ein erfolgreiches Semester und kollegialen Empfehlungen verbleibe ich als Ihr sehr ergebener.

(Unterschrift)

---

197 Goldschmidt, Peter: Walther Moede und die Entwicklung der industriellen Psychotechnik. Magisterarbeit, Universität Münster, Philosophisches Fakultät, 1988.

Technische Universität
Berlin-Charlottenburg
Der Dekan
der Humanistischen Fakultät

Berlin-C 2, den 23. 10 1956
Hardenbergstraße 34
Fernruf: 32 51 81

Herrn
Professor Dr. Moede
Berlin-Charlottenburg
Knesebeckstraße 96

Sehr geehrter Herr Kollege!

Auf Grund Ihres freundlichen Schreibens vom 3.10. gestatte ich mir Ihnen zu erwidern, daß die Humanistische Fakultät sehr gern Ihre Vorlesungsankündigung unter ihre Anschläge aufnehmen wird. Ich nehme an, daß Sie an der Absicht, eine Vorlesung zu halten, festhalten, obwohl sie m.W. für den Emeritus zwar ein Recht, aber keine Pflicht ist..

Herr Professor Heyde hatte Ihren Antrag warm befürwortet.

Wegen des Hörsaals und der Vorlesungszeit darf ich Sie bitten, sich mit Herrn Kollegen Strohbusch in Verbindung setzen zu wollen und Ihre Vorlesungsankündigung unserem Dekanat einzusenden.

Mit den besten Empfehlungen

Ihr sehr ergebener

(Unterschrift)

Wissenschaftliche Arbeiten, Veröffentlichungen und Außenbeziehungen

Forschungsarbeiten

Eine bemerkenswerte und historisch gesehen bedeutsame Veranstaltung war die vom 10. bis 12. Dezember 1946 in Hahnenklee/Harz durchgeführte Arbeitswissenschaftliche Tagung. Sie war ein Ausdruck des Willens, die erfolgreiche internationale Gemeinschaftsarbeit auf dem Gebiet der Arbeitspsychologie bzw. Arbeitswissenschaft wieder aufzunehmen und zukünftig gemeinsam fortzusetzen. Ihrer großen historischen Bedeutung wegen wird der Beitrag von H. Böhrs im Anhang wiedergegeben.[198]

Erste Fachaufsätze lagen im Bereich des Verkehrswesens und behandelten Themen wie die Schrecksekunde, den Verkehrsalkohol sowie die Eignung zum Führen von Kraftfahrzeugen und ihre Begutachtung. Die im Jahr 1949 von Walther Moede durchgeführte Studie über die Wirkung des Alkohols im Verkehrswesen führte zu mehreren Vortragseinladungen.

Der Schwerpunkt seiner letzten Schaffensperiode lag im Bereich der Arbeitswissenschaft. Dabei ging es Walther Moede insbesondere um eine systematische Sichtweise und eine Herausstellung der betrieblichen Arbeitswissenschaft.

Im Jahre 1950 erschien in der Züricher Zeitschrift Industrielle Organisation ein Beitrag von Walther Moede über „Arbeitsstudien in Fertigung, Verwaltung und Konsum".[199]

---

198 Böhrs, H.: Arbeitswissenschaftliche Tagung in Hahnenklee – Eine Begegnung englischer und deutscher Fachleute nach dem Kriege. Werkstatt und Betrieb 80 (1947) 2, S. 25-27; s. auch Kapitel 12, S. 494-498.

199 Industrielle Organisation 19 (1950) 4, S. 185-192.

Weitere Veröffentlichungen erschienen 1954 zum Thema der arbeitswissenschaftlichen Beratung sowie über Grundlagen der Arbeitswissenschaft in Handwörterbüchern.

Ein grundlegender Ansatz zur Neuorientierung der „Betrieblichen Arbeitswissenschaft“ erwies sich als dringend notwendig. Hierzu bedurfte es allerdings einer finanziellen Unterstützung.

Am 30. April 1952 beantragte Walther Moede bei der Deutschen Forschungsgemeinschaft unter Vorlage von Prof. Dr. Hasenack ein Forschungsprojekt mit dem Ziel, eine zusammenfassende Darstellung seiner Forschungs- und Erfahrungsergebnisse auf dem Gebiet der betrieblichen Arbeitswissenschaft und Konsumpsychologie zu erarbeiten.[200] Das Projekt wurde genehmigt und begann am 1. Oktober 1952. Die Höhe des Forschungsstipendiums lag bei 5.400,- DM. Gezahlt wurde in monatlichen Teilbeträgen von 450,- DM. Der Abschlussbericht war zum 1. Oktober 1953 zu liefern.[201] Das Manuskript für das Buch „Betriebliche Arbeitswissenschaft“ stand Ende September 1953 druckfertig zur Verfügung.

Im Vorwort betont Moede, dass diese Studie der Zusammenfassung und Abgrenzung der betrieblichen Arbeitswissenschaft diene. Die Grundidee der betrieblichen Arbeitswissenschaft sei eine praktisch-psychologische, da der Mensch im Mittelpunkt aller betrieblichen Beziehungen stehe. „Die betriebliche Arbeitswissenschaft steht auf der Grundlage von Natur- und Geisteswissenschaft, in einer neuen Synthese zwischen Grundlagen- und Zweckforschung, zwischen Theorie der Arbeitslehre und Praxis der Bestgestaltung ist das Gebäude der betrieblichen Arbeitswissenschaften zu errichten, das auf angewandt-psychologischem Fundament ruht und praktisch-psychologischer Wesensart und Struktur ist bei betriebswirtschaftlicher und psycho-sozialer Zielsetzung“.[202]

BETRIEBSWIRTSCHAFTLICHE BIBLIOTHEK

Herausgegeben von
DR. WILHELM HASENACK
o. Professor der Betriebswirtschaftslehre an der Universität Göttingen

PROFESSOR DR. WALTHER MOEDE

BETRIEBLICHE
ARBEITSWISSENSCHAFT

VERLAG W. GIRARDET · ESSEN

Bild 11.13: Titelseite des Moedes Buches „Betriebliche Arbeitswissenschaft“ (1954)

200 Dokument 11-DFG01: Antrag an die DFG vom 30. April 1952 sowie Ergänzungen vom 23. Juni 1952.

201 Dokument 11-DFG03: Bewilligungsschreiben der DFG vom 3. Oktober 1952, Zeichen Mo 4/1.

202 Moede, W.: Betriebliche Arbeitswissenschaft, S. 5.

Moede verweist in dem Vorwort auf seine jahrzehntelange Forschung, Lehre, Betriebspraxis, Arbeitsgestaltung und Gutachtertätigkeit, deren Ergebnisse dem Buch zugrunde liegen. Er dankt seinen ehemaligen Mitarbeitern und Assistenten und betont deren überwiegend erfolgreiche berufliche Laufbahnen und seinen Ausbildungsbeitrag zur Steigerung der Produktivität. Die Konsequenz seiner Analyse ist die Anregung zur Gründung eines staatlichen Zentralinstituts für Arbeitswissenschaften.

Das Buch ist in neun Abschnitte unterteilt, jeweils gegliedert in weitere Unterabschnitte. Moede beginnt seine Ausführungen mit einem allgemeinen Überblick über „Die betriebliche Arbeitswissenschaft – Aufgaben, Ziele und Richtungen". Darin definiert er den Begriff der Arbeit als "eine mit Willensvollzug und Ernstgefühl verbundene Tätigkeit, sinnvoll und zweckmäßig, die in der Regel gegen Entgelt ausgeführt wird".[203] Arbeitswissenschaft ist nach Moede „eine theoretische und praktische, eine allgemeine und spezielle Wissenschaft. Als Grundlagenwissenschaft erforscht sie die Gesetze der menschlichen Arbeit in ihren verschiedenen Wirkungsbereichen", die „alle wesentlichen Arbeitsformen berücksichtigt".[204] Ausgang der Arbeitswissenschaft ist die Berufs- und Arbeitskunde. Als eine spezielle Arbeitswissenschaft hat sich die betriebliche Arbeitswissenschaft wegen der Überschaubarkeit der Arbeitsbedingungen im Betrieb, wegen der Möglichkeit gestaltender Maßnahmen und ihrer Kontrolle sowie wegen des großen praktischen Nutzens in wirtschaftlicher und sozialer Hinsicht fruchtbar entwickelt. Ziel der betrieblichen Arbeitswissenschaft ist die Erhöhung der Arbeitsproduktivität.

Moede zählt dann die verschiedenen Richtungen auf, aus denen sich die betriebliche Arbeitswissenschaft entwickelt hat und erläutert diese. Dabei verweist er im Zuge der philosophisch-psychologischen Richtung auch auf sein Erstlingswerk aus dem Jahr 1919, die „Experimentalpsychologie im Dienste des Wirtschaftslebens". Moede verweist auf die Gründung des Instituts für industrielle Psychotechnik am 22. Oktober 1918 und geht damit auf Schlesingers Verdienste um die Psychotechnik sowie auf die entwicklungsgeschichtliche Verbindung der Psychotechnik zu den Ingenieurwissenschaften ein.

In dem Abschnitt „Vom Betriebsgeist, seinen Quellen und seiner Pflege" definiert Moede den Begriff Betriebsgeist im Sinne von Betriebsklima als „Inbegriff der Gesinnung und Haltung, des Denkens, Wollens und Fühlens der in einem Betrieb zu einer Gemeinschaft der Schaffenden zweckgebundenen Arbeitstätigen im Sinne einer Kollektivindividualität oder einer Wir-Persönlichkeit, die sich dem Ich-Bewußtsein und der Einzelindividualität zugesellt".[205] Er zählt die Funktionen des Betriebsgeistes auf und betont dabei die Unterschiedlichkeit der einzelnen Betriebe und ihrer Ziele. Das Ziel der Formung und Pflege des Betriebsgeistes ist die Harmonisierung des Zusammenspiels. Dazu schlägt Moede verschiedene Methoden zur Verbesserung des Betriebsgeistes vor. Hierbei können die Dienste der wissenschaftlichen Psychologie hilfreich sein.

Mit dem Abschnitt „Die Arbeitsproduktivität in Fertigung, Verwaltung, Kauf und Verkauf – ihre Kennwerte und Steigerung" kommt Moede zu einem Schwerpunkt seiner Arbeit. Er betont, dass es zunächst der Feststellung der vorhandenen Produktivität mittels der Ermittlung eines Leistungsnutzwertes bedarf. Dazu sind zuerst Zeitstudien entwickelt worden. Moede nennt Formeln zur Feststellung des Leistungsnutzwertes, der Leistungsstetigkeit sowie Bestgestal-

---

203 Ebd. S. 9.

204 Ebd.

205 Ebd., S. 23.

tungsgrundsätze zur Erhöhung der Produktivität. Ein Leistungsnutzwert ist auch in der Verwaltung und im Kauf- und Verkaufsbereich verbindlich einzuführen.

In dem folgenden Abschnitt „Allseitige Arbeitsstudien als Grundlage" wird die Entwicklung der Arbeitsstudien aus der Zeitstudie heraus beschrieben und ihre Methodik dargelegt. Die allgemeine Arbeitsstudie ist die Grundlage aller arbeitswissenschaftlichen Bemühungen und setzt sich aus verschiedenen einzelnen Studien, wie vornehmlich der Leistungsstudie, aber auch der betriebstechnischen, der personalwirtschaftlichen, der betriebsorganisatorischen, der betriebswirtschaftlichen und der planwirtschaftlichen Studie zusammen. Besonderes Schwergewicht legt Moede auf die Leistungsstudie, die sich aus den Faktoren Zeit, Intensität und Feldanalyse zusammensetzt. Er erläutert die Faktoren unter Verwendung von Schautafeln und Schemata ausführlich und geht dann auf die Arbeitsschwierigkeit und ihre Bewertung ein.

Ein eigenständiger Abschnitt ist die „Personalwirtschaft und Personalbegutachtung". Hierbei kommt er zu einem langjährigen Schwerpunkt seiner Arbeit, der Eignungsuntersuchung. Er legt allgemeine Entwicklungsrichtlinien und die Methodik der Eignungsprüfung anhand von Schemata dar und schließt den Abschnitt mit den Betriebsaufgaben der Eignungsprüfung ab.

Unter der Überschrift „Rationalisierung als Bestgestaltung des Betriebes und seiner Einrichtungen" gibt Moede verschiedene Vorschläge und Anregungen zur Verbesserung des Betriebsablaufs. Er betont die Bedeutung der Betriebsbegehung durch die Betriebsleitung mit Rück- und Aussprache mit den Arbeitstätigen, der Prüfung der Zweckmäßigkeit und des Nutzens von Konferenzen und Sitzungen durch eine Arbeitsstudie, des Vorschlagswesens seitens der Arbeitnehmerschaft und der von Sachverständigen.

Sodann behandelt Moede die „Grundsätze und Normen des arbeitswissenschaftlichen und arbeitstechnischen Denkens" und nennt vorrangig den Grundsatz der Sparsamkeit und das Prinzip des Optimums. Folgerungen des Sparsamkeitssatzes sind die Suche nach Verlustquellen und die Verringerung der Zahl der Arbeitsfelder, während das Prinzip des Optimums als Mitte zwischen Maximum und Minimum der Erreichung eines Optimalwertes des Arbeitsablaufes mit gleich bleibender Höhe und Güte dient. Weiterer Grundsatz des arbeitswissenschaftlichen Denkens ist die Arbeitsteilung, Arbeitsbindung und Leistungsstetigkeit. Die Arbeitsteilung dient der optimalen Ausnutzung eines Werkzeugs oder einer Maschine. Jede Teilung verlangt auch eine Bindung. Beide stehen in ständiger Wechselbeziehung. Die Leistungsstetigkeit wächst nach Maßgabe der Bindung bis zum unterbrechungsfreien Dauerarbeitsfluss.[206] Moede verdeutlicht diese Prinzipien anhand von Beispielen und geht schließlich auf die Leistungsverdichtung ein als das vorzüglichste und durchschlagendste organisatorische Hilfsmittel der Produktivitätserhöhungen und erläutert die verschiedenen Verdichtungsformen in räumlicher, zeitlicher, energetischer Hinsicht und in Hinsicht auf die Mehrstückarbeit.

In einem weiteren Abschnitt über „Bestgestaltung der Arbeitsfelder durch ihre Neuordnung" widmet sich Moede der arbeitstechnischen Bestgestaltung auf der Grundlage der Arbeitsfeldbestimmung. Zunächst bedarf es der Arbeitsfeldbestimmung durch Feststellung der Umweltbedingungen. Dann sind die Sinn- und Aufmerksamkeitsfelder des Arbeitsplatzes zu bestimmen. Schließlich wird das Bewegungsfeld und als letztes das intellektuelle Feld untersucht. Moede schließt diesen Abschnitt mit Ausführungen zum Talent und Genie ab.

---

[206] a.a.O., S. 144 f.

Beendet wird das Buch mit dem Abschnitt „Anlernung und Schulung". Moede geht darin insbesondere auf die Erwachsenenschulung in Industrieländern ein, die als Neuschulung, Um- oder Fortschulung in Fertigung, Verwaltung, Kauf und Verkauf in Betracht kommt. Ausgangsform jeder Schulung ist die Wirklichkeitsanlernung. Dazu verweist er auf entwickelte Schemata der Wirklichkeit und schematische Übungen im Vorfeld der Wirklichkeitserprobung. Er betont, dass es keine einzig richtige Schulungsmethode gibt, sondern dass nach dem Optimalprinzip eine kombinierte Schulung durch Anpassung an die jeweils vorliegenden Aufgaben und verwendungsfähigen Schulungsgrundlagen dem Gesetz der Bestgestaltung entspricht.[207]

Die „Betriebliche Arbeitswissenschaft" fand ein reges Interesse und viel Anerkennung so auch von Adolf Jungbluth, Vorstandsmitglied und Arbeitsdirektor der Hüttenwerk Salzgitter AG.[208]

Die Bearbeitung des DFG-Teilprojekts „Konsumpsychologie" verzögerte sich allerdings. Die Gründe waren krankheitsbedingt, lagen aber auch in der Ausweitung des inhaltlichen Rahmens. Walther Moede beantragte daher mit Schreiben vom 29. September 1953[209] die Verlängerung seines Forschungsstipendiums zur Bearbeitung der Konsumpsychologie, das wiederum in der gleichen Höhe für ein Jahr von der DFG bewilligt wurde.[210] Der Termin für den Abschlussbericht war der 1. Oktober 1954.

Der Abschluss des Projekts „Konsumpsychologie" bereitete Walther Moede jedoch weitere Schwierigkeiten. Die Gründe waren sowohl in seiner angespannten wirtschaftlichen Lage zu suchen als auch durch krankheitsbedingte Arbeitsbehinderung gegeben. Durch Vermittlung von Professor Hasenack, Göttingen, der das Projekt Moede wissenschaftlich begleitete, war die DFG nochmals bereit, das Forschungsstipendium letztmalig bis zum 1.10.1955 zu verlängern. Der Projektinhalt war weiterhin auf die Erstellung eines Manuskriptes für das Buch „Konsumpsychologie" gerichtet.[211]

Das letzte Forschungsprojekt Walther Moedes zielte auf eine zusammenfassende Wiedergabe seiner Erfahrungen als Praktischer Psychologe im Bereich der Leistungsprüfung von Kraftfahrern. Es wurde vom „Senator für Wirtschaft und Kredit" aus dem ERP-Sondervermögen seit 1957 gefördert und unter dem Titel der Sicherung des Verkehrsgeschehens experimentalpsychologisch von Walther Moede bearbeitet, der allerdings zu dieser Zeit unter gesundheitlichen Problemen zu leiden hatte. So musste die Bearbeitung des Forschungsauftrags im Februar 1958 um ein weiteres Jahr verlängert werden. Ein angemahnter Forschungsbericht wurde am 30. April 1958 noch kurz vor seinem Tode an den Referenten Helmut Denschel beim Senator für Wirtschaft und Kredit übersandt.

Das Projekt „Leistungsprüfung von Kraftfahrern" wurde von Dr.-Ing. Klutke, einem früheren Mitarbeiter Moedes, unter Assistenz der Sekretärin Vera Rohde zunächst weitergeführt bis es von den Technischen Prüfstellen für die Kraftfahrzeugtechnik übernommen wurde.

Noch im Frühjahr 1958 war im Verlag de Gruyter, Berlin, als Göschen Band Walther Moedes „Psychologie des Berufs- und Wirtschaftslebens" erschienen. In diesem letzten wissenschaftlichen Werk beschreibt Walther Moede klar gegliedert den Einfluss der Angewandten

[207] a.a.O., S. 212.

[208] Dokument 11-DFG07: Schreiben von Adolf Jungbluth, Salzgitter Werke, vom 2. September 1954.

[209] Dokument 11-DFG02: Verlängerungsantrag an die DFG vom 29. September 1953.

[210] Dokument 11-DFG04: Bewilligungsschreiben der DFG vom 3. Februar 1954.

[211] Dokument 11-DFG06: Bewilligungsschreiben der DFG vom 18. Dezember 1954, Zeichen Mo 4/3.

Psychologie auf das Berufs- und Wirtschaftsleben. Es werden in straffer Darstellung die verschiedenen Richtungen der Psychologie in ihrer Wirkung auf die Arbeitswissenschaft unter besonderer Berücksichtigung der Personalbegutachtung, Eignungsfeststellung und Berufsberatung behandelt, aber auch Themen der Führungslehre und Schulung von Mitarbeitern. Der Bereich Wirtschaftspsychologie zielt auf die Themenkomplexe Konsum, Verkauf und Werbung.

Wissenschaftliche Veröffentlichungen

Im Anhang sind drei nicht veröffentlichte Manuskripte von Walther Moede aufgenommen, die er in der frühen Nachkriegszeit verfasst hat. Diese Aufsätze sind als Zeitdokumente zu verstehen und vermitteln einen Einblick in das Ringen Walther Moedes um ein neues Selbstverständnis seiner wissenschaftlichen Arbeit in einem von Lasten und Sorgen bestimmten Umfeld.[212]

Zusammengefasst erschienen in den Nachkriegsjahren folgende Veröffentlichungen von Walther Moede:

I. Bücher

- Betriebliche Arbeitswissenschaft, Verlag W. Girardet, Essen, 1954.
- Psychologie des Berufs- und Wirtschaftslebens, Göschen Reihe, de Gruyter, Berlin, 1958.

II. Abhandlungen in wissenschaftlichen Zeitschriften

- Psychologie des schwarzen Marktes, Prof. Dr. Mieses, Juni 1946 (Veröffentlichung nicht nachgewiesen).
- Arbeitsstudien in Fertigung, Verwaltung, Konsum, Sonderausgabe „Industrielle Organisation" (Festschrift de Valliere), Heft 4, Zürich 1950.
- Schrecksekunde, Neues Kraftfahrzeug-Fachblatt, 2. Jahrgang, Nr. 24, 1948.
- Verkehrsalkohol, Neues Kraftfahrzeug-Fachblatt, Nr. 24, 1949.
- Die Eignung zum Führen von Kraftfahrzeugen und ihre Begutachtung, Zeitschrift für Verkehrssicherheit, 2. Jahrgang, Heft 1/2, 1954.
- Arbeitswissenschaftliche Beratung, Der Wirtschaftsprüfer, 7. Jahrgang, Heft 11, 1954.
- Arbeitswissenschaft. In: Handwörterbuch der Sozialwissenschaften, 8. Lieferung, Göttingen, Tübingen, Stuttgart, 1954, S. 400-407.
- Arbeitswissenschaft. In: Die Religion in Geschichte und Gegenwart, 3. Auflage.

Tätigkeit als Praktischer Psychologe

Die Jahre nach seiner Entlassung von der Hochschule bis zur Wiedereingliederung waren für Moede sowohl in wirtschaftlicher als auch in wissenschaftlicher und persönlicher Hinsicht wohl die schwierigste Lebensphase. Moede musste das Entnazifizierungsverfahren durchlaufen und konnte vor einem positiven Abschluss des Verfahrens nicht hoffen, wieder an der Technischen Universität beschäftigt zu werden. Es fehlte ihm daher an einer sicheren Einkommensquelle, sodass er in wirtschaftliche Bedrängnis kam. So versuchte er, durch eine freie Tätigkeit als Psychologe ein Einkommen zu erlangen. Zu großen Erfolgen führten diese Bemühungen offenbar nicht, zumal Moede auch gesundheitlich angegriffen war. Durch den Verlust seines Hochschulinstituts konnte Moede nur noch eingeschränkt forschen. Problema-

212 Titel der Manuskripte: „Trümmerpsychologie", „Kapitalismus und praktische Psychologie" und „Eignungsprüfung" (siehe auch Kapitel 12, S. 499-508).

tisch waren für ihn in dieser Zeit auch seine Wohnsitze in Potsdam und Berlin, also in zwei verschiedenen Besatzungszonen, was insbesondere in der Zeit der Blockade und ihrer Nachwehen manche zusätzlichen Schwierigkeiten brachte.

Die finanzielle Lage Walther Moedes blieb von 1946 bis 1953 angespannt. Er hatte in dieser Zeit keinerlei Ausgleich von staatlicher Seite erhalten. Professor Hasenack, Göttingen, schreibt als Herausgeber der wissenschaftlichen Buchreihe „Betriebswirtschaftliche Forschung und Praxis":[213]

> „Es ist eine unfaßliche volkswirtschaftliche Kräftevergeudung, daß manche praktische Psychologen berufsfremd beschäftigt sind und daß Männer wie Moede, die so viel zur Verbesserung der Arbeits- und Ertragsbedingungen im Industriebetriebe getan haben, [...] eine ungenutzte Arbeitskraft-Kapazität haben und sogar bittere Not leiden."

Walther Moede war als zugelassener Praktischer Psychologe vielseitig orientiert.[214] Zunächst standen Eignungsprüfungen im Vordergrund, die im Auftrage von Verbänden und Firmen durchgeführt wurden, so für das Kraftverkehrsamt bzw. die Technische Prüfstelle für den Kraftfahrzeugverkehr, für Schwerbehinderte der VAB Versicherungsanstalt Berlin, für den Verband der Dentisten und für die Firma Zeiss-Ikon Berlin.

In den Jahren 1948, 1952 und 1953 wurden von Walther Moede umfangreiche Kraftfahrergutachten für Senatsdienststellen durchgeführt, aber auch zahlreiche Vorträge gehalten, so hielt er am 11. März 1953 im Rahmen eines Lehrgangs für Hauslehrer und in Krankenhäusern tätige Lehrkräfte einen Vortrag über „Berufsfragen der nicht-schulbesuchsfähigen Kinder". Hierbei bezog er sich auf seine mehrjährigen Erfahrungen als psychologischer Gutachter schwerbeschädigter Jugendlicher.

Außenbeziehungen und Verbände

Bedingt durch die besondere politische Situation Berlins war die Verbindung nach Westdeutschland erheblich erschwert. Der Interzonenverkehr verlief schwerfällig mit unangenehmen Belastungen durch Kontrollen und Störungen. Da Walther Moedes Hauptwohnsitz in Potsdam war, unterlag er zunächst als Bewohner der Sowjet-Zone und dann später als Staatsbürger der DDR stark eingeschränkten Reisebedingungen, wodurch sich auch die Kontakte zu seinen Fachkollegen im Westen verminderten.

Sehr frühe Besucher Walther Moedes kamen aus dem Ausland. Auch entwickelten sich gute Kontakte über die US-Army. Von besonderer Bedeutung war ein Besuch von Friedrich Meyenberg, der gemeinsam mit Moede in den Studienjahren 1925/26 als Privatdozent am Lehrstuhl Schlesingers gearbeitet hatte und dann an die TH Braunschweig berufen wurde. Meyenberg emigrierte 1933 nach England und wirkte dort als Berater, Schriftleiter, Autor und Lehrer an den Technical Colleges in London und später in der englischen Stahlindustrie. Er wurde Mitglied der Institution of Mechanical Engineers. Friedrich Meyenberg nahm vom 10. bis 12. Dezember 1946 an der ersten deutsch-englischen Tagung für Arbeitswissenschaften in Hahnenklee teil, die Moede aus verkehrstechnischen Gründen nur verspätet besuchen konnte.

Ein besonderer Tag in dieser schweren Zeit war für Walther Moede der 3. September 1948, sein 60. Geburtstag. Zu diesem Ehrentag hatte seine Mitarbeiterin Dr. Marga Baganz

---

[213] Aus „Betriebswirtschaftliche Forschung und Praxis". Herausgegeben von Prof. Dr. Hasenack, Göttingen, Heckners Verlag, Wolfenbüttel, 2. Jahrgang, 1950, Heft 8, S. 488.

[214] Zulassung als Psychologe beim Gesundheitsamt Charlottenburg vom 8.6.1948.

mit Frau Vera Rohde eine kleine Feier in den Räumen in der Knesebeckstraße 96 vorbereitet. Frau Dr. Schorn würdigte in ihrer Ansprache Walther Moede als Pionier der Psychotechnik. Sie beschrieb seine großen Verdienste in Lehre und Forschung. Zum Abschluss las sie einige Briefe vor, die Moede zu seinem Ehrentag erhalten hatte. Besonders erwähnte sie die Glückwünsche von Marbe, dem „Senior" der angewandten Psychologie in Deutschland. In seinem Schreiben drückt Marbe seine Hoffnung aus, Moede möge bald wieder auf dem Gebiet der Psychologie wissenschaftlich tätig sein können und die ihm gebührende Anerkennung erfahren. Neben Marbe übersandten seine ehemaligen Kollegen ihre Glückwünsche, darunter sein mitberichtender Doktorvater aus Leipzig, Prof. Dr. Wirth, und sein Kollege Prof. Dr. Drawe von der Fakultät für Maschinenwesen der Technischen Universität sowie sein treuer Freund, Prof. Dr. Rieffert, der in seinem Glückwunschschreiben die beruflichen Schwierigkeiten, welchen auch er ausgesetzt war, beklagte. Mit ihm entwickelte sich ein freundschaftlicher Briefwechsel. Rieffert starb durch einen Herzschlag am 9. Juli 1956.

Von den ehemaligen Assistenten und Mitarbeitern befanden sich Moers, Kroeber-Keneth, Herwig, Gottschaldt, Ströer, Graf, Krause, Otto Schmidt, Hellmuth Schmidt, Schnewlin, Raudzus, Bolt, Hilf, Foerster, Dressel und Engelmann unter den schriftlichen Gratulanten. Die Assistenten erinnerten mehrfach an die lehrreiche Zeit bei Moede und lobten dankbar den Nutzen des Gelernten auch für ihre derzeitigen beruflichen Tätigkeiten.

Als weitere Gratulanten sind zu nennen der in der Schweiz tätige Carrard, der Luxemburger Dr. Robert, den Moede 1921 in Barcelona kennen gelernt hatte und noch 1942 ein Briefkontakt zu ihm am Institut Emile Metz in Domeldingen/Luxemburg bestand, Erich Rothacker, Psychologe in Bonn, und Huth, sein Berufskollege aus München, der in Hamburg tätige Kollege Behrens sowie Theodor Valentiner, der Direktor des Instituts für Jugendkunde in Bremen, Hermann Böhrs, Wilhelm Müller aus Bremen und sein italienischer Kollege Gemelli. Auch Vertreter der Industrie, wie von Faber, Pentzlin, und Verbände, wie der Verband für Arbeitsstudien (REFA), der auch in seiner Fachzeitschrift eine Würdigung Moedes veröffentlicht hatte, sowie der Berufsverband der deutschen Psychologen ließen Moede Glückwünsche zukommen. Persönliche Bekannte, wie Papke, Erich Wallis, Gerd Müller, Hans Drombowsky und zur Nedden vervollständigten die Liste der Gratulanten.

Die Zeiten waren nicht auf Feiern eingestellt. Seit dem 24. Juni 1948 waren die Verkehrsverbindungen nach Berlin unterbrochen. Die Blockade der Stadt hatte begonnen. Am 9. September 1948 hielt Ernst Reuter seine berühmte Rede: „Ihr Völker der Welt". Mit der Einführung der Deutschen Mark in den Westsektoren Berlins war die Stadt zwar zweigeteilt, aber auch an den Westen gebunden.

Ein sehr persönlicher Gedankenaustausch wurde weiterhin mit Prof. Rogowsky geführt. Auch mit Prof. Mathieu, TH Aachen, wurden 1956 alte Kontakte erneuert, insbesondere unter dem Aspekt des in Arbeit befindlichen Moede-Buches „Psychologie des Berufs- und Wirtschaftslebens". Auch mit Dr. Ingenohl, der inzwischen auf einen bedeutenden Lehrstuhl am MIT berufen wurde,[215] blieb der Briefkontakt erhalten.

Einige seiner Bekannten und ehemaligen Assistenten hatten versucht, Moede zur Berufung an verschiedene Universitäten in Westdeutschland zu empfehlen oder zu vermitteln. So hatte sich Ströer an die TH Aachen und den Landeskonservator in Hannover zwecks Vermittlung einer Tätigkeit für Moede gewandt. Otto Schmidt und Karl Behrens hatten sich in Hamburg für Moede eingesetzt.

215 Dokument 11-P32: Brief von Dr. Ingenohl vom 17. Oktober 1956.

Walther Moede hat nach dem Krieg keinen Kongress der Deutschen Gesellschaft für Psychologie mehr besucht. Unklar bleibt die Frage seiner Teilnahme am 20. Kongress in West-Berlin vom 26. bis 29. September 1955, auf dem Friedrich Sander zum Vorsitzenden gewählt wurde. Sander hatte wie Moede in Leipzig promoviert und war von 1913 bis 1929 dort Assistent am Institut für experimentelle Psychologie, wo er sich auch habilitierte und zum ao. Professor ernannt wurde. Nach einer Tätigkeit als ao. Professor in Gießen (1929-1933) war er von 1933 bis 1945 Professor für Psychologie in Jena. Er wurde 1945 aus politischen Gründen entlassen. Mit seiner Nähe zum Nationalsozialismus sah Sander in der Ganzheitspsychologie einen Beitrag zur so genannten Neuordnung des völkischen Lebens.[216]

Nachdem die Wiederbesetzung der Lehrstühle für Psychologie an den Universitäten und Hochschulen Kontur gewonnen hatte, entstand sehr bald das Bedürfnis nach Gemeinschaftlichkeit. So wurde bereits 1947 in Westdeutschland die Deutsche Gesellschaft für Psychologie (DGfPs) gegründet. Etwa zur gleichen Zeit entstand der Berufsverband Deutscher Psychologen (BDF). Allerdings lagen beide Gründungsaktivitäten in der britischen und amerikanischen Zone. Berlin blieb abseits und wurde erst nachfolgend zugeordnet. Der von Walther Moede geförderte Berufsverband Praktischer Psychologen wurde in dieser Form nicht wieder neu gegründet.

Walther Moede war zwar als Mitglied der Deutschen Gesellschaft für Psychologie an diesem Prozess mit großem Interesse beteiligt, aber doch mehr passiv als Beobachter des Geschehens. Nicht ohne Stolz bemerkte er, dass neben den früheren Kollegen bereits die jüngere Generation am Wiederaufbau der Gemeinschaftsarbeit im Bereich der Psychologie gestaltend wirkte. Besondere Verdienste um Gründung und Aufbau des Berufsverbands Deutscher Psychologen hatte sich Bernhard Herwig erworben, der schon 1949 zum 1. Vorsitzenden gewählt und in Anerkennung seiner Verdienste 1954 mit dem Ehrenvorsitz ausgezeichnet wurde.

Ausklang und Nachruf

Die Lebensumstände Walther Moedes nach 1945 waren nicht nur vom Kampf um die Wiedereinsetzung in sein Lehramt geprägt, sondern auch von zunehmenden gesundheitlichen Beeinträchtigungen gezeichnet. Inwiefern die Auseinandersetzungen um Moedes Rückkehr an die alte Wirkungsstätte zur Schwächung seines Gesundheitszustands beitrugen, kann dabei nicht geklärt werden. Bereits im Februar 1948 wurde eine nachhaltige Schwächung des Gesundheitszustands von Walther Moede diagnostiziert, da Herz- und Lungentätigkeit eingeschränkt waren, außerdem machten ihm ein doppelter Leistenbruch und der beginnende Augenstar zu schaffen.[217]

Im Laufe der folgenden Jahre war sein allgemeines Wohlbefinden weiter Schwankungen unterworfen. Zu rheumatischen Beschwerden kamen im Winter 1951/52 noch Depressionen hinzu.[218] Bedrückend wirkte neben den persönlichen existenziellen Sorgen auch die politische Situation in Berlin. Der „Kalte Krieg“ warf seine Schatten besonders auf das tägliche Leben in der alten Hauptstadt Deutschlands mit ihren vier Sektoren und Besatzungsmächten. Die di-

---

[216] Lexikon der Psychologie. Spektrum Akademischer Verlag, Berlin, Bd. 4, S. 63.

[217] Dokument 11-P33: Bescheinigung von Dr. med. Ernst Lendel, Internist, Berlin-Charlottenburg, Westend Allee 99a, 23.2.1948.

[218] Dokument 11-P34: Brief Prof. Rogowski, Köln, vom 28.1.1951.

rekten Auswirkungen der örtlichen Zerrissenheit spürte Walther Moede durch seine beiden Wohnsitze in Potsdam und Berlin. Immer wieder lag der Gedanke einer Flucht nach Westen nahe. Die legale Übersiedelung nach Berlin-Charlottenburg in den britischen Sektor gelang ihm schließlich nach einem kräftezehrenden bürokratischen Hürdenlauf.

Im Dezember 1953 musste sich Walther Moede einer Blinddarmoperation im St. Hedwigskrankenhaus unterziehen. In den darauf folgenden Jahren litt er zunehmend unter schweren Herzerkrankungen, die ihn ab 1956 auch immer mehr in seinen Arbeitsmöglichkeiten einschränkten. Im Jahr 1957 schließlich war er mehrfach im Waldkrankenhaus Spandau in stationärer Behandlung, immer wieder unterbrochen durch seinen Wunsch und Willen, die Vorlesungstätigkeit an der TU Berlin über Angewandte Psychologie fortzuführen. Im Sommersemester 1958 war ihm dies trotz Ankündigung jedoch nicht mehr möglich.

Bild 11.14: Walther Moede (1956)

Am 30. Mai 1958 verstarb Walther Moede im 70. Lebensjahr an Herzversagen im Waldkrankenhaus Spandau. Die Trauerfeier fand im engsten Freundeskreis statt. Sein Grab befindet sich auf dem Friedhof „In den Kisseln", Berlin-Spandau.

Leben und Wirken Walther Moedes wurde in mehreren Zeitschriften von seinen Schülern und Kollegen gewürdigt. Dann ist es still um ihn geworden. Das Bild des Wissenschaftlers Walther Moede lässt sich aus seinen Veröffentlichungen rekonstruieren, mehr noch aber tun dies die Nachrufe seiner verschiedenen Schüler und Schülerinnen, die auch auf den Lehrer und Menschen Moede eingehen. Nach diesen ist das folgende Lebensbild gezeichnet.[219]

Walther Moede war einer jener Forscher der Angewandten Psychologie, die danach strebten, ein arbeitswissenschaftliches Gesamtbild zu entwickeln, das Technik, Soziologie, Psychologie und Physiologie gleichermaßen in sich einschloss. Dass Moede sehr stark an der funktionsanalytischen Seite der Leistungstests und der Verhaltensbeobachtung interessiert

219 Auszugsweise zusammengefasst aus Nachrufen (siehe auch Kapitel 12, S. 509-513) von Dr. Waldemar Engelmann in der Zeitschrift „Psychologie und Praxis" 2. Jg., Heft 5, September-Oktober 1958, von Dr. Maria Schorn in der Zeitschrift „Psychologische Rundschau", 9. Jg., Heft 4, 1958, von Dr. Marga Baganz in „Zentralblatt für Arbeitswissenschaft und soziale Betriebspraxis", 12. Jg., Heft 7, Juli 1958, von Prof. Dr. Hasenack in der Zeitschrift „Betriebswirtschaftliche Forschung und Praxis", 10. Jg., Heft 7/8, Juli/August 1958 sowie von Dr.-Ing. Helmuth Schnewlin in der Zeitschrift „Industrielle Organisation", 27. Jg., Heft 8, August 1958.

war, dürfte zwar dem charakterologisch arbeitenden Psychologen als mechanistisch vorgekommen sein. Man darf aber nicht vergessen, dass dies für Moede der einzig mögliche Weg war, die Brücke zur damals nur registrierenden Zeitstudie zu schlagen und die intuitive Arbeitsbestgestaltung in eine wissenschaftlich unterbaute sowie analytisch beweisbare Form zu überführen. Es war für ihn sicherlich nicht einfach, seine Ideen durchzusetzen und zu realisieren, denn für einen Psychologen in damaliger Zeit war er zu technisch und für den Ingenieur ungewohnt psychologisch. Moede lehrte keine Schemata oder Methoden, sondern ein arbeitstechnisch-betriebspsychologisches Analysieren und Urteilen, dessen Maxime die Wirtschaftlichkeit, Sicherheit und Wohlfahrt waren, also ein Produktivitätsdenken weitesten Ausmaßes bedeuteten.

Wer mit Walther Moede arbeitete, wird ihn als einen integeren und menschlich aufgeschlossenen und zudem humorvollen Forscher gekannt haben, der selbstlos durch die vielen Lehren und auch Irrwege der letzten dreißig oder vierzig Jahre hindurch das Wahre, Beständige und praktisch Brauchbare suchte und der der Nachwelt ein überaus wertvolles Erbe hinterlassen hat.

Viele Schüler von Moede wirkten in bedeutenden Stellungen, als Hochschullehrer an deutschen und ausländischen Hochschulen, an wissenschaftlichen Instituten, als Praktiker in der Stellung von Werkführern oder leitenden Angestellten der privaten und öffentlichen Verwaltungen, bei Behörden und in Verbänden. Insbesondere sind zahlreiche Betriebsorganisatoren auf arbeits- und personalwissenschaftlichem Gebiet sowie praktische Psychologen aus der Schule Moedes hervorgegangen, die ähnlich den praktischen Ärzten und beratenden Ingenieuren, oft Hand in Hand mit den experimentalpsychologisch eingestellten frei schaffenden oder angestellten Betriebsorganisatoren und Arbeitsspezialisten arbeiten müssen. Der Tod Walther Moedes hinterließ eine tiefe fachliche Lücke im Bereich der Betriebspsychologie.

Als langjähriger Vorsitzender des „Verbandes der Praktischen Psychologen" hatte sich Moede für die berufsständischen Belange mit seiner ganzen Persönlichkeit eingesetzt. Die Konsequenz und Energie, mit der er die wissenschaftlichen, praktisch-psychologischen sowie berufsständischen Ziele verfolgte, sind vielleicht für manchen Menschen nicht immer bequem gewesen. Viele seiner Schüler und Mitarbeiter wurden jedoch gerade davon mitgerissen. Sie ließen sich begeistern durch seinen Ideenreichtum, seine Tatkraft, durch sein Temperament, durch seine Persönlichkeitsmerkmale, die weit über die Grenzen Deutschlands hinaus den Ruf Moedes in der angewandten Psychologie begründeten.

Walther Moede war kein stiller Gelehrter, der sein Leben im Laboratorium verbrachte, er stand mitten im Leben und war eine mitreißende Persönlichkeit, fast berstend vor innerer Dynamik und Unternehmungsgeist, dabei von wissenschaftlicher Gründlichkeit und Sauberkeit. Oft wurden ihm Widerstände und Missverstehen entgegengebracht, auch von Rückschlägen und Enttäuschungen wurde er nicht verschont. Er kämpfte trotzdem bis zu seinem Tode, durchdrungen vom Wert seiner Lebensarbeit. Nicht leicht erschloss er sich anderen Menschen, wer aber neben dem Wissenschaftler, den Menschen Moede kennen lernen durfte, war überrascht, welche persönliche Bescheidenheit, welches Feingefühl und welche tiefe Naturverbundenheit dieser Mann besaß. Tapfer hat er schweres Leid nach seinem Zusammenbruch und seine schmerzvolle Krankheit ertragen und war bis zuletzt voller Pläne und Hoffnungen. Mit ihm verlor die Wissenschaft einen großen Psychologen und eine herausragende Persönlichkeit.

Das wissenschaftliche Werk Walther Moedes ist mit dem von ihm geprägten Begriff der Industriellen Psychotechnik in die geschichtliche Entwicklung der Angewandten Psychologie eingegangen. Es entstand im Rahmen der Betriebswissenschaft am Schlesinger Lehrstuhl der Technischen Hochschule Berlin-Charlottenburg, geprägt und durchdrungen von den Methoden und Erkenntnissen der experimentellen Psychologie mit einer ersten Konzentration auf Fragen der Begabung, Eignung und Berufstätigkeit für die Arbeit im industriellen Umfeld der Fabriktechnik der zwanziger Jahre.

Das aus Gastvorlesungen an der Berliner Universität 1912 hervorgegangene Buch Münsterbergs über „Psychologie im Wirtschaftsleben“ gab den Anstoß für neue Entwicklungsrichtungen der Praktischen Psychologie. Moede kam über seine Habilitationsarbeit und seine Erfahrungen als Leiter der Eignungsprüfstelle für Kraftfahrer sehr früh in das von Schlesinger geführte Arbeitsfeld der wissenschaftlichen Betriebsführung. Die noch junge Psychotechnik passte vorzüglich in das Anforderungsprofil der vom Taylorismus bestimmten Rationalisierungswelle der deutschen Wirtschaft. Mit der im Jahre 1918 durch die Industrie geförderten Gründung einer „Arbeitsgruppe für industrielle Psychotechnik“ am Lehrstuhl für Werkzeugmaschinen und Betriebswissenschaft war für Walther Moede der Weg zum Aufbau eines neuen Fachgebiets an einer Technischen Hochschule gewiesen. Die Wissenschaft vom Menschen im Fabrikbetrieb, die Arbeit des Menschen im industriellen Leistungsfeld, wurde Objekt wissenschaftlicher Forschung.

Walther Moedes Lebenswerk war auf industrielle Anwendung der Psychotechnik gerichtet, wie sie sich im Verbund mit der Betriebswissenschaft in den zwanziger und dreißiger Jahren als Aufgabe stellte. Seine Arbeit stand damit im Wirkbereich der betriebsorganisatorisch betriebenen Rationalisierung der Produktionswirtschaft, die zunächst noch an den Folgen des verlorenen Weltkrieges zu leiden hatte. Die Fabriken wurden Stätten der Massenproduktion, die Menschen den Maschinen zur Handbedienung beigeordnet. Sie arbeiteten gebunden an den Arbeitstakt der Fließreihen. Das arbeitsteilige Taylor-System war zwar ein Fortschritt hinsichtlich der Effizienz menschlicher Arbeit, aber auch Ursache für Missverständnisse und Irrtümer beim Bemühen, die Arbeit der Menschen zu humanisieren.

So entwickelte sich aus der anfänglich im Vordergrund stehenden Eignungsauslese immer mehr die wissenschaftliche Durchdringung der Arbeitstechnik als Schwerpunkt der psychotechnischen Forschung. Damit wuchs auch der Trend, die Arbeitspsychologie noch stärker in das breite Forschungsfeld der Arbeitswissenschaft einzuführen. So orientierte sich auch die industrielle Psychotechnik in der von Walther Moede geprägten Ausbildungsform zunehmend an den Erfordernissen der auf Wettbewerb eingestellten industriellen Produktionswirtschaft.

Zunächst war der Begriff Psychotechnik noch immer im Sinne der Münsterberg'schen Begriffsbestimmung „als die Wissenschaft von der praktischen Anwendung der Psychologie im Dienste der Kulturaufgaben“ interpretiert worden. Er wurde schließlich auf das Ziel einer praktischen Nutzanwendung psychologischen Wissens im Bereich der Wirtschaft reduziert. So definierte Stern die Psychotechnik „als die praktische Wissenschaft von der Erkennung menschlicher Eigenschaften und Verhaltensweisen unter dem Gesichtspunkt ihrer bestmöglichen Verwendung im Wirtschafts-, Arbeits- und Berufsleben“. Diese Auslegung schließt den Auftrag ein, auch allgemeine wissenschaftliche Erkenntnisse der Psychologie zur praktischen Nutzung zu führen.

Dies wird auch im Wirken von Moede deutlich, wenn er die Psychotechnik in ihrer Anwendungsorientierung auf die Bedürfnisse und Anforderungen einer sich weiter entwickelnden industriellen Produktion ausrichtet.

Das große Verdienst Walther Moedes liegt in der frühen psychotechnischen Durchdringung der Fabrikarbeit, als sie sich noch in ihrer kritischen Phase der Entwicklung zum organisierten Taylorismus befand. In dieser Phase der „Industriellen Rationalisierung“ sah Georg Schlesinger die Integration der Psychotechnik als unverzichtbar an. Daher betrieb er nicht nur die Gründung eines Instituts für industrielle Psychotechnik an seinem Lehrstuhl, sondern unterstützte Walther Moede auch mit Rat und Tat beim weiteren Aufbau von Forschung und Lehre in den Folgejahren. Schlesinger schätzte Moede sehr und förderte seine wissenschaftlichen Leistungen nachhaltig mit großem Interesse.[220]

In seinem Alterswerk „Betriebliche Arbeitswissenschaft“ fasste Walther Moede seine Erfahrungen und Lehren aus einer 40-jährigen Tätigkeit als Wissenschaftler und Wirtschaftsberater zusammen. Hierbei wird die Vielseitigkeit seines Wirkens deutlich. Sie reicht von Eignungsverfahren mechanischer Arbeit bis zu schwierigen intellektuellen Anforderungen. Er vermittelt tiefe Einsichten über die produktive Arbeitsgestaltung, auch über die Entwicklung von Talent und Genie. Trotz aller Nähe zur Praxis bleibt Walther Moedes Wirken auch immer wieder auf theoretische Grundlagen gerichtet.

Im Übergangsbereich zwischen einer theoretischen und empirischen Psychotechnik stehen die institutionell-historischen Deutungen des technischen Wandels. Das Interesse dieser Forschungsrichtung ist darauf ausgerichtet, die wissenschaftstheoretische Entwicklung aus einem historischen Blickwinkel darzustellen. Aus der Anschauung tatsächlicher Technologieverläufe lassen sich Typologien und Klassifikationen des technischen Wandels ableiten und auch psychotechnisch begründete Hypothesen über die Zusammenhänge zwischen innovativem Fortschritt und wirtschaftlicher Entwicklung aufstellen.

Die technologische Innovationsfähigkeit entspringt sinnlicher Kreativität und beweist sich durch das psychotechnisch Machbare. Ihr Fortschritt wird von bewusster Rationalität geleitet. Er beruht auf wissenschaftlicher Forschung, auf Erfindungsfähigkeit im praktischen Gestalten und auf innovativem Handlungsvermögen. Die Innovationsfähigkeit wird von der Zweckrationalität zur Schaffung des Neuen durch personelle und technologische Wirkfaktoren bestimmt.

Die zukünftigen technologischen Innovationsstrukturen verlangen nach mehr Wissen, und zwar auf jedem Ausbildungsniveau. Dabei sind Eigenschaften wie Zuverlässigkeit und Gründlichkeit ebenso gefragt wie Kreativität und Führungsfähigkeit. In modernen Produktionssystemen werden Spezialisten und Generalisten gefordert, die sich zu einem komplexen Arbeitsverbund ergänzen. In der Konsequenz muss über gänzlich neue Formen der Arbeit, also über neue Formen industrieller Innovationsprozesse und damit über einen psychotechnischen Wandel der Arbeitswelt nachgedacht werden.

Die Probleme der Arbeitsmärkte können als „Jahrhunderaufgabe“ angesehen werden. Sie lassen sich nur allmählich durch Zusammenwirken aller Faktoren lösen. Festzuhalten bleibt allerdings, dass Sicherung von Arbeit in der industriellen Produktion langfristig vor allem durch einen Vorsprung in Forschung und Entwicklung, aber auch durch psychotechnisch optimal geführte Innovationsprozesse erreicht werden kann. Damit angesprochen ist auch die vorgelagerte und begleitende Ausbildung von Führungsfähigkeiten

Der ökonomische Imperativ technologischer Innovationen fordert größten Nutzen bei möglichst geringem Aufwand. Grundlage ist eine Maximierung der Leistungsintensität des Innovationsingenieurs. Dieses bedeutet auch, eine zielgerichtete volle Entfaltungsmöglichkeit des technologischen Wissens zu schaffen. Die Ansätze hierfür liegen in einer permanenten

[220] Quelle: Brief von Prof. Franz Koenigsberger an Hans Ebert, TU Berlin, vom 2. Februar 1978, Sammlung Spur, Akte Ebert.

Optimierung aller Arbeitsprozesse sowohl innerhalb des Unternehmens als auch im erreichbaren Umfeld. Erfolg ist kein Selbstläufer.

Retrospektiv erscheint als herausragendes Merkmal der industriellen Psychotechnik ihre Aufstellung als integrierende Metadisziplin. Von Psychologen und Ingenieuren gemeinsam begründet und entwickelt, lassen sich durch historische Analysen erkenntnisreiche Rückschlüsse auf gegenwärtige Fragestellungen sowohl in methodischer als auch systematischer Sicht ziehen.

Die Wissenschaft der Psychotechnik hat als Lehre vom Wissen über den von Menschen technologisch betriebenen Kulturwandel immer etwas mit Veränderung unseres Seins zu tun. Wir können die globalen Probleme der Weltwirtschaft nicht mehr mit den traditionellen Methoden starrer Handlungssysteme lösen. Wir erstreben eine sozial orientierte Produktionswirtschaft mit dauerhaftem Wachstum. Diese kann aber nur im Wechselspiel unter Einsatz aller Wirkparameter erreicht werden. Dabei kommt es sowohl auf die Kreativität der Dirigenten als auch auf die Virtuosität des Orchesters an.

12 Anhang

Zu Kapitel 6: Bericht über die konstituierende Sitzung der „Forschungsgesellschaft für betriebswissenschaftliche Arbeitsverfahren“

Am Sonnabend, dem 4. Mai 1918 fand die konstituierende Sitzung der „Forschungsgesellschaft für betriebswissenschaftliche Arbeitsverfahren“ statt. Damit war der Grundstein zur Errichtung einer Arbeitsstelle für Psychotechnik am Schlesingerschen Versuchsfeld für Werkzeugmaschinen der TH Charlottenburg gelegt. Der Bedeutung angemessen sei hier der vollständige Bericht über die Sitzung eingefügt:[1]

Forschungs-Gesellschaft für betriebswissenschaftliche Arbeitsverfahren
Geschäftsstelle: Dr. Negbaur, Charlottenburg 4, Schlüterstr. 31
Streng vertraulich!

Bericht

über die Sitzung der Forschungs-Gesellschaft für betriebswissenschaftliche Arbeitsverfahren am Sonnabend, den 4. Mai 1918.

Am Vorstandstisch die Herren: Generaldirektor Becker, Köln-Kalk, Direktor August Eles, Berlin, Professor Georg Schlesinger, Charlottenburg, Justizrat Dr. W. Waldschmidt, Berlin, Fabrikbesitzer I. Wrede, Berlin.

Den Vorsitz führte der Vorsitzende der Forschungs-Gesellschaft: Herr Justizrat Dr. Walter Waldschmidt. Die Anwesenheitsliste umfasst mehr als 250 Namen, darunter die Herren Vertreter der Ministerien, des Kriegsamtes und anderer Behörden.

Herr Justizrat Dr. Waldschmidt:

Namens des Vorstandes der Forschungs-Gesellschaft für betriebswissenschaftliche Arbeitsverfahren, die sich soeben endgültig konstituiert hat, darf ich Sie herzlich willkommen heißen. Wir freuen uns, daß eine so außerordentlich große Zahl von Vertretern der Industrie sich hier zusammengefunden und durch ihr Erscheinen schon ihr lebhaftes Interesse an dieser neuen Gesellschaft bekundet. Besonders auch ist es uns eine Freude, daß eine Reihe von Behörden, das Kriegsministerium, das Kultusministerium, das Wumba und das Reichswirtschaftsamt Vertreter hierher entsandt haben, um zu hören, was wir beabsichtigen.

Die deutsche Industrie hat während des Krieges manches harte Wort hören müssen, weil sie entsprechend ihren privatwirtschaftlichen Überlieferungen aus der Friedenszeit im großen und ganzen mit gutem Nutzen gearbeitet hat. Trotzdem glaube ich, wird das Endurteil der Geschichte einmal sein, daß die deutsche Industrie im Kriege ein Meisterstück geliefert hat, weil sie, fast allein auf sich gestellt, den gesamten Industrien der mächtigsten feindlichen Staaten sich gewachsen gezeigt hat und der deutschen Land- und Seemacht die besten Waffen jeder Art und Menge geliefert hat. Wer aber glaubt, dass technische Leistung und finanzieller Erfolg ohne inneren Zusammenhang seien, der verkennt stark einen seelischen Motor ersten Ranges. Wenn wir uns fragen, was die Industrie zu solcher Kraftentfaltung trotz Maschinen- und Rohstoffmangel befähigt hat, so wird man zwei Momente in den Vordergrund schieben dürfen. Das eine ist die große Bewegungsfreiheit , deren wir uns vor dem Krieg erfreut haben, so daß wir alle in uns schlummernden Kräfte ungehindert von staatlicher Bevormundung entwickeln konnten; hierzu rechne ich besonders auch die Bewegungsfreiheit auf finanziellem Gebiet; es war uns erlaubt, die Geldmittel, deren wir als Anlage- und Betriebskapital bedurften, jederzeit in jeder Menge und in jeder Form uns zu beschaffen. Insbesondere konnten wir als Gesellschaften in beliebiger Form stets soviel Mittel zurückstellen, als für unsere weitere äußere Entwicklung und unsere innere

1 Dokument 06-01: Bericht über die Sitzung der Forschungsgesellschaft für betriebswissenschaftliche Arbeitsverfahren vom 4. Mai 1918.

Kräftigung wünschenswert schien. So entstand die starke Rüstung, in welcher der Ansturm und die Erfordernisse des Krieges die Industrie vorfand. Dieser Zustand der Bewegungsfreiheit gehört seit dem Kriege der Vergangenheit an; ob die Zukunft ihn wiederbringen wird, ist leider zweifelhaft. Versprochen ist er; aber was man über Absichten und Dauer der Übergangswirtschaft, über staatssozialistische Einflüsse im Reichswirtschaftsamt hört, macht manches recht bedenklich und läßt Schlimmes ahnen.

Die andere Kraftquelle unserer Industrie sehe ich der engen Verbindung, die in Deutschland zwischen Wissenschaft und industrieller Wirtschaft bestanden hat und im Kriege weiter besteht, denn glücklicherweise hat in dieser Hinsicht der Krieg, der sonst so vieles umgestülpt hat, nichts verdorben; im Gegenteil, die Beziehungen zwischen Praxis und Wissenschaft haben sich noch verstärkt, und die günstigen Ergebnisse, die hierdurch gezeitigt wurden, werden, so hoffe ich, uns in der Absicht stärken, diese Verbindung nach dem Kriege noch inniger zu machen, sie organisch zu gestalten. Auf diesem Wege ist heute ein neuer Schritt geschehen. Ich habe die Freude Ihnen mitzuteilen, daß sich vor einer Stunde die Forschungs-Gesellschaft für betriebswissenschaftliche Arbeitsverfahren endgültig begründet hat.

Lassen sich mich einige Worte darüber sagen, wie diese neue Gesellschaft ihren Zweck zu erreichen gedenkt.

Ihr Arbeitsgebiet sind in erster Linie Arbeitsverfahren im Interesse des Werkzeugmaschinenbaues, jedoch keineswegs in dessen ausschließlichem Interesse; der allgemeine Maschinenbau, die Elektrotechnik, insbesondere deren Grenzgebiet, Antrieb durch Elektromotoren, soll unseren Untersuchungen nicht fern bleiben. Wir sind überzeugt, daß hier noch sehr viel zu tun ist, daß andere Industrien, wie die Chemie und die Optik, in wissenschaftlicher Durchdringung ihrer Praxis zu deren größtem technischen und wirtschaftlichen Nutzen schon mehr geleistet haben.

Wie gedenken wir zu wirken?

Zunächst durch Anregung zu Untersuchungen, durch Stellung von Fragen und Aufgaben; die Praxis ist die reichste Fundgrube hierfür. Ich darf daran erinnern, in welchem Umfange die Chemie verstanden hat, anstelle von dem Zufalle überlassener Erfindungen das systematische, organisierte Suchen und Finden neuer Stoffe und Verfahren zu setzen. Sodann sollen die im Versuchsfelde gefundenen Ergebnisse der Praxis bekannt gegeben und verbreitet werden. Denn nur die in der Tat umgesetzten Ideen haben wirtschaftlichen Wert, und auf diesen kommt es uns an.

Da aber die Naturwissenschaft, anders wie die reinen Geisteswissenschaften nicht ohne Stoff, nicht ohne dessen Bearbeitung, nicht ohne Kraft, nicht ohne Arbeitsmaschinen und vor allem nicht ohne Messinstrumente arbeiten kann, all dieses aber sehr viel Geld kostet, so ist die Aufgabe der Forschungsgesellschaft, und nicht ihre geringste, die Beschaffung von Geldmitteln.

Erfreulicherweise stehen uns bereits 200 000 M zur Verfügung, darunter 25 000 M seitens der Regierung, die hiermit ihr lebhaftes, tatkräftiges Interesse an unserer Gründung bekundet. Daß dies nicht genügt, daß wir wesentlich mehr haben müssen, versteht jeder, der aus Erfahrung weiß, wie kostspielig schon Laboratoriumsversuche kleineren Stils sind.

Meine Herren, es mag ja als ein Nachteil naturwissenschaftlicher Forschung erscheinen, daß sie ohne Befassung mit Stoff und Geld, nicht vorwärts kommt, aber vergessen wir nicht den Vorzug, der sich hieraus ergibt: ihre Hypothesen und Theorien werden auf diese Weise fortgesetzt durch meßbare Tatsachen kontrolliert. Diese Abhängigkeit von dem Irdischen gibt ihr die Kraft, welche den Riesen Antaeus unüberwindlich machte, solange er die Erde berührte.

Vielleicht darf ich aber auch auf einen weiteren, einen ideellen Vorteil, den ich mir von den Arbeiten der Forschungsgesellschaft verspreche, hinweisen.

Wenn das unermessliche Geldbedürfnis des Reiches vorhalten und der steigenden Macht sozialistischer Ideen es leider nur sich beugen wird, daß uns die Freude am wirtschaftlichen, am finanziellen Erfolg unserer industriellen Arbeit verkümmert wird, so darf es doch nicht dahin kommen, daß dem Unternehmen die Arbeit selbst verleidet wird, denn das wäre das Ende der industriellen und politischen Machtstellung des Deutschen Reiches: sie läßt sich nur mit Hilfe der Industrie aufrecht erhalten.

Nun gibt es neben dem heute so stark gescholtenen, fast vernichteten und doch so unentbehrlichen Erwerbstriebe noch ein anderes Motiv, um industrielle Beteiligung der Mühe wert zu machen: die Freude an der Arbeit selbst, wie sie der Künstler, der Gelehrte empfindet, die Freude der immer währenden Vervollkommnung des Werkes, sei es Stoff, Maschine oder Werkzeug. Woher entspringt solche Freude? Aus dem Streben und der Genugtuung an der Verwirklichung einer Idee. Zu solchen Ideen verhilft uns die Wissenschaft, sie lebt und wirkt in Ideen.

Als Beispiel dafür, in welchen Richtungen solche Ideen sich bewegen können, mag das Lebenswerk eines Amerikaner dienen, dessen Lehren kurz vor dem Kriege viel Aufsehen gemacht haben: Frederick W. Taylor. Er hat in sorgfältigen, systematischen und kostspieligen Versuchen auf der Suche nach der besten Form von Drehstählen einen neuen Werkzeugstahl, den Wolframstahl, gefunden, ein Material so wertvoll, daß es dem kriegführenden Staat, welcher in seinem ausschließlichen Besitz gewesen wäre, einen ausschlaggebenden Vorsprung hätte geben können wegen seiner Fähigkeit, rascher und in größeren Mengen Kriegsgerät herzustellen und Stahl höchster Festigkeit zu bearbeiten.

Die andere Richtung, in der Taylor mit Erfolg gearbeitet hat, war das Studium von Arbeitsverfahren: z. B. die kürzesten und bequemsten Arbeitsbewegungen zu ermitteln, oder herauszufinden, für welche Arbeit jeder Mann am geeignetsten sei; daraus entsprang eine weitere Teilung der leitenden, anlernenden Tätigkeit und der in die einfachsten Vorgänge aufgelösten Arbeit: der mechanisierten Arbeit für die, welche zu nichts besserem tauglich und willig und der gehobenen Tätigkeit für die, welche für etwas geringeres zu schade sind: zugleich der Anfang der psychologischen Berufsberatung.

Nach diesem, fast schon geschichtlich gewordenen Beispiel lassen Sie mich noch einmal zurückkommen auf unsere heute gegründete Forschungsgesellschaft, der beizutreten ich Sie hiermit einlade. Wir hielten es für richtig, ihre Dauer zunächst einmal auf fünf Jahre zu beschränken; nach allem, was ich vorausgeschickt habe, fürchte ich nicht, dadurch etwa dem Mißverständnis zu begegnen, als ob es sich dabei um noch eine neue Kriegsgesellschaft handle, berechnet, der viel berufenen und noch mehr gefürchteten Übergangswirtschaft zu dienen. Wir hoffen im Gegenteil, daß unsere Gesellschaft so unvergänglich ist, wie ihre Aufgabe: der Praxis durch die Methoden der Wissenschaft dienlich zu sein, den in der Werkstatt sich immer erneuernden Forderungen des Tages mit wissenschaftlicher Gründlichkeit gerecht zu werden. Aber wir wollen zunächst einmal sehen, ob der Weg, den wir einzuschlagen haben, Beifall und Erfolg findet, ob er zu genügender Gefolgschaft und zu ausreichenden Geldmitteln führt.

Unsere Arbeitsstätte wird das Versuchsfeld für Werkzeugmaschinen an der Technischen Hochschule in Charlottenburg sein, welche bereits mit trefflichen Einrichtungen ausgestattet ist. Damit ist zugleich gesagt, daß wir das schwierigste und wichtigste Problem überwunden haben, das vor jedem Unternehmen steht: die Auswahl des richtigen Mannes.

Sie kennen alle zur Genüge Herrn Professor Dr. Schlesinger, meinen verehrten Nachbarn und Mitglied des Vorstandes; er hat bereits durch eine ganze Reihe von Abhandlungen, die er über Untersuchungsergebnisse des Versuchsfeldes veröffentlicht hat, bewiesen, daß er Ziel und Weg, Zweck und Mittel genau kennt; sich über Beides noch näher und sachkundiger auszusprechen, als ich es vermag, möchte ich ihn nunmehr bitten.

Herr Prof. Dr.-Ing. G. Schlesinger:

Die betriebswissenschaftlichen Arbeitsverfahren beziehen sich gleichmäßig auf den Menschen und die Werkstatteinrichtung. Nur wenn beide Faktoren gleichgerichtet sind, d.h. wenn beide für die auszuführende Arbeit wirklich voll geeignet sind, kann man auf ein Höchstmaß der Leistung rechnen.

Psychotechnik[2]

Da der Mensch keine Maschine ist, so muß bei ihm die individuelle Auslese eintreten. Man wird nach Verfahren suchen müssen, um sowohl seine geistige wie seine körperliche Eignung zu ermitteln und dann festzustellen, ob man den Untersuchten für die Arbeit, die man ihm zuweisen will, gebrauchen kann oder nicht. Man muß dabei unterscheiden zwischen Feststellung von Tatsachen und psychotechnischen Untersuchungen. Einfach ist die Feststellung von Farbenblindheit, Sehschärfe, Gehör, Körperkraft, schon schwieriger ist es, festzustellen, ob bestimmte Bewegungen überhaupt noch ausführbar sind, wenn z. B. durch den Verlust von Gliedern oder durch ihre Lähmung Behinderungen eingetreten sind, deren Tragweite zu übersehen nicht ohne weiteres möglich ist. Als Beispiel sei gestattet, auf die umstrittene Frage hinzuweisen, ob ein im Kriege schwerbeschädigter Schlosser, der den Verlust der Hand oder gar seines Unterarmes mit dem Ellenbogen zu beklagen hat, noch geeignet ist, am Schraubstock zu arbeiten.

Die hier wichtigsten Arbeiten, wie Feilen und Hämmern, lassen sich bei der Arbeitsausführung durch den Menschen durch Anheftung von Glühlampen an den Gelenken und Werkzeugen photographisch festhalten. Die richtige Deutung des Kreislaufbildes führt hier zur Verneinung der gestellten Frage für Oberarmamputierte und zur teilweisen Bejahung der Unterarmamputierten.

[2] Die Zwischenüberschriften wurden redaktionell eingefügt.

So einfach wie hier lassen sich aber sonst Eignungs- und Geschicklichkeitsfragen nicht entscheiden. Es müssen Methoden ausgearbeitet werden, die unter richtiger Analyse der zu leistenden Arbeiten Merkmale ergeben, um in kurzer Zeit einen sicheren Aufschluß über den Einfluß der Übung, der Ausdauer, der Zähigkeit, der Geschicklichkeit und der Konzentrationsfähigkeit des Untersuchenden geben, Dinge, die heute bereits bei der Auswahl der Lehrlinge benutzt werden, die aber für andere Berufe wie die des Revisors, vor allen Dingen aber für die Fahrzeuglenker – Automobilführer, Straßenbahnführer, Lokomotivführer, Steuerleute und Flieger – bereits zu so fein durchgearbeiteten Ausleseverfahren geführt haben, daß man in all diesen Fällen im Versuchsfeld in wenigen Stunden mit großer Sicherheit die unteren Grenzen bestimmen kann, bis zu der psychotechnisch all diese Leute noch brauchbar sind und, unterhalb welcher sie unbedingt von diesen, die Allgemeinheit unter Umständen aufs schwerste gefährdenden Arbeitsstellen ferngehalten werden müssen.

Zu den neuen Übungs- und Geschicklichkeitsproben, die sich unter Benutzung des Kreislaufbildes mit an den Gelenken oder Fingern angeketteten Glühbirnen, deren Lauf man photographisch verfolgt, leicht ermitteln lassen, gehören z.B. auch Maßarbeiten an der Bohrmaschine, die der Arbeiter in einer bestimmten Stellung, unter Ausnutzung bestimmter Vorrichtungen ausführt, bei denen es darauf ankommt; möglichst genau, immer den gleichen Weg vom Augenblick, wo das rohe Stück ergriffen wird, bis zu dem Augenblick, wo das fertige Stück wieder losgelassen wird, zurückzulegen. Sehr einfache Arbeitsvorgänge, wie z.B. das Sortieren von Zetteln, Karten und Briefen zeigen, in welchem Maße die Anlernung und Übung bei der endgültigen Bestimmung des kürzesten Weges mitwirkt.

Handelt es sich um kompliziertere Vorgänge, wie z.B. das Schürzen eines Wundknotens durch den Arzt, bei dem 3 Finger der Hand gleichzeitig benutzt werden, so kann man die Bewegung dieser 3 Finger bequem dadurch unterscheiden, daß man die auf ihnen angehefteten Lichtquellen mittels verschiedenartiger Unterbrecher voneinander trennt. Fügt man zu diesen Bewegungsstudien auch noch die Zeitstudie hinzu, so hat man die Elemente kennen gelernt, die für eine systematische Arbeitszerlegung und Arbeitsbeschleunigung in der Werkstatt in Frage kommen, und die gegebenenfalls besser getrennt von der Fabrik an einem neutralen Ort entweder mit eigenen oder mit den geübten Arbeitern des Versuchsfeldes durchgearbeitet werden, um die hier vorhandenen besonderen Kenntnisse zur Beschleunigung der Durcharbeit nutzbar zu machen. Es kommt auch vor, daß Arbeitsverfahren für neue Stoffe, wie sie insbesondere der Krieg hervorgebracht hat, ausgearbeitet werden müssen. Zum Beispiel wurden im Versuchsfelde Arbeitsverfahren für Zündkörper aus Leichtmetall durchgearbeitet, für die überhaupt erst die zweckmäßigsten Schnittgeschwindigkeiten, Schnittwinkel und im besonderen Falle auch die Werkzeuge gefunden werden mußten.

Werkstatteinrichtungen

Das letzte Beispiel leitet bereits über zur Werkstatteinrichtung, zur Untersuchung der Werkzeuge im weitesten Sinne und der Werkstoffe. In dieses Arbeitsgebiet gehören z.B. die Grenzlehren (Passungen) für Bohrungen und Wellen, die Untersuchung des jetzigen und des angestrebten Zustandes der Gewindesysteme, sowie die Ausarbeitung geeigneter Meßinstrumente für Gewindeprüfung, ein Gebiet, das heute trotz stärkster Bearbeitung noch immer der Erschließung harrt.

Zu den untersuchten Werkstoffen gehörten die Lagermetalle und ihre Beanspruchung. Unter der Einwirkung der Kriegsnot ist eine große Anzahl von Ersatzstoffen aufgetaucht, über deren Berechtigung gründliche Kenntnisse geschaffen werden mußten, bevor man wagen durfte, insbesondere die Werkzeugmaschinen des Betriebes mit ihnen auszurüsten, da hier Niederbrüche oder auch nur Stillstände in erheblichem Umfange verhängnisvoll für unsere Produktion gewesen wären. Wenn man sich heute auch voll darüber klar ist, daß ein großer Teil dieser Ersatzstoffe mit dem Eintreten geregelter Verhältnisse wieder verschwinden wird, so wird ein Teil doch bleiben. Die Erfahrungen mit den übrigen Stoffen sind, auch wenn sie negativer Natur waren, doch so interessant und wichtig, daß ihre allgemeine Kenntnis unter den Praktikern nötig ist und Verbreitung verdient. Es sind bei diesen Messungen Gesichtspunkte, die einzelnen Fachleuten wohl bekannt waren, erneut und mit Nachdruck zur Geltung gekommen, z. B. die Wichtigkeit der Kantenpressung und die Empfindlichkeit der Lagerschalen gegenüber solchen Belastungszuständen. Prüfungen an einem Räderkasten, unter künstlicher Herbeiführung des natürlichen Arbeitszustandes zum Zwecke der Messung und Bestimmung der auftretenden Kräfte, ergaben besonders wertvolle Aufschlüsse über die wirklich erfolgte Durchbiegung der Arbeitsspindeln, die Beanspruchung der Lager, die zweckmäßige Anordnung der Schmiernuten und den zulässigen Ersatz durch Kriegsmetall-Legierungen.

Die Not an Öl führte zur Untersuchung von Ölen im Gebrauch, z. B. an einer Drehbank, mit dem interessanten Ergebnis, daß einmal der Preis der zweckmäßigen Ölsorte wesentlich niedriger gewählt werden konnte, als bisher üblich, dann, daß eine Verringerung der Reibungsverluste sowohl bei Leerlauf wie bei Arbeitslauf in Erscheinung trat. Die Preisermäßigung beim Öl bis 50 vH sowie die Verminderung der Reibungsarbeit zwischen 15 und 18 vH sind Zahlen, die bei der kommenden sparsamen Wirtschaft eine große Rolle spielen werden.

Weitere wichtige Betriebsmittel in der Werkstatt sind die technischen Gase, unter denen im Fabrikbetriebe die Preßluft und die Schweiß- und Schneidgase besondere Beachtung verdienen. Die Messung des Luftverbrauchs an Preßlufthämmern und die Bestimmung ihres Wirkungsgrades erforderte eine recht verwickelte Einrichtung, die bei den geringen Kräften und bei der Größe der auftretenden Schlagzahlen nur unter Heranziehung feiner optischer Methoden die Aufzeichnung der üblichen Kolbenmeß- und Druckdiagramme ermöglichte.

Untersuchungen mit Schweißbrennern wurden durchgeführt, die wertvolle Aufschlüsse über die Art der Gaszusammensetzung in der Brennerflamme, über ihre günstigsten Drücke, sowie den sparsamsten Verbrauch zeitigten und den Industrien, die sich damit beschäftigten, gute Dienste geleistet haben.

Werkzeuge

Wichtiger noch sind die normalen für das Drehen und Bohren üblichen Werkzeuge, bei denen augenblicklich wieder der Ersatz des Wolframs im Schnellstahl eine wesentliche Rolle spielt. Drehversuche mit verschiedenen Stahlformen bei verschiedenen Schnittgeschwindigkeiten, Vorschüben, Drücken und Materialien sind durchgeführt worden und ergaben Werte, die über die Kriegszeit hinaus Bedeutung haben, weil es gleichzeitig mit diesen Versuchen gelungen ist, die auf der Drehbank beim Schneiden auftretenden Kräfte nach den 3 Arbeitsrichtungen so zu messen, daß sie für die Berechnung einer solchen Maschine, die ja ganz andere Anforderungen an den heutigen Konstrukteur als früher stellt, zugrunde gelegt werden können. Ein Vergleich einer älteren und einer neueren Bank zeigt, welche Unterschiede in der kurzen Spanne von etwa 20 Jahren eingetreten sind.

Für den Spiralbohrer gilt es, eine richtige Form der Spitze und einen zweckmäßigen Hinterschliff von der Außenkante bis zur Spitze anzuschleifen, einmal um den Bohrer, dann aber, um die Maschine und vor allen Dingen auch das Werkzeug zu schonen. Je geringer die Drücke sind, um so geringer ist der Verbrauch an Kraft, der sich in Stromersparnis geltend macht, um so größer ist auch die Schonung der Werkzeugschneide, die sich in Werkzeugersparnissen geltend macht. *An der Schneide der Werkzeuge sitzen die Dividenden!* Die objektive Messung des geschliffenen Bohrers gibt allein Aufschluß sowohl über seine Schneidfähigkeit wie über die Brauchbarkeit der verwendeten Spiralbohrschleifmaschine. Der Meßtisch der Bohrmaschine wiederum zeigt unwiderleglich, ob der Bohrer läuft und ob das gebohrte Material homogen war.

In den letzten Monaten hat das Versuchsfeld die Untersuchung der Riemenersatzmittel betreiben müssen. Hier waren ganz eigenartige und umfangreiche Arbeiten zu leisten, bei denen es auf möglichste Schnelligkeit bei der Auswertung der Ergebnisse für die Praxis ankam. Durch innige Zusammenarbeit mit Firmen der Papier- und Drahtweberei gelang es, ursprünglich schlechte Ersatz-Riemensorten manchmal, durch kleine, scheinbar geringfügige Abänderung zu Leistungen zu steigern, die an die des Lederriemens nahezu heranreichen. Hier zeigte sich so recht der Nutzen der Wechselwirkung von Wissenschaft und Praxis Zug um Zug: Versuchsergebnis, Auswertung, Ausführung in der Praxis, neuer Versuch und Feststellung der Richtigkeit der getroffenen Abänderung.

Werkzeugmaschinen

Die dritte Gruppe der Werkstatteinrichtungen sind die Werkzeugmaschinen selbst. Hier war die Aufstellung von Maschinenbilanzen, in ähnlicher Weise wie es bei Kraftmaschinen schon lange gemacht wird, das Ziel. Zur Ermittelung des Wirkungsgrades ist die geleistete Arbeit an der Stahlschneide unmittelbar zu vergleichen mit der in die Maschine hinein geschickten Arbeitsenergie, die meistens elektrisch erzeugt und dann verhältnismäßig leicht gemessen werden kann. Beide Bestimmungen bieten an der Werkzeugmaschine besondere Schwierigkeiten, da der Betriebszustand der normalen Maschine nicht geändert werden darf, und da die Einschärfung der Meßinstrumente zwischen Werkzeug und Antriebsmaschine, ohne daß sie stören, ganz erhebliche Schwierigkeiten macht. An einer Stoßmaschine wurde die Wirkung der Schwungmassen auf die hin- und hergehenden Maschinenteile bei gleichzeitiger Messung der Stößelkraft aufgezeichnet und bewiesen, daß man durch geeignete Massenverteilung das sehr unregelmäßige Energiediagramm der Stoßmaschine in ein sehr befriedigendes glattes Bild umwandeln kann.

Dabei ergeben sich dann gleichzeitig interessante Aufschlüsse über den Einzelantrieb an kleinen Stoß- und Hobelmaschinen, während an den großen Hobel- und Fräsmaschinen durch wertvolle Arbeiten unserer großen Elektrizitätsgesellschaften Antriebe geschaffen sind, die heute schon allen Anforderungen genügen.

Hübsche Aufgaben stellen auch die Schleifmaschinenantriebe dar. Der ursprüngliche Riemenantrieb mit Trommelvorgelege und 3 Riemen wurde zunächst vereinfacht in einen Zweiriemenantrieb, der dann heute, insbesondere bei großen Maschinen mehr und mehr dem Einzelantrieb weichen mußte. Immerhin bietet das Stichwort elektrischer Einzelantrieb für Werkzeugmaschinen heute noch eine solche Fülle von Aufgaben, je nach der Konstruktion und Arbeitsweise der Werkstattmaschinen, daß die Frage nach dem zweckmäßigsten Antriebe und nach der richtigsten Auswahl des Motors nur durch innige Zusammenarbeit zwischen Elektro- und Maschinenkonstrukteur gelöst werden kann.

Berechnungsverfahren

Bei den Untersuchungen der Schnellstähle, insbesondere der spröden Bohrer, zeigten sich an den Meßapparaten des Versuchsfeldes deutlich die schädlichen Wirkungen der Durchfederung der Gestelle der Maschinen. Von diesen waren es wiederum die Senkrecht-Maschinen, deren gekrümmte Mittellinie eine Nachrechnung der auftretenden Spannungen sehr erschwerte. So entstand der Gedanke zur experimentellen Lösung der ersten großen, erhebliche Mittel erfordernden Aufgabe des Versuchsfeldes im Dienste der Forschungs-Gesellschaft: die Berechnung der Gestelle der Werkzeugmaschinen mit gekrümmter Mittellinie.

Die Abbildung[3] zeigt die weitgehende Verbreitung der Gestellformen mit einseitig offenem Bügel an allen möglichen Maschinengattungen. Zum Bügel gesellt sich dann noch das Torgestell, dessen Form ebenfalls zu interessanten Betrachtungen ähnlicher Art führt.

Die Aufgabe ist also eine grundsätzlich wichtige, ihre Lösung wird aber nicht nur auf dem Gebiete des Werkzeugmaschinenbaus, sondern auch für die Gestellberechnungen im Kraftmaschinenbau von Bedeutung sein und überall dort, wo Gußkörper mit gekrümmter Mittellinie Verwendung finden.

Die Aufgabe ist verschiedentlich versucht, vollkommen aber bisher nicht gelöst worden. Sie nimmt ihren Ursprung bei den grundlegenden Forschungen Bachs über Gußkörper, auf die das Hookesche Gesetz nicht mehr zutrifft.

Die erste Abhandlung aus dem Jahre 1888 (Die Biegungslehre und das Gußeisen) ist eine größere experimentelle Arbeit über gerade Gußstäbe verschiedenen Querschnitts, die mit bedeutenden Mitteln unternommen wurde. Das Endergebnis dieser Arbeit ist die in Abb. 34 dargestellte Tabelle, in der die empirisch festgestellten Abhängigkeiten zwischen der Zugfestigkeit des Materials und der auf Grund des beobachteten Bruchmomentes und der obigen Formel errechneten Biegungsfestigkeit eingetragen sind. Dieses Verhältnis R_b:K_z ist als eine Art Korrektionsfaktor anzusehen, mit dem jedes Mal die auf Grund der falschen Formel errechnete Biegungsfestigkeit korrigiert werden muß, um auf die tatsächlich auftretende Zugspannung zu schließen. Bach konnte auch schon auf Grund dieser Versuche eine bestimmte Gesetzmäßigkeit für diese Korrektionszahlen finden. Eine erschöpfende Erklärung für diese Tatsache blieb er jedoch schuldig. Er konnte sie erst im Jahre 1901 geben, und zwar in seinen „Versuchen und Klarstellung des Zusammenhanges zwischen Zug- und Biegungsfestigkeit von Gußeisen und Spannungsverteilung über den Querschnitt des gebogenen (geraden) Stabes."

Für den gekrümmten Stab hat die Forschung nicht so viel getan wie für den geraden. Soweit jedoch die bisher vorliegenden ersteren Arbeiten durchblicken lassen, besteht auch daher eine große Wahrscheinlichkeit für die Gültigkeit des Bernoullischen Gesetzes, „die ursprünglichen Querschnitte des Stabes bleiben nach der Formänderung eben". Sollte es gelingen, diese Gültigkeit einwandfrei nachzuweisen, so wäre damit der Schlüssel für die jetzt noch so schwierig erscheinenden Berechnungen gegeben, denn dann läßt sich mit Leichtigkeit für alle vorkommenden Fälle eine mathematische Abhängigkeit herleiten. Zum näheren Verständnis der Unterschiede zwischen der Biegungsbeanspruchung von geraden und gekrümmten Stäben diene Abb. 35. Sie zeigt zwei unendlich benachbarte Querschnitte des gekrümmten Stabes, die auf Grund des Bernoullischen Gesetzes vor und nach der Formänderung eben bleiben. Auf Grund dieser Annahme läßt sich die Kurve der Dehnungen herleiten, die wie Grashoff angab eine Hyperbel ist, und nicht eine gerade Linie wie beim geraden Stab. Aus der Kurve der Dehnungen und dem bekannten Dehnungs-Spannungs-Diagramm läßt sich die Kurve der Spannungen für den betreffenden Querschnitt konstruieren. Die Ermittlungen des auftretenden Biegungsmomentes geschieht auf grafischem Wege.

[3] Anmerkung: Die im Originaltext aufgeführten Zeichnungen werden hier nicht abgebildet.

Der wertvollste Beitrag, der in dieser ausführlichen Weise versucht, die Gültigkeit des Bernoullischen Gesetzes nachzuprüfen, ist der von Ludwik-Wien. Seine Versuche sind jedoch zu gering in der Zahl, um den Bernoullischen Gesetze allgemeine Gültigkeit geben zu können. Eine Übersicht der Versuche, die im Jahre 1903 vorgenommen wurde, gibt Abb. 36.

Ludwik benutzte im ganzen 9 Bügel, von denen nur 7 bewertet werden können, weil die 2 letzten eine so große Krümmung hatten, daß sie als „scharfe Ecke" gilt. Seine anderen Versuchskörper haben alle dasselbe Verhältnis Krümmungsradius/Querschnitthöhe. Von diesem Verhältnis hängen aber die Festigkeitseigenschaften des gekrümmten Stabes stark ab, so daß weitere Versuche mit verschiedenen Krümmungen notwendig sind.

Mit mehr Material als Ludwik hat der Amerikaner Lewis Jenkins gearbeitet, gleichzeitig leider mit recht wenig theoretischer Gründlichkeit. Die Unterlagen seiner Versuche sind in Abb. 37 und 38 dargestellt. Außer den Zerreißversuchen an den gekrümmten Bügeln führte er Zug- und Biegungsversuche an daneben angegossenen Stäben aus. Daß zwischen beiden Materialien größere Unterschiede in bezug auf die Festigkeitseigenschaften bestehen müssen, ist einleuchtend. Da er ferner keine Dehnungs-Spannungskurve seiner Probekörper aufnahm, ist eine Nachprüfung seiner Werte unmöglich.

Lewis Jenkins kommt einfach zu dem Schluß, daß man die gekrümmten Stäbe genau so berechnen könnte, wie die geraden, d.h. daß es gleichgültig ist, welche Krümmung der betreffende Bügel hat. Diese Rechnungsweise ist von vielen anderen, insbesondere von Bach, gründlich genug widerlegt worden. Ein anderer Amerikaner, Andrews, hat ein Rechnungsverfahren angegeben, bei dem mit der Biegungsformel für gerade Stäbe gerechnet wird; allerdings unter Berücksichtigung eines Korrektionsfaktors, der aus einer Kurve zu entnehmen ist.

Eine Zusammenstellung der Berechnung von drei Pressenständern durch verschiedene Verfasser nach den oben erwähnten Formeln gibt Abb. 39. Man sieht, daß die Ansichten noch sehr geteilt sind.

Zusammenfassung

Aus der Fülle des Gezeigten geht wohl die Tatsache hervor, daß es an der Zeit ist, ein Institut zu schaffen, das für den Betrieb, sei es bei der Untersuchung der Menschen, sei es bei der Untersuchung der Betriebsmittel, durch systematische Forschung in ähnlicher Weise arbeitet, und ähnlich sichere Ergebnisse zeitigt, wie wir sie auf anderen Gebieten der Ingenieurwissenschaften, im Dampf-, Elektromotoren-, Gasmaschinenbau, in der Materialprüfung usw. längst besitzen. Diese Aufgabe ist aber nur lösbar durch eine Zusammenfassung aller Kräfte, die unter sachgemäßer Führung gleichzeitig an den verschiedenen Stellen Deutschlands die Arbeit aufnehmen, an der Auswertung der Ergebnisse arbeiten und so die einzelnen Steine gewissermaßen zu einem Mosaikbild der Betriebswissenschaft zusammentragen müssen, aus dem die deutsche Industrie einen möglichst großen Nutzen ziehen soll. Es wird nötig sein, die Organisation und die Verteilung von einer Zentralstelle vorzunehmen, den selbständigen Mitarbeitern nach Festlegung des Programms dann aber alle Freiheit der Bewegung und die Ehren des Erfolges zu lassen.

Werden dem Institut die notwendige Förderung und ausreichende Geldmittel durch Industrie und Staatsbehörden zur Verfügung gestellt, damit es sich die nötigen wissenschaftlichen Mitarbeiter sichern kann, um das in großer Fülle angehäufte Versuchsmaterial zu sichern, zu werten und endlich zu veröffentlichen, dann dürfte ein solches Institut sich zu einem wichtigen, ja unentbehrlichen Faktor in der Wirtschaft der Nation auswachsen.

Herr Justizrat, Dr. Waldschmidt:

Ich schließe mich dem Dank, den Sie durch Ihren Beifall bereits zum Ausdruck gebracht haben, von Herzen an. Sie haben eine Reihe von Zeichnungen und Bildern gesehen, die zeigt, wie wertvoll wissenschaftliche Untersuchungen für die Praxis sein können und wie dem Werkzeugmaschinenbau noch ein großes Gebiet von Vervollkommnungsmöglichkeiten offen steht, wenn sie nur genutzt werden. Aber was ich vorhin gesagt habe und was Herr Prof. Schlesinger wiederholt hat: nur dadurch, daß diese Untersuchungen, diese Forschungen niedergelegt sind in einem Archiv, ist nichts geholfen; nur die wissenschaftlichen Ideen, die in die Praxis umgesetzt werden, können fruchtbar, können volkswirtschaftlich wertvoll werden, können dem Deutschen Reiche von Nutzen sein. Wenn Sie also überzeugt davon sind, daß hier noch außerordentlich vieles zu leisten ist, dann bitte ich, stellen Sie uns die Mittel zur Verfügung, die erforderlich sind.

Herr Geheimrat Prof. Romberg:

Als Vertreter des „Wumba“ kann ich die Bildung dieser neuen Gesellschaft nach den Ergebnissen der heutigen Sitzung nur wärmstens begrüßen. Ich zweifle auch nicht, daß sich die gesamte Heeresverwaltung dieser meiner Auffassung anschließen wird. Meines Erachtens liegt der Nutzen dieser Gesellschaft auf vielseitigen Gebieten. Es hat der Herr Vorsitzende zunächst den idealen Gewinn betonen zu müssen geglaubt. Ich schließe mich diesem Urteil durchaus an, wenn ich auch nicht auf dem Standpunkt stehe, daß uns Ingenieuren bei unserer praktischen Arbeit dieser ideale Antrieb bisher gefehlt hätte. Das hat der Herr Vorsitzende sicher auch nicht sagen wollen, denn allein mit dem materiellen Antrieb wären die gewaltigen Erfolge unserer Industrie sicher nicht zustande gekommen. Der ideale Antrieb hat mithelfen müssen. Aber es ist keine Frage, daß wenn wir Wissenschaft und Praxis, die wissenschaftliche Forschung, und praktische Durchbildung und Ausübung des Gewonnenen noch enger zusammenfassen, dann wird das sicherlich die wissenschaftliche Freude des einzelnen an der Arbeit nur heben können. Man sollte aber auch den realen Nutzen durchaus nicht verkennen und sich dieses realen Nutzens nicht etwa schämen. Unsere Arbeit dient ja wirtschaftlichen Zwecken, und wenn ich auch nicht gesagt haben will, daß der einzelne dem Gelde absolut allein nachjagen soll, so ist doch schließlich der Geldtrieb einem höheren Interesse dienstbar. Es wird der Allgemeinheit, dem Staate, selbst durch ein einseitiges Geldinteresse nur Nutzen geschaffen. Dieses einseitige Interesse ist bei der Mehrheit der Ingenieure nicht vorhanden. Aber selbstverständlich dient unsere Arbeit einem wirtschaftlichen Zwecke, wir gehen dem Erwerb nach, aus unserer Arbeit muß etwas herausspringen. Dies dient nur dem Interesse des Ganzen, denn ohne eine wirtschaftliche Stärke, ohne eine pekuniäre Stärke würde das Ganze, das Vaterland, niemals auf einer gesunden Basis stehen. Ich meine, daß auch in dieser Beziehung die enge Verbindung von wissenschaftlicher Forschung, wie sie hier geplant ist, mit der Praxis uns nur nützen kann. Das, was uns Herr Prof. Schlesinger schon gezeigt hat an einer Reihe von Beispielen, die sich ihm im Laufe der Tätigkeit des Versuchsfeldes ergeben haben, das zeigt ja schon, welch außerordentlicher wirtschaftlicher Nutzen aus der Lösung solcher Aufgaben herausspringt. Diese Versuche haben nicht nur wissenschaftliches Interesse, sondern sie lassen sich direkt in Geld umwerten. Und so meine ich, wenn in Zukunft diese Ergebnisse geeignet sind, uns an der Spitze zu halten, so ist damit ungemein viel erreicht. Es ist ja durchaus nicht gesagt, daß derjenige, der die billigen Rohstoffe hat, am billigsten fabrizieren muß. Wir waren eigentlich in dieser Beziehung nie besonders günstig gestellt, und wir haben es nur durch unsere wissenschaftliche Arbeit erreicht, daß wir trotzdem konkurrenzfähig und auf vielen Gebieten unserer Konkurrenz voraus waren.

Ich möchte noch ein drittes Gebiet anschneiden, das mir besonders nahe liegt in meiner augenblicklichen Tätigkeit. Das ist der Nutzen dieser wissenschaftlichen Forschung für die Heeresverwaltung. Ich will nur ein Moment herausgreifen aus der Fülle, die sich mir aufdrängt: das betrifft den Nutzen, den diese Forschung, d.h. die dauernde wissenschaftliche Durchdringung der Arbeitsverfahren, die dauernde Schaffung modernster Arbeitsmethoden für die Landesverteidigung hat. Es unterliegt keinem Zweifel, daß dieser Nutzen ein erheblicher ist. In einem Zukunftskriege müssen wir vor allem anstreben, möglichst schnell wirtschaftlich mobil zu sein, genau so wie militärisch. Da ist es ganz klar, daß uns die besten Arbeitsmethoden am ehesten in diese Lage versetzen werden. Ich glaube daher, daß gerade für die Landesverteidigung die Arbeiten einer solchen Gesellschaft von großem Vorteil sein müssen. Ich bin überzeugt, mein Herr Chef wird derselben Ansicht sein, wenn ich ihm über das Ergebnis berichte, daß wir die Schaffung einer solchen Gesellschaft auf das wärmste begrüßen und ihr einen guten Fortgang aller Arbeiten und besten Erfolg wünschen zum Segen unseres Vaterlandes.

Herr Justizrat Dr. Waldschmidt:

Ich darf hoffen und wünschen, daß alle die Erwartungen sich realisieren, die unter den verschiedensten Gesichtspunkten, Konkurrenzfähigkeit auf dem Weltmarkt, besseres finanzielles Ergebnis unserer Industrie, wissenschaftlich vertieftes Eindringen und damit größere Freude an der Arbeit – daß sich alle diese Erwartungen verwirklichen mögen. Mit diesem Wunsche schließe ich diese Tagung, die hoffentlich in der Geschichte des Werkzeugmaschinenbaus und darüber hinaus in der Geschichte der Maschinentechnik überhaupt einen Markstein bedeutet.

Zu Kapitel 11: Stellungnahmen zur politischen Einstellung Walther Moedes [4]

Dr. Hans L. Menzel
Wirtschaftsberater

Berlin-Charlottenburg, 31.10.1945
Stuttgarter Platz 11

Ich kenne Herrn Prof. Dr. Walther Moede seit 24 Jahren. Ich habe niemals eine faschistische Gesinnung bei Herrn Prof. Moede feststellen können, im Gegenteil, er hat mich 1933/34, als ich von der Hochschule durch die Nationalsozialisten entfernt wurde, in der liebenswürdigsten Form beraten und mir seine Hilfe zur Verfügung gestellt.

Ich halte mich zur Ausstellung eines politischen Führungszeugnisses für berechtigt, weil ich 1933 politisch gemaßregelt wurde, da ich mit einer jüdischen Frau verheiratet war. Meine Ehefrau ist von den Nationalsozialisten später in einem Lager ermordet worden.

Hans L. Menzel

Werner Stichnote
Potsdam / Am Neuen Markt 8

Ich kenne Herrn Professor Walther Moede seit einer Reihe von Jahren und bestätige ihm auf Grund der mit ihm gepflegten Unterhaltung, daß er gegenüber dem Nationalsozialismus und seinen Maßnahmen feindlich eingestellt war. Auf Grund dieses Einstellung wurde gegen ihn, ich glaube im Jahre 1943, Nachrichtensperre durch den Pressedienst des Propagandaministeriums verhängt; ebenso wurde seine Zeitschrift einige Zeit darauf verboten. Infolge seiner standhaften Haltung in diesen Fragen wurde er auch im Jahre 1943 aus der Partei ausgeschlossen. Ich bezeuge dies Herrn Professor Moede unter dem besonderen Hinweis darauf, daß er sich tätig an Zusammenkünften in meinem Hause, welche der Rettung und Unterstützung von politisch verfolgten und in Konzentrationslagern befindlichen Freunden diente, teilnahm.

Potsdam, den 20. November 1945
Werner Stichnote
Mitglied des Landesvorstandes des Kulturbundes zur demokratischen Erneuerung Deutschlands

Werkstätte für Gerätebau
Industrieberater
Dipl.-Ing. E. Dörling

Ruhla, den 1. Dezember 1945
Zieglerstraße 8

Loyalitäts-Erklärung

Um Herrn Professor Dr. W. Moede, Technische Hochschule Berlin, vor Schwierigkeiten politischer Art zu bewahren, sehe ich mich veranlaßt, über Herrn Professor Dr. W. Moede, der mir seit 1938 bekannt ist, folgende Loyalitätserklärung abzugeben:

Herr Professor Dr. Moede hat sich zu keinem Zeitpunkt politisch betätigt. Für das Nazigedankengut hatte Herr Professor Dr. Moede persönlich durchaus nichts über. Er ist ein freiheitsliebender, selbstbewußter Wissenschaftler reinster Prüfung, mit einer selten zu findenden Logik und Objektivität. Jeder Propaganda für das Nazitum und deren infames Gedankengut stand Herr Professor Dr. Moede fern. Herr Professor Dr. Moede lehnte es immer ab, in der Eignungsprüfung rassische Gesichtspunkte einzubauen. Das Judentum charakterisierte Herr Professor Dr. Moede zutreffend durch Schilderung der hochstehenden, wertvollen Eigenschaften. Der von vielen Professoren zu Beginn und Ende einer jeden Vorlesung oder Übung gepflegte Nazigruß wurde von Herrn Professor Dr. Moede nie angewandt. In den Vorlesungen schilderte Professor Moede das russische System der Arbeitsbewertung ebenso wie die amerikanischen und deutschen. Der Marxismus wurde beispielsweise durch die Sozialpsychologie

4 Dokumente 11-15 (a-f): Eidesstattliche Erklärungen von Menzel 31.10.1945, Stichnote 20.11.1945, Dörling 1.12.1945, Baganz 6.12.1945, Rohde 11.1.1946 und Marbe 8.2.1946.

von Engels ebenso in den Grundzügen dargestellt wie die Grundlehren der liberalistischen Staaten. Obgleich es nicht erwünscht war, in den Vorlesungen und Übungen auf anderes als Nazigedankengut einzugehen, hielt sich Herr Professor Dr. Moede nicht daran. Ich kann mich sogar entsinnen, daß zuweilen ausgesprochen abfällige und zynische Bemerkungen über die Nazi-Ideologie bei Betriebsbesichtigungen usw. fielen. Soweit ich unterrichtet bin, kam wegen Meinungsverschiedenheiten mit der Zensurstelle der Neudruck von der Massenpsychologie von Le Bon nicht heraus. Noch viele Dinge könnte ich anführen, die beweisen würden, daß Herr Professor Dr. Moede in jeder Beziehung unpolitisch gewesen ist und dem Nazispuk jederzeit fern gestanden hat. Gerne bin ich bereit, hierüber noch besondere Aussagen falls erforderlich zu machen.

Zu meiner Person: Ich wurde am 16.11.1920 in Ruhla geboren, besuchte die Höhere Schule in Eisenach und studierte schließlich an der Technischen Hochschule Berlin Allgemeinen Maschinenbau und Wirtschaftswissenschaften und legte Ende 1944 mein Examen als Diplomingenieur ab. Ich bin Antifaschist und gehörte niemals der NSDAP oder einer ihrer sonstigen Naziformationen an. Bedingt durch den Zusammenbruch habe ich in Ruhla eine Werkstätte für Gerätebau gegründet. Bis zu diesem Zeitpunkt war ich als Assistent bei Professor Dr. Moede tätig.

Werkstätte für Gerätebau
Dipl.-Ing. E. Dörling, Ruhla

Dr. Marga Baganz-Lehmann
Fachpsychologin – psychologische Praxis
Dozentin an der Volkshochschule
Stadt Mitte, Tempelhof, Neukölln, Kreuzberg

Berlin SW 29, den 6.12.1945
Müllenhoffstr. 13

Ich erkläre hierdurch an Eidesstatt folgendes:

Herr Prof. Dr. Moede ist mir seit 1920 bekannt. Ich war mehrere Jahre Assistentin seines Institutes an der Technischen Hochschule Charlottenburg und danach weiter in Verbindung mit ihm und seiner Forschungsarbeit. Eine Reihe meiner eigenen Arbeiten wurde von ihm in seiner Zeitschrift veröffentlicht und des öfteren führten wir Aufträge aus der Praxis gemeinsam durch.

Ich kenne Herrn Prof. Moede deshalb in den verschiedensten Lehr- und Arbeitssituationen und war auch gelegentlich sein privater Gast. In jedem Fall war er nur der Wissenschaftler, Forscher und der unermüdliche Arbeiter an der praktischen Durchführung und Anwendung unserer Fachdisziplin. Mit großer Erregung schilderte er mir seinerzeit, sofort nach dem Vorfall, daß er und andere Kollegen von dem damaligen Rektor der T.H. (v. Arnim) in die Partei aufgenommen seien, und zwar ohne daß vorher eine Befragung oder Diskussion hätte stattfinden können. Selbst die Bürgen seien gestellt worden und wären unbekannt. Diese übliche Art zwangsmäßig Propaganda zu machen, wurde damals von Prof. Dr. Moede, wie ich weiß, nur hingenommen, weil ihm sonst die Fortführung seines Lebenswerkes nicht gestattet worden wäre und irgendein extrem nazistischer Vertreter dafür seinen Lehrstuhl erhalten hätte. Niemals habe ich bei Prof. Moede nazistische Gesinnung, nazipolitische Einstellung und Äußerungen gehört. Dagegen oft das Gegenteil. Wie konnte es auch anders sein, wo sein Fachgebiet ein internationales, seine Person und seine Arbeit über die Grenzen Deutschlands hinaus bekannt waren und wo stets viele Ausländer sein Institut besuchten oder bei ihm arbeiteten oder lernten.

Es scheint mir dringend notwendig und im Sinne des allgemeinen Wiederaufbaues gehandelt, wenn man die reiche Erfahrung und die unermüdliche Arbeitskraft von Prof. Moede würdevoll in den Dienst der Forschung einsetzen, um so mehr da sein Arbeitsgebiet eine ganz besondere praktische soziologische Bedeutung besitzt und kein qualitativ besserer und international bekannter Vertreter gefunden werden kann.

Dr. Marga Baganz

Vera Rohde Berlin, den 11.1.1946
Berlin-Rahnsdorf
Bauernheideweg 37

Eidesstattliche Erklärung

Ich bin als einzige Sekretärin bei Prof. Dr. Moede tätig.

Die Vorgänge im Institut für Industrielle Psychotechnik und Arbeitstechnik sind mir aus eigener Sachkunde bekannt, da ich den gesamten Schriftverkehr angefertigt habe. Durch Bombentotalschaden sind die ganzen Institutsakten verbrannt.

An Prof. Dr. Moede wurde von Prof. Dr. Röhr, Erziehungsministerium, dem Referenten des Fachgebietes, wiederholt die Aufforderung gerichtet, die „Deutsche Vereinigung für praktische Psychologie" (DVP), deren Vorsitzender Prof. Moede war, aufzulösen und ihre Mitglieder dem für das Reich bestellten Fachgebietsführer sowie der von ihm geleiteten Fachvereinigung einzugliedern.

Die Weigerung von Prof. Moede führte zum Parteiausschuß im Jahre 1943. Das Ausschlußurteil habe ich gesehen und in die geheimen Akten abgelegt, die verbrannt sind.

Die geheime Pressesperre von Nov. 1942 ist mir bekannt und wir haben zu ihrer Aufhebung mehrere Schriftsätze sowohl an die zuständigen Stellen des Propagandaministeriums, den Referenten Dr. Kürzel und den Leiter des vertraulichen Zeitschriftendienstes, Lothar Tamm, gerichtet, die beide auch von Prof. Moede besucht wurden. Desgleichen reichten wir mehrere Eingaben auf dem Dienstwege an das Erziehungsministerium, zwecks Aufhebung der Pressesperre, die jedwede Betätigung der DVP und ihres Leiters Prof. Moede in der Öffentlichkeit und deren Erwähnung in der gesamten Presse verbot. Diese Schriftsätze blieben unbeantwortet.

Die öffentlichen Veranstaltungen der DVP wurden trotzdem durchgeführt. Ich habe das Manuskript der Ankündigung in die Druckerei gegeben, und die verbotenen Anschläge mit zum Aushang gebracht. Ich wußte, daß Drucklegung und Aushang verboten und strafbar waren, hielt aber die Pressesperre für ungerechtfertigt.

Das Verhandlungsprotokoll mit der Unterschrift des Dekans, Prof. Dr. Grabner, habe ich gesehen und abgelegt.

Prof. Dr. Moede hat außerdem viele andere Beeinträchtigungen durch die Partei erfahren.

Vera Rohde

Geheimrat Prof. Dr. Karl Marbe Würzburg, den 8. Februar 1946
Würzburg, Judenbühlweg 7

Zeugnis

Herr Prof. Dr. Walther Moede hat sich durch viele wissenschaftliche Arbeiten und durch eine ausgedehnte praktisch-psychologische Tätigkeit im Gebiet der Industrie, der Reichsbahn, der Technik und des Handels weithin vorteilhaft bekannt gemacht. Er hat schon im ersten Weltkrieg 1918 psychologische Prüfungen an Kraftfahrern und Hirngeschädigten durchgeführt und bereits damals Begabtenprüfungen für die Stadt Berlin vorgenommen. Er war auch der erste Fachpsychologe, der sich an einer Technischen Hochschule habilitierte. Auf deutschen und internationalen Kongressen hat er immer wieder wertvolle Anregungen gegeben.

Für die Nazis hatte er, wie ich unter anderem auch bei seinen gelegentlichen Besuchen in Würzburg bemerken konnte, keinerlei Sympathien. Dagegen hat er sich nicht gescheut, ihren Wünschen direkt zu widersprechen. Dies ergibt sich aus folgenden Tatsachen.

Ich selbst (Gelehrter von Beruf) bin (wie schon lange allgemein bekannt) mit einer Halbjüdin verheiratet. Aber nicht nur meine Frau (Kunstmalerin) hatte unter den Nazis schwer zu leiden; auch ich wurde abgesehen von anderem insofern gedrückt, als mein Name in keiner Zeitung genannt werden durfte und als es den Zeitungen verboten wurde, mit Halbjüdinnen verheirateten Personen zu einem Jubiläum zu gratulieren. Trotzdem hat Herr Moede sich in seiner Zeitschrift „Industrielle Psychotechnik" nicht gescheut, anlässlich meines siebzigsten Geburtstages (August 1939) einen Aufsatz von M. Schorn zu bringen, der in der Überschrift die Worte enthält: „Karl Marbe zum siebzigsten Geburtstag". Ja Moede hat sogar im 20. Jahrgang seiner Zeitschrift (1943/44) S. 1 ff. die Worte drucken lassen: „Wir beglückwünschen Prof. Marbe herzlich zu seinem 75. Geburtstag".

Das eben geschilderte Verhalten Moedes war für ihn zweifellos sehr gefährlich, da er sich durch dasselbe in striktesten Gegensatz zur Naziregierung setzte. Hätte er mit dem Hitlertum sympathisiert, so hätte er wohl die Beglückwünschungen meiner Person unterlassen. Das Gesagte dürfte beweisen, daß Moede den Bestrebungen und Wünschen der Nazi fern stand.

Karl Marbe

Zu Kapitel 11: Arbeitswissenschaftlicher Auftakt zur Neuorientierung 1946

Eine bemerkenswerte und historisch gesehen bedeutsame Veranstaltung war die vom 10. bis 12. Dezember 1946 in Hahnenklee/Harz durchgeführte Arbeitswissenschaftliche Tagung. Sie war ein Ausdruck des Willens, die erfolgreiche internationale Gemeinschaftsarbeit auf dem Gebiet der Arbeitspsychologie bzw. Arbeitswissenschaft wieder aufzunehmen und zukünftig gemeinsam fortzusetzen. Ihrer großen historischen Bedeutung wegen wird der folgende Beitrag von H. Böhrs hier wiedergegeben:[5]

Arbeitswissenschaftliche Tagung in Hahnenklee – Eine Begegnung englischer und deutscher Fachleute nach dem Kriege

Organisation und Verlauf der Tagung
Wer von deutscher Seite an der vom 10. bis 12. Dezember v. Js. in Hahnenklee gut verlaufenen Tagung von Arbeitspsychologen und Arbeitsstudien-Ingenieuren teilgenommen hat, dem ist der Mangel eines zwölfjährigen Isoliertseins „von der Welt" deutlich geworden. Nicht etwa, daß wir Fachleute in diesem vergangenen Zeitraum nichts oder nichts Gutes geleistet hätten, brauchte uns zu bedrücken. Wir waren fleißige Arbeiter und wir werden es bleiben oder doch wieder werden. Daß aber unsere Arbeit nicht wieder im Chaos der Zerstörung endet, dafür werden wir nunmehr sorgen. Wir glauben, daß die Erfahrung uns genug gelehrt hat, um in der Zukunft klarer zusehen. Was wir aber in Hahnenklee schmerzlich empfanden, war der lange Jahre fehlende Kontakt mit der Entwicklung unserer beruflichen Arbeitsgebiete in anderen Ländern, die uns so lange nicht ermöglichte internationale Zusammenarbeit, die schließlich nicht nur unsere fachliche Grundsatzarbeit vor Einseitigkeit bewahrt, sondern auch für das menschliche Verstehen der Völker untereinander so außerordentlich dienlich und fruchtbar sein kann.

Die Aussprache mit den englischen Fachgenossen erinnerte uns auch noch einmal deutlich an den „Druck von oben", den wir sogar in unserer völlig neutralen Facharbeit in den vergangenen Jahren mehrfach verspüren mußten. Wie lächelten doch die englischen Teilnehmer, als sie hörten, daß „von höchster Stelle persönlich" die gesamte Heerespsychologie 1943 von heute auf morgen nach Hause geschickt wurde, weil ihr die Ermittlung und Darstellung objektiver Tatsachen unbequem wurde. An den Pädagogischen Hochschulen wurde Psychologie als Lehrfach ebenfalls „verboten", aber unter der Tarnung „Jugendkunde" weiterbetrieben. Wer von uns Betriebsmännern und Arbeitsstudien-Ingenieuren erinnert sich nicht noch an den Sturm gegen die Zeitstudie und die Rationalisierung, der nach 1933 in vielen Betrieben in Auswirkung einer den Arbeiter zu „gewinnen" suchenden billigen Propaganda gelaufen wurde? Erst als man in der Krisis des Krieges sah, daß man die international längst anerkannten Methoden wissenschaftlicher Arbeits- und Leistungsgestaltung nicht entbehren konnte, um die Wirtschaftsleistung zu steigern, verstummten die ehemaligen Bilderstürmer. Wie viel lieber hätten die meisten deutschen Fachleute ihr Können für eine dem Frieden und dem sozialen Aufbau dienende Wirtschaft eingesetzt!

Die Tagung in Hahnenklee war eine Veranstaltung des Englischen Wirtschaftsministeriums (Board of Trade), dessen Vertreter bereits im Sommer v. Js. mit einer Reihe deutscher Arbeitspsychologen und

5 Böhrs, H.: Arbeitswissenschaftliche Tagung in Hahnenklee – Eine Begegnung englischer und deutscher Fachleute nach dem Kriege. Werkstatt und Betrieb 80 (1947) 2, S. 25-27.

Refa-Männern zwecks Einleitung eines Erfahrungsaustausches die Fühlung aufnahmen. Die Abordnung der Engländer wurde von Lord Marley, Mitglied des Oberhauses und früherem Staatssekretär, geführt, der auch die gemeinsamen Sitzungen in virtuoser Weise führte. Von deutscher Seite lag die allseitig anerkannte Vorbereitung und Leitung in Händen von Dr. Pentzlin, der bei den oft schwierigen englisch-deutschen Aussprachen die Situation meisterte, wenn die Dolmetscher an den unvermeidlichen Fachausdrücken von hüben und drüben zu verzweifeln begannen. Die Engländer waren mit 4 Psychologen, 6 Ingenieuren bzw. Ing.-Offizieren und 1 Wirtschaftler, die deutschen mit 3 Psychologen bzw. Physiologen, 14 Ingenieuren und Refa-Männern, 5 Wirtschaftlern und 3 Journalisten vertreten. Die Refa-Männer waren besonders erfreut, ihren 1933 nach London emigrierten langjährigen Förderer und Geschäftsführer, Prof. Dipl.-Ing. Meyenberg, wieder einmal in ihrem Kreise zu sehen. Unter den Engländern befand sich u.a. namhaften Vertretern, wie Col. Ungerson und Col. Whittaker vom „War Office" Miß Shaw, eine Schülerin von Gilbreth, die von Sir Stafford Cripps für die Verbreitung des Bewegungsstudiums nach England verpflichtet wurde.

Die Vorträge
Auf der Tagung wurden folgende Vorträge gehalten:

Physiologie und Psychologie der Arbeit

Prof. Dr. Graf, Dortmund: Der Arbeitsablauf eines Tages bei freier und gebundener Arbeitsweise.

Prof. Dr. Hische, Hannover: Über Eignungsuntersuchungen. (Vortrag Prof. Dr. Moede, Berlin)

Arbeitsstudienwesen und Arbeitsgestaltung

Dr.-Ing. habil. Euler, Düsseldorf: Neue Wege der Arbeitsbewertung.

Dr. Böhrs, Hildesheim: Arbeitsstudien im Büro.

Dr. Pentzlin, Hannover: Die Wissenschaft vom „faulen Mann".

Betriebsführung und Ausbildungswesen

Dipl.-Ing. Dolezalek: Verlagerung von Fabriken in ländliche Bezirke.

Prof. Dr.-Ing. Kienzle: Tiegenhof – Versuch einer Betriebsleiter-Schulung.

An jeden Vortrag schlossen sich eingehende Aussprachen an, in denen die deutschen Teilnehmer mehrfach die Gelegenheit hatten, auch die Auffassung der Engländer über ihre Fragen und z. T. auch über neuere Erkenntnisse der englischen Forschung und Weiterentwicklung zu erfahren. Die Aussprachen zeigten spannende Augenblicke, wenn Psychologen und Ingenieure und psychologische und physiologische Auffassungen gegeneinander standen. Wir Deutsche mußten bei dieser Gelegenheit die Feststellung machen, daß die Psychologie in der Ausbildung der englischen Betriebsingenieure einen wichtigen Platz einnimmt, während sie an unseren Hochschulen leider nur zu den Wahlfächern zählt, denen sich immer nur eine kleine Zahl von Studierenden zuwendet. An unseren mittleren Fachschulen ist die Arbeitspsychologie überhaupt nicht vertreten.

Der Arbeitsablauf innerhalb eines Tages bei freier und gebundener Arbeitsweise
Prof. Dr. Graf berichtete über mehrwöchige Tageszeitstudien an Stanzarbeiten, die genaueren Einblick in den Verlauf der Leistung des Arbeiters während des ganzen Tages bringen sollten. Fließarbeit zeigte weniger Monotonie, Ermüdung und Aufmerksamkeitsspannung als freie Arbeit, und wurde allgemein vorgezogen, was frühere Versuchsergebnisse erneut bestätigten. Zu langsames Tempo bei Fließarbeit wurde abgelehnt. Allstündliche Kurzpausen von 5 Min. Dauer erwiesen sich subjektiv und objektiv günstiger als pausenloses Arbeiten bei vermindertem Tempo. Je nach Ermüdungsgrad wechselten die Entnahme- und Ablagestellen am Band, die zwecks Erkennen der physiologischen Leistungsbereitschaft laufend registriert wurden. Bei häufigem Wechsel ungleichartiger Stanzarbeiten ergab sich starke Ermüdung in Form von Arm- und Schulterschmerzen, dagegen keine Augen- oder zentrale Ermüdung. Nach längerer Übung vollzog sich die „sensorische" Einstellung auf den Arbeitswechsel parallel, mit dem Rhythmus der Stanze, wodurch sich die Ermüdung verminderte. Da die physiologische Leistungsbereitschaft des Menschen nach der bereits früher ermittelten zweigipfligen Kurve verläuft, so sollte die Bandgeschwindigkeit diesem Verlauf angepaßt werden. Es ergibt sich dann weniger Ermüdung und eine höhere Leistung als bei gleichförmigem Tempo. Die Versuche zeigten weiter, daß die „individuelle Belastung" bei Bandarbeit sehr verschieden ist. Die „Reservezeiten" je Arbeitstakt lagen zwischen 4 und 23 % (bei 4 Personen). Prof. Graf schlug vor, dem Arbeiter „mit Hilfe einer Uhr die physiologisch richtige Leistung vorzugeben". Am Schluß seiner interessanten Ausführungen, die durch reichhaltiges Kurvenmaterial belegt wurden, nannte er zwei Aufgaben der Arbeitswissenschaft: 1. Für

jede Arbeit und jeden Arbeiter die angemessene Leistung zu ermitteln. 2. Die Ermöglichung eines physiologisch zweckmäßigen Ablaufs der Tagesleistung. Während die Psychologen in der Aussprache eine Trennung der psychologischen und physiologischen Leistungsbereitschaft betonten, lehnte Prof. Graf eine derartige Möglichkeit ab. Auf die von englischer Seite gestellte Frage nach der „optimalen Pause" erklärte Prof. Graf, daß man endgültige Richtlinien noch nicht aufstellen könne. Wichtig seien nicht nur die Länge der Pausen, sondern auch ihr Zeitpunkt, ihre Häufigkeit und die Art ihrer Ausführung. Auf alle Fälle seien „organisierte" Pausen günstiger als willkürliche.

Über Eignungsuntersuchungen
Anstelle des nicht rechtzeitig in Hahnenklee eingetroffenen Redners, Prof. Dr. Moede, improvisierte Prof. Dr. Hische einen Bericht über Aufgaben und Wege der Eignungspsychologie, der mangels Unterlagen naturgemäß nur zum Teil über das anscheinend in Deutschland etwas in der Entwicklung stecken gebliebene bzw. „von hoher Hand" nicht geförderte Gebiet einen kritischen Überblick vermitteln konnte. Interessant war jedoch der von Prof. Dr. Hische erstattete Bericht über die Eignungsstruktur von 1000 Jugendlichen, die von ihm auf theoretische und praktische Intelligenz sowie auf manuelle Geschicklichkeit untersucht wurden. Prof. Hische vertrat den Standpunkt, daß nur Fähigkeiten (Leistungen) untersucht werden sollten, nicht dagegen der Charakter. In der Aussprache ergab sich, daß neuere englische Forschungen über Methoden der Eignungsermittlung in Deutschland noch nicht bekannt waren. Es handelt sich dabei anscheinend um eine „Faktoren-Analyse", die mit Hilfe der statistischen Korrelationslehre die Beziehungen der Einzeleigenschaften untereinander feststellt. Dieses Verfahren soll zwar viel Zeit erfordern, dafür aber äußerst treffsicher arbeiten.

Neue Wege der Arbeitsbewertung
Dr. Euler ging von dem Satz aus, daß Lohn das Produkt aus Zeit und Geld ist. Während die Zeit durch die Vorgabezeit gemessen wird, liefert die Arbeitsbewertung für das Geld den geeigneten Maßstab. Für die Bewertung der Arbeit nach ihrem Schwierigkeitsgrad sind in Amerika, Rußland, England und vereinzelt auch in Deutschland „Punktsysteme" bekannt. In zahlreichen deutschen Betrieben wurde in den letzten Jahren eine Arbeitsbewertung nach einem „Katalogsystem" eingeführt, d.h. es werden die Arbeitsgänge nach beschriebenen und bebilderten „Richtbeispielen" in Lohngruppen (im ganzen 8) eingestuft. Jeder Lohngruppe entspricht je nach „Ortsklasse" ein bestimmter Lohn- und Akkordrichtsatz. Dr. Euler trat jedoch entschieden für ein Punktsystem ein, für das er Vorschläge eines weiteren Ausbaues vortrug. In den bisherigen Punktsystemen sah er einen Mangel in dem Außerachtlassen der zeitlichen Dauer der einzelnen Arten von Anforderungen, die die Arbeit an den Arbeiter stellt. Es wurde deshalb zur Bestimmung der Punktzahlen Kurven geschaffen, die von der zeitlichen Inanspruchnahme der einzelnen Fähigkeiten des Arbeiters abhängig sind. Die Aussprache über die Vorschläge von Dr. Euler war sehr rege und teilweise auch heftig. Die Psychologen und Physiologen fragten nach der wissenschaftlichen Entstehung und Begründung der Kurven, die jedoch rein empirisch und konstruktiv entwickelt worden sind und nach Dr. Euler in die bisherige Willkür der Lohngestaltung nur mehr Systematik und Überlegung hineintragen sollen. Es fiel die Bemerkung, daß die betont mathematische Darstellung der Arbeitsbewertung nur den Anschein von Wissenschaftlichkeit erweckte. Die Praktiker wandten sich gegen eine zu komplizierte Theorie der Lohngestaltung. Dr. Böhrs hielt ein Punktsystem grundsätzlich für besser als ein Katalogsystem, weil es „wertsbeständiger" ist. Kataloge mit Richtbeispielen veralten in wenigen Jahren, weil die Arbeitsmethoden sich ändern. Ein Punktsystem verleitet auch weniger zu oberflächlicher Eingruppierung, weil es ein genaues Durchdenken der einzelnen Anforderungen des Arbeitsganges erzwinge. Das Thema „Arbeitsbewertung" wird noch eingehender Erörterungen, vor allem mit den Vertretern der Arbeitnehmer und Arbeitgeber, bedürfen, bevor mit der Festlegung einer einheitlichen Linie gerechnet werden kann.

Arbeitsstudien im Büro
In seinem Vortrag über „Arbeitsstudien im Büro" wies Dr. Böhrs eingangs auf die Tatsache hin, daß in Deutschland die Zahl der Angestellten und Beamten je 100 Arbeiter von 14 auf 38 gestiegen ist, so daß die Büroarbeit einen arbeitswirtschaftlichen Faktor darstellt, der die größte Beachtung verdient. In einer weitgehend geplanten Mangelwirtschaft kann eine Planung überhaupt nur mit Hilfe einer bestens rationalisierten Organisation erfolgreich und zugleich wirtschaftlich tragbar sein. An einem konkreten Beispiel der Rationalisierung einer großen Vertriebsorganisation entwickelte Dr. Böhrs die Grund- und Leitsätze für das Arbeitsstudium und die Arbeitsrationalisierung im Büro. Die erste Hauptaufgabe umfaßt die Klarstellung, Abgrenzung und Festlegung der den Büros gestellten Aufgaben. Hier besteht ein grundsätzlicher Unterschied gegenüber der Arbeitsstudie in der Werkstatt, indem in der Werkstatt die Aufgabe der Fertigung eines ganz bestimmten Produktes klar und eindeutig gegeben ist, während im

Büro erst untersucht werden muß, welche Aufgaben notwendig sind, wie sie abgegrenzt sind, ob sie nicht doppelt gestellt sind, ob sie ihren Aufwand wert sind usw...Als zweite Hauptaufgabe wurde die rationelle Gestaltung der Formblätter behandelt. Formblätter sind im Büro nicht nur Träger des Arbeitsgegenstandes der Büroarbeit, sondern zugleich auch gewissermaßen „Vorrichtung", indem sie den Ablauf der Büroarbeit in feste Bahnen lenken und somit eine arbeitssparende Gleichförmigkeit herbeiführen, die willkürliche Arbeitsausführung ausschließt. Für die Gestaltung der Formblätter wurden 15 Richtlinien aufgestellt. Die dritte Hauptaufgabe umfaßt die Rationalisierung der Gliederung und des Ablaufs der Büroarbeit, für die 8 bzw. 6 Leitsätze erläutert wurden. In der Aussprache wurden Fragen der Beleuchtung, der Arbeitsleistung, der Fließarbeit, der geistigen Arbeit, der seelischen Auswirkungen der Rationalisierung auf die Angestellten, der Verwendung von Arbeitsablaufplänen, des zweckmäßigen Sortierens und der Anlernmethodik behandelt.

Die Wissenschaft „vom faulen Mann"
Der von Dr. Pentzlin für seinen Vortrag über die Rationalisierung gewählte Titel nimmt Bezug auf eine in England die Runde machende Erzählung, nach der ein goldenes Zeitalter des Liegens auf der Bärenhaut kommen werde, wenn erst durch die Erfolge der Rationalisierung nur noch eine zweistündige tägliche Arbeitszeit geleistet zu werden brauche. Aber wir brauchen uns in Deutschland für diese angesichts unserer Trümmer und sonstigen bevorstehenden „Leistungen" wirklich nicht sehr nahen Zukunft wohl noch keine Sorgen zu machen. Einstweilen werden wir die Methoden der Rationalisierung noch lange Zeit gebrauchen, um Schritt für Schritt wenigstens die Grundlagen für eine bescheidene Lebensgestaltung bei Ermöglichung eines Exports zu schaffen, der die Einfuhr lebenswichtiger Nahrungsmittel und Rohstoffe erlaubt. Darüber hinaus werden wir ein gerütteltes Maß von Wiedergutmachung leisten müssen. Ohne Rationalisierung unserer Arbeit würden wir aber weder unsere Tagenot mildern noch unsere anderen Verpflichtungen erfüllen können.

Dr. Pentzlin ging vor allem auf die Methodik der bereinigenden und gestaltenden Arbeitsablaufstudie ein, die er z. T. in seinem Buch „Rationelle Produktion" (Gera 1945) bereits erörtert hat. Er vertrat die Ansicht, daß die Methoden der Rationalisierung durchaus lehr- und lernbar sind, wenn man eine Anzahl von „Suggestiv- oder Leitfragen" aufstellt, die der Arbeitsstudienmann „lernt", um sie beim Arbeitsstudium im konkreten Fall kritisch stellen zu können. Ein Film zeigte praktische Ergebnisse eines methodischen Arbeitsstudiums in einem Genußmittelwerk. Da das Verpacken leckerer Dinge aus der Vorkriegszeit gezeigt wurde, so spürte mancher Teilnehmer ein leises Magenknurren!

Verlagerung von Fabriken in ländliche Betriebe
Dipl.-Ing. Dolezalek wertete Erfahrungen aus, die er mit dem Aufbau eines Zweigwerkes eines großen Elektro-Unternehmens in ländlicher Gegend Niedersachsens gemacht hatte. An Beispielen schilderte er die großen Schwierigkeiten und Kosten sowie den hohen Zeitaufwand, der erforderlich ist, um in einem Raum ohne „feinmechanische Tradition" einen Betrieb mit 4000 Beschäftigten nicht nur „zum Laufen", sondern auch zur Wettbewerbsfähigkeit mit „alten" Betrieben zu bringen. Es waren z. B. 45 % der Kosten für die gesamte Werksanlage (Gebäude, Maschinen usw.) für die planmäßig organisierte Ausbildung des größtenteils ungelernten Personals erforderlich. Die Methoden der Dienstverpflichtungen des Arbeitsamtes hatten sich als völlige Versager erwiesen, da den Beamten jede Erfahrung und Schulung fehlte, die zu einer wirklichen Lenkung des Arbeitsplatzwechsels erforderlich ist, und mit Zwang keine Leistung auf Dauer gestaltet werden kann. Schwierigkeiten ergaben sich auch dadurch, daß das Lehrpersonal aus Schwaben bestand, die sich der niedersächsischen Art erst anpassen mußten, auch z. B. hinsichtlich des durchschnittlichen Arbeitstempos bei Handarbeit und im Denken. Schwierig war nicht zuletzt auch die Lösung der Wohn- und Verkehrsfrage. Die Betriebsführung versuchte mit zahlreichen, organisatorischen, verwaltungsmäßigen und sozialen Maßnahmen systematisch den Betriebsaufbau zu heben und zu fördern. Die Aussprache befaßte sich u.a. mit Fragen der Ausbildung, Leistungsfähigkeit der Menschen in den einzelnen Gebieten, Graphologie als Mittel der Eignungsfeststellung, Entlohnung bei Anlernung, Leistungsanreize außerhalb der Entlohnung, Beschäftigung von Fremdarbeitern, Prämien für Büroarbeit.

Tiegenhof – Versuch einer Betriebsleiter-Schulung
Wie Prof. Kienzle berichtete veranstaltete der Verein Deutscher Ingenieure im Sommer 1944 auf Anregung von Direktor Benkert in Tiegenhof einen vierwöchigen Kursus für Betriebsingenieure, um diese abseits vom betrieblichen Alltag für die vielseitigen Aufgaben einer höheren Werks- und Betriebsleitung zu schulen. Die Kursleitung lag in Händen eines Industrie-Psychologen des Ausbildungswesens. Zu 26 ausgewählten „Studenten" sprachen im Laufe der vier Wochen ebenso viele Lehrer, die

leitende Ingenieure der Industrie oder Hochschulprofessoren waren. Die Teilnehmer konnten also in kurzer Zeit durch unmittelbaren Kontakt mit ersten Vertretern der einzelnen Fachgebiete Einblick in den neuesten Stand der Erkenntnisse nehmen und in gegenseitiger Aussprache und ständiger Fühlung mit dem Kursusleiter ihre Eindrücke unmittelbar verarbeiten. Prof. Dr. Kienzle behandelte im letzten Teil seiner Ausführungen den praktischen Erfolg des Kurses, den er als zu weiteren Versuchen ermutigend ansah. Bemerkenswert war, daß von 26 bereits sorgfältig ausgesuchten Betriebsingenieuren gehobener Stellung nur 3 sich als „zu gesamter Werksleitung geeignet" erwiesen. Die Aussprache erstreckte sich besonders auf die Stellung der Psychologie in der Ingenieurausbildung.

Sitzung der Refa-Männer

Die in Hahnenklee anwesenden Refa-Männer bekundeten einstimmig die Notwendigkeit eines baldigen Wiederanlaufs der Refa-Arbeit. Prof. Meyenberg begrüßte es, daß der bereits 1924 gegründete Refa seinen Namen, der auch im Ausland längst zu einem angesehenen Begriff geworden ist, beibehalten will. Es wurde auch mit Genugtuung festgestellt, daß sich der Refa in den vergangenen Jahren trotz nicht geringer Schwierigkeiten seine fachliche Selbständigkeit bewahren konnte. Dr. Kronenberger übernahm den vorläufigen Vorsitz in der Refa-Arbeit, deren Geschäftsstelle künftig in Düsseldorf liegen soll. Er dankte Dir. Hegner für seine jahrzehntelange aufopferungsvolle Arbeit für die Refa-Bestrebungen. Das dritte Refa-Buch wird voraussichtlich noch bis Ende 1947 erscheinen. Ministerialdirigent Dr.-Ing. Zeidler berichtete über Bestrebungen zum Wiederingangbringen der RKW-Arbeit.

Aussprache über das Bedaux-System und über Zeitstudien in England

Im Anschluß an die Vorträge fand im kleineren Kreis englischer und deutscher Arbeitsstudienmänner eine Aussprache über das Bedaux-System statt, das in England weitgehend verbreitet wurde, jetzt aber z. T. mit anderen Systemen verschmilzt. Es wurde anerkannt, daß das System befruchtend gewirkt hat (Leistungsschätzung, Lohnklassen-System, Lohn-Analyse). Die „Geheimnistuerei" der Bedaux-Gesellschaft wurde abgelehnt, ebenso die nur 75-prozentige Prämie. Als Hauptmangel wurde das Fehlen der Bewegungsstudie und Arbeitsgestaltung angesehen. Das alleinige Streben nach hohen B-Stunden führt zu leicht zur Erstarrung des Arbeitsverfahrens.

Mr. Goffe gab einen interessanten Überblick über die letzte Entwicklung der Zeitstudie in England, die eine überraschende Ähnlichkeit mit der Entwicklung der Refa-Zeitstudie hat: Ermittlung einer „Normalzeit" durch Leistungsgradschätzen, Gewährung eines Erholungszuschlages nach der Schwere der Arbeit (bis zu 50 %). Das Verfahren hat nach anfänglichem Mißtrauen auch bei den Gewerkschaften Zustimmung gefunden. Gute Zusammenarbeit der Zeitstudie mit den Arbeitervertretern und Schulung der Arbeiter haben den Stand der Zeitstudie in England gefestigt. Neben dem Zeitstudium hat in England das Bewegungsstudium großen Auftrieb erhalten. Es ist dort anscheinend auch methodisch stärker entwickelt als in Deutschland

Abschluß der Tagung

Die Tagung klang mit einer Teestunde, zu der auch die niedersächsischen Minister Kubel und Dr. Seebohm und andere Gäste erschienen waren, aus. Lord Marley wies in seiner Antwort auf die an die Engländer appellierende Ansprache von Dr. Seebohm darauf hin, daß man sich bemühen müsse, allen Völkern der Welt mit dem Fortschritt der Arbeitswissenschaft zu dienen. Neben Deutschland hätten auch andere Länder noch große Not. Die Wissenschaft hätte in ihrer objektiven Art ein Mittel, Streitfragen in die Ebene gemeinsamer Erörterungen zu erheben. Der Anfang hierzu war in Hahnenklee in erfreulicher Weise gemacht. Hoffen wir, daß die nächste Tagung bereits einen größeren Rahmen ziehen kann, in welchem beide Seiten zu gleichen Teilen am Erfolg beitragen.

Zu Kapitel 11: Unveröffentlichte Manuskripte Walther Moedes

Im Folgenden werden drei nicht veröffentlichte Manuskripte Walther Moedes abgedruckt, die er in der frühen Nachkriegszeit verfasst hat.

Trümmerpsychologie

Das Gedächtnis der Massen neigt zu starker Vergesslichkeit. Wer denkt heute noch an die schreckensvollen Nächte, in denen unsere Umwelt in Trümmern lag, Menschen, Häuser, Hausrat, Maschinen zerfetzt am·Boden lagen. Trümmer sind geblieben als neue Situation, mit denen man sich abgefunden hat, Auslese und Anpassung als ehernes Gesetz der Natur haben durch Krankheit und Tod Überlebende gezüchtet, die in vielen Fällen, ja in den meisten von neuem beginnen.

Nicht alle Menschen standen weinend und trauernd vor den rauchenden Trümmern ihres Heims und vor den Ruinen ihres Besitzes. Oft war die erste Reaktion ein grimmiges Lachen als Zeichen des „sich-stark-machens" unter dem Anschein der Fröhlichkeit als Voraussetzung des neuen Beginnens. Kummer und Betrübnis kamen später, wenn der vernichtete „Ballast" nach unentbehrlichen Stücken durchsucht wurde, die aber unwiederbringlich vernichtet waren.

<u>Unterkalorismus</u>

Primitivismus ist das Gesetz der Trümmerzeit, Unterkalorismus zunächst auf dem Nahrungssektor, darüber hinaus auf andere persönliche und kollektive Zonen der Lebensführung. Die Kultur- und Zivilisations-Schale des Über- und Untermenschen ist zerbrochen und Tiefenschichten offenbaren sich aus einer Zeit, wo die Nägel der Finger, Füße und Zehen nicht mit der in Solingen gefertigten Nagelschere verschnitten wurden, sondern sich im harten Lebenskampf abnutzten. Der Urneid brach durch und beherrschte die Grundstimmung vieler. Wehe, wenn der andere etwas mehr erhält, sei es auf legalem oder halb illegalem Wege. Reizbarkeit ist das Symptom des Unterkalorismus als Hinweis auf die Kampfesstimmung, mit der der hungernde Hund seinen glücklichen Kameraden, der einen Knochen gefunden hat, anknurrt. Kampfesstimmung als Symptom der Nahrungsgier und Nahrungsbeschaffung, die latent und unterbewußt sich gestaltet. Apathie als Willenlosigkeit und chronische Schlappheit sind erst der Endzustand, der mit erhöhter oder später mit versagender Reizbarkeit und Gleichgültigkeit gepaart ist. Anpassung an primitivste Lebensbedingungen ist das Gesetz der Not, aber vielleicht auch fruchtbarer Segen zukünftigen Wachstums. Wenn der bedürfnislos gewordene Mensch im Lebens- und Wirtschaftskampf seine Kräfte auf die wesentlichen Aufgaben einsetzt, ohne dem Schnörkelwerk und Fassadenputz allzu viele Geltung zuzubilligen.

Dazu kommt Internationalismus an einem Platz wie Berlin: Berührung mit fremden Menschen aller Völkergruppen, Kenntnis ihrer Lebens- und Arbeitsgewohnheiten, Einfühlung in ihre zivilisatorischen und kulturellen Leistungen und Eigenarten, vor allem Notwendigkeit, die Heimatsprache nicht ausschließlich als Lebensgebrauch zu benutzen, sondern Interesse zu nehmen an fremden Sprachen, den wirksamsten Werkzeugen im friedlichen Wettbewerb und zum eigenen Aufstieg.

Der Unsegen der Trümmer kann zu Segenswirkungen werden, wenn alle diese Keime fruchtbar sich entfalten. Wir lernen die Urbedürfnisse und die allernotwendigsten Bedarfswerte kennen und schätzen. Der Lebensraum ist eng gekoppelt mit dem Nähr- und Arbeitsraum. Der Sinn der Arbeit wird nicht erfüllt, wenn Einsatz der Arbeitsenergien nicht zu Sättigung von Körper, Geist und Seele führen und zur angemessenen Wohnraumgestaltung und ausreichenden Wohnraumbedingungen. Die Intensität der Arbeit sinkt automatisch bei Unterkalorismus auf ein Drittel und ein Viertel ab, da der neue triebartig hergestellte Gleichgewichtszustand nur die notwendigste und vertretbare Energieausgabe hergibt. Arbeit in der Zivilisation ist Dauererscheinung am festen Standort, den wir bei Mangellage nicht wie manche Tiere durch Standortwechsel im Frühjahrs- und Herbstflug vertauschen können. Abschaltung der Bedürfnisse und Anpassung an Grenzbedarfswerte haben es vermocht, daß wir die Krankheit und den Tod überstanden haben, mit Kalorienwerten auskommen, die nach vergangener internationaler Wissenschaftslehre völlig unzureichend auch für ein Leben auf dem Chaiselongue bei leichter Gesprächsführung, Kartenspiel und Zigarettenrauch lebensnotwendig sind. Ein neuer Körpernutzungswert hat sich offenbar entwickelt, der unter Qualen und Entsagungen geboren wurde, aber dem Lebenswillen dienstbar gemacht wurde. Der Sinn der Arbeit verlangt Zuführung von Arbeitsentgelten zur

Herstellung des Gleichgewichts bei sich entwickelnden Menschen auch des Wachstums. Die Lehre von vita minima etwa beim Winterschlaf der Tiere erhielt neue Beiträge von den Grenzlebenserscheinungen des homo sapiens.

Betriebstrümmer

Voller Staunen sieht der Beobachter behelfsmäßig hergerichtete Maschinen in trümmerumgebenen Werkräumen, die selbst noch Trümmer-Charakter tragen. Bestgestaltung der heutigen Werkstattsarbeit verlangt Rationalisierung mit negativem Vorzeichen: Wenn der Materialvorrat gering ist, so muß ich Arbeitsdauer und Intensität ihm anpassen, um möglichst lange am Leben zu bleiben, wenn es nur einige Stunden am Tage Strom gibt, so lohnt die kurzfristige Maschinenarbeit nicht und ich muß Primitiv-Arbeitsverfahren entwickeln, um Bedarfswerte zu produzieren. Wenn Bedarf und Rohstoff-Vorrat wachsen, muß man vorsichtig tasten, die Höhe der Arbeitsverfahren, ihre Güte und Zweckmäßigkeit dem wachsenden Konsum anpassen. Rationalisierung im Trümmermillieu gibt neue Normen der Bestgestaltung. Mit Recht verlangt die Arbeitskraft zumindest energetisches Gleichgewicht durch notlageangepaßte Entlohnung in Geld oder besser in Nahrungs- und Gebrauchsgütern, oder in länger oder kürzer zu realisierenden Bezugsansprüchen. Die fuga in morbum ist ein Not-Symptom, wie in der Biologie im Grenzfalle als sich Tot-Stellen beobachtet werden kann und wie es auch in Zeiten der Fülle und Überfülle immer wieder als Reaktions-Symptome bei schwieriger Lage, der ich entgehen will, sich einstellt. Die Ernährungsnorm der Zukunft wird eine Leistungsnahrung sein müssen, wie die Trümmerphysiologie erfahren hat: Nicht nur mengenmäßig soll der Schwere der Arbeit ein entsprechender Kalorienwert entsprechen, sondern auch artmäßig muß man dem geistig Tätigen eine andere Nahrungszusammensetzung gewährleisten wie dem körperlich schwer beanspruchten Menschen. Kaufkraft als Lohn oder Gehalt ist ein Ausdruck der Schwierigkeit der Arbeit. Ebenso muß Konsum Quantität und Qualität ihr Spiegelbild sein.

Überkalorismus wie Mangel haben jeder für sich ihr eigenes Ausdruckssymptom und Krankheiten. Leider erzeugt die Not auch Verlegenheitsreaktion in der Bewirtschaftung der geringen zur Verfügung stehenden Bedarfswerte, wie sie im Überbürokratismus in immer verwickelteren Formen sich emporzüchten. Das gesunde Maß an Verwaltungsunkosten für Bedarfswerte muß sich erst entwickeln im schwierigen Kampf mit den verschiedensten Kräften, damit bei der Scheibe Wurst, die ich konsumiere, nicht 3/4 des Wertes Entgelt für Verwaltungsarbeit sind.

Trümmer sind geblieben bei der Mehrzahl der großen Fabrikationsstätten, die ehedem größte Bekanntheit und vielseitiges Vertrauen der Verbraucherschaft ihr Eigen nannten. Man geht auch hier allmählich daran festzustellen, was von der Wertschätzung der Firma im überlebenden Publikum und dem neuen Markte geblieben ist. Alte Werte, die fest eingebürgert waren, werden durch neue verdrängt. Es gilt dem Wettbewerb ins Auge zu schauen, wenn die ausländischen Konsumwerte etwa Zigaretten mit ihrem neuen Geschmack den alten jetzt zurzeit nicht mehr erhältlichen, aber einmal wiedererstehenden in Wettbewerb treten wollen und werden.·Es gilt, Wohnungs- und Hausratsformen zu schaffen, die in ihrer Formgebung und ihrem Nutzwert der neuen Mangellage entsprechen und nicht Primitivformen übersteigerter Gestaltungen sind. Eine Fülle notgeborener Neuwerte hat, wie die Katastrophengeschichte der Welt lehrt, gerade auf Mangellage ihre Geburtsstunde zurückzuführen. Der Betrieb sieht seinen alten Markt vernichtet und vielleicht auf allzu lange Zeit verloren, so daß alle Erinnerungen an seine Marken beim Durchschnitt vielleicht der Mehrzahl der Kunden abgeklungen sind. Hofft er seinen alten Kundenkreis mit den ihnen vertrauten Gütern jemals wieder zu neuem Leben bringen zu können, so muß er die neuen Güter, die er erzeugen kann, der Mentalität seiner Kundschaft anpassen, und der Fabrikant fragt sich, ob nicht die notgeborenen neuen Artikel etwa Läusepulver und Krätzemittel den alten Kundenstab restlos verjagen oder enttäuschen, der Parfüms kosmetischer Artikel unter dem alten Namen zu erwähnen als selbstverständliche Gewohnheit hatte.

Bedarf heute festzustellen und Bedarfswerte-Fertigung zu planen ist schwierig: Über den eigenen Bedarf erworbene Güter werden von dem, dem sie zugänglich sind als Kompensationswerte benutzt oder bei Eignung gehortet als Geldgrundlage zukünftiger Währungsreform. Der Bauer soll mitunter einen großen Vorrat nicht nur an Luxusartikeln haben, wie ein ehedem kostspielig großstädtisch geführter Haushalt, er soll auch Arzneimittel im Vorratskeller bergen, so daß der Apotheker des Dorfes sich von ihm begehrte Krankheitsmittel ausleihen kann.

Die Bedarfsforschung und die Bedarfsüberschau sind daher nicht weniger schwierig als bei Güterfülle auf dem Markte in dem sich drängenden Wettbewerb, wo es in anderer Hinsicht schwierig ist, echten und natur-notwendig begründeten Bedarf vom übersteigerten zu gliedern, bei dem die Kaufkraft durch best geeignete Maßnahmen der Geschäftsführung wirksam wurde.

Die Trümmerpsychologie gibt ihr Gepräge der Lebensführung des einzelnen und der Gemeinschaft dem Arbeiten, Wohnen, Kleiden, sich Ernähren der handwerklichen und industriellen Fertigung. Schon melden sich Rückkehrer am alten Ort, die wie Zugvögel ihren Standort verließen, da sie Heimweh nach ihren Trümmern haben, die zumindest aber doch Erinnerungswerte an alte Hochleistungszeiten und kulturelle Gewohnheiten in sich bergen, als Quellen zukünftiger Kraft. Mancher liebt und schätzt seine Trümmer, die er in unsäglicher Arbeit und Unrast leistungsfest zu machen bestrebt ist. Genußfreude ja Genußgier als äquivalent der Mangellage melden sich gerade in der Trümmerumwelt und weisen auf die Bedarfswerte hin, die ebenso wie bei der Zigarette nicht lediglich als leere Schale von Genußwerten anzusehen sind. So alt wie die Menschheit ist, und es lehrt die Völkerpsychologie gerade der Primitiven, so alt ist auch das Streben nach Erhebung über die Misere des Alltags durch Tanz, Unterhaltung, Geselligkeit, menschlich als unabdingbares Verlangen nach Euphorie, gehobene Lebensgrundstimmung, die ein tragendes Fundament des Lebenswillens ist. Die Trümmerpsychologie gibt uns praktisch und auch wissenschaftlich neue Hinweise für Grundgesetze des menschlichen Verhaltens und insbesondere auch Hinweis, die grauenhaften Experimente mit dem homo sapiens in allen Mangellagen in segensreiche Wirkungen umzufärben, sofern die kundige Hand und der auf Fernsicht eingestellte Kopf als Pfadfinder zur Verfügung stehen.

Kapitalismus und praktische Psychologie

Der Vorwurf, die praktische Psychologie in Betrieb und Wirtschaft sei eine kapitalistische Wissenschaft, ist nicht überraschend, da der gleiche Vorwurf sich gegen die Betriebswissenschaft richtete, die angeblich der Erhöhung der Rente im Betriebe diene. Da bei praktischer Psychologie Arbeit, Mensch, Konsum im Mittelpunkt der Studien stehe, sei eine derartige kapitalistische Wissenschaft besonders verwerflich. Außerordentlich lebhafte Diskussionen über dieses Problem fanden im Auditorium maximum der technischen Hochschule Charlottenburg in den Jahren 1926 bis 1928 statt, als die industrielle und Wirtschaftskrise ihrem Höhepunkt zusteuerte. Schlesinger war der Führer im Kampfe gegen die Angriffe.

Ich streite nicht ab, die psychologische Praxis in Deutschland begründet zu haben. Voraussetzung dafür war, daß die psychologische Arbeit auftragsmäßig bezahlt werden mußte, was durchaus neu und ohne Widerstand nicht durchzusetzten war. Als Vorsitzender der Gebührenkommission des Deutschen Verbandes praktischer Psychologen habe ich die Richtlinien der Bezahlung entworfen und mich oft als Schiedsrichter betätigen müssen. Meine Grundrichtung war, daß nach der Schwierigkeit des Auftrages und der Vermögenslage des Auftraggebers sich das Honorar zu richten hat, ähnlich wie in der ärztlichen Gebührenordnung. Ich habe als Vorsitzender des Schiedsgerichtes mich nicht gescheut, Tagessätze von 500 bis 1000,-- bei Großindustriellen und bei schwierigen Aufträgen und Nutzen der Arbeit als durchaus angemessen zu erkennen. Ebenso aber stehe ich auf dem Standpunkt, daß allen Bedürftigen unentgeltlich psychologischer Rat und Hilfe zu erteilen ist. Als Forscher und Gutachter habe ich das soziale Ziel gerade der Wissenschaft von Menschen Betrieb und Wirtschaft in meinem „Lehrbuch Band I“ unzweideutig dargelegt und in meinem Buch „Arbeitstechnik“ zeigt der Untertitel, daß es auf Schutz, Erhaltung, Steigerung der Arbeitskraft ankommt.

Niemals bin ich Söldling irgendeines industriellen Verbandes gewesen, wie Dr. Suhr behauptet, da ich meine freiberufliche Arbeit wert und lieb schätze und sogar die staatliche Professur viel weniger erstrebte als es zweckmäßig war. Ich hatte bis zu zehn Assistenten und finanzierte das Institut durch Aufträge.

Bei der Gründung des Institutes 1921 erhielten wir Unterstützung vom Kultusministerium, vom allgemeinen deutschen Gewerkschaftsverein, dessen Präsident Legin war, und der deutschen Industrie. Irgendwelche Verpflichtungen wurden den Geldgebern gegenüber nicht eingegangen. Selbstverständlich wurden die Tausende von Betriebs-, Leistungs- und Personalingenieure, die ich ausbildete, vorwiegend der Großindustrie zugeführt, wo sie sehr bald in führenden Stellungen sich befanden.

Kapitalistischer Missbrauch ist bei allen Arbeitgebern der Betriebswissenschaft möglich und natürlich auch bei der Betriebs- und Wirtschaftspsychologie und zwar: Die Eignungsprüfung soll nach Maßgabe der vorhandenen Plätze und ihren Anforderungen und der Stellenbewerber und ihrer Fähigkeiten die

Koordination finden. Sie ist also Besteinsatz der Arbeitskräfte. Bei Eignungsprüfung von Vorgesetzten jedoch ist die Auslese unter den vorhandenen Bewerbern notwendig.

Als kapitalistischer Missbrauch wurde es angeprangert, wenn die Betriebe von den Bewerbern sich stets nur die besten behielten und die Methoden der praktischen Psychologie waren ausgezeichnet für dieses Ziel.

Einige Gewerkschafter waren der Meinung, daß Personalbewirtschaftung überhaupt nur in der Hand der Arbeitsämter statthaft sei, die aber diese Aufgabe gar nicht erfüllen können, da nur die Personalstellen des Betriebes die Belange des Betriebes kennen und durchführen können durch Berücksichtigung der Fähigkeiten der Bewerber. Selbstverständlich ist es richtig, daß die allgemeine Bewirtschaftung der Arbeitskräfte stets den Behörden, also den Arbeitsämtern überlassen werden muß. Gerade um die Willkür bei Einstellung, Ablehnung von Arbeitsstellen zu vermeiden, empfehle ich die Eignungsprüfung. Das gleiche gilt für die Entlassung. Wir haben Arbeitsgerichtsurteile durchgesetzt, wonach die Eignungsprüfung als objektives Kriterium vorwiegend oder ausschließlich entscheidend für Einstellung und Entlassung ist. Die Bedeutung der Eignungsprüfung hat auch das Reichsgericht in einem Sonderfall im seinem Urteil niedergelegt.

Wenn Mißbrauch durch käufliche Eignungsprüfer getrieben wird, es soll vorgekommen sein, so muß jede Arbeitskraft die Möglichkeit der Beschwerde haben und die Aufrufung einer höheren Instanz möglich sein. In allen meinen Schriften und in allen meinen praktischen Organisationsmaßnahmen habe ich immer das Recht der Beschwerde gegen einen Eignungsbefund gefordert und auch durchgesetzt. Bei der Reichsbahn gelang es mir ebenfalls, deren Chefpsychologe ich war und wo ich letzte Beschwerdeinstanz war, an die sich jeder nach Ablehnung in der Eignungsprüfung und in der ersten Beschwerde bei der Direktion sich wenden konnte. Rund 300 000 Gutachten wurden in den Personalprüfstellen bei der Reichsbahn jährlich erstattet. Die Prüfeinrichtungen wurden 1921 geschaffen und überdauerten die Republik, die Hitlerzeit und bestehen auch jetzt noch; nicht ein einziger Angriff von Seiten der Reichsbahnangestelltem von den Tausenden von Geprüften ist gekommen nach der Kapitulation, wo andere Dienststellen auf das Schwerste angegriffen wurden.

Bedauerlich ist der Mißbrauch der Eignungsprüfung besonders bei Entlassungen, bei wirtschaftlicher Notlage des Betriebes. Bei den alten Betriebsangehörigen spielen nicht nur Eignungsfragen eine Rolle, sondern auch seine erworbenen Rechte und Billigung bei Überprüfung seiner Verdienste. Ich habe es immer verurteilt, wenn auch von Behörden, die objektive Eignungsprüfung in den Vordergrund gestellt wurde, um Personen abzubauen, die unbeschadet ihrer Nicht-Eignung Anspruch auf Betreuung hatten. Arbeiter- und Angestellten-Einstellung, Beförderung und Entlassung sind immer Arbeitsgebiete, wenn die Abgewiesenen und ungünstig Betroffenen Klage wegen unrechtmäßiger Behandlung erheben, die in sehr vielen Fällen völlig begründet ist.

Bei Zeit- und Leistungsstudien habe ich gegen den Mißbrauch der Stoppuhr mich gewandt. Es kommt wie ich in meinem Buch „Arbeitstechnik“, Stuttgart 1935, ausführe, auf die Gesinnung an, mit der ich dieses Meßinstrument handhabe. Zeiten, auch nach Refa, können völlig falsch sein, wenn ich nicht durch Ermüdungsstudien den Kräfteausgleich der Arbeiter mit berücksichtige. Ja sogar seine kulturelle Genußfähigkeit ist in der Bewertung der zugemuteten Zeit mit einzubeziehen, da Raubbau an der Arbeitskraft das schlimmste Verbrechen ist.

Intensität muß nach meinen Lehren bei jeder Zeitmessung mit angegeben sein. Die Zuschläge sind nicht nach Refa zu bewerten, sondern fallweise aus den Umständen des Betriebes abzuleiten.

Mit vollem Nachdruck strebe ich eine neue soziale Lohnordnung an, in der die Altersunterschiede der Angelernten, Gelernten und Ungelernten als überholt und gegenstandlos abgelehnt werden. Die Schwierigkeit einer Arbeit ist das alleinige Kriterium und die beste Grundlage der Bezahlung, desgleichen die Anstrengung, die sie erfordert.

Es war mir eine große Freude, feststellen zu können, daß die Lohnordnung Maßnahmen, an denen wir mitgearbeitet haben, und die zunächst als provisorisch anzusehende Klassifizierung der Arbeit in der Metallindustrie in acht Lohngruppen auch in den Tarifverträgen der letzten Jahre beispielsweise im Metallarbeiter-Tarifvertrag übernommen wurde. Diese soziale Neuordnung des Lohnes ist nur ein Anfang und ich habe genaue Unterlagen ausgearbeitet, um nach objektiven Gesichtspunkten jede Tätigkeit einem analytischen Bewertungsmaßstab einzugliedern und gerecht zu bezahlen.

Unter allen Umständen sollen Lieblings- und Strafakkorde verschwinden, wie sie von vielen Unternehmen nach wie vor verteidigt werden, da sie diese angeblich nicht zu erwerbenden Zuchtmaßnahmen benötigen.

Das Refa-System ist von der Groß-Industrie und dem VDI aufgebaut worden. Ich selbst habe es als einseitig immer bekämpft, weil die Belange des Leistungsgrades der Schwierigkeitsbestimmung, der Ermüdungskontrollen und insbesondere der Auswirkung der genormten Zeiten auf den Leistungsgleichgewichtszustand der Arbeitskraft und seine Leistungsreserven bisher niemals angemessen gewürdigt worden sind.

Bei den Reklamestudien wurde ich von den großen Zeitungsverlagsanstalten und Instituten bekämpft wegen Verteidigung eines energetischen Prinzips der Werbung und der Forderung, eingehender Werbsachenprüfung und analytischer Erfolgskontrollen, um jedwede Verschwendung zu vermeiden. Die Einstellung als fest besoldeter Zeitungsmitarbeiter habe ich stets abgelehnt, um meine Unabhängigkeit zu wahren.

Geld gegen Arbeit zu verdienen ist nicht unehrenhaft und nicht Kapitalismus, da dann jeder Werktätige ein Kapitalist ist. Es kommt für einen Wissenschaftler nur darauf an, nach bestem Wissen und Gewissen objektiv und unbeirrt seine Forschung zu betreiben und deren Ergebnis bekannt zu geben. Auch auf die Gefahr hin, daß die betreffenden Stellen in vielen Fällen vorbehaltlich Einspruch erheben, teils aus sachlichen Gründen, teils aus persönlichen Erwägungen, um irgendeine Erneuerung zu bekämpfen, deren Ergebnis man nicht absehen kann.

Die ersten Eignungsprüfungen wurden von mir nach Erprobung in der Industrie für den 7. Gewerkschaftskongreß zusammengestellt, wo sie auch für allgemeine Einführung in den Arbeitsämtern empfohlen wurde. Die Ausdehnung der Forschung und Praxis auf dem Gebiete der Personalbegutachtung auf Hochschulen, Betriebe und Behörden werde ich stets verlangen. Ich weiß, daß beispielsweise die gewerkschaftliche Richtung Dr. Suhr jede betriebliche Eignungsprüfung schon an Jugendlichen bekämpft und Eignungsbegutachtung an Erwachsenen aus sozialen Gründen ablehnt.

Ich werde nach wie vor die Forderung vertreten, daß Arbeitsbestgestaltung, Zeit- und Leistungsstudien von allen entsprechend vorgebildeten Stellen durchgeführt werden müssen, daß aber allgemeine Tarifnormen von den Behörden genehmigt werden müssen, am besten nach Überprüfung der Tarifgrundlagen durch arbeitswissenschaftliche Studien. Ich halte es nicht für richtig, die Arbeit des Zeitnehmers im Betriebe zu verbieten und nur den Einsatz behördlich angestellter Zeitnehmer zuzulassen, wie die gleiche Gewerkschaftsrichtung es heute verlangt, die ja auch jedwede Akkordarbeit als Mordarbeit ablehnt.

Im Kampfe der politischen Richtungen wird natürlich scharf geschossen, mit Schlagworten und Verleumdungen gearbeitet, denen gegenüber man machtlos ist. Nur das eigene Gewissen und das eigene Verantwortungsbewußtsein darf Richtschnur des Handelns sein und ich kann mit gutem Gewissen erklären, daß ich auch nicht in einem einzigen Fall meine Gutachten einseitig oder als Gefälligkeitsgutachten erstattet habe, sondern stets unter eingehender Würdigung aller Belange insbesondere der betroffenen Menschen, dessen Betreuung das Hauptziel der praktischen Psychologie ist. Die Eignungsprüfung soll das Wagnis der Lebensführung mindern und den richtigen Arbeitseinsatz ermöglichen. Die Arbeitsbestgestaltung, die Zeit-, Leistungs- und Ermüdungsmessungen sollen letzten Endes der Arbeitsfreude dienen, die nur bei einem ausgeglichenen arbeitenden Werktätigen und Angestellten möglich ist, der nicht an einem schleichenden Kräfteverschleiß leidet. Die Angriffe kapitalistischer Haltung sind daher völlig unbegründet in meinem Falle, und ich bin gern bereit, mir auch nur einen einzigen Fall aufzuweisen, wo ich von meinen Grundsätzen, die in meinen Büchern „Arbeitstechnik“ und „Eignungsprüfung und Arbeitseinsatz“ und vielen anderen niedergelegt sind und in meinen Vorlesungen und Vorträgen usw. abgewichen bin.

Eignungsprüfung

Unter Eignung verstehen wir den Inbegriff der im Menschen liegenden Vorbedingungen für Leistungs-, Arbeits- und Berufserfolg. Entsprechen diese Vorbedingungen den Anforderungen der Arbeitsstelle und des Berufes, so sind gute Arbeitsleistungen und Berufserfolge möglich, entsprechen sie nicht, so pflegen Fehlleistungen einzutreten, von denen die Unfälle einen bedauernswerten Grenzwert darstellen. Zwecks Minderung oder Vermeidung derartiger Fehlleistungen, die zum Schaden der Arbeitskraft und des Berufsangehörigen führen, bestehen gesetzliche Vorschriften, die der Betriebs- und Wirtschaftsführung eine Sorgfaltspflicht des Personaleinsatzes und der Personalverwaltung zur Pflicht machen.

Die Eignungsprüfung ist der Inbegriff für die Feststellungsverfahren der Veranlagung des Berufsträgers, die sich in objektivierende und subjektivierende Methoden gliedern mit dem Ziele, die berufswichtigen Anlagen zu erkennen und zu pflegen. Diese Anlagen gliedern sich in körperliche, geistig-manuelle, in Gefühls-, Gesinnungs- und Charakterwerte.

Die Arbeit der Betriebsprüfstelle steht der Prüfstelle des Arbeitsamtes zur Seite, um für größere Arbeits- und Kulturbezirke gemäß gesetzlicher Bestimmung oder dem Wunsch der Arbeitssuchenden entsprechend zwischen Veranlagung und Beruf die erforderliche Abstimmung im Interesse des Berufserfolges und der Arbeitsfreude herbeizuführen.

Besteht gesetzlicher Personalschutz oder will die Betriebsführung bei ihrer Arbeits- und Personalwirtschaft sich mit Minimalbedingungen begnügen, so werden durch Mängelfeststellung ungeeignete Personen von Plätzen und Berufen ferngehalten, in denen Misserfolg, Schaden körperlich-geistiger und charakterlicher Art, Arbeitsverdrossenheit unausbleiblich sind. Im idealen Falle wird Arbeits- und Berufseinsatz nach Maßgabe des Schwer- und Schwächepunktes der Berufsveranlagung anzustreben sein.

Unabdingbare Forderung jedoch ist Personalschutz durch Mängelfeststellung. Wettbewerbsprüfung liegt vor, wenn aus der Zahl der Bewerber die Geeignetsten auszulesen sind, beispielsweise bei Vorgesetztenauswahl auf Grund der Betriebserfordernisse oder der Wünsche der Arbeiter sowie der Angestelltenschaft.

Je nach der Wirtschaftsgesinnung wird der Eignungsprüfung Ziel und Aufgabenkreis vorgeschrieben: Die liberalistische Wirtschafts- und Arbeitsführung redet vorwiegend oder ausschließlich dem freien Wettbewerb das Wort, während die sozialistische im Rahmen der Sorgfaltspflicht und Belange Eignungsfeststellung, Arbeits- und Berufsberatung mit gesetzlichen und betrieblichen Vorschriften als notwendig erachtet. Auslese ist ebenso wie Anpassung durch beide Methoden zu errechnen, dem freien und harten Wettbewerb sowie eine pflegliche Beratung und Förderung der Arbeits- und Berufssuchenden.

Die Personalprüfung der Personalverwaltung ist ein Teil der Betriebs- und Wirtschaftsprüfung, die sich auf die Leistungsveranlagung, die Leistungserhaltung und die Leistungsförderung und den Leistungserfolg der Arbeiter- und Angestelltenschaft bezieht. Die Kostenprüfung im Betriebe durch den Betriebsprüfer findet ihre Ergänzung in der Leistungs- und Haltungsprüfung der Träger der Arbeit.

Gegenstand der Eignungsprüfung ist demnach der Mensch in Betrieb und Wirtschaft nach Seiten seiner berufswichtigen Veranlagung.

Kennzeichnungsziele der Eignungsprüfung sind:

1) Erkennung der Eigenwertigkeit der Person, insbesondere nach Seite seiner berufswichtigen Veranlagung,

2) Ermittlung der Umweltwertigkeit, um die Leistungsveranlagung in die geeigneten Umweltbedingungen einzugliedern,

3) Erfassung der Entwicklungswertigkeit zwecks Schulung, Ausbildung sowie Laufbahnplanung gemäß den vorhandenen Anlagen, den Betriebs- und Arbeitsumständen des Wirtschaftsmarktes sowie der kulturellen Umwelt. Diese Entwicklungswertigkeit beginnt bei der Schul-Laufbahn-Beratung, findet in der fachlichen Fortbildung der Schulentlassenen ihre Fortsetzung und ist Daueraufgabe des Betriebes und der Wirtschaftsverwaltung.

Im Betriebe ist die Berücksichtigung der Eignung im engeren Sinne zunächst Aufgabe der Personalverwaltung, doch erstreckt sich die Betreuung der Leistungsveranlagung auch auf alle diejenigen Organe der Betriebsverwaltung, die dem Arbeits- und Leistungserfolge unter Berücksichtigung der persönlichen Vorbildung, der Befähigung und Veranlagung, der Betriebseinmischung und des Auftragsstandes dienen.

Die Unfallverhütung hat neben der Fernhaltung von Ungeeigneten Schulung und Unfallschutz durch Bestgestaltung der Arbeitsbedingungen zur Aufgabe.

Die Arbeitswirtschaft hat im Rahmen des Arbeitsbüros bei Planung der Arbeit nicht nur die Material-, Maschinen- und Werkzeugbedingungen für Ausführung des Auftrages festzusetzen, sondern hat auch Anweisungen für die in Betracht kommenden Arbeitskräfte nach ihrer Veranlagung und Leistungsfähigkeit mitzugeben. Die Lohnpolitik des Betriebes hat Sorge zu tragen für Abstimmung der Löhne sowie ihrer Planung nach Maßgabe der Befähigung, um beispielsweise durch Lohndifferenzierung der Eigenart und Schwierigkeit des Auftrages und seiner Teile Rechnung zu tragen und um zum anderen auch der Leistungsbefähigung die geeignete Entfaltungsmöglichkeit zu geben. Die Bestgestaltung der Arbeitsbedingungen vollzieht sich auf doppelte Weise: Einmal durch Ordnung und Verbesserung der Arbeitsmittel, durch gute und zweckmäßige Zusammenstellung der Arbeitskräfte, Auslese der Vorgesetztenschaft sowie des Aufstiegs der aufbauwilligen und aufbaufähigen Betriebsangehörigen, steigende Leistungserfolge und wachsende Arbeitsfreude zu erreichen, zum anderen innerbetriebliche Werbung, etwa das Vorschlagswesen, die Arbeitskräfte sowie Angestellten zu Betriebs- und Arbeitsverbesserungen anzuregen.

Die Schulungsabteilung nimmt sich der entwicklungsfähigen Personen an, um sie für ihre Aufgaben zu ertüchtigen oder um aufstiegsfähigen und aufstiegswilligen Personen teils durch Betriebsvorschläge der Vorgesetzten, teils auf Grund deren eigener Meldung die erforderliche Fortentwicklung zum Spezialisten, zum Vorgesetzten zu ermöglichen, um schließlich auf kürzere oder längere Sicht im Interesse eines guten Arbeitsschicksals die Laufbahn zu planen und zu verwirklichen.

Zur Eignungsprüfung sind erforderlich:

1) Arbeits- und Berufsstudien, in denen die Anforderungen der Arbeitsplätze und Berufe ermittelt und zusammengestellt werden. Die Arbeitsplatzkartei gibt der Leistungsführung im Betriebe die geeigneten Mittel an die Hand für Personalanforderung und besten Personaleinsatz und zur Vermeidung von Fehleinsatz.

2) Ermittlung der Methoden zur Erkennung der persönlichen Veranlagung sowie Organisation der Veranlagungsermittlung im Betriebe in betriebsangepassten Organen durch betriebseigene Mittel.

3) Fortlaufende Überprüfung und Kontrolle der Feststellungsmethoden an der Hand des erwarteten und tatsächlichen Leistungserfolges, beispielsweise durch Statistik im Betriebe.

Feststellungsmethoden

Die Feststellungsmethoden gliedern sich in subjektivierende und objektivierende. Während die objektivierenden Methoden auch beim Wechsel des Eignungsprüfers und bei geeigneter Kodifizierung keinen Schaden zu erleiden brauchen, sind die subjektivierenden vorwiegend oder ausschließlich an die Befähigung des Eignungsprüfers selbst gebunden. Beide sind jedoch bei jeder Eignungsbegutachtung anzuwenden.

Die bewährten Methoden der Personalbegutachtung sind wie folgt zusammenzustellen:

Die Methoden der Eignungsuntersuchung;

1) Biografisches Prinzip: Erbgang, Familie, Arbeits- und Lebensschicksal;

2) Aussageprinzip: Aussage gemäß Bericht, Vernehmung, Fragebogen;

3) Leistungs- und Verhaltens-Prinzip: Vielseitige Kurzproben, berufsnahe Länger- und Dauerproben, Spontaneität der Haltung, Auswertung und Leistung und Verhalten nach Ergebnisstruktur, Typus, Individualität;

4) Eindrucks- und Ausdrucksprinzip: Körperbauformen, Physiognomie und Mimik, Sprache, Handschrift;

5) Interessen und Werte: Ergothymisches Prinzip;

6) Persönlichkeitsbild nach allgemeiner oder berufszuweisender Ausrichtung.

1) Auf Grund des biographischen Prinzips überprüfen wir Erbwerte und Abstammung, vor allem aber das Arbeits- und Lebensschicksal, das auszuwerten ist. Die Bewerbungsschreiben verlangen in der Regel einen lückenlosen Nachweis des Arbeitsschicksals, in denen die Arbeitsplätze sowie die Dauer der

jeweiligen Beschäftigung aufzuführen sind. In der Regel werden Vorbildungs-, Schulungs- und Ausbildungszeugnisse, Arbeits- und Betriebsbescheinigungen bei Stellenbewerbungen und Stellenbesetzung berücksichtigt, um für den Bewerber eine seinen Erfahrungen und seiner Ausbildung entsprechende, beispielsweise die gleiche oder eine verwandte Beschäftigung in Vorschlag zu bringen. Darüber hinaus aber muß die Auswertung des Arbeitsschicksals vertieft werden, im Interesse besserer Erkennung und Planung des Einsatzes. Oft ist es der Zufall, der das Arbeitsschicksal gestaltet hat, und die innere Veranlagung und möglicher Leistungserfolg sind in den Belegen des Arbeitsschicksals nicht enthalten, den Gründen des Stellungswechsels ist nachzugehen, desgleichen der inneren Haltung der Arbeitskraft zu seinen bisherigen Arbeitsaufgaben an den einzelnen Plätzen.

2) Aussageprinzip: Bei der persönlichen Vorstellung, der man im Regelfall nicht entraten kann, findet eine Aussprache statt, in freier oder geleiteter Weise, um die Persönlichkeit zu erschließen. Die persönliche Vernehmung hat die betriebsbewährten Richtlinien zu befolgen und sich von allen einseitigen und Suggestiv-Fragen frei zu machen. Das persönliche Vertrauensverhältnis zwischen dem Arbeits- und Stellungssuchenden und dem Vorstellungsbeamten ist unerlässliche Voraussetzung für eine gerechte und zweckmäßige Kennzeichnung. Der Fragebogen pflegt ein Hilfsmittel oder ein Ersatz der persönlichen Vernehmung und Aussprache zu sein. Die Fragen des Bogens sind auf die geringstmögliche Zahl zu beschränken, die Umstände der Ausfüllung müssen eine wahrheitsgemäße und richtige Beantwortung ermöglichen, die erforderliche Zeit ist zu gewähren und durch Kontrollfragen sind die Auskünfte auf Sicherheit und Wandlungsfähigkeit zu beleuchten, um schließlich eine Gewichtsbewertung für die Bedeutsamkeit oder Gegenstandslosigkeit des Fragebogens als Einsatzgrundlage zu erhalten. Fragen zu stellen, insbesondere eine Vielzahl ist leicht. Fragen zu beantworten ist schwieriger und am schwersten die richtige Verwertung der Fragebogenausfüllung. Eine fortlaufende Kontrolle der Beantwortung sowie der Umstände des Fragebogeneinsatzes, insbesondere an der Hand der Berufs- und Arbeitsleistungen ist notwendig.

3) Leistungs- und Verhaltens-Prinzip: Objektive Belege der Leistungsveranlagung geben uns die Leistungs- und Verhaltensproben unter den Prüfumständen am besten unter berufs- und arbeitstypischen Situationen. Wir unterscheiden Kurz- und Längerprüfungen und die jeweilige Prüfzeit ist ebenso bedeutsam wie das Ergebnis der Prüfanforderungen. Die Handlung während der Untersuchung sowie die objektiven Belege sind auf Verursachung zurückzuführen entsprechend ihren Sympthomwerten. Gute und schlechte Leistungserfolge und Verhaltensweisen können mannigfach motiviert sein und nur durch vergleichende Abstimmung aller Prinzipien der Eignungsermittlung kann man zu einer fehlerfreien Einsicht der Befähigung gelangen.

Es ist Sache der Eignungswissenschaft, den Eignungsbegutachter in den Stand zu setzen, Fehler bei seiner schwierigen Arbeit zu vermeiden, da der Prüfauftrag und die beste Prüfwilligkeit beim Prüfer und Prüfling keineswegs ausreichen.

Die Leistungs- und Verhaltensproben haben auf Grund ihrer jahrzehntelangen Entwicklung und Bewährung zu einer Einheitsprüfung der Betriebsbewerber geführt, um hauptsächliche Seiten der Arbeitsveranlagung zu ermitteln und nach den Bewährungskontrollen haben sie zu einer hohen Zuverlässigkeit geführt, so dass die Fehler praktisch im Rahmen der menschlichen Fehlbarkeit auf einen Mindestwert eingeschränkt werden können. Die Leistungs- und Verhaltensproben erstrecken sich auf intellektuelle und manuelle Veranlagung, wobei der technischen und praktischen Intelligenz die arbeitserforderliche Beachtung geschenkt wird, auf Aufmerksamkeit und Arbeitszuverlässigkeit und Arbeitssorgfalt sowie alle berufswichtigen objektivierbaren Anforderungen. Auf Grund derartiger Proben kann für die Fertigungsabteilungen der Einsatz in Fabrikation, Revision und Kontrolle, Montage oder Zusammenbau, Reparatur vorgenommen werden, wobei maschinen- oder werkzeugbenutzende Arbeitsbefähigung weiter spezialisiert werden. Bei Angestellten, etwa Technikern und Ingenieuren wird man Beschäftigung in Konstruktion oder Betrieb im Labor in Fortentwicklung und Kontrolle und Revision in Schulung und Verwaltung aussprechen können. Bei leitenden Angestellten sind eine freie Form der Begutachtung möglich, um Arbeitsdisposition und Planungsvorschläge an der Hand schwieriger Betriebsbelege als Prüfungsunterlagen zu verwenden, die Art und Größe der gedanklichen Selbstständigkeit und die Art des Planens an Hand der betriebseigenen Erfahrungen zu analysieren.

4) Eindrucks- und Ausdrucksprinzip: Mit der persönlichen Vorstellung und bei der Prüfung ist der Eindruck zu werten, der bei jeder persönlichen Vorstellung und Aussprache beim Prüfenden entsteht und dessen Begutachtung von der Erfahrung und Veranlagung des Eignungsprüfers und den Umständen der Vorstellung abhängt. Körperbau und Körperbauformen, Gesichtsausdruck und Mienenspiel,

Sprache und Sprechweise sowie Handschrift geben uns Hinweise für Erschließung des Gehaltes der im Ausdruck gestaltet ist.

Insbesondere hat in der Betriebsprüfung die Handschriftenanalyse Verbreitung, Anerkennung und Kritik und Ablehnung gefunden. Es ist ein Irrtum, vorwiegend oder ausschließlich auf Grund der Handschrift ein Persönlichkeitsbild zu entwerfen. Richtig vielmehr ist es, die Handschriftenanalyse mit den Feststellungen der anderen Methoden zu vergleichen, um Vermutungen zu erhärten, gesichtete Ergebnisse zu verstärken und Fehler als echte oder scheinbare, die beispielsweise umständebedingt sein können, zu erkennen.

Die Betriebsgraphologie unterscheidet Kurzprüfungen etwa der Bewerbungsschreiben, wobei hauptsächlichste Kennwerte zu einer vorläufigen Gruppierung führen sowie eingehende Schriftanalysen, mit erheblichen Zeitanforderungen, die im idealen Fall sowohl die Angaben der Arbeitsplatzkartei berücksichtigen, den Eindruck bei persönlicher Vorstellung, das Ergebnis der Befragung und die vergleichende Überschau und Abstimmung aller Prüfbelege. Besonders wird man auf die charakterliche Seite Wert legen, da der Gebrauch, den der Mensch von seinen Anlagen macht, von der Gesamtperson und ihrer Werthaltung abhängt. Einige Betriebe stellen bei der graphologischen Begutachtung Auskünfte über Aufrichtigkeit und Ehrlichkeit der Bewerber in den Vordergrund und die einzelnen graphologischen Schulen haben auf Grund ihrer theoretischen Voraussetzungen als auch ihrer Betriebserfahrungen Kennwerte der Ehrlichkeit der Eigentums-, Arbeits- und Betriebszuverlässigkeit gesammelt.

Betriebsprüfer pflegen mitunter bei Kontrollen des Rechnungswerkes der Handschrift Beachtung zu schenken: Erfahrene Rechnungsprüfer verwerten nicht nur den Inhalt der Rechnungslegung sondern auch ihre Anlage sowie die Schreibweise von Zahlen und Worten und einzelne Schulen haben eine Zusammenstellung der wichtigen Eigenarten etwa der Zahlenschreibung auf Grund ihrer Betriebserfahrung vorgenommen, um einen ersten Eindruck über Güte, Wahrhaftigkeit, Oberflächlichkeit oder Täuschungsabsicht zu erhalten. Freilich ist die Graphologie als Wissenschaft nur dann erfolgreich zu betreiben, wenn eine planmäßige Analyse des Schriftstückes nach Inhalt und Gestaltung vorgesehen ist und wenn die Ergebnisse der Handschriften-Analyse durch spätere Bewährungskontrollen auf Richtigkeit, Tragweite oder Bedeutungslosigkeit kontrolliert werden.

5) Interessen und Werte werden nach dem Ergothymischen Prinzip aufgeschlossen. Die Interessen- und Werthaltung der Person sind von gleichen Bedingungen wie die Leistungsveranlagung. Freilich reichen Wunsch und Wille und Wertschätzung bestimmter Arbeit und Berufe für Erfolg allein nicht aus. Interessen ohne objektive Befähigung sind leer, ebenso aber auch Leistungsveranlagung oder innere Bejahung der Arbeit auf die Dauer unfruchtbar. Die Arbeitsgesinnung und Arbeitsbefähigung gehören zusammen. Von beiden, dem vorhandenen Körperbau und der Werthaltung und den Interessen hängen Arbeitserfolg, Freude, Befriedigung oder Arbeitsverdrossenheit, Berufserfolg oder Misserfolg, Fehl- oder Bestleistungen ab. Konflikte sind unter allen Umständen zu vermeiden, seien sie innerer Natur, die sich in der Person selbst auswirken oder zu Zusammenstößen mit den Arbeitskollegen und der Vorgesetztenschaft führen.

Aus allen Feststellungsarten wird ein Persönlichkeitsbild gewonnen mit der Kennzeichnung der berufswichtigen Seiten der Veranlagung und Vorschlag des Besteinsatzes und der Bestbehandlung. Die Umweltbedingungen gliedern sich in menschliche sowie sachliche. Zugliederungen sind zwecks Zuweisung zu geeigneten Arbeitskameraden und Vorgesetzen ebenso bedeutsam wie die Zuweisung zu den sächlichen Arbeitsmitteln und den sächlichen Arbeitsumständen nach Maßgabe der Übungsfähigkeit, Berücksichtigung der Übungswilligkeit der Umweltempfindlichkeit.

Personalverwaltung und Arbeitswirtschaft

Arbeitswirtschaft im Betriebe und Personalverwaltung haben zusammenzuarbeiten, einmal um unabhängig von der Begutachtung der Prüfstelle bei in einem Betriebe vorhandenen Arbeits- und Angestellten ein Betriebs-Eignungsurteil zu gewinnen und zum anderen, um den Wirkungsgrad aller Maßnahmen der Eignungswirtschaft fortlaufend zu kontrollieren und zu erhöhen. Während Taylor und seine Schule noch der Ansicht waren, dass in der Hauptsache nur durch die Betriebsleistungen selbst ein ausreichendes selbstständiges Urteil über die Eignung gewonnen werden kann, lehrte die Fortentwicklung, dass es durchaus möglich ist auch vor Betriebseingliederung die Veranlagung zu erkennen. Die Betriebsbelege gliedern sich aus Angaben über Leistung und Verhalten im allgemeinen sowie insbesondere bei bestimmten Aufträgen unter Berücksichtigung der Betriebsumstände. Die Leistungskartei weist gute und schlechte Arbeitserfolge auf für die einzelnen Arbeitskräfte bei bestimmten Arbeitsgruppen und Vorgesetzten. Die Leistungsbelege sind kritisch zu überprüfen, um die Ursache der Fehl- und Hochleistungen zu erkennen. Sie sind zu ergänzen durch Verhaltensurteile im Personalbogen, die der Meister führt. Leistungs- und Verhaltensurteil können gewonnen werden einmal durch Angaben des Meisters oder des Vorgesetzen, zum anderen durch die Arbeitskollegen und schließlich durch das Eigenurteil der Arbeitskraft, durch das sie zu den Betriebsbelegen Stellung zu nehmen angeregt wird.

Die Lohnstatistik gibt den tatsächlichen Leistungserfolg uns an die Hand unter der Voraussetzung, dass Lohn und Akkord richtig bemessen sind und einen fehlerfreien Rückschluss auf die Veranlagung gestatten. Ausschuss und Fehlleistungen, Höhe des Akkords im Vergleich zu gleichvorgebildeten und gleichaltrigen Mitbewerbern, Prämien und Zuschläge, Spontaneität bei Verbesserungsvorschlägen, Teilnahme an Fortbildungsmöglichkeiten sind einige der Rubriken des Personalbogens im Betriebe, um aus dem Betriebe auf Grund vielseitiger Bekundung zu einem richtigen Personalurteil und zur betriebseigenen besten Kennzeichnung zu gelangen. Die Kosten der Personalprüfung müssen auf ein Minimum beschränkt werden und sich nach dem Nutzen richten, den die Arbeitskraft und der Betrieb von einer pfleglichen Personalbegutachtung haben.

Zu den nicht aufrechenbaren und ausweisbaren Kosten, die keineswegs unbedeutsam sind, gehören die Arbeitsfreude und die Arbeitshaltung, die zu einer Zufriedenheit des Arbeiters und Angestellten mit seinen Aufgaben, seinen Erfolgen, seiner Bezahlung und Behandlung sowie zur Sesshaftigkeit und Betriebsverbundenheit führen. Das außerbetriebliche Verhalten, Lebensfreude und Genussfähigkeit in Familie und Leben sind nicht minder wichtig wie der tatsächlich erzielte Arbeitslohn. Die geistige und körperliche Gesundheit und Frische in- und außerhalb des Betriebes in Arbeit und Freizeit sind das Ziel jeder guten Personalführung und jeder pfleglichen Arbeitswirtschaft, die die Harmonie zwischen den Betriebserfordernissen und Interessen und den unabdingbaren Forderungen und Ansprüchen der Arbeitskraft während und nach der Arbeit darstellt.

Der Personal- und Arbeitswirtschafter, seine Eignung und Schulung

Für Fertigkeiten, Kenntnisse und Haltung pflegt man beim Facharbeiter eine ausreichende Ausbildung zu verlangen und Lehrlings- und Gesellen- und Meisterprüfungen nach behördlichen Richtlinien, befähigen erst zu einer guten und zweckmäßigen Arbeit auf dem gewünschten Arbeitsfeld. Eignung und Schulung sind aber auch bei der Personal- und Arbeitswirtschaft von besonderer Bedeutung und das Eigenurteil ausreichender Befähigung sowie Zeugnisse und zufällige Betriebserfahrungen sind allein nicht ausschlaggebend. Vielmehr muss den Personal- und Arbeitswirtschaftlern ebenso die Möglichkeit eines Eignungs- und Schulungsausweises gegeben werden und die Lehrpläne im Betriebe an Fach- und Hochschulen für Betriebswissenschaft und insbesondere Betriebswirtschaft müssen das notwendige Rüstzeug vermitteln, um die erforderlichen Grundlagen der Menschenbeurteilung, Menschenkenntnis und Menschenführung zu geben, desgleichen in Vorlesungen und Übungen sowie in Prüfungsnachweisen die Möglichkeit eines Ausweises der verlangten Kenntnisse und Fertigkeiten und der vorhandenen Fähigkeiten zu gewährleisten, um Fehlleistungen zu verhindern und um den geeigneten Arbeitseinsatz auch aller derjenigen Kräfte zu geben, die der schwierigen Aufgabe der Personal- und Arbeitsverwaltung sowie Wirtschaftsführung ihre Berufs- und Lebensaufgabe widmen wollen.

Die Betriebswissenschaft verlangt für den Sachingenieur eingehende Kenntnisse der sächlichen Betriebsmittel, der Kräfte, der Werkzeuge, Maschinen- und Arbeitsmethoden und Organisation sowie des Geldes als eines wichtigen Betriebsmittels. Aber der Mensch ist es letzten Endes, der mit den Betriebsmitteln und dem Geld arbeitet und der darüber hinaus einen Eigenwert als Individualität besitzt, so dass diesen Menschen in Betrieb und Wirtschaft nicht nur eine ausreichende, sondern auch die ihm gebührende Geltung bei allen Schulungs- und Ausbildungsfragen zukommt.

Zu Kapitel 11: Würdigung Walther Moedes durch Schüler und Kollegen [6]

Dr. Waldemar Engelmann

Am 30. Mai 1958 ist Professor Dr. W. Moede im Alter von 69 Jahren in Berlin verstorben. Er wurde als Sohn eines Rektors am 3. September 1888 in Sorau/Nl. geboren. 1911 promovierte er an der Universität Leipzig und war anschließend bis 1915 Assistent bei W. Wundt. Von 1915-1919 leistete er Heeresdienst als Fachpsychologe, zuletzt als Leiter aller Laboratorien für Kraftfahrer-Eignungsprüfungen. 1918 habilitierte er sich an der Technischen Hochschule Berlin, war dort von 1921 a.o. Professor für angewandte Psychologie und Vorstand des Institutes für Industrielle Psychotechnik und Arbeitstechnik bis 1946. Von 1917-1932 hatte er einen Lehrauftrag für Wirtschaftspsychologie an der Handelshochschule Berlin, von 1935-1945 einen solchen für angewandte Psychologie an der Universität Berlin. Von 1921-1945 war er Beratender Psychologe der Deutschen Reichsbahn, zuletzt als Chefpsychologe beim Zentralamt für Personal- und Sozialwesen. Von 1942-1945 war er Vorsitzender des Ausschusses für Arbeitstechnik im VDI. Ab 1951 war er Dozent für angewandte Psychologie (Verwaltungspsychologie) an der Verwaltungsakademie Berlin. 1956 wurde er von der Technischen Universität Berlin emeritiert.

W. Moede war ein Pionier auf dem Gebiete der praktischen Psychologie. Unermüdlich hat er – seiner Zeit weit vorauseilend – für den engen Zusammenhalt der praktischen und theoretischen Psychologie gekämpft. Sein bleibendes Verdienst ist es, erstmals in eine nur den toten Sachwerten hingegebene Daseinsform, in die reine Industriekultur, den Fragenkreis des lebendigen Menschentums hineingetragen zu haben. In Forschung, Lehre und Gutachtertätigkeit hat er von Anfang an den Menschen in seinem Schaffen, seinem Verhalten und in seinen Kulturbedürfnissen in den Mittelpunkt gestellt. Erhaltung, Schutz, Pflege und Förderung der menschlichen Arbeitskraft war sein ureigenstes Anliegen. Für alle Zeiten ist sein Name mit der Eignungs-, Leistungs-, Arbeits-, Berufs-, Betriebs-, Verkehrs-, Konsum-, Markt- und Werbepsychologie verbunden. Mit sprühendem Temperament, genialem Einfallsreichtum und unbändiger Energie hat er der Psychologie immer wieder neue Anwendungsbereiche erschlossen und ihre Anerkennung durch die Vertreter der Wirtschaft und Behörden durchgesetzt. Er war der erste Fachpsychologe der deutschen Armee, der erste Psychologe, der sich an einer deutschen Technischen Hochschule habilitiert hat. Er war der Gründer und Vorsitzende der Deutschen Psychologischen Gesellschaft, der ersten berufsständischen Zusammenfassung der praktischen Psychologen. Unzählige Veröffentlichungen zeugen von seinem rastlosen Schaffen. Seine Bücher: Experimentelle Massenpsychologie (1920), Lehrbuch der Psychotechnik (1930), Konsumpsychologie (1933) und Eignungsprüfung und Arbeitseinsatz (1943) haben im In- und Ausland Verbreitung und Anerkennung gefunden; das letztgenannte Werk wurde 1947 vom Handelsministerium in Washington als Mikrofilm herausgegeben.

W. Moede war kein stiller Gelehrter, der sein Leben im Laboratorium oder in der Studierstube verbrachte, er stand mitten im Leben, war eine mitreißende Persönlichkeit, fast berstend von innerer Dynamik und Unternehmungsgeist, dabei von wissenschaftlicher Gründlichkeit und Sauberkeit. Wie allen Großen dieser Welt wurden ihm oft Widerstände und Mißverstehen entgegengebracht. So blieb auch er nicht verschont von Rückschlägen und Enttäuschungen. Trotzdem hat er bis zu seinem Tode gekämpft, durchdrungen vom Wert seiner Lebensarbeit. Nicht leicht erschloß er sich anderen Menschen, wer aber neben dem Wissenschaftler einmal den Menschen Moede kennen lernen durfte, war überrascht, welche persönliche Bescheidenheit, welches Feingefühl und welche tiefe Naturverbundenheit dieser Mann besaß. Viel Gutes tat er in der Stille, ohne je Dank zu erwarten. Seinen wirklichen Freunden hielt er die Treue bis zum Tode. Tapfer hat er schweres Leid nach dem Zusammenbruch und seine schmerzvolle Krankheit getragen, ohne sich Ruhe und Erholung zu gönnen, bis zuletzt voller Pläne und Hoffnungen. Mit ihm ist ein großer Psychologe und eine reiche Persönlichkeit dahingegangen, vor dessen Werk sich viele Freunde, Mitarbeiter und Mitstreiter in Dankbarkeit und Ehrfurcht verneigen.

---

[6] Nachrufe und Würdigungen wurden geschrieben von Dr. Waldemar Engelmann in der Zeitschrift „Psychologie und Praxis" 2. Jg., Heft 5, September-Oktober 1958, von Dr. Maria Schorn in der Zeitschrift „Psychologische Rundschau", 9. Jg., Heft 4, 1958, von Dr. Marga Baganz in „Zentralblatt für Arbeitswissenschaft und soziale Betriebspraxis", 12. Jg., Heft 7, Juli 1958, von Prof. Dr. Hasenack in der Zeitschrift „Betriebswirtschaftliche Forschung und Praxis", 10. Jg., Heft 7/8, Juli/August 1958 sowie von Dr.-Ing. Helmuth Schnewlin in der Zeitschrift „Industrielle Organisation", 27. Jg., Heft 8, August 1958.

Dr. Maria Schorn

Am 3. September 1958 wäre Walther Moede 70 Jahre alt geworden; doch der Tod entriß ihn am 30. Mai durch einen Herzinfarkt der wissenschaftlichen und praktisch-psychologischen Arbeit. Als Sohn eines Pädagogen in Sorau (NL) geboren, besuchte er das humanistische Gymnasium seiner Vaterstadt und begann 1907 das Studium an der Universität Straßburg, das er in Berlin und Leipzig fortsetzte. Der Schwerpunkt seiner Studien lag im Psychologischen Institut Leipzig, dem Wilhelm Wundt damals noch vorstand. Nach der 1911 erfolgten Promotion wurde Moede dort Assistent.

Schon in den Jahren 1913/14 veröffentlichte er im „Archiv für Pädagogik" eine Abhandlungsfolge unter dem Titel „Psychophysik der Arbeit", die richtunggebend für sein künftiges Schaffen werden sollte. Die von vereinzelten Soziologen und – drängender –von der Sozialpolitik vorgetragene Problematik der Industriearbeit wird von Moede durch psychologische Fragestellungen bereichert und damit einer künftigen Arbeits- und Betriebspsychologie der Weg gewiesen. In diese frühe Zeit der wissenschaftlichen Forschung Moedes (1913) fallen auch seine Untersuchungen zur Psychologie der Gruppe: erstmalig hat Moede die psychische Leistung des Menschen (Wahrnehmung, Willensvorgang, Vorstellungsablauf, Denken) in ihrer Beeinflußbarkeit durch die Anwesenheit eines und mehrerer anderer Menschen geprüft. 1920 veröffentlichte er die Ergebnisse in dem Buch „Experimentelle Massenpsychologie (Beiträge zur Experimentalpsychologie der Gruppe)". Diese Untersuchungen haben unmittelbar für die allgemeine Sozialpsychologie ihre grundlegende Bedeutung; doch werden auch schon die Beziehungen zur Gruppe im Arbeitssaal, im Betrieb aufgewiesen.

Im ersten Weltkrieg war Moede an der Organisation und Durchführung der Eignungsprüfungen für die Spezialtruppen der Kraftfahrer maßgebend beteiligt und damit an den ersten Eignungsuntersuchungen größeren Ausmaßes innerhalb Deutschlands. Nach dem ersten Weltkrieg entwickelte er eine sehr intensive Tätigkeit in Berlin. Er habilitierte sich an der Technischen Hochschule in der Fakultät für Maschinenbauwesen, wurde dort sehr bald Inhaber eines Lehrstuhls und leitete während mehrerer Jahrzehnte das „Institut für Industrielle Psychotechnik". Eine große Anzahl von Psychologen und Ingenieuren, die sich später ganz oder vornehmlich der Arbeits-, Betriebs- und Berufspsychologie bzw. weiteren Gebieten der Arbeitswissenschaft widmeten, sind Assistenten und Mitarbeiter dieses Instituts gewesen. Die erste Aufgabe, die das Institut in Angriff nahm, war der wissenschaftliche Ausbau der Eignungsuntersuchung, der immer wieder durch systematische Prüfungen für Industrie und Behörden kontrolliert wurde. Im „Lehrbuch der Psychotechnik" (1930) fanden die gesammelten Erfahrungen ihren Niederschlag; später folgte das Buch „Eignungsprüfung und Arbeitseinsatz" (1943), von dem 1947 ein Mikrofilm in Washington hergestellt wurde. – Aber nicht auf die Eignungsuntersuchung allein hat Moede die Arbeit des Instituts beschränkt, auch andere wichtige Gebiete des Betriebs wurden psychologisch erfaßt: die Pausengestaltung durch Ermüdungs- und Monotoniestudien, die Anlernung, die Unfallverhütung; auch die Arbeitsstudie, die Arbeitsbewertung und ihre Gewichtung, der Güterabsatz wurden erschlossen. Die 1935 erschienene Schrift „Arbeitstechnik" bringt eine systematische Zusammenstellung der Ergebnisse – in der Sicht von heute die „Betriebliche Arbeitswissenschaft" (1954).

Einen guten Einblick in die Arbeit des Instituts gewährt die von Moede in den Jahren 1924-1943 herausgegebene Zeitschrift „Industrielle Psychotechnik", in der neben vielen Abhandlungen Moedes zahlreiche Untersuchungen der Assistenten und Schüler veröffentlicht sind; in ihr spüren wir aber auch die vielen Anregungen, die Moede Personen in Wissenschaft und Praxis gegeben hat, in mannigfachen Beiträgen der Mitarbeiter – auch ausländischer – sind sie zu erkennen. Wir weisen auch kurz auf die gerichtspsychologische Tätigkeit Moedes hin; sie trug ebenfalls zur Intensivierung der arbeits- und betriebspsychologischen Bestrebungen bei. Als langjähriger Vorsitzender des „Verbandes der Praktischen Psychologen" hat sich Moede für die berufsständischen Belange mit seiner ganzen Persönlichkeit eingesetzt. Die Konsequenz und Energie, mit der er die wissenschaftlichen, praktisch-psychologischen sowie berufsständischen Ziele verfolgte, sind vielleicht für manche Menschen nicht immer bequem gewesen – viele seiner Schüler und Mitarbeiter wurden jedoch gerade davon mitgerissen; sie ließen sich begeistern durch seinen Ideenreichtum, seine Tatkraft, durch sein Temperament, durch Persönlichkeitsmerkmale, die weit über die Grenzen Deutschlands hinaus den Ruf Moedes in der angewandten Psychologie begründeten. Bis zuletzt hat er in seinem Privatinstitut in Berlin-Charlottenburg praktisch-psychologische Untersuchungen durchgeführt; bis zuletzt hat er auch seine Vorlesungstätigkeit als Dozent an der Verwaltungsakademie Berlin ausgeübt sowie als „Professor em. für angewandte Psychologie und Arbeitswissenschaft" an der Technischen Universität.

Dr. Marga Baganz

Kurze Zeit vor seinem 70. Geburtstag verstarb am 30.5.1958 in Berlin, der Stätte seines 40jährigen Wirkens Prof. Dr. Walther Moede als einer der letzten noch lebenden Pioniere auf dem Gebiet der angewandten Psychologie. Dank einer seltenen Vereinigung von theoretisch-forschender mit praktischer Begabung und Neigung, dank seiner Vielseitigkeit und Produktivität wurde von ihm fast gleichzeitig das Neuland der Verkehrs-, Wirtschafts- und industriellen Psychologie, der Berufs-, Betriebs- und Verwaltungspsychologie erforscht und praktisch nutzbar gemacht. Jahrzehntelang leitete er sowohl das Institut für Wirtschaftspsychologie an der Handelshochschule Berlin (1917-1932) als auch das Institut für Industrielle Psychotechnik und Arbeitstechnik an der Technischen Hochschule Berlin-Charlottenburg (1918-1946). Auf verkehrspsychologischem Gebiet entstand bereits während des ersten Weltkrieges nach seinen Plänen eine Prüfstelle für Kraftfahrer; nach ihrer Bewährung war er als fachpsychologischer Berater bei den Berliner Verkehrseinrichtungen sowie bei der Deutschen Reichsbahn tätig (1921-1946). Umfangreich war auch seine Gutachtertätigkeit bei den Gerichten, in der Industrie und der Wirtschaft. Allen diesen Funktionen war eine reiche Vortrags-, Vorlesungs- und Lehrtätigkeit zugeordnet. Bereits 1918 habilitierte sich Moede als 1. Psychologe an einer Technischen Hochschule (Berlin), 1921 erhielt er dort den Lehrstuhl für angewandte Psychologie und ab 1935 lehrte er auch an der Berliner Friedrich-Wilhelms-Universität. Seine lebendige, anschauliche, temperamentvolle Verhandlungs-, Diskussions- und Vortragsweise war berühmt. Er schrieb u.a.: Lehrbuch der Psychotechnik, Arbeitstechnik,, Eignungsprüfung und Arbeitseinsatz, Experimentelle Massenpsychologie, Konsumpsychologie, Betriebliche Arbeitswissenschaft, Psychologie des Berufs- und Wirtschaftslebens und gründete die Zeitschrift Industrielle Psychotechnik (1924). Diese Verdienste gaben ihm auch eine berechtigte Vorzugsstellung in den Fachverbänden. Viele Jahre war er Vorstandsmitglied der Internationalen Gesellschaft für Psychologie, der deutschen Gesellschaft für Psychologie, Vorsitzender der Deutschen Vereinigung für praktische Psychologie und Leiter des Ausschusses für Arbeitstechnik beim VDI. Auch nach seiner Emeritierung übte er seine Vorlesungstätigkeit an der Technischen Universität Berlin weiter aus, seit 1951 war er Dozent für Angewandte Psychologie an der Verwaltungsakademie.

Prof. Dr. Hasenack

Am 30. Mai 1958 verschied im Alter von 69 Jahren der Professor für Angewandte Psychologie und Arbeitswissenschaft an der Technischen Universität Berlin, Dr. Walther Moede. Moede, der als Fachmann für experimentelle Psychologie, insbesondere Betriebspsychologie, über Deutschland hinaus bekannt war, hatte noch im Jahre 1954 ein zusammenfassendes Werk über „Betriebliche Arbeitswissenschaft" in der Betriebswirtschaftlichen Bibliothek veröffentlicht. Sein Ziel war, „auf der Grundlage von Natur- und Geisteswissenschaft in einer Synthese zwischen Grundlagen- und Zweckforschung, zwischen Theorie der Arbeitslehre und Praxis der Bestgestaltung, ein Gebäude der betrieblichen Arbeitswissenschaft zu errichten, das auf angewandt-psychologischen Fundamenten ruht und praktisch-psychologischer Wesensart und Struktur ist, bei betriebswirtschaftlicher und psycho-sozialer Zielsetzung".

Ein Manuskript über „Konsumpsychologie", das Moede als weiteren Band für „Betriebswirtschaftliche Bibliothek" übernommen hatte, konnte er nicht fertig stellen, da ihn der Tod ereilte.

Viele Schüler von Moede wirken in bedeutenden Stellungen, als Hochschullehrer an deutschen und außerdeutschen Hochschulen, an wissenschaftlichen Instituten, als Praktiker in der Stellung von Werkführern oder leitenden Angestellten der privaten und öffentlichen Verwaltungen, bei Behörden und in Verbänden. Insbesondere sind zahlreiche Betriebsorganisatoren auf arbeits- und personalwissenschaftlichem Gebiet sowie praktische Psychologen aus der Schule Moedes hervorgegangen, die, ähnlich den praktischen Ärzten und beratenden Ingenieuren, oft Hand in Hand mit den experimentalpsychologisch eingestellten frei schaffenden oder angestellten Betriebsorganisatoren und Arbeitsspezialisten arbeiten müssen. Der Tod von Walther Moede reißt eine tiefe fachliche Lücke.

Dr.-Ing. Helmuth Schnewlin

Am 30. Mai dieses Jahres verschied unerwartet im Alter von 69 Jahren der Arbeitswissenschaftler und Wirtschaftspsychologe Prof. Dr. Walther Moede. Die Fachwelt verliert mit ihm einen der großen Wegbereiter und Interpreten der wissenschaftlichen Arbeitslehre und Betriebspsychologie, einen unermüdlichen Forscher und Sucher, aber auch einen Praktiker und Experimentalisten, dessen Weitblick und Scharfsinn, Objektivität und kritisches Betrachten ein arbeitswissenschaftliches Denkgerüst und eine Versuchstechnik von allgemeiner dauernder Gültigkeit schaffen ließ.

Nach einer humanistischen Schulbildung und einem Studium der Naturwissenschaften, der Psychologie und Philosophie an den Universitäten Straßburg, Leipzig und Berlin amtierte er vorerst als Assistent bei Geheimrat Prof. Wundt in Leipzig. Während des ersten Weltkrieges wurde er zunächst als Heerespsychologe eingesetzt, wurde aber bald darauf als Leiter aller Laboratorien für psychotechnische Fahrzeugführerprüfungen berufen. Hier mag Moede der Gedanke gekommen sein, sich in der Zukunft nahezu ausschließlich der Wirtschaft und Technik zu widmen. Er erhielt eine Lehrtätigkeit auf dem Gebiet der Wirtschaftspsychologie an der Handelshochschule Berlin und wurde nach kurzer Zeit im Jahre 1920, also im Alter von 32 Jahren, Direktor eines Forschungsinstitutes dieser Richtung. Moede erkannte recht bald, daß die zur damaligen Zeit bestehenden betriebspsychologischen Erkenntnisse nur dann von praktischem Wert sein könnten, wenn auch auf der anderen Seite die arbeitstechnischen Bedingungen zur Erfüllung der Leistungs-Verhaltensforderungen geschaffen wurden.

Im Jahre 1921 fand er den Anschluß an die Technik, indem er zuerst als a. o. Professor, dann als Inhaber eines Lehrstuhls und bald darauf als Direktor des Instituts für Industrielle Psychotechnik und Arbeitstechnik - seine Gründung - sich der Erforschung der menschlichen Arbeit und Leistung widmete. Er arbeitete im engsten Kontakt mit den damaligen Rationalisierungsfachleuten, so auch z.B. mit Gilbreth, der einige Zeit bei ihm weilte. Im Jahre 1924 gab Moede die Zeitschrift «Industrielle Psychotechnik» heraus, deren Erscheinen 1944 eingestellt werden mußte. Er war einer jener Forscher, die danach strebten, ein arbeitswissenschaftliches Gesamtbild zu entwickeln, das Technik, Soziologie, Psychologie und Physiologie gleichermaßen in sich einschloß. Daß Moede sehr stark an der funktionsanalytischen Seite der Leistungstests und Verhaltensbeobachtung interessiert war, dürfte zwar dem charakterologisch arbeitenden Psychologen als mechanistisch vorgekommen sein. Man darf aber nicht vergessen, daß dies für Moede der einzig mögliche Weg war, die Brücke zur damals nur registrierenden Zeitstudie zu schlagen und die intuitive Arbeitsbestgestaltung in eine wissenschaftlich unterbaute sowie analytisch beweisbare zu überführen. Es war für ihn sicherlich nicht einfach, seine Ideen durchzusetzen und zu realisieren; denn für einen Psychologen zum mindesten damaliger Zeit war er zu technisch und für den Ingenieur ungewohnt psychologisch orientiert. Wer ihn aber hörte, seine Vorlesungen und Übungen besuchte oder mit ihm experimentell zusammenarbeitete, mußte sich für diese im Wachstum begriffene Arbeitslehre zwangsläufig begeistern. Zahlreich waren seine Kritiker, aber noch zahlreicher seine Schüler, die in Wirtschaft und Industrie Maßgebliches zur Bestgestaltung der Arbeitsverfahren beitrugen oder auch in höchsten Positionen seiner Arbeitslehre freie Bahn schufen.

Moede lehrte keine Schemata oder Methoden, sondern ein arbeitstechnisch-betriebspsychologisches Analysieren und Urteilen, dessen Maximen die Wirtschaftlichkeit, Sicherheit und Wohlfahrt waren, also ein Produktivitätsdenken weitesten Ausmaßes, bedeuteten. Für die große Schaffenskraft dieses Mannes spricht, daß er neben seiner Tätigkeit an der Technischen Hochschule Berlin auch an der Friedrich-Wilhelm-Universität lehrte, Chefpsychologe des Zentralamtes der Deutschen Reichsbahn, Vorsitzender des Ausschusses für Arbeitstechnik im VDI und verschiedener Expertenkommissionen war. Moede hat 13 Arbeiten neben vielen anderen Beiträgen publiziert, deren letzte erst 1958 erschienen ist. Als seine Hauptwerke können sicherlich das Lehrbuch für Psychotechnik und die Arbeitstechnik angesehen werden.

Walther Moede war ein Mensch, der Kontakt suchte und seine Fäden zu allen Kollegen und Fachkreisen zu knüpfen bestrebt war. Er genoß auf seinem Gebiet zweifellos internationales Ansehen, und er verhalf anderen hierzu, wenn sie etwas Maßgebliches zu sagen hatten. Wer mit Walther Moede arbeitete, wird ihn als einen integren und menschlich aufgeschlossenen – und zudem humorvollen – Forscher gekannt haben, der selbstlos durch die vielen Lehren und auch Irrwege der letzten dreißig oder vierzig Jahre hindurch das Wahre, Beständige und praktisch Brauchbare suchte und der der Nachwelt ein überaus wertvolles Erbe hinterlassen hat. Seine Mühen und seine Arbeit waren nicht vergebens.

Ergänzende Literatur zur Psychotechnik und Arbeitswissenschaft

Apt, Richard: Taylor-System und Unfallverhütung. In: WT (1914) 12, S. 358-360.

Arnhold, Karl: Industrielle Führerschaft im Sinne des Deutschen Instituts für technische Arbeitsschulung (DINTA). In: Goetz Briefs (Hrsg.): Probleme der sozialen Betriebspolitik. Vorträge, veranstaltet vom Außeninstitut und vom Institut für Betriebssoziologie und soziale Betriebslehre der TH zu Berlin vom 10.-14.11.1930, Berlin 1930, S. 12-17.

Arnhold, Karl: Menschenführung im Sinne des Deutschen Instituts für technische Arbeitsschulung. In: Sozialrechtliches Jahrbuch, hrsg. v. Th. Brauer u.a.; Mannheim 1930, S. 118-134.

Arnhold, Karl: Das Kaiser-Wilhelm-Institut für Arbeitsphysiologie. In: Brauer, L.; Mendelssohn-Bartholdy, A.; Meyer, A. (Hrsg.): Forschungsinstitute – Ihre Geschichte, Organisation und Ziele, Hamburg 1930, S. 15 f.

Arnhold, Karl: Das Ringen um die Arbeitsidee. Gesammelte Aufsätze, Berlin 1938.

Arnhold, Karl: Leistungsertüchtigung, Berlin 1942.

Arnhold, Karl: Physiologische Rationalisierung. In: ders. (Hrsg.): Handbuch der Arbeitsphysiologie, Thieme-Verlag, Leipzig 1927, S. 409 ff.

Ash, Mitchell G.; Geuter, Ulfried (Hrsg.): Geschichte der deutschen Psychologie im 20. Jahrhundert – Ein Überblick. Westdeutscher Verlag, Opladen 1985.

Atzler, (Hrsg.): Körper und Seele. In: Arnhold, Karl (Hrsg.): Handbuch der Arbeitsphysiologie, Thieme-Verlag, Leipzig 1927.

AWF (Ausschuß für wirtschaftliche Fertigung) (Hrsg.): Arbeitswissenschaft und berufskundliche Forschungsstätten, Berlin 1920.

AWF (Hrsg.): Erfahrungen mit Fließarbeit. Teil I: Auswertung der 1926/27 erschienenen Veröffentlichungen über Fließarbeit. Teil II: Auswertung der 1928-30 erschienenen Veröffentlichungen. Berlin o. J. (AWF-Veröffentlichungen Nr. 226).

Baeumer, Peter C.: DINTA (Schriften des Vereins für Sozialpolitik, Nr. 181), Berlin 1930.

Baganz, Marga: Der Einfluß der Schulbildung auf das Ergebnis der Eignungsprüfung. In: Industrielle Psychotechnik 1 (1924), S. 294f.

Baritz, Loren: The Servants of Power – A History of the Use of Social Science in American Industry, Middletown/Connecticut 1960.

Barth, Ernst: Beiträge zur Methodik der Eignungsfeststellung mittels Arbeitsschaubildern. Diss. TH Berlin 28.3.1936, Buchholz & Weißwange Verlag, Berlin-Charlottenburg 1936. Teilweise unter anderem Kopftitel in: Industrielle Psychotechnik 13 (1936) 4/5.

Bauer, Otto: Kapitalismus und Sozialismus nach dem Weltkrieg. Erster Band: Rationalisierung – Fehlrationalisierung, Berlin 1931.

Bauer, R.; Ullrich, G.: Psychotechnik – Wissenschaft und/oder Ideologie. Dargestellt an der Zeitschrift für Industrielle Psychotechnik. In: Psychologie und Gesellschaftskritik 9 (1985) 1/2, S. 106-127.

Baumgarten, F.: Arbeitswissenschaft und Psychotechnik in Rußland, München 1924.

Baumgarten, F.: Arbeitswissenschaft und Psychotechnik. In: Betriebsrätezeitschrift des Deutschen Metallarbeiterverbandes 4 (1923), S. 617-620, S. 636-639, S. 651-655.

Baumgarten, F.: Berufswünsche und Lieblingsfächer begabter Berliner Gemeindeschüler, Langensalza 1921, Rezension von Dr. Argelander-Mannheim. In: Praktische Psychologie 3 (1921/22), S. 62.

Baumgarten, F.: Berufswünsche und Lieblingsfächer begabter Berliner Gemeindeschüler, Langensalza 1921.

Baumgarten, F.: Chronologisches zur Psychotechnik und Arbeitswissenschaft. In: Zeitschrift für angewandte Psychologie 36 (1930), S. 193-200.

Baumgarten, F.: Der V. Internationale Kongreß für Psychotechnik in Utrecht, 10.-14. September 1928, (Psychotechn. Umschau). In: Psychotechnische Zeitschrift 3 (1928), S. 162 ff.

Baumgarten, F.: Die Berufseignungsprüfungen, Theorie und Praxis, München, Berlin 1928, Rezension von H. Bogen. In: Zeitschrift für angewandte Psychologie 37 (1930), S. 527 ff.

Baumgarten, F.: Die Charakterfeststellung bei den Eignungsprüfungen. In: Psychotechnische Zeitschrift 4 (1929) 5, S. 113-119.

Baumgarten, F.: Die I.R.I. „Internationale Vereinigung für Bestgestaltung der Arbeit in Betrieben", (Psychotechn. Umschau). In: Psychotechnische Zeitschrift 5 (1930), S. 80.

Baumgarten, F.: Die II. internationale Konferenz für Psychotechnik, angewandt auf Fragen der Berufsberatung und Arbeitsorganisation in Barcelona (28.-30. Sept. 1921). In: Zeitschrift für angewandte Psychologie 20 (1922), S. 248-258.

Baumgarten, F.: Die III. internationale Konferenz für Psychotechnik und Berufsberatung in Mailand vom 2.-4. Okt. 1922. In: Praktische Psychologie 4 (1922/23), S. 126f.

Baumgarten, F.: Die III. internationale Konferenz für Psychotechnik und Berufsberatung in Mailand vom 2.-4. Okt. 1922. In: Zeitschrift für angewandte Psychologie 21 (1922/23), S. 383-390.

Baumgarten, F.: Die soziale Seite der Psychotechnik. In: Soziale Praxis 40 (1931), Sp.1521 ff.

Baumgarten, F.: Kongreßbericht – Die IV. Internationale Konferenz für Psychotechnik (in Paris 10.-14- Oktober 1927). In: Zeitschrift für angewandte Psychologie 30 (1928), S. 226-234.

Baumgarten, F.: Otto Lipmann Psychologist. In: Personnel Journal 12 (1933/34), S. 324-327.

Baumgarten, F.: Progrès de la Psychotechnique – Fortschritt der Psychotechnik. Bern 1949.

Baumgarten, F.: Zur Frage der Elektrodiagnose seelischer Eigenschaften. In: Zeitschrift für angewandte Psychologie 27 (1926), S. 80-91.

Baumgarten, F.: Zur Psychologie und Psychotechnik des Versicherungsagenten. In: Zeitschrift für angewandte Psychologie 23 (1924), S. 21-80.

Baumgarten, F: Zur Psychotechnik und Charakterologie des Regulierungsbeamten. In: Zeitschrift für angewandte Psychologie 25 (1926), S. 1-64.

Baumgarten-Tramer, Franziska: Chronologie der Entwicklung der Arbeitswissenschaft und der angewandten Psychologie. In: Arbeit und Leistung 22 (1968) 7/8, S.144-152.

Baumgarten-Tramer, Franziska: Psychologie. In: Kaznelson, Siegmund (Hrsg.): Juden im deutschen Kulturbereich, Berlin 1959, S. 282 f.

Benary, W.: Zur Frage der Methoden psychologischer Intelligenz und Eignungsprüfungen. In: Zeitschrift für angewandte Psychologie 17 (1920), S. 110-113.

Bendix, R.: Herrschaft und Industriearbeit – Untersuchungen über Liberalismus und Autokratie in der Geschichte der Industrialisierung, Frankfurt/M. 1960.

Bergmann, Waltraut u.a.: Soziologie im Faschismus 1933-1945, Darstellung und Texte, Köln 1981.

Bericht über den psychotechnischen Lehrgang, (Rundschau) ohne Verfasser. In: Industrielle Psychotechnik 1 (1924) 7/8, S. 256f.

Bericht über den Zweiten psychotechnischen Kongreß in Barcelona, (Rundschau) ohne Verfasser. In: Praktische Psychologie 3 (1921/22), S. 151-155.

Berliner Hefte zur Arbeits- und Sozialpsychologie, hrsg. von der Abt. Sozial- und Organisationspsychologie am Institut für Psychologie der FU Berlin und des Instituts für Humanwissenschaft der TU Berlin.

Berliner Industrie- und Handelskammer (Hrsg.): Die Bedeutung der Rationalisierung im deutschen Wirtschaftsleben, Berlin 1928.

Berufsberatung, Berufsauslese, Berufsausbildung, Beiträge zur Förderung des gewerblichen Nachwuchses (Reichsarbeitsblatt, S. 32), Berlin 1925.

Betke: Rasse und Arbeit. In: Giese, Fritz (Hrsg.): Handwörterbuch der Arbeitswissenschaft, Band H, S. 3612 f.

Beyerchen, Alan D.: Scientists under Hitler. Politics and Physics Community in the Third Reich. New Have and London 1977. Die deutsche Übersetzung erschien unter dem Titel: Wissenschaftler unter Hitler. Physiker im Dritten Reich. Mit einem Vorwort von K.D. Bracher. Aus dem Amerikanischen von Erica und Peter Fischer. Köln 1980. Auch veröffentlicht als Ullstein-Sachbuch, Nr. 34098. Frankfurt/M. 1982.

Biäsch, H.: Arbeitspsychologie – Bemerkungen zur Methodenfrage, Zürich 1954.

Biener, Otto: Psychologische Grundlagen der Arbeit. In: Riedel, Johannes (Hrsg.): Arbeitskunde, a.a.O., S. 250 f.

Biénkowski, Stanislaw von: Untersuchungen über Arbeitseignung und Leistungsfähigkeit der Arbeitnehmerschaft eines großindustriellen Betriebes. Diss. TH Berlin 1910.

Biographisches Handbuch der deutschsprachigen Emigration nach 1933, Bd. I: Politik, Wirtschaft, öffentliches Leben, bearbeitet unter Leitung von Werner Röder und Herbert A. Strauss, München 1980.

Birnbaum, Bruno: Organisation der Rationalisierung. Amerika – Deutschland, Berlin 1927.

Bloch, Bruno: Die Rumpfbewegungen der Kunstbeinträger und ihr Zusammenhang mit der konstruktiven Ausbildung der Kunstbeine. Diss. TH Berlin 1919.

Blumenfeld: Rezension zu W. Moede: Die experimentelle Psychologie im Dienste des Wirtschaftslebens. In: Zeitschrift für angewandte Psychologie 17 (1920), S. 125 ff.

Blumenfeld: Rezension zu W. Moede: Experimentelle Massenpsychologie. In: Zeitschrift für angewandte Psychologie 18 (1921) S. 146-155.

Bogen, Hellmuth: Grenzen der berufseignungspsychologischen Praxis im Rahmen der öffentlichen Berufsberatung. In: Zeitschrift für angewandte Psychologie 36 (1930), S. 3-13.

Böhrs, H.: Die gegenwärtige Bedeutung der Zeit- und Arbeitsstudien im Fabrikbetrieb. In: WT 29 (1935) 4, S. 61 f.

Bönig, Jürgen: Technik und Rationalisierung in Deutschland zur Zeit der Weimarer Republik. In: Wohlauf, Gabriele; Trotzsch (Hrsg.): Technikgeschichte. Historische Beiträge und neuere Ansätze, Frankfurt/ M. 1980, S. 390-418.

Borchardt, Knut: Zwangslagen und Handlungsspielräume in der großen Wirtschaftskrise der frühen dreißiger Jahre – Zur Revision des überlieferten Geschichtsbildes: In: Bayerische Akademie der Wissenschaften (Hrsg.), Jahrbuch 1979, München 1979.

Bosse, Ewalds: Soziologie und Arbeitslehre. In: Reine und angewandte Soziologie – Eine Festgabe für Ferdinand Tönnies zu seinem 80. Geburtstage am 26. Juli 1936, Leipzig 1936, S. 99 f.

Bracher, Karl Dietrich: Die Gleichschaltung der deutschen Universität. In: Freie Universität Berlin (Hrsg.): Universitätstage 1966 – Nationalsozialismus und die deutsche Universität, Berlin 1966, S. 126 f.

Brady, R.A.: The Rationalization Movement in German Industry, New York (1933) 1974.

Bramesfeld, Erwin: Leitfaden für das Arbeitsstudium. Seelische und körperliche Voraussetzungen der menschlichen Betriebsarbeit von E[rwin] Bramesfeld und O[tto] Graf. Hrsg. vom Reichsausschuß für Arbeitsstudien (REFA), VDI-Verlag, Berlin 1936.

Bramesfeld, Erwin: Psychotechnik als Lehrfach der Technischen Hochschule, Darmstadt 1926.

Brasch, H.D.: Betriebsorganisation und Betriebsabrechnung, (Betriebswissenschaftliche Bücher, Bd. 6), Verlag Stilke, Berlin 1928.

Brauer, L.; Mendelssohn-Bartholdy, A.; Meyer, A. (Hrsg.): Forschungsinstitute – Ihre Geschichte, Organisation und Ziele, Hamburg 1930.

Braunschweig, Werner: Beiträge zur Analyse und Begutachtung der Raumanschauung nebst Erfolgskontrollen. Diss. TH Berlin 1932.

Briefs, Goetz: Betriebsführung und Betriebsleben in der Industrie, Stuttgart 1934.

Briefs, Goetz: Rationalisierung der Arbeit. In: Industrie- und Handelskammer zu Berlin (Hrsg.): Die Bedeutung der Rationalisierung für das deutsche Wirtschaftsleben, Berlin 1928, S. 32 f. Vollständig abgedruckt in: Hinrichs, P.; Lothar, Peter: Industrieller Frieden, Arbeitswissenschaft, Rationalisierung und Arbeiterbewegung, a.a.O., S. 131 f.

Briefs, Goetz: Technik und Mensch. In: Charlottenburger Studentenblatt, 2. Jahrgang, April 1929, Nr. l, S. 2 f.

Brocke, Bernhard vom: Die Kaiser-Wilhelm-Gesellschaft im Kaiserreich – Vorgeschichte, Gründung und Entwicklung bis zum Ausbruch des Ersten Weltkriegs. In: Vierhaus, Rudolf; Bernhard vom Brocke (Hrsg.): Forschung im Spannungsfeld von Politik und Gesellschaft, Stuttgart 1990, S. 17-162.

Brockhaus, E.: Zusammensetzung und Neustrukturierung der Arbeiterklasse vor dem Ersten Weltkrieg – Zur Krise der professionellen Arbeiterbewegung, München 1975.

Bruch, Rüdiger vom; Rainer A. Müller (Hrsg.): Formen außerstaatlicher Wissenschaftsförderung im 19.und 20. Jahrhundert. Deutschland im europäischen Vergleich (Vierteljahresschrift für Sozial- und Wirtschaftsgeschichte, Beih. 88), Stuttgart 1990.

Bruker, Emil: Psychotechnische Untersuchungen zur Bandarbeit (Schriften zur Psychologie der Berufseignung und des Wirtschaftslebens, Heft 39), Leipzig 1931.

Brüning, Barbara u.a.: Notizen zu den Anfängen der Angewandten Psychologie. In: dies. u.a. (Hrsg.): Angewandte Psychologie – Ein Lehrbuch, München 1988.

Buettner, Wolfgang: Das Rationalisierungskuratorium der deutschen Wirtschaft, Düsseldorf 1973.

Bühler, Karl (Hrsg.): Vorlesungen über Psychologie von Oswald Külpe, o.O., o.D.

Bunk, Gerhardt P.: Erziehung und Industriearbeit, Weinheim 1972.

Burchardt, L.: Technischer Fortschritt und sozialer Wandel am Beispiel der Taylorismus-Rezeption. In: W. Treue (Hrsg.): Deutsche Technikgeschichte. Vorträge zum 31. Historikertag am 24. September 1976 in Mannheim, Göttingen 1977, S. 52-98.

Burisch, W.: Industrie- und Betriebssoziologie, de Gruyter, Berlin, New York 1973.

Castellan, Georges: Zur sozialen Bilanz der Prosperität 1924-1929. In: Mommsen, H.; Petzina, D.; Weisbrod, B. (Hrsg.): Industrielles System und politische Entwicklung in der Weimarer Republik, Düsseldorf 1977, S. 104 f.

Cauer: XI. Kongreß für Psychologie in München vom 21.-25. April 1925, (Rundschau). In: Industrielle Psychotechnik 2 (1925) 7/8, S. 237-241.

Chajes, B.: Arzt und Psychotechnik. In: WT (1922) 18, S. 551 f.

Chase, Stuart: Moloch Maschine – Die Kultur- und Wirtschaftskrise der Welt, Stuttgart 1930.

Chestnut, W.: Psychotechnik: Industrial Psychology in the Weimar Republik 1918-1924. In: Proceedings of the 80th Annual Convention of the American Psychological Association, 1972, S. 781 ff.

Chorover, Stephan L.: Die Zurichtung des Menschen – Von der Verhaltenssteuerung durch die Wissenschaften, Frankfurt a.M., New York 1982.

Cohnen, Wilhelm: Einfluß der Übung auf die Wurfleistung von Kindern. In: Zeitschrift für angewandte Psychologie 28 (1927), S. 369-438.

Conze, W.; Raupach, W. (Hrsg.): Die Staats- und Wirtschaftskrise des Deutschen Reichs 1929/33, Stuttgart 1967.

Couvé, Richard: Bericht über die psychotechnische Untersuchung von zwei Eisenbahnzusammenstößen. In: Industrielle Psychotechnik 1 (1924) 5/6, S. 160-168. (Arbeit des IP., 2. Rationalisierung, nach Moede, 10 Jahre IIP, Sonderdruck).

Couvé, Richard: Die Psychotechnik im Dienste der Deutschen Reichsbahn, VDI-Verlag, o.O. 1925, Rezension von Schulhof, A. In: Industrielle Psychotechnik 2 (1925), S.128.

Couvé, Richard: Die Psychotechnik im Dienste der Deutschen Reichsbahn, VDI-Verlag, o.O. 1925.

Couvé, Richard: Die psychotechnische Eignungsprüfung von Eisenbahnverkehrsbeamten. In: Industrielle Psychotechnik 1 (1924), S. 22-29.

Couvé, Richard: Eignungsuntersuchung und Charakter. In: Industrielle Psychotechnik 5 (1928) 2, S. 53-57.

Giese F. (Hrsg.): Deutsche Psychologie, Bd. IV (1925) 1, Rezension von Couvé, Richard. In: Industrielle Psychotechnik 3 (1926), S. 61 ff.

Lipmann O.: Lehrbuch der Arbeitswissenschaft, Rezension von Couvé, Richard. In: Industrielle Psychotechnik 3,1933, S. 95 f.

Davis, J.; Lüddecke, Th.: Industrieller Friede, Leipzig 1928.

Dellwig, Friedrich: Die Begutachtung der körperlichen Leistungsfähigkeit der Jugendlichen im psychotechnischen Verfahren. In: Zeitschrift für angewandte Psychologie 27 (1926), S. 289-336.

Demuth, F.: List of Displaced German Scholars. Hrsg. von der Notgemeinschaft Deutscher Wissenschaftler im Ausland, London 1936. Nachtrag, 1937.

Der Einfluß von Betriebsverbesserungen auf die Gesundheit des Arbeiters, ohne Verfasser. In: Bosch-Zünder 9 (1927) 9, S. 199.

Dessauer, Friedrich: Streit um die Technik, Frankfurt/M. 1953.

Deutsche Arbeit: Bilder vom Wiederaufstieg Deutschlands, Berlin 1930.

Deutsche Wirtschaftsarchiv: Bd. 3: Bestände von Unternehmen, Unternehmern, Kammern und Verbänden der Wirtschaft in öffentlichen Archiven der Bundesrepublik Deutschland, bearb. von Ulrike Duda, hrsg. im Auftrag der Gesellschaft für Unternehmensgeschichte e.V., Stuttgart 1991 (Bde. 1-3: nichtöffentliche Archive).

Deutsches Reichssparkommissariat (Denkschrift): Die behördlichen psychotechnischen Einrichtungen in Deutschland. In: Industrielle Psychotechnik 7 (1930) 11, S. 339-352.

Devinat, Paul: Scientific Management in Europe. International Labour Office, Studies and Reports (Series B Economic Conditions), Nr. 17, Genf 1927.

Die 7. internationale psychotechnische Konferenz in Moskau, (Rundschau). In: Industrielle Psychotechnik 8 (1931) 9, S. 281-287, Heft 10, S. 312-320.

Die Berichte des X. Internationalen Kongresses für Psychologie, August 1932 in Kopenhagen, ohne Verfasser. In: Industrielle Psychotechnik 9 (19332) 10, S. 316-320.

Die psychologischen und psychotechnischen Forschungsinstitute im Deutschen Reich, (psychotechn. Umschau). In: Psychotechnische Zeitschrift 5 (1930) l, S. 27 f., S. 132.

Dilger, Josef: Beiträge zur psychotechnischen Methodenlehre der Eignungsprüfung, Anlernung und arbeitstechnischen Bestgestaltung bei der Deutschen Reichsbahn. Diss. TH Berlin, 22.5.1939, Buchholz & Weißwange Verlag, Berlin 1939.

Dorsch, Friedrich: Geschichte und Probleme der angewandten Psychologie, Verlag H. Huber, Bern, Stuttgart 1963.

Dunkmann, Karl: Soziologie der Arbeit. In: Fritz Giese (Hrsg.): Handbuch der Arbeitswissenschaft, Band VIII, IX: Arbeitswissenschaft und Arbeitsrecht Teil l, Halle 1933.

Dust, Johannes: Die Psychotechnik als Mittel für die Auswahl und Schulung der Unterführer in industriellen Betrieben. Diss. TH Berlin, 28.11.1942.

Düwell, K.: Berliner Wissenschaftler in der Emigration. Das Beispiel der Berliner Hochschullehrer nach 1933. In: T. Buddensieg, Kurt Düwell, Klaus-Jürgen Sembach (Hrsg.): Wissenschaften in Berlin. Bd. 3. Gedanken. Mann, Berlin 1987, S. 126-134.

Ebbinghaus, Angelika: Arbeiter und Arbeitswissenschaft, zur Entstehung der „Wissenschaftlichen Betriebsführung“, (Beiträge zur sozialwissenschaftlichen Forschung Bd. 47), Westdeutscher Verlag, Opladen 1983.

Ebel, H.: Gegenwärtige Organisationsformen der Psychotechnik. In: Praktische Psychologie 4 (1922/23), S. 309-315.

Ebert, H.: Die TH Berlin und der Nationalsozialismus: Politische „Gleichschaltung“ und rassische „Säuberungen“. In: Rürup, R. (Hrsg.): Wissenschaft, Bd. l, S. 455-468.

Ebert, Hans; Hausen, Karin: Georg Schlesinger und die Rationalisierungsbewegung in Deutschland. In: Wissenschaft und Gesellschaft, Bd. l, Berlin 1979, S. 315-334.

Eggert, Wilhelm: Rationalisierung und Arbeiterschaft, Berlin 1927.

Eliasberg, Wladimir: Arbeit und Psychologie. In: Archiv für Sozialwissenschaften und Sozialpolitik Bd. 50, 1923, S. 87 f.

Eliasberg, Wladimir: Arbeitswissenschaft und Psychotechnik in Russland. In: Zentralblatt für Psychotherapie 3 (1931), S. 594-600.

Eliasberg, Wladimir: Bericht über den VEL internationalen Kongreß für Psychotechnik, Moskau, 6. bis 13. September 1931. In: Psychotechnische Zeitschrift 7 (1932) l, S. 18-24.

Eliasberg, Wladimir: Die abhängige Arbeit im Lichte nervenärztlicher Erfahrungen. In: Der Arbeitgeber 16 (1926), S. 69 ff.

Eliasberg, Wladimir: Entwicklungslinien der Arbeitswissenschaft, insbesondere der Arbeitspsychologie. In: Industrielle Psychotechnik 2 (1925) 7/8, S. 243-245.

Eliasberg, Wladimir: Arbeitswissenschaften und Psychotechnik in Rußland, Rezension von F. Baumgarten. In: Archiv für Sozialwissenschaft und Sozialpolitik 53 (1923), S. 545-547.

Eliasberg, Wladimir: Richtungen und Entwicklungstendenzen in der Arbeitswissenschaft. In: Archiv für Sozialwissenschaft und Sozialpolitik, Bd. 56, 1926, S. 66-101 und S. 687-732. Neuabdruck in: Fürstenberg, Friedrich (Hrsg.): Industriesoziologie I. Vorläufer und Frühzeit 1835-1934, Neuwied am Rhein, Berlin 1966, S. 45 f.

Eliasberg, Wladimir: Von der Vernunft bis zur Rationalisierung, Leipzig 1932 (Schriften zur Psychologie der Berufseignung und des Wirtschaftslebens, hrsg. von Otto Lipmann und William Stern, H. 42).

Eliasberg, Wladimir; Riedel, J. (Hrsg.): Die Arbeitskunde. In: Archiv für Sozialwissenschaft und Sozialpolitik, Bd. 54, 1925, S. 262 f.

Elsenau, Detlef von; Jäger, Wieland,: Forschungsmethode und Arbeitnehmerinteresse. In: Ulrich Beck (Hrsg.): Soziologie und Praxis, Göttingen 1982, S. 417-441.

Eisner, Henry Jr.: The Technocrats. Prophets of Automation, Syracus N.Y. 1967.

Engel, Robert: Arbeitsstudie zur Einführung von Fließarbeit. In: Industrielle Psychotechnik 9 (1932) 2, S. 51-55.

Erdélyi, Michael: Der Begriff „Psychotechnik". In: Zeitschrift für angewandte Psychologie 44 (1933), S. 2-30.

Erdmann, Karl Dietrich: Wissenschaft im Dritten Reich, Kiel 1967.

Erklärung, vom Vorstand der Gesellschaft zur Förderung der praktischen Psychologie e.V. (Carlberg, Harbeck, Huth, Stern). In: Zeitschrift für angewandte Psychologie 37 (1930), S. 192. [zu Moedes Aufsatz „Methodik der Menschenbehandlung"].

Ermanski, J.: Die Ford-Legende, Moskau 1926.

Ermanski, J.: Theorie und Praxis der Rationalisierung, Wien, Berlin 1928.

Ermanski, J.: Wissenschaftliche Betriebsorganisation und Taylor-System, Berlin 1925.

Feeg, Otto: Unfallverhütung und Fabrikhygiene. In: Bibl. d. ges. Technik, Bd. 155, Hannover 1912.

Feldman, Gerald D.: Industrie und Wissenschaft in Deutschland 1918-1933. In: Vierhaus, Rudolf, vom Brocke, Bernhard (Hrsg.): Forschung im Spannungsfeld von Politik und Gesellschaft: Geschichte und Struktur der Kaiser-Wilhelm-/Max-Planck-Gesellschaft aus Anlass ihres 75jährigen Bestehens, Stuttgart 1990, S. 657-672.

Fischer, Wolfram; Czada, Peter: Wandlungen in der deutschen Industriestruktur im 20. Jh. In: Ritter, G.A. (Hrsg.): Entstehung und Wandel der modernen Gesellschaft, Festschrift für H. Rosenberg, Berlin 1970.

Flugel, J.C.: Probleme und Ergebnisse der Psychologie, Ernst-Klett-Verlag, Stuttgart 1950.

Fogt, Helmut: Max Weber und die deutsche Soziologie der Weimarer Republik – Außenseiter oder Gründungsvater. In: Lepsius, Rainer M. (Hrsg.): Soziologie in Deutschland und Österreich 1918-1945, a.a.O., S. 245 f.

Frank, M.: Das Bild im Dienste der Unfallverhütung. In: WT (1923) 12, S. 358 ff.

Frau und Büroarbeit, ohne Verfasser. In: Bosch-Zünder 8 (1926) 6, S. 133-135.

Freyberg, Thomas von: Industrielle Rationalisierung in der Weimarer Republik – Untersucht an Beispielen aus dem Maschinenbau und der Elektroindustrie, Frankfurt am Main und New York 1989.

Fricke, Fritz: Sie suchen die Seele! Die neue psychologische Arbeitspolitik der Unternehmer. In: Vierteljahreshefte der Berliner Gewerkschaftsschule (1926) 3, S. 89 ff.

Friedmann, Georges: Der Mensch in der mechanisierten Produktion, deutsche Übersetzung Köln, 1952.

Friedmann, Georges: Grenzen der Arbeitsteilung (Frankfurter Beiträge zur Soziologie Bd.7), Frankfurt 1959.

Friedmann, Georges: Industrial Society – The emergence of the human problem of automation, New York 1964.

Friedmann, George: The Anatomy of Work. Labor, leisure and the implications of automation, New York 1964.

Friedmann, Georges: Zukunft der Arbeit. Perspektiven der industriellen Gesellschaft (franz. Où va le travail humain), Köln 1953.

Friedrich, Adolf: Die psychotechnische Arbeit der Betriebsleitung. In: WT (1922) 18, S. 547.

Friedrich, Adolf: Die Schlosser-Analyse, Diss. TH Berlin 1922. [Auszug unter dem Titel: Die Analyse des Schlosserberufs, Hirzel Verlag, Leipzig 1922. In: Praktische Psychologie 3 (1922) 10, S. 287].

Fürstenberg, Friedrich, Konzeption einer interdisziplinär organisierten Arbeitswissenschaft, Göttingen 1975.

Gagg, Marita: Die soziale Aufgabe der industriellen Psychotechnik. In: Industrielle Psychotechnik 6 (1929) 6, S. 194-198.

Gantt, H.L.: Organisation der Arbeit. Gedanken eines amerikanischen Ingenieurs über die wirtschaftlichen Folgen des Weltkrieges, Springer, Berlin 1922.

Gerhardt, Johannes: Arbeitsrationalisierung und persönliche Abhängigkeit – Ein Beitrag zur Wirtschaftspsychologie, Tübingen 1925.

Gerth, Hans: Zerstörung einer Zukunft – Gespräche mit emigrierten Sozialwissenschaftlern, aufgezeichnet von Matthias Greffrath, Reinbek b. Hamburg 1979, S. 59-95.

Geuter, Ulfried: Die Professionalisierung der deutschen Psychologie im Nationalsozialismus, Frankfurt/M. 1984.

Geuter, Ulfried: „Gleichschaltung“ von oben? Universitätspolitische Strategien und Verhaltensweisen in der Psychologie während des Nationalsozialismus. In: Psychologische Rundschau 35 (1984), S. 198-213.

Geuter, Ulfried: Psychologie. In: Buddensieg, Tilmann; Düwell, Kurt; Sembach, Klaus-Jürgen (Hrsg.): Wissenschaften in Berlin. Bd. 2: Disziplinen. Berlin 1987, S. 143-147.

Geuter, Ulfried: siehe Ash, Michell G.

Giese, Fritz (Hrsg.): Handwörterbuch der Arbeitswissenschaft, Halle 1930, 2 Bde.

Giese, Fritz: Arbeitsauffassungen im Wandel der Zeiten. In: Industrielle Psychotechnik 11 (1934) 5, S. 65-71.

Giese, Fritz: Arbeitswissenschaft. In: ders. (Hrsg.): Handwörterbuch der Arbeitswissenschaft, Band I, Halle 1930, S. 418 f.

Giese, Fritz: Auswahl und Verteilung der Arbeitskräfte. In: Riedel, Johannes (Hrsg.): Arbeitskunde, a.a.O., S. 282-307

Giese, Fritz: Behaviorismus und industrielle Psychotechnik. In: Industrielle Psychotechnik 10 (1933) 1, S. 11-15.

Giese, Fritz: Bildungsideale im Maschinenzeitalter. In: ders. (Hrsg.): Handbuch der Arbeitswissenschaft, Band VE, Arbeitspädagogik, Teil I, Halle 1931, S. l.

Giese, Fritz: Die Arbeitsprobe in der Psychognostik. In: Zeitschrift für angewandte Psychologie 23 (1924), S. 162-187.

Giese, Fritz: Die menschliche Seite der technischen Arbeit (Rundschau). In: Industrielle Psychotechnik 4 (1927) 12, S. 379-384.

Giese, Fritz: Handbuch psychotechnischer Eignungsprüfungen, Halle 1925. (Vgl. Handbuch der Arbeitswissenschaft, hrsg. von Fritz Giese, Band IV).

Giese, Fritz: Methoden der Wirtschaftspsychologie. Handbuch der biologischen Arbeitsmethoden, Wien, Berlin 1927, Rezension von R. Woldt. In: Zeitschrift für angewandte Psychologie 31 (1928), S. 533.

Giese, Fritz: Methoden der Wirtschaftspsychologie. Handbuch der biologischen Arbeitsmethoden, Wien, Berlin 1927.

Giese, Fritz: Nachruf auf Fritz Giese. In: Industrielle Psychotechnik 12 (1935), S. 384.

Giese, Fritz: Philosophie der Arbeit. In: Ders. (Hrsg.): Handbuch der Arbeitswissenschaft, Band X, Halle 1932.

Giese, Fritz: Psychische Normen für Grundschule und Berufsberatung. In: Deutsche Psychologie (1920) 2, S. 59-138.

Giese, Fritz: Psychoanalytische Psychotechnik, Leipzig, Wien, Zürich 1924, (Sonderdruck aus: Imago X, 1924).

Giese, Fritz: Psychological Register, Worcester 1929, S. 422.

Giese, Fritz: Psychologie als Lehrfach und Forschungsgebiet auf der Technischen Hochschule. Ein Zehnjahresbericht, Halle 1933.

Giese, Fritz: Psychologie der Arbeitshand, Berlin und Wien 1927.

Giese, Fritz: Psychologie und Psychotechnik, Dessau 1922.

Giese, Fritz: Psychologisches Wörterbuch, Leipzig 1921.

Giese, Fritz: Psychotechnik der Menschenbehandlung durch gemeinnützige Einrichtungen in Fabrikbetrieben (Ergebnisse einer Umfrage in der deutschen Industrie nach: Mitteilungen des Internationalen Rationalisierungsinstituts Genf, Oktober/November 1927, S. 26).

Giese, Fritz: Psychotechnik, (Jedermanns Bücherei), Breslau 1928, Rezension von Otto Lipmann. In: Zeitschrift für angewandte Psychologie 31 (1928). S. 115.

Giese, Fritz: Psychotechnik, (Jedermanns Bücherei), Breslau 1928.

Giese, Fritz: Psychotechnik, Breslau 1928.

Giese, Fritz: Psychotechnik. Rezension von Otto Lipmann. In: Zeitschrift für angewandte Psychologie 31 (1928), S. 115.

Giese, Fritz: Rationalisierung. In: Ders. (Hrsg.): Handwörterbuch der Arbeitswissenschaft, Band II, Halle 1930, S. 3619 f.

Giese, Fritz: Theorie der Psychotechnik, Braunschweig 1925.

Giese, Fritz: Untersuchungen über die Zöllnersche Täuschung. Phil. Diss. der Universität Leipzig 1914. [Verlag Engelmann, Leipzig, Berlin 1914, S. 405-435 (Umschlagtitel). In: Wundt, Psychologische Studien, Bd. 9].

Giese, Fritz: Vorwort des Herausgebers. In: Deutsche Psychologie, Bd. 4 (1925) 1.

Giese, Fritz: Wirtschaft und Psychotechnik, Erfurt 1929.

Giese, Fritz: X. Kongreß für Psychologie, Bonn, 20.-24. April 1927, (Psychotechn. Umschau). In: Psychotechnische Zeitschrift 2 (1927) 3, S. 93-95.

Gilbreth, Frank B: Bewegungsstudien. Vorschläge zur Steigerung der Leistungsfähigkeit des Arbeiters, Berlin 1921.

Gilbreth, Frank B.; Ross, C.: ABC der wissenschaftlichen Betriebsführung, 3.unveränderter Neudruck, Berlin 1930.

Gladischefski, Hans: Ersatz der Männerarbeit durch Frauenarbeit und deren Wirkungsgrad (an Hand von Beispielen aus der Kriegsindustrie). Diss. TH Berlin 1919.

Gnauck, Gerhard: Die elektrische Utopie – „Lenins Ford", [Tageszeitung vom 11.12.1991].

Göhring, E. J., Über psychotechnische Begutachtung in der Industrie. In: Der Arbeitgeber 17 (1927) 3, S. 51-53.

Goldschmidt, Peter: Walther Moede und die industrielle Psychotechnik – Versuch einer Werksbiogaphie. Magisterarbeit, Universität Münster, 1988.

Gorges, Irmela: Sozialforschung in Deutschland 1872-1914. Gesellschaftliche Einflüsse auf Themen- und Methodenwahl des Vereins für Sozialpolitik, Königstein/Taunus 1980.

Gottl-Ottlilienfeld, Friedrich von: Fordismus – Über Industrie und technische Vernunft, Jena 1926.

Graumann, C.F. (Hrsg.): Psychologie im Nationalsozialismus, Springer-Verlag, Berlin, Heidelberg, New York, Tokyo 1985.

Groener: Reichsverkehrsminister, Einrichtung einer psychotechnischen Versuchsstelle bei der Reichseisenbahn. In: Praktische Psychologie 2 (1920/21), S. 222.

Gundlach, Horst: Reine Psychologie, Angewandte Psychologie und die Institutionalisierung der Psychologie. In: Zeitschrift für Psychologie 212 (2004) 4, S. 183-199.

Gundlach, Horst: Psychologie und Psychotechnik bei der Eisenbahn. 38. BDP-Kongress für Verkehrspsychologie 2002 Regensburg, http://psydok.sulb.uni-saarland.de/volltexte/2006/740/pdf/gundlach 01.pdf

Gundlach, Horst: Das Psychotechnische Prüflaboratorium der Eisenbahndirektion Dresden. In: Lück, H. E.; Miller, R. (Hrsg.): Illustrierte Geschichte der Psychologie. 2. Aufl. Beltz Psychologie Verlags Union, Weinheim 1999. S. 257-262.

Gundlach, Horst: An outline of the history of the IAAP and its first thirteen congresses. In: Gundlach, Horst (Ed.): Applied Psychology, Volume 1: The First Congress Geneva 1920. pp. 1-24. Routledge, London 1988.

Gundlach, Horst: The 1920 Geneva Congress. In: Gundlach, Horst (Ed.): Applied Psychology, Volume 1: The First Congress Geneva 1920. pp. 25-41. Routledge, London 1988.

Gundlach, Horst: Die Internationalen Kongresse für Psychotechnik und die frühe Geschichte der IAAP/AIPA. In: Jahnke, Jürgen; Fahrenberg, Jochen; Stegie, Reiner; Bauer, Eberhard (Hrsg.): Psychologiegeschichte – Beziehungen zu Philosophie und Grenzgebieten. Profil Verlag, München 1988, S. 183-207.

Gundlach, Horst: Vocational Aptitude Tests (Psychotechnics). In: Bud, Robert; Warner, Deborah J. (Hrsg.): Instruments of Science. An Historical Encyclopedia. Garland Publishing, New York 1998, S. 648-650.

Gundlach, Horst: El desarrolo de la psicologia aplicada en Europa Central. In: Francisco Tortosa Gil (Hrsg.): Una Historia de la Psicologia Moderna. McGraw-Hill, Madrid 1998, S. 389-397.

Gundlach, Horst: La irregularidad y la regularidad: Los congresos internacionales de psicotecnia (congresos internacionales de psicologia aplicada) entre las dos guerras mundiales. In: Revista de Historia de la Psicologia 19 (1998) 2-3, S. 461-469.

Gundlach, Horst: The mobile psychologist: A chapter from psychology and the railroads. In: Bringmann, W. G.; Lück, H. E.; Miller, R.; Early, C. E. (Hrsg.): A pictorial history of psychology. Quintessence Publishing Co., Chicago 1997. S. 111-116, S. 506-509, S 536-540.

Gundlach, Horst (Hrsg.): Untersuchungen zur Geschichte der Psychologie und der Psychotechnik. Profil Verlag, München 1996.

Gundlach, Horst: Faktor Mensch im Krieg. Der Eintritt der Psychologie und Psychotechnik in den Krieg. In: Berichte zur Wissenschaftsgeschichte 19 (1996) 3/4, S. 131-143.

Gundlach, Horst: Moede, Walther. In: Historische Kommission bei der Bayerischen Akademie der Wissenschaften (Hrsg.): Neue Deutsche Biographie, Bd. 17. Duncker & Humblot, Berlin 1994. S. 611.

Gundlach, Horst: Psychotechnische Untersuchungen bei der Deutschen Reichspost. In: Gold, H.; Koch, A. (Hrsg.): Fräulein vom Amt. Prestel Verlag, München 1993, S. 109-119.

Habermas, Jürgen: Dogmatismus, Vernunft und Entscheidung – Zu Theorie und Praxis in der verwissenschaftlichten Zivilisation. In: Habermas, Jürgen (Hrsg.): Theorie und Praxis, Neuwied, Berlin 1967, S. 231 f.

Habermas, Jürgen: Technik und Wissenschaft als „Ideologie“, Frankfurt/M. 1968.

Hackstein, Rolf: Arbeitswissenschaft im Umriß, Bde. 1-2.2, Essen 1977.

Hackstein, Rolf: Grundlagen der Arbeitswissenschaft I und II, Vorlesungshilfsblätter WS 72/73 und SS 73, TH Aachen, Selbstverlag, Aachen 1973.

Hahn, Hans: Psychotechnik und Sozialpolitik. In: Industrielle Psychotechnik 9 (1932) 2, S. 60-64.

Hahn, Thomas: Industriesoziologie als Wirklichkeitswissenschaft? Zwischen Empirie und Kult. In: Jaeggi, Urs et al. (Hrsg.): Geist und Katastrophe – Studien zur Soziologie des Nationalsozialismus, Berlin 1983, S. 174 f.

Hahn, Thomas: Wissenschaft und Macht. Überlegungen zur Geschichte der Arbeitssoziologie 1935-1945. In: Soziale Welt (1984) 1/2, S. 60 f.

Hale, Matthew: Human Science and Social Order – Hugo Münsterberg and the Origins of Applied Psychology, Philadelphia 1980.

Hamburger, Richard: Das psychotechnische Problem in der Ingenieurwissenschaft. In: Industrielle Psychotechnik l (1924), S. 71 ff.

Hamburger, Richard: Einfluß der Wiederholung psychotechnischer Versuche auf das Ergebnis des ersten Versuches. Diss. TH Berlin 10.11.1922.

Hamburger, Richard: Leistungssteigerung und Arbeiterschaft. In: Industrielle Psychotechnik 3 (1926), S. 178 ff.

Handbuch der Psychologie in 12 Bänden, hrsg. von Lersch, Ph. u.a., Göttingen 1961. Band 9: Betriebspsychologie, S. 3-33, 49-53, 83-89, 373-375., hrsg. von A. Mayer, B. Herwig, 1961.

Hanf, Georg: Berufsausbildung in Berliner Großbetrieben (1900-1920). Von der ökonomischen Rationalisierung zur wissenschaftlichen Rationalität. In: Bundesinstitut für Berufsausbildung (Hrsg.): Berufsausbildung und Industrie – Zur Herausbildung industrietypischer Lehrlingsausbildung, S. 157-169.

Hanf, Georg: Berufsausbildung unter dem Einfluß der Rationalität. Industrielle Psychotechnik und die Konstruktion des Facharbeiters. In: Buddensieg, Tilmann; Düwell, Kurt; Sembach, Klaus-Jürgen (Hrsg.): Wissenschaften in Berlin, Bd. 3: Gedanken. Berlin 1987, S. 158-162.

Hanf, Georg: Psychotechnik. In: Buddensieg, T.; Düwell, Kurt; Sembach, Klaus-Jürgen (Hrsg.): Wissenschaften in Berlin, Bd. 1: Objekte. Mann, Berlin 1987, S. 134f.

Hausen, Karin: siehe Ebert, H.

Heller, Oswald: Berufseignungsfeststellung und Unfallverhütung in der Holzindustrie auf Grund psychotechnischer Prüfverfahren. Diss. TH Berlin 1924. Auszugsweise in: Industrielle Psychotechnik 1 (1924) 4, S. 99-118.

Hellpach, Willy: Der Staat und die Forschung. In: Brauer, Ludolph; Mendelssohn-Bartholdy, Albrecht; Meyer-Abich, Adolf (Hrsg.): Forschungsinstitute – Ihre Geschichte, Organisation und Ziele, Bd. 1, 1930, S. 13 ff.

Hellpach, Willy: Geschichte der Arbeit. In: Riedel, Johannes (Hrsg.): Arbeitskunde, Leipzig, Berlin 1925, S. 8-27.

Hellpach, Willy: Rezension zu H. Münsterberg, Psychologie und Wirtschaftsleben. In: Zeitschrift für angewandte Psychologie 8 (1914), S. 574-580.

Hellpach, Willy: Technik und Psyche. In: Industrielle Psychotechnik. Der Mensch. Eignung, Leistung, Charakter, Verhalten – Festschrift zum 50. Geburtstag des Herausgebers Prof. Dr. W. Moede, 15 (1938) 9/10, S. 267-277.

Hellpach, Willy: Zwei „Fibeln" der gewerblichen „Psychotechnik". In: Elektrotechnische Zeitschrift 41 (1920), S. 633 ff.

Heilandt, Dr.-Ing.: Psychotechnische Eignungsprüfungen bei der Einstellung gewerblicher Lehrlinge in der Werkschule der AEG-Fabriken Brunnenstraße. In: Der Betrieb 3 (1920/21) l, S. 16-20.

Hennig, Paul: Die richtige Behandlung der Arbeiter. In: WT 5 (1911), S. 149 f.

Henning, Hans: Zur Psychotechnik der Frauenberufe. In: Praktische Psychologie 4 (1922/23), S. 219-222.

Herig, Friedrich: Hand und Maschine. In: Fritz Giese (Hrsg.): Handbuch der Arbeitswissenschaft, Band VI, Fertigungslehre Teil I, Halle 1934.

Herrlich, Christian: Die Psychotechnik, ein Mittel der wissenschaftlichen Betriebsführung zur Steigerung der Arbeitsintensität. Diss. Würzburg 1925.

Herterich, Eugen: Wirtschaftlich eingerichtete Arbeitsplätze. In: Bosch-Zünder 9 (1927) 9, S. 197 ff.

Herwig, Bernhard: Allgemeine Grundfragen zur Anpassung der Arbeitsbedingungen an den Menschen.Aus: Lersch, Ph.; Sander, F.; Thomae, H. (Hrsg.): Handbuch der Psychologie in 12 Bänden, Bd.9: Betriebspsychologie, hrsg. von A. Mayer, B. Herwig, Göttingen 1961, S. 57-71.

Herwig, Bernhard: Auswertungsverfahren bei nicht-apparativen psychotechnischen Proben zur Eignungsfeststellung und ihre Bedeutung für die Methodik der Eignungsprüfungen, Sonderdruck aus: Praktische Psychologie 3 (1922) 4/5.

Herwig, Bernhard: Ermüdungsstudien an einem neuen Energographen, Druckschrift o.O., o.J.

Herwig, Bernhard: Grundlagen und Aufgaben der Arbeitspsychologie. In: Zentralblatt für Arbeitswissenschaft 2 (1948) 3, S. 47-51.

Herwig, Bernhard: Psychotechnische Methoden im Verkehrswesen, Sonderdruck. In: Aberhalden, E. (Hrsg.): Handbuch der biologischen Arbeitsmethoden. Berlin, Wien 1928.

Heugel, Ernst: Beiträge zur Berufskunde und Eignungsprüfung des Schmiedes mit besonderer Berücksichtigung der Arbeit in den Stadt- und Dorfschmieden. In: Industrielle Psychotechnik 2 (1925) 12, S. 359-367.

Heugel, Ernst: Handgeschicklichkeit und technische Intelligenz bei Zehnjährigen. In: Industrielle Psychotechnik 4 (1927) 7/8, S. 245-249.

Heydt, C.: Die Entwicklung der Psychotechnischen Versuchsstelle der Reichsbahndirektion Berlin. In: Industrielle Psychotechnik 5 (1928), S. 272.

Heydt, C.: Psychotechnik bei der Deutschen Reichsbahn-Gesellschaft. In: Giese, Fritz (Hrsg.): Handwörterbuch der Arbeitswissenschaft, Bd. 2, Halle 1930, Sp. 3692-3709.

Heydt, C.; Stand der Psychotechnik bei den Eisenbannverwaltungen (Rundschau). In: Industrielle Psychotechnik 8 (1931) 9, S. 286 f.

Heydt, Carl: Eignungsuntersuchungen für den Eisenbahnbetriebsdienst auf psychotechnischer Grundlage, Diss. TH Berlin 1925. Auszugsweise in: Industrielle Psychotechnik 2 (1925) 7/8, S. 213-214.

Hilf, H. H.: Arbeitswissenschaft, C. Hanser Verlag, München 1957.

Hilf, H. H.: Der Mensch und die Rationalisierung, Berlin 1933.

Hinrichs, P.: Um die Seele des Arbeiters. Arbeitspsychologie, Industrie- und Betriebspsychologie in Deutschland, Pahl-Rugenstein Verlag, Köln 1981.

Hinrichs, P.; Peter, L.: Industrieller Friede? Arbeitswissenschaft und Rationalisierung in der Weimarer Republik, Köln 1976.

Hische, Wilhelm: Arbeitspsychologie. Zur Bestgestaltung des Verhältnisses zwischen Mensch und Arbeit – Theorie, Systematik, Praxis, Hannover 1950.

Hoffmann, R.-W.: Die historischen und systematischen Voraussetzungen der Arbeitswissenschaften. In: K. Thomas, Analyse der Arbeit, Stuttgart 1969, S. 102 ff.

Hoffmann, R.-W.: Wissenschaft und Arbeitskraft – Zur Geschichte der Arbeitsforschung in Deutschland, Frankfurt a.M. 1985.

Homburg, H.: Anfänge des Taylorsystems in Deutschland vor dem Ersten Weltkrieg. Eine Problemskizze unter besonderer Berücksichtigung der Arbeitskämpfe bei Bosch. In: Geschichte und Gesellschaft 4 (1978), S. 170-194.

Homburg, H.: Rationalisierung und Industriearbeit: Arbeitsmarkt, Management, Arbeiterschaft im Siemens-Konzern Berlin 1900-1939 (Schriften der Historischen Kommission zu Berlin, Bd. l: Beiträge zu Inflation und Wiederaufbau in Deutschland und Europa 1914-1924), Berlin 1991.

Hortleder, G.: Das Gesellschaftsbild des Ingenieurs – Zum politischen Verhalten der Technischen Intelligenz in Deutschland, Frankfurt a.M. 1970.

Hoyos, Carl Graf: Arbeitspsychologie, Kohlhammer Verlag, Stuttgart u.a. 1974.

Huhn, Ernst: Was will Taylor, Berlin 1919.

Immig, Gustav: 14 Jahre Eignungsprüfungen bei der Firma Carl Zeiss, Jena. In: Industrielle Psychotechnik 9 (1932) 6, S. 161-171.

Industrielle Organisation – Schweizerische Zeitschrift für Betriebswissenschaft. Herausgegeben vom Betriebswissenschaftlichen Institut der Eidgenössischen Technischen Hochschule in Zürich, Berufsbedingte Hautkrankheiten und ihre Verhütung, Vorträge der Tagung des Arbeitsärztlichen Dienstes des Bundesamtes für Industrie, Gewerbe und Arbeit am 17/18. April 1958 in Zürich, 27 (1958) 8, S. 225-270.

Institut für Wirtschaftspsychologie der Handelshochschule Berlin, Rundschau, ohne Verfasser. In: Industrielle Psychotechnik 1 (1924), S. 206.

Internationales Arbeitsamt (Hrsg.): Die sozialen Auswirkungen der Rationalisierung – Einführende Studien, Genf 1932.

Isaac, Alfred: Die Entwicklung der wissenschaftlichen Betriebslehre in Deutschland seit 1898, Berlin 1923.

Jaeger, Siegfried; Staeuble, Irmingard: Die gesellschaftliche Genese der Psychologie, Frankfurt a.M. 1978.

Jaeger, Siegfried; Staeuble, Irmingard: Die Psychotechnik und ihre gesellschaftlichen Entwicklungsbedingungen. In: Stoll, Francois (Hrsg.): Arbeit und Beruf, Band I, Weinheim, Basel 1983, S. 49-91.

Jaensch, Rudolf: Wege und Ziele der Psychologie in Deutschland. In: Industrielle Psychotechnik 15 (1938) 1/2, S. 10-19.

Juchász, Andor: Die „Krise" der Psychotechnik. In: Zeitschrift für angewandte Psychologie 33 (1929), S. 456-464.

Kador, Fritz-Jürgen: Integrative Arbeitswissenschaft aus der Sicht der Arbeitgeber. In: Zeitschrift für Arbeitswissenschaft (1982) 4, S. 195 f.

Kaminsky, G.: Die Arbeitswissenschaft als Wissenschaft und ihre Methoden. In: Schriften des Instituts für angewandte Arbeitswissenschaft, Bd. 27, Köln 1973.

Kammer für Arbeiter und Angestellte in Wien (Hrsg.): Rationalisierung, Arbeitswissenschaft und Arbeiterschutz, Wien 1928.

Karady, Victor: Strategien und Vorgehensweisen der Durkheim-Schule im Bemühen um die Anerkennung der Soziologie. In: Lepenies, W. (Hrsg.): Geschichte der Soziologie. Studien zur kognitiven, sozialen und historischen Identität einer Disziplin, Bd. 2, S. 206-262.

Karst, Heinz u.a.: Menschenführung – Personalauslese, Technik in Wirtschaft und Armee, Darmstadt 1954.

Katzenstein, Betti: Die eignungspsychologische Erfassung des Arbeitscharakters (Schriften zur Psychologie der Berufseignung und des Wirtschaftslebens, hrsg. von Otto Lipmann und William Stern, H. 43), Leipzig 1932.

Kaznelson, Siegmund: Juden im deutschen Kulturbereich, Berlin (1934) 1959.

Kellner, Hans: Die Lehrlingsbeschaffung und -auslese in der Berliner Metallindustrie. Diss. TH Berlin 1927. Hermann Verlag, Berlin 1927.

Kellner, Hans: Neun Jahre Prüferfahrungen in der Berliner Metallindustrie. In: Industrielle Psychotechnik 5 (1928) 2, S. 33-48.

Kern, Horst; Schuhmann, Michael: Das Ende der Arbeitsteilung? Rationalisierung in der industriellen Produktion, München 1984.

Kienzle, Otto: Leistungssteigerung in der Fertigung. In: Mehr Leistung im Betrieb (Eine Sammlung von 7 Aufsätzen zur Leistungssteigerung mit einer Schriftumschau), VDI-Verlag, Berlin 1943.

Klemm, O.: Geschichte der Psychologie, Teubner Verlag, Berlin, Leipzig 1911.

Klockenberg, Erich A.: Beiträge zur Psychotechnik der Schreibmaschine und ihrer Bedienung. Dissertation TH Berlin 1923.

Klönne, Arno: Die Deutsche Arbeiterbewegung – Geschichte, Ziele, Wirkungen, Düsseldorf 1980.

Klutke, Oskar: Beiträge zur Eignungsprüfung für den Fernsprechdienst. Diss. Berlin TH 1922. Auszugsweise in: Praktische Psychologie 3 (1922), S.93-110.

Klutke, Oskar: Die neuesten Ergebnisse der psychotechnischen Eignungsprüfung für den Fernsprechvermittlungsdienst. In: WT (1922) 18, S. 553-555.

Klutke, Oskar: Eignungsprüfungen bei der Reichspost. In: Industrielle Psychotechnik 4 (1927) 3, S. 65-84.

Klutke, Oskar: Psychotechnische Eignungsprüfungen für Funker. In: Praktische Psychologie 4 (1922/23).

Kniehahn, Werner: Wege der Technik von der Arbeitsstudie zur Automatisierung. Festvortrag der Zehnjahrfeier des Verbandes für Arbeitsstudien, Berlin 30. Oktober 1959.

Knoff, Paul: Ausbildung der Berufsberater. In: Industrielle Psychotechnik 3 (1926), S. 60 ff.

Kobis, Karl: Studie über die Übung werkstattwichtiger Funktionen an Lehrlingen. Diss. TH Berlin 1924. Auszugsweise in: Industrielle Psychotechnik 2 (1925) 4, S. 97-108.

Kocka, Jürgen: Unternehmensverwaltung und Angestelltenschaft am Beispiel Siemens 1847-1914. Zum Verhältnis von Kapitalismus und Bürokratie in der Deutschen Industrialisierung, Stuttgart 1969.

Köhler, Otto: Über den Gruppenwirkungsgrad der menschlichen Körperarbeit und die Bedingung optimaler Kollektivkraftreaktion. Diss. TH Berlin 14.1.1927. Auszugsweise in: Industrielle Psychotechnik4 (1927) 7/8, S. 209-226.

Köhler, Otto: Eignungsprüfung im Fabrikbetrieb. In: Industrielle Psychotechnik 9 (1932) 9, S. 272-282.

Kohlmann, C.: Die Lehrlingsschule der Firma Ludw. Loewe & Co., Aktien-Gesellschaft, Berlin. In: WT 2 (1908), S. 362-373.

Koner, Raoul: Betriebswissenschaftliche Untersuchung über die Arbeitsfähigkeit amputierter Arbeiter. Diss. TH Berlin 1917.

Kotowski, Georg: Nationalsozialistische Wissenschaftspolitik: In: Freie Universität (Hrsg.): Universitätstage 1966: Nationalsozialismus und die deutsche Universität, a.a.O., S. 209 f.

Krauß, Hans (Hrsg.): Betriebsrat und Arbeitswissenschaft. Arbeitswissenschaftliche Besprechung an der Berliner Betriebsräteschule, Berlin 1922.

Krauß, Reinhard: Der Mensch und die Rationalisierung, Bericht über die Tagung des Reichskuratoriums für Wirtschaftlichkeit am 27. und 28. Februar 1931. In: Zeitschrift für angewandte Psychologie 39 (1931), S. 408-419.

Kresse, H.: Über Eignungsprüfungen des industriellen Lehrlings. In: WT (1920) 25, S. 639f.

Kroeber-Keneth, L.: Graphologie der Zahlenschreibung. In: Industrielle Psychotechnik 9 (1932) l, S. 13-20.

Kroeber-Keneth, L.: Querulantentum in der Handschrift. In: Industrielle Psychotechnik 8 (1931) 8, S. 248-251.

Kröner, P: Vor fünfzig Jahren – Die Emigration deutschsprachiger Wissenschaftler 1933-1939, Münster 1983.

Kruspi, F.: Gegenwart und Zukunft der deutschen Maschinenindustrie, Springer, Berlin 1926.

Kulka, H.: Arbeitspsychologie für industrielle Praxis, VEB Verlag Technik, Berlin 1969.

Kupke, Erich: Psychotechnische Untersuchungen über das Leistungsgradschätzen. Ein Beitrag zur praktischen Psychologie der Urteilsbildung zum Zweck einer systematischen Arbeitswerterschulung im Industriebetrieb. Diss. TH Berlin 24.10.1940, Buchholz & Weißwange, Berlin 1940.

Lacina, E.: Emigration 1933-1945. Stuttgart 1982.

Laufkötter , Franz: Die Psychotechnik und Betriebsräte. In: Die neue Zeit 40 (1922), Bd. I, S. 10-14 und 33-37.

Lechtape, Heinrich: Die menschliche Arbeit als Objekt der wissenschaftlichen Sozialpolitik, Jena 1929.

Lehmann, G.: Aufgabe und Bedeutung der Arbeitsphysiologie. In: Baader, E.W. (Hrsg.): Handbuch der gesamten Arbeitsmedizin, Bd. I, Arbeitsphysiologie, hrsg. von G. Lehmann, Urban und Schwarzenberg, Berlin, München, Wien 1961.

Lehmann, G.: Physiologie der Arbeit. In: Giese, Fritz (Hrsg.), Handwörterbuch der Arbeitswissenschaft, Band II, a.a.O., S. 3519 f.

Leipart, Theodor: Gewerkschaften und Rationalisierung. In: Gewerkschaftszeitung (1931) 13, S. 193 f.

Lenz, Bruno: Technik. In: Der Bosch-Zünder 6 (1924) 2, S. 25-27.

Lepsius, Rainer M.: Die sozialwissenschaftliche Emigration und ihre Folgen. In: ders. (Hrsg.): Soziologie in Deutschland und Österreich 1981-1945, a.a.O., S. 461 f.

Lepsius, Rainer M.: Die Soziologie der Zwischenkriegszeit: Entwicklungstendenzen und Beurteilungskriterien. In: Ders. (Hrsg.): Soziologie in Deutschland und Österreich 1918-1945, Kölner Zeitschrift für Soziologie und Sozialpsychologie, Sonderheft 23, Opladen 1981, S. 7 f.

Lethen, Helmut: Neue Sachlichkeit 1924-1932, Studien zur Literatur des „Weißen Sozialismus", Stuttgart 1975.

Levy, Walter; Piorkowski, Curt: Die Anwendung psychotechnischer Verfahren und deren bisherige Ergebnisse im Osram-Konzern. In: WT (1922) 18, S. 555-559.

Lewin, Kurt: Die Bedeutung der "physischen Sättigung" für einige Probleme der Psychotechnik. In: Psychotechnische Zeitschrift 3 (1928), S. 182-188.

Lieske, Hans: Streitfragen aus dem Angestelltenrecht während der Kriegszeit. In: WT (1914) 24, S. 630-635.

Lipmann, Otto; Stern, William (Hrsg.): Schriften zur Psychologie der Berufseignung und des Wirtschaftslebens. Joh. Ambr. Barth Verlag, Leipzig o.J.

Lipmann, Otto: (unter Mitwirkung von F. Baumgarten), Bibliographie zur psychologischen Berufsberatung, Berufseignungsforschung und Berufskunde, Leipzig 1922.

Lipmann, Otto: Allgemeine und kritische Bemerkungen zur Begabungs- und Eignungsforschung. In: Beiheft zur Zeitschrift für Angewandte Psychologie 29 (1921), S. 17-31.

Lipmann, Otto: Bibliographie seiner Arbeiten bis 1930 (siehe Paul Plaut).

Lipmann, Otto: Chauvinistische Psychologie – Psychologie des Chauvinismus. In: Zeitschrift für angewandte Psychologie 27 (1926), S. 441 f.

Lipmann, Otto: Das Arbeitszeitproblem. Veröffentlichungen aus dem Gebiete der Medizinalverwaltung, Richard Schötz Verlag, Berlin 1926, Rezension von Rothstein. In: Industrielle Psychotechnik 4 (1927) 3, S. 95.

Lipmann, Otto: Das Institut für angewandte Psychologie. In: Zeitschrift für angewandte Psychologie, 21 (1923), S. 408 f.

Lipmann, Otto: Die angewandte Psychologie im sozialistischen Staat. In: Vorwärts von 13.8.1919.

Lipmann, Otto: Die Psychophysiologie des Maschinengewehrschützen. In: Zeitschrift für angewandte Psychologie 17 (1920), S. 155-158.

Lipmann, Otto: Die psychophysischen Merkmale der Eignung zum Maschinenschreiben. In: Zeitschrift für angewandte Psychologie 17 (1920), S. 159-165.

Lipmann, Otto: Grundlagen und Ziele der Psychotechnik und der Praktischen Psychologie. In: Zeitschrift für angewandte Psychologie 44 (1933), S. 64-79.

Lipmann, Otto: Grundriß der Arbeitswissenschaft und Ergebnisse der arbeitswissenschaftlichen Statistik, Jena 1926, Rezension von Engel. In: Industrielle Psychotechnik 4 (1927) 3, S. 95.

Lipmann, Otto: Grundriß der Arbeitswissenschaft und Ergebnisse der arbeitswissenschaftlichen Statistik, Jena 1926.

Lipmann, Otto: Institut für angewandte Psychologie, Nachrichten. In: Zeitschrift für angewandte Psychologie, 21 (1922/23), S. 408 f.

Lipmann, Otto: Kammer für Arbeiter und Angestellte in Wien: Rationalisierung, Arbeitswissenschaft und Arbeitsschutz. In: Die Arbeit (1930) 12, S. 770 f.

Lipmann, Otto: Lehrbuch der Arbeitswissenschaft, Jena 1932, Rezension von Couvé. In: Industrielle Psychotechnik 10 (1933) 3, S. 95 f.

Lipmann, Otto: Lehrbuch der Arbeitswissenschaft, Jena 1932.

Lipmann, Otto: Mehr Psychotechnik in der Psychotechnik. In: Zeitschrift für angewandte Psychologie 37 (1930), S. 188-191.

Lipmann, Otto: Nachrichten, (Beschlüsse des 5. Internat. Kongresses für Psychotechnik). In: Zeitschrift für angewandte Psychologie 31 (1928), S. 546 f.

Lipmann, Otto: Nachruf auf Otto Lipmann von William Stern. In: Zeitschrift für angewandte Psychologie 45 (1933).

Lipmann, Otto: Nachruf auf Otto Lipmann. In: Psychotechnische Zeitschrift 9 (1934) 5/6, S. 179.

Lipmann, Otto: Praktische Wirtschaftspsychologie („Psychotechnik"). In: Riedel, Johannes (Hrsg.): Arbeitskunde, a.a.O., S. 55 f.

Lipmann, Otto: Prinzipienfragen der Psychotechnik, Berlin 1933.

Lipmann, Otto: Rezension zu Fritz Giese, Handwörterbuch der Arbeitswissenschaft, Halle 1929/30. In: Zeitschrift für angewandte Psychologie 37 (1930), S. 522 ff.

Lipmann, Otto: Über Begriff und Formen der Intelligenz. In: Zeitschrift für angewandte Psychologie 24 (1924), S. 177-224.

Lipmann, Otto: Über ein Forschungsinstitut für Arbeitswissenschaft und angewandte Psychologie. In: Brauer, Ludolph, Mendelssohn-Bartholdy, Albrecht; Meyer-Abich, Adolf (Hrsg.): Forschungsinstitute. Ihre Geschichte, Organisation und Ziele, a.a.O., S. 412 f.

Lipmann, Otto: Wirtschaftspsychologie und psychologische Berufsberatung. Eine Einführung in die Probleme und in die Literatur. In: Schriften zur Psychologie der Berufseignung und des Wirtschaftslebens, Hrsg. von Otto Lipmann und William Stern, Heft 1, Leipzig 1921.

Lipmann, Otto: Zur Methodik der Arbeitswissenschaft. In: Die Arbeit 2 (1925), S. 476-478.

Lipmann, Otto: Zur Methodik von Untersuchungen über die praktische Bedeutung von Eignungsfeststellungen. In: Zeitschrift für angewandte Psychologie 42 (1932) 4, S. 273-284.

Lipmann, Otto; Bogen, Hellmuth: Naive Physik, Arbeiten aus dem Institut für angewandte Psychologie in Berlin. Theoretische und experimentelle Untersuchungen über die Fähigkeit zu intelligentem Handeln, Barth Verlag, Leipzig 1923; Rezension von v. Foerster. In: Industrielle Psychotechnik 3 (1926), S. 192.

Lossagk, Helmut: Experimentelle Beiträge zur Bestgestaltung der Handarbeit auf Grund von Studien im psychotechnischen Versuchsfeld und von Betriebskontrollen, Diss. TH Berlin 29.2.1928. Auszugsweise in: Industrielle Psychotechnik 3 (1926), 4 (1927), 5 (1928).

Luczak, H.: Gesicherte Erkenntnisse zum Problem der Skalierung sowie Ausführbarkeit und Erträglichkeit informatorischer Arbeit. Köln 1973.

Luczak, H.: Entwicklung und Erkenntnisse der Arbeitswissenschaft. 1974.

Luczak, H.: Statistische Planung ergonomischer Experimente – Möglichkeiten und Nutzen. Köln 1974.

Luczak, H.: Untersuchungen informatorischer Belastungen und Beanspruchungen des Menschen. VDI-Zeitschriften, Reihe 10, Nr. 2, Düsseldorf 1975 .

Luczak, H.: Regelungstheoretisches Kreislaufmodell zur Interpretation arbeitsphysiologischer und rhythmologischer Einflüsse auf die Momentanherzfrequenz. 1975.

Luczak, H.: Arbeitswissenschaftlicher Erhebungsbogen zur Tätigkeitsanalyse. 1975.

Luczak, H.: Faktorenanalytische Untersuchungen zum Arbeitswissenschaftlichen Erhebungsbogen zur Tätigkeitsanalyse. 1976.

Luczak, H.: Zur Theorie und Skalierung der Belastung. Stuttgart 1976.

Luczak, H.: Erhebungen über ergonomische/arbeitswissenschaftliche Aktivitäten, deren institutionelle Absicherung und die Einstellung leitender Persönlichkeiten in industriellen und öffentlichen Betrieben. Darmstadt 1977.

Luczak, H.; Rohmert, W.: Arbeitsstrukturierung in der Teilfertigung, Zwischenbericht TH Darmstadt, 1978.

Luczak, H.: Arbeitswissenschaftliche Untersuchungen von maximaler Arbeitsdauer, Erholungszeiten bei informatorisch-mentaler Arbeit nach dem Kanal und Regler-Mensch-Modell sowie superpositionierten Belastungen am Beispiel Hitzearbeit, VDI, Düsseldorf, 1979.

Luczak, H.: Arbeitswissenschaft. Konzepte, Arbeitspersonen, Arbeitsformen, Arbeitsumgebung.

Luczak, H.: Belastung, Beanspruchung und Erholzeit bei informatisch-mentaler Arbeit. Bundesanstalt für Arbeitsschutz und Unfallschutz, Forschungsbericht Nr. 306. Wirtschaftsverlag NW, Dortmund 1982.

Luczak, H.: Grundlagen ergonomischer Belastungssuperposition. In: Rohmert, W. Ergonomie der kombinierten Belastung. O. Schmidt Verlag, Köln 1982.

Luczak, H.: Koordination der Bewegungen. In: Rohmert, W.; Rutenfranz, J.: Praktische Arbeitsphysiologie. Thieme Verlag, Stuttgart 1983.

Luczak, H.: Informationstechnische Arbeitsgestaltung. In: Rohmert, W.; Rutenfranz, J. (Hrsg.): Praktische Arbeitsphysiologie. Thieme Verlag. Stuttgart 1983.

Luczak, H.: Arbeitswissenschaft – Stand und Bedeutung für die Betriebswissenschaft, Ergänzungsheft 1 (1984), S. 7-14 und S. 36-110.

Luczak, H.: Beurteilungen und Gestaltung von Hitzearbeit, besonders in Gießereien. Düsseldorf, 1984.

Luczak, H.: Die optimale räumliche Dichte von klimatologischen Messwerten. 1984.

Luczak, H.; Rohmert, W: Stand der Arbeitswissenschaft. In: Zeitschrift für Betriebswirtschafslehre 84 (1984) 1, S. 46-100.

Luczak, H.; Rohmert, W.: Ansätze zu einer anthropologischen Systematik arbeitswissenschaftlicher Erkenntnisse. In: Zeitschrift für Arbeitswissenschaft 39 (1985) 3, S. 129-144.

Luczak, H.: Belastungs- und Beanspruchungsuntersuchungen zum Schiff der Zukunft. 1986.

Luczak, H.: Ergonomische Gestaltung von Schiffsarbeitsplätzen. 1986.

Luczak, H.: Ergonomische Gestaltung eines Handterminals zur Fehlkodierung in der Qualitätssicherung bei VW, Institut für Arbeitswissenschaft TU Berlin, 1986.

Luczak, H.: Zur Validität von WF-Mento. Berlin 1986. Arbeitswissenschaftliche Untersuchungen zum WF-Mento-Grundverfahren. 1986.

Luczak, Holger; Volpert, Walter u.a.: Arbeitswissenschaft, Kerndefinition, Gegenstandskatalog, Forschungsgebiete. Bericht an den Vorstand der Gesellschaft für Arbeitswissenschaft und die Stiftung Volkswagenwerk, Eschborn 1987.

Luczak, H.: Psychologische Methoden zur Erfassung psychophysischer Beanspruchungszustände. In: Graumann, C. (Hrsg.): Enzyklopädie der Psychologie D-III-1. Göttingen 1987.

Luczak, H.: Wesen menschlicher Leistung. In: Arbeitsgestaltung in Produktion und Verwaltung. Wirtschaftsverlag Bachem, Köln 1989.

Luczak, H.: Prinzipien menschlicher Informationsverarbeitung. In: Institut für Arbeitswissenschaft e.V. (Hrsg.): Arbeitsgestaltung in Produktion und Verwaltung. Wirtschaftsverlag Bachem, Köln 1989.

Luczak, H.; Rohmert, W.: Straßennamencodierung bei der Deutschen Bundespost; Ergonomische Untersuchung der Auswirkung verschiedener Codierregeln auf die Arbeitsperson, IAD (Inst. für Arbeitswissenschaft Darmstadt) und IAB (Inst. für Arbeitswissenschaft Berlin), 1990/91.

Luczak, H.: Typisierung von Blickbewegungen und Quantifizierung von Blickbewegungsparametern bei von unterschiedlichen Arbeitsformen ausgelösten mentalen Prozessen, Bericht an die Deutsche Forschungsgemeinschaft, Berlin 1993.

Luczak, H.: Arbeitswissenschaft. Springer-Verlag, Berlin, Heidelberg 1993.

Lundgreen, Peter; Horn, B.; Krohn, W.; Küppers, G.; Paslack, R.: Staatliche Forschung in Deutschland 1870-1980, Frankfurt a.M. 1986.

Maier, Ch. S.: Between Taylorism and Technocracy. European ideologies and the vision of industrial productivity in the 1920s. In: Journal of Contemporary History 5 (1970), S. 27-61.

Mantsuranis, J.: Betriebswissenschaftliche Fortschritte in Deutschland, Amerika und Frankreich. Eine bibliographische Studie, (mit einem Geleitwort von Otto Kienzle). Junker & Dünnhaupt, Berlin 1939.

Mantsuranis, Johann: Die Hauptbeiträge der Länder USA, Deutschland und Frankreich zum heutigen Stand der Betriebswissenschaft, Diss. TH Berlin 1.2.1939.

Marbe, Karl: Psychotechnische und faktische Eignung. In: Industrielle Psychotechnik 5 (1928), S. 16 ff.

Marbe, Karl: Über Unfallversicherung und Psychotechnik. In: Praktische Psychologie 4 (1923), S. 257 ff.

Marbe, Karl: Zum Geleit. In: Industrielle Psychotechnik. Der Mensch, Eignung, Leistung, Charakter, Verhalten. Festschrift zum 50. Geburtstag des Herausgebers Prof. Dr. W. Moede, 15 (1938) 9/10, S. 257 f.

Marcinowski, Dr.: Die Psychoanalyse im Dienste von Arbeit und Arbeitgeber, ihre Beziehung zur Psychotechnik und Taylorismus. In: Praktische Psychologie 3 (1922) 11, S. 319-333.

Marcus, Walter: Die Zeitstudie im Dienste der Kalkulation von Kleinstanzteilen. Eine kritische Betrachtung, Diss. TH Berlin 26.5.1921.

Matschoss, Conrad: Ein Jahrhundert deutscher Maschinenbau. Von der mechanischen Werkstätte bis zur deutschen Maschinenfabrik 1819 bis 1919. Hrsg. von der Deutschen Maschinenfabrik A. G. in Duisburg anläßlich ihres 100-jährigen Bestehens, Julius Springer Verlag, Berlin 1919.

Mau, Karl: Arbeitsintensitätsuntersuchungen bei handwerklicher Fertigung, Diss. TH Berlin, 27.6.1938, Buchholz & Weißwange Verlag, Berlin-Charlottenburg 1938.

Mauritz, Heinrich: Psychotechnik des Pressenschutzes, Diss. TH Berlin 1934.

Max-Planck-Gesellschaft (Hrsg.): Geschichte des Max-Planck-Instituts für Arbeitsphysiologie, Jahrbuch der Max-Planck-Gesellschaft zur Förderung der Wissenschaft e.V., Teil II, 1961.

Max-Planck-Institut für Arbeitsphysiologie (Hrsg.): 50 Jahre Max-Planck-Institut für Arbeitsphysiologie (Festschrift), Dokumentationsstelle der Max-Planck-Gesellschaft, 1963.

Mayer, Arthur: Die Betriebspsychologie in einer technisierten Welt. In: Lersch, Ph.; Sander, F.; Thomae, H. (Hrsg.), Handbuch der Psychologie in 12 Bänden, Bd.9: Betriebspsychologie, hrsg. von A. Mayer, B. Herwig, Göttingen 1961, S. 3-33.

Medrow, Walter: Psychotechnische Eignungsprüfungen bei der Deutschen Reichspost. In: Industrielle Psychotechnik 10 (1933), S. 225 ff.

Mehmke, R. L.: Arbeitsgesinnung im Wandel der Zeiten. In: Deutsche Psychologie 5 (1930)

Merkblatt, „Prof. Dr. W. Stern Nachfolger Meumanns". In: Dt. Psychologie 1 (1918), S.76.

Métraux, A.: Die angewandte Psychologie vor und nach 1933 in Deutschland. In: Graumann, C.F. (Hrsg.): Psychologie im Nationalsozialismus. Springer-Verlag, Berlin, Heidelberg, New York, Tokyo 1985, S. 221-262.

Meyenberg, Friedrich: Grundsätze der Betriebswissenschaft. In: Zeitschrift des Vereins deutscher Ingenieure (1926) 17, S. 553 f.

Meyer, Karl: Die Muskelkräfte Sauerbruch-Operierter und der Kraftverbrauch künstlicher Hände und Arme, Diss. TH Berlin 1919.

Milles, Dietrich: Betriebsärzte und produktionsbezogene Gesundheitspolitik in der Geschichte, Wirtschaftsverlag NW (Neue Wissenschaft), Bremerhaven 1992.

Mitteilungen der Internationalen Vereinigung für Psychologie und Psychotechnik, ohne Verfasser. In: Industrielle Psychotechnik 4 (1927) 1, S. 29 f.

Moede, W. (Hrsg.): Bücher der industriellen Psychotechnik, Bd. 1: Tipper, H. u.a.: Richtige Reklame, mit einem Vorwort von Moede, Berlin 1928. Sonderdruck. In: Archiv für die gesamte Psychologie 22 (1912) 2/3.

Moede, W. (Hrsg.): Bücher der industriellen Psychotechnik, Bd. 2: Klockenberg, E. A.: Rationalisierung der Schreibmaschine und ihrer Bedienung. Psychotechnische Arbeitsstudien, Berlin 1926.

Moede, W. (Hrsg.): Bücher der industriellen Psychotechnik, Bd. 3: Meyerheim, H.: Psychotechnik der Buchführung, Berlin 1927.

Moede, W. (Hrsg.): Bücher der industriellen Psychotechnik, Bd. 4: Bültmann, W.: Psychotechnische Berufseignungsprüfungen bei Gießereifacharbeitern, Diss. TH Berlin 1928.

Moede, W. (Hrsg.): Industrielle Psychotechnik – Der Mensch, Eignung, Leistung, Charakter, Verhalten. Festschrift zum 50. Geburtstag des Herausgebers Prof. Dr. W. Moede, 15 (1938) 9/10.

Moede, W. (mit Couvé, Richard; Tramm, K.A.): Aufruf der Gesellschaft für Psychotechnik. In: Industrielle Psychotechnik (1933) 6, S. 161.

Moede, W.; Schlesinger, G.: Psychotechnische Eignungsprüfungen – Berichte der Forschungsgesellschaft für betriebswissenschaftliche Arbeitsverfahren. Bericht über die Hauptversammlung am 14.6.1919, Verein Deutscher Werkzeugmaschinenfabriken, Berlin-Charlottenburg.

Moede, W.: Erfolge der psychotechnischen Lehrlingsprüfung, Berichte der Forschungsgesellschaft für betriebswissenschaftliche Arbeitsverfahren. Bericht über die 4. Sitzung am 18.10.1920, Verein Deutscher Werkzeugmaschinenfabriken Berlin-Charlottenburg.

Moede, W.; Fricke, F. u.a.: Betriebsrat und Arbeitswissenschaft. In: Werkstattstechnik 17 (1923), S. 252 ff.

Moede, W.; Piorkowski, C.: Die „Praktische Psychologie". In: Praktische Psychologie 1 (1919) 1/2, S. I-II.

Moede, W.; Prokat, S.: Leistungsversuche an Staubmasken beim Thomasmehlumschlag in Hafenbetrieben. In: Der Staub (1940), H. 12.

Moede, W.: Psychotechnik auf dem „Vierten Internationalen Kongreß für Unfallkunde und Berufskrankheiten" Amsterdam 1925, (Rundschau). In: Industrielle Psychotechnik 2 (1925) 12, S. 375.

Moede, W.: Rezension zu: Felix Pinner (Frank Fassland): Deutsche Wirtschaftsführer, Verlag der Weltbühne, Berlin 1924. In: Industrielle Psychotechnik 1 (1924) 7/8, S. 257.

Moede, W.; Schlesinger, G.: Zuschrift vom 20. Dez. 1921. In: Betrieb 4 (8) (1922) I, 28, S. 262-264.

Moede, W.; Piorkowski, C.; Wolff: Die Berliner Begabtenschulen, ihre Organisation und die experimentellen Methoden der Schülerauswahl, Langensalza 1918.

Moede, W.: 2 Jahre Berliner Begabtenschulen – Erfahrungen ihrer Schulleiter, Leipzig 1920.

Moede, W.: 10 Jahre Institut für industrielle Psychotechnik der TH Berlin. In: Werkstattstechnik 22 (1928), S. 587 ff.

Moede, W.: 13. Kongreß der deutschen Gesellschaft für Psychologie. In: Industrielle Psychotechnik 10 (1933) 10, S. 289 f.

Moede, W.: Anwendung und Erfolg der Psychotechnik in Verkehrswesen, Heer und Industrie. In: Großdeutscher Verkehr 36 (1942) 7/8, S. 171-180.

Moede, W.: Arbeitstechnik – Die Arbeitskraft: Schutz, Erhaltung, Steigerung, Stuttgart 1935.

Moede, W.: Arbeitswissenschaft. In: Beckerath, Brinkmann, u.a. (Hrsg.): Handwörterbuch der Sozialwissenschaften, Bd. 1, Göttingen 1956.

Moede, W.: Arten der Eignungsprüfung. In: Werkstattstechnik 16 (1922), S. 521 ff.
Moede, W.: Aufgaben und Leistungen der psychotechnischen Eignungsprüfung. In: Beiheft zum Zentralblatt für Gewerbehygiene und Unfallverhütung, Bd. l, H. 3: Aufgaben und Grundlagen der Psychologischen Arbeitseignungsprüfung, 1926, S. 49.
Moede, W.: Auslese und Beratung von Studierenden. In: Industrielle Psychotechnik 10 (1933) 7, S. 193- 206.
Moede, W.: Beiträge zur Kinderforschung und Heilerziehung, Heft 135, Langensalza 1917.
Moede, W.: Bekanntheit und Geltung. In: Industrielle Psychotechnik 10 (1933) 3, S. 65-73.
Moede, W.: Berufskunde und Berufsberatung für Optik und Feinmechanik auf wissenschaftlicher Grundlage. In: Deutsche optische Wochenzeitschrift VII (1916) 47, S. 654 f.
Moede, W.: Betriebliche Arbeitswissenschaft, Essen 1954.
Moede, W.: Chorlernen und Einzellernen. In: Zeitschrift für experimentelle Pädagogik, 1914.
Moede, W.: Das Laboratorium für industrielle Psychotechnik an der TU in Charlottenburg. In: Deutsche Medizinische Wochenschrift, Nr. 49, 1920.
Moede, W.: Der Psychologe als Gerichtsgutachter, Berlin 1942.
Moede, W.: Der Wert der französischen Fliegerprüfung, Frankfurter Zeitung, 3.02.1917.
Moede, W.: Der Wetteifer, seine Struktur und sein Ausmaß. In: Zeitschrift für experimentelle Pädagogik, 1914.
Moede, W.: Deutsche Psychotechnik. In: Zeitschrift für Organisation (1942) 7.
Moede, W.: Die Arbeitstechnik des Schneidens. Die Handschere und ihr Einsatz. In: Industrielle Psychotechnik 7 (1930) 5, S. 129-136.
Moede, W.: Die Bedeutung des Weltkrieges für die praktische Psychologie in Deutschland. In: Arbeitseinsatz und Arbeitslosenhilfe, H. 19/20, 10./25. Okt. 1940.
Moede, W.: Die Bedingungen der Genauigkeit psychologischer Leistungen, (Bericht über die Antrittsvorlesung von Prof. Dr. W. Wirth). In: Industrielle Psychotechnik 16 (1939) 4/5, S. 130-137.
Moede, W.: Die Berliner Begabtenschulen, ihre Organisation und die experimentellen Methoden der Schülerauswahl (mit C. Piorkowski u. Wolff), Langensalza 1918.
Moede, W.: Die Eignung zum Führen von Kraftfahrzeugen und ihre Begutachtung. In: Zeitschrift für Verkehrssicherheit 2 (1954), S. 3-20.
Moede, W.: Die Eignungsprüfung im Dienste der Betriebsrationalisierung. In: Industrielle Psychotechnik l (1924) 1/2, S. 3-16.
Moede, W.: Die Einwände gegen die Berliner Begabtenprüfung sowie ihre kritische Würdigung, (mit C. Piorkowski), Langensalza 1919.
Moede, W.: Die Experimentalpsychologie im Dienste des Wirtschaftslebens. In: Monatsblätter des Berliner Bezirksvereins deutscher Ingenieure 1919, S. l-14, 19-33.
Moede, W.: Die Gelenkprüfung. In: Erfahrungsaustausch (Mitteilungen des VDI) 18 (1918) 14, S. 7-15.
Moede, W.: Die Kaufmannsgehilfenprüfungen der deutschen Industrie- und Handelskammern im Jahre 1937. In: Industrielle Psychotechnik 14 (1937) 7/8, S. 245-250.
Moede, W.: Die Kennzeichnungswerte der menschlichen Arbeit. In: Industrielle Psychotechnik 12 (1935) l, S. 1-9.
Moede, W.: Die Leistungsprobe in der Eignungsuntersuchung. In: Industrielle Psychotechnik 13 (1936) l, S. 1-13.

Moede, W.: Die Massen- und Sozialpsychologie im kritischen Überblick. In: Zeitschrift für experimentelle Pädagogik 15 (1914).
Moede, W.: Die notwendige Neuordnung des psychologischen Studiums sowie dessen Richtlinien. In: Klemm O. (Hrsg.): Charakter und Erziehung. Bericht über den XVI. Kongreß der Deutschen Gesellschaft für Psychologie, Leipzig 1939, S. 275-278.
Moede, W.: Die Psychologie als Gerichtsgutachter. In: Industrielle Psychotechnik 19 (1942), S. 49-81.
Moede, W.: Die Psychotechnik als Arbeitswirtschaft. In: Industrielle Psychotechnik 4 (1927) 11, S. 347-349.
Moede, W.: Die psychotechnische Arbeitsstudie. Richtlinien für die Praxis. In: Praktische Psychologie l (1920), Teil 1: H. 5, S. 135-146; Teil 2: H. 6, S. 180-184.
Moede, W.: Die psychotechnische Eignungsprüfung des industriellen Lehrlings. In: Praktische Psychologie l (1919), Teil 1: H. 1/2, S. 339-350; Teil 2: H. 3, S. 65-81.
Moede, W.: Die Richtlinien der Leistungs-Psychologie (Vortrag, gehalten auf der 7. Sitzung des psychotechnischen Ausschusses der deutschen Reichsbahn). In: Industrielle Psychotechnik 4 (1927) 7/8, S. 193-209.
Moede, W.: Eignungsprüfung und Arbeitseinsatz, Stuttgart 1943.
Moede, W.: Eignungsprüfungen für kaufmännische Lehrlinge und Angestellte. In: Industrielle Psychotechnik 7 (1930) l, S. 1-17.
Moede, W.: Eignungsuntersuchungen an Technischen Hochschulen. In: Industrielle Psychotechnik 9 (1932) 11/12, S. 357 f.
Moede, W.: Einführung. In: G. Le Bon (Hrsg.): Psychologie der Massen, Leipzig 1932.
Moede, W.: Einzel- und Gruppenarbeit. In: Praktische Psychologie 2 (1920/21), Teil 1: Heft 3, S. 71-81; Teil 2: Heft 4, S. 108-115.
Moede, W.: Entwicklung und Stand der Eignungstechnik bei der deutschen Reichsbahn. In: Industrielle Psychotechnik 16 (1939) 9/12, S. 275-291.
Moede, W.: Ergebnisse der industriellen Psychotechnik (nach einem auf dem VII. Psychologenkongreß gehaltenen Vortrage). In: Praktische Psychologie 2 (1921) 10, S. 289-328.
Moede, W.: Ergebnisse der industriellen Psychotechnik. In: Bühler, K. (Hrsg.): Bericht über den VII. Kongreß für experimentelle Psychologie in Marburg, Jena 1922, S. 152-157.
Moede, W.: Ermüdungsmessungen. In: Becker, E. (Hrsg.): Bericht über den X. Kongreß für experimentelle Psychologie in Bonn, Jena 1928, S. 148-152.
Moede, W.: Ermüdungsstudien. In: Industrielle Psychotechnik 11 (1934) 7/8, S. 193-202.
Moede, W.: Ernst Meumann. In: Deutsche Schule 19 (1915), S. 417-429.
Moede, W.: Experimentalpsychologie im Dienste des Wirtschaftslebens. Julius Springer Verlag, Berlin l919.
Moede, W.: Experimentelle Massenpsychologie, Habil.-Schrift, Leipzig 1918. Neuauflage (unveränderter Nachdruck der Ausgabe von 1920) Darmstadt 1973.
Moede, W.: Experimentelle Massenpsychologie (Rezension von Piorkowski). In: Werkstattstechnik 15 (1921), S. 206 ff.
Moede, W.: Fehldiagnosen in der Eignungsfeststellung und Fehlurteile in den Prüfungen überhaupt. In: Industrielle Psychotechnik 8 (1931) 11, S. 321-333.

Moede, W.: Frage- und Beobachtungsbogen in der praktischen Psychologie (Referat, gehalten auf der Tagung für angewandte Psychologie der Gesellschaft für experimentelle Psychologie, Berlin, Okt. 1922). In: Praktische Psychologie 4 (1923), S. 129-164.

Moede, W.: Gedächtnis in Psychologie, Physiologie und Biologie, Inaugural-Dissertation, Sonderdruck. In: Archiv für die gesamte Psychologie 22 (1912) 2/3.

Moede, W.: Griffstudien. In: Werkstattstechnik 19 (1925) 6, S. 196-200.

Moede, W.: Grundsätze der psychologischen Lehrlingsprüfung. In: Werkstattstechnik 14 (1920), S. 433-441.

Moede, W.: Konsumpsychologie, Berlin 1933.

Moede, W.: Lebenspraktische Psychologie. In: Stuttgarter Neues Tageblatt, 4./5.02.1939.

Moede, W.: Lehrbuch der Psychotechnik, Berlin 1930, Rezension von G. Révész. In: Zeitschrift für angewandte Psychologie 37 (1930), S. 529 ff.

Moede, W.: Lehrbuch der Psychotechnik, Julius Springer Verlag, Berlin 1930.

Moede, W.: Leistungs- und Ausdruckspsychologie bei der Eignungsbegutachtung. In: Klemm, O. (Hrsg.): Charakter und Erziehung. Bericht über den XVI. Kongreß der Deutschen Gesellschaft für Psychologie, Leipzig 1939, S. 158-165.

Moede, W.: Meisterprüfung. In: Praktische Psychologie 3 (1921) l, S. 12-15.

Moede, W.: Mißverständnisse ohne Ende in der angewandten Psychologie der Gegenwart. In: Industrielle Psychotechnik 13 (1936) 10, S. 289-299.

Moede, W.: Nachruf auf W. Moede von Hasenack. In: Betriebswirtschaftliche Forschung und Praxis 10 (1958) 7/8, S. 468.

Moede, W.: Nachruf auf W. Moede von Helmuth Schnewlin. In: Industrielle Organisation – Schweizerische Zeitschrift für Betriebswissenschaft 27 (1958) 8.

Moede, W.: Nachruf auf W. Moede von Maria Schorn. In: Psychologische Rundschau 9 (1958) 4, S. 307-309.

Moede, W.: Nachruf auf W. Moede von W. Engelmann. In: Psychologie und Praxis 2 (1958) 5, S. 269 f.

Moede, W.: Nachruf auf W. Moede von Dr. Marga Baganz. In: Zentralblatt für Arbeitswissenschaft und soziale Betriebspraxis 12 (1958) 7, S. 112.

Moede, W.: Psychologie der Reklame. In: Praktische Psychologie l (1920) 7, S. 200-227.

Moede, W.: Psychologie des Berufs- und Wirtschaftslebens, (Sammlung Goeschen), Berlin 1958.

Moede, W.: Psychologische und psychotechnische Gutachten vor Gericht. In: Industrielle Psychotechnik 10 (1933) 5, S. 138-140.

Moede, W.: Psychophysik der Arbeit. In: Archiv für Pädagogik 2 (1913/14) l und 2.

Moede, W.: Psychotechnik und Arbeitstechnik. In: Industrielle Psychotechnik 14 (1937) 10/12, S. 344-352.

Moede, W: Psychotechnische Arbeitsrationalisierung. In: Industrielle Psychotechnik 2 (1925) 7/8, S. 245-246.

Moede, W.: Psychotechnische Arbeitsrationalisierung. In: Bühler, K. (Hrsg.): Bericht über den IX. Kongreß für experimentelle Psychologie in München, Jena 1926, S. 198-201.

Moede, W.: Psychotechnische Eignungsprüfungen bei den Eisenbahnen Europas. In: Industrielle Psychotechnik 14 (1937) 2/3, S. 33-41.

Moede, W.: Psychotechnische Eignungsprüfungen in der Industrie. In: Praktische Psychologie l (1920), Teil 1: H. 11, S. 339-350; Teil 2: H. 12, S. 365-371.
Moede, W.: Richtigkeit der Aufmerksamkeit. In: Neue Bahnen 2 (1914) 4/5, S. 176-186.
Moede, W.: Richtlinien der Psychologie in ihrer Bedeutung für die Eignungsbegutachtung in Betrieb und Wirtschaft. In: Die Deutsche Reichsbahn (1942), S. 171-176.
Moede, W.: Richtungen und Entwicklungsstufen der industriellen Anlernung und Schulung. In: Industrielle Psychotechnik 6 (1929) 1/2, S. 11-21.
Moede, W.: Sammelreferat Psychotechnik. In: Volkelt, H. (Hrsg.): Bericht über den XI. Kongreß für experimentelle Psychologie in Wien, Jena 1930, S. 3-24.
Moede, W.: Schlesinger und der psychotechnische Gedanke. In: Industrielle Psychotechnik 6 (1929) 7, S. 209-213.
Moede, W.: Schrecksekunde. In: Neues Kraftfahrzeug Fachblatt 2 (1948) 24.
Moede, W.: Schuld und Schuldlosigkeit bei Verkehrsunfällen. In: Ärztliche Sachverständigen Zeitung 38 (1932).
Moede, W.: The present position of vocational lest in Germany. Proceedings of the 7th International Congress of Psychology (Oxford), 1924, S. 331-346.
Moede, W.: Unfäller und Nichtunfäller im Lichte der eignungstechnischen Untersuchung. In: Industrielle Psychotechnik 11 (1934) l, S. 1-10.
Moede, W.: Unfallverhütung auf psychotechnischer Grundlage. In: Industrielle Psychotechnik 3 (1926) l, S. 16-22.
Moede, W.: Untersuchung und Übung des Gehirngeschädigten nach experimentellen Methoden. In: Beiträge zur Kinderforschung und Heilerziehung, Heft 135, Langensalza 1917.
Moede, W.: Verkehrsalkohol. In: Neues Kraftfahrzeug Fachblatt 3 (1949), Nr. 24.
Moede, W.: Verkehrspsychologie. In: Ach, N. (Hrsg.): Lehrbuch der Psychologie, Bd. 3, Bamberg 1944, S. 276-305.
Moede, W.: Vorwort. In: Couvé, R.: Die Psychotechnik im Dienst der deutschen Reichsbahn, Berlin 1925.
Moede, W.: Wirtschaftspsychologie und Verkehrspsychologie (im Lehrbuch der Psychologie, Band 3: Praktische Psychologie, hrsg. von Prof. Ach). Bamberg 1944.
Moede, W.: Wirtschaftspsychologie. In: Ach, N. (Hrsg.): Lehrbuch der Psychologie, Bd. 3, Bamberg 1944, S. 80-121.
Moede, W.: XI Internationaler Kongreß für Psychologie. In: Industrielle Psychotechnik 14 (1937) 7/8, S. 238-240.
Moede, W.: Zehn Jahre Institut für industrielle Psychotechnik. In: Industrielle Psychotechnik 5 (1928) 11, S. 344.
Moede, W.: Zeitstudien auf dem Kraftwagen. In: Industrielle Psychotechnik 10 (1933) 6, S. 165-172.
Moede, W.: Zum Ausbildungskursus in der Eignungsprüfung des industriellen Lehrlings. In: Zeitschrift für angewandte Psychologie 17 (1920), S. 349 f.
Moede, W.: Zum Geleit. In: Industrielle Psychotechnik l (1924) 1/2, S. 1 f.
Moede, W.: Zur Methodik der Menschenbehandlung. In: Industrielle Psychotechnik 7 (1930) 4, S. 107-111.
Moede, W.: Zur Methodik der Menschenbehandlung. Vom Vorgesetzten, seiner Psychologie und seinen Maßnahmen, Berlin 1930.

Moede, W.: Zur Methodik der Menschenbehandlung: Vom erfolgreichen Vorgesetzten. In: Industrielle Psychotechnik 7 (1930) 7, S. 208-214.

Moede, W.: Zur praktischen Psychologie des Zeitungslesers. In: Zeitungsverlag 31, 24. Mai 1930, Nr. 21.

Moede, W.: Zur Psychologie des Konsums. In: Industrielle Psychotechnik 9 (1932) 10, S. 289-303.

Moede, W.: Zur Psychologie des Zeitungslesers. In: Industrielle Psychotechnik 8 (1931) 2, S. 61-64.

Moede, W.: Arbeitstagung deutscher und italienischer Psychologen Rom-Mailand, 12.-16. Juni 1941, (Rundschau-Bericht). In: Industrielle Psychotechnik 18 (1941) 5/6, S. 137-140.

Monatsblätter des Berliner Bezirksvereins des Vereins Deutscher Ingenieure (MBB), Hrsg. im Auftrag des Vereins.

Müller, H.A.: Der Psychologe und die Verselbständigung der Funktionalität im Wirtschaftsleben. In: Psychologie und Praxis, 16 (1972), S. 145-157.

Müller, W.: Judentum und Wissenschaft. Leipzig 1936.

Münnich, Karl: Die Reaktionsleistung in Abhängigkeit von der Körperlage, Diss. TH Berlin, 25.4.1940. Buchholz & Weißwange Verlag, Berlin-Charlottenburg 1940.

Münsterberg, H.: Grundzüge der Psychotechnik, Leipzig 1914.

Münsterberg, H.: Psychologie und Wirtschaftsleben. Ein Beitrag zur angewandten Experimentalpsychologie, Leipzig 1912.

Münsterberg, Hugo: Aus Deutsch-Amerika, Berlin 1909.

Münsterberg, Hugo: Psychotechnik im Dienst der Kulturaufgaben. Aus: ders.: Psychologie und Wirtschaftsleben, Leipzig 1912, S. 187-191.

Münsterberg, Margaret; Hugo Münsterberg: His life and work, New York 1922.

Muth, Wolfgang: Berufsausbildung in der Weimarer Republik, Stuttgart: Franz Steiner Verlag 1985.

Naumann, Friedrich: Die menschliche Maschine. In: Die Hilfe 19 (1913), S.438 ff.

Neesen, Friedrich: Die Arbeitsgliederung in den Eisenbahnwerkstätten, Diss. TH Berlin 1922.

Neubauer, Günter: Sozioökonomische Bedingungen der Rationalisierung und der gewerkschaftlichen Rationalisierungsschutzpolitik. Vergleichende Untersuchung der Rationalisierungsphasen 1918 bis 1933 und 1945 bis 1968. Inaugural-Dissertation zur Erlangung des Grades eines Doktors der Wirtschaftswissenschaften der Freien Universität Berlin, Berlin 1980.

Neubauer, Walter F.: Entwicklungstendenzen der Arbeitspsychologie und Arbeitspädagogik seit 1945, Linz 1976.

Neumann, Erich: Psychotechnische Eignungsprüfung und Anlernung im Flugmotorenbau, Diss. TH Berlin, 26.1.1939. Buchholz & Weißwange, Berlin-Charlottenburg 1939.

Niemann, Willy B. (Bearbeiter): Verzeichnis der Dr.-Ing. Dissertationen der Technischen Hochschule und Bergakademien des Deutschen Reichs 1923 bis 1927, Berlin 1931.

Nolden, Hans: Industrielle Rationalisierungsmaßnahmen und ihre Bedeutung für den deutschen Arbeiterbedarf. Eine wirtschaftswissenschaftliche und statistische Untersuchung, Würzburg 1935.

Nübel, Otto; Riebensahm, Paul: Eugen Rosenstock-Huessey und die Daimler-Motoren-Gesellschaft 1919-1920. In: DWZ 1919/20.

Oberhoff, Eugen: Leistungskontrolle an Schreibmaschinen. In: Industrielle Psychotechnik 9 (1932) 2, S. 56-60.

Obermüller, Hermann: Technik und Ethik. Eine Betrachtung über ihre gegenseitige Beziehungen. In: Der Bosch-Zünder 6 (1924) 6, S. 121-123.

Ortega y Gasset, Jos: Betrachtungen über die Technik, Stuttgart 1943.

Ortega y Gasset, José: Der Aufstand der Massen, Reinbek 1963.

Osthold, Paul: Der Kampf um die Seele unseres Arbeiters, Düsseldorf 1926.

Palmade, Guy : La psychotechnique, Paris 1951.

Pechhold, Engelbert: 50 Jahre REFA, Berlin 1974.

Pechhold, Engelbert: Psychotechnik und Arbeiterauslese im Großbetrieb. In: Industrielle Psychotechnik 14 (1937) l, S. 23-32.

Pentzlin, Kurt: Meister der Rationalisierung, Düsseldorf, Wien 1963.

Perls, Paul H.: Bewährte und angewandte Eignungsprüfung von Arbeiterinnen für Massenherstellung elektrischer Kleinapparate. In: Werkstattstechnik (1927) 6, S. 157-159.

Perls, Paul H.: Noch einmal Taylor-System und Unfallverhütung. In: Werkstattstechnik (1914) 243, S. 629 f.

Petzina, Dietmar: Wirtschaft und Staat in der Weimarer Republick, o.O., o.J.

Petzina, Dietmar; Abelshauser, Werner: Zum Problem der relativen Stagnation der deutschen Wirtschaft in den zwanziger Jahren. In: Mommsen, Hans; Petzina, Dietmar; Weisbrod, Bernd (Hrsg.): Industrielles System und politische Entwicklung in der Weimarer Republik, a.a.O., S. 57 f.

Piorkowski, Curt: s. Levy, Walter.

Plaut, Paul: Die Arbeiten von Otto Lipmann, zusammengestellt von P. Plaut. In: Zeitschrift für angewandte Psychologie 36 (1930), S. 201-208.

Plaut, Paul: Massenpsychologie und Arbeit. In: Giese, Fritz (Hrsg.), Handbuch der Arbeitswissenschaft, Band V, Objektpsychotechnik, Teil 1: Arbeits- Berufspsychologie, Halle 1928, S. 128 f.

Plaut, Paul: Psychological Register, Worcester 1932, S. 861.

Plaut, Paul: Psychologie und Arbeitswissenschaft. In: Zeitschrift für angewandte Psychologie 36 (1930), S. 87-103.

Plaut, Paul: Soziologie und Psychologie. In: Zeitschrift für angewandte Psychologie 1923, Band 21, S. 345 f.

Plaut, Paul: Zum Problem der Elektrodiagnose und ihrer „Methode“. In: Zeitschrift für angewandte Psychologie 27 (1926), S. 436-441.

Pollak, A.: Ein Standardwerk über Arbeitswissenschaft. In: Arbeit und Wirtschaft (1932) 20, S. 651 f.

Poppelreuter, Walther: Allgemeine methodische Richtlinien der praktisch psychologischen Begutachtung, Leipzig 1923.

Poppelreuter, Walther: Arbeitspsychologische Leitsätze für den Zeitnehmer, Oldenbourg Verlag, München, Berlin 1929. (Aus dem Institut für Arbeitspsychologie, Bonn. Aus dem Laboratorium für industrielle Psychotechnik der Technischen Hochschule, Aachen. Aus der „Forschungsstelle für industrielle Schwerarbeit“, Gelsenkirchen).

Poppelreuter, Walther: Beitrag zur Frage der Stellungnahme der Arbeitnehmer zur psychotechnischen Begutachtung. In: Psychotechnische Zeitschrift (1929) 2, S. 40.

Poppelreuter, Walther: Die Aufgaben des Landesarbeits- und Berufsamtes bei der Organisation praktisch-psychologischer Einrichtungen (Vortrag am 21.X.1921 in Düsseldorf), Düsseldorf o.J.

Poppelreuter, Walther: Werkspolitische Fragen der psychotechnischen Begutachtung. In: Der Arbeitgeber 16 (1926), S. 377 ff.

Praktische Psychologie, Monatsschrift für die gesamte angewandte Psychologie, für Berufsberatung und industrielle Psychotechnik, hrsg. von Dr. Walther Moede und Dr. C. Piorkowski, Berlin 1919 ff.

Praktische Psychologie, Monatsschrift für die gesamte angewandte Psychologie, für Berufsberatung und industrielle Psychotechnik, hrsg. von Dr. Walther Moede und Dr. C. Piorkowski, Berlin 1919 ff. Rezension zur ersten Doppelnummer von Buxbaum. In: WT (1920) 4, S. 123 f.

Psychologie und Praxis, Zeitschrift für Anwendungsgebiete der Psychologie, hrsg. von W.K. Arnhold, H. Rohrbacher, P. Hofstätter, Stuttgart 1969-1986, seit 1987 Zeitschrift für Arbeits- und Organisationspsychologie.

Psychologische Rundschau, Organ des Berufsverbands deutscher Psychologen.

Psychologisches Wörterbuch, hrsg. von Friedrich Dorsch unter Mitwirkung von Werner Traxel, Felix Meiner, Hamburg 1970.

Psychotechnik an der Technischen Hochschule Darmstadt, o. Verf. In: Praktische Psychologie 3 (1921/22), S. 155.

Psychotechnik. In: Tilmann Buddensieg (Hrsg.): Wissenschaft in Berlin, Bd. 1: Objekte, Psychotechnische Bibliothek, Leipzig 1920.

Psychotechnische Lehrlingsprüfung in der deutschen mechanischen Industrie, o. Verf.. In: Praktische Psychologie 3 (1921/22), S. 314.

Psychotechnische Zeitschrift, hrsg. von Hans Rupp, Berlin 1926-1936.

Psychotechnischer Ausschuß der Deutschen Reichsbahn. Rundschau. In: Industrielle Psychotechnik l (1924) 3, S. 87 f.

Psychotechnischer Lehrgang an der Technischen Hochschule Oktober 1923, o. Verf. In: WT (1923) 17, S. 538 f. (Berichte der Schriftleitung).

Putschmann, Manfred: Bürgerliche Industrie- und Betriebssoziologie als Herrschaftsinstrument des Monopolkapitals, Diss. Berlin (Ost), 1963.

Quednau, Horst: Eignungs- und Leistungsprüfungen für Hollerith-Locherinnen unter besonderer Berücksichtigung des Monotonie-Problems, Diss TH Berlin, 5.7.1940. Buchholz & Weißwange, Berlin-Charlottenburg 1940.

Rabinbach, Anson: Industrial Psychology between Psychotechnics and Politics in Weimar Germany: The Case of Otto Lipmann. In: Les Chantiers de la paix sociale: Techniques et figures du social d'une guerre à láutre, 1991.

Rabinbach, Anson: The Human Motor. Energy, Fatigue, and the Origins of Modernity, Berkeley 1992.

Rabinbach, Anson: Betriebspsychologie zwischen Psychotechnik und Politik während der Weimarer Republik: Der Fall Otto Lipmann. In: Milles, Dietrich (Hrsg.): Betriebsärzte und produktionsbezogene Gesundheitspolitik in der Geschichte, Wirtschaftsverlag NW (Neue Wirtschaft), Bremerhaven, 1992, S. 41-64.

Raehlmann, Irene: Interdisziplinäre Arbeitswissenschaft in der Weimarer Republik. Eine wissenschaftssoziologische Analyse. Opladen 1988.

Ranecker, Bruno: Rationalisierung als Kulturfaktor, Berlin 1928.

Rauecker, Bruno: Rationalisierung und Arbeiterkultur. In: Die Arbeit (1926) 2, S. 115 f.

REFA (Hrsg.): Arbeitsstudium heute und morgen, Festschrift zum 70. Geburtstag von Prof. E. Bramesfeld, Beuth-Vertrieb, Berlin, Köln, Frankfurt 1963.

REFA (Hrsg.): Methodenlehre des Arbeitsstudiums, Teil 1, Grundlagen, Carl Hanser Verlag, München 1973.

Report: Organization, rational and industrial relations. A Symposium of view from management, labour and social sciences contributed to the 1929 I.R.I. discussion meeting on the subject of human relations in a rational organized industry, published by the international industrial relations association, M. Fleddern (mit Übersetzung), Hague/Holland 1929.

Reulecke, Jürgen: Veränderungen des Arbeitskräftepotentials im Deutschen Reich 1900-1933. In: Mommsen, Hans; Petzina, Dietmar; Weisbrod, Bernd (Hrsg.): Industrielles System und politische Entwicklung in der Weimarer Republik, a.a.O., S. 84 f.

Rezension zu: W. Moede, C. Piorkowski, Wolff, Die Berliner Begabtenschulen, ihre Organisation und die experimentellen Methoden der Schülerauswahl. In: Dt. Psychologie 2 (1918/19), S. 99 f.

Rezension zu: W. Moede: Untersuchung und Übung des Gehirngeschädigten nach experimentellen Methoden, o. Verf.. In: Dt. Psychologie 1 (1918), S. 464.

Richter, Werner: Die Organisation der Wissenschaft in Deutschland. In: Brauer/Mendelssohn Bartholdy/Meyer (Hrsg.) Bd. I, 1930, S. 1 ff.

Rickert, Heinrich: Kulturwissenschaft und Naturwissenschaft, Tübingen 1926.

Riedel, Johannes (Hrsg.): Arbeitskunde. Grundlagen, Bedingungen und Ziele der wirtschaftlichen Arbeit, Leipzig, Berlin 1925.

Riedel, Johannes: Wissenschaftliche Betriebsführung. In: ders. (Hrsg.): Arbeitskunde, a.a.O., S. 326 f.

Rieffert, J. B.: Verband der deutschen praktischen Psychologen, (Rundschau). In: Industrielle Psychotechnik 4 (1927) 5, S. 158 f.

Ringer, Fritz: The decline of German mandarins: The German academic Community, 1890-1933, Cambridge/Mass. 1969.

RKW (Hrsg.): Der Mensch und die Rationalisierung, Bd. I, Jena 1931, Bd. III, Jena 1933.

RKW (Hrsg.): Der Mensch und die Rationalisierung. Fragen der Arbeits- und Berufsauslese, der Berufsausbildung und Bestgestaltung der Arbeit. Jena 1931.

RKW (Hrsg.): Handbuch der Rationalisierung, Berlin 1930.

Rocker, Rudolf: Die Rationalisierung und die Arbeiterklasse, Berlin 1927.

Rohmert, W. (Hrsg.): Entwicklung und Erkenntnisse der Arbeitswissenschaft, Berlin 1974.

Rohmert, W.: Arbeitswissenschaft I und II, Umdruck zur Vorlesung in TH Darmstadt, Darmstadt: Selbstverlag, 1973.

Rohmert, W.: Aufgaben und Inhalt der Arbeitswissenschaft an TU und TH. In: Die Landarbeit 23 (1972) 7, S. 49-55.

Rohmert, W.: Methoden und Grenzen arbeitswissenschaftlicher Forschung. In: Zeitschrift für Führungskräfte im Arbeitsstudium und im Industrial Engineering 2 (1967) 1, S. 1-10.

Rohmert, W.: Schwerpunkte arbeitswissenschaftlicher Forschung. In: Arbeit und Leistung, 24 (1972) 2/3, S. 31.

Rohmert, Walter; Luczak, Holger: Entwicklung und Dokumentation der Arbeitswissenschaft in Deutschland (BRD). In: Rohmert, W. (Hrsg.): Entwicklung und Erkenntnisse der Arbeitswissenschaft, Berlin 1974, S. 69-86.

Roloff, Hans Paul: Ausbildungskursus in der Eignungsprüfung des industriellen Lehrlings, veranstaltet vom Laboratorium für industrielle Psychotechnik in Charlottenburg vom 13.-18.X.1918. In: Zeitschrift für angewandte Psychologie 16 (1920), S. 166 ff. (anschließende Äußerungen von Schlesinger, Roloff, Stern, Giese, S. 386 ff.).

Rosam, Alexander: Die Veränderung der Produktionstechnik. In: DMV (Hrsg.): Protokoll der Konferenz des Reichsbeirats der Betriebsräte, 29./30. Dezember 1929, S. 30-38.

Rosam, Alexander: Zur Krisis der Psychotechnik. In: Wirtschaft und Wissen 6 (1920) Bd. 1, S. 510-526.

Rose, Heinrich: Die Angemessenheit psychotechnischer Prüfmittel. In: Industrielle Psychotechnik 12 (1935) 7/8, S. 230-238.

Rosenstock, Eugen: Psychotechnik. In: Hochland 1 (1920) 17, S. 510-526.

Rüegsegger, Ruedi: Die Geschichte der Angewandten Psychologie 1900-1940. Ein internationaler Vergleich am Beispiel der Entwicklung in Zürich. Hans Huber, Bern u.a. 1986.

Ruffer, W.: Über die Anwendung der Psychotechnik auf die Lichttechnik. In: WT (1929) 10, S. 313-319.

Rühl, G.: Arbeitswissenschaft A und B, Rahmenmanuskript, TH Karlsruhe, Selbstverlag, Karlsruhe 1973.

Rupp, Hans: (Literaturverzeichnis – Bücherschau. In: Psychotechnische Zeitschrift 2 (1927) 4, S. 119-121.

Rupp, Hans: Auswahl psychotechnischer Literatur in Deutschland aus den Jahren 1924/25, (Psychotechnische Rundschau). In: Psychotechnische Zeitschrift l (1925/26) 4, S. 131-134.

Rupp, Hans: Die Aufgaben der psychotechnischen Arbeitsrationalisierung. In: Psychotechnische Zeitschrift 3 (1928), S. 165-182.

Rupp, Hans: Die sittliche Verpflichtung der Psychotechnik. In: Psychotechnische Zeitschrift 5 (1930), S. 103.

Rupp, Hans: Psychotechnische Eignungsprüfungen in Werkschulen der Metallindustrie Deutschlands, (Psychotechnische Rundschau, mit Statist. Ergebnissen). In: Psychotechnische Zeitschrift l (1925/26) l, S. 37-39.

Rupp, Hans: Über den Reichsberufswettkampf. In: Psychotechnische Zeitschrift 9 (1934) 2, S. 29-74.

Rupp, Hans: Zur Einführung. In: Psychotechnische Zeitschrift l (1925) 1.

Sachs, Hildegard: Die Träger der experimentellen Eignungspsychologie, Leipzig 1923.

Sachs, Hildegard: Zur Vorgeschichte der Eignungspsychologie. In: Sachs, Hildegard, Zeitschrift für angewandte Psychologie 22 (1923), S. 286-291.

Sachsenberg, Ewald: Rezension zu: Moede, W.: Experimentalpsychologie im Dienste des Wirtschaftslebens. In: WT (1919) 21, S. 339.

Sándor, Béla: Experimentelle Analyse des Reaktionsvorganges bei verschiedenartiger Reizdarbietung. Diss. TH Berlin 13.1.1932, Buchholz & Weißwange Verlag, Berlin 1932. Auch in: Industrielle Psychotechnik 8 (1931) 10, S. 317 sowie 9 (1932) 1, S. 1.

Sándor, Béla: Psychotechnik in Russland. In: Industrielle Psychotechnik 8 (1931) 6, S. 188 f.

Schackwitz, Alex: Die psychologischen Berufs-Eignungsprüfungen für Verkehrsberufe. Eine Begutachtung ihres theoretischen und praktischen Wertes erläutert durch eine Untersuchung von Straßenbahnführern, Springer, Berlin1920.

Schad, Susanne P.: Empirical Social Research in Weimar-Germany, Paris, The Hague 1972.

Schalldach, Elisabeth: Rationalisierungsmaßnahmen der Nachinflationszeit im Urteil der deutschen freien Gewerkschaften, Jena 1930.

Schaller, Joachim: Das Berufsbild des Betriebsingenieurs (Aus dem Institut für Industrielle Psychotechnik und Arbeitstechnik). In: Industrielle Psychotechnik 8 (1931), S. 252-255.

Scheven, Paul: Die Lehrwerkstätte (Zur Einrichtung der Berliner 'Lehrlingsecken' von Siemens und Borsig 1890), Tübingen 1894.

Schildberger, Friedrich: Die Wandlungen in der Stellung des deutschen Werkmeisters, Diss. TH Berlin, 18.6.1937.

Schindler, Rudolf: Das Problem der Berufsauslese für die Industrie. Jena 1929.

Schleip: Ein Beitrag zum Wirkungsgrad der Arbeit beim Sitzen und Stehen. In: Industrielle Psychotechnik 8 (1931) 9, S. 271-281.

Schlesinger, G.; Borchardt, M.; Gocht; Radicke, R.: Bandagen für Oberarmamputierte und im Schultergelenk Exartikulierte. In: Merkblätter der Prüfstelle für Ersatzglieder der Gutachterstelle für das kgl. preußische Kriegsministerium Nr. 16 vom 20.01.1918.

Schlesinger, G.; Hartmann, K.: Armamputierte im Handwerk und in der Industrie. In: WT 11 (1917), S. 253-255, S. 349-253, S. 365-369.

Schlesinger, G.; Meyer, K.: Die Muskelkräfte im Innern des amputierten Armes und ihre Nutzbarmachung (Zusammenwirken von Chirurg und Ingenieur). In: WT 14 (1920), S.457-463.

Schlesinger, G.; Radicke, R.; Volk, C.: Stutzen bei Radialislähmungen. In: Merkblätter der Prüfstelle für Ersatzglieder der Gutachterstelle für das kgl. preußische Kriegsministerium Nr. 17 vom 01.08.1918.

Schlesinger, G.: Beiträge zur Frage der Ausrüstung armverletzter Kriegsbeschädigter für das Berufsleben. In: Verhandlungen des Vereins zur Förderung des Gewerbefleißes (1916) 1.

Schlesinger, G.: Betriebseinrichtungen und Arbeitserfahrungen bei den deutschen Niles-Werkzeugmaschinenfabriken Oberschöneweide. In: Z. VDI 54 (1910), S. 161-167, 228.

Schlesinger, G.: Betriebsführung und Betriebswissenschaft (Vortrag auf der 54. Hauptversammlung des VDI „Industrielle Betriebsführung"). In: Industrielle Betriebsführung (von G. Schlesinger und J.M. Dodge), Springer, Berlin 1913.

Schlesinger, G.: Betriebsführung und Betriebswissenschaft. In: Technik und Wirtschaft 6 (1913) 8, S. 525-547.

Schlesinger, G.: Betriebsorganisation in deutschen Fabriken. In: Zentralarchiv für Politik und Wirtschaft (1928), S. 497.

Schlesinger, G.: Betriebswissenschaft und Psychotechnik. In: Praktische Psychologie 1 (1919), S. 1-6.

Schlesinger, G.: Das Taylor-System und die deutsche Betriebswissenschaft. In: WT 15 (1921), S. 313-317.

Schlesinger, G.: Das Zusammenarbeiten von Arzt und Ingenieur in der Prüfstelle für Ersatzglieder. In: WT 10 (1916), S. 453-460.

Schlesinger, G.: Der Zusammenhang von Gestaltung, Fertigung und Wirtschaftlichkeit im Maschinenbau (Einführung der Vorlesung „Maschinenbau“ vom 01.11.1920, Berlin).

Schlesinger, G.: Der Zusammenhang von Gestaltung, Fertigung und Wirtschaftlichkeit im Maschinenbau. In: Der Betrieb 2 (1920/21), S. 177. Auch in: Die Technische Hochschule (1921) 8/9, S. 105-113.

Schlesinger, G.: Die Entwicklung der Berufsgenossenschaften und der Richtlinien der modernen Unfallverhütung. In: Z. VDI 55 (1911), S. 1789, 1833, 1880.

Schlesinger, G.: Die Entwicklung der deutschen Organisationswissenschaft für industrielle Betriebe. In: WT 17 (1923), S. 152-154.

Schlesinger, G.: Die Erziehung des technischen Nachwuchses in Amerika. In: WT 19 (1925), S. 301-316.

Schlesinger, G.: Die Fortschritte in der Herstellung von Ersatzgliedern und ihre Benutzung durch die Kriegsbeschädigten. In: Jahrbuch der Schiffbautechnischen Gesellschaft 21 (1920), S. 715.

Schlesinger, G.: Die Herstellung der „Berliner Hand“. In: Z. VDI (1917), S. 859.

Schlesinger, G.: Die Herstellung der „Keller-Hand“. In: WT 11 (1917), S. 143-145.

Schlesinger, G.: Die Mitarbeit des Ingenieurs bei der Durchbildung der Ersatzglieder. In: Z. VDI (1917), S. 737, 758, 798.

Schlesinger, G.: Die Prüfstelle für Ersatzglieder in Charlottenburg. In: WT 10 (1916), S. 136-144.

Schlesinger, G.: Die Stellung der deutschen Werkzeugmaschine auf dem Weltmarkt, August Bagel Verlag, Düsseldorf 1911.

Schlesinger, G.: Einleitung zum Buch von Lilienthal: Fabrikorganisation, Fabrikbuchführung und Selbstkostenberechnung der L. Loewe AG, Springer, Berlin 1908 und 1914.

Schlesinger, G.: Ersatzglieder und Arbeitshilfen für Kriegsbeschädigte und Unfallverletzte. 1. Der mechanische Aufbau der künstlichen Glieder, 2. Das wirtschaftliche Ergebnis beruflich tätiger Schwerbeschädigter. In: Ersatzglieder und Arbeitshilfen für Kriegsbeschädigte und Unfallverletzte, Springer, Berlin 1918.

Schlesinger, G.: Fabrikorganisation. In: Z. VDI 72 (1928), S. 789.

Schlesinger, G.: Frederick W. Taylor. (Ein Nachruf zum Todestag am 21.3.1915). In: WT 9 (1915), S. 269 f.

Schlesinger, G.: Künstlicher Oberarm mit auswechselbarem Unterarm und Arbeitsarm für Oberarm-Amputierte. In: WT 10 (1916) S. 224-225.

Schlesinger, G.: Praktische Ergebnisse der industriellen Psychotechnik. Monatsblätter des Berliner Bezirksvereins deutscher Ingenieure (1919), S. 137. (Vortrag vom 1.10.1919) und Z.VDI (1920), S. 417.

Schlesinger, G.: Psychotechnik in Amerika (Studieneindrücke). Industrielle Psychotechnik 2 (1925) S. 161.

Schlesinger, G.: Psychotechnik in Amerika. Industrielle Psychotechnik 3 (1926) 6, S. 161.

Schlesinger, G.: Psychotechnik und Betriebswissenschaft (Psychotechnische Bibliothek, Band 1), S. Hirzel, Leipzig 1920.

Schlesinger, G.: Psychotechnik und Betriebswissenschaft (Vortrag vom 06.09.1920, Berlin: Psychotechnischer Kursus im Laboratorium des Versuchsfeldes für Werkzeugmaschinen und Betriebslehre, TH Berlin).

Schlesinger, G.: Technische Vollendung und höchste Wirtschaftlichkeit im Fabrikbetrieb, Springer, Berlin 1932.

Schlesinger, G.: Über die deutsche Automobilindustrie. In: Der Bosch-Zünder 9 (1927) 4, S. 73-76.

Schlesinger, G.: Über die Fabrikorganisation (Zwei Vorträge), Mitteilung des Industrie-Förderungsinstituts der Handels- und Gewerbekammer Prag (1913) 15.

Schlesinger, G.: Unfallverhütungstechnik. In: Unfallverhütung und Betriebssicherheit, Denkschrift des Verbandes der deutschen Berufsgenossenschaften aus Anlaß des 25jährigen Bestehens der gewerblichen Arbeitssicherung, Carl Heymann Verlag, Berlin 1910.

Schlesinger, G.: Universalhand für armamputierte Landarbeiter. In: Merkblätter der Prüfstelle für Ersatzglieder der Gutachterstelle für das kgl. preußische Kriegsministerium Nr. l vom 1.4.1916. Z. VDI 60 (1916), S. 269 sowie WT 10 (1916), S. 139-141.

Schlesinger, G.: Untersuchungen an Kriegsverletzten. Berichte der Forschungsgesellschaft für betriebswissenschaftliche Arbeitsverfahren (1918/1920), Verein Deutscher Werkzeugmaschinenfabriken, Berlin-Charlottenburg.

Schlesinger, G.: Untersuchungen an Werkzeugmaschinen. Berichte der Forschungsgesellschaft für betriebswissenschaftliche Arbeitsverfahren (1919/20), Verein Deutscher Werkzeugmaschinenfabriken, Berlin-Charlottenburg.

Schlesinger, G.: Vorwort zu E. Werner, Die praktische Werkstattausbildung der Studierenden an Technischen Hochschulen, Schriften des Verbandes Deutscher Diplom-Ingenieure, Nr. 12, M. Krayn Verlag, 1914.

Schlesinger, G.; Moede, W.: Psychotechnische Eignungsprüfungen. Berichte der Forschungsgesellschaft für betriebswissenschaftliche Arbeitsverfahren (Bericht über die Hauptversammlung am 14.6.1919). Verein Deutscher Werkzeugmaschinenfabriken, Berlin-Charlottenburg.

Schlesinger, G.; Radicke, R.; Bloch: Gebrauchshand für das tägliche Leben. In: Merkblätter der Prüfstelle für Ersatzglieder der Gutachterstelle für das kgl. preußische Kriegsministerium Nr. 15 vom 15.01.1918.

Schmidt, Gert: Gesellschaftliche Entwicklung und Industriesoziologie in Deutschland und in den USA. Eine historische Analyse, Frankfurt a.M., Köln 1974.

Schmidt, Gert: Zur Geschichte der Industriesoziologie in Deutschland. In: Soziale Welt 1980.

Schmidt, H.-G.: Intoxikationen durch Lösungsmittel unter besonderer Berücksichtigung des Benzols und des Trichloräthylens. Habilitationsschrift TU Berlin, 1962.

Schmidt, Hellmuth: Funktions- und Leistungsanalyse des Höhenfliegers nach berufswichtigen Gesichtspunkten, Diss. TH Berlin 27.6.1938. Buchholz & Weißwange Verlag, Berlin-Charlottenburg 1938.

Schmidt, Otto: Auswahl und Anlernung von Erwerbslosen für die Luftfahrt-Rüstungs-Industrie, Diss. TH Berlin, 26.1.1939. Buchholz & Weißwange Verlag, Berlin-Charlottenburg 1939.

Schneider, L.: Einrichtung einer psychologischen Untersuchungsstelle bei der Oberpostdirektion Berlin (Rundschau). In: Praktische Psychologie 3 (1921/22), S. 376-378.

Schneider, L.: Einrichtung einer psychologischen Untersuchungsstelle bei der Oberpostdirektion Berlin. In: Zeitschrift für angewandte Psychologie 21 (1922/23), S. 406-408.

Schneider, L.: Die Psychotechnik bei der Deutschen Reichspost. In: Psychotechnische Zeitschrift 1 (1925) 1, S. 25-35.

Schorn, Maria: 10. Kongreß für Psychologie in Bonn, (Rundschau). In: Industrielle Psychotechnik 4 (1927) 5, S. 159 f.

Schorn, Maria: 10. Kongreß für Psychologie in Bonn, (Rundschau). In: Industrielle Psychotechnik 4 (1927) 6, S. 181-186.

Schottlaender, R.: Antisemitische Hochschulpolitik: Zur Lage der Technischen Hochschule Berlin 1933/34. In: Rürup (Hrsg.): Bd. 1, S. 445-454.

Schriften zur Psychologie der Berufseignung und des Wirtschaftslebens, hrsg. von Otto Lipmann und William Stern, Joh. Ambr. Barth Verlag, Leipzig, o.J.

Schroeder-Gudehus, Brigitte: The Argument of Self-Government and Public Support of Science in Weimar Germany. In: Minerva, Bd. X, Oktober 1972, Nr. 4, S. 537-570.

Schuchart, Th.: Arbeiter- und Lehrlingserziehung in den Vereinigten Staaten. In: WT 7 (1913) 11, S. 323-326.

Schulhof, Andreas: Die Mitwirkung des Arztes bei der Ausarbeitung und Durchführung psychotechnischer Eignungsprüfungen (Ergebnisse einer Rundfrage vom Lehrstuhl für Werkzeugmaschinen und Fabrikbetriebe an der THB). In: Praktische Psychologie 4 (1922/23), S. 222-224.

Schulhof, Andreas: Die Mitwirkung des Arztes bei der Ausarbeitung und Durchführung psychotechnischer Eignungsprüfungen (Ergebnisse einer Rundfrage vom Lehrstuhl für Werkzeugmaschinen und Fabrikbetriebe an der TH Berlin). In: WT (1923) 16, S. 492 f.

Schulte, B.: Die Entwicklung der Arbeitswissenschaft an der Technischen Universität Berlin. In: Spur, Günter (Hrsg.): Fertigungstechnik in Lehre, Forschung und Praxis. Rudolf Haufe Verlag, Freiburg i. Br. 1967.

Schulte, H.: Grundvorlesung Arbeitswissenschaft, Hilfsblätter, TU Berlin, Selbstverlag, Berlin 1973.

Schürholz, Franz: Von der Psychotechnik über Arbeitspädagogik zur Menschenführung. Gedanken zur Organisationswelle neuer Institute. In: Technische Erziehung 4 (1929), S. 3 ff.

Schuster, Helmuth und Margrit: Industriesoziologie im Nationalsozialismus. In: Soziale Welt (1984) 1/2, S. 94 f.

Schuster, Helmuth: Industrie und Sozialwissenschaften: Eine Praxisgeschichte der Arbeits- und Industrieforschung in Deutschland (Beiträge zur sozialwissenschaftlichen Forschung, Bd. 92), Opladen 1987.

Schuster, Helmuth: Industrie und Sozialwissenschaften: Eine Praxisgeschichte der Arbeits- und Industrieforschung in Deutschland, Opladen 1987.

Schuster, Helmuth: Industrie und Soziologie. Versuch einer Praxisgeschichte der soziologischen Arbeits- und Industrieforschung, Aachen 1984 (unveröffentlichtes Manuskript).

Schütte, Ilse (Hrsg.): Technikgeschichte als Geschichte der Arbeit. Die historisch-genetische Methode in Technikunterricht und Arbeitslehre. Bad Salzdetfurth 1981.

Schütz, W. von: Die Messung indirekter Kraftquellen zur Betätigung künstlicher Glieder. Diss. TH Berlin 26.5.1921.

Seidel, Richard: Die Rationalisierung des Arbeitsverhältnisses. In: Die Gesellschaft, Internationale Revue für Sozialismus und Politik, hrsg. von Rudolf Hilferding, Bd. 2, Berlin 1926, S. 13-35.

Seng, Manfred: Die Betriebsbuchführung einer Werkzeugmaschinenfabrik. Probleme und Lösungen, Diss. TH Berlin 1914. Springer, Berlin 1914.

Senghaas, Dieter: The Technocrats, Rückblick auf die Technokratiebewegung in den USA. In: Koch, C.; Senghaas, D. (hrsg.), Texte zur Technokratiediskussion, Frankfurt a.M. 1970, S. 282 f.

Seubert, Rudolf: Aus der Praxis des Taylor-Systems mit eingehender Beschreibung seiner Anwendung bei der Tabor Manufacturing Company in Philadelphia, Berlin 1918.

Shell; Sträub; Hecker (Hrsg.): Arbeitspsychologie und wissenschaftlich-technische Revolution. Intellektuelle Regulation von Produktionsarbeiten, Eingabe- und Entnahmetätigkeiten in der elektronischen Datenverarbeitung, Beanspruchung durch geistige Arbeit, Berlin 1968.

Siegel, Tilla; Thomas von Freyberg: Industrielle Rationalisierung unter dem Nationalsozialismus, (Forschungsberichte des Instituts für Sozialforschung Frankfurt am Main), Campus Verlag, Frankfurt a.M., New York 1991.

Siegel, Tilla: Leistung und Lohn in der nat. soz. „Ordnung der Arbeit“, Opladen 1989.

Sieloff, E.: Überschätzung der Psychotechnik. Die Anwendungsmöglichkeiten und ihre Begrenzung in der Praxis. In: Betrieb und Organisation 3 (1926) l, S. 13-15.

Siemens, Carl Friedrich v.: Individualismus, die Grundlage des wirtschaftlichen Fortschritts. In: Der Arbeitgeber 15 (1925), S. 29 ff.

Söllheim, Fritz: Taylorsystem für Deutschland. Grenzen seiner Einführung in den deutschen Betrieben, München, Berlin 1922.

Sontheimer, Kurt: Die Haltung der deutschen Universitäten zur Weimarer Republik. In: Freie Universität Berlin (Hrsg.), Universitätstage 1966: Nationalsozialismus und die deutsche Universität, a.a.O., S. 24 f.

Spengler, Oswald: Der Untergang des Abendlandes, München 1923.

Spielrein, I.: Die Psychotechnik in der Sowjetunion. In: Annalen der Betriebswirtschaft und Arbeitsforschung, 4 (1930/31), S. 342 ff.

Spielrein, I.: Zur Theorie der Psychotechnik. (Vortrag, gehalten auf der VII. Internationalen Konferenz für Psychotechnik, Moskau, 9.9.1931). In: Zeitschrift für angewandte Psychologie Bd. 44 (1933) 1/2,S. 31-51.

Spitzley, Helmut: Wissenschaftliche Betriebsführung, REFA-Methodenlehre und Neuorientierung der Arbeitswissenschaft, Bund-Verlag, Köln 1980.

Spitzley, Helmut: Wissenschaftliche Betriebsführung, REFA-Methodenlehre und Neuorientierung der Arbeitwissenschaft, (Mitbestimmung – Arbeit – Wirtschaft, Bd. 6; hrsg. von Norbert Koubek), Bund-Verlag ,Köln 1980.

Sprung, Lothar; Sprung, Helga: Zur Geschichte der Psychologie an der Berliner Universität (1850-1932). In: Psychologie für die Praxis 3 (1985), S. 5-21.

Spur, G.: Aufschwung, Krisis und Zukunft der Fabrik. In: Tagungsband zum Produktionstechnischen Kolloquium Berlin, Carl Hanser Verlag, München 1983, S. 3-25.

Spur, Günter: Produktionstechnik im Wandel. Georg Schlesinger und das Berliner Institut für Werkzeugmaschinen und Fertigungstechnik 1904-1979. Carl Hanser Verlag, München, Wien 1979.

Spur, Günter: Produktionswissenschaft. In: Buddensieg, T.; Düwell, K.; Sembach, K.-J. (Hrsg.): Wissenschaften in Berlin. Bd. 2: Disziplinen. Berlin 1987, S. 167-171.

Spur, Günter: Vom Wandel der industriellen Welt durch Werkzeugmaschinen. Eine kulturgeschichtliche Betrachtung der Fertigungstechnik. Hrsg. vom Verein Deutscher Werkzeugmaschinenfabriken e. V. zu seinem 100-jährigen Bestehen. Carl Hanser Verlag, München, Wien 1991.

Spur, Günter; Grage, Herbert: 75 Jahre Institut für Werkzeugmaschinen und Fertigungstechnik der Technischen Universität Berlin. In: Reinhard Rürup (Hrsg.): Wissenschaft und Gesellschaft, Beiträge zur Geschichte der Technischen Universität Berlin 1879-1979. Bd. 2, Springer-Verlag, Berlin, Heidelberg 1979, S. 107-131.

Staehle, Wolfgang: Management – Eine verhaltenswissenschaftliche Einführung, München 1987.

Ständige Ausstellung für Arbeiterwohlfahrt (Reichsanstalt) und Prüfstelle für Ersatzglieder (Gutachterstelle für das Preuß. Kriegsministerium) – beide in Berlin-Charlottenburg – (Hrsg.), Ersatzglieder und Arbeitshilfen für Kriegsbeschädigte und Unfallverletzte, Julius Springer Verlag, Berlin 1919. Rezension von Ohly. In: WT (1920) 3, S. 91 f.

Stern, Erich: Rezension zu F. Giese: Psychologie und Psychotechnik. In: Zeitschrift für angewandte Psychologie 22 (1923), S. 335.

Stern, Erich: Ergebnisse der industriellen Berufseignungsprüfungen. In: Zeitschrift für angewandte Psychologie 18 (1921), S. 335-341.

Stern, W.; Erdelyi, M.; Lipmann, O.; Spielrein, I. N.: Prinzipienfragen der Psychotechnik. Abhandlungen über Begriff und Ziele der Psychotechnik und der praktischen Psychologie (Schriften zur Wirtschaftspsychologie und Arbeitstechnik, H. 45), Leipzig 1933.

Stern, William; Lipmann, Otto (Hrsg.): Schriften zur Psychologie der Berufseignung und des Wirtschaftslebens, Joh. Ambr. Barth Verlag, Leipzig, o.J.

Stern, William: Das Psychologische Laboratorium der Hamburger Universität. Gesamtbericht über seine Entwicklung und seine gegenwärtigen Arbeitsgebiete, Leipzig 1922.

Stern, William: Der personale Faktor in Psychotechnik und praktischer Psychologie (Vortrag, gehalten auf der VII. Internationalen Konferenz für Psychotechnik, Moskau, 13.9.1931). In: Zeitschrift für angewandte Psychologie 44 (1933) 1/2, S. 52-63.

Stollberg, Gunnar: Die Rationalisierungsdebatte 1908-1933. Freie Gewerkschaften zwischen Mitwirkung und Gegenwehr, Frankfurt a.M. 1981.

Strebe, W.: Nationalsozialismus und Psychotechnik. In: Industrielle Psychotechnik 10 (1933), S. 214 ff.

Ströer, Heinrich Josef: Rationalisierung der Arbeitsplatzbeleuchtung. Günstige Flächenhelle und Beleuchtungsverteilung. Eine psychotechnische Studie, Diss. Berlin TH 1926. Auszugsweise auch in: Industrielle Psychotechnik 3 (1926) 10, S. 289-304.

Suhr, Otto: Das Reichskuratorium für Wirtschaftlichkeit. In: Die Arbeit (1930) 7, S. 454 f.

Tatur, Melanie: „Wissenschaftliche Arbeitsorganisation". Arbeitswissenschaften und Arbeitsorganisation in der Sowjetunion 1921-1935, Wiesbaden 1979.

Taylor, F. W.; Wallichs, A.: Die Betriebsleitung, insbesondere der Werkstätten. Autorisierte dt. Ausgabe de Schrift: „Shop management" von Taylor. Springer, Berlin 1912.

Taylor, F. W.: Die Grundsätze wissenschaftlicher Betriebsführung, München, Berlin 1919.

Taylor-Zeitschrift. Monatshefte für wissenschaftliche Betriebsführung und rationale Wirtschaft mit besonderer Berücksichtigung des Taylor-Systems. Hrsg. unter der Redaktion von J. Bormann, R. Granichstaeden-Czerva, W. Kolmer, C.H. Küpper, R. Lotties und E. Rebhan. Wien. „Neue Zeitschriften“. In: ETZ 41 (1920) 18, S. 364.

Theilhaber, Felix A.: Schicksal und Leistung. Juden in der deutschen Forschung und Technik. Berlin 1931.

Tramm, K.A.: Die 7. internationale psychotechnische Konferenz in Moskau, (Rundschau). In: Industrielle Psychotechnik 8 (1931) 9, S. 281-287.

Tramm, K.A.: Die Psychotechnik vor neuen Aufgaben. In: Industrielle Psychotechnik 10 (1933), S. 162 ff.

Tramm, K.A.: Psychotechnik und Taylor-System. Bd. l: Arbeitsuntersuchungen; J. Springer Verlag, Berlin 1921. Rezension von Johannes Dück. In: Praktische Psychologie 3 (1921/22), S. 32.

Tramm, K.A.: Psychotechnik und Taylor-System. Bd. l: Arbeitsuntersuchungen, Bd. 2: Grundzüge der Eignungsuntersuchung, der Einstellung, Ausbildung und Überwachung des Arbeiters und die sonstigen Anwendungen der Arbeitswissenschaft. J. Springer Verlag, Berlin 1921.

Traxel, Werner: Geschichte für die Gegenwart. Vorträge und Aufsätze zur Psychologiegeschichte, Passavia Universitätsverlag, Passau 1985 (= Passauer Schriften zur Psychologiegeschichte. Hrsg. vom Institut für Geschichte der Neueren Psychologie der Universität Passau, Nr. 3).

Treue, Wilhelm: Wirtschafts- und Technikgeschichte Preußens, (Veröffentlichungen der Historischen Kommission zu Berlin, Bd. 56), de Gruyter, Berlin, New York 1984.

Trieba, Volker: Mentrup, Ulrich, Entwicklung der Arbeitswissenschaft in Deutschland: Rationalisierungspolitik der deutschen Wirtschaft bis zum Faschismus (Minerva – Fachserie Wirtschafts- und Sozialwissenschaften), München 1983.

Über die Distelschen Vexierspiele „Cadis“. (Aus dem Laboratorium für Industrielle Psychotechnik an der Technischen Hochschule zu Charlottenburg), ohne Verfasser. In: WT (1923) 11, S. 326-328.

Vahrenkamp, R.: Die „Goldenen Zwanziger“ – als Deutschland die Rationalisierung entdeckte. In: REFA-Nachrichten (1981) 4, S. 185 f.

Vahrenkamp, R.; Volpert, W.: Einleitung zum Neudruck von Frederick W. Taylor – Die Grundsätze der Wissenschaftlichen Betriebsführung, Weinheim 1977.

Valentiner, Th.: Beteiligung industrieller Werke an psychotechnischen Versuchen. In: Industrielle Psychotechnik 2 (1925) 4, S. 118-121.

Verein für Socialpolitik, Die Reform des Lehrlingswesens. Sechzehn Gutachten und Berichte. Leipzig 1875. In: Schriften des Vereins für Socialpolitik, Band 10 sowie weitere Untersuchungen des Vereins über Auslese, Anpassung, Berufswahl und Berufsschicksal der Arbeiter in verschiedenen Zweigen der Großindustrie, Bde. 133-135, Leipzig 1910-1912.

Vierhaus, Rudolf: Einführung. In: Vierhaus. Rudolf; Brocke, Bernhard vom (Hrsg.): Forschung im Spannungsfeld von Politik und Gesellschaft, Stuttgart 1990.

Vierhaus, Rudolf; Brocke, Bernhard vom (Hrsg.): Forschung im Spannungsfeld von Politik und Gesellschaft, Stuttgart 1990.

Volpert, W.: Die „Humanisierung der Arbeit“ und die Arbeitswissenschaft, Köln 1974.

Wachtler, Günther: Humanisierung der Arbeit und Industriesoziologie. Eine soziologische Analyse historischer Vorstellungen humaner Arbeitsgestaltung, Stuttgart, Berlin, Köln, Mainz 1979.

Walcher, Jacob: Ford oder Marx. Die praktische Lösung der sozialen Frage, Berlin 1925.

Wallichs, A.; Poppelreuter, W.; Arnhold, R.C.; Fraenkel, K.H.: Arbeitsforschung in der Schwerindustrie. Bericht über die Tätigkeit der Forschungsstelle für industrielle Schwerarbeit der Vereinigten Stahlwerke von Mai 1925 bis Mai 1929, Düsseldorf 1930.

Watts, Frank: Einführung in die psychologischen Probleme der Industrie, Berlin 1922.

Weber, Eugen: Zur Rationalisierung, (Meinungs-Austausch). In: Bosch-Zünder 8 (1926) 9, S. 209 f.

Weber, Max: Die „Objektivität" sozialwissenschaftlicher Erkenntnis. In: ders., Soziologie, Weltgeschichtliche Analysen, Politik, Stuttgart 1964, S. 311 f.

Weber, Max: Gesammelte Aufsätze zur Soziologie und Sozialpolitik (darunter: Zur Psychophysik der industriellen Arbeit, 1908/09), Tübingen 1924, S. 1-255.

Industrie-Prüfstellen in Deutschland, (Rundschau: tabellarisches Verzeichnis). In: Industrielle Psychotechnik 3 (1926) 8, S. 246 -251.

Weber, Max: Methodologische Einleitung für die Erhebungen des Vereins für Socialpolitik über Auslese und Anpassung (Berufswahl und Berufsschicksal) der Arbeiterschaft der geschlossenen Großindustrie (1908). In: Gesammelte Aufsätze zur Soziologie und Sozialpolitik, Tübingen 1924, S. 1-60.

Weber, Max: Theoretische Überlegungen zu einem Ausleseverfahren und den Anpassungsmöglichkeiten der Arbeiterschaft im industriellen Großbetrieb (Methodologisches Exposé), 1908/09.

Weber, Max: Wirtschaft und Gesellschaft, 2 Bände, Köln, Berlin 1964.

Weber, W.: Die rechtliche Stellung des im Wirtschaftsleben praktisch tätigen Psychologen. In: Industrielle Psychotechnik 6 (1929) 11, S. 346-355.

Weigl, Egon: Bericht über den 5. Internationalen Psychotechnischen Kongreß zu Utrecht vom 10.-14.09.1928. In: Zeitschrift für angewandte Psychologie 31 (1928), S. 537-545.

Weihe, Carl: Rezension zu: Conrad Matschoss, Ein Jahrhundert deutscher Maschinenbau. Von der mechanischen Werkstätte bis zur deutschen Maschinenfabrik 1819 bis 1919. Hg. von der Deutschen Maschinenfabrik A.G. in Duisburg anlässlich ihres 100-jährigen Bestehens, Julius Springer Verlag, Berlin 1919.

Weiss, Fritz: Psychotechnik im Betrieb. In: Industrielle Psychotechnik 10 (1933), S. 339 ff.

Weiss, Hilde: Abbé und Ford. Kapitalistische Utopien, Berlin 1927.

Weiß, Erich: Leistung und Lebensalter bei der Deutschen Reichsbahn, Diss. TH Berlin 21.1.1927. J. Springer Verlag, Berlin 1927. Auch in: Industrielle Psychotechnik 4 (1927).

Welteke, Reinhard: Zur Kritik der Arbeitswissenschaft. In: Deutsche Berufs- und Fachschule 9 (1972), S. 655 f.

Wilke, Manfred: Goetz Briefs und das Institut für Betriebssoziologie an der Technischen Hochschule Berlin. In: Wissenschaft und Gesellschaft, Bd. l, Berlin 1979, S. 335-351.

Winckler, A.: Eignungsprüfung im Kleinbauwerk der Siemens-Schuckertwerke G.m.b.H.. Prüfung, Auswertung, Bewährung. In: Industrielle Psychotechnik 2 (1925) 9, S. 257-276.

Winter, Gustav (Hrsg.): Der Taylorismus. Handbuch der wissenschaftlichen Betriebs- und Arbeitsweise für die Arbeitenden aller Klassen, Stände und Berufe, (Hrsg. 2. Vorsitzender der „Brücke", internationales Institut zur Organisation der geistigen Arbeiten, Berlin, früher München).

Wirth, W.: Psychophysik – Darstellung der Methoden der experimentellen Psychologie, o.O., o.D.

Wistuba, Ilona: Die theoretische und praxisbezogene Entwicklung der Arbeitswissenschaft und ihr Beitrag zur Lösung betriebswissenschaftlicher Produktions-, Organisations- und Entlohnungsprobleme, Dissertation 1984.

Witte, I. M.: Kritik des Zeitstudienverfahrens. Eine Untersuchung der Ursachen, die zu einem Mißerfolg des Zeitstudiums führen. Julius Springer Verlag, Berlin 1921, Rezension von Argelander-Mannheim. In: Praktische Psychologie 3 (1921/22), S. 90.

Witte, I. M.: Neues aus der amerikanischen Rationalisierungsliteratur. In: Praktische Psychologie 3 (1921/22), S. 86-89.

Witte, I. M.: Taylor – Gilbreth – Ford: Gegenwartsfragen der amerikanischen und europäischen Arbeitswissenschaft, München, Berlin 1925.

Woldt, Richard: Betriebslehre und Arbeitswissenschaft. In: Gewerkschafts-Archiv (1924) 3, S. 168.

Wunderlich, Frieda: Hugo Münsterbergs Bedeutung für die Nationalökonomie, Jena 1920.

Wunderlich, Herbert: Die Einwirkung einförmiger, zwangsläufiger Arbeit auf die Persönlichkeitsstruktur. Ein experimenteller Beitrag zur industriellen Psychotechnik. In: Zeitschrift für angewandte Psychologie 25 (1926), S. 321-373.

Zäuner, E.: Unfallverhütung in Rohzelluloidfabriken. Diss. 1920.

Zehn Jahre „Industrielle Psychotechnik", Inhaltsverzeichnis 1924.1933, ohne Verfasser. In: Industrielle Psychotechnik 11 (1934) l, S. 30-32.

Zeitschrift für angewandte Psychologie, hrsg. von Otto Lipmann und William Stern.

Zeitschrift für Arbeitswissenschaft, hrsg. von der Gesellschaft für Arbeitswissenschaft in Verbindung mit dem Verband für Arbeitsstudie, Köln 1975 ff.

Zeitschrift für Psychologie und Physiologie der Sinnesorgane, hrsg. von der Deutschen Gesellschaft für Psychologie, Leipzig 1906.

Zwing, Karl: Die kapitalistische Rationalisierung und die KPD. In: Die Internationale 9 (1926), S. 746 ff.

Personenregister

Sachregister

Abkürzungen

ADB	Arbeitsgemeinschaft Deutscher Betriebsingenieure
ADGB	Allgemeiner Deutscher Gewerkschaftsbund
AfA	Arbeitsgemeinschaft freier Angestelltenverbände
AfB	Arbeitsgemeinschaft für Berufsbildung
ASME	American Society for Mechanical Engineering
AWF	Ausschuß für Wirtschaftliche Fertigung
AWI	Arbeitswissenschaftliches Institut
BBVDI	Berliner Bezirksverband des VDI
DAF	Deutsche Arbeitsfront
DATSCH	Deutscher Ausschuss für das technische Schulwesen
DFG	Deutsche Forschungsgemeinschaft
DINTA	Deutsches Institut für Nationalsozialistische Technische Arbeitsforschung und -schulung
DIWIV	Deutsches Institut für Wirtschaftliche Arbeit in der Öffentlichen Verwaltung
DNA	Deutscher Normenausschuss
DNVP	Deutschnationale Volkspartei
DVM	Deutscher Verband für Materialforschung und -prüfung
Etev	Eignungstechnische Versuchsanstalt
Forfa	Forschungsinstitut für Arbeitspsychologie und Personalwesen
IfA	Informationsdienst für Arbeitnehmer
IFRB	Industrial Fatigue Research Board
IIP	Institut für industrielle Psychotechnik
LBG	Landesbeamtengesetz
NDI	Normenausschuss der Deutschen Industrie
NIIP	National Institute for Industrial Psychology
NSBDT	NS-Bund Deutscher Techniker
Psytev	Psychotechnische Versuchsstelle der Reichs-Eisenbahn-Verwaltung
RAL	Reichsausschuß für Lieferbedingungen
REFA	Reichsausschuß für Arbeitsstudien, Reichsausschuß für Arbeitszeitermittlung
RKW	Reichskuratorium für gewerbliche Wirtschaft, Reichskuratorium für Wirtschaftlichkeit, Rationalisierungskuratorium der Deutschen Wirtschaft
SMAD	Sowjetische Militäradministration
UfJ	Untersuchungsausschuss freiheitlicher Juristen
VDE	Verband der Elektrotechnik, Elektronik und Informationstechnik
VDI	Verein Deutscher Ingenieure
VDW	Verein Deutscher Werkzeugmaschinenfabriken
WT	Werkstattstechnik
Wumba	Waffen- und Munitionsbeschaffungsamt
WZL	Werkzeugmaschinenlabor TH Aachen

Nachweise und Erläuterungen

Spur, G.: Vom Wandel der industriellen Welt durch Werkzeugmaschinen – Eine kulturgeschichtliche Betrachtung der Fertigungstechnik. Herausgegeben vom Verein Deutscher Werkzeugmaschinenfabriken e.V. zu seinem 100jährigen Bestehen. Carl Hanser Verlag, München, Wien 1991.

Spur, G.: Über die geschichtliche Entwicklung des Lehrstuhls für Werkzeugmaschinen und Fertigungstechnik der Technischen Universität Berlin. In: Spur, G. (Hrsg.): Fertigungstechnik in Lehre, Forschung und Praxis. Heinrich Schallbroch zum 70. Geburtstag gewidmet. Rudolf Haufe Verlag, Freiburg i. Br. 1967.

Spur, G.: Technologie und Management – Zum Selbstverständnis der Technikwissenschaft. Carl Hanser Verlag, München, Wien 1998.

Spur, G.: Produktionstechnik im Wandel – Georg Schlesinger und das Institut für Werkzeugmaschinen und Fertigungstechnik (1904-1979). Verfasst unter Mitarbeit von H. Grage, U. Heisel, G. Lechler, D. Michaelis. Herausgegeben aus Anlass des 75jährigen Bestehens des Instituts für Werkzeugmaschinen und Fertigungstechnik der Technischen Universität Berlin. Carl Hanser Verlag, München, Wien 1979.

Spur, G.; Fischer, F. (Hrsg.): Georg Schlesinger und die Wissenschaft vom Fabrikbetrieb. Verfasst von Günter Spur, Joachim Ebert, Sabine Voglrieder, Thorsten Kloster, Stefan Kleinschmidt, Christopher Hayes. Carl Hanser Verlag, München, Wien 2000.

Spur, G; Kloster, T.: Die Anfänge der Psychotechnik an der TH Berlin-Charlottenburg 1918 bis 1924. Aus der Geschichte des Instituts für Werkzeugmaschinen und Fabrikbetrieb der TU Berlin. Zeitschrift für wirtschaftlichen Fabrikbetrieb (ZWF) 94 (1999) 5, S. 286-290.

Spur, G.; Voglrieder, S.; Kloster, T.: Von der Psychotechnik zur Arbeitswissenschaft. Band 8, Berlin Brandenburgische Akademie der Wissenschaften, 2000.

Spur, G. et al.: Automatisierung und Wandel der betrieblichen Arbeitswelt. Von Günter Spur, Joachim Ebert, Wolfram Fischer u.a. Akademie der Wissenschaften zu Berlin, Arbeitsgruppe: Automatisierung, Arbeitswelt und Künftige Gesellschaft (Akademie der Wissenschaften zu Berlin, Forschungsbericht, 6). De Gruyter Verlag, Berlin, New York 1993.

Spur, G. (Hrsg.): Produktionstechnische Forschung in Deutschland (1933-1945). Bearbeitet von Ruth Federspiel unter Mitwirkung von Ralf H. Janetschek, Carl Hanser Verlag, München, Wien 2003.

Die in diesem Buch in den Fußnoten als Dokumente gekennzeichneten Nachweise, Unterlagen und Protokolle beziehen sich auf den Nachlass Walther Moedes und auf Recherchen in den jeweils genannten Archiven. Sie sind kapitelweise geordnet. Originale und Kopien befinden sich in der Sammlung Spur, Institut für Werkzeugmaschinen und Fabrikbetrieb (IWF) der TU Berlin.

Bildquellen

Soweit nicht im Folgenden angegeben, stammen sämtliche Bilder, die in diesem Buch abgebildet worden sind, aus dem Nachlass Moede in der Sammlung Spur sowie aus den Nachlässen Schlesinger, Kurrein, Kronenberg, Koenigsberger und Herwig, die sich ebenfalls in der Sammlung Spur, Institut für Werkzeugmaschinen und Fabrikbetrieb (IWF) der TU Berlin, befinden.

Bild 1.01	Lage der Provinz Pommern im Deutschen Kaiserreich http://www.deutsche-schutzgebiete.de/provinz_pommern.htm (6. März 2008).
Bild 1.02	Landkreise in Pommern http://www.pyritz.org/Pommern.GIF (6. März 2008).
Bild 2.01	Drei Kaiser – Wilhelm I., Friedrich III., Wilhelm II. Chronik Berlin: 3., aktual. Aufl. Chronik Verlag im Bertelsmann Lexikon Verlag, Gütersloh, München 1997, S. 266.
Bild 2.05	Königliches Gymnasium in Sorau Geschichte des Sorauer Gymnasiums, Sorauer Tageblatt 1927.
Bild 2.09	Lehrerkollegium am Königlichen Gymnasium Sorau (1890/92) Geschichte des Sorauer Gymnasiums, Sorauer Tageblatt 1927.
Bild 3.01	Clemens Baeumker (1853-1924) http://www.philos-website.de/ (6. März 2008).
Bild 3.03	Wilhelm Wundt (1832-1920) Lück, H. E.; Miller, R. (Hrsg.): Illustrierte Geschichte der Psychologie. Beltz Verlag, Weinheim, Basel 2005.
Bild 3.04	Karl Lamprecht (1856-1915) Felix Krueger (1874-1948) Otto Klemm (1884-1939) Lück, H. E.; Miller, R. (Hrsg.): Illustrierte Geschichte der Psychologie. Beltz Verlag, Weinheim, Basel 2005.
Bild 3.13	Ernst Meumann (1862-1915) und Wilhelm Wirth (1876-1952), Gutachter im Promotionsverfahren von Walther Moede Lück, H. E.; Miller, R. (Hrsg.): Illustrierte Geschichte der Psychologie. Beltz Verlag, Weinheim, Basel 2005, S. 118 und S. 42.
Bild 4.07	William Stern (1871-1938) Lück, H. E.; Miller, R. (Hrsg.): Illustrierte Geschichte der Psychologie. Beltz Verlag, Weinheim, Basel 2005, S. 125.
Bild 5.08	Hugo Münsterberg, Professor für Psychologie an der Harvard Universität (1863-1916) Lück, H. E.; Miller, R. (Hrsg.): Illustrierte Geschichte der Psychologie. Beltz Verlag, Weinheim, Basel 2005, S. 178.
Bild 7.06	Carl Stumpf (1848-1936) Lück, H. E.; Miller, R. (Hrsg.): Illustrierte Geschichte der Psychologie. Beltz Verlag, Weinheim, Basel 2005, S. 175.
Bild 7.14:	Einübung der Bedienungsgriffe für das Rückwärtsfahren von Straßenbahnführern Lück, H. E.; Miller, R. (Hrsg.): Illustrierte Geschichte der Psychologie. Beltz Verlag, Weinheim, Basel 2005, S. 173.

Bild 7.16: Psychotechnische Versuchsstelle der Reichsbahndirektion in Berlin-Eichkamp
Heydt, C.: Reichsbahngesellschaft. Berlin 1928.

Bild 8.11 Anzahl der Studierenden an der TH Berlin und an der Fakultät III für Maschinenwirtschaft
Studentenstatistik [der TU Berlin] (1879-1979). Bearb. von Renate Schröder-Werle. In: Wissenschaft und Gesellschaft. Beiträge zur Geschichte der Technischen Universität Berlin 1879-1979. Im Auftrag des Präsidenten der Technischen Universität Berlin hrsg. von Reinhard Rürup, Bd. 1, Springer-Verlag, Berlin, Heidelberg, New York 1979, S. 568-591.

Bild 8.20 Glückwunsch und Würdigung durch Waldemar Hellmich
Werkstattstechnik, XXIII Jahrgang, 15. Juli 1929, Heft 14, S. 413.

Bild 9.03 Hermann Schoening (1871-1938) und Georg Engel (1875-1934)
Bild Schoening: Glunk, Fritz R.: Ein Jahrhundert VDI, München 1991, S. 84.

Bild 10.01 William Stern (1871-1938)
http://arbeitsblaetter.stangl-taller.at/WISSENSCHAFTPSYCHOLOGIE/PsychologiePersonen.shtml (6. März 2008).

Bild 10.08 Lageplan der TH Charlottenburg
Universitätsarchiv der TU Berlin.

Bild 10.11 Aufgaben und Tätigkeiten des Instituts für Arbeitswissenschaft Dr. Gerhard Dressel (1958)
ifA-Archiv, Dr. Gerhard Dressel, Stuttgart.

Bild 10.19 Aufgang im Hauptgebäude der TH Berlin mit Widmung von Dr. Ingenohl, rechts der Lichthof
Universitätsarchiv der TU Berlin.

Bild 10.20 Haupteingang der Technischen Hochschule Berlin 1840 und 1945
Universitätsarchiv der TU Berlin.

Bild 11.01 Besatzungszonen Berlins
In Anlehnung an http://de.wikipedia.org/wiki/Berlin-Frage (6. März 2008).